W0396497

*Günter Dippold*

Konfessionalisierung am Obermain

Einzelarbeiten aus der Kirchengeschichte Bayerns

Herausgegeben vom Verein für bayerische Kirchengeschichte
unter verantwortlicher Schriftleitung von Dr. Helmut Baier

71. Band

Günter Dippold

# Konfessionalisierung am Obermain

## Reformation und Gegenreformation in den Pfarrsprengeln von Baunach bis Marktgraitz

Obermain Buch- und Bildverlag Bornschlegel
in Zusammenarbeit mit dem Verein für bayerische Kirchengeschichte

Günter Dippold

# Konfessionalisierung am Obermain

## Reformation und Gegenreformation in den Pfarrsprengeln von Baunach bis Marktgraitz

Staffelstein 1996

Obermain Buch- und Bildverlag Bornschlegel
in Zusammenarbeit mit dem Verein für bayerische Kirchengeschichte

Der Druck der Arbeit wurde durch Zuschüsse folgender Institutionen gefördert:

Evang.-Luth. Landeskirchenamt
Erzdiözese Bamberg
Stadt Lichtenfels
Kreissparkasse Lichtenfels
Dekanat Michelau i. OFr.
Landkreis Lichtenfels
Stadt Staffelstein
Stadt Baunach
Markt Ebensfeld
Markt Marktzeuln
Markt Marktgraitz

Die Arbeit wurde im Sommersemester 1993 von der Fakultät Geschichts- und Geowissenschaften der Otto-Friedrich-Universität Bamberg als Dissertation angenommen.

Referent: Prof. em. Dr. Gerd Zimmermann
Korreferent: Prof. Dr. Klaus Guth
Tag der mündlichen Prüfung: 29. 7. 1993

Umschlagbild:

Ansicht des Klosters Banz aus Lieboldt, Kilian: Thesavri philo-politici Oder Politischen SchatzKästleins Zweyten Buchs Zweyter Theil. [„Meisnersches Schatzkästlein".] In welchem zwey vnd funfftzig schöne Emblemata vnd Moralia / mit Künstlichen Figuren [...]. Benebens so vieler Stätt vnd Stättlein / Schlösser / Vestungen vnd Clöster / eigentlicher Abbildungen. Alles mit sonderm Kosten vnd Fleiß auffs Kupffer bracht / vnd an Tag geben / durch Eberhardt Kiesern. Frankfurt a. Main 1628, Tafel 2.

Druckvorlage: Staatsbibliothek Bamberg, J.H.Top.f.1, Abb. 54; Repro: A. Steber

ISBN 3-9804630-0-1

Obermain Buch- und Bildverlag Bornschlegel
Lichtenfelser Straße 13, 96231 Staffelstein

Umschlaggestaltung: Peter Bäumel, Staffelstein-Horsdorf
Ausbelichtung: Fotosatz Günter Menzner, Grub a. Forst
Druck und Buchbinderei: Offizin Hildburghausen GmbH

# Inhalt

# *Vorwort*

Wer über Konfessionalisierung schreibt, muß sich die Frage nach seinem eigenen konfessionellen Standort gefallen lassen. Ich bin katholisch, entstamme aber einer konfessionsverschiedenen Ehe; meine Mutter ist evangelisch.

Wenn es mir gelungen ist, in der vorliegenden Darstellung die manche ältere Studie prägende konfessionelle Parteilichkeit zu vermeiden, dann verdanke ich das sicherlich dieser familiären Konstellation. Meinen Eltern haben aber nicht nur dadurch zum Entstehen dieser Arbeit beigetragen. Vor allem haben sie mir in der Zeit des Forschens und Schreibens immer den Rücken gestärkt, mich materiell und ideell unterstützt und mir viel Alltagslast abgenommen. In den Dank hierfür schließe ich auch meine Schwester Anna ein.

Verbunden bin ich weiterhin meinen akademischen Lehrern in Bamberg, Regensburg und Erlangen. Namentlich sage ich dem Betreuer der vorliegenden Dissertation, Herrn Prof. em. Dr. Gerd Zimmermann, sowie dem Zweitgutachter, Herrn Prof. Dr. Klaus Guth, Dank.

In einer Reihe von Archiven und Bibliotheken habe ich für diese Arbeit geforscht. Insbesondere danke ich dem Personal der Staatsarchive Bamberg, Coburg und Würzburg, des Archivs des Erzbistums Bamberg, des Diözesanarchivs Würzburg, der Staats- und der Universitätsbibliothek Bamberg. Durch sein interessiertes Nachfragen hat der Leiter des Staatsarchivs Bamberg, Herr Prof. Dr. Franz Machilek, den Fortgang der Arbeit gefördert.

Herrn Andreas Bornschlegel danke ich für die Herausgabe der Arbeit in seinem Verlag, dem Verein für bayerische Kirchengeschichte für die Aufnahme des Buches in die Reihe „Einzelarbeiten aus der Kirchengeschichte Bayerns", allen Zuschußgebern für ihre Förderung.

Lichtenfels, im Juni 1996

*Günter Dippold*

# *Abkürzungen*

| | |
|---|---|
| ACGH | - Archiv des Pontificium Collegium Germanicum et Hungaricum |
| AEB | - Archiv des Erzbistums Bamberg |
| ASV | - Archivo Segreto Vaticano |
| AU | - Archiv des Historischen Vereins von Unterfranken und Aschaffenburg |
| BHVB | - Bericht des Historischen Vereins Bamberg |
| DAW | - Diözesanarchiv Würzburg |
| Dkp | - Domkapitelsprotokoll |
| EAKGB | - Einzelarbeiten aus der Kirchengeschichte Bayerns |
| ffkt | - forschungen zur fränkischen theologie- und kirchengeschichte |
| GaO | - Geschichte am Obermain |
| GHA | - Gemeinschaftlich Hennebergisches Archiv |
| HAB | - Historischer Atlas von Bayern |
| HABibl | - Herzog August Bibliothek Wolfenbüttel |
| HB | - Heimat-Blätter. Land am Obermain in Vergangenheit und Gegenwart |
| HStAM | - Bayerisches Hauptstaatsarchiv München |
| HStAS | - Hauptstaatsarchiv Stuttgart |
| HVB | - Historischer Verein Bamberg |
| JffL | - Jahrbuch für fränkische Landesforschung |
| Kb., Kbb. | - Kirchenbuch, -bücher |
| KLK | - Katholisches Leben und Kirchenreform im Zeitalter der Glaubensspaltung |
| LKA | - Landeskirchliches Archiv Nürnberg |
| LKA/KbA | - Landeskirchliches Archiv – Kirchenbucharchiv Regensburg |
| MGSLK | - Mitteilungen der Gesellschaft für Salzburger Landeskunde |
| NDB | - Neue Deutsche Biographie |
| NÖ | - Niederösterreich |
| OÖ | - Oberösterreich |
| PfA | - Pfarrarchiv<br>(in Verbindung mit AEB oder DAW: Pfarrakten) |
| PfAB | - Pfarrarchiv Baunach |
| PfAC | - Pfarrarchiv Coburg-St. Moriz |
| PfAM | - Pfarrarchiv Marktgraitz |
| PfAS | - Pfarrarchiv Schney |
| PfASo | - Pfarrarchiv Sonnefeld |
| Q | - Quadrangel |
| QFW | - Quellen und Forschungen zur Geschichte des Bistums und Hochstifts Würzburg |
| RKG | - Reichskammergericht |
| RST | - Reformationsgeschichtliche Studien und Texte |
| SS | - Sommersemester |
| StAB | - Staatsarchiv Bamberg |
| StAC | - Staatsarchiv Coburg |
| StadtA | - Stadtarchiv |
| StadtAB | - Stadtarchiv Bamberg |
| StadtAC | - Stadtarchiv Coburg |
| StAM | - Staatsarchiv Meiningen |
| StAW | - Staatsarchiv Würzburg |
| Stb. | - Standbuch |
| StBB | - Staatsbibliothek Bamberg |
| VGffG | - Veröffentlichungen der Gesellschaft für fränkische Geschichte |
| VR | - Visitationsrelation(en) |
| WDGB | - Würzburger Diözesangeschichtsblätter |
| WS | - Wintersemester |
| ZbKG | - Zeitschrift für bayerische Kirchengeschichte |
| ZBLG | - Zeitschrift für bayerische Landesgeschichte |

# *Einführung*

Wie die Fürstbischöfe von Bamberg und von Würzburg den reformatorischen Bewegungen[1] begegneten, welche gegenreformatorischen Maßnahmen sie anordneten, ist in Grundzügen bekannt[2]. Weitgehend unerforscht ist dagegen, wie der „gemeine Mann" religiöse Strömungen rezipierte, wie er mit der fürstbischöflichen Religionspolitik konfrontiert wurde, wie er auf obrigkeitliche Maßnahmen reagierte und wie er sie beeinflußte. Zumal die Rolle der Bevölkerung von Dörfern und Kleinstädten liegt im Dunkeln – ein Desiderat, das wir nicht nur im Hinblick auf Franken beobachten[3].

Den angesprochenen Fragen wird anhand eines acht Pfarrsprengel umfassenden Landstriches nachgegangen, der, rechts des oberen Mains gelegen, kirchlich zur Diözese Würzburg, weltlich aber – von einigen ritterschaftlichen Dörfern abgesehen – zum Hochstift Bamberg gehörte; neben dem Bischof prägten besonders die beiden Benediktinerabteien Banz und Michelsberg als Mediatherren weite Teile des Gebietes.

Es werden im folgenden zwei Themenkomplexe behandelt: Zum einen wird, ausgehend von einer Beschreibung der kirchlichen Strukturen und des religiösen Lebens vor der Reformation, dargestellt, wie Untertanen und Herren die reformatorischen Bewegungen aufnahmen, wie die Gegenreformation ablief und sich im Verein mit der katholischen Reform[4] in den einzelnen Pfarreien auswirkte. Den Schlußpunkt bildet der Westfälische Frieden, der die konfessionellen Verhältnisse auf dem Stand von 1624 festschrieb und dadurch im großen und ganzen weitere gegenreformatorische Maßnahmen verhinderte. Behandelt werden also die Zustände und Ereignisse von etwa 1500 bis etwa 1650, wobei infolge der Quellenlage das Hauptgewicht auf dem späten 16. Jahrhundert und den drei ersten Dekaden des 17. Jahrhunderts liegt.

Vorangestellt ist, um Wiederholungen zu vermeiden, ein Überblick über die Religionspolitik, die die Bamberger und die Würzburger Fürstbischöfe, ihre Domkapitel, die im fraglichen Raum begüterten Klöster Michelsberg, Banz und Langheim, benachbarte Fürsten – die Kurfürsten (seit 1547 Herzöge) von Sachsen und die Markgrafen von Brandenburg-Kulmbach – sowie die Ritterschaft betrieben.

Im zweiten Teil wird die Haltung der Untertanen zur Gegenreformation betrachtet; unser Augenmerk richtet sich hierbei besonders auf den Widerstand der Betroffenen gegen fürstbischöfliche Katholisierungsmaßnahmen. Im Mittelpunkt stehen die Pfarreien Marktgraitz und Marktzeuln, über die dank häufiger Konflikte der Einwohner mit der Obrigkeit umfangreiches Material vorliegt.

Während im ersten Teil das Verhalten der Bevölkerung nur insoweit berücksichtigt wird, als es die Entwicklung der Gegenreformation merklich beeinflußte, befaßt sich der zweite Abschnitt mit allen nachzuweisenden Handlungen der Untertanen und ihrer Vertreter, auch mit solchen, die wirkungslos blieben, und mit allen ihren bekannten Plänen, selbst wenn sie nicht ausgeführt wurden.

Eine zentrale Rolle kam sicherlich den Ortsgeistlichen zu, besonders den Pfarrern bzw. Pfarrverwesern, denn sie waren in den Dörfern die wichtigsten Verkünder des Glaubens;

---

1 Zum Begriff „reformatorische Bewegungen" vgl. Rublack, Gescheiterte Reformation, S. 3f.
2 Siehe den Überblick über den Forschungsstand (S. 39–43).
3 Für die Reformationszeit vgl. allgemein Conrad, S. 1–8.
4 Das Begriffspaar „Gegenreformation und katholische Reform" wird verwandt in Anlehnung an Jedin, Hubert: Katholische Reformation oder Gegenreformation? Luzern 1946; Ndr. in Zeeden, Gegenreformation, S. 46–81.

die Gläubigen wurden in ihrer Haltung von Leben und Lehre der Kleriker beeinflußt – wenn auch nicht immer in deren Sinn. Deshalb werden im Anhang Kurzbiographien der im Untersuchungsgebiet tätigen bzw. bepfründeten Geistlichen gezeichnet. Ferner wird das Leben eines Notars beschrieben, der in den Pfarreien Marktgraitz und Marktzeuln jahrelang in führender Position gegen die Gegenreformation kämpfte, und ein von ihm gedichtetes Lied ediert.

# 1. Das Untersuchungsgebiet

Erhebliche Teile des frühneuzeitlichen Hochstifts Bamberg lagen außerhalb der Diözese Bamberg[5]. Dies war nicht nur bei Exklaven der Fall wie bei den Besitzungen in Kärnten, die teils zur Erzdiözese Salzburg, teils zum Patriarchat Aquileia gehörten, oder dem von oberpfälzischem Territorium eingeschlossenen Amt Vilseck, das der geistlichen Hoheit des Regensburger Bischofs unterstand. Auch im Westen des Hochstifts Bamberg waren die Nachfolger des hl. Otto nur Landesherren; der zuständige Oberhirte saß in Würzburg. Denn bis zur Neuregulierung der Grenze zwischen beiden Mainbistümern 1807–1812[6] griff der Würzburger Sprengel weiter als heute nach Osten aus[7].

Im einzelnen umfaßte er Teile der Ämter Burgkunstadt und Lichtenfels, das Klosteramt[8] Banz, das Dompropsteiamt Döringstadt, das michelsbergische Klosteramt Rattelsdorf, das banzische Amt Gleusdorf[9], das Amt Baunach (Stiefenberg[10]), einzelne Dörfer im Amt Hallstadt, das Amt Schönbrunn, Teile der Ämter Burgebrach und Zentbechhofen, die Ämter Wachenroth und Schlüsselau[11], das michelsbergische Amt Gremsdorf sowie die Ämter Höchstadt und Herzogenaurach. (Ferner lagen die bambergische Exklave Zeil-Schmachtenberg und das Langheimer Klosteramt Tambach[12] in der Diözese Würzburg.)

Mit dem nördlichen Teil des umrissenen Gebietes[13] – als südlichster Pfarrort wird Baunach behandelt –, den Rodach und Main vom Bistum Bamberg abgrenzten, wollen wir uns

5 Die Ausdehnung und Ämtereinteilung des Hochstifts Bamberg ist am einfachsten zu entnehmen aus Roppelt, beil. Karten; Hofmann, Mittel- und Oberfranken, beil. Karte.

6 Vgl. Frühmorgen, Karlheinz: Entstehung und Besonderheiten der neuen Diözesangrenze zwischen Bamberg und Würzburg. In: BHVB 99 (1963), S. 359 – 404.

7 Zur alten Diözesangrenze vgl. Guttenberg, Bistum, S. 33; Neukam, Wilhelm G.: Das Hochstift Würzburg und die Errichtung des Bistums Bamberg. In: WDGB 14/15 (1952), S. 147 – 172, hier S. 167 f.; Guttenberg / Wendehorst, S. 10.

8 Im untersuchten Zeitraum zumeist als „Stift" bezeichnet.

9 Mit den Gütern, die dieses Amt bildeten, waren die Herren von Füllbach belehnt; 1576 fielen die Lehen dem Kloster Banz heim. Vgl. Roppelt, S. 174 f.; Barthels, Bd. 1, S. 231 Nr. 1414, S. 240 f. Nr. 1434 f.; Maierhöfer, Ebern, S. 61 f., 72; zur Familiengeschichte Amrhein, Mitteilungen, S. 176.

10 Ältere Schreibweisen: Stufenberg, Stuffenberg.

11 Dieses Amt bestand im wesentlichen aus Besitz des 1554 aufgelösten Zisterzienserinnenklosters Schlüsselau. Vgl. Roppelt, S. 653; zum Besitz des Klosters vgl. Nöth, Stefan: Ager clavium. Das Cistercienserinnenkloster Schlüsselau 1280 – 1554. Bamberg 1982 (HVB, Beiheft 16), S. 33 – 45, 99, 101 – 114.

12 Das Amt Tambach des Klosters Langheim war trotz bambergischer Proteste Bestandteil des Hochstifts Würzburg, bis der Abt dem Würzburger Bischof den Schutz über diese Gütergruppe aufkündigte und ihn dem Bamberger Bischof übertrug. Diesem sprach das Reichskammergericht im anschließenden Rechtsstreit zwischen den Mainbistümern 1617 die Landeshoheit über Tambach zu. Vgl. Dippold, Zisterzen, S. 86, 109; StAB, B 46 c, Nr. 741; BayHStA, RKG 3603.

13 Das Untersuchungsgebiet erstreckt sich von Marktgraitz im Amt Burgkunstadt im Nordosten bis zum Amt Baunach im Südosten. – Nicht berücksichtigt wird allerdings das Amt Gleusdorf, in dem kein Pfarrort lag; die Orte dieses Amtes gehörten zur Pfarrei Mürsbach. Vgl. Barthels, Bd. 1, S. 345 Nr. 1830, S. 515f. Nr. 2475.

im folgenden befassen. Ausgewählt wurde dieser Raum aufgrund der relativ günstigen Quellenlage.

Im Untersuchungsgebiet lagen zu Beginn des 16. Jahrhunderts folgende Pfarrorte: Marktgraitz, Marktzeuln (Pfarrei seit 1510), Altenbanz, Döringstadt, Rattelsdorf und Baunach, ferner die ritterschaftlichen Pfarreien[14] Schney und Oberbrunn.

Auch für eine primär kirchengeschichtlich orientierte Untersuchung ist die Kenntnis der Herrschafts- und Verwaltungsstrukturen in dem zu behandelnden Raum erforderlich. Wir können uns hier auf eine Skizze beschränken, denn die Zustände um 1800, die bei Roppelt[15] und im Historischen Atlas für die Alt-Landkreise Lichtenfels und Staffelstein[16] bequem nachzuschlagen sind, entsprachen weitgehend den Verhältnissen zwischen 1500 und 1650[17]; eine Übersicht über das Amt Baunach in der Zeit um 1575 hat I. Maierhöfer erarbeitet[18].

## *1.1. Die Grundlagen der bambergischen Herrschaft*

Rechts des oberen Mains faßten die Bamberger Bischöfe schon im 11. Jahrhundert Fuß. Wohl 1071 gründete Alberada, eine Tochter und Erbin Herzog Ottos von Schwaben, mit dem 1057 das Geschlecht der Grafen von Schweinfurt im Mannesstamm ausgestorben war, die Benediktinerabtei Banz, stattete sie mit Besitz in der Umgebung aus und übertrug sie der Bamberger Kirche[19]. Spätestens, seit vor 1127 Graf Rapoto von Abenberg seine Erbvogtei über das Kloster Bischof Otto zu Lehen aufgetragen hatte – sie fiel dem Hochstift 1189 heim –, war Banz ohne Wenn und Aber bambergisches Eigenkloster[20].

Zugleich mit Banz übergab Alberada der Bamberger Kirche „foresta ad Banza pertinens"[21] und den Ort Marktgraitz mit nicht näher bestimmten Zugehörungen[22]. Ferner erkannte sie eine Reihe von Gütern, darunter den Ort Marktzeuln, als bischöfliche Lehen an, so daß sie nach ihrem Tod[23] an Bamberg heimfielen.

---

14 Von einer ritterschaftlichen Pfarrei wird hier und im folgenden gesprochen, wenn zwei Kriterien erfüllt waren: Das Patronat über die Pfarrei *und* die Herrschaft über den Pfarrort mußten in der Hand eines Adligen sein. Insofern wäre z. B. Staffelstein, wo bis 1600 die Marschalk von Ebneth Patronatsherren waren, aber das Bamberger Domkapitel die Landeshoheit ausübte, nicht als ritterschaftliche Pfarrei anzusprechen. Dies erweist sich als richtig, denn der Einfluß der Marschalk auf das geistliche Leben in der Stadt war gering. Vgl. Dippold, Leben.

15 Roppelt, S. 154 – 174, 181–217, 238 f., 241, 245 f., 252 – 256.

16 Weiß, Lichtenfels, S. 19 – 115.

17 Dies erweist eine Gegenüberstellung der Daten bei Roppelt und Weiß mit Huldigungsakten und Ämterbeschreibungen des späten 16. und frühen 17. Jahrhunderts. Für das Amt Döringstadt: StAB, Stb. 3101, auch Knapp, S. 816f.; für das Amt Burgkunstadt: StAB, B 22 d, Nr. 19, Prod. 1.

18 Vgl. Maierhöfer, Ebern, S. 109 – 155.

19 Vgl. Guttenberg, Regesten, S. 209f. Nr. 418. Über Alberada vgl. ders., Territorienbildung, S. 128–136; Pfuhlmann, Heinz: Hermann und Alberada. Die Gründer von Banz und ihre Darstellung durch das Kloster. Lichtenfels 1983 (Fränkische Heimat am Obermain 20), S. 14 f.

20 Vgl. Hirsch, Hans: Die echten und unechten Stiftungsurkunden der Abtei Banz. Ein Beitrag zur Geschichte des fränkischen Eigenklostertums. Wien 1919 (Akademie der Wissenschaften in Wien, Philos.-hist. Kl., Sitzungsber. 189, I), S. 27.

21 Dieses Waldgebiet, eines der wichtigsten im Hochstift, wurde später als Lichtenfelser Forst bezeichnet.

22 Aus Angaben im ältesten bischöflichen Urbar von 1323/27 schließt Guttenberg, Territorienbildung, S. 134, auf den Umfang des Marktgraitzer Komplexes zurück.

23 Alberada lebte noch 1071. Sie starb wohl nach 1078 und längere Zeit vor der 1114 abgeschlossenen Restauration des Klosters Banz durch Bischof Otto. Vgl. Guttenberg, Regesten, S. 419.

Von ihrem Vater hatte Alberada noch zu dessen Lebzeiten den Wirtschaftshof („curia") Döringstadt mit neun zugehörigen Ortschaften und fünf Wäldern erhalten[24]. Diesen Besitzkomplex scheint sie dem Bamberger Domstift geschenkt zu haben, in dessen Besitz er um 1120/24 nachzuweisen ist[25].

Kurz: Um 1100 hatte Bamberg in der nördlichen Hälfte des Untersuchungsgebietes die Besitznachfolge der Grafen von Schweinfurt angetreten.

Das „predium" Rattelsdorf ertauschte – möglicherweise gemeinsam mit Ebing[26] – Kaiser Heinrich II. 1015 von der Abtei Fulda und übertrug es neben 13 weiteren Gütern dem ersten Bischof von Bamberg, Eberhard, der damit die als bambergisches Eigenkloster gegründete[27] Benediktinerabtei Michelsberg ausstattete[28]. Im folgenden erwarb das Kloster Besitz in der Umgebung hinzu: die Dörfer Eggenbach[29], Mittel- und Unterbrunn[30] etwa oder die Burg Helfenroth[31].

Am längsten blieb der Teil des Untersuchungsgebietes der Herrschaft der Bamberger Bischöfe entzogen, der ihrer Residenzstadt am nächsten lag: der Besitzkomplex um Baunach und die wohl im 12. Jahrhundert ausgebaute[32] Burg Stiefenberg. 1244 war zumindest Baunach, wahrscheinlich aber auch Besitz im Umland, in der Hand des Herzogs von Andechs-Meranien[33]. Die Burg Stiefenberg gab Graf Günther von Käfernburg in diesem Jahr einer Gruppe von Ministerialen zu Lehen[34]. Von wem er seinerseits belehnt worden war, ist unklar[35]. Nach dem kinderlosen Tod Herzog Ottos 1248 erbten die Edelfreien – später Grafen – von Truhendingen nicht nur die meranischen Güter im Juragebiet, sondern auch den Baunacher Komplex[36]; ferner brachten sie die Burg Stiefenberg in ihren Besitz[37].

Zwar verpfändeten die Grafen ihre Güter in der bambergischen Interessensphäre, darunter Baunach und Umgebung, 1308 dem Bischof, sie konnten sie aber 1318 zurückerwerben[38] und einige Jahre später sogar noch im Wert steigern, indem sie bei Kaiser Ludwig das Stadtrecht für Baunach erwirkten[39]. (Freilich wurden die damit verbundenen Privilegien nicht verwirklicht; Baunach erscheint in der Folge stets als Markt.)

Erst 1396 gelang es dem Bamberger Bischof, Baunach und Stiefenberg von den verschuldeten Truhendingern zu kaufen, nachdem er zuvor bereits die Lehenshoheit über

---

24 Vgl. Guttenberg, Erich Frhr. von: Aus Bamberger Handschriften. In: ZBLG 3 (1930), S. 333–341, 4 (1931), S. 439–462, hier 3, S. 339; ders.: Döringstadt, die Mitgift einer Herzogstochter. In: Bamberger Blätter 7 (1939), S. 1f., 6f.; ders., Regesten, S. 131f. Nr. 286; ders., Urbare, S. 20; Jakob, Hans: Die Wüstungen des frühmittelalterlichen Herrschaftsgutes Döringstadt / Ofr. In: BHVB 120 (1984), S. 49 – 60.

25 Vgl. Guttenberg, Urbare, S. 20, 33–38.

26 Vgl. Guttenberg, Territorienbildung, S. 97 Anm. 248; Braun, Bd. 2, S. 56.

27 Vgl. Braun, Bd. 1, S. 35 –40.

28 Vgl. ebd., S. 41; Bd. 2, S. 182.

29 Vgl. ebd., Bd. 2, S. 59f.

30 Vgl. ebd., S. 145f., 249–251.

31 Vgl. ebd., S. 96f.

32 Vgl. Jakob, S. 378f.

33 Vgl. Oefele, Edmund Frhr.: Geschichte der Grafen von Andechs. Innsbruck 1877, S. 215 Nr. 682.

34 Vgl. ebd., S. 214 f. Nr. 681; Maierhöfer, Ebern, S. 23.

35 Vgl. ebd., S. 76.

36 Vgl. Guttenberg, Territorienbildung, S. 264; Maierhöfer, Ebern, S. 24 f.; Weiß, Bamberg, S. 29 f.; Ruß, Truhendingen, S. 45–53.

37 Vgl. Guttenberg, Territorienbildung, S. 377; Ruß, Truhendingen, S. 54, 281 f. u. ö.

38 Vgl. Guttenberg, Bistum, S. 59, 198, 201; Ruß, Truhendingen, S. 127–130.

39 Vgl. Ruß, Hubert: Das Baunacher Stadtrecht von 1328 und 1341. Überlieferung und Textkritik. In: Frankenland 41 (1989), S. 93–98; ders., Truhendingen, S. 57.

diese Güter vom Kloster Fulda erworben hatte[40]. Künftig unterstand auch der Süden des zu behandelnden Raumes der bischöflichen Herrschaft, ausgenommen die Zeit von 1435 bis 1483, in der das Amt Baunach-Stiefenberg an die Herren von Rotenhan verpfändet war[41].

Seither aber war – von wenigen Dörfern und einzelnen Anwesen abgesehen – das gesamte Untersuchungsgebiet fest ins Hochstift Bamberg eingebunden. Versuche der Michelsberger Äbte vom 12. bis zum 14. Jahrhundert, die bischöfliche Herrschaft über ihr Kloster wenn nicht abzuschütteln, so doch einzuschränken[42], scheiterten ebenso wie Anstrengungen der sächsischen Herzöge einerseits und der Würzburger Bischöfe andererseits, die vornehmlich im 16. Jahrhundert den Schirm und damit die Landeshoheit über das Kloster Banz beanspruchten und auf juristischem wie auf militärischem Weg gegen Bamberg durchzusetzen versuchten[43].

Allerdings war das Hochstift Bamberg, zumal an seinen Rändern, alles andere als ein einheitliches Staatsgebilde; so beobachten wir auch im Untersuchungsgebiet eine erhebliche Herrschaftszersplitterung. Dies verdeutlicht ein Blick auf die grundherrlichen[44] Verhältnisse, die für die Territorialisierung eine zentrale Rolle spielten[45].

## *1.2. Die Grundherren*

Das einheitlichste Bild bot der Banzgau, mit dem Alberada ihr neugegründetes Kloster ausgestattet hatte[46]. In Altenbanz, Gnellenroth, Hausen, Kösten, Nedensdorf, Püchitz, Schönsreuth, Stadel, Stetten, Tiefenroth, Unnersdorf, Weingarten und Zilgendorf war die Abtei Banz der einzige Grundherr[47].

---

40 Vgl. Looshorn, Bd. 3, S. 479f.; Guttenberg, Bistum, S. 235; Schaumberg, Oskar Frhr. von / Engel, Wilhelm (Bearb.): Regesten des fränkischen Geschlechts von Schaumberg. 2. Teil: 1300 – 1400. Coburg 1939 (Coburger Heimatkunde und Heimatgeschichte 2, 17, 2), S. 129f. Nr. 277; Maierhöfer, Ebern, S. 25; Ruß, Truhendingen, S. 137 – 139.

41 Vgl. Schenk, S. 25; Maierhöfer, Ebern, S. 56, 71 f.; Krimm, S. 100 – 102; Rotenhan, Gottfried Frhr. von: Streit und Fehde um die Burg Stuffenberg bei Baunach 1460/66. In: BHVB 129 (1993), S. 75–90. – Lediglich 1556 verpfändete Bischof Weigand von Redwitz das Amt an den Domherrn Kaspar von Berg, löste es aber schon nach einigen Monaten wieder ein. Vgl. Maierhöfer, Ebern, S. 72.

42 Vgl. Braun, Bd. 1, S. 48–56.

43 Vgl. Heins, Walter: Beziehungen der Coburger Landschaft zum Obermain-Gebiet und Frankenwald im Hochmittelalter. In: Coburger Monatsblätter 1953/54, S. 12–15, 68–77, hier S. 68–70; Hochholzer, S. 44–60; zum sächsischen Anspruch auch StAB, B 93, Nr. 22, fol. 115r–116v; Dippold, Schney, S. 172 Anm. 44. Siehe auch unten S. 68. – Die Auseinandersetzungen zwischen Bamberg und Würzburg um Banz wurden endgültig erst 1685/88 beigelegt. Vgl. Hochholzer, S. 59. Würzburg hatte die bambergische Herrschaft über Banz nie für längere Zeit zu verdrängen vermocht.

44 Zum Begriff der Grundherrschaft vgl. Schreiner, Klaus: „Grundherrschaft". Entstehung und Bedeutungswandel eines geschichtswissenschaftlichen Ordnungs- und Erklärungsbegriffs. In: Patze, Hans (Hrsg.): Die Grundherrschaft im späten Mittelalter. Sigmaringen 1983 (Vorträge und Forschungen 27), S. 11–74.

45 Die feudale Grundherrschaft war in Ostfranken das eigentliche „Fundament der Herrschaft". Zimmermann, Grundlagen, S. 29; vgl. auch Bog, Ingomar: Dorfgemeinde, Freiheit und Unfreiheit in Franken. Stuttgart 1956 (Quellen und Forschungen zur Agrargeschichte 3), S. 51, 80; Hofmann, Hanns Hubert: Territorienbildung in Franken im 14. Jahrhundert. In: ZBLG 31 (1968), S. 369 – 420.

46 Die Erstausstattung mit dem Banzgau und dem Besitzkomplex um Mupperg bildete das wirtschaftliche Rückgrat des Klosters Banz bis zu dessen Aufhebung 1803, während etwa Michelsberg und Langheim mit der „expansiven Erwerbspolitik", die sie besonders bis ins 14. Jahrhundert betrieben, ihren ursprünglichen Besitz um ein Vielfaches erweitern konnten. Pfuhlmann, S. 257.

47 Der klösterliche Besitz an diesen Orten ist zusammengestellt ebd., S. 259. – Außerdem besaß die Abtei noch etwa ein Drittel der Anwesen in Herreth.

Ähnlich verhielt es sich nur im Raum Döringstadt. Lehen des Domstifts zu Bamberg waren die meisten Anwesen in Döringstadt und in Wiesen, alle in Birkach, Busendorf, Neudorf, Speiersberg und Ziegenmühle[48] und etwa die Hälfte in Medlitz. Verwaltet wurde dieser Besitz wie das übrige domstiftische Präbendalgut (mit Ausnahme des Amtes Staffelstein) vom Dompropst[49].

Außerhalb des Banzer und des Döringstadter Umlandes waren die grundherrlichen Verhältnisse wesentlich bunter, wenn auch nicht überall sieben Grundherren begütert waren wie in Baunach oder gar acht wie in Schwürbitz. Die meisten Hintersassen im Untersuchungsgebiet hatte der Bamberger Bischof, aber nur in wenigen, kleinen Dörfern[50] war er auch der einzige Grundherr. Die Verwaltung der bischöflichen Güter lag in der Regel bei Kastenämtern – hier: Baunach und Lichtenfels –; daneben gab es Lehen der Bamberger Hofkammer[51] und der bischöflichen Kanzlei[52] sowie 46[53] der Vogtei am Brandt[54] lehenbare Anwesen[55]. In Marktgraitz existierten im frühen 17. Jahrhundert sogar Kanzlei-, Kasten- und Vogteilehen nebeneinander.

Zum Vermögen des Bamberger Domstifts gehörte neben dem Präbendal- das Obleigut[56]; das waren Güter, die zur Finanzierung eines Seelgeräts gestiftet worden waren. Die Obleien wurden bereits um 1200 – anders als das Präbendalgut – „nicht [...] als Vermögenseinheit verwaltet"[57], sondern nach einem festgelegten Modus auf die einzelnen Domkanoniker verteilt[58]. Da es 126 Obleien und Fragmente[59], aber ab 1510 maximal 18 Domherren und sechs Emanzipaten[60] gab, hatte jeder Domkanoniker mehrere Obleien inne, mancher über zehn[61]. Im Untersuchungsgebiet lagen die Obleien Schwürbitz und Baunach[62].

Das Kloster Michelsberg hatte mit Rattelsdorf, wo es der einzige Grundherr war, und Ebing, wo 1599 von 94 Haushalten 51 auf Kloster-, 43 auf bischöflichen Kammerlehen lebten[63], einen Besitzschwerpunkt. Ferner war es Grundherr über sämtliche Anwesen in dem Weiler Helfenroth, in Eggenbach, Ober- und Unterbrunn sowie über einige Häuser in

---

48 Dieser aus zwei Anwesen bestehende Ort verödete Ende des 19. Jahrhunderts.

49 Vgl. Guttenberg, Urbare, S. 14f.; Nöth, bes. S. 6–11.

50 Um 1600 in Lettenreuth mit Oberreuth, Neuensee, Mauschendorf, Lußberg, Leppelsdorf, Godeldorf, Reckenneusig.

51 Über die Kammergüter vgl. Hofmann, Außenbehorden, S. 84f.; Schmitt, Verwaltung, S. 113–115; Weiß, Bamberg, S. 50f.

52 Die Kanzleilehen waren bäuerliche Mannlehen. Vgl., auch zu Struktur und Aufgaben der Kanzlei, Schmitt, Verwaltung, S. 100–103, bes. S. 102.

53 Vgl. StAC, LA D 1208, fol. 85v–86r.

54 Die Vogtei hatte ihren Namen von einem Wald im Norden von Marktgraitz. Über ihn vgl. Roppelt, S. 259.

55 Die zur Vogtei gehörigen Güter waren 1513 an Kaspar von Guttenberg verpfändet. Vgl. Weiß, Lichtenfels, S. 23 Anm. 12. Wann der Bischof sie wieder einlöste, ist unklar.

56 Dazu gehörten nicht nur Obleien, sondern auch Fragmente; diese waren „an sich Obleien, die entweder von der Größe her nicht dem Umfang einer Oblei entsprachen oder [...] aus einer ehemaligen Oblei gebildet waren". Nöth, S. 65.

57 Guttenberg, Urbare, S. 18; vgl. auch Nöth, S. 59f.

58 Das Verfahren – das „Tukken" – ist beschrieben ebd., S. 62–64.

59 Vgl. ebd., S. 77.

60 Noch nicht voll berechtigte und bepfründete Absolventen der Domschule.

61 Vgl. Nöth, S. 61–63.

62 Vgl. ebd., S. 89, 91; zur Herkunft der Oblei Schwürbitz auch Guttenberg, Urbare, S. 85. Die Inhaber zwischen 1475 und 1559 sind zusammengestellt bei Kist, Domkapitel, S. 335, 345. – Ein Urbar der Oblei Schwürbitz von 1580: StAB, Stb. 3439/1.

63 Vgl. Braun, Bd. 2, S. 58.

Medlitz[64]; ihre Höfe in Oberbrunn gab die Abtei seit dem 14. Jahrhundert als Mannlehen an die Herren von Giech aus[65].

Das reichste Kloster[66] in der Diözese Bamberg, die Zisterze Langheim, war im Untersuchungsgebiet kaum begütert. Nur die Anwesen des Ortes Messenfeld, der Mönchshof bei Döringstadt und eine Reihe von Selden in Döringstadt sowie ein Anwesen in Wiesen waren langheimische Lehen[67]. Weiter nördlich verfügte die Abtei über keinen Besitz – von einigen Zehnten abgesehen –, während sie auf der gegenüberliegenden Mainseite, um Hochstadt und Trieb, zahlreiche Hintersassen hatte[68].

Lediglich in Mannsgereuth und dem benachbarten Weiler Neuenmühle sowie in Unterbrunn besaß das in der sächsischen Pflege Coburg gelegene Zisterzienserinnenkloster Sonnefeld lehenbare Anwesen[69]. 1531 wurde das Kloster sequestriert, nachdem die kursächsischen Räte schon 1525 einen Verwalter für die klösterlichen Güter eingesetzt hatten; die Besitzungen bildeten künftig das sächsische (ab 1572: sachsen-coburgische) Klosteramt Sonnefeld[70]. Bis 1531 hatte Sachsen im Untersuchungsgebiet nur einen Hof in Michelau besessen.

Weitere Klöster und Stifte waren in und um Baunach begütert. Vom umfangreichen Besitz, den die Benediktinerabtei Fulda während des 8. und 9. Jahrhunderts im gesamten Untersuchungsgebiet erhalten hatte[71], waren im 16. Jahrhundert nur noch wenige Güter[72] und Rechte in Baunach übrig, die zur Ausstattung der fuldischen Propstei Holzkirchen gehörten. 1604 kaufte das Hochstift diesen Besitz[73]. Ferner waren dem Bamberger Stift St. Stephan Anwesen in Reckendorf lehenbar[74]. In Baunach[75] war das Klarissenkloster zu Bamberg[76] Grundherr über wenige Häuser, in Lauter[77] das Hl.-Grab-Kloster.

Kleinere Grundherren waren weiterhin das St.-Bartholomäus-Benefizium[78] am Bamberger Dom, das in Priegendorf, Deusdorf und Appendorf[79], das Benefizium in Stegaurach,

---

64 Vgl. ebd., S. 141f.

65 Vgl. ebd., S. 157.

66 Vgl. Dippold, Langheim, S. 93.

67 Vgl. Geldner, Ferdinand (Bearb.): Das älteste Urbar des Cistercienserklosters Langheim (um 1390). Würzburg 1952 (VGffG X, 3), S. 93-96; ders.: Langheim. Wirken und Schicksal eines fränkischen Zisterzienser-Klosters. Lichtenfels $^2$1990, S. 84, 96, 111.

68 Einen Überblick bietet Arneth, Gerhard: Die Zisterzienserabtei Langheim vor der Säkularisation. In: BHVB 106 (1970), S. 345– 438, hier Karte nach S. 438.

69 Vgl. Lorenz, S. 209f., 215f., 238f.

70 Vgl. ebd., S. 135–137. – Dem Amt Sonnefeld stand ein Schosser vor, dessen Aufgaben wohl denen eines Kastners im Bambergischen entsprachen. Albrecht von Steinau, der das Amt von 1605 an leitete, trug dagegen den Titel „Amtmann". Vgl. Wank, S. 83–85.

71 Vgl. Guttenberg, Territorienbildung, S. 41f.; Maierhöfer, Ebern, S. 21f.; Bosl, Karl: Franken um 800. Strukturanalyse einer fränkischen Königsprovinz. München $^2$1969 (Schriftenreihe zur fränkischen Landesgeschichte 58); Zimmermann, Gerd: Das Marktprivileg von 1130 im Rahmen der Staffelsteiner Geschichte. In: Staffelstein. Die Geschichte einer fränkischen Stadt. Landschaft, Kultur und Menschen in achteinhalb Jahrhunderten. Staffelstein 1980, S. 11–22, hier S. 13.

72 1554/56 und 1595 waren es elf Häuser. Vgl. Maierhöfer, Ebern, S. 110; StAB, B 22 d, Nr. 12, fol. 287r. – Zur mutmaßlichen Lage vgl. Schenk, Tafel IX nach S. 66.

73 Vgl. StAB, A 90, L. 462, Nr. 150; zur Vorgeschichte Nr. 149, zur Bezahlung Nr. 151.

74 Vgl. StAB, B 22 d, Nr. 12, fol. 288r; Maierhöfer, Ebern, S. 145.

75 Vgl. StAB, B 22 d, Nr. 12, fol. 287r; Maierhöfer, Ebern, S. 65f., 110.

76 Über dieses Kloster vgl. Meyer, Otto: St. Klara und ihr Kloster in Bamberg. In: FB 5 (1953), S. 90-92.

77 Vgl. StAB, B 22 d, Nr. 12, fol. 290v; Maierhöfer, Ebern, S. 134.

78 Über diese Pfründe vgl. Looshorn, Bd. 3, S. 244f.; Guttenberg / Wendehorst, S. 64; Baumgärtel-Fleischmann, Altäre, S. 30, auch 53.

79 Vgl. StAB, B 22 d, Nr. 16, Prod. 2; nicht bei Maierhöfer, Ebern. – Zur Erstausstattung der 1352 gestifteten Pfründe gehörten davon nur vier Anwesen in Deusdorf. Vgl. Looshorn, Bd. 3, S. 244.

das in Lauter[80], und das Katharinenspital bei (Alt-)St. Martin[81] in Bamberg, das in Baunach begütert war[82].

Zur Ausstattung der ältesten Pfarreien des Untersuchungsgebietes – Altenbanz, Baunach, Marktgraitz – gehörten einige lehenbare Höfe. Der Pfarrer von Altenbanz war Grundherr über ein Haus in Döringstadt und einige Anwesen in Eggenbach[83]; der Marktgraitzer Pfarrer hatte Hintersassen in Marktgraitz[84], der Baunacher in Reckendorf[85]. Ferner verfügte die Kirchenstiftung Marktgraitz über mehrere Güter[86], und auch die Pfleger der Hl.-Grab-Kapelle in Lettenreuth hatten einige Anwesen zu verwalten[87].

Nur wenige Gemeinden im Untersuchungsgebiet waren selbst Grundherren: Baunach[88], Marktgraitz[89], Marktzeuln. Einen Sonderfall stellte dabei Marktzeuln dar, wo außer den beiden Mühlen[90] sämtliche Häuser – 91 im Jahr 1598[91] – Gemeindelehen waren[92].

Eine wichtige Gruppe von Grundherren bleibt noch zu nennen: die (Nieder-)Adligen[93]. Während die übrigen Grundherren – von Fulda bzw. Holzkirchen und Sachsen abgesehen – in das Hochstift Bamberg eingegliedert waren, errangen die Ritter eine reichsunmittelbare Stellung. Zwar waren sie dem Fürstbistum auf manche Art und Weise verbunden – viele hatten ihre Rittergüter oder anderen Besitz vom Bischof[94], vom Domkapitel[95], von hochstiftischen Klöstern[96] zu Lehen, standen als Räte oder Amtmänner im Dienst des Fürstbischofs[97], hatten Verwandte im Domkapitel[98] –, doch wehrten sie sich erfolgreich gegen die Bemühungen der Landesherren, sie „in ein landsässiges Abhängigkeitsverhältnis“[99] zu zwingen. Den Fürsten die Stirn zu bieten und über die Pflichten eines Lehensmannes hinausgehende Forderungen abzuwehren, gelang der Ritterschaft vor allem dank ihrer Zu-

---

80 Vgl. StAB, B 22 d, Nr. 16, Prod. 2; nicht bei Maierhöfer, Ebern, S. 134.

81 Zu diesem Spital vgl. Schnapp, Karl: Aus der Geschichte der Bamberger Bürgerspitalstiftung. In: FB 6 (1954), S. 5–11, hier S. 5–7.

82 Vgl. StAB, B 22 d, Nr. 12, fol. 287r; Maierhöfer, Ebern, S. 24, 110. Irrig Schenk, S. 20f.

83 Vgl. StAB, B 46 c, Nr. 542.

84 Vgl. PfAM, Lehenbuch 1593.

85 Vgl. DAW, PfA Baunach, K 1, Register 1614.

86 1623 hatte das Gotteshaus Marktgraitz zwölf Hintersassen in Marktgraitz. Vgl. StAB, B 22 d, Nr. 19, Prod. 1.

87 1577 schrieb die Gemeinde Lettenreuth, die Kapelle habe „gar geringe unterthane“. StAB, B 76/XVIII, Nr. 8, zweite Zählung, fol. 158r. – In der Huldigungsliste von 1623 sind lediglich zwei Hintersassen in Schwürbitz nachgewiesen. Vgl. StAB, B 22 d, Nr. 19, Prod. 1. Im frühen 16. Jahrhundert war der Grundbesitz der Kapellenstiftung noch umfangreicher. So wird 1567 ein Gütlein in Oberreuth erwähnt, das „vormaln der wustenn cappeln tzum heiligen grab lehenn gewest“. StAB, A 231, Nr. 38686, Einnahme „an handlan“.

88 1609 war der Baunacher Rat Grundherr über 16 Anwesen. Vgl. StAB, B 22 d, Nr. 16, Prod. 2; nicht bei Maierhöfer, Ebern, S. 110.

89 Die Gemeinde Marktgraitz hatte 1623 14 Hintersassen. Vgl., auch zum Folgenden, StAB, B 22 d, Nr. 19, Prod. 1.

90 Diese waren Lehen der bischöflichen Kanzlei.

91 Vgl. StAB, A 231, Nr. 18077, fol. 55r–67v.

92 Vgl. StAC, LA D 1208, fol. 86v–87r.

93 Zur Genese dieser Gruppe, deren zugehörige Familien zu einem kleinen Teil von Edelfreien, zumeist aber von Ministerialen abstammten, vgl. Bachmann, S. 46–48; Hofmann, Adel, S. 103; Voit, S. 28–30 (zur Entwicklung der Ministerialen-Geschlechter); Zimmermann, Grundlagen, S. 33.

94 Vgl. Schmitt, Verwaltung, S. 122f.

95 Vgl. Nöth, S. 39–47.

96 Zu Michelsberg vgl. Braun, Bd. 1, S. 117–119; zu Banz vgl. Oesterreicher, S. CCC–CCCIII; Pfuhlmann, S. 257.

97 Vgl. Bachmann, S. 77f.; Schmitt, Verwaltung, S. 90f., 144. – Weiterhin waren in der Hochstiftsverwaltung die Ämter des Hofmeisters, des Landrichters und des Oberschultheißen für Adlige reserviert. Vgl. ebd., S. 96f., 132, 143.

98 Zur Herkunft der Bamberger Domherren vgl. Kist, Domkapitel, S. 31, 40; Rupprecht, S. 45–54.

99 Schubert, Landstände, S. 66.

sammenschlüsse (Einungen)[100], aus denen im späten 15. Jahrhundert die sechs fränkischen Ritterkantone erwachsen waren[101]. Der Bamberger Bischof erkannte die Reichsunmittelbarkeit der niederadligen Familien 1556 ausdrücklich an, als er von „der Ritterschaft" sprach, „so von unserm Stift belehnt und in Stiftobrigkeit gesessen", aber „sonst ohn Mittel zu den sechs Orten des Lands Franken gehörig und der kaiserlichen Majestät und des Reichs Ritterschaft ist"[102]. Nach 1560 nahmen die im Hochstift ansässigen Adligen denn auch nicht mehr an steuerbewilligenden Landtagen teil[103].

Vier Adelssitze lagen im 16. und frühen 17. Jahrhundert im Untersuchungsgebiet: Schney, Oberbrunn, Reckendorf und Daschendorf.

Das Rittergut Schney, ein Lehen des Klosters Banz, war spätestens vom 14. Jahrhundert an im Besitz der Familie Marschalk[104], die sich zunächst nach (Burg-)Kunstadt, später meist nach Ebneth nannte. 1503 kaufte Willibald (Wilwolt) von Schaumberg[105] seinem Onkel, Kunz Marschalk, Schney ab. Im Besitz der Schaumberg blieb das Gut bis 1706[106].

Mit dem Sitz Oberbrunn belehnte der Bamberger Bischof 1338 Heinrich von Giech[107]. Dessen Nachkommen hatten das Rittergut bis 1680 inne, dann fiel es samt der Obrigkeit in Oberbrunn an das Hochstift Bamberg[108]. Damals war die Burg durch Erbstreitigkeiten, durch den Dreißigjährigen Krieg und durch ein Erdbeben[109] „gentzlich ruinirt, [...] das davon nichts als einige zue wiederauferbawung untaugliche [...] mauren übrig sein"[110]. 1809 wurden die letzten Reste des Schlosses abgebrochen[111]. Grabmäler von Mitgliedern der Familie Giech waren um die Mitte des 19. Jahrhunderts noch in der Oberbrunner Kirche zu sehen[112].

In Reckendorf war die Familie von Schöfstal ansässig[113], bis sie 1544 im Mannesstamm ausstarb. Friedrich von Wiesenthau beerbte sie[114]. 1649 verkaufte dessen Nachkomme Hans von Wiesenthau den Ansitz Reckendorf mit Zugehörungen an den Oberst Martin von Modersbach[115]. Im Unterschied zu den in Schney und Oberbrunn ansässigen Familien waren

---

100 Vgl. Zimmermann, Grundlagen, S. 34. Über die Einungen vgl. Bachmann, S. 51–55; Hofmann, Adel, S. 108–110; Schubert, Landstände, S. 63–76; Rupprecht, S. 363–377, 383–398; Ruprecht, Klaus: Das Einungswesen des oberfränkischen Adels im ausgehenden 15. Jahrhundert. In: BHVB 130 (1994), S. 99–114. – Freilich hatten nicht alle Bündnisse antifürstliche Tendenz. Vgl. Bachmann, S. 53; Hofmann, Adel, S. 108f.

101 Zu Entstehung und Bedeutung der Kantone vgl. Fellner, Robert: Die fränkische Ritterschaft von 1495–1524. Berlin 1905 (Historische Studien 50); Pfeiffer, Studien, S. 173–175.

102 Zit. nach Pfeiffer, Studien, S. 177 Anm. 24.

103 Vgl. Bachmann, S. 104f.

104 Vgl. Voit, S. 185; Werner, S. 89, irrig dagegen S. 101.

105 Über ihn vgl. Keller, Adalbert von (Hrsg.): Die Geschichten und Taten Wilwolts von Schaumburg [!]. Stuttgart 1859 (Bibliothek des litterarischen Vereins in Stuttgart 50); Ulmann, H.: Der unbekannte Verfasser der Geschichte und Taten Wilwolts von Schaumburg. In: Historische Zeitschrift 39 NF 3 (1878), S. 193–229; Herd, Rudolf: Ein fränkischer Ritterspiegel von 1507. In: GaO 4 (1966/67), S. 87–100; Goez, Werner: Das Leben auf der Ritterburg. In: Meckseper, Cord / Schraut, Elisabeth (Hrsg.): Mentalität und Alltag im Spätmittelalter. Göttingen 1985, S. 9–33, hier S. 10–13.

106 Vgl. Werner, S. 91, 93.

107 Vgl. Voit, S. 113.

108 Vgl. StAB, B 49, Nr. 33, Brief von 1686 Febr. 11.

109 Vgl. StAB, B 58, Nr. 1943, Brief von 1680 März 20/30.

110 Ebd., Brief von 1679 April 25.

111 Vgl. Lippert, S. 159.

112 Vgl. Hermann, S. 117; BHVB 7 (1844), S. XXXII f. – Diese Grabdenkmäler befinden sich heute im Schloß Thurnau.

113 Die Burggüter in Reckendorf hatte die Familie vom Hochstift Bamberg zu Lehen. Vgl. StAB, A 205, L. 830, Nr. 11339, 11344; auch Schrott, S. 48.

114 Vgl. StAB, A 205, L. 830, Nr. 11347; Schenk, S. 24, 92; Barthels, Bd. 1, S. 159 Nr. 1055f., S. 160 Nr. 1059; Maierhöfer, Ebern, S. 63; Schrott, S. 50.

115 Vgl. ebd., S. 482 f. Nr. 2376 f.; Maierhöfer, Ebern, S. 63.

die Besitzer des Schlosses Reckendorf nicht über alle Anwesen an ihrem Wohnort Grundherren. Christoph von Wiesenthau hatte 1595 nur 18 Hintersassen in Reckendorf, das damals 81 Haushalte umfaßte[116].

Als Inhaber des Adelssitzes in Daschendorf sind von 1397[117] bis 1508 und von 1588 bis 1623 die Herren von Lichtenstein nachzuweisen; 1525 wird Bernhard von Schaumberg genannt[118].

Neben den genannten Familien war noch eine Reihe benachbarter Adelsgeschlechter im Untersuchungsgebiet begütert, so die Herren von Rotenhan zu Rentweinsdorf im Baunacher Umland[119] und seit 1597 in Herreth[120], die Stein von Altenstein in Baunach[121] und Herreth[122], die Marschalk von Ebneth in Trainau und Michelau, die Herren von Schaumberg zu Strössendorf in Michelau[123], die Thundorfer Linie desselben Geschlechtes in Herreth[124]. Mehrere Linien der Familie von Redwitz hatten eine beträchtliche Anzahl von Hintersassen in Michelau, in Beikheim und vor allem in Schwürbitz[125].

Manche Adlige waren im 16. und frühen 17. Jahrhundert offenbar stärker als die übrigen Grundherren bemüht, ihren Besitz zu erweitern[126]. Um 1600 ließen sie „im stifft Bamberg unnd ambt Lichtenfels in dörfern, feldungen unnd wiesen neue wohnungen unnd heußer, do zuvor nichts gestanden unnd nur ihr blos lehenn, [...] ufbauen"[127]; dies geschah z. B. in Schney[128] und Schwürbitz.

Verwaltet wurden die bischöflichen Lehen im Untersuchungsgebiet – wie erwähnt – von den Kastenämtern[129] Lichtenfels und Baunach sowie vom Kammeramt Hallstadt[130]. Auch der dompropsteiliche Besitz in und um Döringstadt war zu einem Amt zusammengeschlossen[131], in dem der vom Bischof eingesetzte[132] Vogt wohl zugleich die Aufgaben eines Kast-

116 Vgl. StAB, B 22 d, Nr. 12, fol. 288r; Maierhöfer, Ebern, S. 145. – Daneben hatte Wiesenthau 1595 noch neun Hintersassen in Baunach. Vgl. StAB, B 22 d, Nr. 12, fol. 287v; auch Maierhöfer, Ebern, S. 63, 110.

117 Vgl. Maierhöfer, Ebern, S. 46.

118 Vgl. Schenk, S. 95; vgl. auch Looshorn, Bd. 4, S. 659.

119 In Reckendorf, Laimbach, Dorgendorf; ferner kaufte 1549 Hans von Rotenhan das Burggut Gerach und weiteren Besitz von Veit Ulrich von Schaumberg. Vgl. Maierhöfer, Ebern, S. 49–58, 115, 121, 134, 145; Rotenhan, beiliegende Besitzkarte, auch S. 242.

120 Wilhelm von Rotenhan zu Ebelsbach aus der Rentweinsdorfer Linie kaufte 1597 seinen kinderlosen Schwägern Valentin und Rudolf von Stein ihre Güter in Herreth ab. Vgl. Rotenhan, S. 329.

121 Vgl. Schenk, S. 20; Maierhöfer, Ebern, S. 110. – Die Anwesen waren Lehen der Propstei Holzkirchen. Vgl. StAB, A 205, L. 844, Nr. 12448.

122 Vgl. z. B. StAB, B 93, Nr. 26, fol. 164v. Diese Lehen gingen um 1600 an die Herren von Rotenhan über.

123 Vgl. StAB, B 22 d, Nr. 19, Prod. 1.

124 Vgl. z. B. StAW, Geistl. Sachen 2648, fol. 11r.

125 Vgl. StAB, B 22 d, Nr. 19, Prod. 1. Allein in Schwürbitz besaßen drei Linien insgesamt 30 Anwesen. – Zu Michelau vgl. auch StAB, Stb. 8918. Die dortigen Selden waren erst im frühen 16. Jahrhundert entstanden, als Peter von Redwitz den „ritterßhofe" in mehrere Anwesen zerteilte. StAB, A 231, Nr. 38651, „Abgang an gelt".

126 Zur angespannten wirtschaftlichen Lage erheblicher Teile des Niederadels, die wohl u. a. für derartige Maßnahmen verantwortlich war, vgl. Endres, Rudolf: Adelige Lebensformen in Franken im Spätmittelalter. In: Adelige Sachkultur des Spätmittelalters. Wien 1982 (Österreichische Akademie der Wissenschaften, Philos.-Hist. Kl., Sitzungsber. 400), S. 73–104.

127 StAC, LA D 1183, fol. 27r.

128 Hier hatte bereits ab 1543 Wilhelm von Schaumberg in einiger Entfernung vom eigentlichen Dorf ohne bischöfliche Erlaubnis Land roden und darauf acht Häuser erbauen lassen. Vgl. Meyer, Heinrich: Als der Weiler Stöcken bei Schney abgebrochen werden sollte. In: HB 1956, Nr. 1.

129 Zur Entstehung der Kastenämter und zu den Aufgaben der Kastner vgl. Hofmann, Außenbehörden, S. 72 f.; Neukam, S. 21 f.

130 Die Kastenämter entstanden nach der Auflösung der Fronhofstruktur. Um 1400 bestanden sie bereits in der Gestalt, die bis zum Ende des Hochstifts 1802 beibehalten wurde. Vgl. ebd., S. 71 f.

131 Von 1259 stammt der früheste Hinweis auf eine Ämterstruktur. Vgl. Guttenberg, Urbare, S. 17; Nöth, S. 5.

132 Vgl. StAB, Stb. 3101, fol. 8r.

ners wahrnahm. Seit dem 15. Jahrhundert wurde der Michelsberger Besitz in Rattelsdorf, Ebing und einigen anderen Dörfern von einem Kastner verwaltet[133]. In Banz ist zumindest in der ersten Hälfte des 16. Jahrhunderts ein Kastner nachzuweisen[134]. Die einzelnen Domherren ließen ihre Obleien in der Regel von einem Privatkastner betreuen[135]. Bei Adligen hieß der Verwalter, der zugleich Gerichtsbeamter war[136], „Vogt"[137].

Als seinen Vertreter vor Ort, als Schultheißen, setzte der Grundherr einen seiner Hintersassen ein. Dessen Hauptaufgaben bestanden im Einsammeln der Zinse und im Organisieren der Frondienste für den Grundherrn. Daneben wirkte er an der Gemeindeverwaltung mit und unterstützte die Beamten des Grundherrn[138]. Auch die Marktzeulner ließen den umfangreichen Gemeindebesitz nicht von den Bürgermeistern verwalten, sondern wählten alljährlich ein Mitglied des Rats zum Schultheißen[139]. 1604 jedoch nahm ihnen der Fürstbischof dieses Recht zur Strafe für einen Aufstand. Künftig ernannte er den Marktzeulner Schultheißen auf Dauer[140].

## *1.3. Die Gerichtsverhältnisse*

Die meisten Grundherren hatten auf ihren Gütern die Vogtei. „Vogtei" bezeichnet ein im frühen 16. Jahrhundert entstandenes Rechtsbündel, erwachsen „aus der Grundherrschaft und dem Schutz und Schirm über Grundholden"[141], das vor allem die zivile Gerichtsbarkeit, die Strafgerichtsbarkeit[142] – mit Ausnahme der Fälle, die unter den Blutbann fielen – und „Gebot und Verbot", das Recht, Mandate zu erlassen, umfaßte[143]. Die vogteilichen Rechte über die bischöflichen Hintersassen übten nicht die Kasten-, sondern die Vogteiämter aus[144]. An ihrer Spitze stand ein adliger Amtmann, dessen ursprüngliche Funktionen in

---

133 Vgl. Braun, Bd. 2, S. 187. – Zur Entwicklung der Ämterstruktur vgl. ebd., Bd. 1, S. 94–98.

134 Vgl. StAB, B 93, Nr. 20, fol. 334v (1529); Nr. 22, fol. 181r (1538); Meyer, Banz, S. 90 (1547). – Aus späterer Zeit fehlen Belege für einen klösterlichen Kastner. Möglicherweise hatten die Mönche nach der Aufhebung des Adelsprinzips größeren Anteil an der Verwaltung der Klostergüter; auch der Klostersekretarius mag stärker daran mitgewirkt haben.

135 Vgl. Nöth, S. 61.

136 Vgl. z. B. Meyer, Heinrich: Merkwürdige Gerichtsfälle im Lichtenfelser Land. In: Stadt- und Land-Kalender aus Lichtenfels Stadt und Land 1967 (ohne Seitenzählung).

137 Diese Amtsbezeichnung ist belegt z. B. bei Maierhöfer, Ebern, S. 78; Werner, S. 92; Kunstmann, Hellmut: Mensch und Burg. Burgenkundliche Betrachtungen an ostfränkischen Wehranlagen. Neustadt a. d. Aisch [2]1985 (VGffG IX, 25), S. 172.

138 Vgl. Schrepfer, S. 59–61; Schmitt, Verwaltung, S. 166.

139 Vgl. StAC, LA D 1208, fol. 38r.

140 Vgl. Dietz, Revolution; auch StAC, LA D 1208, fol. 87r.

141 Hofmann, Mittel- und Oberfranken, S. 8.

142 Die Fälle, die unter die vogteiliche Gerichtsbarkeit fielen, sind zusammengestellt bei Schmitt, Verwaltung, S. 149f.

143 Daneben fielen unter die Vogtei auch gewerbepolizeiliche Befugnisse und das Recht, das Ungeld, Reichssteuern und – von Fortziehenden – die Nachsteuer zu erheben. Vgl. Weiß, Bamberg, S. 41; ausführlicher Weiß, Hildegard: Die Zisterzienserabtei Ebrach. Eine Untersuchung zur Grundherrschaft, Gerichtsherrschaft und Dorfgemeinde im fränkischen Raum. Stuttgart 1962 (Quellen und Forschungen zur Agrargeschichte 8), S. 95f.

144 Vgl. Neukam, S. 20f. – Zuweilen übte der Lichtenfelser Kastner im 16. Jahrhundert aber noch die niedere Gerichtsbarkeit aus. Vgl. Weiß, Lichtenfels, S. 17.

Rechtssprechung und allgemeiner Verwaltung im 16. Jahrhundert weitgehend ein nichtadliger Vogt übernommen hatte[145]; dem Amtmann blieb allenfalls die Aufsicht[146].

Die Amtsbezirke von Kastner und Vogt deckten sich zuweilen nicht[147]. So wurden z. B. die meisten bischöflichen Lehen zwischen Rodach und Schneybach vom Lichtenfelser Kastner wirtschaftlich verwaltet, der Burgkunstadter Vogt aber sprach über die Bewohner dieser Lehen Recht, verkündete ihnen Mandate[148].

Über die bischöflichen Untertanen, aber auch über die Hintersassen der Gemeinden und mancher geistlichen Pfründen[149] übten Amtmann und Vogt von Burgkunstadt, Lichtenfels und Baunach sowie der Vogt auf dem Brandt die Vogteigewalt aus. Der von Bischof und Dompropst gemeinsam eingesetzte Amtmann von Döringstadt[150] und der dortige, vom Bischof allein bestallte Vogt[151] waren für die dompropsteilichen Untertanen zuständig. Über die michelsbergischen, banzischen und langheimischen Hintersassen saßen Beamte des jeweiligen Klosters im Namen des Abtes zu Gericht[152]; auch Domherren und Adlige hatten entsprechende Beauftragte, die wohl meist zugleich die Aufgaben eines Verwalters wahrnahmen. Für die sächsischen Untertanen im Untersuchungsgebiet schließlich war das Sonnefelder Helfgericht nur in Lehens- und sonstigen Zivilprozessen zuständig; die gesamte Strafgerichtsbarkeit lag bei der Zent Neustadt[153].

Der Vogteiherr stellte für seine Untertanen die „eigentliche ‚Regierung' " dar[154]. Die hohe Gerichtsbarkeit, Steuer- und Wehrhoheit, der Anspruch auf Huldigung – Rechte, die zumeist in der Hand des Landesherren waren – spielten eine untergeordnete Rolle. Die Macht des Landesherrn endete nach H. Weiß „im Grunde genommen dort, wo er nicht selbst als Grund- und Vogteiherr auftrat"[155]. Dies trifft freilich nicht uneingeschränkt zu: Wo ein landsässiges Kloster die Vogtei innehatte, konnte der Landesherr – in unserem Fall der Bamberger Bischof – durchaus die Politik des Abtes gegenüber den klösterlichen Hinter-

145 Vgl. Hofmann, Außenbehörden, S. 66f.; zu den Aufgaben des Vogtes vgl. Schmitt, Verwaltung, S. 149–153.

146 Vgl. ebd., S. 144. – Aber auch der Kastner kontrollierte in wirtschaftlicher Hinsicht die Amtsführung des Vogtes. Vgl. ebd., S. 154f. Daher wurde offenbar der Kastner als der ranghöhere Beamte angesehen; in Briefen der Regierung an Vogt und Kastner wird jedenfalls dieser stets als erster genannt.

147 Vgl. ebd., S. 144.

148 Vgl. StAB, B 22 d, Nr. 19, Prod. 1. Hier heißt es, die „lehenschafft" stehe dem (Kasten-)Amt Lichtenfels, die „pottmeßigkeit" dem (Vogtei-)Amt Burgkunstadt zu.

149 Zumindest am Ende des Hochstifts Bamberg lag die Vogtei über die Pfarr- und die Gotteshauslehen in Marktgraitz beim Amt Burgkunstadt. Vgl. Weiß, Lichtenfels, S. 86. – Über den Hof der Pfarrei Altenbanz in Döringstadt stand dagegen dem (Ober-)Pfarrer selbst die „niedere Obrigkeit" zu. Vgl. StAB, Stb. 3101, fol. 15v.

150 Vgl. StAB, Stb. 3101, fol. 7r. – Schon hier, 1580, erscheint der Titel „Oberamtmann".

151 Vgl. ebd., fol. 8r, 10v–11r.

152 Die Verwaltungsstrukturen in den Klöstern sind noch weitgehend unerforscht. In Michelsberg war wohl der Vogt für die niedere und mittlere Gerichtsbarkeit über die Hintersassen zuständig; ob auch die Kastner – in unserem Fall: der Kastner von Rattelsdorf – jurisdiktionelle Befugnisse hatten, ist unklar. Namens des Banzer Abtes übte wohl der Klostervogt die Vogteigewalt im Banzgau aus; ob auch der Sekretarius, der oberste weltliche Beamte der Abtei, dabei mitwirkte, war nicht zu ermitteln. In Langheim nahm sicherlich der Klosterrichter die Aufgaben eines Vogtes wahr. Zum Amt des Vogtes im spätmittelalterlichen Michelsberg vgl. Braun, Bd. 1, S. 67-70. Der Banzer Klostervogt ist erwähnt in StAB, A 231, Nr. 38650, „Holtz von forstrechts wegen und sunst aus gn[a]den hingeben" (1529 April 19); auch bei Meyer, Banz, S. 90 (1547); Dippold, Streit, S. 269. Die Bestallungsurkunde für den Langheimer Klosterrichter in StAB, B 106, Nr. 25, fol. 74r-76v.

153 Neustadt bei Coburg. – Vgl. Wank, S. 84.

154 Weiß, Bamberg, S. 41. – Diese Auffassung ist für den Nürnberger Raum bereits um die Mitte des 16. Jahrhunderts belegt. Hier habe, so heißt es in einer kaiserlichen Urkunde von 1545, „eine jede Herrschaft auf ihr und der ihren Leut, auch derselben Güter, alle niedere Gerichtsbarkeit, Frevel, Straf, Gebot und Herrlichkeit [...], unverhindert, ob dieselben in eines andern hohen Malefizoberkeit wohnen, sitzen und gelegen". Zit. nach Hofmann, Mittel- und Oberfranken, S. 5f.

155 Ebd., S. 42.

sassen bestimmen. Schwieriger war es schon für den Fürstbischof, das Verhalten des Bamberger Domkapitels zu beeinflussen, denn die Gemeinschaft der Domherren war dank ihrem Recht der Bischofswahl auf dem Weg über die Wahlkapitulationen zum Mitregenten des Hochstifts aufgestiegen[156] und konnte sich landesherrlichen Anordnungen des Bischofs zumindest für einige Zeit widersetzen. Und auf reichsritterschaftliche Familien und fremde Reichsstände wie Sachsen erstreckte sich die Gewalt des Fürstbischofs ohnehin nicht, so daß dessen Gebote ihre Untertanen oft nicht berührten.

Der Vogteiherr mit den meisten Untertanen an einem Ort hatte die Dorf- und Gemeindeherrschaft inne[157]. Er kontrollierte die gemeindliche Selbstverwaltung[158]; dies tat er in erster Linie dadurch, daß er die Jahresrechnung der Dorf- oder Bürgermeister prüfte[159]. Er erließ bei Bedarf eine Dorfordnung[160]. Ihm stand die Gerichtsbarkeit – ausgenommen der Blutbann – auf den öffentlichen Wegen und Plätzen zu; im 17. Jahrhundert wurde diese Befugnis vielerorts auf die Gemeindemarkung außerhalb der Mauer oder des Zauns um die Siedlung ausgedehnt, also auch auf Felder und Wiesen anderer Vogteiherren[161].

An Orten, wo sich mehrere etwa gleich starke Vogteiherren gegenüberstanden, übten sie die Dorf- und Gemeindeherrschaft im jährlichen Wechsel oder gemeinsam aus. Zwei derartige Ganerbendörfer lagen im Untersuchungsgebiet: Schwürbitz und Herreth. Hier teilten sich drei[162], in Schwürbitz sieben Herren die Rechte der Gemeindeobrigkeit[163].

Anders als die Vogteiämter, deren Zuständigkeit sich nur auf die Untertanen des Vogteiherren beschränkte, hatten die Zenten und Halsgerichte flächenhafte Sprengel, in denen ihnen die hohe Gerichtsbarkeit[164] über alle Personen zustand[165]. Der Norden des Untersuchungsgebietes gehörte zur Zent Marktgraitz, die auch auf drei Orte in der sächsischen Pflege Coburg ausgriff[166]. Südlich schloß sich die Zent Lichtenfels an; der Schneybach bildete die Fraischgrenze, so daß das Dorf Schney teilweise dem Lichtenfelser, teilweise dem Marktgraitzer Halsgericht unterworfen war[167]. Aus dem Lichtenfelser Zentbezirk wurde 1509 der Banzgau herausgelöst, als der Bamberger Fürstbischof dem Kloster Banz ein

---

156 1576 bezeichnete das Domkapitel sich selbst als „deß stifts regirendt mitglidt". StAB, B 86, Nr. 12, fol. 281r. – Über die Wahlkapitulationen, die seit 1328 gebräuchlich waren, vgl. Weigel, Georg: Die Wahlkapitulationen der Bamberger Bischöfe 1328 bis 1693. Bamberg 1909; Thumser, Matthias: Der Konflikt um die Wahlkapitulation zwischen dem Bamberger Domkapitel und Bischof Philipp von Henneberg. Quellen zum Bamberger Bistumsstreit 1481/82. Bamberg 1990 (HVB, Beiheft 24); zusammenfassend Guttenberg, Bistum, S. 61f.

157 Vgl. Schrepfer, S. 9; Hofmann, Mittel- und Oberfranken, S. 10.

158 Zu Begriff und Umfang der Selbstverwaltung vgl. Machilek, Franz: Dorfgemeinden und Selbstverwaltung. In: Dippold, Günter / Urban, Josef: Im oberen Maintal, auf dem Jura, an Rodach und Itz. Landschaft, Geschichte, Kultur. Lichtenfels 1990, S. 135–141.

159 Vgl. Kramer, S. 33f.

160 Vgl. Schrepfer, S. 17–21.

161 Vgl. Hofmann, Mittel- und Oberfranken, S. 10f.

162 1583 schrieb der Abt von Banz, die Vogtei über Herreth – das Wort „Gemeindeherrschaft" wurde erst im 17. Jahrhundert gebräuchlich – sei „sambtlich unnd zugleich bantzisch, schaumbergisch unnd altensteinisch". StAW, Geistl. Sachen 2648, fol. 18r.

163 Vgl. z. B. die Dorfordnung von 1588: StAB, A 90, L. 501, Nr. 3287; auch Döring, Valentin: Was die Schwürbitzer Chronik aus früheren Jahrhunderten zu berichten weiß. In: HB 1966, Nr. 1.

164 Darunter fiel die Aburteilung von Schwerverbrechen wie Mord, Brandstiftung, Raub, Ehebruch etc., die mit Leibesstrafen oder Hinrichtung geahndet wurden.

165 Vgl. Hofmann, Außenämter, S. 60–63.

166 Weidhausen, Trübenbach und Leutendorf. Vgl. StAB, B 46 a, Nr. 2975; Neder, Nr. 2.

167 Vgl. ebd., Nr. 5. – Die Grenzen der Zent Marktgraitz zeigt eine Karte des Bamberger Karthographen Peter Zweidler. Vgl. StAB, A 240, R 934; Abb. zuletzt bei Vollet, Hans: Weltbild und Kartographie im Hochstift Bamberg. Kulmbach 1988 (Die Plassenburg 47), S. 116.

eigenes Hochgericht verlieh, freilich unter Vorsitz des Lichtenfelser Vogts und zu einem großen Teil besetzt mit bischöflichen Untertanen[168].

Der südliche Teil des Untersuchungsgebietes lag bis ins 13. Jahrhundert ganz in der würzburgischen Zent Medlitz[169]. Aus ihr wurden aber die Hochgerichte Döringstadt[170], Rattelsdorf[171], Eggenbach[172] und Baunach herausgetrennt[173]. Nicht eindeutig festgelegt war der Umfang der Zent Döringstadt. Nur für deren Sitz sowie für Wiesen und Mittelau war das Gericht unbestritten zuständig; Birkach, Speiersberg, Busendorf, Neudorf, Ziegenmühle und Medlitz gehörten, so formuliert es das Döringstadter Urbar von 1580, „an beede zentgericht gein Doringstadt undt Meltz[174] zugleich"[175]. Um Streit zu vermeiden, bürgerte sich folgendes Verfahren ein: Faßten die Untertanen einen Täter, so mußten sie „zwey potten [...] zugleich [...] außschicken, nemblich einen gein Döringstadt und den andern gein Mirschbach[176] undt daß der oberhandt eines ieden orts antzaigen lasen, unndt welcher voigt ehe kombt, der hat die fraisch undt gutt fuge, den ubelthetter in seines herrn handt und verwarunge zu nehmen"[177]. Beging ein Einwohner jener strittigen Dörfer eine Straftat, wurde er vor beide Gerichte gestellt und mußte seine Strafe doppelt verbüßen[178].

Den Zentgerichten gehörten Männer, die im jeweiligen Sprengel lebten[179], – mindestens neun[180] – als Schöffen an. Den Vorsitz hatte in Medlitz und in Rattelsdorf ein von Würzburg mit dem Gerichtsbann belehnter Zentgraf[181], in Marktgraitz der Burgkunstadter Vogt[182], in Lichtenfels und Banz der Lichtenfelser Vogt, in Baunach der von Bamberg ernannte Zentgraf[183]. Rat sollten sich Richter und Schöffen bei Bischof, Regierung und Beamten holen, die Medlitzer in Würzburg, die übrigen in Bamberg. Gestand der Angeklagte nicht, mußte sich der Hofrat mit dem Fall befassen[184]. Diese Anordnungen führten im Lauf der Zeit dazu, daß der Hofrat stets entschied und dem Zentgericht nur die Ermittlungen und die Verkündung des Urteils beim Endlichen Rechtstag blieben[185].

---

168 Vgl. Looshorn, Bd. 4, S. 478f. – In Banz hatte 1315 bereits ein Hochgericht bestanden. Vgl. Guttenberg, Territorienbildung, S. 457f. Dieses Gericht scheint im folgenden mit dem Lichtenfelser vereinigt worden zu sein.

169 Zu ihrer Geschichte vgl. Knapp, S. 4, 812–825; Maierhöfer, Ebern, S. 82f.

170 Vgl. Guttenberg, Territorienbildung, S. 378; Maierhöfer, Ebern, S. 84.

171 Die Würzburger Bischöfe hatten „ius cente ac [...] iudicium seculare" in Rattelsdorf 1336 an das Kloster Michelsberg verpfändet; ab 1424 war es endgültig in dessen Besitz. Guttenberg, Territorienbildung, S. 231; vgl. auch Braun, Bd. 1, S. 65; Bd. 2, S. 183f.

172 1451 wurde dem Michelsberger Abt zugestanden, „das hochgericht zu Echerbach [zu] setzen". Ob dieses Gericht tatsächlich über Fälle entschied, die unter den Blutbann fielen, ist sehr fraglich. Vgl. Braun, Bd. 1, S. 66.

173 Die Blutgerichtsbarkeit im Amt Baunach scheint der Zent Medlitz entzogen worden zu sein. Schon 1337 ist die Zent Baunach nachzuweisen. Diese brachte nach 1356 der Bamberger Bischof an sich. Proteste des Würzburger Bischofs 1466 blieben erfolglos, 1469 erkannte er den status quo an. Vgl. Knapp, S. 1324, 813; Maierhöfer, Ebern, S. 79f. Über die Streitigkeiten zwischen Bamberg und Würzburg allgemein vgl. Looshorn, Bd. 4, S. 315–318; Guttenberg, Bistum, S. 264.

174 Medlitz.

175 StAB, Stb. 3101, fol. 4r; vgl. auch Knapp, S. 816.

176 Mürsbach.

177 StAB, Stb. 3101, fol. 4v.

178 Vgl. ebd., fol. 5v. Ausdrücklich ausgenommen war die Todesstrafe. – Auch Maierhöfer, Ebern, S. 83.

179 Die Zent Marktgraitz stellt eine Ausnahme dar, da diesem Schöffenkolleg auch zwei Mitglieder des Burgkunstadter Rats angehörten. Vgl. Schmitt, Verwaltung, S. 163; Neder, Nr. 1.

180 Vgl. Schmitt, Verwaltung, S. 159.

181 Vgl. Knapp, S. 819; Braun, Bd. 2, S. 186.

182 Vgl. Neder, Nr. 1.

183 Vgl. Schmitt, Verwaltung, S. 158, 163; Maierhöfer, Ebern, S. 80.

184 Vgl. Schmitt, Verwaltung, S. 161f.

185 Vgl. Kappl, Claus: Die Not der kleinen Leute. Der Alltag der Armen im 18. Jahrhundert im Spiegel der Bamberger Malefizamtsakten. Bamberg 1984 (HVB, Beiheft 17), S. 8–11. Ein Beispiel für die Tätigkeit des Bamberger Malefizamtes 1627 bei Hambrecht, S. 406 Nr. 31.

Ausgenommen von den Halsgerichtssprengeln waren nur Geleitsstraßen, auf denen der Geleitsinhaber über die volle Gerichtshoheit verfügte[186]. Durch das Untersuchungsgebiet führten drei Landstraßen, auf denen Sachsen bzw. Sachsen-Coburg das Geleitsrecht innehatte: die Straße von Coburg über Lichtenfels nach Bamberg[187], die von Coburg über Marktgraitz nach Kulmbach[188] und die von Coburg durch den Itzgrund, über Rattelsdorf, wo ein Geleitsmann saß[189], nach Bamberg; das sächsische Geleit auf dieser Straße reichte zunächst bis Biegen[190] bei Breitengüßbach, seit 1599 nur noch bis Gleußen[191], so daß der zu behandelnde Raum nicht mehr berührt wurde.

## 1.4. Die benachbarten Ämter und Territorien

Im Osten und Süden grenzte das Untersuchungsgebiet an die bambergischen Ämter Burgkunstadt, Lichtenfels, Staffelstein, Zapfendorf[192], Hallstadt und Memmelsdorf[193]. Eine besondere Stellung nahm unter ihnen Staffelstein ein, denn hier war es dem Bamberger Domkapitel[194] gelungen, sämtliche landesherrlichen Rechte in seine Hand zu bekommen[195], so daß dieses Gebiet, das neben der Stadt drei Dörfer, ebensoviele Einzelhöfe und Streubesitz in der Umgebung umfaßte, einen Staat im Staat bildete.

An das Nordostende des Untersuchungsgebietes schlossen sich südlich und östlich ritterschaftliche Dörfer an: Redwitz[196], Unterlangenstadt, Nagel und Schmölz[197]. Nicht weit entfernt waren auch die Rittergüter Strössendorf[198], Ebneth[199], Burkersdorf, Küps[200] und Mitwitz[201].

Im Norden und Westen des Untersuchungsgebietes lag sächsisches Territorium, das sich nach Süden bis Rossach bzw. bis zu dem zwischen Bamberg, Würzburg und Sachsen

186 Vgl. Stählin, Heinrich: Die Landeshoheit über Gleußen von der Reformation bis zur Säkularisation. In: Bamberger Blätter 11 (1934), S. 29–32, hier S. 30; Dippold, Streit, S. 270.

187 Das sächsische Geleit erstreckte sich bis zur Lichtenfelser Mainbrücke.

188 Das sächische Geleit reichte – von Bamberg bestritten – bis Schwarzach. Vgl., auch zum Vorigen, Leistner, Armin: Das Ortsbild im Spiegel handgezeichneter Pläne und die Beweggründe zu deren Anfertigung. In: JCL 33 (1988), S. 1–54, hier S. 4–14.

189 Vgl. ebd., S. 3; StAB, B 110, Nr. 35, pag. 1408–1422, 1426–1443.

190 Über diese Wüstung vgl. Jakob, Hans: Die Wüstungen der Großgemeinde Zapfendorf und ihres Umlandes. In: Gunzelmann, Zapfendorf, S. 379–394, hier S. 383–386.

191 Vgl. Tilch, Karl: Die Geleits-, Zent- und Jagdgrenzen zwischen dem Hochstift Würzburg und dem Herzogtum Sachsen-Coburg nach dem Trappstädter Rezeß von 1599. In: Heimat-Jahrbuch des Kreises Rhön-Grabfeld 1987, S. 200–229; Höhn, Alfred: Das Coburger Land im Bild alter Karten. Kartographische Zeugnisse aus 6 Jahrhunderten. Coburg 1989, S. 29–31, 35–37; auch wie Anm. 191.

192 Zur Geschichte des Amtes vgl. Schlunk, Andreas: Geschichte Zapfendorfs bis zur Pfarreigründung. In: Gunzelmann, Zapfendorf, S. 87–121, hier S. 101.

193 Über diese beiden Ämter vgl. Weiß, Bamberg, S. 50–52.

194 Das Amt Staffelstein wurde als einziges Präbendalgut von 1416 an nicht mehr vom Dompropst, sondern vom Domdekan und den übrigen Domherren verwaltet. Vgl. Looshorn, Bd. 4, S. 65f.; Nöth, S. 36 Anm. 120.

195 Vgl. Dippold, Leben, S. 16–18.

196 Zur Geschichte des Schlosses vgl. Breuer, S. 154f.

197 Zur Geschichte der Adelssitze vgl. Breuer, Tilmann: Landkreis Kronach. München 1964 (Bayerische Kunstdenkmäler 19), S. 205, 236, 259f.

198 Vgl. Breuer, S. 174; Egloffstein, Albrecht Graf von und zu: Burgen und Schlösser in Oberfranken. Frankfurt a. M. 1972, S. 32–40.

199 Vgl. Kunstmann, S. 97–110.

200 Vgl. Pöhlmann, Heinrich: Eine Frankenchronik. Geschichte des Marktfleckens Küps vorm Frankenwalde mit Umgegend. Lichtenfels 1909, bes. S. 5–92; Kunstmann, S. 75–91.

201 Vgl. Hambrecht, S. 319–325.

umstrittenen Dorf Gleußen[202] erstreckte; südlich grenzten dort einige Rittergüter und das Hochstift Würzburg an.

1353 waren Coburg und sein Umland, die spätere „Pflege" Coburg, von den Grafen von Henneberg an die Wettiner übergegangen[203], die 1423 mit dem Kurfürstentum Sachsen (-Wittenberg) belehnt wurden. In der Leipziger Teilung von 1485[204] fiel neben Kursachsen die Herrschaft Coburg an die Ernestiner, die in Wittenberg residierten. Von 1541 bis 1553 wurde die Pflege Coburg von Herzog Johann Ernst verwaltet, dem auch die landesherrlichen Einkünfte aus diesem Gebiet zustanden. Die Vertretung nach außen blieb dabei aber das Recht seines älteren Bruders, des Kurfürsten Johann Friedrich, bis dieser 1547 zugunsten seiner Söhne resignieren mußte; damals verloren die Ernestiner die Kurwürde an die Albertiner. 20 Jahre später nahm Herzog Johann Friedrich der Mittlere, in der Hoffnung, sie zurückzugewinnen, den geächteten Ritter Wilhelm von Grumbach auf, verfiel selbst der Acht, wurde besiegt und gefangen gesetzt[205]; sein Land fiel an seinen Bruder Johann Wilhelm. 1572 wurde ein Teil davon Johann Friedrichs Söhnen Johann Casimir[206] und Johann Ernst zurückgegeben. Dieses Territorium regierten zunächst ihre Vormünder, von 1586 bis 1596 sie selbst gemeinsam, dann teilten sie es auf. An den älteren Bruder, Johann Casimir, fiel dabei das Herzogtum Sachsen-Coburg samt einigen Exklaven um Eisenach und Gotha[207]. Er baute im folgenden Coburg zur Residenzstadt aus. Nach seinem Tod 1633 beerbte ihn sein Bruder; als auch dieser 1638 kinderlos starb, fiel der Coburger Landesteil seinem Altenburger Vetter zu. Bis 1672 herrschten die Herzöge von Sachsen-Altenburg über die Pflege Coburg[208].

Die sächsischen Territorien waren weit mehr als das Hochstift Bamberg Flächenstaaten; der Adel war landsässig[209]; durch die Auflösung der kursächsischen Klöster nach Einführung der Reformation war eine wichtige Mediatgewalt ausgeschaltet[210].

Im Itzgrund schlossen sich südlich an die sächsischen Dörfer Rossach und Gleußen ritterschaftliche Orte[211] an. Hier lagen die Adelssitze Schottenstein[212], Schenkenau[213], Unter-

---

202 Vgl. zuletzt Maierhöfer, Bodelstadt, S. 33–35.

203 Vgl. Zimmermann, Grundlagen, S. 25; Henning, Eckart: Die Neue Herrschaft Henneberg 1245–1353. In: JCL 26 (1981), S. 43–68, bes. S. 58–61.

204 Hierzu und zum folgenden vgl. Klein, S. 148–257.

205 Über Herzog Johann Friedrich zuletzt Schmidt, Roderich: „Allein Evangelium ist ohne Verlust". Wahlspruch und Bekenntnis Herzog Johann Friedrichs II. von Sachsen († 1595) auf dem Hintergrund der habsburgischen Deutung des A.E.I.O.U. In: JCL 26 (1981), S. 71–80; Buttlar-Elberberg, Gertrud von: Briefe Herzog Johann Friedrichs des Mittleren von Sachsen und seiner Gemahlin Elisabeth im Gräflich Wurmbrand'schen Haus- und Familienarchiv Schloß Steyersberg. In: JCL 32 (1987), S. 189–196.

206 Über ihn vgl. Heyl, Johann Casimir; zuletzt Kramer, Karl-Sigismund: Das Scheibenbuch des Herzogs Johann Casimir von Sachsen-Coburg. Adelig-bürgerliche Bilderwelt auf Schießscheiben im frühen Barock. Coburg 1989 (Kataloge der Kunstsammlungen der Veste Coburg 52), S. 6–10 et passim.

207 Zu Entstehung und Verwaltung des Fürstentums vgl. Heyl, Zentralbehörden.

208 Vgl. Hambrecht, S. 325f.

209 Eine Geschichte des Adels im Coburgischen fehlt. Wertvolle Bausteine liefert Andrian-Werburg, hier bes. S. 102f., 115, 118f. – Zur Rechtsstellung des Adels vgl. auch Hönn, S. 106; dazu Klein, S. 154f.

210 Zur Bedeutung der Klöster als Grundherren vgl. Axmann, Rainer: Das Coburger Land vor der Reformation. In: JCL 29 (1984), S. 297–316, hier S. 302f. Zur Aufhebung vgl. Berbig, Georg: Das Sequestrationsrecht im Ortslande Franken, Coburger Gebiet, in den Jahren 1531–1534. In: Deutsche Zeitschrift für Kirchenrecht 38 NF 16 (1906), S. 302–340; Höß, S. 91–95. Einzelbeispiele: Heins, Walther: Mönchröden bei Coburg. Geschichte und Wirtschaft eines Benediktiner-Klosters vor der Reformation. Coburg 1952, S. 147f.; Lorenz, S. 135–137; Andrian-Werburg, Klaus Frhr. von (Bearb.): Das Totenbuch des Franziskanerklosters in Coburg ca. 1257–1525 (1600). Neustadt a. d. Aisch 1990 (VGffG IV, 10), S. 6*f.

211 Vgl. Maierhöfer, Ebern, S. 34–61, 77f.

212 Vgl. Lippert, S. 191f.; Dippold, Streit, S. 271, 273; Maierhöfer, Bodelstadt, S. 90–93.

213 Vgl. Lippert, S. 188; Maierhöfer, Bodelstadt, S. 82f.

merzbach, Kaltenbrunn[214], Lahm[215]; an das Amt Baunach grenzten die Rittergüter Rentweinsdorf im Baunachtal und Kirchlauter in den Haßbergen[216].

Das Hochstift Würzburg berührte mit seinen Ämtern Raueneck (seit 1685: Ebern)[217] und Wallburg-Eltmann[218] das Untersuchungsgebiet. Zwar wies dieses Fürstbistum unter den geistlichen Staaten Frankens „die stärkste innere Geschlossenheit" auf[219], doch war es, besonders an seinen Rändern, durchaus kein territorium clausum.

## *1.5. Die Bevölkerung*

Das Untersuchungsgebiet umfaßte im frühen 16. Jahrhundert rund 60 Orte. Eine Statistik über ihre Größe[220] ist schwerlich zu erstellen, da keine gleichzeitigen und einheitlichen Übersichten für den Gesamtraum vorliegen. Jedenfalls ist wohl ein Viertel der Ansiedlungen als Einzelhöfe und Weiler anzusprechen. Das Gros der Gemeinden scheint zwischen zehn und 30 Anwesen umfaßt zu haben; besonders um Banz, Döringstadt und Baunach herrschte diese Dorfgröße vor.

Mehr als 50 Haushalte zählte man um 1600 lediglich in zehn Ortschaften[221], davon die meisten im Amt Burgkunstadt. Die größten Orte waren der Markt Baunach mit 170 Haushalten im Jahr 1595[222] – das dürfte einer Einwohnerzahl zwischen 650 und 850 entsprechen[223] –, Rattelsdorf mit 146[224], Ebing mit 94 Familien im Jahr 1599[225]; in Marktzeuln

214 Vgl. ebd., S. 50f.

215 Vgl. Lippert, S. 142–144; Maierhöfer, Bodelstadt, S. 60f.

216 Vgl. Kunstmann, Hellmut: Schloß Kirchlauter. Neustadt a. d. Aisch 1976 (Neujahrsblätter der Gesellschaft für fränkische Geschichte 36); Kandler, Kirchlauter, S. 132–135 et passim; Kandler, Norbert: Ritterschaft, Dienstadel und Lehensherren in den Haßbergen. Aufgezeigt am Beispiel der Gemeinden Breitbrunn und Kirchlauter vom Mittelalter bis zum 17. Jahrhundert. In: WDGB 52 (1990), S. 223–242, hier bes. S. 236–241.

217 Zur Geschichte des Amtes vgl. Maierhöfer, Ebern, S. 73–77. – Dem Untersuchungsgebiet am nächsten lag das Ganerbendorf Mürsbach. Vgl. ebd., 138f.

218 Vgl. Goepfert, Georg: Amt Wallburg und Stadt Eltmann. Beitrag zur fränkischen Geschichte. Eltmann 1908, S. 18–71.

219 Hofmann, Hanns Hubert: Adelige Herrschaft und souveräner Staat. Studien über Staat und Gesellschaft in Franken und Bayern im 18. und 19. Jahrhundert. München 1962 (Studien zur bayerischen Verfassungs- und Sozialgeschichte 2), S. 69.

220 Zu erfassen ist ohnehin nicht die Zahl der Einwohner, sondern die der Anwesen oder – damit nicht immer identisch – die der Haushalte. Für die ritterschaftlichen Dörfer Schney und Oberbrunn fehlen jegliche genauere Angaben. Nicht auszumachen ist auch die Bevölkerungsentwicklung zwischen 1500 und 1650. Zur Entwicklung in Deutschland allgemein Schulze, Geschichte, S. 23–26. – Die folgenden Angaben basieren auf den in Anm. 20 und 21 genannten Quellen; ferner Pfuhlmann, S. 258. Dabei ist zu beachten, daß die Übersicht über das „Stift" Banz erheblich älter ist als die übrigen Listen, und auch diese sind nicht alle aus derselben Zeit. Nur innerhalb der einzelnen Ämter ist eigentlich ein exakter Vergleich möglich.

221 Baunach, Reckendorf, Döringstadt, Rattelsdorf, Ebing, Schney, Michelau, Schwürbitz, Marktzeuln, Marktgraitz.

222 Sie lebten in 152 Häusern. Vgl. StAB, B 22 d, Nr. 12, fol. 287r–v.

223 Die durchschnittliche Haushaltsgröße – und damit der Multiplikator für die Berechnung von Einwohnerzahlen – ist umstritten. Vgl. z. B. Mistele, Karl-Heinz: Die Bevölkerung der Reichsstadt Heilbronn im Spätmittelalter (eine sozialgeschichtliche Untersuchung an Hand der Steuerbücher des 15. und 16. Jahrhunderts). Heilbronn 1962 (Veröffentlichungen des Archivs der Stadt Heilbronn 8), S. 46–55: Haushalte mit einem Mann an der Spitze 4, Frauenhaushalte 3; Zimmermann, Kurt: Obrigkeit, Bürgertum und Wirtschaftsformen im alten Wertheim. Untersuchungen zur verfassungs-, sozial- und wirtschaftsgeschichtlichen Struktur einer landesherrlichen Stadt Mainfrankens im 16. Jahrhundert. Würzburg 1975 (Mainfränkische Studien 11), S. 55f.

224 Vgl. StAB, A 232, Nr. 37960, 1599/1600, fol. 4r–20r.

225 Vgl. Braun, Bd. 2, S. 58.

lebten 1608 129 Familien[226], in Schwürbitz waren es 91 im Jahr 1623[227]; auch Schney umfaßte Anfang des 17. Jahrhunderts wohl rund 100 Häuser, nachdem die Herren von Schaumberg viele Neubauten hatten errichten lassen[228]. Eine Ringmauer mit drei Toren[229] gab Baunach ein kleinstädtisches Gepräge, und auch einige größere Dörfer verfügten über Befestigungen und Tore[230].

In den Orten des Untersuchungsgebietes, selbst in kleineren Dörfern, waren die Einwohner keine sozial gleichförmige Gruppe; es gab im Gegenteil erhebliche Abstufungen, die recht deutlich im wirtschaftlichen Bereich zu erkennen sind. Sie lassen sich am einfachsten anhand von Steuerlisten verdeutlichen, freilich nur für solche Orte, wo ein Herr die Steuer von allen Haushalten einnahm[231].

Wie die Verzeichnisse über die Steuerzahlungen auszuwerten sind, ist umstritten. Wir folgen hier den Vorschlägen Gerd Wunders[232]. Danach errechnet man das arithmetische Mittel, das Durchschnittsvermögen (M), und bildet auf diesen Wert hin bezogene Gruppen von Steuerzahlern. Für vier Orte wurden Steuerrechnungen von 1608/09 auf diese Weise ausgewertet: für Döringstadt, Wiesen[233], Rattelsdorf[234] und Marktzeuln[235].

Besteuert wurden – wie üblich – nicht die Einkünfte, sondern das Vermögen, genauer: der Grundbesitz, verliehenes und Bargeld, nicht aber der übrige bewegliche Besitz[236]. Der Steuersatz war 1600 auf 0,75 Prozent festgelegt worden[237].

In Döringstadt lebten 1608/09 63 Familien. Das Vermögen zweier Steuerzahler – des Vogtes und des Pfarrers – ist nicht klar zu erfassen. Die übrigen 61 Haushalte verfügten über 23 686 Gulden steuerbares Vermögen, das waren im Durchschnitt 388 Gulden. Die Steuerzahler und das Gesamtvermögen verteilten sich wie folgt:

---

226 Vgl. StAB, A 231, Nr. 18088, fol. 58v–70v.

227 Vgl. StAB, B 22 d, Nr. 19, Prod. 1.

228 1558 standen in Schney „wol funfzig heusser"; allein im frühen 17. Jahrhundert ließen die Adligen „bey die 50" zusätzliche Wohngebäude errichten. StAB, B 76/XVIII, Nr. 5, fol. 180r; StAC, LA D 1183, fol. 36v. – Auch in Schwürbitz waren um diese Zeit etwa zehn neue Häuser dazugekommen. Vgl. ebd.

229 Vgl. Schenk, S. 28.

230 Rattelsdorf war teilweise von einem Wall, wohl mit Palisade, umgeben. Im Ort standen ein Torturm und ein Torhaus. Alle diese Anlagen gehen wohl auf das späte Mittelalter zurück. Vgl. Lippert, S. 181f. – In Döringstadt wird 1586 ein unteres, 1589 ein oberes Tor erwähnt. Möglicherweise ist eines dieser beiden mit dem 1585/86 errichteten „thorhauß" identisch. Vgl. StAB, A 232, Nr. 3655, Ausgaben; Nr. 3656, Handlohn; Nr. 3659, Handlohn. Das obere Tor ist noch auf dem Ortsplan von 1855 auszumachen. Vgl. Gunzelmann, Kulturlandschaft, S. 79 Abb. 9. – Die beiden im 18. Jahrhundert errichteten Torhäuser in Marktzeuln hatten im frühen 17. Jahrhundert nachzuweisende Vorgängerbauten. Vgl. zum Bestand Breuer, S. 127f.; Beleg von 1624: StAB, B 49, Nr. 233/II, fol. 444r. – Michelau war durch ein Grabennetz, die Landwehr, geschützt; bis 1900 stand ein seit 1567 belegtes Torhaus. Vgl. Breuer, S. 134; Perzel, Herbert: 800 Jahre Michelau in Oberfranken. Vergangenheit und Gegenwart einer fränkischen Gemeinde. Michelau i. OFr. 1994, S. 283f., 365. – Vorgängerbauten hatten wohl die beiden Schneyer Torhäuser. Vgl. Breuer, S. 166f. – Auch in Marktgraitz soll es „zwei feste Tore" gegeben haben. Welsch, S. 15.

231 Ritterschaftliche Untertanen mußten seit dem 16. Jahrhundert keine Landsteuer mehr zahlen, da ihre Herren nicht mehr an steuerbewilligenden Landtagen teilnahmen. Vgl. Bachmann, S. 104f. – An Orten, in denen Adlige Hintersassen hatten, erscheinen also in den Steuerrechnungen nicht alle Haushalte.

232 Vgl. Wunder, Gerd: Die Bürger von Hall. Sozialgeschichte einer Reichsstadt 1216–1802. Sigmaringen 1980 (Forschungen aus Württembergisch Franken 16), S. 190–194; kritisch dazu Fügedi, Erik: Steuerlisten, Vermögen und soziale Gruppen in mittelalterlichen Städten. In: Bátori, Ingrid (Hrsg.): Städtische Gesellschaft und Reformation. Stuttgart 1980 (Spätmittelalter und Frühe Neuzeit 12), S. 58-96, hier S. 65; rechtfertigend Wunder, Gerd: Menschen und Zahlen. Bemerkungen zur quantifizierenden Methode. In: Württembergisch Franken 67 (1983), S. 11–17, hier S. 13f.

233 Vgl. StAB, A 232, Nr. 4401.

234 Vgl. ebd., Nr. 37708, fol. 4r–20r.

235 Vgl. StAB, A 231, Nr. 18088, fol. 58v–70v.

236 Nicht besteuert wurden laut Anordnung von 1600 „cleider, cleineter, geschmuckh, silbergeschirr und haußrath". StAB, B 26c, Nr. 168, Memorial 1600.

| | Steuerzahler in Döringstadt | | Anteil am Gesamtvermögen |
|---|---|---|---|
| unter 0,1 M | 18 | 29,5 % | 0,1 % |
| 0,1 M – 0,5 M | 11 | 18,0 % | 4,2 % |
| 0,5 M – 1,0 M | 12 | 19,7 % | 12,5 % |
| 1,0 M – 5,0 M | 17 | 27,9 % | 53,5 % |
| 5,0 M – 10,0 M | 3 | 4,9 % | 29,7 % |
| über 10,0 M | – | – | – |

Es gab demnach eine kleine Gruppe von Reichen (über 5 M) – nur drei Männer –, in deren Hand sich aber rund drei Zehntel des Gesamtvermögens befanden. Der wohlhabendste Einwohner besaß mit 2533 Gulden das 6,5-fache des Durchschnittsvermögens. Dieser Befund ist nicht ungewöhnlich. Pfuhlmann hat bei einer Analyse von Steuerrechnungen des Jahres 1525 aus dem Banzgau z. B. festgestellt, daß in Altenbanz die drei reichsten Männer gemeinsam mehr ihr eigen nannten als die übrigen 16 Haushalte zusammen; in Nedensdorf besaßen zwei Familien 44 Prozent des Gesamtvermögens[238].

Fast die Hälfte der Döringstadter Haushalte, 29, waren dem versteuerten Vermögen zufolge arm (unter 0,5 M). Zu ihnen zählten der Schulmeister, der Schmied, der Kuh- und der Schweinehirt; die übrigen Familien – unter ihnen mehrere Beständner[239] – lebten, soweit sie nicht genügend Grund und Boden besaßen, um hinreichend Landwirtschaft betreiben zu können, wahrscheinlich vom Taglohn. Freilich kann der Schein hinsichtlich der Haushalte trügen, die wenig oder nichts zu versteuern hatten[240]. Keineswegs müssen sie alle in bescheidenen Verhältnissen gelebt haben. Unter ihnen mögen auch junge Haushalte gewesen sein, die später ihre Eltern beerbten[241], und ältere, die ihren Besitz bereits ihren Kindern übergeben hatten; ferner brauchten Handwerker weniger Grundbesitz, um ihren Lebensunterhalt zu bestreiten.

Zwischen Reichen und Armen lag eine überaus breite Mittelschicht, bestehend aus 29 Haushalten, die etwa zwei Drittel des Gesamtvermögens besaßen.

Eine ähnliche, aber keineswegs die gleiche Schichtung ist in den anderen Orten zu beobachten.

In dem 33 Haushalte umfassenden Dorf Wiesen (mit Mittelau), wo etwa ein Drittel der Einwohner Mainfischerei betrieb[242], war das durchschnittliche Vermögen mit 378 Gulden fast genauso hoch wie in Döringstadt. Im Gegensatz fehlten aber in Wiesen nicht nur die Spitzenvermögen – der wohlhabendste Einwohner hatte 1600 Gulden zu versteuern –, auch der Anteil der Armen war geringer.

237 Vgl. Looshorn, Bd. 5, S. 300; Bachmann, S. 152.
238 Vgl. Pfuhlmann, S. 258.
239 Personen ohne eigenes Haus.
240 Darauf weist hin Wunder, Gerd: Unterschichten der Reichsstadt Hall. Probleme ihrer Erforschung. In: Stoob, Heinz (Hrsg.): Altständisches Bürgertum. Bd. 2. Darmstadt 1978, S. 400–424, hier S. 403.
241 So hatte 1608/09 ein Mann mit überdurchschnittlichem Vermögen (550 Gulden) einen Sohn, der bereits eine eigene Familie hatte, aber kein Haus oder sonstige Güter besaß. Vgl. StAB, A 232, Nr. 37708, fol. 7r.
242 1576 lebten in Wiesen elf Fischer. Vgl. Meyer, Heinrich: Blüte und Niedergang der Mainfischerei um Lichtenfels. In: HB 1956, Nr. 7.

| | Steuer-zahler | Anteil am Gesamtvermögen |
|---|---|---|
| unter 0,1 M | 10 | 0,1 % |
| 0,1 M – 0,5 M | – | – |
| 0,5 M – 1,0 M | 8 | 16,0 % |
| 1,0 M – 5,0 M | 15 | 83,9 % |
| 5,0 M – 10,0 M | – | – |
| über 10,0 M | – | – |

In Rattelsdorf, mit 155 Haushalten[243] weitaus größer als Döringstadt, betrug das Durchschnittsvermögen 285 Gulden, rund 100 Gulden weniger als in Döringstadt oder Wiesen. Die reichste Familie verfügte über Besitz im Wert von 2800 Gulden, beinahe das Zehnfache des Mittelwerts.

Hier lebten prozentual weniger Personen ohne Geld und Liegenschaften oder mit äußerst geringem Besitz (unter 0,1 M) und auch weniger reiche Familien als in Döringstadt; dagegen waren die kleinen (0,1 bis 0,5 M) und mittleren Vermögen (0,5 bis 5,0 M) stärker vertreten.

| | Steuerzahler in Rattelsdorf | | Anteil am Gesamtvermögen |
|---|---|---|---|
| unter 0,1 M | 20 | 13,0 % | 0,3 % |
| 0,1 M – 0,5 M | 52 | 33,8 % | 9,4 % |
| 0,5 M – 1,0 M | 35 | 22,7 % | 16,7 % |
| 1,0 M – 5,0 M | 44 | 28,6 % | 60,8 % |
| 5,0 M – 10,0 M | 3 | 1,9 % | 13,1 % |
| über 10,0 M | – | – | – |

Recht deutlich unterschied sich von den übrigen Orten Marktzeuln, wo 1608/09 129 Familien wohnten. Der Anteil der besitzärmeren Schicht (unter 0,5 M) an der Einwohnerschaft war mit 51,5 Prozent etwas höher als in Döringstadt, Wiesen oder Rattelsdorf – und das, obwohl das Marktzeulner Durchschnittsvermögen mit 170 Gulden ohnehin sehr niedrig war. Alle Marktzeulner Haushalte brachten es zusammen nicht auf soviel Besitz wie der kaum halb so große Ort Döringstadt.

Die Mittelschicht war in Marktzeuln dagegen mit 43,4 Prozent vergleichsweise klein; die Gruppe der Reichen bestand nur aus sieben Personen. Der wohlhabendste Marktzeulner, der Schultheiß Georg Bückling, besaß 1600 Gulden; in Döringstadt gab es drei reichere Personen.

243 Einer davon, der im Frühmeßhaus wohnte, ist in der Steuerrechnung nicht erfaßt. Das Gesamtvermögen der übrigen 154 Haushalte belief sich auf 43998 Gulden.

| | Steuerzahler in Marktzeuln | | Anteil am Gesamtvermögen |
|---|---|---|---|
| unter 0,1 M | 18 | 13,8 % | 0,6 % |
| 0,1 M – 0,5 M | 49 | 37,7 % | 10,0 % |
| 0,5 M – 1,0 M | 29 | 22,3 % | 15,6 % |
| 1,0 M – 5,0 M | 27 | 20,8 % | 38,4 % |
| 5,0 M – 10,0 M | 7 | 5,4 % | 35,3 % |
| über 10,0 M | – | – | – |

Noch klarer werden die Unterschiede zwischen den behandelten Dörfern, wenn wir unabhängig vom Durchschnitt Vermögensklassen bilden.

| fl | Döringstadt | | Rattelsdorf | | Marktzeuln | |
|---|---|---|---|---|---|---|
| 0 – 25 | 17 | 27,8 % | 20 | 13,0 % | 26 | 20,0 % |
| 26 – 100 | 9 | 14,8 % | 48 | 31,2 % | 49 | 37,7 % |
| 101 – 250 | 9 | 14,8 % | 36 | 23,4 % | 32 | 24,6 % |
| 251 – 500 | 14 | 22,9 % | 27 | 17,5 % | 13 | 10,0 % |
| 501 – 1000 | 4 | 6,6 % | 16 | 10,4 % | 6 | 4,6 % |
| 1001 – 2000 | 5 | 8,2 % | 6 | 3,9 % | 4 | 3,1 % |
| über 2000 | 3 | 4,9 % | 1 | 0,6 % | – | – |

Die meisten Haushalte, die nichts oder sehr wenig (bis 25 Gulden) zu versteuern hatten, gab es in Döringstadt. In Marktzeuln waren die Bürger mit kleinen Vermögen zwischen 26 und 100 Gulden am stärksten vertreten; ihr Anteil betrug 37,7 Prozent, in Döringstadt dagegen nur 14,8, in Rattelsdorf 31,2. Die wirtschaftliche Mittelschicht mit 100 bis 500 Gulden war am stärksten in Rattelsdorf, am schwächsten in Marktzeuln. Die meisten Reichen, die mehr als 500 Gulden ihr eigen nannten, lebten in Döringstadt; sie machten hier rund ein Fünftel der Einwohnerschaft aus. In Rattelsdorf fielen lediglich 14,9 Prozent in diese Kategorie, in Marktzeuln gar nur 7,7.

Die Unterschiede zwischen diesen drei Orten waren nicht zufällig oder bloß die Folge der unterschiedlichen Genauigkeit der jeweiligen Steuereinnehmer. Die Vermögensschichtung entsprach vielmehr den Erwerbsverhältnissen. Döringstadt war ganz von der Landwirtschaft geprägt. Daher lebte hier eine Reihe von bäuerlichen Haushalten mit größerem Vermögen – das ja zum Großteil aus Grundbesitz bestand – und eine größere Anzahl besitzloser Taglöhnerfamilien[244]. Im stärker besiedelten Rattelsdorf scheinen die Besitzeinheiten kleiner gewesen zu sein. In Marktzeuln bildete die Landwirtschaft offenbar nicht den Haupterwerb; hier gab es Flößer[245] und zahlreiche Handwerker. Diese betrieben zwar vielfach nebenher noch Landwirtschaft, hatten aber in der Regel weniger Grundbesitz als Vollerwerbsbauern; deshalb war auch ihr steuerbares Vermögen geringer. Keineswegs müssen sie aber weniger verdient haben als die reinen Landwirte. Unter besagten

244 Ein ähnliches Bild bot Döringstadt noch um die Mitte des 19. Jahrhunderts. Vgl. Gunzelmann, Kulturlandschaft, S. 78f.

245 Vgl. StAB, B 49, Nr. 233/II, fol. 457r, 526v, 676r. – Ein wichtiger Flößerort war auch Marktgraitz. Im Dezember 1610 waren hier „ezliche" Einwohner „nicht zu hauß, sondern, iren floßhandell fortzutreiben, ufm wasser verreist". BayHStA, RKG 405, Q 13.

Handwerkern waren in Marktzeuln nicht nur Schmiede[246], Schneider[247] und Schuster[248], Metzger[249] und Müller[250], wie wir sie ebenso in den Bauerndörfern finden, sondern auch Büttner[251], ein Wagner[252], Zimmerleute[253], Steinmetzen[254], Bäcker[255], Leinweber[256], Schwarzfärber[257], Rotgerber[258], Seiler[259], Tuchscherer[260], ja sogar Schlosser[261], Büchsenmacher[262], Zirkelschmiede[263], ein Glaser[264], ein Häfner[265], Seidensticker[266] und ein Salpetersieder[267] – kurz: Handwerker, die über den örtlichen Markt hinaus produzierten. Vergleichbares wiesen allenfalls noch das benachbarte Schwürbitz, Baunach und möglicherweise Schney auf. Daneben trieben Marktzeulner freilich auch Acker- und geringfügigen Weinbau[268] und hielten Vieh, sei es im Haupt- oder Nebenerwerb.

Die aus der Steuerrechnung zu gewinnenden Daten liefern kein umfassendes Bild der wirtschaftlichen oder sozialen Struktur der Orte, denn die Stellung des einzelnen in der dörflichen Gemeinschaft wurde nicht nur von seinem steuerbaren Vermögen bestimmt. Dies zeigt ein Blick auf die gemeindlichen Ämter in den größeren Orten. (Kleineren Dörfern standen nämlich nur zwei von der Gemeindeversammlung gewählte Dorfmeister vor, die ihr Amt zumeist ein Jahr innehaben durften[269], dann mußten sie es an einen Nachbarn übergeben; früher oder später wurde so fast jeder Einwohner Dorfmeister.)

Manche Gemeinden waren in Viertel mit Viertelmeistern an der Spitze unterteilt. Ratsgremien existierten nur in Baunach, Marktzeuln und wohl in Marktgraitz[270]. In Marktzeuln bestand der Rat wohl aus neun Männern[271], von denen im jährlichen Wechsel einer das Bürgermeister-[272], bis 1604 ein anderer das Schultheißenamt innehatte. 1611 werden vier Ratsmitglieder namentlich erwähnt. Unter ihnen war mit Peter Müller zwar der fünftreichste Bürger; die übrigen drei[273] besaßen jedoch zwischen 67 und 133 Gulden, mithin unterdurchschnittliche Vermögen.

---

246 Vgl. AEB, Kbb. Marktzeuln, Bd. 1, Taufen, fol. 20v, 53v, 55v, 59v, 121r, 127v, 136v, 141v, 158r.
247 Vgl. ebd., fol. 39v, 58v, 43r, 102v, 108v, 114v, 116v, 122v, 125v, 133r, 135v, 137v, 155r.
248 Vgl. ebd., fol. 152v, 154v, 169v, 173v, 180v, 182r, 185r, 186r.
249 Vgl. ebd., fol. 40r, 42v, 44v, 183v, 188r, 190r.
250 In Marktzeuln existierten zwei Mühlen.
251 Vgl. AEB, Kbb. Marktzeuln, Bd. 1, Taufen, fol. 30r, 81r, 90r, 112r, 168v.
252 Vgl. ebd., fol. 114v.
253 Vgl. ebd., fol. 126v, 133v, 134r, 138v, 150v, 156v, 158v, 162v, 165v, 166r.
254 Vgl. ebd., fol. 77r, 93v, 114r, 119r, 124v, 143r, 154v, 159v, 184r.
255 Vgl. ebd., fol. 89r, 94v, 99v, 109v, 112v, 117v, 119r, 134r, 152r, 184v.
256 Vgl. ebd., fol. 113r, 168r, 188r.
257 Vgl. ebd., fol. 123r, 129r, 130r, 139v, 168r, 191v.
258 Vgl. ebd., fol. 130r, 137v, 153v, 163r, 167v.
259 Vgl. ebd., fol. 6v, 152r, 160r, 165r.
260 Vgl. ebd., fol. 73v, 85r, 95v.
261 Vgl. ebd., fol. 86r.
262 Vgl. ebd., fol. 141r, 149v, 156r, 162v, 168v, 171v; Trauungen, fol. 66v, 71v, 90r.
263 Vgl. ebd., fol. 89v; Taufen, fol. 186r, 188v, 189v.
264 Vgl. ebd., Trauungen, fol. 91r.
265 Vgl. StAB, B 49, Nr. 233/II, fol. 532r.
266 Vgl. AEB, Kbb. Marktzeuln, Bd. 1, Trauungen, fol. 83v; Taufen, fol. 184v, 185r.
267 Vgl. ebd., fol. 183r.
268 Vgl. StAB, B 49, Nr. 233/II, fol. 527r, 528r, 530v, 533r, 534v, 690r.
269 Eine Ausnahme stellte Rattelsdorf dar, wo bis 1656 das Amt des Bürgermeisters auf Lebenszeit vergeben wurde. Vgl. Schrepfer, S. 58 mit Anm. 127.
270 In Marktzeuln angeblich seit 1570. Vgl. Schmitt, Rudolf: Rückblick auf die Geschichte von Marktzeuln. In: 400 Jahre Rathaus Marktzeuln 1577–1976. Marktzeuln 1976, S. 8–28, hier S. 14. – In Marktgraitz soll der Rat aus sechs Männern bestanden haben. Vgl. Welsch, S. 15.
271 Vgl. AEB, Rep. I, Nr. 343, fol. 3r–v. – In Baunach gehörten dem Rat zehn Personen an. Vgl. Schrepfer, S. 59.
272 In Analogie zu vielen Städten ist anzunehmen, daß einer der beiden Bürgermeister dem Rat angehörte, der andere aber nicht.

Einen anderen Gradmesser für die soziale Position stellen wohl die Patenschaften dar. Je angesehener eine Familie war, desto öfter dürften ihre Mitglieder gebeten worden sein, die Patenstelle bei einem Kind zu übernehmen. In Marktzeuln wurden zwischen 1573 und 1609, während der Amtszeit des Pfarrers Haselmann, 856 Kinder geboren[274]. Bei 31,7 Prozent kamen die Paten von auswärts. Im Durchschnitt stellte also jede Marktzeulner Familie – wenn wir von rund 120 Haushalten ausgehen – bei knapp fünf am Ort geborenen Kindern den Gevatter. Übernahm ein Ehepaar auffallend häufiger als fünfmal Patenschaften, darf man davon ausgehen, daß es besonderes Ansehen in der dörflichen Gemeinschaft genoß.

Unter den Bewohnern des Untersuchungsgebietes gab es drei Sondergruppen: die bereits erwähnten Adligen, die Geistlichen, die unten ausführlich behandelt werden, und die Juden.

1408 sind Juden in Baunach[275], 1450 in Marktgraitz nachzuweisen[276]. Als 1478 die Juden des Hochstifts Bamberg verwiesen wurden[277], mußten wohl auch die an diesen Orten wohnenden Familien fortziehen. Jedoch nahmen Adlige Juden in ihren Schutz; so wohnten Juden in Staffelstein 1500 auf Lehen Adam von Schaumbergs[278], 1525 wird ein Jude in Untermerzbach genannt[279]. Innnerhalb des Untersuchungsgebietes finden wir Juden unter adligem Schutz erst im späten 16. Jahrhundert.

In Schney ansässige Juden sind von 1589[280] bis 1663[281] belegt. In Schwürbitz, wo ab 1587 Juden erwähnt werden[282], ließ Achaz Georg Wolf von Schaumberg um 1615 „drey jüdenheußer [...] ufrichten“[283]. Am selben Ort lebten Juden auf Lehen der domstiftischen Oblei[284]. 1621 verjagten die Schwürbitzer Christen ihre jüdischen Nachbarn aus unbekannten Gründen[285]. Die Juden beschwerten sich jedoch und konnten zurückkehren; noch für 1630 ist ihre Anwesenheit im Ort belegt[286]. In Reckendorf wohnten 1624 sieben jüdische Familien, bestehend aus 45 Personen. Zwei Haushalte lebten auf wiesenthauischen, vier auf rotenhanischen und einer auf einem bischöflichen Anwesen[287]. Im folgenden scheinen auf weitere bambergische Lehen – in Reckendorf oder in Baunach? – Juden gezogen zu sein[288]. 1629 wohnte ein Schutzjude der Herren von Rotenhan in Gerach[289].

---

273 Michael Schlee, Hans Fiedler, Nikolaus Eichhorn.

274 Vgl. AEB, Kbb. Marktzeuln, Bd. 1, Taufen, fol. 1r–160r. – Nichtehelichen Verbindungen entstammten acht Kinder; diese bleiben unberücksichtigt.

275 Vgl. Wunschel, Hans Jürgen: Baunach. In: Maimon, Arye (Hrsg.): Germania Judaica. Bd. 3, 1. Tübingen 1987, S. 92.

276 Vgl. Eckstein, Adolf: Geschichte der Juden im ehemaligen Fürstbistum Bamberg. Bamberg 1898, S. 236.

277 Vgl. Schmidt, Peter: Judenpredigt und Judenvertreibung in Bamberg 1452–1478. In: Der Bußprediger Capestrano auf dem Domplatz in Bamberg. Eine Bamberger Tafel um 1470/75. Bamberg 1989 (Schriften des Historischen Museums Bamberg 12), S. 135–140.

278 Vgl. StAB, B 86, Nr. 1, fol. 306r.

279 Vgl. StAB, B 93, Nr. 20, fol. 257r.

280 Vgl. StAB, B 68/I, Nr. 876, pag. 573.

281 Vgl. Meyer, Heinrich: Die Lichtenfelser Juden. Ein Beitrag zur Stadtgeschichte. In: GaO 5 (1968/69), S. 135–166, hier S. 138f.

282 Vgl. StAB, B 76/XVIII, Nr. 9, fol. 173v–174v, 268r–v.

283 StAC, LA D 1183, fol. 27r.

284 Vgl. StAB, Stb. 3439/1, fol. 3r, 4v, 5r, 7v, 9v.

285 Vgl. StAB, B 86, Nr. 31, fol. 181v.

286 Vgl. StAB, L 41 Schwürbitz, R 12, bes. auch R 11.

287 Vgl. StAB, B 49, Nr. 12, Designation 1624, fol. 2v–3r.

288 Vgl. AEB, Rep. I, Nr. 745, fol. 455v.

289 Vgl. DAW, Dek. Ebern, VR 1629, pag. 10.

# 2. Zur Quellenlage

Fast alle Quellen, die der folgenden Untersuchung zugrunde liegen, sind obrigkeitlicher Provenienz. Mit den Ereignissen um Reformation und Gegenreformation waren die weltliche und die geistliche Regierung in Bamberg, die geistlichen Räte in Würzburg, das Bamberger Domkapitel, die Klöster Banz und Michelsberg befaßt. Durch Bittschriften evangelischer Untertanen im Hochstift wurden auch protestantische Stände involviert, insbesondere das benachbarte Fürstentum Sachsen-Coburg.

Protokolle der weltlichen Ratsstube in Bamberg vor der Mitte des 17. Jahrhunderts sind nicht erhalten, abgesehen von jenen eines Ausschusses, des Malefizamtes, die den Bestand B 68/I des Staatsarchivs Bamberg bilden. Sie reichen bis ins späte 16. Jahrhundert zurück.

Hingegen liegen im Archiv des Erzbistums Bamberg die Protokolle des geistlichen Rates für die Jahre 1594 bis 1598 und die Zeit ab 1607 vor. Er befaßte sich mit den Zuständen in Pfarreien innerhalb des Hochstifts, selbst wenn diese außerhalb der Diözese Bamberg lagen. Im Staatsarchiv Bamberg befinden sich Akten dieser Behörde über einzelne Pfarreien, teils im Bestand „Pfarrakten" (B 49), teils unter den „Reformationsakten" (ex J 3), die in Wirklichkeit fast ausschließlich Gegenreformations-Akten sind.

Die Protokollbände der Würzburger geistlichen Regierung[290] sind 1945 verbrannt, ebenso die gleichfalls im Ordinariatsarchiv – dem heutigen Diözesanarchiv – aufbewahrten Urkunden, die dazugehörigen Repertorien und eine Reihe von Kopialbüchern[291]. Erhalten geblieben sind die Visitationsrelationen[292] aus dem Dekanat Ebern, beginnend 1576, sowie Akten über die Pfarreien des Untersuchungsgebietes. Von diesen Akten befinden sich freilich nur noch die Baunach betreffenden im Diözesanarchiv Würzburg. Die übrigen Pfarreien gehören seit der Neufestsetzung der Diözesangrenzen im frühen 19. Jahrhundert zur Erzdiözese Bamberg. Folglich hat das Würzburger Ordinariat die einschlägigen Akten 1823, 1825, 1843 und 1845 nach Bamberg abgegeben[293]; sie zählen zum Bestand „Pfarrakten" im Archiv des Erzbistums Bamberg.

Beschlüsse – und seit etwa 1570 auch Schreiben – über die Religionspolitik im Hochstift Bamberg im allgemeinen und in den Orten des Amtes Döringstadt sowie in Schwürbitz im besonderen wurden in den Protokollbüchern des Bamberger Domkapitels aufgezeichnet, die um 1490 einsetzen und im Staatsarchiv Bamberg[294] fast lückenlos erhalten sind.

---

290 Sie reichten bis 1574 zurück. Vgl. Hochholzer, S. 3.

291 Insgesamt gingen 1945 vom Bestand des damaligen Ordinariatsarchives etwa 75 % verloren. Vgl. Minerva-Handbücher. Archive im deutschsprachigen Raum. Berlin / New York $^{2}$1974, S. 1126. Zu den Verlusten im einzelnen Engel, Urkundenregesten, S. 12; Wendehorst, Archidiakonat, S. 7; Soder von Güldenstubbe, Erik: Zur Geschichte des Würzburger Diözesan-Archives. Entwicklung und Bestände. In: JffL 53 (1992), S. 421–433, hier bes. S. 425–428.

292 Unter dieser Bezeichnung sind verschiedene Quellengattungen zusammengefaßt, so Visitationsprotokolle von Mitgliedern des geistlichen Rats und ab 1580 vor allem des Dekans sowie Antworten der Pfarrer auf Fragebögen. Zur Visitationspraxis im Bistum Würzburg vgl. Specker, Hans Eugen: Nachtridentinische Visitationen im Bistum Würzburg als Quelle für die katholische Reform. In: Zeeden, Ernst Walter / Molitor, Hansgeorg (Hrsg.): Die Visitation im Dienst der kirchlichen Reform. Münster 1967 (KLK 25/26), S. 37–48; Ndr. in Zeeden, Gegenreformation, S. 175–189. – Zur Erhaltung von Visitationsquellen im DAW allgemein vgl. Lang, S. 244.

293 Vgl. Neundorfer, Bruno: Vom Fürstbischöflichen zum Erzbischöflichen Archiv. In: BHVB 120 (1984), S. 579–588, hier S. 584–588.

294 Zu den Beständen dieses Archivs allgemein Machilek, Franz: Staatsarchiv Bamberg. München 1994 (Kurzführer der Staatlichen Archive Bayerns NF).

Die Missivbücher des Klosters Michelsberg, Register der aus- und oft auch der eingehenden Briefe[295], beginnen 1485, die des Klosters Banz 30 Jahre später. Seit Auflösung dieser Abteien 1803 befinden sich die Bände im Staatsarchiv Bamberg bzw. in seinen Vorgängereinrichtungen.

Im Staatsarchiv Coburg zählt zum Bestand „Coburger Landesarchiv, Lokat D (Auswärtige Angelegenheiten)"[296] die Korrespondenz des Herzogs Johann Casimir und seiner Regierung mit den Protestanten, die ihn um Hilfe angingen, mit den Bischöfen von Bamberg und von Würzburg, mit Kurpfalz und mit Kursachsen über die Gegenreformation im Hochstift Bamberg, vornehmlich in den Pfarreien Marktzeuln und Marktgraitz. Ähnliche Akten existierten sicherlich bei den Regierungen von Brandenburg-Bayreuth, Kurpfalz und Kursachsen, sind jedoch offenbar nicht erhalten.

Aus den Registraturen der Kasten- und Vogteiämter, die für das Untersuchungsgebiet zuständig waren, liegen nur wenige Archivalien vor, die für unser Thema von Belang sind. Die meisten Hinweise sind noch den Amtsrechnungen zu entnehmen[297]. Ferner enthalten Amtsbücher des Lichtenfelser Forstmeisters abschriftlich Briefe und Listen, welche die Gegenreformation in den Pfarreien Marktzeuln und Marktgraitz betreffen[298].

Die gemeindlichen Archivalien bieten, falls sie überhaupt in den zu untersuchenden Zeitraum zurückreichen, kaum Hinweise auf religiös-kirchliche Zustände. In Baunach und Marktzeuln[299], wo es ein Ratsgremium gab, sind keine Ratsprotokolle aus dem 16. und frühen 17. Jahrhundert erhalten. Selbst die Gemeinderechnungen reichen nur in Schwürbitz in die Zeit der Gegenreformation – bis 1599 – zurück[300].

In den Archiven der meisten Pfarreien stammen die ältesten Rechnungen, Urbare und Akten aus den letzten Jahren des Dreißigjährigen Krieges[301]. Die wichtigsten Ausnahmen stellen die Pfarrarchive Marktgraitz mit sieben zwischen 1363 und 1525 ausgestellten Urkunden sowie einem Urbar und einem Lehenbuch, angelegt im späten 16. Jahrhundert, und Schney mit Akten über die Einsetzungen der Pfarrer seit 1589 und über die Restitution 1629 dar. Die wichtigste personengeschichtliche Quelle sind die Kirchenbücher (Pfarrmatrikeln), die Verzeichnisse der Taufen, Trauungen und Bestattungen. Am weitesten – bis 1573 –

---

295 In der Regel enthalten die Missivbücher Schreiben von und an Abt und Konvent. In Banzer Bänden wurden in der ersten Hälfte des 16. Jahrhunderts auch Privatschreiben des Abtes, im frühen 17. Jahrhundert gelegentlich sogar Briefe des Sekretarius eingetragen. Vgl. z. B. StAB, B 93, Nr. 22, fol. 20r, 109v; Nr. 35, fol. 163r–184r, 476r–v, 481r–482r, 485v–486r, 497v–498r.

296 Zum Bestand vgl. Andrian-Werburg, Klaus Frhr. von: Staatsarchiv Coburg. Beständeübersicht. München 1982 (Bayerische Archivinventare 41), S. 2.

297 Vgl. Krausert, Hans (Bearb.): Staatsarchiv Bamberg. Rechnungen des Hochstifts Bamberg. München 1956 (Bayerische Archivinventare 6).

298 StAB, B 76/XVIII, Nr. 11–13.

299 Zum Gemeindearchiv Marktzeuln vgl. Meyer, Heinrich: Geteilte Ortsarchive: die Lösung in Marktzeuln. In: Mitteilungen für die Archivpflege in Bayern 2 (1956), S. 49f., hier S. 49.

300 Vgl. Kramer, S. 32. Die Rechnungsreihe weist erhebliche Lücken auf; aus der ersten Hälfte des 17. Jahrhunderts sind nur noch elf Rechnungen – zwei davon über zwei Jahre – vorhanden.

301 Nur für das Baunacher Archiv existiert eine gedruckte Übersicht. Vgl. Amrhein, August: Archivinventare der katholischen Pfarreien in der Diözese Würzburg. Würzburg 1914 (VGffG V, 1), S. 165–168.

reichen sie in Marktzeuln zurück; in den übrigen Pfarreien setzen sie erst zwischen 1623 (Rattelsdorf) und 1658 (Schney) ein[302].

Im Amt Döringstadt und in den Pfarreien Marktzeuln und Marktgraitz klagten Untertanen vor dem Reichskammergericht gegen gegenreformatorische Maßnahmen des Bamberger Bischofs und seiner Beamten. Die Prozeßakten blieben im Archiv des Gerichtes erhalten; seit der Mitte des 19. Jahrhunderts befinden sie sich im Bayerischen Hauptstaatsarchiv München[303]. Gleichfalls liegen hier die Gerichtsakten über einen Reichskammergerichtsprozeß zwischen Bamberg und Sachsen-Coburg[304] – Bamberg erstritt 1616 die Freilassung des Burgkunstadter Vogtes, der auf Betreiben evangelischer Untertanen des Hochstifts verhaftet und nach Coburg gebracht worden war –; zu diesem Fall gibt es auch noch den Akt der Bamberger[305] und den der Coburger Regierung[306].

Das Hauptstaatsarchiv besitzt ferner die Akten über die Reichskammergerichtsprozesse des Schwürbitzer Notars Kilian Schauer, der die Pfarrgemeinden Marktzeuln und Marktgraitz beriet und vertrat, gegen den Bischof von Bamberg[307]. Darin enthalten sind Abschriften beschlagnahmter Privatbriefe von und an Schauer[308] sowie ein von ihm gedichtetes Lied über die Gegenreformation[309].

Dabei handelt es sich um die einzigen nicht für Vertreter einer Obrigkeit bestimmten Aufzeichnungen, über die wir verfügen. Private Chroniken und Tagebücher, wie wir sie aus mehreren frühneuzeitlichen Städten Frankens kennen[310], fehlen im Untersuchungsgebiet; Selbstzeugnisse der Untertanen liegen ansonsten nur als Eingaben von einzelnen oder – häufiger – von Gruppen an den Bamberger Bischof oder andere Herren vor[311].

---

302 Vgl. ebd., S. 167f.; Stadler, Klemens J.: Erzbistum Bamberg. München 1941 (Pfarrbücherverzeichnis für das rechtsrheinische Bayern 5), S. 1, 8f., 28, 36; Biebinger, Wilhelm: Evang.-Lutherische und Evang.-Reformierte Kirche. München 1940 (Pfarrbücherverzeichnisse [...] 8), S. 144, 315. – Die Kirchenbücher der katholischen Pfarreien (ausgenommen Baunach, das zur Diözese Würzburg gehört) sind im Archiv des Erzbistums Bamberg deponiert. Vgl. Urban, Josef: Aus der Arbeit des Archivs: Restaurierungen. Bamberg 1988 (Kleinausstellungen im Archiv des Erzbistums Bamberg 1), S. 4f. – Verlorengegangen sind offenbar die Kirchenbücher der evangelischen Pfarrei Oberbrunn.

303 BayHStA, RKG 405, 17465. Zur Überlieferung der Reichskammergerichtsakten vgl. Ranieri, S. 11, 82–87.

304 BayHStA, RKG 3564/10.

305 StAB, B 46 a, Nr. 2906.

306 StAC, LA D 1182.

307 BayHStA, RKG 406 und 11289.

308 BayHStA, RKG 406, Q 5–22, 40–56. Dabei handelt es sich meist nur um Passagen aus den Briefen. – Auch an den Kurfürsten von Sachsen sandte der Bamberger Bischof 1614 14 Abschriften aus den beschlagnahmten Briefen. Vgl. StAC, LA D 1322, fol. 311r. Im Staatsarchiv Dresden sind weder diese Abschriften noch der Begleitbrief zu ermitteln. Frdl. Mitteilung des Staatsarchivs vom 25.8.1989. Über die erhaltene Korrespondenz zwischen Bamberg und Kursachsen vgl. Beierlein, Paul Reinhard: Ein Briefwechsel zwischen den Bischöfen von Bamberg und den Kurfürsten von Sachsen (1586–1617). Nach dem Aktenmaterial des Sächsischen Landeshauptarchivs zu Dresden. In: BVHB 93/94 (1956), S. 293–304.

309 BayHStA, RKG 11289, Q 11.

310 Vgl. Bachmann, Leopold: Kitzinger Chronik des Friedrich Bernbeck 745–1565. Kitzingen 1899; Schottenloher, Otto: Das „Memorial" des Bamberger Stadtsteuerschreibers und Stadtrats Hans Hebeisen 1590. In: BHVB 85 (1937), S. 28–35; Endres, Heinrich / Engel, Wilhelm: Der Würzburger Bürger Adam Kahl (1539–1594) und sein Tagebuch (1559–1574). Würzburg 1952 (Mainfränkische Studien 14); Felsheim, Hans: Aus dem Hausbuch des Scheßlitzer Schusters Hans Zeis. Hinweise auf eine unausgeschöpfte Quelle. In: FB 10 (1958), S. 59–64, 73–76; Demandt, Dieter / Rublack, Hans-Christoph: Stadt und Kirche in Kitzingen. Darstellungen und Quellen zu Spätmittelalter und Reformation. Stuttgart 1978 (Spätmittelalter und Frühe Neuzeit 10), S. 280–311: Chronik des Johann Beringer; Wunder, Gerd: Das Büchlein von Balthasar Rüffer. In: Mainfränkisches Jahrbuch 39 (1987), S. 45–57; Kleinlauth, Brigitte: Der Schreibkalender des Jakob Röder 1598–1618. Würzburg / München 1988 (Veröffentlichungen zur Volkskunde und Kulturgeschichte 28).

311 Wie derartige Eingaben entstanden, wird in Kap. B.3.2.1. (S. 290–296) untersucht.

# A. Reformation und Gegenreformation – Ereignisse und Hintergründe

## 1. Forschungsstand

### 1.1. Reformatorische Bewegungen und Gegenreformation in den Hochstiften Bamberg und Würzburg

Das 16. und das frühe 17. Jahrhundert gehören zu den besterforschten Epochen in der Geschichte der beiden Mainbistümer. Namentlich zur Kirchengeschichte in dieser Ära liegen einige neuere Untersuchungen vor.

Eine Übersicht über die Pfarreien und Inkuratbenefizien der Diözese Bamberg am Vorabend der Reformation hat A. Wendehorst, aufbauend auf Vorarbeiten E. v. Guttenbergs, erarbeitet[1]. Eine entsprechende Darstellung fehlt zwar für das gesamte Bistum Würzburg, jedoch hat A. Wendehorst für den Archidiakonat Münnerstadt, zu dem bis 1524 das Untersuchungsgebiet gehörte, die Entwicklung der Pfarreien und der übrigen Benefizien beschrieben[2]. Die vielfältigen Formen der vorreformatorischen Frömmigkeit im Hochstift Bamberg wurden noch nicht gezielt erforscht. Auch für das Hochstift Würzburg existieren nur Untersuchungen zu einzelnen Aspekten. So hat K. Trüdinger[3] das Verhältnis der Bürger und speziell des Rats in der Stadt Würzburg zur Kirche und L. Remling[4] das Bruderschaftswesen im Bistum dargestellt.

Mit der Reformation im Hochstift Bamberg haben sich bereits 1825 J. Heller[5] und 1898 O. Erhard[6] auseinandergesetzt. In den letzten Jahrzehnten sind zwei Dissertationen zum Thema entstanden. Während bei R. Schmitt[7] das Vordringen der lutherischen Bewegung im Mittelpunkt steht, rückt W. Zeißner[8], dessen Quellenbasis wesentlich breiter ist, die Reaktionen der altkirchlichen Seite in den Vordergrund.

Über die Auswirkungen reformatorischer Ideen im Würzburger Staat und die obrigkeitlichen Maßnahmen ist seit C. G. Scharold[9] (1824) keine umfassende Darstellung mehr

---

1 Guttenberg, Erich Frhr. von / Wendehorst, Alfred: Das Bistum Bamberg. Teil 2: Die Pfarreiorganisation. Berlin 1966 (Germania Sacra 2, 1, 2).

2 Wendehorst, Alfred: Der Archidiakonat Münnerstadt am Ende des Mittelalters. In: WDGB 23 (1961), S. 5–52.

3 Trüdinger, Karl: Stadt und Kirche im spätmittelalterlichen Würzburg. Stuttgart 1978 (Spätmittelalter und Frühe Neuzeit 1).

4 Remling, Ludwig: Bruderschaften in Franken. Kirchen- und sozialgeschichtliche Untersuchungen zum spätmittelalterlichen und frühneuzeitlichen Bruderschaftswesen. Würzburg 1986 (QFW 35).

5 Heller, Joseph: Reformations-Geschichte des ehemaligen Bisthums Bamberg. Bamberg 1825.

6 Erhard, Otto: Die Reformation der Kirche in Bamberg unter Bischof Weigand 1522–1556. Erlangen 1898.

7 Schmitt, Rudolf: Die Reformation im Bistum Bamberg von 1522 bis 1556. Phil. Diss. (masch.). Erlangen 1953.

8 Zeißner, Werner: Religio incorrupta? Phil. Diss. Würzburg 1974; veröffentlicht unter dem Titel: Altkirchliche Kräfte in Bamberg unter Bischof Weigand von Redwitz (1522–1556). Bamberg 1975 (HVB, Beiheft 6).

9 Scharold, Carl Gottfried: Dr. Martin Luthers Reformation in nächster Beziehung auf das damalige Bisthum Würzburg. Würzburg 1824.

erschienen. Eine ausführlichen Überblick bietet neuerdings K. Guth[10]. Eine Teilfrage – die Haltung der Bischöfe zum geplanten Konzil bzw. zum Tridentinum – hat 1989 T. Freudenberger grundlegend untersucht[11].

Die erste umfangreichere Arbeit zur Gegenreformation im Hochstift Bamberg legte 1899 G. Zagel[12] vor, der sich allerdings auf die Regierungszeit Bischof Neithard von Thüngens (1591–1598) beschränkte. Einen größeren zeitlichen Rahmen hat die Dissertation von G. Wurm[13], fertiggestellt 1945. Die Verfasserin beschreibt die Reform- und Katholisierungspolitik der Bischöfe und des Domkapitels von Ernst von Mengersdorf (1583–1591) bis Johann Gottfried von Aschhausen (1609–1622), wobei sie sich fast ausschließlich auf die Protokolle des Domkapitels stützt. Über die Haltung der Bamberger Domherren zur katholischen Reform hat H. Schieber[14], der die Gründungsgeschichte des Priesterseminars untersucht hat, neue Erkenntnisse gewonnen. So gelingt es ihm, das Bild des angeblich reformfeindlichen Domkapitels zurechtzurücken, das besonders J. Looshorn im fünften Band seiner Bistumsgeschichte geprägt hat[15].

In Würzburg ist namentlich das Wirken des Fürstbischofs Julius Echter (1573–1617), eines Vorreiters der Gegenreformation, erforscht worden. Jüngere Arbeiten zeigen ihn in erster Linie als frühabsolutistischen Fürsten[16]. Seine Tätigkeit für die Gegenreformation und die katholische Reform zusammen mit der seines Vorgängers, Friedrich von Wirsbergs, hat auf der Grundlage der Visitationsberichte H. E. Specker[17] beschrieben; J. Meier[18] und P. T. Lang[19] haben seine Erkenntnisse am Beispiel einzelner Landkapitel vertieft. Die Geschichte zweier von Julius gegründeter, für die Reform wichtiger Einrichtungen – des Seminars[20] und

---

10 Guth, Klaus: Die Würzburger Kirche in der Begegnung und Auseinandersetzung mit der Lehre Luthers. In: Kolb / Krenig, S. 17–61.

11 Freudenberger, Theobald: Die Fürstbischöfe von Würzburg und das Konzil von Trient. Münster 1989 (RST 128).

12 Zagel, Gustav: Die Gegenreformation im Bistum Bamberg unter Fürstbischof Neithard von Thüngen 1591–1598. In: Archiv für Geschichte und Altertumskunde von Oberfranken 21, 1 (1899), S. 19–128.

13 Wurm, Gertrud: Bischöfe und Kapitel im Hochstift Bamberg und die Gegenreformation. Phil. Diss. (masch.). Erlangen 1945. Eine Veröffentlichung war geplant, kam jedoch nicht zustande. Erhalten ist der korrigierte Umbruch (in der StBB).

14 Schieber, Hans: Die Vorgeschichte des Bamberger Priesterseminars. In: Seminarium Ernestinum. 400 Jahre Priesterseminar Bamberg. Bamberg 1986, S. 17–86.

15 Looshorn, Johann: Die Geschichte des Bisthums Bamberg. Bd. 5. Bamberg 1903, bes. S. 107, 150, 279, 363.

16 Pölnitz, Götz Frhr. von: Julius Echter von Mespelbrunn, Fürstbischof von Würzburg und Herzog von Franken (1573–1617). München 1934 (Schriftenreihe zur Bayerischen Landesgeschichte 17); Schubert, Ernst: Julius Echter. In: Fränkische Lebensbilder. Bd. 3. Würzburg 1969, S. 158–193. – Die wichtigsten biographischen Darstellungen bei Wendehorst, Würzburg, S. 161–163. Die jüngsten, populären Biographien des Bischofs: Mälzer, Gottfried: Julius Echter. Leben und Werk. Würzburg 1989; Meisner, Michael: Julius Echter von Mespelbrunn. Fürstbischof zwischen Triumph und Tragik. Würzburg 1989.

17 Specker, Hans Eugen: Die Reformtätigkeit der Würzburger Fürstbischöfe Friedrich von Wirsberg (1558–1573) und Julius Echter von Mespelbrunn (1573–1617). In: WDGB 27 (1965), S. 29–125. – Neuerdings auch Guth, Klaus: Fürstbischof Julius Echter von Mespelbrunn (1573–1617). Zur Praxis bischöflicher Reformarbeit im Zeitalter der Gegenreformation in Franken. In: Vogler, Bernard (Hrsg.): L'institution et les pouvoirs dans les églises de l'antiquité à nos jours. Bruxelles 1987 (Miscellanea historiae ecclesiasticae 8), S. 331–342.

18 Meier, Johannes: Die katholische Erneuerung des Würzburger Landkapitels Karlstadt im Spiegel der Landkapitelsversammlungen und Pfarreivisitationen. In: WDGB 33 (1971), S. 51–125.

19 Lang, Peter Thaddäus: Die tridentinische Reform im Landkapitel Mergentheim bis zum Einfall der Schweden 1631. In: Rottenburger Jahrbuch für Kirchengeschichte 1 (1982), S. 143–171; ders.: Die tridentinische Reform im Landkapitel Gerolzhofen. Kirchliches Leben im Spiegel der Visitationsberichte 1574–1619. In: WDGB 52 (1990), S. 243–269.

20 Hillenbrand, Karl / Wigand, Rudolf (Hrsg.): Mit der Kirche auf dem Weg. 400 Jahre Priesterseminar Würzburg 1589–1989. Würzburg 1989; darin bes. Wittstadt, Klaus: Zur Gründungsgeschichte des Priesterseminars Würzburg (S. 25–50).

der Universität[21] – wurde in den letzten Jahren in Festschriften anläßlich ihrer 400jährigen Jubiläen behandelt.

Die späten gegenreformatorischen Maßnahmen im Zuge der Restitutionspolitik und die Einwirkungen des Dreißigjährigen Krieges auf die religiös-kirchlichen Zustände sind für beide Hochstifte kaum erforscht[22].

Die Rolle des Domkapitels bei der Gegenreformation, offenbar bescheidener als die der Bamberger Domkanoniker, ist bisher noch nicht gezielt dargestellt worden, sieht man von einigen Hinweisen bei E. Schubert[23] ab, der die gegenreformatorischen Maßnahmen der Bamberger und der Würzburger Bischöfe sowie der beiden Domkapitel vergleicht; er zeigt besonders die Gemeinsamkeiten und Unterschiede zwischen Julius Echter und Neithard von Thüngen auf.

Die Geschichte der Benediktinerklöster im Hochstift Würzburg sowie von Banz unter dem Einfluß von Reformation und Gegenreformation stellt E. Hochholzer[24] dar; die Entwickung der Zisterze Langheim hat G. Dippold[25] untersucht. Für ein so bedeutendes Kloster wie Ebrach gibt es dagegen nur eine ältere Untersuchung über die ersten Jahre der Reformation[26] und eine Skizze über die klösterliche Reform im späten 16. Jahrhundert[27]; für Michelsberg fehlen – wie für eine ganze Reihe fränkischer Klöster – entsprechende Arbeiten ganz.

Personengeschichtlich ist der Untersuchungszeitraum, besonders im Bambergischen, gut durchdrungen. Für fast alle Bamberger Bischöfe liegen – zum Teil allerdings überholte – Biographien vor[28], ebenso für viele Weihbischöfe, wobei L. Bauers Dissertation über

---

21 Baumgart, Peter (Hrsg.): Vierhundert Jahre Universität Würzburg. Eine Festschrift. Neustadt a. d. Aisch 1982; darin bes. ders.: Die Julius-Universität zu Würzburg als Typus einer Hochschulgründung im konfessionellen Zeitalter (S. 3–29).

22 Zu den Restitutionen im Bistum Würzburg vgl. Soder von Güldenstubbe, Erik: Die Restitution unter Fürstbischof Philipp Adolf von Ehrenberg 1623–1632. In: WDGB 43 (1981), S. 343–396. Zur Kriegszeit vgl. Weber, Reinhard: Würzburg und Bamberg im Dreißigjährigen Krieg. Die Regierungszeit des Bischofs Franz von Hatzfeldt 1631–1642. Würzburg 1979, bes. S. 427–467. Über die Zeit der schwedischen Besetzung des Hochstifts Würzburg vgl. Deinert, Christa: Die schwedische Epoche in Franken von 1631–1635. Phil. Diss. Würzburg 1966.

23 Schubert, Ernst: Gegenreformationen in Franken. In: JffL 28 (1968), S. 275–307; Ndr. in Zeeden, Gegenreformation, S. 222–269.

24 Hochholzer, Elmar: Die Bendiktinerabteien im Hochstift Würzburg in der Zeit der katholischen Reform (ca. 1550–1618). Neustadt a. d. Aisch 1988 (VGffG IX, 35); die Banz betreffenden Abschnitte dieses Werkes wurden, leicht verändert, bereits veröffentlicht: Das Kloster Banz in der Reformationszeit. In: WDGB 45 (1983), S. 75–91.

25 Dippold, Günter: Das Zisterzienserkloster Langheim im Zeitalter von Reformation und Gegenreformation. In: ZbKG 58 (1989), S. 89–140.

26 Jaeger, Johannes: Die Cisterzienser-Abtei Ebrach zur Zeit der Reformation. Nach den Visitationsakten des Würzburger Bischofs Conrad von Thüngen v. J. 1531 und andern urkundlichen Quellen. Eine kirchen- und kulturgeschichtliche Studie. Erlangen 1895.

27 Guth, Klaus: Kirchliche Reformvorhaben in der Abtei Ebrach im späten 16. Jahrhundert. Bischöfliche Visitationen als Instrument zur Klosterreform im Widerstreit zwischen Politik und innerer Erneuerung. In: BHVB 121 (1985), S. 35–44. – Die Tätigkeit der Abtei für die Katholisierung ihrer Untertanen ist dagegen noch unerforscht. Einige wenige Hinweise bei Schenk, Winfried: Mainfränkische Kulturlandschaft unter klösterlicher Herrschaft. Die Zisterzienserabtei Ebrach als raumwirksame Institution vom 16. Jahrhundert bis 1803. Würzburg 1988 (Würzburger Geographische Arbeiten 71), S. 150–152.

28 *Bis 1522*: Guttenberg, Bistum, S. 95–286. Über *Georg*: Kleiner, Michael: Georg III. Schenk von Limpurg, Bischof von Bamberg (1505–1522), als Reichsfürst und Territorialherr. In: BHVB 127 (1991), S. 13–117. Über *Weigand* zuletzt: Zeißner, Werner: Weigand von Redwitz (1476–1556). In: Fränkische Lebensbilder. Bd. 11. Neustadt a. d. Aisch 1984, S. 44–60. Über *Veit*: Hotzelt, Wilhelm: Veit II. von Würtzburg, Fürstbischof von Bamberg 1561–1577. Freiburg i. Br. 1919; ders., Familiengeschichte, S. 229–305. Über *Ernst*: Metzner, Joseph: Ernst von Mengersdorf, Fürstbischof von Bamberg, die Weihbischöfe Dr. Jakob Feucht und Dr. Johann

Johann Schöner und Friedrich Förner hervorzuheben ist[29]. Leben und Werk der einzelnen Fürstbischöfe von Würzburg bis 1617 hat A. Wendehorst grundlegend dargestellt[30]. Kurzbiographien der Würzburger Domherren hat A. Amrhein[31] erarbeitet; für die Bamberger Domkanoniker im Zeitraum von 1399 bis 1556 hat dies J. Kist[32] getan.

Die Lebensdaten der niederen Geistlichen im Bistum Bamberg hat F. Wachter[33] zusammengetragen. Eine Neubearbeitung dieses Werkes, um dessen Unvollständigkeit der Verfasser selbst wußte, plante J. Kist[34]. Er konnte jedoch nur die Klerikerbiographien für die Zeit von 1400 bis 1556 veröffentlichen[35]. Zwar haben sich auch diese mittlerweile als ergänzungsbedürftig erwiesen[36], aber im Vergleich mit anderen Diözesen ist die Prosopographie der Bamberger Geistlichkeit ausgezeichnet erarbeitet. Für Würzburg liegen nur die

---

Ertlin. Bamberg 1886. Über *Neithard*: Thüngen, Richard Frhr. von: Das reichsritterliche Geschlecht der Freiherrn von Thüngen. Forschungen zu seiner Familiengeschichte. Lutzische Linie. Bd. 1. Würzburg 1926, S. 366–397; Weiß, Dieter J.: Neidhard von Thüngen (1545–1598). In: Fränkische Lebensbilder, Bd. 15. Würzburg 1993, S. 63–83. Über *Johann Philipp*: Soder, Erik / Roßmann, Hans: Johann Philipp von Gebsattel. Fürstbischof zu Bamberg (1599–1609). In: Homburg am Main. Bd. 2. Triefenstein 1982, S. 16–32. Über *Johann Gottfried*: Wendehorst, Alfred: Johann Gottfried von Aschhausen (1575–1622). In: Fränkische Lebensbilder, Bd. 9. Neustadt a. d. Aisch 1980, S. 167–187; Zimmermann, Gerd: Fürstbischof Johann Gottfried von Aschhausen, der Begründer des Jesuitenkollegs in Bamberg – sein Mühen um die katholischen Belange in Hochstift und Reich. In: Baumgärtel-Fleischmann, Renate / Renczes, Stephan (Hrsg.): 300 Jahre Jesuitenkirche / St. Martin Bamberg 1693–1993. Bamberg 1993 (Veröffentlichungen des Diözesanmuseums Bamberg 5), S. 13–23. Über *Johann Georg*: Deinlein, Michael von: Zur Geschichte des Fürstbischofs Johann Georg II. In: BHVB 40 (1877), S. 1–41. Über *Franz*: Weber, Würzburg.

29 *Bis 1542*: Guttenberg, Bistum, S. 286–294. Über *Preyel*: Kist, Johannes: Kaspar Preyel von Kulmbach, Weihbischof von Bamberg (1504–1517). In: GaO 1 (1951), S. 28–31. Über *Henlein*: ders.: Andreas Henlein von Kronach, Weihbischof von Bamberg (1517–1542). In: BHVB 92 (1953), S. 365–369. Über *Rauch*: Hofmann, Georg: Petrus Rauch O. P., Lebensbild eines Hochschülers, Hofpredigers und Weihbischofs aus der Reformationszeit. Phil. Diss. (masch.). München 1924; Zeißner, S. 265–271. Über *Feucht*: Schmidt, Erhard: Das Wirken des Bamberger Weihbischofs Jakob Feucht und das Vermächtnis seiner Kinderpostill für unsere Zeit. Theol. Diss. (masch.). Regensburg 1971. Über *Schöner* und *Förner*: Bauer, Lothar: Die Bamberger Weihbischöfe Johann Schöner und Friedrich Förner. In: BHVB 101 (1965), S. 305–528; über *Förner* zuletzt ders.: Der Bamberger Weihbischof Friedrich Förner und seine Brüder. In: Dippold, Weismain, S. 323–330.

30 Wendehorst, Alfred: Das Bistum Würzburg. Teil 3: Die Bischofsreihe von 1455 bis 1617. Berlin / New York 1978 (Germania Sacra NF 13). Seither wurde abgeschlossen Bauer, Christoph: Melchior Zobel von Giebelstadt (1544–1558). Phil. Diss. Würzburg 1994.
Über *Philipp Adolf*: Dürr, Otto: Philipp Adolph von Ehrenberg, Bischof von Würzburg 1623–1631. Quakenbrück 1935. Über *Johann Philipp*: Jürgensmeier, Friedhelm: Johann Philipp von Schönborn, Kurerzbischof (1605–1673). In: Fränkische Lebensbilder, Bd. 6. Würzburg 1975, S. 161–184; ders.: Johann Philipp von Schönborn und die römische Kurie. Ein Beitrag zur Kirchengeschichte des 17. Jahrhunderts. Mainz 1977; ders.: Schönborn, Johann Philipp Reichsfreiherr von. In: Gatz, Erwin (Hrsg.): Die Bischöfe des Heiligen Römischen Reiches 1648 bis 1803. Berlin 1990, S. 438–442; ders.: Fürstbischof Johann Philipp von Schönborn (1642–1673). Die Regierungsjahre bis 1648.
Über die Würzburger Weihbischöfe vgl. immer noch Reininger, Nikolaus: Die Weihbischöfe von Würzburg. Ein Beitrag zur Fränkischen Kirchengeschichte. In: AU 18 (1865), S. 1–428.

31 Amrhein, August: Reihenfolge der Mitglieder des adeligen Domstifts Wirzburg. In: AU 32 (1889), S. 1–315; 33 (1890), S. 1–380.

32 Kist, Johannes: Das Bamberger Domkapitel von 1399 bis 1556. Ein Beitrag zur Geschichte seiner Verfassung, seines Wirkens und seiner Mitglieder. Weimar 1943 (Historisch-Diplomatische Forschungen 7), S. 138–333.

33 Wachter, Friedrich: General-Personal-Schematismus der Erzdiözese Bamberg 1007–1907. Bamberg 1908. – Die Ordensgeistlichen erfaßt Wachter meist nur, wenn sie eine Pfarrei oder eine sonstige Pfründe innehatten.

34 Vgl. Kist, S. VII; Brandmüller, Walter: Johannes Kist (1901–1972). Nachruf. In: BHVB 109 (1973), S. 7–13, hier S. 8.

35 Kist, Johannes: Die Matrikel der Geistlichkeit des Bistums Bamberg 1400–1556. Würzburg 1965 (VGffG IV, 7).

36 So lassen sich aus den von Kist nicht herangezogenen Fiskalatsrechnungen des 16. Jahrhunderts zahlreiche bisher unbekannte Daten ermitteln. Vgl. Zeißner, S. 32f.

Personallisten einzelner Stifte[37] und Pfarreien[38] sowie einige Quellenveröffentlichungen[39] vor. Die Daten der evangelischen Geistlichen in den ritterschaftlichen Pfarreien Frankens schließlich haben W. Dannheimer, W. Zahn und G. Kuhr[40] gesammelt.

Obwohl wir dank all der genannten Untersuchungen über die bambergische und würzburgische Kirchengeschichte im 16. und frühen 17. Jahrhundert recht gut Bescheid wissen, bleiben Fragen offen. So stehen zumeist Bischof, Domkapitel, Theologen im Vordergrund. Zwar spielt auch der „gemeine Mann" in den Untersuchungen eine erhebliche Rolle, aber es liegen kaum Arbeiten vor, die gezielt nach dem Verhalten des Volks fragen. Lediglich H.-C. Rublack hat sich explizit mit diesem Problem befaßt, freilich beschränkt auf die Residenzstädte. 1978 stellte er die Vorgänge in Würzburg und Bamberg[41] dar; seine Untersuchungen vertiefte er im folgenden Jahr, indem er anhand einer Kollektenliste von Bamberg-St. Martin Zusammenhängen zwischen Konfession und sozio-ökonomischen Faktoren nachging[42]. Derartige Forschungen fehlen bislang für andere Orte oder Gebiete in den beiden Hochstiften.

## *1.2. Geschichte des Untersuchungsgebietes*

Über die Entwicklung der Herrschaftsverhältnisse im Untersuchungsgebiet unterrichten die Bände „Lichtenfels-Staffelstein" und „Ebern" aus der Reihe „Historischer Atlas von Bayern"[43].

---

37 Feineis, Dieter Michael: Das Ritterstift St. Burkard zu Würzburg unter der Regierung von Fürstbischof Julius Echter von Mespelbrunn (1573–1617). Würzburg 1986 (QFW 36), S. 28–66, 73–111; Wendehorst, Alfred: Das Bistum Würzburg. Teil 4: Das Stift Neumünster in Würzburg. Berlin / New York 1989 (Germania Sacra NF 26), S. 291–814.

38 Von vorbildlicher Ausführlichkeit z. B. Kandler, S. 260–320; Soder von Güldenstubbe, Erik: Beiträge zur älteren Kirchengeschichte von Eisfeld und Wolfmannshausen. In: WDGB 49 (1987), S. 85–143.

39 Holzapfel, Helmut: Die Priesterbruderschaft an der Baunach. Nürnberg 1953 (EAKGB 25, 2); Weiß, Ludwig: Pfründenverleihungen im Nordosten des Bistums Würzburg in der ersten Hälfte des 16. Jahrhunderts. In: WDGB 26 (1964), S. 227–254; Soder von Güldenstubbe, Erik: Kleruslisten des Würzburger Landkapitels Gerolzhofen im Reformationszeitalter bis 1575. In: ZbKG 54 (1985), S. 67–95; Freudenberger, Theobald (Hrsg.): Die Würzburger Weihematrikel der Jahre 1520 bis 1552. Würzburg 1990 (QFW 41).

40 Dannheimer, Wilhelm / Zahn, Wilhelm / Kuhr, Georg: Ritterschaftliches Pfarrerbuch Franken. Neustadt a. d. Aisch 1979 (EAKGB 58). – Die Zusammenstellung ist aufgrund der schwierigen Quellenlage lückenhaft. Vgl. ebd., S. X; Kugler, S. 108. Dem Anspruch, auch evangelische Pfarrer „in geistlichen Herrschaftsgebieten" (S. VIII) aufnehmen zu wollen, wird das Werk nicht gerecht. So fehlen fast alle evangelischen Pfarrer von Rattelsdorf, Döringstadt, Altenbanz, Marktzeuln und Marktgraitz sowie die Inhaber der langheimischen Pfarreien. Über diese vgl. Dippold, Langheim, S. 123–127.

41 Rublack, Hans-Christoph: Reformatorische Bewegungen in Würzburg und Bamberg. In: Moeller, Bernd (Hrsg.): Stadt und Kirche im 16. Jahrhundert. Gütersloh 1978 (Schriften des Vereins für Reformationsgeschichte 190), S. 109–124; Rublack, Hans-Christoph: Gescheiterte Reformation. Frühreformatorische und protestantische Bewegungen in süd- und westdeutschen geistlichen Residenzen. Stuttgart 1978 (Spätmittelalter und Frühe Neuzeit 4), S. 3–91, 128–202, 251–258. Die Darstellung reicht für Würzburg bis 1588, für Bamberg bis ins frühe 17. Jahrhundert. – Rublacks Prosopographie der Würzburger Protestanten haben ergänzt: Wunder, Gerd: Die protestantische Oberschicht in Würzburg im 16. Jahrhundert. In: Blätter für Fränkische Familienkunde 11 (1979–1983), S. 133–142; Götz, Hannelore: Würzburg im 16. Jahrhundert. Bürgerliche Vermögen und städtische Führungsschichten zwischen Bauernkrieg und fürstbischöflichem Absolutismus. Würzburg 1986 (Veröffentlichungen des Stadtarchivs Würzburg 2), S. 337–346.

42 Rublack, Hans-Christoph: Zur Sozialstruktur der protestantischen Minderheit in der geistlichen Residenz Bamberg am Ende des 16. Jahrhunderts. In: Mommsen, Wolfgang J. (Hrsg.): Stadtbürgertum und Adel in der Reformation. Studien zur Sozialgeschichte der Reformation in England und Deutschland. Stuttgart 1979, S. 130–148.

43 Weiß, Hildegard: Lichtenfels-Staffelstein. München 1959; Maierhöfer, Isolde: Ebern. München 1964.

Die Baudenkmäler in den Altlandkreisen Lichtenfels und Staffelstein sind durch Kurzinventare[44] gut erschlossen.

Die ortsgeschichtliche Literatur des Untersuchungsgebietes nimmt sich, zumal aus kirchenhistorischer Perspektive, bescheiden aus. Zwar sind einige Ortsgeschichten erschienen, so für Baunach[45], Rattelsdorf[46], Ebing[47], Unnersdorf[48], Schney[49], Michelau[50], Schwürbitz[51], Neuensee[52], Lettenreuth[53], Marktzeuln[54], Marktgraitz[55]. Sie werden jedoch, so sehr sie sich in der Qualität unterscheiden, fast durchweg wissenschaftlichen Ansprüchen nicht gerecht. Es fehlen ihnen detaillierte Quellenangaben; auch sind die Autoren gelegentlich kritiklos mit Quellen und Vorarbeiten umgegangen[56].

Die Kirchengeschichte, namentlich die der frühen Neuzeit, wird in den meisten dieser Darstellungen recht kurz abgehandelt. Selten sind auch spezielle Arbeiten zu religiös-kirchlichen Themen. Nur über den Baunacher Stadtheiligen Überkum[57], über die Hl.-Grab-Kapelle bei Lettenreuth[58] und über die Geschichte der Pfarrei Schney bis 1650[59] sind Untersuchungen erschienen. Ferner hat N. Kandler Quellen zu den Pfarreien des Landkapitels Ebern zwischen 1528 und 1578 ediert und um biographische Studien zu den darin erwähnten Klerikern ergänzt[60].

---

44 Breuer, Tilmann: Landkreis Lichtenfels. München 1962; Lippert, Karl-Ludwig: Landkreis Staffelstein. München 1968.

45 Schenk, Alois: Chronik von Baunach. Baunach 1924; St. Oswald Baunach. Hallstadt 1972; Krimm, Karl: Stadt und Amt Baunach. Ein Beitrag zur Heimatkunde. Hallstadt 1974; Ruß, Hubert: St. Oswald Baunach. Baunach ²1984.

46 Raab, Georg: Geschichte des Orts und der Pfarrei Rattelsdorf. In: BHVB 29 (1865/66), S. 69–161; 30 (1866/67), S. 1–142; 45 (1883), S. 1–75; Wild, Michael: Ortsgeschichte des Marktes Rattesldorf. O. O., o. J.

47 Chronik von Ebing. Ebing 1993.

48 Moschall, Richard: Im Schatten der Banzer Türme. Ortschronik von Unnersdorf. Staffelstein 1993.

49 Degel, Eugen: Beiträge zur Geschichte von Schney. Lichtenfels 1929; Werner, Andreas: Schney. Zeit- und Kulturgeschichte. Coburg ¹1956; Lichtenfels ²1978.

50 Meyer, Heinrich: Ein Beitrag zur Michelauer Ortsgeschichte. Michelau 1958; Perzel, Herbert: Ein fränkischer Ort im Wandel der Jahrhunderte. Kleine Michelauer Ortsgeschichte. Michelau i. OFr. 1988; ders.: 800 Jahre Michelau in Oberfranken. Vergangenheit und Gegenwart einer fränkischen Gemeinde. Michelau i. OFr. 1994 (Schriften des Deutschen Korbmuseums Michelau 3).

51 Schrepfer, Heinrich: Schwürbitz. Ein Dorf solider Handwerksleute. [Außentitel: 800 Jahre Schwürbitz am Main.] O. O. 1979.

52 Doering, Valentin: Neuensee, eine Heimatstudie nach amtlichen Quellen. In: HB 1938, Nr. 2–10; 1939, Nr. 2; 1940, Nr. 3–8; Neuensee. Landschaft und Menschen, Vergangenheit und Gegenwart. Neuensee 1978.

53 Kraus, Hans: 700 Jahre Lettenreuth und Oberreuth. In: 700 Jahre Lettenreuth-Oberreuth. Festwochenende vom 20. bis 22. Juli 1990. O. O. 1990 (ohne Seitenzählung).

54 900 Jahre Markt Marktzeuln 1071–1971. Marktzeuln 1971; Marktzeuln. Ein fränkischer Ort im Wandel der Zeit. Horb a. N. 1995.

55 Welsch, Georg: Markt Graitz an der Steinach in Oberfranken, dessen Ursprung, Entstehung und sonstige Vorkommnisse. Marktgraitz 1893.

56 Deutlichstes Beispiel sind die beiden erstgenannten Darstellungen der Michelauer Ortsgeschichte (siehe Anm. 50), die in einigen Punkten auf Fälschungen des Korbmachers Fritz Aumüller (1849–1916) zurückgehen. Vgl. Dippold, Günter: Die Einführung der Feinkorbmacherei am Obermain. In: Vom Main zum Jura, Heft 1 (1985), S. 79–94.

57 Jakob, Hans: Die Kapellen „St. Überkum“ und „Zu den Elenden Heiligen“. In: Fränkische Blätter 5 (1953), S. 53f., 65ff.; Meyer, Otto: Überkom, der volksheilige Pilger von Baunach. In: ebd., S. 97–99; Ruß, Hubert: Überkom von Baunach – Stadtpatron einer fränkischen Kleinstadt. In: Frankenland 41 (1989), S. 176–183; ders.: Der „gottselige“ Überkom. Stadtpatron von Baunach. In: Bielmeier, Horst / Rupprecht, Klaus (Hrsg.): Festgabe Gerd Zimmermann zum 65. Geburtstag. Bamberg 1989 (HVB, Beiheft 23), S. 95–109.

58 Fichtner, Fritz: Die Kapelle St. Laurentius – zum Heiligen Grabe ob Lettenreuth. Bericht über eine Grabung an der Missionsstraße des hl. Otto unweit Marktgraitz. In: Fränkisches Land 5 (1957/58), Nr. 8.

59 Dippold, Günter: Geschichte der Pfarrei Schney von ihrer Errichtung bis zum Westfälischen Frieden. In: GaO 15 (1985/86), S. 147–176.

60 Kandler, Norbert: Pfarreien und Klerus im Landkapitel Ebern anhand der frühesten Protokolle und Berichte 1528–1578 im Diözesanarchiv Würzburg. In: WDGB 55 (1993), S. 179–237.

# 2. Grundzüge der herrschaftlichen Religions- und Kirchenpolitik[1]

Im Untersuchungsgebiet und seiner unmittelbaren Nachbarschaft wirkte eine Reihe von Herren auf die religiöse Haltung der Untertanen ein. Um ständige Wiederholungen zu vermeiden, wird im folgenden die Politik der Fürstbischöfe von Bamberg und von Würzburg, der Äbte von Michelsberg, Banz und Langheim, der Ritter und der benachbarten Fürsten umrissen. Das Schwergewicht liegt – wie in der gesamten Untersuchung – auf dem späten 16. und dem frühen 17. Jahrhundert. Ausgeklammert bleiben die primär nach außen, nicht unmittelbar auf die Untertanen gerichteten Maßnahmen, so die Haltung der Bischöfe zum Konzil und zur kaiserlichen Religionspolitik.

## *2.1. Bamberg*

### 2.1.1. Die Bischöfe 1505–1653

Wie Bischof Georg Schenk von Limpurg (1505–1522) den frühen reformatorischen Bewegungen gegenüberstand, ist unklar. Vermutlich fehlte ihm der „Sinn für die Ursachen und Dimensionen des beginnenden Glaubenskampfes"[2], da er wie seine Nachfolger im Reformationsjahrhundert eine kaum theologisch, sondern eher juristisch ausgerichtete Ausbildung hatte. Zumeist scheint er sich passiv verhalten zu haben. So konnte der Nürnberger Ratsschreiber Lazarus Spengler 1520 schreiben, daß der Bischof „die buchlein Luthers nit verprenn oder verbiete"[3]. Geboten des päpstlichen Beauftragten Johannes Eck widersetzte sich Georg freilich nicht und veröffentlichte die Bulle „Exsurge Domine" pflichtgemäß in seiner Diözese[4].

Sein Nachfolger, Weigand von Redwitz (1522–1556), bei dessen Wahl religiöse Motive das Domkapitel wohl nicht geleitet hatten[5], stand, als er die Gefahren der neuen Lehre für seinen geistlichen Staat erkannt hatte und da er sich Kaiser und Papst verpflichtet fühlte, den reformatorischen Bewegungen ablehnend gegenüber, verhielt sich aber uneinheitlich. Einerseits förderte er solch profilierte Vorkämpfer des katholischen Glaubens wie Paul

---

1 Der folgende Überblick basiert, soweit nicht anders angegeben, auf der in Kap. A.1.1. vorgestellten Literatur. Zu Bamberg wurde ferner herangezogen: Guth, Klaus: Kirche und Religion. In: Roth, Elisabeth (Hrsg.): Oberfranken im Spätmittelalter und zu Beginn der Neuzeit. Bayreuth 1979, S. 131–203; Guth, Klaus: Konfession und Religion. In: Roth, Elisabeth (Hrsg.): Oberfranken in der Neuzeit bis zum Ende des Alten Reiches. Bayreuth 1984, S. 149–278; Guth, Klaus: Konfessionsgeschichte in Franken (1555–1955). Politik, Religion, Kultur. Bamberg 1990; Christ, Günter: Bamberg. In: Schindling / Ziegler 4, S. 146–165. Zu Würzburg auch Wendehorst, Alfred: Das Bistum Würzburg. Ein Überblick von den Anfängen bis zur Säkularisation. In: Freiburger Diözesan-Archiv 86 (1966), S. 9–93, hier S. 57–81; Ziegler, Walter: Würzburg. In: Schindling / Ziegler 4, S. 98–127; Krenig, Ernst-Günter: Das Hochstift Würzburg in den Jahrzehnten der Gegenreformation. In: Kolb / Krenig, S. 165–218.

2 Zeißner, S. 45.

3 Riederer, Johannes Bartholomaeus: Beytrag zu den Reformationsurkunden betreffend die Händel, welche D. Eck bey Publication der päpstlichen Bulle wider den sel. D. Luther im Jahre 1520 erregt hat. Altdorf 1762, Bd. 2, S. 187.

4 Vgl. Möncke, Gisela: Ein unbekannter Bamberger Druck der Bulle „Exurge Domine". In: BHVB 121 (1985), S. 17–28.

5 Vgl. Zeißner, S. 46–50.

Neydecker († 1565)[6], den er 1529 zu seinem Generalvikar machte, oder den Karmelitenprovinzial Andreas Stoß, auch ging er gegen populäre lutherische Prediger wie Georg Kreuzer in Forchheim oder Johannes Schwanhausen in Bamberg vor, andererseits aber entfernte er hohe Beamte, die sich der neuen Lehre zugewandt hatten, nicht aus ihren Stellungen, und der Bamberger Drucker Georg Erlinger konnte zwischen 1523 und 1525 zahlreiche reformatorische Schriften veröffentlichen[7].

Die anti-lutherische Tätigkeit des Bischofs beschränkte sich überhaupt auf Einzelaktionen: Gelegentlich wurde den Untertanen das „Auslaufen" aus der eigenen Pfarrei zu lutherischen Predigern, das Stören der (katholischen) Predigt, das Singen von Spottliedern verboten[8], hin und wieder wurden vom katholischen Glauben abgefallene Geistliche verhaftet[9]. Die bischöfliche Regierung scheint in erster Linie dann eingegriffen zu haben, wenn sie Rechte des Hochstifts bzw. der Diözese oder einzelner Pfarreien verletzt oder die Herrschaft gefährdet sah. Aus diesem Grund ging der Bischof entschieden gegen die Wiedertäufer vor, die seit Herbst 1526 im Hochstift Anhänger fanden und in denen er und seine Beamten Aufrührer sahen. Zehn Personen wurden 1528 in Bamberg hingerichtet[10].

Die Rückführung des Volks zur alten Lehre gelang nicht, selbst nachdem seit dem Ende der 1520er Jahre der reformatorische Elan geschwunden war. Schuld daran war nicht zuletzt der sich verschärfende Priestermangel[11].

Auch die Religionspolitik von Bischof Georg Fuchs von Rügheim (1556–1561, Koadjutor seit 1554) erscheint ziemlich konturlos. Zwar erließ er 1556 ein Reformstatut für die Geistlichen, konzentrierte sich darin aber auf Äußerlichkeiten wie allzu modische Kleidung oder das Tragen von Bärten[12].

Bischof Veit von Würtzburg (1561–1577) wich in seiner Politik lange Zeit nicht wesentlich von seinen Vorgängern ab. Die Mitglieder der weltlichen Regierung und die Beamten auf dem Land waren mehrheitlich Protestanten[13]. Evangelische Geistliche auf Pfarreien im Hochstift wurden nicht selten toleriert[14]; daß Veit 1574 den Langheimer Abt dazu drängte, die evangelischen Inhaber der vier klösterlichen Pfarreien zu vertreiben[15], war nicht die Regel. Möglicherweise ist diese Maßnahme aber ein Hinweis darauf, daß Veit gegen Ende seiner Regierung entschiedener für die katholische Sache eintrat. So ließen sich 1573 mit Einwilligung oder sogar auf den Wunsch des Bischofs zwei Jesuiten in Forchheim nieder (sie blieben aber nur bis 1575)[16]. Ans Germanicum entsandte er im selben Jahr zwei Alum-

---

6 Zu fragen ist freilich, ob nicht mehr als Neydeckers entschiedene Glaubenshaltung seine mehrjährige Tätigkeit an der Kurie ihn für das Amt des Generalvikars empfahl. Über Neydecker vgl. ebd., S. 143–158; auch Dippold, Neydecker, S. 286–289.

7 Vgl. Schottenloher, Karl: Die Buchdruckertätigkeit Georg Erlingers in Bamberg von 1521 bis 1541 (1543). Leipzig 1907 (Sammlung bibliothekswissenschaftlicher Arbeiten 21); Zeißner, S. 271–274.

8 Vgl. ebd., S. 83.

9 Einzelbeispiele bei Dippold, Schney, S. 149; ders., Langheim, S. 123f.

10 Vgl. Dippold, Täufer, S. 87, 90.

11 Vgl. Zeißner, S. 190–199.

12 Vgl. Looshorn, Bd. 5, S. 29f.; Zeißner, S. 244.

13 Vgl. Grebner, S. 478.

14 Vgl. Hotzelt, Veit, S. 51. – Bischof Ernst von Mengersdorf behauptete 1588, die schlechte Lage des Katholizismus im Hochstift Bamberg sei nicht die Schuld seiner Vorgänger; „es weren solche mißbreuch durch ein geitzig gemüth der vicariorum in spiritualibus unnd der fiscäl herkomen, die sich mit silbern pechern unnd anderm corrumpirn unnd schmirn laßen, idioten, auch der widerwertigen secten anhengige leuth uf die pfarn gesetzt". StAB, B 86, Nr. 18, fol. 174r.

15 Vgl. Dippold, Langheim, S. 127.

16 Vgl. Freudenberger, Annales, S. 169, 182 Anm. 64, 183.

nen. 1576 ließ der Bischof ein Konzept für eine zu gründende Hohe Schule in Bamberg ausarbeiten[17], das allerdings nicht verwirklicht wurde. 1575 wurde erstmals seit über 50 Jahren wieder ein Brevier für die Bamberger Diözese gedruckt; 1576 erschien ein Gebetbuch[18]. Schließlich weisen auch die Konfiskation lutherischer Bücher bei Bamberger Buchhändlern und die Überwachung der Privatlehrer in der Residenzstadt 1573 auf gegenreformatorische Ansätze in Veits letzten Lebensjahren hin.

Unterstützt, wenn nicht sogar beeinflußt wurde der Bischof von dem streitbaren Prediger Jakob Feucht († 1580), den er 1571 zu seinem Weihbischof gemacht hatte. Dieser scheute selbst Konflikte mit dem Domkapitel nicht, wenn er forderte, Protestanten das kirchliche Begräbnis prinzipiell zu verweigern[19].

Veits Nachfolger Johann Georg Zobel von Giebelstadt (1577–1580) fehlte es wohl an Verständnis für die katholische Reform. Jedenfalls ermahnte ihn das Domkapitel mehrmals vergeblich, „der anstellung des seminarii [...] ingedenckh [zu] sein“[20]. Auch unter Martin von Eyb (1580–1583), der offenbar gegenreformatorische Maßnahmen an sich befürwortete[21], machten Gegenreformation und katholische Reform in Bamberg keine merklichen Fortschritte[22].

Hatten sich die Bischöfe bis 1583 darauf beschränkt, gegen einzelne evangelische Pfarrer oder Lehrer vorzugehen, so war Ernst von Mengersdorf (1583–1591) der erste Bamberger Oberhirte, der Maßnahmen ergriff, um seine lutherischen Untertanen zur Konversion zu bewegen. Zwang lehnte er dabei freilich ab, wie das Ehemandat von 1587 belegt. Darin wurden die Brautpaare zur Kommunion sub una specie ermahnt, das katholische Bekenntnis wurde aber nicht zur zwingenden Voraussetzung für die Trauung gemacht[23]. 1589 wollte er das Mandat verschärfen und für Auswärtige, die ins Hochstift heiraten wollten, die vorherige Beichte und Kommunion nach katholischem Ritus zur Pflicht machen; als das Domkapitel Bedenken äußerte, entgegnete der Bischof, man könne Reiche ja dispensieren. Im übrigen gedenke er „keinen evangelischen zu vertreiben oder was der religion halb wieder in fürzunemen“[24].

Gerade in Grenzgebieten taktierte Mengersdorf äußerst vorsichtig, um benachbarten protestantischen Fürsten keinen Grund zum Eingreifen zu geben. So vertrieb er den evangelischen Pfarrer von Döringstadt nicht gewaltsam; den Würzburger Bischof Julius Echter, der darauf drängte, hielt er hin[25].

Bischof Ernst plante seit 1588 eine Visitation seiner Diözese[26], die aber, mehrfach verschoben, nicht zustandekam. Als erfolgreich erwies sich die Errichtung des Seminars 1586[27], an dem nicht nur Priester ausgebildet werden sollten, sondern an dem auch junge

---

17 Vgl. Schieber, S. 40–45.
18 Vgl. Schonath, Wilhelm: Die liturgischen Drucke des Bistums und späteren Erzbistums Bamberg. In: BHVB 103 (1967), S. 387–418, hier S. 389f., 403, 409, 415.
19 Vgl. Hotzelt, Veit, S. 70f.
20 StAB, B 86, Nr. 13, fol. 25v; Schieber, S. 46–49.
21 Als die Domherren 1579 aus drei Bewerbern einen Kastner für das Amt Staffelstein auswählten, war Martin von Eyb der einzige, der sich ausdrücklich für den katholischen Kandidaten aussprach mit der Begründung: „Wer gutt, das einer da wer, der der religion wer“. StAB, B 86, Nr. 13, fol. 423r.
22 Vgl. Wurm, S. 21.
23 Vgl. Rublack, Gescheiterte Reformation, S. 86f.
24 StAB, B 86, Nr. 18, fol. 309v.
25 Siehe unten S. 136–138.
26 Vgl. StAB, B 86, Nr. 18, fol. 300v.
27 Vgl. Schieber, S. 53-65; Dippold, Collegium, S. 13f.

Männer, die nicht in den geistlichen Stand treten wollten, die Humaniora studieren konnten. Das Ernestinum war mithin als Gegengewicht zu protestantischen Hohen Schulen konzipiert, etwa zum Gymnasium in Hof. Den Unterricht erteilten Weltgeistliche – meist promovierte Theologen –, Angehörige von Mendikantenorden und Laien.

Ständig forderte Ernst eine Reform der Stiftsgeistlichen in Bamberg[28], die dann wohl ein Vorbild sein sollten für den gesamten Diözesanklerus. Freilich blieb er in den Ansätzen stecken. Auch bei Neueinstellungen von weltlichen Regierungsbeamten wollte er nur noch Katholiken berücksichtigen, auch wenn sie nicht aus dem Hochstift stammten[29].

Nach Ernst von Mengersdorfs Tod wählte das Bamberger Domkapitel den Würzburger Dompropst Neithard von Thüngen (1591–1598) zum Bischof. Dieser hatte Echter und dessen Weg der Gegenreformation distanziert gegenübergestanden[30]; die Domherren erwarteten wohl, Thüngen werde, nicht anders als sein Vorgänger, zwar eine Reformpolitik betreiben, aber auf Zwangsmaßnahmen zur Katholisierung der Untertanen verzichten, wie sie der Würzburger Oberhirte anwandte. Der Neugewählte jedoch lebte im Konkubinat und fürchtete um seine Bestätigung, vor allem aber wollte er die einträgliche Würzburger Dompropstei behalten[31]. Daher sah er sich genötigt, durch gegenreformatorisches Engagement Rom geneigt zu stimmen. Bereits einige Monate nach seiner Wahl erließ er eine Neufassung des Ehemandats, derzufolge nur mehr katholische Brautpaare getraut werden sollten. Als das Domkapitel dagegen opponierte, tat der Bischof sein Vorgehen mit dem Hinweis ab, er habe schließlich „was [...] thun müßen“, da er „sonsten in sempiternum nicht [...] confirmirt worden“ wäre[32]. Dennoch dachte er trotz mehrfacher Mahnungen der Domherren nicht daran, das Mandat wieder abzuschwächen[33]. Im Gegenteil: er erließ im Februar 1592 obendrein ein strenges Fastenmandat[34] und befahl im folgenden Jahr den Mitgliedern des Bamberger Rats, an der Prozession am Markus-Tag teilzunehmen[35].

Im März, April und Mai 1594 gebot Neithard allen Untertanen, an Ostern nach katholischem Ritus zu beichten und zu kommunizieren. Eine Strafe für Ungehorsame war darin allerdings noch nicht vorgesehen[36], während die Äbte von Langheim und von Michelsberg – wohl auf bischöfliches Betreiben – schon seit 1593 ihre evangelischen Hintersassen vor die Wahl stellten, zu konvertieren oder fortzuziehen[37]. Seit 1595 jedoch griff auch der Fürstbischof zu dieser Maßnahme. Nicht nur den Bürgern der Residenzstadt wurde befohlen, zu beichten und die Kommunion sub una zu empfangen[38]; bischöfliche Kommissare durchreisten von Ende 1595 an das Hochstift und forderten den Untertanen, angefangen mit den örtlichen Beamten, Bürgermeistern und Ratsmitgliedern, die Entscheidung zwischen Konversion und Emigration ab[39].

---

28 Vgl. Wurm, S. 29f., 32–35.
29 Vgl. StAB, B 86, Nr. 18, fol. 300r.
30 Vgl. Zagel, S. 32; Pölnitz, Echter, S. 92, 218, 317, 335f., 528.
31 Vgl. Schubert, Gegenreformationen, S. 297f. – Neithards Bemühen, die Dompropstei behalten zu können, sah schon 1610 der Schwürbitzer Notar Kilian Schauer als Motiv für sein gegenreformatorisches Vorgehen an. Siehe Anhang 2.3., Strophe 6. – Über die Würzburger Dompropstei vgl. Machilek, Friedrich, S. 102.
32 StAB, B 86, Nr. 20, fol. 43r; vgl. auch fol. 18v–19r.
33 Vgl. ebd., fol. 84v, 139v–140r, 199r.
34 Vgl. Zagel, S. 43.
35 Vgl. Heller, S. 96.
36 Vgl. Zagel, S. 46–50.
37 Vgl. Dippold, Langheim, S. 107.
38 Vgl. Zagel, S. 57; Bauer, Weihbischöfe, S. 326; Rublack, Gescheiterte Reformation, S. 88.
39 Vgl. Zagel, S. 62–72.

Seine Politik setzte Neithard ungeachtet der Bedenken und Proteste des Domkapitels durch. Kein Wunder, daß die Kanoniker 1599 seinen profiliertesten Gegenspieler, den Domdekan Johann Philipp von Gebsattel, zu seinem Nachfolger auf dem Stuhl des hl. Otto wählten[40].

Die evangelischen Untertanen freuten sich über Gebsattels Wahl, wußten sie doch, daß er Thüngens Vorgehen abgelehnt hatte. Sie hätten „nuhnmehro ein solhen herren bekommen", sagte ein Teuschnitzer Ratsherr bald nach der Bischofswahl zum dortigen Pfarrer, „welcher der luterischen religion geneigt undt das heilsame reformationwerck fallen lassen werde, auch ihnen widerumb ad haeresin zu relabirn macht geben werde"[41]. Tatsächlich gab es Anzeichen für eine Neuorientierung der bischöflichen Politik. Unverzüglich nach seiner Wahl ließ Gebsattel enge Mitarbeiter Thüngens, den Geistlichen Rat und Dekan bei St. Stephan Dr. Pankraz Motschenbach und den Fiskal Johann Wolff, verhaften[42].

Jedoch vollzog Gebsattel – schon im Hinblick auf die Kurie, den Würzburger, den Münchener und den kaiserlichen Hof[43] – keinen abrupten Kurswechsel in der Religionspolitik. So erließ er 1599 ein Religionsmandat im Stil seines Vorgängers[44]. 1600 beauftragte er seinen Weihbischof und den Domprediger, sich in den Pfarreien des Hochstifts nach Personen zu erkundigen, die noch nicht katholisch geworden oder nach ihrer Konversion wieder abgefallen seien, und befahl, streng gegen sie vorzugehen[45]. In Teuschnitz setzte er die Gegenreformation fort[46], so daß 1599 und 1608 die Untertanen gegen ihn – wie schon gegen Neithard – vor dem Reichskammergericht klagten[47]; in Döringstadt führte er die von seinem Vorgänger begonnene Katholisierung der Untertanen erfolgreich weiter[48].

Gebsattel wurde offenbar vor allem in den Gemeinden tätig, in denen die Untertanen der Gegenreformation Widerstand leisteten – als habe er hier seine fürstliche Autorität demonstrieren wollen. Andernorts freilich scheint der Bischof den Protestanten gegenüber toleranter gewesen zu sein[49], so daß der Schwürbitzer Notar Kilian Schauer 1610 reimen konnte: „Kein menschen er betrübt / Noch zwang zu frembter lehr, / Ließ jeden sein

---

40 Zur Wahl und den anschließenden Regularien neuerdings Bauer, Ad-Limina-Berichte, S. 36–39, der als Motiv für die Wahl der Domherren den Wunsch der Kapitelsmehrheit sieht,. „ihren eigenen Unzulänglichkeiten im menschlich-persönlichen Bereich den Anschein einer Art Legitimation [zu] verschaffen", da Gebsattel „selbst die von der Kirche gesetzten Grenzen überschritten hatte" (S. 36).

41 StAB, B 49, Nr. 191, Brief von 1599 Mai 15.

42 Vgl. Heller, S. 99f.; Wurm, S. 61f., 67f.; Bauer, Kurie, S. 105; ders., Weihbischöfe, S. 344; Soder / Roßmann, S. 22.

43 1599 lehnte der Fürstbischof die Einladung Herzog Johann Casimirs von Sachsen-Coburg auf dessen Hochzeit aus. Dies sei „sowoln bey Kay: Maytt: als bey Bäbst[licher] Heyligkeit, bey welchen er ohne das verkleinert, nit woll zu verantworten". StAB, B 86, Nr. 23, fol. 208r. – 1599 ließ Gebsattel einen Informativprozeß anstellen und gab einen positiven Bericht über den Zustand seiner Diözese, um die Kurie zu beruhigen. Vgl. Bauer, Lothar: Der Informativprozeß für den Bamberger Fürstbischof Johann Philipp von Gebsattel (1599–1609). In: JffL 21 (1961), S. 1–27; ders., Kurie, S. 90–92; ders., Ad-Limina-Berichte, S. 37–39, Editionen ebd., S. 93–99, 376–385. Über Echters Haltung vgl. Wendehorst, Bistum, S. 179f.

44 Vgl. Wurm, S. 63.

45 Vgl. StAB, ex J 3, Nr. 18.

46 Darauf verwies der Bischof 1603 die Kurie in seinem Ad-Limina-Bericht. Vgl. ASV, S. Congr. Concilii Relationes 108 A (Vis. lim. Bambergen.), fol. 8v; Bauer, Ad-Limina-Berichte, S. 103f.

47 Vgl. StAB, B 49, Nr. 191, hier bes. fol. 167v, 262r.

48 Siehe unten S. 162–167. Weitere Beispiele für gegenreformatorische und Reformmaßnahmen Gebsattels bei Soder / Roßmann, S. 27.

49 Diese Toleranz ist freilich quellenmäßig kaum zu belegen. Ein Beispiel dafür war aber wohl, daß der Bamberger Generalvikar 1602 gestattete, einen in Lichtenfels gestorbenen evangelischen Bürger auswärts zu begraben, und den Pfarrer anwies, ihm das Geläute nicht zu versagen. Vgl. Looshorn, Bd. 5, S. 303. Später wurden die Toten bei der St.-Jakobs-Kapelle begraben, wo auch die Hingerichteten ihre letzte Ruhe fanden. Vgl. StAB, ex J 3, Nr. 245, fol. 138r.

gewissen / Im glauben unzerrissen"[50]. Sogar die Wiedereinsetzung eines evangelischen Pfarrers in Marktgraitz 1600 nahm Gebsattel hin[51].

Gebsattel hatte als einstiger Opponent Thüngens schon seit seiner Wahl am Würzburger Bischof und an Mitarbeitern seines Vorgängers erbitterte Gegner. Nach ihrer Meinung vernachlässigte er die Gegenreformation, tat er nichts für die Reform des Klerus, hatte er ein allzu gutes Verhältnis zu protestantischen Fürsten und zu seinen evangelischen Beamten. Daß er die wiederhergestellte Schlüsselauer Kirche nicht – wie früher – Maria, sondern der hl. Dreifaltigkeit weihen ließ, wurde ihm als Feindschaft zur Marienverehrung ausgelegt[52]; ebenso brachte die Streichung einiger Heiligenfeste aus dem Bamberger Kalender seine Gegner auf[53]. Der führende Kopf der Opposition in Bamberg war der Domprediger Dr. Friedrich Förner († 1630)[54], der mit dem Rektor des Germanicums in Rom, mit Echter und mit Herzog Maximilian von Bayern in Verbindung stand; sein Freund, der Apotheker Veit Krauß[55], reiste 1608 nach Prag, um auch am kaiserlichen Hof über die in seinen Augen skandalöse Amtsführung Gebsattels zu berichten[56].

Seinen Gegnern gab Gebsattel durch seinen Lebenswandel eine scharfe Waffe in die Hand: Zum Subdiakon ordiniert, weigerte er sich trotz päpstlicher Mahnungen, auch nur die Diakonsweihe zu empfangen[57]. Er lebte offenkundig im Konkubinat[58]. Aus dieser Verbindung hatte er zwei Töchter, von seiner früheren Konkubine – einer Protestantin, die vor seiner Wahl zum Bischof gestorben war – fünf Söhne. Diese Kinder versteckte er keineswegs[59], in seinem Testament setzte er sie als Erben ein[60]. Als graue Eminenz am Hof Gebsattels galt ein evangelischer Adliger, der frühere Domherr Veit Ulrich Marschalk von Ebneth († 1625)[61]. 1609 bereitete die Kurie einen Prozeß gegen Gebsattel vor, worauf Würzburg und Bayern schon seit Jahren gedrängt hatten[62]. Der Bischof starb freilich, bevor das Verfahren förmlich eingeleitet war.

---

50 Anhang 2.3., Vers 21.

51 Siehe unten S. 151f.

52 Vgl. Bauer, Kurie, S. 107–109.

53 Vgl. StAW, Hoheitssachen 1045, fol. 91r; Berichtigung der Lebensgeschichte Johann Philipps, Bischofs zu Bamberg von 1599–1609. In: Zeitschrift für Baiern und die angränzenden Länder 1 (1816), S. 19–35, hier S. 29.

54 Förner wandte sich besonders vehement gegen Gebsattel, nachdem dieser 1607 Johann Schöner zum Weihbischof ernannt hatte; umgekehrt war Förner seither vielfältigen Verfolgungen ausgesetzt. Vgl. Bauer, Weihbischöfe, S. 384–388, 393–407; auch Bauer, Lothar: Brief des Bamberger Weihbischofs Friedrich Förner an Hieronymus Hölein, Abt von Kloster Ebrach (1591–1615). In: Zimmermann, Gerd (Hrsg.): Festschrift Ebrach 1127–1977. Volkach 1977, S. 184–196, hier S. 187–189, 191–194.

55 Über ihn vgl. Paschke, Hans: Um den weltlichen Gerichtsstuhl zu Bamberg. Bamberg 1969 (Studien zur Bamberger Geschichte und Topographie 38), S. 30–33.

56 Vgl. StAW, Hoheitssachen 1045, fol. 90r–v. – Noch im selben Jahr wurde Förner zum kaiserlichen Rat ernannt. Vgl. Bauer, Weihbischöfe, S. 397.

57 Vgl. Bauer, Kurie, S. 90f.

58 Vgl. ebd., S. 105f.; Soder / Roßmann, S. 25.

59 1607 z. B. kündigte der Staffelsteiner Kastner dem Banzer Abt die Ankunft der zwei jüngsten Söhne des Fürstbischofs an und bat, ihnen das Kloster zu zeigen. Vgl. StAB, B 93, Nr. 30, fol. 1r.

60 Vgl. Lassmann, Hans: Die Testamente der Bamberger Fürstbischöfe von Albrecht Graf von Wertheim bis Johann Gottfried von Aschhausen (1398–1622). In: BHVB 108 (1972), S. 203–362, 1*–21*, hier S. 299, 312f. – Auch Bischof Veit von Würtzburg hatte fünf Kinder hinterlassen. Vgl. ebd., S. 295f., 299.

61 Vgl. Bauer, Kurie, S. 106. Der Bischof setzte Marschalk auch testamentarisch zum Vormund seiner Töchter ein. Siehe vorige Anm. – Über Marschalk vgl. Biedermann, Gebürg, Tab. CCCXXXI B; Weber, Gelehrte Schulen, S. 316 Anm. 2; Looshorn, Bd. 5, S. 292, 309, 518; Schottenloher, Karl: Bamberger Privatbibliotheken aus alter und neuer Zeit. Leipzig 1907, S. 21f.; Wachter 6455; Neundorfer, Joseph: Heimatbuch der Gemeinde Frensdorf. Bamberg 1981, bes. S. 60–67.

62 Vgl. Bauer, Kurie, S. 91, 102.

Das Bestreben Echters und Herzog Maximilians war es nun, das Bamberger Domkapitel zur Wahl des fast asketisch frommen Johann Gottfried von Aschhausen zu bewegen. Die Domherren entschieden sich jedoch für den Domdekan Johann Christoph Neustetter – auch er ein Vertreter der Reform, der unter Gebsattel schützend die Hand über Förner gehalten hatte[63] –; erst, als er die Wahl nicht annahm, fiel das Votum auf Aschhausen[64], der in Würzburg 1610 zum Dompropst, nach Echters Tod 1617 zum Bischof gewählt wurde[65].

Aschhausen vollzog eine völlige Kehrtwende in der bambergischen Religionspolitik[66]. Rasch entmachtete er den wichtigsten Parteigänger Gebsattels, den Weihbischof und Generalvikar Johann Schöner: Schon sechs Tage nach seiner Wahl übertrug Aschhausen das Amt des Generalvikars Förner, 1612 löste dieser Schöner auch als Weihbischof ab[67]. Förner entfaltete unter Aschhausens Episkopat eine reiche Tätigkeit. Von 1611 an wurden auf seine Anregung hin und unter seiner Ägide regelmäßige Visitationen der Diözese durchgeführt, aufgrund derer gegen Mißstände im Klerus – mangelnde Bildung und Konkubinat – vorgegangen wurde[68]; als Autor förderte der Weihbischof die Marienverehrung, besonders die Wallfahrt Marienweiher[69].

Die Gegenreformation trieb Johann Gottfried, wo es ihm erforderlich schien, mit derselben Schärfe wie Thüngen oder Echter weiter voran; die Gemeinden Marktzeuln und Marktgraitz spürten schon in den ersten Wochen seiner Regierung, daß ein anderer Wind als unter Gebsattel wehte[70].

1610 berief Aschhausen, selbst Jesuitenschüler, die Gesellschaft Jesu nach Bamberg und übergab ihr 1611 das Ernestinum[71]; den Kapuzinerorden holte er nach Würzburg, wo ihn das Domkapitel 1617 zum Bischof gewählt hatte, und förderte er in Bamberg[72].

Das Werk der Gegenreformation und Reform setzte der nächste Bischof, Johann Georg Fuchs von Dornheim (1623–1633), der vor allem als grausamer Hexenverfolger bekannt ist[73], nicht nur fort; legitimiert durch das kaiserliche Restitutionsedikt vom März 1629, das

---

63 Vgl. StAW, Hoheitssachen 1045, fol. 92r.

64 Vgl. Bauer, Lothar: Die Rolle Herzog Maximilians von Bayern bei der Wahl des Bamberger Fürstbischofs Johann Gottfried von Aschhausen 1609. In: ZBLG 25 (1962), S. 558–571.

65 Vgl. Wendehorst, Aschhausen, S. 169, 173.

66 Die Maßnahmen der ersten Regierungswochen sind zusammengestellt in ASV, S. Congr. Concilii Relationes 108 A (Vis. lim. Bambergen.), fol. 20r; Bauer, Ad-Limina-Berichte, S. 116f.: Der Bischof reformierte die Gottesdienste, führte die unter Gebsattel abgeschafften Feiertage wieder ein, erließ strenge Fast- und Feiertagsmandate, brachte viele Untertanen zur Konversion, vertrieb evangelische Geistliche, ging gegen Priester vor, die im Konkubinat lebten, führte in einigen Pfarreien Christenlehre ein, wies unzüchtige Frauen und Huren aus. – Die Kehrtwende vollzog sich nicht nur in der Innen-, sondern ebenso in der Außenpolitik; so nahm Bamberg seit 1610 an den Ligatagen teil. Vgl. Wendehorst, Aschhausen, S. 169.

67 Vgl. Bauer, Weihbischöfe, S. 409f., 422–442.

68 Vgl. Kanzler, Georg: Die Landkapitel im Bistum Bamberg. In: BHVB 83 (1931), S. 1–71, 84 (1934), S. 1–119, hier 84, S. 37–39, 46–48, 53; Wurm, S. 83–85; Bauer, Weihbischöfe, S. 419–422 (1611), 448; Weber, Würzburg, S. 456–458; Wendehorst, Aschhausen, S. 179f. – Die Ergebnisse der Visitationen wertet Lingg aus.

69 Vgl. Bauer, Weihbischöfe, S. 497f., 507f.; Rupprecht, Klaus: Entstehung und Entwicklung der Pfarrei Marienweiher und des Halsgerichts Marktleugast im Mittelalter. In: BHVB 124 (1988), S. 187–213, hier S. 210; Pörnbacher, Mechthild: Forner (Förner), Friedrich. In: Bäumer / Scheffczyk, S. 486f.; Schemmel, Bernhard: Text und Bild in G. Wechters Marienweiher-Mirakelbuch von 1624. In: Füssel, Stephan / Knape, Joachim (Hrsg.): Poesis et pictura. Studien zum Verhältnis von Text und Bild in Handschriften und alten Drucken. Festschrift für Dieter Wuttke zum 60. Geburtstag. Baden-Baden 1989, S. 347–364. – 1625/26 regte Förner die Übersetzung seiner „Palma triumphalis“ an. Vgl. StAB, B 93, Nr. 35, fol. 163r–184r.

70 Siehe unten S. 152–154, 172–175.

71 Vgl. Dippold, Collegium, S. 14f. (mit Lit.).

72 Vgl. Wendehorst, Aschhausen, S. 181.

73 Über die Hexenprozesse im Hochstift Bamberg zuletzt Parigger, Harald: Ich sterbe als ein rechter Märtyrer. Der Brief des Bamberger Bürgermeisters Johannes Junius aus dem Hexengefängnis vom 24. Juli 1628. In: Geschichte in Wissenschaft und Unterricht 41 (1990), S. 17–34; Renczes, Andrea: Wie löscht man eine Familie

die Rückerstattung aller den Katholiken seit 1552 entfremdeten Kirchengüter befahl, dehnte er seine Maßnahmen sogar auf ritterschaftliche Pfarreien im Hochstift oder dessen Nachbarschaft aus[74]. Wie vereinzelt schon zuvor – so 1624 in Mainroth[75] und Rothenkirchen[76] – vertrieben bischöfliche Beamte evangelische Pfarrer und setzten katholische Geistliche ein. Den adligen Hintersassen wurde das Auslaufen in andere, evangelische Pfarreien verboten; bis zu einem bestimmten Termin mußten sie katholisch werden oder fortziehen. Folgten sie diesen Anweisungen nicht, drohte ihnen die Einquartierung von Soldaten[77]. Auf Drängen der Grafen von Hohenlohe und der Ritterschaft erließ der Kaiser zwar am 19. Oktober 1629 ein Inhibitionsdekret, das den Bischöfen weitere Restitutionen untersagte[78]. Im November 1630, kurz vor seinem Tod, erreichte es Förner jedoch auf dem Regensburger Kurfürstentag, daß der Kaiser dem Bamberger Bischof ausdrücklich erlaubte, gegen nicht-katholische Prediger auf ritterschaftlichen Pfarreien vorzugehen[79]. Von Januar 1631 an führte Fuchs die Gegenreformation in ritterschaftlichen Orten fort. Doch der Sieg Gustav Adolfs über Tilly und der Einmarsch der Schweden ins Hochstift Würzburg Ende 1631 setzten dem ein Ende.

Auch wenn Bischof Franz von Hatzfeld (1633–1642), seit 1631 bereits Würzburger Oberhirte, wegen der Kriegswirren die gegenreformatorische Politik seiner Vorgänger nicht planmäßig fortführen konnte, versuchte er doch, den erreichten Stand zu halten. Selbst als der Kaiser 1635 im Prager Frieden auf die Restitutionen verzichtet hatte und der Bischof, der ebenso wie die meisten fränkischen Adligen diesem Frieden beigetreten war, zur Rückgabe der ritterschaftlichen Pfarreien verpflichtet gewesen wäre, weigerte er sich – trotz eines Mangels an Geistlichen[80]; „offenbar auf Anraten seiner Bamberger geistlichen Regierung" ließ er sich „in eine kleinliche Defensive gegenüber den durch Prag rechtlich kaum anfechtbaren ritterschaftlichen Ansprüchen ein"[81].

Nicht anders verfuhr lange sein Nachfolger, Melchior Otto Voit von Salzburg (1642–1653). Selbst nach Abschluß des Westfälischen Friedens, der die Wiederherstellung des Zustandes im „Normaljahr" 1624 – genauer: am 1. Januar 1624 – gebot[82], erstattete der Bischof den adligen Patronatsherren ihre Pfarreien nicht einfach zurück. Vielmehr erkundigten seine geistlichen Räte sich in Würzburg[83] und Regensburg[84], wie man dort verfahre, erwogen,

---

aus? Eine Analyse Bamberger Hexenprozesse. Pfaffenweiler 1990 (Forum Sozialgeschichte 1); Sebald, Hans: Hexengeständnisse anno 1629. Stereotype Struktur und lokales Kolorit im Fürstbistum Bamberg. In: Heimat Bamberger Land 2 (1990), S. 84–94; Stickler, Andrea: Eine Stadt im Hexenwahn. Aus dem Tagebuch des Zeiler Bürgermeisters Johann Langhans (1611–1628). Pfaffenweiler 1994 (Forum Sozialgeschichte 6).

74 Vgl. Soder, Restitution, S. 350f. – Bischof Johann Georg stand der Restitutionskommission in Franken vor. Vgl. Loch, Valentin: Fürstbischof Johann Georg II. als Präsident der Kaiserlichen Commission zur Durchführung des Restitutionsedicts, im Jahre 1629. In: BHVB 39 (1876), S. 33–103. – Bereits 1624 hatte der Bischof ein kaiserliches Mandat an die fränkische Ritterschaft erwirkt, das den Adligen die Abschaffung widerrechtlich eingeführter evangelischer Pfarrer befahl. Vgl. Hübsch, S. 43.

75 Vgl. Kugler, S. 114.

76 Vgl. Hotzelt, Familiengeschichte, S. 461–468.

77 Das beschriebene Vorgehen legte die Instruktion des Bischofs für die „verordnete[n] commissarii", den geistlichen Rat Dr. Philipp Daniel Peßler und den weltlichen Rat Dr. Stephan Getzendorfer, erlassen am 22. Januar 1631, fest. Orig.: StAB, ex J 3, Nr. 17; Konz.: Ebd., Nr. 73/I; Abschrift: AEB, Rep. I, Nr. 344, pag. 159–169; Inhalt bei Hübsch, S. 45–47. – Beispiele: Looshorn, Bd. 6, S. 91–97; Fehn, Bd. 3, S. 162–167; Dippold, Schney, S. 156–158.

78 Vgl. Hübsch, S. 44; StAB, ex J 3, Nr. 73/I, undat. Konz. der bambergischen Abgeordneten. – Über das Vorgehen der fränkischen Restitutionskommission gegen die Grafen von Hohenlohe vgl. Looshorn, Bd. 6, S. 143f.

79 Vgl. Bauer, Weihbischöfe, S. 465f.

80 Vgl. Weber, Würzburg, S. 459f.

81 Ebd., S. 466.

82 Vgl. Dickmann, Fritz: Der Westfälische Frieden. Münster 1959, S. 348–365, 460–462.

83 Vgl. StAB, ex J 3, Nr. 73/I, Konz. von 1648 Dez. 17 und 1649 Jan. 18.

84 Vgl. AEB, Rep. I, Nr. 750, fol. 26v.

ob in einer zurückgegebenen Pfarrei „nit zum wenigsten [...] den catholischen ihr exercitium in der kirchen“ bewahrt werden könne[85], und forderten noch 1651 über jede einzelne Pfarrei kategorisch Sonderverhandlungen[86].

Das Collegium Ernestinum baute der Bischof 1647/48 zu einer Akademie mit Promotionsrecht aus, die aus zwei Fakultäten – der philosophischen und der theologischen – bestand[87], und schuf damit eine wichtige Ausbildungsstätte für den Priesternachwuchs, die in dieser von Priestermangel geprägten Zeit – 1648 versahen 64 Priester die 127 Pfarreien des Bistums Bamberg[88] – vonnöten war.

Andererseits gab es in der Regierungszeit Melchior Ottos bereits Anzeichen dafür, daß das Zeitalter konfessioneller Auseinandersetzungen zu Ende war. Als etwa der Bischof nach Kriegsende Bergbau und Hüttenwesen fördern wollte, scheute er sich nicht, auch evangelische Fachleute ins Land zu holen, und versprach, sie „bey ungehinderter gewissensfreyheit [zu] dulten“[89].

### 2.1.2. Das Domkapitel

1561 schrieb der Augsburger Bischof und Kardinal Otto Truchseß von Waldburg[90] nach Bamberg an den Dekan bei St. Stephan, für die Domherren sollte ihre kirchliche Aufgabe „principale“ sein, das weltliche Regiment nur ein „accessorium“[91]. Die meisten Domherren hatten offenbar eine genau entgegengesetzte Auffassung; für sie stand ihre Beteiligung an der Regierung des Hochstifts im Mittelpunkt. Entsprechend ist auch die kirchenpolitische Haltung des Domkapitels im 16. und frühen 17. Jahrhundert zu interpretieren: Die Sorge um das Wohlergehen des Staates und um den Erhalt der kapitelischen Macht bestimmte ihr Handeln stärker als religiöse Fragen.

In der Reformationszeit gehörten dem Domkapitel zwar einzelne überzeugte Lutheraner an wie Jakob Fuchs[92]; die Mehrzahl der Domherren war freilich, so W. Zeißner, „Glaubensfragen gegenüber indifferent und nur interessiert am Fortbestehen der Einkünfte. Vordergründig hatte diese Interessenlage eine zunehmende Gegnerschaft zum Luthertum zur Folge, da die Domherren durch die Reformation ihre Einkommen geschmälert und schließlich auch den Fortbestand des Hochstifts gefährdet sahen.“[93] Freilich beschränkte sich das Kapitel wie der Bischof auf punktuelle Maßnahmen.

---

85 StAB, ex J 3, Nr. 73/I, undat. „Memoriale uff Wirtzburg“.

86 Vgl. AEB, Rep. I, Nr. 750, fol. 177r, 187r; auch StAB, ex J 3, Nr. 73/I, Konz. von 1649 Febr. 25.

87 Vgl. Hengst, S. 288–294, 394–410; zuletzt Paulus, Achim: Stiftung der Bamberger Akademie durch Fürstbischof Melchior Otto Voit von Salzburg. In: Machilek, Academia, S. 15–17; ferner ebd., S. 20–25.

88 Vgl. Weber, Bisthum, S. 191–193.

89 So im Lehenbrief für das Uetzinger Bergwerk 1651. StAB, B 54, Nr. 3990, Prod. 5. – Vgl. auch Dippold, Günter: Eisengewinnung und Eisenverarbeitung am Obermain 1650–1685. Eine Beitrag zur Geschichte des Berg- und Hüttenwesens im Hochstift Bamberg. In: Vom Main zum Jura, Heft 4 (1987), S. 79–110, hier S. 82, 87, 97.

90 Über ihn vgl. Zoepfl, S. 175–463.

91 Hotzelt, Veit, S. 29.

92 Er veröffentlichte 1523 Schriften gegen das Zölibat. 1528 resignierte er seine Domkanonikate in Bamberg und in Würzburg. Über ihn vgl. Kist, Domkapitel, S. 185f.; Kist 1878; Wendehorst, Bistum, S. 89. – Neben ihm gelten sein Bruder Andreas, Moritz von Bibra, Albrecht Schenk von Limpurg und Christoph Graf von Henneberg als Anhänger Luthers im Domkapitel. Freilich sind derartige Festlegungen des konfessionellen Standortes recht unsicher. Vgl. Zeißner, S. 98.

93 Zeißner, S. 101.

So genehmigten die Domherren bereits im März 1523, daß der Bischof „der lutterischen halben ein mandat zu Staffelstain außgehen laß“[94], wo das Kapitel die landesherrlichen Rechte innehatte; zwei Jahre später luden sie den dortigen Kastner vor, der „der lutterischen handtlung halben“ beschuldigt war[95]; im Februar 1524 untersagten sie den Bewohnern der Bamberger Immunitäten, Messen oder Predigten zu stören[96].

Seit den 1570er Jahren mehren sich in den Kapitelsprotokollen die Einträge zu religiös-kirchlichen Fragen. Das Bild der Geschichtswissenschaft vom Domkapitel im Zeitalter der Gegenreformation ist weitgehend geprägt vom Bericht, den der Nuntius Nikolaus Elgard 1575 der Kurie über seine Visitation und seine Verhandlungen in Bamberg gab: Die Domherren hätten einen üblen Lebenswandel, niemand wisse, wer von ihnen katholisch sei; daher sei es schwierig, die Konzilsbeschlüsse in Bamberg umzusetzen[97]. Ihm folgend sieht H.-C. Rublack im Domkapitel den „Hauptträger des Widerstandes gegen eine Reform im tridentinischen Geist“[98], und J. Kist kommentiert die Haltung der Domherren zur Gegenreformation unter Bischof Neithard wie folgt: „Daß aber auch im Domkapitel sich Kräfte regten, die die begonnene Reform zum Scheitern zu bringen suchten, ist kaum begreiflich.“[99]

In der Tat entsprach die Lebensführung der meisten Domherren nicht im mindesten den Bestimmungen des Tridentinums. Viele lebten im Konkubinat[100], das sie 1592 sogar gegen Vorhaltungen des Bischofs verteidigten: Entsprechende bischöfliche Mandate gingen wohl den Sekundarklerus, nicht aber sie als Primarkleriker an; sie sagten lediglich zu, die betroffenen Domherren würden zukünftig zurückhaltender auftreten[101]. Jedoch blieben die Verhältnisse auch im folgenden offene Geheimnisse. Noch 1601 erscheint im Kirchenbuch der evangelischen Pfarrei Marktzeuln als Patin „Ursula N., des erwurdigen edlen gestrengen Wolfen Heinrichen von Redwitz, des stift Bambergs cellarius und cantor, concubina“[102].

Auch die Kleidung der Domherren, ihr gesamtes Auftreten entsprachen vielfach eher ihrer adligen Herkunft als ihrem geistlichen Stand. Pfründenkumulation war – ungeachtet des durchs Konzil ausgesprochenen Verbots – die Regel; dies fiel im frühen 17. Jahrhundert selbst einem märkischen Adligen auf, der sich in Bamberg nur wenige Tage aufhielt[103].

---

94 StAB, B 86, Nr. 3, fol. 164r.

95 Ebd., fol. 288v.

96 Vgl. ebd., Nr. 219, fol. 237r. – Weitere Belege für anti-lutherische Beschlüsse des Domkapitels bei Zeißner, S. 100f.

97 Vgl. Grebner, S. 479f.

98 Rublack, Gescheiterte Reformation, S. 86; vgl. auch S. 87: „Das Domkapitel erwies sich gegen Reformen als widerspenstig.“

99 Kist, Johannes: Fürst- und Erzbistum Bamberg. Leitfaden durch ihre Geschichte. Bamberg ³1962, S. 93. – Ähnlich wie Rublack und Kist beurteilen die Rolle des Domkapitels: Pölnitz, Götz Frhr. von: Der Bamberger Fürstbischof J. Ph. v. Gebsattel und die deutsche Gegenreformation. In: Historisches Jahrbuch 50 (1930), S. 47–69, hier S. 50; Brandmüller, Walter: Die katholische Kirche zwischen Tridentinum und Säkularisation. Das Zusammenleben der Konfessionen. In: Spindler, Max (Hrsg.): Handbuch der bayerischen Geschichte. Bd. 3. München 1971, S. 426–455, hier S. 430; Grebner, S. 515f.

100 Vgl. Kist, Domkapitel, S. 112f. Elgard schrieb 1575, fünf der zwölf in Bamberg lebenden Domherren hätten Konkubinen. Vgl. Grebner, S. 501. – Die nicht selten legimitierten Kinder aus diesen Verbindungen erhielten meist den Familiennamen ihres Vaters, freilich ohne Adelsprädikat und häufig mit dem Suffix „-er“ (Rabenstein – Rabensteiner, Redwitz – Rebitzer etc.).

101 Vgl. StAB, B 86, Nr. 19, fol. 391v; Looshorn, Bd. 5, S. 229. – Als 1595 Bischof Neithard kurz vor der Ankunft des päpstlichen Nuntius abermals ein Verbot des Konkubinats ins Auge faßte, verwies ihn das Domkapitel auf das Gleichnis bei Lukas 6, 39–42, denn der Bischof hatte selbst eine Konkubine. Vgl. StAB, B 86, Nr. 21, fol. 342v–343r, 346v, 348v–349r; zu Neithard vgl. Wurm, S. 58.

102 AEB, Kbb. Marktzeuln, Bd. 1, Taufen, fol. 129v. Über Redwitz vgl. Wachter 7848.

103 Vgl. Hassel, Paul: Aus dem Reisetagebuche eines märkischen Edelmannes (1602–1609), vornehmlich über Straßburg. In: Zeitschrift für deutsche Kulturgeschichte NF 1 (1872), S. 407–430, 453–477, hier S. 457.

Nicht deutlich auszumachen ist die religiöse Einstellung der einzelnen Domherren. Es mag überzeugte Katholiken und es mag Kryptolutheraner gegeben haben; die meisten Kapitulare waren wohl religiös indifferent und wenig fromm. 1591 klagte Bischof Ernst, daß „die herrn die kirchen nicht sehr trünge, sintemal am heyligen pfingstag kein herr auser des herrn Neusteters[104] in der metten gewesen. So gingen ein theil, so sie schön[105] in die kirchen kemen, nur darinnen spazieren und ergerten andere"[106]. Bezeichnenderweise fehlen in der zweiten Hälfte des 16. Jahrhunderts auch Hinweise auf private Stiftungen von Domherren für die Ausstattung des Doms[107].

Unzulässig ist es jedoch, vom Lebenswandel der Kanoniker unmittelbar auf die Religionspolitik des Gremiums zu schließen. Denn eine Durchsicht der Kapitelsprotokolle zeigt, daß das Domkapitel durchaus am Erhalt des Katholizismus interessiert war und folglich die Durchführung von Reformen befürwortete[108]. So förderten die Domherren den Plan, ein Priesterseminar zu gründen; zeitweise, unter Bischof Johann Georg Zobel, waren sie – und nicht der Bischof – Protagonisten dieses Vorhabens[109]. Auch verkündete das Domkapitel den Domvikaren und den Geistlichen der drei Bamberger Nebenstifte, deren Lebensführung seiner Aufsicht unterstand[110], wiederholt Reformdekrete, besonders Verbote des Konkubinats und des Tragens weltlicher Kleidung[111].

Der Reformwille des Domkapitels war in der zweiten Hälfte des 16. Jahrhunderts jedoch eingeschränkt durch Vorbehalte. So sperrte es sich, wenn die römische Kurie sich allzu sehr einmischen wollte. 1575 etwa lehnten die Domherren eine Berufung der Jesuiten nach Bamberg strikt ab, denn diese galten ihnen „als der ‚verlängerte Arm' Roms, dem man sich nicht würde widersetzen können"[112].

Vor allem aber war für die Domherren das politische und wirtschaftliche Wohlergehen des Hochstifts dem Wunsch nach Reform vorgeordnet. Schließlich sei – so hielt man 1575 dem Nuntius vor – „Bamberg nit durchauß im paradeys, sundern mitten unter den uncatholischen gelegen"[113]; auf diesen Umstand habe man Rücksicht zu nehmen. Deshalb lehnte das Domkapitel ein hartes Vorgehen bei der Gegenreformation, wie es Echter im Hochstift Würzburg praktizierte, ab.

Bereits unter Fürstbischof Ernst von Mengersdorf protestierten die Domherren gegen eine Verschärfung des Ehemandats. Als er 1589 für Auswärtige, die ins Hochstift heiraten wollten, die vorherige Beichte und Kommunion sub una zur Pflicht machen wollte, wandte das Kapitel ein, ein derartiges Mandat würde Unruhe schaffen und Reiche davon abhalten, ins Stift zu ziehen[114].

Wohl nicht zuletzt wegen ihres Widerwillens gegen Echters Politik wählten die Domherren 1591 Neithard von Thüngen, der dem Würzburger Oberhirten distanziert gegenüber-

---

104 Wohl Georg Neustetter genannt Stürmer (1574–1628).
105 Schon.
106 StAB, B 86, Nr. 19, fol. 221r; Looshorn, Bd. 5, S. 207 (ungenau); zu den Umständen der bischöflichen Vorwürfe vgl. Wurm, S. 42.
107 Vgl. Baumgärtel-Fleischmann, Altäre, S. 61.
108 Vgl. Schubert, Gegenreformationen, S. 281 f.
109 Vgl. Schieber, bes. S. 46–50, 66.
110 Vgl. Straub, Heinrich: Die Geistliche Gerichtsbarkeit des Domdekans im alten Bistum Bamberg von den Anfängen bis zum Ende des 16. Jahrhunderts. Eine rechtsgeschichtliche Untersuchung. München 1957 (Münchener Theologische Studien III, 9), S. 150 f.
111 Vgl. Wurm, S. 30, 32 f.; StAB, B 86, Nr. 21, fol. 343v.
112 Schieber, S. 35.
113 StAB, B 86, Nr. 12, fol. 122v.
114 Vgl. ebd., Nr. 18, fol. 299v–300r, 303v–304r.

gestanden hatte, zum Bischof. Als Thüngen dann doch dem Würzburger Vorbild folgte, rief er beim Domkapitel Besorgnis und schließlich Widerstand hervor. Zwar konnte es das Ehemandat von 1594 nicht verhindern, demzufolge nur noch Katholiken getraut werden durften, aber es verbot die Verkündung im domkapitelschen Amt Staffelstein, so daß es hier nicht in Kraft trat[115]. Noch im Sommer 1595 gestattete es einem ehemaligen evangelischen Bediensteten, auch ohne Konversion in Staffelstein zu heiraten[116].

Als Thüngen ab 1595 nach Echters Vorbild die Untertanen vor die Wahl zwischen Konversion oder Emigration stellen ließ, waren die Domherren beunruhigt. 1596 brachten sie vor, den benachbarten protestantischen Ständen mißfielen die Rekatholisierungsmaßnahmen; sie hätten bereits Drohungen gegen das Hochstift ausgesprochen. „Do man sie nun alle furn kopf stoßen und zu feinden machen wolle, ob es nit einmal zue [...] verderben und undergang gereichen könne"[117]. Der gemeine Mann sei verarmt, so daß er durch die bischöflichen Maßnahmen leicht zu einem Aufstand bewegt werden könne. Durch zu erwartende Auswanderungen würde „dem stift viel entzogen, steuer und ungeldt geringert und allerley abgang ahn vielen handtierungen dadurch gespüret" werden[118]. Solche Bedenken sind rundweg nicht als Vorwände von Reformgegnern abzutun. Das Domkapitel konnte auf Fälle hinweisen, wo durch gegenreformatorische Maßnahmen politischer Schaden entstanden war – z. B. im Stift Fulda[119], in Frankreich[120] und in den Niederlanden[121] –; daß Bamberg einem militärischen Schlag benachbarter Fürsten kaum standgehalten hätte, hatte der Markgräflerkrieg in den Jahren 1552–1554 erwiesen. Auch die Furcht vor einem Aufruhr war nicht unbegründet, flackerte doch mancherorts Widerstand gegen die Gegenreformation auf; freilich blieben diese Aufstände lokal begrenzt[122]. Ebenfalls stichhaltig war das wirtschaftliche Argument, denn im Hochstift Würzburg war zu beobachten gewesen, daß gerade Wohlhabende auswanderten[123]. Die ablehnende Haltung des Domkapitels gegen die Katholisierungspolitik des Bischofs[124] war mithin begründet in einer ernsthaften Sorge um das Wohlergehen, ja um den Bestand des Hochstifts.

Als sich nach wenigen Jahren herausstellte, daß die befürchteten Folgen weitgehend ausblieben, schlossen sich die Domherren dem bischöflichen Vorgehen an. Im Mai 1597 entschieden sie sich, seit Monaten von Papst und Bischof bedrängt, im Amt Staffelstein

---

115 Vgl. ebd., Nr. 19, fol. 340r–341r.

116 Vgl. ebd., Nr. 21, fol. 270r.

117 Ebd., fol. 408v. Zur Reaktion der evangelischen Stände auf die Gegenreformation im Hochstift vgl. Zagel, S. 86–107.

118 StAB, B 86, Nr. 21, fol. 409r.

119 Vgl. Zagel, S. 112. Zu den Fuldaer Händeln vgl. Wendehorst, Bistum, S. 182–189; Mogge, Winfried: Balthasar von Hellu (um 1518–1577). In: Fränkische Lebensbilder. Bd. 9. Neustadt a. d. Aisch 1980, S. 124–142, hier S. 137–139; Merz, Johannes: Georg Horn (1542–1603) und seine Historia über die Reformation in Hammelburg. Studien zu Leben, Werk und Umwelt des Autors und Edition der Historia. Neustadt a. d. Aisch 1992 (VGffG I, 5), S. 94–113; ders.: Fulda. In: Schindling / Ziegler 4, S. 128–145, hier S. 139–141.

120 Die Protestantenverfolgung unter Heinrich II. hatte den ersten (1562/63) der insgesamt acht Religionskriege ausgelöst. Vgl. Bourde, André: Frankreich vom Ende des Hundertjährigen Krieges bis zum Beginn der Selbstherrschaft Ludwigs XIV. (1453–1661). In: Schieder, Theodor (Hrsg.): Handbuch der europäischen Geschichte. Bd. 3. Stuttgart 1971, S. 714–850, hier S. 772–779.

121 Die Protestantenverfolgung, vor allem unter dem Generalstatthalter Alva, war eine wesentliche Ursache für den Aufstand gegen die spanische Herrschaft gewesen. Vgl. Lademacher, Horst: Geschichte der Niederlande: Politik–Verfassung–Wirtschaft. Darmstadt 1983, S. 42–45, 50f., 63.

122 Siehe unten Kap. A.6.1. und 6.2. sowie Kap. B.2.1. – Aufstandsgerüchte gab es im Hochstift Würzburg. Vgl. Schubert, Gegenreformationen, S. 301.

123 Vgl. Wendehorst, Bistum, S. 202; Rublack, Gescheiterte Reformation, S. 68; ders., Sozialstruktur, S. 131 Anm. 11. – Die Befürchtung bewahrheitete sich auch im Bambergischen. Vgl. Dippold, Leben, S. 90f.

124 Weitere Beispiele bei Zagel, S. 111–122.

„reformationem religionis [...] vor[zu]nehmen“[125], und befahlen im Dezember den Untertanen, sich zum katholischen Glauben zu bekennen oder fortzuziehen. Eine Rebellion in der Stadt wurde niedergeschlagen[126], die Gegenreformation rascher als in vielen bischöflichen Städten durchgesetzt.

Im folgenden stand das Domkapitel kaum einmal im Gegensatz zur bischöflichen Religionspolitik. Den harten Maßnahmen Aschhausens, etwa in Marktzeuln und Marktgraitz[127], stimmte es ebenso zu wie der Visitation der Diözese 1611[128]. Hatte es sich Jahrzehnte zuvor gegen die Berufung von Jesuiten in die Diözese gewehrt[129], hatte es gefürchtet, es würden dann „bischoff und capitel [...] thuen müssen, was sie wöllen“[130], so willigten die Domherren 1611 – wenn auch erst nach „allerhand consultationes“ – in die Gründung eines Jesuitenkollegs zu Bamberg ein[131].

Verantwortlich für den Meinungswandel innerhalb des Domkapitels war ein Generationswechsel. Nach und nach starben die alten Kapitulare, die religiös indifferent waren, die, vom Späthumanismus geprägt, für konfessionelle Toleranz eintraten[132], die auf ihre weltlichen Verwandten Rücksicht nahmen oder sogar selbst mit dem Protestantismus liebäugelten. Die nachrückenden Domherren befürworteten zumeist Reform und Gegenreformation, hatten sie doch ihre Ausbildung häufig an Universitäten absolviert, an denen Jesuiten den Lehrkörper bildeten. Auch die Zahl der Germaniker im Kapitel stieg stetig.

Der erste Bamberger Domherr, der das von Jesuiten geführte deutsche Priesterseminar in Rom besucht hatte[133], war Johann Christoph Neustetter (1570–1638)[134], ein entschiedener Befürworter der Reform im tridentinischen Geist, der z. B. Förner gegen Gebsattel geschützt hatte. Bei den übrigen Kapitularen genoß er großes Vertrauen: 1599 wählten sie ihn zum Domdekan, 1609 zum Bischof[135] – was er aber ausschlug – und 1610 zum Dompropst. Als Domdekan folgte ihm 1610 gleichfalls ein Germaniker nach, Hektor von Kotzau (1578–1619)[136]. Insgesamt gehörten dem Domkapitel 1610 bereits fünf ehemalige Alumnen des Germanicums an[137].

125 StAB, B 86, Nr. 22, fol. 168v.
126 Vgl. Dippold, Leben, S. 86–89.
127 Vgl. StAB, B 86, Nr. 28, fol. 11r, 62v.
128 Nur sollte die Pfarrei Staffelstein, deren Patronat das Kapitel 1600 erworben hatte, ausgenommen bleiben. Vgl. ebd., Nr. 28, fol. 186v. Erst seit 1615 durfte der Bischof sie visitieren lassen. Vgl. ebd., Nr. 29, fol. 389v.
129 Vgl. Schieber, S. 33–35, 39, 65.
130 StAB, B 86, Nr. 12, fol. 121r–v.
131 Ebd., Nr. 28, fol. 141r; Duhr, Bd. 2/1, S. 164.
132 Vgl. Schubert, Gegenreformationen, S. 282–285; ders., Dinner, bes. S. 229–231.
133 Von 1588 bis 1592. Vgl. ACGH, Hist. 1, pag. 124; Schmidt, Germanicum, S. 280.
134 Vgl. Wachter 7089; siehe auch unten S. 412. – Porträt bei Baumgärtel-Fleischmann, Altäre, S. 92.
135 Siehe oben. Laut ACGH, Hist. 1, pag. 124 soll ihm die Bamberger Bischofswürde dreimal angetragen worden sein. – Der Banzer Abt hielt es im Oktober 1626 für möglich, daß Neustetter in Mainz, wo er ebenfalls ein Domkanonikat innehatte, zum Erzbischof gewählt werde. Vgl. StAB, B 93, Nr. 35, fol. 502r, 503r.
136 Vgl. Wachter 5575; ACGH, Hist. 1, pag. 218; Schmidt, Germanicum, S. 266.
137 Neben den beiden Genannten waren dies Wolfgang Dietrich Schenk von Staufenberg († 1614), Konrad Friedrich von Thüngen († 1629) und Dietrich von Giech († 1620). Vgl. Wachter 8697, 10198, 3097; Schmidt, Germanicum, S. 295, 309, 247.

## 2.2. *Würzburg*

### 2.2.1. Die Bischöfe 1495–1673[138]

Bischof Lorenz von Bibra (1495–1519), der wie sein Vorgänger eine Reihe von Klöstern in seiner Diözese reformierte, unter dem die Wallfahrten Grimmenthal und Dettelbach aufblühten, scheint das Auftreten Luthers – mit dem er mindestens einmal, im April 1518, zusammentraf – nicht abgelehnt zu haben; ob er aber, wie der Reformator meinte, „noch were luterisch worden, so er lenger gelebt hette", ist nicht zu entscheiden.

Sein Nachfolger hingegen, Konrad von Thüngen (1519–1540), bezog deutlich gegen die reformatorischen Bewegungen Stellung. Er verkündete die Bulle „Exsurge Domine", ging gegen abtrünnige Geistliche vor, bemühte sich um die Klerusreform und soll drei antilutherische Prediger angestellt haben. Täufer wurden wie im Bambergischen streng verfolgt.

Im Unterschied zu Thüngen wandte Bischof Konrad von Bibra (1540–1544)[139], den Wilhelm Werner Graf von Zimmern als gütig, aber auch als „liederlich und unarbaytsam" charakterisierte, der nur die Weihe zum Subdiakon empfing und im Konkubinat lebte, sich nicht gegen das Vordringen der Reformation; so scheiterte an ihm offenbar der Zuzug des katholischen Theologen Johann Cochläus[140] nach Würzburg. Für Luther sah es aus, „als hielt ers schier mit uns".

Von Johann Eck als Anhänger des Protestantismus verdächtigt, konnte der Domdekan Melchior Zobel von Giebelstadt († 1558)[141], der 1521, während Luthers Wartburg-Aufenthalt[142], in Wittenberg studiert hatte, 1540 die Bischofswürde nicht erringen; 1544 jedoch wählte ihn das Domkapitel einstimmig. Entgegen seinem Ruf trat er für eine Reform des Klerus ein, er knüpfte Kontakte mit der jungen Gesellschaft Jesu und bereitete wohl die Gründung einer Hohen Schule vor.

Aber erst Bischof Friedrich von Wirsberg (1558–1573)[143], der – ungewöhnlich für einen geistlichen Fürsten – häufig öffentlich predigte und die Sakramente spendete, ja sogar mit einem lutherischen Geistlichen disputieren wollte, kümmerte sich konsequent um eine Reform der Geistlichkeit[144]. Beraten wurde er von Petrus Canisius, der mehrmals in Würzburg predigte und dem Bischof 1567 Reformvorschläge unterbreitete. Um eine Ausbildungsstätte für den Priesternachwuchs zu schaffen, gründete der Bischof 1561 ein Gymnasium[145], an dem die Humaniora und Theologie gelehrt wurden. Schon Ende 1563 mußte es wieder geschlossen werden, die theologischen Vorlesungen liefen jedoch weiter. Im Oktober 1567

---

138 Vgl., wenn nichts anderes angegeben, Wendehorst, Bistum, S. 51–238, wo auch die Literatur bis 1978 zusammengestellt ist, sowie die in Anm. 1 zit. Überblicke.

139 Zur Charakterisitik auch Freudenberger, Fürstbischöfe, S. 36.

140 Über ihn vgl. Bäumer, Remigius: Johannes Cochläus (1479–1552). Leben und Werk im Dienst der Katholischen Reform. Münster 1980 (KLK 40).

141 Über ihn vgl. Bauer, Christoph: Melchior Zobel von Giebelstadt (1544–1558). Phil. Diss. Würzburg 1994.

142 Vgl. Freudenberger, Eck, S. 529.

143 Neben Wendehorst, Bistum, vgl. über ihn Giesecke, Brunnhilde: Friedrich von Wirsberg (27. April 1558–12. November 1573), Bischof von Würzburg und Herzog zu Franken. Der Beginn der Gegenreformation im Bistum Würzburg. Würzburg 1978 (Mainfränkische Studien 18), bes. S. 50–78.

144 Vgl. Specker, S. 47f.

145 Zu Friedrich und seinen Gymnasiumsgründungen vgl. Krenig, Ernst-Günter: Studien zur Geschichte des Alten Gymnasiums in Würzburg. Würzburg 1986; zuletzt Freudenberger, Fürstbischöfe, S. 47.

entstand in Würzburg ein Jesuitenkolleg[146]; seit 1559 hatte sich der Bischof darum bemüht. Sogleich wurde das Gymnasium wiedergegründet und den Jesuiten übergeben[147].

Dagegen ergriff der Bischof noch kaum Maßnahmen, die das Volk unmittelbar berührten. Hervorzuheben ist lediglich das Fastenmandat von 1566, mit dem er seinen Untertanen nicht nur die Beachtung der Fastengebote, sondern auch die Beichte und die österliche Kommunion befahl. Ungehorsamen drohte Verhaftung[148]. Wirkung scheint das Mandat freilich kaum gezeitigt zu haben.

Es blieb Julius Echter von Mespelbrunn († 1617), 1573, als 28jähriger, zum Bischof gewählt[149], vorbehalten, die Gegenreformation im Hochstift durchzuführen und die Reform fortzusetzen.

Früh nahm er sich der Lehranstalten an: 1576 ließ er die Schulen im Hochstift visitieren und, wo nötig, katholische Lehrer anstellen. Päpstliche und kaiserliche Universitätsprivilegien erwirkte er 1575/76[150]; gegen den Widerstand der Ritterschaft und des Domkapitels wurde im Januar 1582 die Alma Julia, wie die Universität bereits zu Lebzeiten ihres Gründers genannt wurde, eröffnet[151]; das von Bischof Friedrich errichtete Gymnasium wurde ihr angeschlossen. Mit der Universität verbunden waren auch das Collegium Kilianeum[152] – das Priesterseminar –, das auf Wirsberg zurückgehende Collegium Marianum, das Collegium Pauperum und das Collegium Nobilium[153], das 24 adlige Studenten der Theologie oder der Rechte aufnehmen sollte.

Aus seiner Diözese ließ Echter bis 1590 über 120 evangelische Geistliche vertreiben. Die Amts- und Lebensführung der katholischen Priester den vom Tridentinum festgesetzten Normen anzugleichen, bemühte sich der Bischof in seiner Residenzstadt schon 1575. Namentlich in den 1580er Jahren erließ er eine Reihe von Reformdekreten[154] auch für den Klerus auf dem Land, deren Einhaltung er durch weltliche Beamte, vor allem aber mit Hilfe der regelmäßigen Visitationen kontrollierte. Von 1575 bis 1580, in einigen Landstrichen auch

146 Vgl. Freudenberger, Annales, S. 167–169.

147 Über die Theologie am Gymnasium vgl. Freudenberger, Studienzeit, S. 87–90.

148 Vgl. Specker, S. 50. – In früheren Fastenmandaten, die, von 1560 an erlassen, Beichte und Kommunionempfang noch nicht geboten, war das Vorgehen gegen Übertreter nicht festgelegt.

149 Zur Wahl vgl. Grebner, S. 400–416; zur Bischofsweihe Soder von Güldenstubbe, Erik: Die Bischofsweihe des Julius Echter von Mespelbrunn. In: WDGB 42 (1981), S. 245–294. Über das Wirken Echters vor seiner Wahl vgl. Schorr, Christoph: Untersuchungen zur Role Julius Echters als Domdechant anhand der Würzburger Domkapitelsprotokolle. In: WDGB 57 (1995), S. 271–326.

150 Vgl. Frenz, Thomas: Wann genehmigte Papst Gregor XIII. die Wiederbegründung der Universität Würzburg? In: Baumgart, Peter (Hrsg.): Vierhundert Jahre Universität Würzburg. Eine Festschrift. Neustadt a. d. Aisch 1982, S. 31–46.

151 Zur Entstehungsgeschichte und zur Rolle der Jesuiten vgl. Hengst, S. 127–141; zur Entstehung auch Sehi, Meinrad: Die Stellung des Würzburger Franziskanerklosters in der Gründungsphase der Julius-Universität. In: WDGB 44 (1982), S. 95–110. Zu Geschichte und Personal der theologischen Fakultät bis in die 1620er Jahre vgl. Freudenberger, Studienzeit, S. 90–100; auch Zumkeller, Adolar: Neuentdeckte Manuskripte mit theologischen und philosophischen Vorlesungen aus der Frühzeit der Julius-Echter-Universität. In: WDGB 44 (1982), S. 111–124.

152 Die Literatur darüber ist erfaßt bei Walter, Ludwig K.: St. Kilian. Schrifttumsverzeichnis zu Martyrium und Kult der Frankenapostel und zur Gründung des Bistums Würzburg. Würzburg 1989 (WDGB 51 Erg.bd.), S. 441–449.

153 Vgl. Freudenberger, Studienzeit, S. 106–109, 114f.; Conrads, Norbert: Ritterakademien der frühen Neuzeit. Bildung als Standesprivileg im 16. und 17. Jahrhundert. Göttingen 1982 (Schriftenreihe der Historischen Kommission bei der Bayerischen Akademie der Wissenschaften 21), S. 144 Anm. 1.

154 Zentrale Bedeutung hatten die Statuta Ruralia von 1584 und die – auch das Schulwesen regelnde – Kirchenordnung von 1589. Ediert bei Himmelstein, Franz Xaver: Synodicon Herbipolense. Geschichte und Statuten der im Bistum Würzburg gehaltenen Concilien und Diözesansynoden. Würzburg 1855, S. 321–404.

darüber hinaus, besuchten nämlich zwei Mitglieder des geistlichen Rats[155] jährlich die Versammlungen jedes Landkapitels; im folgenden wurde die Kontrolle dem jeweiligen Dekan übertragen, der die Kleriker zu befragen und darüber nach Würzburg zu berichten hatte.

Echter beschränkte seine Reformmaßnahmen jedoch nicht auf den Weltklerus, sondern dehnte sie auf die Benediktiner-, Zisterzienser- und Mendikantenklöster, die Prämonstratenser- und Augustinerchorherrenstifte seiner Diözese aus[156]. Territorialpolitische Aspekte spielten hier, namentlich bei den Zisterziensern und den Benediktinern, eine wichtige Rolle – wie für Echter ja überhaupt die Reform ebenso wie „die Gegenreformation auch Mittel der Intensivierung seiner Herrschaft war"[157]. Adligen Frauen vorbehaltene Klöster – meist Zisterzen –, die kaum noch lebensfähig waren, hob er auf und verwandte ihren Besitz für andere Projekte. So bildeten die Güter von Heiligenthal einen Teil der wirtschaftlichen Grundlage für das Juliusspital; mit dem Besitz von Marburghausen finanzierte er teilweise seine Universität; mit dem Ertrag des säkularisierten Klosters Wechterswinkel wurden bescheidene Pfarrpfründen aufgebessert[158]. Echter verfolgte dabei die Pläne, die er als richtig ansah, unbeirrt, mochten die Weiseräbte auch protestieren. Hier zeigten sich das Selbstbewußtsein und der Eigensinn Echters, die auch die Jesuiten[159] und selbst die römische Kurie zuweilen zu spüren bekamen.

Nachdem wiederholte Ermahnungen an die Untertanen und Bekehrungsversuche, die die Jesuiten auf die Bitte Bischof Friedrichs hin unternommen hatten, ohne nennenswerte Wirkung geblieben waren, kündigte Echter 1583 „duriora adhibenda medicamenta" an[160], die freilich noch zwei Jahre auf sich warten ließen[161]. Von 1585 an jedoch wurden sämtliche Ämter des Hochstifts visitiert, die Städte meist vom Bischof selbst[162]. Nun mußten die Untertanen das katholische Bekenntnis annehmen, wollten sie nicht auswandern (und für den mitgeführten Besitz die auf zwei Prozent erhöhte Nachsteuer[163] entrichten). Als erster Würzburger Bischof, als erster Reichsfürst überhaupt[164] machte Echter damit vom ius reformandi Gebrauch. Widerspruch oder gar aufkeimendem Widerstand trat er heftig entgegen. 100 000 Menschen habe er bekehrt, berichtete Echter 1590 stolz – und wohl übertreibend[165] – dem Papst. Weder Proteste evangelischer Stände noch eine Klage der Reichsstadt

---

155 Über diese Behörde, die schon unter Bischof Friedrich bestanden hatte, vgl. Specker, S. 74–78.

156 Vgl. Hochholzer, S. 218–232, 234–237, 297–302; Dippold, Zisterzen, S. 93f.

157 Schubert, Dinner, S. 231.

158 Vgl. Dippold, Zisterzen, S. 101f. (mit Lit. S. 369).

159 Vgl. Duhr, Bd. 1, S. 125–127.

160 Freudenberger, Annales, S. 191. – Weshalb der Bischof erst über zehn Jahre nach seinem Regierungsantritt gegenreformatorische Maßnahmen ergriff, ist umstritten. „Ob Echter zunächst die Hochstiftsfinanzen konsolidieren und die Verhandlungen über das hennebergische Erbe [...] abwarten wollte [...], oder ob ausschlaggebend war, daß Kurfürst August I. von Sachsen auf dem Augsburger Reichstag 1582 die das Reformationsrecht der geistlichen Stände schmälernde Declaratio Ferdinandea fallen läßt [...], ist nicht zu entscheiden". Wendehorst, Bistum, S. 197.

161 Lediglich in der Stadt Würzburg unternahm der Bischof noch 1583 erste Schritte: Er drohte, gegen auslaufende Bürger vorzugehen, setzte auf eine vakante Stelle im städtischen Oberrat entgegen den Vorschlägen des Unterrats einen Katholiken ein, ließ die Arbeiten an einem Bau auf dem protestantischen Friedhof einstellen. Vgl. Rublack, Gescheiterte Reformation, S. 53f., 60–62.

162 Vgl. Freudenberger, Annales, S. 169–171.

163 Im Hochstift Bamberg, wo von fortziehenden Personen üblicherweise ebenso Nachsteuer verlangt wurde, verzichteten die Bischöfe auf diese Abgabe bei Exulanten. Vgl. StAB, B 86, Nr. 30, fol. 144r.

164 Vgl. Schubert, Echter, S. 181.

165 Vgl. Schubert, Gegenreformationen, S. 290f. – Die Zahl 100 000 nannte bereits 1589 der Wiener Jesuit Georg Scherer. Vgl. Wendehorst, Bistum, S. 201f.

Schweinfurt, in die viele Exulanten gezogen waren[166], konnten den Bischof in seinem Weg beirren.

Echter sah wohl selbst, daß die erzwungene Bekehrung der Untertanen nur oberflächlich sein konnte und daher die pastorale Betreuung der Konvertiten intensiviert werden mußte. Durch Neu- oder Wiedererrichtungen von Pfarreien knüpfte er das Netz der Seelsorge dichter. Für die Marienwallfahrt Dettelbach begann unter Echters Regierung eine Blütezeit[167]; sein Weihbischof Eucharius Sang gab 1607 ein Mirakelbuch heraus[168]; die Wallfahrtsseelsorge übertrug Echter 1616 den Franziskaner-Rekollekten. Wiederbelebte und neue Bruderschaften förderte der Bischof[169]. Über 300 Kirchen in seiner Diözese ließ er von neuem bauen oder wiederherstellen. Liturgische Bücher, Katechismen, Gesang- und Gebetbücher wurden in Würzburg gedruckt.

Insgesamt betrieb Echter Gegenreformation und katholische Reform in einer umfassenden, aus römischer Sicht vorbildlichen[170] Art und Weise. Er erzwang nicht nur die Konversion der evangelischen Untertanen, indem er das ius reformandi anwandte; er sorgte auch durch Verbesserung und Intensivierung der Seelsorge dafür, daß ihnen der Glaube verinnerlicht wurde. Seine Katholisierungsmaßnahmen liefen parallel zur Klerusreform und zur Gründung neuer Ausbildungsstätten, und Echter verband seine Religionspolitik darüber hinaus mit weltlichen Interessen[171]. Ein derartig abgerundetes Konzept verfolgte kein Bamberger Bischof, allenfalls sein Schützling – und Nachfolger auf dem Würzburger Bischofsstuhl – Aschhausen kam ihm nahe[172].

Philipp Adolph von Ehrenberg (1623–1631), wie der Bamberger Bischof Johann Georg Fuchs ein Neffe Julius Echters[173], versuchte von 1628 an, die Gegenreformation auf ritterschaftliche Orte auszudehnen, wobei er sich seit dem März 1629 auf das Restitutionsedikt stützen konnte. Die Adligen klagten zwar vor dem Kaiser und vor dem Reichskammergericht gegen das Vorgehen des Bischofs, der ihnen sogar ihre reichsunmittelbare Stellung absprach, und erwirkten im Oktober 1628, im Februar und im Oktober 1629 kaiserliche Inhibitionsmandate; diese wurden aber auf die würzburgischen Entgegnungen hin jedesmal wieder aufgehoben[174]. Einem Verzeichnis „omnium parochiarum, quae [...] a Lutheranismo

---

166 Vgl. Giegler, S. 29–31, über die Exulanten 23–25.

167 Vgl. Soder von Güldenstubbe, Erik: Dettelbach. In: Bäumer / Scheffczyk, S. 174f.

168 Sangius, Eucharius: Beneficia vetera et nova, Divae Virginis Dettelbacensis. Würzburg 1607; von Johann Vietor ins Deutsche übertragen, erschien das Werk 1608 unter dem Titel „Der Allerseeligsten Jungfrawen Mariae Alte und Neue zu Dettelbach geschehene Wunderzeichen“.

169 Beispiele bei Remling, S. 99f., 106f.

170 Vgl. Pölnitz, Echter, S. 392.

171 Zu weit geht wohl Schubert, Echter, für den Echter „eher als Herrscher, als Fürst und Territorialpolitiker großen Stils, denn als kirchlich gesonnener Gegenreformator gesehen“ werden muß (S. 160), für den hinter der Gegenreformation „offensichtlich weltliche Motivationen“ standen, der Gedanke nämlich, „einen konfessionell vereinigten Untertanenverband zu schaffen“ (S. 180). Schubert begründet dies mit dem Verfahren, bei dem das „Lippenbekenntnis“ zum katholischen Glauben „den Interessen des Staates vollauf“ genügt habe (S. 180). Dieses Modell erklärt nicht die Maßnahmen Echters in den Teilen seiner Diözese, die nicht im Hochstift lagen – z. B. sein Drängen auf Vertreibung der evangelischen Geistlichen im Untersuchungsgebiet –, und nur unzulänglich seine Bemühungen um eine Reform des Klerus und um die Belebung katholischer Frömmigkeitsformen (Wallfahrten, Bruderschaften). Vielmehr ist davon auszugehen, daß geistliche und weltliche Motive und Ziele in Echters Politik verschmolzen – zumal sie nur selten Gegensätze darstellten.

172 Die Komplexität von Echters Religionspolitik ist nicht mit seiner langen Regierungsdauer zu erklären, denn die wesentlichen Maßnahmen fielen in ein Jahrzehnt, die 80er Jahre.

173 Vgl. Wendehorst, Bistum, S. 164f.

174 Vgl. Soder, Restitution, S. 348–351; zur Restitutionspolitik auch Sicken, S. 295–299.

liberatae et sanctae Ecclesiae Catholicae nunc iterum sunt restitutae"[175], zufolge vertrieb er während seiner gesamten Regierungszeit aus 110 Pfarreien der Diözese[176] evangelische – zumeist ritterschaftliche – Geistliche und ersetzte sie durch katholische Priester.

Als der Bischof 1629 Stadt und Amt Kitzingen, deren würzburgischer Anteil seit 1443 an Brandenburg verpfändet gewesen war, zurückerwerben konnte, führte er dort im Stil seines Onkels die Gegenreformation durch[177]; ebenso verfuhr er in anderen Orten, die er dem Hochstift eingliedern konnte.

Am 7. August 1631 wurde Franz von Hatzfeld in Würzburg zum Bischof gewählt, mußte aber bereits im Oktober nach Köln fliehen, als die Schweden das Hochstift besetzten[178]. König Gustav Adolf gewährte den Untertanen freie Bekenntniswahl. Wo es die Gemeinden wünschten, übernahmen wieder evangelische Geistliche die Pfarreien. Im Mai 1632 setzte der König in Würzburg als evangelische Oberbehörde für Franken einen Generalsuperintendenten und ein Konsistorium ein[179]. Herzog Bernhard von Sachsen-Weimar, der im Juli 1633 von der schwedischen Krone mit dem Herzogtum Franken, bestehend aus den Hochstiften Würzburg und Bamberg, belehnt wurde[180], beschränkte die Möglichkeiten der Katholiken, ihren Glauben zu leben. Er verbot z. B. Prozessionen und Bruderschaften; der katholische Klerus sollte ihm unterstellt sein[181]. Seit Herbst 1634 wurde das Hochstift von kaiserlichen Truppen zurückerobert[182]; Bischof Franz konnte seine Regierung wieder antreten. Jedoch verhinderten hier wie in Bamberg die Kriegsläufte gegenreformatorische oder Reformmaßnahmen auf breiter Front[183]. Der Bischof mußte sich darauf beschränken, das Erreichte zu bewahren.

Ein Wandel in der bischöflichen Religionspolitik vollzog sich unter Johann Philipp von Schönborn (1642–1673), der 1649 auch zum Erzbischof von Mainz und 1663 zum Bischof von Worms gewählt wurde. Im Privaten war er fromm und trat als religiöser Schriftsteller[184] hervor; als Bischof förderte er neue Frömmigkeitsformen. In Würzburg stellte er das Priesterseminar wieder her und berief als Leiter Bartholomäer, Angehörige einer jungen

---

175 Ediert von Bendel, Franz Josef: Zur Geschichte der Gegenreformation im Gebiet des Bistums Würzburg. In: ZbKG 8 (1933), S. 233–237.

176 Darunter waren auch Pfarreien außerhalb des Hochstifts Würzburg, z. B. im bambergischen Gebiet, wo Ehrenberg mit seinem Bamberger Vetter bei der Vertreibung der „Prädikanten" zusammenarbeitete.

177 Vgl. Buchwald, Georg: Geschichte der Evangelischen Gemeinde zu Kitzingen, aus den Urkunden erzählt. Leipzig 1898; Kern, Karl: Kitzinger Exulanten. In: Blätter für fränkische Familienkunde 3 (1928), S. 128–137; Jordan, Christian: Das Jahr 1629 und seine Bedeutung für die kirchliche Geschichte Kitzingens. Kitzingen 1930; Kaspar, Adelhard: Ein Erneuerungsversuch der Abtei Kitzingen von 1629–1632. In: WDGB 25 (1963), S. 169–183.

178 Vgl. Scherzer, Walter: Gustav Adolph im Hochstift Würzburg 1631–1634. [Würzburg 1981]; zur Besetzung und ihren Folgen auch Sicken, S. 299–312.

179 Vgl. Weber, Würzburg, S. 66f.

180 Vgl. ebd., S. 81f.; über den Herzog auch Huschke, S. 113, 115, 122–126, 134, 138–144, 147, 154, 157, 159f., 169f.

181 Vgl. Weber, Würzburg, S. 87f.; Details zu den Auswirkungen auf dem Land bei Pleiss, Detlev: Kirchliche Verhältnisse im Grabfeld zur Zeit der schwedisch-finnischen und sächsischen Besatzung. In: WDGB 55 (1993), S. 305–314.

182 Vgl. Weber, Würzburg, S. 156–171.

183 So existierte kein wirkliches Priesterseminar. Über die Lebensbedingungen von Würzburger Alumnen 1635–1639 vgl. Hoffmann, Herbert: Nachrichten über Würzburger Theologiestudenten während des Dreißigjährigen Krieges nach einem juliusspitälischen Archivale. In: WDGB 44 (1982), S. 125–146.

184 Vgl. Catholische Sonn- vnd Feyertägliche Evangelia / vnd darauß gezogene Lehrstück. Würzburg 1653. Ndr. mit einem Nachwort von W. Gordon Marigold. Amsterdam 1981; Fuchs, Guido: Schriftauslegung in den Evangelienliedern Johann Philipp von Schönborns. In: WDGB 50 (1988), S. 201–213.

Priestergemeinschaft[185]; auf sein Betreiben wurde in Ochsenfurt ein Kloster des von ihm sehr geschätzten Kapuzinerordens gegründet[186]; nach Kitzingen holte er Ursulinen[187].

Dem Kampf gegen den Protestantismus mit den Mitteln eines Landesherrn aber sagte der Bischof ab. Er erstattete nicht nur die seit 1624 katholisch besetzten Pfarreien den meist adligen Herren zurück, wie es der Westfälische Frieden gebot (zu dessen Zustandekommen Johann Philipp nicht wenig beigetragen hatte) – bereits vor dem Friedensschluß, im Mai 1647, erlaubte er den in Kitzingen verbliebenen Protestanten den Besuch des evangelischen Gottesdienstes in benachbarten Orten; 1650 überließ er ihnen sogar eine Kirche in der Vorstadt und genehmigte die Gründung einer evangelischen Pfarrei[188].

### 2.2.2. Das Domkapitel

Von den 296 Bamberger Domherren im Zeitraum von 1399 bis 1556 hatten 146, also knapp die Hälfte, auch ein Domkanonikat in Würzburg inne[189]. Es verwundert daher nicht, daß das Bild, welches das Würzburger Domkapitel bot, sich nicht wesentlich von den Zuständen in Bamberg unterschied. Die wenigsten Domkanoniker hatten die Priesterweihe empfangen – 1540 waren es nur drei von insgesamt 54[190] –; wie in Bamberg war in Würzburg das Konkubinat verbreitet[191]. 1556 hielt der Domdekan und spätere Bischof Friedrich von Wirsberg den Domherren vor, sie trügen „Ir zerhackte Landtsknechtische Kleider", „prangten [...] mit iren gulden Ketten", und es „versehe Ir kheiner kein actus chori"[192]. Als schales Salz bezeichnete 1573 ein Würzburger Jesuit die Domherren in Anlehnung an Matthäus 5, 13[193]. Julius Echter jedoch gelang nach mehreren Anläufen eine Reform des Domkapitels[194]; obendrein rückten hier wie in Bamberg seit dem Ende des 16. Jahrhunderts Germaniker ins Kapitel nach[195].

---

185 Vgl. Weigand, Rudolf: Die Leitung des Priesterseminars Würzburg von 1575 bis 1750. In: Hillenbrand, Karl / Weigand, Rudolf (Hrsg.): Mit der Kirche auf dem Weg. 400 Jahre Priesterseminar Würzburg 1589–1989. Würzburg 1989, S. 51–67, hier S. 59–61.

186 Vgl. Wenisch, Siegfried: Die Entstehung des Kapuzinerklosters in Ochsenfurt. In: WDGB 50 (1988), S. 189–200.

187 Vgl. Wittstadt, Klaus: 450 Jahre Ursulinen – 450 Jahre Apostolat. Kirchengeschichtliche Perspektiven zu Leben und Werk der heiligen Angela Merici. In: WDGB 47 (1985), S. 81–105, hier S. 97f.

188 Vgl. Scherzer, Walter: Die Augsburger Konfessionsverwandten des Hochstifts Würzburg nach dem Westfälischen Frieden. In: ZbKG 49 (1980), S. 20–43, hier S. 39–42; Zeeden, Ernst Walter: Ein landesherrliches Toleranzedikt aus dem 17. Jahrhundert. Der Gnadenbrief Johann Philipps von Schönborn für die Stadt Kitzingen (1650). In: Historisches Jahrbuch 103 (1983), S. 146–165; Ndr. in: ders.: Konfessionsbildung. Studien zur Reformation, Gegenreformation und katholischen Reform. Stuttgart 1985 (Spätmittelalter und Frühe Neuzeit 15), S. 349–369.

189 Vgl. Kist, Domkapitel, S. 58–60, 62. – 1559 beklagte der Würzburger Domdekan, daß „fast alle Capitels Hernn zu Bambergk auch beypfrundt haben vnnd also gar wenig hie stetigs residierten". Amrhein, Mitteilungen, S. 47.

190 Vgl. Freudenberger, Eck, S. 521f. – Noch 1580 weigerten sich die Dignitäre des Domkapitels, sich zu Priestern weihen zu lassen; Echter selbst, so erklärten sie, sei als Domdekan kein Priester gewesen. Vgl. Pölnitz, Echter, S. 324.

191 Vgl. Wendehorst, Bistum, S. 203; drei Beispiele bei Meyer-Erlach, Georg: Die Behandlung der Unehelichgeborenen zu Würzburg im 16. Jahrhundert. In: Familie und Volk 2 (1953), S. 402–404, hier S. 403 (Nr. 1, 12, 15).

192 Amrhein, Mitteilungen, S. 42.

193 Vgl. Grebner, S. 398.

194 Vgl. Pölnitz, Echter, S. 397f.

195 Vgl. ebd., S. 401f.

Der Reformation stand das Würzburger Domkapitel im großen und ganzen ablehnend gegenüber[196]; so wurde den jungen Kapitularen ein Studium an Universitäten verboten, die sich der neuen Lehre zugewandt hatten[197]. Zumal Markgraf Friedrich von Brandenburg, Dompropst von 1513 bis zu seinem Tod 1536, war ein entschiedener Gegner der Reformation[198].

Schon bald erkannte das Domkapitel die Notwendigkeit einer Klerusreform. Seit Ende der 1540er Jahre ergingen Reformdekrete an die Domvikare[199]. Weitaus früher als in Bamberg, nämlich bereits in der bischöflichen Wahlkapitulation von 1558, sprach sich das Domkapitel in Würzburg für bischöfliche Visitationen der Diözese in dreijährigem Turnus aus[200] und forderte sogar, der Bischof solle einen geistlichen Rat haben, mit dem er „die geistlichen Sachen beratschlagen und besonder die eingefallene irrige lehr und spaltung in glaubenssachen, sovil immer möglich und itziger Zeit leidiglich sei und geschehn kann, wehren und abstellen" könne[201]. Während die Bamberger Domherren noch Jahrzehnte später nichts gegen evangelische Beamte in Spitzenpositionen einzuwenden hatten, verlangte das Würzburger Kapitel 1558, der Bischof solle nur noch Katholiken zu Hofbeamten annehmen[202].

Mit dem Bamberger Domkapitel hatten die Würzburger Domkanoniker die Abneigung gegen die Jesuiten gemeinsam. Als Bischof Friedrich 1559 ein Gymnasium gründen wollte, gefiel dem Kapitel dieser Plan „woll", denn „es sey ein gut werk". Jesuiten sollten jedoch nicht berufen werden, „dan sie seyen hochtrabend stolze leuth"[203]. Auch wenn das Domkapitel 1561 mit der Berufung eines Jesuiten zum Domprediger einverstanden war und anerkannte, daß im Jesuitenorden „sehr feine gelerte Leut" seien[204], blieb das Verhältnis der Domherren zur Gesellschaft Jesu weiter gespannt[205], freilich nicht zuletzt durch deren Schuld.

Julius Echter mußte 1573 eine weitgehende Wahlkapitulation beschwören, durch die das Kapitel sich die Mitregentschaft sicherte. Bereits im folgenden Jahr erlangte der Bischof von den Domherren aber den Verzicht auf die Ansprüche, die über die Kapitulation von 1558 hinausgingen[206]. Im folgenden drängte er den Einfluß des Domkapitels immer mehr zurück, so daß 1581 die Domherren resignierend bemerkten: „Man habe die alten bischoven vexirt, dieser herr vexire ein ehrwirdig dombcapitul und ander leut"[207]. Das Kapitel verlor noch mehr an Bedeutung, als 1583 mit dem Dompropst Reichard von der Kere der wichtigste Gegenspieler des Bischofs innerhalb des Kapitels gestorben war[208].

---

196 Ausnahmen stellten die beiden Domherren namens Jakob Fuchs von Walburg dar. Vgl. Amrhein, Mitteilungen, S. 13–19, 28–39; Wendehorst, Bistum, S. 89.

197 Vgl. Amrhein, Mitteilungen, S. 11f.

198 Dies zeigte sich vor allem in seinem Bemühen, „das Fortschreiten der Reformation in den zollerischen Fürstentümern in Franken" aufzuhalten und seine „protestantisch gewordenen Brüder für die römische Kirche" zurückzugewinnen. Machilek, Friedrich, S. 135.

199 Vgl. Amrhein, Mitteilungen, S. 48f., 66f.

200 Vgl. Abert, S. 60, 139 Anm. 3. – Ferner erlegte es dem Bischof auf, die Firmung zu spenden, Kirchen und Klöster zu erhalten, für den Gottesdienst Sorge zu tragen. Vgl. ebd., S. 59f.

201 Ebd., S. 138 Anm. 7.

202 Vgl. ebd., S. 60.

203 Amrhein, Echter, S. 7; auch Duhr, Bd. 1, S. 120; Wendehorst, Bistum, S. 150.

204 Amrhein, Echter, S. 10; auch Duhr, Bd. 1, S. 120.

205 Vgl. Pölnitz, Echter, S. 445f.

206 Vgl. Abert, S. 61–63.

207 StAW, Dkp 1581, fol. 416v; Wendehorst, Bistum, S. 229.

208 Vgl. Pölnitz, Echter, S. 335.

Den Reformmaßnahmen Echters standen die Domherren – ob aus sachlichen Gründen oder aus Verbitterung über das selbstherrliche Vorgehen des Bischofs, ist nicht immer zu unterscheiden – meist skeptisch gegenüber, zuweilen lehnten sie sie offen ab. Dies gilt für die Einführung des Gregorianischen Kalenders 1582[209] ebenso wie für die Aufhebung von Klöstern[210] und die Gründung von Seminar und Universität[211].

Der Gegenreformation stimmte das Domkapitel grundsätzlich zu; sie sei „wol ein gutt christlich und löblich werck", erklärte der Domdekan im März 1586[212]. Tatsächlich hatten die Domherren bereits im Vorjahr beschlossen, die evangelischen Ratsmitglieder in der kapitelischen Stadt Ochsenfurt durch Katholiken zu ersetzen und den lutherischen Schulmeister zu entlassen[213]. Jedoch müsse bei der Gegenreformation, so schränkte der Domdekan ein, „auch ettwas behuttsam und vernünftig gegangen unnd furgenommen unnd ein gutte beschaidenheit gebraucht sein"; es sei ratsam, „nit also rigorose unnd scharpf gegen denn unterthanen zu verfahren"[214]. Er vertrat damit die Linie des Kapitels, daß es „der rechte weg nit sein werde, die ungehorsame also schnell außzustossen"[215]. Man solle „die unterthanen mitt dem hinweg ziehen nit [...] ubereylen, sonder zimbliche termin und zeyt [...] geben"[216]. Überhaupt sollten sie „zuvörderst von denn predigern recht unnd wol unterricht und inen aller scrupel außgezogen werden"[217]. Der Bischof freilich kümmerte sich um die Einwände des Domkapitels wenig[218] und fuhr unbeirrt fort.

Seit März 1586 drängte er die Domherren, in ihren Orten seinem Vorbild zu folgen[219]; dieser Aufforderung kam das Domkapitel allerdings nur zögerlich nach, so daß der Bischof ohne Rechtsgrundlage mancherorts selbst eingriff[220]. Dennoch dauerte es in domkapitelischen Orten länger, bis die Einwohner katholisch waren, zum Teil bis ins frühe 17. Jahrhundert[221].

Insgesamt gesehen, erscheint die Kritik des Domkapitels an der bischöflichen Religionspolitik im Zeitalter der Gegenreformation in Würzburg verhaltener als in Bamberg. Seit den 1580er Jahren verschwanden die Gegensätze zwischen dem Nachfolger des hl. Burkhard und seinen Domkanonikern dann gänzlich.

---

209 Vgl. Wendehorst, Bistum, S. 195.

210 Vgl. Kadner, S.: Zur Charakteristik des Fürstbischofs Julius Echter. In: Beiträge zur bayerischen Kirchengeschichte 5 (1899), S. 277; Pölnitz, Echter, 444f.

211 Vgl. Pölnitz, Echter, S. 445–455.

212 StAW, Dkp 1586, fol. 104r (alt 79r). – Das gesamte Kapitel hatte die Gegenreformation kurz zuvor als „ein gutes christliches werck" bezeichnet. Vgl. ebd., fol. 99r (alt 74r). – Pölnitz, Echter, S. 369, charakterisiert die Haltung des Domkapitels als „wohlwollende Neutralität".

213 Vgl. StAW, Dkp 1585, fol. 182r–v (alt 160r–v). Zur Gegenreformation in Ochsenfurt vgl. Braun, Joachim: Ochsenfurt im Zeitalter von Reformation und Gegenreformation. In: WDGB 55 (1993), S. 157–177, hier S. 166–171.

214 StAW, Dkp 1586, fol. 104r (alt 79r).

215 Ebd., fol. 99r (alt 74r).

216 Ebd., fol. 105r (alt 80r).

217 Ebd., fol. 107r (alt 82r).

218 Auf die Bitte des Kapitels, den Konversions- bzw. Emigrationstermin hinauszuschieben, entgegnete Echter, er wolle „gar nit [...], das die ungehorsame unterthanen alsbaldt verkaufen unnd aus dem stifft ziehen, sonder [daß] ein jeder mitt guter gelegenheit seine gütter verkauft unnd allein zu verhuettung deß zusamenlaufens und conspirirens oder verfuehrens das domicilium mutiren sölt". Ebd., fol. 107v (alt 82v).

219 Vgl. ebd., fol. 97v (alt 72v), 215v (190v).

220 Vgl. Pölnitz, Echter, S. 381f.

221 Vgl. Giegler, S. 20.

# 2.3. Die Klöster

Drei Klöster beeinflußten die kirchlichen Zustände im Untersuchungsgebiet: die Benediktinerabteien Banz und Michelsberg sowie die Zisterze Langheim, die hier zwar kaum, in unmittelbarer Nachbarschaft aber um so reicher begütert war. Die innere Entwicklung der Klöster und ihre religiöse Wirkung nach außen sollen im folgenden umrissen werden.

## 2.3.1. Banz

In das Kloster Banz wurden – wie in viele spätmittelalterliche Benediktinerklöster – nur Männer adliger Herkunft als Mönche aufgenommen. Doch während fast alle anderen fränkischen Abteien im 15. Jahrhundert reformiert und dabei Nichtadligen geöffnet oder in weiterhin für Adlige bestimmte Chorherrenstifte umgewandelt wurden, blieb Banz bis weit ins 16. Jahrhundert ein Adelskloster[222]. Die Mönche ritterschaftlicher Abstammung, deren Zahl im frühen 16. Jahrhundert bei sechs lag, sahen im Kloster „ein [...] spital der vom adel, darin ihre kinder erlich erhalten werden", – mithin eine Versorgungsanstalt – und lebten mehr ihrer Herkunft als der Ordensregel gemäß[223]. Gewiß gab es Mönche, die ihren geistlichen Stand ernst nahmen. So erklärte 1515 der Prior seinem Abt, er beabsichtige, „seiner selen zcu heyl und mererm vordinstnus [...] den orden und regel unnsers vaters, des heyligen sanct Benedicten [...] höher zcu erfaren und strengklicher zcu halten"[224]. Der Abt schickte ihn daraufhin in das Kloster Michelsberg. Ebenso war er kurz zuvor bereits mit einem anderen Konventualen, dem späteren Abt Alexander von Rotenhan, verfahren, der einen ähnlichen Wunsch geäußert hatte[225]. Beide verließen Banz freilich nicht für immer, sondern höchstens für wenige Jahre. In Banz zurück, lebten sie erneut wie die übrigen Konventualen: Sie besaßen eigene Häuser und Wohnungen innerhalb der Klostermauern, mußten nur im Chor den Habit tragen. Das klösterliche Vermögen war zwischen Abt und Konvent, zum Teil sogar auf die einzelnen Mönche aufgeteilt[226].

Die reformatorischen Bewegungen lehnte Abt Johann Schütz von Hachenbach (1505–1529) ab. Dem Mupperger Frühmesser, der offenbar gegen die alte Lehre predigte, gebot er als Patronatsherr im März 1522, sich „des gebrauchs, wes sich bede stifft Bamberg und Wurtzburg halten und die gancz romisch kirch, dergleich mit euerm predigen und andern auch [zu] halten und mit solcher euer newen lere still [zu] halten, bis solang die kirch etwas anders beschleust. Wue ir aber ye vermeint, von solcher euer newigkeit nit abzustehen, so

222 Vgl. Wendehorst, Adel; Dippold, Klosterschule, S. 155–158. Allgemein Schreiner, Klaus: Mönchsein in der Adelsgesellschaft des hohen und späten Mittelalters. Klösterliche Gemeinschaftsbildung zwischen spiritueller Selbstbehauptung und sozialer Anpassung. In: Historische Zeitschrift 248 (1989), S. 557–620, hier S. 595–615; ders.: Vom adligen Hauskloster zum „Spital des Adels". Gesellschaftliche Verflechtungen oberschwäbischer Benediktinerkonvente im Mittelalter und in der frühen Neuzeit. In: Rottenburger Jahrbuch für Kirchengeschichte 9 (1990), S. 27–54.

223 StAB, B 93, Nr. 22, fol. 135r; vgl. auch Dippold, Klosterschule, S. 156f. (mit Lit.). – Banz war nicht nur wegen des Adelsprinzips für die Ritterschaft von Bedeutung; auch war ein erheblicher Teil des klösterlichen Besitzes als Mannlehen an niederadlige Familien der Umgebung vergeben. Vgl. Oesterreicher, S. CCCIII–CCCV.

224 StAB, B 93, Nr. 20, fol. 18r.

225 Vgl. ebd., fol. 9r, 386v.

226 Vgl. Pfuhlmann, Heinz: Spenn, Zwytrecht, Gebrechen und Widerwillen. Zwei Schiedsverträge des Bamberger Bischofs Heinrich III. Groß von Trockau zwischen Abt und Konvent des Klosters Banz von 1488 und 1490. In: GaO 16 (1987/88), S. 49–65; Dippold, Klosterschule, S. 157.

227 StAB, B 93, Nr. 20, fol. 170v. Der Mupperger Pfarrer sollte den Frühmesser beaufsichtigen, „das er sich hinfuran nichts news mit predigen unnd anderm unterstehe". Ebd., fol. 171r.

wollet uns unser pfrund [...] widerumb resigniren, ader wir werden geursacht [...], euch die zins solcher pfrund verbieten zu lassen."[227]

Drei der Mönche dagegen, darunter der Prior, schlossen sich offenbar der neuen Lehre an; jedenfalls kehrten sie nach der Niederschlagung des Bauernkrieges, der Abt und Konvent zur Flucht gezwungen hatte, nicht mehr ins Kloster zurück. Sie hatten „aus den manichfeltigen disputation, so itzo im Teutschland bey bayden gaistlichen und weltlichen, hohen und nydern stenden [...] hin und wieder movirt und bewegt werden, ob das closter- oder ordensleben bestand habenn solh oder nit, [...] ein söliche schew [...], das wir unns [...] enthalten habenn, wider inn das vorig ordensleben zu dretten"[228]. Da sie Urkunden und Siegel des Klosters in Händen hatten und dem Kloster die Abgaben der Besitzungen in der Pflege Coburg vorenthielten, mußten die verbliebenen Konventualen sich mit ihnen arrangieren. 1529 wurde ihnen eine Pension zugestanden[229].

Erst danach konnte der neugewählte Abt, Alexander von Rotenhan (1529–1554)[230], an den Wiederaufbau des Klosters gehen, das 1525 „durch dy aufrürischen pawerschafft so gantz verwüst [worden war], also, das nochmaln weder kirchen, schulen, creutzgang noch [...] anders bepawt", wie er im Februar 1531 klagte[231]. Bis 1550 sind Baumaßnahmen nachzuweisen[232]. Um Nachwuchs für den Konvent heranzuziehen, gründete der Abt wohl 1531 eine Schule, an der ein Lehrer „der vom adel kinder, die sie mir schicken würden, zu zucht und lernung unterwise, auch singen im chore und schreiben und lesen leret. Welicher dan lust hett, den orden antzunehmen, den wolt ich [...] auf mein cost zway jar auf der universitet verlegen [...]. Welicher dan nit lust zum orden, der hette die zeit on sein bsondere uncost gelernt, das im sein leben lang als einem des adels mocht genützn"[233]. Die Schule, in der etwa 15 Schüler, darunter stets einige Nichtadlige, Platz fanden, wurde vom fränkischen Adel gut angenommen; schon im Juli 1533 mußte der Abt Bewerber abweisen[234]. Das Bemühen, durch die Schule Nachwuchs für den Konvent zu finden, war zunächst offenbar erfolgreich; 1536 wurde erstmals seit über 15 Jahren wieder ein Banzer Mönch zum Priester geweiht. Aber die meisten der elf Mönche, die Abt Alexander während seiner Regierung aufnahm, verließen Banz, noch bevor sie zum Priester geweiht waren; als er starb, gehörten dem Konvent nur vier Männer an, von denen überdies drei das Kloster eigenmächtig verlassen hatten[235]. Ein Versuch des Abtes, das Kloster 1550 Nichtadligen zu öffnen, scheiterte wohl trotz der Zustimmung des Würzburger Bischofs.

Die Zustände im Kloster verbesserten sich gegenüber der vorreformatorischen Zeit nicht spürbar; der Abt hatte 1529 in seiner Wahlkapitulation die Rechte der Mönche auf eigene Wohnung, Konventsvermögen, auf weltliche Kleidung außerhalb des Chors bestätigt[236]. Immer wieder kam es zum Streit zwischen dem Abt und seinem Konvent oder einzelnen Mönchen. Mehrfach flohen Konventualen aus dem Kloster[237]; 1552 lehnten sie sich offen

---

228 Ebd., fol. 338v–339r.
229 Vgl. Dippold, Klosterschule, S. 158f.
230 Er war ein Sohn des Hans von Rotenhan zu Eyrichshof und der Margarethe von Seinsheim. Vgl. Rotenhan, S. 276. 1510 wurde er zum Akkolythen, 1511 zum Subdiakon und 1514 zum Diakon geweiht. Vgl. AEB, Rep. I, A 193. Primiz feierte er am 19. Juli 1517. Vgl. StAB, B 93, Nr. 20, fol. 54v.
231 Ebd., Nr. 21, fol. 111v.
232 Vgl. Hotz, S. 4–10.
233 StAB, B 93, Nr. 21, fol. 101r–v.
234 Vgl. Dippold, Klosterschule, S. 160.
235 Vgl. ebd., S. 173.
236 Vgl. Hochholzer, S. 202; Dippold, Klosterschule, S. 157.
237 Vgl. Oesterreicher, S. CCXXIII, CCXXVIII, CCXXX; Amrhein, Mitteilungen, S. 49.

gegen den Abt auf[238]; 1538 hatte sogar der Prior einen Mordanschlag auf den Abt verübt, als dieser jedem Mönch einen Eid abverlangt hatte, „seinem prelaten merer gehorsam dann zu andern zeiten zu erzaigen“[239].

Nach dem Tod Abt Alexanders, der – bei aller Lust an weltlichen Vergnügungen[240] – fromm war[241] und sich bemühte, den Fortbestand seines Klosters zu sichern, kehrten die drei geflohenen Konventualen zurück und wählten gemeinsam mit dem einzigen in Banz verbliebenen Mönch einen der Wiedergekommenen, Georg Truchseß von Henneberg (1554–1568), zum Abt. Der Parteigänger von Abt Alexander verließ bald das Kloster, ein weiterer Mönch starb, so daß der Abt nur mehr einen Konventualen hatte[242]; Neueintritte gab es unter ihm nicht[243].

Im Mai 1565 ließ der Bamberger Bischof die Abtei besetzen und den Abt verhaften[244], da dieser angeblich beabsichtigte, Sachsen den Klosterschutz (und damit die Herrschaft über Banz) zu übertragen; erst nachdem er den Bamberger Bischof als Klosterherrn anerkannt hatte, wurde Georg Truchseß wieder freigelassen. Würzburg, das gleichfalls Anspruch auf die weltliche Herrschaft über Banz erhob, protestierte gegen das bambergische Vorgehen, das einer Entmachtung des Abtes gleichkam. Kurz darauf besetzte Sachsen das Kloster, nachdem der Abt den Schutz tatsächlich Sachsen übertragen hatte. Nun verständigten sich die beiden Bischöfe und schickten im Mai 1566 ihrerseits Militär nach Banz. Auf Anordnung des Würzburger Bischofs übernahm Anfang 1567 der Abt von Münsterschwarzach als Administrator die Leitung des Klosters, mußte aber fliehen, als nach mehreren Wochen Sachsen Banz zurückeroberte und Truchseß wieder einsetzte. Nachdem im September 1568 aber eine kaiserliche Kommission den Klosterschutz den beiden Hochstiften zugesprochen hatte, mußte der Abt endgültig resignieren[245].

Im folgenden wurde wegen des Streits zwischen den Hochstiften kein Nachfolger gewählt. Nur noch ein Mönch lebte in Banz, ferner bestand die Schule – mit einem evangelischen Lehrer – fort[246]. Erst 1574 setzte der Würzburger Bischof ohne die Einwilligung Bambergs einen Abt ein, den elsässischen Adligen Heinrich von Jestetten, der bereits sieben Klöstern nacheinander – zuletzt Münster im Oberelsaß – vorgestanden hatte[247]. 1574

---

238 Vgl. Oesterreicher, S. CCXXVIII–CCXXX.

239 StAB, B 93, Nr. 22, fol. 170r; vgl. auch Oesterreicher, S. CCXXV–CCXXVIII. – Die Tatwaffe, einen Dolch, schenkte der Abt einem Würzburger Chorherrn. Vgl. StAB, B 93, Nr. 22, fol. 165v–166v.

240 Als er sich 1534 nicht, wie versprochen, um die Frau des verreisten Lichtenfelser Forstmeisters gekümmert hatte, entschuldigte er sich: „Ist zum tail des weins [...] schuld gewesen.“ StAB, B 93, Nr. 21, fol. 256r. – 1535 schlug er die Einladung des Michelsberger Abtes aus, „vaßnacht und frolickait nach alter gewohnhait“ mit den Bamberger Domherren und Räten zu feiern. Ebd., Nr. 22, fol. 66v. – 1533 wollte er sich in Leipzig eine „symphoney“ beschaffen lassen, „uns jhezezeiten kurtzweil und frolichkait domit zu machen“. Ebd., Nr. 21, fol. 246v.

241 Er hatte 1515 auf eigenen Wunsch einige Zeit in Michelsberg gelebt, um des klösterlichen „gehorsam und observantz [zu] geleben und sich in guten tugenden [...] [zu] uben“. StAB, B 93, Nr. 20, fol. 9r; siehe auch oben.

242 Vgl. Hochholzer, S. 204.

243 Vgl. Amrhein, Benediktinermönche, S. 224. – 1558 bat Moritz von Wildenstein, seinen Neffen ins Kloster aufzunehmen. Dieser sei noch minderjährig, antwortete ihm der Abt; er solle erst ein oder zwei Jahre die Klosterschule besuchen. Vgl. StAB, B 93, Nr. 24, fol. 59v.

244 Zum Folgenden vgl. Hochholzer, S. 46–54.

245 Er erhielt eine lebenslange Pension. 1569 kaufte er das Gut Wildenheid in der Nähe von Neustadt bei Coburg; zwei Jahre später heiratete er die Schwester des Verkäufers, Kunigunde Kemnater. Vgl. Andrian-Werburg, S. 109, 118. Er starb am 22. Mai 1598 in Wildenheid. Vgl. LKA/KbA, Nr. 80–1, fol. 124v; Hochholzer, S. 207 Anm. 112.

246 Vgl. Dippold, Klosterschule, S. 161 f.

247 Vgl. Reinhardt, Rudolf: Zur Geschichte der Würzburger Benediktinerabteien im ausgehenden 16. Jahrhundert. In: WDGB 28 (1966), S. 278 f.; Hochholzer, S. 205.

wurden auch wieder zwei adlige Klosterschüler in den Benediktinerorden aufgenommen; zwei weitere Eintritte standen bevor[248].

Doch nach dem Tod Abt Heinrichs beseitigte Echter mit päpstlicher Genehmigung das Adelsprinzip und ließ im Juli 1575 Johann Burkhard († 1598) zum Abt wählen[249], der sich, seit 1563 Abt von Münsterschwarzach, schon als guter Wirtschafter und als Reformator des klösterlichen Lebens bewährt hatte[250]. In Banz gelang es ihm nicht nur, die Gebäude wiederherzustellen und die klösterliche Wirtschaft zu sanieren[251], sondern auch, einen Konvent aufzubauen. Um die Mitte der 1590er Jahre lebten in Banz elf Konventualen und vier Novizen, die fast alle aus dem Hochstift Würzburg stammten[252]. Nur der letzte adlige Konventuale, Konrad Modschiedler von Görau, der 1597 starb, konnte Sonderrechte beanspruchen, die der Regel widersprachen; die übrigen Mönche befolgten die Bursfelder Statuten[253].

Burkhards Bruder Georg, Professor in Tübingen, war evangelisch, ebenso der Mann seiner Cousine, der fürstbischöfliche Rat und Späthumanist Dr. Konrad Dinner in Würzburg, der auch der Lehrer des Abtes, wohl an der dortigen Hohen Schule, gewesen war und das Kloster Banz in Rechtsfragen beriet[254]. Trotz solcher Verbindungen hatte sich Abt Johann bereits 1572 ungewöhnlich intensiv bemüht, evangelische Untertanen des Klosters Münsterschwarzach zur Konversion zu bewegen[255]. Auch im Banzgau ergriff er gegenreformatorische Maßnahmen[256]. Als Würzburg 1583 den evangelischen Pfarrverweser von Altenbanz durch einen katholischen Priester ersetzte, schützte der Abt diesen. Freilich ließ er es auch zu, daß jener seine seelsorgerliche Tätigkeit in Herreth fortsetzte, solange er die klösterlichen Rechte und Einkünfte nicht beeinträchtigte; der abgesetzte Geistliche verhalte sich, so der Abt, „gantz bescheiden" und werde sich „an kein ort oder zu niemanndt unerfordert [...] eintringen"[257]. Erst als die Gemeinde Herreth ein Pfarrhaus baute, die klösterlichen Untertanen sich daran beteiligen sollten und das Gemeindevermögen herangezogen wurde, schritt er ein und klagte vor dem Reichskammergericht, beraten übrigens von Dinner.

Auf Burkhard folgte als Abt der damalige Prior[258] Thomas Bach aus Markelsheim im Taubertal. Seine Haltung und seine Politik lassen sich schwer einordnen. Er sei ein „der disciplin wol zugethaner prelat" gewesen, rühmte ihn sein Nachfolger[259]; andererseits lebte Bach mit einer Staffelsteiner Bürgerstochter im Konkubinat[260] – er hatte zwei Söhne[261] –

---

248 Vgl. Dippold, Klosterschule, S. 174.

249 Vgl. Hochholzer, S. 55 f.

250 Vgl. ebd., S. 157–161, 163 f., 223–225. – Neben Münsterschwarzach und Banz führte Burkhard von 1590 bis zu seinem Tod als Administrator die Abtei St. Stephan in Würzburg. Vgl. ebd., S. 151 f.

251 Vgl. ebd., S. 207 f.; Hotz, S. 15–18.

252 Vgl. AEB, Rep. I, A 189, Liste der Konvente von Banz und Münsterschwarzach. Die Herkunftsorte waren Kasendorf bei Kulmbach, Lauringen, Markelsheim, Iphofen (2), Röttingen (2), Stadelschwarzach (2), Mittelstreu, Stockheim, Eltmann (2), Mellrichstadt, Königshofen im Grabfeld.

253 Vgl. Heß, S. 100 f. Förmlich gehörte Banz der Bursfelder Union unter Burkhard wohl nicht an.

254 Zu den Familienverhältnissen vgl. Heß, S. 5, 89–91, 93 f.; Schubert, Dinner, S. 224 f.; Hochholzer, S. 285 f.

255 Vgl. ebd., S. 305 f.

256 Siehe unten S. 132–135, 169f.

257 StAB, B 93, Nr. 26, fol. 165r.

258 Vgl. ebd., Nr. 27, fol. 168r.

259 Ebd., Nr. 37, fol. 639v.

260 Sie hieß Margaretha Wagner. Vgl. StAB, L 47 Staffelstein, Nr. 8, fol. 151v. 1612 wird sie im Staffelsteiner Kirchenbuch bezeichnet als „Margaretha abbatissa in Bantz". AEB, Kbb. Staffelstein, Bd. 1, pag. 244.

261 Nach dem Tod ihrer Mutter kümmerte sich Thomas Bach um die Vormundschaft, wobei er sich „die zeit seines lebens das directorium" vorbehielt. StAB, L 47 Staffelstein, Nr. 8, fol. 121r, auch 127v–128r, 151v, 261v–262r.

und gestattete dies auch Konventualen[262]. Trotz seines Lebenswandels hatte er zu dem Bamberger Bischof Gebsattel ein eher schlechtes, zu Aschhausen und Förner dagegen ein gutes Verhältnis[263], das ihn nicht daran hinderte, freundlichen Umgang mit Herzog Johann Casimir von Sachsen-Coburg, der ihn mehrfach zum Stahlschießen einlud[264], und mit der Coburger Regierung zu pflegen.

Auf ein Schreiben Echters hin führte er 1602 die Gegenreformation in Draisdorf durch und verteidigte sie gegen den Protest aus Coburg[265]. 1604 erließ er ein Beicht- und Kommunionmandat für seine Hintersassen und gebot ihnen, ihre Kinder und Dienstboten nicht in evangelische Kirchen gehen zu lassen[266]; 1615 befahl er den Altenbanzern, alle Kinder über sechs Jahre zur Kinderlehre zu schicken[267]. Im Kloster ließ er neue Altäre aufrichten und eine Kapelle bauen[268]. Ungewöhnlich für die Zeit der katholischen Reform ist jedoch ein Wallfahrtsverbot des Abtes: 1617 untersagte er seinen Untertanen in Draisdorf, sich an der Prozession der Pfarrei Döringstadt nach Vierzehnheiligen zu beteiligen, „weiln es dan wegen ferne des wegß ohne zehrung nich[t] leichtlich außgehet unndt offtermals was am vormittag gebettet, nachmittag beim trunck wider verflucht oder sonsten verderbt wirdt"[269].

Abt Kaspar Förkel (1624–1635) bemühte sich 1627, nach dem Tod des evangelischen Pfarrers von Herreth, dort einen katholischen Geistlichen einzusetzen; aber erst 1629 gelang die Vertreibung des „Prädikanten"[270]. Mehrere Konventualen übernahmen restituierte Pfarreien im Hochstift Bamberg[271]. 1629 ließ der Abt auch Möglichkeiten prüfen, Pfarreien im Fürstentum Sachsen-Coburg mit katholischen Geistlichen zu besetzen[272]. An der Restitution des Klosters Schlüchtern 1628 war Banz durch einen Konventualen beteiligt[273].

Nach dem Einfall der Schweden in Franken flohen die Mönche, soweit sie nicht eine Pfarrei versahen, aus Banz[274], das dem Markgrafen Georg Albrecht von Brandenburg-Bayreuth geschenkt wurde[275]. Zum Teil kamen sie bis nach Süddeutschland und Österreich[276].

---

262 Der Banzer Konventuale Wilhelm Kilian lebte im Konkubinat mit einer Staffelsteinerin namens Anna; am 1. März 1612 wurde ihnen ein Sohn Balthasar getauft. Vgl. AEB, Kbb. Staffelstein, Bd. 1, pag. 245. Wahrscheinlich bezieht sich auch der Hinweis von 1609, ein Banzer Mönch habe mit Anna Hoffmann „ein khindt erzeugt", auf Kilian. StAB, L 47 Staffelstein, Nr. 5, fol. 178r. Im Konkubinat lebte ferner der Mönch Wolfgang Zirckel. Vgl. AEB, Rep. I, Nr. 744, fol. 2r.

263 Vgl. Roppelt, S. 189 f.; Oesterreicher, S. CCCIII–CCCV.

264 Vgl. allgemein Roppelt, S. 190; zum Stahlschießen Heins, Walther: Die Geschichte des Coburger Schützenwesens. In: 600 Jahre Coburger Schützen. Zweites oberfränkisches Bundesschießen. Coburg 1954, S. 12–54, hier S. 37. Eine Beschreibung des Banzer Klostersekretarius vom Coburger Stahlschießen 1615, an dem der Abt teilnahm, ist erhalten. Vgl. StAB, B 93, Nr. 31, fol. 166r ff. Eine Edition ist in Vorbereitung. – Auch Bachs Nachfolger, Kaspar Förkel, nahm 1631 am Coburger Schießen teil. Vgl. ebd., Nr. 39, fol. 199r–207r. – Bereits 1598 hatte der Bruder Johann Casimirs, Herzog Johann Ernst von Sachsen-Eisenach, dem Abt von Banz ein Kamel, ein Wildschwein und ein Reh geschenkt. Vgl. ebd., Nr. 27, fol. 167r.

265 Vgl. StAB, B 93, Nr. 28, fol. 157r–158v, 163r–v, 168r–v.

266 Vgl. ebd., fol. 325r–326v.

267 Vgl. ebd., Nr. 31, fol. 114v–115r.

268 Vgl. Roppelt, S. 190; Näheres bei Hotz, S. 18–25.

269 StAB, B 93, Nr. 31, fol. 354v.

270 Siehe unten Kap. A.7.1.4.

271 Vgl. Wachter 905, 4364, 6730, 6870.

272 Vgl. StAB, B 93, Nr. 38, fol. 224r–227r; auch Jäck, 3, S. 216.

273 Vgl. StAB, B 93, Nr. 37, fol. 604v ff.; Hochholzer, S. 22 f. Der hier Anm. 73 genannte Kaspar Curtius war kein Konventuale von Würzburg-St. Stephan, sondern von Banz. Vgl. Amrhein, Benediktinermönche, S. 226; Wachter 5870.

274 Über die Einnahme von Banz durch die Schweden vgl. Looshorn, Bd. 6, S. 227 f.

275 Vgl. Oesterreicher, S. CCCXXIV f.; Pfuhlmann, S. 261.

276 Johann Quirinus ging in das Kloster St. Veit bei Neumarkt an der Rott, wurde aber durch den Einfall Bernhards von Sachsen-Weimar wieder vertrieben. Im folgenden nahm ihn der Pfarrer von Schörfling in Oberösterreich für sechs Wochen auf. Anschließend unterstützte er 15 Wochen lang den Pfarrer von Vöcklabruck

Abt Kaspar wurde von den Schweden gefangengenommen[277]. Möglicherweise auch durch die Schuld eines Konventualen[278] kam er nicht frei und starb 1635 zu Königshofen in Haft[279]. Das Kloster wurde von dem schwedischen Kriegskommissar Veit Ulrich von Könitz zu Obersiemau „spoliiret, ruiniret unnd verderbet, [der] auch alle mobilia unnd immobilia, under andern auch die glockhen, deren 12 geweßen, sambt denn orgelwerckh, kirchenornat, uhren, bibliothekha, urbar unnd ziennßbüecher unnd andere briefliche documenta, auch alles anders hinweg unnd ins Coburg[ische] führen lassen und daselbsten verkhauft"; der Schaden wurde auf 35000 Taler geschätzt[280]. Seit Ende 1634 bemühte sich das Kloster, seinen Besitz zurückzubekommen[281].

1636 wurde Georg Heusler zum Abt gewählt; er starb jedoch bereits 15 Monate später. Nach einer dreivierteljährigen Vakanz bestimmten die Konventualen den erst kurz zuvor aus der Steiermark zurückgekehrten Jodocus Weith (1638–1647) zum Abt[282].

Angesichts der kriegsbedingten Unsicherheit war das Kloster kaum noch in der Lage, eine aktive Rolle in der Kirchenpolitik zu spielen. So vermochte der Abt es nicht zu verhindern, daß der evangelische Pfarrer von Gleußen die Pfarrei Herreth versah, auch die dort wohnenden banzischen Untertanen. 1643 bat Abt Jodocus sogar die geistlichen Räte in Würzburg, falls „etwaß mit dieser pfarr Herret vorgenohmen werden sollte, meiner persohn und meines ohnedaß genugsamb verfeindten closters zu verschonnen". Denn es würden „ich und mein [...] closter bey dießen unrühiegen feindtlichenseeliegen auflaufen von unsern religionsbenachbarten, so daß geringste wieder sie vorgenomen, in eine unaußredtliche argwohn und suspicion, solches gleichsamb practicieret zu haben, gezogen und sehr angefeindet"[283].

Die Kriegswirren verhinderten auch Eintritte ins Kloster; zwischen Schwedeneinfall und Kriegsende wurde nur ein Banzer Mönch in Würzburg geweiht[284]. Erst Abt Michael Stürzel (1648–1664) konnte den Konvent wieder vergrößern[285].

---

als Kooperator, um endlich wieder nach Schörfling zurückzukehren. Jodokus Weith hielt sich in der Benediktinerabtei Garsten in der Steiermark auf; im November 1637 kam er nach Banz zurück. Vgl. StAB, B 93, Nr. 39, fol. 33r–v, 86r. Johann Einich starb im November 1635 „in Bindten under dem kriegsweßen" und wurde „zue Reitte [welches?] in die pfarrkirchen begraben". Ebd., fol. 35r. Aus dem „Württenberger lanndt" kam im Oktober 1635 der spätere Abt Michael Stürzel nach Banz zurück. Vgl. ebd., fol. 34v.

277 Vgl. Looshorn, Bd. 6, S. 242 f., 248, 252, 254.

278 1636 schrieb sein Nachfolger: Johann Molitor, der das Kloster als Administrator leitete, „het ine umb 20 th[a]ller, unangesehen er wohl gekönnt unnd angebotten worden, seines privat nutz halber nicht lößen wollen". StAB, B 93, Nr. 39, fol. 35r (auch zum Folgenden).

279 Vgl. Roppelt, S. 191 f.; Pfuhlmann, S. 261.

280 StAB, B 93, Nr. 40, fol. 2r. Vgl. auch Roppelt, S. 191; Dahinten, 3. Teil, S. 124; Kuhn, Martin: Zwei Glocken von Banz läuten aus Thüringen herüber. In: GaO 6 (1970/71), S. 30–32.

281 Vgl. StAB, B 93, Nr. 40, fol. 1r–v; auch Dahinten, 1. Teil, S. 49 f.

282 Vgl. Oesterreicher, S. CCCXXVI f.

283 StAB, B 93, Nr. 40, fol. 568r.

284 Erasmus Unrath 1637. Vgl. Amrhein, Bendiktinermönche, S. 226 f. – Da mehrere Konventualen als Pfarrer fungierten, lebte der Abt zeitweilig mit nur zwei Mönchen und einem Novizen in Banz. Vgl. Roppelt, S. 192.

285 Er ließ die jungen Mönche „zu Bamberg in den Wissenschaften, zu Hause aber in der klösterlichen Zucht so gut unterrichten [...], daß zwey von ihnen nach Kloster Michelsberg berufen wurden, um den Chorgesang allda einzuführen". Roppelt, S. 193.

## 2.3.2. Michelsberg

In die Bamberger Benediktinerabtei St. Michael wurden im späten Mittelalter wie in das Kloster Banz nur Männer ritterschaftlicher Herkunft als Konventualen aufgenommen. Doch gelang es hier dem Bamberger Bischof Georg von Schaumberg[286] – nach vergeblichen Versuchen seiner Vorgänger und des benediktinischen Provinzialkapitels – eine Reform gegen den Widerstand des Adels einzuleiten[287]. Nachdem das Kloster zehn Jahre lang vom Bamberger Weihbischof verwaltet worden war, führte der Fürstbischof 1463 Eberhard von Venlo († 1475), den Abt des Klosters Jakobsberg bei Mainz, als Abt von Michelsberg ein. Er setzte hier, unterstützt von einigen seiner Konventualen, die Reform durch, obwohl sieben der adligen Mönche flohen und versuchten, dem Kloster die Einkünfte zu entziehen – erst 1468 konnte ihr Widerstand gebrochen werden –, und obwohl fränkische Ritter protestierten. Seine Maßnahmen führten die Äbte Ulrich Haug (1475–1483) und Andreas Lang (1483–1502)[288] fort.

Wenig ist über das monastische Leben im 16. Jahrhundert bekannt; denn anders als die Banzer enthalten die Michelsberger Missivbücher fast keine Hinweise auf die innerklösterlichen Verhältnisse. Die Zahlen der Konventualen verdeutlichen den Niedergang des Klosters. Hatten in Michelsberg am Vorabend der Reformation, unter Abt Johann Helm (1505–1522), noch 22 Priestermönche gelebt[289], so nahmen an der Abtswahl 1549 nur mehr 14 Konventualen teil[290], obwohl unter Abt Georg Adam Ziegler (1539–1549) – einst „apostata et fugitivus monachus“[291] – 19 Mönche die Priesterweihe empfangen hatten[292]. Vermutlich war eine Reihe von Konventualen aus dem Kloster geflohen. Auch später entfernten sich gelegentlich Mönche aus der Abtei und fielen vom katholischen Glauben ab[293]. 1570, nachdem es unter Abt Georg Herold (1564–1570) kaum Eintritte gegeben hatte, war der Konvent auf zehn Wähler zusammengeschrumpft[294]. Kaum größer war der Konvent noch 1610; damals gehörten ihm neun Priester und sechs „Fratres iuniores“ an[295]. Der Kontakt zur Bursfelder Union wurde in der Reformationszeit sporadisch; Beiträge zahlte die Abtei selten[296].

---

286 Über seine Reformtätigkeit vgl. Guttenberg, Bistum, S. 265.

287 Vgl. Linneborn, Johannes: Ein 50jähriger Kampf (1417–ca. 1467) um die Reform und ihr Sieg im Kloster ad sanctum Michaelem bei Bamberg. In: Studien und Mitteilungen aus dem Benediktiner- und dem Zisterzienser-Orden 25 (1904), S. 252–266, 579–599, 718–730; 26 (1905), S. 55–68, 247–254, 534–546; Wendehorst, Adel, S. 339 f., 346 f.; Unger, Ludwig: Die Reform des Benediktinerklosters St. Michael bei Bamberg in der 2. Hälfte des 15. Jahrhunderts. Bamberg 1987 (HVB Beiheft 20).

288 Vgl. Zimmermann, Gerd: Lang, Andreas, OSB. In: Die deutsche Literatur des Mittelalters. Verfasserlexikon. Bd. 5. Berlin $^2$1985, Sp. 572–578.

289 Vgl. Schnyder, André: Die Ursulabruderschaften des Spätmittelalters. Ein Beitrag zur Erforschung der deutschsprachigen religiösen Literatur des 15. Jahrhunderts. Bern / Stuttgart 1986 (Sprache und Dichtung 34), S. 367.

290 Vgl. AEB, Rep. I, A 300, Eligentes 1549. – In Michelsberg bestand eine Schule; ob sie wie in Banz allen Interessenten offen stand und Nachwuchs für das Kloster anziehen sollte, ist unbekannt. Vgl. StAB, B 110, Nr. 32, fol. 79r–v.

291 Kist 6866.

292 Vgl. Hotzelt, Matricula, passim.

293 So Konrad Picker (siehe Anhang 1.4.), Thomas Drescher (Kist 1155; Dannheimer / Zahn / Kuhr, Nr. 459), Günter Lencker (Kist 3891; Weigel, Maximilian / Wopper, Joseph / Ammon, Hans: Neuburgisches Pfarrerbuch. Kallmünz 1967, Nr. 561).

294 Vgl. AEB, Rep. I, A 300, Eligentes 1570.

295 Bauer, Lothar: St. Michael zu Bamberg nach dem Brand von 1610. In: BHVB 106 (1970), S. 185–205, hier S. 199. 1614 waren es neun Priester, fünf Mönche, die die Priesterweihe noch nicht empfangen hatten, ein Novize und ein Laienbruder. Vgl. ebd., S. 202.

296 Vgl. Zeißner, S. 277.

Vom Leben im Kloster haben wir nur wenige verstreute Nachrichten. 1542 ist ein Streit zwischen Abt und Konvent belegt[297]. Zumindest ein Abt, Veit Finger (1570–1585), lebte im Konkubinat[298]; ein anderer, Wolfgang Zenck (1549–1563), erlangte die Abtswürde durch Bestechung[299] und wurde, da „Ordenszucht und Verwaltung nicht in der besten Verfassung" waren, schließlich zur Resignation genötigt[300]. Andererseits nahmen gerade diese beiden Äbte relativ viele Mönche auf[301]; man wird sich also hüten müssen, spärliche Einzelbelege zu verallgemeinern. Dennoch ist wohl davon auszugehen, daß die klösterliche Zucht bis ins späte 16. Jahrhundert wenig beachtet wurde. Schwerere Verfehlungen – wie etwa die, daß in der Fastenzeit 1581 drei Mönche als Gäste eines Domvikars Fleisch aßen und ihm drei offenbar aus dem Kloster entwendete Zinngefäße schenkten[302] – scheinen freilich nicht an der Tagesordnung gewesen zu sein.

Erst Abt Johann Müller (1593–1627) stellte schon in den ersten Monaten nach seiner Wahl „monasticae religiosae vitae disciplinam" wieder her[303]; wohl deshalb argwöhnte Jakob Ayrer, seine Wahl habe „etlich der Brüder" geschmerzt[304].

In einigen Pfarreien, deren Patronatsherr das Kloster Michelsberg war[305], tolerierten die Äbte in der zweiten Hälfte des 16. Jahrhunderts evangelische Geistliche, die die Gemeinden eingesetzt hatten, so in Rattelsdorf, Rodheim[306] und Gremsdorf; zuweilen verlieh der Abt selbst die Pfarrei einem Protestanten, etwa in Gärtenroth oder Buchau. Es sei ihm „beschwerlichen furgefallen [...], der wiederwertigen religion einen pfahrverweser zu gedulten", erklärte Abt Veit, als er 1583 einem evangelischen Geistlichen die Pfarrei Gärtenroth auf Widerruf übertrug; aber die Augsburgische Konfession sei dort schon vor dem Passauer Vertrag „in ublichen exercitio und gebrauch gewesen", und die Pfarrkinder hätten gebeten, sie bei ihrem Glauben zu lassen[307]. Auf Betreiben des Würzburger Bischofs vertrieb der Abt 1592 den evangelischen Pfarrer von Rattelsdorf[308]; 1604 mußte aus Rodheim der evangelische Pfarrer weichen[309]. Auch in Buchau und Gärtenroth katholische Priester einzusetzen, versuchte Abt Johann, letzten Endes vergebens; die ortsansässigen Adligen zogen das Patronat an sich[310].

Seit Ende 1593 – früher als der Bamberger Bischof – forderte Abt Johann Müller seine Hintersassen auf, den katholischen Glauben anzunehmen oder fortzuziehen und zu verkaufen[311]. Im Januar 1594 lobte ihn der Papst dafür und ermunterte ihn, auf diesem Weg

297 Vgl. StAB, B 86, Nr. 5, fol. 100r.
298 Vgl. Arneth, Konrad: M. Martin Hofmann. Ein Bamberger Späthumanist. In: BHVB 110 (1974), S. 38–147, hier S. 90.
299 Vgl. Lahner, S. 227.
300 Hotzelt, Veit, S. 67.
301 Unter Zenck empfingen 13, unter Finger 14 die Priesterweihe. Vgl. Hotzelt, Matricula, passim.
302 Vgl. StAB, B 86, Nr. 14, fol. 250v.
303 ASV, Arm. 44, T. 39, fol. 74v (alt 64v). – Ab 1600 sandte der Abt wiederholt junge Mönche zum Studium an die Universität Dillingen. Vgl. Lahner, S. 246.
304 Heller, S. 96.
305 Zusammengestellt bei Weber, Bisthum, S. 237.
306 Vgl. etwa Simon, Matthias: Die evangelische Kirche. München 1960 (Historischer Atlas von Bayern, Kirchliche Organisation 1), S. 47 f.
307 Kugler, S. 110.
308 Siehe unten Kap. A.6.1.3.
309 Vgl. Dannheimer / Zahn / Kuhr, Nr. 3165.
310 Vgl. Jäck 2, 157 f.; 3, S. 183; Weber, Bisthum, S. 166, 168; Looshorn, Bd. 5, S. 243; Kugler, S. 111. – Zu Buchau vgl. auch StAB, B 110, Nr. 34, fol. 17v–18r; Nr. 35, pag. 1118–1133, 1138–1141, 1291–1294; Nr. 37, fol. 352r–361r. Zu Gärtenroth vgl. StAB, B 110, Nr. 34, fol. 74v–77v, 84v–85v, 172v–182r; Nr. 40, fol. 427r–v.
311 Vgl. Dippold, Langheim, S. 107; auch Heller, S. 96.

fortzufahren[312]. Inwieweit das Kloster im frühen 17. Jahrhundert für die Gegenreformation tätig war, ob es sich etwa an den Restitutionen beteiligte, ist unklar. Während des Krieges gingen vom Michelsberg wohl kaum gegenreformatorische Maßnahmen aus, zumal Abt Veit Schütz (1627–1638) und eine Reihe von Konventualen zeitweilig geflohen waren[313].

### 2.3.3. Langheim[314]

Im Zisterzienserkloster Langheim lebten im frühen 16. Jahrhundert die Konventualen – Konversen gab es im Langheim des 16. und 17. Jahrhunderts kaum – zwar nicht streng nach der Regel, es wurde aber auf klösterliche Zucht geachtet. Seit den 1520er Jahren schrumpfte der Konvent, da mehrere Mönche die Abtei verließen und der Nachwuchs ausblieb; zwischen 1525 und 1537 empfing kein Langheimer Zisterzienser in Bamberg die Priesterweihe. Erst Abt Konrad Haas (1538–1556) konnte, nachdem sein Vorgänger Johann Fabri (1510–1538) das im Bauernkrieg ausgeplünderte Kloster wiederhergestellt und – möglicherweise mit Hilfe einer Schule – Novizen gewonnen hatte, den Konvent deutlich vergrößern.

Abt Friedrich Marschalk (1556–1562) führte ein ganz und gar unmönchisches Leben, verschleuderte den Klosterbesitz, kümmerte sich offenbar nicht um Nachwuchs für seine Zisterze; evangelische Pfarrer, die Markgraf Albrecht Alcibiades 1553 auf die klösterlichen Pfarreien gesetzt hatte, vertrieb er nicht, obwohl Bamberg darauf drang. 1560 befahl der Fürstbischof dem Langheimer Abt, seinen Lebenswandel zu ändern und bei wichtigen Entscheidungen, die die klösterliche Wirtschaft betrafen, zuvor die bischöfliche Zustimmung einzuholen. Da Abt Friedrich diesen Auflagen nicht nachkam, wurde er 1562 abgesetzt. Dem Bischof gelang es bei dieser Gelegenheit, die bambergische Herrschaft über die Abtei zu festigen und auszudehnen[315].

Um eine Reform des monastischen Lebens bemühte sich Abt Magnus Hofmann (1572–1582); er erweiterte auch – gerade in seinen ersten Regierungsjahren – den Konvent beträchtlich und vertrieb, vom Bamberger Bischof dazu aufgefordert, die evangelischen Geistlichen aus den Pfarreien, deren Patronatsrecht Langheim innehatte. Gegen Ende seines Abbatiats scheinen Abt Magnus jedoch die Zügel aus der Hand geglitten zu sein. So lehnten sich 1580 die Mönche gegen ihn auf, nicht zum erstenmal. Über die Tätigkeit der beiden folgenden Äbte ist wenig bekannt; für die Durchsetzung der tridentinischen Reformdekrete im Kloster taten sie wohl wenig.

Erst Abt Johann Bückling (1592–1608) reformierte das Kloster. Vor allem bemühte er sich um eine gute Ausbildung seiner Mönche. Einige sandte er zum Studium nach Dillingen und Würzburg, drei sogar – als erster Zisterzienserabt überhaupt – nach Rom an das Germanicum. Seit Ende der 1590er Jahre übernahmen Langheimer Konventualen trotz bischöflicher Bedenken die klösterlichen Pfarreien. Die evangelischen Klosterbeamten ersetzte der Abt allmählich durch Katholiken. Seit Beginn des Jahres 1593 stellte er seine lutherischen Untertanen vor die Wahl zwischen Konversion und Emigration; dies geschah erstmals im Hochstift Bamberg, denn der Bischof wandte das ius reformandi erst zwei Jahre später an.

---

312 Vgl. ASV, Arm. 44, T. 39, fol. 74v–75r (alt 64v–65r).
313 Vgl. Lahner, S. 257.
314 Zum Folgenden vgl. Dippold, Langheim; auch ders., Weismainer, S. 350–374.
315 Hierzu auch Dippold, Zisterzen, S. 94, 114.

Ferner bemühte Abt Johann sich, die von Langheim betreute Wallfahrtsstätte Vierzehnheiligen zu fördern[316].

Mit Peter Schönfelder († 1620) wählte der Langheimer Konvent 1608 einen Germaniker und Doktor der Theologie zum Abt, übrigens gegen den Willen von Bischof Gebsattel, der lieber einen erfahrenen Wirtschafter an der Spitze der Zisterze gesehen hätte. Schönfelder sorgte wie sein Vorgänger für eine profunde Schulung der Mönche. In Vierzehnheiligen erneuerte er die in der Reformationszeit eingegangene Bruderschaft. Auch die gegenreformatorischen Maßnahmen führte er weiter; häufig ging er gegen seine evangelisch gebliebenen Hintersassen mit großer Härte vor.

Er und seine Nachfolger, Johann Weiger (1620–1626) und Erasmus Behem (1626–1631), setzten die Reformtätigkeit fort und machten Langheim wieder zu einem Zentrum des Katholizismus in der Obermainregion. Gleichwohl blieben Mißstände bestehen: Die Konventualen hatten Privatvermögen; manche von ihnen, die als Pfarrer tätig waren, lebten im Konkubinat; 1622 kam es sogar zu einem bewaffneten Aufstand von Mönchen gegen den Abt.

Vom Dreißigjährigen Krieg wurde die Abtei nicht anders als Banz und Michelsberg schwer heimgesucht. Mehrfach plünderten Soldaten Langheim, mußte das Kloster hohe Kontributionen zahlen. Eine Reihe von Mönchen verbrachte nach dem Einmarsch der Schweden Jahre in böhmischen, österreichischen und steirischen Zisterzen. Weder Abt Nikolaus Eber (1631–1637) noch sein Nachfolger, Johann Gagel (1637–1649), konnte über längere Zeit mit den zurückgebliebenen oder heimgekehrten Konventualen ruhig leben; immer wieder mußten sie in befestigte Orte fliehen. 1649 wurde Mauritius Knauer († 1664)[317], der in Heiligenkreuz hospitiert und in Wien studiert hatte, zum Abt gewählt. Er brachte nicht nur mit großer Energie die darniederliegende klösterliche Wirtschaft wieder in Ordnung und kämpfte – allerdings erfolglos – um die Reichsunmittelbarkeit Langheims, er nahm auch 43 junge Männer als Mönche auf, die er in der neugegründeten Klosterschule heranbilden ließ, und achtete streng auf die klösterliche Zucht.

## 2.4. Die Ritterschaft

Die fränkische Ritterschaft[318] war bei aller Gemeinsamkeit, die sich vor allem in der Abgrenzung zum Bürgertum niederschlug, eine heterogene Gruppe. Dies gilt in wirtschaftlicher und sozialer Hinsicht: Die Witwe Sybilla Modschiedler, deren im Bauernkrieg geplünderter Ansitz in dem entlegenen Juradorf Görau einschließlich Einrichtung 93 Gulden wert war, gehörte ebenso zur Ritterschaft wie Wolf und Philipp Truchseß von Pommersfelden, deren zerstörte Stammburg samt Inventar auf beinahe das Hundertfache taxiert wurde. Wurden die Angehörigen einiger Familien häufig in die fränkischen Domkapitel aufgenommen, finden wir andere Namen selten, manche nie unter den Domherren[319]. Aber auch im

316 Vgl. dazu auch Taegert, Werner: Lorbeerkranz und Mitra. Der späthumanistische Dichter Johannes Cyaneus und sein „Maecenas“ Abt Johann Bückling von Langheim. In: Dippold, Weismain, S. 390–392.

317 Über ihn vgl. Dippold, Günter: Mauritius Knauer. Abt und Gelehrter. In: ders., Weismain, S. 393–411.

318 Über die Ritterschaft neuerdings Bauer, Christoph: Reichsritterschaft in Franken. In: Schindling / Ziegler 4, S. 182–213; Riedenauer, Erwin: Entwicklung und Rolle des ritterschaftlichen Adels. In: Kolb / Krenig, S. 81–130, zur religiösen Haltung S. 89–93. Eine gründliche Einzeluntersuchung hat Rupprecht vorgelegt; zur Kirchenpolitik bes. S. 274–285.

319 Vgl. Dippold, Klosterschule, S. 176 f.

Hinblick auf die Bildung stellen wir im frühen 16. Jahrhundert erhebliche Unterschiede innerhalb der Ritterschaft fest: Dem Würzburger Hofmeister Sebastian von Rotenhan (1478–1532)[320], der in Bologna zum Doktor beider Rechte promoviert worden war, oder dem Bamberger Hofmeister Johann von Schwarzenberg (1463–1528)[321], der – obwohl nicht akademisch gebildet – mehrere Schriften veröffentlichte und die Bambergische Halsgerichtsordnung von 1507 ausarbeitete, standen Familien gegenüber, die keine Bücher besaßen oder deren Bibliothek aus wenigen Bänden bestand[322].

Es leuchtet ein, daß es in einer so uneinheitlichen Gruppe auch keine einheitliche Haltung zur reformatorischen Bewegung gab. Die Positionen singulärer Persönlichkeiten wie Ulrich von Huttens[323] oder Franz von Sickingens[324] wird man nicht unbedingt auf die Gesamtheit der Ritter übertragen dürfen.

Die Mehrheit des fränkischen Niederadels begrüßte offenbar das Auftreten Luthers[325]. Silvester von Schaumberg († 1534)[326], der würzburgische Amtmann zu Münnerstadt, stand mit seiner Sympathie für den Reformator wohl nicht allein, denn er konnte ihm im Juni 1520 anbieten, daß „ich und sonst, meines Versehens, hundert vom Adel, die ich (ob Gott woll!) aufbringen will, euch redlich zu halten und gegen euern Widerwärtigen vor Gefahr [zu] schützen“[327]. Erhoffter materieller Gewinn durch Säkularisationen mag weite Kreise des Adels in ihrer Hinwendung zur neuen Lehre bestärkt haben[328]. Freilich gibt es auch Hinweise auf fränkische Ritter, die beim alten Glauben beharrten[329]. So bleibt die Antwort auf die Fragen, wie sich die Ritterschaft zur reformatorischen Bewegung stellte[330] und ob sich ihre Haltung wandelte – etwa durch den Bauernkrieg[331] –, letztlich spekulativ, da kaum

---

320 Vgl. Maierhöfer, Isolde: Sebastian von Rotenhan. In: Fränkische Lebensbilder, Bd. 1. Würzburg 1967, S. 113–140; Rotenhan, S. 224–233. – Zum Adelsstudium allgemein Müller, Rainer A.: Universität und Adel. Eine soziokulturelle Studie zur Geschichte der bayerischen Landesuniversität Ingolstadt 1472–1648. Berlin 1974 (Ludovico Maximilianea, Forschungen 7), bes. S. 50–52; Schwinges, Rainer Christoph: Deutsche Universitätsbesucher im 14. und 15. Jahrhundert. Studien zur Sozialgeschichte des Alten Reiches. Stuttgart 1986 (Veröffentlichungen des Instituts für Europäische Geschichte Mainz 123), S. 375–392.

321 Vgl. Scheel, Willy: Johann Freiherr zu Schwarzenberg. Berlin 1905; Merzbacher, Friedrich: Johann Freiherr zu Schwarzenberg. In: Fränkische Lebensbilder, Bd. 4. Würzburg 1971, S. 173–186; Lehmann, Jakob: „Das Recht und gemeinen Nutz zu fürdern“. Zum 450. Todestag von Johann Freiherr von Schwarzenberg. In: GaO 12 (1979/80), S. 72–86.

322 Vgl. Pleticha, Eva: Adel und Buch. Studien zur Geisteswelt des fränkischen Adels am Beispiel seiner Bibliotheken vom 15. bis zum 18. Jahrhundert. Neustadt a. d. Aisch 1983 (VGffG IX, 33), S. 16 f., 22–26.

323 Vgl. Meyer, Hutten.

324 Vgl. Blickle, Reformation, S. 70–72; Schulze, Geschichte, S. 114–117; Press, Volker: Franz von Sickingen, Wortführer des Adels, Vorkämpfer der Reformation und Freund Huttens. In: Ulrich von Hutten, S. 293–305.

325 So Wendehorst, Bistum, S. 80, 89.

326 Vgl. Kipp, Friedrich: Silvester von Schaumberg, der Freund Luthers. Ein Lebensbild aus der Reformationszeit. Leipzig 1911 (Quellen und Darstellungen aus der Geschichte des Reformationsjahrhunderts 17), zum Folgenden bes. S. 142–147, 159 f.

327 Luther, Martin: Werke. Kritische Gesamtausgabe (Weimarer Ausgabe). Briefwechsel. 2. Bd. Weimar 1969, S. 121. Schaumberg hatte Luther schon im Vormonat durch einen Boten „securam tutelam“ versprechen lassen. Ebd., S. 103. – Auf die Einschränkung des Angebotes weist hin Riedenauer, S. 12. – Zu Luthers Reaktion vgl. Meyer, Hutten, S. 259.

328 So beschlossen die fränkischen Ritter 1523 angeblich, sie wollten „alle klöster in Francken abton, und was ire eltern in die klester geben haben, das wellen sie nemen“. Wendehorst, Bistum, S. 80. Dem 18er-Ausschuß, der in Bamberg während des Bauernkrieges beschloß, einige Klöster aufzuheben, gehörten sechs Adlige an. Vgl. Endres, Probleme, S. 111.

329 Vgl. Riedenauer, S. 6 f.

330 Welche Partei der einzelne Ritter ergriff, hing sicherlich nicht selten vom jeweiligen Ortsgeistlichen ab. Vgl. Bauer, Einführung, S. 17.

331 Fraglich erscheint allerdings, ob die Behauptung von Simon, Matthias: Evangelische Kirchengeschichte Bayerns. Nürnberg 1952, S. 186, auf die gesamte Ritterschaft Frankens zutrifft, es habe auf diese „schon abkühlend gewirkt, daß sich Luther dem Mißbrauch des Evangeliums für die politischen Ziele der Reichsritterschaft

Selbstzeugnisse erhalten sind, die uns den religiösen Standpunkt der einzelnen Adligen erkennen lassen. Erst für die zweite Hälfte des 16. Jahrhunderts ist mit Bestimmtheit festzustellen, daß der fränkische Adel fast durchweg lutherisch war[332].

Wie die Adligen in der Reformationszeit auch dachten – einen offenen Bruch mit den Bischöfen wagten sie offenbar nicht. Der Grund dafür lag wohl nicht zuletzt in der politischen Schwäche der Ritterschaft nach 1523/25: „Die Niederlage der ritterschaftlichen Bewegung, auch wenn nur ein kleiner Teil des Adels beteiligt war, und dann die existentielle Bedrohung des Bauernkrieges dämpfte[n] die vielfach fürstenfeindlichen Gelüste des Adels."[333] Zwar klagte der Würzburger Bischof 1527, daß neben benachbarten Fürsten, Grafen und Reichsstädten auch „herrn vom adel [...] lutherische prediger" hielten[334], doch 1528 zahlten im Landkapitel Ebern mehrere Geistliche an ritterschaftlichen Orten die vorgeschriebenen Abgaben an den Würzburger Bischof[335]. Noch deutlicher zeigte sich im Bistum Bamberg, daß die Adligen die geistliche Hoheit des Bischofs über ihre Pfründen nicht anzutasten wagten: Hier entrichteten 1532 und 1537, ja sogar noch 1554 fast alle ritterschaftlichen Pfarrer und Inkuratbenefiziaten – auch wenn sie die neue Lehre vertraten – ihre geistliche Steuer[336].

Erst um die Mitte des 16. Jahrhunderts brachen die Reichsritter offen mit der bischöflichen Jurisdiktion, da sie aufgrund des Augsburger Religionsfriedens das ius reformandi beanspruchten[337]. Die Bamberger Fiskalatsrechnungen seit 1555 und eine Liste der Geistlichen im Landkapitel Ebern von 1561 zeigen, daß die ritterschaftlichen Pfarrer[338] nun dem jeweiligen Fiskal die Steuer verweigerten unter Berufung auf ihren adligen Herrn[339].

Den Bestand der Hochstifte, der Domkapitel[340] oder der adligen Stifte tastete die Ritterschaft nie an; sie forderte sogar 1525 ein Privileg auf Plätze in Klöstern[341] und sprach sich 1539 ausdrücklich für deren Erhaltung – allerdings als Spitäler des Adels – aus[342]. So wie der Sohn Silvester von Schaumbergs Domherr in Würzburg wurde[343], war es im ganzen 16. Jahrhundert für evangelische Adlige selbstverständlich, ihre Kinder in Domkapitel und Stifte eintreten zu lassen[344].

---

unter Franz von Sickingen versagt hatte. Der Bauernkrieg und vor allem Luthers scharfes Wort gegen das unchristliche Verhalten der Sieger vollendete diese Scheidung. So erklärt sich eine der auffallendsten Erscheinungen der fränkischen Reformationsgeschichte: der Adel, der Luthers erstes Auftreten so stürmisch begrüßt hatte, bedeutete dann fast ein Menschenalter hindurch für die reformatorische Bewegung in Franken nicht mehr viel."

332 Für den Adel im Hochstift Bamberg vgl. StAB, B 86, Nr. 12, fol. 122r: Das Domkapitel erklärte dem päpstlichen Subdelegaten, „das wenig von der ritterschaft erfunden werden, so gar ja nur eines theils catholisch [...] weren".

333 Press, S. 344; vgl. auch Blickle, Reformation, S. 72. – Zur ritterschaftlichen Bewegung und ihrer Niederschlagung in Franken vgl. Wendehorst, Bistum, S. 80 f.; Henning, S. 94–97; Rupprecht, S. 308–311.

334 Wendehorst, Mitteilungen, S. 157.

335 Vgl. Klerus des Landkapitels, S. 18 f. Es bezahlten die Benefiziaten in Rentweinsdorf und Lahm sowie der Pfarrer von Schottenstein.

336 Vgl. Zeißner, S. 152–154, 294–298.

337 Die Bestimmung im Religionsfrieden war unklar; es ging nicht daraus hervor, ob die Adligen nur das Recht der Konfessionswahl für sich oder auch für ihre Untertanen haben sollten. Eindeutig zugestanden wurde den Rittern das ius reformandi erst im Westfälischen Frieden. Vgl. Pfeiffer, S. 183 f.; Riedenauer, S. 51 f.; Bauer, S. 25, 128.

338 Inkuratbenefizien wurden in der Regel in Pfarreien umgewandelt.

339 Vgl. Klerus des Landkapitels, S. 28; Zeißner, S. 294–298.

340 Zum Verhältnis Domkapitel–Ritterschaft vgl. Pfeiffer, S. 188.

341 Vgl. Wendehorst, Bistum, S. 85; ders., Adel, S. 345.

342 Vgl. Pfeiffer, S. 200; Riedenauer, S. 17.

343 Vgl. Amrhein, Reihenfolge, 33, S. 292 f.

344 Vgl etwa Press, S. 364.

Gegen die Gegenreformation Echters machte die Ritterschaft früh Front. 1581, noch vor Beginn der Zwangsmaßnahmen, beschwerte sie sich über Schwierigkeiten bei Belehnungen und über die Einschränkung adliger Rechte, aber auch über die Verletzungen des Passauer Vertrags durch den Bischof. Sie forderte vom Fürstbischof, er solle den geistlichen Rat auflösen, entlassene evangelische Hofbeamte wieder einsetzen, die Jesuiten ausweisen, einen lutherischen Prediger an der Würzburger Marienkapelle anstellen, Protestanten in geweihter Erde begraben lassen, das Zölibat für den Landklerus aufheben, den Bau des Seminars einstellen[345]. Echter freilich widersprach den Vorhaltungen energisch und ging auf keine der Forderungen ein[346]. Ebenso erfolglos blieb die Klage der Ritter beim Kaiser über die Katholisierung der Untertanen[347].

Auch gegen die gegenreformatorischen Maßnahmen des Bamberger Bischofs Neithard von Thüngen lief der Niederadel vergeblich Sturm. Einzelne Adlige setzten sich für vertriebene Geistliche ein und protestierten scharf, wenn der Bischof auch ihre Hintersassen vor die Wahl zwischen Konversion und Emigration stellte oder ihnen den Besuch evangelischer Kirchen verwehrte. 1596 beschwerte sich auch die gesamte fränkische Ritterschaft, unterstützt von Brandenburg und Kurpfalz, beim Bischof von Bamberg über sein Vorgehen gegen adlige Untertanen und Geistliche und gegen seine eigenen Untertanen, das gegen den Religionsfrieden verstoße; er solle wie seine Vorgänger jedermann die Glaubensentscheidung freistellen[348].

Die Fürstbischöfe Johann Georg von Bamberg und Philipp Adolph von Würzburg dehnten ihre gegenreformatorischen Aktivitäten, seit 1629 gestützt auf das Restitutionsedikt, auf die ritterschaftlichen Pfarreien aus. Zwar gelang es den Adligen, beim Kaiser ein Inhibitionsmandat zu erwirken; dieses wurde aber schon bald wieder aufgehoben[349]. Auf Proteste einzelner Ritter über die Verletzung ihrer Rechte ließen sich die Bischöfe ohnedies nicht ein. Selbst als die Herren von Giech „ihrer pfarr Buchaw halb guete mandata" beim Reichskammergericht erhielten, richteten sie damit wenig aus, wie Christoph Wilhelm Marschalk von Ebneth 1629 bemerkte[350]. Tatsächlich hatte der Bamberger Bischof einige Monate zuvor, als die Giech dem katholischen Pfarrer unter Hinweis auf das Mandat befohlen hatten, den Pfarrhof zu räumen, selbstbewußt angeordnet: „Solle pfarrer im geringsten sich an solche lufftreden nit kehren, er [d. i. der Bischof] sey den Gichern gewachsen genüg."[351] Auch dagegen, daß ihren Untertanen geboten wurde, katholisch zu werden oder fortzuziehen, konnten sich die Adligen nicht wehren. Ohnedies war die Ritterschaft in dieser Zeit bedroht, da Kaiser Ferdinand II. 1630 alle mit der Reichsacht belegte, die seit 1619 gegen ihn gekämpft hatten, darunter fränkische Adlige. Ihnen drohte die Konfiskation ihres Besitzes, die – gegen ein Entgeld an den Kaiser – der Würzburger Bischof im Bereich seines Hochstifts durchführen durfte[352].

---

345 Vgl. StAW, Misc. 31; Solleder, Fridolin: 13 Artikel wider Fürstbischof Julius Echter von Mespelbrunn. In: Frankenland 2 (1915), S. 280–282, hier S. 281; Pölnitz, Echter, S. 225 f.; Wendehorst, Bistum, S. 193 f.; Bauer, S. 41.

346 Vgl. Pölnitz, Echter, S. 226–232.

347 Vgl. Wendehorst, Bistum, S. 194, 200; Bauer, S. 42; vgl. als Beispiel die Entgegnung des Bischofs auf den Protest des Kantons Rhön-Werra gegen „visitation und reformation": StAW, Misc. 1703.

348 Vgl. Zagel, S. 92–102.

349 Siehe oben S. 52, 61 f.; zur Geschichte der ritterschaftlichen Pfarreien vgl. auch die Kurzbiographien der Geistlichen bei Dannheimer / Zahn / Kuhr.

350 PfAS, Nr. 13, Prod. 2, fol. 20v.

351 AEB, Rep. I, Nr. 746, fol. 173r.

352 Vgl. Soder, Restitution, S. 353; Bauer, S. 53.

Der Einfall der Schweden schützte die Betroffenen vor dem Verlust ihres Besitzes. Zugleich ermöglichte er vielen Adligen, ihre Pfarreien wieder mit evangelischen Geistlichen zu besetzen[353]. Am 11. Oktober 1631 beschloß die fränkische Ritterschaft, daß die „eine zeit hero in denn adelichen flecken gesperte exercitia evangelicae doctrinae wiederumb dennechsten angerichtet" werden sollten[354]. Einen Monat später waren bereits „zu Redtwiz unndt andern orten, ja fast alle pfarr in Baunachsgrundt wieder bestellet"[355]. Bei der Wiedereinsetzung evangelischer Pfarrer wirkte oft ein schwedischer Kommissar mit[356].

Freilich wurden nicht wenige dieser Geistlichen erneut vertrieben, als die katholische Partei wieder die Oberhand gewann. Manche Ritter hatten auch gezögert, den katholischen Pfarrer zu verjagen und durch einen Protestanten zu ersetzen. Erst nach Abschluß des Westfälischen Friedens gelang es den fränkischen Adligen, ihre Pfarreien zurückzuerhalten.

## *2.5. Die Nachbarn*

Zwei Fürstentümer waren dem Untersuchungsgebiet benachbart: die sächsische Pflege Coburg und das Markgraftum Brandenburg-Kulmbach bzw. Brandenburg-Bayreuth. Die Kirchengeschichte der beiden Territorien im Zeitalter der Konfessionalisierung soll im folgenden knapp skizziert werden.

### 2.5.1. Sachsen

Die reformatorische Bewegung hatte bereits 1524 Auswirkungen auf das kirchliche Leben im Coburger Land, das zur Diözese Würzburg gehörte[357]. 1524 nämlich erließ der Coburger Rat auf Drängen der Bürgerschaft eine neue Gottesdienstordnung, die sich an Luthers „Formula missae" orientierte; vergeblich lief der Würzburger Bischof bei den sächsischen Beamten zu Coburg dagegen Sturm[358]. Diese verfügten im selben Jahr in einem Streit des Pfarrers von Fechheim und Einberg mit seinen Gemeinden, daß auch dem, der ohne Priester begraben werde, der Kirchhof offen stehen solle; die Entscheidung, ob er die letzte Ölung empfangen wolle, wurde jedem einzelnen überlassen[359]. Gegen Täufer gingen die kurfürstlichen Beamten in Coburg aber scharf vor, wobei sie mit bambergischen Behörden zusammenarbeiteten[360].

Offiziell eingeführt wurde die Reformation durch die erste landesherrliche Kirchen- und Schulvisitation in ganz Sachsen, die Kurfürst Johann der Beständige im September 1528 angeordnet hatte; das Coburger Land bereisten die Visitatoren zwischen November 1528 und Februar 1529. Kleriker, die am katholischen Glauben festhielten, wurden zur Resignation

---

353 Vgl. z. B. Fehn, Bd. 3, S. 164 f.
354 StAB, A 200, L. 408, Nr. 142.
355 PfAS, Nr. 13, Prod. 2, fol. 35r.
356 Vgl. Dippold, Schney, S. 159.
357 Vgl. Wendehorst, Landkapitel, S. 7–9; Axmann, Coburger Land S. 299 f. – Zum vorreformatorischen landesherrlichen Kirchenregiment des Kurfürsten vgl. ebd., S. 299.
358 Vgl. Wendehorst, Landkapitel, S. 10 f.; Höß, S. 49 f.
359 Vgl. Lorenz, Walter: Die Geschichte der Großpfarrei Fechheim im Mittelalter. In: Nordfränkische Monatsblätter 1954, S. 453–471, hier S. 468 f.
360 Vgl. Bauer, Günther: Anfänge täuferischer Gemeindebildungen in Franken. Nürnberg 1966 (EAKGB 43), S. 16 f., 23 f., 27 f.; Höß, S. 81; Dippold, Täufer, S. 92.

gedrängt und abgefunden[361]. Um dieselbe Zeit verloren die Klöster im Hochstift Bamberg ihre Präsentationsrechte für Pfarreien und Inkuratbenefizien in der Pflege[362]. Visitationen dienten auch später dazu, Qualifikation und Rechtgläubigkeit der Pfarrer zu überprüfen[363].

Im ernestinischen Sachsen herrschte die Theologie der Gnesiolutheraner vor, vornehmlich vertreten durch Nikolaus von Armsdorf und Matthias Flacius. Entsprechend wurden das Interim und die Philippisten strikt abgelehnt. 1561 zerstritten sich Flacius und seine Anhänger mit Herzog Johann Friedrich; nach dessen Ächtung rief sein Bruder Johann Wilhelm jedoch wieder Gnesiolutheraner ins Land. Unter der vormundschaftlichen Regierung des Kurfürsten von Sachsen wurden flacianische Geistliche vertrieben. 1577 schließlich mußte jeder Pfarrer das von Jakob Andreae und Nikolaus Selnecker ausgearbeitete Bekenntnis, das die innerprotestantischen Streitigkeiten ausräumen sollte, die sogenannte Konkordienformel, durch Unterschrift anerkennen, wollte er nicht ausgewiesen werden[364].

Herzog Johann Casimir richtete 1593 in Coburg ein Konsistorium als geistliche Oberbehörde ein, nachdem hier bereits von 1542 bis um 1565 ein Konsistorium – freilich nur für die Ehegerichtsbarkeit zuständig – bestanden und seit 1572 die Landesregierung die entsprechenden Aufgaben wahrgenommen hatte. Vorsitzender des Konsistoriums, das „nur eine Unterabteilung der Landesregierung" darstellte, war der Kanzler[365]. 1605 gründete Johann Casimir in Coburg ein Gymnasium, an dem Philosophie und Theologie gelehrt wurden; der geplante Ausbau zur Universität scheiterte[366]. An dieser Hohen Schule wurde nicht nur der Beamten- und Theologennachwuchs für das Fürstentum ausgebildet, sie war auch für junge Männer aus ritterschaftlichen Orten – und bis zur endgültigen Durchführung der Gegenreformation auch aus dem Hochstift Bamberg – Studienstätte[367].

Gegen die gegenreformatorischen Maßnahmen der Bamberger Bischöfe protestierte Herzog Johann Casimir, in der Regel auf die Bitte der Betroffenen hin[368]. Freilich beeinträchtigten derartige Schreiben das im großen und ganzen gute Verhältnis zwischen dem Hochstift und Sachsen-Coburg nicht.

### 2.5.2. Brandenburg-Kulmbach[369]

Die Markgraftümer Brandenburg-Kulmbach und Brandenburg-Ansbach, in denen um 1500 das landesherrliche Kirchenregiment weit fortgeschritten war, wurden von 1495 an in Personalunion regiert. Der religiös indifferente Markgraf Kasimir (1515–1529) lavierte zwischen den theologischen Parteien. Erst sein Bruder und Nachfolger Georg (1527–1541/43)

361 Vgl. Berbig, Visitation; Höß, S. 82 f.
362 Vgl. etwa Wendehorst, Landkapitel, S. 26; Geldner, S. 164.
363 Vgl. Berbig, Visitationswerk, bes. S. 2–9; Greiner, Heft 3. Für einzelne Pfarreien Dahinten, 2. Teil, S. 48–134; Axmann, Schlettach, S. 27–31, 37–40, 59–64.
364 Vgl. Beyreuther, Erich: Die Kirche in der Neuzeit. In: Patze, Hans / Schlesinger, Walter (Hrsg.): Geschichte Thüringens. Bd. 4: Kirche und Kultur in der Neuzeit. Köln / Wien 1972, S. 1–52, hier S. 1–8.
365 Vgl. Heyl, Zentralbehörden, S. 44–47 (Zitat S. 47).
366 Vgl. Bittner, S. 618–622; Roth, S. 650.
367 Vgl. Hoefner, S. 3.
368 Vgl. Zagel, S. 106; siehe auch unten, bes. Kap. B.4.5.1. Zu Protesten beim Abt von Langheim vgl. Dippold, Langheim, S. 114.
369 Zum Folgenden vgl. Rudersdorf, Manfred: Brandenburg-Kulmbach und Brandenburg-Kulmbach/Bayreuth. In: Schindling / Ziegler 1, S. 10–30 (mit Lit.).

entschied sich klar für die Reformation, die 1528/29 durch eine Visitation in beiden Territorien eingeführt wurde. Der Besitz der Stifte und Klöster wurde zum Teil zwar säkularisiert; sie bestanden aber – ähnlich wie in Sachsen – fort, bis der letzte Mönch bzw. Chorherr gestorben war.

Mit Einführung der brandenburgisch-nürnbergischen Kirchenordnung 1533 wurde endgültig der Bruch mit den Diözesanbischöfen vollzogen. Allein die Bamberger Kirche ging auf diese Weise des Einflusses auf 68 Pfarreien und sonstige Pfründen verlustig[370]; auch die Klöster im Bambergischen verloren ihre Patronatsrechte[371].

1541 übergab Georg die Regierungsgewalt über Brandenburg-Kulmbach seinem Neffen Albrecht Alcibiades. Dieser führte von 1552 an Krieg gegen die Hochstifte Bamberg und Würzburg sowie die Reichsstadt Nürnberg, um seine Staatsfinanzen zu sanieren und die Vorherrschaft in Franken zu erringen. Dabei versuchte er, „den Schein des Konfessionskrieges zu wahren", indem er in den eroberten Gebieten die Reformation einführte[372]. Der Bischof von Bamberg mußte ihm am 14. Mai 1552 20 Ämter des Hochstifts überlassen, darunter Niesten (Weismain) und Burgkunstadt. Zwar gelangten sie im September wieder in bischöfliche Hand, doch konnte Albrecht sie und weitere Teile des Hochstifts – so das Amt Lichtenfels – Anfang 1553 erneut für mehrere Monate besetzen. Die dortigen Kleriker mußten den markgräflichen Priestereid schwören – was aber nur wenige taten[373] –, andernfalls wurden sie durch Protestanten ersetzt[374]. Nach dem Sieg über den Markgrafen 1554 wurden die meisten von ihnen wieder vertrieben[375].

Die Herrschaft über Brandenburg-Kulmbach übernahm 1556/57 Georg Friedrich von Brandenburg-Ansbach († 1603). Im Zuge seiner Verwaltungsreformen wurden auch kirchliche Strukturen umgeformt; so entstand 1594 ein Konsistorium in Kulmbach[376], wo schon seit 1567 eine Vorläufereinrichtung bestanden hatte. Theologisch neigte die Geistlichkeit im Kulmbachischen dem strengen Luthertum zu, während in Brandenburg-Ansbach eher der Philippismus vorherrschte. 1577 führte der Markgraf die Konkordienformel in beiden Territorien als verpflichtende Bekenntnisschrift ein.

Markgraf Christian (1603–1655), der nach Georg Friedrichs Tod das Markgraftum Brandenburg-Kulmbach erhielt und seinen Regierungssitz nach Bayreuth verlegte, bemühte sich ungeachtet des konfessionellen Gegensatzes um ein gutes Auskommen mit dem Hochstift Bamberg[377]; damit verfolgte er eine ähnliche Politik wie der mit ihm befreundete[378] Herzog Johann Casimir von Sachsen-Coburg[379].

---

370 Vgl. Weber, Bisthum, S. 158 f.; Zeißner, S. 68–70, 139 f. Auch während des Interims gelang es dem Bamberger Bischof nicht, seine Rechte zurückzugewinnen. Vgl. ebd., S. 213.

371 Vgl. etwa Geldner, S. 160 f.

372 Zeißner, S. 216 (auch zum Folgenden).

373 Vgl. Zeißner, S. 217–219.

374 Vgl. Looshorn, Bd. 4, S. 863–865.

375 Vgl. Zeißner, S. 226 f.; Ausnahmen bei Dippold, Langheim, S. 125–127. Zum Friedensschluß und zu den Folgen des Krieges für das Hochstift vgl. Zeißner, Werner: Das Hochstift Bamberg und der Wiener Vertrag von 1558. In: BHVB 120 (1984), S. 155–170.

376 Über das Konsistorium für das Markgraftum Brandenburg-Ansbach in den Jahren um 1600 vgl. Hausmann, Gerhard: Das Bemühen des Ansbacher Konsistoriums um kirchliche Ordnung und reine Lehre im Zeitalter der Orthodoxie. In: ZbKG 59 (1990), S. 69–103.

377 Dies erwies sich namentlich während des Dreißigjährigen Krieges. Vgl. Sticht, Ernst: Markgraf Christian von Brandenburg-Kulmbach und der 30jährige Krieg in Ostfranken 1618–1635. Kulmbach 1965 (Die Plassenburg 23), bes. S. 139.

378 Vgl. ebd., S. 25.

379 Vgl. Heyl, Johann Casimir, S. 159 f.

Eine Universität fehlte im brandenburgischen Franken[380]; das seit 1546 bestehende Gymnasium in Hof[381], die 1581/82 gegründete und 1631 eingegangene Fürstenschule in Heilsbronn und weitere Hohe Schulen ersetzten sie nur zum Teil.

380 Über Universitätspläne vgl. Roth, S. 645–647.
381 Vgl. Bittner, S. 617.

# 3. Kirchliches Leben im Untersuchungsgebiet vor der Reformation

## *3.1. Die Pfarreien*

Die Diözese Würzburg war, wohl seit dem 12. Jahrhundert, eingeteilt in Archidiakonate. Das Untersuchungsgebiet gehörte zum Archidiakonat und Landkapitel Münnerstadt, das seinen Sitz zunächst in Schweinfurt gehabt hatte. 1524 wurde der Teil östlich der Baunach abgetrennt und zum eigenständigen Landkapitel mit Sitz in Ebern gemacht[1].

Abgesehen wohl vom Baunacher Pfarrsprengel, war das Untersuchungsgebiet im Hochmittelalter nach Altenbanz eingepfarrt. Ein „parrochianus in Banzo“ wird erst 1149 genannt[2], doch ist die Pfarrei wesentlich älter[3]. Zwar zählt sie wahrscheinlich nicht zu den 14 Slavenkirchen, deren Errichtung Karl der Große angeordnet hat[4], aber sie geht wohl auf die karolingische Epoche zurück. Bei Ausgrabungen wurden Reste eines basilikalen Kirchenbaus von etwa 9,5 Meter lichter Breite und 11 Meter Länge aus der Zeit um 800 gefunden[5]. Das Patrozinium der Kirche – sie ist dem hl. Laurentius geweiht[6] – deutet darauf hin, daß sie im folgenden vielleicht eine Eigenkirche der Grafen von Schweinfurt war[7].

Der ursprüngliche Pfarrsprengel, der sich mit Hilfe des Banzer Zehntverzeichnisses von etwa 1270 ermitteln läßt[8], erstreckte sich rechts des Mains von Marktgraitz im Nordosten bis Ebing im Süden – beide Orte sind etwa 16 Kilometer von Altenbanz entfernt – und im Itzgrund von Grub und Niederfüllbach im Norden bis Mürsbach im Süden; die nächsten Pfarrkirchen standen um 1000 in Staffelstein[9] und Baunach[10] im Süden, in Fechheim[11] im Nordosten, in Pfarrweisach[12] im Südwesten.

Bis ins späte 15. Jahrhundert wurde aus dem ungeheuren Sprengel eine Reihe neuer Pfarreien herausgelöst[13]. Um 1520 war der Pfarrer von Altenbanz aber immerhin noch zuständig für etwa 42 Dörfer und Einzelhöfe[14]; ein erheblicher Teil – rund ein Drittel der

---

1 Vgl. Holzapfel, S. 16f.; Wendehorst, Archidiakonat, S. 6; Kandler, Kirchlauter, S. 14f. Eine Karte des Archidiakonats Münnerstadt in WDGB 23 (1961) nach S. 268.

2 Wendehorst, Archidiakonat, S. 8.

3 Schöffel, S. 142, vermutet, sie sei im späten 9. Jahrhundert gegründet worden.

4 Vgl. Geldner, Ferdinand: Das Problem der vierzehn Slavenkirchen Karls des Großen im Lichte der bisher unbeachteten Dorsalvermerke der Urkunden Ludwigs des Deutschen (845) und Arnulfs (889). In: Deutsches Archiv 42 (1986), S. 192–205.

5 Vgl. Schwarz, S. 368f.; Schwarz, Klaus: Altenbanz. In: Lexikon des Mittelalters. Bd. 1. München / Zürich 1980, Sp. 466f., hier Sp. 466; Sage, Walter: Frühgeschichte und Frühmittelalter. In: ders. (Hrsg.): Oberfranken in vor- und frühgeschichtlicher Zeit. Bamberg 1986, S. 145–250, hier S. 237–239.

6 Ob dieses Patrozinium ein älteres abgelöst hat, ist unklar. Vgl. Anm. 7. Erstmals belegt ist das Laurentius-Patrozinium 1452. Vgl. Wendehorst, Archidiakonat, S. 8.

7 Vgl. Zimmermann, Patrozinienwahl, 20, S. 116.

8 Vgl. Schöffel, bes. S. 129–138; Karte bei Schwarz, S. 370.

9 Vgl. Guttenberg / Wendehorst, S. 156.

10 Vgl. Wendehorst, Archidiakonat, S. 13f.

11 Vgl. ders., Landkapitel, S. 23–28.

12 Vgl. ders., Archidiakonat, S. 32–37; über den Pfarrsprengel auch Berninger, Wolfram: Die Ortsnamen in der Pfarrteilungsurkunde Pfarrweisach-Ebern von 1232. In: WDGB 52 (1990), S. 45–74.

13 Vgl. Wendehorst, Archidiakonat, S. 8–12.

14 Errechnet aus Bendel, S. 14. – Nicht mitgezählt sind Schney, wo eine eigene Pfarrei bestand, mit Thierstein, ebenso Untersiemau und die Orte in der Pfarrei Watzendorf; hinzugezählt wurde Altenbanz selbst.

Orte –, der in der Pflege Coburg lag, wurde von der Pfarrei abgetrennt, nachdem die Reformation in Kursachsen eingeführt worden war[15].

Das Patronatsrecht[16] über die Pfarrei Altenbanz hatte, erstmals belegt um 1416, der jeweilige Dompropst von Würzburg[17].

Das 1128 nachzuweisende Gotteshaus in Marktgraitz – eine Marienkirche[18] – war eines der ersten im Altenbanzer Sprengel, das zur Pfarrkirche erhoben wurde; möglicherweise geschah dies schon im 10. oder 11. Jahrhundert. Erwähnt wird ein Pfarrer von Marktgraitz freilich erst 1331[19]. Zu dieser Pfarrei gehörten um 1500 zwölf Dörfer[20]. 1510 wurde jedoch Marktzeuln nach jahrelangem Drängen der Gemeinde aus dem Pfarrverband herausgelöst; die Michaels-Vikarie an der dortigen Kirche wurde zur Pfarrpfründe umgewandelt[21]. Ferner wurden die Dörfer Frohnlach und Weidhausen, die im sächsischen Territorium lagen, um 1528 aus dem Sprengel herausgenommen[22]. Das Patronat über die Pfarrei Marktgraitz hatte der Archidiakon von Eggolsheim; ihm wurde 1510 auch das Patronat über die neue Pfarrei Marktzeuln übertragen[23].

In Rattelsdorf[24] wurde vermutlich 1075 eine Peter und Paul geweihte Kirche errichtet[25]. Als Pfarrkirche erscheint sie seit 1379. Gestiftet wurde die Pfarrei wohl vom Kloster Michelsberg, dessen jeweiliger Abt das Patronatsrecht ausübte[26]. Neben Rattelsdorf waren nur Ebing und Helfenroth eingepfarrt.

Seit 1323/27 ist eine Kirche in Döringstadt nachzuweisen[27]; geweiht war sie dem hl. Martin. Sitz einer Pfarrei war Döringstadt seit 1421[28]; sie umfaßte kurz vor der Reformation elf Orte[29]. Der Pfarrer von Altenbanz hatte das Patronatsrecht.

Teile des Dompropsteiamtes Döringstadt gehörten zur Pfarrei Mürsbach, die spätestens 1316 aus dem Altenbanzer Sprengel herausgelöst worden war und deren Patronatsherr der Würzburger Dompropst war[30].

An zwei ritterschaftlichen Orten wurden die Gotteshäuser zu Pfarrkirchen erhoben: wohl vor 1454 in Oberbrunn[31] und um die Mitte des 15. Jahrhunderts in Schney[32]. Dieses Dorf

---

15 Vgl. Greiner 2, S. 95 f.; Dippold, Täufer, S. 80. Abgebrochen wurde zwischen 1529 und 1554 der Hof Schleifenhan im Itzgrund. Vgl. Dippold, Streit, S. 270. – 1578 bestand der Altenbanzer Sprengel noch aus elf Dörfern und drei Höfen. Vgl. AEB, Rep. I, PfA 5, Prod. 3.

16 Zum Patronat allgemein Leisching, Peter: Patronat. In: Handwörterbuch zur deutschen Rechtsgeschichte. Bd. 3. Berlin 1984, Sp. 1558–1564 (mit Lit.).

17 Schöffel, S. 142.

18 Das Patrozinium ist 1415 belegt in PfAM, Urk. 3.

19 Vgl. Wendehorst, Archidiakonat, S. 9.

20 Vgl. Bendel, S. 14. Nicht mitzuzählen ist Schmölz, wo bereits 1357 eine „ecclesia parrochialis" stand. Wendehorst, Archidiakonat, S. 10. Dagegen fehlt in der Liste der Ort Neuensee.

21 Vgl. Wendehorst, Archidiakonat, S. 9. – Bereits 1503 hatte ein Bamberger Domherr als Schiedsrichter im Streit zwischen der Gemeinde Marktzeuln und dem Pfarrer von Marktgraitz festgesetzt, wie dieser entschädigt werden solle, wenn „zu Zeuln ein sundere pfarr uffgericht und von der pfarr zu Graitz abgeschiden und separirt" werde. StAB, A 95, L. 310, Nr. 2199.

22 Vgl. Greiner, S. 78.

23 Wie Anm. 19.

24 Vgl. Wendehorst, Archidiakonat, S. 11.

25 Vgl. Schöffel, S. 134 f. Auch das Patrozinium verweist in die Zeit der Reform. Vgl. Zimmermann, Patrozinienwahl, 21, S. 10–13.

26 Vgl. Braun, Bd. 2, S. 189.

27 Vgl. Lippert, S. 86.

28 Vgl. Wendehorst, Archidiakonat, S. 8.

29 Vgl. Bendel, S. 14. Oberbrunn gehörte nicht mehr zur Pfarrei.

30 Vgl. Wendehorst, Archidiakonat, S. 10.

31 Vgl. ebd., S. 8.

32 Vgl. Dippold, Schney, S. 147 f.

hatte zuvor zur Pfarrei Altenbanz, jenes zur Pfarrei Döringstadt gehört. Patronatsherren waren die örtlichen Schloßherren, die wohl als Stifter der Pfarrpfründen anzusehen sind, in Schney die Marschalk von Ebneth, in Oberbrunn die Herren von Giech. Die Marschalk behielten das Patronat auch, als sie 1503 das Rittergut Schney verkauften. In keine der beiden Pfarreien waren weitere Ortschaften eingepfarrt.

In Baunach wurde zu Beginn des 9. Jahrhunderts eine Kirche gebaut[33], die – sicher nicht von Anfang an – dem hl. Oswald geweiht war[34]; ob sie bereits seit ihrer Errichtung die Pfarrechte hatte, ist ungewiß. Ausdrücklich genannt wird ein Pfarrer erst 1344. Neben Baunach selbst umfaßte der Pfarrsprengel um 1520 15 Orte[35]. Das Patronatsrecht lag bei der fuldischen Propstei Holzkirchen. 1454 wurden Veit, Hans und Lutz von Rotenhan zu Rentweinsdorf[36], denen der Bamberger Bischof das Amt Baunach und der Propst von Holzkirchen seinen Baunacher Besitz[37] verpfändet hatten, mit dem „kirchsatz der pharrekirchen zcu Bunache" belehnt[38]; im frühen 16. Jahrhundert präsentierte jedoch wieder der Propst von Holzkirchen den neuen Pfarrer[39]. 1603 erwarb Bamberg zusammen mit den übrigen Besitzungen und Rechten des Klosters Holzkirchen auch das Patronat.

Insgesamt gesehen, waren die Pfarreien des Untersuchungsgebietes um 1510 – und auch im folgenden – alles andere als gleichförmige Gebilde. Der ausgedehnten Pfarrei Altenbanz, deren Inhaber oder Verweser für ein Gebiet von über 40 Ortschaften zuständig war und nicht nur in seiner Pfarrkirche, sondern gelegentlich auch in den sechs weiteren Gotteshäusern seines Sprengels Gottesdienst halten mußte, und den größeren Pfarreien Marktgraitz und Baunach standen die drei zuletzt errichteten Pfarreien – Oberbrunn, Schney und Marktzeuln – gegenüber, die jeweils nur ein Dorf umfaßten.

Erhebliche Unterschiede gab es aber auch hinsichtlich der Pfarrpfründen[40]. Der Marktzeulner Pfarrer hatte mit 40 Gulden und zwei oder drei Eimern[41] Wein im Jahr auszukommen[42] – nicht mitgerechnet die Stolgebühren –; der Rattelsdorfer Pfarrer brachte es auf

---

33 815 wird „Bunahu" genannt, „ubi ecclesia edificata est". Wendehorst, Archidiakonat, S. 13; Ruß, St. Oswald, S. 5. – Ebenso wie die Altenbanzer Kirche war sie wohl keine der Slavenkirchen Karls. Wie Anm. 2.

34 1580 heißt es in einer Pfarrbeschreibung: „Wer patronus diser kirchen, befindt sich in des pfarherrn register, das er sey S. Oswaldus". DAW, Dek. Ebern, VR 1576–1670, Beschreibung der Pfarreien 1580, fol. 31r. Da die Verehrung des hl. Oswald „auf dem Festland erst im Hochmittelalter Fuß faßte", kann er kaum der ursprüngliche Kirchenpatron sein. Zimmermann, Patrozinienwahl, 21, S. 76. Ein 1945 verbranntes Kopialbuch im damaligen Ordinariatsarchiv Würzburg nannte einem Exzerpt von Paul Schöffel zufolge 1476 Mariae conceptio als Patrozinium. Vgl. Wendehorst, Archidiakonat, S. 13. Ob es freilich als das ursprüngliche anzusehen ist, bleibt fraglich, denn die Praxis, Gotteshäuser zu Ehren eines marianischen Geheimnisses zu weihen, war erst im Spätmittelalter verbreitet. Vgl. Zimmermann, Patrozinienwahl, 21, S. 91 f.

35 Vgl. Wendehorst, Archidiakonat, S. 13; auch DAW, Dek. Ebern, VR 1576–1670, Beschreibung der Pfarreien 1580, fol. 31v–32r; AEB, Rep. I, Nr. 330, fol. 547r.

36 Veit († 1459/64) und Hans († 1460/64) waren Brüder des Bamberger Bischofs Anton von Rotenhan, Lutz († 1480/81) war der einzige Sohn Veits. Über sie vgl. Rotenhan, S. 118–130, 195–198.

37 Propst Konrad von Lauerbach übertrug ihnen „den tzehenden tzu Baunach, nemlich den tzweyteil an dem grossen und kleinen tzehenden, mitsamt dene tzinßen, gutern und den farlichen [= Fährlehen] daselbst mit allen tzugehorungen". Staatsarchiv Marburg, K 436, pag. 262.

38 Staatsarchiv Marburg, R I b, von Rotenhain, 1. Bunach, 1454 Sept. 21; erwähnt bei Ruß, St. Oswald, S. 7. – 1456 ließen die Adligen sich ihr Patronatsrecht von der Kurie bestätigen. Vgl. Pitz, S. 68 Nr. 601.

39 Vgl. StAM, GHA, Sekt. IV, Nr. 5, fol. 28r (1524).

40 Wir müssen beim Vergleich auf Zahlen des späten 16. Jahrhunderts zurückgreifen, da – anders als für Bamberg – für die Diözese Würzburg keine Rechnungen über geistliche Steuer vorliegen, die einen unmittelbaren Vergleich ermöglichen würden.

41 Ein Eimer entsprach rund einem Hektoliter. Vgl. Dietz, Bauernkrieg, S. 79.

42 Vgl. StAB, B 46 c, Nr. 528, Prod. 16 (1579): „Waß anndere zehent, eckher, wißen, höltzer, zinnß, weysatt unnd dergleichen belangt, hat gedachte pfahrr Zeuln nicht das geringste".

31 Gulden, 28 Sümra Getreide[43], drei Eimer Wein, 30 Eier und weitere Naturalien, und er konnte drei Frontage beanspruchen[44]. Bescheiden, ja ärmlich nehmen sich diese Einkünfte aus im Vergleich mit der Altenbanzer Pfarrpfründe. 1400 Gulden und zwölf Fuder – rund 130 Hektoliter – Wein trug sie 1572 ihrem Inhaber ein[45]; damit gehörte sie offenbar zu den bestdotierten Benefizien in der Diözese[46].

Schließlich hatten die Pfarreien auch unterschiedliche Patronatsherren. Zwei Pfarrer wurden vom Archidiakon von Eggolsheim – dies war seit dem 12. Jahrhundert stets ein Bamberger Domherr[47] – präsentiert, einer vom Würzburger Dompropst, einer vom Michelsberger Abt, einer vom Propst von Holzkirchen, einer vom Altenbanzer Pfarrer – im untersuchten Zeitraum stets ein Bamberger oder Würzburger Domherr – und zwei von Niederadligen. Gemeinsam hatten die Pfarreien also nur, daß der Würzburger Bischof keine von ihnen nach Gutdünken besetzen konnte.

## *3.2. Die Inkuratbenefizien*

Im Spätmittelalter wurden zusätzlich zu den Pfarreien im Untersuchungsgebiet Benefizien gestiftet, deren Inhaber im wesentlichen nur die Aufgabe hatten, zu bestimmten Terminen Messe zu feiern und sich an Hochfesten am Gottesdienst in der Pfarrkirche als Zelebrant zu beteiligen. Seelsorgerliche Tätigkeiten wie Predigten, Taufen, Trauungen blieben ihnen verwehrt.

Um 1500 bestanden mindestens neun (ab 1510: acht) derartige Pfründen im Untersuchungsgebiet[48]; das waren – wie meist in ländlichen Gebieten – nicht allzu viele. Sie verteilten sich auf sieben Orte und vier Pfarreien. Sieben der neun Benefizien waren Frühmessen. Ihre Inhaber hatten an drei oder vier Tagen der Woche bei Tagesanbruch eine

43 Ein Bamberger Sümra Hafer entsprach 93,7 Liter und damit etwa 42 Kilogramm, ein Sümra Korn 75,3 Liter, rund einem Zentner. Vgl. Dietz, Bauernkrieg, S. 79.

44 Vgl. AEB, Rep. I, PfA 393, Fasz. 1, „Jehrliche einkommens der pfahrr Rattelßdorf" (spätes 16. Jahrhundert).

45 Vgl. StAW, Geistl. Sachen 1205, „Kürtzlicher bericht"; auch DAW, Dek. Ebern, VR 1618 (I), fol. 6v.

46 1470 wurde ihr Ertrag an der Kurie mit 12 Mark Silber im Jahr beziffert. Dies ermöglicht einen Vergleich mit anderen Pfarreien der Diözese Würzburg, für die zwischen 1465 und 1480 päpstliche Provisionen ausgestellt wurden. Die Mehrzahl der Pfarreien brachte ihrem Inhaber weniger ein: Markt Erlbach, Geismar, Kirnberg, Bibersfeld, Enheim und Diebach 3 Mark, Ostheim, Leutershausen, Sickershausen, Reubach und Hohenfeld 4, Burgebrach und Pfarrweisach 5, Seßlach, Rodach und Langendorf 6, Gnodstadt 7, Schweinfurt und Honhardt 8, Heilbronn, Fulda-St. Blasius, Essleben und Helmstadt 10. Karlstadt und Emskirchen wurden wie Altenbanz taxiert. Höher eingeschätzt wurden lediglich die Erträge der Pfarreien Wülfershausen (15 Mark), Leuzenbronn (18), Erlenbach (20 oder 24), Haßfurt (42). Vgl. Engel, Quellen, S. 195, 197, 200–202, 205, 209f., 212–214, 227–230, 233, 235f., 239, 246–248, 250f. – Rätsel gibt die Pfarrei Baunach auf. 1484 wurden ihre Einkünfte an der Kurie mit 14 Mark pro Jahr (also höher als die der Pfarrei Altenbanz) beziffert. Vgl. ebd., S. 267, 270f. – 1614 wurden die Einkünfte des Pfarrers aber lediglich mit rund 310 Gulden – der Betrag schwankte je nach Ernte –, zwei Eimern Wein, über 30 Sümra Getreide angeschlagen, deutlich niedriger also als die des Altenbanzer Pfarrers. Vgl. AEB, Rep. I, Nr. 330, fol. 547r–554v; DAW, PfA Baunach, K 1, „Register der gantzen pfarr Baunach"; vgl. auch DAW, Dek. Ebern, VR 1576–1670, Beschreibung der Pfarreien 1580, fol. 31r.

47 Vgl. Guttenberg, Bistum, S. 311–316; Kist, Domkapitel, S. 84.

48 Eine zehnte Pfründe, gestiftet von der Priesterbruderschaft an der Baunach an den Ägidius-Altar in Baunach und 1450 konfirmiert, nennt Wendehorst, Archidiakonat, S. 13. Diese Benefizium ist allerdings anderweitig nicht nachzuweisen. Es handelt sich wohl um eine Verwechslung mit der von der Eberner Corpus-Christi-Bruderschaft an den Ägidius-Altar der dortigen Pfarrkirche gestiftete Frühmesse. Über diese vgl. Holzapfel, S. 51 (mit Anm. 131), jedoch auch Wendehorst, Archidiakonat, S. 34; Remling, S. 217. – Ein Inkuratbenefizium, die Marktzeulner Michaels-Vikarie, wurde – wie erwähnt – 1510 zur Pfarei erhoben. – Ungesichert ist die Existenz eines Benefiziums an der Beinhaus-Kapelle in Döringstadt.

Messe zu lesen, bevor die Gläubigen – wie es in der Konfirmationsurkunde für die Frühmesse in Lauter heißt – „ad opera rustica et agriculturam exirent"[49].

Die Marktzeulner Frühmesse war die älteste im zu behandelnden Raum. Im Januar 1415 erwähnte der Bamberger Bischof in einer Urkunde, die „gotshaußmeyster unnd vormunder deß gotshauß unnd nemblichen der fruemeß zu Zeuln" hätten „ein ewige fruemeß zu stiefften angefangen"[50]. Unklar bleibt aufgrund der Formulierung, ob bereits eine Frühmeßpfründe bestand oder ob deren Stiftung erst vorbereitet wurde; wahrscheinlicher ist letzteres, denn noch 1422 kauften zwei Marktzeulner – sicherlich die Gotteshauspfleger – einen Zehnt „zu der ewigen frümeße zu Zewln"[51]. Das Patronatsrecht über die Frühmesse hatte wie über die zuständige Pfarrei Marktgraitz der Archidiakon von Eggolsheim[52].

Ein weiteres Benefizium stifteten der Priester Otto Pfündtlein und die Gemeinde Marktzeuln einige Jahrzehnte später an den Michaels-Altar in der dortigen Kirche; 1482 konfirmierte der Würzburger Bischof diese Pfründe. Der hierüber ausgestellten Urkunde zufolge mußte der Inhaber viermal in der Woche am Michaels-Altar Messe feiern; eine davon hatte er zu singen[53]. Wie erwähnt, wurde dieses Benefizium 1510 in eine Pfarrpfründe umgewandelt.

In Baunach bestimmte der Baunacher Bürger Heinz Kelner 1425, sein Vermögen, falls er unverheiratet und kinderlos sterbe, zur Dotierung einer Frühmesse zu verwenden[54]. Diese muß bald darauf errichtet worden sein; um 1435 starb nämlich ein Baunacher Frühmesser[55]. Die bischöfliche Bestätigung erhielt die Baunacher Frühmesse allerdings erst am 27. Januar 1437[56]. In der Konfirmationsurkunde wurde bestimmt, der jeweilige Pfarrer von Baunach solle bei Vakanz einen Priester auf dieses Benefizium präsentieren. Der Frühmesser war verpflichtet, an vier Tagen jeder Woche morgens („in aurora") eine Messe zu lesen; viermal im Jahr, am Mittwoch nach Quatember, hatten der Frühmesser eine Messe für die Stifter der Pfründe und der Pfarrer eine Messe zu Ehren Marias zu singen.

Weiterhin stiftete in Baunach Lutz von Rotenhan († 1480/81)[57], dem das Amt und die holzkirchischen Besitzungen verpfändet waren und der der Patronatsherr der Pfarrei war, mit einer Gruppe von Bürgern eine Engelmesse. 1488 konfirmierte sie der Würzburger Bischof. Patronatsherr war der Baunacher Rat. Der Engelmesser – nach Möglichkeit sollte er aus Baunach stammen – mußte drei Messen pro Woche zelebrieren: Donnerstags hatte er nach einer theophorischen Prozession durch den Kirchenraum am Hochaltar eine Messe

---

49 Holzapfel, S. 60.

50 StAB, A 95, L. 310, Nr. 2196.

51 Ebd., Nr. 2197.

52 Vgl. Wendehorst, Archidiakonat, S. 10.

53 Vgl. StAB, A 95, L. 310, Nr. 2198.

54 Die Urkunde darüber ist verbrannt. Abschrift: AEB, Rep. I, Nr. 330, fol. 527r–528v; vgl. auch Holzapfel, S. 59; Wendehorst, Archidiakonat, S. 13.

55 Vgl. Holzapfel, S. 59. Der verstorbene Frühmesser hieß Procopius; seinem Namen nach war er möglicherweise ein vor den Hussiten aus Böhmen geflohener Priester. Über die böhmischen Exulanten allgemein vgl. Machilek, Franz: Datum tempore exilii nostri in materia fidei. Zur Emigration von Welt- und Ordensgeistlichen aus Böhmen in der Hussitenzeit. In: Seibt, Ferdinand (Hrsg.): Gesellschaftsgeschichte. Festschrift für Karl Bosl zum 80. Geburtstag. München 1988, Bd. 1, S. 206–226.

56 Abschriften: AEB, Rep. I, Nr. 330, fol. 534v–536v; DAW, PfA Baunach, K 1, Fasz. 11; Ruß, St. Oswald, S. 19; nicht bei Holzapfel und Wendehorst, Archidiakonat.

57 Die Abschrift der Konfirmationsurkunde nennt Lukas von Rotenhan, der sich aber anderweitig nicht nachweisen läßt. Sicherlich handelt es sich um eine Verwechslung mit Lutz (= Ludwig) von Rotenhan zu Rentweinsdorf († 1480/81), dem das Amt Baunach verpfändet war. Vgl. Lehnes, S. 13; über Lutz vgl. Rotenhan, S. 195–198. – Vgl. jedoch Schenk, S. 34, der ihn mit Lutz von Rotenhan zu Schenkenau († 1490/93) gleichsetzt. Über diesen, der allerdings keine erkennbare Verbindung zu Baunach hatte, vgl. Rotenhan, S. 172–176.

„de corpore Christi" – die sogenannte Engelmesse[58] – und samstags am Marienaltar eine Messe zu Ehren der Muttergottes zu singen sowie an einem nicht festgelegten Tag eine dritte Messe für das Seelenheil der Stifter seiner Pfründe zu lesen[59].

An die Kirche des hl. Nikolaus in Reckendorf, das nach Baunach eingepfarrt war, stiftete der Bamberger Chorherr und Baunacher Pfarrer Martin Kopp († 1483)[60] eine Frühmesse, für deren Dotation bereits 1461 Güter erworben wurden[61] und die der Bischof von Würzburg 1476 konfirmierte[62]. Das Recht der Präsentation nahmen nach dem Tod des Stifters der Pfarrer von Baunach und der Bischof von Würzburg abwechselnd wahr. Der Frühmesser war verpflichtet, an drei Tagen pro Woche bei Sonnenaufgang in Reckendorf und an Sonn- oder Feiertagen in Baunach, Reckendorf oder Gerach Messe zu lesen[63].

Eine Frühmesse wurde, finanziert durch Spenden der Gemeinde und anderer Gläubiger – namentlich von Gernhard und Hartung Truchseß zum Ebersberg[64] –, auch an der Laurentius-Kapelle im Baunacher Filialdorf Lauter errichtet. 1486 bestätigte der Bischof diese Pfründe und legte dabei fest, daß ihr Inhaber an drei Tagen pro Woche morgens, vor Arbeitsbeginn, eine Messe zu lesen habe. Das Patronatsrecht erhielten die beiden Kapellenpfleger[65].

An den Marienaltar der Pfarrkirche zu Oberbrunn stiftete Heinrich von Füllbach zu Gleusdorf[66], der Hans von Giech zu Oberbrunn beim Scheibenschießen versehentlich getötet hatte, für dessen Seelenheil eine Frühmesse. Ihr Patronat sollten die Herren von Giech innehaben. Der Würzburger Bischof betätigte die Stiftung wohl 1454[67], nachdem ihn der Bruder des Getöteten darum gebeten hatte[68]. Der Inhaber des Benefiziums mußte an Sonn- und Feiertagen sowie dreimal in der Woche, bevor die Leute zur Feldarbeit gingen, eine Frühmesse zelebrieren[69].

Weitere Frühmeßpfründen entstanden schließlich in Rattelsdorf und Ebing. An der Rattelsdorfer Pfarrkirche errichtete der Michelsberger Abt 1471 eine Frühmesse, deren Patronat er auch übernahm; die für ihre Ausstattung notwendigen Mittel hatte ein Mann testamentarisch gestiftet[70]. 1476 nannte der Michelsberger Abt sie „primissariam noviter dotatam"[71].

Jahrzehntelang blieb diese Pfründe unbestätigt. Daß die Stifter die bischöfliche Konfirmation erst nach Jahren einholten – sei es, um Kosten zu sparen, sei es, weil die Dotation

---

58 Zur Liturgie vgl. Greving, S. 102f.; Götz, S. 37–39.

59 Abschrift der Konfirmationsurkunde: AEB, Rep. I, Nr. 330, fol. 536v–540v; vgl. auch Schenk, S. 34; Holzapfel, S. 59; Wendehorst, Archidiakonat, S. 13; Ruß, St. Oswald, S. 19.

60 Über ihn vgl. Holzapfel, S. 58; Kist 3503.

61 Vgl. Lehnes, S. 19; Schenk, S. 34.

62 Regest bei Engel, Urkundenregesten, S. 238 Nr. 310; vgl. auch Holzapfel, S. 59; Wendehorst, Archidiakonat, S. 14.

63 Vgl. Lehnes, S. 18; Schenk, S. 34.

64 Vgl. Lehnes, S. 16; Schenk, S. 34. Über Hartung vgl. Kandler, Kirchlauter, S. 131 Anm. 20. – Vielleicht steht die Stiftung einer Gült durch Hartung Truchseß (senior?) an das Gotteshaus in Lauter 1441 bereits mit der Errichtung der Frühmesse in Zusammenhang. Vgl. Ruß, St. Oswald, S. 21.

65 Regest: Engel, Urkundenregesten, S. 255 Nr. 334; vgl. auch Holzapfel, S. 60; Wendehorst, Archidiakonat, S. 14.

66 Er ist nachzuweisen 1439, 1456, 1458 und 1467 und starb spätestens 1484. Vgl. Biedermann, Baunach, Tab. CCXX; Rotenhan, S. 100; Kandler, Kirchlauter, S. 75–77, 82f.

67 Vgl. Holzapfel, S. 63f.; Wendehorst, Archidiakonat, S. 8.

68 Vgl. Jäck 3, S. 75f.

69 Vgl. ebd., S. 76; Holzapfel, S. 64.

70 Vgl. Raab, 29, S. 103f.; Wendehorst, Archidiakonat, S. 11.

71 StAB, A 95, L. 302, Nr. 1617.

der Pfründe nicht ausreichend schien –, war im 15. und frühen 16. Jahrhundert, wie auch die bereits vorgestellten Benefizien zeigen, nichts Ungewöhnliches. Im Bistum Bamberg existierten 1519 wenigstens 60 Inkuratbenefizien, denen die Konfirmation fehlte[72]. 1514 bemühte sich der Michelsberger Abt zusammen mit der Gemeinde Rattelsdorf – wohl auf deren Betreiben[73] –, in Würzburg die Bestätigung der Frühmesse durch den Bischof zu erlangen[74]; dabei bat der Abt den dortigen Domdekan und einen weiteren Domherrn um Hilfe[75]. Tatsächlich konfirmierte der Würzburger Bischof am 6. März 1515 die Rattelsdorfer Frühmesse[76], wofür allerdings sein Fiskal – so der Abt – „ein ubermaß" forderte, „des die arm gemein zu Rattelstorf nit wol vermag"[77].

Wie das Kloster und die Gemeinde gebeten hatten, legte der Bischof fest, daß der Frühmesser wöchentlich drei Messen – eine Votivmesse zu Ehren Marias, eine zu Ehren ihrer Mutter Anna und eine Seelmesse für die Stifter der Pfründe – lesen, einen Jahrtag für diese Stifter begehen und dem Pfarrer an allen Festtagen beim Gottesdienst assistieren mußte[78].

Auf eine ungewöhnliche Weise wurde die Frühmesse an der Kapelle St. Jakob in Ebing errichtet. Vermutlich über Jahrzehnte hinweg kauften die Ebinger „mansos, prata, agros et possessiones in et extra villam", um damit eine Frühmesse zu stiften; 1481 hatten sie eine Reihe von Gütern erworben, die pro Jahr etwa 22 Gulden Zins einbrachten. Da dies für den Unterhalt eines Priesters nicht ausreichte, spendeten der Kleriker Friedrich Dietz und 45 Einwohner von Ebing Beträge zwischen einem und 20 Gulden, zusammen 160 Gulden, die jährlich fünf Prozent Zinsen eintrugen[79]. Nun erwirkte Dietz, der ein Familiare des Kastellans der Engelsburg und Bischofs von St. Pol de Leon, Thomas James' († 1504 als Bischof von Dol)[80], war, bei der Kurie eine Bulle, durch die dem Würzburger Bischof, dem Propst von Feuchtwangen und dem Dekan von Stift Haug zu Würzburg aufgetragen wurde, die Frühmesse zu errichten[81], das Präsentationsrecht der Gemeinde Ebing zu übertragen und ihn, Dietz, als ersten Frühmesser einzusetzen[82]. Schließlich wurde das Benefizium „auß bebstlichem gewalt durch ein commissari confirmirt"[83].

Durch die Errichtung der Frühmesse fühlte sich jedoch der Michelsberger Abt in seinen Rechten verletzt. Denn die Güter, die die Ebinger zur Ausstattung der Pfründe verwandt

---

72 Vgl. Zeißner, S. 23.

73 Darauf deutet die Bemerkung des Abt vom November 1514 hin, daß die Rattelsdorfer wegen der ausbleibenden Konfirmation „teglich [...] anfechten, gedencken, die sewmnus geschee durch unns". StAB, B 110, Nr. 31, fol. 190v. Die Gemeinde übernahm wohl auch die Kosten. Vgl. ebd., fol. 192r.

74 Die Bittschrift des Abt, des Konvent und des Klostervogt sowie der Dorfmeister und der Gemeinde Rattelsdorf: StAB, A 95, L. 302, Nr. 1630 (1514 Sept. 19).

75 Vgl. StAB, B 110, Nr. 31, fol. 188v, 189v (1514 Aug. 11).

76 StAB, A 95, L. 302, Nr. 1631.

77 StAB, B 110, Nr. 31, fol. 192r.

78 Vgl. StAB, A 95, L. 302, Nr. 1630f.

79 Vgl. das über die vorhandenen Güter ausgestellte Notariatsinstrument: StAB, A 95, L. 285, Nr. 468.

80 Über ihn vgl. Frenz, Thomas: Die Kanzlei der Päpste der Hochrenaissance (1471–1527). Rom 1986 (Bibliothek des Deutschen Historischen Instituts in Rom 63), S. 449 Nr. 2156.

81 Dabei sollte festgelegt werden, daß der Frühmesser zweimal in der Woche Messe in der Ebinger Kapelle zu lesen habe.

82 StAB, L 47 Ebing, U 2/I. Eintrag im Lateran-Register: ASV, Reg. Lat. 807, fol. 199r–200r. Abschrift des 19. Jahrhunderts: StAB, A 95, L. 285, Nr. 469. Regest: Engel, Quellen, S. 255 Nr. 1674.

83 Dies erklärte die Gemeinde Ebing 1507. StAB, A 95, L. 285, Nr. 470. – 1485 berichtete Friedrich Dietz dem Michelsberger Abt, er habe „an dem bebstlichen hove ein commission erlangt und in craft derselben commission ein vermeinte urteil zw Wurtzburg behabt". StAB, B 110, Nr. 30, fol. 11r.

hatten, waren Erbzinslehen des Klosters[84]; ferner verursache sie „der pfarre [...] mergklichen abbruch und smelerung“[85]. So appellierte der Abt 1485, unterstützt vom Bamberger Bischof, an den Papst, damit die Stiftung wieder aufgehoben werde[86] – jedoch ohne Erfolg. Auch der Versuch des Klosters im frühen 16. Jahrhundert, zumindest dem Rattelsdorfer Pfarrer das Patronatsrecht zu verschaffen, scheiterte; die als Schiedsrichter angerufenen bischöflichen Räte zu Bamberg verfügten 1509, es stehe der Gemeinde Ebing zu[87].

Schließlich gibt es Hinweise – freilich erst aus dem frühen 17. Jahrhundert –, daß vor der Reformation auch an der Katharinen-Kapelle auf dem Döringstadter Kirchhof ein Benefizium bestand[88]. Falls dies zutrifft, war es allerdings wohl nicht konfirmiert.

Fassen wir zusammen: Im Untersuchungsgebiet wurden im 15. Jahrhundert mindestens neun Inkuratbenefizien errichtet. Stifter waren in sieben Fällen Einwohner des jeweiligen Ortes oder die gesamte Gemeinde; nicht selten halfen ihnen Geistliche oder Adlige. Eine Pfründe stiftete der Ortspfarrer; die Frühmesse in Oberbrunn stellte als Sühnestiftung eines Adligen einen Sonderfall dar. Nur eine der Pfründen – die Frühmesse Lauter – konnte der Würzburger Bischof nach seinen Wünschen besetzen, und selbst diese eine nur in jedem zweiten Fall. Über zwei Benefizien in seinem Sprengel hatte der Pfarrer von Baunach das Patronatsrecht – in einem Fall alternierend mit dem Bischof –, über jeweils eines der Archidiakon von Eggolsheim, der Abt von Michelsberg und die Familie von Giech. Die übrigen vier Benefiziaten wurden von der Gemeinde, dem Rat (Engelmesse Baunach) oder den Gotteshauspflegern (Lauter) präsentiert. Dabei fällt auf, daß gerade die jüngeren, seit den 1480er Jahren errichteten Pfründen solche nichtadligen Laien als Patronatsherren hatten.

Die Einkünfte der Inhaber, die häufig im Zinsertrag des zu den üblichen fünf Prozent verliehenen Stiftungskapitals bestanden, waren nicht sehr hoch: Die Frühmesser von Rattelsdorf, Ebing und Lauter sowie der Engelmesser von Baunach erhielten 30 Gulden im Jahr; die Michaels-Vikarie in Marktzeuln brachte jährlich 40 Gulden ein[89]. Damit bewegten sie sich im üblichen Rahmen[90]. Zu den Bareinnahmen kamen natürlich die freie Wohnung

---

84 1487 teilte der Abt dem Bamberger Bischof mit, daß „etwo vil zinß, domit die frumeß begabt, uf mein und meins closters lehen“ lägen. Die Ebinger hätten „mein und meins closters und e[uer] g[naden] als landsfursten eygenthumb darzu geben“, ohne die Einwilligung des Abtes oder Bischofs einzuholen. Ebd., fol. 48r. – Noch 1513 kam es zum Streit zwischen dem Kloster und dem Frühmesser geschlichtet, wem die „lehenschafft“ an fünfeinhalb Gütlein in Ebing zustehe. Sie wurde 1515 schiedsgerichtlich der Abtei zugesprochen, die in Zukunft die Güter verlieh und den Handlohn, eine Abgabe beim Besitzerwechsel, einnahm; Michelsberg mußte aber die Frühmesse dafür entschädigen. Diese durfte auch weiterhin den Zins bei den Besitzern der Güter einnehmen. StAB, A 95, L. 285, Nr. 471 f.

85 StAB, B 110, Nr. 30, fol. 48v.

86 Vgl. ebd., fol. 11r, 45r, 48r.

87 Vgl. StAB, A 95, L. 285, Nr. 470.

88 So schreibt 1631 der Döringstadter Pfarrer: „Ossorium habet sacellum, eiusdem beneficio utitur parochus in Staffelstein et nil tamen officii ibi exercet.“ DAW, Dek. Ebern, VR 1631, fol. 337r. 1612 berichtete der Pfarrer von Döringstadt, die Kapelle sei „allerdings eingangen. Hat ein gestifft beneficium, dazu ein zehend gehorig, geneust das beneficium der pfarrer von Staffelstein, weyß von keiner fundation, hat pfarrer [von Döringstadt] fleyßig nachgefragt, kan nichts erfragen. Hab ein alten man gefragt, [dieser] sagt, vor 45 jahren hab diese pfrundt allezeit ein pfarrer von Staffelstein gehabt.“ Ebd., VR 1612 (II), fol. 2v. 1627 heißt es: „von solhen beneficio hat ein pfarrer zu Staffelstein jährlig ein getraitzehendt, so ein jahr in daß ander umb 120, 130 oder mehr f verlassen [d. i. verpachtet] wirdt“. AEB, Rep. I, PfA 131, „Directorium parochiae Döringstattensis“ 1627. – Vor der Reformation hielt der Staffelsteiner Pfarrer oder Kaplan in dieser Kapelle mehrmals im Jahr Messe und sonntags Kinderlehre. Siehe S. 94.

89 Vgl. die jeweiligen Konfirmationsurkunden.

90 Nach einer Steuerliste von 1430 erhielten die meisten Inkuratbenefiziaten im Bistum Bamberg 25 oder 30 Gulden, einige sogar nur 15 oder 20 im Jahr; wenige erreichten 40 oder 50 Gulden. Vgl. Schlund, Johann: Besiedelung und Christianisierung Oberfrankens. Bamberg 1931, S. 150–158.

im Pfründhaus und mancherorts der Ertrag einiger selbst bewirtschafteter oder verpachteter Grundstücke[91].

## 3.3. Die Geistlichen[92]

Die einträglichsten Pfarreien des Untersuchungsgebietes, Altenbanz und Baunach, wurden vor der Reformation Klerikern übertragen – vom Patronatsherrn präsentiert oder vom Papst damit providiert –, die nicht dort residierten. Schon 1370 erscheint ein Würzburger Domherr als Pfarrer von Altenbanz[93]; auch im folgenden hatten zumeist Domkanoniker diese Pfarrei inne[94]. Im untersuchten Zeitraum präsentierte der Würzburger Dompropst stets Bamberger oder Würzburger Domherren auf die Pfarrei Altenbanz. Die Pfarrei Baunach wurde vor 1476 einem Bamberger Chorherrn verliehen[95]; nach dessen Tod 1483 übertrug der Papst sie wiederum einem Bamberger Kanoniker[96]. Bis 1524 sind weitere zwei Bamberger Chorherren als Pfarrer von Baunach nachzuweisen.

Auch die Pfarrei Rattelsdorf, deren um 1491 verstorbener Inhaber sie noch selbst versehen hatte, war im ersten Viertel des 16. Jahrhunderts in der Hand auswärtiger Geistlicher. Von 1507 bis 1509 ist ein Bamberger Domvikar als Pfarrer nachgewiesen, 1512 der Würzburger Domdekan, von 1514 bis 1516 ein Würzburger Domvikar. Auch der Kleriker, den der Michelsberger Abt danach auf die Pfarrei präsentierte, erklärte 1520, als er sich für einige Zeit an seinem Pfarrort aufhielt, er sei „derhalben nit zu Ratelßdorf, die pfar oder pfarkinder zu regirn“[97]; dies überließ er dem Pfarrverweser.

Die Pfarrei Marktgraitz hatte bis Mitte der 1450er Jahre ein Bamberger Domvikar inne[98]; nach seinem Tod wurde ein Priester der Diözese Freising präsentiert, dem der Bischof die Pfarrei aber nicht übertrug und der sich deshalb in Rom darum bemühte[99]. Als er 1456 in Viterbo gestorben war, wurde sie einem aus der Erzdiözese Mainz stammenden Kurialen verliehen[100]. Ob die Pfarrer des frühen 16. Jahrhunderts die Pfarrei selbst versahen, ist unklar. Zumindest Matern von Reitzenstein, der sie ab 1517 innehatte, unterhielt zeitweilig einen Verweser – erwähnt 1525 –; er wirkte aber längere Zeit selbst als Pfarrer in Marktgraitz.

Die Inhaber der Pfarreien Döringstadt, Schney, Oberbrunn[101] und Marktzeuln dürften an ihrem Pfarrort residiert haben; allerdings wissen wir über sie, soweit überhaupt ihre Namen bekannt sind, recht wenig.

Ähnlich wie mit den Pfarreien verhielt es sich mit den Inkuratbenefizien: Der Bamberger Chorherr, der vermutlich bis 1527 die Baunacher Frühmesse innehatte, nahm die damit

---

91 So verfügte der Frühmesser in Lauter über Felder und ein Gärtchen. Vgl. Lehnes, S. 16.
92 Zum Folgenden vgl., wenn nichts anderes angegeben, Anhang 1.
93 Konrad von Reinstein. Vgl. Holzapfel, S. 62; über ihn vgl. Amrhein, Reihenfolge, 32, S. 227.
94 Vgl. Holzapfel, S. 63. Über Johannes de Leone vgl. Wachter 6084; Engel, Quellen, S. 48, 51; Wendehorst, Neumünster, S. 302.
95 Vgl. Kist 3503.
96 Vgl. Holzapfel, S. 58 f. – 1486 ist ein Prozeß um die Pfarrei Baunach belegt. Vgl. Engel, Urkundenregesten, S. 255 Nr. 334.
97 StAB, B 110, Nr. 32, fol. 2v.
98 Vgl. Kist 5637 f.; vgl. auch Anm. 99.
99 Ulrich Bebinger. Vgl. Pitz, S. 313 Nr. 2778.
100 Konrad Winterkast. Vgl. ebd., S. 48 Nr. 427.
101 Belegt ist 1486, daß der wohl im folgenden Jahr verstorbene Pfarrer von Oberbrunn die Frühmesse Ebing verweste und dadurch, wie ihm der Michelsberger Abt vorhielt, „in ewer pfarrkirchen [...] etwovil verseumnus durch euch furgenomen werde“. StAB, B 110, Nr. 30, fol. 32r. Demnach versah er seine Pfarrei – wenn auch nachlässig – selbst.

verbundenen Aufgaben ebensowenig selbst wahr wie der Engelmesser. In Rattelsdorf war wohl bis 1513 ein Priester Frühmesser, der am Bamberger Stift St. Stephan und am Forchheimer Stift bepfründet war und die vorgeschriebenen Messen von einem Verweser zelebrieren ließ[102]; Johann Scheller, der die Pfründe spätestens 1516 erhielt, hatte zugleich die Frühmesse in Uetzing inne und scheint dort gewohnt zu haben. Erster Inhaber der Frühmesse Ebing war der Mitstifter Friedrich Dietz, der zunächst im Rom Familiare eines Kurialen und später Chorherr in Forchheim war. Er ließ die mit dem Ebinger Benefizium verknüpften Aufgaben von einem Verweser erfüllen[103]. Dasselbe taten wohl sein Nachfolger, ein Bamberger Domvikar, und der Forchheimer Kanoniker, der von 1513 bis 1515 als Frühmesser belegt ist. Die Frühmesse Marktzeuln hatte bis 1503 ein Bamberger Domherr inne. Ob der folgende Frühmesser in Marktzeuln wohnte, ist unbekannt. Der Bamberger Stiftsgeistliche, dem die Pfründe 1510 übertragen wurde, dürfte die vorgeschriebenen Messen jedenfalls nicht selbst gelesen und gesungen haben. Völlig unklar ist, ob die Inhaber der Frühmeßpfründen in Reckendorf und Oberbrunn sowie der Michaels-Vikarie zu Marktzeuln an diesen Orten residierten. Nur für die Frühmesse in Lauter ist gesichert, daß ihre Inhaber im späten 15. und frühen 16. Jahrhundert die Messen selbst zelebrierten[104].

Ein großer Teil der Inkuratbenefizien war also in der Hand von Klerikern, die die mit dem Besitz der Pfründe verbundenen Pflichten durch einen anderen Priester erfüllen ließen, obwohl dies doch dem Willen der Stifter widersprach und manche Konfirmationsurkunden ausdrücklich das Gegenteil bestimmten. So hatte der Würzburger Bischof 1488 angeordnet, der Baunacher Engelmesser solle „residentiam [...] personalem continuam in [...] suo beneficio facere“[105]; nichtsdestoweniger ist 1515 ein Verweser dieser Pfründe belegt. Bemerkenswerterweise finden wir auswärts wohnende Geistliche nicht nur auf solchen Pfründen, deren Patronatsherren geistliche Dignitäre waren, die die Benefizien Geistlichen aus ihrem Umfeld verliehen. Vielmehr präsentierten auch der Baunacher Rat auf die dortige Engelmesse und die Gemeinde Ebing auf ihre Frühmesse keine ortsansässigen Kleriker.

Eine Reihe der Priester, die im Untersuchungsgebiet wohnten, hatte keine Pfründe. Einige lebten davon, daß sie als Verweser die Aufgaben eines abwesenden Pfarrers oder Benefiziaten wahrnahmen, der sie dafür bezahlte. Wie hoch das Entgeld eines Verwesers war, hing zunächst sicherlich vom Ertrag der jeweiligen Pfründe ab. Einen Eindruck vermittelt eine Angabe aus nachreformatorischer Zeit: Der Altenbanzer Pfarrer, der 1572 allein 1400 Gulden an Geld einnahm, zahlte seinem Verweser nur einen Bruchteil davon: 50 Gulden pro Jahr[106]; hinzu kamen die Stolgebühren. Höher dürften zwar die Anteile der Verweser von Inkuratbenefizien gewesen sein; da diese ihrem Inhaber aber meist nur 30 Gulden eintrugen, erhielt deren Vertreter wohl nur einen geringen Lohn. Andere Geistliche fanden – nachzuweisen allerdings nur in Baunach – eine Stelle als Kaplan.

Es lebten vor der Reformation jedoch auch Priester an Orten, wo kein Benefizium bestand, das sie hätten verwesen können. So wohnte nach 1502 in Wiesen Eucharius Hirsch-

---

102 Vgl. Holzapfel, S. 65; auch StAB, B 110, Nr. 30, fol. 148v.
103 Vgl. Holzapfel, S. 66; auch StAB, B 110, Nr. 30, fol. 32r.
104 Vgl. Lehnes, S. 16f.
105 AEB, Rep. I, Nr. 330, fol. 538r.
106 Vgl. StAW, Geistl. Sachen 1205, „Kürtzlicher bericht“.

lin[107]; möglicherweise fungierte er als Wallfahrtsseelsorger[108] und zelebrierte die an die Wiesener Kapelle gestifteten Messen. Die Gemeinde Herreth beauftragte ihn zeitweilig damit, am Patronatsfest ihrer Kapelle Gottesdienst zu feiern[109]. In Herreth hielt sich wohl „Eucharius Mullner von Herett, prister Wurtzburger bistumbs", auf, der 1515 für einige Wochen zu Bamberg im Gefängnis saß[110].

Eine Einnahmequelle für die Kleriker des Untersuchungsgebietes boten wohl Jahrtage und andere Meßstiftungen, bei denen die zelebrierenden Priester einige Pfennige verdienten[111].

Über den Bildungsgrad der Geistlichen in dem zu behandelnden Landstrich läßt sich kaum etwas Zuverlässiges aussagen. Für einzelne ist ein Universitätsstudium nachzuweisen[112], das freilich in keinem Fall sehr lange gedauert haben dürfte. Einen in diesem Raum lebenden Kleriker, der einen akademischen Grad erworben hätte, kennen wir jedenfalls nicht, abgesehen von dem Baunacher Kaplan Stephan Müller, der zum baccalaureus artium promoviert worden war. Buchbesitz ist nur einmal belegt: Der Pfarrverweser von Altenbanz, Thomas Sauer[113], nannte 1477 gedruckte Bücher sein eigen; vier davon sind erhalten[114].

Ebensowenig wissen wir über das sittliche Leben der Geistlichen. Zwar hatte der Döringstadter Pfarrer Johann Halter offenbar eine Konkubine und Kinder[115], und dasselbe gilt wohl für den Schneyer Pfarrer Friedrich Schwalb[116]; solche Einzelbelege sind freilich nicht zu verallgemeinern.

## *3.4. Die Kirchen und Kapellen*

Wenigstens 21 Kirchen und Kapellen standen um 1520 im Untersuchungsgebiet[117], davon allein sieben in der Pfarrei Baunach. Neben den acht Pfarrkirchen gab es folgende Kapellen[118]: Im Baunacher Sprengel lagen St. Ursula in Dörfleins, St. Laurentius in Lauter,

---

107 Wohl identisch mit Eucharius Harschler, der von 1498 bis 1508/09 in Staffelstein lebte und das dortige Laurentius-Benefizium verweste, und mit Eucharius Hirschler, der 1528 Frühmesser von Altenkunstadt wurde und im folgenden Jahr starb. Vgl. StAB, A 231, Nr. 1720, fol. 78r; StAB, FR 1508/09, „De literis absentie sine cura"; Kist 2753.

108 Über die Bedeutung von Wiesen als Wallfahrtsort vgl. unten S. 101.

109 Vgl. StAW, Geistl. Sachen 2648, fol. 208r.

110 StAB, A 231, Nr. 1736, fol. 68v.

111 Für das Untersuchungsgebiet fehlen einschlägige Quellen. Für die Jahrtage in der benachbarten Stadt Staffelstein, an denen auch Priester aus jenem Raum Messen gelesen haben mögen, vgl. Dippold, Leben, S. 38, 44 f.

112 So für die Baunacher Pfarrverweser Otto Fischer und Jakob Feuer, der dortige Kaplan Stephan Müller, der Engelmeßverweser Friedrich Weiglein. – Im Bistum Bamberg dürfte rund ein Drittel der zwischen 1400 und 1556 belegten Geistlichen studiert haben. Vgl. Dippold, Leben, S. 39. Ob der Anteil akademisch gebildeter Kleriker im Untersuchungsgebiet höher oder niedriger war, ist nicht zu ermessen.

113 Von 1490 bis 1492 wird er als Bamberger Domvikar genannt. Vgl. Kist 5241.

114 Eine Bibel, ein Psalter, die Postille des Guillermus, das Rationale divinorum officiorum des Durandus. Die Bibel hat folgenden Besitzereintrag: „Thomas Sawer Viceplebanus In Altenpantz Possessor huius Biblie 1477". Hubay, Ilona: Incvnabvla der Universitätsbibliothek Würzburg. Wiesbaden 1966 (Inkunabelkataloge bayerischer Bibliotheken 1), S. 79 Nr. 391; zu den drei anderen Werken, von denen – wohl nach Sauers Tod – zwei die Bamberger Karmeliten und eines die Franziskaner erhielten, vgl. Schottenloher, Karl: Die Königliche Bibliothek zu Bamberg und ihre Wiegendrucke. In: Zentralblatt für Bibliothekswesen 33 (1916), S. 263–280, hier S. 265.

115 Vgl. StAB, L 47 Staffelstein, Bd. 1, fol. 94v–95r.

116 Vgl. Dippold, Schney, S. 161, und unten S. 419.

117 Nicht berücksichtigt ist hier und im folgenden das Kloster Banz. Ein Stich von 1623 zeigt dort neben der Klosterkirche die an diese angebaute „S. Michels Capel" und die „Apts Capell". Vgl. Pfuhlmann, S. 261; Hotz, S. 33–39.

118 Zum Folgenden vgl. Wendehorst, Archidiakonat, S. 8–14.

St. Magdalena – bekannter als Überkum-Kapelle – in Baunach[119], St. Nikolaus in Reckendorf, St. Vitus in Gerach, St. Felicitas oder „zu den Elenden Heiligen" bei Kemmern[120], die – obwohl sie jenseits des Mains stand – zur Pfarrei Baunach gehörte und um deren baulichen Unterhalt sich die adlige Familie Zollner vom Brandt zu kümmern hatte. Möglicherweise existierte auch eine Vorgängerin der Daschendorfer Schloßkapelle, die in nachgotischem Stil gebaut und der hl. Dreifaltigkeit geweiht ist[121]. Ob sich in dem 1488 genannten Ossarium[122] auf dem Baunacher Kirchhof auch eine Kapelle befand, ist unklar[123]. In der Pfarrei Rattelsdorf befand sich die Filialkirche St. Jakobus in Ebing. Im Döringstadter Pfarrsprengel waren vorhanden: St. Bartholomäus in Eggenbach, die Marien-Kapelle in Wiesen und die der hl. Katharina geweihte Kapelle im Obergeschoß des Beinhauses auf dem Döringstadter Kirchhof[124], in der der Staffelsteiner Pfarrer oder Kaplan am Gründonnerstag, am Patroziniumsfest und zu anderen Terminen Gottesdienst zu feiern hatte[125] und „die kinderlehr alle sontag" hielt[126]. Im Untersuchungsgebiet lag eine der sieben Altenbanzer Filialkirchen, nämlich St. Jakobus in Herreth. Ob das 1649 erwähnte „capellein, das klein und gering" war und wohl neben der Pfarrkiche stand[127], bereits aus vorreformatorischer Zeit stammte, ist unklar. In Schney stand außer der Pfarrkirche die Antonius-Kapelle, die vielleicht identisch ist mit der späteren Friedhofskapelle. Zur Pfarrei Marktgraitz schließlich gehörten die Kapellen St. Anna in Michelau und Hl. Grab (ursprünglich wohl St. Laurentius) bei Lettenreuth.

Friedhöfe lagen nicht nur um die Pfarrkirchen, sondern auch um die Kapellen in Reckendorf[128], in Lauter[129], in Ebing (seit etwa 1330[130]) und in Eggenbach[131]. Beinhäuser

---

119 Vgl. Faber, Annette / Spitzner, Harald: Die Magdalenenkapelle in Baunach. In: Schönere Heimat 84 (1995), S. 213–219.

120 Vgl. Ruß, St. Oswald, S. 37 f.; Schrott, S. 31–44; zum Patrozinium Meyer, Überkom, S. 528 f. – 1580 wird berichtet, in der Kapelle müsse der Baunacher Pfarrer einmal im Jahr, am Sonntag nach Bartholomaei, „meß lesen und prediciren"; zu diesem Gottesdienst mußten „die Zollner von Bamberg ein ornat und kelch heraußschickhen". DAW, Dek. Ebern, VR 1576–1670, Beschreibung der Pfarreien 1580, fol. 34v. – In einer Beschreibung der Baunacher Kirchen, Pfarr-, Benefiziaten- und Schulhäuser bemerkte Pfarrer Joseph Heerdegen (1686–1693) über die „S. Felicitatis capellen": „Eß stehet auch ein kirchlein oberhalb Cämmern im wald ohn einiges einkommen, mues von denen edelleuthen Zöllnern von Brandt erhalten werden, die dann auch das opfer zue sich nehmen und das iahr ein eintzige mess in festo dedicationis lesen lassen: dardurch der fundation vieleicht zue wenig beschiehet, massen von denen fischern auf dem Main und andern benachbahrten nächtlicher weill schon zum öfftern gar deutlich gehöret worden, wie das glöcklein von sich selbsten geleudet." DAW, PfA Baunach, K 1, Fasc. 3, undat. „Specification".

121 Vgl. Mayer, S. 39.

122 Vgl. AEB, Rep. I, Nr. 330, fol. 540r.

123 Karlinger, S. 28, geht ohne Begründung davon aus, daß das Beinhaus Friedhofskapelle war.

124 1596 wird sie wie folgt beschrieben: „ein capell, darunter daß baynhauß zu Duringstatt ufm kirchoff neben der maurn gebaut, welches [...] vorhin zu einer kirchen gebraucht, darin unzweifenlich der gottesdinst verricht worden, wie dan noch ein altar sampt einer tafel und vil stülen darinnen zu sehen". StAB, B 93, Nr. 27, fol. 73r.

125 „Alte leuth", die es „von ihren eltern [...] gehört" hatten, hatten dem Döringstadter Pfarrer davon erzählt. Vgl. AEB, Rep. I, PfA 131, „Antwort uf die zue der pfarr Döringstadt uberschickhte puncten" 1621.

126 Ebd., „Directorium parochiae Döringstattensis" 1627.

127 DAW, Dek. Ebern, VR 1649 (I), fol. 110r; vgl. auch VR 1653, fol. 363v. – Ob diese Kapelle wie in Döringstadt mit dem seit 1602 nachweisbaren Beinhaus verbunden war, ist unklar. Vgl. ebd., VR 1602 (II), fol. 9v–10r.

128 Vgl. Engel, Urkundenregesten, S. 238 Nr. 310.

129 Vgl. Wendehorst, Archidiakonat, S. 14.

130 Vgl. ebd., S. 11.

131 Vgl. DAW, Dek. Ebern, VR 1602 (II), fol. 10v.

sind – meist allerdings erst für den Anfang des 17. Jahrhunderts – in Baunach[132], Rattelsdorf[133], Döringstadt, Altenbanz und Marktgraitz[134] nachzuweisen.

Zu den ältesten Bauten dürfte die etwa im 12. Jahrhundert errichtete Hl.-Grab-Kapelle bei Lettenreuth[135] gezählt haben. Von der Bartholomäus-Kapelle in Eggenbach heißt es 1618, sie sei „inn der heydenschafft erstlich erbauet" worden[136]; ihr Patrozinium deutet darauf hin, daß sie in der Zeit der Reform, im 11. Jahrhundert also, entstanden sein mag[137]. Bis ins 13. Jahrhundert reichen Bauteile der Gotteshäuser in Marktgraitz[138], Rattelsdorf[139], Reckendorf[140] und Gerach[141] zurück. Die jüngsten Kapellen waren St. Anna in Michelau[142] und St. Antonius in Schney[143], beide 1518 gebaut.

Die erhaltenen Kirchen und Kapellen – die Anna-Kapelle in Michelau[144], die Hl.-Grab-Kapelle bei Lettenreuth[145], die Bartholomäus-Kapelle in Eggenbach[146], die Pfarrkirche von Oberbrunn[147] und die Beinhaus-Kapelle in Döringstadt wurden abgebrochen – zeugen von einer intensiven Bautätigkeit im 15. und frühen 16. Jahrhundert[148]. Aus dieser Zeit stammen die Baunacher Pfarrkirche, die Kirche in Herreth und die Überkum-Kapelle in Baunach; auch der Chor der Pfarrkirche Marktgraitz, der Turm der Marktzeulner Kirche, das Turmuntergeschoß der Kirche von Schney, Chor und Turm der Kapelle in Wiesen, der Chorturm von Döringstadt, der Chor und Teile des Langhauses der Pfarrkirche Rattelsdorf, die unteren Geschosse des Turmes und teilweise das Langhaus der Ebinger Kirche sind damals entstanden. Vieles andere dürfte barocken Neubauten zum Opfer gefallen sein.

Von der spätgotischen Ausstattung der Kirchen und Kapellen sind nur noch Reste vorhanden. Sakramentshäuschen sind noch in Marktgraitz, Marktzeuln und Baunach zu sehen[149]. In einigen Kirchen haben sich Heiligenfiguren aus dem späten 15. und frühen 16. Jahrhundert erhalten, so in den beiden Baunacher Gotteshäusern, in Reckendorf, Lauter, Daschendorf, Rattelsdorf, Döringstadt, Wiesen und Schney[150].

Schriftliche Quellen über die Gestalt der Innenräume liegen nur in geringer Zahl vor. Lediglich die Altäre der Anna-Kapelle in Michelau lassen sich genau bestimmen: Der Hochaltar wurde am 11. November 1518 der hl. Anna sowie Maria, Johannes dem Täufer und Johannes dem Evangelisten geweiht, der linke Seitenaltar am folgenden Tag dem hl. Wolfgang sowie Katharina, Barbara, Thomas und Martin, der rechte dem hl. Valentin, Matthias,

132 Vgl. Schenk, S. 34; Ruß, St. Oswald, S. 28.
133 Vgl. StAB, A 50, L. 906, Nr. 570 (1525): „sol man das peinhauß [...] zu Utzing ziren und machen nach weiß und form des zu Ratelßdorf". – Eine spätere Erwähnung in AEB, Rep. I, PfA 393, „Responsiones" 1618.
134 Vgl. PfAM, Gotteshausrechnung 1648/49, „Außgaab inn gemein".
135 Vgl. Wendehorst, Archidiakonat, S. 9; Breuer, S. 88.
136 AEB, Rep. I, PfA 130, „Ad quaesita responsio uber die pfarr Döringstatt". – Roppelt, S. 165, nennt sie 1801 eine „kleine alte Kirche".
137 Vgl. Zimmermann, Patrozinienwahl, 21, S. 86.
138 Vgl. Breuer, S. 121.
139 Vgl. Lippert, S. 176.
140 Vgl. Mayer, S. 215.
141 Vgl. Karlinger, S. 93–95; Mayer, S. 85.
142 Vgl. Breuer, S. 130.
143 Vgl. Dippold, Schney, S. 168.
144 1817 abgebrochen. Vgl. Urban, S. 276.
145 1753 abgerissen. Vgl. Breuer, S. 88.
146 Um 1846 abgebrochen. Vgl. Lippert, S. 106.
147 Vgl. Hermann, S. 119.
148 Vgl. die entsprechenden Abschnitte bei Mayer, Breuer und Lippert.
149 Vgl. Breuer, S. 121, 123; Ruß, St. Oswald, S. 25.
150 Vgl. Baumgärtel-Fleischmann, Plastik, S. 256–258, 262, 286 f., 299; zu Schney Breuer, S. 164 f.

Nikolaus und einem unbekannten Heiligen[151]. Von einer Reihe weiterer Kirchen kennen wir aufgrund von Aufzeichnungen des frühen 17. Jahrhunderts wenigstens die Zahl der Altäre; deren Patrone waren zuweilen schon damals nicht mehr zu ermitteln[152]. In der Baunacher Pfarrkirche standen sechs Altäre[153], in Rattelsdorf fünf[154] oder sechs[155]; in Ebing fanden sich neben dem Hochaltar, der natürlich zu Ehren des hl. Jakobus geweiht war, drei Seitenaltäre, darunter ein Marienaltar[156]. Vier Altäre hatte auch die Döringstadter Pfarrkirche; einer von ihnen – ein Marienaltar – stand inmitten der Kirche und behinderte den Blick zum Hochaltar[157]. In Wiesen und Eggenbach sind je drei Altäre nachzuweisen[158], ebensoviele in Marktzeuln[159].

## *3.5. Frömmigkeitsformen*

Über die Grundstimmung des Kirchenvolkes im spätmittelalterlichen Deutschland herrscht in der Forschung im großen und ganzen Einigkeit: „Man konstatiert eine religiöse Aufgewühltheit der Massen, eine angstvolle Sorge um das Seelenheil sowie ein dringendes Bemühen der Gläubigen, in Kontakt mit dem Heiligen zu treten und den Schutz aus dem Jenseits für die irdischen Angelegenheiten zu gewinnen“[160]. Die derart geprägte Frömmigkeit äußerte sich in den verschiedensten, zum Teil sogar widersprüchlichen Formen, wobei es oft regionale, ja sogar lokale Eigenarten gab[161]. Eines freilich war allen Formen gemeinsam: Es wurden die Angebote genutzt, die die Kirche – damals vor allem als Heilsanstalt empfunden – den Laien machte; ihr Absolutheitsanspruch war in einem bis dahin kaum gekannten Ausmaß anerkannt[162].

Aus dem facettenreichen Bild der spätmittelalterlichen Frömmigkeit wollen wir einige Punkte herausgreifen, die in den vorhandenen Quellen faßbar sind und für das Untersuchungsgebiet von Belang waren: Gottesdienste, Wallfahrten, Stiftungen, Bruderschaften. Vielfach können wir dabei freilich nur die Angebote – z. B. Art und Anzahl der Gottesdienste oder die Wallfahrtsorte – beschreiben. Wie die Gläubigen die Möglichkeiten genutzt haben, ist nur in seltenen Fällen zu belegen.

Für eine Reihe von Ausdrucksformen spätmittelalterlicher Frömmigkeit fehlen Nachweise aus dem behandelten Landstrich. Lasen dessen Einwohner – soweit sie überhaupt lesen

---

151 Vgl. PfAM, Urk. 8 (Abschrift des 17. Jahrhunderts „von dem täffelein, auf welchen enthalten, wan und wie die capellen zu Michelau eingeweyhet worden“).

152 So 1593 in Rattelsdorf. Vgl. StAB, B 110, Nr. 35, pag. 331 f. – 1627 schrieb der dortige Pfarrer über die Altäre: „certa patrocinia non habent nec quicquam de eorum reliquiis statui potest, es were dan sach, daß sie eröffnet würden, dan vor dessen praedicanten die pfarr innengehabt unndt die tafeln der altär, in welchen die reliquien vertzeichnet, etwa verworfen oder zerbrochen worden seindt“. AEB, Rep. I, PfA 149, Prod. 4.

153 Vgl. DAW, Dek. Ebern, VR 1625, fol. 318r.

154 Vgl. ebd., fol. 324v.

155 Vgl. DAW, Dek. Ebern, Generalia, Einzelakten, „Responsiones quas [...] dedit [...] parochus Rattelsdorfensis“ 1609 („altaria quatuor non sunt polluta aut violata [...], duo vero violata“); AEB, Rep. I, PfA 149, Prod. 4.

156 Vgl. StAB, B 110, Nr. 35, pag. 97.

157 Vgl. DAW, Dek. Ebern, VR 1612 (II), fol. 2r. Wohl kurz vor 1653 wurde er abgebrochen, „das man beßer zum hohen altar hatt können sehen“. Ebd., VR 1653, fol. 364v. – Auch in der Staffelsteiner Pfarrkirche ist 1504 ein Marienaltar „inmit der kirchen“ belegt. Pfarrarchiv Staffelstein, L 2, fol. 13r.

158 Vgl. AEB, Rep. I, PfA 130, „Ad quaesita responsio“ 1618.

159 Vgl. DAW, Dek. Ebern, VR 1625, fol. 324r.

160 Conrad, S. 17.

161 Vgl. Machilek, Frömmigkeit, S. 209.

162 Vgl. Moeller, S. 6 f.; Conrad, S. 30 f.

konnten – die Bibel oder mystisch-asketische Schriften? Kauften sie Reliquien? Erwarben sie Ablaßbriefe? Wie wurden die Feste von Heiligen und Glaubensgeheimnissen ausgestaltet? Diese Fragen bleiben offen.

### 3.5.1. Gottesdienste

Der zentrale Gottesdienst ist die Messe. Es kennzeichnete ihr Wesen im späten Mittelalter, daß die Liturgie ganz auf den Priester ausgerichtet war. Das Volk dagegen blieb von der Mitwirkung weitgehend ausgeschlossen. Ihm versperrte ohnehin die „unverständliche Sprache [...] den Zugang zum Verständnis. Um so mehr Bedeutung bekam[en] der Ritus, das äußere Zeremonienwesen und das Zeichen des Sakraments."[163]

Der Besuch einer Messe wurde denn auch nicht als Mitwirkung bei der Eucharistie, sondern als Andachtsübung und damit als heilswirksames Werk verstanden[164]. Man glaubte, daß dem andächtigen Zuhörer „Meßfrüchte" – im Jenseits wie im Diesseits – zufielen[165], wobei „eine von vornherein feststehende Zahl von Meßfrüchten auf den beteiligten Personenkreis verteilt würde"[166].

So erklärt sich das Bemühen, die Zahl der Messen zu erhöhen. Im 15. Jahrhundert erreichte man dies durch die Errichtung von Meßpfründen, deren Inhaber drei oder vier Messen – der Ebinger Frühmesser lediglich zwei – in der Woche lesen mußten. Vor allem in der zweiten Jahrhunderthälfte stifteten die Gläubigen die Pfründen, in Ebing sogar gegen den Willen ihrer Obrigkeit; dies zeigt, daß sie die Vermehrung der Messen wünschten.

Zumeist handelte es sich um Frühmeßbenefizien; die Feier der Eucharistie am frühen Morgen entsprach dem Arbeitsrhythmus der bäuerlichen Bevölkerung wohl am besten. Daß die Frühmesser nicht vor leeren Bänken zelebrierten, zeigt ein Streit um das Benefizium in Lauter. Als dessen Inhaber die vorgeschriebenen Messen nicht mehr – wie sein Vorgänger – frühmorgens, sondern vormittags zur Zeit der Hauptmesse las, beschwerte sich die Gemeinde 1512 darüber beim Würzburger Bischof; vermutlich war den Einwohnern die Teilnahme zu dieser Zeit kaum möglich. Obwohl sich der Benefiziat auf die Konfirmationsurkunde berufen konnte, in der die Pfründe als „perpetua vicaria sive missa"[167] – und nicht als Frühmesse – bezeichnet wurde, gab der Bischof der Gemeinde recht und erklärte das Benefizium zur „primissaria"[168].

Im Mittelpunkt des Meßbesuchs stand für den spätmittelalterlichen Gläubigen nicht die Kommunion, die er in der Regel nur einmal im Jahr empfing, sondern der Anblick der konsekrierten Hostie, das als heilswirksam galt[169]. Doch reichte dem Schaubedürfnis die Elevation nicht aus. Immer häufiger wurden Aussetzungen der konsekrierten Hostie und theophorische Prozessionen[170].

---

163 Iserloh, S. 683.
164 Vgl. Machilek, Frömmigkeit, S. 216.
165 Vgl. Jungmann, S. 164.
166 Iserloh, S. 685; ausführlich zu den Meßfrüchten Franz, Messe, S. 36–72.
167 Engel, Urkundenregesten, S. 255 Nr. 334.
168 Lehnes, S. 16f.
169 Vgl. Franz, Messe, S. 101–103; Jungmann, S. 153f.; Moeller, S. 14f.; Meyer, Hans Bernhard: Luther und die Messe. Eine liturgiewissenschaftliche Untersuchung über das Verhältnis Luthers zum Meßwesen des späten Mittelalters. Paderborn 1965 (Konfessionskundliche und kontroverstheologische Studien 11), S. 266–279; Iserloh, S. 684; Machilek, Frömmigkeit, S. 211, 219; Blickle, Reformation, S. 21.
170 Vgl. Iserloh, S. 684.

Der Wille des Volkes, das Altarsakrament zu verehren, wurde auch befriedigt durch die Engelmesse, wie sie der Inhaber einer 1488 in Baunach gestifteten Pfründe allwöchentlich zu feiern hatte. Wie es in Bamberg und Ebern üblich war, sollte er an jedem Donnerstag vormittags eine Messe „in summo altari de corpore Christi cantare et priusquam inchoet venerabile sacramentum sacratissimi corporis dominici per gyrum sive circuitum ipsius parochialis ecclesiae [...] decenter et honorifice sub velamine praeviis accensis candelis deferre et postea missam de corpore Christi cantare“[171].

Die verbreitete Marienverehrung spiegelte sich in den Messen wieder; der Baunacher Engelmesser und der Rattelsdorfer Frühmesser mußten einmal in der Woche, der Baunacher Pfarrer aufgrund der Frühmeßstiftung viermal im Jahr eine Votivmesse zu Ehren Marias zelebrieren[172].

Zu den bisher erwähnten Gottesdiensten kamen die Exequien und die Jahrtage. Über die ersteren, die Messen, die gegen eine Gebühr nach einer Beerdigung für das Seelenheil des Toten gelesen wurden (Erster, Siebter, Dreißigster)[173], liegen keine Quellen – wie etwa Testamente – vor, wohl aber über Jahrtage. Für den Ertrag eines Stiftungsgutes wurde alljährlich zu einem festgelegten Termin eine bestimmte Anzahl von Seelmessen für den Stifter und meist auch für seine Familie zelebriert. An die Baunacher Pfarrkirche stifteten elf Personen – darunter ein Adliger – derartige Anniversarien, an die Reckendorfer Kapelle vier – einer von ihnen Priester –, an die Geracher zwei[174]. Über die Anniversarien an anderen Kirchen des Untersuchungsgebietes wissen wir kaum Bescheid[175].

Die Jahrtage in Baunach dürften, so ist in Analogie zu anderen Orten zu vermuten, wie folgt abgelaufen sein: Ein Priester sang am festgelegten Tag eine Seelmesse[176]; währenddessen lasen an Nebenaltären bis zu vier Priester – meist jedoch einer oder zwei[177] – stille Messen für das Seelenheil des Stifters. Ferner beteiligten sich der Schulmeister und wohl die Schüler (als Chor) am Gottesdienst. Priester und Lehrer erhielten für ihre Mitwirkung Geld[178].

Jahrtage wurden schließlich auch von Bruderschaften für ihre verstorbenen Mitglieder bestellt. So wurden zu Baunach zweimal im Jahr Anniversarien der „ellenden bruderschafft“

---

171 AEB, Rep. I, Nr. 330, fol. 538r.

172 Siehe oben S. 87 f. – Über die Messen zu Ehren Marias vgl. Franz, Messe, S. 162–165.

173 Vgl. ebd., S. 218–235.

174 Vgl. DAW, Dek. Ebern, VR 1576–1670, Beschreibung der Pfarreien 1580, fol. 32r, 33v, 34r. Die Stifter der Geracher Anniversarien sind unbekannt. – Wann die Jahrtage an den Kirchen der Pfarrei Baunach gestiftet wurden, ist in dieser Aufzählung nicht angegeben; vermutlich gingen sie jedoch in die Zeit vor der Reformation zurück. Zu belegen ist dies allerdings nur in zwei Fällen. Der Priester Otto Fischer, für den ein Jahrtag an der Reckendorfer Kapelle begangen wurde, wird 1502 als Pfarrverweser von Baunach genannt (siehe S. 378). Martin von Lichtenstein, der einen Jahrtag an die Baunacher Pfarrkirche gestiftet hatte, ist wohl identisch mit dem zu Heilgersdorf ansässigen Adligen dieses Namens, der kurz vor 1481 starb. Vgl. Holzapfel, S. 82.

175 Über die Stiftung eines Jahrtags an die Pfarrkirche Döringstadt vgl. StAB, A 95, L. 284, Nr. 378. An die Marien-Kapelle in Wiesen hatten, so wird 1525 berichtet, „etlich [...] jartege gestiefft“. StAB, B 48, Nr. 12, fol. 226r. – In den meisten Pfarreien gingen die einschlägigen Urkunden und Verzeichnisse wohl im 16. Jahrhundert verloren und die Jahrtage in Vergessenheit. „De diebus anniversariis pastori nil constat“, schrieb 1602 der Döringstadter Pfarrer, und sein Rattelsdorfer Amtsbruder notierte: „Anniversarii dies an sint, nescit pastor: rustici includunt literas [...]. De uno constat in Ebi[n]g“. DAW, Dek. Ebern, VR 1602 (II), fol. 10v, 13r.

176 Zwei gesungene Messen wurden am Jahrtag von Konrad Tolb begangen.

177 Insgesamt fünf Zelebranten waren es beim Jahrtag des Martin von Lichtenstein, drei bei fünf Anniversarien und zwei in zwei Fällen; bei den anderen Jahrtagen, auch in Reckendorf und Gerach, ist die Anzahl der Priester unbekannt.

178 Zum Ablauf von Jahrtagen andernorts vgl. Greving, S. 111–113; Dippold, Leben, S. 44 f.

begangen „mit sovil priester, als man haben khan“[179]; an die Reckendorfer Kapelle war ein Jahrtag „der gemeinen bruderschafft“ mit vier Priestern gestiftet[180].

Neben Messen sind andere Gottesdienste – wie das Chorgebet von Geistlichen – fast nicht nachzuweisen. Nur für eine vor der Reformation überaus beliebte Form der Volksandacht, das Salve Regina, eine Antiphon zu Ehren Marias, gibt es einen Hinweis aus Baunach, der allerdings erst von 1580 stammt[181].

## 3.5.2. Wallfahrten

Das Angebot an Wallfahrtsstätten war im Spätmittelalter groß. Wir beschränken uns hier darauf, diejenigen vorzustellen, die im Untersuchungsgebiet lagen – Baunach, Wiesen, Lettenreuth – oder sich in dessen näherer Umgebung befanden. So wird deutlich, wie engmaschig das Netz der Wallfahrtsorte war.

In Baunach wurde Überkum (auch Überkom) verehrt; bereits 1447 ließen die Baunacher „sant Vberkum“ neben dem hl. Georg, dem hl. Oswald (dem Patron der Pfarrkirche) und der hl. Maria Magdalena (der Patronin der Baunacher Kapelle) mit Genehmigung des Bamberger Bischofs auf ihr Panier malen[182]. Überkum hatte, so wird 1580 berichtet, „in heylikheit gelebt, seine gueter verlassen, [war] geen S. Jacob zu Campostell gezogen, zu Baunach gestorben“. Er lag „in der capell vor der statt begraben“[183], die er einer späteren Überlieferung zufolge selbst gestiftet hatte. Noch heute ist in der Magdalenen-Kapelle sein Hochgrab aus dem späten 15. Jahrhundert zu sehen[184]. „Nach seinem todt“ habe er „vil wunderzeichen gethan“[185]. Urkundlich belegt ist jedoch nur ein Mirakel im Jahr 1515: Einer schwangeren Frau aus Geiselwind war auf der Wallfahrt nach Langenzenn „ein aff unversichtiglich umb ihren halß gesprungen“; ihr im folgenden geborenes Kind habe bis in sein 23. Lebensjahr nicht sprechen und gehen können. Als sie sich aber „sampt demselbigen ihrem sohn gehn Baunach zu dem heiligen St. Uberkomme mit einem opfer [...] verheißen“ hatte, stand ihr Sohn ohne Hilfe auf und ging umher[186].

---

179 DAW, Dek. Ebern, VR 1576–1670, Beschreibung der Pfarreien 1580, fol. 32r. Über diese Bruderschaft siehe unten S. 107.

180 DAW, Dek. Ebern, VR 1576–1670, Beschreibung der Pfarreien 1580, fol. 33v.

181 Vgl. ebd., fol. 33r: „Es wurdt auch [...] gemelt, das die heylgenmaister von dem Salve und requiem viiii fl dem pfarrhern, caplan und schuelmaister iedem 3 fl“. Damals wurde jedoch vom Pfarrer noch nähere Auskunft verlangt, „ob das Salve durchs gantz jar gesungen“ werde.

182 Ruß, Überkom, S. 103.

183 DAW, Dek. Ebern, VR 1576–1670, Beschreibung der Pfarreien 1580, fol. 32v. Die Legende des Heiligen, die der Jesuit Johann Gamans in den 1650er Jahren aufgezeichnet hat, weiß von mehreren Pilgerfahrten Überkums nach Rom und Santiago. Vgl. Meyer, Überkom; Ruß, Überkom, S. 98f.

184 Vgl. Meyer, Überkom, S. 528. – Der Legende nach hatte Überkum bestimmt, daß er an dem Ort zu bestatten und eine Kapelle zu errichten sei, an den zwei blinde Pferde einen Wagen mit seinem Leichnam ziehen würden – eine keineswegs singuläre Legende. Vgl. ebd., S. 525, 527; ausführlichere Fassung der Legende bei Lehnes, S. 14; Dünninger, Josef (Hrsg.): Fränkische Sagen vom 15. bis zum Ende des 18. Jahrhunderts. Kulmbach ²1964 (Die Plassenburg 21), S. 91f. mit Kommentar S. 153. Abb. von Darstellungen bei Jakob, Überkom, S. 54; Schwindl, A.: Religiöse Zeugen in unserer Stadt. In: St. Oswald Baunach, S. 24–29, hier S. 25; Krimm, S. 92.

185 DAW, Dek. Ebern, VR 1576–1670, Beschreibung der Pfarreien 1580, fol. 32v. Von „multa miracula“ ist bereits in einer Urkunde von 1508 die Rede. AEB, Rep. I, Nr. 330, fol. 530v.

186 Abschrift des über dieses Mirakels ausgestellten Notariatsinstruments: AEB, Rep. I, Nr. 330, fol. 529r–530r. Vgl. auch Ruß, Überkom, S. 104.

Wann Überkum gelebt hat, ist unklar. Schwindl und Krimm zufolge soll er um 1440 gestorben sein[187]. Glaubt man jedoch dem Bericht der Legende, Überkum habe die Magdalenen-Kapelle, sein Bruder die Hankirche, seine Schwester die Felicitas-Kapelle bei Kemmern gestiftet[188], und geht man davon aus, daß sie nicht nur Neubauten bestehender Gotteshäuser finanzierten, sondern erstmals an diesen Orten Kapellen errichten ließen, so ergeben sich zumindest vage Anhaltspunkte, die in eine frühere Zeit weisen. Die Magdalenen-Kapelle wird 1401[189], die Marien-Kapelle zum Han bereits 1334 erwähnt[190]. Demnach dürfte Überkum spätestens in der ersten Hälfte des 14. Jahrhunderts gelebt haben.

Ungewiß ist der Stand Überkums. Der Legende zufolge war er Fuhrmann; Jakob hat dagegen die These aufgestellt, Überkum sei Angehöriger einer Baunacher Ministerialenfamilie gewesen[191]. Umstritten ist ferner der Name Überkums. Ruß hält „Überkum" für einen Familiennamen, der Vorname sei Victor gewesen[192]. Vielmehr dürfte jedoch „Überkum" – was nichts anderes ist als die Übersetzung des Namens „Victor" – der eigentliche Vorname gewesen sein[193]; ob der fromme Pilger überhaupt einen Nachnamen hatte, ist fraglich[194].

Nachdem seit den 1470er Jahren die Verehrung des „heiligen" Überkum offenbar zugenommen hatte – der teilweise Neubau seiner Begräbniskapelle in diesem Jahrzehnt und die Errichtung einer Feldkanzel um 1500 sprechen dafür[195] – und nachdem man bei einer Graböffnung Überkums Leichnam unversehrt vorgefunden hatte, bemühten sich die Baunacher, unterstützt von ihrem Pfarrverweser, beim Würzburger Bischof um die förmliche Kanonisation Überkums. Dies verweigerte der Bischof 1508 zwar – Heiligsprechungen seien das Recht allein des Papstes –, er gestattete aber, daß für Überkum ein Jahrtag mit Vesper und Seelamt begangen werde[196] wie für den gleichfalls nicht kanonisierten Würz-

---

187 Vgl. Schwindl, A.: Überkum, der Stadtpatron. In: St. Oswald Baunach, S. 29–32, hier S. 29; Krimm, S. 92. Diese Zeit nennen bereits die Inschriften auf der 1924 geschaffenen Deckplatte seines Grabes und am 1954 errichteten Denkmal für Überkum in Baunach. – Ruß, Überkom, S. 99 und bes. 102, stellt diese Annahme in Frage, legt sich selbst aber hinsichtlich der Lebenszeit nicht fest.

188 Vgl. Meyer, Überkom, S. 525; Ruß, Überkom, S. 98. – Meyer, Überkom, S. 529, verweist auf den Zusammenhang zwischen den Patrozinien der Magdalenen- und der Felicitas-Kapelle.

189 Vgl. Wendehorst, Archidiakonat, S. 13; Jakob, Überkom, S. 54; Meyer, Überkom, S. 527; Ruß, St. Oswald, S. 29; ders., Überkom, S. 99.

190 Vgl. Guttenberg / Wendehorst, S. 158.

191 Vgl. Jakob, Wildbann, S. 380. Jakob hält Überkum für ein Mitglied des Ministerialengeschlechtes „de Bunaha", das von 1124 bis 1404 nachzuweisen ist. Zu denken wäre aber auch an die Familie von Schöfstal, Ministerialen der Grafen von Truhendingen, die die Herren von Baunach wohl beerbte und die einen Ansitz in Baunach und auf dem Semberg bei Kemmern, anderthalb Kilometer von der Felicitas-Kapelle entfernt, hatte. Vgl. Schenk, S. 23f.; Schrott, S. 45. – Die Überlieferung, Überkum sei ein Fuhrmann gewesen, mag auf die Darstellung des Gespannwunders – die Leiche liegt in einem von zwei Pferden gezogenen Schlitten – zurückgehen.

192 Vgl. Ruß, Überkom, S. 101.

193 Im ältesten Hinweis auf Überkum, einer Urkunde des Würzburger Bischofs von 1508, wird er bezeichnet als „quidam vulgari vocabulo Uberkum qui latino sermone forsitan Victor non inepte dici potest". AEB, Rep. I, Nr. 330, fol. 530v.

194 Daß er keinen Zunamen hatte, wäre dann wahrscheinlich, wenn er – wie oben vermutet – im frühen 14. Jahrhundert oder noch eher gelebt hätte, denn damals waren feste Familiennamen noch nicht allgemein gebräuchlich.

195 Vgl. Ruß, Überkom, S. 105; zu Kapelle und Kanzel vgl. Karlinger, S. 28–36.

196 Vgl. Meyer, Überkom, S. 526f., 529.

burger Bischof Bruno (1034–1045)[197]. Mirakel sollten aufgezeichnet werden, um die Berichte zur gegebenen Zeit in Rom vorlegen zu können[198].

Trotz der abschlägigen Entscheidung des Bischofs wurde Überkum weiterhin verehrt[199] – war er doch am spätgotischen Hochaltar, dessen Aussehen Gamans 1654 beschrieb, als Heiliger dargestellt: Neben einer Statue Maria Magdalenas stand eine mit „Sanct Uberkum" bezeichnete; der rechte Altarflügel zeigte die Kirchenpatronin und den als Pilger gekleideten Überkum, die gemeinsam ein Modell der Kapelle hielten. Das Pendant dazu auf dem linken Flügel bildeten Heinrich und Kunigunde mit einem Modell des Bamberger Domes[200].

Ob auch die angeblich von Überkums Schwester gestiftete Kapelle bei Kemmern als Wallfahrtskirche anzusprechen ist, kann nicht geklärt werden. Dafür spricht, daß neben der Kapelle eine Quelle entsprang, deren Wasser zumindest im 18. Jahrhundert heilende Wirkung zugeschrieben wurde[201]; die Verbindung von Heilquelle und Wallfahrtsstätte war ja durchaus nicht selten[202].

Eine Marien-Wallfahrt unbekannter Genese zur 1475 erstmals erwähnten und 1500 neu gebauten Kapelle in Wiesen[203] ist im frühen 16. Jahrhundert nachzuweisen. 1525 erklärten die Einwohner des Dorfes ruckblickend: „wir haben in unserm dorf ein cappellein, dartzu etwo vorzeiten die leut gros zulaufen und darumb gros gut dartzu gefallen ist, welchs wir dann daran verpaut." (Demnach lagen die Anfänge der Wallfahrt offenbar vor 1500.) „So sein auch derselben zeit etlich leut durch die priester dermassen beret, das etlich in gemelte capellen jartege gestiefft"[204]. Der Priester, der im frühen 16. Jahrhundert in Wiesen lebte[205], war wohl in erster Linie damit beschäftigt, die gestifteten Messen zu lesen. Vermutlich bestand auch eine Bruderschaft, für deren Mitglieder an den Quatembern Seelmessen zelebriert wurden. Der Staffelsteiner Engelmesser Eucharius Fuchs vermachte nämlich in seinem 1532 abgefaßten Testament sein „gedruckt meßpuch" dem „gotzhauß zu Wyssen" und verfügte: „darumb sol man mich und mein elteren einschreyben und alle gulden mitbochen gedencken mit anderen bruderen und schwesteren"[206].

---

197 Über die Verehrung Brunos vgl. Dünninger, 23, S. 100–103; Wendehorst, Alfred: Der heilige Bruno, Bischof von Würzburg. In: Schwaiger, Georg (Hrsg.): Bavaria Sancta. Bd. 3. Regensburg 1973, S. 125–137, hier S. 130–136; Grebner, Christian: Die Übertragung der Gebeine des heiligen Bischofs Bruno von Würzburg im Jahre 1699. In: WDGB 47 (1985), S. 149–157; Scheele, Paul-Werner: Bruno von Würzburg – Freund Gottes und der Welt. Würzburg 1985.

198 Abschrift der bischöflichen Urkunde: AEB, Rep. I, Nr. 330, fol. 530v–532r. Erwähnt bei Lehnes, S. 14 f.; Meyer, Überkom, S. 529; Dünninger, 23, S. 101, 103; Ruß, St. Oswald, S. 30 f.; ders., Überkom, S. 107.

199 1588 schrieb der Baunacher Pfarrverweser: „In dieses kirchlein ist etwan vonn frembten leuten ein große walfarth gewesen", die erst in der zweiten Hälfte des 16. Jahrhunderts „in abgang" geriet. AEB, Rep. I, Nr. 330, fol. 544v. – Auch die Verwendung des Vornamens Überkum im 16. Jahrhundert spricht für eine fortdauernde Verehrung. Vgl. Jakob, Überkom, S. 54.

200 Meyer, Überkom, S. 526.

201 Vgl. Schrott, S. 43, auch 34. Eine bislang unbeachtete Quelle ist Baader, Klement Alois: Reisen durch verschiedene Gegenden Deutschlandes in Briefen. Bd. 2. Augsburg 1797, S. 251 f.

202 Beispiele aus dem Bistum Würzburg bei Dünninger, 23, S. 109–137; Harmening, S. 104 f., 110, 113–115; vgl. auch Dünninger, Hans: Sancti amoris fons. Volkskundliches zur Geschichte des Quellenheiligtums Amorsbrunn. In: Oswald, Friedrich / Störmer, Wilhelm (Hrsg.): Die Abtei Amorbach im Odenwald. Sigmaringen 1984, S. 145–166. Beispiele aus Bayern bei Kriß, Rudolf: Die Volkskunde der Altbayrischen Gnadenstätten. Bd. 3: Theorie des Wallfahrtswesens. München-Pasing 1956, S. 57–70.

203 Vgl. Lippert, S. 306.

204 StAB, B 48, Nr. 12, fol. 226r.

205 Eucharius Hirschlin. Siehe oben S. 92 f.

206 StAB, A 50, L. 902, Nr. 201.

Auch ein christozentrischer Wallfahrtsort lag im Untersuchungsgebiet: die 1478 erstmals genannte „ecclesia et capella zu dem heylgengrabe wlgariter [!] [= vulgariter] vocitata" bei Lettenreuth in der Pfarrei Marktgraitz. Diese Kapelle war ursprünglich wohl dem hl. Laurentius geweiht[207]. Wie Ausgrabungen gezeigt haben, handelte es sich bei ihr um einen auf das 12. Jahrhundert zurückgehenden Oktogonalbau[208]. Einer der vier Altäre stand in der Mitte des Kirchenraumes[209]. Der zentrale Grundriß deutet darauf hin, daß die Kapelle tatsächlich als Nachbildung der Hl.-Grab-Kirche (Anastasis-Rotunde) in Jerusalem errichtet wurde.

Vermutlich im späten 15. oder frühen 16. Jahrhundert beauftragte die Gemeinde einen in Marktzeuln lebenden Priester, an jedem Freitag eine Messe in der Kapelle zu zelebrieren; am Kirchweihtag und an den Patronatsfesten hielt der Marktgraitzer Pfarrer „neben andern priestern" dort Gottesdienst[210].

Über die Wallfahrer, die die Hl.-Grab-Kapelle besuchten, wissen wir nur recht wenig; das beträchtliche Vermögen des Gotteshauses – in den 1520er Jahren belief sich allein das Barvermögen auf über 300 Gulden[211] – läßt auf einen beachtlichen Zustrom schließen. Nur ein Pilger ist namentlich bekannt: Im November 1476 schenkte der Staffelsteiner Rat Siegfried vom Stein zu Ostheim, dem Bruder des Bamberger Domdekans, Wein, „do er von dem heiligen grabe kame"[212].

In der näheren Umgebung der Untersuchungsgebietes befand sich eine Reihe weiterer Wallfahrtsstätten, deren bedeutendste gewiß Vierzehnheiligen war. Diese Wallfahrt geht auf vier Visionen zurück, die ein Schäfer – wohl Hermann Leicht, dessen Vater den langheimischen Gutshof Frankenthal gepachtet hatte – in den Jahren 1445 und 1446 hatte; die Kapelle wurde 1448 zu Ehren Marias und der 14 Nothelfer geweiht[213]. Die seelsorgerliche Betreuung der Wallfahrer übernahm das Kloster Langheim, auf dessen Grund die Kapelle errichtet wurde.

Sie bildete das Zentrum der Nothelferverehrung, die besonders charakteristisch für den Versuch der spätmittelalterlichen Gläubigen ist, die Hilfe von Heiligen in diesseitigen Nöten zu erlangen: „Die hohe Zahl der gleichzeitig angerufenen war nach dem Volksglauben die Gewähr, daß einer dabei ist, der im speziellen Notfall wirksam helfen kann"[214]. Die

---

207 Wendehorst, Archidiakonat, S. 9. In einer Aufzeichnung über die Kapelle aus dem 17. Jahrhundert wird „S. Laurentzius alß der oberst" Patron bezeichnet. AEB, Rep. I, PfA 335, Prod. 5.

208 Vgl. Fichtner, Fritz: Die Kapelle St. Laurentius ob Lettenreuth. In: FL 5 (1958), Nr. 8; Breuer, S. 88; Neundorfer, S. 36f.

209 Vgl. AEB, Rep. I, Nr. 343, fol. 209v. 1624 notierte der Bamberger Fiskal: „stehet ain altar mitten in der kirchen, warumb aber, weiß mir niemandt zu sagen".

210 AEB, Rep. I, PfA 335, Prod. 5. – Beauftragt wurde der Marktzeulner Priester Johann Kempf, der noch 1531/32 nachzuweisen ist. Vgl. StAB, A 231, Nr. 38652, „Eynnemen umb verkauft blocher".

211 AEB, Rep. I, PfA 335, Prod. 5. – Hinzu kamen zinspflichtige Häuser und Grundstücke (siehe Einführung) sowie gegen Zins ausgeliehene Kapitalien.

212 StAB, L 47 Staffelstein, R 1, fol. 25r.

213 Vgl. Dünninger, Josef: Die Wallfahrtslegende von Vierzehnheiligen. In: Festschrift für Wolfgang Stammler. Berlin / Bielefeld 1953, S. 192–205; Guth, Klaus: Das Entstehen fränkischer Wallfahrten. Zur Phänomenologie, Typologie und Aitiologie der Wallfahrtsgenese. In: Mainfränkisches Jahrbuch 29 (1977), S. 39–53, hier S. 44–47, 50–53; Guth, S. 240–242; Korth, Thomas: Das Jesuskind von Franckenthal. Bemerkungen zur „Verortung" des Nothelferkultes in Vierzehnheiligen. In: Lebendige Volkskultur. Festgabe für Elisabeth Roth zum 60. Geburtstag. Bamberg $^2$1985, S. 173–188; Dippold, Günter: Hermann, die vierzehn Nothelfer und die Entstehung einer Wallfahrt. Historische Anmerkungen. In: Bornschlegel, Andreas: Der Schäfer und die vierzehn Heiligen. Erzählung. Staffelstein 1993, S. 56–59. Zur Geschichte der Wallfahrt insgesamt Pölnitz, Sigmund Frhr. von: Vierzehnheiligen. Eine Wallfahrt in Franken. Weißenhorn 1971. – Guth, S. 247, hat darauf hingewiesen, daß Vierzehnheiligen die erste Wallfahrt überhaupt war, die auf Erscheinungen zurückging.

214 Rosenfeld, Hans-Friedrich und Hellmut: Deutsche Kultur im Spätmittelalter 1250 – 1500. Wiesbaden 1978 (Handbuch der Kulturgeschichte, 1. Abt.), S. 277.

Heiligen, die zur Gruppe der 14 Nothelfer gehörten, waren anfangs nicht festgelegt; jedenfalls waren die beliebtesten Heiligen der Zeit darunter. Die „Normalgruppe“, die wohl im 14. Jahrhundert in Regensburg so zusammengestellt wurde, daß sie für alle Stände und in allen Notfällen anrufbar war, setzte sich erst dank der Wirkung dieser fränkischen Gnadenstätte durch[215].

Deren Ausstrahlung war groß; bis aus dem Altmühltal, aus Sachsen, aus dem Egerland kamen die Wallfahrer[216]. Selbst Kaiser Friedrich III. und Fürsten besuchten Vierzehnheiligen[217]. Der große Zulauf war nicht zuletzt den Ablässen zu danken, die 1448 der Bamberger Bischof, 1449 der Papst und 1451 der päpstliche Legat Nikolaus Cusanus verliehen hatten[218].

Daß dieser Wallfahrtsort für das Untersuchungsgebiet eine wichtige Rolle spielte, liegt schon angesichts der geringen Entfernung auf der Hand. In dem Mirakelbuch, das die Abtei Langheim zur Förderung der Wallfahrt 1519 drucken ließ[219], tauchen Personen aus diesem Landstrich auf, die auf die Fürbitte der 14 Nothelfer hin wunderbare Hilfe erfuhren: Hans von Schaumberg zu Schney, ein Mann und eine Frau aus Marktzeuln, ein Michelauer und ein Stettener[220].

Im selben Pfarrsprengel wie Vierzehnheiligen, dem Staffelsteiner nämlich, stand eine weitere Kapelle, die aufgrund ihrer Lage wohl als Wallfahrtsstätte anzusehen ist: die Adelgundis-Kapelle auf dem Staffelberg. Zwar wird sie erst seit 1419 urkundlich genannt, doch läßt ihr Patrozinium vermuten, daß sie bereits in karolingischer Zeit entstanden ist[221]. An einen Seitenaltar der Kapelle wurde im frühen 15. Jahrhundert ein Benefizium gestiftet[222].

Nur wenige Kilometer südlich zog die der Muttergottes geweihte Hankirche bei Prächting wohl Wallfahrer an. Dieses seit 1334 nachzuweisende Gotteshaus soll – wie erwähnt – von einem Bruder Überkums gestiftet worden sein. Der Standort der Kapelle und

---

215 Grundlegend zur Entstehung der Nothelfergruppe Geldner, Ferdinand: Die Vierzehn Nothelfer in der frühen Druckgraphik. In: Gutenberg-Jahrbuch 1985, S. 303–315.

216 Vgl. Harmening, S. 143 und Karte 1. – Kennzeichnend für die Bedeutung der Wallfahrt waren auch die Produktion und die Verbreitung von Pilgerzeichen. Vgl. Dünninger, Josef: Pilgerzeichen von Vierzehnheiligen. In: BHVB 100 (1964), S. 391–396; Köster, Kurt: Pilgerzeichen der spätmittelalterlichen Wallfahrt von Vierzehnheiligen, Propstei der Abtei Langheim. In: Die Zisterzienser. Ordensleben zwischen Ideal und Wirklichkeit. Köln 1980 (Schriften des Rheinischen Museumsamtes 10), S. 588–590. Eine „Sproßwallfahrt“ zu einem dieser Pilgerzeichen entstand ab 1472 bei Schwäbisch Hall. Vgl. Dünninger (wie oben), S. 394 f.; Wunder, Gerd: Die Bürger von Hall. Sozialgeschichte einer Reichsstadt 1216–1802. Sigmaringen 1980 (Forschungen aus Württembergisch Franken 16), S. 103.

217 Vgl. Guth, S. 248.

218 Vgl. ebd., S. 245 f.

219 Kein Exemplar ist erhalten; jedoch wurde das Werk 1596 in erweiterter Form nachgedruckt (siehe Anm. 265). Es berichtete über 82 Mirakel. Über den Drucker des Buches vgl. Keunecke, Hans-Otto: Jobst Gutknecht – der Drucker des Nürnberger Rates. In: Gutenberg-Jahrbuch 62 (1987), S. 146–157. Gutknecht brachte übrigens zahlreiche Schriften Luthers heraus. – Eine Untersuchung über die Mirakelberichte bereitet Werner Taegert, Bamberg, vor.

220 Vgl. Harmening, S. 158–161 Nr. 3, 9, 18, 43, 74.

221 Vgl. Geldner, Ferdinand: Der königliche „Missus“ Madalgaud – Gründer des Adelgundis-Heiligtums auf dem Staffelberg? In: Vom Main zum Jura, Heft 5 (1988), S. 7–20. Geldner stellt die These auf, der dux Madalgaud, der 805 mit der Kontrolle des Handels unter anderem in Hallstadt beauftragt wurde, sei mit der hl. Adelgundis († 685/700) verwandt und der Gründer der ihr geweihten Kirche auf dem Staffelberg gewesen. – Zur Geschichte der Staffelberg-Wallfahrt in der Neuzeit vgl. Dittrich, Otto: Der Staffelberg und seine religiöse Bedeutung. In: Fränkische Heimat am Obermain 6 (1969), S. 3–14; Urban, S. 271 f.; Dippold, Günter: „Durch Aldegundis hülft und macht / Wird Staffelberg so hoch geacht“. Zur Geschichte der Adelgundis-Verehrung auf dem Staffelberg. In: ders. (Hrsg.): Der Staffelberg. Bd. 1. Lichtenfels 1992, S. 73–94.

222 1419 wurde es konfirmiert. Vgl. Guttenberg / Wendehorst, S. 157.

Aufzeichnungen aus dem frühen 17. Jahrhundert weisen auf ihre Funktion als Wallfahrtsstätte vor der Reformation hin[223]. Noch 1840 war wohl ein Votivbild von 1515 vorhanden[224].

Nur durch den Standort außerhalb eines Dorfes ist die Valentins-Kapelle nördlich von Unterleiterbach, die 1501 von der Gemeinde errichtet wurde, als mutmaßlicher Wallfahrtsort zu erkennen[225].

In der Diözese Würzburg lag Limbach bei Eltmann, in dessen Marien-Kirche einer Nachricht von 1592 zufolge „vor Zeiten eine große Walfarth von den frommen Christen ist gehalten worden"; Näheres dazu ist freilich nicht bekannt[226].

Die Ottilien-Kapelle auf dem Mupperg östlich von Neustadt bei Coburg wurde zu bestimmten Terminen von vielen Gläubigen besucht. 1517 stand in der Nähe außerdem eine Marien-Wallfahrt in Blüte, für die sogar Pilgerzeichen geprägt wurden; die dazugehörige Kapelle wurde 1518 geweiht[227].

Nicht zuletzt bildete wohl Bamberg mit den Gräbern des hl. Kaiserpaares Heinrich und Kunigunde im Dom und des hl. Bischofs Otto auf dem Michelsberg[228], mit dem hl. Nagel[229], Kreuzpartikeln und einer großen Anzahl weiterer Reliquien in Dom, die regelmäßig dem Volk gezeigt wurden[230], einen Anziehungspunkt für Gläubige.

Im übrigen lag das Untersuchungsgebiet auch im Einzugsbereich weiter entfernter Gnadenorte wie Grimmenthal[231] oder Wilsnack[232].

### 3.5.3. Stiftungen

Es gab eine Reihe von Motiven, die ausreichend begüterte Personen zu – oft testamentarischen – Stiftungen veranlaßten[233]; zentrale Bedeutung hatte im Spätmittelalter fraglos die Sorge um das Seelenheil.

---

223 Vgl. Klein, Johannes: Der Hanhof und die Hankapelle bei Prächting. In: Heimatblätter aus Oberfranken 2 (1914), S. 29–35, 96–103, 151–165, hier S. 34.

224 Vgl. ebd., S. 99.

225 Vgl. Hermann, S. 123: „Zu dieser Kapelle, nur aus Holz gebaut, vom geringen Umfange, wallfahrtete das Volk in großer Menge." Vgl. auch Neundorfer, S. 114f.; Guttenberg / Wendehorst, S. 159.

226 Dünninger, 24, S. 126.

227 Vgl. Kramer, Karl-Sigismund: Die „Neue Wallfahrt" in Neustadt bei Coburg. Nachrichten von einer vorreformatorischen Marienwallfahrt. In: Bayerisches Jahrbuch für Volkskunde 1963, S. 25–32. – Weitere Wallfahrtsstätten in der Würzburger Diözese, die dem Untersuchungsgebiet benachbart gewesen wären, sind nicht bekannt. Die Altenbanzer Filialkirche Watzendorf galt in der Forschung längere Zeit wohl zu Unrecht als Wallfahrtskirche. Vgl. Axmann, Coburger Land, S. 310.

228 Zur Ottoverehrung auf dem Michelsberg vgl. Machilek, Franz: Ottogedächtnis und Ottoverehrung auf dem Bamberger Michelsberg. In: BHVB 125 (1989), S. 9–34, bes. S. 23–27.

229 Baumgärtel-Fleischmann, Renate: Der Goldschmied Thomas Rockenbach. In: BHVB 112 (1976), S. 161–248, hier S. 184f., 197–216; dies.: Ausgewählte Kunstwerke aus dem Diözesanmuseum Bamberg. Bamberg 1983 (Veröffentlichungen des Diözesanmuseums Bamberg 1), S. 50; Machilek, Franz / Schlager, Karlheinz / Wohnhaas, Theodor: O felix lancea. Beiträge zum Fest der Heiligen Lanze und der Nägel. In: Jahrbuch des Historischen Vereins für Mittelfranken 92 (1984/85), S. 43–107.

230 Über die Heiltumsweisungen vgl. Machilek, Franz: Die Bamberger Heiltümerschätze und ihre Weisungen. In: Röhrig, Hans-Günter (Hrsg.): Dieses große Fest aus Stein. Bamberger Dom. Lesebuch zum 750. Weihejubiläum. Bamberg 1987, S. 217–256.

231 Vgl. Harmening, S. 143 und Karte 1.

232 Vgl. Arnold, Klaus: Niklashausen 1476. Quellen und Untersuchungen zur sozialreligiösen Bewegung des Hans Behem und zur Agrarstruktur eines spätmittelalterlichen Dorfes. Baden-Baden 1980 (Saecvla Spriritalia 3), S. 57; zur Geschichte der Wallfahrt vgl. Boockmann, Hartmut: Der Streit um das Wilsnacker Blut. Zur Situation des deutschen Klerus in der Mitte des XV. Jahrhunderts. In: Zeitschrift für historische Forschung 9 (1982), S. 385–408 (mit Lit.).

Von Einzelpersonen wurden vier der Inkuratpfründen im Untersuchungsgebiet gestiftet: Für die Frühmessen in Baunach und in Rattelsdorf vermachten Laien das nötige Kapital; die Frühmesse in Lauter stiftete ein Bamberger Chorherr zu seinen Lebzeiten; die Frühmesse in Oberbrunn errichtete ein Adliger als Sühneleistung. Die übrigen Benefizien, für deren Ausstattung immerhin 600 bis 800 Gulden vonnöten waren, stifteten die jeweiligen Gemeinden, in drei Fällen unterstützt durch Geistliche oder Adlige.

Auch für die gerade im 15. Jahrhundert zahlreichen Kirchenbauten spendeten wohl viele Gläubige Geld. Belege aus dem Untersuchungsgebiet fehlen freilich. Erhalten ist jedoch eine aus dem späten 15. oder frühen 16. Jahrhundert stammende, in Lichtenfels angelegte und mehrere Jahrzehnte umfassende Liste „mortuorum, qui notoriam elemosinam dederunt ad divinum cultum huius templi"; die meisten dieser Personen dürften durch Spenden zum Neubau und zur Ausstattung der Lichtenfelser Pfarrkirche beigetragen haben. Unter den rund 600 Stiftern – zu etwa 90 Prozent Bürger von Lichtenfels – erscheinen auch Einwohner des Untersuchungsgebietes, die ja nicht nach Lichtenfels eingepfarrt waren; so finden wir Leute aus Stetten, Michelau, Schney, Tiefenroth und Kösten unter den Gebern[234].

Jahrtage waren eine besonders im 15. Jahrhundert beliebte Stiftungsform; sie erforderten wesentlich weniger Kapital als eine geistliche Pfründe – 1499 wandte ein Eggenbacher 34 Gulden für einen Jahrtag an der Pfarrkirche zu Döringstadt auf[235] – und versprachen das Seelenheil und das Andenken des Stifters wohl in einem stärkeren Maß zu fördern als die Beteiligung an einer aufwendigeren Stiftung. So kam es vor der Reformation in manchen Kleinstädten zu einer regelrechten „Jahrtagsmode"[236]. Auch in Baunach bestanden im 16. Jahrhundert immerhin elf von Einzelpersonen gestiftete Anniversarien.

Insgesamt sind unsere Kenntnisse über die vorreformatorischen Stiftungen im Untersuchungsgebiet fragmentarisch. So wissen wir z. B. aus einer Notiz von 1624, daß in Marktzeuln ein Seelbad gestiftet worden war[237] – der Ertrag des Kapitals ermöglichte Armen den kostenlosen Besuch einer Badstube[238] –, nicht aber wann oder von wem. Aber selbst diese spärlichen Daten machen deutlich, wie vielfältig die Möglichkeiten waren, durch eine Stiftung ein heilswirksames Werk zu begehen, und daß sie genutzt wurden.

### 3.5.4. Bruderschaften

Es war gutsituierten Personen vorbehalten, einen Jahrtag zu stiften, ohne das Erbgut allzu sehr zu schmälern. Aber auch weniger Begüterte konnten dafür sorgen, daß nach ihrem Tod für das Heil ihrer Seele Messen gelesen und Gebete gesprochen wurden, indem sie einer Bruderschaft beitraten; die jährliche Zahlung in die Bruderschaftskasse konnten sich breite Kreise leisten.

---

233 Vgl. Besold-Backmund, S. 37–52, 354–357.

234 Vgl. AEB, Rep. I, U 334, pag. 6, 8f., 11f., 14, 18f. – Heid sieht in dieser Liste das Verzeichnis derer, die für den Bau des spätgotischen Chores (1483–1487) spendeten. Zwar werden die Spenden der Aufgelisteten auch, doch nicht nur für diese Baumaßnahme verwandt worden sein. Vgl. Heid, Max: Kirchenschiff oder Chor. Zur Baugeschichte der Katholischen Pfarrkirche von Lichtenfels. In: GaO 7 (1971/72), S. 101–116, hier S. 103.

235 Vgl. StAB, A 95, L. 284, Nr. 378.

236 Vgl. Besold-Backmund, S. 359 (zu Forchheim).

237 Auf eine Anfrage aus Bamberg, „ob daß seelpadt gestifftet", antworteten Bürgermeister und Rat von Marktzeuln: „Können solches nit wißen, die gemein hat es bey manß gedenckhen, waß gekost, außgericht". StAB, B 49, Nr. 233/II, fol. 434r.

238 Vgl. Liese, Wilhelm: Geschichte der Caritas. Freiburg i. Br. 1922, Bd. 2, S. 186f.

„Die mittelalterliche Bruderschaftsfrömmigkeit findet in unterschiedlichen Vereinigungsformen ihren Ausdruck."[239] Seit dem 14. Jahrhundert entstanden Bruderschaften des niederen Klerus eines bestimmten Gebietes; vom 15. Jahrhundert an schlossen sich auch Laien zusammen.

Eine Priesterbruderschaft an der Baunach mit Sitz in Ebern wurde um 1380/90 gegründet; ihr durften auch Laien beitreten. In der bischöflichen Konfirmationsurkunde von 1437 wurde festgelegt, daß mindestens ein Bruderschaftstag im Jahr stattzufinden hatte – in der Regel wurden zwei abgehalten –, wobei unter anderem eine Messe für die verstorbenen Mitglieder gesungen wurde. Die Priester, die der Bruderschaft angehörten, mußten jährlich 30 Messen für das Seelenheil der toten Mitglieder lesen, die Ritter ebenso viele lesen lassen, die nichtadligen Laien hatten für die Verstorbenen zu beten. Die Lebenden konnten seit 1471 durch die verpflichtende Teilnahme an den Bruderschaftstagen einen Ablaß von 250 Tagen erwerben. Eine Liste der lebenden Mitglieder aus dem Jahr 1481 umfaßt 63 Priester und 120 Laien, 16 von ihnen Adlige[240]. Unter den Laienmitgliedern waren im 15. Jahrhundert Männer und Frauen aus Baunach, Reckendorf, Rattelsdorf, Ebing und Altenbanz[241].

Im benachbarten Archidiakonat Kronach (Diözese Bamberg) bestand eine Priesterbruderschaft bereits 1344; drei Kapitelsfeiern hielt sie im Jahr ab[242]. Auch Personen, die im Untersuchungsgebiet lebten, traten ihr bei; 1498 werden der Pfarrer von Döringstadt, der Frühmesser von Oberbrunn – beide ebenfalls Angehörige der Eberner Bruderschaft – und eine Witwe aus Michelau als Mitglieder genannt[243].

Viele ließen sich gegen eine recht geringe Summe in die Bruderschaft eines Mendikantenklosters einschreiben. Bei regelmäßigen (meist vierteljährlichen) Begängnissen wurden für die Gemeinschaft der Wohltäter Seelmessen gelesen[244]. Ein Verzeichnis der verstorbenen und lebenden Mitglieder der Bruderschaft des Bamberger Karmelitenklosters aus dem Jahr 1520 ist erhalten[245]. Darin sind – außer einer Reihe von Adligen – eingetragen: 23 Ehepaare[246], zum Teil mit ihren Kindern, und eine alleinstehende Frau in Baunach, 29 Paare und sieben Einzelpersonen in Reckendorf, 22 Paare in Gerach[247], 40 Paare, zwei Frauen und ein Mann in Rattelsdorf, 31 Ehepaare in Ebing und drei weitere Personen in Ebing, 38 Paare und sieben Männer in Döringstadt, 17 Paare, zwei Männer – einer davon mit seinen Söhnen – und eine Frau in Altenbanz, 24 Ehepaare und eine Frau in Michelau, 28 Paare und ein Mann in Marktgraitz sowie 92 Ehepaare und zwei Frauen in Marktzeuln[248]; ferner lebten Mitglieder der Karmeliten-Bruderschaft in Dorgendorf, Mauschendorf, Laimbach,

---

239 Remling, S. 345.

240 Vgl. Holzapfel, S. 9–14, Text des Bruderschaftbuches S. 25–45, Konfirmationsurkunde S. 97–99; auch Remling, S. 207–209.

241 Vgl. Holzapfel, S. 88f.

242 Diese Bruderschaft teilte sich im frühen 15. Jahrhundert in zwei Gruppen (Lichtenfels-Staffelstein und Kronach-Teuschnitz), die 1472 wieder zusammenschlossen. Zur Geschichte der Bruderschaft vgl. Kanzler, 84, S. 12f.

243 Vgl. Universitätsbibliothek Erlangen, Ms. 2111/67, Prod. 3.

244 Vgl. Remling, S. 292–294.

245 StBB, R.B.Msc. 60/1 und 2. Zu diesem Terminierbuch vgl. Deckert, Adalbert: Das ehemalige Karmelitenkloster zu Bamberg in der Au. In: BHVB 91 (1951, erschienen 1952), S. 1*–7*, 1–370, hier S. 27–29.

246 Nicht selten erscheint ein Männer- zusammen mit zwei oder drei Frauennamen und umgekehrt. Es handelte sich dabei um Personen, die mehrmals geheiratet hatten. Gezählt werden solche Dreier- oder Vierergruppen jedoch als ein Ehepaar.

247 Vgl. StBB, R.B.Msc. 60/1, fol. 207r, 208r, 209r–v.

248 Vgl. StBB, R.B.Msc. 60/2, fol. 9r, 10r, 11r, 73v–74r, 81r, 85v, 86v–87r.

Oberbrunn, Messenfeld, Birkach, Wiesen, Eggenbach, Nedensdorf, Schney, Schwürbitz, Mannsgereuth und Trübenbach[249].

Eine „fraternitet der weinheckher" bestand in Baunach[250]. 1588 beschrieb der Pfarrverweser den Jahrtag dieser Bruderschaft, der am Tag des Patrons, des hl. Urban, begangen wurde, wie folgt: „Diesen tag feyren alle heckher im marckh Baunnach. Frühe umb sechs uhr helt man ein seelampt, darbey erscheinen alle die, so in der zunfft und bruderschafft St. Urbani seind. Nach gesungenen evangelio werden die abgeschiedene brüder verlesen unnd für sie gebetten. Nach volbrachtem ampt hellt man mit fannen unnd zweyen Urbansbildtern ein procession zum thor hinauß umb die weingarten, wiederumb zum thor hinein, durch den marck hinauf in St. Uberkums capellen (alda, wann zuvor drey evangelia umb die weingarten mit gewöhnlichen collecten gesungen, auch dann das vierte gesungen wird) und von dannen wieder in die Pfarrkirchen."[251] Über die Gründung der Bruderschaft oder über die Zahl ihrer Mitglieder ist nichts bekannt.

Wenig mehr wissen wir über die Baunacher Elenden-Bruderschaft. Sie wurde 1502 vom Baunacher Pfarrer und seinem Verweser gestiftet. Zweimal im Jahr hielt sie Jahrtage ab; Vigilien wurden zelebriert, Messen gesungen und gelesen[252] „mit sovil priester, als man haben khan"[253]. Welche Beziehungen die Bruderschaft zur Magdalenen- und zur Felicitas- oder Elenden-Kapelle hatte, ist nicht zu erkennen[254].

Von der „gemeinen bruderschafft", die in der Reckendorfer Kapelle jedes Jahr am Barbara-Tag (4. Dezember) einen Jahrtag „mit 4 priestern" beging[255], läßt sich nichts Näheres sagen.

Weitere Bruderschaften scheinen im Untersuchungsgebiet nicht bestanden zu haben. Vermutlich gehörten aber Gläubige aus diesem Raum Bruderschaften der näheren Umgebung an, so der 1466 gegründeten Nothelfer-Bruderschaft in Vierzehnheiligen[256].

Eine Gegenüberstellung der Mitgliederliste der Priesterbruderschaft an der Baunach, der Wohltäterliste der Karmeliten und des Notariatsinstruments über das Stiftungskapital der Ebinger Frühmesse zeigt, daß nicht wenige Menschen mehrere Möglichkeiten zugleich nutzten, für ihr Heil im Jenseits zu sorgen. So gehörten das Reckendorfer Ehepaar Hans und Kunigunda Güßregen sowie Clas und Fel Schmidt in Gerach der Priester- wie der Karmelitenbruderschaft an[257]. Heinz Greff und Heinz Puttel in Ebing waren Mitglieder beider Bruderschaften und trugen 1481 durch eine Spende zur Errichtung der Frühmesse bei[258]; auch elf weitere Mitstifter finden wir im Terminierbuch der Karmeliten wieder. Hans

---

249 Vgl. StBB, R.B.Msc. 60/1, fol. 207r, 208r, 209r–v; 60/2, fol. 11r, 73r, 73v–74v, 83r, 85v, 86v–87r.

250 DAW, Dek. Ebern, VR 1576–1670, Beschreibung der Pfarreien 1580, fol. 33r; Remling, S. 338f., über Urbans-Bruderschaften allgemein S. 336–342. – Es handelte sich offenbar um eine Handwerkerbruderschaft, die wirtschaftliche und religiöse Motive vereinte. Vgl. Sydow, Jürgen: Fragen zu Gilde, Bruderschaft und Zunft im Lichte von Kirchenrecht und Kanonistik. In: Schwineköper, Berent (Hrsg.): Gilden und Zünfte. Kaufmännische und gewerbliche Genossenschaften im frühen und hohen Mittelalter. Sigmaringen 1985 (Vorträge und Forschungen 29), S. 113–126, hier bes. S. 125.

251 AEB, Rep. I, Nr. 330, fol. 545v.

252 Vgl. Remling, S. 285.

253 DAW, Dek. Ebern, VR 1576–1670, Beschreibung der Pfarreien 1580, fol. 32r.

254 Vgl. Schrott, S. 38: Nach Friedrich Wachter soll die Bruderschaft ursprünglich an die Felicitas-Kapelle gestiftet und später „nach Baunach übertragen" worden sein.

255 DAW, Dek. Ebern, VR 1576–1670, Beschreibung der Pfarreien 1580, fol. 33v.

256 Über diese vgl. Guth, S. 246f.

257 Vgl. StBB, R.B.Msc. 60/1, fol. 208r, 209r; Holzapfel, S. 88f.

258 Vgl. StBB, R.B.Msc. 60/2, fol. 10r (hier mit ihren Ehefrauen); Holzapfel, S. 89; StAB, A 95, L. 285, Nr. 468.

Prechtlein in Eggenbach schließlich, der 1499 einen Jahrtag für sich und seine Familie stiftete, war Mitglied der Karmelitenbruderschaft[259].

## *3.6. Laikales Selbstbewußtsein und Kirchenkritik?*

Das Bild eines blühenden kirchlichen Lebens, wie es bisher gezeichnet wurde, bedarf noch der Differenzierung. So blieben auch vor der Reformation Konflikte zwischen den Gläubigen und der kirchlichen oder weltlichen Obrigkeit nicht aus.

Dies zeigt die Gründungsgeschichte der Frühmesse Ebing. Gegen den Willen des Michelsberger Abtes errichteten die Einwohner dieses Ortes ein Frühmeßbenefizium; ein aus Ebing stammender Priester, Friedrich Dietz, der die Stiftung vielleicht auch angeregt hatte, sorgte in Rom dafür, daß die Pfründe konfirmiert wurde. Daraufhin appellierte der Abt an die Kurie, um das Benefizium wieder aufheben zu lassen, und der Bamberger Bischof, der sich auf seine Seite stellte, befahl – wie schon der Abt[260] – der Gemeinde, „das ir solicher [...] appellacion mit uns auch anhengen wollent und auch des in kein weise sperrent ader widersetzt“[261]. Die Einwohner von Ebing taten jedoch das genaue Gegenteil: Sie sandten dem Bischof, wie der Abt klagte, „ein vermeinte entschuldigungzettell [...], darinne sie iren glimpf und mich zu verunglimpfen, als solt ich mein furnemen [...] nicht pillich gethan [haben], angezogen“[262]. Auch weiterhin unterstützten sie Dietz „zu statlicher volfurung seins rechtlichen furnemens wider unns [= den Abt]“ und erwiesen ihm „mercklich beystenndickeit“[263]. Die Ebinger verteidigten ihre Stiftung also gegen ihre weltliche Obrigkeit.

Auch die Marktzeulner, die am Anfang des 16. Jahrhunderts auf die Errichtung einer eigenen Pfarrei drangen, setzten ihren Willen wohl gegen den Widerstand des Pfarrers von Marktgraitz durch[264].

Behaupteten die Gemeinden hier lediglich ihre Absicht, heilswirksame – und damit von der Kirche im Grundsatz erwünschte – Werke zu vollbringen, gegen ihren Landesherrn, Grundherrn oder Pfarrer, so scheint gelegentlich auch Kritik an der Kirche und ihren Angeboten geäußert worden zu sein. Otto Zert aus Marktzeuln spottete, als er den Bau der ersten Vierzehnheiligen-Kapelle (1446–1448) betrachtete, „der lieben heyligen [...] vnd sprach/ was wil man da news Narrenwerck machen/ es ist Ketzerey“[265]. Der in Thüringen wirkende Reformator Friedrich Mykonius, geboren um 1490 in Lichtenfels, berichtete, sein Vater habe ihn gelehrt, „die päpstlichen Ablässe seien Netze, in denen das Geld der Dummen gefangen würde“[266]. Wie verbreitet solche Ansichten in der Obermainregion waren, ist unklar.

259 Vgl. StAB, A 95, L. 284, Nr. 378; StBB, R.B.Msc. 60/2, fol. 74v.
260 Vgl. StAB, B 110, Nr. 30, fol. 45r.
261 Ebd., fol. 11r.
262 Ebd., fol. 48r.
263 Ebd., fol. 45r.
264 Siehe Anm. 21.
265 Historia et origo peregrinationis et miracvlorum ad sacellum 14 Auxiliatorum in Franca Valle prope Staphelsteinium. Histori vnd vrsprung der Wallfart vnd wunderzeichen zun viertzehen Nothelffern im Franckenthal bey Staffelstein gelegen. Bamberg 1596, fol. G4r. Zert erkrankte auf dem Heimweg, wurde aber wieder als er „sich zu den heyligen mit einem opffer“ verlobte. – Ähnliche Äußerungen werden im Vierzehnheiligener Mirakelbuch auch von einem Bamberger Knecht berichtet: „der war gesessen in einem Schenckhauß / Da hett man der lieben Heyligen gedacht / hat der der lieben Heyligen gespott / vnd keinen Glauben daran gehabt“. Ebd., fol. G4v.
266 Delius, Hans-Ulrich: Friedrich Mykonius. Das Leben und Werk eines Thüringischen Reformators. Theol. Diss. Münster 1956, S. 4.

Auch das Verhältnis der Laien zu den Klerikern läßt sich nicht bestimmen. Wir wissen nicht einmal, ob das, was aus heutiger Sicht klar als Mißstand erscheint, von den Gläubigen um 1500 so empfunden wurde. Was hielt der gemeine Mann davon, daß die meisten Pfründen an auswärtige Geistliche vergeben waren? Wie ging er mit der offenkundigen Tatsache um, daß der Banzer Konvent eher einer Gruppe adliger Bonvivants als einer monastischen Gemeinschaft glich? Nahmen die Laien derartige Zustände als normal hin, ohne sich überhaupt Gedanken zu machen, oder erregten sie sich darüber?

Unser Bild der spätmittelalterlichen Frömmigkeit bleibt mithin fragmentarisch. Es wäre deshalb müßig, am Beispiel unseres Untersuchungsgebietes über den Zusammenhang zwischen der Volksfrömmigkeit und dem Erfolg der Reformation zu spekulieren. War die Reformation die notwendige Folge der Mißstände und der damit verbundenen Abweichungen von der katholischen Lehre, gaben Luther und die übrigen Reformatoren die überzeugenderen Antworten auf die drängenden Glaubensfragen, war also die aufgewühlte Frömmigkeit gerade die Voraussetzung für den raschen Erfolg dieser Männer, oder begünstigte die Kritik der Laien am Klerus, aufgegriffen von Reformatoren, die Abkehr von der Kirche und Zuwendung zur neuen Lehre[267]? Diese Frage muß für das zu behandelnde Gebiet offen bleiben.

267 Die wichtigsten Forschungspositionen über den Zusammenhang zwischen vorreformatorischer Volksfrömmigkeit und Reformation referiert Conrad, S. 18–20. Die letztgenannte These vertritt Goertz, Hans-Jürgen: Pfaffenhaß und groß Geschrei. Die reformatorischen Bewegungen in Deutschland 1517–1529. München 1987.

# 4. Die reformatorischen Bewegungen und ihre Folgen bis zur Mitte des 16. Jahrhunderts

## *4.1. Die reformatorische Bewegung bis 1525*

Auf welchen Wegen Luthers Ideen im Untersuchungsgebiet bekannt geworden sind, ist nicht zu klären. Junge Männer aus diesem Raum waren um 1520 in Wittenberg offenbar nicht immatrikuliert[1]. Vermutlich kauften Personen, die des Lesens mächtig waren, auf Märkten bei Buchführern reformatorische Schriften[2], wie sie auch der Bamberger Drucker Georg Erlinger zahlreich herausbrachte[3]. Möglicherweise predigten manche Geistliche schon früh im Sinn Luthers; im Mai 1525 ist dies für den Pfarrer von Marktzeuln belegt[4].

1520 befahl der Würzburger Fiskal dem Pfarrverweser von Rattelsdorf – vielleicht auf dessen Klage hin –, „interdic [...] zu halten", also keine Messe zu zelebrieren, wenn zwei bestimmte Rattelsdorfer in der Kirche erschienen; diese hatten nämlich die Hand „in clericum" erhoben[5]. Ob ihr Angriff auf einen Geistlichen in Zusammenhang zu bringen ist mit der antiklerikalen Stimmung in der Frühzeit der Reformation – der Hofer Chronist Enoch Widmann berichtet, daß „iderman den pfaffen feind ward"[6] –, ist ungewiß.

Hier handelte es sich um nur zwei Männer. Daß die reformatorischen Ideen jedoch die breite Masse erfaßt hatten, daß der gemeine Mann fromme, d. h. heilswirksame Werke jetzt ablehnte, zeigt der Niedergang von Wallfahrten. Die Einwohner von Wiesen etwa stellten im Mai 1525 fest, daß Wallfahrer und damit Opfergaben ausblieben: „So aber nun die warheit am tag und das einich gotlich wort gepredigt und die menschen dadurch in irem gewissen dermassen erleucht, das solchs wallen, zulaufen und geben unfruchtbar und dem menschen zur seligkeit unnutz ist, so gefelt an [...] die capellen gar nichts mehr"[7].

Weitere Daten zu den frühen Auswirkungen der neuen Lehre im Untersuchungsgebiet waren nicht zu ermitteln.

---

1 Für Baunach vgl. Holzapfel, S. 95. Ein Marktzeulner, Johann Reuther, wurde erst 1523 an dieser Universität eingeschrieben. Vgl. Foerstemann, S. 117. Ob Konrad Hubener aus Döringstadt und Andreas Geussels aus Wiesen, beide am 30. April 1515 in Wittenberg immatrikuliert, lange genug dort studierten, um die Anfänge der Reformation mitzuerleben, ist fraglich. Vgl. Foerstemann, S. 55. („Geussels" ist wohl ein Lesefehler des Herausgebers für „Genssels"; der Immatrikulierte gehörte wohl der Familie Genshals an.)

2 Die Rolle von Flugschriften für die reformatorische Bewegung ist umstritten. Einen hohen Rand räumt ihnen ein Moeller, Bernd: Stadt und Buch. Bemerkungen zur Struktur der reformatorischen Bewegung in Deutschland. In: Mommsen, Wolfgang J. (Hrsg.): Stadtbürgertum und Adel in der Reformation. Studien zur Sozialgeschichte der Reformation in England und Deutschland. Stuttgart 1979 (Veröffentlichungen des Deutschen Historischen Instituts London 5), S. 25–39; ihm folgt weitgehend Schulze, Geschichte, S. 122–126. Der These Moellers widerspricht mit Hinweis auf den niedrigen Alphabetisierungsgrad Scribner, Robert W.: How Many Could Read? Comments on Bernd Moeller's „Stadt und Buch". In: Mommsen (wie oben), S. 44f.; ders.: Flugblatt und Analphabetentum. Wie kam der gemeine Mann zu reformatorischen Ideen? In: Köhler, Hans-Joachim (Hrsg.): Fluschriften als Massenmedium der Reformationszeit. Stuttgart 1981, S. 65–76.

3 Siehe A.2.1.1. mit Anm. 7.

4 Vgl. StAB, B 48, Nr. 12, fol. 146r; Dietz, Bauernkrieg, S. 31. Bei diesem Pfarrer handelte es sich wohl um den ersten Inhaber der Pfarrei Marktzeuln, Konrad Fabri, der kurz vor dem 23. Mai 1525 starb. Siehe unten S. 423. – Auch im nahegelegenen Obristfeld wirkte 1525 ein Anhänger Luthers als Pfarrer. Vgl. Dietz, Bauernkrieg, S. 31.

5 StAB, B 110, Nr. 32, fol. 2v.

6 Die Chronik des M. Enoch Widmann. In: Hohenzollerische Forschungen 2 (1893), S. 1–128, 230–434, hier S. 125.

7 StAB, B 48, Nr. 12, fol. 226r–v.

## 4.2. Der Bauernkrieg

In der Bauernkriegsforschung wurde, besonders im Gefolge von Franz' Monographie, der Konnex zwischen Reformation und Bauernkrieg lange unterschätzt[8] und daher weitgehend unbeachtet gelassen; erst nach 1975 wurde er herausgearbeitet. Die Ergebnisse faßt H. Buszello so zusammen: „Die Behauptung ist nicht zu gewagt, daß es den Bauernkrieg in dieser seiner Gestalt ohne die Reformation nicht gegeben hätte. Dennoch muß man, um ein Mißverständnis zu vermeiden, auch hinzufügen: Die religiös-kirchliche Erneuerung war im eigentlichen Sinn nicht die Ursache der Erhebung, und der Bauernkrieg war zu keiner Zeit ein bloßer Ableger der Reformation. Der Bauernkrieg war eine sozial-politische Bewegung, die sich zur Reformation öffnete, weil diese selbst gegenüber einem Ereignis wie dem Bauernkrieg offen war."[9]

Der Aufstand im Hochstift Bamberg[10] verlief in zwei Wellen. Zunächst beschränkte er sich auf die Stadt Bamberg, wo es bereits 1524 Anzeichen für Unruhe unter dem Volk gegeben hatte: Das Domkapitel hatte im März dieses Jahres beobachtet, daß „bey tag und nacht offenlich auf den gassen, auch in den hewsern etliche gedicht und lieder, die zu verachtung und nidertruckung geistlicher und weltlicher gepurender gehorsam und obrigkeit, auch [...] zu aufrur und entborung dienen und reitzen, gesungen werden"[11]. Im April 1525 brach der Aufruhr los, als die Bürger vermuteten, Bischof Weigand wolle die reformatorische Bewegung gewaltsam unterdrücken. Im Verlauf des Aufstandes traten die religiösen Ziele jedoch hinter dem Streben nach Schaffung einer einheitlichen Stadtgemeinde zurück. Da der Fürstbischof den Forderungen nachgab, endete der Aufstand nach wenigen Tagen.

Wie die Bürger und der Bischof vereinbart hatten, beriet ab Ende April ein Ausschuß, bestehend aus neun bischöflichen, drei adligen, drei bäuerlichen und drei Bamberger Vertretern, über Beschwerden der Gemeinden im Hochstift; zwischen dem 6. und dem 11. Mai wurden die Klagen aus dem Untersuchungsgebiet behandelt[12]. Die Gemeinden beschwerten sich besonders über wirtschaftliche Belastungen; mehrfach werden in diesem Zusammenhang Zehnten bemängelt[13]. Ferner sei – dies bildete meist den ersten Punkt in den Klageartikeln – „das heilig ewangelium zu predigen durch einen gelerten verstenndigen priester, [der] durch sie erwelt werden solle"[14]. So formulierten es die Baunacher, und so

8 Die katholischen Zeitgenossen hingegen sahen den Bauernkrieg als Folge von Luthers Auftreten. So schrieb der Würzburger Bischof in einem Brief an den Papst Luthers Schriften und Schülern die Schuld am Bauernkrieg zu. Vgl. Wendehorst, Mitteilungen, S. 151.

9 Buszello, Horst: Legitimationen, Verlaufsformen und Ziele. In: ders. / Blickle, Peter / Endres, Rudolf (Hrsg.): Der deutsche Bauernkrieg. Paderborn u. a. 1984, S. 281–321, hier S. 295. Vgl. auch Endres, Rudolf: Ursachen. Ebd., S. 217–253, hier S. 249: „Daß die religiöse Frage weniger zu den eigentlichen Ursachen des Bauernkriegs gehörte, sondern mehr die Funktion eines Katalysators hatte, ist heute die übereinstimmende Meinung in der Forschung." – Die Rolle von Geistlichen im Bauernkrieg, namentlich in Franken, hat herausgearbeitet Pfeiffer, Gerhard: Der Bauernkrieg (1525). Offene Fragen – kontroverse Antworten. In: JffL 50 (1990), S. 123–160, hier S. 136–145.

10 Zum Folgenden vgl. Endres, Probleme, bes. S. 109–138.

11 StAB, B 86, Nr. 219, fol. 237r.

12 Vgl. StAB, B 48, Nr. 23, fol. 184v, 185v, 186r, 194r–v, 196v.

13 Vgl. ebd., Nr. 12, fol. 42r, 43v, 49r, 54r–v, 65r, 143r–v, 149r–v, 219r–v. Für das gesamte Hochstift vgl. Endres, Probleme, S. 105. – Zur Ablehnung des Zehnten allgemein vgl. Zimmermann, Gunter: Die Antwort der Reformatoren auf die Zehntenfrage. Eine Analyse des Zusammenhangs von Reformation und Bauernkrieg. Frankfurt a. M. / Bern 1982 (Europäische Hochschulschriften III, 164).

14 StAB, B 48, Nr. 12, fol. 42r. – Die religiös-kirchlichen Forderungen in den Beschwerdeartikeln der Gemeinden haben zusammengestellt Prößl, Josef: Die Beschwerden der bischöflich bambergischen Unterthanen in Bauernkriege 1525. Bamberg 1901, S. 26–32; Dietz, Bauernkrieg, S. 29–31.

forderte es eine Reihe weiterer Gemeinden. Diese Klage hatte sich zum Zeitpunkt ihrer Behandlung zum Teil bereits erledigt, denn am 4. Mai hatte der 18er-Ausschuß gemeinsam mit dem Bischof angeordnet, daß im Hochstift Bamberg „das wort gottes frey / lautter / clare / rain / vnd vnuertunckelt [...] durch auß / gepredigt vnd verkündt werden soll“[15]; dies kam der Einführung der Reformation zumindest nahe.

Darüber hinaus verlangten die Einwohner von Rattelsdorf, Ebing, Eggenbach und Medlitz, „das hinfuro die geistlichen bey unns unnd mit unns gleich wie ein annder nachtpauer, ein gemeiner man, tut, reissen unnd wachen etc.“ sollten[16]. Die Stolgebühren lehnten die Döringstadter, Eggenbacher und die Michelauer ab[17]. Das Recht, einen eigenen Pfarrer zu halten, begehrten die Einwohner von Reckendorf und einigen umliegenden Ortschaften[18]; ähnlich wollten auch die Michelauer „bey unns das wort gottes zu predigen selbst aufrichten“[19].

Unmittelbar nach Vorlage dieser Beschwerden, am 12. Mai, begann die zweite Phase des Aufstands, der nun von der Landbevölkerung getragen wurde. In Hallstadt bildete sich ein Bauernhaufen, dem zwei Hauptleute vorstanden. Ein weiterer Haufen sammelte sich in Hochstadt am Main; hier hatte ein Marktzeulner eine führende Position[20]. Das erklärte Ziel der Aufständischen war, „kein schloss noch closter im land sten zu lassen“[21]; der Adel sollte seine Vorrechte verlieren. 197 Burgen wurden im folgenden unter der akribischen Kontrolle des Hallstadter Haufens zerstört oder beschädigt, so Schney, Oberbrunn, Reckendorf, Gerach, Daschendorf, Godeldorf und auch die Amtsburg Stiefenberg[22]. Um Baunach tat sich der Bürger Claus Rigler besonders hervor[23]; auch Einwohner von Marktzeuln und Marktgraitz halfen bei der Zerstörung vieler Adelssitze[24].

Inwieweit Männer aus dem Untersuchungsgebiet an der Plünderung des Klosters Langheim[25] Mitte Mai beteiligt waren, ist unklar. Seit 14. April wurde die Abtei auf Geheiß des 18er-Ausschusses von einer hundertköpfigen Besatzung aus den Nachbarstädten beschützt; dennoch versuchte am 6. Mai eine Gruppe, der ein Michelauer, ein Marktzeulner und ein Marktgraitzer angehörten, ins Kloster zu gelangen und es zu plündern[26], doch dies mißlang ihnen ebenso wie einem Haufen aus Burgkunstadt wenige Tage später. Kurz darauf beschloß der Bamberger Ausschuß, einige Klöster – darunter Langheim – zu säkularisieren. Nun trug die Besatzung das bewegliche Gut zusammen und verteilte es unter ihre Städte.

---

15 StAB, B 48, Nr. 23, fol. 37r; Chroust, Chroniken, S. 23. Vgl. auch Schäfer, Eckart: Bukolik und Bauernkrieg. Joachim Camerarius als Dichter. In: Baron, Frank (Hrsg.): Joachim Camerarius (1500 – 1574). Beiträge zur Geschichte des Humanismus im Zeitalter der Reformation. München 1978 (Humanistische Bibliothek I, 24), S. 121 – 151, hier S. 135.

16 StAB, B 48, Nr. 12, fol. 58r. Diese Forderung ist aus den Zwölf Artikeln übernommen. Vgl. Dietz, Bauernkrieg, S. 31.

17 Vgl. StAB, B 48, Nr. 12, fol. 219r, 64v – 65r, 152v.

18 Vgl. ebd., fol. 49r: „das wir auf der frumeß zu Reckendorf, darein wir [...] pfarren, mugen haben pfarrecht“.

19 Ebd., fol. 152v.

20 Vgl. Dietz, Bauernkrieg, S. 41.

21 Chroust, Chroniken, S. 33.

22 Vgl. Schaumberg, Oskar Frhr. von: Aufruhr-Schäden im Bauernkrieg 1525. In: FB 3 (1951), S. 46 – 48, 60, 63 f., hier S. 47, 60, 63. Zu Schney auch Looshorn, Bd. 5, S. 614; Dietz, Bauernkrieg, S. 52; Merx, Otto (Hrsg.): Akten zur Geschichte des Bauernkriegs in Mitteldeutschland. Bd. 1, 1. Leipzig 1923, S. 729. Zu Oberbrunn vgl. Fuchs, Walther Peter / Franz, Günther (Hrsg.): Akten zur Geschichte des Bauernkriegs in Mitteldeutschland. Jena 1942, S. 1643.

23 Vgl. Looshorn, Bd. 4, S. 613.

24 Vgl. ebd., S. 646.

25 Zum folgenden vgl. Dippold, Langheim, S. 97.

26 Vgl. Dietz, Bauernkrieg, S. 39.

Auch einige Döringstadter bekannten nach der Niederschlagung des Aufstandes, sie seien „mit und bey zu Lanckeym gewest, da man das closter geplundert het“; als Fuhrmann brachte Ott Rumensteller aus Döringstadt „die gutter“ nach Staffelstein[27]. Im folgenden scheint auch das wenige, was in Langheim geblieben war, noch entwendet worden zu sein.

Auch das Kloster Banz, die Wallfahrtskirche Vierzehnheiligen und die Staffelberg-Kapelle – sicherlich nicht zuletzt als Sinnbilder der alten Lehre – wurden ausgeplündert und demoliert, vor allem durch Lichtenfelser und Staffelsteiner[28]. Ob auch Personen aus dem zu behandelnden Gebiet beteiligt waren, erscheint fraglich.

Hin und wieder werden in den Akten über den Bauernkrieg Handlungen und Äußerungen einzelner Männer erwähnt, die auf deren Feindschaft zur alten Lehre hindeuten: Ein Lichtenfelser lief, um den Klerus zu verspotten, in einem aus Langheim geraubten Meßgewand herum. Ein Seubelsdorfer zerriß in Vierzehnheiligen die Ablaßbriefe und nahm einen Meßkelch in die Hand mit den Worten: „Vor Zeiten hätten die Bauern die Kelch nit dorfen anrühren, jetzt nehmen sie die ganz.“[29] Hier entlud sich wohl die Wut, daß den Laien die Kommunion in der Gestalt des Blutes vorenthalten worden war.

Als im Juni 1525 das Heer des Schwäbischen Bundes sich dem Hochstift Bamberg näherte, brach der Aufstand zusammen. Eine unbekannte Zahl von Aufrührern wurde festgenommen, vor allem wohl Männer, die Burgen oder Klöster ohne Beschluß des 18er-Ausschusses geplündert hatten. In Baunach wurden fünf Männer festgenommen, „die anfenngklich der aufrur ursacher gewest“[30]. Auch fünf Michelauer sowie einzelne Einwohner von Marktzeuln und Marktgraitz kamen wohl in Haft[31]. Manche Aufständische versteckten sich[32] oder flüchteten ins benachbarte Ausland; im Januar 1526 bemühte sich ein Baunacher, für den sich sogar der Graf von Henneberg-Schleusingen einsetzte, um die Erlaubnis zur Rückkehr[33] – und vermutlich um Straffreiheit.

Bischof Weigand hielt zwar kein derart strenges Strafgericht wie Markgraf Kasimir oder der Würzburger Bischof; aber immerhin wurden auch in Bamberg mindestens 44 Personen hingerichtet, darunter wenigstens ein Baunacher[34]. Marktzeuln und Marktgraitz wurden vermutlich nicht, wie zunächst von den weltlichen Räten gefordert[35], durch den Schwäbischen Bund gebrandschatzt[36].

Alle Haushalte im Hochstift hatten eine fünfprozentige Vermögenssteuer, den sogenannten „20. Pfennig“, zu zahlen, die dazu dienen sollte, die Adligen für zerstörtes Eigentum zu entschädigen. Um einem neuerlichen Aufstand vorzubeugen, wurden die Untertanen entwaffnet; noch als 1528 der Bamberger Bischof 60 Baunacher Bürger mit ihren Wehren aufbot, entgegneten ihm Bürgermeister und Rat, „daß uns und unsern mitburgern die werhe durch den [Schwäbischen] bunth alle genomen“ worden seien; bisher hätten die Baunacher kein Geld gehabt, um neue Waffen zu kaufen[37].

---

27 StAB, B 48, Nr. 11, fol. 193r.
28 Vgl. Dietz, Bauernkrieg, S. 44–49, 60.
29 Ebd., S. 45.
30 StAB, B 48, Nr. 1, Prod. 92; vgl. auch Looshorn, Bd. 4, S. 646.
31 Vgl. Dietz, Bauernkrieg, S. 69.
32 Vgl. Looshorn, Bd. 4, S. 649.
33 Vgl. ebd., S. 613.
34 Vgl. Zeißner, S. 88 f. – Kunz Rab aus Baunach, der keiner der fünf oben erwähnten Festgenommenen war, wurde am 3. August 1525 in Bamberg hingerichtet.
35 Vgl. Looshorn, Bd. 4, S. 646.
36 Auch die Stadt Burgkunstadt entging diesem Schicksal, indem sie sich bedingungslos ergab. Vgl. Dietz, Bauernkrieg, S. 63.
37 StAB, B 48, Nr. 2, Prod. 320.

Die Furcht der Obrigkeit vor einem Aufruhr erklärt deren hartes Vorgehen gegen die Täuferbewegung. Wir wenden uns daher zunächst dieser kleinen – im Untersuchungsgebiet verschwindend kleinen – Gruppe zu, bevor wir uns mit der religiösen Haltung der breiten Masse nach dem Ende des Bauernkriegs befassen.

## *4.3. Die Täufer*

In der Obermainregion wurde das Täufertum von Hans Hut[38] verbreitet, dessen Lehre sich wesentlich von der Theologie der oberdeutschen Täufer unterschied. Hut, um 1490 in Haina bei Römhild geboren, war von 1517 bis 1521 Kirchner und Krämer in Bibra. Später wanderte er als Buchhändler und -binder durch Thüringen und Franken, wobei er unter den Einfluß Thomas Müntzers geriet. Als er sich 1524 weigerte, sein Kind taufen zu lassen, wurde er aus Bibra verwiesen. Während des Bauernkrieges ist er wohl in der Umgebung Müntzers zu suchen. Nach der Schlacht bei Frankenhausen dürfte er nach Nürnberg geflohen sein. Im Mai 1526 taufte ihn Hans Denck in Augsburg. Im folgenden missionierte Hut um Coburg, um Staffelstein und in Österreich. Am 6. Dezember 1527 starb er in einem Augsburger Gefängnis.

Huts Theologie ist wesentlich von Müntzer geprägt[39]. Wie dieser erwartete Hut „die endzeitliche Reinigung der Christenheit“[40] von Sündern und Gottlosen, womit er besonders die Kleriker und die weltlichen Herren meinte. Gott würde das letzte Gericht über sie heraufführen; sein Werkzeug sollten die Türken sein. Als Termin für das göttliche Strafgericht nahm Hut, gestützt auf biblische Prophetien und ausgehend von Müntzers Todestag, den Sommer 1528 an[41]. Die Erwählten, die vom Gericht verschont bleiben sollten – 144 000 nach der Offenbarung des Johannes –, „versiegelte“ Hut, indem er einen Finger in Wasser tauchte und ihnen damit ein Kreuz auf die Stirn zeichnete; dies wurde von den Obrigkeiten als „Wiedertaufe“ mißverstanden[42].

Der Schneider Hans Hübner in Zilgendorf (Pfarrei Altenbanz), ein Anhänger Huts, gab dessen Endzeitschilderung wie folgt wieder: „der turck wurde in diese land komen und sich ein grosser krieg von unten herauf, auch aus dem Ungerlandt oder oben herein begeben. Wen dasselbig alles ergehe, werde das ewangelium gebredigt werden lauter und klar, und so der turck komen werde, wurden die leut fliehen in die holtzer und sich verbergen. Die jhenen, so sich durch ditz zeichen [der Taufe] zu Cristo verpunden, solten fliehen in die wustung und ins Ungerlandt, und so solche strafe ergee, werden die, so den pundt anngenomen, die jhenen, so den turcken uberplieben, vollent ausreuten, und paldt darnach wurd Cristus und der jungst tage komen.“[43]

Hut missionierte zuerst in seiner Heimat und im Coburger Land. Den Weg in das Obermaintal ebnete ihm Johann Müller, der Prediger von Scherneck, einer Altenbanzer Filialkirche. Dessen Predigten hatten schon im Januar 1526 zahlreiche Staffelsteiner besucht;

---

38 Über Hut und seine Theologie vgl. Seebaß (mit Lit.).

39 Vgl. Packull, Werner O.: Thomas Müntzer und das Hutsche Täufertum. In: Mennonitische Geschichtsblätter 46 (1989), S. 30–42.

40 Seebaß, S. 743.

41 Vgl. ebd., S. 743f.

42 Vgl. Seebaß, Gottfried: Das Zeichen der Erwählten. Zum Verständnis der Taufe bei Hans Hut. In: Goertz, Hans-Jürgen (Hrsg.): Umstrittenes Täufertum 1525–1975. Göttingen 1975, S. 138–164.

43 StAN, Ansbacher Religions-Akten, Tom. 38, fol. 375v–376r; Wappler, S. 244.

44 Zu Müller vgl. Dippold, Täufer, S. 79–81.

später lehrte Müller selbst im täuferischen Sinn. Müller schickte Hut vor dem 11. November 1526 zu Hübner nach Zilgendorf und zu weiteren vertrauenswürdigen Personen nach Uetzing[44]. „Wolt ime ein man schicken, was derselbig ime sagt, solt er glauben", kündigte er Huts Besuch an[45].

Zweimal kam Hut zu Hübner. In Zilgendorf scheint er neben diesem allenfalls noch einen Anhänger gewonnen zu haben[46]. Ferner hielten sich um die Jahreswende 1526/27 „zwey weiber" in Altenbanz auf, „die mit den heiligen sacramenta, die den lewt zu reichen und zu predigen, umbgehen"[47]; vielleicht handelte es sich bei ihnen um die Frau und die Tochter Huts. Ob sich in Altenbanz freilich jemand von ihnen „taufen" ließ, erscheint fraglich; jedenfalls erwähnten die verhafteten Täufer in ihren Aussagen keine Altenbanzer, und auch in den Banzer Missivbüchern finden sich keine entsprechenden Hinweise. Im übrigen Untersuchungsgebiet sind keine Täufer zu belegen[48]. Die meisten Anhänger fand Hut in Staffelstein, in den Dörfern an der Lauter und ihren Quellbächen sowie in Oberküps.

Hut und die von ihm „Getauften" verstanden es recht lange, ihre Versammlungen vor der Obrigkeit geheimzuhalten. Erst am 5. Januar 1527 schrieb der Banzer Abt an Amtmann und Kastner in Lichtenfels, er habe erfahren, daß sein Hintersasse, der Schneider Hübner in Zilgendorf, Personen beherberge, „die taufen die lewt uff newe meynung"; er wisse nicht, „wuefur wir es halten sollen", und sei überhaupt „der sach unverstendig"[49]. Er vermutete in den Täufern Aufrührer, und so sahen sie auch der Bischof und das Domkapitel in Bamberg[50]. Folglich gingen sie streng vor: Anfang März 1527 verhafteten die bischöflichen, die kapitelischen und die banzischen Beamten – offenbar gleichzeitig – alle Täufer, deren sie habhaft werden konnten. Die Festgenommenen wurden verhört und danach entweder des Landes verwiesen oder mit einer Geldstrafe belegt. Zwei Täufer hatte der Abt von Banz festnehmen lassen. Einer von ihnen konnte fliehen – er erwies sich später als unschuldig –; der andere, Hübner, wurde am 23. Juni wieder freigelassen und mußte – vermutlich für die ihm auferlegte Geldstrafe – Bürgen stellen.

Anders als eine Reihe von Täufern, etwa in Uetzing und Umgebung, wurde er nicht rückfällig. Die bischöflichen Beamten nahmen Ende 1527 und Anfang 1528 erneut Täufer fest. Im Januar 1528 wurden in Bamberg zehn von ihnen hingerichtet[51]; damit folgte der Bischof der harten Linie des kurz zuvor erlassenen kaiserlichen Täufermandats[52].

Durch die Verfolgungen wurden die Täuferkreise im Hochstift Bamberg rasch zerschlagen; mancher Anhänger Huts mag sich auch von dessen Lehre abgewandt haben, als das für 1528 vorhergesagte Gericht ausblieb. Nichtsdestoweniger tauchten auch im folgenden immer wieder täuferische Missionare auf (sie vertraten allerdings vermutlich nicht mehr Huts, sondern Hutters Lehre). Besonders erfolgreich wirkte 1556 von Oberküps aus Martin

---

45 StAN, Ansbacher Religions-Akten, Tom. 38, fol. 375r; Wappler, S. 243.

46 Veit Weischenfelder aus Uetzing berichtete im März 1527, „es sey auch der Nether, der schneider von Zilgendorf", – wohl zusammen mit Hut – im Weischenfelderschen Haus gewesen. StAN, Ansbacher Religions-Akten, Tom. 38, fol. 382v; Wappler, S. 240. Andreas Nether aus Zilgendorf wurde im März 1527 auch als Täufer verhaftet; später stellte sich jedoch seine Unschuld heraus. Vgl. Dippold, Täufer, S. 88.

47 StAB, B 93, Nr. 20, fol. 294v.

48 Der Täufer-Missionar Hans Weischenfelder sagte im Januar 1528 aus, er wisse „in allen meins genedigen hern furnembsten stetten und flecken [– ausdrücklich nennt er Marktgraitz –] niemants, der getauft worden sey". StAN, Ansbacher Religions-Akten, Tom. 38, fol. 29v; Wappler, S. 281.

49 StAB, B 93, Nr. 20, fol. 294v.

50 Vgl. Zeißner, S. 91; Dippold, Täufer, S. 87, 98.

51 Vgl. UB Würzburg, M. ch. q. 92, fol. 179v–180r.

52 Vgl. Kühn, Johannes (Bearb.): Deutsche Reichstagsakten unter Kaiser Karl V. Bd. 7, 1. Stuttgart 1935, S. 177.

Dusolt, der Sohn eines 1528 verhafteten und wieder freigelassenen Täufers, bis er vom Lichtenfelser Kastner verhaftet wurde[53].

Einem derartigen Missionar waren wohl drei unmündige Geschwister aus Michelau gefolgt, die sich 1573 „im tauferlandt" – gemeint war wohl Mähren – aufhielten[54]. Dorthin waren vor 1584 auch die Kinder von Anna Prediger in Schwürbitz gezogen[55].

## *4.4. Die religiöse Haltung der Untertanen nach 1525*

Der Zusammenhang zwischen Luthers Schrift gegen die Aufständischen oder der Niederschlagung des Bauernkrieges und der reformatorischen Bewegung lutherischer Prägung wird in der Forschung unterschiedlich beurteilt. G. Franz nimmt an, die Bauern hätten sich enttäuscht von Luther abgewandt. „Fortan standen sie der Reformation gleichgültig, wenn nicht feindselig gegenüber."[56] Ihm stimmen u. a. P. Blickle[57], H.-C. Rublack[58], H.-J. Goertz[59] und R. Wohlfeil[60] zu. F. Lau dagegen hat sich gegen diese These gewandt: „Die Reformation ist noch lange über 1525 hinaus Volksreformation geblieben, und von einem durch den Bauernkrieg bedingten Ende der Reformation als spontaner Volksbewegung kann nicht gesprochen werden."[61] T. Klein[62], P.F. Barton[63] und G. Zimmermann[64] schließen sich dieser Meinung an.

Sie scheint auch für das Untersuchungsgebiet zuzutreffen, zumindest für die Zeit kurz nach dem Bauernkrieg. „So wist ir die grose irthumb dieser zceit unter gemeynen volck", schrieb der Banzer Abt im Januar 1526 an einen Altaristen in Ebern, „also, das einsteils lutterisch und nichts von den ampten der messen helt"[65]. Ein Beispiel hierfür ist aus Döringstadt belegt: 1528 weigerten sich die Einwohner dieses Ortes, „sandt Anna meß" – wohl eine wöchentliche Votivmesse zu Ehren der hl. Anna – „wie vohr alter herkomen" halten zu lassen; das Bamberger Domkapitel befahl ihnen, entweder die Messe beizubehalten oder den Erben des Stifters das Stiftungskapital zurückzuerstatten[66].

Aus den drei folgenden Jahrzehnten liegen kaum Quellen vor, die auf die religiöse Haltung des gemeinen Mannes schließen lassen. 1545 verwarnte das Domkapitel den Döringstadter Vogt, „wo er erfar, das einer seiner amptsverwandten in die luterisch predig gehe

---

53 Vgl. Dippold, Täufer, S. 93–96.
54 StAB, A 231, Nr. 38692, „Einnemen an handtlohn".
55 Vgl. Dippold, Täufer, S. 97.
56 Franz, Günther: Der deutsche Bauernkrieg. Darmstadt [12]1984, S. 299.
57 Blickle, Peter: Die Revolution von 1525. München / Wien [2]1983, S. 274, 276.
58 Rublack, Gescheiterte Reformation, S. 123.
59 Vgl. Goertz, Hans-Jürgen: Aufstand gegen den Priester. Antiklerikalismus und reformatorische Bewegungen. In: Blickle, Peter (Hrsg.): Bauer, Reich und Reformation. Festschrift für Günther Franz zum 80. Geburtstag. Stuttgart 1982, S. 182–209, hier S. 208.
60 Wohlfeil, Rainer: Einführung in die Geschichte der deutschen Reformation. München 1982, S. 27f.
61 Lau, Franz: Der Bauernkrieg und das angebliche Ende der lutherischen Reformation als spontaner Volksbewegung. In: Luther-Jahrbuch 26 (1959), S. 109–134, hier S. 134.
62 Klein, Thomas: Die Folgen des Bauernkrieges von 1525. Thesen und Antithesen zu einem vernachlässigten Thema. In: Hessisches Jahrbuch für Landesgeschichte 25 (1975), S. 65–116, hier S. 114f.
63 Barton, Peter F.: Variationen zum Thema: Bauernkriege und Reformation. In: Jaspert, Bernd / Mohr, Rudolf (Hrsg.): Traditio – Krisis – Renovatio aus theologischer Sicht. Festschrift Winfried Zeller zum 65. Geburtstag. Marburg 1976, S. 125–142.
64 Zimmermann, Gunter: Die Einführung des landesherrlichen Kirchenregiments. In: ARG 76 (1985), S. 146–168.
65 StAB, B 93, Nr. 20, fol. 259r.
66 StAB, B 86, Nr. 3, fol. 500r.

und dasselbig nit anzeige, so wolle man in an leyb und gutt straffen"[67]. Einwohner des Amtes Döringstadt waren also ausgelaufen, und der Vogt, der vermutlich den alten Glauben selbst ablehnte, hatte sie nicht angezeigt. Auch aus der Pfarrei Marktgraitz sollen – freilich einer späten Nachricht zufolge – um 1540 viele in die benachbarten sächsischen Kirchen gegangen sein[68]. Wie verbreitet insgesamt der Besuch der lutherischen Predigt in einer fremden Pfarrei um diese Zeit war, und ob es zeitliche Schwankungen gab, ist unklar.

Eine Durchsicht der Domkapitelsprotokolle zeigt, daß sich die Bamberger Domherren besonders bis 1528 mit Taten der Untertanen auseinanderzusetzen hatten, die auf deren lutherische Gesinnung schließen ließen; danach erscheinen solche Einträge hingegen bis in die 1550er Jahre recht selten. Daraus darf man freilich nicht folgern, daß der gemeine Mann zur alten Kirche zurückgefunden habe; dem widerspricht das allgemein zu beobachtende Fehlen von Zeichen der Werkfrömmigkeit. Kirchliche Stiftungen blieben aus; Wallfahrten lagen weiterhin danieder; die zerstörte Staffelberg-Kapelle blieb Ruine[69]; Vierzehnheiligen wurde erst 1543 wiedergeweiht[70]. Das Schweigen der Quellen deutet eher darauf hin, daß um 1528 aus unbekannten Gründen der reformatorische Elan einer Indifferenz gegenüber religiösen Fragen gewichen zu sein scheint.

## *4.5. Die Geistlichen*

Von den Pfarrgeistlichen zwischen 1520 und Mitte der 1550er Jahre wissen wir relativ wenig. Von den Altenbanzer Pfarrverwesern, den Pfarrern von Oberbrunn und Döringstadt sind nicht einmal mehr die Namen zu ermitteln; von den übrigen Klerikern im Untersuchungsgebiet kennen wir zwar die Namen und meist auch einige Lebensdaten, ihre religiöse Position bleibt aber im Dunkeln. Zumeist vertraten sie wohl die Standpunkte der katholischen Kirche.

In Altenbanz wurde es dem Protokoll über die erste kursächsische Landesvisitation 1528/29 zufolge „papistisch gehalten"[71], der Pfarrverweser feierte die Messen also nach katholischem Ritus und predigte im Sinn der katholischen Kirche – obwohl der Inhaber der Pfarrei, der Bamberger Domherr Silvester von Rosenau, das Wirken lutherischer Geistlicher in den Filialkirchen von Altenbanz tolerierte, die im sächsischen Territorium lagen[72], und obwohl er gemeinsam mit seinem Bruder die Vikarie in Rosenau einem Priester verliehen hatte, der „an statt der Messen das Evangelium predig"[73]. Noch 1550 scheint der Pfarrverweser von Altenbanz katholisch gewesen zu sein, denn die Gemeinde Herreth beauftragte

---

67 Ebd., Nr. 5, fol. 243r.

68 Siehe unten S. 118.

69 Vgl. Lippert, S. 218; Roth, Elisabeth: Leistungen und Leiden der Staffelsteiner Bürgerschaft. In: BHVB 116 (1980), S. 91–105, hier S. 101 f.

70 Vgl. Lippert, S. 276.

71 Berbig, Visitation, 5, S. 432, 434. – Weshalb das Bamberger Domkapitel im März 1529 mit Rosenau „seins caplanats halben zu Altenbantz handeln" wollte und den Bischof aufforderte, dasselbe zu tun, war nicht zu ermitteln. StAB, B 86, Nr. 3, fol. 509r.

72 Rosenau schob die Entscheidung über die lutherische Predigt in den Altenbanzer Filialkirchen dem Patronatsherrn der Pfarrei, dem Würzburger Dompropst Markgraf Friedrich von Brandenburg zu. Vgl. Berbig, Visitation, 5, S. 433. Gegen die Bestallung evangelischer Geistlicher durch die Gemeinden Gleußen, Rossach und Großheirath unternahm er jedoch nichts; für Scherneck wurde von ihm sogar „in geheym bewilligt [...], jerlich acht guldein anher gein Coburg dem prediger zu uberantworthen, davon eyner zu bestellen sein soll, wochenlich gein Scherneck zu gehn". Ebd., S. 434.

73 Ebd., S. 425.

an seiner Stelle den evangelischen Pfarrer von Gleußen „zu versehung des gottesdinst"; dieser taufte auch die Kinder und traute die Paare[74].

Wie über Altenbanz notierten die kursächsischen Visitatoren auch über Marktgraitz, daß „der ende es [...] papistisch gehalten werde"[75]. Inhaber dieser Pfarrei war Matern von Reitzenstein, der die seelsorgerlichen Aufgaben zeitweilig selbst wahrnahm. Er habe, so schrieb ein Vertreter der Pfarrgemeinde im Jahr 1616, „die innwohner [...] zu seiner päbstischen religion zwingen wollen". Es habe „aber niemand seine predigten besucht"; stattdessen seien seine Pfarrkinder „nach Coburg, Hefstädt[76] und Gestungshaußen [...] zu kirchen gangen und in solcher anzahl, daß auch einsten an einem sontag Reizenstein angefangen zu fragen, wo die leute in so großer menge hin zu marck gehen wolten, welche ihme geantwortet: ‚Ey herr, es gehet niemand zu marck, sondern zur kirchen, die evangelische predigten anzuhören.' Auf welches Reizenstein gesagt: ‚Nun wohlan! Weiln niemand in meine kirche gehen will, so mag ich auch nicht hinein', auch also zu hauß blieben". Im folgenden habe er die Gemeinde vor dem Bamberger Bischof verklagt und „sechs der ältisten männer zu Graiz uf einen wagen sezen [und] gefänglichen nach Bambergk führen" lassen. Da er jedoch den Katholizismus auch auf diesem Weg nicht wieder einführen konnte, resignierte er die Pfarrei[77]; 1544 verzichtete Reitzenstein auf die Pfarrei. Auch wenn der zitierte Bericht nicht in allen Einzelheiten zuverlässig sein mag – schließlich wurde er über sieben Jahrzehnte nach den Ereignissen abgefaßt –, so dürfte er doch in den Grundzügen zutreffen.

Lutheraner sind nur unter den Pfarrern von Marktzeuln[78] und von Schney nachzuweisen. Nach Schney liefen 1526 „etlich von Staffelstain [...] zu der predig"[79]. Damals dürfte bereits Friedrich Schwalb Inhaber dieser Pfarrei gewesen sein, der ab 1515 in Wittenberg studiert hatte. Im Oktober 1528 regte das Bamberger Domkapitel an, der Bischof möge mit dem Würzburger Oberhirten verhandeln; dieser solle „denn prediger zu der Schney hinwegk [...] schaffen" oder bestrafen[80]. Tatsächlich wurde Schwalb kurz darauf vertrieben[81]. Auch 1531 verhaftete der Lichtenfelser Amtmann den Schneyer Pfarrer[82], und 1543 wurde wiederum der Pfarrer – ein ehemaliger Mönch von Langheim – „umb seyner leer [...] willen"[83] festgenommen und der Diözese Bamberg verwiesen[84]. Ob freilich alle Pfarrer von Schney im Zeitalter der Reformation evangelisch waren, ist fraglich. Martin Schnapp, der sie allerdings nicht selbst versah, stand wohl zur alten Kirche, und für dessen Verweser sowie für den förmlich nach Würzburg präsentierten Andreas Kottlin könnte dasselbe gelten.

---

74 StAW, Geistl. Sachen 2648, fol. 208v. – 1583 berichtete der Banzer Abt, daß 40 Jahre zuvor „noch catholische priester zu Altenbantz gewesen" seien. Erstmals habe kurz nach dem Schmalkaldischen Krieg, also wohl 1547, „ein pfarrverweser zu Altenbantz die religion verendert". StAB, B 93, Nr. 26, fol. 194v. Ob er sich freilich halten konnte, ist fraglich.

75 Berbig, Visitation, 4, S. 398.

76 Hofstädten (Sonnefeld).

77 StAC, LA D 1208, fol. 80v. – Ähnlich, allerdings weniger ausführlich StAC, LA D 1322, fol. 7v; BayHStA, RKG 405, Q 3 und 6.

78 Die Anwesenheit eines lutherischen Pfarrers zu erschließen aus der Eingabe der Marktzeulner an den 18er-Ausschuß im Jahr 1525. Sie baten, ihren frommen und gelehrten Pfarrer behalten zu dürfen. Vgl. Dietz, Bauernkrieg, S. 31.

79 StAB, B 86, Nr. 3, fol. 360v.

80 Ebd., fol. 490r.

81 Vgl. Dippold, Schney, S. 148.

82 Vgl. ebd., S. 148f.

83 So die Familie des Pfarrers in einer Bittschrift an Herzog Johann Ernst von Sachsen, der sich für seine Freilassung einsetzen sollte. StAC, LA D 923, fol. 75r.

84 Vgl. Dippold, Schney, S. 149f.

# 5. Kirchliches Leben von der Mitte des 16. Jahrhunderts bis zum Beginn der Gegenreformation

Seit der Mitte des 16. Jahrhunderts mehren sich die Belege für ein blühendes kirchliches Leben lutherischer Prägung. Im Mai 1558 etwa wurde aus dem Landkapitel Ebern – zu dem ja das Untersuchungsgebiet gehörte – dem Bischof von Würzburg berichtet: „Es haben sich iczt die newigkeiten der lütheranischen in allen pfarren des capittels Ebern uberhandt genomen, unnd der mehrer theyl des gemaynen volcks sich unnd noch untherstehett, auß unseren pfarren unnd kirchen thun laufen, von derr alten langwirigen religion communion sich abesunderen, unnd wo wir in die 18 hundert [Kommunikanten] sollen haben, uber vierhundert sich nitt gehorsamlich erzeygen[1], mussen unns auch on unterlaß thun besorgen, wo mann ferner styller schweyge, solcher zwiespalt werde der massen eynbrechen, das wir nit viell catholischerr communicanten werden behalten. Geschicht auch, wo wir in todes nötten zw ihnen werden befordert und das hochwirdig sacrament zw iren krancken tragen, ihnen nach altem christlichen geprauchen oder gewonheyten das mittzutheylen, so verachten sie solchs zw entpfahen, wöllen ehe also sterben, wan solchs sub una specie thun nemen."[2] Auch in der Stadt Bamberg[3], in weiteren süddeutschen Hochstiften[4], im Herzogtum Bayern ist zu beobachten, daß sich seit etwa 1550 „der Protestantismus [...] wieder neu zu Wort meldete"[5].

Für das Wiedererstarken der evangelischen Bewegung waren sicherlich mehrere Gründe verantwortlich, wobei es wohl regionale Unterschiede gab. So dürfte das Interim, das für Bayern von erheblicher Bedeutung war[6], für das Hochstift Bamberg kaum eine Rolle gespielt haben. In Bamberg sah man als Ursache in erster Linie den Markgräflerkrieg von 1552 – 1554. Es sei „menigelichen bewust, wie das gantz bistumb Bamperg im margrevischen krieg mit der ketzerischen leer und gift Lutheri an vilen enden und orten vergiftig worden"[7], erklärte das Domkapitel 1575 dem päpstlichen Nuntius.

Tatsächlich ersetzte Markgraf Albrecht Alcibiades in den okkupierten Ämtern katholische Pfarrer durch evangelische[8]. So übertrug er die Pfarrei Marktzeuln im August 1552 Peter Wölfel aus Kulmbach; nach Marktgraitz schickte er im Mai 1553 Pankraz Reuß, zuvor Präzeptor bei einer adligen Familie. Um dieselbe Zeit, 1552 oder 1553, erhielt auch Altenbanz

1 Diese Zahlen bezogen sich wohl auf die Pfarrei Ebern. Vgl. Kandler, Kirchlauter, S. 152.
2 DAW, Dek. Ebern, Generalia, Einzelakten, Brief von 1558 Mai 27.
3 Vgl. Rublack, Gescheiterte Reformation, S. 85.
4 Vgl. ebd., S. 123f. et passim.
5 Roepke, Claus-Jürgen: Die evangelische Bewegung in Bayern im 16. Jahrhundert. In: Glaser, Hubert (Hrsg.): Wittelsbach und Bayern II/1: Um Glauben und Reich. Kurfürt Maximilian I. München / Zürich 1980, S. 101–114, hier S. 105; vgl. auch Rößler, S. 83, 94, 183 und öfter. – Umstritten ist die Frage, inwieweit die reformatorische Bewegung der 1520er Jahre und der Protestantismus der zweiten Jahrhunderthälfte von denselben Personen oder Familien getragen wurde. Rublack befand, daß eine personale Kontinuität nicht nachweisbar sei. Vgl. Rublack, Gescheiterte Reformation, S. 125. Hingegen konnte Wunder sie an Beispiel einiger Würzburger Bürgerfamilien belegen. Vgl. Wunder, Oberschicht, S. 137f. Rößler ermittelte zwar in der Diözese Freising einige Familien – vor allem aus der Oberschicht –, die sich sowohl in den 1520er Jahren als auch nach 1550 als Lutheraner hervortaten, nimmt aber an, daß es sich hierbei um Einzelfälle handele. „Aufs große und ganze gesehen war aber die evangelische Bewegung der 50er und 60er Jahre ein Neueinsatz." Rößler, S. 183.
6 Vgl. Rößler, S. 184.
7 StAB, B 86, Nr. 12, fol. 122r.
8 Zum Folgenden vgl. Anhang 1.

einen evangelischen Pfarrverweser – einen geflohenen Mönch[9] von Michelsberg –, den wohl die Gemeinde dorthin geholt hatte[10]. Auch in Döringstadt wirkte wohl seit dieser Zeit ein evangelischer Geistlicher[11]. Ob der Rattelsdorfer Pfarrer Johann Müller, der die Pfarrei von 1526 bis 1572 innehatte, katholisch blieb, ist nicht zu klären; sein Kaplan Rudolph Leyß und auch Georg Sauer, der die Pfarrei mehrere Jahre lang verweste, waren Protestanten[12]. Die ritterschaftlichen Pfarreien schließlich, Schney und Oberbrunn, wurden wohl spätestens in den 1550er Jahren auf Dauer mit Lutheranern besetzt – die frühesten Nachweise stammen allerdings erst aus den 1580er Jahren. Nach 1555 beseitigten die Adligen die letzten Reste der bischöflichen Rechte in ihren Pfarreien, etwa auf die geistliche Steuer; die Pfarrer wurden dem Bischof nicht mehr präsentiert[13].

Nach Reckendorf wurde wohl erstmals 1575 ein evangelischer Prediger berufen[14]; der Schloßherr hatte „in seinem hoff ein sommer- oder lusthauß ime zu seiner kirchen erwelt, darein einen altar, taufstein, glockhen, predigstul und andere stühl ordnen lassen“[15], da er ja keine Rechte an der Kapelle des Ortes hatte.

Das Wirken der evangelischen Geistlichen – zu den genannten kamen noch die Pfarrer in ritterschaftlichen Orten der Umgebung und im benachbarten sächsischen Territorium[16] – bestätigte die Untertanen nur in ihrer Abwendung von der katholischen Kirche. Es seien, so schrieben 1558 die katholischen Geistlichen des Kapitels Ebern, „der lütteranischen predicanten umb und neben uns so viell worden, das wir gar unwerdt geacht seint“. Wenn der Würzburger Bischof nicht eingreife, „werden wir hinfurdt wenigk nuczs und besserung schaffen“[17].

---

9 Vgl. DAW, Dek. Ebern, VR 1576, fol. 4r: „religiosus profugus“.

10 Konrad Picker behauptete 1583, er sei „von meinen nachtparn [...] zum ministerio deß heiligen predigampts in die kirchen Altenbanntz beruffen“ worden. AEB, Rep. I, PfA 3, Prod. 3. Zum Termin dieser Berufung vgl. unten S. 403.

11 Erstmals genannt wird ein „predicant zu Durgenstat“ im Mai 1556. StAB, B 86, Nr. 7, fol. 158v. Vgl. auch AEB, Rep. I, PfA 130, Erklärung der Gemeinde von 1585 Jan. 9, wo die Döringstadter angeben, sie hätten die Pfarrei 32 Jahre zuvor nach einer Vakanz „eingenomen“.

12 Vgl. S. 393, 399. – In einer würzburgischen Quelle, entstanden bald nach 1582, heißt es über Rattelsdorf: „Ist seidther des margrevischen kriegs von der catholischen religion kohmen“. DAW, Dekanatsakten, Würzburger Pfarreien im Bamberger Territorium, „Bericht“, fol. 2r.

13 Siehe oben S. 77.

14 Erstmals belegt ist ein evangelischer Geistlicher in Reckendorf im Visitationsprotokoll von 1576. Dort wird berichtet, daß im Vorjahr „Christophorus a Wisenthait [!] constituerit unum praedicantum“. DAW, Dek. Ebern, VR 1576, fol. 3r. Dafür, daß er der erste Schloßprediger war, spricht ein Schreiben des Jahres 1567. Als sich der Baunacher Pfarrverweser beklagte, daß benachbarte Geistliche Kinder aus seiner Pfarrei tauften und Paare trauten, nannte er zwar die Seelsorger in Stettfeld, Rattelsdorf und Rentweinsdorf, aber auffälligerweise nicht den Reckendorfer „Prädikanten“. Vgl. DAW, PfA Baunach, K 2, Fasz. 30, Brief von 1567 Sept. 29.

15 AEB, Rep. I, Nr. 330, fol. 546r (Bericht des Baunacher Pfarrverwesers 1588). – Die Angabe des Schloßherrn von 1663, die Schloßkapelle sei bereits 1546 errichtet worden, trifft wohl nicht zu. Vgl. Barthels, Bd. 1, S. 160 Nr. 1066.

16 Die Pfarrgemeinden Altenbanz und Döringstadt schrieben 1583 dem Herzog von Sachsen-Coburg – verfaßt hatte das Schreiben wohl der Altenbanzer Pfarrverweser –, „vor ettlich unnd dreyßig jharen“ hätten sie „auß dem teglichen lehren unnd predigen“, das im angrenzenden Sachsen „vleißig geliebt worden [sei], so viel berichts empfanngen“, daß sie evangelische Pfarrverweser „erlannget“ hätten. AEB, Rep. I, PfA 3, Prod. 2.

17 Wie Anm. 2.

# *5.1. Die Geistlichen*

## 5.1.1. Rattelsdorf, Döringstadt, Altenbanz, Marktzeuln und Marktgraitz

Während aus vielen Orten im Hochstift Bamberg die „Prädikanten" nach dem Sieg über den Markgrafen wieder verjagt wurden[18], konnten sie sich in den Pfarreien des Untersuchungsgebietes halten, am kürzesten, aber immerhin drei Jahrzehnte lang in Altenbanz, am längsten – bis 1609 – in Marktgraitz und Marktzeuln. (Eine Ausnahme bildete lediglich Baunach, wo 1552/53 kein evangelischer Pfarrer eingesetzt worden war.)

Rattelsdorf, Döringstadt, Altenbanz, Marktzeuln und Marktgraitz standen nicht singulär im Bambergischen da. Auch in Teuschnitz, Windheim und Neukenroth[19] im Frankenwald, in Mainroth und Gärtenroth[20], in den vier Pfarreien, deren Patronatsherr das Kloster Langheim war, – Altenkunstadt, Isling, Kirchlein, Modschiedel[21] –, in Uetzing[22] und in einer Reihe weiterer Ortschaften wirkten jahrzehntelang Protestanten als Pfarrer. Dasselbe beobachten wir mancherorts im Hochstift Würzburg, so in Mürsbach[23], in Gemeinfeld[24] und in Kirchlauter[25].

Die „Prädikanten" konnten sich in den genannten Orten halten, obwohl evangelische Geistliche andernorts vertrieben wurden, sobald ihre Gesinnung bekannt wurde; so wurde 1567 der Staffelsteiner Pfarrverweser auf Betreiben des Bamberger Domkapitels abgesetzt, da er „das hochwirdig sacrament sub utraque specie geraicht" hatte[26]. (Nichtsdestoweniger machte ihn der oberste Dignitär desselben Domkapitels, der Dompropst Michael von Lichtenstein, kurz darauf zu seinem Pfarrverweser in Altenbanz.)

Weshalb evangelische Geistliche auf bestimmten Pfarreien geduldet wurden und auf anderen nicht, ist nicht völlig zu klären; vermutlich lagen die Ursachen ohnehin für jeden Ort etwas anders. Es fällt auf, daß die mit Protestanten besetzten Pfarreien häufig in Grenznähe lagen. Nahmen hier die Fürstbischöfe Rücksicht auf ihre protestantischen Nachbarn? Waren die Gemeinden durch die evangelischen Pfarrer der Umgebung besonders stark beeinflußt, so daß sie sich in ungewöhnlichem Maß für die Berufung bzw. den Verbleib von lutherischen Seelsorgern einsetzten? Im Untersuchungsgebiet kam den meist von den Gemeinden berufenen evangelischen Pfarrern möglicherweise zugute, daß geistliche und weltliche Herrschaft nicht in derselben Hand waren, daß mithin weder der Würzburger noch der Bamberger Bischof selbständig einschreiten konnte, ohne Gefahr zu laufen, Rechte des anderen zu verletzen.

Die Inhaber der Pfarrei Altenbanz tolerierten ihre protestantischen Vertreter ausdrücklich. Johann Gerwig Graf von Schwarzenberg etwa sagte Konrad Picker 1577 zu, er könne

---

18 Vgl. Zeißner, S. 226f.; auch Chroust, S. 597.

19 Vgl. Zagel, S. 51f.; Looshorn, Bd. 5, S. 253f.; Ranzenberger, Werner: Reformation und Gegenreformation in den Pfarreien des Mittleren und Oberen Haßlachgrundes. In: Heimatkundliches Jahrbuch des Landkreises Kronach 15 (1985), S. 95–149, hier S. 105, 107f.

20 Vgl. Kugler, S. 109–115.

21 Vgl. Dippold, Langheim, S. 125–127.

22 Vgl. Kist 5800.

23 Vgl. Barthels, Bd. 1, S. 255f. Nr. 1503, ferner S. 244 Nr. 1459, S. 261 Nr. 1528; auch unten S. 387.

24 Vgl. Klerus des Landkapitels, S. 28 (auch zu Mürsbach).

25 Vgl. Kandler, Kirchlauter, S. 157–159.

26 StAB, B 86, Nr. 9, fol. 339r.

– so Picker einige Jahre später –, „wofern ich mich rühig unnd vleißig verhielte, die zeit meines lebens inn seiner gnaden pfarrverwesung zubringen"[27].

Fleiß und Verzicht auf konfessionelle Polemik scheinen dieser Aussage zufolge wesentliche Voraussetzungen dafür gewesen zu sein, daß die Bischöfe und Domkapitel die „Prädikanten" duldeten. Darum verhielten sich die evangelischen Geistlichen in der Regel so, daß sie der katholischen Obrigkeit kein Ärgernis boten. Wenn 1556 der Döringstadter „predicant" den Bischof und das Domkapitel von Bamberg „iniurirt oder geschmecht oder angetzogen haben soll"[28], dann stellte dies wohl eine Ausnahme dar. Die meisten Pfarrer benahmen sich offenbar so wie Konrad Picker, über den der Abt von Banz 1583 sagte, er sei „fur sein person in publico et familiari colloquio, soviel wir ihne gehört unnd von anndern verstannden, gantz beschaiden". Der Abt konnte sich nicht vorstellen, daß Picker „sich mit jemandt der catholischen unwillen" – d. h. streiten – würde[29]. Und die Gemeinde versicherte dem Würzburger Bischof, ihr Seelsorger habe „zu ieder zeit nach gehaltener predigt" für seine „gluckselige regierung, gesundheit des leibs unnd alle wolfart" beten lassen[30].

Die meisten evangelischen Pfarrer unter nichtadligem Patronat entrichteten die geistliche Steuer an den Würzburger Fiskal. 1561 zahlten die Pfarrer von Altenbanz, Döringstadt und Rattelsdorf das „subsidium charitativum"; nur der Marktzeulner und der Marktgraitzer verweigerten es[31]. Diesen wies der Würzburger Bischof Friedrich von Wirsberg 1569 darauf hin, daß jeder Pfarrer seiner Diözese – unabhängig von der Konfession – die Episkopalien zu zahlen habe[32]. 1578 entrichteten der Marktgraitzer und der Marktzeulner Pfarrer die Abgabe[33]; 1581 jedoch blieben die Zahlungen aus den beiden Orten wieder aus, obwohl sie von den Pfarrern „offt gefordert sein worden"[34]. Spätestens seit 1594 zahlte, möglicherweise unter dem Eindruck der fortschreitenden Gegenreformation, auch der evangelische Pfarrer von Marktgraitz[35] – und wohl ebenso der von Marktzeuln – die geistliche Steuer.

Selbst der Besuch der Kapitelstage blieb für die evangelischen Pfarrer lange verpflichtend. So kamen 1578 die Seelsorger von Mürsbach, Döringstadt, Altenbanz, Marktzeuln und Marktgraitz nach Ebern[36]; nur der Pfarrer von Rattelsdorf wollte „nitt erscheinen"[37]. Vergebens baten die Anwesenden, „ob sie deß capitels möchten erlaßen werden, dann der weeg fheer unnd ihre underthonen ab ihrem abwesen beschwernus haben"; ihr Antrag wurde „rundt abgeschlagen"[38]. Doch von 1581 an kamen lutherische Geistliche nicht mehr nach Ebern auf die Kapitelstage; seit diesem Jahr wurden sie nämlich „von dem dechandt

---

27 AEB, Rep. I, PfA 3, Prod. 3 (Schreiben Pickers an Herzog Johann Casimir von Sachsen-Coburg).

28 StAB, B 86, Nr. 7, fol. 158v.

29 StAW, Geistl. Sachen 2648, fol. 19r; auch StAB, B 93, Nr. 26, fol. 165r.

30 AEB, Rep. I, PfA 3, Prod. 5.

31 Vgl. Klerus des Landkapitels, S. 28. – 1563 zahlten der Pfarrverweser von Altenbanz sowie die Pfarrer von Rattelsdorf und Döringstadt die „episcopalia". DAW, Dek. Ebern, Generalia, Einzelakten, „Verzeichnus, was auß dem capittel Ebern gefallen ist" 1563.

32 Vgl. StAC, LA D 1322, fol. 4r–5r, auch 150r–151v.

33 Vgl. StAW, Geistl. Sachen 2687, „Geystlich irrungen von wegen etlicher pfarren" 1578.

34 DAW, Dek. Ebern, Generalia, Einzelakten, „Verzeichnuß, was auß dem capittel Ebern gefallen ist" 1581. – Damals zahlten der Pfarrer von Rattelsdorf und der Pfarrverweser von Altenbanz, der sich aber weigerte, die Steuer für 1580 zu entrichten, da er erst 1581 aufgezogen war. Der Döringstadter Pfarrer „hatt nün zwey jhar lang nichts geben". – Die Quittungen über die Zahlungen des Rattelsdorfer Pfarrers von 1582 bis 1592 in StAB, B 46 c, Nr. 752.

35 Aus den Jahren 1594 bis 1609 sind Quittungen des Würzburger Fiskals erhalten. Vgl. StAB, B 46 c, Nr. 529.

36 Vgl. DAW, Dek. Ebern, VR 1578, fol. 6v–7r.

37 Ebd., fol. 8r.

38 Ebd., fol. 7r.

nicht beschriben". Er hielt die Anwesenheit der „luterischen predicanten" für „nicht rathsam [...], dieweil sy mher dahin khomen und das gespöt treiben als nutz schaffen"[39].

Dennoch verhielt sich mancher evangelische Geistliche loyal gegenüber der Diözese Würzburg. 1595 etwa berichtete der Pfarrer von Marktgraitz – sicher nicht ohne Eigennutz – dem Eberner Dekan von Übergriffen bambergischer Beamter, „damit [...] dem bistumb Wurtzburg nichts entzogen" werde[40]. Der Marktzeulner Pfarrer datierte die Einträge in das Kirchenbuch seit 1584 nach dem Gregorianischen Kalender, den die Protestanten im allgemeinen ablehnten[41]. Daß der Altenbanzer Pfarrverweser seine Gemeinde für das Wohlergehen des Fürstbischofs beten ließ, wurde bereits erwähnt.

Wer waren nun die evangelischen Pfarrer im Untersuchungsgebiet im einzelnen, und wie wurden sie berufen?

Die Pfarrei Altenbanz hatten in der zweiten Hälfte des 16. Jahrhunderts wie seit langem Domherren inne. Auf den Bamberger Dompropst Michael von Lichtenstein, dem sie spätestens 1563 übertragen worden war, folgte 1574 der Würzburger Domherr Johann Gerwig Graf von Schwarzenberg, der die einträgliche Pfarrei bis zu seinem Tod 1608 behielt. Die Seelsorge in Altenbanz übten unter ihnen vom katholischen Glauben abgefallene Priester aus: ab 1552/53 der geflohene Benediktiner Konrad Picker, dann Valentin Schreiber, der in Würzburg zum Priester geweiht worden war, ab 1568 Michael Wieder, zuvor Pfarrverweser in Staffelstein, und schließlich wieder Picker, bis er 1583 vertrieben wurde. Diese Verweser wurden offenbar – abgesehen von der ersten Anstellung Pickers – nicht durch die Gemeinde, sondern durch den Pfarrer berufen und eingesetzt[42], der dadurch die Wünsche der überwiegend, wenn nicht ganz evangelischen Pfarrgemeinde berücksichtigte.

In Döringstadt setzte der Altenbanzer Pfarrer Michael von Lichtenstein auf Vorschlag der Gemeinde[43] spätestens 1563 Picker als Pfarrer ein; wieso dieser die Verweserstelle in Altenbanz für diese Pfarrei aufgab, ist unklar. 1573 übertrug Lichtenstein die Pfarrei Döringstadt Veit Müller, der in Prag die Priesterweihe empfangen hatte, und verpflichtete ihn, „ut profiteretur ibidem confessionem Augustanam". So fiel Müller vom katholischen Glauben ab, in dem er erzogen worden war und den er bis dahin vertreten hatte. 1576 erklärte er, er würde, wenn Graf Schwarzenberg es befehle, wieder zum Katholizismus zurückkehren[44]. Ihm folgten Pickers Sohn Jakob und Christoph Thumler als Pfarrer. Von 1587 an berief nicht mehr der Altenbanzer Pfarrer, sondern die Gemeinde den Döringstadter Pfarrer. Der Pfarrer

---

39 Ebd., VR 1581, fol. 36r.

40 Ebd., Generalia, Einzelakten, Schreiben von 1595 Aug. 8.

41 Vgl. AEB, Kbb. Marktzeuln, Bd. 1. Zur Kalenderreform und ihren Folgen in Franken allgemein Vogt, Eduard: Die Einführung des Gregorianischen Kalenders im Hochstift Bamberg. Phil. Diss. (masch.). Erlangen 1924; Wendehorst, Alfred: Die Folgen der Einführung des Gregorianischen Kalenders für das Wirtschaftsleben besonders in Franken und Schwaben. In: Schneider, Jürgen (Hrsg.): Wirtschaftskräfte und Wirtschaftswege. Festschrift für Hermann Kellenbenz. II: Wirtschaftskräfte in der europäischen Expansion. Stuttgart 1978 (Beiträge zur Wirtschaftsgeschichte 5/II), S. 381–391.

42 Vgl. StAB, A 232, Nr. 3637, fol. 20r: 1568 ließ nach dem Tod Wieders der Vogt von Döringstadt „auß bevelich mein gnediger herr [!] [des Bamberger Dompropstes Michael von Lichtenstein] die eltesten, auch gemein unnd heilligemeister in bemelter pfarre [Altenbanz] [...] fordern unnd ihnen den pfarrer zu Dhuringstadt augenscheinlich furgestelt, das er solliche pfarre bis uff einnen neuen anngeenden pfarrverwese[r]n mit allen pfarrlichen rechten verrichten [...] solle, unnd sie gebetten, ein cleine zeit gedult zu tragen". Einige Wochen später wurden der neue Verweser durch Beauftragte des Dompropstes eingeführt und „pfarrhoff unnd kirchen besichtiget".

43 Pickers Sohn wurde zwischen 1581 und 1583 von der Gemeinde „angenomen wie die vorige pfarrer". Durch zwei Gesandte bat er den Grafen Schwarzenburg um „seinen schutz [...], darauf der graff ine eingesezt". AEB, Rep. I, PfA 130, Erklärung der Gemeinde von 1585 Jan. 9.

44 DAW, Dek. Ebern, VR 1576, fol. 4r.

Gregor Thesernicus mußte 1590 fliehen, da er mit seiner Magd die Ehe gebrochen und sie das von ihm gezeugte Kind ermordet hatte; Johann Georg Offen starb nach kurzer Amtsdauer; Johann Ruckhard schließlich wurde 1593 vertrieben.

Auf die Pfarrei Rattelsdorf präsentierte 1572 der Michelsberger Abt den Priester Georg Sauer, der sie bereits einige Jahre lang für seinen Vorgänger verwest hatte und vermutlich schon nicht mehr katholisch war. Nach zehn Jahren kündigten ihm der Würzburger Bischof und der Abt die Pfarrei auf. Die Gemeinde setzte daraufhin den Protestanten Johann Heroldt als Pfarrer ein, der sich noch ein Jahrzehnt halten konnte.

Nach Marktzeuln berief Markgraf Albrecht Alcibiades Peter Wölfel, der in Leipzig den Grad eines Magisters erworben hatte; dieser starb nach etwa zwei Jahren. Seine beiden Nachfolger, Konrad Gerber und Johann Haselmann, setzte 1554 bzw. 1573 die Gemeinde „nach gethaner probpredigt"[45] ein, ohne sie nach Würzburg zu präsentieren. Nicht anders verhielt es sich in Marktgraitz: Den ersten evangelischen Pfarrer führte der Markgraf in sein Amt ein, die späteren Pfarrer, Rochius Mayer (ca. 1589) und Christoph Thumler (1600), holte die Gemeinde nach Marktgraitz. Mayer wurde, nachdem die Gemeinde ihn berufen hatte, nach Kulmbach gesandt, wo ihn das markgräfliche Konsistorium prüfte und danach ordinierte[46]. Der Archidiakon von Eggolsheim[47], der Patronatsherr beider Pfarreien, nutzte sein Präsentationsrecht zwischen ca. 1550 und 1609 nicht. Die Gemeinde Marktzeuln konnte so nach 1609 leicht das Patronat beanspruchen, indem sie darauf verwies, sie habe seit über 50 Jahren ohne Widerspruch des Archidiakons ihre Pfarrer berufen. Die Marktgraitzer behaupteten, der Pfarrer Matern von Reitzenstein habe „die pfarr Graitz sampt der geistlichen jurisdiction" gekauft und durch seine Resignation „ipso facto seine gerechtigkeit, so er an selbiger pfarr gehapt haben mag, den Graitzern würcklichen [...] uberlassen"[48].

Insgesamt sind aus dem Untersuchungsgebiet 16 evangelische Pfarrer bekannt (die ritterschaftlichen nicht mitgezählt). Bei elf von ihnen ist der Herkunftsort bekannt: Nur Christoph Thumler und Jakob Picker stammten aus dem Untersuchungsgebiet selbst. Aus der Umgebung kamen Peter Wölfel (Kulmbach), Johann Haselmann (Burgkunstadt) und Johann Georg Offen (Coburg); auch die meisten der Pfarrer unbekannter Herkunft dürften in der Obermainregion zu Hause gewesen sein. Eine Reihe der „Prädikanten" stammte aus weiter entfernten Orten: Valentin Schreiber aus Hendungen, Johann Ruckhard aus Hüttenheim, Michael Wieder aus Marienberg in Sachsen, Rochius Mayer aus Heidelberg und Gregor Thesernicus aus dem schlesischen Bunzlau. Von nur sechs Pfarrern kennen wir den Studienort, was nicht heißt, daß die übrigen keine Universität besucht hätten. Vier hatten in Jena studiert, drei in Wittenberg und einer in Leipzig[49]; einen akademischen Grad hatte nur Wölfel erworben[50]. Ehemalige katholische Priester waren wenigstens fünf der 16 Pfarrer.

Neben ihren eigenen Pfarrkindern betreuten die „Prädikanten" gelegentlich auch Protestanten in katholisch besetzten Nachbarpfarreien. So ging 1580 der Pfarrer von Döringstadt sogar nach Staffelstein, um eine hochschwangere Bürgersfrau zu besuchen und in ihrem

45 BayHStA, RKG 405, Q 3.

46 Vgl. ebd. – Hier heißt es zwar, dies sei „fast jedes mahlß" geschehen, doch war Thümler bereits ordiniert; er war ja vor 1600 schon in Döringstadt und in Schlettach Pfarrer gewesen.

47 Im Untersuchungszeitraum waren folgende Domherren Archidiakone von Eggolsheim: Kaspar von Berg (1543 – 1559), Johann Philipp von Seckendorf (ab 1559, wohl bis 1572), Johann Veit von Würtzburg (ab 1572). Vgl. Kist, Domkapitel, S. 84; Wachter 9424, 11285.

48 BayHStA, RKG 405, Q 3, ähnlich Q 6, wo sogar behauptet wird, Reitzenstein habe „expressis verbis" auf seine Rechte verzichtet.

49 Zwei Pfarrer hatten an zwei Universitäten studiert, Wölfel und Haselmann.

50 Nach seiner Amtszeit in Döringstadt wurde auch Thesernicus zum Magister promoviert.

Haus Gottesdienst zu feiern[51]. Der Rattelsdorfer Pfarrverweser taufte um 1567 Kinder aus dem Baunacher Sprengel[52].

Das Verhältnis der katholischen Geistlichen der Umgebung zu den „Prädikanten“ war dann schlecht, wenn diese den pfarrlichen Rechten ihrer altgläubigen Nachbarn Abbruch taten. Daneben aber finden wir Hinweise auf einen gutnachbarlichen Verkehr. Ein Beispiel hierfür ist der katholische Pfarrer von Lichtenfels, Michael Lang († 1598)[53]. Er ließ sich vom Altenbanzer Pfarrverweser trauen[54]; im Lichtenfelser Kirchenbuch erscheint der Pfarrer von Schney als Zeuge bei einer von Lang vollzogenen Trauung[55]; 1589 setzte sich Lang dafür ein, daß der Sohn dieses Schneyer Pfarrers die Nachfolge seines Vaters antreten dürfe[56]. Der Marktzeulner Pfarrer traute 1592 den katholischen Pfarrer von Modschiedel[57].

## 5.1.2. Baunach

Die einzige Pfarrei des Untersuchungsgebietes, die – soweit wir wissen – nie von einem evangelischen Geistlichen versehen wurde, war Baunach. Diese Pfarrei hatte spätestens seit 1548 Johann Schreiber aus Lichtenfels inne, der die seelsorgerlichen Aufgaben wohl selbst wahrnahm; er war damit der erste Pfarrer seit Jahrzehnten, der seiner Residenzpflicht nachkam. Quellen über seine Amtsführung liegen nicht vor. Daß er in seinem Testament Exequien für sich anordnete[58], deutet auf seine katholische Gesinnung hin. Auf ihn folgte 1562 ein Bamberger und Würzburger Domherr, Simon von Berg, der die Pfarrei wohl bis zu seinem Tod 1580 behielt. Danach wurde sie Alexander Schott von Schottenstein, einem Kapitular am Würzburger Ritterstift St. Burkard, verliehen. Als er gestorben war, übertrug der Propst von Holzkirchen die Pfarrei dem langjährigen Verweser Liborius Frankenhausen.

Unter Simon von Berg sind vier Pfarrverweser nachzuweisen. Über die drei ersten, Johann Freich, Johann Strobel und Johann Pirkheimer, ist nichts Näheres bekannt. Sie dürfen als Katholiken gelten, scheinen aber zuweilen Ärgernis erregt zu haben. Strobel etwa, der sich durchaus für den Erhalt des katholischen Glaubens in seiner Pfarrei eingesetzt zu haben scheint, wurde wegen seines „ubelhaltens und unpriesterlichen lebens und wandels“ die Verweserstelle aufgekündigt[59]. Als sich 1570 der Pfarrverweser – ob es noch Pirkheimer war, ist ungewiß – und der Kaplan übereinander beschwerten, stellte der Eberner Dekan abfällig fest: „So mans beym licht besicht, so ist eyner wie der ander“[60].

Ab 1576 wird Kaspar Bertelmann als Seelsorger genannt. Er war ins Kloster Langheim eingetreten, hatte es – wohl eigenmächtig – verlassen und bereits mehrere Pfarreien in der Diözese Würzburg versehen. 1578 charakterisierten ihn die bischöflichen Beauftragten auf dem Eberner Kapitelstag als „ein fheine person, mediocriter doctus, aber contract und krankh“[61]. Ganz anders beurteilte ihn sein Nachfolger, Liborius Frankenhausen, als er sich

51 Vgl. StAB, B 86, Nr. 13, fol. 452r.
52 DAW, PfA Baunach, K 2, Fasz. 30, Brief von 1567 Sept. 29.
53 Über ihn vgl. Wachter 5937.
54 Vgl. DAW, Dek. Ebern, VR 1576, fol. 4r.
55 Vgl. AEB, Kbb. Lichtenfels, Bd. 1.
56 Vgl. Dippold, Schney, S. 151.
57 Vgl. AEB, Kbb. Lichtenfels, Bd. 1, Trauungen, fol. 25v; auch Dippold, Langheim, S. 129.
58 Vgl. DAW, Testamente, Abt. I, Sch 84 1/2. – Zu den „rechten erben“ seines Besitzes setzte er „die pauperes Christi“ ein.
59 DAW, PfA Baunach, K 2, Fasz. ohne Nr., Konz. von 1567 Okt. 18.
60 DAW, Dek. Ebern, Generalia, Einzelakten, Brief von 1570 Mai 10.
61 DAW, Dek. Ebern, VR 1578, fol. 3v.

in einem Schreiben an die geistlichen Räte in Würzburg über die Forderungen beklagte, die Bertelmanns Konkubine nach dessen Tod erhob. Diese Frau sei „der catholischen religion gentzlichen zuwider“ und empfange die Kommunion „bey den lutheranern“; Bertelmann habe es ihr gestattet. Mit ihm habe sie „ein vermeinte ehe gehabt“. (Dies hätte, wenn es der Wahrheit entsprach, im späten 16. Jahrhundert keine Ausnahme dargestellt; nicht wenige katholische Geistliche heirateten ihre Konkubine[62].) Aber auch Bertelmann selbst war Frankenhausen zufolge vom Katholizismus abgewichen. „One vorwissen unnd erlaubtnuß deß ordinarii“ habe er „teutsch getauft, den catechismum Lutheri in der kirchen mit der jugent offentlichen exercirt, alle processiones und walfarten und vil andre catholische gebreuch fallen unnd abgehen lassen“. Auf diese Weise habe er „dem lutheranismo zimlichen daß fenster aufgethan“[63].

Als Bertelmann gestorben war, setzte Simon von Berg den bereits erwähnten Liborius Frankenhausen als Pfarrverweser ein. Dieser stammte aus Erfurt, hatte an der dortigen Universität studiert und bereits an einigen Orten in den Bistümern Bamberg und Würzburg als Kaplan und als Pfarrer gewirkt. Er sei, so pries ihn 1578 der Michelsberger Abt, „der reinen lher untadelhafftig und von guten sitten“[64]. Auch Simon von Berg bescheinigte ihm, er sei „ein guter concionator, alß er von meniglich gelobt wirdt“. Stets habe er „der chatholischen religion durchauß gemeß sich [...] stiell und eingetzogen, darob meniglich gefallens getragen, verhalten“[65]. In Baunach freilich lebte er wie sein Vorgänger im Konkubinat – ohne allerdings „ergernuß“ zu erregen – und hatte wie dieser Kinder. Abgesehen davon erschien er „in claidung unnd wandel priesterlich“[66] und setzte sich für die Gegenreformation ein.

Über die Kapläne wissen wir noch weniger als über die Pfarrverweser; sie haben, soweit wir sie kennen, als katholisch zu gelten. Nur für einen von ihnen gibt es einen vagen Hinweis darauf, daß er dem Protestantismus nahegestanden haben könnte: Im Nachlaß des 1563 verstorbenen Engelmessers Georg Schmit, der 1555 als Kaplan genannt wird, fand sich unter den wenigen Büchern eine „postil“ des württembergischen Reformators Johann Brenz[67].

## 5.1.3. Schney, Oberbrunn und Reckendorf

Über die ritterschaftlichen Pfarrer im Untersuchungsgebiet ist wenig bekannt. Sicher ist, daß sie nicht auf Kapitelstagen zu erscheinen und keine geistliche Steuer zu zahlen hatten, denn die Adligen hatten die Rechte des Bischofs in ihren Pfarreien nach 1555 beseitigt.

Bei Berufung der Pfarrer waren die Gemeinden – anders als in den übrigen evangelisch besetzten Pfarreien des Untersuchungsgebietes – wohl nicht beteiligt; allenfalls mußte ihnen der vom Patronatsherrn vorgesehene Geistliche eine Probepredigt halten. In Oberbrunn lag das Recht, den Pfarrer ein- oder abzusetzen, offenbar allein in den Händen des Patronatsherrn, eines Herrn von Giech; in Reckendorf bestimmte der Schloßherr den „Prädikanten“, den ersten 1575[68].

---

62 Vgl. z. B. Dippold, Langheim S. 129, 131.
63 DAW, PfA Baunach, K 2, Fasz. 30, undat. Brief (Präs. 1580 Aug. 3).
64 StAB, B 110, Nr. 34, fol. 23r.
65 DAW, PfA Baunach, K 2, Fasz. 30, Brief von 1579 Mai 29.
66 DAW, Dek. Ebern, VR 1590 (II), fol. 57r.
67 DAW, PfA Baunach, K 1, Fasz. 11, Inventar von 1563 Mai 12.
68 Siehe oben S. 120

In Schney stand den Marschalk von Ebneth das Patronat zu; jedoch beanspruchten die Herren von Schaumberg – seit 1503 im Besitz des dortigen Schlosses – in der zweiten Hälfte des 16. Jahrhunderts das Recht, den Pfarrer einzusetzen. So übertrug zwischen 1559 und 1579 Hans Paul von Schaumberg die Pfarrei Johann Wieland nach einer vor ihm gehaltenen Probepredigt; Wolf Heinrich Marschalk verhaftete daraufhin Wieland, übertrug ihm aber schließlich die Pfarrei. Nach Wielands Tod 1589 kam es zum Streit zwischen den beiden Adelsgeschlechtern, der erst nach 16 Monaten beigelegt wurde; während dieser Zeit drohte dem (marschalkischen) Pfarrer zumindest für einige Monate die Festnahme durch die Herren von Schaumberg[69]. Schließlich gestanden die Marschalk den Schaumberg zu, daß ein von ihnen empfohlener Kandidat – vorausgesetzt, er sei eine „zum gaistlichen standt und lehrambt genugsamb qualificirte persohn" und „den Marschalcken nit entgegen" – „vor ein andern angenommen" werde. Dabei mußten die Schaumberg aber jedesmal bestätigen, „daß solches auß keiner gerechtigkeit, sondern auß freundtschafft beschehe"[70].

Wie die übrigen evangelischen Pfarrer des Untersuchungsgebietes, vielleicht sogar in einem höheren Maß, kümmerten sich die ritterschaftlichen Geistlichen um Protestanten in katholisch besetzten Pfarreien der Umgebung. Viele Lichtenfelser liefen im späten 16. Jahrhundert nach Schney aus; Paare heirateten dort nach Erlaß des Ehemandats, das die Kommunion sub una specie zur Voraussetzung für die Trauung machte[71]. Der Reckendorfer Prediger entfaltete in der Pfarrei Baunach seine seelsorgerliche Tätigkeit[72]. In Oberbrunn kamen auch Mürsbacher[73] und – zumindest einmal im Jahr, zum Kommunionempfang – Staffelsteiner[74].

Von den Reckendorfer Schloßpredigern des 16. Jahrhunderts ist dem Namen nach nur einer bekannt: Georg Schlehenstein aus Weimar, der von 1578 bis 1596 in Reckendorf wirkte.

In Oberbrunn wird 1582 Heinrich Pauter aus Marktzeuln, der in Wittenberg studiert hatte, als Pfarrer genannt. Er war wohl identisch mit dem Pfarrer, den Sigmund von Giech 1585 entlassen hatte, weil er in Döringstadt „baptiziert unnd predicirt" hatte[75]; ob der Adlige so Streitigkeiten mit den Bischöfen von Bamberg und Würzburg entgehen wollte oder ob er vielleicht verärgert war, daß der Pfarrer über seiner Tätigkeit in Döringstadt seine eigenen Pfarrkinder vernachlässigte, ist unbekannt. Ihm folgte der bereits erwähnte Konrad Picker nach, der die Pfarrei etwa 25 Jahre lang versah. Dann wurde der Pfarrerssohn Johann Fleischmann aus Guttenberg, der die Universität Jena besucht hatte, zum Pfarrer berufen.

Für Schney kennen wir die Pfarrerreihe von 1589 an. Bis 1629 waren hier vier beim Amtsantritt recht junge Geistliche tätig: Andreas Günther aus Burgkunstadt, Nikolaus Stier aus Eisfeld, Lorenz Karl aus Döringstadt und Michael Blechschmidt aus Neustadt bei Coburg. Die drei erstgenannten hatten in Wittenberg studiert, Stier außerdem in Jena, Karl in Leipzig; Blechschmidt hatte die Universität Jena besucht.

---

69 Vgl. Dippold, Schney, S. 151–153.

70 BayHStA, RKG 11319, Q 6.

71 Vgl. Dippold, Schney, S. 153, 155; zum Ehemandat siehe oben S. 48.

72 Im Visitationsprotokoll für das Kapitel Ebern von 1576 heißt es über den Reckendorfer „Prädikanten": „multum detrimenti [...] facit et spargit in subditos parochi in Baunach". DAW, Dek. Ebern, VR 1576, fol. 3r.

73 Vgl. DAW, Dek. Ebern, Generalia, Einzelakten, Brief von 1588 Jan. 11.

74 Vgl. StAB, L 47 Staffelstein, Nr. 6, fol. 68v.

75 AEB, Rep. I, PfA 130, Brief von 1585 Febr. 23.

## 5.1.4. Die Inkuratbenefizien

Die Frühmesse Baunach war von 1543 an – wohl bis 1592 – in der Hand des Bamberger Domherrn Pankraz von Rabenstein. Die dortige Engelmesse hatte Georg Schmit bis zu seinem Tod 1563 inne. Er war vermutlich der letzte Kleriker im Untersuchungsgebiet, der sein Inkuratbenefizium „hauptamtlich" versah, für den es also nicht nur eine zusätzliche Einnahmequelle war. 1566 präsentierte der Rat auf die Engelmesse Burkhard Matthäus Zimmermann aus Trunstadt – er stammte also nicht, wie es die Konfirmationsurkunde forderte, aus Baunach –, der die Priesterweihe in Salzburg empfangen hatte und ein Benefizium an der Bamberger Judenkapelle besaß. Zimmermann resignierte seine Baunacher Pfründe aber bereits nach einem Jahr. Über die Besetzung der Engelmesse kam es um diese Zeit zum Streit zwischen dem Würzburger Fiskal und dem Baunacher Rat. Schließlich erhielt in den 1570er Jahren der Pfarrverweser Kaspar Bertelmann die Pfründe; ihm folgte Frankenhausen als Inhaber.

Wie die Baunacher Engelmesse waren mehrere Inkuratbenefizien an den Pfarrer oder Pfarrverweser des Ortes oder an Seelsorgegeistliche der Umgebung verliehen: Die Frühmesse in Ebing hatte seit 1545 der jeweilige Rattelsdorfer Pfarrer inne, dem Baunacher Pfarrverweser Liborius Frankenhausen wurden 1579 die Rattelsdorfer und 1585 die Reckendorfer Frühmesse übertragen. Diese hatte bis 1579 Bertelmann, dann der Pfarrer von Pfarrweisach besessen. Die Rattelsdorfer Frühmesse hatte bis 1558 Georg Rupp innegehabt, der ebenso wenig wie seine Nachfolger in Rattelsdorf gewohnt hatte; dann war sie Johann Schwindt verliehen worden. 1566 war dem Frühmesser – vielleicht noch Schwindt – die Pfründe genommen worden, da er geheiratet hatte. 1569 hatte Georg Schneider aus Ebing das Benefizium erhalten; seit 1577 hatte sich der Würzburger Fiskal gegen den Widerstand des Michelsberger Abtes bemüht, sie einem anderen Geistlichen zu verleihen.

Die Einkünfte der Frühmesse Oberbrunn zogen die Herren von Giech an sich[76]. Das gleiche versuchte die Gemeinde Lauter: Im September 1577 hatten die Lauterer „die fruemeß doselbsten nun ettlich jahre ingehabt unnd genossen"[77]; mit dem Ertrag bezahlten sie den Pfarrer von Oberhaid, damit er regelmäßig bei ihnen predigte und Gottesdienst feierte[78]. Der Würzburger Bischof verlieh sie jedoch dem Baunacher Pfarrverweser. Nach dessen Tod nahm wieder die Gemeinde die Gefälle der Frühmesse ein[79]. Ungewiß ist, was aus der Marktzeulner Frühmesse wurde[80].

---

76 Vgl. DAW, Dek. Ebern, VR 1576, fol. 4v.

77 DAW, PfA Baunach, K 2, Fasz. 31, Konz. von 1577 Sept. 7.

78 Vgl. ebd., Brief von 1578 Mai 16 und Abschrift eines undat. Briefes der Gemeinden Ober- und Unterhaid an den Bischof von Bamberg.

79 Vgl. DAW, Dek. Ebern, VR 1581, fol. 34r; auch AEB, Rep. I, Nr. 330, fol. 546v (1588): Dem Baunacher Pfarrverweser zufolge hatte der Bischof von Würzburg gegen „ein gewöhnliches jehrlichs commend der frühmeß einkommen [...] der gemeind [...] eingereumbt". Dagegen behauptete der Würzburger Bischof 1590 – die Gemeinde nahm immer noch den Ertrag der Pfründe ein –, es fehle der „consensus ordinarii". Looshorn, Bd. 5, S. 216.

80 Bereits 1621 fragte der Würzburger Geistliche Rat in Bamberg nach, „wohe die frühemeß zu Zeuln hinkomme, dan sie solche in ihren registern finden". Die Bamberger Räte gaben die falsche Auskunft, es sei „auß der frühemeß ein pfarr gemacht worden". AEB, Rep. I, Nr. 744, fol. 322r.

## 5.2. Die Gläubigen

Über die Glaubenshaltung der Untertanen[81] sind wir am besten für die Pfarrei Baunach unterrichtet. Dort lebte in der zweiten Hälfte des 16. Jahrhunderts noch eine beträchtliche Anzahl von Katholiken, die jedoch stetig kleiner wurde. Verantwortlich für diese Entwicklung war der Einfluß evangelischer Geistlicher in der Nachbarschaft. So beklagte sich der Baunacher Pfarrverweser 1567 beim Würzburger Fiskal, „was fur irung unnd eintrag sich die neue sectischen, so unnser catholischen religion nit gemeß, umb Baunach herumb mein mir bevolgene pfarvolckh in irsal einfuren". Die Pfarrer von Stettfeld, Rattelsdorf und Rentweinsdorf tauften Kinder in der Pfarrei Baunach und trauten Paare. Nur die wenig einträglichen Beerdigungen lehnten sie ab. Er sitze, so der Pfarrverweser von Baunach, „in medio luporum", so daß er „mue und arbaidt" habe, um das Volk beim katholischen Glauben zu halten[82]. Zu den genannten evangelischen Geistlichen, die in der Pfarrei Baunach tätig wurden, kam um 1575 noch der Schloßprediger von Reckendorf. Viele Kinder aus den Filialorten würden, so der Baunacher Pfarrverweser im Jahr 1588, „dem praedicanten zu Reckhendorf [...] zugebracht unnd von ihme getauft". Er müsse „nit mit geringem vertruß sehen unnd leidten, das er [der Reckendorfer Prediger] ahn scheu in marckh Baunach offtermals eingehet und alda den begerenden sein vermeintes sacrament raichet"[83]. Obendrein war 1588 und 1590 der Baunacher Schulmeister „nit catholisch"[84].

So sank unter den folgenden Pfarrverwesern die Zahl der Katholiken weiter: Hatte Bertelmann 1576 noch über 200 Kommunikanten[85], so waren es zwei Jahre später nur mehr 114[86]; Frankenhausen schrieb dies – wie erwähnt – lutherischen Neigungen seines Vorgängers zu. Aber auch als mit Frankenhausen ein engagierter Priester die Pfarrei seelsorgerlich betreute, stieg die Zahl derer nicht, die die Kommunion nach katholischem Ritus empfingen, – im Gegenteil: 1581 zählte man lediglich 84[87], 1590 gar nur 46. Die anderen waren „all luterisch"[88].

Die Gemeinde Lauter war 1581 wohl ganz evangelisch; jedenfalls hatte der Baunacher Pfarrverweser von dort keinen Kommunikanten. Die Einwohner lehnten auch ab, daß der Kaplan von Baunach einmal wöchentlich zelebrieren wollte, „sagen, es sey die meß nicht nutz", und öffneten ihm die Kapelle nicht[89]. Stattdessen ließen sie sich vom Oberhaider Pfarrer – einem Protestanten[90] – „mit predigen und andern ceremonien [...] umb ein jherliche

---

81 Wenn hier und im folgenden von der Glaubenshaltung oder dem Bekenntnis der Untertanen gesprochen wird, dann darf nicht übersehen werden, daß im religiösen Volksleben des 16. Jahrhunderts vielerorts Mischformen zu beobachten waren; so nahmen Protestanten mitunter an Prozessionen teil. Grundlegend Zeeden, Ernst Walter: Die Entstehung der Konfessionen. Grundlagen und Formen der Konfessionsbildung im Zeitalter der Glaubenskämpfe. München / Wien 1965; fränkische Beispiele bei Schubert, Gegenreformationen, S. 288f. Nichtsdestoweniger bekannten sich die Untertanen eindeutig zu der einen oder anderen Konfession; Ausdruck dieses Bekenntnisses war die Kommunion, die die meisten einmal im Jahr empfingen: die Protestanten von einem evangelischen Geistlichen in der Gestalt von Brot und Wein, die Katholiken sub una specie.

82 DAW, PfA Baunach, K 2, Fasz. 30, Brief von 1567 Sept. 29.

83 AEB, Rep. I, Nr. 330, fol. 542r.

84 Ebd., fol. 543r; auch DAW, Dek. Ebern, VR 1590 (I), fol. 40v; StAB, ex J 3, Nr. 20, Prod. 14. – 1590 stand seine Entlassung offenbar bevor. Vgl. Looshorn, Bd. 5, S. 216.

85 Vgl. DAW, Dek. Ebern, VR 1576, fol. 3r.

86 Vgl. ebd., VR 1578, fol. 4r.

87 Vgl. ebd., VR 1581, fol. 34r.

88 Ebd., VR 1590 (I), fol. 40v.

89 Ebd., VR 1581, fol. 34r.

90 Vgl. StAW, Geistl. Sachen 2687, undat. „Vertzeichnuß ethlicher irthumb unnd mengell".

besoldung versehen"[91]. Auch über die Reckendorfer beklagte sich der Baunacher Pfarrverweser 1588, daß, wenn der Kaplan dort Messe feiere, „aufs meinst neben dem kirchner über vier personen in die kirchen nit kommen, offtermals wol auch gar niemandts"; es laufe „jederman dem [...] praedicanten zu"[92].

In den übrigen Pfarreien, die mit evangelischen Geistlichen besetzt waren, lebten wohl bis zum Beginn der fürstbischöflichen Katholisierungsmaßnahmen keine Katholiken oder allenfalls eine verschwindend kleine Minderheit. Im Banzgau gab es beim Amtsantritt des Banzer Abtes Johann Burkhard 1575 nur einen einzigen Mann, der die Kommunion sub una empfing; bis 1594 war die Zahl der Katholiken durch die Wirksamkeit des Abtes und wohl auch des katholischen Pfarrers von Altenbanz (ab 1583) „uf die 100 und ezlich 30" gestiegen[93]. Die Entwicklung ging also, verglichen mit Baunach, wo die Zahl der Protestanten stieg, hier in die gerade umgekehrte Richtung. In Döringstadt waren 1598 – trotz gegenreformatorischer Maßnahmen – „noch all lutterisch, außgenommen vogt, sein fraw und schulmayster"[94]. Andernorts fehlen Hinweise auf Katholiken ganz.

Für die Auswirkungen auf das religiöse Leben liegen nur wenige Quellen vor. In Baunach hatte der Pfarrverweser die Letzte Ölung zwischen 1579 und 1588 kein einziges Mal „administrirt"; sie sei, so berichtete er, „leider sehr in verachtung gerathen"[95] – offenbar sogar bei den Pfarrkindern, die die Kommunion unter einer Gestalt empfingen. In Marktzeuln wurden zwar „etliche legat zum gotshauß" gestiftet. Jedoch „haben die stiffter, weiln sie lutterisch geweßen, keines jahrtags, auch viel weniger seelenmeß zu halten begehrt"[96]. Stiftungen erfolgten hier – und sicherlich auch in anderen Orten des Untersuchungsgebietes – also „nicht mehr unter dem Gesichtspunkt der ‚guten Werke' für das eigene Seelenheil, sondern, so wie einst in der Antike, um der öffentlichen Wohlfahrt zu dienen"[97].

## *5.3. Die Kirchen und Kapellen*

Das evangelische Bekenntnis der meisten Geistlichen und Untertanen schlug sich auch in den Kirchenbauten nieder. Filialkirchen, die keinen Zweck zu erfüllen schienen, verfielen. So erging es namentlich der Hl.-Grab-Kapelle bei Lettenreuth, in der der Marktgraitzer Pfarrer noch bis etwa 1547 viermal im Jahr Gottesdienste gefeiert hatte[98]. Im folgenden, als nichts mehr „von den capelnen [...] gehalten unnd der heiligen anruffung, meßhalten unnd andere ceremonien verdamblich geachtet" wurden, zerstörten „gotlose leut", besonders aus dem Sächsischen, „die ziegel auf dem dach, die fenster, bilter unnd schöne daffel [...] bey nacht unnd tag"[99]. Bereits 1577 war die „cappellen gantz paufellig"[100]. Einige liturgische

---

91 DAW, PfA Baunach, K 2, Fasz. 31, Abschrift eines undat. Briefes der Gemeinden Ober- und Unterhaid an den Bischof von Bamberg.
92 AEB, Rep. I, Nr. 330, fol. 546r.
93 StAB, B 93, Nr. 26, fol. 355r.
94 DAW, Dek. Ebern, VR 1598, fol. 62r.
95 AEB, Rep. I, Nr. 330, fol. 542r.
96 StAB, B 49, Nr. 233/II, fol. 433v.
97 Liermann, Hans: Handbuch des Stiftungsrechts. 1. Bd.: Geschichte des Stiftungsrechts. Tübingen 1963, S. 163.
98 Vgl. StAB, B 76/XVIII, Nr. 8, zweite Blattzählung, fol. 159v. – Noch 1532 stellte der Lichtenfelser Forstmeister Bauholz „zu besserung der capelln zum heylligen grab" zur Verfügung. StAB, A 231, Nr. 38652, „hingeben holtz vonn forstgerechtigkeyt, auch gnaden wegen".
99 AEB, Rep. I, PfA 335, Prod. 5, „Heilig grab anlangendt" (Aufzeichnung wohl aus dem frühen 17. Jahrhundert).
100 StAB, B 76/XVIII, Nr. 8, fol. 160v.

Gefäße, Geräte und Bücher gelangten in die Marktzeulner Pfarrkirche, die Glocke ins Dorf Lettenreuth[101].

Auch die Beinhaus-Kapelle in Döringstadt wurde nicht mehr gottesdienstlich genutzt; 1596 war darin aber noch „ein altar sampt einer tafel und vil stülen“ zu sehen[102]. Der Überkum-Kapelle in Baunach fehlten 1588 ihre zwei Glocken und die Fenster[103]. Baufällig war die Geracher Kapelle im Jahr 1600[104]. Ähnlich wirkten 1612 die Filialkirchen in Wiesen und Eggenbach[105].

Die Tafeln von zwei Seitenaltären in der Ebinger Kapelle wurden verschlossen; ein anderer Neben- sowie der Hochaltar waren 1593 „spolirt“[106]. In der Marktgraitzer Pfarrkirche waren noch 1624 „die alter [...] alle prophanirt“[107]. In Döringstadt war 1612 von einem Altar „das golt abgesprungen“, einen anderen schmückten nur „bose bilter“, die „altartucher“ waren zerrissen[108], obwohl der allgemeine Bauzustand der Kirche als gut eingeschätzt wurde.

Dem großen spätgotischen Baubestand, der erhalten ist, stehen nur wenige Teile von Kirchen gegenüber, die in der Zeit von etwa 1520 bis 1590 entstanden sind. Dazu zählen das Langhaus der Marktzeulner Pfarrkirche von 1541, der dortige Turmhelm, der 1589 aufgesetzt wurde[109], der Turm der Schneyer Pfarrkirche, den Hans Paul von Schaumberg 1587 errichten ließ[110], die Kanzel von 1591 in der Überkum-Kapelle zu Baunach[111].

Dabei führten die Gemeinden an ihren Pfarrkirchen durchaus Baumaßnahmen durch, insbesondere solche, die der Erhaltung dienten. Die Baunacher hatten vor 1588 „zur renovation der pfarrkirchen“ viel gegeben[112]. Die Gemeinde Döringstadt erklärte 1585, sie habe 32 Jahre zuvor „kurchen unnd pfarrhof eingenomen, solche bede gebessert unnd gebaut auf iren costen“[113]; die Pfarrkirche erschien 1606 denn auch „wol gebaut“[114]. Denselben Eindruck machte wenige Jahre später die Marktzeulner Kirche[115]. Die Gemeinden wandten also Geld und Mühe für ihre Pfarrkirchen auf, dagegen nichts oder kaum etwas für Altäre und für Kapellen.

Zu den Charakteristiken evangelischer Kirchenbauten gehörte die große Zahl von Emporen. In Marktzeuln wurde, vermutlich in der zweiten Hälfte des 16. Jahrhunderts, sogar eine „pohrkirchen in dem chor“ aufgerichtet; sie sollte 1624, da sie „nichts nuz“ sei, nach dem Willen der Bamberger Regierung beseitigt werden[116].

---

101 Wie Anm. 99.
102 StAB, B 93, Nr. 27, fol. 73r.
103 Vgl. AEB, Rep. I, Nr. 330, fol. 545r.
104 Vgl. DAW, Dek. Ebern, VR 1600 (I), fol. 73v.
105 Vgl. ebd., VR 1612 (II), fol. 2r.
106 StAB, B 110, Nr. 35, pag. 97.
107 AEB, Rep. I, Nr. 343, fol. 210r. – Vgl. auch DAW, Dek. Ebern, VR 1610 (II), fol. 233v: „Die altär zerrißen.“
108 DAW, Dek. Ebern, VR 1612 (II), fol. 2r.
109 Vgl. Breuer, S. 123. – Schon 1532 hatte der Lichtenfelser Forstmeister Stämme „zu besserung der kirchen zu Zewln“ ausgegeben. StAB, A 231, Nr. 38653, „Hingeben bawholtz von forstrechts und genaden wegen“.
110 Vgl. Dippold, Schney, S. 166f.
111 Vgl. Mayer, S. 22.
112 AEB, Rep. I, Nr. 330, fol. 545r.
113 AEB, Rep. I, PfA 130, Erklärung der Gemeinde Döringstadt von 1585 Jan. 9.
114 DAW, Dek. Ebern, VR 1606 (I), fol. 210r.
115 Vgl. ebd., VR 1612 (II), fol. 2v.
116 StAB, B 49, Nr. 233/II, fol. 434v. – 1616 hatte der Pfarrer bereits nach Bamberg berichtet, seine Kirche sei „mit bohrkirchen gar sehr verderbt, das also auch uber den hohen choralthar ein bohrkirchen und zu celebrirn nit sicher“. AEB, Rep. I, Nr. 742, fol. 304v.

# 6. Die Gegenreformation in den bambergischen Orten

## *6.1. Die Vertreibung der evangelischen Geistlichen*

### 6.1.1. Die Vertreibung des Altenbanzer Pfarrverwesers und die Errichtung der Pfarrei Herreth

1577 wurde der Altenbanzer Pfarrverweser Konrad Picker nach Würzburg zitiert. Vermutlich versuchte die Würzburger Regierung damals bereits, die evangelischen Seelsorger aus den nicht-ritterschaftlichen Pfarreien zu vertreiben, denn der Fiskal forderte im selben Jahr den Michelsberger Abt auf, den lutherischen Pfarrer von Rattelsdorf „zu ehester gelegenheit ab[zu]schaffen“[1]. Geistliche Räte verhörten Picker, wie er einige Jahre später selbst schrieb, „inn verdacht einer secten“. Zu seiner Absetzung führte diese Vorladung nach Würzburg nicht; der Inhaber der Pfarrei, Johann Gerwig Graf von Schwarzenberg, versprach seinem Verweser sogar, er dürfe diesen Posten zeitlebens behalten[2].

Ende Januar 1583 gebot ihm der Würzburger Bischof jedoch, die Pfarrei bis zum 22. Februar aufzugeben; entsprechende Schreiben erhielten die Pfarrer von Rattelsdorf und Mürsbach sowie Pickers Sohn, der Pfarrer von Döringstadt[3]. Zweimal bat die Pfarrgemeinde Altenbanz den Bischof von Würzburg vergeblich, Picker als „eine alte unvermögliche verlebte persohn“ – tatsächlich war er etwa 53 Jahre alt und lebte noch über 25 Jahre – ihren Seelsorger bleiben zu lassen[4]; ebenfalls vergeblich riefen die Pfarrkinder und Picker selbst den Herzog Johann Casimir von Sachsen-Coburg um Hilfe an[5]. Zwar setzten sich der Statthalter und Räte zu Coburg[6] für den Verbleib Pickers ein, doch wies Echter ihr Begehren zurück; sein Vorgehen entspreche dem Religionsfrieden[7].

Am 20. März 1583, wenige Tage vor dem Osterfest, traf in Altenbanz als bischöflicher Beauftragter Georg Schweikhard, geistlicher Rat und Chorherr am Stift Haug zu Würzburg[8], ein, begleitet von dem Keller und dem Zentgrafen von Ebern und zwei Berittenen[9], um den vorgesehenen Priester als Pfarrverweser einzusetzen. Er stellte ihn den eingepfarrten Gemeinden vor. Über deren Reaktion berichtete Schweikhard in Würzburg: „Ob gleich woll diese gemainen siech erstlich hart widersetzet unnd iren alten pfarhern, so nit der alten leere religion, sonder der Augspurgischen confession, zu behalten begeret unnd die kirchen mitnichten zu offnen woll zulassen, so habens doch lestlich [!] lassen gescheen“[10].

---

1 AEB, Rep. I, PfA 393, Konz. von 1577 Juli 15; vgl. auch StAB, B 49, Nr. 153, Fasz. 8, Prod. 11.
2 Vgl. AEB, Rep. I, PfA 3, Prod. 3.
3 Vgl. ebd., Prod. 1f.
4 Ebd., Prod. 1, auch 4.
5 Vgl. ebd., Prod. 2f.
6 Der Herzog war noch nicht volljährig, führte die Regierung also noch nicht selbst. Über die vormundschaftliche Landesregierung vgl. Heyl, Zentralverwaltung, S. 37–42.
7 Vgl. AEB, Rep. I, PfA 3, Prod. 4 und 7.
8 Lic. theol. Schweikhard aus Dillingen studierte als würzburgischer Alumnus in Ingolstadt, war 1587 Generalvikar und starb 1616. Vgl. Specker, S. 76 Anm. 18.
9 Vgl. AEB, Rep. I, PfA 130, Brief von 1583 März 25.
10 AEB, Rep. I, PfA 3, Prod. 8.

Der neue Pfarrverweser war Melchior Banfelder, der zuvor als Pfarrer in Unsleben gewirkt hatte. Seine Pfarrkinder bereiteten ihm zunächst wohl Schwierigkeiten. Banfelder wäre, so schrieb der Banzer Abt Anfang 1585, „zeitlich ausgerissen [...], wan ich ihne nit mit guetem glimpf unnd ernst schutz gehalten" hätte[11]. „Einen harten standt" habe er gehabt, notierte Banfelder selbst im Jahr 1587[12]. 1590 jedoch soll die Pfarrgemeinde „mit seiner lehr wol zuefriden" gewesen sein[13]. (Nach zehn Jahren in Altenbanz fiel er dann vom katholischen Glauben ab und wurde Pfarrer im Coburgischen.)

Picker hatte gewarnt, daß im Fall seiner Absetzung „nach dem gemeinen rueff die vornehme negstgeseßenne adeliche geschlechte ihren zu dieser pfarr gehörigen unterseßen besonndere predicaturen aufrichten [...] wolten"; daraus könnten leicht „zwispalten unnd zerrüttung nachtbarlicher tranquillitet [...] ervolgen"[14]. Wirklich meldete schon am 18. April 1583 Banfelder nach Würzburg, daß die Einwohner von Herreth sowie die Herren von Schaumberg und von Stein – als Grundherren – „fürhabens" seien, dieses Dorf aus der Pfarrei „zu ziehen"[15]. Der abgesetzte Pfarrverweser, der nach Rossach im Fürstentum Sachsen-Coburg übersiedelt war[16], predige in Herreth bereits „uff alle son- und feyertäg"[17]. Echter wurde aktiv: Den Banzer Abt forderte er auf, den „Prädikanten" – falls möglich – zu vertreiben[18], dem Keller von Ebern befahl er, Picker sein Vorgehen zu verbieten[19], und auch den Herren von Schaumberg und von Stein muß der Bischof geschrieben haben[20].

Abt Johann Burkhard sah die Angelegenheit zunächst gelassen: Picker werde von den Einwohnern von Herreth besoldet, also gehe „der pfarr Altenbantz [...] an ihren intraten nichts ab", ausgenommen die Stolgebühren aus Herreth. Im übrigen betrage sich der abgesetzte Pfarrverweser bescheiden und werde nicht mit Katholiken streiten. Aber der Abt verbot immerhin seinen Hintersassen in Herreth, „dem neugedingten pfarrer" auch nur „das geringste zu geben"[21]. Dennoch leisteten die banzischen Hintersassen in Herreth ihren Beitrag zur Besoldung, bis es ihnen der Abt 1587 erneut verbot[22].

Die Tätigkeit Pickers erschwerte die Hinführung der Altenbanzer Pfarrgemeinde zum katholischen Glauben, denn viele werden die Gottesdienste und Predigten ihres ehemaligen Seelsorgers in Herreth besucht haben. Er hätte „ohne diesen eintrag [...] auditores gnugsam gehabt", beklagte sich Banfelder schon im April 1583[23].

Nachdem Sigmund von Giech Konrad Picker 1585 zum Pfarrer von Oberbrunn bestellt hatte, wurde – offenbar durch die Herren von Schaumberg und von Stein – Johann Köhler aus Schney „zu einem predicanten gehn Herret angenommen [und] ime in einem gemeinen heußlein herberig verschafft"[24] – es handelte sich um das für den Flurwächter vorgesehene Haus –, während Picker ja in Rossach gewohnt hatte. Hans Paul von Schaumberg zu

---

11 AEB, Rep. I, PfA 130, Brief von 1585 Febr. 23.
12 Ebd., Brief von 1587 April 9.
13 DAW, Dek. Ebern, VR 1590 (II), fol. 57v. Zu Banfelder vgl. Anhang 1.6.2.
14 AEB, Rep. I, PfA 3, Prod. 3 (an Herzog Johann Casimir von Sachsen-Coburg).
15 AEB, Rep. I, PfA 130, Brief von 1583 April 18.
16 Vgl. StAW, Geistl. Sachen 2648, fol. 18v; StAB, B 93, Nr. 26, fol. 165r.
17 AEB, PfA 130, Brief von 1583 April 18.
18 Vgl. StAW, Geistl. Sachen 2648, fol. 1r–v.
19 Vgl. ebd., fol. 4r.
20 Ihre Antwort ebd., fol. 9r–11r.
21 Ebd., fol. 18r–19r; auch StAB, B 93, Nr. 26, fol. 164r–165v.
22 Vgl. StAW, Geistl. Sachen 2648, fol. 25r. – Vgl. auch ebd., fol. 22r–v (1593): „Wiewol nun meine unterthanen ire hilf ein zeit lang mit gelaistet, hab ich doch selches nach erfarung abgestrickt und verbotten" (auch StAB, B 93, Nr. 26, fol. 336v).
23 AEB, Rep. I, PfA 130, Brief von 1583 April 18.
24 StAW, Geistl. Sachen 2648, fol. 22r; auch StAB, B 93, Nr. 26, fol. 336r.

Schney, der über die Bestallung Köhlers mit dem Banzer Abt verhandelt hatte, erklärte, „das der abt gesagt haben soll, er lasse geschehen, das man ein pfarrherrn annehme“[25].

Zu Auseinandersetzungen zwischen Banz und Würzburg einerseits und den Adligen und ihren Hintersassen andererseits kam es erst im Frühjahr 1593. Da das Wohnhaus des „Prädikanten“ baufällig geworden war, planten die Gemeinde und ihre adligen Grundherren den Bau eines Pfarrhauses. Um das notwendige Geld zu beschaffen, verkauften die Herrether einige Gemeindegrundstücke. Dies rief den Abt auf den Plan, denn der Verkauf von Weideflächen schädigte[26] seine Hintersassen[27] (und auf diese Weise mittelbar das Kloster). Er forderte sie daher auf, dafür zu sorgen, daß der Verkauf rückgängig gemacht werde. Die banzischen Untertanen waren in der Gemeinde aber in der Minderheit und konnten sich folglich nicht durchsetzen[28].

Im folgenden schlossen die Gemeinde- und die Heiligenmeister von Herreth einen Vertrag mit einem „werckman“, wohl einem Zimmermann. Das alte Haus wurde abgebrochen, der Bau eines Pfarrhauses begonnen[29], an dem sich nach dem Willen der schaumbergischen und der steinischen Hintersassen auch ihre banzischen Nachbarn beteiligen sollten – täten sie es nicht, so drohten die ritterschaftlichen Untertanen, würden ihnen ihre Gemeinderechte gesperrt[30]. Nachdem eine Beschwerde des Abtes bei den Herren von Schaumberg und von Stein[31] erfolglos geblieben war, schickte er den Vogt von Gleusdorf mit einem Notar aus Ebern nach Herreth. Dort gebot der Vogt in Gegenwart der Gemeinde „mit heller lauter stim unnd mit einem steinwurf, den er zur hausthur hinein in solchen newen baw gethan, [...] solchen baw nicht zu machen, auch ferner nichts daran zu arbeiten“. Darauf wandte sich Köhler an die Gemeinde: Die Einwohner sollten Vogt und Notar nicht „von statten lassen“, bis die adligen Grundherren benachrichtigt seien. Die Dorfmeister erklärten, „diser baw stundte uff der gemein unnd wer von gemeinem unchosten uffgebauet worden,

25 StAW, Admin. 18345, fol. 140v. Einem anderen Zeugen zufolge habe der Abt „weder ja noch nein darzu sagen wollen“. Ebd., fol. 242r. Beide Stellen auch in BayHStA, RKG 2407, Q 15.

26 Einen weiteren Schaden sah der Abt im April 1593 darin, daß das Haus des Flurschützen, „der die feldung, wisen, gehultz etc. teglichen umbgeen und bewaren mussen“, als Wohngebäude des „Prädikanten“ genutzt und dieser für jenen vorgesehene Besoldung erhielt; denn so war „der flur unbehüttet“, Schädigungen waren zu befürchten. StAW, Geistl. Sachen 2648, fol. 52v; auch StAB, B 93, Nr. 26, fol. 341v. Entsprechend argumentierte der banzische Anwalt 1594. Vgl. BayHStA, RKG 2407, Q 5.

27 Nicht die Anwesenheit des „Prädikanten“ löste also den Streit aus. So schrieb der Abt im Mai 1593 an die Adligen: „Doe ir für euere unterthane [...] je eines andern pfarrern bedürftig, seindt wier für dißmal euch mas oder ordnung zu geben nit bedacht, jedoch das ein solches uff eueren und der eurigen uncosten und verlag bescheht“. StAB, B 93, Nr. 26, fol. 342v; auch StAW, Geistl. Sachen 2548, fol. 192r. – Ob das Verhalten des „Prädikanten“ den Konflikt verschärfte, ist fraglich; die Ereignisse am 1. Juli 1593 lassen es immerhin als möglich erscheinen. Auch sagte ein Einwohner von Herreth 1595 aus: „Weil er, pfarrherr, jetzo hero dem h[errn] abt zu nahe geredt, sei der streit erfolget“. Auch ein anderer Mann sah den Grund für den Streit darin, „das der jetzige pfarrherr zu Herreth ine, h. abten, uff der cantzel alßo geschendt unnd geschmehet haben soll“, und meinte: „Hette der pfarrherr den abt zu Bantz ungescholten gelassen, so dörfte es darzu nicht kommen sein“. StAW, Admin. 18345, fol. 140v, 85r, 88v; auch BayHStA, RKG 2407, Q 15. Diese Aussagen wurden freilich von Zeugen gemacht, die die Adligen im Prozeß vor dem Reichskammergericht aufgeboten hatten.

28 Vgl. StAW, Geistl. Sachen 2648, fol. 22r–23v; auch StAB, B 93, Nr. 26, fol. 336r–337r.

29 Vgl. StAW, Geistl. Sachen 2648, fol. 49r–50r, 60r. – Das begonnene Pfarrhaus wurde am 1. Juli 1593 wie folgt beschrieben: „Der baw [...] hat ein stockwerck, ligt forne, so die stuben und kuchen seindt, uff der maurn des kirchhoffs, darunder das thor, dardurch man uff den kirchhoff unnd zur kirchthur gehet, inwendig des kirchhoffs stehet daß hinder theil [...] uff acht hultzerin seuln, die stehen frey, das man umb ein iede gehen kan“. Das Haus war 36 Werkschuh lang und 27 breit; es umfaßte fünf Räume: Wohnstube, Küche, „studierstüblein“ sowie zwei Kammern. Türen, Fenster, Öfen und Bänke fehlten damals noch. BayHStA, RKG 2407, Q 2; auch StAW, Geistl. Sachen, fol. 197v–198r.

30 Vgl. ebd., fol. 52r, auch 54r; auch StAB, B 93, Nr. 26, fol. 341r.

31 Vgl. StAB, B 93, Nr. 26, fol. 342r–343r; auch StAW, Geistl. Sachen 2648, fol. 191v–192v.

darein hette der abbt uff Bantz nichs zu sprechen"[32]. Nach anderthalb Stunden ließen die Herrether den Vogt und den Notar gehen.

Im folgenden wandte sich der Banzer Abt an das Reichskammergericht und erwirkte unter Vorlage des Instruments, das der Notar über die „nunciatio novi operis" ausgefertigt hatte, ein Mandat, das den Adligen und der Gemeinde Herreth gebot, auf ihre Kosten alles zu beseitigen, was seit dem 1. Juli am Pfarrhaus gebaut worden war; zugleich wurden sie vor das Gericht geladen[33]. Die Herren von Schaumberg und von Stein leisteten dem Mandat Folge und stellten im Dezember 1593 den Bauzustand vom 1. Juli wieder her[34].

Vor dem Reichskammergericht beantragte der Prokurator der adligen Familien[35] im Juni 1594 eine commissio ad futuram rei memoriam[36]; Zeugenaussagen sollten beweisen, daß die Gemeinde Herreth berechtigt sei, einen evangelischen Geistlichen anzustellen und ein Haus für ihn zu bauen[37]. Im Mai 1595 wurden dann die 16 Zeugen im Alter zwischen 34 und 88 Jahren förmlich vernommen[38].

Um mit dem Bau des Pfarrhauses fortfahren zu können, boten die Herren von Schaumberg und von Stein dem Banzer Abt eine Sicherheit an: Falls der Bau vom Reichskammergericht als unrechtmäßig beurteilt werde, würden die beiden Familien ihn wieder abbrechen; für den Fall, daß sie sich weigern sollten, stellten sie Bürgen, die versprachen, das Pfarrhaus nötigenfalls auf eigene Kosten abzureißen[39]. Der Abt wies dieses Angebot freilich als nicht ausreichend zurück, da die Gemeinde daran nicht beteiligt war[40]. Ein neues Angebot legte im September 1598 – der Bau ruhte seit mittlerweile vier Jahren – die Gemeinde vor: Die Einwohner würden das Pfarrhaus, wenn das Gericht dem Abt Recht gäbe, auf ihre Kosten abbrechen; als Kaution stellten sie den Gemeindewald[41]. Doch wieder lehnte Banz ab[42].

So konnte das Pfarrhaus nicht fertiggestellt werden; noch 1624 war die Streitsache vor dem Reichskammergericht nicht entschieden[43]. Die Anwesenheit des „Prädikanten", der für Herreth und die Einöde Merkendorf die Aufgaben eines Pfarrers erfüllte, im Dorf konnte dadurch allerdings nicht verhindert werden. Er wohnte als Beständner in einem Haus, das schaumbergisches oder steinisches Lehen war[44].

---

32 BayHStA, RKG 2407, Q 2; auch StAW, Geistl. Sachen 2648, fol. 197r–v. – Den Text der „nunciatio novi operis" hatte der Bamberger Rat Dr. Carl Vasold formuliert. Vgl. ebd., fol. 64r–v, 194v–195v, ferner 66r.

33 Das Mandat datiert vom 2. Nov. 1593. Vgl. BayHStA, RKG 2407, Q 1; auch StAW, Geistl. Sachen 2648, fol. 200v–202v, 276r–279r. – Zur Rechtssituation vgl. Dick, S. 88–90, 282 Anm. 790.

34 Vgl. StAW, Geistl. Sachen 2648, fol. 423r–v; BayHStA, RKG 2407, Q 3.

35 Dr. Johann Godelmann († 1616). Vollmachten für ihn: BayHStA, RKG 2407, Q 4 und 8. – Über ihn vgl. Groh, Familienverhältnisse, S. 154 f.; ders., Besitzverhältnisse, S. 52 f.

36 Vgl. BayHStA, RKG 2407, Q 7; auch StAW, Geistl. Sachen 2648, fol. 205v–207r, 304r–305v, 431r–432r, 434r–436r. Allgemein Dick, S. 169, 339 Anm. 662.

37 Vgl. die articuli probatorii ad futuram rei memoriam: BayHStA, RKG 2407, Q 9; auch StAW, Geistl. Sachen 2648, fol. 207r–210v.

38 Vgl. BayHStA, RKG 2407, Q 15; StAW, Admin. 18345.

39 Vgl. BayHStA, RKG 2407, Q 8a; StAW, Geistl. Sachen 2648, fol. 300r–301v.

40 Vgl. BayHStA, RKG 2407, Q 12.

41 Vgl. ebd., Q 22; StAW, Geistl. Sachen 2648, fol. 372r–374r, auch 364r–370r, 477r–480r.

42 Der banzische Anwalt begründete die Ablehnung mit einem Hinweis auf die seiner Meinung nach falsche Behauptung der Gemeinde, der Abt habe kein Recht am Gemeindeholz. Vgl. BayHStA, RKG 2407, Q 25; StAW, Geistl. Sachen 2648, fol. 379r–381v, 492r–494r.

43 Vgl. ebd., fol. 767r–v. – Unentschieden war sowohl der Streit um die Rechtmäßigkeit des Baues als auch der Streit, ob das Kautionsangebot der Adligen und der Gemeinde ausreichend war.

44 Vgl. ebd., fol. 528r.

## 6.1.2. Die Vertreibung des Pfarrers von Döringstadt

Zur selben Zeit wie seinem Vater, im Januar 1583, wurde dem Döringstadter Pfarrer Jakob Picker geboten, von seiner Pfarrei abzuziehen[45]. Ebenso wie für seinen Vater verwandten sich für ihn die Pfarrgemeinde und die Coburger Regierung[46], jedoch ohne Erfolg. Einen Tag, nachdem Schweikhard den katholischen Pfarrverweser in Altenbanz eingesetzt hatte, sollte er auch in Döringstadt einen Katholiken als Pfarrer einführen.

Der 21. März[47] 1583 verlief für den würzburgischen Rat freilich ganz anders als der Vortag. Die Döringstadter hatten von den Vorgängen in Altenbanz erfahren und auf dem Kirchturm einen Wachposten stationiert. Dieser läutete beim Herannahen der würzburgischen Kommission die Glocken, so daß die Gemeinde sich versammelte[48]. Als Schweikhard den bischöflichen Befehl, die Kirche zu öffnen und den anwesenden Priester als Pfarrer anzuerkennen, verlesen hatte, erklärte der Vogt[49], sie wollten „leib, leben, alles darauf setzen, kein in die kirchen [zu] lassen". Der Bischof sei nicht berechtigt, „daß er etwaß in irer kirchen zu ordnen oder anzustellen hab" oder einen Pfarrer einsetzen könne. Schweikhard berichtete später, er habe „gar gutte wort mussen ausgeben", um unversehrt „von innen [zu] khomen"[50]. Unverrichteter Dinge mußte er abziehen. Die Gemeinde erklärte ihr Verhalten dem Bamberger Dompropst – damals hatte dieses Amt der Bischof von Augsburg, Marquard vom Berg, inne – einige Tage später. Sie hätten das Begehren Schweikhards abgelehnt, da kein Befehl der weltlichen Obrigkeit vorgelegen habe, Graf Schwarzenberg den Pfarrer eingesetzt habe und „der platz der kürchen von der gemain dazu gegeben" worden sei[51].

Echter wandte sich an den Bamberger und an den Augsburger Bischof, sie sollten bei der Einführung eines katholischen Pfarrers helfen. Doch beide lehnten ab: Der Bamberger Oberhirte beteuerte, er könne in Döringstadt nichts tun, da hier der Dompropst die Obrigkeit innehabe; ferner wolle er schon wegen des „reichs zustandt unnd sorglichen geschwinden leuften in religionssachen" nicht eingreifen[52]. Außerdem war er wohl verärgert, daß der Würzburger Bischof ungefragt im bambergischen Territorium tätig geworden war[53]. Aus Augsburg wurde Echter mitgeteilt, daß der Dompropst in Döringstadt weder die hohe Obrigkeit noch „gaistliche jurisdiction" habe und daher „dieser sachen sich nit beladen" könne[54]; erneut angeschrieben[55], erklärte er den Bischof von Bamberg für zuständig[56]. Weitere Briefe des Würzburger Bischofs nach Bamberg blieben unbeantwortet[57].

---

45 Vgl. AEB, Rep. I, PfA 3, Prod. 1.
46 Vgl. ebd., Prod. 2 und 4.
47 Die Gemeinde nannte als Tag des gescheiterten Einsetzungsversuches den 20. März. Vgl. AEB, Rep. I, PfA 130, Brief von 1583 März 25.
48 Vgl. StAB, ex J 3, Nr. 225, Fasz. 2, fol. 19r.
49 Vgl. ebd., fol. 19r–v.
50 AEB, Rep. I, PfA 3, Prod. 8.
51 AEB, Rep. I, PfA 130, Brief von 1583 März 25; auch in StAB, B 46 c, Nr. 538.
52 AEB, Rep. I, PfA 130, „Extract bambergischer resolution" von 1583 April 16.
53 Vgl. StAB, B 46 c, Nr. 538, undat. Konz. eines Briefes vom Bamberger an den Würzburger Bischof, der nicht abgesandt wurde.
54 Ebd., „Augspurgischer einschlus" von 1583 April 7; auch StAB, B 49, Nr. 33, Prod. 1.
55 Vgl. AEB, Rep. I, PfA 130, Konz. von 1583 Mai 2.
56 Vgl. ebd., Brief von 1583 Juni 8. – 1592 bemerkte der Bamberger Dompropst Wolf Albrecht von Würtzburg, sein Vorgänger habe „die sachen von sich geschoben". StAB, ex J 3, Nr. 225, Fasz. 2, fol. 22v.
57 Vgl. ebd., Konz. von 1583 Juni 6, Juli 10, Okt. 24.

Im September 1584 – in Bamberg regierte mittlerweile Ernst von Mengersdorf – unternahm Julius Echter einen erneuten Vorstoß. Ernst und sein Vorgänger hätten ihn bisher vertröstet; der Bamberger Oberhirte solle endlich einen Tag benennen, an dem ein katholischer Geistlicher in Döringstadt eingesetzt werden könne[58]. Doch Bamberg hielt den Würzburger Bischof erst hin[59] und verwies ihn schließlich an den Dompropst und an den Grafen Schwarzenberg als Patronatsherrn[60]. Als Echter nochmals auf Unterstützung drängte[61], brachte Bischof Ernst die Angelegenheit vor sein Domkapitel – ein Zeichen dafür, welch großes Gewicht er ihr zumaß. Er sah sich, nachdem er „dieser sachen mit vleis nachgedacht und erwogen" hatte, in einer Zwickmühle: „Wofern man dem stiefft Würtzburg die begerte einsatzung gentzlich verwaigern und abschlagen würde", böte das bei katholischen Ständen ein schlechtes Bild. Würde man Echter „aber [...] hierinen wilfaren, so offendirte man das haus Sachssen"[62]. Mit Billigung der Domherren schrieb der Bischof[63] schließlich nach Würzburg, er habe in der Kanzlei keine Unterlagen gefunden, wie man früher verfahren sei; er befürchte Schwierigkeiten mit den Untertanen; eine gewaltsame Einsetzung könne leicht den Nachbarn „gedenken mahen". Deshalb solle der Würzburger Bischof den Pfarrer allein einsetzen; den Untertanen könne er ja den letzten Brief aus Bamberg – als Beweis für die Zustimmung ihres Landesherrn – vorlegen[64].

Am 3. Dezember 1584 schickte Bischof Julius wieder seinen Rat Georg Schweikhard nach Döringstadt[65]; wieder öffnete ihm die Gemeinde die Kirche nicht. Beamte aus Bamberg waren nicht anwesend, und der dompropsteiliche Vogt erklärte von vornherein, „er woll siech deren sachen nichts annemen", und war nicht bereit, die Untertanen zum Gehorsam anzuhalten. Zum zweitenmal mußte Schweikhard ohne Ergebnis abziehen. „Gott woll, das wir nit mehr wider einander sehen", rief ihm eine Gruppe von Döringstadtern nach[66]. Doch dieser Wunsch blieb unerfüllt.

Denn schon wenige Tage später forderte der Würzburger den Bamberger Bischof wieder zur Hilfe auf; am 9. Januar 1585 sollte nun der Pfarrer eingeführt werden[67]. Das Domkapitel riet Bischof Ernst zu einem Vorschlag an Echter: „Umb verhüttung willen allerley empörung und aufruhr" solle der „itzige lutherisch predicant [...] ad tempus vitae aldo gelassen" werden. (Dies hätte das Problem um Jahre hinausgeschoben.) „Do sich dan der todtsfall mit ime begeb und zutrüg", wolle Bamberg „gerne zu einsatzung eines catholischen priesters behülflich sein"[68]. Doch Ernst lehnte in seiner Antwort an den Bischof von Würzburg lediglich gewaltsames Vorgehen ab; der geplanten Einführung widersprach er

58 Vgl. StAB, B 46 c, Nr. 538, Brief von 1584 Sept. 15; Konz. in AEB, Rep. I, PfA 130.
59 Vgl. ebd., Postskript von 1584 Okt. 10; Konz. von 1584 Okt. 29.
60 Vgl. ebd., Postskript von 1584 Nov. 16; Konz. in StAB, B 46 c, Nr. 538. – Vor seinem Domkapitel erklärte Bischof Ernst zu diesem Schreiben, er habe „die verrichtung [...] vom stiefft Bamberg durch schriefften abwenden wöllen". StAB, B 86, Nr. 17, fol. 160v.
61 Vgl. StAB, B 46 c, Nr. 538, Brief von 1584 Nov. 24; Konz. in AEB, Rep. I, PfA 130.
62 StAB, B 86, Nr. 17, fol. 161r.
63 Konzipiert hatte das Schreiben der Rat Dr. Achatius Hüls. Vgl. ebd. Über Hüls vgl. Krieg, Thilo: Das geehrte und gelehrte Coburg. Teil 3. Coburg 1931 (Coburger Heimatkunde und Heimatgeschichte 2, 15, 3), S. 30–32; Heyl, Zentralbehörden, S. 83 Anm. 43; Kist 2925.
64 StAB, B 46 c, Nr. 538, Konz. von 1584 Dez. 1; auch StAB, B 86, Nr. 17, fol. 161r.
65 Das Kredenzschreiben von 1584 Dez. 1 an die Gemeinde: StAB, B 49, Nr. 33, Prod. 2; auch AEB, Rep. I, PfA 130.
66 Ebd., „Relation über Durigstatt" von 1584 Dez. 3.
67 Vgl. StAB, B 46 c, Nr. 538, Brief von 1584 Dez. 12; Konz. (datiert Dez. 13) in AEB, Rep. I, PfA 130.
68 StAB, B 86, Nr. 17, fol. 174v–175r.

nicht, sondern sagte sogar zu, den neuen Amtmann von Döringstadt[69] – einen Katholiken[70] – zu schicken, um die Gemeinde „in der guete zu einem andern zu bereden"[71].

Und wieder zog Schweikhard nach Döringstadt, diesmal begleitet von einem weltlichen Rat[72]. Obwohl der Amtmann den Heiligenmeistern befahl, die Kirche aufzuschließen, weigerten sie sich. Sie und die übrigen Einwohner behaupteten, die Gemeinde hätte das Recht der Pfarrerwahl. So scheiterte erneut ein Versuch, einen katholischen Pfarrer einzusetzen[73].

Immerhin kündigten am 9. Januar 1585 die würzburgischen Beamten dem „Prädikanten" die Pfarrei auf. Innerhalb von 14 Tagen habe er abzuziehen, sonst drohe ihm im Hochstift Würzburg die Festnahme. Anfang Februar verließ er Döringstadt. Wohl aufgrund seiner schlechten Erfahrungen mit Bamberg wandte sich Echter jetzt an den Banzer Abt um Hilfe[74]. Doch dieser beteuerte, er könne nicht viel bewirken: „Ein catholischer priester des orts" müsse „sein schutz und handtvestung von Bamberg oder Augspurg [...] haben, dann sonst einer nit lang aldo würdt pleiben künnen", schrieb er nach Würzburg[75]. Der Bamberger Bischof verbot unterdessen den Döringstadtern, daß sie „bei straff leib und guts keinen l[utherischen] praedicanten solten einkumen laßen, sondern erwarten, wen inen graff Johan Gerwick [von Schwarzenberg] wurde stellen"[76].

Die geistliche Regierung in Würzburg schickte nun Johann Schilling[77] als Pfarrer nach Döringstadt. Er war dort geboren und begütert und hatte bereits mehrere Pfarreien im Würzburgischen versehen. Doch als ihn der Keller und der Dekan von Ebern am 13. März 1585 einführen wollten, hatten die Döringstadter trotz des bambergischen Verbotes „alberaicht einen pfarer für sich angenomen" und dachten gar nicht daran, die Kirche zu öffnen. Nicht ohne Hohn erklärte die Gemeinde: Falls Schilling seine Güter in Döringstadt „beziehen wolle, konnen sie es ime nit wehrn". Die Einwohner würden ihn aber „für keinen pfarer [...] halten", nicht in die Kirche lassen und ihm nichts zahlen. Wolle der Würzburger Bischof ihm „zu seiner behausung ein kürchen bauen laßen, sein sy es zufriden, soll darin gleich predigen und singen, so lanng er wölle, aber kainer wölle [...] darein gehen, sonder haben ein kürchen und pfarer für sy und bedorfen kaines catholischen"[78]. Auch einige Monate später wiesen sie die würzburgische Kommission ab, die Schilling einführen sollte – trotz einer Anordnung des Grafen Schwarzenberg, ihn anzunehmen[79].

Ende September oder Anfang Oktober 1585 wurde der evangelische Pfarrer wieder des Ortes verwiesen; für den Rest des Jahres blieb die Pfarrei vakant[80]. Den katholischen Priester, den Würzburg im März 1586 nach Döringstadt schickte[81], lehnte – wie gewöhnlich –

---

69 Anselm von Hondorf. Über ihn vgl. S. 340 mit Anm. 4.
70 Vgl. AEB, Rep. I, PfA 130, Brief von 1585 Febr. 27; auch StAW, Gebrechenamt II FG 679, fol. 1r.
71 AEB, Rep. I, PfA 130, Brief von 1585 Jan. 4. – Das Konz. des entsprechenden Befehls an den Amtmann in StAB, B 46 c, Nr. 539.
72 Lic. iur. Andreas Schultes. Über ihn vgl. Reuschling, S. 332.
73 Vgl. StAB, B 49, Nr. 33, Prod. 4; AEB, Rep. I, PfA 130, „Relation der verrichtung zu Düringstadt" (auch zum Folgenden). Die Erklärung der Gemeinde ebd.
74 Vgl. AEB, Rep. I, PfA 130, Konz. von 1585 Febr. 18.
75 Ebd., Brief von 1585 Febr. 23.
76 Ebd., Brief von 1585 Febr. 27.
77 Über ihn vgl. Wachter 8754; ergänzend Hotzelt, Matricula, S. 86, wo aber als Herkunftsort „Bernfels" angegeben ist (gab es zwei Priester gleichen Namens?).
78 AEB, Rep. I, PfA 130, Brief von 1585 März 14.
79 Vgl. ebd., Brief von 1585 Juni 5, Konz. von Juni 10, Brief von Juni 19. Die Antwort der Gemeinde an Graf Schwarzenberg von Juni 18 ebd.
80 Vgl. ebd., Brief von 1585 Dez. 28.
81 Johann Aichler. Über ihn siehe S. 394.

die Gemeinde ab; der Eberner Keller mußte „mit spott" abziehen[82]. Im Mai wollte der Würzburger Bischof denselben Priester abermals nach Döringstadt entsenden[83], doch der Bamberger Bischof winkte ab: Er sei „ein ungelerter, ungeschickter mann" und daher „zue dieser pfarchur unduglich"[84]. Ein anderer Priester stand jedoch nicht zur Verfügung[85].

Erst für den März 1587 sind wieder Bestrebungen nachzuweisen, einen Katholiken als Pfarrer in Döringstadt einzuführen: den Altenbanzer Pfarrer Melchior Banfelder[86]. „Aber die wilden bauern", so berichtete dieser nach Würzburg, widersetzten „sich einen weg als den andern", obwohl der Amtmann und der Dompropsteiverwalter die Öffnung der Kirche befahlen[87].

In den drei folgenden Jahren wurde offenbar kein Versuch unternommen, den evangelischen Pfarrer durch einen katholischen zu ersetzen; zumindest liegen keine Quellen vor. Erst die Flucht des „Prädikanten" Gregor Thesernicus, der Ehebruch begangen hatte, bot den Bischöfen eine günstige Möglichkeit zum Eingreifen. Nachdem sich die Bischöfe von Bamberg, Würzburg und Augsburg geeinigt hatten[88], sollte der Pfarrer am 5. Juli 1590 eingeführt werden[89]. Ob es dazu kam, ist unklar. Im November plante der Würzburger Bischof, Döringstadt durch den Altenbanzer Kaplan seelsorgerlich betreuen zu lassen[90]; doch scheiterte offenbar auch dieses Vorhaben.

Stattdessen nahm die Gemeinde einen jungen Geistlichen – Johann Georg Offen, den der Coburger Superintendent „sehr gerumpt" hatte – als Pfarrer an und stellte ihn im Februar 1591 dem Grafen Schwarzenberg brieflich vor, damit dieser ihn bestätige[91]. Offen starb bereits nach wenigen Monaten. Daraufhin wandte sich Echter an den neuen Dompropst von Bamberg – Wolf Albrecht von Würtzburg[92] –, er solle seine Untertanen dazu bringen, einen katholischen Pfarrer zu akzeptieren[93]. Doch Würtzburg konnte nicht eingreifen – er war als Dompropst noch nicht konfirmiert –; im übrigen hatten die Döringstadter rasch gehandelt und einen neuen „Prädikanten" angestellt[94].

Ihm kündigte im Februar 1592 Graf Schwarzenberg als Patronatsherr die Pfarrei auf[95]. Diesmal forderte der Dompropst selbst die Untertanen durch ein Schreiben auf, die Kirchenschlüssel herauszugeben[96]. Die Gemeinde jedoch hielt ihm unter anderem entgegen, daß die Angelegenheit auch Untertanen anderer Herren angehe und die Heiligenmeister,

82 AEB, Rep. I, PfA 130, Brief von 1586 März 21.
83 Vgl. ebd., Konz. von 1586 Mai 9, auch den Brief von Mai 10.
84 Ebd., Brief von 1586 Mai 20.
85 Vgl. ebd., Konz. von 1586 Juni 2.
86 Vgl. ebd., Konz. von 1587 März 17.
87 Ebd., Brief von 1587 April 9.
88 Vgl. ebd., Briefe von 1590 Mai 18 und 25; StAB, B 49, Nr. 33, Prod. 5–8.
89 Vgl. ebd., Prod. 9.
90 Vgl. StAB, ex J 3, Nr. 20, Prod. 14. – Ob es sich bei diesem Kaplan um Wolfgang Weidenhöfer handelte, den Graf Schwarzenberg der Gemeinde am 24. November als Pfarrer vorstellte, ist ungewiß. Sein Brief in AEB, Rep. I, PfA 130.
91 Ebd., undat. Brief der Pfarrgemeinde Döringstadt an den Grafen (präs. 1591 Febr. 11).
92 Über ihn vgl. Hotzelt, Familiengeschichte S. 340–375.
93 Vgl. AEB, Rep. I, PfA 130, Konz. von 1591 Juni 19.
94 Vgl. ebd., Brief von 1591 Juni 28.
95 Vgl. ebd., undat. Brief des Grafen an den Pfarrer.
96 Vgl. ebd., Brief von 1592 Febr. 22.

wenn sie die Kirche öffneten, ihres Lebens nicht mehr sicher seien[97]. Schweikhard, den Echter wohl nach Döringstadt entsandte[98], dürfte vergebens dorthin gereist sein.

Von Juli 1592 an plante Würzburg erneut die Einsetzung eines katholischen Pfarrers für den 10. August[99]. Aber sie kam nicht zustande. Der Bischof und der Dompropst von Bamberg hatten kurz vor dem Termin in Würzburg Bedenken angemeldet: „Da nit zuvor [...] der underhaltung halben wie auch mit der wohnung ordtnung gemacht" werde, könnte „es [...] vorigen ausganng gewinnen". Zuerst solle Würzburg die Frage der Unterbringung klären, dann würden sie gern bei der Einsetzung helfen[100]. Echter ging darauf ein und nahm mit dem Patronatsherrn, dem Grafen von Schwarzenberg, Verbindung auf[101]. Anschließend geboten beide dem „Prädikanten", die Pfarrei bis zum 12. September zu räumen[102]. Aber die Döringstadter ließen wieder keinen katholischen Geistlichen[103] in ihre Pfarrkirche, obgleich der Amtmann ihnen Strafe androhte[104].

Wenige Tage später willigte der Bamberger Bischof Neithard von Thüngen im Geheimen erstmals in ein Angebot des Würzburger Bischofs ein, gewaltsam vorzugehen (was der Dompropst übrigens strikt ablehnte[105]). Echter könne den „predicanten nach Ebern ihn thurn fuhren" lassen, wenn dieser sich auf würzburgischen Territorium „betretten" ließe. Ansonsten „were es umb ein kleynen revers zu thun", daß würzburgische Beamte den Pfarrer im Hochstift Bamberg „abholen" ließen. Bamberg würde sich unwissend stellen[106]. Auch sein Domkapitel versuchte Neithard für eine härtere Politik zu gewinnen. Die Döringstadter seien „trutzige böse leuth", denen man „ihren mutwillen unndt erwiesenen hohn undt spott nicht gestatten oder nachsehen" dürfe. Schreite Bamberg nicht selbst ein, würde Würzburg „die einsatzung des priesters selbsten mit gewalt [...] thun"[107].

Im Dezember 1592 gelang es Würzburg unter unbekannten Umständen, einen katholischen Pfarrer einzusetzen. Der „Prädikant" wurde jedoch nicht – wie geplant – verhaftet oder vertrieben, sondern blieb am Ort. Da die Gemeinde zu ihm hielt, mußte der katholische Geistliche nach über acht Wochen „vergeblich widerumb abziehen"[108].

Erst Ende Juli 1593 entwarf der Würzburger Bischof wieder einen Plan: Er wollte den Döringstadtern einen Pfarrer geben, „der inen bekandt" sei. Damit aber „etwas fruchtbarlichs zu verrichten" sei, müsse „der predicant in continenti abgeschafft" werden[109]. Nun endlich griff Bamberg durch: Der Bischof wies Beamte an, zusammen mit der würzburgischen Abordnung – ihr gehörte neben Schweikhard sogar ein Domherr an[110] – nach

---

97 Vgl. ebd., undat. Brief der Gemeinde an den Dompropst.

98 Vgl. ebd., Konz. der – nicht ausgefertigten – „Instruction" von 1592 Febr. 18. Demnach instruierte der Bischof Schweikhard am 24. Febr. mündlich.

99 Vgl. StAB, B 49, Nr. 33, Prod. 17; Konz. in AEB, Rep. I, PfA 130.

100 Ebd., Brief von 1592 Aug. 7; Konz.: StAB, B 49, Nr. 33, Prod. 18.

101 Vgl. AEB, Rep. I, PfA 130, Konz. von 1592 Sept. 3.

102 Vgl. ebd., Konz. von 1592 Sept. 3 und 4.

103 Als Pfarrer vorgesehen war Wolfgang Scharpf. Vgl. ebd., Konz. von 1592 Sept. 10.

104 Vgl. StAB, ex J 3, Nr. 225, Fasz. 2, fol. 26r–27v; auch StAB, B 86, Nr. 19, fol. 485v.

105 Er hatte im März vermutet, es werde vonseiten Würzburgs „gegen den praedicanten ein gewaldt gepraucht", und dem Bamberger Bischof geraten, mit Echter zu verhandeln, damit „solche thettiglichkeiten [...] verbleiben mocht[en]". StAB, B 49, Nr. 33, Prod. 15. Im Oktober 1592 schrieb er dem Bischof, er habe „wieder die meinige mit der straff zu verfahren noch zur zeit bedenckens". StAB, ex J 3, Nr. 225, Fasz. 2, fol. 22v. – Der Dompropst hielt sich, als Thüngen diesen Brief schrieb, in einem Badeort auf. Vgl. folgende Anm.

106 StAW, Hoheitssachen 1045, fol. 21r.

107 StAB, B 86, Nr. 19, fol. 490v.

108 StAB, B 49, Nr. 33, Prod. 19.

109 Ebd., Prod. 20.

110 Vgl. AEB, Rep. I, PfA 130, „Instruction" von 1593 Sept. 3. – Der Domherr war Otto Friedrich Milchling. Über ihn vgl. Amrhein, Reihenfolge, 33, S. 212 f.

Döringstadt zu fahren, die Herausgabe der Kirchenschlüssel zu fordern, die Kirchentür nötigenfalls gewaltsam zu öffnen, den Pfarrer ein- und den „Prädikanten" sowie den Schulmeister abzusetzen[111].

Tatsächlich wurde am 11. September 1593 der letzte evangelische Pfarrer von Döringstadt vertrieben[112]. Die Pfarrei sollte zunächst dem Pfarrverweser von Altenbanz übertragen werden[113], doch dieser war wohl gerade vom katholischen Glauben abgefallen und ins Coburgische gezogen[114]. Sie blieb also vorerst unbesetzt. Am 19. September hielt auf die Bitte Schweikhards hin der Banzer Prior eine Predigt in der Döringstadter Kirche; 42 Personen kamen und blieben bis zum Ende[115]. Einige Tage später wurde mit Johann Büchs, bisher Pfarrer von Kissingen, ein Pfarrer nach Döringstadt geschickt[116].

Die Gemeinde gab – vor vollendete Tatsachen gestellt – ihren Widerstand recht rasch auf[117]. Sie ließ zu, daß Büchs im Pfarrhaus wohnte – freilich nur „umb gepürlichen zinß"[118]. Bereits Anfang Oktober konnte Büchs nach Würzburg berichten, daß die Untertanen sich „gehorsamblich erweisen und zu kirchen gehen"[119].

Im Dezember 1593 wurde Büchs Pfarrverweser von Altenbanz. Die Pfarrei Döringstadt versah er zunächst noch selbst[120], zelebrierte dort freilich selten. Seinen Angaben nach war die „ursach, das zu Dhoringstad kein missall noch altare portatile sambt andern notwendiger zugehoriger, so ist weder kelch noch meßgewandt reconciliiert"; außerdem habe er sich im Winter um drei Uhr morgens auf den Weg machen müssen[121]. Im März 1594 bekam Döringstadt einen Pfarrverweser, der jedoch nach wenigen Wochen von Würzburg entlassen wurde. Von April an predigte auf Monate ein Banzer Konventuale in Döringstadt; um die Taufen und Begräbnisse kümmerte sich der Kaplan von Ebensfeld, „welcher sich wegen grosser ungelegenheit nit wenig beschweret". Er mußte nämlich Taufen und Beisetzungen, die in Döringstadt anfielen, wegen Aufgaben in der Pfarrei Ebensfeld oft „aufschieben oder unterlassen, welches mit der zeit anders geberen möchte"[122]. Diese Furcht war berechtigt: Im Juli wurde bereits ein Täufling zum evangelischen Pfarrer von Oberbrunn getragen[123], und im September drohte die Gemeinde offen, sie werde sich „selbst wieder nach einem pfarherr umbthuen"; Bewerber gebe es genug[124]. Trotz dieser Warnung dauerte es noch zwei Monate, bis dem Altenbanzer Pfarrverweser ein Kaplan beigeordnet

---

111 Vgl. StAB, B 49, Nr. 33, Prod. 25.

112 Vgl. ebd., Prod. 24.

113 Vgl. AEB, Rep. I, PfA 130, „Instruction" von 1593 Sept. 3.

114 Siehe S. 414.

115 Vgl. AEB, Rep. I, PfA 130, Brief von 1593 Sept. 20. – Begleitschreiben für den Prior an den Vogt zu Döringstadt: StAB, B 93, Nr. 26, fol. 349r.

116 Vgl. AEB, Rep. I, PfA 130, Brief von 1593 Sept. 19, Konz. von Sept. 20. Am 6. Oktober war Büchs bereits in Döringstadt. Vgl. das Konz. von diesem Tag ebd. – Bei seiner Einsetzung waren Vertreter des Bamberger und des Würzburger Bischofs sowie die Äbte von Banz und Langheim zugegen. Vgl. StAB, A 231, Nr. 1818/I, „Rathzerung".

117 Der Amtmann hatte die Einwohner einzeln schwören lassen, den katholischen Pfarrer „in seinem [!] wirden unbedrangt zu laßen". StAB, ex J 3, Nr. 225, Fasz. 2, fol. 29r; vgl. auch Barthels, Bd. 1, S. 283f. Nr. 1607.

118 AEB, Rep. I, PfA 130, Konz. des Briefes an den Dompropst von Bamberg von 1593 Okt. 8.

119 Ebd., Konz. des Briefes an Büchs von 1593 Okt. 8.

120 Am 23. Dezember schrieb Büchs an den Würzburger Fiskal, der Graf habe ihn „ermahnet [...], das ich Dhuringstadt, so ein große meil wegs durch holz unndt berg von Altenbanz entlegen, ohne clag unnd mengell versehen soll; ist es mier zu fues ein unmogliches dieng, furnemblich izieger winthers zeith". Brief in AEB, Rep. I, PfA 130.

121 Ebd., Brief von 1594 März 9.

122 Ebd., Brief von 1594 Juli 2.

123 Vgl. ebd., Brief von 1594 Juli 18.

124 Ebd., Brief von 1594 Sept. 12.

wurde, der für die Pfarrei Döringstadt zuständig war. Er zog im Februar 1595[125] auf Drängen der Einwohner[126] nach Döringstadt, jedoch nicht in das Pfarrhaus – dies verweigerte die Gemeinde, sogar, als Graf Schwarzenberg ihr Geld anbot –, sondern als Mieter in einen Hof. Doch verhielt er sich „mit schiessen, feuerwerck, zancken und schlagen gegen dem besitzer des hoffs [...] so unbescheiden", daß dieser den nächsten Pfarrverweser nicht mehr einziehen ließ. Er mußte sich in Ebensfeld niederlassen[127].

Mit diesem Zustand war die Pfarrgemeinde nicht zufrieden. Im März 1596 forderten die Untertanen „einen stetigs bey ihnen wohnenden pfarhern". Falls „man sie lenger uffm closter [Banz] oder zu Altenbantz, ein pfarhern zu suchen, wurde umbsprengen", würden sie „ihre kirchen widerumb verschliessen und ihres gefallens wie vorhin ein praedicanten annemen"[128]. Einen in Döringstadt residierenden Pfarrer können wir wieder seit 1597 nachweisen[129].

Überblicken wir die langwierigen Vorgänge um die katholische Besetzung der Pfarrei Döringstadt, so bleibt Folgendes festzuhalten: Die Bemühungen, einen katholischen Pfarrer nach Döringstadt zu bringen, gingen von Würzburg aus. Sie waren aber so lange erfolglos, wie Bamberg die erforderliche Unterstützung ablehnte. So konnte nämlich der Widerstand der Untertanen greifen. Erschwerend wirkte der Priestermangel, der in günstigen Situationen die katholische Besetzung vereitelte. Erst als Neithard von Thüngen auf die Linie Echters einschwenkte, konnte der evangelische Pfarrer endgültig vertrieben werden – nachdem mindestens neun Versuche gescheitert und seit dem ersten über zehn Jahre vergangen waren. Einige Jahre blieb die Lage noch labil, da die katholischen Pfarrer oder Pfarrverweser nicht am Ort wohnten.

### 6.1.3. Die Vertreibung des Pfarrers von Rattelsdorf

Ähnlich stellen sich die Vorgänge in Rattelsdorf dar. Bereits im Sommer 1577 forderte der Würzburger Bischof oder sein Fiskal den Abt von Michelsberg auf, den „Prädikanten" von Rattelsdorf sowie die lutherischen Inhaber der Frühmessen dort und in Ebing abzusetzen[130]. Doch der Abt antwortete nicht[131].

Jahrelang geschah nichts. Erst im September 1581 kündigten die geistlichen Räte zu Würzburg dem Rattelsdorfer Pfarrer Georg Sauer seine Pfarrei und die Frühmesse Ebing zum 22. Februar 1582 auf. Er solle „einen kunftigen qualificirten tuglichen priester unverhindert [...] aldo einkomen, die pfarr und [das] beneficium beziehen lasen"[132]. Dem Abt schrieben sie, er solle Sauer „nit schutzen noch handthaben" und einen katholischen Geistlichen präsentieren[133]. Dies tat er zwar nicht – er fand keinen Priester für diese Aufgabe –,

---

125 Damals war die Wohnung für ihn fertiggestellt. Vgl. StAB, B 93, Nr. 27, fol. 56v.

126 Vgl. DAW, Dekanatsakten – Würzburger Pfarreien im Bamberger Territorium, „Bambergische gaystliche mengel" (kurz nach 1594 Dez. 12).

127 StAB, B 93, Nr. 27, fol. 89r–v.

128 AEB, Rep. I, Nr. 130, Brief von 1596 März 22.

129 Vgl. ebd., Brief von 1597 Dez. 4. – Über den Bau eines Pfarrhauses für ihn vgl. StAB, B 93, Nr. 27, fol. 72v–74r.

130 Vgl. StAB, B 49, Nr. 153, Fasz. 8, Prod. 11 (1577 Sept. 5); auch AEB, Rep. I, PfA 393, Konz. von 1577 Juli 15 (mit Vermerk, daß der Brief Aug. 6 „abgangen" sei).

131 Vgl. StAW, Geistl. Sachen 2687, „Geystlich irrungen".

132 StAB, B 110, Nr. 34, fol. 62v.

133 Ebd., fol. 61v. Orig.: StAB, B 49, Nr. 153, Fasz. 8, Prod. 12. – Erneut wurde er am 1. Febr. zur Präsentation aufgefordert. Vgl. ebd., Prod. 13.

gebot aber auch seinerseits dem Pfarrer abzuziehen[134]. Gegen den Willen der Gemeinde[135] verließ Sauer Rattelsdorf[136], kam jedoch auf einer anderen michelsbergischen Pfarrei, Gremsdorf, unter.

Im folgenden fand sich „niemandt der catholischen religion [...], so mit reichung der heylgen sacrament [...] sich umb berurte pfahr annemen wollen“; einige Kinder starben deshalb ohne Taufe[137]. Einen Priester[138], der sich beim Abt einfand, präsentierte dieser „von wegen der unterthanen widerspennigkeyt unnd ungehorsams“ nicht[139]. Schließlich berief die Gemeinde einen Protestanten, Johann Heroldt, der „mit grossem triumpf unnd freuden“ empfangen worden sein soll. Der neue Pfarrer übertreffe angeblich seinen Vorgänger „mit andastung der catholischen religion unnd dero zugethanen“ bei weitem, bemerkten die geistlichen Räte in Würzburg[140].

Sie drängten den Abt, den „Prädikanten“ zu vertreiben. Der Abt freilich lehnte gewaltsame Maßnahmen ab. Diese hätten nur eine Empörung der Untertanen zur Folge. Ferner sei zu befürchten, daß fremde Herren eingriffen, die Hintersassen in der Pfarrei hatten. „In der gute“ wolle er „die underthane zu mehrer gehorsam [...] weisen“[141]. Echter wandte sich – über diese Antwort verärgert – an den Bamberger Bischof, der mit dem Abt verhandeln sollte[142].

Die Ereignisse der folgenden Monate sind weitgehend unbekannt. Gesichert ist nur, daß der Abt sich am 24. August in Würzburg vor den Räten rechtfertigte[143], und daß die Gemeinde Joachim Friedrich von Brandenburg[144], den Administrator des Erzstifts Magdeburg, im Sommer 1582, als er auf dem Rückweg vom Augsburger Reichstag in Rattelsdorf übernachtete, „umb vorschrifft an den herren bisschoff zu Bambergk mit vleis ersucht, daß sie bei ubung und gebrauch ihrer [...] religion [...] ungehindert gelassen werden mochten“. Auf das Schreiben des Markgrafen hin wurde offenbar nichts gegen den „Prädikanten“ unternommen[145].

Am 7. Februar 1583 verwahrte sich der Michelsberger Abt in Würzburg erneut gegen Verdächtigungen. Er sei, beteuerte er, für die Rückführung der Rattelsdorfer zur katholischen Kirche „viel zu schwach“. Er habe dem von der Gemeinde angenommenen Pfarrer gekündigt – wohl auf Betreiben Würzburgs –, finde aber keinen katholischen Ersatz. Würzburg solle einen Priester schicken, er werde ihn unterstützen[146]. Die Gemeinden Rattelsdorf und Ebing baten um dieselbe Zeit die Herzöge Johann Casimir und Johann Ernst von Sachsen sowie den Markgrafen Joachim Friedrich von Brandenburg um briefliche Intervention

---

134 Vgl. AEB, Rep. I, PfA 393, Brief von 1582 Febr. 4; Abschrift: StAB, B 110, Nr. 34, fol. 64r–65v.
135 Vgl. StAB, B 49, Nr. 153, Fasz. 8, Prod. 14.
136 Vgl. StAB, B 110, Nr. 34, fol. 66r.
137 AEB, Rep. I, PfA 393, undat. Brief des Abtes an die geistlichen Räte in Würzburg (präs. 1582 Juni 11); Abschriften: StAB, B 46 c, Nr. 750, Prod. 2; StAB, B 110, Nr. 34, fol. 83r–84r. – Vgl. auch ein Schreiben der Gemeinde von Anfang 1583: Es hat sich nach dem Fortgang des evangelischen Pfarrers „keiner der römischen religion des orts wiederumb brauchen laßen und in gefahrdt geben wollen“. AEB, Rep. I, PfA 393, undat. Brief der Gemeinden an die Herzöge von Sachsen (Beilage zum Brief von 1583 Febr. 19).
138 Peter Eckhard. Über ihn vgl. Knetsch, S. 47.
139 StAB, B 49, Nr. 153, Fasz. 8, Prod. 15; Abschrift: StAB, B 110, Nr. 34, fol. 81r–v.
140 StAB, B 49, Nr. 153, Fasz. 8, Prod. 16; Abschrift: StAB, B 110, Nr. 34, fol. 82r–v.
141 AEB, Rep. I, PfA 393, undat. Brief des Abtes an die geistlichen Räte in Würzburg (präs. 1582 Juni 11); Abschriften: StAB, B 46 c, Nr. 750, Prod. 2; StAB, B 110, Nr. 34, fol. 83r–84r.
142 Vgl. StAB, B 46 c, Nr. 750, Prod. 1 (1582 Juli 6); auch AEB, Rep. I, PfA 393, Konz. von 1582 Juni.
143 Vgl. AEB, Rep. I, PfA 393, Brief von 1583 Febr. 7.
144 Über ihn vgl. Schultze, Johannes: Joachim Friedrich. In: NDB, Bd. 10. Berlin 1974, S. 438f.
145 AEB, Rep. I, PfA 393, Brief von 1583 Febr. 25.
146 Ebd., Brief von 1583 Febr. 7; Abschrift: StAB, B 110, Nr. 34, fol. 144r–145r (mit falschem Datum).

beim Würzburger Bischof, damit der evangelische Pfarrer bleiben dürfe; die Fürsten kamen der Bitte nach[147]. Es waren wohl weniger die Schreiben aus Coburg und Halle als das Fehlen eines geeigneten Priesters, das eine katholische Besetzung verhinderte. Denn noch im Dezember 1583 schrieb der Würzburger Fiskal, er sei mit qualifizierten Geistlichen, die die Pfarrei Rattelsdorf übernehmen könnten, „uf dißmal ubrig nicht vorsehen"[148].

Einen neuen Anlauf unternahm die geistliche Regierung zu Würzburg im Januar 1585. Der Abt wurde aufgefordert, einen Priester auf die Pfarrei zu präsentieren; finde er keinen, werde sich der Bischof von Würzburg nach einem umtun, „so dahin zu geprauchen"[149]. Dieser Vorstoß blieb jedoch ergebnislos. Nachdem der Abt gestorben war, schrieben die Würzburger Räte dem Neugewählten im April einen ähnlichen Brief[150]. Ob er überhaupt beantwortet wurde, ist fraglich.

Über drei Jahre vergingen, bis wieder versucht wurde, den „Prädikanten" zu vertreiben. Am 25. November 1588 befahl ihm der Abt auf Anweisung der bambergischen Regierung, die Pfarrei zu räumen[151]; vorherige Abmachungen zwischen Bamberg und Würzburg sind wahrscheinlich. Nach Kräften versuchte die Pfarrgemeinde die Ausweisung ihres Seelsorgers abzuwenden. Sie richtete Bittschriften an den Bischof und das Domkapitel von Bamberg sowie an den Abt von Michelsberg[152], freilich vergebens[153]. Ein Brief, den die markgräflichen Räte in Ansbach zu ihren Gunsten an die Bamberger Regierung schrieben[154], hatte offenbar nur den Effekt, daß der Abt nach denen forschen ließ, die den Markgrafen um Hilfe angegangen hatten[155]. Mehrfach wiederholte er den Ausweisungsbefehl an den „Prädikanten"[156]. Doch als der Termin verstrichen war, hielt sich Heroldt noch in Rattelsdorf auf. Die Einwohner seien „mit hefftigen schwehren seuchen und kranckheiten daheimsucht" und bräuchten in dieser Lage ihren Pfarrer, erklärte er dem Abt; sie hätten ihn deshalb vom Abzug abgehalten[157]. Aber auch nach dem Abklingen der Seuche blieb Heroldt.

Ungeachtet seiner Anwesenheit versuchten der Abt und der Würzburger Bischof im April 1589, einen katholischen Pfarrer einzusetzen, Valentin Fleischmann, der sich bereits auf der Pfarrei Rannungen bewährt hatte, die „vor der zeit mit der lutherischen lehr vorfurt und behafft" gewesen war[158]. Am 16. April sollte er in der Rattelsdorfer Kirche predigen, doch die Einwohner öffneten sie nicht einmal, als der anwesende Abt es befahl. 300 Personen strömten zusammen, bedrohten und beschimpften Fleischmann und den Abt. Dieser erwies sich als „zu schwag", und die Regierung in Bamberg griff nicht ein, um den Priester zu schützen. Nur wenn würzburgische Beamte ihm beistünden, so Fleischmann, wolle er „noch einmal sehen, ob ich etwas zu Rattelßdorf außrichten undt dem lutherischen wolf ein widerstandt

---

147 Vgl. AEB, Rep. I, PfA 393, Briefe von 1583 Febr. 19 und 25 mit den beiliegenden Briefen der Gemeinde. Das Schreiben der sächsischen Regierung zusammengefaßt bei Barthels, Bd. 1, S. 252 Nr. 1485.
148 StAB, B 110, Nr. 35, pag. 3.
149 AEB, Rep. I, PfA 393, Konz. von 1585 Jan. 3.
150 Vgl. ebd., Konz. von 1585 April; Abschrift: StAB, B 110, Nr. 38, fol. 135v–136v; Zusammenfassung: Barthels, Bd. 1, S. 259 Nr. 1518.
151 Vgl. StAB, B 110, Nr. 39, fol. 146v.
152 Vgl. ebd.; StAB, B 49, Nr. 153, Fasz. 8, Prod. 17.
153 Vgl. ebd.; StAB, B 86, Nr. 18, fol. 288r, 293v.
154 StAB, B 46c, Nr. 750, Prod. 3; Abschrift: Prod. 5.
155 Vgl. StAB, B 110, Nr. 39, fol. 147v–148v, 149v. Den Erkundigungen zufolge hatte die Gemeinde auch nach Coburg geschrieben.
156 Vgl. ebd., fol. 147r–v.
157 Ebd., Nr. 35, pag. 22f.
158 Ebd., pag. 24. – Von 1580 bis 1583 ist er als Pfarrer von Donnersdorf nachzuweisen. Vgl. Lang, S. 266.

thun mög". Doch da er bei Echter in Mißkredit geraten war[159], kam es dazu wohl nicht mehr.

Erst im folgenden Jahr wurde Würzburg wieder aktiv: Am 1. März befahl der Bischof dem Rattelsdorfer Pfarrer „alsbaldten ab[zu]zihen"[160]. Heroldt wies ihn in seiner Antwort darauf hin, daß er ordentlich berufen sei, die Episkopalien bezahlt, niemandem Ärgernis gegeben und seinen Pfarrkindern versprochen habe, die Pfarrei nicht aufzugeben[161]. Davon ungerührt, wollte Echter mit dem Bamberger Bischof Termin und Modalitäten für die Einsetzung eines Katholiken vereinbaren[162]. Doch Ernst von Mengersdorf schob wie im Fall von Döringstadt die Angelegenheit mit dem Argument von sich, er habe „weder geistliche oder weltliche hohe oder nidere obrigkeiten" in Rattelsdorf[163].

Im April 1590 präsentierte der Abt einen Priester auf die Pfarrei[164] und untersagte Heroldt, „die kirche und andere pfarrliche gottesdienst zu üben"[165]. Zugleich bat er den Bamberger Bischof um Hilfe, denn nur so sei angesichts des zu erwartenden Widerstandes die Einsetzung möglich[166]. Ob es überhaupt zum (ergebnislosen) Versuch kam, den präsentierten Geistlichen in Rattelsdorf einzusetzen, ist unklar.

Obwohl für das Jahr 1591 keine Bestrebungen belegt sind, den evangelischen Pfarrer zu vertreiben, bestand die Gefahr für ihn fort. Wohl deshalb erwarb Heroldt im September das Bürgerrecht der Stadt Staffelstein[167]. Er wollte sich und seiner Familie auf diese Weise vermutlich ein Refugium für den Fall seiner Absetzung schaffen.

Am 18. Juli 1592 starb Johann Heroldt überraschend in Bamberg[168]. Noch am selben Tag erfuhren die Geistlichen Räte in Würzburg, daß die Pfarrei vakant war, und planten die Einsetzung eines katholischen Priesters[169]. Der Abt und der Prior von Michelsberg fuhren tags darauf nach Rattelsdorf und forderten den Dorf- und Heiligenmeistern die Kirchenschlüssel ab. Diese verweigerten jedoch unter einem fadenscheinigen Vorwand – „sie wissen nit, wo sie sein" – die Herausgabe[170]. Der Bischof befahl daraufhin, die Kirche gewaltsam zu öffnen und in Besitz zu nehmen. Doch als die Gemeinde erfuhr, daß ein Schlosser die Tür aufbrechen sollte, versammelte sie sich „mit gewerter handt". Aus Furcht vor „tumult, rebellion und aufruhr" unterließ der Abt sein Vorhaben[171].

In den folgenden Tagen baten die Gemeinden Rattelsdorf und Ebing die Coburger Regierung und Herzog Friedrich Wilhelm von Sachsen-Weimar[172], den Administrator von Kursachsen, um Fürbitte beim Bamberger Bischof und beim Michelsberger Abt. Die Regierung und der Herzog erfüllten diesen Wunsch unverzüglich. Ihre Schreiben sind freilich in

---

159 AEB, Rep. I, PfA 393, Brief von 1589 April 24; Zusammenfassung: Barthels, Bd. 1, S. 270f. Nr. 1557.
160 StAB, B 110, Nr. 35, pag. 31; StAB, B 46 c, Nr. 750, Prod. 4.
161 Vgl. StAB, B 49, Nr. 153, Fasz. 1, Prod. 1.
162 Vgl. ebd., Prod. 2.
163 Ebd., Prod. 3.
164 Leonhard Butmayer. Vgl. AEB, Rep. I, U 461; auch StAB, B 110, Nr. 38, fol. 149r. Er war seit ca. 1586 Pfarrer von Prappach und wird dort noch 1590 erwähnt. Vgl. Lang, S. 268.
165 StAB, B 110, Nr. 35, pag. 36.
166 Vgl. ebd., pag. 37–39.
167 Vgl. StAB, L 47 Staffelstein, Nr. 4, fol. 334r; Dippold, Günter: Staffelsteiner Neubürger im 15. und 16. Jahrhundert. In: Blätter für fränkische Familienkunde 15 (1992), S. 27–36, hier S. 35.
168 Siehe unten S. 393.
169 Die Räte wußten nicht von Tod Herolds, sondern hatten gehört, daß er sich „der pfarr [...] absentirt" haben solle. Der Priester, der für einige Zeit als Pfarrer eingesetzt werden sollte, war Johann Burkhardt. Vgl. StAB, B 49, Nr. 153, Fasz. 1, Prod. 8; auch StAB, B 110, Nr. 39, fol. 151v–152r.
170 Ebd., Nr. 101, fol. 63v.
171 Ebd., fol. 64r; vgl. auch StAB, B 49, Nr. 153, Fasz. 1, Prod. 10.
172 Über ihn vgl. Huschke, S. 43–54.

ausgesprochen moderatem Ton gehalten[173]. Einfluß auf das Geschehen hatten sie offenbar nicht[174].

Am 25. Juli 1592 schickte der Bamberger Bischof dem Abt, der auf seine Anweisung hin in Rattelsdorf geblieben war, drei seiner Räte – zwei Adlige und Dr. Vasold – zur Unterstützung. Sie verhandelten mit den Rattelsdorfern, die sich ihnen gegenüber „etwas gelimpfiger“ verhielten[175] und zusagten, gegen die Einsetzung eines katholischen Pfarrers keinen gewaltsamen Widerstand zu leisten[176]. Nachdem die Räte wieder in die Residenz zurückgekehrt waren, ließ der Abt am 27. Juli durch einen Schlosser aus Bamberg die Kirchentür aufbrechen und gleich wieder verschließen. Die Reaktion der Untertanen schilderte der Klostervogt wie folgt: „Alß solchs aber die gemein inen worden, haben sie sturm geleut, drauf sie auß allen dorfern zusamen geloffen und fur dem castenhoff gestanden und gewutet wie die unsinigen“[177]. Die fürstbischöfliche Kanzlei schickte in der folgenden Nacht Boten in die umliegenden bambergischen Amtsorte[178], vermutlich um die dortigen Beamten zu alarmieren, falls der Aufstand andauern oder sich ausweiten würde.

Wohl wegen der Unruhe kam der Keller von Ebern zunächst nicht mit dem als Pfarrer vorgesehenen Geistlichen nach Rattelsdorf[179]. Der Abt kehrte nach Bamberg zurück und beriet das weitere Vorgehen mit dem Fürstbischof, dem Dompropst und dem Domdekan[180]. Tags darauf schrieb Mengersdorf einen eiligen Brief an Echter. Da ein breiter Aufstand zu befürchten sei und möglicherweise auch mächtige Nachbarn die Hand im Spiel hätten, scheue er vor der Anwendung von Gewalt zurück; Würzburg solle auf Mittel und Wege bedacht sein, den Pfarrer einzusetzen und zu schützen[181].

Julius Echter hatte offenbar weniger Bedenken. Am 3. August erschien der Keller von Ebern mit 150 „hackenschutzen“ und zwölf Berittenen in Rattelsdorf – weitere Bewaffnete entsandte der Bamberger Bischof – und führte im Beisein des Abtes den Pfarrer ein. Die Gemeinde läutete zwar Sturm, unternahm aber nichts gegen die Einsetzung[182]. Lediglich das Pfarrhaus versperrte sie dem neuen Pfarrer, so daß er in den Kastenhof ziehen mußte[183].

Die Pfarrei übernahm der Doktor der Theologie Magnus Faber, der aus Bregenz stammte, in Dillingen studiert hatte und ein Kanonikat am Würzburger Stift Neumünster besaß[184].

---

173 Vgl. StAB, B 49, Nr. 153, Fasz. 1, Prod. 4–7.

174 Der Klostervogt berichtete am 27. Juli dem Abt, es sei diesem „von Weinmar ein intercessionschrifft zukommen, ungefehr dieses innhalts, was nehmlich die supplicanten begehren“, nämlich sie, die Einwohner von Rattelsdorf und Ebing, bei ihrem Glauben zu lassen und nicht in Gewissensfragen zu bedrängen. „Es were gleichwol kein antwort begert worden.“ StAB, B 110, Nr. 35, pag. 54.

175 Ebd., Nr. 101, fol. 64v; vgl. auch Nr. 35, pag. 51f.

176 Vgl. ebd., pag. 57f.

177 Ebd., Nr. 101, fol. 64v. – Vgl. auch die Berichte des Abtes: Nr. 35, pag. 55, 59. Die Drohungen der Untertanen in StAB, B 86, Nr. 19, fol. 457v.

178 Vgl. StAB, A 231, Nr. 1817/I, „Bottenlohn“.

179 Der Keller hatte von den bambergischen Räten erfahren, daß die Untertanen „ir halstarrig gemuth fallen“ gelassen hätten und wollte daher am 29. Juli nach Rattelsdorf kommen. StAB, B 110, Nr. 35, pag. 57f. Als ihm der Abt jedoch vom Tumult im Gefolge der Kirchenöffnung berichtete, sagte er noch am selben Tag ab. Vgl. ebd., pag. 59f., 56f.

180 Vgl. StAB, B 110, Nr. 101, fol. 65r. Ausführlicher StAB, B 86, Nr. 19, fol. 457v–458r.

181 Vgl. StAB, B 49, Nr. 153, Fasz. 1, Prod. 20.

182 Einige Personen, die sich als Unruhestifter hervortaten, wurden festgenommen. Vgl. StAB, B 86, Nr. 19, fol. 464v–465r; StAB, B 68/I, Nr. 876, pag. 292f.; StAB, B 21, Nr. 75, fol. 25v–39r.

183 StAB, B 110, Nr. 101, fol. 65v–66r; die anwesenden Vertreter Bambergs sind genannt in StAB, B 86, Nr. 19, fol. 459v.

184 Siehe unten S. 394.

Von den Rattelsdorfern wurde er erstaunlich gut angenommen. „Einigen insult oder betrang" habe er „nicht gespürt"[185], schrieb er am 5. August an den Michelsberger Abt. Vier Tage darauf feierte er seine erste Messe in der Pfarrkirche.

Da Faber von vornherein nur für wenige Wochen bleiben wollte, sah sich der Abt sogleich nach einem Nachfolger um. Er fand ihn in Heinrich Esel, einem Bamberger Chorherrn bei St. Gangolf. Bereits am 15. und 16. August predigte Esel zur Probe in Rattelsdorf, und die Untertanen ließen sich „vermercken [...], wan es ja nit anderß sein konte, das sie denselben denoch lieber alß einen andern haben wolten"[186]. Auch Faber hatte gegen ihn keine Bedenken, „außgenommen des concubinats"[187]. So wurde Esel am 2. September 1592 als Pfarrer eingesetzt. Auch er behielt die Pfarrei nur etwa einen Monat, dann kam Johann Aichler, bis dahin Kaplan in Hollfeld, nach Rattelsdorf. Bis Anfang 1595 versah er die Pfarrei[188].

Unter ihm wurden die Kirchen in Rattelsdorf und Ebing am 24. und 25. April 1593 rekonziliiert; der Bamberger Fürstbischof, sein Weihbischof, Domherren und Räte wohnten der Zeremonie bei[189].

### 6.1.4. Die Vertreibung der Pfarrer von Marktgraitz und Marktzeuln

Die Umstände, unter denen die evangelischen Pfarrer von Marktgraitz und Marktzeuln vertrieben und ihre katholischen Nachfolger eingesetzt wurden, unterscheiden sich in einem wesentlichen Punkt von den Vorgängen in Döringstadt und Rattelsdorf. In diesen beiden Orten ging die Neubesetzung der Pfarrei den Maßnahmen zur Katholisierung der Untertanen voran; in jenen Dörfern liefen beide Vorgänge parallel ab. Denn aus Marktgraitz und Marktzeuln wurden die „Prädikanten" zu einem Zeitpunkt ausgewiesen, als die Untertanen im Hochstift bereits vor die Wahl zwischen Konversion und Emigration gestellt wurden.

Weshalb in Marktgraitz und Marktzeuln die evangelischen Seelsorger länger geduldet wurden als in Altenbanz, Döringstadt oder Rattelsdorf, ist rätselhaft. Dabei wären die Verhandlungen zwischen dem Würzburger Bischof und den weltlichen Herren recht einfach verlaufen, denn anders als die drei übrigen Pfarreien lagen Marktgraitz und Marktzeuln in einem bischöflichen Amt; es gab keinen Mediatherrn, dem der Bamberger Bischof die Verantwortung hätte zuschieben können.

Zwar wurden die Pfarrer der beiden Gemeinden wie die übrigen „Prädikanten" des Kapitels Ebern 1579 von den würzburgischen Beauftragten daran erinnert, „in welcher kürchen sie seyen unnd wer bischoff sei"[190]; zwar ließ der Bamberger Bischof 1590 durch den Amtmann von Burgkunstadt erkunden, wer das Patronat über die Pfarrei Marktgraitz habe[191] (vielleicht war eine katholische Besetzung der Pfarrei ins Auge gefaßt

185 StAB, B 110, Nr. 39, fol. 150v.
186 Ebd., Nr. 101, fol. 67v.
187 Ebd., Nr. 39, fol. 157v.
188 Siehe unten S. 394.
189 Vgl. StAB, B 110, Nr. 35, pag. 74–76, 78. Zum Vorgang vgl. Heinemann, Heribert: Rekonziliation. In: LThK, Bd. 8. Freiburg i. Br. 1963, Sp. 1157f., hier Sp. 1157.
190 DAW, Dek. Ebern, VR 1578, fol. 7r.
191 Vgl. AEB, Rep. I, PfA 333, Prod. 1.

worden[192]) – doch erst 1597 unternahmen die Bischöfe von Bamberg und Würzburg einen Versuch, die evangelischen Pfarrer ab- und Katholiken an ihrer Statt einzusetzen.

Am 2. Juni dieses Jahres ersuchte Echter, von dem auch hier die Initiative ausging, den Bamberger Bischof, mit seinem Domkapitel zu verhandeln, „damit dieselbige predicanten [...] zum ehesten abgeschafft und unß catholische priester [...] mögen presentirt werden"[193]. Die Domherren waren „urbuttig, [...] solches in das werckh zu setzen", ließen aber erst „bey der registratur derentwegen" Nachforschungen anstellen[194]. Monatelang geschah nichts. Erst im September 1597 präsentierte der Domdekan einen Priester, „so zuvor sich im stifft Straßburg und Wormbs ufgehalten", auf die Pfarrei Marktzeuln[195]. Im Oktober sollte er eingesetzt werden – es wurden wohl sogar zwei Versuche unternommen[196] –, doch die Gemeinde verhinderte es. Die Abgeordneten und die Priester wurden „mit fertigen waffen, getroheten todtschlagens gantz spötlich [...] zurückgewiesen"[197].

Am 29. Oktober kam eine bambergische Kommission nach Lichtenfels und lud die Mitglieder des Marktgraitzer Gerichts und des Marktzeulner Rats vor, aber sie erschienen nicht. So gingen die Beamten am folgenden Tag nach Marktgraitz. Dort hörten sie von Vertretern der Gemeinde, der Pfarrer habe sich verlauten lassen, „es werden ihnen die zwolf vom adel, welche in derselbigen revier wohnen unnd underthon haben, sambt dem hertzog von Coburgk wol schuetzen". Dennoch sagte er, selbst befragt, zu, binnen eines Monats abzuziehen.

Begleitet von 100 bewaffneten Lichtenfelsern „umb mehrer sicherheidt willen", zogen die Beamten am 31. Oktober nach Marktzeuln. Dort wurden sie bereits erwartet – die Einwohner hatten Wachen aufgestellt –; die Tore und Schranken waren versperrt, die Bürger standen in Waffen. „Sobalden ein wort von unns geredt", berichteten die bischöflichen Beauftragten, hätten die Untertanen „schiesen, hauen unnd stechen als unsinnige unvernunftige leut und thier angebotten". Zwei Schüsse fielen. Die Kirche war von vielen Menschen umgeben, Steine lagen „zur wehr" bereit. Der Rat Onophrius von Belheim erkannte, daß unter diesen Umständen nichts auszurichten war, zog sich mit den übrigen Beamten ins Wirtshaus zurück und ließ die Ratsmitglieder und Heiligenmeister dorthin kommen. Diese berichteten, die Zahl der zum Widerstand bereiten Personen wachse ständig. Obwohl die Beamten eingesehen hatten, daß sie den Pfarrer nicht einsetzen konnten, und nur „guetlich unnd friedlich widerumb abzihen" wollten, legte die Menge ihre Waffen nicht nieder. Stattdessen wurden Beleidigungen laut. Sie, die Einwohner, seien entschlossen, „eher leib unnd leben [zu] verlihren als die kirchen einzuraumen", sogar wenn der Bischof selbst anwesend wäre. Schließlich konnten die Beamten den Ort verlassen und kehrten über Lichtenfels nach Bamberg zurück. „Dergleichen", faßten sie ihre Erlebnisse in Marktzeuln zusammen, sei „bishero in dieser reformation nie geschehen"[198].

---

192 Bamberg weigerte sich zwar im selben Jahr, „bey dießen gefehrligen zeiten zu Zeil unnd Grätz [...] der religion halben enderung furzunemmen", sagte dem auf eine katholische Besetzung der Pfarreien drängenden Bischof von Würzburg aber zu, „do dern ietzigen predicanten einer solt abgehn, einen catholischen zu praesentirn". (Echter meinte, dies sei „gegen Gott dem allmechtigen schwerlich zu verantworten", mußte die Haltung jedoch hinnehmen.) StAB, ex J 3, Nr. 20, Prod. 14. Möglicherweise ließ Bamberg herausfinden, wer das Patronat habe, um für den Todesfall des „Prädikanten" gerüstet zu sein.

193 Ebd., Prod. 2.

194 StAB, B 86, Nr. 22, fol. 183v.

195 Ebd., fol. 220r.

196 Vgl. StAB, A 231, Nr. 38718, „Außgab bottenlohn".

197 BayHStA, RKG 406, Q 26.

198 AEB, Rep. I, PfA 334, „Ausfürliche relation" von 1597 Nov. 5. – Der Bericht des Kastners und des Forstmeisters von Lichtenfels, des Burgkunstadter Vogtes und des Vogtes am Brandt von 1597 Nov. 8 ebd.

Um sie zum Gehorsam zu zwingen, wurde den Einwohnern von Marktzeuln – vielleicht auch den Marktgraitzern – ihr Forstrecht gesperrt[199], das heißt: sie erhielten kein kostenloses Brenn- oder Bauholz mehr aus dem Lichtenfelser Forst, und vermutlich wurde den Handwerkern auch kein Werkholz verkauft. Diese Maßnahme bedrohte also die wirtschaftliche Existenz vieler Marktzeulner[200].

Anfang November erzählten Lichtenfelser Bürger, die Einwohner von Marktzeuln hätten sich geäußert, „wen ihnen der newe pfarherr noch ainmals vorstellig gemacht, sie denselbigen willig und gerne uff- unnd annehmen wölten"[201]. Auch der Marktzeulner Schultheiß schrieb dem Lichtenfelser Kastner, seine Nachbarn würden „die schlüssell zür kirchen güttwillig ubergeben", die Einsetzung eines katholischen Pfarrers dulden und überhaupt gehorsam sein, wenn sie nur bei ihrer Religion gelassen würden[202].

Doch auf eine solche Bedingung ging der Landesherr selbstverständlich nicht ein; die Einsetzung kam nicht zustande. Der „Prädikant" von Marktzeuln, der die Pfarrei für etwa vier Wochen[203] hatte aufgeben müssen, predigte seit Ende November 1597 wieder in der Pfarrkirche[204]. Neithard von Thüngen gestand dem Würzburger Bischof sein Scheitern und erbat seinen Rat. Denn die Angelegenheit könne „zu einer gefehrlichen empörung erwachsen". „Auß allerhandt bedencklichen ursachen", besonders wegen des gerade in Regensburg stattfindenden Reichstages, habe er es unterlassen, gegen die „rebellischen underthanen [...] ernstliche mittel furzunehmen"[205]. Echter freilich beschränkte sich darauf, die Rechtslage im Hinblick auf das Patronat darzulegen, ohne Ratschläge für das weitere Vorgehen zu geben[206].

Die Schultheißen, Dorf- und Heiligenmeister von Marktgraitz und Marktzeuln wurden wegen des Aufstands nach Bamberg vorgeladen; ferner erhielten sie den Befehl, ihre Pfarrer „abzuschaffen". Doch weder kamen sie nach Bamberg – „do sie ie herein gelangen solten", wollten „sie eine gantze gemeinde mit sich nemen" – noch entließen sie ihre Seelsorger. Am 10. Dezember stellten die Geistlichen Räte resignierend fest, „man werde noch zur zeit dero örter keinen catholischen pfarrherrn einsetzen konnen"[207].

Dennoch erließ der Bischof in ihrer Gegenwart einige Tage später einen Haftbefehl gegen die beiden „Prädikanten"[208]. Der Bamberger Fiskal beauftragte den Burgkunstadter Vogt, die Marktgraitzer und Marktzeulner zu fragen, ob sie gutwillig katholische Pfarrer aufnehmen wollten[209]. Der Vogt lud am 19. Dezember den Schultheißen sowie die Dorf- und

---

199 Vgl. AEB, Rep. I, PfA 334, Brief von 1597 Nov. 5. In diesem Schreiben bat die Gemeinde Marktzeuln den Bischof, er möge den evangelischen Pfarrer „bleiben laßen, auch den waldt nach voriger gerechtigkeit zu gebrauchen wider eröffnen". Die Verfügung hatten die Räte, die am 30. Okt. in Marktzeuln gewesen waren, vor ihrer Rückreise nach Bamberg getroffen. Vgl. ebd., Brief von 1597 Dez. 21. – Am 15. Dezember verfügte der Bischof erneut, der Forstmeister von Lichtenfels dürfe den Marktzeulnern und Marktgraitzern „kein holtz vervolgen lasse[n]". AEB, Rep. I, Nr. 736, fol. 13r.

200 Im Jahr 1570 hatten 92 Marktzeulner Haushalte das auf dem Haus ruhende Forstrecht. Vgl. StAB, B 76/XVIII, Nr. 6, fol. 66v.

201 AEB, Rep. I, PfA 334, Brief von 1597 Nov. 6.

202 Ebd., Brief von 1597 Nov. 4.

203 Vgl. BayHStA, RKG 406, Q 30.

204 Vgl. AEB, Rep. I, PfA 334, Brief von 1597 Dez. 7.

205 Ebd., undat. Konz. – Beschlossen wurde das Schreiben am 24. November. Vgl. AEB, Rep. I, Nr. 736, fol. 7r.

206 Vgl. AEB, Rep. I, PfA 333, Prod. 3.

207 AEB, Rep. I, Nr. 736, fol. 9v. – Der Anordnung, nach Bamberg zu kommen, folgten die Schultheißen, Dorf- und Viertelmeister von Marktzeuln nicht, weil sie befürchteten, in „itziger kelt" ins Gefängnis geworfen zu werden. Vgl. AEB, Rep. I, PfA 334, Brief von 1597 Dez. 11.

208 Vgl. AEB, Rep. I, Nr. 736, fol. 13r.

209 Vgl. AEB, Rep. I, PfA 334, Brief des Lichtenfelser Kastners von 1597 Dez. 18.

Heiligenmeister von Marktzeuln vor; diese erklärten sich mehrheitlich mit der Einsetzung eines katholischen Pfarrers einverstanden, forderten den Vogt aber auf, mit der Gemeinde selbst zu verhandeln. Als er nach Marktzeuln kam und vor versammelter Gemeinde die Schreiben aus Bamberg verlas, hörten ihn die Einwohner „mit ungestumb“ an. „Sie wolten durchaus keinen catholischen pfaffen annemen, sondern nochmals daruber ihr leib und leben lasen“, antworteten sie ihm. Mit Floßbeilen wurde der Vogt bedroht, auch nachdem er sich zu seiner Sicherheit ins Rathaus begeben hatte. Schultheiß, Dorf- und Heiligenmeister geleiteten ihn aus dem Ort. Ihm sei „in zeyt meines lebens [...] der todt nie so nahe gewesen“, berichtete er nach Bamberg.

Marktgraitz verhielt sich ähnlich wie Marktzeuln: Die nach Burgkunstadt geladenen Vertreter des Ortes erzählten, die Gemeinde habe sich „zusamen geschwohren, ehe leib und leben zu lasen, als den neuen pfarher hienein zu lasen“[210]. Die Stimmung in diesem Ort war wohl zusätzlich dadurch gereizt, daß Bamberg wenige Tage zuvor anstelle des evangelischen einen katholischen Schulmeister eingesetzt hatte[211].

Der Burgkunstadter Vogt war nicht der einzige Beamte, den die Marktzeulner bedrohten. Aufgrund der Holzsperre wurden auch die Forstknechte angefeindet. Dem in Neuensee wohnenden Forstknecht drohte eine Gruppe, angeführt vom Marktzeulner Schultheißen, den Tod an[212]. Die weltlichen Räte zu Bamberg befahlen daraufhin die Festnahme des Schultheißen[213], die am 27. Dezember in Burgkunstadt gelang. Doch am folgenden Morgen zogen 200 Marktzeulner Bürger, viele von ihnen bewaffnet, nach Burgkunstadt, befreiten ihren Schultheißen, zerschlugen Fenster und Türen der Fronfeste. Der Vogt mußte sich verstecken, um nicht erschlagen zu werden, denn die Burgkunstadter griffen nicht ein[214]. Die Bamberger Regierung erließ aufgrund dieses Vorfalls einen Haftbefehl gegen jedweden Marktzeulner und Marktgraitzer[215]; doch scheinen nur wenige verhaftet worden zu sein[216].

„So wahr Gott ist“, würden „Zeuln und Graitz keinen catholischen pfarher annemen“, hatte der Burgkunstadter Vogt am 20. Dezember die Ergebnisse seiner Erkundigungen zusammengefaßt[217]. Jedoch zog der Pfarrer von Marktgraitz kurz darauf ab[218], und die geistliche Regierung in Bamberg bestimmte zu seinem Nachfolger Andreas Frank[219]. Als dieser sich für eine Probepredigt in Marktgraitz ankündigte, ließen ihm die Einwohner ausrichten, sie würden ihn akzeptieren, falls der Fürstbischof sie „bey ihrem lutterischen glauben bleiben“ ließe und sich damit zufrieden gebe, daß „ire kinderlein [...] den catholischen glauben annehmen“ würden. Andernfalls solle Frank gar nicht kommen, denn die Gemeinde habe „beschlossen, das sie alle bebstische pfaffen, so zu ihnen gesandt, ja wan auch der bischoff selbsten köhm, erwurchen und umbringen“ wollten[220]. Frank, der sich durchaus zutraute, die Gemeinde zu bekehren, konnte die Pfarrei nicht übernehmen.

Im Mai 1598 wollte der aus Kronach stammende Priester Veit Bauer, damals Frühmesser in Buttenheim, versuchen, ob die Marktgraitzer ihn „zu eim pfarrer annemen undt dulden“

---

210 Ebd., Brief von 1597 Dez. 20.

211 Vgl. ebd., Brief von 1597 Dez. 11. Der neue Schulmeister, Johann Wieland, war ein Sohn des gleichnamigen evangelischen Pfarrers von Schney, bekannte sich jedoch zum katholischen Glauben. Vgl. unten S. 420.

212 Vgl. AEB, Rep. I, PfA 334, Brief von 1597 Dez. 21.

213 Vgl. ebd., Konz. der Räte an Amtmann und Vogt in Burgkunstadt von 1597 Dez. 23.

214 Vgl. ebd., Brief von 1597 Dez. 29.

215 Vgl. ebd., Konz. von 1597 Dez. 31.

216 Vgl. StAB, B 68/I, Nr. 876, pag. 63, 66.

217 AEB, Rep. I, PfA 334, Brief von 1597 Dez. 20.

218 Vgl. AEB, Rep. I, Nr. 736, fol. 15r (1598 Jan. 5).

219 Über ihn vgl. Wachter 2644.

220 AEB, Rep. I, PfA 334, Brief von 1598 Jan. 3.

würden[221]. Nach einigen Wochen meldete er erfreut nach Bamberg, „daß die zu Graitz mit ihm zufrieden sein undt ihn für ihren pfarrer haben wollen“[222]; möglicherweise hatte ihm der Umstand genutzt, daß er Verwandte in Marktgraitz hatte[223]. In Gegenwart der Lichtenfelser und Burgkunstadter Beamten setzte ihn der Lichtenfelser Pfarrer im Juli als Pfarrer ein[224].

Entgegen seinen anfänglichen Hoffnungen bekam Bauer bald Schwierigkeiten mit seinen Pfarrkindern. Sie erwiesen ihm „allerhandt frevel undt mutwillen“, beklagte er sich im September beim Bamberger Bischof[225]; die Einwohner von Lettenreuth und Michelau entrichteten ihm keine Abgaben[226]. Der Zaun, den der Bischof um den Pfarrhof hatte aufstellen lassen[227], wurde eines Nachts niedergerissen; dabei fielen Schüsse. Sogar während der Messe soll Bauer „gotslästerlich angriffen und betrohet“ worden sein[228]. Zusätzlich aufgeheizt wurde die Stimmung gegen Bauer sicherlich durch das Erscheinen der bambergischen Räte Dr. Friedrich Förner und Johann Onophrius von Belheim etwa am 16. November 1598, die die Marktgraitzer dazu anhielten, sich zum katholischen Glauben zu bekehren, und denjenigen, die sich der Ermahnung widersetzten, die Ausweisung aus dem Hochstift androhten[229].

Kurz nach dem Tod Bischof Neithards (26. Dezember 1598) überfielen Einwohner von Marktgraitz den Pfarrer. Sie hätten, berichtete Bamberg Jahre später dem Reichskammergericht, „ihme das seinig wider seinen willen ufgeladen, seine person fortgeschaft und gar mit schneeballen zum dorf hinauß geworfen, ja zu noch mehrerm spott und veracht, alß er ohnegefehr uf ein meil wegs fort vom dorf kommen, alles vom wagen in freyen veldt uf die strassen abgeworfen und ihnen also in angst und noht mit den seinigen hülfloß stecken lassen“[230]. Anschließend setzte die Gemeinde den früheren „Prädikanten“, Rochius Mayer, wieder ein.

Als der neugewählte Fürstbischof, Johann Philipp von Gebsattel, die Erbhuldigung einnahm, gewährte er den Gemeinden Marktgraitz und Marktzeuln Gnade für ihren Ungehorsam, ließ sie aber schwören, ihre evangelischen Pfarrer abzusetzen und katholische Seelsorger anzunehmen[231]. Doch hielten sie dieses Versprechen nicht.

Im August 1599 gebot der Würzburger Bischof den Pfarrern der beiden Gemeinden, „sobalden“ von ihren Pfarreien abzuziehen[232]. Da sie blieben, bestätigte der Bamberger Bischof den Befehl: Sie müßten sofort das Hochstift verlassen und innerhalb von drei Tagen ihren beweglichen Besitz „hinweg fürn“, sonst würden sie als „aufrürer und meutmacher“ bestraft[233]. Der Marktzeulner Seelsorger Johann Haselmann antwortete – nach über zwei Wochen –, die Gemeinde zwinge ihn zu bleiben[234]; Mayer dagegen kündigte an, er werde sich „der pfarr [...] gentzlichen endthalten und von derselben innerhalb viertzehen tagen

221 AEB, Rep. I, Nr. 736, fol. 39r.
222 Ebd., fol. 51v.
223 Vgl. ebd., fol. 39r.
224 Vgl. ebd., fol. 51v, 55v; auch StAB, A 231, Nr. 13522, fol. 12r.
225 AEB, Rep. I, Nr. 736, fol. 61v.
226 Vgl. ebd., fol. 75v.
227 Vgl. StAB, A 231, Nr. 13522, fol. 9r.
228 BayHStA, RKG 406, Q 26; vgl. auch AEB, Rep. I, PfA 334, Brief von 1598 Nov. 23.
229 Vgl. ebd., „Instruction“ von 1598 Nov. 14; auch AEB, Rep. I, Nr 736, fol. 75v.
230 BayHStA, RKG 406, Q 26.
231 Vgl. ebd., Q 26, 31.
232 Ebd., Q 27.
233 Ebd., Q 28.
234 Vgl. ebd., Q 30.

güettlich ohne fernere unruhe abtziehen"[235], und begab sich tatsächlich in den ritterschaftlichen Nachbarort Redwitz[236].

Ende Januar 1600 präsentierte der Bamberger Domdekan in seiner Eigenschaft als Archidiakon von Eggolsheim Priester auf die Pfarreien Marktgraitz und Marktzeuln[237]. Doch bevor der für Marktgraitz vorgesehene Geistliche eingesetzt wurde, berief die Pfarrgemeinde mit Christoph Thumler ihrerseits einen evangelischen Pfarrer, den sie am 10. Februar „solenniter" einführte. Die bambergische Kommission, die am Vortag nach Lichtenfels gekommen war – sie bestand aus einem Domherrn, dem bischöflichen Kämmerer und dem Generalvikar –, zog trotz massiver Drohungen der Einwohnerschaft am 11. Februar nach Marktgraitz. An die Einsetzung eines katholischen Pfarrers war dort freilich nicht zu denken, da sich die Gemeinde nicht einmal dazu bewegen ließ, vor der Kommission zu erscheinen. Nach Marktzeuln gingen die Beamten vorsichtshalber erst gar nicht[238]. Die „Prädikanten" blieben also im Amt.

Erneut nahmen sich Bischof und Domkapitel von Bamberg der Angelegenheit am 1. August 1600 an. Da sich die Gemeinden „uber vielfeltig zusagen unnd versprechen" noch nicht zum katholischen Glauben bekehrt hätten, wollte der Bischof selbst mit den Untertanen „in der gutte" verhandeln. Notwendig seien jedoch „tugliche unnd qualificirte personen, die sich dahin möchten brauchen laßen". Die Domherren schlugen vor, daß der Germaniker Dr. Friedrich Förner, Verweser der Oberen Pfarre und Kanoniker bei St. Stephan[239], der Domvikar und -pfarrer Erhard Müller[240] sowie Johann Neubauer[241] die Pfarreien vorübergehend übernehmen sollten[242]. Aber offenbar zog weder Gebsattel nach Marktgraitz und Marktzeuln noch versuchte man, die Geistlichen dort einzusetzen.

Im September 1601 erhielt Thumler den Befehl – wohl vom Bamberger Bischof –, das Hochstift zu verlassen. Er weigerte sich jedoch; erst sei der Ausgang des Prozesses abzuwarten, den die Gemeinden am Reichskammergericht angestrengt hätten[243]. Weitere Versuche, die evangelischen Pfarrer zu vertreiben und durch Katholiken zu ersetzen, unternahm Bamberg in den folgenden Jahren offenbar nicht[244]. Aber die Gemeinden waren sich wohl bewußt, daß die Gefahr einer katholischen Besetzung ihrer Pfarreien weiterhin bestand[245].

Erst Bischof Johann Gottfried von Aschhausen machte sich unmittelbar nach seiner Wahl daran, im Zusammenwirken mit Echter die beiden evangelischen Pfarrer zu vertreiben. Am 2. Oktober 1609 befahl der Würzburger Bischof ihnen den Abzug; er habe sich mit dem

235 Ebd., Q 29.

236 Vgl. StAB, A 231, Nr. 13523, fol. 12r.

237 Vgl. StAB, B 86, Nr. 24, fol. 9v; Looshorn, Bd. 5, S. 296. Nach Marktzeuln sollte Johann Hartmann, nach Marktgraitz Pankraz Volck kommen. Über sie vgl. Wachter 3776, 10545.

238 Vgl. BayHStA, RKG 406, Q 35.

239 Vgl. Bauer, Weihbischöfe, S. 370.

240 Über ihn vgl. Wachter 6832.

241 Sein Name ist aus der Angabe erschlossen, er sei Pfarrer von Strullendorf gewesen und „anietzo uff S. Jacobs stiefft vorgeschlagen". Siehe Anm. 242. Über ihn vgl. Wachter 7030.

242 StAB, B 86, Nr. 24, fol. 82r.

243 Vgl. StAB, B 49, Nr. 59, Brief von 1601 Sept. 25. Über den Prozeß der Gemeinden ist kaum etwas bekannt, nur, daß sie sich schon 1598 darum bemüht hatten. Vgl. StAC, LA D 1322, fol. 317r–v.

244 Nur ein Fall ist nachzuweisen, in dem sich bambergische Beamte für die beiden Pfarrer interessierten: Der Fiskal Dr. Johann Schöner befahl dem Vogt am Brandt 1602, „nach Ebern zu reihten" und sich bey dem h. dechant zu erkundigen, ob man die commenda Grezs und Zeuln beden pfahrhern zukommen lest". Vgl. StAB, A 231, Nr. 13525, fol. 10v. – 1607 schrieb der Schwürbitzer Notar Kilian Schauer an Herzog Johann Casimir von Sachsen-Coburg, die beiden Pfarreien seien seit dem Abzug des katholischen Pfarrers von Marktgraitz „bei itzigen friedliebenden regierenden herrn bischoven zue Bamb[erg] unbetrangt geblieben". StAC, LA D 1322, fol. 3r.

245 Vgl. ebd.

Bamberger Domdekan – als dem Inhaber des Archidiakonats Eggolsheim – verständigt, dem Religionsfrieden gemäß einen Katholiken einzusetzen[246]. Der Bamberger Bischof lud aus beiden Pfarrorten die Schultheißen, Dorf-, Heiligen- und Viertelmeister sowie die Mitglieder des Rats bzw. des Gerichts vor und gebot ihnen, die katholischen Pfarrer anzunehmen und nach einer Frist zu konvertieren oder fortzuziehen[247]. Die Vertreter von Marktzeuln und Marktgraitz erklärten sich dazu zwar bereit; als aber am 7. November tatsächlich zwei Priester ankamen[248], wurden sie von den Gemeinden abgewiesen[249] und bedroht[250]. Daraufhin sandte der Bischof seinen weltlichen Rat Dr. Remigius Dietmayr[251] nach Marktzeuln und Marktgraitz[252], damit er die beiden Pfarrer einführe. Doch als die Marktzeulner sich einzeln erklären sollten, ob sie den Pfarrer anerkennen und innerhalb von zwei Monaten katholisch werden oder emigrieren wollten, verweigerten sie bis auf sechs Männer eine Auskunft – einen „Doctor" aus Coburg, der namens der gesamten Gemeinde sprechen sollte, hörte Dietmayr nicht an – und verwiesen auf den „angefangenen proceß" am Reichskammergericht. Als Dietmayr von den Mitgliedern des Rats verlangte, die Kirche zu öffnen, beteuerten sie, „daß sie nit wüsten, wer die schlüssel hette oder wohin sie kommen". Eine gewaltsame Öffnung der Tür scheiterte, da „bey der kirchen herumb fast in allen winckheln undt eckhen vihl mit kärsten, sabeln, püchßen, rappiern" standen, die sowohl den Ratsherren als auch dem fürstbischöflichen Abgeordneten das Aufbrechen unmöglich machten. In der folgenden Nacht kam es zum Tumult: Schüsse fielen, vier Bürger beleidigten lautstark den Schultheißen. Unverrichteter Dinge zog Dietmayr am 11. November nach Marktgraitz weiter.

Dort waren bereits Männer aus dem Dorf und aus den eingepfarrten Ortschaften „mit büchßen, spießen, gabeln, seitenwhörn, knütteln, kolben, parten undt peyln undt also whol bewhört" zusammengeströmt. Als Dietmayr die Marktgraitzer vor sich in das Gemeindehaus lud, um ihnen die bischöflichen Befehle vorzutragen und ihre Erklärungen zu hören, erschienen sie nicht, sondern spotteten „uff offenem blatz" über den Bischof. Das Geschrei nahm zu, Morddrohungen gegen den vorgesehenen katholischen Pfarrer wurden laut. Schließlich gab Dietmayr auf. Als er zu seiner Kutsche ging, fragte er einen Mann in der Menge, der ihm besonders aufgefallen war, nach seinem Namen und erhielt die „hönische anntwordt [...], er haisse Peter Pfeifer". Als Dietmayr nun so tat, „alß wollte er solchen nhamen in sein schreibtäffelein zeichnen, unndt angetzogener truziger gesell solches ersehen, hatt er mit schaumendten maul [...] angefangen: ‚Gellt, ich will dich schreiben lernen, komme herunder, ich will mein gabell in dich rennen'". Einen Berittenen, der den Rat

246 Vgl. ebd., fol. 7r.
247 Vgl. BayHStA, RKG 406, Q 26.
248 Sie wurden vom Schultheißen von Marktzeuln aufgenommen. Vgl. ebd.; auch StAB, A 231, Nr. 1835/I, fol. 296v. – Eine Woche zuvor hatten die Vögte von Burgkunstadt und auf dem Brandt auf bischöflichen Befehl Erkundigungen über die Einkünfte der beiden Pfarrer eingezogen. Vgl. ebd., Nr. 13532, fol. 9r.
249 Vgl. BayHStA, RKG 406, Q 25.
250 Vgl. ebd., Q 26. Über die Ereignisse des 7. November vgl. auch den Bericht des Sonnefelder Notars Johann Schwabhäuser: StAC, LA D 1322, fol. 11r.
251 Er stammte aus Dießen und wurde im November 1582 – als „famulus" wohl des späteren bambergischen Rates Johann Gregor Harsee – an der Universität Ingolstadt immatrikuliert. Vgl. Pölnitz, Matrikel, Bd. 1, Sp. 1116. Am 1. Mai 1596 bestallte ihn der Bamberger Bischof als Hofrat. Vgl. StAB, B 26 b, Nr. 15, fol. 275r–277r. 1604 und 1605 wurde seine Besoldung aufgebessert. Vgl. ebd., Nr. 16, fol. 278r–v, 280v–281r. Er starb im Herbst 1616. Vgl. Looshorn, Bd. 5, S. 453.
252 Vgl. StAB, B 49, Nr. 233/II, fol. 431r–432v (unvollständiges Konz. der Instruktion).

begleitete, schlug er mit seiner Mistgabel sogar ins Gesicht. Als Dietmayr wegfuhr, liefen ihm Männner nach, schrien, warfen Steine[253].

Bischof Johann Gottfried griff nun zu harten Maßnahmen. Eine günstige Gelegenheit bot ihm die Erbhuldigung, die er als neugewählter Fürst von seinen Untertanen entgegennahm. Auf den 17. November 1609 lud er die Einwohner von Marktzeuln und Marktgraitz zur Huldigung nach Weismain vor[254]. Als die meisten Männer – „etliche“ erschienen aus Furcht nicht – in den Weismainer Kastenhof gekommen waren, ließen die bambergischen Beamten sie von den bewaffneten Bürgern der Stadt umzingeln. Wer nicht zusagte, er werde sich zum katholischen Glauben bekehren – insgesamt 58 Männer weigerten sich –, wurde auf einen Wagen gebunden, stundenlang stehengelassen, bei Nacht über Scheßlitz nach Bamberg gebracht und „daselbsten mit großem pomp vor die f[ürstliche] hoffhaltung geführet“. Dort ließ der Bischof sie „fast einen halben tag (mennigelichen zu einem schawspiel unndt das man jha denn grossen ernsten eyfer, so der newerwöhlte herr wider die evangelischen heten, genuegsamb erwegen solte) angefesselt unnd hart gebundten stehen“. Anschließend wurden sie auf verschiedene Gefängnisse der Residenzstadt verteilt. Aber auch diejenigen, die in Weismain ihre Konversion versprochen hatten, blieben einige Tage in Haft.

So hielten sich in Marktzeuln und Marktgraitz am 18. November 1609, abgesehen von sechs Männern, nur Frauen und Kinder auf, denn die übrigen Männer waren entweder geflohen oder wurden in Bamberg und Weismain festgehalten. Der Amtmann von Burgkunstadt und zwei adlige Kriegshauptleute des Bamberger Bischofs hatten also leichtes Spiel, als sie mit bewaffneten Bürgern von Weismain, Burgkunstadt, Lichtenfels und Staffelstein in die beiden Orte einfielen, die Kirchen aufbrechen ließen und katholische Pfarrer einsetzten; ferner wurden den Gemeinden ihre Urkunden, Siegel, Waffen und die Glockenschwengel weggenommen[255]. Zur Sicherheit wurden in jedes Haus zwei der am Einfall beteiligten Bürger einquartiert, die auch alle Durchreisenden kontrollierten[256].

Pfarrer von Marktzeuln wurde Konrad Pfendner, ein Priester mit bewegter Vergangenheit: Er hatte in Tübingen studiert und war dort zum Magister promoviert worden, hatte kurz am Ernestinum zu Bamberg gelehrt, dann für acht Jahre als evangelischer Pfarrer im Elsaß gewirkt, war, in seine Heimatstadt Hollfeld zurückgekehrt, wegen Ehebruchs zum Tod verurteilt, begnadigt und des Hochstifts verwiesen worden. 1600 war er – mittlerweile Katholik – wieder ins Bambergische gekommen; in den folgenden Jahren hatte er die Weihen empfangen[257]. In Marktgraitz wurde 1609 Johann Veit Beulwitz eingesetzt, der zugleich die Pfarrei Hallerndorf innehatte[258].

Der evangelische Pfarrer von Marktgraitz, Christoph Thumler, übersiedelte in den Nachbarort Redwitz[259]. Pfarrer Johann Haselmann wohnte im Januar 1610 noch mit seiner Familie in seinem Privathaus zu Marktzeuln. Er wurde des Ortes verwiesen und zog nach Schwürbitz[260], wo er noch 1614 genannt wird. In sein Marktzeulner Haus ließ er Anfang

253 BayHStA, RKG 406, Q 38.
254 Über die folgenden Ereignisse vgl., wenn nichts anderes angegeben, den Bericht, den Kilian Schauer, der Vertreter der Gemeinden, zusammengestellt hat: ebd., Q 25; die Daten sind auch verarbeitet in der „Historischen erzehlung“ Schauers, einem Spottlied (siehe Anhang 2.3.). Die Darstellung Bambergs, die vornehmlich in der Bewertung der Vorgänge abweicht, in BayHStA, RKG 406, Q 26.
255 Vgl. ebd., Q 39; auch StAB, A 231, Nr. 1834/I, fol. 503v. Die Darstellung der Gemeinden in BayHStA, RKG 406, Q 25.
256 Vgl. ebd.
257 Siehe unten S. 425 f..
258 Siehe unten S. 435.
259 Siehe unten S. 404.
260 Vgl. BayHStA, RKG 406, Q 25.

1610 „seine kinder neben etlichem rindtviehe“ ziehen[261]; auch Haselmann selbst übersiedelte im selben Jahr wieder nach Marktzeuln, wurde aber erneut vertrieben. 1612 wiederholte sich dies zweimal[262].

Seit November 1609 hielt sich ein Vertreter der beiden Pfarrgemeinden, der Schwürbitzer Notar Kilian Schauer, in Speyer auf[263], um beim Reichskammergericht die Bischöfe von Bamberg und Würzburg zu verklagen. Sie würden sich das Recht der Pfarrbesetzung anmaßen, das eigentlich den Gemeinden zustehe. Der Prokurator der Gemeinden erwirkte im Dezember 1609 tatsächlich die Ladung Echters und Aschhausens, die diesen im Januar überbracht wurde[264]. Doch kam der Prozeß, kaum eröffnet, ins Stocken. Die Einsetzung einer commissio ad perpetuam rei memoriam, die der Anwalt der Gemeinden im September 1610 beantragte[265], verhinderte die gegnerische Partei, indem sie verfahrensrechtliche Streitfragen aufwarf[266].

Kilian Schauer riet den Gemeinden zwar im November 1609, die katholischen Pfarrer zu vertreiben und ihre Vorgänger wieder einzusetzen[267]. Auch im Herbst 1610 schmiedete er Pläne, anstelle des verwundeten Pfarrers von Marktgraitz einen evangelischen Prediger zu berufen[268], und im Februar 1612 sollte Herzog Johann Casimir von Sachsen-Coburg dafür gewonnen werden, „bey diesem schwebenden interregno beede kirchen [...] mit evangelischen [...] predigern zu bestellen“[269]. Doch wurden die katholischen Pfarrer nicht verjagt[270].

Wohl aber machten ihnen die Einwohner von Marktzeuln und Marktgraitz das Leben schwer. So beklagte sich Pfendner im Juli 1610 in Bamberg über Beleidigungen und Gewalttätigkeiten seitens seiner Pfarrkinder[271]. Er sei „leibs und lebens bey diesem unruhigen wesen nit sicher“, schrieb er den Bamberger Räten einige Monate später[272]. Obendrein war das Pfarrhaus „gantz baufellig“[273]. Auch der Pfarrer von Marktgraitz beschwerte sich mehrfach über „seine ungehorsame pfarrkinder“[274].

---

261 Ebd.

262 Siehe, soweit nichts anderes angegeben, unten S. 424 f.

263 Sein erstes Schreiben datiert vom 14. November. Vgl. BayHStA, RKG 406, Q 5. Der citatio zufolge, die inhaltlich ja auf dem Antrag basierte, dürfte er frühestens am 7. November abgereist sein, denn das Eintreffen der katholischen Geistlichen an diesem Tag wird noch erwähnt. Vgl. folgende Anm.

264 Vgl. BayHStA, RKG 405, Q 1. Abschriften: StAC, LA D 1322, fol. 57r–58v.

265 Vgl. BayHStA, RKG 405, Q 7, 8, 14; auch StAB, B 49, Nr. 59, „Supplicatio pro commissione“.

266 Ein erster Streit ging über die Berufung eines Prokurators durch die Gemeinden. Eine Vollmacht, die nur von den Schultheißen und weiteren Gemeindevertretern ausging, erkannten Bamberg und Würzburg nicht an. Zweitens hatte der Anwalt der Gemeinden den ursprünglichen „articulatus libellus“, den er im März 1610 eingereicht hatte, im August zurückgezogen und eine verbesserte Klageschrift vorgelegt. Dies sei unzulässig, behaupteten die Beklagten und beharrten darauf, daß erst über die Rechtmäßigkeit entschieden werden müsse, bevor sie der commissio zustimmen könnten. Einen weiteren Streitpunkt bot die Frage, ob den Beklagten eine Abschrift der Liste der vorgesehenen Zeugen zustehe oder nicht. Ausführlich dazu S. 309 f.

267 Vgl. BayHStA, RKG 405, Q 7.

268 Vgl. StAC, LA D 1322, fol. 64r.

269 Ebd., fol. 108v–109r.

270 Im Okt. 1611 berichtete der Bamberger Bischof zwar dem Domkapitel, „daß die ungehorsamen underthanen zu Zeulln und Graitz abermahl sich understandten, ihre catholische pfarrherrn wegzuiagen und lutherische wiederumb einzusetzen“. StAB, B 86, Nr. 28, fol. 264r. Jedoch ist diese Nachricht anhand der Protokolle der geistlichen Regierung nicht zu bestätigen. Dort findet sich lediglich die Nachricht, „der alte lutherische predicant [von Marktzeuln] hab seine behausung zu Zeuln wiederumb eingefangen“. Von einer etwaigen Vertreibung des katholischen Pfarrers ist nicht die Rede; vielmehr ist dessen Anwesenheit ausdrücklich belegt. AEB, Rep. I, Nr. 740, fol. 166r.

271 Vgl. ebd., fol. 72v.

272 Ebd., fol. 100r.

273 Ebd., fol. 72r.

274 Ebd., fol. 64v.

## *6.2. Die Katholisierung der Untertanen*

Die Vertreibung der evangelischen Pfarrer war nur der erste Schritt; es schloß sich das Kernstück der Gegenreformation an, die Katholisierung der Untertanen mittels landesherrlicher Gewalt. Der Abstand zwischen beiden Maßnahmen differierte von Pfarrei zu Pfarrei. In Altenbanz lag dazwischen ein Jahrzehnt; in Rattelsdorf waren es wenige Monate; in Marktgraitz und Marktzeuln ging die Ausweisung der „Prädikanten" mit den Mandaten, die den Untertanen geboten, auszuwandern oder katholisch zu werden, zeitgleich einher.

Im folgenden wird untersucht, wie die Fürstbischöfe von Bamberg, die Dompröpste, die Äbte von Banz, Michelsberg und Langheim ihre lutherischen Untertanen zur Konversion oder Emigration bewegten. Die Rechtsgrundlage hierfür bot das ius reformandi, das den Landesherren im Augsburger Religionsfrieden von 1555 zugestanden worden war. Die Vorgehensweise war stets derselbe: Den Untertanen wurde befohlen, bis zu einem bestimmten Termin katholisch zu werden oder das Hochstift zu verlassen. Die Konversion fand ihren Ausdruck dadurch, daß die Erwachsenen – in der Regel bei ihrem zuständigen Pfarrer – nach katholischem Ritus beichteten und die Kommunion sub una specie empfingen. Trotz des gleichen rechtlichen Ausgangspunktes und der gleichen obrigkeitlichen Verfahrensweise verliefen die Katholisierungsmaßnahmen[275] von Pfarrei zu Pfarrei, zuweilen sogar von Ort zu Ort verschieden. Daher verfolgen wir die Ereignisse nach Pfarreien getrennt.

### 6.2.1. Pfarrei Baunach

In der Pfarrei Baunach, wo wohl stets katholische Pfarrer wirkten, war die Zahl der Protestanten zwischen 1576 und 1590 kontinuierlich gestiegen; zuletzt lebten in der Pfarrei weniger als 50 Katholiken[276]. 1594 notierte der Eberner Dekan über Baunach, dort sei „in religionssachen noch wenig ernst furgenomen" worden[277]. Das Ehemandat, das die Kommunion nach katholischem Ritus zur zwingenden Voraussetzung für die Trauung machte, hatte nur zwei Personen dazu gebracht zu konvertieren[278]. Auch die bambergischen Kommunionmandate des Jahres 1594[279] blieben wohl ohne allzu große Wirkung.

Im Mai des folgenden Jahres gebot der Bamberger Fürstbischof dem Pfarrer und dem Kastner von Baunach, die evangelischen Untertanen einzeln vorzuladen und zur Konversion innerhalb von drei Monaten zu ermahnen; ferner seien Personen zu verhaften, die unbescheiden redeten, ausliefen oder einen „Prädikanten" zu sich holten[280]. Bereits früher wa-

---

275 Gesprochen wird nicht, wie gebräuchlich, von <u>Re</u>katholisierung, da dieser Begriff den falschen Eindruck erweckt, die Untertanen seien einst katholisch gewesen und durch die obrigkeitlichen Maßnahmen zu ihrem alten Glauben zurückgeführt worden. Vielmehr waren jedoch die meisten schon im evangelischen Glauben aufgezogen worden.

276 Siehe oben S. 129.

277 DAW, Dek. Ebern, VR 1594, fol. 44r.

278 Vgl. ebd.; auch DAW, PfA Baunach, K 2, Fasz. 30, undat. „Verzeichnus, was hindernußen undt unbequemligkeiten in der pfarr Baunach zu entgegen" (wohl 1594). – Dem würzburgischen Ehemandat von 1583 war der Pfarrer nicht gefolgt, denn – so begründete er sein Verhalten 1588 – „will ich dann gleich für mich die widerspensigen [!] nit intronizirn, mus ich gedulten, das es von dem praedicanten geschicht und die intronizirten dennoch in der pfarr unsträfflich bleiben und gedultet werden". AEB, Rep. I, Nr. 330, fol. 542v.

279 Vgl. DAW, PfA Baunach, K 2, Fasz. 29, Mandate von 1594 März 29 und Mai 17. Pfarrer Frankenhausen erwartete infolge der Mandate, daß zu Pfingsten etliche seiner Pfarrkinder konvertieren würden. Vgl. ebd., Brief von 1594 Mai 23.

280 Vgl. AEB, Rep. I, Nr. 330, fol. 601v–603r; auch undat. Konz.: StAB, ex J 3, Nr. 208, Prod. 29f.

ren die Untertanen vor die Wahl zwischen Übertritt zum katholischen Glauben und Auswanderung gestellt worden[281], allerdings wohl nicht jeder für sich.

Erneut mußten Pfarrer und Kastner im April 1596 „die noch daselbst ubrige uncatholische inwohner vor sich bescheiden undt sie, wo möglich, zur einstellung behandlen"[282]. Diejenigen, die nicht auswandern wollten, hatten die Konversion – und für den Fall, daß sie den katholischen Glauben nicht rechtzeitig annahmen, die Zahlung von 100 Gulden[283] – zu versprechen.

Im Februar 1598 waren wohl die Männer, die auf bischöflichen Lehen wohnten, weitgehend konvertiert, denn sonst hätte der Pfarrer kaum einen bischöflichen Befehl „wegen der weibspersohnen" erbeten, „daß sie sich einstellen"[284]. Im Mai wandte der Fürstbischof sein Augenmerk auch auf „das junge volck, alß söhne, töchter und ehalten", die „an lutherischen [!] orten der religion halben auslaufen". Durch Ermahnungen und, falls nötig, durch Haftstrafen sollten sie dazu gebracht werden, „des außlaufen hinfuro mißig zue stehen und [zu] unserer wahren cath. religion sich unverlenget einzustellen"[285]. Dennoch waren 1599 „die weybspersonen und junge leut nitt all catholisch"[286], und noch 1604 liefen „die junge leut" nach Reckendorf „zum praedicanten"[287]. Den ritterschaftlichen Hintersassen, die zusätzlich bambergische Güter besaßen, sich aber unter Hinweis auf ihre adligen Herren den Kommunionmandaten widersetzt hatten, war bereits 1597 geboten worden, entweder zu konvertieren oder ihre bambergischen Lehen zu verkaufen[288].

Die gegenreformatorischen Maßnahmen hatten ziemlich rasch Erfolg: 1602 waren, von einer Frau in Reckendorf abgesehen, alle bambergischen Untertanen in der Pfarrei katholisch, jedenfalls die Erwachsenen. Die Hintersassen der adligen Grundherren freilich waren nach wie vor evangelisch[289]. 1604 empfingen auch die in ritterschaftlichen Häusern lebenden Bürger von Baunach – bis auf den steinischen Schultheißen – die Kommunion vom katholischen Pfarrer[290]. 1610 gab es im Markt Baunach keinen Protestanten mehr[291]. Die Hintersassen der Adelsgeschlechter konnten vermutlich vor allem deshalb zur Konversion bewegt werden, weil sie – wie es 1624 heißt – „alle bambergisch beylehen" besaßen[292], die sie im Weigerungsfall wohl verloren hätten.

In den übrigen eingepfarrten Orten blieben neben den meisten ritterschaftlichen nur wenige bambergische Untertanen evangelisch: 13 ledige Personen und zwei Ehefrauen im

---

281 Der Bischof schrieb, er zweifle nicht, daß „uff unnsere euch anbefholene erinnerung unnd vermanungen werden sich nunmer der merer teil unserer unterthanen" zum katholischen Glauben bekehrt hätten. Ebd., Prod. 29.

282 AEB, Rep. I, Nr. 735, fol. 61v.

283 Vgl. ebd., fol. 79r.

284 Ebd., Nr. 736, fol. 19v.

285 Ebd., Nr. 330, fol. 601r.

286 DAW, Dek. Ebern, VR 1599, fol. 67v.

287 Ebd., VR 1604 (II), fol. 145v.

288 AEB, Rep. I, Nr. 330, fol. 598r.

289 Vgl. DAW, Dek. Ebern, VR 1602 (II), fol. 14r. – Über den Stand in Baunach, Reckendorf, Gerach und Lauter zwei Jahre zuvor vgl. ebd., Generalia – Einzelakten, „Difficultates Martini Werneri" von 1600 Aug. 16. Demnach hatten sich in Baunach sechs Hintersassen ritterschaftlicher Geschlechter nicht zum katholischen Glauben bekehrt, in Lauter drei, in Reckendorf und Lauter alle. Ferner lebten in Reckendorf Hintersassen von Vikaren des Bamberger Stiftes St. Stephan. Über sie schrieb der Pfarrer: „hi [...] deteriores sunt quam alii lutherani".

290 Vgl. DAW, Dek. Ebern, VR 1604 (II), fol. 145r.

291 Vgl. ebd., VR 1610 (II), fol. 235r; auch ebd., Generalia – Einzelakten, Antwort des Baunacher Pfarrers auf die Fragen der Visitation 1610.

292 StAB, B 49, Nr. 12, undat. Designation der Untertanen im Amt Stiefenberg, fol. 2r.

Jahr 1610[293]. 1624 standen in der gesamten Pfarrei Baunach den 1200 Personen, die die Kommunion beim Pfarrer vom Baunach empfingen, 80 erwachsene Lutheraner gegenüber. Dabei waren sämtliche bambergischen Untertanen katholisch, ferner alle ritterschaftlichen Hintersassen in Baunach und Dorgendorf und einzelne in Reckendorf, Gerach und Lauter[294].

Die Katholisierungsmaßnahmen der Bamberger Bischöfe seit Neithard von Thüngen griffen im Baunacher Sprengel. Widerstand der Untertanen ist nicht auszumachen. Lediglich manche Adlige versuchten gelegentlich, dem bischöflichen Vorgehen entgegenzuwirken, soweit es ihre Hintersassen berührte. So gebot um 1594 Kaspar von Stein einer Frau, der eines seiner Lehen zu Baunach innehatte und aufgrund des Ehemandates konvertiert war, „derwegen ihre behausung zu verkaufen“[295]. Doch blieb dies offenbar ein Einzelfall. Wirkungsvoller war es da schon, wenn Johann Sebastian von Rotenhan[296] um 1612 den Ort Sendelbach, in dem er der einzige Grundherr war, aus der Pfarrei Baunach herauslöste und ihn – offenbar im Einverständnis mit den Einwohnern – seiner Pfarrei Rentweinsdorf zuwies[297].

### 6.2.2. Pfarrei Rattelsdorf

So weitgehend unproblematisch wie in Baunach lief die Gegenreformation auch in Rattelsdorf ab, obwohl die Vorgänge um die Vertreibung des „Prädikanten“ den Anschein hatten erwecken müssen, als seien die Einwohner von Rattelsdorf und Ebing entschlossen, an ihrem Bekenntnis festzuhalten. Erschwerend wirkte sich nicht einmal aus, daß der Michelsberger Abt ihnen 1592 versprochen hatte, „sie sollen von irem glauben nit genotet werden“[298]. Schwierigkeiten ergaben sich schon eher aus dem Umstand, daß er im Hochstift Bamberg nach dem Langheimer und dem Banzer Abt der erste Herr war, der seinen Hintersassen die Annahme des katholischen Glaubens oder Auswanderung gebot[299]; der Fürstbischof selbst folgte erst mit geraumer Verzögerung ihrem Beispiel[300].

Wohl im Herbst 1593 forderte der Abt erstmals acht seiner Hintersassen in Rattelsdorf auf, bis Weihnachten zu konvertieren „oder zu verkaufen“ und bis zum 22. Februar 1594 fortzuziehen[301]. Das Vorgehen des Abtes unterschied sich also von der späteren Praxis des Bischofs und anderer Herren, die gleich den gesamten Gemeinden Konversion oder Emigration befahlen. Möglicherweise verhinderte er gerade auf diese Weise einen Aufstand seiner Rattelsdorfer Untertanen. Anfang Februar ließ er durch den Kastner seinen Befehl wiederholen, „damit sie es villeicht nicht fur einen schertz halten“[302]. Darauf sagten fünf Männer zu, sie würden katholisch werden; einer bat um eine Verlängerung der Bedenkzeit;

---

293 Vgl. AEB, Rep. I, Nr. 330, fol. 569r.
294 Vgl. StAB, B 49, Nr. 12, undat. Designation der Untertanen im Amt Stiefenberg, fol. 2r–4v.
295 DAW, PfA Baunach, K 2, Fasz. 30, undat. „verzeichnus, was hindernußen undt unbequemligkeiten in der pfarr Baunnach zu entgegen“.
296 Über ihn vgl. Rotenhan, S. 338–348.
297 Vgl. StAB, B 49, Nr. 12, undat. Designation der Untertanen im Amt Stiefenberg, fol. 5v.
298 StAB, B 110, Nr. 101, fol. 63v.
299 Als der Bischof die ersten Schritte zur Katholisierung der Untertanen machte, schrieb die Michelsberger Kanzlei mit Blick auf die Rattelsdorfer: „es wirt nunmehr kein ausflucht mehr helfen, die weil ihr f[ürstliche] g[naden] (Gott sey lob) selbst anfangen, darauf [...] ihr viel sich hierbevor referirt und gezogen“. Ebd., Nr. 37, fol. 442r.
300 Siehe oben S. 48, 73.
301 StAB, B 110, Nr. 37, fol. 420v. Zur Zahl vgl. fol. 429v.
302 Ebd., fol. 421r.

zwei wollten fortziehen und ließen „alle ihre haab und gueter uff öffner cantzel feihl bithen“[303]. Ferner gebot der Kastner den beiden Heiligenpflegern, die „mit ettlichen wiederspenstigen worten [...] die andern abzuhalten pflegen“[304], die Emigration bis zum 22. Februar und nannte dem Abt die Namen von elf Rattelsdorfer Männern, „die sich villeicht [...] weyssen lassen möchten“[305].

Im folgenden wurden immer wieder Gruppen von Rattelsdorfer Einwohnern ins Kloster geladen, um dort entweder zu beichten und die Kommunion empfangen, um den Fortzug und Verkauf ihrer Güter zu geloben oder um sich für ihren Ungehorsam zu rechtfertigen, falls sie trotz vorheriger Anordnung weder konvertiert noch fortgezogen waren[306]. Am 28. Mai 1594 wurden bereits die letzten Rattelsdorfer – sieht man von einem Mann, „ettlichen alten kranckhen persohnen, so nit gewanten können“, und „den wittfrauen“ ab – nach Bamberg bestellt[307].

Anfang Juni waren die meisten Rattelsdorfer zum katholischen Glauben übergetreten; 13 Familien hatten Rattelsdorf verlassen. Vier von ihnen waren nach Freudeneck, drei nach Reckenneusig, zwei nach Reckendorf, eine nach Rentweinsdorf, eine nach Höfen und zwei nach Medlitz gezogen, die meisten auf ritterschaftliche Lehen, eine auf ein bischöfliches, zwei auf ein dompropsteiliches Gut. Einige Protestanten waren jedoch in Rattelsdorf geblieben. Einen bedrängten „seine schuldner so sehr, das er mitt denselben noch zu thuen“ hatte, ein anderer hatte eine hochschwangere Frau, bei weiteren war für den Kastner kein Grund erkennbar[308].

Im September 1594 wurde den „noch ausstendigen“ Rattelsdorfern befohlen, sich zwischen Konversion und Emigration zu entscheiden; drei sagten zu, ihr Bekenntnis zu wechseln, zwei versprachen fortzuziehen, ein Mann verweigerte trotz Strafandrohung offenbar beides[309]. An Ostern und Pfingsten 1595 empfingen insgesamt 60 Männer und 62 Frauen aus Rattelsdorf in ihrer Pfarrkirche die Kommunion sub una specie, 22 von ihnen erstmals[310].

Knapp 100 Rattelsdorfer, mehrheitlich Frauen, gingen an Ostern 1598 nicht zur Kommunion[311], über 60 holten dies aber nach, als sie ermahnt wurden[312]. Als evangelisch wird in der Liste der Nicht-Kommunikanten nur ein Ehepaar bezeichnet; für einige andere ist immerhin anzunehmen, daß sie Protestanten waren. Obwohl die Gegenreformation ziemlich rasch Erfolg gezeigt hatte, gab es eine kleine Anzahl von Personen, die sich den obrig-

303 Ebd., fol. 429v.
304 Ebd., fol. 429v–430r.
305 Ebd., fol. 430v.
306 Vgl. ebd., fol. 419r–v, 421v–422r, 430v–431r, 442r.
307 Ebd., fol. 437r. – 1594 (der genaue Termin ist unbekannt) wurde beim Eberner Kapitelstag festgestellt, es hätten aus der Pfarrei Rattelsdorf „uf dem Munichsberg 140 personen beicht unnd communicirt“. DAW, Dek. Ebern, VR 1594, fol. 44r.
308 StAB, B 110, Nr. 37, fol. 437v–438r. In der geistlichen Ratsstube zu Bamberg wurde am 18. Juni konstatiert, in Rattelsdorf hätten „sich fast alle gehorsamb eingestellt undt zu Bamberg absolviren laßen“. AEB, Rep. I, Nr. 735, fol. 10r.
309 StAB, B 110, Nr. 37, fol. 439v–440r.
310 Vgl. ebd., Nr. 35, pag. 103–107.
311 Vgl. ebd., Nr. 40, fol. 468r–471r.
312 Vgl. ebd., fol. 474r–475v.

keitlichen Maßnahmen – mehrere Frauen hatten sogar in Haft gesessen[313] – widersetzten. 1610 lebte noch ein evangelisches Ehepaar in Rattelsdorf, ferner war „das junge volck noch luterisch, wöllen sich nit einstellen, weil sie wissen, wo sie sich noch verheiraten mögen"[314]. Im folgenden Jahr wußte der Pfarrer von keinen Protestanten in Rattelsdorf[315]; jedoch sind 1620 wieder „7 lutterische" nachgewiesen[316].

Einen Sonderfall stellte der Wirt Georg Rögner dar: Er wohnte zwar auf einem michelsbergischen Lehen, stand aber als Geleitsmann im Dienst des Herzogs von Sachsen-Coburg[317]. Für ihn setzte sich Herzog Johann Casimir deshalb beim Michelsberger Abt mehrfach ein, erstmals im Februar 1594[318]. So konnte Rögner bis zu seinem Tod im September 1597[319] in Rattelsdorf wohnen bleiben, ohne zu konvertieren[320].

Mehr als in Rattelsdorf hatte der Michelsberger Abt in Ebing mit Schwierigkeiten zu kämpfen. Dies lag insbesondere daran, daß hier – anders als in Rattelsdorf – auch bischöfliche Hintersassen lebten, die frühestens ab 1595 zu Konversion oder Emigration gezwungen wurden. So beriefen sich im Mai 1594 Ebinger, die ins Kloster geladen wurden, auf den Bischof. „Ehe sie die reformation eingehen wöllen", würden sie vom michelsbergischen „vogteygebieth hinwegkh" auf bischöfliche Lehen ziehen, um so „lengern uffschueb oder wol auch gar ein anders zu erlangen"[321]. Tatsächlich nahm der Ebinger Kammerschultheiß – wie 1595 der Pfarrer klagte – „lutherische, so hinter der pfarr Rattelsdorf abscheiden", auf[322]. Außerdem bedrohten Kammeruntertanen ihre michelsbergischen Nachbarn, die befehlsgemäß vor dem Abt erschienen, und behinderten damit die Gegenreformation[323].

Michelsbergische Hintersassen aus Ebing wurden – wohl zum erstenmal – im Mai 1594 nach Bamberg vorgeladen[324]. Im April 1596 mußten zehn Männer, die weder verkauft noch den katholischen Glauben angenommen hatten, sowie zwei, die „treuloß", also wohl nach

313 Frau und Tochter des Heinz Rebenlein, der 1598 noch als Lutheraner in Rattelsdorf lebte, waren „in verhafft geweßen" und hatten, um freigelassen zu werden, versprochen, innerhalb von 14 Tagen zu konvertieren oder fortzuziehen. Nichtsdestoweniger blieben sie bei ihrem Bekenntnis und in Rattelsdorf. Ebd., fol. 468r. – Dies war kein Einzelfall: Um 1596 wurde eine alte Frau „in irer behaußung von wegen der religion in verhafft angeschloßen". Ebd., fol. 81v. Ihr „Hausarrest" dauerte mindestens vier Wochen. Vgl. ebd., fol. 90v. – Georg Groß bat im Januar 1597 um die Freilassung seiner Frau, die „wegen ihres ungehorsamb der religion halben nun fast bey 23 wochen lang verhaft" war. Ebd., fol. 241r. – Hans Deckers Frau habe, so der Pfarrer 1597, „nit dan durch gefenckhnus zu gehorsam [...] mögen gebracht werden". Ebd., fol. 276r.

314 DAW, Dek. Ebern, VR 1610 (II), fol. 236r.

315 Vgl. ebd., Generalia – Einzelakten, „Ad visitationis puncta [...] responsio Petri Detseri parochi in Rattelsdorf" 1611.

316 StAB, ex J 3, Nr. 20, „Gaystliche mengel" 1620.

317 Über die Geleitstraßen um Rattelsdorf vgl. oben S. 27.

318 Vgl. StAB, B 49, Nr. 153, Fasz. 1, Prod. 21 (mit Briefwechsel Prod. 23–25); Abschriften: StAB, B 110, Nr. 35, pag. 1400–1403, 1419 f., 1422–1426. Spätere Interzessionen des Herzogs ebd., pag. 1389–1392 (1594 Nov. 5), 1412 f. (1596 April 30), 1426–1429 (1596 Mai 14), 1408–1411 (1596 Aug. 26, auch von den Herzögen Friedrich Wilhelm von Sachsen-Weimar und Johann Ernst von Sachsen-Eisenach unterzeichnet), 1434–1439 (1597 Jan. 27).

319 Vgl. StAB, B 110, Nr. 40, fol. 610v.

320 Die Wirkung eines herzoglichen Schreibens wurde deutlich, als der Abt im Januar 1597 plante, Rögner „aller seiner [...] [michelsbergischen] guetter umb angetzogenen ungehorsambs willen zue priviren". Als Johann Casimir den Abt aufforderte, den eingeleiteten Prozeß einzustellen – es sei „lauter nichts dan ein unbillich werckh" –, wandte der Abt sich an den Bamberger Bischof und dieser wiederum an den Würzburger Oberhirten um Rat. Echter empfahl, dem Herzog zu schreiben, daß ihm zuliebe der Prozeß – obwohl er zu Recht geführt werde, denn sei Rögner ein Aufwiegler – eingestellt werde. Ebd., Nr. 35, pag. 1434–1443 (Zitate pag. 1434 f.).

321 Ebd., Nr. 37, fol. 437r.

322 AEB, Rep. I, Nr. 735, fol. 34v.

323 Vgl. ebd., fol. 10r.

324 Vgl. StAB, B 110, Nr. 37, fol. 437r.

ihrer Konversion wieder evangelisch geworden waren, in die Abtei kommen[325]. Mit 21 weiteren Ebingern, die auf klösterlichen Lehen wohnten und noch nicht konvertiert waren, verhandelte der Kastner im Mai 1596 eine Woche lang „vast täglich“. Neun Hausbesitzer und fünf Beständner versprachen daraufhin, katholisch zu werden; zwei Männer wollten verkaufen, „do inen kaufmänner fur die handt kemen“, und den Ort verlassen. Fünf erschienen vor dem Kastner gar nicht erst. Mit zwei Männern sprach er „umb ihrer schwacheit willen“ nicht: Der eine sei „eine lange zeit bettrhießig [...] gelegen“ und „unterweilen [...] wahnsinnig“, der andere „ein alter verlebter man und seines gesichts beraubt“[326].

An Ostern 1598 empfingen nur vier Personen aus Ebing – der michelsbergische Schultheiß mit seiner Frau, der Kammerschultheiß und der Kirchner – die Kommunion in Rattelsdorf. Die meisten übrigen Einwohner waren zwar bereits konvertiert, gingen aber dennoch nicht zur katholischen Kommunion; lutherisch waren noch drei Ehepaare, eine Ehefrau und ein Mann[327]. Auch 1599 kommunizierten nur ein Mann und „wenig junger maidt“ sub una specie[328]. Die „Ebinger erweysen sich [...] ganntz rebelles unnd effrenes“, urteilte der Rattelsdorfer Pfarrer[329]. Namentlich die Frauen beharrten – so der Pfarrer – „bei bishero aigenwillischer gehabter freiheit“; sie wollten „auf irer mainung verbleiben und gleichwoln [...] vor [!] der herrschaft unverwißen sein“[330].

Wie in Rattelsdorf wohnten in Ebing allen obrigkeitlichen Maßnahmen zum Trotz um 1610 einzelne Protestanten[331]; selbst 1625 waren zwei Kammeruntertanen evangelisch[332].

Die Einwohner des Weilers Helfenroth schließlich waren 1599 „noch nicht zu der catholischen religion geschritten“[333]. Hans Leitner und seine Familie blieben evangelisch und wohnten noch 1629 dort[334].

### 6.2.3. Pfarrei und Amt Döringstadt

Machte die Gegenreformation in den Pfarreien Baunach und Rattelsdorf im großen und ganzen kaum Schwierigkeiten – die Pfarrgemeinden fügten sich, von einigen Personen abgesehen, rasch –, so stieß die Katholisierung in der Pfarrei Döringstadt und in den nach Mürsbach eingepfarrten Orten des Amtes Döringstadt auf entschiedenen Widerstand.

Der erste Herr, der im Döringstadter Sprengel seinen Untertanen befahl, den katholischen Glauben anzunehmen oder zu emigrieren, war der Abt von Michelsberg. 1594 verlangte er von den Unterbrunnern diese Entscheidung[335]. Da einige sich sperrten, wurden sie durch Haft gezwungen, ihr Bekenntnis zu wechseln oder auszuwandern[336]. Der Abt blieb bei seinem harten Vorgehen, obwohl ihn das Domkapitel auf Drängen der Gemeinde inoffiziell bat, „das er die einfeltige leuth nit also stutzig undt gehling mit gewalt undt thurnstraffen zum glauben zwingen, sondern zuvor nach notturft informiren unndt underrichten

325 Ebd., fol. 480v–481r.
326 Ebd., fol. 482v; vgl. auch fol. 483r–v.
327 Vgl. ebd., Nr. 40, fol. 470v.
328 Ebd., Nr. 42, fol. 51r.
329 Ebd., fol. 123v.
330 Ebd., fol. 330v.
331 Vgl. DAW, Dek. Ebern, VR 1608 (III), fol. 1v (ein Kammeruntertan); VR 1609, fol. 223r („etliche bambergische lutherische“); VR 1610 (II), fol. 236r („4 man noch luterisch, sein bamb.“); Generalia – Einzelakten, „Ad visitationis puncta [...] responsio Petri Detseri parochi in Rattelsdorf“ 1611 (zwei Protestanten).
332 Vgl. ebd., VR 1625, fol. 324v.
333 StAB, B 110, Nr. 42, fol. 51r.
334 Vgl. ebd., Nr. 47, fol. 276r–277r; auch DAW, Dek. Ebern, VR 1629, pag. 7.
335 Vgl. StAB, B 110, Nr. 35, pag. 115f.

laßen wolle"[337]. Die michelsbergischen Untertanen in Eggenbach stellte der Abt offenbar erst einige Jahre später vor die Wahl zwischen Konversion und Emigration; jedoch gingen bereits 1598 13 Eggenbacher zur Kommunion sub una, drei weitere waren wohl konvertiert, fanden sich aber nicht zum Kommunionempfang ein, vier waren noch evangelisch[338]. 1602 bekannten sich 37 Männer und Frauen – das waren wohl alle Einwohner – zum katholischen Glauben[339]. (Jahre später sind jedoch wieder Protestanten in Eggenbach nachzuweisen: drei Ehepaare und weitere sieben Ehefrauen im Jahr 1624[340].)

Die geistliche Regierung in Bamberg beschloß erst im Dezember 1597, den Döringstadter und den Lichtenfelser Amtmann, den Pfarrer von Lichtenfels und den weltlichen Rat Dr. Johann Kostenreuter[341] nach Döringstadt zu entsenden, um „daselbsten die reformation fürzunemen"[342]. Den Untertanen wurde geboten, bis Pfingsten 1598 zu konvertieren oder fortzuziehen und ihren unbeweglichen Besitz zu verkaufen. Vergeblich baten sie im Mai den Dompropst, „ihnen noch ein jahr lang dilation zu ertheilen"[343]. Trotz des Befehls waren Ende Juli 1598 „noch all lutterisch, außgenomen vogt, sein fraw und schulmayster"[344], und im August 1600 berichtete der Pfarrer über seine Pfarrkinder: „Seind im alten ungehorsam"[345].

Erst 1601 unternahm der Bamberger Fürstbischof Johann Philipp von Gebsattel wieder Anstrengungen, die Untertanen im Amt Döringstadt zur Konversion zu bewegen. Im April erschienen der Amtmann[346] und der Dompropsteikastner in Döringstadt, riefen die Bewohner des Amtes zusammen und verlasen den bischöflichen Befehl, dem sich der Dompropst angeschlossen hatte[347]. Die Untertanen hätten bis Pfingsten das katholische Bekenntnis anzunehmen oder auszuwandern[348]. Aber erneut blieb der Erfolg aus: 1602 empfingen beim Döringstadter Pfarrer lediglich sieben Personen die Kommunion[349].

Da sich die Döringstadter „zu der catholischen religion uber vielfeltiges ermahnen nicht begeben" hatten, „ungeachtet ihnen viel terminen, deren sie doch keinen gehalten, angesetzt worden" waren[350], befahl der Dompropst Ende Mai 1603 seinen Untertanen, sich am 3. Juni nach Staffelstein zu begeben[351]. Jedoch warteten Amtmann, Vogt und Pfarrer vergebens – niemand kam[352]. Es war nämlich „zuvor die gemeine saag bey ihnen zu Düringstatt ergangen, ob solte man die Duringstetter nacher Staffelstein fordern, aldo, wo sie sich zu der catholischen religion alsbalden nicht bekennen [...] würden, mit ihnen dermaßen

---

336 Vgl. ebd., pag. 119; Nr. 37, fol. 425r–v, 440v.
337 StAB, B 86, Nr. 20, fol. 406r.
338 Vgl. StAB, B 110, Nr. 40, fol. 510r–v.
339 Vgl. DAW, Dek. Ebern, VR 1602 (II), fol. 10v.
340 Vgl. StAB, B 110, Nr. 45, fol. 626r. Noch 1628 waren die michelsbergischen Untertanen „theyls [...] noch gar lutherisch undt [hatten] uber vilfältig ermahnen [...] keinen gehorsamb leisten wollen". Ebd., Nr. 47, fol. 152r–v. Es handelte sich wie vier Jahre zuvor um 13 Personen. Vgl. ebd., fol. 157v.
341 Er war 1598 in derselben Funktion zusammen mit Dr. Friedrich Förner im Amt Weismain tätig. Vgl. Bauer, Weihbischöfe, S. 368f. – Kostenreuter war 1594 zum Rat bestallt worden. Vgl. StAB, B 26 b, Nr. 8, fol. 202v.
342 AEB, Rep. I, Nr. 736, fol. 2v.
343 StAB, B 86, Nr. 22, fol. 361v.
344 DAW, Dek. Ebern, VR 1598, fol. 62r. – Für das folgende Jahr vgl. StAB, ex J 3, Nr. 212, Prod. 45.
345 DAW, Dek. Ebern, VR 1600 (I), fol. 74r.
346 Der bischöfliche Befehl für ihn: StAB, ex J 3, Nr. 214 a, Prod. 24.
347 Vgl. ebd., Nr. 225, Fasz. 2, fol. 42v; Barthels, Bd. 1, S. 298 Nr. 1677.
348 Vgl. StAB, ex J 3, Nr. 225, Fasz. 2, fol. 46r–47r.
349 Vgl. DAW, Dek. Ebern, VR 1602 (II), fol. 10v.
350 StAB, B 86, Nr. 25, fol. 131v.
351 Vgl. StAB, ex J 3, Nr. 225, Fasz. 2, fol. 48r, 50r.
352 Vgl. ebd., fol. 48r–v; Barthels, Bd. 1, S. 307 Nr. 1710f.

[...] handlen, das alle thurn volgesteckt werden solten"; die Vorbereitungen seien schon getroffen worden[353].

Der Dompropst, vom Würzburger Bischof und vom Grafen Schwarzenberg gedrängt, lud die Döringstadter nun nach Bamberg vor das Domkapitel[354]. „Ettlich unnd funfzig" sollten am 7. Juli 1603 nach Bamberg kommen, aber nur 13 folgten dem Befehl[355]. Aus Wiesen erschien niemand[356], und kurz darauf bat diese Gemeinde den Herzog von Sachsen-Coburg um Fürsprache beim Bamberger Bischof, damit sie wegen ihres Glaubens nicht mehr bedrängt werden möge[357].

Den in Bamberg Anwesenden wurde geboten, sich zwischen Konversion und Emigration zu entscheiden. Zehn versprachen Fortzug binnen eines Monats und Verkauf innerhalb eines halben Jahres[358]. Bis sie dafür eine Kaution stellen konnten, wurden sie „in der statt", also wohl in Bamberger Bürgerhäusern, „verstrickt". Die übrigen drei, „so sich etwas hefftigers als die anndern widersätzen", wurden „zu verhafft ufn Kaulberg unnd Stephaner thoer genommen", die Ausgebliebenen unter Strafandrohung nochmals vorgeladen[359].

Das Domkapitel beschloß bereits am 8. Juli 1603, diese hätten zu schwören, „das sie inner monatsfrist wegen vilfeltigen verubten ungehorsambs die dombprobstische lehen raumen unnd in einem halben jahr verkaufen" würden; bleiben konnten sie – ohne daß dies ausdrücklich festgesetzt worden wäre –, wenn sie versprachen zu konvertieren[360]. Am 11. Juli mußten 22 Döringstadter und 17 Wiesener nach Bamberg kommen[361], aber nur 26 Männer gehorchten der Anordnung[362]. Zwölf von ihnen wurden verhaftet[363], da sie „nicht pariern" wollten[364], und kamen erst frei, als sie nach sechs Tagen gelobten, „eintweder den fleckhen zue raimen oder sich einzustellen"[365]; zugleich wurden unter derselben Bedingung die drei Döringstadter freigelassen, die seit dem 7. Juli im Gefängnis gesessen hatten.

Aber der Termin verstrich, und trotz Versprechen war kein dompropsteilicher Untertan katholisch geworden oder fortgezogen[366]. „Solcher trutz oder halstarrigkeit" sei „nit länger nachzusehen", entschied der Dompropst am 16. August 1603 und ließ „diejenigen, so nunmehr zum wenigsten uf dem feldt unnd mit der erndt fertig, vorfordern"[367]. Zwölf der Vorgeladenen – neun kamen aus Döringstadt, je einer aus Birkach, Medlitz und Busendorf – wollten aber weder Konversion noch Emigration geloben. Daher wurden sie am 21. August, so ihre Nachbarn, „mitainander" in den „tieffen, ungeheuren, nur 12 schuch weiten, wegen unertreglichen gestanckhs und denen darin heuflichen serpentium, unckhen,

353 BayHStA, RKG 17465, fol. 77v–78r.
354 Vgl. StAB, ex J 3, Nr. 225, Fasz. 2, fol. 51r, 52r–v, 54r–55r, 56r; auch Barthels, Bd. 1, S. 308f. Nr. 1713–1718.
355 Vgl. StAB, ex J 3, Nr. 225, Fasz. 2, fol. 66r.
356 Vgl. ebd., fol. 61v.
357 Vgl. StAC, LA A 10574, fol. 44r–v.
358 Vgl. StAB, ex J 3, Nr. 225, Fasz. 2, fol. 68r–v.
359 Ebd., fol. 66r. Die Untertanen sollten zunächst auf den 8. Juli vorgeladen werden; da jedoch der Kurfürst von Brandenburg in Bamberg eintraf, ließ der Bischof die Vorladung für einige Tage aufschieben, damit die Pfarrgemeinde nicht beim Kurfürsten „umb vorbitt suppliciren mocht". Die Verhafteten aber wurden trotz dessen Aufenthalts nicht freigelassen.
360 StAB, B 86, Nr. 25, fol. 142v. – Der Dompropst wies den Vogt von Döringstadt am 23. Juli an, diesen Befehl auch denjenigen Einwohnern des Amtes vorzuhalten, die noch nicht nach Bamberg gekommen waren. Vgl. BayHStA, RKG 17465, fol. 108r; Barthels, Bd. 1, S. 309 Nr. 1723.
361 Vgl. StAB, ex J 3, Nr. 225, Fasz. 2, fol. 63r–v.
362 Vgl. ebd., fol. 62v, 64r.
363 Vgl. ebd., fol. 78v. – Die ihnen vorgelegten „fragstuck": StAB, ex J 3, Nr. 208, Prod. 28.
364 Ebd., Nr. 225, fol. 62v.
365 Ebd., fol. 72r–v.
366 Vgl. DAW, Dek. Ebern, VR 1603, fol. 125v.
367 StAB, B 86, Nr. 25, fol. 162r.

schlangen, crotten, gewurmb und anderen vergifften ungezifers uber die mas argen, unleidlichen [...] sandttuhrn" geworfen[368].

Vom 23. bis 25. August wurden 34 Döringstadter, 22 Wiesener, sieben Birkacher, 15 Busendorfer sowie die Einwohner von Speiersberg und Ziegenmühle befragt. Zehn Männer sagten zu, den katholischen Glauben anzunehmen, einige kündigten an, sie würden das Amt binnen eines Monats verlassen, die meisten aber versprachen, eines von beiden zu tun[369]. Drei Döringstadter und ein Birkacher wurden am 29. August verhaftet und schworen, ihre dompropsteilichen Lehen innerhalb von vier Wochen zu räumen[370].

Die Katholisierung der Untertanen stand, wie es der Döringstadter Vogt formulierte, „uff gutten weg"[371], als das Reichskammergericht am 13. September 1603 auf den Antrag der Einwohner hin ein Mandat gegen den Dompropst erließ[372]. Sein Vorgehen sei unrechtmäßig, denn der Augsburger Religionsfrieden ermächtige die Obrigkeit nicht, „die underthonen nach wolgefallen auß dem territorio und von dem irigen zu verjagen", vielmehr müsse ihnen ein hinreichender Termin gesetzt werden. Ihm wurde befohlen, die zwölf Männer, die seit dem 11. August in Haft waren, sofort und bedingungslos freizulassen, und alle, die etwas zugesagt hatten, um dem Gefängnis zu entgehen, ihres Eides zu entbinden. Es handelte sich jedoch um ein mandatum cum clausula; es habe also, meinte der Dompropst, „so viel nit uff sich"[373], denn er mußte nicht unbedingt gehorchen, hatte sich aber vor dem Reichskammergericht zu rechtfertigen[374]. Das hielt er für unproblematisch, denn er wisse „allerhandt erhebliche ursachen fürzubringen, warumb ich solchem mandat zu parirn nit schuldig"[375].

So legte sein Prokurator eine von den bischöflichen Räten ausgearbeitete[376] Exzeptionsschrift vor[377], und der Dompropst entschied im November 1603, nachdem er den Rat von „advocaten" eingeholt hatte, weiterhin mit den Untertanen „ernstlich zu verfahrn unnd gebuhrend andung ihres unfuegs vorzunehmen". Gemeinsam mit Bischof und Domkapitel[378] befahl er den Einwohnern des Amtes, bis Weihnachten 1603 zum Katholizismus überzutreten oder bis zum 22. Februar 1604 ihre Güter zu verkaufen. Weigerten sie sich, werde der Fürstbischof sie strafen, daß „sich menniglich daran zue spiegeln" habe[379]. Obendrein befahl dieser am 16. Januar dem Döringstadter Amtmann, die Untertanen, die ihre Zusage nicht wahr gemacht hatten, zum Gehorsam zu ermahnen. Falls sie sich weiter weigerten, seien ihre Güter amtlicherseits zum versteuerten Wert zu verkaufen[380]. Noch am selben Tag kündigten 78 Männer ihre Konversion an[381].

---

368 StAB, ex J 3, Nr. 225, Fasz. 2, fol. 79v. Über den Sandturm vgl. unten S. 172.
369 Vgl. StAB, ex J 3, Nr. 225, Fasz. 1, fol. 19r–25r.
370 Vgl. ebd., Fasz. 2, fol. 80r.
371 Ebd., fol. 83r.
372 Vgl. ebd., fol. 77r–82v; Barthels, Bd. 1, S. 310f. Nr. 1727.
373 StAB, ex J 3, Nr. 225, Fasz. 2, fol. 85r.
374 Vgl. Dick, S. 93, 95.
375 StAB, ex J 3, Nr. 225, Fasz. 2, fol. 85r.
376 Vgl. ebd., fol. 88r.
377 Die exceptiones des dompropsteilichen Prokurators: ebd., Fasz. 1, fol. 11r–15v. Er führte aus, der Dompropst habe den Untertanen lange Zeit „ad deliberandum zugelaßen". Sie seien aber seinen Befehlen nicht nachgekommen. Verhaftungen seien nicht der Religion, sondern des Ungehorsams wegen vorgenommen worden. – Vorgelegt wurde die Exzeption am 27. Oktober. Vgl. BayHStA, RKG 17465, fol. 2v. – Die Döringstadter wurden in dem Prozeß vertreten durch den Prokurator Dr. Konrad Fabri. Vgl. StAB, ex J 3, Nr. 225, Fasz. 2, fol. 199r. Über Fabri vgl. S. 296f.
378 StAB, B 86, Nr. 25, fol. 206r.
379 Ebd., fol. 208r. Verkündet wurde der Befehl durch den Amtmann und den Syndikus des Domkapitels.
380 Vgl. StAB, ex J 3, Nr. 225, Fasz. 2, fol. 90r–v.
381 Vgl. Barthels, Bd. 1, S. 315 Nr. 1737.

15 auf bischöfliche Anordnung festgenommene Männer – einige waren nicht zum erstenmal in Haft – schworen, um freizukommen, nach zehntägiger Haft am 24. Januar 1604, sie würden bis Ostern konvertieren oder mit ihren Familien fortziehen[382]. Kaum in Freiheit, widerriefen sie diese Zusage jedoch[383]. Die übrigen Einwohner des Amtes ignorierten die obrigkeitlichen Befehle des Vorjahres und ihre Versprechen[384]; der Pfarrer hatte an Ostern „nür 10 catholische communicanten"[385]. Deshalb ordnete der Fürstbischof am 2. Juni 1604 in scharfem Ton an, die Untertanen hätten bis zum 13. des Monats katholisch zu werden oder „ohne einige fernere dilation" zu verkaufen[386]. Eine Bittschrift[387] stieß bei ihm auf taube Ohren[388]. Als der Termin verstrichen war, ließ er 13 „der ältesten" aus den Amtsorten nach Bamberg laden, steckte sie für „etliche wochen" ins Gefängnis und entließ sie mit der Auflage, daß sie und die übrigen Protestanten bis zum 30. November katholisch werden sollten, ansonsten würde „ihnen fernere [...] dilation" zum Verkauf nicht zugestanden[389]. Durch ein Mandat bestätigte er diese Verfügung[390]. In dieser Lage riefen die Untertanen erneut das Reichskammergericht an und erlangten wieder ein Mandat, diesmal sogar ohne justifikatorische Klausel[391]. Es sei, so befand das Gericht, „unmüglich" für die über „dreyhundert mann [...], in so khurtzer frist [...] ohne eußersten ihrem verderben ußer dem landt [...] zue ziehen". Folglich gewährten die Richter den Döringstadtern ein Jahr Zeit, um zu verkaufen. Dadurch wurde der bischöfliche Befehl vom 15. Dezember 1604, der den Einwohnern des Amtes Konversion oder Emigration „von stund an" bei 100 Taler Strafe geboten[392] und über 80 Erwachsene zur Annahme des katholischen Glaubens bewogen hatte[393], null und nichtig. Die Untertanen hatten ihren Landesherrn gezwungen, die Katholisierung aufzuschieben[394].

Erst für den Dezember 1605 sind wieder gegenreformatorische Aktivitäten nachzuweisen: Bischöfliche Beamte geboten den evangelischen Untertanen, zu konvertieren oder zu emigrieren; der Termin dafür war wohl Weihnachten[395]. Anscheinend versuchten die Betroffenen erneut, ein Reichskammergerichtsmandat zu erlangen, doch diesmal vergeblich.

382 Vgl. BayHStA, RKG 17465, fol. 112r–113r, auch 120v–122v; Barthels, Bd. 1, S. 315 Nr. 1738.

383 Vgl. BayHStA, RKG 17465, fol. 116r–125r; Barthels, Bd. 1, S. 316 Nr. 1739 (mit falscher Datierung).

384 Vgl. StAB, B 86, Nr. 25, fol. 275v.

385 DAW, Dek. Ebern, VR 1604 (II), fol. 145v.

386 BayHStA, RKG 17465, fol. 110r.

387 Vgl. StAB, B 49, Nr. 33, Prod. 27. Die Untertanen beteuerten, ihre Gewissen verbiete ihnen die Konversion; ein Verkauf sei allerdings unmöglich, denn sie könnten „in so geschwinder zeit keine kaufleuth bekommen". Sie baten, sie zeit ihres Lebens evangelisch bleiben zu lassen.

388 Vgl. BayHStA, RKG 17465, fol. 111r: „können wir in euer unzeitig, hoffstrefflich [!] begeren in geringsten nicht willigen".

389 StAB, B 49, Nr. 33, Prod. 31.

390 Vgl. ebd., Prod. 28. Das Mandat wurde am 3. Oktober verkündet. Demnach sollten die Hausbesitzer bis zum 30., die übrigen aber bereits bis zum 11. November fortziehen.

391 Vgl. ebd., Prod. 31. Erlassen wurde das Mandat am 29. Dezember 1604, verkündet am 16. Januar 1605.

392 Ebd., Prod. 29.

393 Die katholischen Untertanen im Amt Döringstadt schrieben am 4. Juli 1606, sie seien Weihnachten 1604 durch den Amtmann und Beauftragte „mit viel schrifftlichen harten bevelchschreiben [...], dan mit durnzwang, stöchen und plöchen [...] dahin reformirt und gehalten worden, damit wir der catholischen religion beygefallen". StAB, ex J 3, Nr. 225, Fasz. 2, fol. 197r. Zur Zahl vgl. StAB, B 49, Nr. 33, Prod. 34.

394 Die Untertanen hätten zwar mit über acht Jahren „raumbs gnug" gehabt zu verkaufen, schrieb der Bischof am 4. Febr. 1605 dem Amtmann von Döringstadt, das Reichskammergerichtsmandat müsse daher eigentlich nicht befolgt, den Untertanen kein weiterer Aufschub gewährt werden. Dennoch gestehe er ihnen die im Mandat genannten zwölf Monate Frist zu. Der Amtmann solle dies verkünden. BayHStA, RKG 17465, fol. 114r–v.

395 Vgl. StAB, B 49, Nr. 33, Prod. 32. – Das Domkapitel hatte am 29. November beschlossen, den Bischof daran zu erinnern, daß er den Döringstadtern befehlen solle, an Weihnachten die Kommunion nach katholischem Ritus zu empfangen. Vgl. StAB, B 86, Nr. 26, fol. 117r.

Der Bamberger Generalvikar Johann Schöner schrieb im Mai 1606 erfreut: „Das gantz ampt Döringstadt ist nuhmero 10 jahr ungehorsam gewesen und [hat] zu Speyer vil gellt unutzlich vertragen. Itzt diß jahr ist ihnen durch ein kayßerisch mandat zu gehorsamen uferlegt worden. Haben sich alle eingestellt biß uf 40 personen. Itzt bewainen sie den vergeblichen großen uncosten. Aber es ist ihnen recht geschehen, man hats ihnen prophezeyet, sie werden nichts erhallten, haben aber nit glauben wöllen“[396].

Aber trotz des Mißerfolgs in Speyer blieb die Wirkung der bischöflichen Maßnahmen ziemlich gering. Ende März 1606 standen in der Pfarrei Döringstadt den über 100 Katholiken – die dieses Bekenntnis zumeist schon Ende 1604 angenommen hatten – etwa 120 Protestanten gegenüber, und selbst die Katholiken verweigerten die österliche Kommunion sub una specie. „Wan man die lutterischen nicht wolt darzu halten“, erklärten sie offen, „so wollen sie sich selbsten wiederumb zu der lutterischen lehr begeben“[397]. Und auch in den folgenden Monaten gab es wohl – entgegen dem Schreiben Schöners – kaum Konversionen[398]. Daher wandten sich im Juli 1606 die katholischen Einwohner des Amtes Döringstadt sogar an den Bamberger Bischof und beklagten sich, sie seien zur Konversion gezwungen worden, aber ihre noch evangelischen Nachbarn seien „täglich nach Speyer gelaufen“, hätten „etliche mandata und citationes außgebracht“ und seien so bei ihrem Glauben geblieben. Aus Protest dagegen predige der Pfarrer nicht mehr in Döringstadt[399]. Der Bischof solle dafür sorgen, daß ihre Nachbarn auch konvertieren würden, sonst seien sie, die Beschwerdeführer, „nicht in willens, weiters in der religion zu bleiben“[400].

Eine Reaktion blieb offenbar aus, so daß die Katholiken sich Ende September erneut beschwerten[401]. Nun griff der Fürstbischof ein und ließ durch den Döringstadter Amtmann die evangelischen Untertanen verhören, „was ein ieder entlich zu thun bedacht“[402]. Die Liste, die der Amtmann nach Bamberg schickte, macht zunächst deutlich, wie weit die Gegenreformation im Amt Döringstadt fortgeschritten war: 76 Haushaltsvorstände, durchweg Männer, waren katholisch, 83 – unter ihnen Witwen – noch lutherisch. Dabei gab es zwischen den einzelnen Orten erhebliche Unterschiede. In Döringstadt (24 Katholiken / 21 Protestanten) und Wiesen (13 / 14) waren beide Konfessionen etwa gleich stark vertreten, in Birkach (20 / 11) und Busendorf (15 / 8) überwogen die Katholiken, in Medlitz, Neudorf und Mittelau war dagegen „niemandt, der der catholischen religion verwanndt“. Messenfeld und Eggenbach erscheinen in der Aufstellung nicht. Von den 83 Protestanten erklärten 54, sie würden fortziehen; etwa zehn wollten lieber konvertieren; die übrigen hielten sich beide Möglichkeiten offen[403]. Der Termin, der für Konversion oder Emigration gesetzt worden war – er gab den Leuten vermutlich 14 Tage Zeit –, ging vorüber, und niemand hatte sich an seine Zusage gehalten. Der Bischof benannte einen neuen Termin, den 30. November

396 StAB, B 49, Nr. 191, fol. 255r.
397 DAW, Dek. Ebern, VR 1606 (III), fol. 193r.
398 Die 87 katholischen Untertanen im Amt Döringstadt schrieben im Juli, sie seien Weihnachten 1604 zum katholischen Glauben „gehalten worden“; ihre 66 evangelischen Nachbarn seien weiter ungehorsam. Siehe Anm. 399. Der Brief legt die Vermutung nahe, daß seit Ende 1604 niemand konvertiert war. – Die erhebliche Differenz zu den Zahlen, die der Pfarrer von Döringstadt im März genannt hatte, liegt vielleicht darin begründet, daß dieser alle Erwachsenen, die katholischen Beschwerdeführer nur die Haushaltsvorstände im Blick hatten.
399 StAB, ex J 3, Nr. 225, Fasz. 2, fol. 197r.
400 Ebd., fol. 197v.
401 Vgl. StAB, B 49, Nr. 33, Prod. 34.
402 Ebd., Prod. 35.
403 StAB, ex J 3, Nr. 225, Fasz. 2, fol. 102r–106r; auch StAB, B 49, Nr. 33, Prod. 36 und 42.

1606[404], doch wohl ebenso erfolglos. Dies scheint der letzte Vorstoß gewesen zu sein, den Gebsattel für die Katholisierung im Amt Döringstadt unternahm.

Im März 1607 beschwerten sich die katholischen Einwohner des Amtes Döringstadt zum drittenmal, nun beim Bamberger Domkapitel, über ihre noch immer evangelischen Nachbarn und forderten, diese auch zur Konversion zu zwingen, „damit wir dann ihres hochmueths ein endt sehen möchten"[405]. Ob im folgenden Maßnahmen ergriffen wurden, ist unklar. Jedenfalls hatte sich das Konfessionsverhältnis in der Pfarrei Döringstadt im August zugunsten der Katholiken verschoben: 150 Personen, die die Kommunion aus der Hand des Döringstadter Pfarrers empfingen, standen 36 erwachsene Protestanten gegenüber[406]. Dennoch klagte der Pfarrer, es sei „gar ubell mit der reformation bey uns beschaffen"[407]. Ein Jahr später hatte die Zahl der lutherischen Untertanen sogar noch leicht zugenommen: 18 waren in Döringstadt, neun in Birkach, neun in Messenfeld, sieben in Wiesen, zwei in Eggenbach, insgesamt also 45. Der Dompropst befahl ihnen, soweit sie seine Hintersassen waren, bis zum 11. November 1608 fortzuziehen oder zu konvertieren[408], aber dieser Befehl wurde wohl nicht befolgt.

Im September 1609 gab es immer noch 66 evangelische Familien im Amt Döringstadt, wobei die Messenfelder und die Eggenbacher Protestanten nicht einmal mitgezählt waren. 37 Männer versprachen dem Amtmann, dem Vogt und dem Pfarrer, innerhalb eines Monats zu „weichen"; zwei wollten „sich einstellen"; die übrigen erklärten, sie würden „sich bedencken"[409]. Aber es blieb wohl bei den Zusagen. Denn am 14. Dezember setzte der Bischof erneut einen Termin für Konversion oder Emigration fest – Weihnachten – und drohte, er werde die Ungehorsamen vertreiben, ihre Güter zwangsweise verkaufen und ihnen das erzielte Geld nachschicken[410]. Aber der Erfolg war bescheiden: Am 2. Januar 1610 meldete der Döringstadter Pfarrer, „das sich [...] nicht mehr alß vier persone am heiligen christag eingesteldt undt mehr nicht alß zwo person auß dem ambt gezogen"; vier oder fünf würden demnächst emigrieren. „Die andere aber [...] seint noch in ihrem alten ungehorsamb [...] undt also one thurnzwang nicht dahin zu bringen"[411]. Verhaftungen schlug auch der Vogt vor[412]. Jedoch scheint weder der Bischof noch der Dompropst darauf reagiert zu haben.

Der am 4. November 1610 zum Dompropst gekürte Johann Christoph Neustetter erkundigte sich bald nach seiner Wahl, „wie es mit denen noch ungehorsamen unterthanen im ambt Döringstatt geschaffen" sei[413]. Er überließ es – anders als sein Vorgänger Wolf Albrecht von Würtzburg – nicht dem Bischof und seinen geistlichen Räten oder dem gesamten Domkapitel, sich um die Katholisierung zu kümmern, sondern ordnete im Februar 1611 selbst an, die evangelischen Untertanen hätten bei einer Strafe von 50 Talern binnen eines Monats nach Unterricht durch den Pfarrer zu konvertieren. Fortzuziehen wurde ihnen nicht mehr gestattet, denn – so argumentierte der Dompropst – sie hätten die auch vom Reichskammergericht bestätigten Termine „verfließen laßen und also sich zu der catholischen

404 Vgl. StAB, ex J 3, Nr. 225, Fasz. 2, fol. 107r.
405 StAB, B 86, Nr. 26, fol. 322r–323v (Zitat fol. 323r).
406 Vgl. DAW, Dek. Ebern, VR 1607 , fol. 217r.
407 StAB, B 49, Nr. 33, Prod. 37; vgl. auch AEB, Rep. I, Nr. 738, fol. 57r.
408 Vgl. DAW, Dek. Ebern, VR 1608 (III), fol. 3v.
409 Vgl. StAB, B 49, Nr. 33, Prod. 41.
410 Vgl. ebd., Prod. 43; auch AEB, Rep. I, Nr. 740, fol. 25r.
411 StAB, B 49, Nr. 33, Prod. 44; vgl. auch AEB, Rep. I, Nr. 740, fol. 29r.
412 Vgl. StAB, B 49, Nr. 33, Prod. 46.
413 StAB, ex J 3, Nr. 225, Fasz. 2, fol. 110r.

religion selbsten durch langer ihr verbleiben obligirt und verbunden"[414]. 16 der 70 evangelischen Männer, die im Amt wohnten[415], kündigten dennoch an, sie wollten „hinweg zihen", 13 erklärten, sie würden katholisch werden oder das Amt verlassen. Bei 31 Männern, die die geforderte Konversion verweigerten, notierte der Vogt nur: „will nit". Lediglich ein Busendorfer, ein Birkacher und je zwei Speiersberger, Medlitzer und Neudorfer gelobten Gehorsam[416].

Einen Monat nach seinem ersten Befehl wies Neustetter den Döringstadter Vogt an, die Untertanen nochmals zu ermahnen und gegen Personen, die sich widersetzten, „mit bestraffung und verkaufung der gütter" vorzugehen[417]. Darauf wurden die lutherischen Hintersassen des Dompropstes – diesmal sogar 77[418] – erneut vernommen. Nur 14 Männer waren bereit, katholisch zu werden, und die meisten noch dazu nur, „wan sich andere einstellen"[419]. Knapp die Hälfte entschied sich so wie Thomas Sterker aus Döringstadt: „Wan ihm sein herr nicht haben will, muß er halt weichen"[420]. Acht Personen hielten sich die Wahl zwischen Konversion und Emigration offen. Ein Fünftel wollte wie Hans Dorman in Medlitz „keins thun, es straff in gleich sein herr oder nicht"[421]. Es sei also „kein gehorsamb von ihnen zu bringen, auch [weder] mit guten noch rauhen worten etwaß fruchtbarlichs außzurichten", berichtete der Vogt. Die Untertanen hätten sich diesmal noch „trutziger" als zuvor erwiesen[422]. So dürfte es auch wenig bewirkt haben, daß im April 1611 der Dompropst seinen Untertanen auferlegte, „inn wenig tagen" katholisch zu werden[423].

Erst für den Juli 1612 sind wieder gegenreformatorische Maßnahmen belegt: Der Vogt forderte die evangelischen Döringstadter auf, innerhalb von 14 Tagen zu konvertieren oder fortzuziehen – es wurde ihnen diese Alternative also wieder gewährt –, ansonsten müßten sie zehn Gulden Strafe zahlen. Dennoch kamen sie dem Befehl „in geringsten nicht nach". Der Pfarrer empfahl ein härteres Vorgehen: „Man soll dieselben herein nach Bamberg bescheiten und sie den Santthurn auch versuchen lasen"[424].

Doch griff Neustetter wohl nicht zu dieser Methode. Überhaupt scheint er sich in den folgenden Jahren kaum um die Katholisierung in seinem Amt Döringstadt bemüht zu haben. 1618 wohnten hier noch zahlreiche Protestanten: 24 Erwachsene in der Pfarrei Döringstadt[425], 15 Männer und 46 Frauen auf dompropsteilichen Lehen in der Pfarrei Mürsbach[426]. Ferner nannten noch neun Exulanten – sie waren in nahegelegene ritterschaftliche Orte gezogen – Häuser und Grundstücke im Amt ihr eigen[427].

---

414 Ebd., fol. 112v.
415 Döringstadt 19, Wiesen 14, Medlitz 11, Birkach 10, Neudorf 6, Busendorf 5, Mittelau 3 (und eine Erbengemeinschaft), Speiersberg 2.
416 StAB, ex J 3, Nr. 225, Fasz. 2, fol. 113r–114v. Zwei Protestanten waren krank und wurden nicht befragt.
417 Ebd., fol. 115v.
418 Döringstadt 22 (gegenüber 31 katholischen Familien), Medlitz 12 (1), Wiesen 11 (8), Birkach 10 (12), Busendorf 8 (14), Neudorf 6 (–), Mittelau 4 (–), Speiersberg 4 (3), Ziegenmühle – (2). Vgl. ebd., fol. 116r–118v.
419 Ebd., fol. 118r.
420 Ebd., fol. 118v.
421 Ebd., fol. 117v.
422 Ebd., fol. 121r.
423 Ebd., fol. 127r.
424 StAB, B 49, Nr. 33, Prod. 47.
425 DAW, Dek. Ebern, VR 1618 (I), fol. 5r. – Im Vorjahr hatte der Pfarrer dagegen berichtet: „1 man unnd 6 weiber ungever noch lutterisch. Her dombprobst sagt, weil sie alt, soll man sie verbleiben lassen." Ebd., VR 1617, fol. 266v. Zu erklären ist diese Differenz allenfalls dadurch, daß 1617 der Ort, 1618 aber die Pfarrei Döringstadt gemeint war.
426 Vgl. StAB, ex J 3, Nr. 225, Fasz. 2, fol. 153v–157r; Barthels, Bd. 1, S. 393 f. Nr. 2007. Die Lutheraner verteilten sich wie folgt: Busendorf 35, Medlitz 19, Speiersberg 6, Ziegenmühle 1.
427 Vgl. StAB, ex J 3, Nr. 225, Fasz. 2, fol. 137r–v; Barthels, Bd. 1, S. 392 Nr. 2002.

Drei Jahre darauf war die Zahl der Protestanten im Amt Döringstadt auf 33 gesunken, ohne daß ein Grund hierfür auszumachen ist. Im Ort Döringstadt bekannten sich nur mehr zwei Ehepaare und eine Witwe zum evangelischen Glauben, in Birkach ein Ehepaar und eine ledige Frau, in Neudorf ein Geschwisterpaar, in Medlitz neun Frauen und ein Mann, in Busendorf ein Ehepaar, fünf Männer und fünf Frauen, in Ziegenmühle ein Mann[428].

1627 waren alle Einwohner der Pfarrei Döringstadt katholisch, ausgenommen nur die ritterschaftlichen Hintersassen in Ummersberg und auf dem Erlhof[429], und auch die Hintersassen der Bamberger Dompropstei im Mürsbacher Sprengel bekannten sich alle zum katholischen Glauben[430].

## 6.2.4. Pfarrei Altenbanz

Im Banzgau bereitete die Katholisierung der Untertanen der Obrigkeit ebensowenig Schwierigkeiten wie zuvor die Vertreibung des Altenbanzer „Prädikanten". Am 25. Juli 1593 befahlen „etliche abgesante wirtzburgische reth" den Untertanen in Gegenwart des Banzer Abtes, an Weihnachten „unter einer gestalt zu communiciren" oder fortzuziehen[431]. Nicht Vertreter des Bamberger Bischofs nahmen hier also das landesherrliche ius reformandi wahr. Darin spiegelt sich das Bemühen Würzburgs wider, die Landeshoheit über Banz zu erringen; Johann Burkhard, der nach seiner Wahl zum Abt geschworen hatte, „in allweg gut wirtzburgisch [zu] sein"[432], stand bei den Auseinandersetzungen über die Landeshoheit im wesentlichen auf der Seite des Würzburger Fürstbischofs, wie auch dieser Vorgang zeigt.

Als Weihnachten vorüber war, wandten sich die Gemeinden Altenbanz, Zilgendorf, Tiefenroth, Püchitz, Stadel, Stetten, Unnersdorf und Nedensdorf mit einer Beschwerde an den Bischof von Bamberg. Der Banzer Abt habe nach seiner Wahl versprochen, „unns [...] keine newe beschwerdten uffzudringen". Nichtsdestoweniger schädige er die Untertanen durch Schaftrieb, habe er Holz in den Gemeindewäldern geschlagen, die Frondienste vermehrt, „aber die fronbrodt hergegen vergeringert". Zu diesen Belastungen komme jetzt noch das Gebot, zu konvertieren oder zu emigrieren. Der Bischof solle dem Abt und den würzburgischen Räten nicht gestatten, „das sie also elendlich und unbarmhertzig mit unns verfahren und unns endlichen von unserer armut ghar an den bettelstab mit weib und kindern abtreiben und verjagen mögen"[433].

Der Abt, vom Bischof angeschrieben, entgegnete, er habe bisher niemandem „ernstlich außzuziehen auferlegt". Jedoch hätten „ezliche" Untertanen „sich uf das vorgeenst ermanen dahin erclert, sie wollen verkaufen, doe sie aber noch weyhennachten meine unterthonen seien, wollen sie sich gehorsamblich einstellen"[434]. Nun hätten sie aber ein Jahr oder wenigstens zwei Monate „zum verkaufen aufschueb" erbeten, den er verweigert habe. „Der mehrer theil von den behandleten unterthonen" habe „sich zum kirchengehorsam erbotten", jetzt aber warte jeder das Verhalten des Bamberger Bischofs ab[435]. Im diesem Jahr,

---

428 Vgl. StAB, ex J 3, Nr. 225, Fasz. 2, fol. 178r–v; Barthels, Bd. 1, S. 419 Nr. 2098.
429 Vgl. AEB, Rep. I, PfA 131, „Directorium parochiae Döringstattensis" 1627. Über die evangelischen Einwohner in Ummersberg und Erlhof vgl. auch DAW, Dek. Ebern, VR 1629, pag. 5.
430 Vgl. Barthels, Bd. 1, S. 432 Nr. 2162; bereits 1620: S. 399.
431 StAB, B 49, Nr. 2, Prod. a, fol. 1v.
432 Zit. nach Hochholzer, S. 56.
433 StAB, B 49, Nr. 2, Prod. a.
434 StAB, B 93, Nr. 26, fol. 354v.
435 Ebd., fol. 355r.

1594, wohnten noch zehn oder zwölf Protestanten im Banzgau, die „ergernus mit dem außlaufen unnd haltung des alten kalenders" gaben[436].

Vermutlich mischte sich der Bamberger Bischof nicht weiter in die Gegenreformation im Banzgau ein. Quellen über deren Verlauf fehlen allerdings für die folgenden fünf Jahre. Erst für den März 1599 ist belegt, daß der Abt – mittlerweile Thomas Bach – „etzliche unßers closters underthonen" – es handelte sich um fünf Personen[437] – „(die sich bißher widerwertig und ungehorsam erzeigt) zu der [...] catholischen religion" mahnte; als Termin für die Konversion wurde ihnen Ostern gesetzt[438].

1602 waren in der Pfarrei Altenbanz nur mehr „drei hartneckige weibspersone"[439] und ein Mann evangelisch[440], 1606 noch ein Mann in Zilgendorf und eine Frau in Stetten[441]. 1608 gab es drei Personen, die am Augsburgischen Bekenntnis festhielten[442]. Von 1610 bis 1619 wird regelmäßig eine lutherische Frau genannt[443], die „auf kein straff" etwas gab[444]. Ab 1621 sind keine Protestanten mehr nachzuweisen[445], sieht man von Knechten und Mägden ab, die „theils noch lutherisch" waren[446].

## 6.2.5. Die Pfarreien Marktgraitz und Marktzeuln

Im Hochstift Bamberg gab es kaum Orte, in denen die Gegenreformation auf so heftigen und langandauernden Widerstand stieß wie in Marktzeuln, Marktgraitz und den eingepfarrten Dörfern[447]. Das hatte sich bei den Bemühungen erwiesen, katholische Pfarrer einzusetzen, und das bestätigte sich, als Bamberg versuchte, die Untertanen zu Konversion oder Emigration zu zwingen.

### *6.2.5.1. Unter den Bischöfen Neithard von Thüngen und Johann Philipp von Gebsattel*

Im September 1598 bat der katholische Pfarrer von Marktgraitz, der Bischof möge „commissarien" schicken; diese sollten wohl die Untertanen zu Konversion oder Emigration anhalten. Die geistlichen Räte beschlossen jedoch, erst solle „die reformation im ampt Weißmain verricht" werden[448]. Nach zwei Monaten traf ein neuerlicher Bericht aus Marktgraitz in Bamberg ein, „daß in negotio religionis durchauß nit zu procediren sey, es werden dan [...] commißarien [...] abgeordnet"[449]. Darauf beschloß die geistliche Regierung, Dr. Friedrich

436 DAW, Dek. Ebern, VR 1594, fol. 46v.
437 Vgl. ebd., VR 1599, fol. 67r.
438 StAB, B 93, Nr. 27, fol. 216v.
439 DAW, Dek. Ebern, VR 1602 (I), fol. 21r.
440 Vgl. ebd., VR 1602 (II), fol. 9v.
441 Vgl. ebd., VR 1606 (III), fol. 201v.
442 Vgl. ebd., VR 1608 (II), fol. 221v.
443 Vgl. ebd., VR 1610 (II), fol. 236v; VR 1616, fol. 261v; VR 1618, fol. 6v; VR 1619 (II), fol. 251v.
444 Ebd., VR 1619 (I), fol. 284v.
445 Vgl. DAW, Dek. Ebern, VR 1621, fol 7r; VR 1623, pag. 2.
446 Ebd., VR 1610 (I), fol. 229v; vgl. auch VR 1617, fol. 268r; VR 1621, fol. 7r („Populus [...] totus catholicus exceptis famulis et famulabus vagantibus").
447 Vergleichbar scheinen lediglich die Pfarreien Teuschnitz und Windheim im Frankenwald, über die allerdings noch keine befriedigende Untersuchung vorliegt.
448 AEB, Rep. I, Nr. 736, fol. 61v. Über die Gegenreformation im Amt Weismain vgl. Bauer, Weihbischöfe, S. 368 f.
449 AEB, Rep. I, Nr. 736, fol. 75v.

Förner, der im Frühjahr aus dem Germanicum zurückgekehrt war und im September bereits die Katholisierung im Amt Weismain eingeleitet hatte[450], und Johann Onophrius von Belheim nach Marktgraitz zu entsenden. Sie sollten am 16. November – wie üblich – die Mitglieder des Rates einzeln vorladen, ihnen den bisherigen Ungehorsam vorhalten und gebieten, daß „ein ieder sampt seinem weib undt haußgenoßen in sich selbs" gehe (und den katholischen Glauben annehme). Wer sich dieser Aufforderung zur Konversion widersetzte, war „erstlich mit entsetzung des raths, dan auch mit außmusterung auß unserm stifft [zu] bedroen". Derart frei gewordene Ratsstellen waren mit Katholiken zu besetzen. Im folgenden sollten Förner und Belheim mit den übrigen Einwohnern entsprechend verfahren[451].

Wie ihre Mission verlief, ist im einzelnen nicht bekannt[452]; ein Erfolg war sie jedenfalls nicht. Denn eine Woche später berichtete der Pfarrer den geistlichen Räten in Bamberg über „ungehorsam und halsstarrigkeit meiner befollenen pfarkinder". Trotz Verbots liefen sie „zu den lutterischen predicanten, fragen nach niemandt, verlachen und verachten das heilige gottliche ampt der meß", obwohl der Pfarrer ihnen deren Bedeutung ausführlich erläutert hatte. Vor die bambergischen Kommissare habe der evangelische Schultheiß nur Nicht-Katholiken geladen, denn diese hatten „sorg [...], einer oder mehr machen einen anfangk, und sie mußen hernacher". Es sei unbedingt notwendig, urteilte der Pfarrer, den Schultheißen, die Bürgermeister und Heiligenmeister durch Katholiken zu ersetzen – Förner und Belheim hatten dies also entgegen ihrer Instruktion nicht getan – und die „redleßfuerer" zu verhaften[453].

Wenige Tage später wies der Bischof seine Lichtenfelser Beamten an, „unsere rebellische underthonen" in Lettenreuth und Michelau zu „uberfallen" und „so viel ir derselben uberkommen und mechtig sein werdet" zu verhaften[454]. Dies sollte wegen „ihres biß dato in religion erzaichten ungehorsambs" geschehen[455]. Die Michelauer und die Lettenreuther waren nämlich in evangelische Kirchen ausgelaufen; obendrein war der Pfarrer von Sonnefeld nach Michelau berufen worden, um dort einen Toten zu bestatten und dabei eine Leichenpredigt zu halten. Kastner und Vogt von Lichtenfels nahmen in jedem Dorf zwölf Männer, „die vornembst[en] unnd stattliechsten", gefangen[456]. Ihnen sei aufzuerlegen, so ordnete der Bischof an, sich „innerhalb 8 tagen aufs lengst mit der heyligen beicht und communion [...] einzustellen". Wer sich weigere, sei in Einzelhaft zu nehmen, „damit sie selbsten einander in irem ungehorsamb nicht stercken und festigen mögen". Nach und nach sollten alle Einwohner der Orte verhaftet und erst dann wieder freigelassen werden, wenn sie konvertiert seien oder verbürgten, innerhalb eines Monats aus dem Hochstift zu ziehen[457]. Die 24 Festgenommenen beteuerten allerdings, es sei „zuwider unsers gewissens, [uns] unerfarner ding" – gemeint war der katholische Glauben – „also urplutzlich [...] einzulassen", und erbaten „ein gereume zeit", dann wollten sie konvertieren oder emigrieren[458]. Wie die Bamberger Regierung reagierte, wissen wir nicht.

---

450 Vgl. Bauer, Weihbischöfe, S. 367–369. Hier kein Hinweis auf Förners Entsendung nach Marktgraitz und Burgkunstadt.

451 AEB, Rep. I, PfA 334, „Instruction" von 1598 Nov. 14.

452 Wir wissen lediglich, daß acht Männer Förner und Belheim begleiteten und daß sie über Nacht in Marktgraitz blieben. Vgl. StAB, A 231, Nr. 13522, fol. 12v.

453 AEB, Rep. I, PfA 334, Brief von 1598 Nov. 23.

454 Vgl. ebd., undat. Konz.

455 Ebd., Konz. von 1598 Dez. 7.

456 Vgl. ebd., Brief von 1598 Dez. 6.

457 Ebd., Konz. von 1598 Dez. 7.

458 StAB, ex J 3, Nr. 245, fol. 113v–114r.

Ob auch in Marktzeuln versucht wurde, das ius reformandi anzuwenden, ist unklar; die Bemerkung der Michelauer und Lettenreuther vom Dezember 1598, der Bischof sei „wegen der religion mitt denen von Zeuln strittig und sie sich zu der catholischen religion nicht einlassen woln"[459], kann sich auch auf die Auseinandersetzungen um die Besetzung der Pfarrei mit einem Katholiken beziehen.

Erst aus dem Jahr 1600 sind wieder Bestrebungen nachzuweisen, die Protestanten in der Pfarrei Marktgraitz zur Konversion zu bewegen. Im Januar 1600 war der Bamberger Domdekan zuversichtlich: Die Gemeinden Marktgraitz und Marktzeuln hätten sich „zu gehorsamen unnd zu der catholischen religion einzustellen erbotten"[460]. Doch er irrte sich. Im Mai forderten die Marktgraitzer selbstbewußt – der Grund war wohl, daß wieder ein katholischer Pfarrer eingesetzt werden sollte –, „sie vermöge des religionsfriedens bey dero religion unnd bißhero gehabten exercitio bleiben zu laßen"[461]. Als Wochen später die Angelegenheit im Domkapitel erneut angesprochen wurde und der Domdekan berichtete, daß „die unterthonen zue Zeulen unnd Gratz uber vielfeltig zusagen unnd versprechen sich noch nicht zu der catholischen religion begeben, sondern in ihrem errore bißhero hartneckhiger weiß verharret" seien, kündigte der Bischof an, er werde dorthin „in der Person [...] raißen unnd mit den unterthonen in der gutte selbsten [...] handlen"[462]. Aber wahrscheinlich führte er dieses Vorhaben nicht aus.

Immerhin hatte der Bischof kurz zuvor, im Juli 1600, den Einwohnern von Lettenreuth – vielleicht auch der restlichen Pfarrgemeinde Marktgraitz – befehlen lassen, innerhalb von vier Wochen katholisch zu werden oder ihre „lehen zu reumen". Die Untertanen freilich versetzten – wohl um den Bischof hinzuhalten –, sie könnten die katholische Religion nicht annehmen, sie seien „derselben gantz unberichtet undt [könnten] nicht wiessen, was dieselbige in sich helt". Der Bischof solle zuerst einen katholischen Pfarrer einsetzen, dann würden sie sich „vleissig in die kirchen verfugen, die predig und Gotteß wordt anhoren undt alßdan [...] gehorsamblich einstellen"[463].

Auf gegenreformatorische Aktivitäten im Jahr 1601 gibt es nur einen Hinweis: Ein Marktgraitzer saß im Frühjahr für einige Zeit zu Bamberg im Gefängnis „umb des willen, [daß] er der religion halben sich nit einstellen wollen"[464]. 1602 hatte der Lichtenfelser Kastner im fürstbischöflichen Auftrag zweimal etwas „in religionssachen bey schuldtheyß, burgermeyster unnd ratthe zu Greytz unnd Zeullen zu verrichten"[465], ohne daß zu ermitteln wäre, worum genau es dabei ging. Für die folgende Zeit bis zum Tod Gebsattels fehlen Belege.

### *6.2.5.2. Von der Wahl des Bischofs Johann Gottfried von Aschhausen bis 1610*

Im Oktober 1609 befahl Bischof Aschhausen den nach Bamberg vorgeladenen Vertretern der Gemeinden Marktgraitz und Marktzeuln, sie sollten katholische Pfarrer annehmen, sie anhören und nach zwei Monaten den katholischen Glauben annehmen oder fortziehen. Gehorchten sie nicht, würden sie aufgrund ihres früheren Widerstandes „alß perduelles"

459 Ebd., fol. 113r.
460 StAB, B 86, Nr. 24, fol. 9v.
461 Ebd., fol. 58r.
462 Ebd., fol. 82r.
463 StAB, B 49, Nr. 59, Brief von 1600 Juli 29.
464 StAB, A 231, Nr. 1826/I, fol. 243r.
465 Ebd., Nr. 37032, fol. 35v.

bestraft. Die Schultheißen, Dorf-, Heiligen- und Viertelmeister, Ratsmitglieder und Schöffen gelobten, der Anordnung zu folgen[466]. Am 10. November 1609 richtete der bambergische Rat Dr. Dietmayr den gleichen Befehl an die gesamte Gemeinde Marktzeuln. Bloß sechs Männer äußerten sich wie gefordert dazu – zu konvertieren versprach niemand[467].

Acht Tage später wurden die Marktgraitzer und die Marktzeulner nach Weismain geladen, um dem Fürstbischof zu huldigen. Dort angekommen, wurden sie jedoch von Bewaffneten umzingelt. Der bischöfliche Hofmarschall Johann Onophrius von Belheim bezeichnete sie als Verbrecher und forderte sie zur „endterung der religion" auf[468]. Bevor sie nicht die Konversion gelobt hätten, dürften sie die Stadt Weismain nicht verlassen. Ferner mußten sie schwören, ihre nicht erschienenen Nachbarn nach Burgkunstadt zu bringen, die angefallenen Kosten zu erstatten, das für den Prozeß vor dem Reichskammergericht eingesammelte Geld abzuliefern und die „bey handten habendten [...] privilegien unndt andern schreiben oder missiven" den Schultheißen der beiden Orte auszuhändigen[469]. Nach vier Tagen hatten die meisten zugesagt, den katholischen Glauben annehmen zu wollen[470]. Zwei Männern gelang die Flucht aus Weismain[471].

58 Männer weigerten sich, die Konversion zu geloben. Sie wurden, auf sechs Wägen gebunden, am 25. November nach Bamberg gebracht und auf verschiedene Gefängnisse verteilt[472]. Kilian Schauer, der Vertreter der Gemeinden, berichtete weiter: „Diejhenigen aber, so sich vor dem h[err]n bischoffe oder seinen räthen standthafftig erzaiget [...] und sich etwaß besser unndt getröster als andere verandtwortet", wurden „balt alls rädtleinßführer, rebellen unndt aufwieggler" für neun Tage in den Sandturm geworfen. Dieser Turm war, so Schauer, „das allerdiefeste, grewlichste unndt abscheulichste gefenckhnus in Bamberg [...], in welchem viel unraines gewürmb von unckhen und andern sich aufenthältet". Den Männern seien „vor grosser kelte" die Füße erfroren, das „ungezifer unndt gewürmb" habe ihnen „das truckhen brodt aufgefreßen"[473]. Man könnte diese Beschreibung des Gefängnisses für maßlos übertrieben halten – hätten die Döringstadter den Sandturm 1603 nicht sehr ähnlich geschildert[474], und wäre er 1618 nicht in einer völlig unverdächtigen Quelle, dem Rezeßbuch des Bamberger Domkapitels, als „gar unsauber und abscheulich" bezeichnet worden[475].

Der Darstellung Schauers zufolge beharrten der Bischof und seine Beamten auf der Konversion der Gefangenen. Auf deren Angebote, sie würden innerhalb weniger Wochen, ja weniger Tage fortziehen, seien jene nicht eingegangen: „Mann lasse kheinen nicht vonn dannen, und solte er im gefenggnus erfaulen, biß er deß bischofs glauben angenommen." Der Bischof habe sogar gedroht, die Familien der Inhaftierten „von hauß unndt hoffe, auß dem landte [zu] jagen". Außerdem sei ihnen vorgelogen worden, ihre Nachbarn seien bereits konvertiert, das Reichskammergericht habe „ire clage verschmehet", der nach Speyer geschickte Schauer „sey stranguliert worden". Mehrfach verlegte man Gefangene an andere

466 BayHStA, RKG 406, Q 26. – Hierzu und zum Folgenden vgl. oben S. 152–154.
467 Vgl. BayHStA, RKG 406, Q 38.
468 BayHStA, RKG 406, Q 25.
469 StAB, B 76/XXXIII, Nr. 3, fol. 436r–v.
470 Vgl. ebd., fol. 438v.
471 Vgl. StAB, B 76/XXXIII, Nr. 3, fol. 435r. Es handelte sich um den Marktzeulner Metzger Klaus Albert und den Taglöhner Hans Müller aus Marktgraitz, „welcher bießweiln nach dem allmosen gehet und viel kleine unerzogene kinderlein hatt".
472 Vgl. BayHStA, RKG 406, Q 25; StAB, B 76/XXXIII, Nr. 3, fol. 439v.
473 BayHStA, RKG 406, Q 25.
474 Siehe oben S. 163f.
475 Damals wurde beschlossen, ihn säubern zu lassen. StAB, B 86, Nr. 30, fol. 182r.

Haftorte, um jedem glauben zu machen, er sei der letzte, der noch im Gefängnis sitze. Schließlich erreichte Aschhausen sein Ziel: Alle Gefangenen konvertierten[476].

Ende November und Anfang Dezember empfingen in Marktzeuln die ersten 40 Personen die Kommunion sub una specie, und vom 10. bis 12. Dezember sagten in den Pfarreien Marktzeuln und Marktgraitz weitere 200 zu, sie würden an Weihnachten konvertieren[477]. Dabei handelte es sich wohl um Einwohner der nach Marktgraitz eingepfarrten Orte, die im November offenbar nicht nach Weismain geladen worden waren, und um einige der Bürger von Marktzeuln und Marktgraitz, die im November nicht zur Huldigung erschienen, sondern geflohen waren und mit denen die Bamberger Regierung seither verhandelt hatte[478].

Um die Marktzeulner und Marktgraitzer zusätzlich unter Druck zu setzen, fielen am 18. November auf bischöflichen Befehl Bürger benachbarter Städte in die beiden Pfarrorte ein; sie blieben dort wochenlang, bis in den Dezember hinein, einquartiert[479]. Die Kronacher, die zunächst in Marktgraitz eingesetzt waren, wurden am 9. Dezember durch 30 Weismainer abgelöst, die am 17. Dezember 1609 abzogen[480]. Zusätzlich zu der Einquartierung an sich wühlte wohl das Betragen der Einquartierten die Gemüter auf, namentlich ein Vorkommnis: Ein Staffelsteiner, der in Marktzeuln stationiert war, schoß, wohl schon am 18. November, versehentlich einem Mädchen ins Bein; obwohl das Kind schwer krank war, wurde der in Bamberg gefangene Vater nicht freigelassen[481]. Kaum war die Besatzung verschwunden, rächten sich die Marktzeulner an dem vermeintlich für Gegenreformation und Einquartierung Verantwortlichen vor Ort: Am Abend des 17. Dezember steckten sie den Stadel des Schultheißen Georg Bückling in Brand[482].

Eine Wende bedeutete die Ankunft eines Boten aus Speyer wenige Tage später. Am 12. Dezember 1609 hatte das Reichskammergericht ein mandatum sine clausula erlassen, das der Prokurator der Gemeinden erst am Vortag beantragt hatte[483]. Es wies den Bischof an, den Marktzeulnern und Marktgraitzern, die gegen ihn wegen der Pfarrbesetzung klagten – und von ihm als Rebellen verfolgt wurden –, bis zu einer Entscheidung des Gerichts in ihren Häusern wohnen zu lassen oder ihnen, falls sie fortgezogen waren, den freien Zugang zu gestatten[484]. 17 Tage nach Erlaß wurde das Mandat in Bamberg, Marktzeuln und Marktgraitz verkündet, und prompt kehrten die Geflohenen zurück[485]. Diejenigen, die in Bamberg zur Konversion gebracht worden waren, fielen wieder vom katholischen Glauben ab[486].

Trotz des Kammergerichtsmandats verfolgte der Bischof fünf Marktzeulner, die laut Steckbrief „nicht allein bößlich außgetretten, sondern auch [...] unsers g. fursten undt herrn

---

476 BayHStA, RKG 406, Q 25.
477 AEB, Rep. I, Nr. 740, fol. 23v.
478 Vgl. BayHStA, RKG 406, Q 26. Den Geflohenen wurde für die Verhandlungen mit den bischöflichen Kommissaren „frey sicher [...] gelaydt“ gegeben. StAC, LA D 1322, fol. 37r.
479 Vgl. BayHStA, RKG 406, Q 25, wo der Abzug in Zusammenhang gestellt wird mit dem Mandat von 1609 Dez. 12. – Dagegen behauptete der Vertreter Bambergs, die Einquartierten seien abgezogen worden, als die Einwohner der beiden Orte sich gehorsam erzeigt, also Konversion oder Emigration zugesagt hatten. Vgl. ebd., Q 26.
480 Vgl. StAB, B 76/XXXIII, Nr. 3, fol. 440v–441r, 446r–447r.
481 Vgl. ebd., fol. 435r–v.
482 Vgl. ebd., fol. 447v–448r.
483 Vgl. BayHStA, RKG 406, Q 9.
484 Vgl. StAC, LA D 1322, fol. 39r–v, auch 55r–56r.
485 Vgl. StAB, B 49, Nr. 59, „Exceptiones sub et abreptionis“ (präs. 1610 Jan. 30); auch BayHStA, RKG 406, Q 25.
486 Vgl. ebd.; zur Vorgeschichte auch Q 9.

von Bambergk bestelte wach" – gemeint waren die Einquartierten – „mit buxen, wehr undt waffen angegrieffen" hatten[487] und wohl als „rädtleinßführer" des Widerstands gegen die Gegenreformation angesehen wurden[488]. Da sie sich im sächsischen Amt Sonnefeld aufhielten, bat der Bamberger Bischof den dortigen Amtmann um Auslieferung der „meutmacherische[n] ungehorsame[n] unterthanen"[489]. Der Herzog von Sachsen-Coburg lehnte freilich ab, forderte vielmehr den Bischof auf, den Untertanen, die er, der Herzog, keineswegs als Rebellen ansehe, den Aufenthalt bei ihren Angehörigen, freien Abzug aus dem Hochstift und den Verkauf ihrer Güter zu gestatten[490].

Doch Bamberg setzte seine Verfolgung fort. Am 8. März 1610 gelang es, in Marktzeuln vier Männer festzunehmen, die bis zum 7. Juni in Bamberg in Haft gehalten wurden. Ihre Freiheit erlangten sie erst wieder, nachdem sie zugesagt hatten, sie würden nach ihrer Heimkehr beim katholischen Pfarrer beichten oder innerhalb von 14 Tagen verkaufen – ansonsten drohte ihnen Zwangsverkauf – und „zwo meil wegs [...] ufs nechst vom stifft sich niderlassen"; darüber hinaus mußten sie die Kosten ihrer Haft zahlen[491]. Den Wortführer und Berater der Gemeinden, Kilian Schauer, festzunehmen, mißlang dagegen[492], ebenso der Versuch, am 18. Mai nachts nach Marktzeuln einzufallen und einen der „Rebellen" zu verhaften oder auf dieselbe Weise einen Monat später in Marktgraitz drei Männer zu fassen[493].

Als Druckmittel, die Untertanen zur Konversion oder zur Emigration zu bewegen, setzte die Bamberger Regierung – wie schon 1597[494] – die Holzsperre ein. Am 23. März 1610 befahl der Bamberger Landrentmeister dem Forstmeister in Lichtenfels: „Ihr sollet weder den Zeulnern noch anderen ihrer f[ürstlichen] g[naden] und dhumbcapietulischen underthanen noch deren von adell lehenleuthen holtz geben"[495]. Diese Sperre mußte die Untertanen empfindlich treffen, war Holz doch zum Heizen, als Baumaterial und für viele Handwerker auch als Werkstoff unverzichtbar[496]. Die Möglichkeit, sich andernorts mit Holz zu versorgen, bestand kaum. „Nun hat aber das dorf Schwurbitz gar kein holtz, weder zu bauen noch zu brennen, dan was aus e[uer] f[ürstlichen] g[naden] Lichtennfelser forst kombt"[497], hatte 1558 der Forstmeister geschrieben, und dasselbe traf wohl für die übrigen Orte im Marktgraitzer Sprengel und für Marktzeuln zu. Allerdings bewirkten die Adligen und das Bamberger Domkapitel, daß die Holzsperre für ihre Hintersassen aufgehoben wurde[498]. Den übrigen Untertanen jedoch durfte der Lichtenfelser Forstmeister fortan Holz weder aufgrund ihres Forstrechtes geben noch verkaufen.

Kurz nach Erlaß der allgemeinen Holzsperre verhörte der Vogt am Brandt gemeinsam mit dem Pfarrer von Marktgraitz die Vogtei-Hintersassen und mit dem Marktzeulner

487 StAC, LA D 1322, fol. 43r.
488 BayHStA, RKG 406, Q 25.
489 StAC, LA D 1322, fol. 37v.
490 Vgl. ebd., fol. 47r–48v.
491 BayHStA, RKG 406, Q 25.
492 Siehe S. 444.
493 Vgl. BayHStA, RKG 406, Q 25.
494 Der bischöfliche Befehl an den Lichtenfelser Forstmeister, „weder denen zu Zeuln noch Graitz kein holtz [...] verfolgen zu lassen", wurde mindestens bis 1606 beachtet. StAB, B 76/XVIII, Nr. 187.
495 Ebd., Nr. 11, fol. 263r.
496 Über die Bedeutung von Holz allgemein Schubert, Ernst: Der Wald: wirtschaftliche Grundlage der spätmittelalterlichen Stadt. In: Herrmann, Bernd (Hrsg.): Mensch und Umwelt im Mittelalter. Darmstadt 1986, S. 257–274.
497 StAB, B 76/XVIII, Nr. 5, fol. 170r.
498 Vgl. ebd., Nr. 11, fol. 262r–264v.

Seelsorger die dortigen Bürger[499]. Vermutlich forderten sie die Untertanen auf, am bevorstehenden Osterfest nach katholischem Ritus zu kommunizieren[500]. Der Erfolg war jedoch bescheiden: Es hätten zwar „uff 100 personen sich in der religion eingestelt", berichtete der Pfarrer von Marktgraitz am 29. Juli, aber rund 1100 Erwachsene seien „noch außstendig". In Marktzeuln dagegen – so der Marktgraitzer Pfarrer weiter – hätten sich die Untertanen „paucis exceptis eingestelt"[501]. Diese Einschätzung mag insofern zugetroffen haben, als Ende 1609 wohl ein großer Teil der Bürger die Kommunion sub una empfangen hatte.

Allerdings meldete der Pfarrer von Marktzeuln, ebenfalls im Juli 1610, nach Bamberg, „es hab sich seidther ostern kein mensch zur catholischen religion eingestelt, begere sich auch niemant ferners einzustellen, dan sie vermeinen, das recht zu Speyer gewunnen zu haben"[502]. Verantwortlich für diese Siegesgewißheit war der Erlaß des Mandats über den freien Zugang zu den Gütern und die Ladung des Bischofs durch das Reichskammergericht im Dezember 1609. Im Prozeß ging es zwar an sich um die Frage, wer die Pfarreien Marktzeuln und Marktgraitz zu besetzen habe, doch die Gemeinden und ihre Vertreter meinten, bei einer Entscheidung zu ihren Gunsten wieder evangelische Pfarrer berufen und damit das „exercitium" der Augsburger Konfession einführen zu können[503]. Ein Sieg in Speyer hätte demnach in den Augen der Gemeinden der Gegenreformation ein Ende bereitet.

Im August 1610 quartierte der Fürstbischof in Marktzeuln, Marktgraitz, Michelau und Schwürbitz, wohl um die Einwohner zu beugen, 300 oder 400 Reisige ein, die vier Monate lang blieben und den Untertanen Kosten von rund 2500 Gulden verursachten; erstattet wurde ihnen davon nichts[504].

Aber trotz dieser Einquartierung, trotz Holzsperre, trotz Festnahmen mußte der Pfarrer von Marktzeuln im November 1610 nach Bamberg berichten, es „gehe die [Gegen-]reformation wieder allerdings zuruckh"[505]. Der Schulmeister war offenbar nicht der einzige, der „wiederumb lutherisch" wurde. „Niemands besuche mehr die gottesdienste", klagte der Pfarrer im Dezember[506].

Wie stark der Rückschlag für die Gegenreformation war, wurde an Ostern 1611 deutlich: Der Marktgraitzer Pfarrer hatte nur mehr 16, der Marktzeulner 13 Kommunikanten. Beide Seelsorger gaben dem Umstand die Schuld, daß nicht gegen den „außlauf an lutherische orthe" vorgegangen werde[507].

### *6.2.5.3. Die Jahre 1611 bis 1613*

Überhaupt sind seit Herbst 1610 keine obrigkeitlichen Maßnahmen nachzuweisen, um die Untertanen zur Konversion zu bewegen. Dennoch wandten sich die Pfarrgemeinden Markt-

499 Vgl. StAB, A 231, Nr. 13533, fol. 11r.

500 Der Pfarrer von Marktgraitz berichtete am 24. April 1610 nach Bamberg, wer „sich zu den österlichen zeiten ein- oder nicht eingestelt" habe. Ebd., fol. 11v.

501 DAW, Dek. Ebern, VR 1610 (II), fol. 233v.

502 AEB, Rep. I, Nr. 740, fol. 72v.

503 Vgl. etwa StAC, LA D 1322, fol. 309r–310r. Der Bamberger Bischof erklärte dem Kurfürsten von Sachsen 1614, die Gemeinden hätten wegen des ihnen angeblich zustehenden Rechtes auf die „pfarrbestellung" geklagt. Es seien aber die „arme leuth berett [...], urtheil und recht werde ihnen billichen, wieder irer [...] obrigkeit willen in kirchen und schulen publica religionis exercitia anzustellen". Das sei irrig: Selbst wenn sie gewännen, müsse ein von ihnen präsentierter Geistlicher dem Ordinarius „annemblich" sein.

504 Vgl. BayHStA, RKG 405, Q 25; Chroust, Einfall, S. 752; BayHStA, RKG 406, Q 25. Zu den Kosten auch RKG 405, Q 27; StAC, LA D 1208, fol. 5r.

505 AEB, Rep. I, Nr. 740, fol. 100r.

506 Ebd., fol. 105v.

507 Ebd., fol. 127v–128r.

zeuln und Marktgraitz gemeinsam mit den langheimischen Hintersassen im Obermaintal an die Union um Hilfe[508], als deren Mitglieder im August 1611 in Rothenburg ob der Tauber tagten[509]. Die Petenten klagten darüber, daß am Reichskammergericht ihr Prozeß über die Pfarrbesetzung ins Stocken geraten sei; der Bischof – und ebenso der Langheimer Abt – nutze diese Situation aus, um Gewissenszwang gegen seine Untertanen auszuüben. Die Union solle sich beim Bamberger Bischof für sie verwenden, damit er sie bis zur Entscheidung des Gerichts bei ihrem Glauben lasse, und sie solle die benachbarten protestantischen Stände – gedacht war wohl in erster Linie an Sachsen-Coburg – bewegen, die bambergischen Untertanen gegen Gewissenszwang zu schützen.

Der brandenburg-kulmbachische Vertreter beim Unionstag sprach sich dafür aus, an den Kammerrichter zu schreiben, und fand Unterstützung bei Öttingen und den Gesandten mehrerer Reichsstädte[510]. Gegen den Rat von Brandenburg-Ansbach, Württemberg und Worms wurde ein Brief an die Präsidenten und Beisitzer des Reichskammergerichts beschlossen[511], der freilich keine spürbare Wirkung hatte. Alle Stände, die sich zu Wort meldeten, votierten für einen Brief an den Bamberger Bischof[512], wenn man sich auch nicht viel davon versprach[513]. Die Empfehlung Nördlingens, auch an das Bamberger Domkapitel zu schreiben, da man doch wisse, „das das capitul mit deß bischoffs factiones nit allerdings zufriden“[514], wurde verworfen. Herzog Johann Casimir von Sachsen-Coburg wurde im allgemeinen Einvernehmen aufgefordert, sich der Bedrängten anzunehmen und den Kurfürsten von Sachsen dahin zu bewegen, daß er die Sache der bambergischen Protestanten beim bevorstehenden Kurfürstentag zur Sprache bringe[515].

Tatsächlich schrieb der Herzog im Oktober 1611 wohl an Kurfürst Johann Georg[516], nachdem die bambergischen und langheimischen Untertanen ihn ebenfalls darum gebeten hatten[517]. Und der Kurfürst sprach den Bamberger Bischof, der als kaiserlicher Vertreter am Kurfürstentag in Nürnberg teilnahm[518], bei der Heimreise[519] auf seine gegenreformatorischen Maßnahmen im Obermaingebiet an. Daraufhin soll Aschhausen dem Kurfürsten etwas zugesichert haben; was genau, ist unklar. Sicherlich sagte er nicht zu, wie einige Döringstadter meinten, „die underthanen im stiefft [...] der religion und gewissens frey zu lassen“[520], eher wohl, daß er sich an den Religionsfrieden halten, niemanden zur Konversion

508 Das Schreiben der „wegen der Augspurgischen confession [...] hochbetrangte[n]“ bambergischen Untertanen in den Ämtern Burgkunstadt, Lichtenfels und Weismain im Original in BayHStA, Kasten blau, 119/5 II, fol. 23r–28v. Abschriften: BayHStA, RKG 405, Q 25; RKG 406, Q 24; StAB, C 47, Nr. 39, Prod. 90; StadtA Ulm, A 1322, Nr. 2288. Regest: Chroust, Einfall, S. 751–753.

509 Über den Rothenburger Unionstag allgemein vgl. ebd., S. 697–732.

510 Über die Beratungen der unierten Stände am 23. Aug. vgl. HStAS, A 90A, Bd. 10, fol. 757v–760v; StadtA Ulm, A 1323, Nr. 2326a; Chroust, Einfall, S. 720f.

511 Als Absender erscheint nicht die Union, sondern es unterzeichneten Kurpfalz, Brandenburg-Ansbach, Baden, Württemberg und Anhalt. Konz.: BayHStA, Kasten blau, 119/5 II, fol. 39r–40r. Abschriften des Konz.: StAB, C 47, Nr. 39, Prod. 92; StadtA Ulm, A 1322, Nr. 2290. Regest: Chroust, Einfall, S. 753 Anm. 1.

512 Konz.: BayHStA, Kasten blau, 119/5 II, fol. 41r–42v. Abschriften des Konz.: StAB, C 47, Nr. 39, Prod. 91; StadtA Ulm, A 1322, Nr. 2289. Regest: Looshorn, Bd. 5, S. 388; Chroust, Einfall, S. 753 Anm. 1.

513 Der Vertreter Nürnbergs glaubte, „das es nit vil erschiessen werde“. StadtA Ulm, A 1323, Nr. 2326 a.

514 HStAS, A 90A, Bd. 10, fol. 759v.

515 Konz.: BayHStA, Kasten blau, 119/5 II, fol. 43r–v. Abschriften der Konz.: StAB, C 47, Nr. 39, Prod. 93; StadtA Ulm, A 1322, Nr. 2291. Regest: Chroust, Einfall, S. 753 Anm. 1.

516 Vgl. StAC, LA D 1322, fol. 83r–85r.

517 Vgl. ebd., fol. 71r–72r.

518 Vgl. Looshorn, Bd. 5, S. 389; Chroust, Ausgang, S. 7.

519 Vgl. StAC, LA D 1322, fol. 213r.

520 Ebd., fol. 97v.

zwingen, den Untertanen das beneficium emigrandi nicht verweigern[521] oder niemanden wegen seines Glaubens verhaften werde[522]. Jedenfalls wiesen Kurfürst Johann Georg, Herzog Johann Casimir und die Protestanten im Hochstift den Bamberger Bischof immer wieder auf dieses Versprechen hin[523].

Am Rande des Kurfürstentages fragte Aschhausen die drei geistlichen Kurfürsten um Rat, wie er sich hinsichtlich des Briefes verhalten solle, den ihm die Union geschrieben hatte – ein Zeichen dafür, daß er deren Intervention durchaus wichtig nahm. Die Erzbischöfe von Köln, Trier und Worms empfahlen, sich nicht „in vil wechselschrifften einzulaßen"[524].

Am 8. November 1611 versuchte der Bischof erneut, Kilian Schauer durch einen nächtlichen Einfall in dessen Haus zu fangen. Zwar entwischte der Notar den ausgesandten Beamten wieder, doch fielen ihnen seine Unterlagen über die Reichskammergerichtsprozesse in die Hände; darunter waren – teilweise recht offene – Briefe Schauers und des Speyerer Advokaten der Gemeinden sowie ein Gedicht Schauers über die Gegenreformation, die Bamberg am Kammergericht gegen die Gemeinden verwandte. Auf die Rückgabe der beschlagnahmten Schriftstücke klagte Schauer vergebens[525].

Für die beiden folgenden Jahre fehlen Hinweise auf gegenreformatorische Maßnahmen in Marktzeuln und Marktgraitz, sieht man ab von dem allgemeinen, also nicht eigens für die beiden Gemeinden erlassenen Befehl der Bamberger Regierung vom März 1612, der den evangelischen Untertanen gebot, an Ostern ihren Glauben zu wechseln oder bis Pfingsten fortzuziehen; ansonsten drohe Zwangsverkauf[526]. Der Erfolg dieses Mandates war offenbar gleich null: 15 Personen empfingen an Ostern die Kommunion beim Marktzeulner Pfarrer[527], und der Pfarrer von Marktgraitz berichtete nach Bamberg: „Es haben sich die osterliche zeit 8 persohnen eingestellt, die ubrigen alle seyen wiederumb abgefallen und [...] ärger und ufrührischer, als sie zuvor gewesen." Aus Michelau, Neuensee, Mannsgereuth, Trainau und Schneckenlohe kam gar kein Kommunikant. Der obrigkeitlichen Drohung, die Güter zum versteuerten Wert zu kaufen, standen die Untertanen offenbar zwiespältig gegenüber, „sprechen, der bischof habe nit geld, daß er ihnen ihre gütere abkaufe, stehn doch in forcht, es möcht ein ernst ervolgen"[528]. Die Spötter behielten scheinbar Recht, denn die Ankündigung wurde nicht wahr gemacht. So veränderte sich auch 1613 wenig. 18 Kommunikanten zählte der Marktzeulner Pfarrer bis Juni[529]; im Marktgraitzer Sprengel gab es gegen Jahresende immerhin 40 Katholiken, was wohl vornehmlich dem Wirken des Pfarrers zuzuschreiben war[530].

---

521 Der Bischof schrieb dem Coburger Herzog 1612, er gehe mit den Marktzeulnern und Marktgraitzern dem Religionsfrieden gemäß um und verstoße nicht gegen das gemachte Versprechen. Vgl. ebd., fol. 205r.

522 Vgl. ebd., fol. 312r.

523 Vgl. ebd., fol. 97v, 133r, 138v.

524 StAB, B 86, Nr. 28, fol. 275v.

525 Siehe S. 445–447.

526 Vgl. StAC, LA D 1322, fol. 120r–123r. – In Marktzeuln und Marktgraitz verlasen die Pfarrer den Befehl an drei Sonntagen. Ferner wurden die Untertanen in die benachbarten Amtsstädte geladen und von den Beamten zur Einhaltung des Mandats ermahnt. „Wirdt unß auch beineben mit abermaligen nächtlichen ausfallen unnd fernerer schädlichen einlagerung etlicher kriegsleuthe [...] gedrohet". Ebd., fol. 117v.

527 Vgl. AEB, Rep. I, Nr. 741, fol. 31r. Drei Kommunikanten kamen bis zum 1. Aug. noch dazu. Vgl. DAW, Dek. Ebern, VR 1612 (II), fol. 2v.

528 AEB, Rep. I, Nr. 741, fol. 31v. In einem „memeorial etlicher geistlichen bambergischen mengel" von 1612 heißt es, daß „21 personen [...] sich dies jar eingestelt" hätten. StAB, ex J 3, Nr. 20, Prod. 46.

529 Vgl. AEB, Rep. I, Nr. 742, fol. 17r.

530 Vgl. StAB, B 49, Nr. 117, Schulstelle, Prod. 2. Am 16. Dezember schrieb der Pfarrer an den Bamberger Fiskal: „Belangen[d] wie vill catholischer ich vor 3 jharen möge gefunden haben, kan ich in warheid nit mehr dan 2 anzeigen, aber itziger zeid habe ich, absit arrogantia, doch mit vill mühe in die 40 gewiser personen, welche

Wie ist das geringe Engagement der Bamberger Regierung von Ende 1610 bis Ende 1613 zu erklären? Der Bischof selbst schrieb dem sächsischen Kurfürsten im August 1614, er habe auf dessen Bitte hin darauf verzichtet, wegen Glaubenssachen in Marktgraitz oder Marktzeuln einzufallen oder Personen zu verhaften[531]. Doch gab es im genannten Zeitraum durchaus vereinzelte Einfälle und Festnahmen, wenn Bamberg auch als Grund nicht den Glauben der Festgenommenen, sondern ihren Ungehorsam angab – sie hatten ja die Befehle, zu konvertieren oder zu verkaufen, nicht befolgt.

Mehr als Interventionen evangelischer Fürsten dürfte ein Umstand die Untätigkeit verursacht haben, den die Gemeinden 1611 in ihrer Bittschrift an die Union beiläufig erwähnten: die Abwesenheit des Bischofs. „Jezo aber ein zeit hero, weil vilbemelter bischoffe außer landts gewesen, hat man [...] der grossen zwang etwas eingestelt"[532]. Und in den Jahren 1611 bis 1613 hielt sich Aschhausen recht selten in Bamberg auf: Am 11. Mai 1611 reiste er nach Kärnten ab, wo er mehrere Monate blieb[533]. Anschließend nahm er als kaiserlicher Kommissar am Nürnberger Kurfürstentag teil, der bis zum 21. November dauerte[534]. Um die Jahreswende 1611/12 hielt er sich in Würzburg auf[535]. Im Juni 1612 wohnte er der Kaiserwahl in Frankfurt bei[536], begleitete Matthias nach Nürnberg und blieb bis zu dessen Abreise am 18. Juli[537]. Am 25. Oktober 1612 trat der Bischof eine Reise nach Rom an, von der er erst am 2. Juni 1613 zurückkehrte[538]. Im September und Oktober 1613 schließlich nahm er am Reichstag zu Regensburg teil[539].

### *6.2.5.4. Die Jahre 1614 und 1615*

Auf den 8. Januar 1614 luden Kastner und Vogt in Lichtenfels – sicherlich auf Geheiß der Bamberger Regierung – die bischöflichen Hintersassen aus Michelau, Schwürbitz und Neuensee sowie aus Zeublitz vor. Von den über 60 Männern in Michelau, die Kastenlehen innehatten, erschien „nur ein einiger"; die anderen blieben aus, sogar der Schultheiß, der „zuvorn catholisch geweßen, aber wider lutherisch worden". Denen, die gekommen waren, hielten die Beamten ein bischöfliches Mandat vor, das den Protestanten Konversion oder Emigration befahl. „So ist aber bey ihrer keinen nichts zu erlangen geweßen, sondern sich uff die vogtey Brandt wie auch uff die gantze pfarr Graitz, waß die gantze pfarr thut, das wolten sie auch thun, beruffen", berichteten Kastner und Vogt nach Bamberg[540].

Auf Anordnung des Bamberger Weihbischofs Förner wurden die Ausgebliebenen auf den 14. erneut nach Lichtenfels zitiert; wieder kamen nicht alle. Keiner wollte den katholischen Glauben annehmen – obwohl einige bereits einmal konvertiert, dann aber wieder

---

zum thaill freywillich, zum thail auch durch vermonen, zu der religion bracht, hoffete auch täglich mehr undt mehr [...] herbey zu bringen".

531 Vgl. StAC, LA D 1322, fol. 312r.

532 Zit. nach BayHStA, RKG 405, Q 25.

533 Vgl. Looshorn, Bd. 5, S. 384.

534 Siehe oben.

535 Vgl. Chroust, Ausgang, S. 228–231.

536 Vgl. Wendehorst, Aschhausen, S. 170.

537 Vgl. Looshorn, Bd. 5, S. 394f.; Kircher, Albrecht: Deutsche Kaiser in Nürnberg. Eine Studie zur Geschichte des öffentlichen Lebens der Reichsstadt Nürnberg von 1500–1612. Nürnberg 1955 (Freie Schriftenfolge der Gesellschaft für Familienforschung in Franken 7), S. 162, 173f.

538 Vgl. Häutle, Christian: Des Bamberger Fürstbischofs Johann Gottfried von Aschhausen Gesandtschaftsreise nach Italien und Rom 1612 und 1613. Tübingen 1881 (Bibliothek des Litterarischen Vereins Stuttgart 155); Looshorn, Bd. 5, S. 397–401, 403f.; Wendehorst, Aschhausen, S. 170–172.

539 Vgl. Looshorn, Bd. 5, S. 405; Chroust, Einfall, S. 849, 946; Wendehorst, Aschhausen, S. 172.

540 StAB, ex J 3, Nr. 245, fol. 126r.

abgefallen waren –, „alldieweilen keine gleicheit gehalten" werde. Die Lichtenfelser Beamten nahmen „sie allesambt" fest. Nach einer Nacht im Gefängnis beichteten 33 und empfingen die Kommunion sub una specie[541]. Die übrigen seien nicht freizulassen, verfügte der Fürstbischof, bevor sie sich zur Konversion oder zum Verkauf ihrer Güter verpflichtet hätten. Ferner dürfe „keinem [...] ungehorsamen, weder umbsonst oder [um] bezahlung, ainiger spreißel paw- oder prennholz gevolgt [...] werden"[542] – eine Anordnung, die überflüssig erscheint, denn die 1610 verfügte Holzsperre galt ja noch. Ein wesentlicher Unterschied bestand freilich zwischen beiden Mandaten: 1610 hatte die Sperre für alle bischöflichen Hintersassen gegolten, ungeachtet ihres Bekenntnisses, nun aber war sie ausdrücklich beschränkt auf die evangelischen Untertanen. Wer konvertierte, hatte jetzt also einen wirtschaftlichen Vorteil davon.

18 Michelauer, die ein drittes Mal vorgeladen wurden, gehorchten wieder nicht, erläuterten ihre Haltung aber schriftlich. Sie verwiesen auf den laufenden Prozeß am Reichskammergericht[543] und auf die Gleichheit in der gesamten Pfarrei Marktgraitz samt Marktzeuln: „Was demselbigen auferlegt wirt unnd [sie] thun sollen, unnd [!] wollen wier auch thun unnd gewerdig sein"[544].

Die von den Untertanen mehrfach geforderte Gleichheit wurde beachtet, als im März 1614 die gesamten Einwohner des Marktgraitzer Pfarrsprengels angewiesen wurden, an Ostern die Kommunion nach katholischem Ritus zu empfangen „oder zu weichen"; Zuwiderhandelnden wurde eine Geldstrafe in Höhe von zehn Gulden angedroht. Vor bambergischen Beamten und dem Pfarrer mußten die Untertanen erklären, was sie zu tun vorhätten[545]. Im 75 Haushalte umfassenden Marktgraitz führte das Verzeichnis nur elf Männer – und lediglich in einem Fall auch die Ehefrau – sowie eine Witwe als katholisch auf; mehrere Männer waren zwar Jahre zuvor konvertiert, aber zu ihrem früheren Bekenntnis zurückgekehrt. Daß er katholisch zu werden beabsichtige, sagte kaum einer der Protestanten[546]. Zahlreiche bekundeten dagegen ausdrücklich, „nit beichten" zu wollen[547]. Kaum anders sah es in Michelau aus, von wo 46 Haushaltsvorstände vorgeladen wurden. Hier wohnten nur sechs katholische Männer. Von den übrigen waren zwölf erst gar nicht erschienen[548]. Aus Lettenreuth folgte zunächst niemand der Vorladung durch den Vogt am Brandt; schließlich wurde er mit der Erklärung abgefertigt, „wie sich bede pfaren Zeuln und Graitz verhalten, deme wollen sie auch nachsetzen"[549].

Welchen Erfolg das Mandat in Marktgraitz und Lettenreuth hatte, ist nicht zu ermitteln; aus Schwürbitz, Michelau und Neuensee konvertierte kein Einwohner[550]. Daraufhin fielen

541 Ebd., fol. 128r.
542 Ebd., fol. 130r; auch StAB, B 76/XVIII, Nr. 11, fol. 226v–267r.
543 „Halden uns des ke[i]ßerlichen rechts".
544 StAB, B 49, Nr. 117, Schulstelle, Prod. 3.
545 Vgl. AEB, Rep. I, PfA 334, „Vorgenomme [!] reformation in religionssachen". Diese Liste umfaßt die Einwohner von Marktgraitz und Michelau. Die Erklärungen der Michelauer sind veröffentlicht bei Partheymüller, Hans: Das Communionmandat vom Jahre 1609. Ein Beitrag zur Michelauer Reformationsgeschichte. In: HB 1963, Nr. 5–7, hier Nr. 6. – Offenbar nicht erhalten sind die Listen für die übrigen Orte des Pfarrsprengels. – Über das Mandat vgl. auch StAC, LA D 1322, fol. 220v, 238v.
546 Die wenigen stellten Bedingungen: „Wofernen andere mehr beichten, wöll ers auch thuen", sagte Christoph Kayßer, und Peter Knauer erklärte, wenn der Bischof „die leut zwienge, so reicher sindt als er, hernach woll er auch catholisch beichten, sonsten thue ers nit". AEB, Rep. I, PfA 334, „Vorgenomme reformation in religionssachen".
547 Wie Anm. 546. Vgl. auch StAC, LA D 1322, fol. 240r.
548 Vgl. AEB, Rep. I, PfA 334, „Vorgenomme reformation in religionssachen".
549 StAB, B 76/XVIII, Nr. 11, fol. 302r.
550 Vgl. AEB, Rep. I, Nr. 742, fol. 91r.

in der Nacht des 16. April 1614 etwa 150 Männer – wohl Lichtenfelser – in Michelau ein, stürmten mehrere Häuser und nahmen wenigstens zwei Frauen und sieben Männer fest. Mindestens drei von ihnen konvertierten zu Lichtenfels im Gefängnis; die übrigen wurden nach wenigen Tagen freigelassen, nachdem sie eine Strafe gezahlt hatten. Andere Michelauer hatten sich beim Einfall in adlige oder das sächsische Lehen geflüchtet. Deshalb fielen nach sechs Tagen erneut 40 bis 50 Lichtenfelser ein. Diesmal verhafteten sie einen Knecht und eine Magd[551]. Auch in Schwürbitz wurden am 16. April bei einem Einfall drei Männer festgenommen, von denen einer katholisch wurde. Ein anderer mußte noch am Tag seiner Freilassung fortziehen[552]. Aus Neuensee kamen wenigstens zwei Männer nach Lichtenfels in Haft[553]. Angesichts der Verhaftungen verwundert es nicht, daß die evangelischen Marktgraitzer, als die Gemeinde auf den 31. April nach Burgkunstadt vorgeladen wurde, „aus forcht zu hauße plieben"[554]. Zwölf Marktzeulner waren eine Woche zuvor ebensowenig erschienen, nachdem sie der Vogt – angeblich wegen Steuerschulden – nach Burgkunstadt bestellt hatte[555].

Den Lettenreuthern wurde um dieselbe Zeit befohlen, innerhalb von acht Tagen bei einem katholischen Geistlichen zu beichten. Zwölf Männer verließen darauf das Hochstift. Da offenbar niemand sich zur Beichte eingefunden hatte, zog am 6. Mai der Schultheiß von Marktzeuln nachts nach Lettenreuth. Er hatte über 20 bewaffnete Marktzeulner aufgeboten, um „ungehorsame" Lettenreuther zu verhaften. Unterwegs fragte ihn einer der Bürger, „aus was ursachen die Lettenreuther für ungehorsam geachtet würden", und erhielt zur Antwort: „Wegen der religion". Darauf kehrten zwölf Männer um[556]. Dennoch konnten zwei Frauen und zwei Männer festgenommen und bei geflüchteten Einwohnern Vieh beschlagnahmt werden. Die beiden Männer konvertierten, die beiden Frauen saßen 14 Tage zu Marktzeuln im Gefängnis[557].

Den Marktzeulnern wurde Anfang April 1614 strikt verboten, in evangelische Kirchen auszulaufen. Die Namen derer, die gegen das Gebot verstießen, wurden aufgeschrieben[558]. Versuche, nach Marktzeuln einzufallen und die Einwohner durch Haft zu Konversion oder Emigration zu zwingen, wurden offenbar nicht unternommen.

Zu einer Verhaftung kam es trotzdem. Die Gemeinde hatte den Gerichts- und Gemeindeknecht, wohl sogar mit dem Einverständnis des Burgkunstadter Amtmanns, wegen seiner „buebenstückhen" entlassen. So hatte er die ihm obliegende Nachtwache vernachlässigt[559] und stand im Verdacht, gewildert und Flurdiebstähle begangen zu haben[560]. Er konvertierte jedoch und erwirkte im Mai 1614 – angeblich in Bamberg –, daß Amtmann und Vogt von Burgkunstadt seine Wiedereinsetzung anordneten[561]. In derselben Nacht, als er im Ort

---

551 Vgl. StAC, LA D 1322, fol. 222r–223r, 243r–248r; LA D 1181, fol. 10r–11v. – Eine Liste der 1614 in Lichtenfels konvertierten Personen führt vier Michelauer auf. Vgl. StAB, ex J 3, Nr. 218/I, fol. 173v.

552 Vgl. StAC, LA D 1181, fol. 8r. – Weitere vier Konvertiten aus Schwürbitz erscheinen auf einer Liste von 1614. Vgl. StAB, ex J 3, Nr. 218/I, fol. 174r.

553 Vgl. StAC, LA D 1322, fol. 252v; auch LA D 1181, fol. 13r. – Vermutlich wurden die meisten Einwohner verhaftet. Elf Männer und zwei Frauen aus Neuensee wechselten 1614 zum katholischen Glauben über. Vgl. StAB, ex J 3, Nr. 218/I, fol. 174r.

554 StAC, LA D 1322, fol. 221r.

555 Vgl. ebd., fol. 227r–v.

556 Ebd., fol. 228r.

557 Vgl. ebd., fol. 223v–225r.

558 Vgl. ebd., fol. 225v–227r.

559 BayHStA, RKG 405, Brief von 1614 Mai 14, auch Q 33.

560 Vgl. ebd., Q 33; auch StAB, B 49, Nr. 233/II, fol. 685r.

561 Vgl. BayHStA, RKG 405, Q 33.

herumlief – nach Darstellung der Marktzeulner streifte er nach den Bürgern, die wegen ihrer Beteiligung am Reichskammergerichtsprozeß als Rebellen galten und daher nur heimlich nach Hause kommen konnten[562] –, wurde er „mit schlegen ubel tractirt"[563]. Zwei Täter lud der Amtmann vor[564]. Einen, der kam, schickte er gefangen nach Bamberg[565], wo er bis zum Oktober in Haft blieb[566]; gegen den anderen, der nicht erschien, wurde ein Haftbefehl erlassen[567], sein Besitz wurde beschlagnahmt[568].

Weitere zwei Marktzeulner „Rebellen" sollten im Juli verhaftet werden. Dazu zog der Burgkunstadter Vogt mit 30 Bewaffneten – allerdings erfolglos – nach Schwürbitz und sogar in das sächsische Dorf Weidhausen, das in der Zent Marktgraitz lag[569]. Gegen diese Maßnahme protestierte Herzog Johann Casimir energisch[570].

Haftbefehle und Festnahmen einzelner dürfen nicht darüber hinwegtäuschen, daß die Gegenreformation nach den scharfen Maßnahmen im April offenbar im großen und ganzen ruhte. So kehrten im November 1614 „ihrer viel, so vor dessen wegen der religion auß Zeuln gezogen, ohne scheu [...] dahin" zurück[571]. Auch die Michelauer und Marktgraitzer Exulanten zogen wieder in ihre alten Häuser[572]. Der Bischof habe sie, so schrieb ihm die Gemeinde Marktzeuln im März 1615, aufgrund einer kursächsischen Intervention[573] „in ruhen [...] siezen lassen"[574].

Ihr Schultheiß hingegen, beklagten sich die Marktzeulner in Bamberg, verfolge Personen hart, die durch Arbeit gegen das bischöfliche Feiertagsmandat verstießen – dabei hätten er und der Pfarrer die Feiertagsruhe selbst schon mißachtet[575]. Ferner hatte der Schultheiß kurz zuvor den Marktzeulner Klaus Wesch verhaftet, der vom Reichskammergericht zurückgekommen war. Er hatte ihn in Ketten gelegt; doch mehrere Nachbarn hatten ihn gewaltsam befreit[576].

Da der Schultheiß die Vorwürfe der Gemeinde zurückwies[577], lud der Bamberger Bischof diejenigen vor, „so sich am meisten wieder ihne [...] zu beschwehren" hätten[578]. Doch die Marktzeulner hatten Furcht, nach Bamberg zu kommen; viele erinnerten sich noch allzu gut an die dortigen Gefängnisse. Sie baten den Bischof, eine Kommission nach Marktzeuln zu schicken[579]. Als daraufhin der Burgkunstadter Amtmann sechs Männer zu sich zitierte,

562 Vgl. ebd.
563 StAB, B 49, Nr. 233/II, fol. 467v. Vgl. auch fol. 674v, 685r–v, 689r.
564 Vgl. BayHStA, RKG 405, Q 31.
565 Vgl. ebd., Q 29.
566 Vgl. ebd., Q 30. Bei seiner Entlassung mußte er schwören, er werde „mit der gemei [!] zu Zeuln gethoner coniuratio muessig sten".
567 Vgl. ebd., Q 32.
568 Vgl. ebd., Q 29, auch Brief von 1614 Mai 25.
569 Vgl. StAC, LA D 1322, fol. 345r–346r. Abschrift: BayHStA, RKG 3564/10, „Duplicae juncta submissione", Beilage 5.
570 Vgl. StAB, B 46 a, Nr. 3389, fol. 31r–32v. Konz.: StAC, LA D 1322, fol. 348r–349v, 351r–353r. Abschrift: BayHStA, RKG 3564/10, „Duplicae juncta submissione", Beilage 6.
571 AEB, Rep. I, Nr. 742, fol. 137r.
572 Vgl. ebd., fol. 152v.
573 Vgl. StAC, LA D 1322, fol. 305r–v.
574 StAC, LA D 1208, fol. 111v.
575 Vgl. ebd., fol. 108v, 110r–111r.
576 Vgl. ebd., fol. 111v–112r; auch StAC, LA D 1322, fol. 324v–325r; genauer StAB, B 49, Nr. 233/II, fol. 467r–468r, 674v–675v, 685r–686r, 689r–v.
577 Vgl. BayHStA, RKG 405, undat. Brief des Schultheißen.
578 StAC, LA D 1208, fol. 113v; BayHStA, RKG 405, Brief von 1615 März 21.
579 Vgl. StAC, LA D 1208, fol. 114r–115r; auch BayHStA, RKG 405, Brief von 1616 [!] März 24. Vgl. ferner das Schreiben der Gemeinde an die Herzöge von Sachsen-Coburg und Sachsen-Eisenach: StAC, LA D 1322, fol. 326v.

von denen vier an der Befreiung Weschs beteiligt gewesen waren[580], gehorchten auch sie nicht. Um diese vier zu fangen, fielen am 8. April vor Tagesanbruch 400 Mann in Marktzeuln ein, doch die Gesuchten waren gewarnt worden und geflohen[581]; allerdings wurden ihnen Lebensmittel weggenommen und Hausrat zerschlagen[582]. Fünf Tage später lud der Burgkunstadter Amtmann die gesamte Gemeinde nach Bamberg vor. Kämen sie wieder nicht, hätten sie 2000 Taler Strafe zu zahlen[583]. Ungeachtet dessen gingen nur wenige, katholische Marktzeulner in die Residenzstadt[584]. Viele seien „auß dergleichen befehl zu Bamberg erschienen", schrieben die übrigen Bürger dem Bischof, und dort „mit rauen und langen gefängnißen belegt" worden. „Alß haben wir leichtsam die rechnung zu machen, daß unß [...] aniezo dergleichen begegnen würde"[585]. Jedoch sandten sie einen Coburger Studenten der Rechte als ihren bevollmächtigen Vertreter nach Bamberg[586]. Folgen hatte diese Haltung vorerst nicht.

Um Ostern 1615 empfingen in Marktgraitz immerhin „32 manßpersohn" die Kommunion sub una specie[587]. Die gegenreformatorischen Maßnahmen vom April des Vorjahres hatten demnach Frucht getragen, wenn auch keineswegs alle Einwohner katholisch waren. Im folgenden besserte sich aus katholischer Sicht die Lage noch, ohne daß wir über die Ursachen dieser Entwicklung unterrichtet wären. Es seien, berichtete der Burgkunstadter Vogt Sebastian Fischer[588] am 26. November 1615 nach Bamberg, die Marktgraitzer und die Michelauer „so weit gebracht, daß sie den [...] catholischen glauben [...] ahngenohmen" hätten und dabei blieben. Mit den „hardtneckichen leuten zue Zeuln" solle man streng verfahren, riet der Vogt. „Da man alßo lenger mit ihnen klünzelt[589]", mache man sie nur „verpeister und eigensinniger". Diejenigen unter ihnen, „uff die sie sich alle verlaßen", sollten verhaftet oder ausgewiesen werden[590]. Die geistlichen Räte in Bamberg allerdings beschlossen, erst „sey dieße sachen besser zu berathschlagen"[591].

### *6.2.5.5. Die bambergischen Maßnahmen 1616 und die Verhaftung des Burgkunstadter Vogtes*

Am 5. Januar 1616 – für die Protestanten, die ja am Julianischen Kalender festgehalten hatten, war es der zweite Weihnachtsfeiertag des Jahres 1615 – verhaftete der Vogt 19 Marktzeulner, die auf dem Weg nach Obristfeld zum Gottesdienst waren[592], denn das Auslaufen in evangelische Kirchen hatte der Bischof verboten. In Burgkunstadt wurden „sie erstlich

580 Vgl. StAB, B 49, Nr. 233/II, fol. 689r, auch 685r.
581 Vgl. StAC, LA D 1322, fol. 333v–334r.
582 Vgl. ebd., fol. 336r–337.
583 Vgl. ebd., fol. 337r; auch BayHStA, RKG 405, Brief von 1615 April 7.
584 Vgl. ebd., Triplik des Klägeranwalts.
585 StAC, LA D 1208, fol. 117r–118r; auch BayHStA, RKG 405, Brief von 1615 April 16.
586 Vgl. StAC, LA D 1208, fol. 115v–117r; BayHStA, RKG 405, Urkunde von 1615 April 27.
587 AEB, Rep. I, Nr. 742, fol. 200r.
588 Er wurde 1574 in Gemünden am Main geboren, im katholischen Glauben erzogen und kam 1592 zu einem Verwandten, dem Weismainer Pfarrer Pankraz Volck. Von 1593 bis 1599 arbeitete er als „praeceptor und schreiber" des Achaz von Giech zu Giechkröttendorf. Anschließend war er langheimischer Verwalter in Scheßlitz, bis er im Febr. 1614 zum Vogt von Burgkunstadt ernannt wurde. Vgl. StAC, LA D 1181, fol. 46r–v.
589 Klünzeln = schön tun.
590 StAB, B 49, Nr. 24, Fasz. 25, fol. 43r.
591 AEB, Rep. I, Nr. 742, fol. 258r.
592 Vgl. StAC, LA D 1208, fol. 4r–v; LA D 1181, fol. 16r–v.

alle mitteinander in ein gewölb verschlossen, hernach in 2 stuben versperret"[593]. Hier waren sie 50 Tage lang inhaftiert. Während dieser Zeit starben drei Männer, zwei kurz nach ihrer Flucht[594]. Von den übrigen 14 wurden Ende Februar drei nach Lichtenfels, drei nach Weismain und vier nach Bamberg verlegt[595]. Am 17. März wurden vier Männer, wohl die nach Bamberg gebrachten, verhört[596]. Einer kam etwa am 22. März aus dem Lichtenfelser Gefängnis frei[597], ein anderer saß am 7. Mai noch in Haft[598]. Vier der 14 flohen aus ihrem Gefängnis[599].

Wer freigelassen werden wollte, mußte verbürgen, daß er 20 Gulden Strafe für das Auslaufen, seinen Anteil an den 2000 Talern Strafe, die die Gemeinde im April 1615 durch ihr Nicht-Erscheinen verwirkt hatte, und seine Haftkosten zahlen werde[600]. Ob ihnen auch die Konversion abverlangt wurde, wie die Frau eines Festgenommenen behauptete[601], ist unklar. Zwar protestierte mehrfach Herzog Johann Casimir gegen die Verhaftung vom 5. Januar auf einer Geleitsstraße, auf der er das Geleitsrecht beanspruchte[602], doch bewirkten seine Schreiben nichts.

Bamberg versuchte die Anteile an den 2000 Talern aber nicht nur von den Gefangenen, sondern auch von den übrigen Marktzeulnern einzutreiben, die der Vorladung nach Bamberg nicht gefolgt waren. Im Januar wies der Bischof den Burgkunstadter Amtmann an, auszurechnen, wieviel jeder Einwohner zu zahlen habe, und das Geld einzutreiben[603]. Zu diesem Zweck bestellte der Burgkunstadter Amtmann im April 1616 „etzliche der vermöglichsten ungehorsamen Zeulner" zu sich, aber niemand erschien[604].

Die meisten „menner und weiber" in Marktgraitz empfingen an Ostern 1616 die Kommunion nach katholischem Ritus[605]. Den verbliebenen Protestanten befahlen Pfarrer und Schultheiß um den 20. April, alle Personen über acht Jahre müßten innerhalb von drei Tagen bei einem katholischen Geistlichen beichten „oder aber von stund an von dannen ziehen"[606]. Da dieser „specialbefelich" dazu führte, daß sich schon nach wenigen Tagen in Marktgraitz „alberait nahendt alle eingestelt" hatten, wurde dem Marktzeulner Schultheißen ein entsprechendes Mandat übersandt[607]. Dessen Erfolg ist schwer zu ermessen.

---

593 StAC, LA D 1181, fol. 73v. Der Vogt selbst erklärte, die 19 Männer seien „in zwoen wonstuben gesessen, [hätten] darinnen betten und stro gehabt, haben gekartet, sich selbst die stube angeheitzt"; nur 45 Minuten lang, „ehe dieße stuben aufgereumet, habe er sie [...] in einem gewölbe" festgehalten. Ebd., fol. 48v–49r. Dagegen klagten die Witwen der in Haft Verstorbenen, der Vogt habe die 19 Männer „in ein enges gemach wie die unvernünftigen thier und hundte zusammen einsperren laßen, welches [...] einen ubeln stanck und geruch verursachet". Ebd., fol. 16v.

594 Vgl. ebd., fol. 49r–v, 71v. Die Todesursachen wurden wie die Haftumstände unterschiedlich beurteilt. Die Hinterbliebenen gaben dem engen, stickigen Haftort die Schuld. Vgl. ebd., fol. 16v. Der Vogt erklärte: „Wirdt dafur gehalten, das die ihrigen von Zeulen, so ihnen ihr bett, speiß und tranck zugetragen, weiln es deß orts, und zu Cunstatt nicht, gestorben, ihnen solche krenkung mitbracht, dan sie mit der haubtkranckheit behafftet geweßen." Ebd., fol. 49r.

595 Vgl. ebd., fol. 49v.

596 Vgl. StAB, B 68/I, Nr. 889, 1616 März 17.

597 Vgl. StAC, LA D 1208, fol. 13v.

598 Vgl. ebd., fol. 40r.

599 Vgl. StAC, LA D 1181, fol. 49v.

600 Vgl. StAC, LA D 1208, fol. 27r–v.

601 Vgl. ebd., fol. 40r.

602 Vgl. ebd., fol. 8v–9v, 16r–19v, 59v–61v, 70v–71r, 92r–95r, 210r–213r.

603 Vgl. ebd., fol. 4v–5r. Die Anteile wurden nach der Höhe des versteuerten Vermögens festgesetzt.

604 Vgl. BayHStA, RKG 405, Brief von 1616 April 20.

605 AEB, Rep. I, Nr. 743, fol. 4r.

606 StAC, LA D 1208, fol. 27v–28r.

607 AEB, Rep. I, Nr. 743, fol. 11r. – Der Marktgraitzer Pfarrer berichtete kurz vor dem 13. Mai, daß „nun Got lob alle seine Graitzer catholisch" seien. Ebd., fol. 14r.

56 katholische Marktzeulner listete der Pfarrer am 7. Mai auf[608], aber es ist unklar, wieviele von ihnen erst kurz zuvor konvertiert waren.

Aus beiden Pfarreien emigrierte in der ersten Hälfte des Jahres 1616 eine erhebliche Anzahl von Familien. Aus Marktgraitz zogen „an jung und alt in die 60 persohnen" fort[609]. Den Umzug ins Fürstentum Sachsen-Coburg gestattete Herzog Johann Casimir im April fünf Männern[610] und im Mai „etliche[n] arme[n] witben und weisen" aus Marktzeuln[611]. Nicht wenige Exulanten ließen ihre Familie weiterhin in ihrem alten Haus wohnen[612], nutzten ihre Gebäude und Grundstücke und kamen selbst oft dorthin. Um dem entgegenzuwirken, verhafteten Beamte Exulanten, die sich in ihren noch nicht verkauften Anwesen aufhielten[613], nahmen ihnen Vieh ab, das sie noch in ihren Ställen hielten[614], beschlagnahmten das Holz, das ein nach Horb am Main gezogener Mann in sein Marktzeulner Haus bringen wollte[615], versperrten sieben Wohngebäude und drei Städel in Marktzeuln, deren Besitzer fortgezogen waren, „mit eißern kloben"[616]. Am 12. und 13. September nahmen der Burgkunstadter Vogt und der Marktzeulner Schultheiß drei Exulanten fest, die sich in Marktzeuln sehen ließen, aber die aufgebrachten Bürger befreiten zwei von ihnen wieder, als sie in Ketten fortgebracht werden sollten[617]. Der Bischof befahl daraufhin, die „rättleinsfuhrer", die daran mitgewirkt hatten, zu verhaften, „wo nicht alle, doch die vornembste under ihnen"[618].

Um diese Zeit, als Bamberg die Katholisierung vorantrieb, kündigte sich aus Coburg Hilfe für die evangelischen Einwohner der Pfarreien Marktzeuln und Marktgraitz an. Herzog Johann Casimir hatte von März bis August 1616 wenigstens sechsmal an den Bischof von Bamberg geschrieben, um ihn zur Tolerierung seiner evangelischen Untertanen oder zumindest zu einem milderen Vorgehen in den Pfarreien Marktzeuln und Marktgraitz zu bewegen[619] – in jedem Fall vergebens[620]. Nicht einmal der Kurfürst von Sachsen, der sich auf

---

608 Vgl. StAB, B 76/XVIII, Nr. 11, fol. 307v–308r.

609 StAC, LA D 1208, fol. 155r.

610 Vgl. ebd., fol. 22r–v; die Supplik der fünf Männer ebd., fol. 12v–15r.

611 Vgl. ebd., fol. 48v.

612 Vgl. ebd., fol. 165v. Hans Alt, der nach Horb gezogen war, wollte in Marktzeuln seine kranke Frau besuchen.

613 Am 10. Mai den Sohn von Balthasar Schmidt aus Marktgraitz und die Frau von Kaspar Fischer aus Marktzeuln. Vgl. ebd., fol. 46r–47r. Kurz vor dem 10. August Hans Bauer aus Marktzeuln, der angeblich „nur ein nacht uf seinen gutt" war. StAC, LA D 1181, fol. 134r. Wohl im Mai oder Juni ließ der Bischof in Marktzeuln „in Cunz Stirners behaußung fallen [...] und dann nach Endreßen Stirner zweymal haschen und sie alle wollen fangen". StAB, LA D 1208, fol. 156v. Dem aus Marktzeuln nach Horb gezogenen Jakob Winter und seinen Angehörigen drohten Pfarrer und Schultheiß von Marktzeuln mit Haft, falls man sie „alda antreffen würde"; dann würden sie erst nach ihrer Konversion wieder freigelassen. Ebd., fol. 128r–v.

614 Vgl. ebd., fol. 45v, 143r, 155r–v; StAC, LA D 1181, fol. 134r.

615 Vgl. StAC, LA D 1208, fol. 128r.

616 Ebd., fol. 142v–143r; vgl. auch StAC, LA D 1181, fol. 38r.

617 Vgl. BayHStA, RKG 406, Brief von 1616 Sept. 16; auch StAC, LA D 1208, fol. 165v–167v; StAB, B 49, Nr. 233/II, fol. 468v–469v, 676r–v, 686v–687r, 689v–690r; StAB, A 231, Nr. 13537, fol. 6r.

618 StAB, B 46 a, Nr. 2906, Prod. 1.

619 Vgl. StAC, LA D 1208, fol. 8v–9v, 16r–19v, 59v–61v, 69r–72v, 92r–95r, 126v–127r, 135r–137v, 210r–213r. Zwei der Schreiben unterzeichneten Kanzler und Räte auf Anordnung des Herzogs. Ferner intervenierte Johann Casimir zweimal beim Langheimer Abt. Vgl. ebd., fol. 44r–45r, 123r–v.

620 Der Herzog hatte dem Kurfürsten von Sachsen bereits am 3. Mai geklagt, daß der Bischof Interzessionen nicht achte. Vgl. ebd., fol. 35v. Ähnlich äußerte er sich im Aug. gegenüber seinen Räten. Vgl. ebd., fol. 131v, 133r. – Die unmittelbare Reaktion des Bischofs auf eine Bittschrift überliefert ein Coburger Geleitsmann, der ihm den Brief überbrachte, in dem der Herzog und der Kurfürst sich gemeinsam für die Untertanen einsetzten. Als der bischöfliche Sekretarius das Schreiben verlesen hatte, „ist der bischoff mit [...] zornigen gemüth auß dem gemach [...] gangen und mich strözig wohl angesehen und nichts gemeldet". Durch den Sekretarius ließ er mitteilen, er werde „zu gelegener zeit" antworten. Ebd., fol. 101v. Diese Antwort ebd., fol. 102v–104r.

Bitten Coburgs und der Untertanen an Aschhausen gewandt hatte[621], hatte etwas erreichen können. Obendrein war der Herzog verstimmt, daß Bamberg durch die Verhaftung vom 5. Januar sein Geleitsrecht verletzt hatte[622], daß bambergische Beamte ein Haus, das in Burgstall auf einem bis dahin unbebauten sächsischen Lehen errichtet worden war, niedergerissen hatten[623], daß der Bischof gegen die Exulanten vorging, die durch ihren Umzug in das Amt Sonnefeld sächsische Untertanen geworden waren.

Am 19. September schrieb der Herzog, nachdem er wieder einmal eine Bittschrift der Gemeinden Marktzeuln, Marktgraitz und der langheimischen Untertanen im Maintal entgegengenommen hatte[624], aus Tenneberg (Waltershausen)[625], wo er sich gerade aufhielt, Folgendes an seine in Coburg verbliebenen Räte: „Wann wir dann dem hochmuth des unruhigen bischof[s] zu Bamberg ohne schimpf und mercklichen abbruch unserer fürstl[ichen] reputation[626] länger nicht nachsehen und ihn seines gefallens mit unsern lehen- und schuzverwandten zu tyrannisirn, dieselbe zu stecken und blöchen, ja gar umb leben zu bringen[627], uf unsern lehen die haüßer einzuwerfen[628] und die leut gar zu verjagen, gebaren laßen können [...], alß haben wir besagten betrangten zugelassen, weil gleichwohl unser schuzverwandter [...] von Horb annoch zu Zeuln gefänglich enthalten wird, die ertzverfolgische, voigt zu Burkundstadt und schultheßen zu Zeuln, [...] zu erlangen und unß dieselbe nach Coburgk zu liefern“[629]. (Die Überbringer der Supplik hatten dies angeboten[630].) Zwar war sich Johann Casimir im klaren, daß derartige „repressalien im ganzen römischen reich verbotten. Dieweiln aber obgedachter bischoff in so viel wege attentirt und verfehret, auch ihme nichts verwehret wird, so hoffen wir zur defension auch gute ursach zu haben und via facti gleicher gestalt zu verfahren“[631].

Wenige Tage später beauftragte der Coburger Sekretarius Lukas Rüffer[632] im Namen der Regierung den dortigen Schuster Christoph Winter[633], den Einspänniger in Hofstädten anzuweisen, er solle den Marktzeulnern „die hand bieten“, wenn sie ihm – wie versprochen –

---

621 Vgl. ebd., fol. 135r–137v, 210r–213r.

622 Zum Geleitsrecht vgl. Einführung.

623 Vgl. StAC, LA D 1183 und 1207. Der Herzog war über den Abriß besonders deshalb verbittert, weil eine Reihe von Niederadligen im Amt Lichtenfels „neue wohnungen unnd heußer, do zuvor nichts gestanden unnd nur ihr blos lehen, [...] [hatte] ufbauen laßen“ und die Bamberger Regierung dagegen nichts unternommen hatte. (Zitat: LA D 1183, fol. 27r.)

624 Vgl. StAC, LA D 1208, fol. 165r–170v. Die Untertanen berichteten darin über die Festnahme dreier sächsischer Hintersassen, von denen aber zwei gewaltsam befreit wurden, sowie darüber, daß das den Exulanten beschlagnahmte Vieh noch nicht zurückgegeben sei und kein Exulant sich auf seinen bambergischen Gütern sehen lassen dürfe. Sie erbaten Hilfe, um den Zugang zu ihren Häusern und Grundstücken zu erhalten; helfe der Herzog nicht, müßten sie, die Absender, sich, „so gut wir können oder mögen, defendiren, darauß dann leichtlichen ein großes unglück und blutbad erfolgen würde“. Ferner suchten sie um Intervention beim Reichskammergericht nach.

625 Die Burg Tenneberg und die Stadt Waltershausen gehörten zur coburgischen Exklave um Gotha.

626 Dieser „abbruch“ war in Johann Casimirs Augen vor allem dadurch verursacht, daß er mit seinen Briefen nichts bewirkte. „Solte man auch mit fernern intercessionalen vergeblichen beykommen, were es des chur- und fürst[lichen] haußes Sachßen reputation gar nicht gemeß“, schrieb der Herzog im August, als er den Kurfürsten von Sachsen besuchte, an seine Räte. StAC, LA D 1208, fol. 133v.

627 Der Herzog spielte darauf an, daß fünf der 19 am 5. Januar Festgenommenen in der Haft oder kurz danach gestorben waren.

628 Der Herzog dachte bei dieser Bemerkung daran, daß ein in Burgstall auf einem bis dahin unbebauten sächsischen Lehen errichtetes Haus durch bambergische Beamte abgebrochen worden war.

629 StAC, LA D 1208, fol. 171r–v.

630 Vgl. StAC, LA D 1181, fol. 20v.

631 StAC, LA D 1208, fol. 171v.

632 Über ihn vgl. Heyl, Zentralbehörden, S. 95 Anm. 182.

633 Er stammte aus Horb am Main und heiratete 1612 eine Coburgerin. Vgl. PfAC, Kb. 1605–1613, Jg. 1612, fol. 6r. Als Hofschuster starb er am 27. Mai 1631. Vgl. PfAC, Kb. 1624–1632, Jg. 1631, Bestattungen, Nr. 55.

den Burgkunstadter Vogt auf der Geleitsstraße ausliefern würden[634]. Den Marktzeulnern ließen die Coburger Räte durch Winter ausrichten, „mitt annehmung deß voigts behuetsamb umbzugehen unndt darob zu sein, daß er in der stille uff der glaidsstraßen ahngetroffen unndt gehandtfertigt werden möge". (Damit ging die Regierung über den Befehl des Herzogs hinaus, demzufolge der Vogt von den Marktzeulnern hätte gebracht werden müssen.) „Freudig" lief Winter am Abend des 28. September 1616 nach Marktzeuln und nach Horb[635].

Am folgenden Tag besichtigte der Vogt von Burgkunstadt, begleitet von drei Bürgern dieser Stadt, pflichtgemäß die Beikheimer Mühle[636]. Anschließend traf er zur Mühlschau in Marktzeuln ein, wo er sich zunächst in ein Wirtshaus begab. Plötzlich stürmten mit Beilen bewaffnete Männer in die Gaststube, einer sagte: „Vogt, gib dich gefangen, du must unser gefangener sein."[637] Nach einem Wortwechsel wurde Fischer geschlagen, aus dem Haus gezerrt und zum oberen Tor gebracht. Davor wartete schon der Sonnefelder Einspänniger, den der sächsische Schultheiß in Horb benachrichtigt hatte[638], mit bewaffneten Männern – ihre Zahl schätzte ein Augenzeuge auf 30 bis 40[639], ein anderer auf über 60[640], der Vogt selbst auf über 100[641] – aus Hofstädten, Weidhausen und Trübenbach[642]. Der Vogt wurde nach Sonnefeld gebracht[643] und am folgenden Tag nach Coburg überstellt.

Der Marktzeulner Schultheiß entging der Verhaftung. Er war gerade auf dem Heimweg, als ihm der Marktzeulner Bader entgegengelaufen kam und ihn warnte, „die sächßischen" hätten den Vogt gefangen, „er solle sich nit sehen laßen, werden ihne sonst auch mitnehmen". Der Schultheiß setzte sich auf sein Pferd und ritt nach Burgkunstadt, um dem Amtmann Meldung zu erstatten[644].

Gesucht wurde nach dem Pfarrer, um auch ihn dem Einspänniger auszuliefern, er war aber „entwichen". Im folgenden fühlte er sich inner- wie außerhalb des Pfarrhofs seines Lebens nicht sicher[645]. Zwar baten die Protestanten in Marktzeuln und Marktgraitz am 18. Oktober den Herzog, er möge Schultheiß und Pfarrer durch den Einspänniger festnehmen lassen[646], doch ging er darauf nicht ein.

Die Bamberger Regierung erfuhr nach zwei Tagen durch Berichte des Burgkunstadter Amtmanns[647] und des Marktzeulner Pfarrers[648] von den Vorgängen. Eilends unterrichtete

---

634 StAC, LA D 1181, fol. 80v.
635 Ebd., fol. 61r; vgl. auch fol. 21r, 43r.
636 Angeblich war bereits dort die Festnahme des Vogtes geplant. Vgl. StAB, B 46 a, Nr. 2906, Prod. 17.
637 Ebd.
638 Vgl. StAC, LA D 1181, fol. 81r.
639 Vgl. StAB, B 49, Nr. 233/II, fol. 690v.
640 Vgl. ebd., fol. 673r.
641 Vgl. StAB, B 46 a, Nr. 2906, Brief von 1617 März 21. Abschrift in BayHStA, RKG 3546/10.
642 Über die Verhaftung des Vogtes sind mehrere Augenzeugenberichte erhalten: von seinen Begleitern, den Burgkunstadter Bürgern Konrad Schmidt und Klaus Heroldt, dem Stadtknecht Georg Büntzel, den Michelauern Konrad Stengel und Georg Gick sowie den Marktzeulnern Georg Albert und Konrad Adammuller (StAB, B 46 a, Nr. 2906, Prod. 17; auch BayHStA, RKG 406, Prot. von 1616 Sept. 30, Okt. 3 und 5), von dem Burgkunstadter Hans Gossert und den Marktzeulnern Hans Hauer, Georg Albert und Konrad Herdan (StAB, B 46 a, Nr. 2906, Prod. 7, Prot. von 1616 Okt. 2), von den Marktzeulnern Jakob Winter – er war beteiligt –, Andreas Knorr und Andreas Stirner (StAB, B 49, Nr. 233/II, fol. 672r–673r, 677r–678r, 690r–v).
643 Vgl. StAC, LA D 1181, fol. 4v. Als der Vogt dem Einspänniger übergeben wurde, war es bereits „was spätt".
644 Vgl. StAB, B 46 a, Nr. 2906, Prod. 7, Prot. von 1616 Okt. 2.
645 Ebd., Prod. 5.
646 Vgl. StAC, LA D 1181, fol. 118r.
647 Vgl. StAB, B 46 a, Nr. 2906, Prod. 7, Beilage.
648 Vgl. ebd., Prod. 5.

der Kanzler den Bischof, der sich gerade in Würzburg aufhielt[649]. Ferner forderten Statthalter und Räte den Herzog auf, Fischer unverzüglich freizulassen und den Einspänniger zur Bestrafung auszuliefern[650]. Zugleich – ohne also die Antwort aus Coburg abzuwarten – konzipierten die Räte eine Supplik an das Reichskammergericht und erwogen einen Einfall mit anschließender Einquartierung in Marktzeuln, ja sogar in die sächsischen Dörfer Weidhausen und Trübenbach[651]. Doch der Bischof winkte ab: Die Anstifter „dieser tragoedi" werde man ohnehin nicht fassen, da sie „zweifelsohne jetzo in forcht stehen"; dem „unschuldigen vogdt" aber könnte ein solches Vorgehen „zum ergsten gedeyen"[652].

Der Vogt saß unterdessen, nach fünf Tagen in der Stadtknechtsstube[653], angekettet und bei Wasser und Brot in einem Coburger Turm[654]. Nachdem die herzogliche Regierung seine Freilassung abgelehnt hatte – der Vogt sei „allß ein mießthättige persohn" in Haft, die Umstände seiner Festnahme müßten erst geklärt werden[655] –, sandte der Bischof zwei Räte zum Herzog[656], der sich noch in Waltershausen aufhielt. Zu Johann Casimir selbst wurden sie nicht vorgelassen, sie mußten mit seinem Kanzler, seinem Hofmeister und einem weiteren Rat verhandeln. Die Gespräche blieben ergebnislos[657]. Daher beantragte Bamberg nun am Reichskammergericht ein mandatum sine clausula, das den Herzog zwingen sollte, den Vogt freizulassen[658].

Bevor in Speyer ein derartiges Mandat erlassen wurde[659], war der Vogt, am 18. Oktober zu allen Vorwürfen verhört[660], am 26. dieses Monats gegen eine Urfehde freigelassen worden[661]. Fischer bekannte darin, er habe widerrechtlich Marktzeulner auf der Geleitsstraße verhaftet, sei unerlaubt durch Weidhausen gestreift und habe sächsische Untertanen gefangen. Daher sei er, „alß ich in i[hrer] f[ürstlichen] g[naden] landt kommen, [...] billig zur verhafft genommen" worden. Die Erstattung der Haftkosten wurde Fischer, so bestimmten Kanzler und Räte, „aus bedencklichen ursachen" erlassen[662].

Ein Prozeß vor dem Reichskammergericht zwischen dem Bischof von Bamberg und Herzog Johann Casimir schloß sich an; doch bereitete er diesem kaum Unannehmlichkeiten, denn er lief noch im Jahr 1630[663].

Nach der Freilassung des Vogtes ergriff Bamberg nicht etwa, wie man vermuten könnte, scharfe Maßnahmen gegen die Protestanten in Marktzeuln und Umgebung – im Gegenteil:

---

649 Vgl. ebd., Prod. 7.
650 Vgl. StAC, LA D 1181, fol. 68r–69r. Konz.: StAB, B 46 a, Nr. 2906, Prod. 7, Beilage.
651 Vgl. ebd., Prod. 11. Konz.: Prod. 9.
652 Ebd., Prod. 14.
653 Vgl. StAC, LA D 1181, fol. 26r–27v. Der Coburger Stadtknecht schilderte seinen Gefangenen wie folgt: „ist [...] gantz bescheiden, geduldig, singet und betet, [...] redet aber nicht, als was man ihm fraget".
654 Vgl. ebd., fol. 30r–v.
655 StAB, B 46 a, Nr. 2906, Prod. 10; vgl. auch StAC, LA D 1181, fol. 54r–55v.
656 Bischöfliche Anordnung: StAB, B 46 a, Nr. 2906, Prod. 14. Instruktion für die Räte: ebd., Prod. 19. Kreditiv: StAC, LA D 1181, fol. 148r–v.
657 Vgl. den Bericht der bambergischen Räte: StAB, B 46 a, Nr. 2906, Prod. 18, 24. Ein Protokoll der Coburger Seite: StAC, LA D 1182, fol. 7r–8v.
658 Vgl. StAB, B 46 a, Nr. 2906, Prod. 27.
659 Das Mandat wurde am 8. November erlassen und dem Coburger Kanzler am 19. Nov. verkündet. BayHStA, RKG 3564/10, Q 1.
660 Vgl. StAC, LA D 1181, fol. 99r–v, 101r–103r (Fragen), 104r–108v (Antworten). Das vom Vogt nach seiner Entlassung erstellte Gedächtnisprotokoll: StAB, B 46 a, Nr. 2906, Prod. 38. – Vorgehalten wurde ihm die Verhaftung der 19 Marktzeulner auf der Geleitsstraße, Beleidigungen des Herzogs, Gewalttätigkeiten gegen Exulanten, die auf sächsische Lehen gezogen waren.
661 Konz. der Urfehde: StAC, LA D 1182, fol. 26r–v mit Verbesserungen fol. 28r–29r. Abschriften: ebd., fol. 119r–v, 120r–121r; BayHStA, RKG 3564/10, Q 4. – Zur Entlassung vgl. StAC, LA D 1182, fol. 29v.
662 Ebd., fol. 5v.
663 Vgl. ebd., fol. 187r.

Im April 1617 berichtete der Sonnefelder Amtmann, daß „der bischoff zu Bamberg ein zeit lang mit der vervolgung was gelindt gangen“[664].

In den letzten Tagen des Jahres 1616 erzielten die Protestanten, die in den Pfarreien Marktgraitz und Marktzeuln lebten oder dort trotz ihres Fortzugs noch Güter besaßen, obendrein einen Erfolg in Speyer: Das Reichskammergericht erließ ein Mandat mit justifikatorischer Klausel[665] an den Bischof und seine Beamten, die Untertanen – wie sie selbst formulierten – „an bau und verwesung unserer gütter nicht zu verhindern, sondern, biß wir dieselbe in billigen werth verkaufen können, unbeträngt zu laßen“[666]. Am 26. Dezember 1616 verkündete ein Kammergerichtsbote das Mandat in Marktzeuln[667] – in Marktgraitz hatte der Schultheiß es zuvor verhindert[668] –, zwei Tage darauf in Burgkunstadt dem Vogt und dem Amtmann[669].

### *6.2.5.6. Von 1617 bis zum Tod Aschhausens*

Auf die nachlassende Verfolgung und das Mandat hin kehrten die meisten Exulanten in ihre Heimatorte zurück; am 18. April 1617 lebten nur noch zwei von ihnen im Amt Sonnefeld[670]. Obwohl der Bischof um den 10. März 1617 ein „edict“ anschlagen ließ, demzufolge die Untertanen an Ostern die Kommunion empfangen oder bis dahin fortziehen mußten – ansonsten hätten sie „ernsten zwangs zu gewarten“[671] –, kommunizierten in Marktzeuln „gar wenig“ sub una specie, darunter keiner von denen, die im Vorjahr konvertiert waren. „Es reue sie, das sie solches gethan“, meldete der Pfarrer nach Bamberg[672]. Im Oktober berichtete er, die Marktzeulner würden „ihre kinder in die lutherische schuel schickhen unnd [...] die lutherische feyertag halten“[673].

Erst für den November 1617 sind wieder obrigkeitliche Maßnahmen nachzuweisen, die allerdings nur auf einzelne „Rebellen“ zielten. Am 9. dieses Monats fielen der Lichtenfelser Vogt und der Marktzeulner Schultheiß kurz nach Mitternacht mit 200 Mann[674] in Marktzeuln ein, umstellten sechs Häuser und nahmen darin vier Männer gefangen, „welche zwischen ihren stuben unndt den böden in gar heimblichen engen eckhen gesteckht“; zwei andere konnten fliehen, ein weiterer war auswärts. Die Gefangenen wurden nach Bamberg gebracht[675]. Dorthin kamen auch zwei Marktgraitzer[676], die der Schultheiß dieses Ortes, unterstützt von über 100 Mann aus Lichtenfels und Marktgraitz, verhaftet hatte[677].

---

664 Ebd., fol. 170r.
665 Vgl. StAB, B 46 a, Nr. 2906, Prod. 35.
666 StAC, LA D 1208, fol. 192v. Ein entsprechendes Mandat wurde wohl für die langheimischen Hintersassen im Maintal erlassen. Keines der Mandate ist offenbar erhalten.
667 Vgl. AEB, Kbb. Marktzeuln, Bd. 1, Innenseite des hinteren Buchdeckels.
668 Vgl. AEB, Rep. I, Nr. 743, fol. 116v.
669 Vgl. StAB, B 46 a, Nr. 2906, Prod. 35.
670 Vgl. StAC, LA D 1182, fol. 170r.
671 StAC; LA D 1208, fol. 193r.
672 AEB, Rep. I, Nr. 743, fol. 171v. – Am 3. Aug. berichtete der Pfarrer, er habe 30 Kommunikanten gehabt; die übrigen seien „noch lutterisch“. DAW, Dek. Ebern, VR 1617, fol. 269v.
673 AEB, Rep. I, Nr. 743, fol. 223r.
674 Vgl. StAC, LA D 1208, fol. 200r.
675 StAB, B 68/I, Nr. 885, 1617 Nov. 9; vgl. auch AEB, Kbb. Marktzeuln, Bd. 1, Innenseite des hinteren Buchdeckels.
676 Vgl. StAB, B 68/I, Nr. 885, 1617 Nov. 24.
677 Vgl. ebd., Nr. 887, 1618 Jan. 27.

Im Dezember 1617 wurden die sechs Männer ausführlich über die „Rebellion" in ihren Wohnorten verhört[678]; offenbar warf ihnen die Regierung vor, Rädelsführer zu sein. Ferner hatte sich der Amtmann von Sonnefeld über die beiden Marktgraitzer (und drei entkommene Marktzeulner) beklagt, da sie ihn bei seinem Landesherrn verleumdet hätten[679]. Bald darauf starb einer von ihnen, Balthasar Schmidt aus Marktgraitz[680]. Obwohl die übrigen selbst, obwohl auch ihre Angehörigen und Herzog Johann Casimir seit Juli um ihre Entlassung baten[681], wurden sie erst nach 13 Monaten wieder auf freien Fuß gesetzt. Der Bischof kündigte an, er werde ihnen ihre Güter zum Schätzwert abkaufen; von diesem Geld sollten sie die Kosten ihrer Haft – insgesamt 290 Gulden[682] – erstatten[683]. Durchgeführt wurde dieser Plan aber offenbar nicht[684].

Im Oktober 1619 wurden wieder zwei Marktzeulner verhaftet, wohl weil sie beim Herzog von Sachsen-Coburg „umb schutz [...] supplicirt" hatten[685]. Einer von ihnen blieb 469 Tage, bis zum 12. Januar 1621, in der Alten Hofhaltung zu Bamberg gefangen[686], dann wurde er des Hochstifts verwiesen[687].

Sieht man von solchen Festnahmen jener Personen ab, die sich durch Suppliken an evangelische Fürsten oder durch ihre Tätigkeit für den Reichskammergerichtsprozeß hervorgetan hatten, blieben gegenreformatorische Aktivitäten in den Jahren 1617 bis 1622 im großen und ganzen aus. Wenn der Pfarrer und der Schultheiß von Marktzeuln sowie der Vogt von Burgkunstadt den Marktzeulner Bürgern und den Hintersassen der Vogtei am Brandt in der Pfarrei Marktgraitz im April 1619 geboten, sich zur Kommunion sub una „einzuestellen"[688], oder wenn die Bamberger Regierung den evangelischen Einwohnern von Marktgraitz im Mai 1620 unter Androhung einer „greulichen thuernstraff" befahl, binnen weniger Tage „mit hauß und hoff zue emigriren" und das Hochstift künftig zu meiden[689], so waren dies Ausnahmen. Vergebens mahnte der Würzburger Fiskal im Mai 1619 die geistliche Regierung in Bamberg, die Protestanten in den Pfarreien Marktzeuln und Marktgraitz „zu dem gehorsam alles ernst ahnzuhalten"[690]. So konnten die Protestanten im Januar 1624 an den Herzog von Sachsen-Coburg schreiben, sie seien seit 1616 „ertreg- und leidlich hinkommen" und es sei „tolerirt worden, daß wir benachtbarte evangelische kirchen besuchen mögen"[691].

---

678 Vgl. StAB, B 49, Nr. 233/II, fol. 467r–471v, 667r–668v (Fragen), 670r–693v (Antworten).

679 Vgl. BayHStA, RKG 3564/10, „Schriefftlicher schlußreceß" des bambergischen Anwalts, Beilage C; vgl. auch StAB, B 68/I, Nr. 885, 1617 Nov. 24. Der Brief, durch den sich der Amtmann verleumdet sah: StAC, LA D 1181, fol. 115r–118v, hier 116r–117v.

680 Vgl. StAB, A 231, Nr. 1842/I, fol. 364r.

681 Vgl. StAB, B 68/I, Nr. 887, 1618 Juli 27, Sept. 27, Okt. 10.

682 Vgl. StAB, A 231, Nr. 1843/I, fol. 299v.

683 Vgl. StAB, B 68/I, Nr. 887, 1618 Dez. 18.

684 Der Pfarrer von Marktzeuln berichtete im März 1619 nach Bamberg: „Die Zeuler geben vor, ihr furstl[iche] g[naden] haben die gefanckhene wollen außkaufen, allein die zeit sey furuber, unnd sie sehen noch kein gelt". AEB, Rep. I, Nr. 744, fol. 11r. Ein Vierteljahr darauf schrieb der Schultheiß von Marktgraitz, daß „von ihrer furstl[ichen] kammern die bezahlung nit ervolge". Ebd., fol. 51r. Der Marktgraitzer Gefangene und seine Tochter, die Witwe des in Haft verstorbenen Balthasar Schmidt, wohnten noch im Mai 1620 in Marktgraitz. Vgl. StAC, LA A 11974, Brief von 1620 Mai 12.

685 StAB, A 231, Nr. 13540, fol. 9r; vgl. auch StAB, B 68/I, Nr. 888, 1619 Okt. 31, Nov. 15.

686 Vgl. StAB, A 231, Nr. 1845/I, fol. 363v.

687 Vgl. StAB, B 68/I, Nr. 891, 1621 Jan. 14.

688 StAB, A 231, Nr. 13540, fol. 7r.

689 StAC, LA A 11974, Brief von 1620 Mai 12.

690 AEB, Rep. I, Nr. 744, fol. 41v.

691 StAC, LA D 1208, fol. 207v.

Das Ausbleiben gegenreformatorischer Maßnahmen war wohl nicht zuletzt eine Folge davon, daß der Fürstbischof, seit er im Oktober 1617 zum Würzburger Oberhirten gewählt worden war, sich recht selten in Bamberg aufhielt[692]; die häufige Abwesenheit des Landesherrn hatte ja schon von 1611 bis 1613 zu einem Erlahmen der Gegenreformation in den beiden Pfarreien geführt.

Im August 1618 warnte der Marktgraitzer Schultheiß die geistlichen Räte in Bamberg, daß „die religion dero orthen nit gar richtig, unnd wann man nit werde fortfahren, so werdten die andern auch wieder abfallen". Dieselben Befürchtungen hatte der Pfarrer von Marktzeuln: „Wofern man nit besser darzu thun werde", werde die katholische Religion in seiner Pfarrei „gar zu grundt gehen". Die Konvertiten seien „alberait zum abfall geneigt"[693].

Tatsächlich mußte er im Oktober 1619 berichten, daß „die religion ganz nit zuneme, daran dan die weltliche obrigkeit schuldig, welche keine mandata oder befelich exequire. Kein kindt werde mehr in die cathol[ische] schul geschickht, sondern laufen alle in die lutherische schuel. Die alte feyerteg werden gehalten, die neuen aber nicht. Die kirchen wird von ihnen verracht unnd die luth. besucht. Vor dessen sein jehrlich bey 150 communicanten gewesen, ahnietzo kaumb 50."[694] Genauere Zahlen nannte der Pfarrer bei anderer Gelegenheit. Demnach gab es 1619 in Marktzeuln 74 Katholiken, von denen in diesem Jahr aber nur 45 die Kommunion sub una empfingen; ihnen standen 319 Protestanten gegenüber[695]. Obendrein fielen um Weihnachten 1619 noch sechs Männer vom katholischen Glauben ab[696]. An Ostern 1620 hatte der Marktzeulner Pfarrer nur mehr 28 Kommunikanten, im folgenden Jahr sogar bloß 23[697]; 1622 waren es 36[698]. 1623 klagte der Pfarrer, die Bürger liefen in „außlendische lutherische kirchen" aus, und dies täten „nicht allein [...] die, [die] noch per omnia et omnes in domo sua lutherisch seien, sondern auch derjenigen, die sonsten der catholischen religion wollen zugethan seien, weiber, kinder und gesindt". „Summatim zu reden, erzeigen sie sich in omnibus perversos, also das daß ort mehr lutherisch mag angesehen werden als catholisch propter incolas, die mehr lutherisch seien". Das alles rühre ausschließlich von der „milt und gutigkeit" der weltlichen Obrigkeit her, „weiln davon aus nichts in ernst obgedachten Zeulnern wirdt abgewehrt"[699].

Anders entwickelten sich die konfessionellen Verhältnisse in Marktgraitz. Während es 1619, als an Ostern 41 Haushaltsvorstände die Kommunion sub una empfingen[700], noch eine beachtliche evangelische Minderheit gab[701], konnte der Pfarrer im Juni 1622 feststellen: „Populus in Graitz totus catholicus."[702] Dies galt allerdings nur für den Ort Marktgraitz, denn in den übrigen eingepfarrten Dörfern wohnte eine erhebliche Anzahl von evangelischen Familien, und zwar nicht nur auf adligen Lehen. Aus Michelau, wo es damals 39 bischöfliche Güter gab[703], empfingen 1620 nur 17 Männer die Kommunion nach

---

692 Vgl. Bauer, Weihbischöfe, S. 444.
693 AEB, Rep. I, Nr. 743, fol. 354r.
694 Ebd., Nr. 744, fol. 108r. Der Bischof erklärte aufgrund dieses Berichtes: „Solche rebellen werden noch wol gedempft werden." Unternommen wurde jedoch nichts.
695 Vgl. DAW, Dek. Ebern, VR 1619 (III), fol. 628r.
696 Vgl. AEB, Rep. I, Nr. 744, fol. 163r, auch 137v.
697 Vgl. StAB, B 76/XVIII, Nr. 12, fol. 85r, 188r–v.
698 Vgl. AEB, Rep. I, Nr. 744, fol. 376r.
699 DAW, Dek. Ebern, Generalia – Einzelakten, „Querela contra Zeulenses" 1623.
700 Vgl. StAB, B 76/XVIII, Nr. 12, fol. 83v–84r.
701 Der Huldigungsliste von 1623 zufolge umfaßte Marktgraitz 77 Haushalte. Vgl. StAB, B 22 d, Nr. 19, Prod. 1.
702 DAW, Dek. Ebern, VR 1622 (I), fol. 293v.
703 Vgl. StAB, B 22 d, Nr. 19, Prod. 1.

katholischem Ritus[704], 1623 elf Männer, ein Ehepaar und zwei Witwen (drei Flößer kündigten an, nach ihrer Rückkehr sub una kommunizieren zu wollen)[705]; die Zahl der Katholiken ging also wohl leicht zurück. 13 Männer und zwei Witwen aus Lettenreuth kamen an Ostern 1620 zum Marktgraitzer Pfarrer zur Kommunion, 11 Männer und eine Witwe nicht[706]; 1623 war die Zahl der Kommunikanten auf 13 zurückgegangen[707]. Aus Neuensee, das 23 Häuser umfaßte[708], empfing 1620 lediglich ein Mann die Kommunion sub una specie[709].

Die Regierungszeit Aschhausens – er starb am 29. Dezember 1622 in Regensburg – endete also mit einem Teilerfolg: Zwar hatte er katholische Pfarrer eingesetzt, zwar waren die Einwohner von Marktgraitz katholisch, doch wohnten in den Gemeinden, die dorthin eingepfarrt waren, und in Marktzeuln noch mehrheitlich Protestanten.

### *6.2.5.7. Unter Fürstbischof Johann Georg Fuchs von Dornheim*

Im Februar 1623 berichteten der Lichtenfelser Vogt und der Marktzeulner Schultheiß den geistlichen Räten zu Bamberg über die Haltung der Einwohner von Marktzeuln: Selbstbewußt hätten die Viertelmeister namens der Gemeinde erklärt, „sie gedächten weder die catholische religion anzunehmen oder i[hrer] f[ürstlichen] g[naden] ichtwaß straff zu geben“. Emigrieren würden sie, „wofern man ihnen ihre gütter bezahle“. Im übrigen hielten die Bürger die katholischen Feiertage nicht, liefen in evangelische Kirchen aus, schickten ihre Kinder „zum lutherischen praedicanten in die schul“ und aßen „an gebottenen fastägen offentlich fleisch“[710].

Im Juli 1623 reisten Dr. Johann Murrmann, die rechte Hand des Weihbischofs und Generalvikars Friedrich Förner, und der Bamberger Fiskal nach Lichtenfels, um dort mit Pfarrer, Kastner und Vogt sowie mit dem Pfarrer und dem Schultheißen von Marktzeuln zu beraten, „welcher gestalt die catholische religion zu Zeuln zu pflantzen“ sei. Es wurde beschlossen, den Einwohnern zu befehlen, sie hätten „biß uff weihnachten sich einzustellen oder [zu] verkaufen und hinwegk zu ziehen“. „Wo aber etliche buchen [= pochen] würden, man solte ihnen ihre heuser zahlen, wie sie solche versteureten, konte man mit 3 oder 400 f solche bucher alsobalden fortschaffen.“ Bis zum Termin seien das Auslaufen und die Arbeit an katholischen Feiertagen zu verbieten; diejenigen, die nicht konvertieren wollten, dürften kein Handwerk mehr treiben. „Die bestendner“, die Einwohner ohne Hausbesitz, „wofern sie sich nit einstellen wollen, sollen alsobalden de facto hinwegkgeschafft, auch keine andere eingelassen werden“, ausgenommen natürlich Katholiken[711]. Verkündet wurde der Befehl bei der Huldigung für den neuen Fürstbischof, die im November 1623 in Weismain stattfand; das Mandat erstreckte sich aber nicht nur auf die Marktzeulner, sondern ebenso auf die Pfarrgemeinde Marktgraitz[712]. Um den Untertanen den Konfessionswechsel schmackhafter zu machen, versprach ihnen der Bischof die Rückgabe ihrer „alten freyheit und ge-

---

704 Vgl. StAB, B 76/XVIII, Nr. 12, fol. 84v.
705 Vgl. ebd., fol. 470v.
706 Vgl. ebd., fol. 84r–85r.
707 Vgl. ebd., fol. 471r.
708 Vgl. StAB, B 22 d, Nr. 19, Prod. 5.
709 Vgl. StAB, B 76/XVIII, Nr. 12, fol. 84v.
710 AEB, Rep. I, Nr. 745, fol. 8r.
711 Ebd., fol. 65v.
712 Vgl. ebd., fol. 102v; auch StAC, LA D 1208, fol. 207v–208r.

rechtigkeit“ – gedacht war wohl vor allem an das Recht der Marktzeulner, ihren Schultheißen zu wählen – und die Rückgabe beschlagnahmten Gutes[713].

Aber der gesetzte Termin ging vorüber, ohne daß die evangelischen Untertanen konvertiert wären; die Marktzeulner beriefen sich wieder auf den Reichskammergerichtsprozeß[714], in dem ein Urteil noch nicht gesprochen war. Der Lichtenfelser Forstmeister hatte sich also geirrt, als er 1622 geglaubt hatte, die Untertanen hätten den Prozeß aufgegeben[715].

„Damit nun die rebellische underthanen zue Zeuln und Grätz deste ehe [...] zum gehorsam zu pringen“, entsandte Bischof Johann Georg am 4. Februar 1624 seinen Hofmarschall und Rat Johann Onophrius von Belheim sowie seinen Fiskal und seinen Landrentmeister nach Marktzeuln[716]. Sie trafen in Lichtenfels mit dem Domherrn Johann Heinrich von Neuneck[717] und dem Würzburger Generalvikar zusammen, die Bischof Philipp Adolph von Würzburg der bambergischen Kommission zugeordnet hatte. Am 5. Februar kamen sie in Marktzeuln an, begaben sich ins Rathaus und luden die Bürger vor. Neuneck und Belheim befahlen den Leuten, bis zum 25. Februar zu konvertieren oder zu verkaufen; denen, die keinen Käufer fänden, werde der Bischof ihre Güter nach dem versteuerten Wert abkaufen. Einzeln mußten die Marktzeulner erklären, was sie zu tun vorhätten. 32 Katholiken – unter ihnen die Ratsherren und Viertelmeister – versprachen daraufhin, sie würden an diesem Sonntag die Kommunion empfangen und „auch ihre weiber und kinder dahin [...] vermögen“[718]. Ferner sagten zwei Protestanten die Konversion, drei die Emigration zu[719].

Doch dann wurde die Forderung laut, die Bürger nicht einzeln, sondern „miteinander“ zu vernehmen[720]. Ein aufgerufener Bürger erschien nicht, ein anderer wollte „nichts ercleren“. Es entstand ein „tumult“; 69 Männer liefen „mit grossem geschrey, juchtzen, poldern und betrohungen vom rathauß“[721], erklärten lautstark, „es habe sie noch keiner aus ihren landtsfursten zwingen können, dieser itzige fürst solle sie auch nicht zwingen“, und schrieen: „Stangen her, scheiter her, wier können sie zum thor hinausschlagen“[722]. Es blieb freilich bei Worten; zu Gewalttätigkeiten kam es nicht. Nach dieser Unruhe gelobten nur noch fünf Männer, „sich neben weib und kindern [...] zur catholischen religion zu begeben und das auslaufen einzustellen“[723]. Neun Personen sahen die nach Marktzeuln abgesandten Bamberger Beamten als „rebellen“ an; bevor jene samt ihren Familien „nit außgeschafft“ würden, sei „kein rechter gehorsam bei den andern zu hoffen“[724]. Daher wurde einige Tage später ein Haftbefehl gegen sie erlassen[725].

Die würzburgische Kommission reiste noch am 5. Februar ab, die bambergische übernachtete in Marktzeuln, ermahnte am folgenden Tag die Mitglieder des Rats, ihre Mitbürger zum Gehorsam anzuhalten, und zog zurück nach Lichtenfels. Dorthin ließen die bischöflichen Vertreter am 7. Februar die Einwohner von Neuensee, Michelau, Schwürbitz,

713 Ebd., fol. 208r.
714 Vgl. AEB, Rep. I, Nr. 745, fol. 102r.
715 Vgl. StAB, B 76/XVIII, Nr. 12, fol. 297v.
716 AEB, Rep. I, Nr. 343, fol. 1r. Dieser Band protokolliert die Gegenreformation des Jahres 1624 in Marktzeuln und der Pfarrei Marktgraitz. Im folgenden werden nur noch wörtliche Zitate ausdrücklich belegt.
717 Über ihn vgl. Amrhein, Reihenfolge, 33, S. 219f.; Wachter 7072.
718 AEB, Rep. I, Nr. 343, fol. 3v.
719 Vgl. ebd., fol. 3r–4v; auch StAB, B 49, Nr. 233/II, fol. 439r–v.
720 Ebd., fol. 439r.
721 AEB, Rep. I, Nr. 343, fol. 4r; zur Zahl fol. 5r–6r.
722 StAB, B 49, Nr. 233/II, fol. 439v.
723 AEB, Rep. I, Nr. 343, fol. 4r.
724 Ebd., fol. 6r.
725 Vgl. ebd., fol. 99v.

Lettenreuth, Trainau und Mannsgereuth – ausgenommen die ritterschaftlichen und die sächsischen Hintersassen – kommen. Sie befahlen ihnen wie den Marktzeulnern, bis zum 25. den katholischen Glauben anzunehmen oder zu verkaufen[726]. Von den 48 Haushaltsvorständen aus Schwürbitz, die erschienen, waren fünf bereits katholisch, sieben kündigten ihre Konversion an, aber 29 sagten zu, sie würden „weichen"[727]. Von den 33 vorgeladenen Lettenreuthern kamen neun nicht; unter den übrigen waren 16 katholisch, der Rest wollte emigrieren[728].

Kurz darauf wiesen die Kommissare der Pfarrei Marktgraitz den Ort Beikheim zu, der bis dahin zu der evangelischen Pfarrei Schmölz gehört hatte und dessen – offenbar durchweg evangelische – Einwohner auf Lehen des fürstbischöflichen Amtes Fürth am Berg wohnten[729].

Am 25. Februar 1624 nahmen nur vier Männer und drei Ehefrauen in Marktzeuln den katholischen Glauben an; 76 „manspersonen" mit ihren Familien und 35 „witweiber" blieben evangelisch. Erst „wan ihr recht außgehe", wollten sie fortziehen oder konvertieren[730]. In Michelau traten immerhin elf Männer zum Katholizismus über – wenn auch „ohne die weiber und kinder" –, in Neuensee ebenso viele[731]. In Schwürbitz konvertierten lediglich sieben Personen[732].

Darauf ließ die bischöfliche Kommission am 27. Februar den Marktzeulner Hausbesitzern durch den Schultheißen und die Bürgermeister befehlen, ihre evangelischen Beständner innerhalb von drei Tagen aus ihren Häusern zu weisen; es drohe ihnen sonst eine Strafe von 50 Talern[733]. Ein Hintergedanke war, Beständner und Hausbesitzer gegeneinander auszuspielen und auf diese Weise einen Keil in die Bürgerschaft zu treiben. „Dardurch", so erhofften sich die Beamten, „werden sie selbsten underainander unainß, wirt die ketten zerrießen und verderben sich selbsten"[734].

Am nächsten Tag brach ein Aufstand los. „Mit hellen haufen und bewerter hand" zogen die Bürger vor das Rathaus, „also das die des raths nit hinab gedurft". Ein Bürgermeister wurde „zu boden geschlagen" und „thodtlich verwund". Auch der Schultheiß wurde „von zweien angangen" und gefesselt; ein Bürger aber befreite ihn, „darauf er sich alßbaldten auß dem staub gemacht". „Eilents" ritt er nach Lichtenfels zu den bischöflichen Kommissaren[735].

Im folgenden waren die Marktzeulner beunruhigt, fürchteten sie doch einen Einfall. Ihre Unruhe steigerte sich noch, als die Kommission, anstatt mit Bewaffneten nach Marktzeuln zu ziehen, eine politische List anwandte. Sie gebot am 2. März dem Schultheißen, nach Marktzeuln zurückzukehren und bei den „rebellen" zu verbreiten, daß er „von fernen gehort" habe, der Bischof sei „gesunnen, einen galgen in flecken Zeulen zu stellen und der rebellen heußer hinweck reißen zu laßen, wolde sie deswegen warnen, solcher schand

726 Die Domherren hatten, da auch ihre Schwürbitzer Hintersassen vorgeladen wurden, der bischöflichen Kommission den Kastner des domkapitelischen Amtes Staffelstein zugeordnet. Vgl. StAB, B 86, Nr. 31, fol. 428r.

727 AEB, Rep. I, Nr. 343, fol. 9r–10r.

728 Vgl. ebd., fol. 10r–v.

729 Vgl. ebd., fol. 97v.

730 Ebd., fol. 101v–102r.

731 Ebd., fol. 102v.

732 Vgl. ebd., fol. 102v–103r.

733 Vgl. ebd., fol. 103r. Insgesamt gab es 31 Familien, die kein eigenes Haus besaßen. Vgl. ebd., fol. 110r–v; auch StAB, B 49, Nr. 233/II, fol. 441r–444r.

734 AEB, Rep. I, Nr. 343, fol. 114r.

735 Ebd., fol. 105v.

vorzukhommen"[736]. Tatsächlich konnte der Schultheiß schon nach drei Tagen melden, daß die Bürger, „sowol die cath[olischen] als lutherischen", besorgt seien, es werde in ihrem Dorf ein Galgen aufgerichtet – gewöhnlich lagen die Richtstätten ja außerhalb von Ortschaften –, denn dies würde „innen und ihren kindtskindern zu ainer ewigen schand [...] zugerechnet"[737]. Sie fürchteten wohl, der ganze Ort könnte in den Geruch der Unehrlichkeit geraten.

Am 6. März reisten die Kommissare nach Bamberg zurück, nachdem sie noch „ain entliches warnungsschreiben" an die Marktzeulner gesandt hatten. Zunächst wollten sie nun abwarten, wie die getroffenen Maßnahmen, namentlich das Gebot an die Hausbesitzer, ihre evangelischen Beständner selbst zu vertreiben, und der Haftbefehl[738] gegen „die vornembsten rebellen", anschlagen würden. Die Beamten schienen zuversichtlich, zumal die Marktzeulner ständig „in hochster furcht leben und sich des ainfalß stundlich besorgen" müßten. „Solten aber vorgesätzte guttige mittel in kurtz nichts fruchten, wurde man alßdan mit gewalt in sie zu setzen hochlich verursacht"[739].

Doch viele Hausherren wiesen ihre Mieter nicht aus ihren Häusern – ob sein Beständner „denn ein [...] schelm oder dieb wehre", fragte mancher Bürger provokant[740] – und zahlten dennoch keine Strafe. Immer wieder wurden Marktzeulner auf dem Gang in evangelische Kirchen beobachtet[741]. Nur wenige protestantische Bürger konvertierten: vier Personen am 3. März, sieben in den folgenden Wochen[742].

Um die 50 Taler Strafe einzutreiben, die jeder ungehorsame Hausbesitzer verwirkt hatte, wußte der Lichtenfelser Kastner „kein beßer mittel" als einen Einfall[743]. Und wirklich beschlossen der Bischof, der Domdekan und die weltlichen Räte am 17. April 1624, „mit gewalt in die Zeulner zu setzen". Es sollten dabei zunächst die evangelischen Beständner verjagt und die Strafen kassiert, dann aber die Katholisierung gemäß dem Religionsfrieden durchgeführt werden[744].

Am 5. Mai 1624 fielen um zwei Uhr nachts „über die 3000 mann" – ein Vielfaches gegenüber früheren Einfällen, aufgeboten in den bambergischen Ämtern Kronach, Teuschnitz, Fürth am Berg[745], Waischenfeld, Scheßlitz, Lichtenfels und Staffelstein und angeführt von bischöflichen Beamten – in Marktzeuln ein. Geflüchtete Bürger zeichneten dem Herzog von Sachsen-Coburg, gewiß mit grellen Farben, ein Bild dieser Nacht: Die Menge habe „dernjenigen, so der Augspurgischen confession zugethan, häußer gestürmet, eröffnet, alle fenster, öfen, tisch, bänck, truhen, cästen und, was sie an haußgeräth antroffen, eingeschlagen, erbrochen, zerhauen und zu stücken zertrümmert, alle lutherische bücher, besonders die bibel, öffentlich verbrannt, kleider, bettwerck, silber-, zinn- und ander geschirr und wahren samt allen geld, was sie nur finden und [...] außnöthigen können, geraubet und mit sich hinweg genommen, wein und bier aus den kellern gezogen und, was sie

736 Ebd., fol. 106r.
737 Ebd., fol. 113r. Am selben Tag baten die katholischen Marktzeulner, sie mit „der angetrotten straff des galg[en]s" zu verschonen. Ebd., fol. 113v.
738 Am 13. März faßte der Burgkunstadter Vogt einen der Gesuchten. Vgl. StAB, B 49, Nr. 233/II, fol. 447r.
739 AEB, Rep. I, Nr. 343, fol. 114r.
740 StAB, B 49, Nr. 233/II, fol. 454r.
741 Vgl. ebd., fol. 446r, 452r, 461r–v, 465r.
742 Vgl. AEB, Rep. I, Nr. 343, fol. 113r, 116v.
743 Ebd., fol. 117r.
744 Ebd., fol. 119r.
745 So die Marktzeulner. Den Erkundigungen des Schossers von Neustadt bei Coburg zufolge nahmen Untertanen aus Fürth nicht teil. Vgl. StAC, LA D 1208, fol. 233r–234r. Jedoch ist die Anwesenheit des Fürther Vogtes in Marktzeuln belegt. Vgl. ebd., fol. 236r.

nicht aussaufen, geniessen und fortbringen können, den faßen die böden eingeschlagen, im keller und erden laufen laßen, frauen und jungfrauen zu ihren muthwillen vergwaltigt und nach vollbrachten schändlicher that noch auß denen häußern gejagt, uf stiegen und keller geworfen und mit bloßen wehrn [...] zu herausgebung gelds genöthiget"[746]. Und hatten einige „rebellanten" noch kurz zuvor geprahlt, es stünden im Sächsischen 1000 Mann bereit, falls einer von ihnen „angefochten würdte", und es hätten evangelische Fürsten an den Bischof geschrieben[747], so daß er die Marktzeulner bei ihrem evangelischen Glauben bleiben lassen müsse[748], so konnten die Einfallenden – wie die Marktzeulner berichteten – über die vergeblichen Interventionen höhnen: Jene Fürsten sollten doch „kommen und das volck auß dem flecken [...] treiben"[749].

Fünf Bürger wurden gefangen nach Bamberg gebracht. 300 Mann von denen, die eingefallen waren, blieben in Marktzeuln zurück[750]. Noch Ende Mai mußten sie auf offener Straße kochen und sich aufhalten, da sie nicht in die Häuser gelassen wurden[751]. Bis zum 30. November dauerte diese „besatzung" an[752].

Nach dem Einfall ergaben sich 54 evangelische Marktzeulner dem Bischof „uff gnadt unnd ungnadt"[753]. 27 Haushaltsvorstände flohen[754], zumeist nach Weidhausen und Trübenbach im Fürstentum Sachsen-Coburg[755]. Ihre Güter mit einem Gesamtwert von etwa 9700 Gulden boten bambergische Beamte öffentlich feil; für 89 Prozent des Besitzes fanden sie Käufer[756]. Im August 1628 beklagten sich Marktzeulner Exulanten „über den verstorbenen vogt zu Lichtenfels, daß er ihre heuser sambt veldgüttern umb ein schnödes verkauft, daß kaufgelt theilß eingenommen, keinem nichts darvon heraußgeben, auch theilß kaufere biss dato noch keinen pfenning daran erlegt [...] haben"[757]. Tatsächlich nahmen es viele der Käufer mit der Bezahlung nicht genau: Erkundigungen von seiten Bambergs im Jahr 1641 zeigten, daß nur Zahlungen in Höhe von 1376 Gulden nachgewiesen werden konnten[758] – dabei hatte der Verkaufspreis insgesamt rund 8500 Gulden betragen. Mindestens vier Fünftel standen also noch aus und wurden nie entrichtet. Daher bewirtschafteten 1641 mehrere Exulanten ihre 17 Jahre zuvor zwangsweise verkauften Güter wieder[759].

Allen Marktzeulnern, die zur Zeit des Einfalls evangelisch waren, den Geflohenen wie den Dagebliebenen, wurde 1624 auferlegt, die durch Einfall, Besatzung und Gerichtsverhandlungen entstandenen Kosten – insgesamt 3137 Gulden – zu ersetzen[760]; deshalb behielt der Lichtenfelser Vogt das Geld ein, das die Käufer von Exulanten-Gütern zahlten. 30 Personen wurden, „weiln sie nichts vermögens gehabt, [...] wegen ihres erzaigten trutzs unnd ungehorsambs mit der gefengnus gestrafft"[761]. Unter ihnen waren nur zwei Männer,

---

746 Ebd., fol. 229v–230r. Ein ähnlicher, jedoch kürzerer Bericht des Schossers von Sonnefeld ebd., fol. 235r–v.
747 Dies traf zu: Herzog Johann Casimir hatte am 27. Januar, Kurfürst Johann Georg von Sachsen am 15. Februar an den Bamberger Bischof geschrieben. Vgl. ebd., fol. 257v, 222r–223r.
748 StAB, B 49, Nr. 233/II, fol. 492r.
749 StAC, LA D 1208, fol. 230r–v.
750 Vgl. ebd., fol. 230v.
751 Vgl. AEB, Rep. I, Nr. 343, fol. 120r.
752 StAB, B 49, Nr. 233/II, fol. 523r.
753 Ebd., fol. 558r.
754 Vgl. ebd., fol. 548r–555v.
755 Vgl. AEB, Rep. I, Nr. 343, fol. 199v.
756 Vgl. StAB, B 49, Nr. 233/II, fol. 523r–555v.
757 StAB, B 68/I, Nr. 895, 1628 Aug. 14.
758 Behauptet wurden Zahlungen in Höhe von 1840 Gulden.
759 Vgl. StAB, B 49, Nr. 233/II, fol. 624r–634v.
760 Vgl. ebd., fol. 559r–562v.
761 Ebd., fol. 565r.

aber zehn Ehefrauen, zehn Witwen, fünf ledige Frauen und drei Frauen unbekannten Familienstandes.

Mehrere Marktzeulner lud der Bischof „zur peinlichen anklag“[762]. Elf Männer wurden „am zenthgericht zu Bamberg“ zum Tod durch das Schwert verurteilt[763]; dies war die übliche Strafe für schwere Fälle von Aufruhr[764]. Ihre Güter wurden konfisziert[765]. Nähere Umstände sind kaum bekannt. Ursprünglich hatten 13 Marktzeulner vor Gericht gestanden, doch einer hatte sich „in vinculis purgirt“, ein anderer war im Mai oder Anfang Juni in Marktbreit „unter wehrenden außraißen unnd tumultirn erschlagen worden“[766].

Ob einer der Verurteilten hingerichtet wurde, erscheint fraglich. Sie kamen auf unbekannte Weise frei; im Juli 1625 notierte der Marktzeulner Pfarrer über sie: „vagiren herumb“[767]. Einer der Verurteilten, Wolf Dötschel, wandte sich durch einen Mittelsmann mehrmals an den Lichtenfelser Vogt mit der Frage, „wie er bey ihren f[ürstlichen] g[naden] wieder außgesöhnt unnd zue gnaden kommen möchte“; er war dafür bereit zu konvertieren[768]. Im Februar 1625 wurde er jedoch im Marktzeulner Pfarrhaus gefaßt und gefangen nach Bamberg gebracht[769]. Dort wurde er im Juni zu fünf Jahren Kriegsdienst für den Kaiser begnadigt[770], schließlich sogar gegen die „bezahlung seines uncostens wieder uf freyen fueß gestellt“. Seine beschlagnahmten Güter erhielt er zurück[771]. Möglicherweise zählte zu den Verurteilten auch Hans Bauer[772], „derzeyt [...] im ellendt herumbziehendt“, der im Februar 1628 bat, ihm „daßjenige, so er auß verreitzung theilß seiner nachtbarn undt unverstandt peccirt, [...] zu verzeyhen“ und ihn zurückkehren zu lassen; er wolle auch den katholischen Glauben annehmen[773]. Vermutlich wurde ihm die Rückkehr nach Marktzeuln gestattet[774]. Der Büchsenmacher Peter Schweitzer, einer der zum Tod Verurteilten, lebte im April 1626 noch in Hofstädten bei Sonnefeld[775].

Nach dem Einfall konvertierten die meisten Protestanten, die in Marktzeuln geblieben waren. Im Januar 1625 konnte der Pfarrer nach Bamberg berichten, daß „sich seine pfarrkinder maisten theil zu itzt weihnachten zur beicht unndt communion eingestelt“[776]. An Ostern gingen zwar 32 Marktzeulner nicht zur Kommunion sub una, aber unter ihnen

---

762 StAC, LA D 1208, fol. 280r.

763 StAB, B 49, Nr. 233/II, fol. 565v. Das Zentgericht hielt acht Sitzungen. Vgl. ebd., fol. 560v. – Von den fünf beim Einfall verhafteten Männern war keiner unter den Verurteilten.

764 Verurteilt wurden die elf Männer „wegen mit verübter rebellion“. Ebd., fol. 566v. In der Carolina heißt es zur Bestrafung eines Aufruhrs: „so einer jnn einem Landt, Statt, oberkeit oder gepiet geferliche fursetzliche vnnd bosshafftig vfrurn des gemeynen Volcks wider die oberkeit macht, [...] der soll, nach grösse vnnd gelegenheit seiner Misshandlung, je zu zeitten mit abschlagung des haupts gestrafft oder mit Ruten gestrichenn vnd vss dem Landt, gegent, gericht, Stat, Flecken oder gepiett, darjnnen der die vffrur erweckt, verweiset werden“. Kohler, J. / Scheel, Willy (Hrsg.): Die Peinliche Halsgerichtsordnung Kaiser Karls V. Constitutio Criminalis Carolina. Halle 1900 (Die Carolina und ihre Vorgängerinnen 1), S. 65. Entsprechend hatte es schon die Bambergische Halsgerichtsordnung bestimmt. Siehe unten S. 366.

765 Vgl. StAB, B 49, Nr. 233/II, fol. 565v.

766 Ebd., fol. 566v. Zum Termin vgl. StAC, LA D 1208, fol. 259r, wo die Ermordung des Marktzeulners in Marktbreit erwähnt wird.

767 DAW, Dek. Ebern, VR 1625, fol. 324r.

768 StAB, B 68/I, Nr. 894, 1625 Mai 28, auch Mai 21.

769 Vgl. ebd., 1625 Febr. 19.

770 Vgl. ebd., 1625 Juni 6 und 11.

771 Ebd., 1625 Juni 19.

772 Es gab zwei Männer namens Hans Bauer. Einer floh, seine Güter wurden amtlicherseits verkauft, der andere gehörte zu den elf Verurteilten. Vgl. StAB, B 49, Nr. 233/II, fol. 549r, 566r.

773 StAB, B 68/I, Nr. 895, 1628 Febr. 14.

774 Vgl. ebd., 1628 April 12.

775 Vgl. PfASo, Kbb., Bd 2, pag. 49.

776 AEB, Rep. I, Nr. 745, fol. 257v.

waren nur noch fünf evangelisch[777]. Bis Pfingsten stellten sich „alle sämptlich ausser dreier, so umbschweifig, zur beicht und communion" ein[778]. Der Vogt von Lichtenfels urteilte: „sie pleiben nunmehro bey ihrer pfarr, begert keiner mehr, den wolfsgruben" – gemeint waren die evangelischen Kirchen – „nachzulaufen, halten auch ihre kinder zur kirchen und schul zu Zeuln an, ist sich [...] weiters keiner rebellion mehr zu befahren, alldieweiln sie nunmehro alle, jung unnd alt, von mann- unnd weibspersohnen, sowoln gewachßenen kindern alß dienstboten, so dorfskinder seindt, [...] der wahren catholischen religion verwandt unnd zugethan seindt"[779].

Auch wenn sich die bambergischen Beamten seit Februar 1624 auf Marktzeuln konzentrierten, verloren sie doch die Katholisierung in den Orten des Marktgraitzer Pfarrsprengels nicht aus den Augen. Keine Probleme bereitete Marktgraitz, wo schon im März 1624 „nit mehr alß ein luth. weib" wohnte, „deren mann zugesagt, sie zur cathol. religion anzuhalten"[780]; Ende Mai waren nur noch einige Kinder lutherisch[781]. Ähnlich sah es in Neuensee aus. In Lettenreuth hatte sich Anfang März noch „niemandß eingestelt"; Ende Mai dagegen waren alle Einwohner „außer etlichen kinder" katholisch. Im März 1626 sind in Lettenreuth noch die Söhne eines Einwohners als evangelisch nachgewiesen; eine Witwe und ihre Töchter waren „nihe catho[l][isch] gewesen"[782]. In Michelau waren im März sechs bambergische Untertanen evangelisch, Ende Mai hatten auch sie den katholischen Glauben angenommen, nicht aber ihre Frauen und Kinder. Der Einfall nach Marktzeuln mag die Protestanten von Michelau und Lettenreuth eingeschüchtert haben, so daß sie im Mai konvertierten oder auswanderten. Die übrigen Michelauer waren jedoch allesamt evangelisch, obwohl der Bamberger Fiskal im März gehofft hatte, ihnen „wegen ihrer bamberg[ischen] gütter auch beizukommen". Aus Trainau und Mannsgereuth waren die meisten bambergischen Hintersassen fortgezogen; lediglich zwei waren dort wohnen geblieben und konvertiert. Lutherisch waren in Trainau noch die Beständner, die wohl Güter der Exulanten gepachtet hatten. Die wenigsten Fortschritte hatte die Gegenreformation in Schwürbitz gemacht, wo im Mai 1624 sieben bischöfliche Untertanen, sämtliche Hintersassen des Bamberger Domkapitels und der ritterschaftlichen Familien evangelisch waren.

Aus mehreren Orten waren Familien in benachbarte sachsen-coburgische Dörfer oder auf adlige oder sächsische Lehen im Hochstift, etwa in Horb, gezogen; nicht selten nutzten sie von dort aus ihre bambergischen Häuser und Grundstücke weiter[783]. Seit Februar 1624 verbot der Bischof diese Praxis, indem er befahl, jedermann, der ein bambergisches Gut besitze, habe es zu beziehen oder zu verkaufen[784].

777 Vgl. ebd., fol. 289r.
778 Ebd., fol. 302r.
779 StAB, ex J 3, Nr. 245, fol. 141r.
780 Ebd., Nr. 20, Prod. 54 (auch zum Folgenden).
781 AEB, Rep. I, Nr. 343, fol. 199r (auch zum Folgenden).
782 Ebd., Nr. 745, fol. 454r.
783 „Seind etliche zu Graitz der religion halber hienauß gezogen, welche ihre gütter alda zu handroß bawen". StAB, ex J 3, Nr. 20, Prod. 54. – Auch in Lettenreuth bauten im Mai 1624 „die, so hinweg gezogen, ihre bamb[ergischen] gutter noch". So verhielt es sich auch in Trainau und Mannsgereuth. AEB, Rep. I, Nr. 343, fol. 199r.
784 Vgl. StAC, LA D 1209, fol. 6r, 8r, 9r–10r; StAB, ex J 3, Nr. 20, Prod. 54 (Befehl des Fiskals); AEB, Rep. I, Nr. 343, fol. 118r, 206v; StAC, LA A 11974, Briefe von 1624 Juni 16, Juni 30, Juli 20. – Das Vorgehen des Bischofs hatte wohl nicht nur gegenreformatorische Motive; zumindest behauptete er dem Herzog von Sachsen-Coburg gegenüber, daß „dergleichen güetere [...], die mann bißhero [...] zu hanndtroß zu pawen nachgesehen, [...] allenthalben mehr ab- alß zugenommen". Ebd., Brief von 1624 Juli 20. – Ausführlich zu dieser Frage unten S. 356–358.

Den evangelischen Schwürbitzern, die auf domkapitelischen oder Obleilehen wohnten, geboten der Staffelsteiner Kastner, der dompropsteiliche Amtmann von Maineck – Inhaber der Oblei Schwürbitz war damals der Bamberger Dompropst – und ein weltlicher Rat des Bischofs am 26. Juni 1624, „sich zu unserer religion inner 14 tagen ain[zu]stellen oder [zu] verkaufen, unndt wo sie nit kaufleuth haben, wollen unsere gnedige herren selbst kaufer sein"; auch ihre Familien sollten sie zur Konversion bewegen[785]. Weniger als die Hälfte der Untertanen – 20 von 45 – war bereit, den katholischen Glauben anzunehmen[786]. Die anderen zogen jedoch keineswegs alle fort. Vielmehr mußte das Domkapitel im September 1624 feststellen, „das noch etliche unsere underthanen zu Schwürbitz in ihren ungehorsam und halstarrigkeit verharren"[787]. Nach einem erneuten Befehl, zu konvertieren oder zu emigrieren, waren einem Bericht des Staffelsteiner Kastners zufolge gegen Jahresende unter den domkapitelischen Untertanen nur mehr „5 ungehorsamer weiber"[788]. Anders sah es der Marktgraitzer Pfarrer, der im Juli 1625 nach Bamberg meldete, daß „noch viel" Protestanten auf domkapitelischen Lehen in Schwürbitz wohnten[789]. Einige von ihnen konnten sich mindestens bis 1629 halten[790].

Von ihnen und wenigen anderen Ausnahmen abgesehen, waren die Einwohner der Pfarrsprengel Marktzeuln und Marktgraitz, soweit sie nicht auf ritterschaftlichen oder sächsischen Lehen wohnten, Ende 1625 – 28 Jahre nach den ersten obrigkeitlichen Maßnahmen – katholisch.

## *6.3. Die Geistlichen*

Es liegt auf der Hand, daß die Untertanen, die sich, vor die Wahl zwischen Konversion und Emigration gestellt, für die Annahme des katholischen Glaubens entschieden, diesen Glauben nicht von einem Tag auf den anderen verinnerlichten und lebten. „Hangt inen das lutherthumb zimblich im busen"[791] – dieses Urteil des Altenbanzer Pfarrers über seine Gemeinde aus dem Jahr 1612 traf wohl für alle Pfarreien in den ersten Jahren, wenn nicht sogar Jahrzehnten nach der Katholisierung zu, mancherorts vielleicht in einem höheren Maß als im Altenbanzer Sprengel. Die immer wiederkehrenden Klagen der Pfarrer, etwa in den Visitationsprotokollen, legen davon Zeugnis ab.

Sogar in der Pfarrei Altenbanz, wo die Katholisierung kaum Schwierigkeiten bereitet hatte, kritisierte der Pfarrverweser hin und wieder seine Pfarrkinder: „Bleybend nit bey dem end der meß" (1600)[792]. „Auf die feiertag wirdt der gottesdienst unfleissig besucht" (1606)[793] – eine häufig vorgebrachte Klage. „Feirtäg werden gebrochen mit arbeiten" (1606)[794]. Die Letzte Ölung begehrte 1598 niemand, 1602, 1603 und 1610 nur je eine Person[795].

---

785 AEB, Rep. I, Nr. 343, fol. 207r.
786 Vgl. ebd., fol. 207r–208r.
787 StAB, B 86, Nr. 32, fol. 36r.
788 Ebd., fol. 45r.
789 AEB, Rep. I, Nr. 745, fol. 314v. – Ein nach Konfessionen geordnetes Verzeichnis der domkapitelischen und der Obleiuntertanen in Schwürbitz vom 25. Juni 1625: AEB, Rep. I, PfA 334, „Extract auß der verzeichnuß die pfarr Graitz bet[r].".
790 Vgl. StAB, B 86, Nr. 32, fol. 392r.
791 DAW, Dek. Ebern, VR 1612 (II), fol. 5r.
792 Ebd., VR 1600 (I), fol. 74r; ähnlich VR 1608 (II), fol. 221v.
793 Ebd., VR 1606 (I), fol. 213r; ähnlich VR 1607, fol. 217r; VR 1608 (III), fol. 5r; VR 1610 (II), fol. 237r; VR 1617, fol. 268r; VR 1618 (I), fol. 6v.
794 Ebd., VR 1606 (II), fol. 184v; ähnlich VR 1608 (III), fol. 5r.
795 Vgl. ebd., VR 1598, fol. 60r; VR 1602 (II9, fol. 9v; VR 1603, fol. 126r; VR 1610, fol. 237r.

Nachlässigkeit beim Meßbesuch, Arbeit an Feiertagen, Verzicht auf die Letzte Ölung – dies waren neben dem Verstoß gegen Fastengebote die Hauptklagen aller katholischen Pfarrer im Untersuchungsgebiet (und nicht nur hier[796]).

Es oblag den Pfarrern, ihren Pfarrkindern den katholischen Glauben nahezubringen, den sie, um nicht auswandern zu müssen, durch den Empfang der Kommunion sub una specie angenommen hatten; die Geistlichen mußten sie für diesen Glauben erst wirklich gewinnen. Daher werden im folgenden die Seelsorger vorgestellt, die vom Beginn der obrigkeitlichen Gegenreformation bis etwa 1630 im Untersuchungsgebiet wirkten[797].

### 6.3.1. Baunach

In Baunach folgte auf den 1598 verstorbenen Pfarrer Liborius Frankenhausen nicht sein wenige Wochen zuvor zum Priester geweihter Sohn Pankraz. Zwar wollte ihn der Propst von Holzkirchen ursprünglich auf die Pfarrei präsentieren[798], doch nahm er davon Abstand, als er erfuhr, daß der erst 22jährige Pankraz Frankenhausen in Würzburg die Weihe nur durch Betrug erlangt hatte (er hatte einen Schein vorgelegt, daß er das vorgeschriebene Alter von 25 Jahren bereits erreicht habe[799]). Die Pfarrei erhielt schließlich Johann Schad aus Fulda, der, unterstützt vom Päpstlichen Seminar seiner Heimatstadt, studiert hatte und wohl in Würzburg zum Magister promoviert worden war. Schad, der – als letzter Baunacher Pfarrer – im offenkundigen Konkubinat lebte[800], starb bereits im September 1599.

Darauf präsentierte der Holzkirchener Propst – zum letztenmal, denn 1603 kaufte der Bischof von Bamberg das Patronatsrecht – wiederum einen Priester aus Fulda, Martin Werner. Als Geistlichen „bonae vitae" charakterisierte ihn 1606 der Eberner Dekan[801]. Werner besuchte keine Feste im Anschluß an Taufen, keinen Leichenschmaus und Hochzeitsfeiern nur gelegentlich[802]. Er trug priesterliche Kleidung[803] und las die Horen[804]. In seinem Testament bedachte er die Bamberger Mendikantenklöster und Armenhäuser, die Fuldaer Spitäler und seine Pfarrkirche mit beträchtlichen Legaten. Ferner stiftete er einen Jahrtag für sich und ein Stipendium für „hochbedürftige und hülfloße studenten oder schuller"[805]. Somit legt noch Werners letzter Wille Zeugnis ab von seiner Frömmigkeit. Seinem Wirken war es wohl nicht zuletzt zuzuschreiben, daß in der Pfarrei nicht nur die bambergischen,

---

796 Vgl. Lang, S. 262–264.

797 Zu den Lebensdaten der Geistlichen vgl. Anhang 1.

798 Vgl. DAW, PfA Baunach, K 1, Fasz. 2, Brief von 1598 Sept. 17. – Einem Bericht des Baunacher Kastners zufolge hatte Pankraz Frankenhausen den „zentrichter, burgermeister und raht alhier, die gute verupfte zechbrider, mit einem gesauf biers dorzu beredet, das sy ihne [...] ein vorbittlichs schreiben an probsten zu Holzkirchen [...], das sy ihn der orten zu einem pfarrer wol dulden und leiden mögen, außgebracht". AEB, Rep. I, Nr. 330, fol. 562v.

799 Vgl. ebd., fol. 564v. In Bamberg hatte er sich außerdem Dimissoralien mit der Behauptung verschafft, „daß er in einer universitet noch ettliche jahr seine studia prosequiren wolle". DAW, PfA Baunach, K 1, Fasz. 2, Brief von 1598 Sept. 2.

800 „Parochus est manifesta propria confessione concubinarius, hatt ein khind bei 1 1/2 iahren alt". DAW, Dek. Ebern, VR 1599, fol. 67v. Über seine Nachfolger vgl. ebd., VR 1606 (I), fol. 210v; VR 1619 (II), fol. 249r; VR 1621, fol. 16v.

801 Ebd., VR 1606, fol. 210v.

802 Vgl. ebd., VR 1605 (II), fol. 170r.

803 Vgl. ebd., fol. 170v.

804 Vgl. DAW, Dek. Ebern, Generalia – Einzelakten, „Ecclesiae Baunnacensis [...] parochus [...] de punctis visitationis ruralis [...] respondet" 1610.

805 DAW, Testamente I, W 69.

sondern auch viele ritterschaftliche Untertanen den katholischen Glauben annahmen. Seinen Nachfolger ermahnten die geistlichen Räte in Bamberg: „Soll sovil guts thuen alß sein vorfahrer“[806].

Doch mit Peter Julius, der die Pfarrei 1619 übernahm, hatte die Bamberger geistliche Regierung mehr Schwierigkeiten. Julius war jüdischer Herkunft; 1580, als Achtjähriger, war er getauft worden, wobei Julius Echter die Patenstelle übernommen hatte. In Würzburg hatte er studiert; hier war er zum Magister promoviert und zum Priester geweiht worden. Die Baunacher Ratsmitglieder beschwerten sich 1621 über Julius, nachdem er sich zuvor in Bamberg über ihren nachlässigen Gottesdienstbesuch beklagt hatte. Der Pfarrer sei „durch seine fast alle son- und feyertag gethane predigen, darin er seine zuhörer mit zimblicher ungebür, heftigen schendens, schmehens [...] [antaste], selbsten uhrsacher [...], das die gemeine leyen ihme nit gern, sondern mit höchsten verdruß und vil lieber andern predigern, innsonderheit herrn pfarrern zue Güeßbach[807], nachlaufen und zuhören“[808]. 1627 hatte sich am Predigtstil offenbar nichts geändert[809].

1625 wurde Julius vorgeworfen, „stetigß mit den jüden zu hantirn, dardurch er sehr vertächtig wirdt, alß halte erß noch mit den juden in religionsachen“. Außerdem habe er in Vierzehnheiligen ohne Kasul zelebriert. Drei Inkuratbenefizien habe er inne, aber er halte nur zweimal in der Woche Messe[810]. Eine ähnliche Klage hatte der Rat schon 1621 geäußert[811]. Der Graben zwischen Seelsorger und Gemeinde war tief. 1627 meinte der Bamberger Oberschultheiß, daß Julius „sich gegen seinen pfarrkindern gantz und gar nit accomodiren wölle“[812].

Julius hatte die Pfarrei bis 1629 inne. Dann übernahmen die Seelsorge der ehemalige Propst des Augustinerchorherrenstifts Wettenhausen, der wegen seiner Herrsch- und Verschwendungssucht 1628 abgesetzt worden war und seinen Wohnsitz nach Bamberg verlegt hatte, und ein Konventuale, der ihn begleitet hatte. Über ihr pastorales Wirken ist kaum etwas bekannt.

Hatte der bis 1597 in Baunach tätige Kaplan „gute commendationes“[813], so boten seine Nachfolger im frühen 17. Jahrhundert nicht selten Ärgernis. Ab 1605 wirkte der bereits erwähnte Pankraz Frankenhausen in Baunach für sieben bis acht Jahre als Kaplan. Der Dekan von Ebern urteilte über ihn, es gebe „seyner persohn kein klag, ausser das er dem wein etwas ergeben“[814]; ferner lebte er im Konkubinat.

Sein Nachfolger fiel 1614 oder Anfang 1615 vom katholischen Glauben ab und wurde evangelischer Geistlicher[815]. 1615 war für einige Monate Georg Jesaias Ruelius in Baunach Kaplan. Ruelius, wie der Pfarrer in Fulda beheimatet, hatte in Erfurt studiert und im

806 AEB, Rep. I, Nr. 745, fol. 314r.
807 Breitengüßbach.
808 AEB, Rep. I, Nr. 330, fol. 578r–v.
809 Vgl. AEB, Rep. I, Nr. 745, fol. 552v: „Berichten burgermaister und rath, daß pfarrer und caplan sie alle feyrtäg uf der cantzell zum hochsten ausschendten, also daß sie keinen lust mehr in sein predig haben.“ Auch fol. 566v: Über 30 Bürger klagten, daß ihr Pfarrer „uf der cantzell nichtß anderst konne alß schendten und schmehen“.
810 Ebd., fol. 272r.
811 AEB, Rep. I, Nr. 330, fol. 580r: Der Pfarrer nehme die Einkünfte der Früh- und der Engelmesse ein, halte „entgegen weder früe- oder englmeß“.
812 AEB, Rep. I, Nr. 745, fol. 584r.
813 Ebd., Nr. 735, fol. 123r.
814 DAW, Dek. Ebern, VR 1612 (II), fol. 3v.
815 Vgl. DAW, PfA Baunach, K 1, Fasz. 2, „Ad disquisita ruralis visitationis [...] respondet Martinus Werner“ 1615.

Hochstift Würzburg bereits eine Pfarrei innegehabt. Im folgenden Jahr unterstützte ein Banzer Konventuale den Pfarrer in der Seelsorge.

1617 kam, nachdem Werner längere Zeit ohne Hilfsgeistlichen gewesen war[816], wieder ein Fuldaer als Kaplan nach Baunach, Ekhard Wagner. Nach einigen Monaten bemängelte der Pfarrer, er lasse sich „offtermals weltliche geschäfften unnd actus zur ungebühr, auch abbruch unnd schmelerung seiner priesterlichen würden unnd authoritet angelegen sein"[817]. Über den nächsten Kaplan, den der Würzburger Generalvikar dem Pfarrer zugeordnet hatte, berichtete dieser Anfang 1619, er habe „sich so unpriesterlich unnd epicurisch verhalten, das ihn der Allmechtig an händt unnd füßen [...] erlamen laßen"[818].

Insgesamt betrachtet, wechselten zwischen 1612 und 1619 die Kapläne recht häufig. Dabei standen dem Pfarrer, der den tridentinischen Anforderungen im wesentlichen entsprach, junge Priester mit einem eher schlechten Lebenswandel zur Seite.

Aus der Zeit des Pfarrers Julius ist nur ein Kaplan bekannt, Paul Hetzel aus Gemeinfeld. Wie jener geriet er mit dem Amtmann von Stiefenberg und mit dem Baunacher Rat in Streit, nicht zuletzt, weil er wie der Pfarrer bei seinen Predigten über die Pfarrkinder, namentlich den Rat, herzog[819].

Neben Pfarrer und Kaplan lebte im frühen 17. Jahrhundert kein katholischer Geistlicher im Pfarrsprengel. Die Engelmesse und wohl auch die Frühmesse in Baunach waren dem jeweiligen Pfarrer verliehen – nur im Fall von Julius ist dies ungewiß –; über die Inhaber (oder die anderweitige Verwendung) der übrigen Inkuratbenefizien ist nichts bekannt.

### 6.3.2. Rattelsdorf

1592 wurde in Rattelsdorf, nachdem der Würzburger Kanoniker Dr. Magnus Faber und dann der Bamberger Chorherr Heinrich Esel die Pfarrei für mehrere Wochen versehen hatten, als katholischer Pfarrer Johann Aichler eingesetzt. Er lebte wohl – ebenso wie Esel[820] – im Konkubinat. Als Mann „parvi momenti" schätzte ihn der Dekan von Ebern ein und schlug vor, die Pfarrei dem Inhaber der Frühmesse Reckendorf zu übertragen[821]. Ihn präsentierte der Abt von Michelsberg. Dieser hätte, so erklärte er, Aichler „wol lenger leiden mögen", weil er „eben zu der zeit, do unsere underthane zu Rattelßdorf am allerunruigsten gewesen, sich deß orths gebrauchen lassen". Aber es sei „anitzo am allerhöchsten und maisten vonnöten, das [...] unsere underthane nit allein im glauben erhalten, sondern auch andere, so noch in ungehorsam und falschen wahn stecken, durch rechte vleissige und unwiderlegliche information und lehr sowoln durch ein priesterlich exemplarisch und unstrefflich leben herzugebracht werden"[822]. Aichler genügte also von seiner theologischen Qualifikation wie von seinem Lebenswandel her nicht den Ansprüchen, die zur Festigung der Konvertierten im Glauben und zur Bekehrung der Protestanten notwendig erschienen. Inwieweit sein Nachfolger, Johann Busch, die Erwartungen von Dekan und Abt erfüllte, ist unklar.

---

816 Vgl. DAW, Dek. Ebern, VR 1616, fol. 261v; VR 1617, fol. 265v.
817 DAW, PfA Baunach, K 2, Fasz. 34, Brief von 1617 Okt. 31.
818 Ebd., Fasz. 24, Brief von 1619 Febr. 15.
819 Vgl. AEB, Rep. I, Nr. 745, fol. 431r, 456r, 552v, 554r.
820 Esel ließ, als er in Rattelsdorf wirkte, seine Konkubine in Bamberg. Vgl. StAB, B 110, Nr. 39, fol. 157v–158v.
821 DAW, Dek. Ebern, VR 1594, fol. 44r.
822 StAB, B 110, Nr. 37, fol. 465v–466r. Einen Priester „mitt gutter lehr und wandel" wünschte sich 1600 auch die Pfarrgemeinde. Ebd., Nr. 42, fol. 279v.

Nach Buschs Tod im Jahr 1599 präsentierte der Michelsberger Abt Sebastian Gloß auf die Pfarrei. Gloß stammte aus Salzburg, hatte in Graz und Passau studiert und war von seinem Fürsterzbischof nach Rom an das Collegium Germanicum geschickt worden, das er nach fünf Jahren als Priester verlassen hatte. Bereits im folgenden Jahr, 1594, finden wir ihn in Franken, wo er mehrere Pfarreien versah. Nirgends blieb er lange, denn er war nach Darstellung der Rattelsdorfer „ein gar zenckhisch man, der sich an keinem ort mit den leuthen vertragen khönnen“[823]. Auch in Rattelsdorf geriet Gloß rasch in Streit mit seiner Pfarrgemeinde und mit dem Schulmeister. Über ihn und über die Ebinger beklagte er sich Anfang 1600 beim Abt[824]. Kurz darauf beschwerten sich die Gemeinden Rattelsdorf und Ebing mehrmals über Gloß: Er beherberge häufig unbekannte Fremde, was seinen „priesterlichen ehren nachtheilig“ sei. „Durch sein teglich unzimblich potation“ errege er „gantz große ergernus“. Bei einer Hochzeitsfeier sei er betrunken „unter den disch gefallen“[825], habe aber noch am selben Tag ein Kind getauft, wobei er beinahe selbst in das Taufbecken gestürzt wäre. Am folgenden Tag habe er das Kind erneut getauft; „ob dieses nicht anabaptisirt heiße“, fragte sich die Gemeinde[826]. Die Frühmesse in Rattelsdorf lese er, obwohl er diese Pfründe innehatte, „gar selten“[827]. Ferner könne „einer, der nicht ein scharpf gehör und vleißig aufmercken hat, aus seinen predigen (wegen der frembdten bayrischen sprach) nichts oder gar wenig fassen“. Deshalb blieben viele daheim oder gingen in benachbarte katholische Pfarrkirchen zur Predigt[828].

Es war wohl vor allem die Folge von Gloß' Verhalten, wenn er, wie er 1601 klagte, von seinen Pfarrkindern beleidigt wurde, wenn die Hälfte von ihnen 1600 die Kommunion nicht empfing und der Gottesdienstbesuch schlecht war, wenn niemand an „den processionen umb die kirchen“ und den „furnembsten hoehen festen des jars processionen“ teilnahm, wenn in der Kirche während des Gottesdienstes „allerlei ärgerliche insolentz und mutwillen [...] geubet“ wurde[829].

Als Sebastian Gloß gegen Ende des Jahres 1603 gestorben war, bewarb sich Abraham Schrepfer um die Pfarrei. Nach einer Probepredigt, mit der die Rattelsdorfer „wol zufrieden“ waren[830], präsentierte ihn der Abt. Schrepfer, 1575 in Bamberg geboren, hatte wie sein Vorgänger das Germanicum besucht, war in Rom zum Priester geweiht und zum Doktor des kanonischen Rechts promoviert worden. Anders als Gloß hatte Schrepfer einen guten Lebenswandel[831]; er besuchte weder Tauffeiern noch andere Feste[832]. Unter ihm empfingen denn auch die meisten Pfarrkinder alljährlich die Kommunion sub una specie; der größte Teil der Gemeinde kam zum Gottesdienst und blieb „bies zum endt“[833]. 1608 resignierte Schrepfer die Pfarrei Rattelsdorf; ihm wurde die Pfarrei Staffelstein übertragen, wo er aber weniger Anklang fand. Schon bald ermahnte ihn das Bamberger Domkapitel, „bei euern pfarrkindern und anbevohlenen seelen waß vleißiger alß bishero beschehen [zu] bleiben,

---

823 Ebd., fol. 282v.
824 Vgl. ebd., fol. 174r–176v, 185v–192r.
825 Ebd., fol. 280v. Auch der Schulmeister berichtete 1601 dem Abt, daß der Pfarrer „sich uf hochzeiten und andern ehrlichen malzeiten [...] mit dem lieben wein dermassen belade, das er unter tisch unnd bänckh falle und sich anderst nicht dan wie animal irrationabile, menniglich zu einem spectacul erzeige“. Ebd., fol. 349r.
826 Ebd., fol. 281r.
827 Ebd., fol. 281v.
828 Ebd., fol. 192v–193r; vgl. auch fol. 282r–v.
829 Der umfangreiche Brief Gloß' ebd., fol. 328r–335v.
830 StAB, B 110, Nr. 43, fol. 208r.
831 „Ist pfarrer bonae vitae.“ DAW, Dek. Ebern, VR 1606 (I), fol. 211v.
832 Vgl. ebd., VR 1604 (II), fol. 152r.
833 StAB, B 110, Nr. 43, fol. 436r.

auch nicht in dem landt tanquam vagabundus herumb[zu]raisen"[834]. 1617 befanden Beauftragte des Kapitels, „das mann zwar an seinem priesterlichen leben kein bedencken habe, im praedigen aber sey er dermassen seicht und schlecht, das nach verleßenem evangelio fast alle zuhörer hinaus und an andere ort laufen"[835]. Im folgenden Jahr wurde Schrepfer wegen seiner unzulänglichen Predigten sogar abgesetzt.

In Rattelsdorf war ihm 1608 Peter Detscher aus Kronach als Pfarrer nachgefolgt, der sich bereits als Kaplan in Staffelstein bewährt hatte[836]. Sein Lebenswandel war einwandfrei, an Hochzeitsfeiern und anderen Festen nahm er nicht teil[837]. Den Haushalt führte ihm zunächst eine alte Frau[838], dann seine Schwester[839]. Beschwerden über ihn gingen beim Abt nicht ein. 1619 verließ er Rattelsdorf, nachdem er Pfarrer von Staffelstein geworden war.

Nun präsentierte der Michelsberger Abt Konrad Haberkorn aus der Erzdiözese Mainz auf die Pfarrei. Ihn hatte der Dekan des Stiftes Forchheim empfohlen: Haberkorn sei „ein redlicher ehrlicher priester"[840]. Doch hatte er eine Konkubine[841]; es handelte sich wohl um die 1621 erwähnte Magd, „welche allerley gezenckh, widerwillen und uneinigkeit anrichten [...] thue" und der der Pfarrer „in allem" glaube. Zwar befahlen ihm die geistlichen Räte zu Würzburg, „sie demnechst ab und von sich zu schaffen"[842], und er gehorchte, doch kehrte sie nach einigen Monaten zurück[843]. Im übrigen scheint Haberkorn aber erfolgreich gewirkt und mit der Gemeinde gut ausgekommen zu sein.

Letzteres erwies sich 1622: Als der Schulmeister, den die Gemeinde ohnedies für unqualifiziert und nachlässig hielt, im Streit den Pfarrer schlug[844] und dieser den Rattelsdorfern unmißverständlich erklärte, „wan sie den schulmeister behielten, wehr er ihr pfarrh[err] geweßen"[845], stellte sich die Gemeinde hinter ihren Seelsorger. Aufgrund einer vom Kastner – einem Schwager des Schulmeisters – verbotenen Gemeindeversammlung wurden die Dorf- und Viertelmeister auf den Michelsberg geladen[846], doch über 100 Personen begleiteten sie zum Kloster, um den Abt um die Absetzung des Schulmeisters zu bitten. Sie alle wurden als Aufrührer festgenommen[847]; auch der Pfarrer kam in Haft[848]. Wieder freigelassen, überredeten ihn die geistlichen Räte in Würzburg, „vonn der pfarr guetwillig abzustehen"[849].

Nach mehrmonatiger Vakanz erhielt die Pfarrei Rattelsdorf Wolfgang Heinrich Graser, der zuvor in Strullendorf Pfarrer gewesen war. Abgesehen davon, daß er im Konkubinat lebte[850], erregte er offenbar keinen Anstoß.

---

834 StAB, B 86, Nr. 27, fol. 125r–v.
835 Ebd., Nr. 30, fol. 170v.
836 Vgl. ebd., fol. 314r–v, 316r–v.
837 Vgl. StAB, B 110, Nr. 43, fol. 435v.
838 Vgl. DAW, Dek. Ebern, VR 1610 (II), fol. 236r.
839 Vgl. ebd., VR 1617, fol. 267r; VR 1619 (II), fol. 254r.
840 StAB, B 49, Nr. 153, Fasz. 8, Prod. 41; auch StAB, B 110, Nr. 45, fol. 177r.
841 „Sagt pfarrer zue Staffelstein, habe ein concubin er [= Haberkorn] bey sich, hatt sie von Buttenheim den edenleuthen [!] entfürt. Hat eine zue Erfort" – dort hatte er studiert –, „mit deren er ein sohn erzeugt, den er ietzt bey sich." DAW, Dek. Ebern, VR 1619 (I), fol. 283v.
842 StAB, B 110, Nr. 45, fol. 316r.
843 Vgl. ebd., fol. 479r.
844 Vgl. StAB, B 49, Nr. 153, Fasz. 2, Brief von 1622 Aug. 18; auch StAB, B 110, Nr. 45, fol. 474v–477r.
845 Ebd., fol. 461r; vgl. auch fol. 468r.
846 Vgl. ebd., fol. 468r–v.
847 Vgl. ebd., fol. 468v, 472r–v; AEB, Rep. I, Nr. 744, fol. 393r.
848 Vgl. ebd., fol. 396v.
849 StAB, B 49, Nr. 153, Fasz. 8, Prod. 46.
850 Vgl. DAW, Dek. Ebern, VR 1627 (I), pag. 8; VR 1630, fol. 389r.

Ein Kaplan stand keinem Rattelsdorfer Pfarrer zur Seite. Die beiden Frühmessen im Pfarrsprengel hatte zumeist der jeweilige Pfarrer inne; lediglich das Ebinger Benefizium war von 1604 bis 1609 in Händen eines Priesters, der zunächst in Hallstadt, dann in Hollfeld als Pfarrverweser wirkte. Um diese Pfründe zu erhalten, legten die Bewerber zuweilen nicht gerade geistliche Würde an den Tag. 1599 baten vier Männer – darunter ein 14jähriger Schüler – die Gemeinde Ebing „hefftig", sie auf die Frühmesse zu präsentieren; ein Bewerber, der Pfarrer von Hallstadt, bot den Ebingern dafür sogar 100 Gulden[851].

## 6.3.3. Döringstadt

Nachdem der Pfarrverweser von Altenbanz, dann ein ihm zugeordneter Kaplan die Pfarrei Döringstadt versehen hatten, zog auf Drängen der Gemeinde der Pfarrer Anfang 1595 nach Döringstadt, verhielt sich aber „so unbescheiden", daß sein Hauswirt seinen Nachfolger, Michael Winkler, der obendrein eine Konkubine und fünf Kinder hatte, nicht mehr aufnahm und dieser nach Ebensfeld ziehen mußte, denn das Pfarrhaus sperrte die Gemeinde[852]. Nach Winkler erhielt Johann Zell die Pfarrei. Er gab sie jedoch bald wieder auf; im August 1597 wurde er wegen seines Lebenswandels des Hochstifts Bamberg verwiesen[853].

Ebenfalls nur wenige Monate, von September 1597 bis Mai 1598, war der Bamberger Domvikar Pankraz Langner Pfarrer von Döringstadt; er konnte im Ort wohnen, nachdem 1596 eine Selde als Pfarrhaus angekauft worden war[854]. Ihm folgte als Pfarrer Benedikt Westermaier nach, der aus Braunau in der Diözese Passau stammte und 1597 in Bamberg zum Priester geweiht worden war. Anders als Langner lebte er wohl nicht im Konkubinat[855]; im übrigen bleibt er für uns farblos.

Um 1603 erhielt Nikolaus Sartorius die Pfarrei, der in Würzburg ausgebildet und geweiht worden war. Als „armselig" charakterisierte er 1606 sein Leben in Döringstadt; „wenig gesunde stund" habe er hier gehabt. Sein Verhalten war gut: „Er dantze nichts, sovil müglichen bekleidt er sich priesterlich"[856]. Schwierigkeiten bereitete dem Pfarrer die nicht zu Ende geführte Katholisierung seiner Gemeinde. Am 25. Juni 1606 erklärte er deshalb von der Kanzel herab, daß „er dieselbe von stundt an nicht mehr betretten will", den „er wisse der catholischen religion unnd lutherischen secten zweyerley weiß der praedicatur nicht vorzustehen, sondern soll hiemit zue Döringstat alß in der pfarkirchen sein valetpredig sein". Fortan werde er den sonn- und feiertäglichen Gottesdienst in Eggenbach feiern, da der Michelsberger Abt die dortigen Einwohner zur Annahme des katholischen Glaubens gebracht habe[857]. Wie lang er die angekündigte Praxis aufrechterhielt, ist unklar. 1608 oder 1609 verließ Sartorius Döringstadt oder starb.

Nach ihm versah Wolfgang Gösler, Doktor beider Rechte, der zuvor Pfarrer von Seligenstadt gewesen war, für längstens ein Jahr die Pfarrei. Über seine seelsorgerische Tätigkeit

851 StAB, B 110, Nr. 42, fol. 87v–88r.
852 Siehe oben S. 142.
853 Vgl. Wachter 11374.
854 Vgl. StAB, A 232, Nr. 3666, Einnahmen an Handlohn und Ausgaben. – 1599 wird der Pfarrhof als „gar baufellig" bezeichnet. DAW, Dek. Ebern, VR 1599, fol. 67r. 1604 heißt es: „Pfarrhauß gar böß, nicht 30 f wert." Ebd., VR 1604 (I), fol. 142r.
855 Vgl. ebd., VR 1598, fol. 62r; VR 1599, fol. 67r („Familia 1 alt weyb").
856 Ebd., VR 1606 (III), fol. 192v–193r. – Wegen Krankheit hatte Sartorius 1604 seine Pfarrei tatsächlich für einige Zeit verlassen müssen. Vg. StAB, B 93, Nr. 28, fol. 340v.
857 StAB, ex J 3, Nr. 225, Fasz. 2, fol. 197r.

und seinen Lebenswandel wissen wir nichts. Ebenso wenig ist über das Wirken der folgenden Pfarrer, des Banzer Konventualen Wolfgang Amandus und des Weltpriesters Johann Bayner, bekannt.

Leonhard Röder, der 1615 auf die Pfarrei präsentiert wurde und sie bis 1632 versah, hatte in Prag studiert und war Vikar am Bamberger Stift St. Stephan. Seit 1621 gibt es Hinweise darauf, daß er im Konkubinat lebte[858]. Seine „kochin hat schir jerlich ain kint", stellte ein Bamberger Beamter, wohl der Fiskal, 1624 fest[859]. Die Döringstadter erzählten 1626, „das vor disem ein verdachtige magd von Bamberg aus offterer zue ime kommen, unnd er auch offterer nacher Bamberg lauf, mach sich auch mit jungen dombherren alda sehr gemein"[860]. In seiner Gemeinde nahm er an Festen teil, wenn er eingeladen war[861].

### 6.3.4. Altenbanz

Die Pfarrei Altenbanz hatten im frühen 17. Jahrhundert, wie seit langem üblich, Domherren inne: bis 1608 Johann Gerwig Graf von Schwarzenberg, dann Adam Groß von Trockau, der aber bereits 1609 starb, schließlich der Bamberger Domdekan (ab 1610 Dompropst) Johann Christoph Neustetter († 1638).

Obwohl ihnen die Pfarrei beträchtliche Summen eintrug[862], wandten sie kaum etwas für ihre Pfarrkirche auf. Es seien, berichtete der Banzer Abt 1618, „der kirchthurn, beinhaus, ja fast die ganze kirchen sambt der grösten glockhen [...] in baufelligkeit unnd abgang gedyhen"; eine „reparation" sei dringend erforderlich[863]. Doch Neustetter unternahm nichts. Nach acht Jahren schrieb der Abt an einen Bamberger Hofrat, man müsse „sich daruber [...] verwundern", daß „nicht vorlangst alles ubern haufen gefallen"; der Dompropst als Pfarrer möge etwas unternehmen[864]. Doch als ihm im folgenden Jahr der Würzburger Bischof vorhielt, er habe „bißhero der pfarr [...] umb ein stattliches genossen, aber noch zur zeit dahin das geringste nicht angewendet"[865], entgegnete Neustetter, der Bischof solle „unbeschwert" bauen, er selbst dachte aber offenbar nicht daran, die Baukosten zu tragen. Lediglich für die Ergänzung des mangelhaften Ornats wollte er sorgen[866]. Doch der Bischof drängte weiter: Eine Reparatur könne dem Dompropst „gegen denen umb sovil tausendt gulden wehrt eingeheimbsten nutzen [...] nit schwer fallen"[867]. Schließlich, im Juni 1628, erklärte Neustetter sich bereit, die „materialien" für den Bau zu beschaffen[868]. Ob die Pfarrkirche im folgenden renoviert wurde, ist unklar; die Hauptlast hätten dann wohl das Kloster Banz und die Pfarrgemeinde getragen[869].

---

858 Vgl. DAW, Dek. Ebern, VR 1621, fol. 10v.
859 AEB, Rep. I, Nr. 343, fol. 100r.
860 DAW, Dek. Ebern, VR 1626, fol. 332r.
861 Vgl. ebd., VR 1621, fol. 10v.
862 Der Altenbanzer Pfarrverweser gab 1618 an, der Pfarrer erhalte jährlich etwa 1400 Gulden. Vgl. DAW, Dek. Ebern, VR 1618 (I), fol. 6v. Dem Verweser zahlte er 1606 90 Gulden und ein Fuder Wein im Jahr; ferner war ihm ein Pfarrfeld zur Nutzung überlassen. Vgl. ebd., VR 1606 (III), fol. 201r.
863 AEB, Rep. I, PfA 11, Fasz. 1, fol. 1r; auch StAB, B 93, Nr. 32, fol. 6r. – Der Pfarrverweser hatte 1606 und 1607 angegeben, die Kirche sei „an der bedachung böß". DAW, Dek. Ebern, VR 1606 (II), fol. 185r; VR 1607, fol. 217r. 1617 charakterisierte er sie jedoch als „gut unnd wol gezirt". Ebd., VR 1617, fol. 268r.
864 StAB, B 93, Nr. 35, fol. 460v–461r.
865 AEB, Rep. I, PfA 11, Fasz. 1, fol. 4r.
866 Ebd., fol. 5r–v.
867 Ebd., fol. 11r.
868 Ebd., fol. 13v.
869 Vgl. StAB, B 93, Nr. 36, fol. 366r, 392v–394v.

Nachdem der Pfarrverweser Melchior Banfelder 1593 Altenbanz verlassen hatte und vom katholischen Glauben abgefallen war, übertrug Graf Schwarzenberg die Seelsorge dem Pfarrer von Döringstadt, Johann Buchs, der nach Altenbanz zog, die Pfarrei Döringstadt aber zunächst beibehielt. Büchs lebte – wie vor ihm Banfelder[870] – im Konkubinat. 1594 vermutete der Würzburger Fiskal, er könnte „zum abfall geraten"[871]; Büchs widersprach dem jedoch: er würde niemals „apostatieren". 1595 gab er seine Verweserstelle auf, wohl auch, weil er dem Grafen nicht mehr „ahnnemblich" war[872].

Der nächste nachzuweisende Pfarrverweser, Michael Leipoldt, stach in seinem Lebenswandel vorteilhaft von seinen Vorgängern ab: Ihm führte seine Mutter den Haushalt[873]; eine Konkubine hatte er wohl nicht. Keinen Anlaß zur Kritik bot wohl auch der Lebenswandel des Würzburger Domvikars Martin Stösser, der die Pfarrei von etwa 1604 bis 1626 versah. Als Haushälterin hatte er eine alte Frau[874]; 1619 lebte außerdem seine Nichte im Pfarrhaus[875]. Er trug priesterliche Kleidung, und sagte über sich: „Khein dantzen wird von mir gesehen."[876] An Tauffeiern nahm er nur selten teil[877]. Die Schöffen des Banzer Zentgerichts – als Vertreter der Pfarrgemeinde – lobten bei Stössers Weggang sein seelsorgerliches Wirken, das sogar die benachbarten Protestanten anerkannt hätten[878]. Allerdings hatte sich Stösser, wie ihm der Pfarrer und der Abt von Banz nach seinem Tod vorwarfen, wenig um den Bauzustand der Pfarrkirche gekümmert. Aufgrund seines Schweigens seien Maßnahmen gegen den Verfall unterblieben[879]. 1625 wollte Neustetter Stösser absetzen, wohl wegen Spannungen zwischen dem Verweser und seinen Pfarrkindern. Doch Stösser verließ Altenbanz im Frühjahr 1626 von selbst, um nach Würzburg zu ziehen.

Der Banzer Abt hatte im September 1625 seinen Konventualen Johann Müller als Pfarrverweser empfohlen. Es könne „villeicht ein bessere consonantz zwischen einen [...] pfarrverwesern und dem pfarrvolckh gepflantzt undt conservirt werden [...], da solche pfarr mit einem meiner conventualn, uff dene ich stündtliche uffsicht haben köndte, ersezt würde"[880]. Doch blieben Konflikte zwischen Müller, der die Seelsorge nach Stössers Abzug für mindestens fünf Jahre übernahm, und seinen Pfarrkindern nicht aus. 1628 beklagten sich mehrere Untertanen im Kloster, daß ihr Seelsorger sie bei „vermeinten excessen", vor allem wegen Feiertagsarbeit, bestrafe. Dabei, so hielt ihm der Banzer Sekretarius vor, habe er „einen solchen rigorem vermerckhen laßen [...], welcher den armen leuthen nicht allein allzue beschwerlich, sondern auch dem closter zue nachtheil [...] geraichen möchte"[881]. Das Kloster werde künftig die Strafpraxis kontrollieren[882]. Müller hielt seine Verdienste dagegen: Er habe durch Strafandrohung seine „pfarrkinder in solchen gehorsam gebracht, das nit bald einer ohne sonderbare uhrsach den gottesdinst versaumbt", während früher „ein mancher [...] im ganzen jahr uber 2 mahl" nicht zur Messe erschienen sei[883].

870 Vgl. DAW, Dek. Ebern, VR 1590 (II), fol. 57v: „Hatt sein concubinam [...] wieder abgeschafft."
871 AEB, Rep. I, PfA 130, Konz. von 1594 Febr. 17.
872 Ebd., Brief von 1594 März 9.
873 Vgl. DAW, Dek. Ebern, VR 1598, fol. 60r; VR 1599, fol. 67r; VR 1602 (II), fol. 10r; VR 1603, fol. 126r.
874 Vgl. ebd., VR 1607, fol. 217r; VR 1610 (II), fol. 237r; VR 1618 (I), fol. 6v; VR 1619 (I), fol. 284v.
875 Vgl. ebd., VR 1619 (II), fol. 251v.
876 Ebd., VR 1606 (III), fol. 201v.
877 Vgl. ebd., VR 1621, fol. 7r.
878 Vgl. StAB, B 93, Nr. 35, fol. 326v–327r.
879 Vgl. AEB, Rep. I, PfA 11, Fasz. 1, fol. 13r, 15r.
880 StAB, B 93, Nr. 35, fol. 246r.
881 Ebd., Nr. 36, fol. 523r.
882 Vgl. ebd., fol. 523v–524r.
883 Ebd., fol. 527r.
884 AEB, Rep. I, Nr. 740, fol. 125r.

## 6.3.5. Marktzeuln

Der 1609 eingesetzte katholische Pfarrer von Marktzeuln, Konrad Pfendner, konnte – wie erwähnt – auf ein turbulentes Leben zurückblicken. In Marktzeuln zeigte er „große unbescheidenheit", wie der Schultheiß 1611 beklagte, nicht nur ihm, sondern auch der Pfarrgemeinde gegenüber. Dadurch gebe der Pfarrer „merckhliche ursach [...] zu ungehorsamb in religionssachen"[884]. Bald darauf verließ Pfendner Marktzeuln, nachdem er sich schon im Juli 1610 um eine andere Pfarrei bemüht hatte[885].

Sein Nachfolger, Johann Minderlein aus Ebermannstadt, der in Dillingen zum Magister promoviert worden war, hatte erst kurz vor der Übernahme der Pfarrei Marktzeuln die Priesterweihe empfangen. Als „ein feine anmutige persohn" charakterisierte ihn 1612 der Dekan von Ebern[886]. In Bamberg gingen jedoch des öfteren Klagen über ihn ein. Der Marktgraitzer Pfarrer bemängelte Ende 1613, er habe seinen Marktzeulner Amtsbruder gebeten, nach seinem Vorbild Prozessionen abzuhalten, „aber hats biß dato [...] nit gethan"[887]. Im Februar 1614 beschwerte sich ein katholischer Schwürbitzer, der ehemalige Vogt am Brandt und Schultheiß von Marktzeuln, der Pfarrer habe ihn „offentlich uff der cantzell ein schelm und diep, auch einen ertzdiep gescholten". Ein Marktzeulner behauptete, Minderlein habe ihn „mit schlagen sehr ubel tractirt"[888]. Der Pfarrer wurde darauf nach Bamberg geladen – auf dem Weg dorthin war er „wie ein soldat" gekleidet – und bei Wasser und Brot ins Gefängnis gesperrt[889].

Die heftigsten Klagen gegen den Pfarrer brachte aber die Gemeinde 1615 bei den Herzögen von Sachsen-Coburg und Sachsen-Eisenach vor. Als Gast bei Hochzeiten oder anderen Festen verhalte er sich „sewisch". Ferner setze er sich „uf ofener gaßen bey tag, wann er den kragen gefullet, mit den kleidern und seinem pristerlichen habit [...] in kott, rufet andern, das dieselben sich zur gesellschafft zu ihme setzen". Oft blieben Kinder mehrere Tage ungetauft, bis er „seine schmäuß und fraaß volnbracht". Frauen nehme er „die hauben und stauchen", jungen Männern „und jungfrauen ihre uf den heubtern unnd hutten tragennde kräntze" vom Kopf, trage sie in den Pfarrhof und gebe sie erst nach Tagen wieder heraus, oft beschädigt[890]. Selbst wenn die Verfasser des Briefes übertrieben, werden ihre Aussagen wohl im Kern zugetroffen haben.

Dennoch war Minderlein durchaus nicht unbeliebt in der Gemeinde. 1616, nach seinem Weggang, äußerte ein Schneider aus Marktzeuln, er sei „sonst ein gueter mann gewesen". Oft habe er ausdrücklich gesagt, „es dörfte ihme keiner zu gefallen beichten"[891].

1615 resignierte Minderlein die Pfarrei. Das kam keineswegs überraschend, denn schon im September 1612 hatte er erklärt, er wolle „nit lenger alda verbleiben"[892]. Im März 1616 wurde die Pfarrei wiederum einem jungen Priester übertragen, Adam Julius Scharr. Sein Vater war katholischer Pfarrer von Pottenstein gewesen; nach dessen Tod im Jahr 1604 war er in Dorfprozelten aufgewachsen. Erfahrungen als Seelsorger hatte er als Kaplan in Scheßlitz, als Pfarrer von Zeyern und als Kooperator in Vilseck gemacht.

---

885 Vgl. ebd., fol. 72r.
886 DAW, Dek. Ebern, VR 1612 (II), fol. 3r.
887 StAB, B 49, Nr. 117, Schulstelle, Prod. 2.
888 AEB, Rep. I, Nr. 742, fol. 84r.
889 Ebd., fol. 85r.
890 StAC, LA D 1322, fol. 325v–326r.
891 StAC, LA D 1181, fol. 72r.
892 AEB, Rep. I, Nr. 741, fol. 53v.

Bereits im November 1616 ermahnte ihn der Bamberger Fürstbischof, er solle „seines berufs unnd priesterlichen ambts [...] mit vleis unnd beschaidenheit abwarten“[893]. Und wenige Wochen später erhielt er von den Bamberger geistlichen Räten erneut einen „guete[n] filtz“, als er nämlich mit dem Schulmeister in Streit geraten war, woran nach Einschätzung der Räte beide Schuld trugen[894]. Der Marktgraitzer Pfarrer beschwerte sich über ihn, er tue ihm „unleidlichen eintrag“, indem er – wie schon der evangelische Pfarrer Haselmann[895] – Kinder aus Lettenreuth, Neuensee und Schwürbitz taufte und Paare aus Orten des Marktgraitzer Sprengels traute; dem eigentlich zuständigen Pfarrer entgingen so Stolgebühren[896]. Ein vorteilhafteres Bild von Scharr zeichnete 1619 der Schultheiß von Marktgraitz: Er habe von ihm „bies dato [...] nichts unrechts gehört“; auch „mit verdächtigen personen“ – gemeint war eine Konkubine – sei der Pfarrer „nicht beruchtet“[897].

Während Scharr anfangs geglaubt hatte, „mit den Zeulnern wol außzukommen“[898], wollte er seit Oktober 1619 die schwierige Pfarrei wieder verlassen[899]. Dies gelang ihm jedoch erst ein halbes Jahr später. Ihm folgte als Pfarrer Michael Müller nach, der zuvor in Gremsdorf gewirkt hatte. Müller, wegen dessen „ergerlichen lebens“ sich der Schulmeister im März 1621 in Bamberg beklagte[900], blieb nur bis zum Herbst 1622. Erst nachdem er mehrere Monate „hin und wieder vagirt“ war[901], wurde ihm wieder eine Pfarrei übertragen.

Nach Müllers Fortgang erhielt Kaspar Sartorius aus Bamberg die Pfarrei Marktzeuln, der den Grad eines Magisters erworben hatte und erst wenige Tage zuvor zum Priester geweiht worden war. Wie 1611 übernahm also ein unerfahrener Geistlicher die noch zum größten Teil evangelische Pfarrei.

Nach der Katholisierung von Marktzeuln im Jahr 1624 hielt der Bamberger Bischof einen qualifizierten Pfarrer für notwendig[902]. Sartorius genüge den Erfordernissen nicht, stellten bischöfliche Beauftragte im August dieses Jahres fest: Er sei „concionandi [...] dem volck nit annemblich“. Zwar sei er „nuchtern discretus genug“, betrunken verhalte er sich aber „ghar unnutz, zanckisch, unexemplarisch und begert zuzuschlagen“[903].

Sartorius scheint sich angesichts der Gefahr, die Pfarrei zu verlieren, gebessert zu haben. Jedenfalls berichtete der Lichtenfelser Vogt im Mai 1625 nach Bamberg, es sei „anitzo an dem pfarrer zu Zeulen kein mangel“[904]. So behielt er die Pfarrei Marktzeuln bis 1631.

### 6.3.6. Marktgraitz

Johann Veit Beulwitz, wohl der Sohn eines Bamberger Domvikars, wurde, nachdem er in Hallerndorf als Pfarrer gewirkt hatte, im November 1609 in Marktgraitz eingesetzt. Hier führte er jedoch, wie Kilian Schauer namens der Pfarrgemeinde an den Herzog von

---

893 Ebd., Nr. 743, fol. 92v.
894 Ebd., fol. 129r, dazu 125v–126r.
895 Vgl. AEB, Kbb. Marktzeuln, Bd. 1.
896 DAW, Dek. Ebern, VR 1618 (I), fol. 6r; vgl. auch AEB, Rep. I, Nr. 743, fol. 326r; PfA 334, Antworten des Pfarrers.
897 AEB, Rep. I, Nr. 744, fol. 50v.
898 Ebd., Nr. 742, fol. 304v.
899 Vgl. ebd., Nr. 744, fol. 108r.
900 Ebd., fol. 262v.
901 Ebd., fol. 339r.
902 Vgl. StAB, B 49, Nr. 233/II, fol. 448r–v; auch AEB, Rep. I, Nr. 343, fol. 114r.
903 Ebd., fol. 209r.
904 Ebd., Nr. 745, fol. 302r.

Sachsen-Coburg schrieb, „ein sehr ergerlich, ja öffentlich bubenleben“[905]. Als im November 1610 Soldaten in Marktgraitz einquartiert waren, ging der Pfarrer „trunckner weis“ auf einen adligen Offizier mit dem Messer los und verletzte ihn schwer; trotz heftiger Gegenwehr überwältigten die Soldaten schließlich Beulwitz[906], wobei er 17 Wunden davontrug. Besonders an einer Hand war er „dermassen verletzt“, daß er nicht mehr zelebrieren konnte[907]. Einige Monate später verließ er Marktgraitz.

Im März 1611 folgte ihm Johann Pfaltzgraff als Pfarrer nach, der bis dahin die Pfarreien Kunreuth und Kersbach versehen hatte. Im Juli 1614 beschlossen die geistlichen Räte, ihm solle „sein argerlich leben verwißen“ werden[908]. Wegen seines Konkubinats wurde er wohl sogar für einige Zeit ins Gefängnis gesteckt[909]. Er schaffte seine Konkubine zwar um diese Zeit fort, holte sie aber spätestens nach einem Vierteljahr wieder zu sich[910]. 1616 warf er sie zusammen mit ihren beiden Kindern – die wohl auch seine Kinder waren – aus dem Pfarrhaus, denn er hatte eine neue Konkubine aufgenommen, die Schwester des Marktzeulner Pfarrers[911]. Pfaltzgraff und sie boten im folgenden „jedermann ein groß ärgernus, das sie gleich wie eheleuth miteinander auf hochzeit, kindthauf und uber veldt gehen“. Man sprach sogar „lantlaufig darvon [...], das sie [...] ihre sachen zue gelt machen unnd [...] auf unnd darvon ziehen werden“[912]. Dieses Gerücht bewahrheitete sich allerdings nicht.

Pfaltzgraff ist ein Beispiel dafür, daß ein unpriesterlicher Lebenswandel und Engagement für den katholischen Glauben einander im Zeitalter der Gegenreformation durchaus nicht ausschlossen. Er wolle „leib und leben daran setzen“, die Gegenreformation in Marktzeuln voranzubringen, wenn er damit beauftragt werde, erklärte er 1615[913]. In seiner eigenen Pfarrei entfaltete er eine reiche Tätigkeit, so daß er sich Anfang 1617 rühmen konnte, er sei „6 jahr alda geweßen und [habe] seine Graitzer alle catholisch gemacht“[914].

Er führte katholische Gebräuche wieder ein: 1611 die Prozession von Marktgraitz nach Marktzeuln und die Kräuterweihe[915], 1613 die Fronleichnamsprozession, die Prozessionen am Marcus-Tag, an Laurentii und an Lätare zur Hl.-Grab-Kapelle bei Lettenreuth[916] sowie die Rorate-Ämter[917], 1615 die Prozessionen zur Klausenkapelle in Burgkunstadt und – gegen den Protest des evangelischen Pfarrers von Schmölz – zur Kapelle in Beikheim[918], 1616 die Feier des Jahrtags für die Stifter der Hl.-Grab-Kapelle[919]. Wie Pfaltzgraff vorging, um die katholischen Gottesdienstformen seinen Pfarrkindern nahezubringen, erläuterte er im Dezember 1613 dem Bamberger Fiskal: „Lege ihnen solches nach meinem geringen verstandt auß, also, ob sie gleich noch nit vill darvon halten, so lernens [!] sie es doch undt kommen in die gewonheid“[920]. Zu Recht konnte er 1616 von sich behaupten, er habe „dero orthen vil bey der religion gethan“.

---

905 StAC, LA D 1322, fol. 63v.
906 Vgl. den Bericht des Rittmeisters Hans Ott von Schaumberg: StAB, B 68/I, Nr. 882, 1610 Nov. 15.
907 Vgl. StAC, LA D 1322, fol. 63v–64r.
908 AEB, Rep. I, Nr. 742, fol. 115v.
909 Vgl. ebd., fol. 116r.
910 Vgl. ebd., fol. 133v.
911 Vgl. ebd., Nr. 743, fol. 80r–v, 226r.
912 Ebd., fol. 197r; ein Beispiel für das Verhalten von Pfarrer und Konkubine fol. 256v.
913 Ebd., Nr. 742, fol. 233r.
914 Ebd., Nr. 743, fol. 116v.
915 Vgl. PfAM, Lehenbuch 1593, 2. Teil, fol. 21r, 22r.
916 Vgl. ebd., fol. 21r.
917 Vgl. StAB, B 49, Nr. 117, Schulstelle, Prod. 2.
918 Vgl. PfAM, Lehenbuch 1593, 2. Teil, fol. 22v.
919 Vgl. ebd., fol. 23r.
920 StAB, B 49, Nr. 117, Schulstelle, Prod. 2.

Dennoch dauerte es bis zum Januar 1618, bis die geistliche Regierung in Bamberg seiner Bitte nachkam, ihn „mit einer andern und bessern pfarr [...] zu bedenckhen“[921]. Er kam nach Wartenfels, wo er sich gegen den dortigen „Prädikanten“ und den Verwalter des Rittergutes freilich nicht behaupten konnte, so daß er sich noch häufig im Marktgraitzer Pfarrhaus aufhielt; nach wenigen Monaten gab er die Pfarrei Wartenfels auf[922]. Er erhielt daraufhin die Pfarrei Kupferberg, die er 25 Jahre, bis zu seinem Tod, versah.

In Marktgraitz folgte ihm Andreas Reinhardt aus Haßfurt nach. Schon im August 1618 berichtete der Schultheiß, der freilich auf den Pfarrer nicht gut zu sprechen war – er hatte ihn „in die cost genohmen“, aber „kein costgeldt“ erhalten[923] –, nach Bamberg, Reinhardt sei „nichts nütz“. Nicht nur, daß er „ein ergerliches leben führe“, er sei „auch zu einem sellsorger nit genugsam qualificir[t]“[924]. Ein knappes Jahr später jedoch meldete derselbe Schultheiß, der Pfarrer habe sich „wol verhalten unnd kein verdächtige weibspersohn bey sich gehabt“[925]. 1623 kritisierte ihn der Burgkunstadter Amtsverweser: Er habe an einem gebotenen Fasttag zwei Paare getraut, „der hochzeitlichen mahlzeit beigewohnt [und] selbsten mit fleisch gefressen, darüber sich männiglich verwundert und geergert“. Den Schultheißen, der ihn danach auf Befehl des Amtsverwesers ermahnt habe, habe er „zum hochsten iniurirt“ und schlagen wollen[926].

Aber trotz seines bisweilen üblen Lebenswandels scheint sich Reinhardt wie sein Vorgänger um die Festigung der Untertanen im katholischen Glauben bemüht zu haben. Er lehre seine Pfarrkinder den Gebrauch des Kreuzzeichens und des Weihwassers, schrieb er 1618, und halte sie zur Verehrung der Heiligen, besonders Marias, an[927].

Im März 1624 erhielt Reinhardt die Pfarrei Königsfeld und verließ Marktgraitz. Hier übernahm nun ein Konventuale des Klosters Langheim die Seelsorge: Johann Ulrici. Er stammte aus Isling, hatte das Schneiderhandwerk erlernt, war dann ins Kloster Langheim eingetreten und zum Priester geweiht worden. Nach wenigen Monaten in Marktgraitz wollte Ulrici ins Kloster zurück[928], doch der Schultheiß und die Kirchenpfleger baten, „ihnen diesen religiosum [...] lenger zu einem pfarrh[err]n zu lassen, dan die gantze pfarr ihn lieb habe, gern höre seine predigen“[929]. Aber der Abt holte Ulrici nach Langheim zurück und schickte einen anderen, namentlich nicht bekannten Konventualen nach Marktgraitz. Doch dieser könne, berichtete der Lichtenfelser Vogt den geistlichen Räten in Bamberg, „gar nichtß predigen“; die Marktgraitzer wollten ihn deshalb „gar nit mehr [...] in die kirchen lassen“[930]. So kam bald Ulrici als Pfarrer zurück[931].

1624 gab es Probleme, weil der Pfarrer – es ist unklar, ob es sich um Ulrici oder den anderen Mönch handelte – „alle aigenblick hinweg und in sein closter sich begeben will“. „Deßwegen“, urteilte der Bamberger Fiskal im August 1624, sei „dieße weitleufige und noch

921 AEB, Rep. I, Nr. 743, fol. 14r–v.
922 Vgl. Heß, Günther: Cuius regio, eius religio. Konfessionskonflikte in Wartenfels. In: GaO 16 (1987/88), S. 67–83, hier S. 73–76.
923 AEB, Rep. I, Nr. 743, fol. 352v.
924 Ebd., fol. 354r.
925 Ebd., Nr. 744, fol. 50v.
926 Ebd., Nr. 745, fol. 78v.
927 Vgl. AEB, Rep. I, PfA 334, Antworten des Pfarrers.
928 Vgl. AEB, Rep. I, Nr. 745, fol. 188r.
929 Ebd., fol. 188v.
930 Ebd., fol. 198r.
931 Vgl. ebd., fol. 205r.

unrichtige pfarr sehr verlaßen, die newen cath[olischen] pfarrkinder laufen umb alß wie die irrende schaff, und ist niemanst, der sich irer recht mit eifer annimbt“[932].

Doch nachdem Ulrici die Pfarrstelle zum zweitenmal angetreten hatte, wohnte er offenbar dauerhaft in Marktgraitz. Über sein seelsorgerliches Wirken ist allerdings kaum etwas bekannt; das Schweigen der Quellen deutet jedoch auf ein gutes Einvernehmen mit der Gemeinde hin, soweit sie katholisch war. Nachdem der Langheimer Abt ihn im August 1626 auf die Pfarrei Isling präsentiert hatte, kam wieder ein Zisterzienser, Laurentius Reus, nach Marktgraitz. Er bleibt für uns aber farblos, ebenso wie sein Nachfolger, der Langheimer Konventuale Johann Rögner, der die Pfarrei – mit einer Unterbrechung – von 1627 bis 1633 versah und hier sogar während des schwedischen Einfalls 1632 ausharrte.

*

Der Klerus des Untersuchungsgebietes bot, insgesamt betrachtet, kein einheitliches Bild. Bei der Mehrzahl der Geistlichen waren Mißstände zu verzeichnen – am häufigsten Konkubinat, Trunksucht und Streitlust –, die der Bekehrung der Untertanen zum Katholizismus gewiß nicht förderlich waren. Mit diesen Mängeln standen die Pfarrer und Kapläne in der zu behandelnden Region natürlich nicht allein da. Ähnliches beobachtet man etwa im würzburgischen Landkapitel Gerolzhofen[933] und vielerorts im Bistum Bamberg[934]; aber auch unter den evangelischen Pfarrern des Fürstentums Sachsen-Coburg war im frühen 17. Jahrhundert der Hang zum Alkohol und zu Streitereien verbreitet[935].

Erhebliche Unterschiede gab es unter den im Untersuchungsgebiet tätigen Priestern hinsichtlich ihrer Bildung. Dem zum Doktor promovierten Germaniker stand der wenig gelehrte Pfarrer gegenüber. Auch in der Fähigkeit, ansprechende Predigten zu halten, wichen die Kleriker wohl erheblich voneinander ab.

Der Grund, weswegen Priester trotz eines Lebenswandels, der Ärgernis erregte, und trotz mangelhafter theologischer oder seelsorgerlicher Fähigkeiten überhaupt eingesetzt wurden, lag wohl vor allem im herrschenden Priestermangel. Bevor der Patronatsherr und die geistliche Regierung eine Pfarrei vakant bleiben ließen, verliehen sie sie lieber einem unfähigen Kleriker.

## *6.4. Gegenkräfte*

Stieß die Gegenreformation schon bei den Betroffenen, den Untertanen, mancherorts auf Widerstand, so bereiteten der Obrigkeit zuweilen evangelische Geistliche in der Nachbarschaft und Niederadlige zusätzlich Schwierigkeiten, indem sie die Untertanen von der Konversion abbringen wollten.

### 6.4.1. Adlige

Als um 1595 ein bischöflicher Untertan in Baunach eine Witwe heiratete, die ein Lehen der Herren von Stein besaß, nahmen beide – gemäß dem bambergischen Ehemandat von 1594

932 Ebd., Nr. 343, fol. 210r.
933 Vgl. Lang, S. 248–250.
934 Vgl. Lingg, S. 42–45.
935 Vgl. Berbig, Visitationswerk, S. 45–48.

– den katholischen Glauben an. Kurz danach kam Kaspar von Stein nach Baunach und erfuhr von diesem Vorgang. „Ernstlichen“ befahl er daraufhin der Frau, ihr steinisches Haus zu verkaufen, und er ließ „allen andern seinen hindersaßen anmelden“, daß er niemanden, der „sich zu dem päbstischen glauben ergeben“ werde, auf seinen Lehen zu dulden bereit sei[936].

Ein ähnlicher Vorfall ist aus Altenbanz bekannt. Hans Friedrich Schenk von Siemau († 1622)[937] soll 1599 einer Frau in Altenbanz gedroht haben, ihre Mutter müsse ihre Güter zu Rossach verkaufen, wenn sie, die Tochter, zum Katholizismus übertrete, wie vom Banzer Abt befohlen[938]. Ebenso sind andernorts, etwa in Ebermannstadt, derartige Anordnungen bezeugt[939]. Auch Wolf Christoph von Rotenhan zu Rentweinsdorf († 1605)[940] soll 1597 einem seiner Reckendorfer Hintersassen „höchlichen verbotten“ haben, katholisch zu werden[941].

Wie häufig es vorkam, daß Adlige solchermaßen die Katholisierung zu behindern versuchten, ist freilich unklar. Mancher Untertan zog bewußt auf ein adliges Lehen und behielt seine Güter im Hochstift bei. So verhandelte 1593 ein Rattelsdorfer mit Sigmund von Giech zu Oberbrunn, um dessen Hof in Freudeneck auf drei Jahre „bestandtweiß“ zu übernehmen. Der Rattelsdorfer Kastner glaubte, „er werde vermainen, dieweiln er undter einen edellman [...] zihe, das er desto leichter und bequemlicher, indeme er den edellman zum schutz nehmen möchte, seine gueter in Rattelßdorf“ behalten und von aus Freudeneck aus bebauen könne[942].

Stets setzten sich die Adligen wohl dann für ihre Untertanen ein, wenn gegenreformatorische Maßnahmen sie unmittelbar schädigten. So bewirkten 1610 Veit und Emmeram Ernst von Redwitz, daß die Holzsperre für ihre Hintersassen zu Michelau und Schwürbitz aufgehoben wurde[943].

Ferner wirkten die ritterschaftlichen Geschlechter der Gegenreformation entgegen, indem sie ihre evangelischen Pfarrer schützten.

### 6.4.2. Evangelische Geistliche

Heftig warnten manche evangelischen Pfarrer die Untertanen davor, katholisch zu werden. Die Pfarrer von Reckendorf und Oberbrunn erzählten – einem Bericht des Rattelsdorfer Kastners von 1594 zufolge – Leuten aus Rattelsdorf, daß, „doe einer von ihrer religion abfalle, ehr ohne alle genade und ferners beten dem bösen feindt mit leib und sehle zukomme“. Mit diesen und „andern dergleichen erschröcklichen reden“ machten sie „bey ettlichen seltzame gedancken“; die Untertanen würden auf diese Weise noch hartnäckiger[944].

Auch Johann Köhler, der Pfarrer von Herreth, bemühte sich, die Leute von der Konversion abzubringen. Trotz Ermahnungen von seiten der Rotenhan und der Schaumberg

936 DAW, PfA Baunach, K 2, Fasz. 30, undat. „Verzeichnus, was hindernußen undt unbequemligkeiten in der pfarr Baunnach zu entgegen“.
937 Über ihn vgl. Biedermann, Baunach, Tab. CCXLVIII.
938 Vgl. StAB, B 93, Nr. 27, fol. 216v–217r.
939 Vgl. Schmitt, Reformation, S. 90f.
940 Über ihn vgl. Rotenhan, S. 333–338.
941 AEB, Rep. I, Nr. 330, fol. 598v.
942 StAB, B 110, Nr. 35, pag. 110f.
943 Vgl. StAB, B 76/XVIII, Nr. 11, fol. 262r–264v.
944 StAB, B 110, Nr. 35, pag. 117.

enthalte er sich nicht „seines verbitterten schmähens, schendens, calumnyrens wider die catholische religion undt deren zugewande", schrieb ihm der Abt von Banz. Vielmehr lasse er sich „auch gelusten, [...] die arme seelen und leuthe, die sich etwan durch hayrathen oder andere occasiones zue unserer religion wenden, [...] auch uns zu versprechen stehen, mit excommunicationibus, greulichen lästern und schmähen dermassen zue ängstigen, irr zu machen, dem teufel mit seel und leib zue ubergeben und sie allso für viel ärger dan den laidigen sathan, juden, türckhen und unglaubige haiden zu halten, daß sie fast gar in verzweifelung fallen und eingerathen möchten"[945].

Die Obrigkeit sah die Gefahr, daß Konvertiten durch den Einfluß evangelischer Geistlicher dazu gebracht werden konnten, wieder vom katholischen Glauben abzufallen. Es sei vonnöten, daß die vakante Pfarrei Baunach bald wieder besetzt werde, schrieb 1598 der Bamberger Bischof an Echter, denn sonst würden der Reckendorfer Schloßprediger „undt andere daselbst herumb [...] streifende [...] predicanten [...] alle list anwenden", um „bey den unserigen ihr unkraut außzustrewen undt sie auf ein newes zu fall [...] zu bringen"[946].

Auch wenn die „Prädikanten" Nicht-Konversionswillige warnten oder verängstigten und Konvertiten wieder abspenstig machten, so boten sie doch den evangelischen gebliebenen Untertanen in den bambergischen Dörfern die Möglichkeit, lutherische Predigten zu hören und die Kommunion sub utraque zu empfangen; sie bestärkten diejenigen, die den katholischen Glauben ohnehin nicht annehmen wollten, in ihrer Haltung. Über Reckendorf etwa urteilte der Baunacher Pfarrer 1610: „Aldieweilen der praedicant alda, sei es unmöglich, daß die cath[olische] religion könne fortgepflanzet werden"[947].

Mehrfach ist belegt, daß Leute aus der Pfarrei Döringstadt nach Oberbrunn ausliefen[948]. Aus Rattelsdorf sollen am 4. Januar 1604 – Weihnachten nach dem Julianischen Kalender – über 30 Personen nach Reckendorf gegangen sein[949]. An Ostern 1602 empfingen „viel Rattelsdorfer, Ebinger unnd [Unter-]Brunner kinder, so in ihrer eltern broth und ihre annos discretos erreicht", die Kommunion in Reckendorf und Oberbrunn[950]. 1607 wird sogar erwähnt, der Reckendorfer Pfarrer komme zu Gläubigen nach Ebing[951].

Häufig beklagten sich die Pfarrer von Baunach über den Schloßprediger in Reckendorf. Er verführe „die junge leit und weibspersonen" zum evangelischen Glauben, berichtete der Baunacher Pfarrer 1603[952]. In Reckendorf gingen 1604 die Jungen des Ortes[953], 1621 sogar „das meiste volck" zum Gottesdienst in die Schloßkirche[954]. Daß der Reckendorfer „Prädikant" 1596 beinahe verhaftet worden wäre, weil er sich der bambergischen Untertanen angenommen hatte[955], hielt ihn und seine Nachfolger aber nicht davon ab, auch weiterhin den Leuten die Kommunion zu spenden und darüber hinaus sogar Kinder zu taufen und Paare zu trauen; dies bedeutete einen Eingriff in die Rechte der Pfarrei Baunach. Bereits 1597 heiratete in der Schloßkirche wieder ein Reckendorfer[956]. Um der Tätigkeit des

945 StAB, B 93, Nr. 35, fol. 507v.
946 DAW, PfA Baunach, K 1, Fasz. 2, Brief von 1598 Sept. 2.
947 AEB, Rep. I, Nr. 330, fol. 568v.
948 Vgl. DAW, Dek. Ebern, VR 1598, fol. 62r; VR 1603, fol. 125v.; VR 1606 (III), fol. 192v; VR 1607, fol. 217r.
949 Vgl. StAB, B 110, Nr. 42, fol. 332r.
950 Ebd., Nr. 43, fol. 52v.
951 Vgl. DAW, Dek. Ebern, VR 1607, fol. 216v.
952 Ebd., VR 1603, fol. 125r.
953 Vgl. ebd., VR 1604 (I), fol. 130r.
954 AEB, Rep. I, Nr. 330, fol. 581v. In die katholische Kirche kamen an Sonn- und Feiertagen „zue mancher zeit kein 40 person".
955 Vgl. ebd., fol. 590v–592r, 597r.
956 Vgl. ebd., fol. 598r.

Reckendorfer „Prädikanten" entgegenzuwirken, schloß der Baunacher Pfarrer Martin Werner spätestens 1609 einen „contract" mit den Herren von Rotenhan und von Wiesenthau. Der Pfarrer sicherte zu, daß den evangelischen Untertanen der beiden Geschlechter, „do sy erstirben, die glocken geleut würden"; im Gegenzug bedang sich Werner aus, „das mir der praedicant in meiner pfarrgerechtigkeit im geringsten nicht eingreifen soll"[957]. Der Schloßprediger hielt sich aber gelegentlich nicht an diese Vereinbarung und spendete Kindern adliger Hintersassen die Taufe[958].

Die Marktzeulner liefen bis 1624 zahlreich in evangelische Kirchen aus. Noch am 10. März dieses Jahres wurden 21 Personen beobachtet, die nach Weidhausen gingen[959], am 31. März je drei auf dem Weg nach Sonnefeld und nach Redwitz[960], an den Osterfeiertagen sahen bambergische Beamte zwölf Marktzeulner in Weidhausen, acht in Redwitz, fünf in Obristfeld und drei in Sonnefeld die Kirche besuchen[961].

Die sächsischen Untertanen, die in der Pfarrei Marktgraitz wohnten, betreute der Pfarrer von Sonnefeld seit dem Dezember 1609 mit ausdrücklicher Genehmigung des Coburger Konsistoriums[962]; ebenso war Coburg wohl bereits 1598 verfahren[963]. Der Pfarrer und der Amtmann von Sonnefeld hatten 1609 dargelegt, daß die Untertanen zwar auch in die ritterschaftlichen Kirchen zu Küps, Obristfeld und Redwitz gehen könnten, die dortigen Pfarrer wollten sich aber „uff die sächsische lehen nicht gern wagen mit besorg, das sie in verstrickung gezogen" werden könnten[964]. Es war aber zuweilen notwendig, Kranken das Abendmahl zu bringen oder in Notfällen Kinder im Haus zu taufen. Wie in der Reformationszeit der Ort Frohnlach vom Marktgraitzer Sprengel abgetrennt worden war, so nahm nun das Konsistorium die herzoglichen Untertanen in Mannsgereuth und Michelau aus dem Pfarrverband heraus; freilich hielten diese sich nicht immer daran[965].

Aus Marktgraitz liefen viele in den Nachbarort Redwitz zum Gottesdienst; dort ließen sie Kinder taufen, vom dortigen Pfarrer ließen sie ihre Toten beisetzen[966]. Auch der Pfarrer von Schney, klagte der Marktgraitzer Pfarrer, tue „mit kindertaufen und begrebnißen der pfarr grossen abbruch"[967], besonders wohl in Michelau[968].

Doch die Adligen und die evangelischen Pfarrer konnten die Gegenreformation allenfalls bremsen, nicht verhindern.

---

957 Ebd., fol. 570r.

958 Vgl. ebd., Nr. 740, fol. 29v; Nr. 745, fol. 165r; DAW, Dek. Ebern, VR 1616, fol. 261v.

959 Vgl. StAB, B 49, Nr. 233/II, fol. 446r.

960 Vgl. ebd., fol. 452r.

961 Vgl. ebd., fol. 461r, 465r.

962 Vgl. StAC, LA D 1322, fol. 29r.

963 Vgl. AEB, Rep. I, Nr. 736, fol. 75r: „Vogt zu Burgkunstatt bericht, daß deß hertzogs von Coburg predicant zu closter Sonnenfeldt [...] der pfarr Graitz allerhandt einträg thu mit vorgeben, sein herr hab ihm ein solchs bevohlen". Der Bamberger Bischof glaubte allerdings nicht, daß „solchs seiner herrschaft will oder geheiß seye".

964 StAC, LA D 1322, fol. 27r.

965 Als 1616 der Sonnefelder Amtmann erfuhr, daß die sächsischen Untertanen zu Mannsgereuth „zu Redtwiz und Küps communiciret" hätten und ihre Kinder zum Teil vom Marktgraitzer Pfarrer getauft worden seien, schlug er den herzoglichen Räten vor, ihnen zu befehlen, Kommunion und Taufe in Sonnefeld zum empfangen. StAC, LA D 1208, fol. 161v–162r.

966 Vgl. DAW, Dek. Ebern, VR 1610 (II), fol. 233v; zum Auslaufen auch AEB, Rep. I, Nr. 741, fol. 31v.

967 StAB, B 49, Nr. 233/II, fol. 724v.

968 Bereits 1598 hatten die geistlichen Räte an den Herrn von Schaumberg geschrieben, sein Pfarrer habe „zu Michelaw allerhandt einträg zu thun sich nu ein zeit hero unterstanden". AEB, Rep. I, Nr. 736, fol. 45v.

# 7. Die Gegenreformation in den ritterschaftlichen Orten, der Dreißigjährige Krieg und seine Folgen

## *7.1. Die Vertreibung der ritterschaftlichen Pfarrer*

Bereits Bischof Neithard von Thüngen ging gelegentlich gegen evangelische Geistliche in ritterschaftlichen Orten vor, jedoch in der Regel nur, wenn sie einen Anlaß dafür boten. In diese Dörfer aber gewaltsam einzufallen, um die Pfarrer zu verhaften, wagte er nicht, wohl aufgrund der politischen und rechtlichen Verwicklungen, die sich gewiß angeschlossen hätten.

1594 etwa befahl er dem Kastner und dem Forstmeister in Baunach, auf Prädikanten Bestallung zu machen, sie also zu verhaften, wenn sie auf bambergischem Territorium angetroffen würden[1]. Diese Anordnung zielte wohl vornehmlich auf den Reckendorfer Schloßprediger, gegen den noch ein gesonderter Haftbefehl erlassen wurde[2]. Der Befehl hatte aus der Sicht des Baunacher Pfarrers günstige Auswirkungen: Die Untertanen seien dadurch „in ein forcht getriben, das sie sich deßelbigen enthalten“[3].

Am 28. September 1596 wurde der Schloßprediger nach einem Besuch in der Badstube tatsächlich vom Baunacher Amtsknecht aufgefordert, ihn in den Kastenhof zu begleiten; dies kam aus bambergischer Sicht seiner Verhaftung gleich. Jedoch holte jemand den Schloßherrn, Christoph von Wiesenthau, hinzu, der dem „Prädikanten“ befahl heimzugehen[4]. Als dem Kastner kurz darauf erneut geboten wurde, den Schloßprediger, „sobalden er auf centbaren boden bedretten, ihne gefengklich gehn Bamb[erg] zu verschaffen“, protestierte Wiesenthau beim Bischof[5] und beim Domkapitel[6]. Der Bischof ließ sich freilich nicht beeindrucken, forderte sogar von Wiesenthau 1000 Taler Strafe, da er den „Prädikanten“ im September widerrechtlich befreit habe[7].

Der Pfarrer von Schney wurde wegen seiner Tätigkeit in Michelau im Juni 1598 nach Bamberg vorgeladen; angeblich erwog der Bischof, ihn zu vertreiben. Doch der Pfarrer ging nicht nach Bamberg, denn auch hier stellte sich der Schloßherr, Hans Ludwig von Schaumberg, schützend vor den Geistlichen[8].

Während Neithard von Thüngen punktuell gegen „Prädikanten“ vorging, wurden die evangelischen Geistlichen unter Bischof Johann Georg Fuchs von Dornheim planmäßig vertrieben[9].

---

1 Vgl. DAW, PfA Baunach, K 2, Fasz. 29, Brief von 1594 Mai 15.

2 Um 1595 befahl der Bischof dem Kastner, er solle, „wo der wisentawerisch predicant zu Reckendorf pfarhern zu Baunach in seinem pfarlichen ampt [...] noch fernern eintrag thun wurde, [...] nach demselbigen auf bambergischem gebiet greifen laßen undt ihn ghen Bamberg verschaffen“. Ebd., Fasz. 30, undat. „Verzeichnus, was hindernußen undt unbequemligkeiten in der pfarr Baunnach zu entgegen“.

3 Ebd.

4 Vgl. StAB, ex J 3, Nr. 206, Prod. 16. Abschrift: AEB, Rep. I, Nr. 330, fol. 590v–592r. Erwähnt bei Zagel, S. 100.

5 AEB, Rep. I, Nr. 330, fol. 594v–596v (Zitat 595r).

6 Vgl. StAB, ex J 3, Nr. 206, Prod. 17.

7 Vgl. AEB, Rep. I, Nr. 330, fol. 596v–597r.

8 Vgl. Dippold, Schney, S. 155.

9 Siehe oben S. 51 f.

## 7.1.1. Schney

Der Pfarrer von Schney, Michael Blechschmidt, wurde schon im Januar 1626 „durch einen mann gleichsam gewarnet [...], alß wolte der bischoff die marschalkische pfarr alhier [...] mit einem pontificio besetzen“[10]. Er nahm dieses Gerücht ernst; allerdings bewahrheitete es sich vorerst nicht.

Im September 1628 schrieb der Pfarrer seinem Patronatsherrn, daß „von tag zu tag das geschrey leider unter den gemeinen mann größer werden will, als solte eine reformation [...] mit unns in der Schney vorgenohmen werden“[11]. Zur selben Zeit rechnete übrigens auch der evangelische Pfarrer von Buchau „alle stund“ mit einem Einfall[12]. Christoph Wilhelm Marschalk von Ebneth beruhigte den Schneyer Pfarrer. Zwar seien im Hochstift Würzburg „denen von adell alberaith etzliche pfarren reformirt unnd andere, bäbstische meßprister dagegen eingesezet worden“, im Bambergischen habe er jedoch „nichts sonderlichs vernommen“[13].

Im Mai 1629 aber, nachdem das Restitutionsedikt erlassen worden war, der Bamberger Bischof begonnen hatte[14], die evangelischen Pfarrer aus ritterschaftlichen Orten zu verjagen, und Unruhe auch die noch nicht betroffenen Pfarrer ergriffen hatte[15], faßten die geistlichen Räte in Bamberg die Vertreibung Blechschmidts ins Auge. Den Anlaß bot ein Unglücksfall. Fünf Lichtenfelser waren am 8. April auf dem Weg nach Schney, wo sie den Gottesdienst besuchen wollten, im Main ertrunken. Nach einigen Wochen beschlossen die Bamberger Räte: „Weiln dießer lutherischen pfarr halber [...] so groß übel geschehen, könt man deßwegen nach Würzburg schreiben und der orten, wie auch zu [Ober-]Brun und Reckendorf die reformation und abschaffung der predicanten urgirn“[16].

Die geistliche Regierung in Würzburg beauftragte daraufhin im Juni 1629 den Abt von Banz, die Einkünfte des Pfarrers und des Schulmeisters sowie den Zustand der Pfarr- und Schulhäuser in Schney und Oberbrunn zu erkunden, da der Bischof dort „die reformation vornehmen“ wolle[17]. Der Abt gab diese Aufgabe an den Lichtenfelser Kastner weiter[18], der nach einigen Tagen Bericht erstattete[19].

Im folgenden war Würzburg, soweit wir sehen, nicht mehr beteiligt. Die geistlichen Räte in Bamberg berieten am 17. September 1629, wie die Einsetzung eines katholischen Pfarrers in Schney vonstatten gehen solle. Wie geplant, erschien am 7. Oktober ein weltlicher Rat, Dr. Stephan Getzendorfer, in Schney, begleitet vom Lichtenfelser Pfarrer, Dr. Ernst Bonius, und bewaffneten Lichtenfelser Bürgern. Getzendorfer bat den Schloßherrn, Wolf Eucharius von Schaumberg, zu sich und teilte ihm mit, daß Bonius zum Pfarrer von Schney ernannt sei. Schaumberg verwahrte sich, freilich nicht gegen die Pfarrbesetzung –

10 PfAS, Nr. 13, Fasz. 2, fol. 3r.
11 Ebd., fol. 9r.
12 AEB, Rep. I, Nr. 746, fol. 79r.
13 PfAS, Nr. 13, Fasz. 2, fol. 11r.
14 In Walsdorf ließ er bereits am 13. Februar 1629, also vor dem Erlaß des Edikts, den evangelischen Pfarrer ab- und einen katholischen einsetzen. Vgl. AEB, Rep. I, Nr. 746, fol. 132v; Jäck 3, S. 183.
15 Anfang Mai berichtete der Burgkunstadter Pfarrer nach Bamberg, „das der predicant zu Burckersdorf sich albereit auf die flücht rüste, hette auch der zu Schwarzach die orgel auß der kirchen abreißen und nach Wernstein flöhen laßen“. AEB, Rep. I, Nr. 746, fol. 153v. In Schwarzach wurde die Restitution jedoch nicht durchgeführt. Vgl. Kugler, S. 119.
16 AEB, Rep. I, Nr. 746, fol. 152v.
17 StAB, B 93, Nr. 85, fol. 542r; Abschrift: Nr. 38, fol. 219v–220r.
18 Vgl. ebd., Nr. 85, fol. 545r; Nr. 38, fol. 220v–221r.
19 Vgl. ebd., fol. 221v–223v.

sie gehe nicht ihn, sondern die Marschalk an –, sondern gegen den Einfall in sein Dorf Schney. Darauf befahl der Rat dem evangelischen Pfarrer von Schney, diesen Ort und das Hochstift Bamberg innerhalb von vier Tagen zu verlassen – auf seine Bitte hin wurden Blechschmidt schließlich zwei Wochen Zeit gegeben – und bis dahin keine pfarrlichen Aufgaben mehr auszuüben. Anschließend las Bonius in der Schneyer Kirche eine Messe. Getzendorfer befahl den Schneyern, den katholischen Glauben anzunehmen oder fortzuziehen, ließ die Kirchentüre verschließen und kehrte nach Lichtenfels zurück[20].

Die Gemeinde war mit der katholischen Besetzung überhaupt nicht einverstanden. Er sei „bey diesen lutherischen verbitterten leuthen zur Schney in höchster verachtung und [...] gar leibs und lebenß unsicher“[21], klagte Bonius Ende Oktober 1629 den geistlichen Räten zu Bamberg. Im folgenden Monat berichtete der Lichtenfelser Kaplan, der die Pfarrei Schney übernommen hatte, nach Bamberg, „wie gantz kein leuth in die kirchen kommen, sondern liefen nach Buch[22] zum predicanten, geben vor, wann ein neu catholischer feyertag wehre, sie hetten kein feyertag, wollen auch nit in die kirchen kommen noch der religion werden, es residirte dann ein aigner pfarrer doselbst“[23]. Die Bamberger Räte aber wollten nicht, daß der Pfarrer nach Schney ziehe, bevor die Einwohner den katholischen Glauben angenommen hätten. So wohnte auch künftig keiner der katholischen Pfarrer in Schney.

Sicher hätte sich der Pfarrer dort auch nicht fühlen können, denn noch im Juli 1630 mußten Lichtenfelser Bürger dorthin gehen, „umb den caplan [...], der von dem praedicanten“ – gemeint war vielleicht der Schulmeister[24] – „mit worten schimpflich wollen angegriffen werden, zue schutzen“. Diese Bürger wurden von den Schneyern „uffs höchste“ beleidigt, so daß die Lichtenfelser Beamten befürchteten, es werde daraus noch ein „unheil entstehen“. Obendrein hatten die Schneyer „auß lauteren trutz dem pfarrer uf den pfarrveldern den habern und saamen mit ihren vihe und gensen“ vernichtet[25]. Das blieb kein Einzelfall: Anfang 1631 beschwerte sich der damalige Pfarrer, der Banzer Konventuale Michael Mögelius, seine Pfarrkinder hätten „ihm alles graß, heu und getreid [...] abgegrast, eingeerndt und was sie nit heimtragen oder -führen können, durch die gänß und ander schädlich vieh abhüten [...] lassen“[26].

Wie seine Untertanen ging Wolf Eucharius von Schaumberg gegen die katholische Besetzung der Pfarrei vor, wenn auch mit anderen Mitteln. Am 9. Dezember 1629 drängte er den Patronatsherrn, Christoph Wilhelm Marschalk von Ebneth, sich darum zu bemühen, „damit der vorige pfarrer restituirt, alles in vorigen stanndt gebracht unnd dergleichen turbationes eingestellet unnd wir bey denn exercitio Augspurgh[ischer] confession gelaßen werden mögen“. Zu diesem Zweck solle Marschalk beim Reichskammergericht eine Ladung des Bischofs und Mandate gegen ihn erwirken[27]. Marschalk beauftragte zwar, wie er Schaumberg mitteilte, seinen „advocaten“, eine Supplik an das Reichskammergericht „pro mandato restitutionis“ – wenn möglich, sine clausula – auszuarbeiten. Doch verzögerte sich wegen der Weihnachtsferien des Gerichts die Angelegenheit, und Marschalk versprach sich von diesem Vorgehen ohnehin nicht allzu viel. „Es werde mühe und costen vergeblich

20 Vgl. Dippold, Schney, S. 156f.
21 AEB, Rep. I, Nr. 746, fol. 107v.
22 Buch am Forst.
23 AEB, Rep. I, Nr. 746, fol. 210r.
24 Über ihn beschwerte sich der katholische Pfarrer noch im Februar 1631. Vgl. Dippold, Schney, S. 158.
25 StAB, B 68/I, Nr. 896, 1630, pag. 169.
26 AEB, Rep. I, Nr. 746, fol. 327r.
27 PfAS, Nr. 13, Fasz. 2, fol. 18v.

uffgewendet werden, sinthemahln die vonn Giech ihrer pfarr Buchaw halb guete mandata erhalten, aber noch zuer zeyt wenig damit ausgericht“[28]. Tatsächlich hatten die Herren von Giech im Mai in Speyer eine citatio und ein Mandat erwirkt, durch das dem Bamberger Bischof geboten wurde, den im März vertriebenen evangelischen Pfarrer von Buchau wieder einzusetzen und das beschlagnahmte Gut – ein Kelch und Gotteshausrechnungen – zurückzugeben[29]. Als die Giech daraufhin aber dem katholischen Pfarrer befohlen hatten, „den pfarrhoff zu räumen“, hatte der Bischof gelassen erklärt, der Pfarrer solle sich um „solche lufftreden nit kehren“[30].

Ob Marschalk – wie angekündigt – wegen der Pfarrei Schney tätig wurde, ist fraglich. Wolf Eucharius von Schaumberg bezweifelte es offenbar und beschwor ihn im Februar 1630 erneut, sich „den armen leuten zu trost unnd hulf“ der Sache anzunehmen. Und wenn er selbst nichts unternehmen wolle, solle er wenigstens „seinen nahmen herleyhen“ und die notwendigen Beweismittel vorlegen, dann werde er, Schaumberg, schon „gebührliche process außbringen, dieselbige verführen unnd verhoffentlich seinem geschlecht [...] die vorigen jura recuperiren unndt fernern gewalt [...] abwenden“[31]. Doch Marschalk ging darauf nicht ein; angeblich bemühte er sich selbst beim Reichskammergericht um ein Mandat[32]. Ein Erfolg blieb allerdings aus.

Auch als die Schweden in Franken eingefallen waren und die fränkische Ritterschaft beschlossen hatte, wieder evangelische Pfarrer in ihren Dörfern einzusetzen[33], hielt sich Marschalk anfangs zurück. Die Brüder von Schaumberg forderten ihn am 1. November 1631 auf, das „exercitium evangelicae doctrinae wiederümb demnechsten einrichten [...] zue laßen“[34]. Doch er zögerte: „Zue solchen investiturn“ sei ein von den Schweden eingesetzter „besonderer commissarius“ notwendig; überhaupt müsse man Vorsicht walten lassen[35]. Immerhin führte er eine Unterredung mit Blechschmidt, der die Pfarrei wieder übernehmen sollte. Obwohl der Hauptmann des Ritterkantons Gebürg ihm auf seine Anfrage hin freistellte, auf den Kommissar zu warten oder die Pfarrei selbst zu besetzen[36], hielt Marschalk es für „sicherlicher unndt besser, des königl[ich] schwedischen h[er]r[n] commissarii ankunft [...] [zu] erwahrten“[37]. Doch der Kommissar blieb aus, nichts geschah.

So wurde weder Ende 1631 noch in den folgenden Jahren der katholische Pfarrer durch einen evangelischen Geistlichen ersetzt. Bis zum Ende des Dreißigjährigen Krieges hatten Priester, von denen keiner in Schney wohnte, die Pfarrei inne.

### 7.1.2. Oberbrunn

Im Mai 1629 schrieben die geistlichen Räte in Bamberg nicht nur wegen Schney, sondern auch wegen der Pfarrei Oberbrunn nach Würzburg; die Würzburger Räte beauftragten – wie erwähnt – den Banzer Abt, über Pfarrpfründe, Pfarrhaus und Schule Erkundigungen

28 Ebd., fol. 20r–v.
29 Vgl. StAB, B 67/XVII, Nr. 2045.
30 AEB, Rep. I, Nr. 746, fol. 173r.
31 PfAS, Nr. 13, Fasz. 2, fol. 21r.
32 Vgl. ebd., fol. 23r.
33 Siehe Einführung.
34 PfAS, Nr. 13, Fasz. 2, fol. 24r.
35 Ebd., fol. 26r.
36 Vgl. Dippold, Schney, S. 159.
37 PfAS, Nr. 13, Fasz. 2, fol. 36r.

einzuziehen. Nachdem er darüber nach Würzburg berichtet hatte, beschlossen der Bamberger und der Würzburger Bischof, den „Prädikanten" am 2. September „seines vermeinten ministerii [...] zu entsetzen und [...] gentzlich aus dem dorf zu schaffen". Pfründe und seelsorgerliche Aufgaben sollte der Pfarrer von Döringstadt übernehmen[38].

Am vorgesehenen Tag wurde der evangelische Pfarrer Johann Fleischmann wohl abgesetzt. Doch er einigte sich mit seinem katholischen Nachfolger nicht über die finanziellen Fragen und weigerte sich offenbar, den Ort zu verlassen[39]; vielleicht wohnte er im Schloß, so wie auch der Pfarrer von Buchau in das dortige Schloß gezogen war[40]. Schließlich mußte Fleischmann aber fortziehen.

Nichtsdestoweniger hatte der Döringstadter Pfarrer im folgenden Schwierigkeiten mit der Schloßherrin, Barbara, der Witwe des Matthäus von Giech († 1622), einer geborenen von Schaumberg[41]. Er habe „zwar denn gottesdienst biß dato daselbst [...] verrichtet", berichtete er im April 1630 nach Bamberg, es „sey ihm aber daß pfarrhauß von der edelfraw gespert" worden. Sie habe auch „dem cassirten predicanten die 10 geschockh arrestirtes zehendtgetraidt eingereumbt", die eigentlich ihm zugestanden hätten[42]. Daraufhin brachte auf Befehl der Bamberger Regierung der Lichtenfelser Vogt den Pfarrer in den Besitz von Pfarrhaus und -pfründe. Doch Barbara von Giech verbot ihren Untertanen „bei höchster pöen", ihm auch nur „daß geringst" zu zahlen[43]. Ferner sei, so der Pfarrer, ihr Schreiber „ein rechter meutmacher unnd verhetzer", die die Pfarrkinder gegen ihn aufbringe[44]. Auch künftig bemühte sich die Schloßherrin „uf alle weg", die Pfarreinkünfte „dem predicanten zuzuschleifen"[45].

Ob es Ende 1631 Bestrebungen gab, wieder einen evangelischen Pfarrer einzusetzen, ist unbekannt. Jedenfalls blieb die Pfarrei in katholischer Hand.

### 7.1.3. Reckendorf

Am selben Tag, an dem der Pfarrer von Oberbrunn abgesetzt wurde, vertrieben bambergische und würzburgische Beamte wohl auch den Reckendorfer Schloßprediger[46]. Im März 1630 berichtete der Baunacher Pfarrer jedoch nach Bamberg, daß „zue Reckhendorf der predicant widerumb ofentlich predigt"[47]. Die geistlichen Räte beschlossen daraufhin, der Amtmann von Stiefenberg solle ihn gefangennehmen, wenn sich die Gelegenheit biete[48]. Er wurde wohl nach kurzer Zeit vertrieben; im Verlauf des Jahres 1630 soll noch das Schloß samt Kirche und alle adligen Lehen „etlichemal ausgeplündert" worden sein; „Bücher und Schriften" – vermutlich evangelische Bibelübersetzungen und Gebetbücher – wurden „hinweggeraubt" und „bei Körben voll in Schloßgraben und Baunach geworfen"[49].

---

38 DAW, PfA Baunach, K 4, Konz. von 1629 Aug. 22.
39 Vgl. AEB, Rep. I, Nr. 746, fol. 194r.
40 Vgl. ebd., fol. 205r, 213r, 214r.
41 Über sie vgl. Biedermann, Gebürg, Tab. CXIV.
42 AEB, Rep. I, Nr. 746, fol. 257r.
43 Ebd., fol. 262v.
44 Ebd., fol. 265v.
45 Ebd., fol. 277v, vgl. auch fol. 281v–282r.
46 Vgl. DAW, PfA Baunach, K 4, Konz. von 1629 Aug. 22.
47 Ebd., K 2, Fasz. 28, Brief von 1630 März 21.
48 Vgl. AEB, Rep. I, Nr. 746, fol. 258v.
49 Lehnes, S. 100.

1631 beklagte sich der Dekan von Ebern: „Ille praedicans in Reckendorf [...] a novo exerceat officia sua". In die Schloßkapelle kamen nicht nur aus der Pfarrei Baunach, sondern auch aus anderen Sprengeln Gläubige[50]. Der Schloßprediger, der von 1632 bis 1634 in Reckendorf gewirkt haben soll, ist namentlich bekannt[51]; ob auch in der anschließenden Kriegszeit ein evangelischer Geistlicher sich in Reckendorf aufhielt, ist unbekannt.

### 7.1.4. Herreth

Der Würzburger Bischof plante, am 23. September 1629 in Herreth einen katholischen Pfarrer einzusetzen, ohne die Bamberger Regierung von seinem Vorhaben zu unterrichten. Dennoch wurde die Absicht in Bamberg lautbar. Der Statthalter und die Räte des Bischofs erkannten, daß sie „solchen actum", so „rühmlich" er an sich auch sein mochte, „wegen der großen dem kayß[erlichen] stiefft Bamberg [...] darauß entstehendem [!] praeiuditz kheineswegs [...] geschehen" lassen durften. Denn die Landeshoheit über das Kloster Banz und dessen Hintersassen war ja zwischen den beiden Hochstiften noch umstritten; wären würzburgische Beamte in Herreth eingefallen, hätte der Würzburger Bischof dadurch seinen Anspruch stützen können. Daher befahl die Bamberger Regierung dem Kastner und dem Vogt in Lichtenfels am 22. September, am folgenden Morgen „in aller frühe" den Pfarrer von Herreth zu verhaften[52].

So machten sich in der folgenden Nacht um ein Uhr die beiden Beamten „mit etzlich mußquetirern unnd pferdten [...] in geheimb [...] uff den weeg". Zwischen drei und vier Uhr trafen sie in Herreth ein, gingen „in der still" zum Pfarrhaus, klopften an, brachen, da niemand öffnete, das Tor auf, verhafteten den Pfarrer Georg Adam Otto „in seiner schlaffcammer" und brachten ihn nach Lichtenfels[53]. Von dort wurde er einige Tage später nach Bamberg gebracht[54] und gegen die Zusage freigelassen, in der Diözese (!) Bamberg „nit mehr zu verpleiben, zue predigen oder actus parochiales zu verrichten"[55].

Hans Georg von Rotenhan hatte dem Pfarrer am 23. September versichert, er werde die Angelegenheit nicht auf sich beruhen lassen. Das Pfarrhaus sei hennebergisches Lehen; er werde den Lehensherrn – Sachsen – unterrichten und für die Freilassung Ottos sorgen[56]. Das Protestschreiben der Meininger Regierung[57] beeindruckte die Bamberger Räte freilich nicht[58]. Auch die Forderung, den widerrechtlich verhafteten Pfarrer wieder einzusetzen, die Rotenhan gemeinsam mit Georg Dietrich von Schaumberg an den Banzer Abt richtete[59], blieb unerfüllt.

Vielmehr ließ der Bischof von Würzburg am 17. Oktober 1629 den Altenbanzer Pfarrverweser Johann Molitor, einen Banzer Konventualen, den Einwohnern von Herreth als Pfarrer vorstellen. Der Bischof gebot ihnen, die Sakramente von Molitor zu empfangen, ihm die Pfarrgefälle zu zahlen, den Gregorianischen Kalender zu beachten und bis zum 2. Februar

50 DAW, Dek. Ebern, VR 1631, fol. 343v.
51 Siehe S. 391.
52 StAB, B 76/XVIII, Nr. 19, fol. 405v–406r.
53 Ebd., fol. 407r.
54 Vgl. ebd., fol. 409r; StAB, B 68/I, Nr. 896, 1629 Sept. 27.
55 AEB, Rep. I, Nr. 746, fol. 197r.
56 Vgl. StAB, B 76/XVIII, Nr. 19, fol. 408r–v.
57 Vgl. StAB, B 93, Nr. 38, fol. 293r–295r.
58 Ihre Antwort: ebd., fol. 295v–298r.
59 Vgl. ebd., fol. 287v–289v.

1630 den katholischen Glauben anzunehmen[60]. Zuvor hatten sich die Regierungen von Bamberg und von Würzburg geeinigt, daß er am 28. Oktober[61] „mit schuz undt handtfestung" der Lichtenfelser Ausschüsser nach Herreth gebracht, aber von einem würzburgischen Beamten „eingewiesen werden" solle. Der Pfarrverweser selbst forderte die Einwohner des Altenbanzer Sprengels auf, sich zu seiner „installation nacher Herret zum gottesdinst zu verfügen", da ansonsten „die kirch wohl öed stehen würde"[62]. Mit einem Tag Verzug wurde Molitor dann, begleitet von 150 Musketieren, in Herreth als Pfarrer eingesetzt[63]. Herreth bildete infolge der Rechtsstreitigkeiten zwischen den Hochstiften einen Sonderfall unter den restituierten Pfarreien, denn hier lagen zwischen der Vertreibung des „Prädikanten" und der Einsetzung eines katholischen Geistlichen fünf Wochen, während andernorts beide Maßnahmen am selben Tag getroffen wurden.

Die Herrether akzeptierten den katholischen Pfarrer nicht. „Man tauft die kinder zue Cleuchsen[64], der schulmeister sitzt ihm pfarhaus, helt da öffentlich seine schull, da doch daß pfahrhaus mir ist eingeraumbt"[65], klagte er im Dezember seinem Abt. Von den Beratungen über Gegenmaßnahmen schlossen die ritterschaftlichen Hintersassen in Herreth ihre banzischen Nachbarn vorsorglich aus. Ohne deren Wissen sandten sie Boten an den kursächsischen Hof zu Dresden[66]. Die Vorhängeschlösser an der Kirchhof- und an der Kirchentür wurden aufgebrochen und beseitigt. Es habe „bisheer das catholische exercitium nicht können fortgesetzt werden", berichtete der Abt von Banz am 14. Dezember 1629 dem Würzburger Bischof[67].

Vor allem bereiteten die adligen Grundherren dem katholischen Pfarrer von Herreth Probleme. Am 9. Dezember hielt Hans Georg von Rotenhan ihn nach dem Gottesdienst auf offener Straße auf, warf ihm vor, der Pfarrei Herreth Einträge zu tun, beschimpfte banzische Beamte. „Lebt woll, last ihr mir mein pfar zuefrieden, so wöllen wir gutte freundt undt nachbarn bleiben undt sein", sagte Rotenhan zum Abschied, und als er fortritt, soll er hinzugefügt haben: „Du machst mit deinem schulmeister woll wider kommen undt alda singen, wan ihr könt bley verdauen."[68] Hans Sebastian von Rotenhan setzte Ende Dezember 1629 zusammen mit dem schaumbergischen Vogt aus Niederfüllbach sogar wieder einen evangelischen Pfarrer in Herreth ein. Doch bereits nach wenigen Tagen – er hatte erst einmal gepredigt[69] – verhaftete ihn der Lichtenfelser Kastner mit 70 Bewaffneten[70] auf Befehl des Bischofs von Bamberg[71]. Er wurde nach Bamberg gebracht, verhört und nach 20tägiger Haft freigelassen, mußte aber schwören, im Bistum und Hochstift Bamberg keine „actus parochiales" mehr vorzunehmen[72].

Im Februar 1630 hielten die geistlichen Räte in Würzburg es „fur ein ersprießlichs mittell", daß der Altenbanzer Pfarrverweser nach Herreth ziehe[73]. Doch der Abt von Banz ent-

---

60 Vgl. AEB, Rep. I, PfA 4, Prod. 1.
61 Vgl. StAB, B 93, Nr. 38, fol. 291r–v.
62 Vgl. ebd., fol. 292v–293r.
63 Vgl. StAB, B 76/XVIII, Nr. 19, fol. 419r–420r; vgl. auch Looshorn, Bd. 6, S. 91f.
64 Gleußen.
65 StAB, B 93, Nr. 38, fol. 300r.
66 Vgl. ebd., fol. 302v.
67 Ebd., fol. 305r.
68 Ebd., fol. 299r–300r (Zitate 300r).
69 Vgl. AEB, Rep. I, Nr. 746, fol. 223r.
70 Vgl. StAB, B 76/XVIII, Nr. 19, fol. 415v–416r, 417v–418v.
71 Vgl. ebd., fol. 417r.
72 AEB, Rep. I, Nr. 746, fol. 221v, 222v–223r, 230v.
73 StAB, B 93, Nr. 38, fol. 324r; Konz.: AEB, Rep. I, PfA 4, Prod. 2.

gegnete im April, dies wäre für die Pfarrgemeinde Altenbanz ebenso wie für die Wirtschaft des Pfarrers „ganz beschwerlich“[74]. Obendrein habe seit September keiner der adligen Hintersassen in Herreth „die kirchen besuchet“, zumal ihre Herren dies streng verboten hätten. Der Pfarrer habe „zwar seit seiner einweisung den gottesdinst, vornemblichen aber die mittagspredigen, zu Herret etlichmal verrichtet, seine [...] eingepfarrte mit sich genommen, dabey aber der Herreter keiner erschienen, ja wol groser zwitracht daraus erwachsen, dessen die Altenbanzer nunmehr auch müedt worden“. „Was müste oder solte derwegen ein pfarrer“, fragte der Abt, „bey solchen böcken, die noch nicht gebendigt, auch wol noch so baldt dergestallt nicht zu zwingen sein werden, mit seiner leibsgefahr, höchsten hausschaden, undt da weder kelch, buch, leuchter, meßgewandt noch andere necessaria seindt, machen und außrichten?“[75]

Weiterhin versahen Molitor und seine Nachfolger die Pfarrei Herreth von Altenbanz aus. Doch nur die banzischen Hintersassen traten bei anfallenden Taufen und Trauungen an den Altenbanzer Pfarrverweser heran[76]. Die Untertanen der Schaumberg und der Rotenhan dagegen ließen sich – wie Molitor im Januar 1631 beklagte – vom Gleußener Pfarrer trauen, hielten die anschließende Feier aber „zu anderer leuthe grosser ärgernus“ in Herreth ab[77]. Auch im folgenden gingen die meisten Herrether zum Pfarrer von Gleußen.

Als ihm 1641 der Banzer Abt drohte, gegen ihn vorzugehen, wenn er sich weiterhin der Pfarrei Herreth annehme, holte sich der Pfarrer Rat beim Generalsuperintendenten in Coburg. Dieser teilte ihm sinngemäß mit, Coburg habe sich „der pfarr zue Herret nichts nit anzuenemen, könte er [= der Pfarrer] schuez haben von den edelleuthen, möchten sie [= die Coburger Regierung] eß wohl leiden“, ansonsten solle er lieber in Herreth nicht tätig werden[78]. Spätestens 1643 beauftragte Adam Georg von Rotenhan zu Rentweinsdorf den Gleußener Pfarrer förmlich, den Herrethern zu predigen und ihnen die Sakramente zu spenden[79], nachdem die Ende 1641 / Anfang 1642 von ihm, von Georg Adam von Ostheim und von der Meininger Regierung erhobene Forderung, wieder einen evangelischen Pfarrer in Herreth einzusetzen[80], nicht erfüllt worden war.

## *7.2. Die Katholisierung der ritterschaftlichen Untertanen*

Lediglich in der Pfarrei Baunach hatten vor 1629 viele der ritterschaftlichen Untertanen den katholischen Glauben angenommen. In Schney, Oberbrunn und Herreth sowie in den Pfarreien Döringstadt und Marktgraitz waren die Familien, die auf adligen Lehen wohnten, hingegen durchweg evangelisch. So wurden, nachdem die „Prädikanten“ vertrieben waren, die Katholisierungsmaßnahmen, die der Bischof und die katholischen Mediatherren seit den 1590er Jahren gegen ihre evangelischen Untertanen angewandt hatten, auf die ritterschaftlichen Hintersassen ausgedehnt. Näheres ist freilich nur aus Schney und der Pfarrei Marktgraitz bekannt.

74 StAB, B 93, Nr. 38, fol. 327v.
75 Ebd., fol. 328r; Orig.: AEB, Rep. I, PfA 4, Prod. 3.
76 Vgl. StAB, B 93, Nr. 85, fol. 596r–v.
77 Ebd., Nr. 38, fol. 433r; vgl. auch DAW, Dek. Ebern, VR 1631, fol. 337v.
78 StAB, B 93, Nr. 40, fol. 537v–538r.
79 Vgl. ebd., fol. 568v–569r; Nr. 85, fol. 582r–v.
80 Vgl. ebd., fol. 574r–v; auch Nr. 40, fol. 531v–532r.

## 7.2.1. Schney

Am 7. Oktober 1629, dem Tag, an dem der bischöfliche Rat Dr. Getzendorfer dem evangelischen Pfarrer von Schney den Fortzug befahl und Dr. Bonius als katholischen Pfarrer einsetzte, trug er den Einwohnern auf, „daß sie sich hierzwischen bieß uff weynachten einstellen unnd catholisch werden". Gehorchten sie nicht, würde ihnen der Bischof „frembdte gest ins dorf [...] legen unnd so lang alda verharren [lassen], bieß sie sich eingestelt haben". Dr. Getzendorfer drohte also mit einer Einquartierung. Der anwesende Schloßherr protestierte zwar – „es hette niemandts anderst uber seine untherthanen zu gebieten alß eben er allein" –, doch der bischöfliche Rat unterstrich ungerührt seine Anordnung mit dem Hinweis, die Schneyer seien nun gewarnt und hätten die Folgen ihres Verhaltens zu tragen[81].

Doch blieben weitere Maßnahmen von seiten Bambergs vorerst aus. Kein Schneyer nahm den katholischen Glauben an, nicht einmal, als ihnen 1630 das Recht gesperrt wurde, aus dem Lichtenfelser Forst gegen eine geringe Abgabe Brenn-, Werk- und Bauholz zu beziehen[82]. Sie kamen nicht einmal in den katholischen Gottesdienst, sondern liefen in die sächsischen Pfarrkirchen Buch und Sonnefeld. Dort ließen sie Kinder taufen, dort ließen sich Schneyer Paare trauen[83]. (Auch der Schloßherr mit seiner Familie empfing in Sonnefeld die Kommunion[84].) Darüber hinaus schädigten die Einwohner mehrfach die Pfarrfelder. Im März 1631 beschloß angesichts all dessen die Bamberger Regierung, den Schneyern solle „uf ihren beharrenten ungehorsamb und hallstärrigkeit die gantze quarnison von Vorchheim einquartirt und zugelegt" werden[85]. Die Garnison Forchheim dürfte damals rund 500 Soldaten umfaßt haben[86]; damit kamen auf jedes Schneyer Haus[87] etwa fünf Einquartierte, die nicht nur zu beherbergen, sondern auch zu verpflegen waren.

Schon nach wenigen Tagen hatte die Maßnahme Erfolg: Es hätten „aus den Schneyern sich 57 einzustellen angelobt", meldeten der Pfarrer und der Lichtenfelser Vogt nach Bamberg. Aus ihren Wohnungen wurden die Soldaten abgezogen und bei den 47 Haushalten einquartiert, die ihre Konversion noch nicht zugesagt hatten[88]. Wie lange die Forchheimer Garnison in Schney blieb, ist unklar. Mehrere Schneyer flohen ins benachbarte Fürstentum Sachsen-Coburg[89], um nicht katholisch werden zu müssen. Anfang Juni 1631 kehrten manche zurück; vielleicht war das Militär abgezogen worden. Einige Familien blieben länger im Exil. Noch Mitte Juli wurde in Ebersdorf der Sohn eines Schneyer Exulanten getauft[90], im September 1631 empfing zu Sonnefeld das Kind eines Schneyers die Taufe, der sich in Weidhausen aufhielt[91]. Im folgenden unternahm Bamberg nichts mehr. Lediglich an Weihnachten 1631 wurden Schneyer, die in evangelische Kirchen gehen wollten, von Lichtenfelser Bürgern überfallen und ausgeraubt[92]. Nach dem Einmarsch der Schweden plagten die bischöfliche Regierung ohnehin schwerere Sorgen.

---

81 StAB, B 76/XVIII, Nr. 19, fol. 415r.
82 Vgl. StAB, A 231, Nr. 39075, fol. 69v; auch Nr. 39076, fol. 51v.
83 Vgl. AEB, Rep. I, Nr. 746, fol. 327r (1631 Febr. 17).
84 Vgl. PfASo, Kbb., Bd. 2, pag. 118, 144.
85 AEB, Rep. I, Nr. 746, fol. 334r.
86 Vgl. Dippold, Schney, S. 158.
87 Zur Größe von Schney siehe S. 30 mit Anm. 228.
88 AEB, Rep. I, Nr. 746, fol. 337r.
89 Im Sonnefelder Kirchenbuch wird am 22. Mai Hans Schmidt „aus der Schney, itzt zu Weidhaußen sich aufhaltendt", erwähnt. PfASo, Kbb., Bd. 2, pag. 141. Auch in der Pfarrei Ebersdorf sind Schneyer nachgewiesen.
90 Vgl. Dippold, Schney, S. 158.
91 Vgl. PfASo, Kbb., Bd. 2, pag. 146.
92 Vgl. Dippold, Schney, S. 160.

## 7.2.2. Pfarrei Marktgraitz

In Michelau lebten im August 1629 „uf die 30“ Hintersassen der Herren von Redwitz und der Marschalk, die evangelisch waren. Ihnen befahl der Amtsverweser von Burgkunstadt, das katholische Bekenntnis anzunehmen. Ferner sollten „sie sich der lutherischen kirchen, alß zur Schney und anderen orten, auch exercitien enthalten, hingegen ihre ördentliche pfarr zu Graitz mit fleisigen anhörungen der predigen unnd gottesdienst [...] embsigen besuchen“. Die Michelauer versprachen, der Anordnung zu gehorchen, und taten dies wohl auch[93]. Auch die Besitzerin des sächsischen Hofes in Michelau und deren Kinder drängte der Burgkunstadter Amtsverweser im folgenden Frühjahr zu konvertieren, doch dagegen protestierte die Coburger Regierung[94].

Trotz der Bemühungen des Amtsverwesers beklagte sich im Mai 1630 der Pfarrer von Marktgraitz in Bamberg, daß in seinem Sprengel dompropsteiliche und „edlmennische“ Untertanen noch lutherisch seien und den katholischen Glauben nicht annehmen wollten[95]; vor allem hatte er dabei wohl Schwürbitz im Auge. Im Juni erließ der Bischof den Befehl, ritterschaftliche Untertanen, die in katholischen Pfarrsprengeln wohnten, zum katholischen Glauben „durch gezimmende mittel anzuhalten“. Wer nicht konvertiere, habe das Hochstift bis zum 25. Juli zu verlassen. Der Burgkunstadter Amtsverweser lud daraufhin die Protestanten, die in seinem Amt auf adligen Lehen lebten, zum 7. Juli vor[96], jedoch erschien nur „der wenigste theil“[97].

Aus Schwürbitz kamen lediglich zwei Männer. Der Amtsverweser urteilte: „Da mit diesem dorf, in welchem die allerhartneckhigsten und verstockhsten lutheraner wohnen“ – darunter viele Marktzeulner, die aufgrund der Gegenreformation dorthin gezogen seien –, „nit die scherpfsten zwangmittel vorgenommen werden, seind sie sonsten keinesweegs zur religion zu bringen“.

Aus Trainau erschienen zwei Hintersassen der Marschalk von Ebneth; sie behaupteten, „daß sie ohne ihrer herrschafft wissen und willen nichts thun dörfen“. Den würtzburgischen Untertanen sei von ihren Herren sogar verboten worden, der Ladung überhaupt Folge zu leisten.

In Michelau waren noch 24 Haushalte, die auf ritterschaftlichen Lehen wohnten, evangelisch. Sie kamen nicht nach Burgkunstadt. Die übrigen hatten „sich vor ostern und pfingsten zur religion mit zwang [...] ergeben“[98].

Obwohl der Amtsverweser die Anwendung scharfer Mittel befürwortete und die geistlichen Räte zu Bamberg beschlossen, ihm solle ein „gnugsamer beschaidt und bevelch ertheilt werden“[99], geschah in den folgenden Monaten offenbar wenig. Daher fragte der Vogt von Burgkunstadt im Herbst in Bamberg nach, was er mit den adligen Hintersassen tun solle, „weiln die güte nichts an ihnen verfangen wolt“. Die geistlichen Räte entschieden, er solle „ihnen noch ein endlichen termin setzen“, bis zu dem sie katholisch werden mußten.

---

93 StAB, B 49, Nr. 24, Fasz. 25, fol. 60r.
94 Vgl. ebd., fol. 65r. Vgl. auch die Klage ihres Sohnes Hans Köhler an den Coburger Amtsschosser: StAC, LReg 2752, fol. 1r–2r.
95 AEB, Rep. I, Nr. 746, fol. 266r.
96 StAB, B 49, Nr. 24, Fasz. 25, fol. 101r; die Namen der Vorgeladenen fol. 103r–v.
97 AEB, Rep. I, Nr. 746, fol. 277r.
98 StAB, B 49, Nr. 24, Fasz. 25, fol. 101v.
99 AEB, Rep. I, Nr. 746, fol. 277v.

„Underdessen“ sollte der Vogt „einen vorschlag thun, durch was ernstlichere mittel solche am füglichsten könten herbei gebracht werden“[100].

Einzelne Familien emigrierten im folgenden. So empfing am 14. Mai 1631 in Sonnefeld eine Frau aus Schwürbitz, „welche wegen der religion hiergezogen vor 3 wochen“, die Kommunion[101].

## *7.3. Seelsorge im Dreißigjährigen Krieg*

### 7.3.1. Der Krieg

Zwar waren schon im Juni 1621[102], im November 1623[103] und im Mai 1628[104] Soldaten durch den Banzgau gezogen, hatten hier übernachtet, durch Diebstähle erheblichen Schaden angerichtet und die Untertanen belästigt, unmittelbar wurden die Einwohner des Untersuchungsgebietes aber erst seit Anfang 1632 mit dem Krieg konfrontiert. Im Herbst 1631 waren die Schweden nach ihrem Sieg über das Heer der Liga in Franken eingefallen und hatten die Hochstifte Würzburg und Bamberg rasch unterworfen. Die Kriegsläufte in den folgenden 16 Jahren darzustellen, ist unnötig[105]. Wir wollen lediglich ihre Konsequenzen aufzeigen, wobei wir uns auf den Banzgau konzentrieren.

Als der Banzer Konventuale Georg Heusler, der 1632 vor den Schweden geflohen war, im Oktober 1635 in sein Kloster zurückkehrte, bot sich ihm ein trostloses Bild. Die Kirchenfenster hatten keine Scheiben, keine Glocke hing mehr im Kirchturm[106]. Einige Monate später stellte er, mittlerweile zum Abt gewählt, fest, es sei „kein getraidig ufm podten noch wein unnd bier im keller [...] zue finden“[107]. „Kein beeth velldt im ganzen stiefft Bannz“ war Ende 1635 „besahmet“[108]. Im Frühjahr 1636 machten daher Abt und Konvent das über die Kriegswirren hinweggerettete „silbergeschierr umb einem [!] [ge]riengen werth zue gellt“ und kauften dafür vier Pflugochsen und ein Pferd „sambt ezlichen sahm- und

---

100 Ebd., fol. 300r.

101 PfASo, Kbb., Bd. 2, pag. 140.

102 300 Berittene des „weinmarische[n] Kriegsvolckh[s]“, der Truppen unter dem Befehl des Herzogs Bernhard von Sachsen-Weimar also, waren in Altenbanz einquartiert, 300 in Schney; 3000 Mann lagerten auf freiem Feld, mußten aber vom Kloster aus verpflegt werden. StAB, B 93, Nr. 32, fol. 364v–397v, bes. 376r; vgl. auch Looshorn, Bd. 5, S. 465f.

103 Kaiserliche Truppen, das „aventagische regiment“, bestehend aus sechs Kompanien, „neben andern uff die 1000 pferdt“, die von Hessen nach Ungarn zogen, übernachteten in Herreth (2 Kompanien), Altenbanz, Stadel, Zilgendorf und Unnersdorf (je 1). StAB, B 93, Nr. 33, fol. 407r–412r.

104 Vom 9. bis 20. Mai waren „44 pferdt undt 41 person krigsvolckh von deß fürsten Rudolf Maximilians von Sachsen regiment“ in Gleusdorf einquartiert. Ebd., Nr. 36, fol. 297r–302r.

105 Der Verlauf des Dreißigjährigen Krieges ist für das Obermaingebiet noch nicht grundlegend erforscht. Einzelne Daten oder Zeitabschnitte bei Karl, Heinrich: Staffelsteiner Chronik. Staffelstein 1905, S. 226–238; Dietz, Bernhard: Das Fürstbistum Bamberg, im besonderen der Obermaingau im Schwedenjahr 1632. In: HB 1932, Nr. 14–26, 1933, Nr. 1–3; ders.: Der Obermaingau im Schwedenjahr 1632. In: HB 1933, Nr. 5f.; Frank, Alfred: Ostern 1646 im kaiserlichen Hauptquartier Staffelstein. In: FB 7 (1955), S. 25f.; Sticht, Ernst: Zerrissene, notvolle Heimat. Ein Beitrag zur Geschichte des Dreißigjährigen Krieges im Raum Kronach – Kulmbach. In: Oberrealschule Kronach. Jahresbericht 1959/60, S. 53–76 (reicht bis 1635); Neder, Hans: Aufzeichnungen während des 30jährigen Krieges und danach über Marktzeuln. Bürgermeister-Rechnungen ab 1628. In: HB 1961, Nr. 8–10, hier Nr. 9f.; Meyer, Heinrich: „Solche Possen haben die Kronacher viel gemacht“. In: Stadt- und Land-Kalender aus den Kreisen Lichtenfels und Staffelstein 1971, S. 35, 37; Hambrecht, S. 352–356, 409–412.

106 Vgl. StAB, B 93, Nr. 39, fol. 34v.

107 Ebd., fol. 36r.

108 Ebd., fol. 34v.

anderm getraidig“[109]. Doch die Hoffnung, nun wenigstens einige Felder bestellen zu können, wurde enttäuscht: Da die vier kaiserlichen Reiter-Regimenter, die um Coburg und Kulmbach lagen, „täglich und ohne aufhören partiren und straifen“, waren die Klosterinsassen ebenso wie die banzischen Untertanen „kein tag sicher, dörf sich auch kein mensch, geschweigen viehe ufm veldt sehen laßen“[110]. Auch in den folgenden Jahren stellte streifendes Militär oft eine Gefahr dar. Deshalb war z. B. 1643 auf dem Turm der Banzer Klosterkirche eine Wache postiert, und auch die Unnersdorfer hielten vom Banzberg aus Wacht. Dennoch nahmen im Juni dieses Jahres sechs schwedische Reiter, deren Einheit bei Erfurt lag, bei Unnersdorf zwei Männer aus Schönbrunn und den Fährmann von Hausen gefangen. Zwei von ihnen konnten fliehen, als die im Kloster befindlichen Soldaten die Reiter angriffen, der dritte wurde auf der Flucht erschossen[111].

Der schlechte Zustand der landwirtschaftlichen Flächen war die Folge davon, daß Krieg und Seuchen die Bevölkerung dezimiert hatten. Ende 1635 fand Heusler „zum wenigsten leuth in dörfern“, denn „der mehrer theil der underthanen mit weib unnd kinder [war] ehelendlich hunger gestorben, verdorben unnd verloffen“. 29 Personen im Banzgau waren durch Soldaten „erbärmblicher weis niedergemacht worden“[112]. Im Frühjahr 1636 hatte das Kloster Banz nur mehr 15 Untertanen, und diese waren „math und crafftloß“[113].

In den folgenden Jahren dauerte die Bedrängnis an. Im Mai 1645 schrieben die Einwohner der Pfarrei Altenbanz an den Bamberger Bischof, sie seien „vor wenig jahren durch vielfeltig marchiren unnd einlogirtes kriegsvolckh [...] der maßen spolirt unnd unsere arme hüetlein meinsten theilß mit feuer [...] ruinirt [worden], daß allso viel aus unßer [...] gemain elendtlich gestorben und verdorben, die überigen aber auß groser hungersnoth den pettelstab an die handt zue nehmen sein gedrungen worden“[114].

Auch im übrigen Untersuchungsgebiet war die Not groß. Über die Pfarrei Marktgraitz heißt es in einer Aufzeichnung von 1686 über die Jahre 1632 bis 1634: „weyln alles daß viehe, vornehmblich die anspaan alles hienweg genohmen, haben sich die menschen zu 10, 12 undt mehrer in die pflug spaanen undt ackhern mußen, daß also ein so groser hunger entstandten“[115].

Im August 1640 stellte das Kloster Banz die Zahlen der Untertanen – gemeint waren die Haushalte –, die die Abtei „bey guten zeiten gehabt“ hatte, den aktuellen gegenüber[116]:

| | | | | | |
|---|---|---|---|---|---|
| *Altenbanz* | 25 | – | *Unnersdorf* | 21 | 12 |
| *Draisdorf* | 15 | 3 | *Weingarten* | 12 | 4 |
| *Kösten* | 25 | 5 | *Zilgendorf* | 11 | 5 |
| *Nedensdorf* | 32 | 6 | *„Schefferey“* | 4 | – |
| *Püchitz* | 18 | 1 | *Gleusdorf* | 31 | 4 |
| *Schönsreuth* | 20 | 3 | *Untermerzbach* | 14 | 2 |
| *Stadel* | 15 | 5 | *Recheldorf* | 6 | – |
| *Stetten* | 18 | 3 | *Kaltenbrunn* | 4 | – |
| *Tiefenroth* | 16 | 3 | *Buch am Forst* | 31 | 5 |
| | | | *Friesendorf* | 14 | – |

109 Ebd., fol. 36r.
110 Ebd., fol. 36v.
111 Vgl. ebd., Nr. 70, fol. 671r.
112 Ebd., Nr. 39, fol. 34v.
113 Ebd., fol. 36r.
114 StAB, B 76/XVIII, Nr. 13, fol. 100r.
115 PfAM, Memorial 1686, pag 2.
116 StAB, B 93, Nr. 40, fol. 481r. – Die Liste ist unvollständig; es fehlen die Orte Hausen, Gnellenroth, Herreth und Gleußen.

Ehemals 332 Haushalten standen nun, 1640, nur mehr 61 gegenüber; das entspricht einem Bevölkerungsrückgang von über 80 Prozent[117]. Während der nächsten Kriegsjahre besserte sich die Lage etwas. Im Dezember 1643 lebten auf banzischen Lehen 42 von Männern geführte Haushalte mit Hausbesitz, 20 Witwen und Waisen sowie 13 Beständner, Familien also, die über keinen oder wenig eigenen Grundbesitz verfügten; elf banzische Güter wurden von Lichtenfelser und Staffelsteiner Bürgern bewirtschaftet[118]. Die Abtei hatte also 88 Untertanen, deutlich mehr zwar als drei Jahre zuvor, aber nur gut ein Viertel des Vorkriegsstandes.

Für den gemeinen Mann war es letztlich unerheblich, welche Partei gerade die Oberhand in der Obermainregion hatte. Alle Soldaten stellten für ihn und seinen Besitz eine Gefahr dar, kaiserliche oder bayerische Truppen schädigten ihn ebenso wie schwedische. Sogar der Prior (und spätere Abt) von Langheim, Mauritius Knauer, schrieb im Oktober 1647 an den Abt von Heiligenkreuz: „Svecos non timemus, quorum res iam inclinantur, Caesareanos timemus et omnium maxime Bavaros. Horribilius hi ante sesquiannum nobiscum egerunt quam unquam hostes."[119]

Daß die Kriegswirren sich auch auf das kirchliche Leben auswirkten, liegt auf der Hand. Im folgenden werden die Konsequenzen für die Kirchenbauten und für die katholische Geistlichkeit umrissen.

## 7.3.2. Die Kirchenbauten

Mehrere Kirchen im Untersuchungsgebiet nahmen im Krieg Schaden. Als 1646 der kaiserliche Befehlshaber, Erzherzog Leopold Wilhelm (1614–1662), der Bischof von Passau, Straßburg, Halberstadt und Olmütz, mit seiner Armee in und um Staffelstein lag, wurden die Pfarrkirchen in Marktgraitz und Marktzeuln von seinen Soldaten „uber alle massen außgeblündtert unndt verderbeth, daß kein glockhen noch uhrstrang" übrig blieb. Die Marktzeulner Kirchturmuhr verkauften sie in Lichtenfels. Ferner wurden „die fenster nur umb deß pleyß willen zerschlagen, daß wegen deß gewietters undt windtß kein priester uff keinen altar meß mehr lessen können". Notdürftig mußten die Fenster mit „beth- unndt andtern tüchern [...] verhenget werten". 1686 erinnerte man sich in Marktgraitz: „Es ist ein solche armuth in gemelten gottshaußern [gewesen], kein alm[120], kein chorröckh, kein meßgewanth, kein meßbuch, kein kelch in Zeuln verblieben." Die Marktgraitzer retteten nur „3 meßgewänthlein, ein kelchlein, 4 messinge leuchter" über den Krieg hinweg, indem sie sie nach Kronach in Sicherheit brachten. „Daß ist beetter gottshäusser reichthumb gewessen."[121]

Waren es hier kaiserliche Soldaten, die Schaden anrichteten, so wurde die Pfarrkirche zu Döringstadt 1647 von Truppen im Dienst Schwedens heimgesucht. Im Juli 1647 berichteten

117 Gleichzeitige Vergleichszahlen aus anderen bambergischen Ämtern liegen nicht vor. Eine Schadensaufnahme im Amt Weismain aus dem Jahr 1654 zufolge hatten dort vor dem Krieg 738 wehrfähige Männer gelebt; 1654 waren es lediglich 393. Die Bevölkerung war also um etwa 53 Prozent zurückgegangen. Vgl. Wolf, Hans: Schäden des Schwedenkrieges im Amt Niesten. In: Fränkisches Land 4 (1956/57), Nr. 1.

118 Vgl. StAB, B 93, Nr. 40, fol. 599r. – Im Juni 1645 stellten die Gotteshauspfleger zu Döringstadt fest, es habe „nun die pfarr an pfarrkindern, Gottlob, sich widerumb in ettwas zimblich besterckt". AEB, Rep. I, PfA 129, Brief von 1645 Juni 18.

119 Archiv des Stiftes Heiligenkreuz, Rubr. 64, Fasz. I, Brief von 1647 Okt. 17; vgl. auch Brief von 1646 Dez. 24: „periculum, si quod est, id vel a Caesareanis vel Bavaricis intentatur".

120 Albe.

121 PfAM, Memorial 1686.

die dortigen Gotteshauspfleger, die Schweden hätten das Dach des Langhauses und des Kirchturmes „zerschlagen, die altar und heyligthumer verunehrt, den taufkeßl sambt anderer zugehörung hinweg genommen". Die Kirche wurde „alßo verwüst, daß der schuldige gottesdienst nicht wohl gebührlicher maßen darin zu halten"[122].

Die Truppen des schwedischen Generals Königsmarck, die im Mai 1643 den Kastenhof in Rattelsdorf in Schutt und Asche legten, steckten auch die Pfarrkirche in Brand; sie wurde jedoch durch die Einwohner gerettet[123].

In Altenbanz stürzte 1638 das Chorgewölbe der Pfarrkirche ein, freilich nicht aufgrund von Einwirkungen durch Soldaten, sondern „außgestandtenem schnee- unnd regenwetters halber". Der Banzer Abt meinte zwar, der Chor sei „vielleicht mit riengem unkosten wiederumb zue bedachen unnd zuezuerichten"[124], doch wurde die Kirche in den folgenden Jahren wohl nicht wiederhergestellt; vielmehr verschlechterte sich der Bauzustand noch. Erst im Mai 1645 erbat die Pfarrgemeinde vom Bamberger Bischof Holz für den Wiederaufbau des „erbärmblich ruinirten und gentzlich in die aschen gelegten" Gotteshauses[125]. 1645/46 bauten ein Steinmetz und ein Zimmermann die Kirche zwar wieder auf[126], doch scheint sie bald danach erneut verwüstet worden zu sein. Sachsen-coburgische Untertanen und Adlige sollen sie in Brand gesteckt haben[127]. So war 1649 die Pfarrkirche wie „der meiste theil des dorfs [...] abgebrandt"; es mußte in einem als „klein und gering" charakterisierten „capellein" zelebriert werden[128]. Noch 1661 war von der „vorhin geweßene[n] schöne[n] haupt- und mutterkirchen" nur mehr ein „eingeäscherter erbarmlicher steinhaufen" übrig[129].

Nicht nur Kirchen, auch Pfarrhäuser gingen im Krieg zugrunde. In Altenbanz wurden 1633 „durch die schwedisch kriegsvolckher" der Pfarrhof und das Schulhaus niedergebrannt; erst 1656 ging die Pfarrgemeinde an den Wiederaufbau[130]. Die Schweden waren es auch, die 1639 den „ganze[n] fleckhen Graiz sampt dem pfar- undt beinhauß" in Schutt und Asche legten[131].

### 7.3.3. Die katholischen Geistlichen

Im Februar 1632 flohen die katholischen Pfarrer im Obermaingebiet vor den anrückenden Schweden. Als der Pfarrer von Sonnefeld am 22. Februar ein Kind aus Neuensee taufte, fügte er seinem Eintrag im Kirchenbuch erklärend hinzu: „Es waren die catholischen pfaffen in Meingrundt alle ausgereissen [!]"[132]. Die katholischen Geistlichen taten auch gut daran, sich – meist nach Kronach[133] – in Sicherheit zu bringen, denn es bestand Gefahr für Leib und Leben. Im Mai 1632 wurde der vormals in Marktgraitz tätige Pfarrer von Kirchlein,

122 AEB, Rep. I, PfA 129, Brief von 1647 Juli 7.
123 Vgl. Raab, 30, S. 55.
124 AEB, Rep. I, PfA 2, Prod. 4; auch StAB, B 93, Nr. 85, fol. 564r.
125 StAB, B 76/XVIII, Nr. 13, fol. 100r.
126 Vgl. Lippert, S. 19.
127 Vgl. DAW, Dek. Ebern, VR 1661, fol. 411r.
128 Ebd., VR 1649 (I), fol. 110r.
129 Ebd., VR 1661, fol. 411r.
130 StAB, B 76/XVIII, Nr. 13, fol. 401r.
131 PfAM, Memorial 1686, pag. 2.
132 PfASo, Kbb., Bd. 2, pag. 153.
133 Einer Marktgraitzer Notiz von 1686 zufolge waren zwischen 1632 und 1634 „die geistliche herrn hierumb fast alle vertrieben undt verjagt [...], under dießen haben sich sehr viel herrn praelaten, mönchen undt andtern geistl. uf Cronach reterirt". PfAM, Memorial 1686, pag. 2.

Laurentius Reus, auf der Flucht nach Kronach von schwedischen Soldaten erschlagen. Die Pfarrer von Altenbanz, von Döringstadt und von Rattelsdorf wurden 1632 von den Schweden gefangengenommen[134].

### *7.3.3.1. Baunach*

Inhaber der Pfarrei Baunach war bis 1645 Jakob Flexle, der abgesetzte Propst von Wettenhausen. Doch versah er die Pfarrei – falls überhaupt – allenfalls bis 1635 selbst. Im März dieses Jahres nämlich befahlen die geistlichen Räte dem Pfarrverweser von Hallstadt, der damals wohl in Bamberg wohnte, auch die Seelsorge im Baunacher und im Breitengüßbacher Sprengel zu übernehmen. Hieran wird deutlich, wie groß der Priestermangel binnen weniger Kriegsjahre geworden war. Als der Pfarradministrator im Juli 1636 aus dem Hochstift ausgewiesen wurde – sein Vergehen ist unbekannt –, war die Pfarrei Baunach für Monate ohne Geistlichen. Erst 1637 gewann die Pfarrgemeinde durch ihr „embsig piethen" den Michelsberger Subprior und Rattelsdorfer Pfarrer Friedrich Dentsch als Seelsorger[135]. Bis zu seinem Tod im September 1643 betreute er die Gemeinde. Dann übernahm sein Nachfolger in Rattelsdorf, ebenfalls ein Konventuale der Abtei Michelsberg, die Aufgabe eines Pfarrverwesers in Baunach. Doch gerieten er und der Rat von Baunach über Geldfragen in Streit. Der Mönch behandelte die Ratsmitglieder dabei, wie der Dekan von Ebern berichtete, „ungestum mitt schenden und schmehen, iniuriren, bochen und brotzen". Schließlich weigerte er sich, in Baunach weiterhin pfarrliche Aufgaben auszuüben[136]. Im Frühjahr 1645 nahmen sich Bamberger Dominikaner der Pfarrgemeinde an; seit Mai 1645 tauften Jesuiten aus dem Bamberger Kolleg in Baunach.

Im Sommer 1645 resignierte auf das Drängen der Bamberger geistlichen Räte hin Flexle – seit mehreren Jahren Pfarrer von Gößweinstein – die Baunacher Pfarrpfründe. Die Räte taten sich anschließend freilich schwer, einen neuen Pfarrer zu finden. Es wolle „sich keiner dahin [...] lassen gebrauchen, weiln die pfarrintraden der zeit also niedergeschlagen und gering", schrieben sie im September 1645 nach Würzburg. Damit die Pfarrkinder aber „nit gar desolat gelassen" würden, ließ der Bamberger Bischof die Jesuiten bitten, „interim [...] solche provision uf sich zue nehmmen"[137]. Die Würzburger Räte bestanden aber darauf, daß die Pfarrei nur einer Einzelperson verliehen werden könne[138]; so präsentierte der Bischof im Dezember 1645 den vom Rektor des Jesuitenkollegs benannten Andreas Lotz.

Er und die übrigen Patres, die in Baunach seelsorgerliche Aufgaben wahrnahmen, blieben in Bamberg wohnen. Den Pfarrhof ließ die Gemeinde, wie Lotz 1646 beklagte, „gantz zu grund gehen"[139]. Als Lotz im Dezember 1646 starb, wurde kein Nachfolger nach Würzburg präsentiert; man behandelte seitens Bamberg die Pfarrei Baunach so, es wäre sie dem Jesuitenkolleg inkorporiert gewesen. Bis Februar 1650 versahen Angehörige des Kollegs die Pfarrei. Im ältesten Baunacher Kirchenbuch erscheinen nach Lotz' Tod sieben Patres, die in Baunach die Taufe spendeten. Zwar dürften sie alle eine gute theologische Ausbildung und auch seelsorgerliche Erfahrung besessen haben – hinzuweisen ist besonders

---

134 Vgl. – auch zum Folgenden – Anhang 1.
135 DAW, PfA Baunach, K 2, Fasz. 24, Brief von 1643 Okt. 27.
136 Ebd., Brief von 1644 Febr. 10.
137 Ebd., Brief von 1645 Sept. 18.
138 Vgl. ebd., Brief von 1645 Okt. 3.
139 AEB, Rep. I, Nr. 749, fol. 315v.
140 DAW, Dek. Ebern, VR 1649 (II), fol. 347r.

auf Simon Stengel aus Nordhalben, der zwischen Dezember 1648 und September 1649 am häufigsten in Baunach war, er hatte in Frankreich gemeinsam mit François Regis Missionen abgehalten –, doch beeinträchtigte der Umstand, daß der zuständige Geistliche nicht in Baunach wohnte, sicherlich das kirchliche Leben. So bat denn die Pfarrgemeinde im Juli 1649 „instendtig [um] einen aigenen pfarrer"[140].

### *7.3.3.2. Rattelsdorf*

Der Rattelsdorfer Pfarrer Wolfgang Heinrich Graser wurde im Januar 1632 von den Schweden gefangengenommen, in Erfurt festgehalten und erst im August des folgenden Jahres – vielleicht gegen ein Lösegeld, vielleicht im Austausch gegen einen evangelischen Geistlichen – wieder freigelassen[141]. Kurz darauf starb er.

Nun wurde die Pfarrei dem bereits erwähnten Subprior (ab 1638 Prior) von Michelsberg, Friedrich Dentsch aus Weismain, übertragen, der sie bis zu seinem Tod zehn Jahre lang – meist wohl vom Kloster aus – versah. Bis 1731 hatten Michelsberger Konventualen die Pfarrei Rattelsdorf inne[142]. Der Prior Maurus Zigmann, der die Pfarrgemeinde Rattelsdorf 1649 „von etlichen jharen her" seelsorgerlich betreute, hielt dort alle 14 Tage Gottesdienst[143]. Demnach dürfte er – wie wohl auch seine Vorgänger während der Kriegsjahre – im Kloster gelebt haben und nur dann nach Rattelsdorf gekommen sein, wenn er eine Messe zelebrieren wollte oder wenn eine Taufe, Trauung oder Bestattung anfiel.

### *7.3.3.3. Döringstadt*

Im August 1632 nahm ein schwedischer Obrist den Döringstadter Pfarrer Leonhard Röder gefangen; er starb zu Rothenburg ob der Tauber in Haft. Die Einwohner der Pfarrei wandten sich nach seiner Verschleppung wohl an den nächstgelegenen Pfarrer, den Mürsbacher (der Rattelsdorfer war ja ebenfalls Gefangener der Schweden).

Wer die Pfarrei Döringstadt versah, nachdem der Mürsbacher Pfarrer Veit Caesar im September 1633 ermordet worden war[144], ist unklar. Denn erst im Dezember 1634 wurde wieder ein Priester, Nikolaus Neugebauer, auf die Pfarrei Mürsbach präsentiert, und er nahm sich der Pfarrei Döringstadt erst nach etwa einem Jahr an. Jeden dritten Sonn- und Feiertag zelebrierte er dort eine Messe[145]. Im Juni 1645 bat die Pfarrgemeinde Döringstadt den Oberpfarrer von Altenbanz, Veit Gottfried von Wernau, als Patronatsherrn um einen eigenen Pfarrer. Zumindest solle ein Priester beauftragt werden, jeden Sonntag Gottesdienst und katechetischen Unterricht für die Kinder – um den sich Neugebauer nicht kümmerte – zu halten. Ansonsten bestehe Gefahr, daß Kranke ohne Sterbesakramente blieben und Neugeborene ungetauft stürben. Erst seit kurzer Zeit zum katholischen Glauben bekehrte Personen könnten „widerumb [...] zu [...] uncatholischen orten laufen"[146].

---

141 Vgl. Raab, 30, S. 54.
142 Vgl. ebd., S. 70–78.
143 DAW, Dek. Ebern, VR 1649 (I), fol. 113r.
144 Vgl. Barthels, Bd. 1, S. 460f. Nr. 2283, 2285–2288.
145 Vgl. ebd., S. 465 Nr. 2317; auch Anm. 146.
146 AEB, Rep. I, PfA 129, Brief von 1645 Juni 18.

Doch der Angeschriebene schickte keinen Geistlichen nach Döringstadt. Weiterhin betreute Neugebauer von Mürsbach aus die Pfarrei. 1649 beantragten zwei Vertreter der Gemeinde auf dem Eberner Kapitelstag, er solle nach Döringstadt ziehen[147]. Neugebauer freilich lehnte dieses Ansinnen damals wohl ebenso ab wie anderthalb Jahre später[148], als die Gemeinde erneut darum bat[149]. Bis zu seinem Tod 1654 wurde der Zustand beibehalten.

### *7.3.3.4. Altenbanz*

Der Banzer Konventuale Johann Molitor, der die Pfarrei Altenbanz seit 1626 verweste, fiel 1632 in die Hände der Schweden, wurde aber bald gegen den evangelischen Pfarrer von Rentweinsdorf ausgetauscht, den die Kaiserlichen gefangengenommen hatten[150]. Im folgenden leitete er als Administrator anstelle des Abtes das Kloster. Die Pfarrei Altenbanz versah bis 1635 von Banz aus der Mönch Johann Plafus. Auch fortan kümmerten sich wohl Banzer Konventualen um die Seelsorge im Banzgau.

Aber erst im Februar 1639 wurde die Verwesung der Pfarrei wieder organisiert. Die geistlichen Räte in Würzburg stellten der Gemeinde den Banzer Abt, Jodocus Weith, als „eueren ordentlichen pfarrer[151] und seelsorger" vor[152]. Der Abt übte die mit der Pfarrverwesung verbundenen Aufgaben freilich nicht selbst aus, sondern beauftragte seinerseits „einen qualificirten conventual"[153]. Auch sein Nachfolger, Michael Stürzel, ordnete Mönche als Pfarrverweser ab.

Die Mönche, die die Pfarrei versahen, wohnten nicht in Altenbanz – das Pfarrhaus war ohnedies abgebrannt –, sondern im Kloster. Dorthin mußten auch die Pfarrkinder kommen, um Sakramente zu empfangen, denn die Pfarrkirche lag ja in Schutt und Asche, und die Kapelle in Altenbanz war „wegen menge des volcks nitt capax"[154].

### *7.3.3.5. Marktzeuln und Marktgraitz*

Der Marktgraitzer Pfarrer Johann Rögner, ein Konventuale von Langheim, blieb während des schwedischen Einfalls in seiner Pfarrei. Als er im Mai 1633 starb, übernahm wohl der Pfarrer von Marktzeuln, Johann Stephan Waldmann, die Seelsorge im Marktgraitzer Sprengel. Doch erst im März 1635 beauftragte ihn der Bamberger Generalvikar förmlich, diese Pfarrei zu betreuen. Von da an bis 1685 versah stets ein Geistlicher beide Pfarreien zusammen[155].

Ende 1635 oder Anfang 1636 verließ Waldmann Marktzeuln. Der Langheimer Abt ordnete einen Konventualen als Pfarrer nach Marktgraitz ab, doch da die Gemeinde ihm nichts für seinen Lebensunterhalt geben konnte (oder wollte), mußte er rasch „wiederumb

147 Vgl. DAW, Dek. Ebern, VR 1649 (II), fol. 348r.
148 Vgl. AEB, Rep. I, PfA 129, Brief von 1651 Febr. 12.
149 Vgl. ebd., Brief von 1651 Febr. 1.
150 Vgl. Oesterreicher, S. CCCXXIV.
151 Er hatte jedoch nicht die Pfarrpfründe inne; Oberpfarrer war der Würzburger Domdekan Veit Gottfried von Wernau.
152 StAB, B 93, Nr. 85, fol. 562r.
153 Ebd., fol. 564r.
154 DAW, Dek. Ebern, VR 1653, fol. 363v.
155 Vgl. Wachter 4231.

abweichen“[156]. In Bamberg drängte der Marktzeulner Schultheiß darauf, daß bald die beiden Pfarreien besetzt würden, „damit die inwohner nit [...] ursach [hätten], sich zur lutherischen sect zu begeben“[157]. Trotz dieser Warnung kam kein Pfarrer nach Marktgraitz oder Marktzeuln. Erst im Juli 1637 fragten die geistlichen Räte des Bamberger Bischofs beim Abt von Langheim an, „ob er vielleicht 2 prister könt ein zeit lang hergeben“[158], doch der Abt war dazu wohl nicht in der Lage. So traf das ein, was der Marktzeulner Schultheiß vorhergesagt hatte: Die Pfarrkinder liefen in evangelische Kirchen aus[159]. Auf diese Zeit bezogen sich wohl die 1686 in Marktgraitz aufgezeichneten Erinnerungen an die Kriegszeit. Es hätten sich wegen der allgemeinen Not und wegen der Gefahr weder in Marktzeuln und Marktgraitz Pfarrer aufhalten können. „Undterdeßen so hat man die kinthaufen uff Burgkhunstatt, Altenkhunstat, in daß closter Langkheimb, item uf Lichtenfels tragen mußen undt [ist] in 4, 5 oder 6 wochen lang nit ein gotesdinst in dießen Gratz undt Zeulen verrichtet worten.“[160]

Erst im März 1638 erhielten die beiden Pfarrgemeinden wieder einen Seelsorger. Dieser, Leonhard Sell, blieb jedoch nur wenige Wochen; dann wurde ihm die Pfarrei Ebermannstadt übertragen. Wieder waren Marktgraitz und Marktzeuln mehrere Monate ohne Geistlichen, bis um die Jahreswende 1638/39 Balthasar Herdegen, zugleich Pfarrer von Schney (und zuvor auch von Lichtenfels), eingesetzt wurde. Doch auch er gab die Pfarreien bereits nach wenigen Monaten auf.

Nach einer mehrwöchigen Vakanz übertrugen die geistlichen Räte in Würzburg sie Georg Ulrich aus Haßfurt, der schon die Pfarreien Burgkunstadt und Obristfeld innehatte. Ulrich versah Marktzeuln und Marktgraitz von Burgkunstadt aus, sehr zum Leidwesen der Burgkunstadter, die „nit leiden“ wollten, daß er die Stadt verließ, um andernorts Gottesdienste zu feiern oder sonstige pfarrliche Aufgaben zu erfüllen[161].

Im April 1640 ersuchte der Amtmann von Niesten „gantz instendig“ die geistlichen Räte in Bamberg, den Einwohnern der Sprengel Marktzeuln und Marktgraitz einen eigenen Seelsorger zu geben[162]. Im Januar 1641 lag ihnen diese Bitte, vorgebracht von der Pfarrgemeinde Marktgraitz, erneut vor[163].

Doch erst seit Sommer 1642 sind Bestrebungen der geistlichen und der weltlichen Obrigkeit nachzuweisen, die Pfarreien neu zu besetzen. Dies war auch dringend nötig, denn bereits Ende 1639 hatte sich Ulrich beschwert, daß „der predicant zu Sonnenfeld ihme zu Zeuln und Graitz grose einträg thue“[164], und im Juni 1641 hatte er nach Bamberg gemeldet, es werde „in abgang der kirchenornaten, requisiten etc. kein mess der orten gelesen“[165]. Hinzu kam, daß Ulrich, wie die Pfarrgemeinden im März 1642 nach Würzburg berichteten, „mit großer leibsschwacheit heimgesucht“ wurde „unndt nicht viel mehr verrichten“ konnte. Ein anderer katholischer Seelsorger stand aber „in der nähe“ nicht zur Verfügung. Daher liefen nicht wenige Einwohner des Marktgraitzer Pfarrsprengels zu evangelischen

156 AEB, Rep. I, Nr. 748, fol. 161v.
157 Ebd., fol. 165v.
158 Ebd., fol. 213r.
159 Vgl. ebd., fol. 216v.
160 PfAM, Memorial 1686, pag. 2.
161 AEB, Rep. I, Nr. 748, fol. 362v.
162 Ebd., Nr. 749, fol. 6r.
163 Vgl. ebd., fol. 24v.
164 Ebd., Nr. 748, fol. 362v.
165 Ebd., Nr. 749, fol. 42v.

Geistlichen, diese tauften Kinder und trauten Paare[166]. Kurz: ein ständig in Marktzeuln und Marktgraitz anwesender Geistlicher war dringend erforderlich.

Der Versuch der Würzburger Räte im August 1642, den Banzer oder den Langheimer Abt dazu zu bewegen, daß er die Pfarreien mit einem Konventualen besetze[167], scheiterte offenbar[168]. Im Oktober 1642 sollte der wegen sittlicher Vergehen abgesetzte Bamberger Fiskal, Dr. Johann Leßlein aus Wülfingen, neben Marktgraitz und Marktzeuln noch die restituierten Pfarreien Schmölz und Mitwitz übernehmen. Falls er dies tat – es ist ungewiß –, kann er hier höchstens vier Monate gewirkt haben. Im März 1643 nämlich ordnete der Bischof von Bamberg und Würzburg an, Anton Schmid, der vormalige Pfarrer von Marienweiher, solle die Pfarreien Marktgraitz und Marktzeuln übernehmen. Ob er wirklich dorthin ging, erscheint fraglich. Im folgenden kümmerte sich vielleicht der Pfarrer von Altenkunstadt und Kirchlein, der Langheimer Mönch Johann Dörckes, um die Einwohner jener beiden Pfarrsprengel.

Erst im Dezember 1644 erhielten Marktgraitz und Marktzeuln wieder einen eigenen Pfarrer: Stephan Schenck, der zuvor die Pfarrei Untereisenheim innegehabt hatte. 1646 wurde ihm durch in Erfurt liegende schwedische Reiter „alles sein [...] viehe undt, waß solche mehr forthbringen können, weggenohmen“[169]. Noch im selben Jahr wurde ihm auf seine Bitte hin die Pfarrei Lahm im Frankenwald übertragen.

Ab Frühjahr 1647 kümmerte sich wieder Georg Ulrich um die Seelsorge, obwohl er mittlerweile zusätzlich zu Burgkunstadt und Obristfeld noch die restituierte Pfarrei Burkersdorf übernommen hatte, in der ihm „die rebellische baurn“ Schwierigkeiten bereiteten[170]. Erst im Juli 1648 erwogen die geistlichen Räte in Bamberg, ihm, „sonderlich wegen der Burckhersd[orfer] pfarr“, einen Kooperator zuzuordnen[171], doch erübrigte sich dies, als kurz darauf die restituierten Pfarreien den adligen Patronatsherren zurückgegeben werden mußten.

Bis 1650 versah Ulrich die beiden Pfarreien; er hielt den Gottesdienst dort, wie der Dekan von Ebern im März 1650 nach Würzburg berichtete, „raro und schlecht [...] wegen seiner ohne das sonsten vielfeltigen und müheseeligen verrichtungen propriae parochiae [= Burgkunstadt]“[172].

*

In summa waren die Jahre von 1632 bis zur Jahrhundertmitte – mancherorts sogar weit darüber hinaus – geprägt vom Mangel an katholischen Geistlichen und, daraus resultierend, von ungenügender Seelsorge. In keiner Pfarrei des Untersuchungsgebietes residierte während der Kriegszeit für längere Zeit ein Priester. Baunach und Rattelsdorf wurden von

---

166 AEB, Rep. I, PfA 342, undat. Brief von Bürgermeister, Rat und Gemeinde zu Marktzeuln und Marktgraitz (präs. 1642 März 13). – Die Angaben der Gemeinden bestätigte und ihre Bitte um einen Pfarrer unterstützte der Dekan von Ebern. Vgl. ebd., Brief von 1642 März 10. – Auch die Würzburger Räte wußten im August 1642 von Ulrichs „continuirlicher leibßdiscommoditet“. Wie folgende Anm.

167 Vgl. StAB, B 93, Nr. 40, fol. 585r.

168 Der Banzer Abt, den sie anschrieben, damit er selbst einen Mönch abstelle oder mit dem Langheimer Prälaten verhandle, antwortete nicht. Im Juni 1643 richteten sie daher ein ähnliches Schreiben an ihn, auf das der Abt entgegnete, er könne nicht aushelfen; im Kloster habe er nur zwei Konventualen und einen Novizen. Vgl. ebd., fol. 590r–591r.

169 PfAM, Memorial 1686, pag. 2. – Im Oktober 1646 bat Schenck in Bamberg „mehrmaln“, ihm „alß einem ausgeblünderten pfarrherrn ein subsidium [...] zu eim bar schiebochsen“ zu geben; die geistlichen Räte entschieden jedoch, die Pfarrgemeinde solle „etwas zusamenschießen“. AEB, Rep. I, Nr. 749, fol. 327v.

170 Ebd., fol. 335v; vgl. auch fol. 348r–v, 364v, 370v, 373v, 376r.

171 Ebd., Nr. 750, fol. 7r.

172 AEB, Rep. I, PfA 342, Brief von 1650 März 3.

Bamberg, Döringstadt von Mürsbach, Altenbanz vom Kloster Banz und Marktgraitz samt Marktzeuln zumeist von Burgkunstadt aus versehen. Häufig wurde nicht einmal jede Woche eine Messe zelebriert. Wie sich diese Zustände auf die konfessionellen Verhältnisse auswirkten, wird im folgenden Kapitel untersucht.

# 8. Die ersten Nachkriegsjahrzehnte

## *8.1. Die Rückgabe der restituierten Pfarreien*

Seit Ende 1648, bald nach dem Friedensschluß, beanspruchten die Ritterschaft insgesamt und einzelne Adelsgeschlechter die Rückgabe der Pfarreien, die der Bamberger und der Würzburger Bischof seit dem Normaljahr 1624 gewaltsam mit katholischen Geistlichen besetzt hatten[1].

Da die geistlichen Regierungen aber zögerten, die Pfarreien aufzugeben, griffen manche Adlige zur Selbsthilfe. Der Patronatsherr der Pfarrei Schney etwa, Hans Eitel Marschalk von Ebneth, bat am 30. Januar 1649 die evangelischen Pfarrer der Umgebung, in Schney die Sakramente zu spenden und zu predigen, da ein eigener Pfarrer noch nicht gefunden sei[2]. Die angesprochenen Geistlichen folgten wohl der Aufforderung, denn im April 1649 erfuhren die geistlichen Räte in Bamberg aus Würzburg, daß „die wieder eingeschlichene predicanten zur Schney über die massen scalliren wieder die catholische“[3].

Wenige Tage später setzte Marschalk einen Pfarrer ein, Daniel Frühauf aus Coburg[4]. Über ihn beklagte sich 1651 der katholische Pfarrer von Marktgraitz und Marktzeuln. Er habe sich in Michelau mit einem Katholiken gezankt und dabei „die cathol[ischen] iniurirt“; es solle „einer lieber ein jud“ sein, habe er angeblich gesagt[5].

Nachdem Hans Hieronymus Marschalk ihn 1657 wieder seines Amtes enthoben hatte, verlieh er die Pfarrei Leonhard Christoph Hertweg[6], der sich freilich, wie sein Nachfolger meinte, nicht nur als „untüchtig“ erwies, „sondern auch mit notorischen groben fehlern und ärgerlichen sünden-flecken besudelt war“[7]. Daher widersetzte sich der Schloßherr, Hans Ludwig von Schaumberg, seiner Berufung.

Daraus entstand ein Streit, der bis 1660 andauerte. Während dieser Zeit war die Schneyer Pfarrkirche verschlossen; ein durch Schaumberg berufener Schloßprediger, Philipp Pfläntzel[8] aus Kahla – er hatte zuvor die Kinder des Schloßherrn unterrichtet –, hielt seit Juni 1658 im eigens geschaffenen „schloßkirchlein“ Gottesdienst[9].

Erst nachdem Anfang 1660 Hans Ludwig von Schaumberg das Patronatsrecht von den Marschalk für 800 Gulden gekauft hatte[10], konnte die Pfarrei besetzt und die Kirche wieder geöffnet werden. Zum Pfarrer berief Schaumberg seinen Schloßprediger Pfläntzel.

Die Pfarrei Herreth brauchte 1648 nicht evangelisch besetzt zu werden, denn die Einwohner betreute damals schon seit mehreren Jahren der Pfarrer von Gleußen. So blieb es bis 1725; erst dann bekam Herreth einen eigenen Pfarrer[11].

---

1 Siehe S. 52f., 63, 79.
2 Vgl. PfAS, Nr. 13, Fasz. 2, fol. 37r–v; Dippold, Schney, S. 160.
3 AEB, Rep. I, Nr. 750, fol. 42r.
4 Über ihn vgl. S. 417f.
5 AEB, Rep. I, Nr. 750, fol. 182v.
6 Über ihn vgl. Dannheimer / Zahn / Kuhr, Nr. 1106.
7 PfAS, Kbb., Bd. 1, pag. 547. Ausführlich PfAS, Nr. 71, fol. 27r–67v.
8 Über ihn vgl. Dannheimer / Zahn / Kuhr, Nr. 2062.
9 PfAS, Kbb., Bd. 1, pag. 549. Die Schloßkirche wurde „uff dem fördern gebäute des alten schlosses oben in der großen stuben und kammern mit abgethaner scheidewand angerichtet“.
10 Vgl. StAB, G 21/III, Schaumberg, Nr. 4a, fol. 18r–21r.
11 Vgl. Dannheimer / Zahn / Kuhr, S. 423.

In Reckendorf wurde 1658 ein Schloßprediger eingesetzt[12], nicht der erste seit dem Friedensschluß. Bereits im April 1650 hatte der Schloßherr, der Obrist Martin von Modersbach, dem Baunacher Pfarrer verwehrt, auf seine Lehen zu gehen; er beabsichtigte, „ein predicanten ein[zu]führen"[13]. Daraufhin hatten bambergische und würzburgische Räte vereinbart, der Pfarrer solle „das jhme anvertraute Jus parochiale zu Reckhendorff keck vnd vnerschrocken [...] exerciren / vnd vff den Fall einiger Resistentz, das Bamberg[ische] Brachium seculare [...] imploriren"[14]. Für November 1652 ist die Anwesenheit eines Schloßpredigers belegt; Modersbach hatte für ihn eine Gleichstellung mit dem Baunacher Pfarrer gefordert, auch ihm solle gestattet sein, pfarrliche „actus zu exercirn"[15]. Der Bamberger Bischof, an den er sich deshalb gewandt hatte, hatte seine Forderung wohl abgelehnt. So gab es später immer wieder Konflikte zwischen dem Schloßprediger und dem Baunacher Pfarrer, etwa 1665, als jener ein Kind in der Schloßkapelle begrub, als er dort ein Paar traute und als er einer kranken Frau die Kommunion reichte. Der Pfarrer von Baunach protestierte in Bamberg und in Würzburg gegen diese Eingriffe in seine Rechte; die Würzburger Regierung erließ daraufhin einen Haftbefehl gegen den „Prädikanten"[16].

Die Pfarrei Oberbrunn wurde nicht wieder mit einem evangelischen Geistlichen besetzt. Weshalb Karl Gottfried von Giech, der 1635 mit dem Gut Oberbrunn belehnt worden war[17], nicht auf ihre Rückgabe drang und einen evangelischen Pfarrer einführte, bleibt rätselhaft. Vielleicht standen hinter seiner Untätigkeit wirtschaftliche Beweggründe, vielleicht wollte er die Pfarrpfründe einziehen. Eine Rolle spielte gewiß, daß das Schloß nicht mehr bewohnbar war[18]; die Besitzer des Gutes Oberbrunn lebten in Thurnau.

## *8.2. Die konfessionellen Verhältnisse in den katholischen Pfarreien*

Nachdem bis 1631 die Gegenreformation Fortschritte gemacht hatte, brachte die mangelhafte katholische Seelsorge während des Krieges mancherorts Rückschläge, die meist geringen Ausmaßes waren; evangelische Geistliche im Sächsischen und nach 1632 auch wieder in einigen ritterschaftlichen Orten beeinflußten Einwohner des Untersuchungsgebietes. Die adligen Untertanen waren ohnehin erst kurz vor Kriegsbeginn konvertiert und folglich im katholischen Glauben noch nicht gefestigt. Daß sie bei nächster Gelegenheit wieder zu ihrem hergebrachten Bekenntnis zurückkehrten, liegt auf der Hand. Hinzu kam, daß der Bischof und andere katholische Grundherren um jeden Zuwanderer froh gewesen sein dürften, der in den entvölkerten Orten ein wüstes Gut erwarb, selbst wenn er Lutheraner war.

Sogar in der Pfarrei Altenbanz, die seit ungefähr 1620 rein katholisch gewesen war, lebten 1661 zwei evangelische Hofbauern. Ferner waren die Schäfer, die Jäger und mehrere Dienstboten des Klosters lutherisch[19]. Deutlicher war der Rückschlag für den Katholizismus

---

12 Vgl. ebd., Nr. 1545.
13 AEB, Rep. I, Nr. 750, fol. 119v.
14 StAW, Geistl. Sachen 2687, gedruckter „Recess" von 1650 Sept. 24.
15 AEB, Rep. I, Nr. 750, fol. 298r.
16 Vgl. StAB, B 67/XVII, Nr. 3135.
17 Vgl. StAB, A 205, L. 756, Nr. 4608.
18 Siehe S. 21.
19 DAW, Dek. Ebern, VR 1661, fol. 411v.

in der Pfarrei Baunach, wo 1624 den 1200 erwachsenen Katholiken nur 80 Protestanten gegenübergestanden hatten, wo 1660 jedoch die Zahl der Katholiken auf 500 gesunken, die der Lutheraner dagegen auf 100 gestiegen war[20]. In Döringstadt gab es damals zwei evangelische Haushalte, im ehemals ganz katholischen Eggenbach wohnten „plerique lutherani"[21]. In die übrigen Pfarrorte – ausgenommen Ummersberg und Erlhof – fand der Protestantismus keinen Eingang. Auch in der Pfarrei Rattelsdorf waren 1661 lediglich zwei Personen evangelisch[22].

Am erheblichsten verlor der Katholizismus in der Pfarrei Marktgraitz an Boden. Im Pfarrort selbst gab es 1649 nur wenige Protestanten; nur zwei von 38 erwachsenen Einwohnern waren evangelisch. Ähnlich sah es in Marktzeuln aus, wo damals drei Protestanten wohnten[23]. Hier hätte sich ihre Zahl merklich erhöht, wenn der Fürstbischof den im Jahr 1624 „entwichenen rebellanten" gestattet hätte, wieder nach Marktzeuln zu ziehen, wie sie es im Februar 1650 begehrten[24]. (Ihre Güter, namentlich Äcker und Wiesen, die zum Teil ja von den „Käufern" nicht bezahlt worden waren, bebauten einige von ihnen ohnedies schon seit mehreren Jahren wieder[25].) In den übrigen Orten des Marktgraitzer Sprengels – für Michelau fehlen Zahlen – verteilten sich die Konfessionen 1649 wie folgt[26]:

| | kath. | evan. |
|---|---|---|
| *Mannsgereuth* | *22* | *28* |
| *Trainau* | *9* | *22* |
| *Lettenreuth* | *20* | *12* |
| *Schwürbitz* | *20* | *88* |
| *Neuensee* | *22* | *2* |

In diesen fünf Dörfern standen demnach 93 katholische 152 evangelischen Erwachsenen gegenüber, und auch in Michelau war, wie der Dekan von Ebern 1652 notierte, „der maiste theil noch lutterisch"[27].

Drei weitere Aufstellungen zeigen, wie sich die konfessionellen Verhältnisse entwickelten. 1654 waren in der Pfarrei Marktgraitz (ohne Neuensee) 61,3 % der Erwachsenen evangelisch[28], im folgenden Jahr nur mehr 60,8 %[29]; 1661 – die Bevölkerungszahl war deutlich gestiegen – lag der Anteil der Protestanten fast ebenso hoch, bei 60,6 %[30]. Zu Recht bemerkte zwar 1662 der angehende Pfarrer von Marktgraitz und Marktzeuln, es hätten sich gegenüber 1655 „die cathol[ischen] etwas gemehrt"[31], doch auch die Zahl der Protestanten war ungefähr im selben Verhältnis gestiegen.

---

20 Vgl. DAW, Dek. Ebern, VR 1660, fol. 402r.
21 Ebd., fol. 404v.
22 Vgl. ebd., VR 1661, fol. 417r.
23 Vgl. ebd., VR 1649 (I), fol. 114v.
24 AEB, Rep. I, Nr. 750, fol. 110r.
25 Vgl. StAB, B 49, Nr. 233/II, fol. 624r–634v.
26 Vgl. DAW, Dek. Ebern, VR 1649 (I), fol. 114v.
27 Ebd., VR 1652, fol. 360r.
28 Vgl. AEB, Rep. I, PfA 335, Fasz. 1, Beilage zum Brief von 1655 Febr. 26.
29 Vgl. StAB, B 49, Nr. 233/II, fol. 483r. – Rechnet man Neuensee mit, für das nur aus dem Jahr 1655 Zahlen vorliegen, so betrug sich der Anteil der Protestanten 57,3 %.
30 Vgl. DAW, Dek. Ebern, VR 1661, fol. 410r. – Einschließlich Neuensee betrug der Anteil der evangelischen Personen 57,3 %.
31 StAB, B 49, Nr. 233/II, fol. 483r.

In den einzelnen Orten verteilten sich die Erwachsenen wie folgt auf die Konfessionen:

| | 1654 | | 1655 | | 1661 | |
|---|---|---|---|---|---|---|
| | kath. | evan. | kath. | evan. | kath. | evan. |
| *Marktgraitz* | *69* | *8* | *73* | *5* | *84* | *7* |
| *Mannsgereuth* | *17* | *26* | *19* | *28* | *20* | *35* |
| *Trainau* | *12* | *24* | *13* | *24* | *18* | *26* |
| *Lettenreuth* | *53* | *8* | *43* | *8* | *50* | *12* |
| *Schwürbitz* | *32* | *112* | *38* | *119* | *53* | *121* |
| *Michelau* | *16* | *137* | *15* | *128* | *20* | *176* |
| *Neuensee* | *?* | *?* | *33* | *2* | *37* | *2* |

Demnach waren in Marktgraitz, Lettenreuth und Neuensee die evangelischen Einwohner eine unbedeutende Minderheit, die im Verlauf des 17. Jahrhunderts ganz verschwand. Ähnlich sah es übrigens in Marktzeuln aus, wo 1654 den 164 Katholiken nur acht Protestanten gegenüberstanden[32]. In Mannsgereuth und Trainau überwogen die Lutheraner, doch hatten sie eine beträchtliche Anzahl von katholischen Nachbarn. In den beiden bevölkerungsreichsten Orten des Pfarrsprengels, in Michelau und in Schwürbitz, waren die Protestanten eindeutig in der Überzahl: In Schwürbitz stellten sie 1654/55 über drei Viertel der Einwohnerschaft, in Michelau rund 90 Prozent – und das, obwohl 1631 die meisten Michelauer und Schwürbitzer sich zum katholischen Glauben bekannt hatten, obwohl die Mehrheit der Haushalte auf Lehen katholischer Grundherren, des Bischofs und des Domkapitels von Bamberg, wohnte, in Michelau etwa zwei Drittel. In Schwürbitz waren 1661 zwölf Hintersassen des Bischofs und des Domkapitels evangelisch[33].

## *8.3. Das Ende der Gegenreformation: der Fall Michelau*

Es waren nicht nur die meisten Michelauer evangelisch, sie hatten auch während des Krieges – um 1635[34] – einen evangelischen Schulmeister angestellt, der „die verbottene predtig unnd postielln den pfarrkindtern daselbsten vorzulesen sich gelüesten" ließ. 1645 hatte ihn die Bamberger Regierung zwar vertrieben und durch einen Katholiken ersetzt; doch diesem hatten die Michelauer jegliche Zahlungen verweigert. Der Bischof hatte deshalb eine Holzsperre über die Gemeinde verhängt und den Einwohnern das Fischen und Flößen untersagt. Das Mandat hatte so lange gelten sollen, bis der Schulmeister seinen Lohn erhalten habe und die Michelauer alle den katholischen Glauben angenommen hätten[35]. Aber nach einem Jahr hatten die Behörden erkannt, daß diese Maßnahmen nicht gefruchtet hatten, daß aus ihnen vielmehr eine „steckhung der gefell" erfolgt war, und so hatte der Bischof die Lichtenfelser Beamten angewiesen, den Michelauern den Forst und den Main nicht mehr zu sperren[36].

32 Vgl. AEB, Rep. I, PfA 335, Beilage zum Brief von 1655 Febr. 26.
33 Vgl. DAW, Dek. Ebern, VR 1661, fol. 410r.
34 Vgl. AEB, Rep. I, PfA 335, Fasz. 1, Brief von 1655 Mai 29.
35 StAB, B 76/XVIII, Nr. 13, fol. 102v.
36 Ebd., fol. 121r.

Nach dem Krieg waren die meisten Michelauer evangelisch, auch die meisten bischöflichen Hintersassen. Und ebenso bekannte sich der Schulmeister nicht zum katholischen Glauben. 1650 wurde er jedoch durch einen Katholiken ersetzt[37]. Als dieser 1654 die Stelle aufgab, nahm die Gemeinde erneut einen Protestanten als Schulmeister an, doch im Mai des folgenden Jahres wiesen die geistlichen Räte zu Bamberg den Burgkunstadter Amtmann an, ihn – und ebenso den Schwürbitzer Schulmeister – festzunehmen und einen Katholiken einzusetzen[38].

Fortan wirkten bis ins frühe 19. Jahrhundert im überwiegend evangelischen Michelau katholische Schulmeister. Sie unterrichteten freilich nicht im katholischen Sinn. 1713 wurde im Bestallungsbrief festgelegt, der Schulmeister müsse täglich „ein hauptstückh in lutherischen catechismo examiniren“[39].

1655 sollte der Burgkunstadter Amtsverweser den Bamberger geistlichen Räten Vorschläge machen, „wie die Michelau[er] und Schwürbitzer zur [katholischen] religion zu bringen sein mögten“. Er riet, allen bambergischen Untertanen, nicht nur jenen in den beiden Orten, zu befehlen, sie hätten katholisch zu werden oder innerhalb von drei Jahren zu verkaufen[40]. Die Bamberger Regierung folgte dieser Anregung grundsätzlich, verlängerte die Frist aber auf fünf Jahre, da dieser Zeitraum im Westfälischen Frieden so festgelegt sei[41].

Aber noch im Herbst 1662, nachdem den Protestanten mehrfach Konversion oder Emigration geboten worden war[42], waren in Schwürbitz 23, in Michelau 42 bambergische Untertanen evangelisch[43]. Die Bamberger Regierung befahl ihnen, an Weihnachten zu konvertieren. Auf die Bitte der Betroffenen wurde ihnen bis Ostern 1663 Aufschub gewährt[44], was der Burgkunstadter Amtsverweser nicht gerne sah: „Würde durch [...] verzögerungen sowoln des pfarrers, dern beambten und forderst ihr f[ürstliche]n g[nade]n respect mercklich benommen“; man solle daher zumindest am Termin Ostern festhalten[45]. Trotzdem gaben die Bamberger Räte den Michelauer und den Schwürbitzer Protestanten, als Ostern vorübergegangen war und nur einige katholisch geworden waren, bis Pfingsten Zeit[46].

Gegen diejenigen, die auch zu diesem Termin nicht konvertiert waren, ging der Burgkunstadter Amtsverweser auf Geheiß der geistlichen Räte vor, zumal auch Untertanen, die zuvor den katholischen Glauben angenommen hatten, erklärten, sie würden „wieder lutherisch werden, wan gegen diese übrigen nicht auch ein ernst gebraucht würde“[47]. Am 12.

---

37 Im Rezeß bambergischer und würzburgischer Vertreter über die geistlichen Streitfälle zwischen den beiden Hochstiften vom 24. September 1650 heißt es, „der Lutherische Schulmeister zu Michelaw“ sei „fortgeschafft / vnd ein Catholischer deren Orths [...] vffgestellt“ worden. Noch kurz zuvor hatte der Würzburger Bischof seine Räte angewiesen, auf die Vertreibung des evangelischen Schulmeisters zu drängen. StAW, Geistl. Sachen 2687.

38 Vgl. AEB, Rep. I, PfA 335, Fasz. 1, Konz. von 1655 Mai 8. – Über die Verhältnisse in Schwürbitz berichtete der Angeschriebene wie folgt: „Unterhalten die jenige, so kinder haben, nur winterszeit zu derselben unterrichtung eine person, und [diese] hat von der gemein nichts. Haben izt keinen“. Der Amtsverweser riet, den bambergischen Untertanen zu befehlen, sie sollten ihre Kinder nach Marktzeuln zur Schule schicken; die adligen Hintersassen allein könnten den Schulmeister dann nicht mehr bezahlen. Ebd., Brief von 1655 Mai 29.

39 Ebd., Fasz. 6, „Instruction“ von 1713 Aug. 24.

40 Ebd., Fasz. 1, Brief von 1655 Mai 29.

41 Vgl. ebd., Konz. von 1655 Juni 10.

42 Vgl. AEB, Rep. I, Nr. 753, 1663 März 15: „über die nun von 5 jahrn her underschiedlich [...] gegebene [...] termin“.

43 Vgl. ebd., 1662 Okt. 23.

44 Vgl. ebd., 1662 Nov. 27.

45 Ebd., 1663 März 15.

46 Vgl. AEB, Rep. I, PfA 335, Brief von 1663 Juni 25.

47 Vgl. AEB, Rep. I, Nr. 753, 1663 Juni 1.

Juni 1663 fiel er mit Musketieren in Michelau ein und nahmen neun Personen gefangen[48]; weitere fünf ergriff man in Schwürbitz. Die übrigen Protestanten hatten sich rechtzeitig „uff edelmennische lehen verfügt und reterirt"[49]. Die 14 Festgenommenen sollten so lange auf der Burg Niesten inhaftiert bleiben, „bies sie sich zur catholischen religion bequemeten". Obwohl Kanzler und Räte von Coburg protestierten – das bambergische Vorgehen widerspreche „schnurstracks" dem Westfälischen Frieden[50] –, fuhr Bamberg unbeirrt fort. Am Morgen des 21. Juni kamen der Pfarrer von Marktgraitz und der Vogt von Burgkunstadt mit 13 Musketieren nach Schwürbitz und Michelau, drangen in Häuser ein, öffneten gewaltsam „kisten und kasten". Einige Einwohner mußten „mit blossen hembden davon laufen"[51], um ihrer Verhaftung zu entgehen. Weitere Einfälle folgten am 5. und 6. August 1663. Dabei wurden ein Ehepaar und ein Mann festgenommen, „die andern evangelischen aber in ihren heusern gesuchet, gänse, hunner und anders geschlachtet, die nacht durch geschossen". Die meisten Protestanten hatten sich „auf andere lehen mit der flucht salviret". Die bewaffneten Burgkunstadter und Marktzeulner kündigten an, sie würden nicht abziehen, bis jene aus den adligen oder sächsischen Häusern herausgekommen seien[52]. Andere scheinen Michelau verlassen zu haben; im Marktgraitzer Kirchenbuch wird unter dem 6. August ein Mann erwähnt, „welcher wegen der reformation entwichen"[53].

Am 16. und am 28. Juni sowie am 6. August 1663 forderten der Kanzler und die Räte in Coburg den Bamberger Bischof auf, sein Vorgehen einzustellen. Am 6. August wandten sie sich in dieser Angelegenheit ferner an den Mainzer Erzbischof Johann Philipp von Schönborn, der zugleich Bischof von Würzburg war, damit er Bamberg Einhalt gebiete. Herzog Friedrich Wilhelm von Sachsen-Altenburg schrieb am 14. August selbst an den Bamberger Fürstbischof. Hinzu kam im Oktober ein Schreiben der Abgesandten der evangelischen Stände auf dem Immerwährenden Reichstag: Der Bischof solle aufhören, mit Zwang gegen seine protestantischen Untertanen vorzugehen, sonst werde die Restitutionsdeputation des Reichstages einschreiten[54].

Doch zu diesem Zeitpunkt hatte der Fürstbischof sein Vorgehen bereits eingestellt. Wohl auf den Protest aus Coburg und Altenburg hin hatten die geistlichen Räte im August die Beamten in Burgkunstadt und Niesten angewiesen, die Untertanen „villmehr mit der güte alß scherpfe zu unßerer religion [zu] vermögen"[55]. Dem Amtsverweser von Burgkunstadt hatte der Bischof selbst im September aufgetragen: „Soll weiter nit verfahren biß uff anderwerten befelch"[56].

Und ein derartiger Befehl, die evangelischen Untertanen vor die Wahl zwischen Konversion und Emigration zu stellen, wurde offenbar nicht mehr erlassen. Vielmehr tolerierte die Bamberger Regierung fortan, daß die Michelauer Protestanten, auch wenn sie auf bischöflichen Lehen wohnten, evangelische Kirchen in der Nachbarschaft besuchten; dasselbe galt für die Schwürbitzer. Die Michelauer gingen bis ins späte 18. Jahrhundert bevorzugt nach

48 AEB, Rep. I, PfA 335, Fasz. 6, Brief von 1663 Juni 6 (AS).
49 AEB, Rep. I, Nr. 753, 1663 Juni 18.
50 AEB, Rep. I, PfA 335, Fasz. 6, Brief von 1663 Juni 6 (AS).
51 Ebd., Brief von 1663 Juni 25.
52 Ebd., Brief von 1663 Juli 27 (AS).
53 AEB, Kbb. Marktgraitz, Bd. 1, pag. 354.
54 Alle diese Briefe in AEB, Rep. I, PfA 335, Fasz. 6. – Sie gehen wohl sämtlich zurück auf einige Michelauer, die einem Bericht des Burgkunstadter Amtsverwesers zufolge „alß redleinsführer bishero Coburg so starckh um intercessional angelaufen" hatten. AEB, Rep. I, Nr. 753, 1663 Sept. 10.
55 Ebd., 1663 Aug. 27.
56 Ebd., 1663 Sept. 10.

Schney; bereits 1660 hatte sich der Schneyer Pfarrer in seiner Predigt zur Wiederöffnung der Kirche auch an seine „lieben Michelauer / Schwirwitzer / und andere Land- und Religions-Nachbarn“ gewandt[57].

1708, 45 Jahre nach den letzen gegenreformatorischen Maßnahmen, waren in Michelau nur zwei der über 70 Haushalte katholisch, während die übrigen 68 – so der Pfarrer von Marktgraitz – alle der „lutherischen kirchen Schney und dessen [!] praedicanten anhengen“[58]. Dennoch gehörten Michelau und Schwürbitz nach wie vor zur Pfarrei Marktgraitz. Der katholische Pfarrer taufte sämtliche Kinder, die in den beiden Orten zur Welt kamen, traute sämtliche Paare, begrub alle Verstorbenen. Die Einwohner durften nur in die evangelischen Kirchen der Nachbarschaft gehen, um dort den Gottesdiensten beizuwohnen und um die Kommunion zu empfangen.

Im späten 18. Jahrhundert wurde – wohl schon seit geraumer Zeit – dem Schneyer Pfarrer „(aber keinem andern) erlaubt, gegen jedesmahlige Ausstellung eines Reverses[59] den Protestanten zu Michelau das heil. Abendmahl in ihren eigenen Behausungen zu reichen, wenn Krankheit, Alter und Gebrechlichkeit sie verhindern, solches öffentlich zu genießen; auch sonst dieselben in ihren Krankheiten zu besuchen und zu trösten“[60].

In der Michelauer Kapelle zelebrierte der Marktgraitzer Pfarrer viermal im Jahr eine Messe, hier vollzog er auch Taufen und Trauungen, hier hielt er Leichenpredigten. Bei diesen Gelegenheiten war es den mehrheitlich evangelischen Einwohnern gestattet, „die Lieder, so gesungen werden sollen, sich aus ihrem eigenen Gesangbuche zu erwählen, die sodann der katholische Schulmeister selbst anstimmet und mit der Orgel begleitet“[61].

Die katholische Seite hielt an ihren Rechtspositionen fest: Der Marktgraitzer Pfarrer blieb zuständig, die Kapelle diente für den katholischen Gottesdienst[62], evangelische Geistliche durften Michelauer nur mit besonderer Genehmigung seelsorgerlich betreuen, der Schulmeister mußte katholisch sein. Die Bamberger Regierung dachte gar nicht daran, den Michelauern die seit 1771 erbetene Anstellung eines eigenen, evangelischen Pfarrers zu gestatten; dies tat erst die bayerische Regierung Ende 1803[63]. Aber in diesem Rahmen tolerierten die Bamberger Bischöfe Protestanten, die auf ihren Lehen wohnten; Bamberg gewährte ihnen die Freiheit, ihren Glauben zu leben. Die Gegenreformation war am Obermain seit 1663 beendet.

In den übrigen Ortschaften des Untersuchungsgebietes – ausgenommen Schwürbitz – waren gegenreformatorische Maßnahmen nach Kriegsende ohnehin nicht ergriffen worden. Denn die wenigen Protestanten, die sich in vielen Orten angesiedelt hatten, verschwanden bald, sei es, weil sie fortzogen, sei es, weil sie den katholischen Glauben annahmen, sei es, weil sie starben und ihre Nachkommen katholisch waren, oder sie verhielten sich so

---

57 Pfläntzel, Philipp: Gottes-Freund / und Feind / Beyde nach zwoen Eigenschafften [...] einfältig beschrieben [...]. Coburg 1661 [Exemplar in der Landesbibliothek Coburg, 5 an Cas A 3956], S. 185.

58 AEB, Rep. I, PfA 335, Fasz. 6, Brief von 1708 Dez. 28.

59 Der Schneyer Pfarrer mußte wohl bestätigen, daß sein seelsorgerlicher Besuch in Michelau nicht aufgrund eines Rechtes erfolge.

60 Zur Berichtigung einer Stelle aus den „Nachrichten von dem Herzogl. Sächs. Klosteramt Sonnenfeld, von J. C. G. Faber.“ In: Journal von und für Franken 6 (1793), S. 591–596, hier S. 594.

61 Ebd., S. 593f.

62 Erst Ende 1803 übergab die bayerische Regierung die Anna-Kapelle der Gemeinde Michelau; der katholische Pfarrer sollte aber auch weiterhin das Recht haben, darin Messe zu feiern. Simultan wurde sie bis 1808 genutzt. Vgl. Urban, S. 275f.

63 Vgl. Dippold, Günter / Bauer, Wilfried: Evang.-Luth. Johanneskirche Michelau. Geschichte und Beschreibung. Michelau i. OFr. 1994, S. 19–23.

unauffällig wie die einzige evangelische Familie, die 1686 in Uetzing lebte. Über sie notierte der Ortspfarrer: „besucht den catholischen gottesdienst und helt die feyertäg“[64].

64 StAB, B 49, Nr. 200.

# Resümee

Das Untersuchungsgebiet umfaßt die Pfarrsprengel von Baunach, Rattelsdorf, Döringstadt, Oberbrunn, Altenbanz, Schney, Marktzeuln und Marktgraitz[1]. Dieser Raum war kirchlich der Diözese Würzburg, weltlich – mit Ausnahme der ritterschaftlichen Lehen – dem Hochstift Bamberg zugehörig, wobei die Landesherrschaft nicht im gesamten Raum auf derselben Grundlage und auf dieselbe Weise entstanden war. Die wichtigsten Mediatherren waren die Benediktinerklöster Banz und Michelsberg. Die meisten Orte waren agrarisch geprägt, in einigen Dörfern (etwa Marktzeuln und Schwürbitz) gab es aber eine differenzierte Handwerkerschaft. Die Einwohnerschaft war in wirtschaftlicher Hinsicht nirgends homogen.

Der untersuchte Raum bietet, soweit die spärlichen Quellen dies erkennen lassen, vor der Reformation das für ganz Mitteleuropa typische Bild blühender Frömmigkeit. Die Gläubigen nutzten dabei die von der katholischen Kirche gemachten Angebote. So bestanden um 1500 zahlreiche, offenbar stark in Anspruch genommene Möglichkeiten, heilswirksame Werke zu vollbringen: Neben der Pfarrpfründe existierten in den meisten Pfarrorten und einigen Filialdörfern Inkuratbenefizien, vor allem Frühmessen, deren Inhaber zusätzliche Messen zu zelebrieren hatten. Mindestens drei Wallfahrtsorte lagen im Untersuchungsgebiet selbst (Baunach, Wiesen, Lettenreuth), weitere in geringer Entfernung. Es gab Bruderschaften verschiedener Art. Kirchenbauten des 15. Jahrhunderts zeugen vom Stiftungseifer der Gläubigen. Auseinandersetzungen zwischen Laien und der Kirche blieben freilich nicht aus; dies zeigen die Vorgänge um die Errichtung der Frühmesse Ebing. Unbekannt ist, wie verbreitet Kirchen- oder Kleruskritik war, die sich nur sporadisch nachweisen läßt.

In den 1520er Jahren erfaßte die reformatorische Bewegung lutherischer Prägung das Untersuchungsgebiet, wobei freilich nur wenige Einzelheiten bekannt sind. Der Täuferapostel Hans Hut dagegen gewann wohl lediglich in der Pfarrei Altenbanz einzelne Anhänger; in der zweiten Jahrhunderthälfte wandten sich einige Michelauer und Schwürbitzer dem Täufertum zu.

Nach 1528 scheint eine religiöse Indifferenz den reformatorischen Elan abgelöst zu haben. Erst nach der Jahrhundertmitte häufen sich wieder die Belege dafür, daß die Gläubigen sich evangelischen Glaubensformen zuwandten und sich fast durchweg als lutherisch verstanden; nur in der Pfarrei Baunach gab es eine nennenswerte katholische Minderheit, die freilich kontinuierlich schrumpfte.

Was das Aufleben des Protestantismus auslöste, ist nicht völlig zu klären. Die Zeit der Besatzung vieler Hochstiftsämter durch Markgraf Albrecht Alcibiades von Brandenburg-Kulmbach in den Jahren 1552/53 – er vertrieb dort katholische Pfarrer und setzte evangelische Geistliche an ihre Stelle – scheint zwar eine wichtige Rolle gespielt zu haben, reicht aber als einzige Erklärung nicht aus, denn jenes Phänomen begegnet uns auch in anderen Territorien.

In den ritterschaftlichen Pfarreien wirkten vor 1550 wohl nur vereinzelt evangelische Pfarrer, so 1542/43 in Schney. Die adligen Patronatsherren hatten noch nicht mit der Diözesanverwaltung gebrochen; so wurde noch 1542 der neue Pfarrer von Schney dem Würzburger Bischof präsentiert. Offenbar lösten sich die niederadligen Patronatsherren erst die Bindungen mit dem zuständigen Bischof, nachdem sie aufgrund des Augsburger Religionsfriedens das jus reformandi beanspruchten. In Schney und entsprechend wohl in

1 Stand von 1510 bis 1583. Später entstand noch die Pfarrei Herreth.

Oberbrunn waren also erst von dieser Zeit an dauerhaft evangelische Geistliche tätig. Ferner unterhielten ab etwa 1575 die Herren von Wiesenthau in Reckendorf evangelische Schloßprediger.

In Döringstadt, Altenbanz, Marktzeuln und Marktgraitz wurden um die Jahrhundertmitte, wohl während des Markgräflerkrieges, evangelische Seelsorger eingesetzt; nach Rattelsdorf kam spätestens 1572 der erste lutherische Pfarrer. Baunach war die einzige Pfarrei im Untersuchungsgebiet, in der stets katholische Geistliche als Pfarrer wirkten.

In Marktzeuln und Marktgraitz führte Markgraf Albrecht Alcibiades den evangelischen Pfarrer ein, in den anderen Pfarreien möglicherweise die Gemeinde. Jedenfalls setzte später meist die jeweilige Gemeinde den Pfarrer ein[2], obwohl sie nirgends Patronatsherr war.

Die evangelischen Pfarrer wurden von der weltlichen Obrigkeit toleriert. Auch Würzburg ging jahrzehntelang nicht gegen die Pfarrer vor, zumal die meisten von ihnen bis etwa 1580 die Kapitelstage in Ebern besuchten (später wurden sie nicht mehr geladen) und die geistliche Steuer entrichteten, und die Domherren, die die Pfarrei Altenbanz innehatten, beanstandeten nicht, daß die Gemeinde einen evangelischen Pfarrverweser einsetzte, solange dieser die Erträge der Pfründe ablieferte. 1573 forderte der Pfarrer von Altenbanz, ein Domherr, den Priester, den er als Pfarrer in Döringstadt eingesetzt hatte, sogar auf, lutherisch zu werden, was dieser auch tat. Die evangelischen Geistlichen scheinen sich bemüht zu haben, Konflikte mit der katholischen Kirche zu vermeiden.

Die Zuwendung der Pfarrgemeinden zum evangelischen Glauben drückte sich nicht nur in der Besetzung der Pfarrpfründen aus, sondern auch im Umgang mit den Gotteshäusern. Während die Pfarrkirchen im großen und ganzen gepflegt wurden – lediglich Nebenaltäre ließen die Gemeinden zuweilen verkommen –, verfielen die Kapellen, die wohl als entbehrlich, vielleicht sogar als unnütz angesehen wurden. Die Wallfahrten zu den genannten drei Gnadenorten im Untersuchungsgebiet dürften ohnedies schon in den 20er Jahren ausgeblieben sein. Die Letzte Ölung wurde nicht mehr gespendet.

Die Gegenreformation im Untersuchungsgebiet verlief in zwei Phasen: Der Vertreibung der evangelischen Pfarrer folgte die Katholisierung der Untertanen. Der Abstand zwischen beiden Phasen war von Pfarrei zu Pfarrei unterschiedlich.

Der Würzburger Fürstbischof Julius Echter von Mespelbrunn bemühte sich – wohl nach ersten Versuchen im Jahr 1577 – seit 1583, die evangelischen durch katholische Geistliche zu ersetzen. Erfolg hatte er zunächst aber nur in Altenbanz, offenbar dank der Unterstützung durch den Abt von Banz, einen Parteigänger Würzburgs. In den übrigen Pfarreien, namentlich in Döringstadt und in Rattelsdorf, verhinderten – trotz mehrerer Versuche von seiten Würzburgs – die Untertanen, vor allem die Einwohner des jeweiligen Pfarrdorfs, daß die Kirche geöffnet und ein katholischer Pfarrer eingesetzt wurde. Die Untertanen gingen dabei gewaltsam vor; bewaffnet verwehrten sie den Vertretern der Obrigkeit den Zutritt zur Pfarrkirche. Daneben baten sie protestantische Fürsten um Fürsprache. Sie setzten sich durch, da der Bischof von Bamberg, der Dompropst (im Fall Döringstadts) und der Abt von Michelsberg (im Fall Rattelsdorfs) lange nicht bereit waren, die Aktion des Diözesanbischofs durch Waffengewalt zu unterstützen. Bamberg wollte diplomatischen Verwicklungen mit protestantischen Ständen, namentlich mit Sachsen, aus dem Weg gehen.

In Rattelsdorf gelang es erst 1592, in Döringstadt 1593, einen katholischen Pfarrer einzuführen, nachdem der Bischof von Bamberg Beamte und Bewaffnete zur Unterstützung der

2 In Altenbanz und in Döringstadt (hier bis 1583) beschränkten sich die Gemeinden darauf, dem Inhaber der Altenbanzer Pfarrpfründe Seelsorger vorzuschlagen, die dieser dann einsetzte.

würzburgischen Kommissare entsandt hatte. In Marktgraitz und Marktzeuln wurden – nach Versuchen in den letzten Regierungsjahren des Bischofs Neithard von Thüngen – erst 1609 endgültig die evangelischen durch katholische Seelsorger ersetzt; auch dabei wirkten würzburgische und bambergische Kommissare zusammen. Der bewaffnete Widerstand der Gemeinden konnte die Einsetzung 1609 nur wenig aufschieben; ein Prozeß, den sie vor dem Reichskammergericht gegen die beiden Bischöfe anstrengten, kam bald ins Stocken und bewirkte daher – zumindest unmittelbar – wenig.

Rechtliche Grundlage für die anschließende Katholisierung der Untertanen bildete das jus reformandi, das der Augsburger Religionsfrieden den Landesherren zugestand. Die Untertanen wurden vor die Wahl gestellt, den katholischen Glauben anzunehmen, was sie durch Beichte und Empfang der Kommunion sub una specie anzuzeigen hatten, oder das Hochstift Bamberg zu verlassen und ihre dort gelegenen Güter zu verkaufen. Julius Echter ging seit 1585 so vor; in Bamberg entschied sich erst Fürstbischof Neithard von Thüngen, seine Untertanen auf diese Weise zum katholischen Glauben zu bringen. Zunächst stellten die Äbte von Langheim und Michelsberg – möglicherweise auf bischöflichen Befehl – ihre Untertanen vor die Entscheidung zwischen Konversion und Emigration, ab 1595 tat es ihnen der Bischof selbst gleich. Dabei stand er in Opposition zu den Domherren, die sich bis 1597 gegen die Anwendung von Zwangsmaßnahmen sperrten. Unter Bischof Johann Philipp von Gebsattel ruhte die Katholisierungspolitik an den meisten Orten, aber keineswegs überall. Um so entschiedener nahm sie Johann Gottfried von Aschhausen nach seiner Wahl zum Bischof im Jahr 1609 wieder auf.

Die Katholisierung verlief in den hochstiftischen Orten unterschiedlich. Kaum Probleme gab es in Baunach, Rattelsdorf und Altenbanz. In Baunach wurde wohl 1595 die Gemeinde zum erstenmal vor die Wahl zwischen Annahme des katholischen Glaubens und Emigration gestellt, und spätestens 1598 war die Mehrheit der Einwohner katholisch. In der Pfarrei Rattelsdorf befahl der Michelsberger Abt 1593 seinen Hintersassen, zu konvertieren oder fortzuziehen (die bischöflichen Hintersassen in Ebing mußten sich nicht vor 1595 entscheiden). Die michelsbergischen Einwohner des Pfarrsprengels waren bereits 1594 mehrheitlich katholisch. In Altenbanz verkündeten würzburgische Kommissare 1593 in Abstimmung mit dem Abt von Banz ein entsprechendes Mandat, dem die Gemeinde bis 1594 Folge leistete.

Die übrigen Gemeinden bereiteten ihrer Obrigkeit Schwierigkeiten. Nach Döringstadt kamen 1597 bischöfliche Beamte, um die Untertanen vor die Entscheidung zwischen der Annahme des katholischen Glaubens und der Emigration zu stellen. Doch erst 1606 war die Mehrheit der Einwohner katholisch, und bis der Anteil der Protestanten in der Pfarrei bedeutungslos war, dauerte es noch über 15 Jahre. In Marktgraitz und in Marktzeuln trugen 1598 bambergische Kommissare erstmals jenen Befehl vor. Doch erst 1622 wird der Ort Marktgraitz als ganz katholisch bezeichnet, und die Marktzeulner blieben bis 1624 überwiegend evangelisch. In einigen Filialdörfern von Marktgraitz gelang es nur kurzfristig, die bambergischen Untertanen zur Annahme des katholischen Glaubens zu bewegen; so waren nach dem Dreißigjährigen Krieg viele hochstiftische Untertanen in Michelau und Schwürbitz wieder Lutheraner.

Während die Katholisierung in Baunach, Rattelsdorf und Altenbanz also rasch zum Ziel führte, stellte sich der Erfolg in den Pfarrsprengeln Döringstadt, Marktzeuln und Marktgraitz erst nach Jahrzehnten ein.

Für letzteres waren der Ungehorsam und die Widerstandshandlungen der Einwohner des Pfarrdorfes oder der ganzen Pfarrgemeinde verantwortlich. Die Untertanen befolgten gegenreformatorische Gebote nicht, weigerten sich also, zum katholischen Glauben überzutreten und das Land zu verlassen. Sie wandten sich an evangelische Fürsten, damit diese sich in Bamberg für sie verwenden oder gar gewaltsam eingreifen sollten. Sie trieben bischöfliche Kommissare aus dem Ort, bedrohten Beamte, verspotteten Vertreter der Obrigkeit. Die Döringstadter klagten vor dem Reichskammergericht, das 1604 tatsächlich durch Mandate den vom Dompropst gesetzten Termin für Konversion oder Emigration hinausschob.

Das Verhalten der Gemeinden beeinflußte das Geschehen merklich. Wenn die Untertanen die Gegenreformation auch nicht verhinderten, so verzögerten sie doch wenigstens ihre Durchführung in beiden Phasen mancherorts ganz erheblich.

All die Mittel, die die Gemeinden anwandten, konnten jedoch nur greifen dank der Arbeitsweise der Zentralbehörden, die zwar immer wieder aktiv wurden, um aber anschließend in monate-, wenn nicht jahrelange Untätigkeit zu verfallen[3]. Die Gemeinden mußten also nicht über Jahre hinweg konstant Widerstand leisten, sondern – zugespitzt gesagt – nur die Phasen gesteigerter Aktivität überstehen, ohne einen katholischen Pfarrer zu akzeptieren oder den katholischen Glauben anzunehmen. Untätig blieben die beiden Hofratsgremien besonders dann, wenn der Fürstbischof nicht im Land weilte, denn in diesen Zeiten – die gerade unter Johann Gottfried von Aschhausen nicht selten waren – hüteten sie sich, weiterreichende Entscheidungen zu fällen oder auch nur anzuregen. Die Beamten auf dem Land reagierten ohnehin meist nur auf die Befehle aus Bamberg; von sich aus wurde selten ein Amtmann, Kastner, Vogt oder Schultheiß tätig.

Die Untertanen nahmen den katholischen Glauben in der Regel wohl gezwungenermaßen an, mithin nicht aus innerer Überzeugung. Es war die Aufgabe der katholischen Geistlichen, ihren Pfarrkindern die Inhalte und die Formen des katholischen Glaubens nahezubringen. Vorgehen und Eifer der einzelnen Seelsorger waren dabei unterschiedlich, wie die katholischen Pfarrer überhaupt in dieser Zeit nicht als homogene Gruppe wirken.

Ab 1629 weitete Fürstbischof Johann Georg Fuchs von Dornheim die Gegenreformation auf die ritterschaftlichen Orte im Hochstift aus. Die Rechtsgrundlage hierfür bot ihm das kaiserliche Restitutionsedikt (der Bischof hatte allerdings schon vor Erlaß des Edikts vereinzelt ritterschaftliche Pfarrer vertrieben).

Die Pfarrer von Schney, Oberbrunn und Herreth – hier war nach der Absetzung des letzten evangelischen Pfarrverwesers von Altenbanz eine Pfarrei entstanden – mußten ihre Pfarrei verlassen; ausgewiesen wurden sie durch bambergische Beamte, die meist von bewaffneten Bürgern benachbarter Städte begleitet waren. Nach dem Abzug des evangelischen Seelsorgers setzten die fürstbischöflichen Kommissare katholische Pfarrer ein, aufgrund des Priestermangels meist den Pfarrer einer nahegelegenen Gemeinde. Im folgenden wurden die ritterschaftlichen Untertanen – wie vormals die bischöflichen – vor die Wahl gestellt, den katholischen Glauben anzunehmen oder das Land zu verlassen.

Schließlich verhinderte aber der Dreißigjährige Krieg, der das Hochstift Bamberg seit 1632 heimsuchte, eine planmäßige Fortführung der auf die ritterschaftlichen Orte und Einzelanwesen ausgedehnten Gegenreformation. Dank der Kriegswirren gelang es den

3 Diese Arbeitsweise der Zentralbehörden und der Beamten auf dem Land beobachtet auch für das 18. Jahrhundert mit Blick auf das Armenwesen in den fränkischen Territorien durchweg Schubert, Ernst: Arme Leute, Bettler und Gauner im Franken des 18. Jahrhunderts. Neustadt a. d. Aisch 1983 (VGffG IX, 26), bes. S. 325: „Trägheit, Bequemlichkeit, Saumseligkeit, schleppender Instanzenzug und bisweilen auch, plötzlich hervorbrechend, ein Ansatz von energischem Handeln, der schnell wieder erlahmt – das alles wäre nicht weiter bedenklich [...]; jedoch in diesen ganzen Schlendrian mischen sich unübersehbare Züge von Korruption, Bestechlichkeit, Eigennutz".

gerade konvertierten ritterschaftlichen Hintersassen, zum evangelischen Glauben zurückzukehren; auch fiel mancherorts (etwa in der Pfarrei Marktgraitz) eine Reihe von hochstiftischen Untertanen vom katholischen Glauben ab. Weiterhin blieben allerdings die Pfarreien mit katholischen Priestern besetzt.

Der Westfälische Frieden schrieb die konfessionellen Verhältnisse auf dem Stand vom 1. Januar 1624 fest. Folglich konnten die Ritter dort, wo die evangelischen Pfarrer nach diesem Zeitpunkt vertrieben worden waren, wieder lutherische Geistliche einsetzen. (Dazu hätte schon der Prager Frieden von 1635 den Adligen das Recht gegeben, doch verwehrte der Bamberger Bischof die Umsetzung.) So bekamen Schney und Herreth wieder evangelische Pfarrer, nicht in Oberbrunn, wo der adlige Ansitz zerstört war; der Inhaber des Ritterguts war offenbar nicht daran interessiert (aus wirtschaftlichen Gründen), hier einen evangelischen Pfarrer zu unterhalten.

Fürstbischof Philipp Valentin Voit von Rieneck unternahm noch Versuche, die Gegenreformation zu Ende zu führen. So stellte er 1663 seine Hintersassen in Michelau, die in den unübersichtlichen Kriegsjahren vom katholischen Glauben wieder abgefallen waren, vor die Wahl zwischen Konversion und Emigration. Diese Politik verfolgte er jedoch, wohl auf den Druck evangelischer Stände hin, nicht lange.

Die folgende Zeit war vom steten Bemühen geprägt, den konfessionellen Status quo zu bewahren; so blieben die Pfarrgrenzen nicht auf Personen einer bestimmten Konfession, sondern auf Orte bezogen, unabhängig vom Bekenntnis der Einwohner. Das Bestreben, die Rechtspositionen zu wahren, führte mitunter zu komplizierten Konstruktionen, die nichtsdestoweniger bis ins frühe 19. Jahrhundert Bestand hatten. Die Regelungen für das Dorf Michelau – im Sprengel der katholischen Pfarrei Marktgraitz gelegen, mit einer katholischen Kapelle, mit einem katholischen Schulmeister, aber mit einer überwiegend evangelischen Einwohnerschaft – sind ein deutliches Beispiel hierfür.

# *B. Das Verhalten der Untertanen gegenüber der obrigkeitlichen Gegenreformation*

## 1. Religiös motivierter Widerstand im Alten Reich – ein Überblick

### *1.1. Unruhen*

In den letzten Jahren ist durch die Veröffentlichungen, die aus dem Forschungsprojekt „Agrarische Sozialkonflikte vom Spätmittelalter bis zum 18. Jahrhundert im europäischen Vergleich“, betreut von Winfried Schulze und Peter Blickle, erwachsen sind, unser Wissen über spätmittelalterliche und frühneuzeitliche Unruhen erheblich erweitert worden. Unruhen definiert Blickle als „Protesthandlungen von [...] Untertanen einer Obrigkeit zur Behauptung und/oder Durchsetzung ihrer Interessen und Wertvorstellungen“[1]. Einen Überblick über den Forschungsstand und eine Bibliographie hat Peter Blickle 1988 geboten[2].

Bei der Frage nach den Ursachen frühneuzeitlicher Unruhen im ländlichen Bereich stehen in der Literatur der letzten Jahre die Beschneidung kommunaler Rechte[3] und wirtschaftliche Belastungen[4] im Vordergrund. Stadtrevolten entstanden laut Blickle, wenn „der Gemeine Mann im kommunalen Verband politische Rechte durchsetzen, erhalten oder wiedergewinnen will“[5].

Religiösen Motiven wurde in der wissenschaftlichen Diskussion bislang kaum Bedeutung zugemessen; dies gilt für städtische wie für ländliche Unruhen. In seinem Forschungsüberblick erwähnt sie Blickle nur beiläufig: „unentschieden bleibt, wie hoch der Faktor Religion anzusetzen ist, der immerhin in den Alpenländern gelegentlich aufstandsmotivierend gewesen sein dürfte“[6]. Schulze will zwar mancherorts beobachtet haben, „daß sich Irreligiösität, Sektenbildung und Aufstandbereitschaft offensichtlich begleiten“[7], sieht aber zwischen religiösem Abweichlertum und Widerstand keinen „deutlichen Zusammenhang“[8].

---

1 Blickle, Unruhen, S. 5.

2 Blickle, Peter: Unruhen in der ständischen Gesellschaft 1300–1800. München 1988 (Enzyklopädie deutscher Geschichte 1); eine erweiterte Fassung der Bibliographie bringt ders., Bauernunruhen, S. 601–623. – Einen Überblick über die Forschung, namentlich über die darin verwandte Terminologie, bietet Göttsch, Silke: „Alle für einen Mann ...“. Leibeigene und Widerständigkeit in Schleswig-Holstein im 18. Jahrhundert. Neumünster 1991 (Studien zur Volkskunde und Kulturgeschichte Schleswig-Holsteins 24), S. 26–33.

3 Blickle sieht dies als zentrales Motiv: „Konflikte entstehen, wo gemeindliche Rechte eingeschränkt werden sollen“. Blickle, Bauernunruhen, S. 600.

4 Besonders Schulze verweist auf erhöhte Steuern, Abgaben und Dienste. Vgl. Schulze, Geschichte, S. 287f. Von der Gegenreformation spricht er in diesem Zusammenhang überhaupt nicht.

5 Blickle, Peter: Deutsche Untertanen. Ein Widerspruch. München 1981, S. 105.

6 Blickle, Unruhen, S. 81.

7 Schulze, Widerstand, S. 125.

8 Ebd., S. 126.

Lediglich Peter Bierbrauer, ein Schüler Blickles, betrachtet 1980 nicht nur „steuerliche Belastung“ und die „steigenden Anforderungen der Grund- und Gutsherrschaft“, sondern auch den „Druck der Gegenreformation“ als eine Ursache, die in Unruhen nach 1525 eine wichtige Rolle gespielt habe[9].

Die geringe Beachtung religiöser Aufstandsmotive verwundert. Denn es sind im späten 16. und im frühen 17. Jahrhundert doch vielerorts Revolten nachzuweisen, die durch religions- bzw. kirchenpolitische Maßnahmen der Obrigkeit verursacht, mitverursacht oder ausgelöst wurden. Nur einige Beispiele sollen im folgenden umrissen werden, um darzulegen, wie groß der noch viel zu wenig behandelte Bereich religiös motivierter Unruhen ist.

Vor allem von einem bedeutenden Aufstand ist in der Literatur anerkannt, daß er primär – wenn auch nicht ausschließlich – religiöse Ursachen hatte: vom oberösterreichischen Bauernkrieg des Jahres 1626[10]. Der religiöse Hintergrund wird an den Forderungen der Aufständischen deutlich, aber auch daran, „daß katholische Untertanen nicht oder nur schwer für den Aufstand zu motivieren waren“[11].

Dieser Aufstand steht in Oberösterreich nicht allein da; vielmehr verzeichnet man zwischen 1525 und 1649 „ein soziales Dauerbeben“[12]: Nicht selten kam es zu Erhebungen, die sich allerdings oft auf eine Ortschaft oder wenige Dörfer beschränkten. Kirchenpolitische Verfügungen der Obrigkeit bildeten zuweilen den Auslöser, manchmal auch die Ursache. So schrieb 1582 ein evangelischer Geistlicher aus Linz, die oberösterreichischen Bauern hätten mit Aufständen und Blutvergießen gedroht, falls ihnen katholische Seelsorger aufgedrängt würden[13]. Die „ursprüngliche und die tiefste Wurzel“ der Aufstände sieht Eder gleichwohl im wirtschaftlichen Druck, der auf den Untertanen lastete[14]. Einige Revolten, bei denen religiöse Motive eine wesentliche Rolle spielten, seien kurz dargestellt.

Ab 1585 kam es im Garstner Tal zu Unruhen, die ausbrachen, als Protestanten das Begräbnis auf dem Kirchhof verweigert wurde. Der Aufstand richtete sich gegen katholische Geistliche; so nahmen Bewaffnete die Pfarrkirche Windischgarsten ein, vertrieben die Priester und setzten „Prädikanten“ ein[15].

Als etwa 1588 der katholische Pfarrer von Sierning Zeremonien nur mehr nach der Passauer Agende vornehmen wollte, verschwor sich die durchweg evangelische Pfarrgemeinde, bei ihrem hergebrachten Glauben zu bleiben. Die Äbte von St. Florian und Garsten, die ihre daran beteiligten Untertanen festgenommen hatten, wurden durch Haufen, die vor die Klöster zogen, gezwungen, sie wieder freizulassen; auch ein evangelischer Geistlicher wurde so aus der Hand der Abtei Garsten freigepreßt. Die Unruhen nahmen ein derartiges Ausmaß an, daß die Wiener Regierung den Äbten gebot, gegenreformatorische

---

9 Bierbrauer, Peter: Bäuerliche Revolten im Alten Reich. Ein Forschungsbericht. In: Blickle, Peter (Hrsg.): Aufruhr und Empörung? Studien zum bäuerlichen Widerstand im Alten Reich. München 1980, S. 1–68, hier S. 52.

10 Vgl. Stieve, Felix: Der oberösterreichische Bauernaufstand des Jahres 1626. Linz $^{2}$1904; Mecenseffy, S. 161–174; Sturmberger, Hans: Adam Graf Herberstorff f. Herrschaft und Freiheit im konfessionellen Zeitalter. München 1976, S. 199–342; Der oberösterreichische Bauernkrieg 1626. Linz 1976. Weitere Lit. bei Zinnhobler, Rudolf: Der oberösterreichische Bauernkrieg von 1626. Ein Literaturbericht. In: Theologisch-praktische Quartalschrift 125 (1977), S. 107–110.

11 Heilingsetzer, Georg: Oberösterreich in der frühen Neuzeit (1500–1848). Ergebnisse und Tendenzen der Forschung ab 1930. In: Das neue Bild von Oberösterreich. Forschungen zur Landeskunde von Oberösterreich 1930–1980. 150 Jahre Oberösterreichischer Musealverein – Gesellschaft für Landeskunde. Festschrift. Linz 1983, S. 85–108, hier S. 97.

12 Eder, S. 231.

13 Vgl. ebd., S. 237.

14 Ebd., S. 232.

15 Vgl. ebd., S. 235 f.

Maßnahmen einzustellen. Schließlich erreichten die Sierninger es, daß ihnen 1590 Religionsfreiheit und ein evangelischer Pfarrverweser zugesichert wurden. Als aber Ende 1591 ein neuer Pfarrer den katholischen Gottesdienst einführen wollte, erhob sich die Pfarrgemeinde erneut[16].

Im oberösterreichischen Bauernkrieg von 1594–1597 traten konfessionelle Forderungen hinter wirtschaftlichen zurück, obwohl am Anfang der Erhebung als auslösendes Moment die Vertreibung katholischer Pfarrer stand[17]; eine noch bescheidenere Rolle spielte der Glauben offenbar im niederösterreichischen Bauernkrieg der Jahre 1596/97[18].

Nach dem Beginn der Gegenreformation im Herbst 1597 kam es an mehreren Orten, so um Vöcklabruck, in Gaspoltshofen und in Gunskirchen, zu Ausschreitungen gegen katholische Geistliche[19]. Eine Folge der gegenreformatorischen Maßnahmen Kaiser Rudolfs war auch der Aufstand der Salzarbeiter und Bauern im Salzkammergut 1601/02[20], der nach Grüll „aus rein konfessionellen Gründen" ausbrach[21]. Nachdem es bereits seit 1597 im steirischen Teil des Salzkammerguts wegen der Einsetzung katholischer Seelsorger zu örtlichen Unruhen gekommen war[22], lehnten sich Mitte 1601 die oberösterreichischen Untertanen auf, da ihnen, die durchweg Protestanten waren, befohlen worden war, den katholischen Glauben anzunehmen oder das Land zu verlassen. Erst als im Februar 1602 der Salzburger Erzbischof auf die Bitte der Wiener Regierung hin Truppen aufbot[23] und ins Salzkammergut einmarschieren ließ, brach der Aufstand zusammen.

In den folgenden Jahren blieben gegenreformatorische Maßnahmen – und daher auch Widerstandshandlungen – aufgrund des Streites zwischen den habsburgischen Brüdern und der von Matthias zugesicherten Duldung der Protestanten aus[24]. 1624 jedoch wies Kaiser

16 Vgl. ebd., S. 237–245.

17 Vgl. Grüll, Georg: Der Bauer im Lande ob der Enns am Ausgang des 16. Jahrhunderts. Abgaben und Leistungen im Lichte der Beschwerden und Verträge von 1597–1598. Wien / Köln / Graz 1969 (Forschungen zur Geschichte Oberösterreichs 11), S. 13. – Die erste Phase des Aufstandes (bis Juli 1595) bot laut Eder, S. 259, „das Bild einer gewaltsamen Religionsbewegung". – Vgl. auch Sturmberger, S. 57: „Gewiß waren religiös-konfessionelle Zwistigkeiten an der Wiege der Revolution Pate gestanden, als sie in der Mitte des Jahres 1594 in einigen Pfarreien des Mühlviertels aufflackerte. Aber was man lange als die Ursache ansah, war wohl mehr Anlaß als Ursache selbst. Der weitere Verlauf der Erhebung [...] läßt beide Komponenten, die konfessionelle und die soziale, in Erscheinung treten, wobei deutlich zu beobachten ist, daß sich das Schwergewicht immer mehr auf die sozial-wirtschaftliche Seite verlagerte".

18 Vgl. Reingrabner, Gustav: Religiöse Aspekte des niederösterreichischen Bauernaufstandes 1596/97. In: Barton, Peter F. (Hrsg.): Sozialrevolution und Reformation. Aufsätze zur Vorreformation, Reformation und den „Bauernkriegen" in Südmitteleuropa. Wien / Köln / Graz 1975 (Studien und Texte zur Kirchengeschichte und Geschichte II, 2), S. 73–84.

19 Vgl. Eder, S. 286 f., 353–355, 359 f. Über die Aufnahme der gegenreformatorischen Maßnahmen durch die Bürger der oberösterreichischen Städte vgl. auch Mecenseffy, S. 96–105.

20 Über diesen Aufstand vgl. Kanzler, G. J.: Geschichte des Marktes und Curortes Ischl sammt Umgebung von den ältesten Zeiten bis zur Gegenwart. Ischl 1881, S. 193–207; Scheichl, Franz: Aufstand der protestantischen Salzarbeiter und Bauern im Salzkammergute 1601 und 1602. Linz 1885; Schardinger, Hermann: Der Prozeß des Ischler Marktrichters Joachim Schwärzl 1602–1609. In: Heimatgaue. Zeitschrift für oberösterreichische Geschichte, Landes- und Volkskunde 9 (1928), S. 16–31, 137–147; Eder, S. 394–407; Ammerer, Gerhard: Direkte Kontakte mit den angrenzenden habsburgischen Ländern – wirtschaftliche Verflechtungen und Salzarbeiteraufstand. In: Fürsterzbischof Wolf Dietrich von Raitenau. Gründer des barocken Salzburg. Salzburg 1987, S. 70–74, hier S. 73 f.

21 Grüll, Georg: Bauer, Herr und Landesfürst. Sozialrevolutionäre Bestrebungen der oberösterreichischen Bauern von 1650 bis 1848. Graz / Köln 1963, S. 5.

22 Außer der in Anm. 20 zit. Lit. vgl. Hollwöger, Franz: Das Ausseer Land. Geschichte der Gemeinden Bad Aussee, Altaussee, Grundlsee, Mitterndorf und Pichl. Bad Aussee 1956, S. 109–120.

23 Salzburg sollte eingreifen, da das Salzkammergut von Salzburg aus wesentlich leichter zu erreichen war als vom übrigen Oberösterreich aus.

24 Zur Situation zwischen 1602 und 1620 zuletzt Ziegler, Walter: Nieder- und Oberösterreich. In: Schindling / Ziegler 1, S. 118–133, hier S. 129 f.

Ferdinand alle „Prädikanten“ aus; mancherorts entsprangen aus der Einsetzung katholischer Pfarrer Unruhen. Als er 1625 nichtsdestoweniger den evangelischen Untertanen befahl zu konvertieren, erhoben sich die Oberösterreicher; nach vier Monaten warf ein bayerisches Heer – das Land war seit 1620 an Bayern verpfändet – den Aufstand nieder.

Doch nochmals, 1632, kam es unter der Führung des evangelischen Predigers Jakob Greimbl, der sich nach dem Sieg der Bayern 1626 einige Zeit in Böhmen aufgehalten hatte, zu einem Aufstand im Hausruckviertel. Die Aufständischen wollten den evangelischen Gottesdienst einführen und waren zuversichtlich, da Gustav Adolf in Bayern stand und ein Freund Greimbls schwedische Zusagen auf Unterstützung erhalten hatte. Nach zwei Monaten freilich erstickten kaiserliche Truppen die Unruhen[25].

Im Machland predigte der Bauer Martin Aichinger, genannt Laimbauer, 1632 und wieder 1635/36, um die zum katholischen Glauben Übergetretenen zum Protestantismus zurückzuführen. Mit seinen Anhängern – zeitweise mehrere hundert – zog er durchs Land, ohne daß konkrete Absichten deutlich erkennbar wären. Die Regierung freilich sah in Laimbauers Umherziehen Aufruhr; im Mai 1636 wurden er und seine Begleiter von ständischen Truppen niedergemacht[26].

Wie in Oberösterreich, so löste die Gegenreformation auch in Niederösterreich Unruhen aus oder verursachte sie sogar, wenn sie hier auch offenbar nicht so zahlreich waren wie ob der Enns. Als in Niederösterreich die evangelischen durch katholische Geistliche ersetzt wurden, kam es in einigen Städten zu – stets kurzzeitigen – Ausschreitungen gegen die neuen Seelsorger, so 1585 und 1588 in Ybbs[27], 1586 in Waidhofen[28] und 1584 in Krems[29]. Hier drohte die Bürgerschaft auch fünf Jahre später, als ihnen die Annahme des katholischen Glaubens geboten wurde, eher Leib und Leben als ihren Glauben zu lassen. Zu größeren Tumulten kam es jedoch offenbar nicht[30].

Ähnlich gering blieb der Widerstand gegen die Gegenreformation in der Steiermark. Als der Grazer Stadtrichter kurz vor Erzherzog Karls Tod im Jahr 1590 einen Mann verhaften wollte, der seinen Sohn in die von den Ständen getragene evangelische Stiftsschule schickte und sich obrigkeitlichen Verboten nicht beugte, brachen in der Residenzstadt Unruhen aus, die drei Tage andauerten und schließlich die Freilassung eines Gefangenen bewirkten[31]. Im selben Jahr kam es an mehreren Orten in der Steiermark zu Ausschreitungen gegen neu eingesetzte katholische Pfarrer[32]. Auch die „Reformationskommissionen“, die Erzherzog Ferdinand nach seinem Regierungsantritt 1596 aussandte, scheiterten in den ersten

---

25 Vgl. Schober, Friedrich: Zur Geschichte des Bauernaufstandes 1632. In: Mitteilungen des Oberösterreichischen Landesarchivs 2 (1952), S. 77–174; Mecenseffy, S. 175f.

26 Vgl. Wilfingseder, Franz: Martin Laimbauer und die Unruhen im Machlandviertel 1632 bis 1636. In: Mitteilungen des Oberösterreichischen Landesarchivs 6 (1959), S. 136–208; Burgstaller, Ernst: Der letzte österreichische Bauernkrieg (1632–1634) in historischer und volkskundlicher Sicht. In: In memoriam Antonio Jorge Dias. Bd. 2. Lissabon 1974, S. 79–101; ders.: Martin Laimbauer und seine machländische Bauernbewegung 1632–1636. Versuch einer volkskundlichen Durchleuchtung. In: Kunstjahrbuch der Stadt Linz 1973 (erschienen 1975), S. 3–30.

27 Vgl. Schragl, S. 67–69, 74f.

28 Vgl. ebd., S. 109–112.

29 Vgl. Schönfellner, Franz: Krems zwischen Reformation und Gegenreformation. Wien 1985 (Forschungen zur Landeskunde von Niederösterreich 24), S. 148–151.

30 Vgl. ebd., S. 168–170.

31 Vgl. Loserth, S. 561–566.

32 Vgl. Dedic, Paul: Der Protestantismus in Steiermark im Zeitalter der Reformation und Gegenreformation. Leipzig 1930 (Schriften des Vereins für Reformationsgeschichte, Jg. 48, H. 2), S. 92 (freisingische Exklave Rotenfels), 96.

Jahren zuweilen am Widerstand der Pfarrgemeinden[33]. Stets aber blieben die Unruhen auf einzelne Orte oder Pfarrsprengel beschränkt.

Ein ortsübergreifender Aufstand, dessen Ursachen in Glaubensfragen lagen, drohte 1564 dem Erzstift Salzburg. Der Fürsterzbischof hatte das Auslaufen zu evangelischen Geistlichen verboten und sperrte sich zugleich gegen die Forderung seiner Untertanen nach dem Laienkelch, obwohl der Papst ihm gestattet hatte, den Untertanen die Kommunion sub utraque reichen zu lassen; hinzu kamen nicht-religiöse Belastungen wie der geplante Ausbau der Festung Werfen. Im Pongau wurde daraufhin im Winter 1564/65 ein Aufstand vorbereitet; Beamte, ja der Landesherr selbst wurden bedroht. Es gelang den Anführern jedoch nicht, die Mehrheit der Bauern und die Bergknappen für einen Aufstand zu gewinnen[34].

Im Allgäu, im Amt Rettenberg (Hochstift Augsburg), schlossen die Untertanen 1605 ein Bündnis gegen die bischöfliche Regierung; erst 1608 kehrte wieder Ruhe ein. Als Ursachen für den Aufstand wurden eine Steuererhöhung und ein Religionsmandat von 1603 – das erste, das Bischof Heinrich von Knöringen (1599–1646) erlassen hatte – genannt[35].

Nicht nur im Süden des Reichs, auch in Westfalen kam es – wenn auch nur vereinzelt – zu kurzfristigen örtlichen Ausschreitungen gegen die Obrigkeit, wenn evangelische Pfarrer vertrieben oder Religionsmandate erlassen wurden, so im Hochstift Münster des frühen 17. Jahrhunderts[36].

Auch in Reichsstädten erwuchsen aus religiösen Konflikten Unruhen[37]. Bei den Kölner Unruhen der Jahre 1608 bis 1610 ging es zwar in erster Linie um die politische Macht in der Stadt, aber mit diesen Streitfragen verband sich das Streben der evangelischen Bürger nach Duldung ihres Glaubens und nach Gleichbehandlung[38]. Lange dauerten mit Glaubens-

---

33 Vgl. ebd., S. 107, 114, 117; Pirchegger, Hans: Geschichte des Bezirkes Gröbming. Gröbming 1951, S. 33 f.; siehe auch Anm. 22.

34 Vgl. Köchl, Karl: Bauernunruhen und Gegenreformation im salzburgischen Gebirge 1564/65. In: MGSLK 50 (1910), S. 107–156; Widmann, S. 93–96; Klein, Herbert: Die Pongauer „Blutwidder". In: MGSLK 102 (1962), S. 93–115; Henökl, Aurelia: Studien zur Reformation und Gegenreformation im Pongau unter besonderer Berücksichtigung der Vorfälle im Pflegericht Werfen. Phil. Diss. (masch.). Wien 1979, S. 50–64; Ortner, Franz: Reformation, katholische Reform und Gegenreformation im Erzstift Salzburg. Salzburg 1981, S. 76 f.; Zaisberger, Friederike: Der Pongauer Aufstand von 1564/65. In: Bischofshofen. 5000 Jahre Geschichte und Kultur. Bischofshofen 1984, S. 120–124; dies.: Der Salzburger Bauer und die Reformation. In: MGSLK 124 (1984), S. 375–401, hier S. 386 f.

35 Vgl. Stieve, Felix: Ein Bauernaufstand in der Herrschaft Rettenberg. In: Zeitschrift des Historischen Vereins für Schwaben und Neuburg 11 (1884), S. 32–52; Stadelmann, Josef: Vorderburg und die Herrschaft Rettenberg. Ein Allgäuer Heimatbuch. Kempten 1948, S. 332–338.

36 Vgl. Keller, Ludwig: Die Gegenreformation in Westfalen und am Niederrhein. Aktenstücke und Erläuterungen. 3. Theil. 1609–1623. Stuttgart 1895 (Publicationen aus den Preußischen Staatsarchiven 62), S. 442 f., 450, 496, 547.

37 Zu innerstädtischen Unruhen allgemein Gerteis, Klaus: Frühneuzeitliche Stadtrevolten im sozialen und institutionellen Bedingungsrahmen. In: Rausch, Wilhelm (Hrsg.): Die Städte Mitteleuropas im 17. und 18. Jahrhundert. Teil 1. Linz 1981 (Beiträge zur Geschichte der Städte Mitteleuropas 5), S. 43–58; Blickle, Unruhen, S. 41–45.

38 Vgl. Bosbach, Franz: Die katholische Reform in der Stadt Köln. In: Römische Quartalschrift 84 (1989), S. 120–159, hier S. 153 Anm. 38. Vgl. auch Ennen, Leonard: Geschichte der Stadt Köln. Bd. 5. Düsseldorf 1880, S. 536. Nach Ennen waren zwar nicht, wie die katholischen Zeitgenossen behaupteten, die evangelischen Einwohner schuld an den Unruhen. „Es kann aber nicht geleugnet werden, daß die unter schwerem Gewissensdrucke seufzenden protestantischen Elemente in Köln des Vertrauens lebten, daß die bürgerlichen Unruhen ihrer Confession zu Gute kommen, die dem neuen Bekenntniß angelegten Fesseln sprengen und demselben Duldung und freie Uebung sichern würden."

fragen verbundene Streitigkeiten in Aachen an[39], bei denen die Konfessionen um die politische Macht in der Stadt rangen. Die „Aachener Wirren" begannen, nachdem bei den Ratswahlen von 1580 die Protestanten die Mehrheit errungen hatten, und endeten mit dem Sieg der katholischen Partei, die seit 1614 gegenreformatorische Maßnahmen ergriff. Einen Höhepunkt erreichten die Auseinandersetzungen 1611, als der katholische Rat über fünf evangelische Bürger, die ausgelaufen waren, Strafen verhing, die Aachener Protestanten sich gegen den Rat erhoben, das Jesuitenkolleg stürmten und ein Gegenregiment bildeten.

Es kam auch nicht nur wegen der katholischen Gegenreformation zu Unruhen. Als etwa Kurfürst Friedrich IV. in der bislang lutherischen Oberpfalz den Kalvinismus begünstigte, brachen 1592 in Amberg Unruhen aus; auch andernorts kam es zu Ausschreitungen gegen kurfürstliche Beamte und kalvinistische Geistliche[40].

Noch nicht ausreichend erforscht ist die Frage nach der Wertung der religiös motivierten Aufstände in der Theologie. Ob dem evangelischen Christen gewaltsamer Widerstand gegen gegenreformatorische Maßnahmen seiner Obrigkeit erlaubt sei, war unter lutherischen Theologen des späten 16. Jahrhunderts umstritten. Jakob Andreae (1528–1590), Professor und Kanzler der Universität Tübingen, wurde 1582 von der steirischen Landschaft um ein Gutachten zu dieser Frage gebeten. In seinem darauf entstandenen „Guetbedunken in der eingefallenen Religionsirrung zu Grätz" hielt er gewaltsames Vorgehen gegen die Obrigkeit für unzulässig. Die Protestanten sollten den Gottesdienst im Land besuchen, wo er noch gestattet werde, auf Adelssitzen vor allem. Falls das nicht möglich sei, sollten sie Privatandachten abhalten und heimlich einen Prediger kommen lassen, der ihnen die Sakramente spende. Wenn auch das untersagt werde, sollten sie ein- und zweimal im Jahr im Ausland eine evangelische Kirche besuchen. Mit Gewalt dürfe sich der Christ aber nicht gegen die Obrigkeit zur Wehr setzen. Er sei zum Gehorsam verpflichtet[41].

Anders der Grazer Oberpastor Jeremias Homberger: Die Untertanen, meinte er, sollten trotz des Verbots durch die Obrigkeit den evangelischen Gottesdienst weiterhin besuchen, es komme, was da wolle[42]. Homberger legitimierte damit zwar nicht Widerstand, aber doch Ungehorsam gegenüber dem Fürsten.

Eine differenzierte Haltung nimmt 18 Jahre später eine Schrift „De resistentia" von der Hand des oberösterreichischen Adligen Georg Erasmus Tschernembl ein; ob er sie verfaßt oder nur abgeschrieben hat, ist unklar. Der Verfasser unterscheidet, ob der Fürst ein absolut regierender „princeps legibus solutus" oder ein „princeps legitimus" ist. Ein Widerstand gegen jenen sei unzulässig, denn die Untertanen seien ihm einseitig durch Eid oder Gehorsamsverpflichtung verbunden. Der „princeps legitimus" und seine Untertanen seien einander durch wechselseitige Versprechungen verpflichtet; einseitige Veränderungen durch den Fürsten – besonders dann, wenn sie den Glauben berührten – berechtigten das Volk daher zum Widerstand[43].

---

39 Vgl. Wessling, Aloys: Die konfessionellen Unruhen in der Reichsstadt Aachen zu Beginn des 17. Jahrhunderts und ihre Unterdrückung durch den Kaiser und die Spanier im Jahre 1614. Phil. Diss. Straßburg 1905; Classen, Matthias: Die konfessionelle und politische Bewegung in der Reichsstadt Aachen zu Anfang des 17. Jahrhunderts. In: Zeitschrift des Aachener Geschichtsvereins 28 (1906), S. 286–442; Schmitz.

40 Vgl. Götz, Johann Baptist: Die religiösen Wirren in der Oberpfalz von 1576 bis 1620. Münster 1937 (RST 66), S. 172 f., 193–229.

41 Vgl. Loserth, S. 394–396.

42 Vgl. ebd., S. 393 f.

43 Vgl. Sturmberger, S. 90–107.

## *1.2. Prozesse gegen den Herrn und weitere Formen des Widerstands*

Unruhen stellen zwar die spektakulärste, aber keineswegs die einzige Form des Widerstandes dar. Nicht selten ist „passiver Widerstand" zu beobachten[44]: Obrigkeitlichen Geboten wurde einfach nicht gehorcht. Daß dies auch bei Mandaten geschah, die den Glauben berührten, haben bereits zahlreiche Beispiele im ersten Teil der vorliegenden Arbeit gezeigt, und Entsprechendes ist außerhalb Frankens zu beobachten. Trotz der Verbote, in evangelische Kirchen zu gehen, liefen die Untertanen aus; trotz der Gebote, den katholischen Glauben anzunehmen, blieben sie evangelisch.

Ein Mittel der Untertanen, sich gegen unliebsame Verfügungen ihrer Obrigkeit zu wehren, bestand in einer Klage gegen den Herrn vor dem Reichshofrat oder dem Reichskammergericht, vor einem der obersten Reichsgerichte also[45]. Streitfragen, die den Glauben betrafen, wurden vornehmlich vor dem Reichskammergericht behandelt[46].

Hier klagten nicht nur die Pfarrgemeinden Marktgraitz und Marktzeuln oder Teuschnitz und Windheim gegen den Bamberger Bischof, die Döringstadter gegen den Bamberger Dompropst, die langheimischen Untertanen im Maintal gegen ihren Abt, hier erhoben auch Protestanten aus anderen deutschen Territorien, die von gegenreformatorischen Maßnahmen betroffen waren, Klage gegen ihren Herrn.

So erbaten evangelische Bürger von Köln 1588 ein Mandat gegen den Rat, die Protestanten in der Stadt „nicht zubelästigen"; sie wehrten sich dadurch gegen ein im Vorjahr erlassenes Edikt, mit dem die Bürgermeister den evangelischen Einwohnern befahlen, den katholischen Glauben anzunehmen oder die Stadt zu verlassen[47].

Gegen Fürstbischof Julius Echter von Würzburg klagten nicht die von seinen gegenreformatorischen Mandaten betroffenen Untertanen selbst, sondern 1588 Bürgermeister und Rat der Stadt Schweinfurt. Der Bischof hindere die hierhin gezogenen Exulanten am Zugang zu ihren früheren, noch nicht veräußerten Anwesen in Neustadt an der Saale und Münnerstadt, sie müßten sie „vmb ein Spotgelt" verkaufen und würden darüber hinaus noch durch die Nachsteuer belastet. Dies gereiche nicht nur den Betroffenen, sondern auch der Reichsstadt „zum grossen nachtheil vnd schaden"[48].

Übrigens kam es auch vor, daß katholische Orte gegen die Einführung der Reformation durch die Anrufung des Reichskammergerichtes vorgingen. Dies taten 1597 Schultheiß, Gericht und Gemeinde eines nicht identifizierten Dorfes „F.", als „ir gebietender Junckherr" Jakob von S. den katholischen Pfarrer ab- und „einen newen Prediger" einsetzte sowie seinen Untertanen befahl, dessen Predigt zu besuchen[49].

Eine weitere Möglichkeit, sich gegen religionspolitische Mandate der Obrigkeit zu wehren, bestand für Untertanen in Bittschriften an – meist benachbarte – Fürsten ihres

---

44 Vgl. Schulze, Widerstand, S. 89–95, der von „latentem" Widerstand (im Unterschied zum „manifesten" Widerstand) spricht.

45 Über die „Möglichkeiten des rechtlichen Widerstands" vgl. ebd., S. 76–85, 99–111.

46 Zu den Gründen vgl. unten S. 306 f. – Zu Klagen, die religiöse oder kirchliche Fragen berührten, vgl. Rabe.

47 Gilmannus, Adrianus: Symphorema supplicationum, pro processibus, super omnibus ac singulis imperii Romani constitutionibus, in supremo Camerae Imperialis auditorio impetrandis. [Bd. 1.] Frankfurt a. M. 1601, S. 161; vgl. dazu auch S. 162–177.

48 Ebd., S. 204–206.

49 Ebd., S. 179 f.

Glaubens. Diese sollten durch sogenannte „Intercessionen“ (Fürbittschreiben), durch Gespräche oder gar durch gewaltsames Eingreifen dafür sorgen, daß die gegenreformatorischen Anordnungen wieder aufgehoben oder doch gemildert würden.

All die genannten Formen von Widerstand – Aufruhr, Gehorsamsverweigerung, Klage und Appell an evangelische Fürsten – wurden im Untersuchungsgebiet, genauer: in den Pfarreien Rattelsdorf, Döringstadt, Marktzeuln und Marktgraitz angewandt, um die Gegenreformation zu verhindern. Im folgenden wird untersucht, in welchen Situationen auf welche Art Widerstand geleistet wurde, wie die unterschiedlichen Formen zusammenwirkten, wo die Gründe für Erfolge und Mißerfolge lagen. Ferner ist darzustellen, wer den Widerstand organisierte und leitete, wer die einzelnen Aktionen durchführte, wer den Gemeinden half.

# 2. Ursachen und Anlässe für Widerstand

Die gegenreformatorischen Maßnahmen verliefen unterschiedlich. Auch dort, wo es zu Widerstand kam, hatte er individuelle Ausprägungen. Es gab zwischen den untersuchten Pfarreien aber andererseits viele Gemeinsamkeiten, so daß sich Typologien des religiös motivierten Widerstands erkennen lassen. Im folgenden ist zu untersuchen, wo es zu Widerstandshandlungen kam, wogegen sie sich richteten und was sie auslöste. Damit verbindet sich die Frage, weshalb in einigen Orten des Untersuchungsgebietes den gegenreformatorischen Maßnahmen erheblicher Widerstand entgegengesetzt wurde, während andernorts die Untertanen den obrigkeitlichen Mandaten allenfalls mit einigem Zögern gehorchten[1].

## *2.1. Orte, Ursachen, Anlässe – zur Systematik von Widerstandshandlungen im Untersuchungsgebiet*

Ursache für die ersten Widerstandsmaßnahmen waren obrigkeitliche Gebote an den evangelischen Pfarrer oder Pfarrverweser. Diesen wurde geboten abzuziehen, damit ein katholischer Geistlicher eingesetzt werden konnte. Solche schriftlichen Befehle, durch Boten zugestellt, waren die ersten gegenreformatorischen Maßnahmen der Obrigkeit (hier: des Bischofs von Würzburg, der geistlichen Obrigkeit). Hierauf reagierten die Gemeinden – seltener die Pfarrer selbst – mit Schreiben an den Würzburger Oberhirten, in denen sie um die Rücknahme der Anordnung baten, und mit Bittbriefen an evangelische Fürsten, die sich in Würzburg für sie einsetzen sollten. Zusätzlich entsandten die Gemeinden Marktzeuln und Marktgraitz 1598 und 1609 einen Vertreter an das Reichskammergericht in Speyer, damit er in ihrem Namen gegen den Bamberger und den Würzburger Bischof klage. Manchmal leisteten die Pfarrer den Geboten keinen Gehorsam. Der Marktzeulner Pfarrer gab 1597 an (oder vor), er werde zum Ungehorsam gezwungen: Er sei bereit abzuziehen, aber die Gemeinde nötige ihm zum Bleiben[2].

Abgesandten des Würzburger Fürstbischofs, die in Rattelsdorf und in Döringstadt katholische Geistliche einsetzen wollten, wurden die Kirchentüren nicht geöffnet. Auch die Anwesenheit von Vertretern des Grund- oder des Landesherrn bewog die Untertanen nicht zum Nachgeben. Wenn die Beamten die Öffnung der Türen forderten oder diese aufbrechen wollten, kam es zu Menschenaufläufen, wobei die Männer und die Frauen Waffen oder als solche einsetzbares Gerät trugen; meist wurden Drohungen gegen die Beamten laut.

Auch, als der Landes- oder der Mediatherr die Untertanen vor die Wahl zwischen Konversion und Emigration stellte, reagierten einige Gemeinden und einzelne Personen mit Bittschreiben, in denen sie den Herrn darum ersuchten, ihnen mehr Zeit bis zur Konversion

1 Wenn nichts anderes angegeben, vgl. die im ersten Teil der Arbeit im Kapitel über den jeweiligen Ort angegebenen Quellen.

2 AEB, Rep. I, PfA 334, Brief von 1597 Dez. 20.

oder Emigration zu geben; ältere Untertanen baten zuweilen auch, sie im evangelischen Glauben sterben zu lassen[3].

In Döringstadt, in Marktzeuln und in Marktgraitz begegneten die Gemeinden den Beamten, die ihnen den fürstbischöflichen Befehl vortrugen, mit gewaltsamem Widerstand, genauer: sie drohten brachiale Gewalt an. Das taten sie nicht selten auf drastische Weise: 1597 bedrängten die Marktzeulner den Burgkunstadter Vogt derart vehement, daß er sein Leben in Gefahr sah[4]. Wirklich lebensgefährdende Gewalt wandten die Untertanen allerdings – soweit bekannt – kaum an.

Verallgemeinernd kann man Anlässe und Widerstandshandlungen wohl wie folgt in Zusammenhang bringen: Auf schriftlich übermittelte Gebote reagierten die Untertanen mit Bittbriefen an den Herrn, der das Gebot erlassen hatte, oder an einen evangelischen Fürsten, der ihre Obrigkeit zur Rücknahme der Verfügung veranlassen sollte, und oft gehorchten sie dem Gebot zunächst einmal nicht. Wenn die Gemeinde der Ansicht war, daß durch den obrigkeitlichen Befehl ihre Rechte verletzt würden, kam es zuweilen zu Klagen vor dem Reichskammergericht. Das Erscheinen würzburgischer oder bambergischer Beamter rief – vor allem, wenn sie aufgrund einer Ankündigung, aufgrund ihrer Tätigkeit in einem Nachbarort oder aufgrund der Beobachtungen von Wachposten nicht unerwartet kamen – mancherorts gewaltsamen Widerstand hervor, der sich in Drohungen, manchmal auch in Handgreiflichkeiten oder in Steinwürfen äußerte.

Der Widerstand blieb in der Regel auf die betroffene Pfarrei beschränkt[5]. Zwar vermutete die Obrigkeit häufig „conspirationes" zwischen Pfarreien, zwar befürchtete sie einen breiten Aufstand – namentlich die Bamberger Domherren trieb diese Sorge um[6] –, doch finden sich kaum Hinweise auf Zusammenschlüsse der Untertanen. Im Untersuchungsgebiet arbeiteten nur die Marktzeulner mit den Einwohnern des angrenzenden Pfarrsprengels Marktgraitz zusammen. Dies erklärt sich aus der engen Nachbarschaft, daraus, daß einige nach Marktgraitz eingepfarrte Orte den Gottesdienst in Marktzeuln besuchten und dort auch Sakramente empfingen[7], und nicht zuletzt daraus, daß die Obrigkeit meist die Maßnahmen in beiden Pfarreien parallel durchführte. Die Protestanten in den Pfarrsprengeln Marktgraitz und Marktzeuln unterzeichneten darüber hinaus Bittschriften – etwa den Brief

3 Die Marktgraitzer boten Ende 1597 an, der Fürstbischof solle sie „bey ihrem lutterischen glauben bleiben [lassen] und allerdings zum catholischen nicht notigen"; dafür wollten sie „hertzlichen gerne bewilligen unnd zulassen, das ire kinderlein, so noch nicht communicirt, den catholischen glauben annehmen". AEB, Rep. I, PfA 334, Brief von 1598 Jan. 3. – Weitere Beispiele: StAB, ex J 3, Nr. 225, Fasz. 2, fol. 47r (Neudorf 1601), 127r–128r (Döringstadt 1611); StAB, B 110, Nr. 47, fol. 276v (Helfenroth 1629).

4 Vgl. AEB, Rep. I, PfA 334, Brief von 1597 Dez. 20.

5 Eine Ausnahme war es schon, daß 1592, als ein katholischer Pfarrer in Rattelsdorf eingesetzt wurde, zwei Männer aus Baunach den Geistlichen mit Schußwaffen bedrohten. Jedoch stellte sich bei ihrem Verhör heraus, daß sie nicht „umb der Rattelsdorfer conspiration gewust" hatten. Vielmehr hatten sie Verwandte in Rattelsdorf, bei denen sich sich offenbar zufällig aufgehalten hatten, und sie waren betrunken gewesen. StAB, B 86, Nr. 19, fol. 464v. – Im Zusammenhang mit dieser Pfarrbesetzung bestritten sämtliche Einwohner von Döringstadt und Wiesen einhellig, „sich der Rattelsdorfer ietziger widersetzung thailhafftig gemacht oder jemals in einige verbuntnus mit inen aich eingelaßen" zu haben. StAB, B 49, Nr. 153, Fasz. 1, Prod. 13. Der Amtmann von Döringstadt, als er 1592 den dortigen Vogt fragte, ob „sich die von Duringstadt derer von Rattelsdorf ahnnemen", die Antwort, dies sei nicht der Fall; die Döringstadter seien lediglich besorgt, „wans mitt Rattelsdorf vordt gedt, es werdt ahn sie auch komen". Aus dieser Furcht zogen sie aber nicht die Konsequenz, die Nachbarpfarrei zu unterstützen. StAB, B 49, Nr. 33, Prod. 13.

6 Das Domkapitel befürchtete 1595, daß sich „unruhe, widerwillen und rebellion under den underthonen [...] erheben möchte". StAB, B 86, Nr. 21, fol. 308r. 1596 meinten die Domherren, die Leute könnten „leichtlich zue etwas anders erwegt werden". Ebd., fol. 409r.

7 Vgl. etwa AEB, Kbb. Marktzeuln, Bd. 1, Taufen. Hier erscheinen nicht selten Michelauer und besonders Schwürbitzer.

von 1611 an die Union – gemeinsam mit den evangelischen Hintersassen der Zisterze Langheim im Maintal. Dies rührte vor allem daher, daß die klösterlichen Untertanen von denselben Männern beraten und vertreten wurden wie jene, nämlich von Kilian Schauer in Schwürbitz – er war hierbei wohl die Schlüsselfigur –, von dem Advokaten Dr. Johann Stambler und dem Prokurator Dr. Konrad Fabri in Speyer[8].

Hingegen ist kein Kontakt zu ermitteln zwischen den Widerstand leistenden Gemeinden oder Personen im Maintal und den Pfarrgemeinden Teuschnitz und Windheim im Frankenwald, die sich gleichfalls der bambergischen Gegenreformation entgegenstellten. Zwar berichtete Kilian Schauer von Speyer aus über Entwicklungen in deren Rechtsstreit[9], vermutlich interessierten sich die Marktzeulner und die Marktgraitzer für das Tun ihrer Landsleute, das dem ihren ähnelte – von einer Zusammenarbeit zeugt aber nichts.

Der gewaltsame Widerstand der einzelnen Pfarrgemeinden gegen die Gegenreformation fand fast ausschließlich am Sitz der jeweiligen Pfarrei statt, und zwar in der Regel auf offener Straße. Eine Ausnahme war es, wenn 1597 die Markzeulner bewaffnet in die Amtsstadt Burgkunstadt einfielen, ihren Schultheißen aus dem Gefängnis befreiten und den verhaßten Vogt suchten, um ihn – wie sie schrien – zu erschlagen.

Suppliken an den Landesherrn oder an evangelische Fürsten wurden zuweilen in der betroffenen Pfarrei verfaßt, häufiger aber an ritterschaftlichen Orten oder in Sachsen-Coburg konzipiert und ins Reine geschrieben. Und Klagen vor dem Reichskammergericht erforderten ohnedies die Reise eines Gemeindevertreters nach Speyer, damit dieser einen Advokaten und einen Prokurator dingen und sie über Einzelheiten unterrichten konnte.

Vollständig wird nicht zu klären sein, warum es in den Pfarreien Baunach und Altenbanz zu keinen nennenswerten Widerstandshandlungen kam[10], während die Gemeinden Döringstadt, Marktzeuln und Marktgraitz die Vertreibung der „Prädikanten" und die Anwendung des ius reformandi nicht nur durch Schreiben an die eigene Herrschaft, sondern auch durch Suppliken an evangelische Fürsten, durch Verfahren vor dem Reichskammergericht, durch die Einschüchterung oder Vertreibung herrschaftlicher Kommissionen abzuwehren versuchten.

Wesentliche Faktoren, die die Gemeinde zum Widerstand führten, mögen das ungeschickte Verhalten der Beamten, die den herrschaftlichen Befehl zu verkünden oder zu vollziehen hatten, und das Vorhandensein von Personen in der Gemeinde gewesen sein, die ihre Nachbarn zum Widerstand aufriefen und ihn organisierten. Das Paradebeispiel für solche Personen sind die Brüder Schauer in Schwürbitz. Der ältere, Johann, spielte beim Widerstand gegen die Gegenreformation in den Pfarreien Marktgraitz und Marktzeuln unter Bischof Neithard von Thüngen eine zentrale Rolle, der jüngere, Kilian, plante die Gegenmaßnahmen, als Bamberg ab 1609 erneut versuchte, die evangelischen Pfarrer zu verjagen und die Untertanen zu Konversion oder Auswanderung zu zwingen[11].

Wenn die Bamberger oder Würzburger Kommissare oder die Vögte, Kastner und Schultheißen allzu herrisch auftraten, mag das Widerstandshandlungen provoziert haben, vielleicht hatte es dieselbe Wirkung, wenn sie Unsicherheit zeigten oder zu viel Milde walten

8 Zu den Personen vgl. S. 296–299.

9 Vgl. BayHStA, RKG 406, Q 5–7, 11/II. – Die Teuschnitzer hatten denselben Prokurator wie die Marktzeulner und Marktgraitzer, Konrad Fabri. Siehe S. 296f.

10 Aus Baunach fehlen jegliche Belege; aus Altenbanz sind nur zwei Suppliken (aus den Jahren 1583 und 1593) zu erwähnen.

11 Mit den führenden Köpfen des Widerstandes gegen die Gegenreformation und den Vertretern der Gemeinden befaßt sich Kapitel B.3.1. (S. 265–289), mit Kilian Schauer und seinem Bruder zudem Anhang 2.

ließen[12]. Sogar die katholischen Geistlichen waren uneins, wie sich die Beamten sinnvollerweise verhalten sollten. Riet 1598 der für Marktgraitz vorgesehene Pfarrer, man müsse, wenn man die Pfarrkinder bekehren wolle, „ein zeidt lang zertlichen linder innen handeln"[13], so kritisierte 1623 der Marktzeulner Pfarrer, daß der Ungehorsam der Untertanen nur von der „milt und gutigkeit brachii secularis" komme[14].

Erfolgreiche Widerstandshandlungen mögen die Gemeinde bei folgenden Gelegenheiten bestärkt haben, sich den obrigkeitlichen Anordnungen erneut zu widersetzen. 1589 schrieben die Rattelsdorfer an Markgraf Joachim Friedrich von Brandenburg in Halle, weil sein Schreiben an Bamberg sieben Jahre zuvor „bißhero gefruchtet" habe und ein neuerlicher Brief bestimmt „auch nicht leher ablaufen" werde[15]. 1609 wandten sich die Pfarrgemeinden Marktgraitz und Marktzeuln an das Reichskammergericht wie schon zehn Jahre zuvor[16]. Ähnlich mag es mit gewaltsamem Widerstand gewesen sein: Wenn man die Vertreter der Obrigkeit einmal aus dem Dorf gejagt und dadurch für geraume Zeit die Einsetzung eines katholischen Pfarrers verhindert hatte, warum sollte dasselbe Mittel nicht auch ein zweites Mal helfen?

## *2.2. Legitimationen des Widerstands*

Gemeinden oder Einzelpersonen bekannten in Schreiben an ihre Obrigkeit, an evangelische Fürsten oder an das Reichskammergericht immer wieder ihre Pflicht zum Gehorsam, und sie beteuerten, diese Pflicht auch stets erfüllt zu haben[17]. Wenn sie das im Zusammenhang mit gegenreformatorischen Maßnahmen nicht taten, legitimierten sie ihr Verhalten mit dem Argument, dem Befehl Folge zu leisten, verbiete ihr Gewissen[18]. So hielten die Döringstadter, als sie 1584 die Einsetzung eines katholischen Pfarrers abwehrten, dem würzburgischen Kommissar kategorisch vor: „Was das gwissen unnd gotteswort betreff, so bestehen sie nit, das sie jemandt ein gehorsam hierin schuldig seien dan Gott"[19].

Doch bestritten die Obrigkeiten, Gewissenszwang auszuüben. Der Vertreter Bambergs vor dem Reichskammergericht beteuerte um 1610, der Bischof habe den Marktgraitzern und Marktzeulnern ausdrücklich gesagt, „es wolle ja keiner die catholische religion an-

12 Nach der Rolle der Beamten, unter denen es Scharfmacher ebenso gab wie Männer, die Sympathien für das Anliegen der Untertanen zeigten, wird in Kapitel B.5.1. (S. 339–345) gefragt.

13 AEB, Rep. I, PfA 334, Brief von 1598 Jan. 3.

14 DAW, Dek. Ebern, Generalia, Einzelakten, „Querela contra Zeulenses" 1623.

15 StAB, B 110, Nr. 39, fol. 148v.

16 Vgl. BayHStA, RKG 11289, „Replicae unnd handlung uff exceptiones", präs. 1612 Aug. 25; auch RKG 406, Q 61.

17 So etwa 1615 die Gemeinde Marktzeuln und im folgenden Jahr der Anwalt der Gemeinden Marktgraitz und Marktzeuln: StAC, LA D 1208, fol. 114r; BayHStA, RKG 405, Q 33.

18 So erklärten die Pfarrgemeinden Marktzeuln und Marktgraitz Ende 1609 dem Kurfürsten von der Pfalz, sie seien dem Bamberger Bischof gehorsam, wollten sich aber gegen ihr Gewissen nicht zu einer ihnen unbekannten Religion zwingen lassen; die schlimmste Tyrannei sei die, welche die Gewissen beherrschen wolle. Vgl. BayHStA, RKG 406, Q 23. Daß der Widerstand gegen die Gegenreformation eine Gewissensangelegenheit sei, betonten 1624 auch die geflohenen Marktzeulner Protestanten gegenüber dem Herzog von Sachsen-Coburg. Vgl. StAC, LA D 1208, fol. 268r. – Auf die Bedeutung des Bekennnisses als Sache des Gewissens verwiesen auch die Einwohner von Unterbrunn, als sie 1594 ihr Grundherr, der Abt von Michelsberg, vor die Wahl zwischen Konversion und Emigration stellte. Selbst Christus, der doch alle Macht im Himmel und auf Erden besessen habe, habe „den sundern pueß und vorgebung der sunden gepredigt und niehmandt mit gewalt zu ihme getrunden". StAB, B 110, Nr. 35, pag. 115.

19 AEB, Rep. I, PfA 130, „Relation" von 1584 Dez. 3.

nemen oder sich darzue bekennen, er befinde dan in seinen gewissen und aus underweisung, deren es keinem mangelen solte, das er getraue, bey derselbigen selig zu werden"[20].

Daß die Untertanen, die nicht katholisch werden wollten, nicht den Weg der Auswanderung gewählt hatten, den der Augsburger Religionsfrieden ihnen offen ließ, rechtfertigten sie regelmäßig mit der Schwierigkeit, ja Unmöglichkeit, ihre Güter zu verkaufen[21].

Ungleichbehandlung innerhalb eines Dorfes oder einer Pfarrei berechtigte in den Augen der Untertanen wohl zu Ungehorsam. So verweigerten die konvertierten Döringstadter den Empfang der Kommunion nach katholischem Ritus, weil Bischof und Dompropst ihre evangelischen Nachbarn nicht auch zur Annahme des katholischen Glaubens anhielten[22]. Die Hintersassen des Abtes von Michelsberg in Unterbrunn weigerten sich 1594, einer Vorladung ins Kloster Folge zu leisten, denn es gehe um die Religion. Erst wenn der Bamberger Bischof „im gantzen lande anfahen" würde „zu reformiren", so erklärten sie, „wolten und musten sie sich alßdan auch einstellen"[23].

Ihren Widerstand gegen die obrigkeitlichen Versuche, katholische Pfarrer einzuführen, legitimierten die Gemeinden auch durch ihr (vermeintliches) Recht auf die Pfarrbesetzung, das ihnen der Würzburger und / oder der Bamberger Bischof durch den Versuch streitig machten[24].

Wenn Untertanen einer Vorladung nicht folgten, begründeten sie das mit ihrer Angst vor einer Gefängnisstrafe[25]. Daß diese Befürchtung nicht haltlos war, zeigen mehrere Fälle, in denen befehlsgemäß erschienene Untertanen lange und unter üblen Bedingungen festgehalten wurden. So wurden die 1609 zur Huldigung in Weismain erschienenen Marktzeulner verhaftet, auf Wagen gebunden, nach Bamberg gebracht und in Gefängnisse geworfen, u. a. in den berüchtigten Sandturm.

Aber in der Nichtbefolgung von Vorladungen oder ganz allgemein von Mandaten bestand ein grundsätzliches Problem des religiös motivierten Widerstands. Denn wenn die Untertanen einem Gebot – etwa einer Vorladung ohne Angabe von Gründen oder mit vorgeschobenen Gründen –, das nach außen hin nichts mit dem Glauben zu tun hatte, nicht Folge leisteten, dann waren sie eben ungehorsam gegenüber ihrem Herrn und damit strafwürdig. Erst recht galt dies, wenn die Untertanen sich bewaffnet gegen Beamte stellten, die eine ungerechtfertigte Forderung durchsetzen wollten.

Der Bamberger Fürstbischof und seine Regierung wurden nicht müde, dem Reichskammergericht und evangelischen Fürsten, die sich für bambergische Untertanen einsetzten, vorzuhalten, daß er gegen diese nicht wegen ihres Glaubens, sondern „umb begangener hochsträfflicher missethatt" vorgehe[26]; allerdings war es zu diesen Missetaten in der Regel wegen der Gegenreformation (oder zumindest im Zusammenhang damit) gekommen.

Zumindest zeitweise hatte Bamberg mit seiner Argumentation Erfolg: Herzog Johann Casimir von Sachsen-Coburg schrieb 1614 dem Kurfürsten von der Pfalz, man werde nichts für die evangelischen Untertanen im Hochstift Bamberg tun können, zumal diese sich „in politischen sachen ungehorsamlich wiedersetzen, alle gerichtliche gebott verächtlich halten

20 BayHStA, RKG 406, Q 26.

21 Inwieweit dies Vorwand war, untersuchen wir unten S. 358–361.

22 Vgl. StAB, B 86, Nr. 26, fol. 322v–323r. Vgl. dazu auch S. 351.

23 StAB, B 110, Nr. 37, fol. 425v–426r.

24 Die Döringstadter z. B. bestritten 1585, daß dem Würzburger Bischof irgendeine „gerechtigkait" oder „pfarverleihung" zustehe, sondern sie hätten „die macht einzusetzen und zu entsetzen, dan wan sie ire commenta lößen, hab man in weiters nichs einzureden". AEB, Rep. I, PfA 130, Brief von 1585 März 14.

25 Vgl. etwa AEB, Rep. I, PfA 334, Brief von 1597 Dez. 11.

26 StAC, LA D 1322, fol. 298v (1614 an Herzog Johann Casimir von Sachsen-Coburg).

und verbottener weyß conspirirn sollen"[27]. (In mehreren vorher und später geschriebenen Briefen erkannte der Herzog allerdings an, daß die bambergischen Untertanen um ihres Glaubens willen verfolgt würden.)

Auch der Vorwurf, die Untertanen hätten sich gegen ihren Herrn verschworen – auch dies strafwürdig –, wurde von den Bischöfen immer wieder erhoben[28]. Dem hielt der Anwalt der Gemeinden 1616 vor dem Reichskammergericht entgegen: „Daß auch die klägere bei prosecution diser sachen so vil müglichen [...] zusamenhalten, daß kan fur kein conjuration gehalten werden"[29].

## *2.3. Zur Bedeutung nichtreligiöser Ursachen für die Entstehung von Widerstand*

Bevor wir uns in den folgenden Kapiteln den Methoden und den Trägern des Widerstands gegen die Gegenreformation zuwenden, sind dessen Motive zu hinterfragen. Lag den Gemeinden wirklich nur daran, ihren evangelischen Geistlichen behalten bzw. bei ihrem hergebrachten Glauben bleiben zu können? Standen nur religiöse Absichten dahinter, wenn Untertanen bischöfliche Befehle nicht befolgten, Beamte bedrohten, gegen ihren Herrn klagten, evangelische Herren um Hilfe angingen? Oder spielten nicht doch wirtschaftliche oder rechtliche Fragen eine Rolle? Waren die Glaubensfragen gar nur ein Vorwand?

Beschwerden über Belastungen durch Abgaben, Frondienste, Steuern fehlen in nahezu allen Suppliken von Gemeinden oder einzelnen Personen, die sich gegen gegenreformatorische Maßnahmen wandten, seien die Briefe an den jeweiligen Herrn gerichtet oder an einen evangelischen Fürsten. Es ist nur ein Bittschreiben bekannt – die Pfarrgemeinde Altenbanz richtete es 1594 an den Bamberger Bischof –, in dem zugleich mit gegenreformatorischen Maßnahmen auch wirtschaftliche Bedrückungen beklagt werden[30]. Selbst in den Briefen des Schwürbitzer Notars Kilian Schauer aus den Jahren 1609 bis 1611[31], die teils an die Gemeinden Marktgraitz und Marktzeuln, teils an seine Familie gerichtet waren, in Privatbriefen also, die vertrauliche Mitteilungen enthielten, finden sich keine Hinweise, daß etwa ökonomische Beschwerden eine Rolle im Streit gespielt hätten.

Dasselbe gilt für Rechtsfragen. Der Streit der Gemeinden Marktzeuln und Marktgraitz vor dem Reichskammergericht war zwar genau genommen kein Streit gegen die Gegenreformation, vielmehr verteidigten sie ihr vermeintliches Patronatsrecht über die beiden Pfarreien. Doch war das ihnen entzogene Recht an sich nicht die Ursache, daß sie Klage erhoben;

---

27 Ebd., fol. 303r.

28 So erklärte 1610 der bambergische Prokurator dem Reichskammergericht, die Untertanen in Marktgraitz und Marktzeuln hätten 1599 bei der Erbhuldigung Gehorsam geschworen, aber unmittelbar darauf begonnen, „heimlich conventicula unnd verbündtnussen anzustellen", damit die Pfarreien nicht katholisch besetzt werden könnten. BayHStA, RKG 406, Q 26.

29 BayHStA, RKG 405, Q 33.

30 Abt Johann Burkhard habe nach seiner Wahl zwar versprochen, den Gemeinden im „Stift" Banz „keine newe beschwerdten uffzudringen", doch habe er seither „etliche gemeindten unter uns mit dero scheffereyen vast alle jar gegen dem fruling und herbstzeiten zum hochsten beschwert, darbeneben die gemeinhöltzer mit außhawung einer mercklichen grossen antzall reifstangen [...] uffs eusserste veröset, die fron uber die massen ersteigert, aber die fronbrodt hergegen vergeringert". Das alles würden die Gemeinden hinnehmen, wenn sie bei ihrem Glauben gelassen würden. StAB, B 49, Nr. 2, Fasz. a, fol. 1r–v.

31 Über ihn und seine Briefe vgl. S. 290, 292f. sowie besonders Anhang 2.

die Gemeinden vertraten die Ansicht, daß sie, gewännen sie ihr Patronatsrecht zurück, wieder evangelische Pfarrer einsetzen könnten und daß dadurch die Gegenreformation beendet würde. Das Insistieren auf das Besetzungsrecht der Pfarrei war so Mittel zum Zweck, nicht Selbstzweck.

Einen Rechtsanspruch außerhalb des kirchlichen Bereichs erhob ab 1614 die Gemeinde Marktzeuln: Sie behauptete, dem Hochstift nur durch freiwillige Zahlungen verbunden, ansonsten aber unabhängig zu sein. Ihre Absicht war es offenbar, sich aus dem bambergischen Staatsverband zu lösen. 1617 erklärte der Prokurator der Gemeinde vor dem Reichskammergericht, das Hochstift habe in Marktzeuln „gantz und gar keine lehenschafft, ausser 2 [...] mühlen, die weiter keine gerechtigkeit haben, dann so weit die trauf fellet, sondern alle heußliche lehen, badtstuben und gemeine heuser, sowohln alle acker, wiesen, weinberge und holtz, so weit die marck gehen, seindt der gemein Zeuln aigenthumb"; ferner hätten die Bürger das Recht auf die Niederjagd im Gemeindewald. Bamberg erhalte lediglich ein jährliches Schutzgeld; daß sie dem Hochstift auch Steuer zahlten, sei „doch nur darumb geschehen, daß sie schutz gehabt und bey dem rainen wort Gottes geblieben"[32]. 1624 gingen die Protestanten in den Pfarreien Marktzeuln und Marktgraitz sogar so weit zu behaupten, sie hätten „diese beede flecken und pfarr mit aller ihrer gerechtigkeit" von einem Reichsritter von Reitzenstein „vor frey eigen und reichsflecken erkauft"[33]. Doch wurde nicht die Religion vorgeschoben, um sich von der bambergischen Herrschaft zu lösen, es wurde ganz im Gegenteil der Anspruch auf Unabhängigkeit vom Hochstift benutzt, um der Gegenreformation zu entgehen. Bezeichnenderweise strebte – soweit bekannt – Marktzeuln weder vor dem Einsetzen gegenreformatorischer Maßnahmen noch nach deren Erfolg die Reichsunmittelbarkeit an.

Freilich mag man spekulieren, ob nicht der Umstand, daß fast alle Anwesen Gemeindelehen waren, und die ungewöhnlichen kommunalen Sonderrechte der Marktzeulner – wie die Wahl des Schultheißen (bis 1604) und die Niederjagd – das Selbstbewußtsein der Bürger stärkten, ob nicht dadurch die Bereitschaft, sich gegen als unrechtmäßig empfundene Befehle der Obrigkeit zu wehren, größer war als andernorts, wo der Fürstbischof oder Mediatherren die Grundherrschaft und die daraus abgeleiteten Rechte fest in der Hand hatten.

Wenn sich auch für die untersuchten Widerstandshandlungen im Einzelfall keine nichtreligiösen Ursachen ausmachen lassen, dann schließt das nicht aus, daß es im Volk eine Unzufriedenheit über wirtschaftlich-soziale Zustände oder über Verletzungen kommunaler Rechte durch die Obrigkeit gegeben haben mag. Eine derartige Unzufriedenheit kann die Bereitschaft gesteigert haben, in anderen – etwa in kirchlich-religiösen – Bereichen der Obrigkeit die Stirn zu bieten. So warnte das Bamberger Domkapitel 1596 den Bischof vor der Anwendung des ius reformandi unter anderem mit dem Argument, die Untertanen seien durch Mißjahre, die herrschende Wirtschaftskrise, den angehobenen Steuersatz[34], das gestiegene Ungeld so verarmt, „das der gemein povel leichtlich zue etwas anders erwegt wer-

---

32 BayHStA, RKG 405, Triplik des Klägeranwalts, präs. 1617 März 28. – Knapp erklärten die Gemeinden Marktgraitz, Marktzeuln und die langheimischen Dörfer im Maintal, sie hätten den Bamberger Bischof bzw. den Abt „vor uralters alleine zum blosen schutzherrn anngenommen unndt bieshero weiter nit erkennet". BayHStA, Kasten schwarz 3404, Brief von 1619 April 12.

33 StAC, LA D 1208, fol. 216r.

34 1594 hatten die Stände, wie vom Fürstbischof gefordert, eine Sonderabgabe von 1/4 Gulden pro 100 Gulden Vermögen genehmigt, zusätzlich zu der hergebrachten Steuer von 0,5 %. Vgl. Bachmann, S. 152.

den könt"[35]. Mit ähnlichen Worten hatten die Domherren 1587 den Bischof von einer Verschärfung des Ehemandats abhalten wollen: Es werde dadurch „der gemeine mann, so ohne das der aufgelegten steuer halber schwürig, zu einem andern verursacht werden"[36]. Und Bischof und Domkapitel gemeinsam hatten 1584 dem Würzburger Oberhirten gegenüber die gewaltsame Einsetzung eines katholischen Seelsorgers in Döringstadt auch mit dem Argument abgelehnt, daß es bei einem solchen Vorgehen zu größerem Widerstand kommen könne, denn die Leute würden „ettlich vil jhar mit beharrlicher teuerung, augenscheinlichen sterbsleuften, hagel, ungewitter, auch grosen reichsanlagen teglich beschwerdt und heimgesucht"[37].

Nichtsdestoweniger bildete eine mögliche Verärgerung im Hinblick auf wirtschaftliche oder rechtliche Zustände nicht die Ursache oder den Anlaß für Widerstandshandlungen gegen die Gegenreformation, sie bot allenfalls einen günstigen Nährboden, sie steigerte höchstens die grundsätzliche Bereitschaft zu Unruhen. Weshalb diese dann an einigen Orten ausbrachen und an anderen nicht, hing von anderen Faktoren ab, vielleicht vom Auftreten einzelner Gemeindemitglieder oder vom Verhalten der Beamten und katholischen Geistlichen.

Der Bamberger Bischof mutmaßte, offenbar auf evangelische Stände zielend, im Jahr 1592, die Untertanen – hier die Rattelsdorfer – hätten ihre Widersetzlichkeit „für sich selbsten gar nit, sonnder uff etlicher nit geringer persohnen anreitzung und vertröstung angefangen"[38]. Eine solche Behauptung – sie erscheint andeutungsweise auch in Akten über die Pfarrei Döringstadt[39] – findet, obwohl sich der Bischof auf „glaubliche nachrichtung" berief, in den Quellen keine Bestätigung. Zwar mögen z. B. die Gemeinden Marktgraitz und Marktzeuln durch die Unterstützung des Kurfürsten Friedrich und der kurpfälzischen Regierung sowie durch die – freilich weniger entschlossene – Hilfe von seiten des Herzogs von Sachsen-Coburg, des Markgrafen von Brandenburg-Bayreuth oder des Kurfürsten von Sachsen in ihrem Widerstand bestärkt worden sein, doch wandten sich all diese protestantischen Fürsten erst auf die Bitte der Gemeinden hin an den Bamberger oder den Würzburger Bischof. Von sich aus griff keiner von ihnen ein. Die Coburger Regierung bestritt daher im Juli 1616 zu Recht Vorwürfe der Bamberger Räte, sie hetze die Untertanen auf oder bestärke sie auch nur in ihrem Widerstand gegen den Bamberger Fürstbischof[40].

35 StAB, B 86, Nr. 21, fol. 409r.
36 Ebd., Nr. 18, fol. 303v.
37 StAB, B 46 c, Nr. 538, Konz. von 1584 Dez. 1.
38 StAB, B 49, Nr. 153, Fasz. 1, Prod. 20.
39 Unter den „fragstuck", die 1603 den Untertanen im Amt Döringstadt gestellt werden sollten, die einer Vorladung nach Staffelstein nicht gefolgt waren, sind folgende Fragen: „Waß ime unnd seinen nachtbawern den muth mach oder uf wehn sie sich verlaßen. [...] Sie mueßen einen hinterhalt wißen, wurden sonsten so trutzig nicht sein." StAB, ex J 3, Nr. 208, Prod. 28.
40 Vgl. StAC, LA D 1208, fol. 126v.

# 3. Die Träger des Widerstands

Wir haben bisher meist pauschal von den Gemeinden oder den Einwohnern eines Ortes bzw. einer Pfarrei gesprochen, die Suppliken schrieben, Kommissionen bedrohten oder vor dem Reichskammergericht Klage erhoben. Freilich war nicht jeder Einwohner einer Widerstand leistenden Gemeinde auf die gleiche Weise und im gleichen Maß an den Handlungen beteiligt. Im folgenden sollen einige Aspekte des Fragenkomplexes „religiös motivierter Widerstand in der dörflichen Gesellschaft" behandelt werden.

Es ist zu untersuchen, welche Gruppen der Gemeinschaft sich im Widerstand besonders hervortaten. Waren die Reichen führend im Widerstand, oder bedeuteten Zeiten von Ungehorsam, Unruhen, Klagen gegen den Herrn die Stunde der dörflichen Unterschichten, die ohnehin weniger zu verlieren hatten? Weiterhin ist zu fragen, ob bestimmte Gruppen von Einwohnern sich bevorzugt bestimmten Formen von Widerstand zuwandten. Hatten mit den Klagen vor dem Reichskammergericht vor allem die Wohlhabenderen zu tun; war gewaltsamer Widerstand die Domäne der Armen? Freilich sind nur in wenigen Fällen Antworten möglich, denn die Obrigkeit differenzierte zwischen den einzelnen „Rädelsführern" oder „Rebellen" kaum. Auch die Rolle der Frauen beim religiös motivierten Widerstand wird untersucht, und es sind die Vertreter und die Helfer der Gemeinden vorzustellen, die Suppliken abfaßten, die nach Speyer reisten, die die Untertanen vor dem Reichskammergericht vertraten.

Bei der Beschäftigung mit diesen Fragen ist zu beachten, daß wir uns im großen und ganzen auf Quellen obrigkeitlichen Ursprungs stützen müssen; wir sind fast immer gezwungen, uns auf die Angaben der Beamten und der katholischen Pfarrer zu verlassen. Wenn 1603 der Pfarrer von Döringstadt zwei Einwohner des Pfarrdorfes als „radices pertinatiae et inobedientiae [...] subditorum" bezeichnete[1], wenn 1624 bambergische Beamte vier Marktzeulner mit der Einschätzung „der ärgsten rebellen einer" belegten[2], sind wir darauf angewiesen, ihnen zu glauben, daß die derart hervorgehobenen Männer tatsächlich Vorreiter bei Widerstandshandlungen waren.

## *3.1. Führende Personengruppen im Widerstand*

### 3.1.1. Die Rolle der evangelischen Pfarrer

Erstaunlicherweise beteiligten sich die evangelischen Pfarrer nicht oder nur in geringem Maß (oder in einer Weise, die der Obrigkeit nicht auffiel) an Widerstandsmaßnahmen. Vielmehr beobachten wir in fast allen untersuchten Pfarreien, daß die Geistlichen oft den Ausweisungsgeboten der Obrigkeit gehorchten. Und wenn sie es nicht taten, dann machten sie dafür die Gemeinden oder äußere Umstände verantwortlich. Als der Amtmann von Burgkunstadt dem Pfarrer von Marktzeuln Ende 1599 gebot abzuziehen, weigerte sich dieser. Er habe früher schon einmal auf obrigkeitlichen Befehl seine Pfarrei für einen Monat aufgegeben, dann aber hätte ihn seine Gemeinde „wiederumb darein genottigt undt getrungen", und das tue sie „noch immer zue". Der Burgkunstadter Vogt habe gesehen, „wie es

1 StAB, ex J 3, Nr. 225, Fasz. 2, fol. 63r.
2 AEB, Rep. I, Nr. 343, fol. 5r, 6r.

mir von der gemein undt nachbarschafft erganngen ist". Und heimlich bei Nacht könne er schließlich nicht fortziehen, denn er habe Familie und würde dann von den Marktzeulnern keinen Abschied, d. h. kein Zeugnis seines Wohlverhaltens, bekommen[3]. Die Klage des Pfarrers, er würde gerne gehorchen, aber die Gemeinde lasse es nicht zu, klingt wie eine fadenscheinige Ausrede, aber das war sie wohl nicht. Denn bezweifelt oder bestritten wurde seine Erklärung offenbar nicht.

Wenn er darauf verwies, der Burgkunstadter Vogt könne seine Aussage bestätigen, dann dachte Pfarrer Haselmann wohl an den 19. Dezember 1597. Damals war der Vogt nach Marktzeuln gekommen, um der Gemeinde die Annahme eines katholischen Seelsorgers zu befehlen; diese freilich hatte „rebellisch sich erwiesen". Unter anderem war die gesamte Gemeinde – so der Vogt – zum Haus des Pfarrers gelaufen und hatte ihm gedroht, „woferne er [...] nicht ferner predigen wolte, so wolten sie selbsten gegen ime alle thettligkeit fürnemen". Dem Vogt hatten die Marktzeulner noch deutlicher gesagt, was sie zu tun vorhätten, falls ihr Pfarrer nicht trotz Verbots weiter predigen werde. Sie würden „ime hendt und füß binden, üf den rücken fasen und hienein tragen und uff die cantzel binden oder, in weigerung desen, ine zu stucken [...] hauen"[4].

Johann Haselmann, den seine Gemeinde zum Bleiben (und damit zum Ungehorsam) zwingen mußte, war offenbar kein Einzelfall. Auch der Rattelsdorfer Pfarrer beteuerte 1589, seine Pfarrkinder hätten ihn davon abgehalten, befehlsgemäß fortzuziehen, zumal eine Seuche in seinem Sprengel geherrscht habe[5]. Und mehrmals kam es vor, daß ein Pfarrer auf eine obrigkeitliche Anordnung hin seine Pfarrei aufgab, obwohl die Gemeinde deutlich gemacht hatte, sie würde keinen Katholiken annehmen, und zum Widerstand bereit war. So verließen 1585 nacheinander zwei evangelische Geistliche Döringstadt; der Marktgraitzer Pfarrer Rochius Mayer zog 1598 und erneut 1599 ab[6].

Freilich blieb auch mancher Pfarrer, Mandaten aus Würzburg oder Bamberg zum Trotz, von sich aus an seinem Pfarrort und im Amt, zuweilen sogar jahrelang. Und der aus Altenbanz vertriebene Konrad Picker fand im selben Pfarrspengel, nämlich in Herreth, die Gelegenheit weiterzuwirken. Doch selbst in solchen Fällen läßt sich keine Aktivität dieses Geistlichen im Widerstand gegen die Gegenreformation ausmachen. War ein evangelischer Pfarrer erst einmal vertrieben, konnte er ohnehin nur in wenigen Fällen in seiner früheren Pfarrei tätig werden – nicht nur, weil er dann Gefahr gelaufen wäre, verhaftet zu werden, sondern auch, weil er aus wirtschaftlichen Gründen darauf angewiesen war, andernorts eine Anstellung zu finden, möglicherweise in einiger Entfernung. Jedoch traten sogar Pfarrer, die sich in nächster Nähe ihrer alten Pfarrei niederlassen konnten, etwa Christoph Thumler, der 1609 nach Redwitz zog, oder Haselmann, der in Schwürbitz und zeitweise sogar wieder in Marktzeuln wohnte, nicht oder kaum in Erscheinung.

Die Pfarrer scheinen also für den Widerstand ihrer Gemeinden allenfalls von nachgeordneter Bedeutung gewesen zu sein. Jedenfalls wies die Obrigkeit keinem eine entsprechende Tätigkeit nach. 1609 konnte der bambergische Kommissar, der in Marktgraitz einen katholischen Pfarrer einsetzen sollte, Thumler nicht mehr nachsagen, als daß er ob des Tumults seiner Gemeinde aus einem Fenster des Pfarrhauses „gehohnlächelt" und die Untertanen dadurch nur noch mehr aufgestachelt habe[7]. Spekulationen, inwieweit die

3 BayHStA, RKG 406, Q 30.
4 AEB, Rep. I, PfA 334, Brief von 1597 Dez. 20.
5 Vgl. StAB, B 110, Nr. 35, pag. 23 f.
6 Siehe S. 138 und 150–152.
7 BayHStA, RKG 406, Q 38.

evangelischen Pfarrer durch ihr seelsorgerliches Wirken, speziell durch ihre Predigten, den Boden bereitet hatten, sind müßig, da Quellen fehlen.

Es sieht ganz so aus, als sei der Impuls von Angehörigen der Gemeinde gekommen, als hätten sie die Widerstandshandlungen organisiert. Im folgenden soll untersucht werden, welche Personengruppen sich dabei besonders hervortaten.

## 3.1.2. Die führenden Männer in den Gemeinden

### *3.1.2.1. Die Pfarrei Rattelsdorf*

1589 fahndete der Abt von Michelsberg nach den Rattelsdorfern, die an den Markgrafen von Brandenburg „umb furschrifften supplicirt oder rath und that darzu geben" hätten[8]. Doch erbrachten die Recherchen des Kastners sehr wenig: Die Gemeinden hätten einhellig beschlossen, an die Fürsten in Coburg und Ansbach Bittschriften zu richten. Wer diesen Plan betrieb, welche Personen sich darum kümmerten, daß die Suppliken geschrieben und zugestellt wurden, teilte der Kastner seinem Herrn nicht mit[9].

Erst 1592 lassen sich einzelne Einwohner von Rattelsdorf und Ebing fassen, die sich bei Widerstandshandlungen hervortaten. Peter Vasoldt und der Gemeindeschmied Lorenz Eber wurden festgenommen, da sie sich – sicherlich bei der Einsetzung des katholischen Pfarrers im Juli – dem Abt gegenüber „ungehorsam erwisen" hatten[10]. In Haft kam auch der Rattelsdorfer Schmied Hans Blumb, der seinen Nachbarn seine Schmiedehämmer als Waffen angeboten hatte[11]. Es ist freilich nicht klar, ob diese drei Männer oder auch nur einer von ihnen in besonderem Maß zum Ungehorsam aufgerufen hatte – oder ob sie michelsbergischen Beamten zufällig auffielen. Dem Ebinger Schultheißen Georg Mertzbach wurde vorgeworfen, er habe sich „der aufruhr und rebellion wieder die einsetzung deß pfarrers [...] nicht wenig theilhafftig gemacht"[12]. Als Anstifter oder Rädelsführer freilich wird keiner von ihnen bezeichnet.

Im August und im September 1593 wurden Einwohner der Pfarrei Rattelsdorf freigelassen, die wegen ihres Verhaltens beim „Rattelßdorfischen aufrur" im Vorjahr in einem Gefängnis auf dem Michelsberg gesessen hatten. Sie sind durch ihre Urfehden als Träger des Widerstands nachzuweisen. Hans Möringer aus Rattelsdorf galt als „der vornembsten und mutwilligsten gesellen einer"[13]. Matthes Vischer, ebenfalls Einwohner von Rattelsdorf, hatte sich um Suppliken an evangelische Fürsten gekümmert, um für die Gemeinde – so die klösterliche Kanzlei – „fremden schutz wider ihren eygnen herren zuwegen zu pringen". Hans Schneider aus Ebing wurde vorgeworfen, „daß er vil in der aufrurischen sachen hien und wider geschriben"[14].

Schneider ist in der Steuerrechnung nicht eindeutig zu identifizieren. Möringer war Beständner, ihm gehörte also kein Haus, und über steuerbares Vermögen verfügte er nicht[15].

---

8 StAB, B 110, Nr. 39, fol. 147v.
9 Vgl. ebd., fol. 149r–150r.
10 StAB, B 110, Nr. 101, fol. 66v.
11 Vgl. ebd., fol. 67r.
12 StAB, B 21, Nr. 75, fol. 25v; vgl. auch StAB, B 68/I, Nr. 876, pag. 292.
13 StAB, B 110, Nr. 101, fol. 130v.
14 Ebd., Nr. 93, fol. 86r; vgl. auch Nr. 101, fol. 137v.
15 Vgl. StAB, A 232, Nr. 37690, 1594/95, fol. 13v.

Vischer hingegen zählte zu den wohlhabendsten Rattelsdorfern; mit 1200 Gulden besaß er mehr als das Vierfache des Durchschnittsvermögens[16].

Durch abfällige Äußerungen gegen den katholischen Glauben fielen 1593 die beiden Rattelsdorfer Andreas Donner und Hans Ottner auf. Donner bezeichnete die Rekonziliation der Kirche als „ein fein gauckellspiel", und im Wirtshaus erklärte er, der Erfolg der Gegenreformation sei so sicher nicht[17]. Hans Ottner führte „ettliche unbescheiden rede der religion belangendt" gegenüber dem Klostersekretarius[18], er verspottete konvertierte Nachbarn und bezeichnete sie als Mammelucken[19]. Donner war mit einem Vermögen von 300 Gulden mittelmäßig begütert; Ottner zählte mit 1200 Gulden zu den wohlhabendsten Einwohnern[20].

Anfang 1594 beklagte sich der Rattelsdorfer Kastner über die zwei Heiligenpfleger[21]: Sie versuchten, die übrigen Einwohner von der Konversion abzuhalten. So soll einer der beiden einen Mann aufgefordert haben, den der Kastner vorgeladen hatte: „Bey leib, halt steyf, ob man euch gleich druber einlegt". Das heißt: Der Angesprochene sollte Konversion und Emigration verweigern, auch auf die Gefahr hin, in Haft genommen zu werden[22]. Beide Heiligenpfleger besaßen wenig: der eine 50, der andere 150 Gulden[23]; doch deutet ihr Amt auf ein gewisses Ansehen in der Dorfgemeinschaft hin.

Überblickt man die wenigen Daten aus der Pfarrei Rattelsdorf, so ergibt sich kein eindeutiger Befund. Denn es ist nicht klar ersichtlich, wer von denen, die bei der Einsetzung eines katholischen Pfarrers und der Gegenreformation – meist durch ihr Reden – der Obrigkeit unangenehm auffielen, tatsächlich als Anstifter und Anführer anzusehen ist. Einer bestimmten wirtschaftlichen Gruppe lassen sich diese Männer nicht zuordnen. Besitzlose taten sich ebenso hervor wie Wohlhabende.

### *3.1.2.2. Pfarrei und Amt Döringstadt*

Als 1585 Vertreter des Würzburger Bischofs nach Döringstadt kamen, um hier einen katholischen Pfarrer einzusetzen, trat zweimal, im Januar und im Juni, Hans Behem als Sprecher der Gemeinde auf[24]; als „redlesführer" bezeichneten ihn der Keller und der Pfarrer von Ebern[25]. Er war vermutlich der Vater des Melchior Behemer, der in Steuerlisten des frühen 17. Jahrhunderts als der drittreichste Einwohner von Döringstadt erscheint[26]. Auch Hans Behem dürfte zur wirtschaftlichen Spitzengruppe von Döringstadt gehört haben.

Der Keller von Ebern sah neben Behem noch einen Anstifter: Der dompropsteiliche Vogt sei „ein grundtlauterer bub"[27], er verursache „alle halsterigkait und verhetzung"[28]. Vogt

16 Vgl. ebd., fol. 6r.
17 StAB, B 110, Nr. 35, pag. 996f. (Zitat pag. 996); vgl. auch Nr. 101, fol. 130r.
18 Ebd., fol. 138r.
19 Vgl. ebd., Nr. 37, fol. 407v–408r.
20 Vgl. StAB, A 232, Nr. 37690, 1594/95, fol. 9v.
21 Hans Schumann, genannt Schreiner, und Hans Schad, genannt Peck.
22 StAB, B 110, Nr. 37, fol. 430r. – Der Angesprochene allerdings versetzte, er – der Heiligenpfleger – „solt sich einlegen laßen, wan ers so gern hette".
23 Vgl. StAB, A 232, Nr. 37690, 1594/95, fol. 5v, 6v.
24 Vgl. AEB, Rep. I, PfA 130, „Relation" von 1585 Jan. 9 und Brief von 1585 Juni 19.
25 Ebd., Brief von 1585 Juni 19.
26 Vgl. StAB, A 232, Nr. 4401, 1602/03. Melchior Behemer war damals der einzige Vertreter seines Namens in Döringstadt.
27 AEB, Rep. I, PfA 130, Brief von 1585 Juni 19.
28 Ebd., Brief von 1585 März 14.

war damals Heinrich Krämer[29]. Seine Erbengemeinschaft verfügte 1602/03 über zwei Anwesen in Döringstadt und ein Vermögen von 1330 Gulden[30]; Krämer war also nicht nur der Vertreter der Obrigkeit am Ort, sondern auch reich.

Am Schluß eines Verzeichnisses der nach Bamberg vorgeladenen evangelischen Döringstadter schrieb der katholische Pfarrer 1603: „Johannes Stirner et Nicolaus Huls [...] sunt radices pertinatiae et inobedientiae erga suos superiores reliquorum [...] subditorum"; schaffe man sie fort oder bringe man sie zum Gehorsam, so würden die übrigen Untertanen willig den Befehlen ihrer Obrigkeit Folge leisten[31]. In der Liste selbst werden Stirner und Huls an erster Stelle genannt, und über Stirner heißt es, „die catholische nachtbarschafft" klage über seine „schmachredt"; er sei „hardt zu straffen". Außer den beiden wird noch Thomas Sterker als „ein arger bosser" hervorgehoben[32].

Stirner, geboren um 1546/47[33], erscheint in der Döringstadter Steuerliste von 1602/03[34] als Steuereinnehmer; dieses Amt weist darauf hin, daß er in der Dorfgemeinschaft und bei der Obrigkeit einiges Ansehen genoß. Er besaß zwei Häuser und versteuerte rund 470 Gulden; damit gehörte er zu den überdurchschnittlich Begüterten[35]. Noch wohlhabender war Huls: Er nannte ebenfalls zwei Häuser sein eigen; sein steuerbares Vermögen belief sich auf rund 1270 Gulden. Nur drei Haushalte in Döringstadt waren reicher als der seine. Thomas Sterker kommt in der Rechnung nicht vor; wie aus der Plazierung seines Namens in späteren Steuerlisten zu erschließen ist[36], war er der Sohn von Anna, der Witwe Lorenz Sterkers. Sie versteuerte 1602/03 zwei Anwesen und ebenso viel Vermögen wie Stirner. Alle drei Männer, die der Pfarrer als Führer des Widerstands benannte – und da er am Ort wohnte, kommt seiner Einschätzung besonderes Gewicht zu –, besaßen überdurchschnittliche Vermögen. Wohlhabende Einwohner waren es, die an der Spitze des Ungehorsams standen.

Weitere Nennungen von Rädelsführern belegen dies: 1609 wird in einer Kommunikantenliste der evangelische Döringstadter Matthes Huls als „coryphaeus" bezeichnet[37], d. h. wohl: als Anführer der Protestanten in der Pfarrei. Auch in einer anderen Liste des Jahres 1609 wird er neben Thomas Sterker besonders hervorgehoben[38]. In seinem Haus war schon 1603 die Ankunft eines Reichskammergerichtsboten gefeiert worden[39]. 1611 ließ er zusammen mit zwei anderen Männern namens der evangelischen Untertanen im Amt Döringstadt eine Supplik an den Dompropst schreiben[40]; dieser wurde ersucht, sie als alte Leute bei ihrem hergebrachten Glauben zu lassen[41]. Zusammen mit vier anderen Männern unterzeichnete er im selben Jahr ein Bittschreiben an Herzog Johann Casimir von Sachsen-Coburg[42]. Wie Matthes mit Nikolaus Huls verwandt war, wissen wir nicht. Aber wie dieser

29 Krämer ist als Vogt nachzuweisen von 1581/82 bis 1596/97. Vgl. StAB, A 232, Nr. 3651–3666.
30 Vgl. StAB, A 232, Nr. 4401, 1602/03.
31 StAB, ex J 3, Nr. 225, Fasz. 2, fol. 63r.
32 Ebd., fol. 63v.
33 Vgl. StAB, ex J 3, Nr. 225, Fasz. 2, fol. 146r.
34 Vgl. StAB, A 232, Nr. 4401, 1602/03.
35 Das Durchschnittsvermögen belief sich auf 388 Gulden. Zur Besitzstruktur von Döringstadt vgl. S. 30.
36 Vgl. etwa StAB, A 232, Nr. 4402, 1608/09.
37 StAB, B 49, Nr. 33, Prod. 40.
38 Vgl. ebd., Prod. 41. Huls ist auch hier als „corypheus" bezeichnet, Sterker als „malitiosus".
39 Vgl. StAB, ex J 3, Nr. 225, Fasz. 2, fol. 83r.
40 Vgl. ebd., fol. 130r.
41 Die Supplik ebd., fol. 127r–128r.
42 Vgl. StAC, LA D 1322, fol. 97r–98v.

gehörte er zu den reichsten Döringstadtern: Mit einer Hube und etwa 1130 Gulden Vermögen stand er an siebter Stelle der Einwohnerschaft[43].

Die beiden Männer, die zusammen mit Huls 1611 die Supplik fertigen ließen, waren Wolf Genshals in Wiesen und Hans Elflein, genannt Dorman[44]. Wolf Genshals erscheint in der ausgewerteten Steuerrechnung von 1608/09 nicht, wohl aber Eucharius Genshals, der mit zwei Anwesen und 730 Gulden Vermögen der drittreichste Mann im Dorf war[45]. Hans Elflein lebte mit zwei Anwesen und 630 Gulden auch in recht guten Verhältnissen[46]; die Tatsache, daß er Schöffe der Zent Medlitz war, spricht weiterhin für sein Ansehen.

Ein weiterer Döringstadter, Hans Hoffmann, ist zwar nicht als Führungsfigur zu belegen, er verhielt sich aber zweimal auffällig: Ende 1611 unterschrieb er neben anderen – darunter Matthes Huls – eine Supplik nach Coburg[47], im Juli 1612 kündigte er offen an, sich einem Gebot des Dompropstes zur Auswanderung oder Konversion widersetzen zu wollen. „Mit trutzigen worten" erklärte er dem Pfarrer, „er hab leuth, die sich [...] seiner annehmen", er werde Döringstadt deshalb nicht vor dem „konftigen Peterstag" – gemeint war wohl Petri Cathedra, der 22. Februar 1613 – verlassen[48]. Auch er ist den überdurchschnittlich begüterten Döringstadtern zuzurechnen[49].

1606 erwähnten die katholischen Untertanen im Amt Döringstadt, ihre evangelischen Nachbarn hätten, „weiln sie täglich nach Speyer gelaufen und sonderlich Endres Peßler in der Mittelaue", schließlich Mandate und Citationen des beklagten Dompropstes erwirkt[50]. Zum Reichskammergericht nach Speyer reiste also – gewiß im Auftrag der übrigen Protestanten im Amt – Andreas Peßler aus Mittelau. Ihm gehörte die Hälfte des dortigen Fährhauses; als Fährmann fungierte er wohl nicht. Sein Vermögen lag mit rund 330 Gulden unter dem Durchschnitt der Döringstadter Haushalte, und zwei der vier Mittelauer Haushalte besaßen mehr als er; als arm ist Peßler aber nicht zu bezeichnen[51].

Im Januar desselben Jahres 1606 sagte der Birkacher Schneider Andreas Pflaum, in Bamberg befragt, aus, er habe von etlichen Nachbarn Geld „nach Speiern empfangen"[52]. Vermutlich reiste er zum Reichskammergericht; zumindest sollte er das tun. Als „speyrischer vorlaufer" wurde er noch 1606 verhaftet[53]. Mit einem Vermögen von 200 Gulden und einer halben Hube[54] lebte er – wie Peßler – wohl in bescheidenen, aber nicht in ärmlichen Verhältnissen. Beide Männer, die sich für die Protestanten im Amt Döringstadt nach Speyer begaben und dort wohl auch mit dem Prokurator verhandelten, sind mithin der wirtschaftlichen Mittelschicht zuzurechnen, und zwar der unteren Mittelschicht.

Diejenigen, die besonders lange Widerstand gegen die Gegenreformation leisteten, die Strafandrohungen und Strafen zum Trotz evangelisch blieben und dabei ihren Wohnort

43 Vgl. StAB, A 232, Nr. 4401, 1608/09.
44 Vgl. StAB, ex J 3, Nr. 225, Fasz. 2, fol. 130r.
45 Vgl. StAB, A 232, Nr. 4401, 1608/09. Der vermögenslose Beständner Hans Genshals, der ebenfalls genannt wird, dürfte ein Sohn des Eucharius gewesen sein.
46 Vgl. ebd., Nr. 4410, 1617/18.
47 Vgl. StAC, LA D 1322, fol. 97r–98v.
48 StAB, B 49, Nr. 33, Prod. 47.
49 Er besaß 1608/09 eine halbe Hube und ca. 730 Gulden zu versteuerndes Vermögen. Vgl. StAB, A 232, Nr. 4401, 1608/09.
50 StAB, ex J 3, Nr. 225, Fasz. 2, fol. 197r.
51 Vgl. StAB, A 232, Nr. 4401, 1608/09.
52 StAB, ex J 3, Nr. 225, Fasz. 2, fol. 100r.
53 Ebd., fol. 105r.
54 Vgl. StAB, A 232, Nr. 4401, 1608/09. Peßlers Vermögen lag nur knapp unter dem Durchschnitt der Birkacher Haushalte.

nicht verließen, wollen wir abschließend betrachten. 1621 gab es in Döringstadt noch zwei Ehepaare und eine Witwe, die evangelisch waren: Melchior Behemer und seine Frau, Hans Stirner jun. und seine Frau sowie Dorothea, die Witwe von Hans Hoffmann.

Melchior Behemer[55] war – wie erwähnt – möglicherweise der Sohn des Hans Behem, der 1585 als Wortführer der Gemeinde gegen die Einsetzung eines katholischen Pfarrers auftrat, und verfügte 1617/18 über das zweitgrößte Vermögen am Ort[56]. Über ihn beschwerte sich im Oktober 1622 übrigens der Döringstadter Vogt beim Dompropst: Wenn er, der Vogt, oder der Pfarrer die wenigen verbliebenen lutherischen Einwohner auffordere, zu konvertieren oder fortzuziehen, beriefen sie sich auf das Ehepaar Behemer, die an keinem Sonn- oder Feiertag „zur kirchen und predig“ kämen[57].

Hans Stirner war der Sohn des Steuereinnehmers Hans Stirner, den 1603 der Pfarrer als Wurzel des Ungehorsams bezeichnet hatte. Dieser ältere Hans Stirner nahm spätestens 1611 den katholischen Glauben an[58]; sein Sohn jedoch, der in diesem Jahr als Beständner genannt wird[59], blieb evangelisch. 1619 bat der Vater den Dompropst, er solle seinen Sohn und dessen Frau „die zeit meines noch geringen lebens“ – er war 72 Jahre alt – als Dienstboten auf seinem Anwesen bleiben lassen[60]. Der Dompropst gewährte dies nur bis Ostern 1619[61], doch noch über zwei Jahre später finden wir Stirner in Döringstadt[62].

Dorothea Hoffmann war die Witwe eines mit 900 Gulden überdurchschnittlich begüterten Einwohners von Döringstadt, der 1612 ausdrücklich erklärt hatte, weder konvertieren noch termingerecht fortziehen zu wollen[63].

Auch die hartnäckigsten Protestanten von Döringstadt gehörten also relativ gut situierten Familien an. Insgesamt versteuerten die meisten Protagonisten des Widerstands in Döringstadt mehr als den Mittelwert; einige sind sogar – gemessen an den Verhältnissen im Dorf – als reich zu bezeichnen[64]. Lediglich die beiden Männer, die den Kontakt zum Reichskammergericht hielten, besaßen eher bescheidene Vermögen.

### *3.1.2.3. Marktzeuln*

Wenn wir im folgenden die Personen betrachten, die beim Widerstand der Gemeinden Marktgraitz und Marktzeuln eine wesentliche Rolle spielten, dann beschränken wir uns auf Bürger von Marktzeuln. Denn für die Orte des Marktgraitzer Pfarrsprengels ist es meist schwierig, die wirtschaftliche Position der fraglichen Männer zu bestimmen, da in den Steuerlisten mehrere Gruppen von Untertanen, so die ritterschaftlichen und coburgischen Hintersassen, nicht erfaßt sind. Im Fall von Marktzeuln können wir dagegen nicht nur

55 1606 besaß Pehemer – offenbar erst seit kurzer Zeit – ein Gut in Unterbrunn, in das er ziehen wollte. Vgl. StAB, ex J 3, Nr. 225, Fasz. 2, fol. 104r.
56 Vgl. StAB, A 232, Nr. 4401, 1617/18.
57 StAB, ex J 3, Nr. 225, Fasz. 2, fol. 194r.
58 Vgl. ebd., fol. 116r.
59 Vgl. ebd., fol. 113r.
60 Ebd., fol. 146r.
61 Vgl. ebd., fol. 150r–v.
62 Vgl. ebd., fol. 178r.
63 Siehe oben S. 270.
64 Zu diesem Befund paßt das Urteil, das der Vogt fällte, als 1606 nur wenige Döringstadter einer Vorladung nach Staffelstein folgten: „Die reichsten“ hätten „einen punt miteinander gemacht, das die armen von ihnen [...] nit setzen dorfen“. Die Wohlhabenden hätten also beschlossen, ihre ärmeren Nachbarn zur Solidarität zu zwingen – mit welchen Mitteln, schrieb der Vogt nicht. StAB, ex J 3, Nr. 225, Fasz. 2, fol. 48v.

das Vermögen der Einwohner ermitteln, sondern – dank des erhaltenen Kirchenbuchs – weitere Daten: das Alter der handelnden Personen, ihre verwandtschaftlichen und – auf dem Weg über Patenschaften – sogar ihre freundschaftlichen Beziehungen zu anderen.

### Führende Männer zwischen 1609 und 1617

1610 wurden Marktzeulner namhaft gemacht, die der Obrigkeit aufgefallen waren: Fünf Männer[65] suchte man steckbrieflich, weil sie die Wache angegriffen hatten, die seit Ende 1609 in ihrem Ort stationiert war[66]; Andreas Wesch wurde vorgeworfen, den Stadel des Schultheißen Georg Bückling[67] angezündet zu haben[68], des Mannes also, der als einer der Hauptverantwortlichen für die Absetzung des evangelischen Pfarrers und die beginnende Gegenreformation in Marktzeuln verhaßt war.

Jedoch galt keiner dieser sechs Männer als Urheber des Aufruhrs in Marktzeuln. Als solche sahen die geistlichen Räte in Bamberg Anfang 1611 Hans Stirner und Hans Fiedler sen. an; sie würden die Gemeinde „verraitzen"[69]. Der Schultheiß und der Pfarrer bezeichneten sie und Georg Albert im April desselben Jahres als „redleinsführer des ganzen fleckens". Diese drei Männer pflegten im Marktzeulner Rathaus mit den früheren evangelischen Pfarrern zu beratschlagen[70]. Fiedler hatten der Lichtenfelser Kastner und der Burgkunstadter Vogt schon 1609 als „capitan der ungehorsamen zu Zeuln" bezeichnet[71]. Der Burgkunstadter Vogt meinte 1615, die Marktzeulner verließen sich auf Fiedler, Albert und Stirner[72]; sie seien die „fürnembste[n] redelsfhürer"[73]. Und schließlich sagte 1617 der Marktzeulner Bürger Andreas Knorr bei einem Verhör in Bamberg aus, er könne nichts für den Aufruhr und den Reichskammergerichtsprozeß; vielmehr seien Fiedler, Albert und Stirner „die fürnembsten, so die verlag an gellt herschißen" – sie übernahmen also die Vorfinanzierung der Prozeßkosten. Sie „stellten sich zu Bamberg guet catholisch, aber draußen werens lutherisch"[74]. Tatsächlich hatten die drei Männer in Bamberg vorgegeben, katholisch zu sein: Als sie im Mai 1617 von den geistlichen Räten verhört worden waren, hatten sie bei dieser Gelegenheit nach katholischem Ritus gebeichtet und die Kommunion empfangen[75].

Aufgrund der Hinweise von verschiedenen Personen kann kaum ein Zweifel daran herrschen, daß diese drei Männer die Anführer und Organisatoren des Marktzeulner Widerstands gegen die Gegenreformation waren. Alle drei stammten aus Marktzeuln, alle drei waren mit Marktzeulnerinnen verheiratet. Hans Fiedler war wohl der älteste von ihnen; er schloß seine Ehe 1578, Albert, um 1560[76] geboren, 1583, Stirner 1584[77]. Aus den Hochzeitsdaten geht hervor, daß sie, als 1609 die Gegenreformation einsetzte, wohl schon etwa

65 Hans Fiedler jun., Otto Krapp, Wolf und Fritz Dötschel, Andreas Muntsch.
66 Vgl. StAC, LA D 1322, fol. 43r–v.
67 Über ihn vgl. S. 465 Anm. 241.
68 Vgl. StAB, B 68/I, Nr. 882, 1610 Aug. 20, auch 1610 Sept. 23 und Okt. 1.
69 AEB, Rep. I, Nr. 740, fol. 117r.
70 Ebd., fol. 126v.
71 Ebd., fol. 17v.
72 Vgl. StAB, B 49, Nr. 24, Fasz. 25, fol 43r.
73 Ebd., fol. 43v.
74 StAB, B 68/I, Nr. 885, 1617 Nov. 9.
75 Vgl. AEB, Rep. I, Nr. 740, fol. 134v.
76 Vgl. BayHStA, RKG 405, Q 14.
77 Vgl. AEB, Kbb. Marktzeuln, Bd. 1, Trauungen.

50 Jahre alt waren. Fiedler und Stirner waren offenbar nicht allzu wohlhabend[78]: Fiedler besaß 1608/09 ein Haus und versteuerte 133 Gulden[79], Stirner, von Beruf Leinweber[80], besaß kein eigenes Haus mehr – er hatte es an Albert verkauft – und nannte gerade 70 Gulden sein eigen[81]. Albert hingegen verfügte über zwei Häuser und ein Vermögen von 1000 Gulden[82]; damit war er der drittreichste Bürger. Alle drei Männer gehörten dem Marktzeulner Rat an[83]; 1619 war Albert eines der beiden letzten evangelischen Ratsmitglieder[84]. Als Ungelter, als Einnehmer einer indirekten Steuer, wird Albert 1614 genannt[85]. Wenn Fiedler, Stirner und Albert von 1609 an einige Jahre lang die Vorreiter des Widerstands gegen die Gegenreformation waren, dann nahmen also Männer Führungsrollen ein, die als Ratsmitglieder ohnehin an der Verwaltung des Gemeinwesens mitwirkten.

Beziehungen zwischen den drei Männern, sei es durch Verwandtschaft, Ehen oder Patenschaften, sind merkwürdigerweise nicht nachzuweisen. Dagegen läßt sich belegen, daß Fiedler mit den Brüdern Johann und Kilian Schauer in Schwürbitz befreundet war, die beim Aufruhr in den Pfarreien Marktzeuln und Marktgraitz die zentrale Rolle spielten, Johann 1597/98, Kilian von 1609 bis zu seinem Tod 1614. Johann Schauer stand beim vorletzten Sohn Fiedlers Pate, Kilian Schauer beim letzten[86]; Fiedlers Frau hob Johann Schauers Tochter aus der Taufe[87]; bei Kilian Schauers Hochzeit fungierte Fiedler als Brautführer[88]. Im November 1609 schrieb Schauer von Speyer aus einen Brief an Fiedler, in dem er ihn über den Stand der Dinge beim Reichskammergericht unterrichtete[89]. Dieser enge Kontakt zu Schauer und seine Nennung als „capitan der ungehorsamen" Ende 1609 legen den Verdacht nahe, daß Fiedler – zumindest anfangs – eine gewichtigere Position innehatte als Stirner und Albert.

Fiedlers Sohn Michael studierte ab 1611 in Wittenberg[90], nachdem er wohl schon eine andere Universität besucht hatte, und erwarb den Grad eines Magisters. Am 15. Mai 1613 wurde er in Coburg zum Pfarrer von Freienfels, einer ritterschaftlichen Pfarrei, ordiniert[91]. Um die Jahreswende 1614/15 wurde er zum Pfarrer von Grub am Forst im Fürstentum

---

78 Freilich ist zu bedenken, daß das steuerbare Vermögen von Handwerkern im allgemeinen nicht so hoch war wie das von Haushalten, die ganz von der Landwirtschaft lebten, denn die Handwerker benötigten weniger Grundbesitz.

79 Vgl. StAB, A 231, Nr. 18088, fol. 62r.

80 Vgl. AEB, Kbb. Marktzeuln, Bd. 1, Taufen, fol. 113r.

81 Vgl. StAB, A 231, Nr. 18088, fol. 68r, 70v.

82 Vgl. ebd., fol. 67r.

83 Zu Fiedler vgl. BayHStA, RKG 406, Q 5 (1609). Zu Stirner vgl. AEB, Rep. I, Nr. 743, fol. 40r, 68v (1616); AEB, Kbb. Marktzeuln, Bd. 1, Beerdigungen, fol. 55v (1617); Trauungen, fol. 83v (1620). Zu Albert vgl. Anm. 84.

84 Vgl. AEB, Rep. I, Nr. 744, fol. 11r.

85 Vgl. StAC, LA D 1322, fol. 230r.

86 Vgl. AEB, Kbb. Marktzeuln, Bd. 1, Taufen, fol. 122v, 132v.

87 Vgl. ebd., fol. 124v. Denkbar ist, daß Fiedlers Frau auch die Patin von Kilian Schauers Tochter war, denn sie hieß wie Johanns Tochter (und deren Patin) Katharina. Siehe S. 441.

88 Vgl. AEB, Kbb. Marktzeuln, Bd. 1, Trauungen, fol. 64r.

89 Vgl. BayHStA, RKG 406, Q 5.

90 Vgl. Weissenborn, Bernhard (Hrsg.): Album Academiae Vitebergensis. Jüngere Reihe, Teil 1 (1602–1660). Textband. Magdeburg 1934 (Geschichtsquellen der Provinz Sachsen und des Freistaates Anhalt NR 14), S. 114.

91 Vgl. PfAC, Kb. 1605–1613, Jg. 1613, fol. 1r; Thomae, S. 558.

Sachsen-Coburg ernannt[92]. Michael Fiedler trat beim Aufruhr der Gemeinde Marktzeuln mehrmals in Erscheinung: Im November 1609 wurde Hans Fiedler vorgeworfen, er habe „sein sohn uff die cantzel daselbst [d. h. in Marktzeuln] stallen wollen“[93]. 1611 beschwerten sich Pfarrer und Schultheiß, „Fidlers sohn, der predicant, helf ungescheucht die, so uncatholisch gestorben, zu begrebnus zu beleiten“[94]. 1616 schlug er dem Pfarrer von Marktzeuln „mit feusten ins gesicht“[95].

Ein anderer Sohn des Ratsmitglieds Fiedler war Hans Fiedler jun.[96], der im November 1609 mit gezücktem Säbel dem bambergischen Kommissar entgegentrat, als dieser die Marktzeulner Kirchen aufbrechen lassen wollte[97]. „Immer her, immer her, Gots taußendt sacra[ment], es würdt angehen, leib und leben will ich daran sezen“[98], schrie er lauthals. Als der Vertreter des Fürstbischofs den Ort verließ, stimmten Hans Fiedler und sein Bruder Michael „neben andern groben sociis“ ein provokantes Lied an: „Erhalt uns, Herr, bei deinem Wort“[99]. Im Januar 1610 wurde er steckbrieflich gesucht, da er in Marktzeuln einquartierte Männer „mit buxen, wehr undt waffen angegrieffen“ hatte[100].

Hans Fiedler sen. erhielt 1616 von Herzog Johann Casimir von Sachsen-Coburg die Erlaubnis, nach Grub zu seinem Sohn zu ziehen[101]. Er machte hiervon aber – wenn überhaupt – nur für einige Zeit Gebrauch; im März 1619 erscheint er in Marktzeuln[102]. Offenbar konvertierte er zum katholischen Glauben, fiel aber schon an Ostern 1619 wieder davon ab, indem er in einer evangelischen Kirche beichtete und die Kommunion empfing[103]. 1624 heißt es von ihm, er sei nach Ebersdorf „zu einem lutterischen praedicanten“ übersiedelt[104]; der Pfarrer von Ebersdorf, Sebastian Lutz, hatte 1618 die Witwe seines Sohnes Michael geheiratet[105].

Hans Stirner wurde zu einem unbekannten Zeitpunkt, spätestens 1620[106], katholisch. Im März 1624 mußte er sich sogar von einem Marktzeulner vorwerfen lassen, daß er sich „in religionsachen ainmische“ – gemeint war: zugunsten Bambergs –, wo er früher doch selbst ein Rädelsführer gewesen sei[107]. Georg Albert schließlich wohnte im Frühjahr 1624 noch in

---

92 Vgl. StAC, Kons. 1288, fol. 59r–v; GUG Co 71, Schreiben von 1614 Dez. 22 und 24; Kons. 1594, fol. 52r–74r. Der Patronatsherr der Pfarrei Grub, Hans Dietrich von Schaumberg zu Haig, erwähnte in einem Schreiben an das Coburger Konsistorium, Fiedlers Vater habe „neben andern inwohnern zu Zeuln eine schwere langwirige vervolgung umb unserer christenlichen confession und religion willen außgestanden (derentwegen inen dan der durchleuchtig und hochgeborn etc. unser gnediger furst und herr etc. mit sondern gnaden gewogen)“. Ebd., fol. 55v–56r.

93 AEB, Rep. I, Nr. 740, fol. 17v.

94 Ebd., fol. 126v.

95 StAC, LA D 1181, fol. 96v.

96 Hans Fiedler hatte drei Söhne mit dem Namen Johann bzw. Hans, der eine war im Dezember 1578, der andere im Januar 1589, der dritte im November 1590 geboren. Vgl. AEB, Kbb. Marktzeuln, Bd. 1, Taufen, fol. 21v, 71r, 80v. Daß Hans der Bruder von Michael (und damit ein Sohn von Hans sen.) war, ergibt sich aus der in der folgenden Anm. zitierten Quelle.

97 Vgl. BayHStA, RKG 406, Q 38 (auch zum Folgenden).

98 Gemeint war: den Kommissar nicht in die Kirche zu lassen, bzw.: die Einsetzung eines katholischen Pfarrers zu verhindern.

99 Über dieses Lied vgl. unten S. 336.

100 StAC, LA D 1322, fol. 43r.

101 Vgl. StAC, LA D 1208, fol. 23v.

102 Vgl. AEB, Rep. I, Nr. 744, fol. 11r.

103 Vgl. ebd., fol. 163r.

104 StAB, B 49, Nr. 233/II, fol. 453r; auch AEB, Rep. I, Nr. 343, fol. 115r.

105 Vgl. Thomae, S. 558 (mit falscher Namensangabe); Roth, Fritz: Restlose Auswertung von Leichenpredigten und Personalschriften für genealogische und kulturhistorische Zwecke. Bd. 2. Boppard 1961, S. 197.

106 Vgl. StAB, B 76/XVIII, Nr. 12, fol. 85v.

107 Ebd., fol. 113v.

Marktzeuln und war evangelisch, doch war er todkrank[108]; im Juni 1625 starb er in Marktzeuln[109].

Fiedler war fortgezogen, Stirner konvertiert, Albert nicht gesund – keiner von ihnen stand 1624 noch zur Verfügung, um sich gegen die letzte Phase der Gegenreformation in Marktzeuln zu stellen. Und das war offenbar nicht erst seit 1624 so: Bereits mehrere Jahre waren die drei Männer nicht mehr als Führer des Widerstands in Erscheinung getreten.

Auch andere Ratsmitglieder kamen um 1620 als Organisatoren kaum in Frage. Zwar war noch im März 1614 der Rat ausschließlich mit Protestanten besetzt[110]. Als aber Ende 1615 drei Ratsstellen vakant waren, schlug der Pfarrer den geistlichen Räten in Bamberg vor, sie mit Katholiken zu besetzen[111]. Vermutlich folgte die Regierung diesem Rat, denn 1619 gab es nur mehr zwei evangelische Ratsmitglieder[112]. Im Februar 1624 bestand offenbar der gesamte Rat aus Katholiken[113].

Neben Stirner, Albert und Fiedler scheint der letzte evangelische Schulmeister und Gerichtsschreiber von Marktzeuln anfangs beim Widerstand gegen die Gegenreformation entscheidend mitgewirkt zu haben. Michael Kaiser stammte aus Staffelstein, hatte am Gymnasium Hof und an der Universität Jena studiert[114]. Nachdem er sieben Jahre als Kantor in Staffelstein und „in die 9 jahre" als Schulmeister in Döringstadt gewirkt hatte[115], übernahm er spätestens 1600 die Lehrer- und Gerichtsschreiberstelle in Marktzeuln[116]. 1610 wurde er abgesetzt[117], festgenommen und auf der Altenburg 17 Wochen lang in Haft gehalten[118]. Aber noch im Mai 1611 wohnte Kaiser im Marktzeulner Schulhaus[119]; erst im folgenden Jahr zog er nach Schwürbitz[120]. 1613 erhielt er wieder eine Stelle, er wurde Lehrer an der Ratsschule zu Coburg. Hier starb er 1623[121]. Drei Belege sprechen für Kaisers herausragende Beteiligung am Widerstand: Der Brief, den Schauer im November 1609 an Fiedler schrieb, war zugleich für ihn bestimmt[122]. 1611 meldeten Pfarrer und Schulmeister von Marktzeuln nach Bamberg, „daß der alte schulmeister alle meuterey anrichte"[123]. Dabei ist freilich zu bedenken, daß der katholische Schulmeister mit Kaiser im Streit lag[124]; die Behauptung dürfte übertrieben, andererseits jedoch nicht frei erfunden sein. Dasselbe gilt für seinen Bericht an die Bamberger geistlichen Räte vom Mai 1612, Kaiser „vertrette ietz des Schawers

108 Vgl. ebd., fol. 115r.
109 Vgl. AEB, Kbb. Marktzeuln, Bd. 1, Bestattungen, fol. 58v.
110 Vgl. AEB, Rep. I, Nr. 742, fol. 86v.
111 Vgl. ebd., fol. 258r.
112 Vgl. ebd., Nr. 744, fol. 11r.
113 Vgl. ebd., Nr. 343, fol. 3r–v.
114 Vgl. Weissmann, Karl (Bearb.): Die Matrikel des Gymnasiums Hof. Würzburg 1914 (VGffG IV, 3), S. 60; Mentz, S. 43, 45.
115 Vgl. StadtAC, Coburgica I/20, pag. 599.
116 Vgl. StAB, L 47 Staffelstein, Nr. 7, fol. 197v. – Vermutlich trat Kaiser das Amt 1598 an, kurz nach dem Tod des Schulmeisters Nikolaus Hoffmann im Juli dieses Jahres. Vgl. AEB, Kbb. Marktzeuln, Bd. 1, Bestattungen, fol. 32v.
117 Vgl. AEB, Rep. I, Nr. 740, fol. 72v (Beschluß), 106v (anderer Schulmeister erwähnt).
118 Vgl. StadtAC, Coburgica I/20, pag. 600. Ein zeitgenössischer Hinweis auf die Haft in StAB, B 46 a, Nr. 2906, Prod. 23.
119 Vgl. AEB, Rep. I, Nr. 740, fol. 139r.
120 Vgl. ebd., Nr. 741, fol. 32r.
121 Vgl. StadtAC, Coburgica I/20, pag. 600.
122 Vgl. BayHStA, RKG 406, Q 5.
123 AEB, Rep. I, Nr. 740, fol. 148v.
124 Vgl. ebd., fol. 114v, 139r, 140r, 160v.

statt"[125]. Nach der Übernahme der Coburger Stelle trat Kaiser – soweit wir wissen – nicht mehr in Marktzeuln in Erscheinung.

### „Rädelsführer" zwischen ca. 1615 und 1623

Von 1615 an erscheint häufig Klaus Wesch in den Akten, die den Widerstand der Gemeinde Marktzeuln betreffen. Er sei „der redtleinsführer einer"[126], ein „vorneme[r]" Rebell und Aufwiegler[127], urteilten die Bamberger Kommissare 1624. Wesch war wohl in den 1580er Jahren geboren[128], also – verglichen mit Stirner, Albert oder Fiedler – recht jung. Er heiratete im Januar 1608[129]. Von Beruf war er Weber[130]. Die Steuerrechnung von 1618/19 weist ihn als ziemlich arm aus: Er besaß ein halbes Haus; sein Vermögen wurde auf 15 bis 20 Gulden beziffert; landwirtschaftliche Nutzflächen hatte er nicht[131].

Während die Ratsmitglieder Stirner, Albert und Fiedler nur allgemein als Rädelsführer bezeichnet werden, läßt sich Wesch eine Reihe von Aktivitäten zuweisen. Möglicherweise war er verwandt mit dem Leinweber Andreas Wesch, dem 1610 vorgeworfen wurde, den Stadel des Schultheißen Bückling in Brand gesteckt zu haben. Sicheres Terrain betreten wir, von einem Beleg aus dem Herbst 1609 abgesehen, erst mit dem Jahr 1614. Klaus Wesch und Hans Knauer schrieben im Herbst 1614 als „von den gemeinden abgeordnete" an den Kammerrichter und baten ihn, endlich eine commissio ad rei memoriam nach Marktzeuln zu entsenden[132]. Im Februar 1615 schickten die Pfarrgemeinden Marktgraitz und Marktzeuln Wesch zum Advokaten nach Speyer[133]; ob die Idee, ihn zu entsenden, von ihm selbst kam, wissen wir nicht. Kurz darauf nahm der Marktzeulner Büttel ihn fest, doch seine Mitbürger befreiten ihn wieder[134]. Im folgenden hielt er sich von Marktzeuln fern; er „sey in zwey jahrn nit zu Zeuln gewest, halt sich zu Weidthaußen unnd vast stets zu Coburg" auf, sagte Ende 1617 ein Nachbar aus[135]. Nichtsdestoweniger hielt er weiterhin den Kontakt zwischen den klagenden Gemeinden und ihrem Reichskammergerichtsadvokaten aufrecht[136]. Noch 1619/20 zahlte ihm die Gemeinde Schwürbitz acht Gulden „an dem speyerischen recht"[137].

Aber Wesch war nicht nur die Verbindungsperson zum Advokaten: Als im November 1609 ein bambergischer Kommissar in Marktzeuln erschien, hielt er zusammen mit anderen seine Mitbürger von der Erklärung ab, ob sie konvertieren oder fortziehen wollten[138]. Im August 1617 war er daran beteiligt, an einer Empore der Marktgraitzer Kirche ein

125 Ebd., Nr. 741, fol. 32r.
126 Ebd., Nr. 343, fol. 6r.
127 Ebd., fol. 101r.
128 Ebd., fol. 6r.
129 Vgl. AEB, Kbb. Marktzeuln, Bd. 1, Trauungen, fol. 70v.
130 Vgl. ebd., Taufen, fol. 168r; auch StAC, LA D 1322, fol. 324v.
131 Vgl. StAB, A 231, Nr. 18098, fol. 64v.
132 Vgl. BayHStA, RKG 405, Brief präs. 1614 Nov. 11.
133 Vgl. StAC, LA D 1322, fol. 324v.
134 Vgl. ebd., fol. 324v–325r; auch StAC, LA D 1208, fol. 111v–112r.
135 StAB, B 49, Nr. 233/II, fol. 678r–v; vgl. auch StAC, LA D 1208, fol. 202v.
136 Vgl. StAC, LA D 1182, fol. 170r. Der Sonnefelder Amtmann berichtete der Regierung in Coburg u. a. über Wesch, „so den Zeulnern ihre speyerische cammersachen hin undt wieder dregt". – Vgl. auch StAB, B 49, Nr. 233/II, fol. 683v.
137 StAB, L 41 Schwürbitz, R 9.
138 Vgl. BayHStA, RKG 406, Q 38.

sächsisches Wappen aufzuhängen[139]. Ein Marktzeulner, Ende 1617 nach Suppliken der Gemeinde an den Herzog von Sachsen-Coburg befragt, erklärte, „er wiße [...] nichts darvon, der Wesch verricht daß ding iezunder“[140]. Und ein anderer Bürger sagte aus, „der Claus Wesch habs geschriben oder schreiben laßen“[141]. Im Februar 1624 reiste er gemeinsam mit einem anderen Marktzeulner nach Dresden, um dort für die Gemeinde Hilfe vom Kurfürsten zu erlangen[142]. Noch im selben Jahr wurde er gefangengenommen und zum Tod verurteilt[143].

Bevor Klaus Wesch es übernahm, nach Speyer zu reisen, hatte Andreas Knorr als Bote den Kontakt zum Reichskammergerichtsadvokaten gehalten. Um 1612 gab er den Botendienst für die Gemeinde auf, „weil sie ihn nit bezallen wöllen“[144]. Knorr, um 1569/70 geboren[145], besaß ein Haus und rund 85 Gulden[146], damit etwa die Hälfte des örtlichen Durchschnittsvermögens; 1609 erscheint er als Viertelmeister[147]. Im November dieses Jahres holte er Dr. Merck nach Marktzeuln, der vor dem bambergischen Kommissar für die Gemeinde sprechen sollte. Eine bedeutende Rolle scheint Knorr später nicht gespielt zu haben. Zumindest sagte er Ende 1617, in Bamberg nach einer Supplik an den Herzog von Sachsen-Coburg befragt, aus: „Sey des dings nit gescheydt genug, hab nie nichts darvon verstandten“[148]. Freilich dürfte Knorr als Gefangener daran interessiert gewesen sein, seine Bedeutung herunterzuspielen. Sollte er seine Aussage nicht gänzlich aus der Luft gegriffen haben, so wäre Knorr – im Unterschied zu Wesch – kaum mehr als der Bote der Gemeinden gewesen. Nichtsdestoweniger ließ die Bamberger Regierung nach ihm fahnden. 1612 oder Anfang 1613 versuchten der Marktzeulner Schultheiß und der Burgkunstadter Vogt mehrfach, seiner habhaft zu werden[149]. Vier Jahre später gehörte er zu den 19 Männern, die der Burgkunstadter Vogt bei ihrem Gang zu einer evangelischen Kirche verhaftete[150]. Ende 1617 gelang es dem Vogt von Lichtenfels, ihn nächtens in seinem Marktzeulner Haus zu ergreifen[151]. Der Lichtenfelser Vogt und der Marktzeulner Schultheiß hielten Knorr 1623 für einen der „fürnembste[n] redleinßführer“[152]. Noch 1624 war er evangelisch[153]; wohl in diesem Jahr zog er nach Weidhausen, um nicht konvertieren zu müssen[154].

Aktiver und eigenständiger als Knorr scheint um 1615/20 eine Reihe anderer Marktzeulner Bürger gewesen zu sein: Am häufigsten kommen – neben Wesch – Hans Knauer und Konrad Rühr in den Quellen vor; daneben übernahmen offenbar Hans Rühr, Andreas Bernhardt, Heinz Stirner, Martin Knorr, Fritz und Wolf Dötschel, Jakob Winter und Andreas Stirner Aufgaben. Sie sollen kurz porträtiert werden.

139 Vgl. StAB, B 49, Nr. 233/II, fol. 680v.
140 Ebd., fol. 673r.
141 Ebd., fol. 673v.
142 Vgl. AEB, Rep. I, Nr. 343, fol. 101r.
143 Vgl. StAB, B 49, Nr. 233/II, fol. 565v.
144 Ebd., fol. 675v.
145 Vgl. ebd., fol. 674r; StAC, LA D 1182, fol. 53r.
146 Vgl. StAB, A 231, Nr. 18088, fol. 60v.
147 Vgl. BayHStA, RKG 406, Q 38.
148 StAB, B 49, Nr. 233/II, fol. 678r.
149 Vgl. StAB, A 231, Nr. 13535, fol. 10r. Die Rede ist von „ettlichen außfehllen und straifung nach dem rebellischen Endreß Knohrren“.
150 Vgl. StAC, LA D 1208, fol. 39v.
151 Vgl. StAB, B 68/I, Nr. 885, 1617 Nov. 9.
152 AEB, Rep. I, Nr. 745, fol. 8r.
153 Vgl. AEB, Rep. I, Nr. 343, fol. 5r.
154 Vgl. PfASo, Kbb., Bd. 2, pag. 48 (1626).

Hans Knauer stammte aus Marktzeuln; von Beruf war er Bäcker. Mit einem eigenen Haus und 200 Gulden Vermögen im Jahr 1608/09[155] gehörte er zur Mittelschicht seines Ortes. 1608 heiratete Knauer eine Kronacherin. Einer seiner Trauzeugen war Kilian Schauer[156]; sein erstes Kind hob Hans Fiedler aus der Taufe[157]. Diese persönlichen Verbindungen legen den Verdacht nahe, daß Knauer von Anfang an zum Führungskreis des Widerstands gegen die Gegenreformation zählte. Tatsächlich gehörte er 1609 zu denen, die ihre Mitbürger davon abhielten, vor dem Vertreter des Fürstbischofs zu erscheinen[158]. Erst 1614 wird er erneut für uns greifbar: Zusammen mit Wesch schrieb er als Abgeordneter der Gemeinden an den Kammerrichter[159]. Im selben Jahr war er – so der bambergische Anwalt vor dem Reichskammergericht – ein Rädelsführer bei dem Tumult, der infolge der Wiedereinsetzung des von der Gemeinde entlassenen Gerichtsknechts entstand[160]. Noch 1614 floh Knauer nach Weidhausen, um nicht konvertieren zu müssen[161]. Später kehrte er nach Marktzeuln zurück. Anfang 1624 trat er zum katholischen Glauben über, weswegen er Beleidigungen ausgesetzt war[162].

Als der zweite Rädelsführer bei jenem Tumult von 1614 galt der Zimmermann[163] Konrad Rühr. Geboren um 1570[164] in Hochstadt, heiratete er 1596 eine Marktzeulnerin[165]. Er nannte zwei halbe Anwesen und rund 230 Gulden sein eigen[166], ein überdurchschnittliches Vermögen also. Rühr war schon vor 1614 aufgefallen. Ende 1609 hatte er gemeinsam mit anderen verhindert, daß seine Mitbürger vor dem fürstbischöflichen Kommissar erschienen[167]. Der Marktzeulner Pfarrer hatte 1612 nach Bamberg berichtet, Rühr habe verkündet, daß der Bischof die Bürger nicht strafen dürfe[168]. Im Mai 1614 wurde Rühr nach Burgkunstadt vorgeladen, zum einen wegen der Unruhen um den Gerichtsknecht, zum anderen, weil er sich geweigert hatte, an einem Einfall in Lettenreuth teilzunehmen[169]. Als er erschien, wurde er festgenommen; nach acht Tagen Haft in Burgkunstadt wurde er nach Bamberg gebracht[170], wo er 14 Wochen im Gefängnis saß[171]. Daraus entlassen, zog Rühr spätestens 1616 auf ein sächsisches Lehen in Horb am Main[172]. Doch weiterhin beteiligte er sich an Widerstandshandlungen der Marktzeulner. Als 1616 der Burgkunstadter Vogt festgenommen wurde, war Rühr daran beteiligt[173]; der Bamberger Kanzler Dr. Georg Haan

155 Vgl. StAB, A 231, Nr. 18088, fol. 68v.
156 Vgl. AEB, Kbb. Marktzeuln, Bd. 1, Trauungen, fol. 71v. – Es war wohl Knauers zweite Ehe; vgl. fol. 65v.
157 Vgl. ebd., Taufen, fol. 159r.
158 Vgl. BayHStA, RKG 406, Q 38.
159 Vgl. BayHStA, RKG 405, Brief präs. 1614 Nov. 11.
160 Vgl. ebd., Q 28; die Darstellung der Gemeinde zu den Unruhen: StAC, LA D 1322, fol. 229r–v.
161 Vgl. StAC, LA D 1322, fol. 345r.
162 Vgl. StAB, B 49, Nr. 233/II, fol. 459r.
163 Vgl. AEB, Kbb. Marktzeuln, Bd. 1, Taufen, fol. 126r u. ö.
164 Vgl. StAC, LA D 1182, fol. 54r.
165 Vgl. AEB, Kbb. Marktzeuln, Bd. 1, Trauungen, fol. 36v.
166 Vgl. StAB, A 231, Nr. 18088, fol. 66r.
167 Vgl. BayHStA, RKG 406, Q 38.
168 Vgl. AEB, Rep. I, Nr. 741, fol. 31r.
169 Zu Letzterem vgl. StAC, LA D 1322, fol. 228r.
170 Vgl. ebd., fol. 229v–230r.
171 Vgl. StAB, B 46 a, Nr. 2906, Prod. 38. Laut Darstellung der Coburger Regierung wurde Rühr „der religion halben nach Bamberg geführt, aldo er 14 wochen an vier ketten in der ergsten gefengknuß enthalten worden"; das Ungeziefer hätte ihm die Kleidung vom Leib gefressen. Der Burgkunstadter Vogt bestritt jedoch, daß die Haft so hart gewesen sei. – Vgl. auch StAC, LA D 1322, fol. 291v–292r.
172 Vgl. StAC, LA D 1182, fol. 54r.
173 Vgl. StAB, B 46 a, Nr. 2906, Prot. von 1616 Okt. 2 und Prod. 17.

hielt ihn sogar für den Rädelsführer[174]. Und auch der Vogt erklärte, in Coburg verhört, Rühr sei nach wie vor „der ergste meutmacher"[175]. Als Rädelsführer wurde er auch 1624 vom Schultheißen, den Bürgermeistern und dem Rat tituliert[176]. In diesem Jahr reiste er zusammen mit Wesch nach Dresden, um die Unterstützung des sächsischen Kurfürsten zu erwirken[177]. In seinem Haus fanden „die rebellische zusammenkhünfften" statt[178].

Sein 1597 geborener[179] Sohn Klaus fungierte 1616, als der Burgkunstadter Vogt gefangengenommen wurde, als Kundschafter[180]. 1624 trat Klaus Rühr derart in den Vordergrund – wodurch, wissen wir nicht –, daß er zum Tod verurteilt wurde[181].

Offenbar nicht mit Konrad Rühr verwandt war der Schlosser und Büchsenmacher Hans Rühr. Er war im Oktober 1580 in Marktzeuln als Sohn eines älteren Konrad Rühr geboren[182]. 1606 heiratete er Kunigunda Knauer, wohl eine Schwester von Hans Knauer[183]. Ein Trauzeuge war der Schultheiß Georg Bückling, der später verhaßte Vertreter gegenreformatorischer Politik am Ort. Mit einem halben Haus und 50 Gulden Vermögen[184] gehörte Rühr zu den unterdurchschnittlich Begüterten. Hans Rühr hielt bereits Ende 1609 Mitbürger davon ab, sich gegenüber dem bambergischen Kommissar zwischen Übertritt zum katholischen Glauben oder Auswanderung zu entscheiden[185]. 1615 trat er auf eine uns unbekannte Weise in Erscheinung; jedenfalls heißt es im Mai 1615 von ihm, er sei „flüchtig gangen"[186]. Erneut tat er sich 1616 hervor. Er übergab eine Supplik an Herzog Johann Casimir von Sachsen-Coburg, der sich gerade in Tenneberg aufhielt[187], und war maßgeblich beteiligt, als der Burgkunstadter Vogt festgenommen wurde[188]. Mit dem Sonnefelder Einspänniger Peter Bausenwein, der den Vogt am Tor in Empfang nahm, war er befreundet; Bausenweins Frau hatte 1613 die Patenschaft bei einer Tochter Rührs übernommen[189]. Ende 1617 sagte Andreas Knorr aus, Rühr und ein anderer Marktzeulner liefen „immer her und dar nach Coburg unnd sonst"[190]; sie hielten also die Verbindung zur sachsen-coburgischen und zu anderen Regierungen. Rühr wohnte 1619 in Schwürbitz[191]; im Juni 1624 erscheint er wieder in Marktzeuln[192]; später zog er erneut nach Schwürbitz[193] und schließlich nach Coburg[194].

Gemeinsam mit Rühr ging des öfteren Andreas Bernhardt (auch Berner) nach Coburg[195]. 1616 hatte er auch mit vier anderen Marktzeulner Protestanten ein Schreiben an Herzog

174 Vgl. ebd., Prod. 8.
175 Ebd., Prod. 38.
176 Vgl. StAB, B 49, Nr. 233/II, fol. 443v.
177 Vgl. AEB, Rep. I, Nr. 343, fol. 101r.
178 Ebd., fol. 6ar.
179 Vgl. AEB, Kbb. Marktzeuln, Bd. 1, Taufen, fol. 112v.
180 Vgl. StAB, B 46 a, Nr. 2906, Prod. 8 und Prot. von 1616 Okt. 2.
181 Vgl. StAB, B 49, Nr. 233/II, fol. 566r.
182 Vgl. AEB, Kbb. Marktzeuln, Bd. 1, Taufen, fol. 32r.
183 Vgl. ebd., Trauungen, fol. 66v–67r; zu Knauer vgl. fol. 65v.
184 Vgl. StAB, A 231, Nr. 18098, fol. 74r.
185 Vgl. BayHStA, RKG 406, Q 38.
186 AEB, Kbb. Marktzeuln, Bd. 1, Taufen, fol. 171v.
187 Vgl. StAB, B 49, Nr. 233/II, fol. 684r.
188 Vgl. ebd., fol. 693r; auch AEB, Kbb. Marktzeuln, Bd. 1, hinterer Vorsatz.
189 Vgl. AEB, Kbb. Marktzeuln, Bd. 1, Taufen, fol. 168v.
190 StAB, B 49, Nr. 233/II, fol. 678v.
191 Vgl. AEB, Kbb. Marktzeuln, Bd. 1, Taufen, fol. 176r.
192 Vgl. ebd., Bestattungen, fol. 58r.
193 Vgl. ebd., Trauungen, fol. 86v (1627).
194 Vgl. PfASo, Kbb., Bd. 2, pag. 119 (1630); PfAC, Kb. 1624–1632, Jg. 1632, fol. 17r (1632).
195 Vgl. StAB, B 49, Nr. 233/II, fol. 678v.

Johann Casimir unterzeichnet, in dem sie sich beklagten, wie sehr der Bischof seine evangelischen Untertanen plage[196]. Als einer „der argsten rebellen" erschien er 1624 den bambergischen Kommissaren[197]. Bernhardt, von Beruf wohl Häfner[198], war seit 1605 verheiratet[199], offenbar kinderlos. Er besaß 1618/19 ein halbes Haus und versteuerte mit 30 Gulden ein sehr bescheidenes Vermögen[200].

Zu den fünf Unterzeichnern der Supplik nach Coburg im Jahr 1616 gehörte auch Heinz Stirner. Der um 1576 geborene Stirner[201], der aus Marktzeuln stammte, heiratete erstmals 1595; seine zweite Ehe schloß er drei Jahre später mit Margaretha Albert[202]; 1617 ließ er sich mit seiner dritten Frau in Marktgraitz trauen[203]. Er war 1618/19 Eigentümer eines Hauses und nannte mit 270 Gulden ein überdurchschnittliches Vermögen sein eigen[204]. An der Verhaftung des Burgkunstadter Vogts 1616 war Stirner beteiligt[205]. (Stirner gehörte zu den 19 Männern, die der Vogt beim Kirchgang festgenommen hatte und die 50 Tage in Burgkunstadt in Haft gewesen waren[206].) 1617 nannte ihn der Marktzeulner Pfarrer einen Rädelsführer[207]. Ende 1616 hatte er vor, sich in Trübenbach niederzulassen[208], doch wurde er spätestens 1620 katholisch und blieb in Marktzeuln[209].

Ein weiterer Mann, der 1616 bei der Festnahme des Vogtes mitwirkte, war Martin Knorr[210]. Knorr, um 1578 geboren und von Beruf Schneider[211], war mit einem Haus und 200 Gulden im Jahr 1618/19 mittelmäßig begütert[212]. Zweifellos ist er identisch mit Martin Schneider, den 1617 Andreas Stirner nannte, als er in Bamberg gefragt wurde, „wer das negotium so urgir"[213], wer also die treibenden Kräfte des Widerstands seien. Vom 2. Oktober 1619 bis zum 12. Januar 1621 saß Knorr in Bamberg im Gefängnis[214]; anschließend wurde er des Landes verwiesen[215]. Dennoch kämpfte er offenbar weiterhin gegen die Gegenreformation, und er wohnte wieder in Marktzeuln. 1624 schrieben die bischöflichen Beamten über ihn, er sei „einer in der schelmenzunft"[216]. Bei den Unruhen in diesem Jahr trat er offenbar derart hervor, daß er zum Tod verurteilt wurde[217].

---

196 Vgl. StAC, LA D 1208, fol. 12v–15r.
197 AEB, Rep. I, Nr. 343, fol. 5r.
198 Vgl. StAB, B 49, Nr. 233/II, fol. 723r.
199 Vgl. AEB, Kbb. Marktzeuln, Bd. 1, Trauungen, fol. 63r–v.
200 Vgl. StAB, A 231, Nr. 18098, fol. 76v.
201 Vgl. StAC, LA D 1181, fol. 73r.
202 Vgl. AEB, Kbb. Marktzeuln, Bd. 1, Trauungen, fol. 36r, 41v. Wie seine zweite Frau mit Georg Albert verwandt war, ist unbekannt; ihr Vater 1598 bereits verstorbener Vater hieß Paul Albert.
203 Vgl. AEB, Rep. I, Nr. 743, fol. 181v.
204 Vgl. StAB, A 231, Nr. 18098, fol. 70r.
205 Vgl. StAB, B 46 a, Nr. 2906, Beilagen zu Prod. 8 (Brief von 1616 Sept. 30 und Prot. von 1616 Okt. 2), Prod. 17.
206 Vgl. StAC, LA D 1181, fol. 73r–v; auch LA D 1208, fol. 13r.
207 Vgl. AEB, Rep. I, Nr. 743, fol. 181v.
208 Vgl. StAC, LA D 1181, fol. 73r. Die Niederlassung war von der herzoglichen Regierung bereits genehmigt.
209 Vgl. StAB, B 76/XVIII, Nr. 12, fol. 81v. Noch im Februar 1624 erscheint er in einer Liste katholischer Bürger. Allerdings war nur er katholisch, seine Frau und Kinder waren noch evangelisch. Vgl. AEB, Rep. I, Nr. 343, fol. 4r.
210 Vgl. StAC, LA D 1181, fol. 42r.
211 Vgl. ebd., fol. 71r.
212 Vgl. StAB, A 231, Nr. 18098, fol. 66v.
213 StAB, B 49, Nr. 233/II, fol. 691r.
214 Vgl. StAB, A 231, Nr. 1845/I, fol. 363v.
215 Vgl. StAB, B 68/I, Nr. 891, 1621 Jan. 14.
216 AEB, Rep. I, Nr. 343, fol. 6r.
217 Vgl. StAB, B 49, Nr. 233/II, fol. 565v.

Ferner half bei der Gefangennahme des Vogtes Fritz Dötschel, genannt Dürr (auch Dörr)[218]; er führte den Vogt aus dem Wirtshaus zum Übergabeort[219]. Fritz war 1578 geboren[220]. 1602 heiratete er[221]; die Ehe blieb kinderlos[222]. 1618/19 erscheint er als Beständner ohne Vermögen in der Steuerrechnung[223]. Der Obrigkeit war Dötschel schon vor 1616 aufgefallen. So stellte er sich im November 1609 mit Waffengewalt dem fürstbischöflichen Rat Dr. Dietmayr in den Weg, als dieser die Marktzeulner Kirche öffnen lassen wollte[224]. Im Januar 1610 wurde – möglicherweise deshalb – steckbrieflich nach ihm gefahndet[225]. 1614 war er für einige Zeit nach Weidhausen geflohen, um nicht den katholischen Glauben annehmen zu müssen[226]. Als „ein rechter rebellant"[227] wurde Fritz Dötschel 1624 zum Tod verurteilt; er entkam zwar aus der Haft, wurde aber – unter uns unbekannten Umständen – kurz darauf in Marktbreit ermordet[228].

Sein um elf Jahre jüngerer Bruder[229], Wolf Dötschel, wie er Beständner[230], tat sich ebenfalls als „Rebell" hervor. Verheiratet war Wolf Dötschel seit 1616 mit einer Tochter des letzten evangelischen Pfarrers von Marktzeuln; unter seinen Trauzeugen war Johann Schauers Sohn[231]. Wie sein Bruder war er 1609 dem bambergischen Kommissar bewaffnet entgegengetreten; auch nach ihm fahndete 1610 die Bamberger Regierung durch einen Steckbrief. Wohl 1616 gelang es dem Burgkunstadter Vogt, ihn zu verhaften[232]. Im Februar 1624 erschien er den bambergischen Kommissaren in Marktzeuln als „der ergsten rebellen einer", denn er hatte für Unruhe gesorgt, als die Bürger erklären sollten, ob sie konvertieren oder emigrieren würden[233]. Im April zogen er und ein weiterer Marktzeulner mit geladenen Schußwaffen vor das Haus des Schultheißen und beleidigten ihn[234]. Im folgenden wurde Dötschel zum Tod verurteilt[235], erlangte aber nach mehreren Wochen strenger Haft Gnade[236]. Ihm wurde „daß leben geschenckht", nur seine beiden Schwurfinger wurden ihm abgehauen[237].

Ein weiteres Mitglied der Familie Dötschel / Dürr wird im Zusammenhang mit dem Widerstand gegen die Gegenreformation mehrfach genannt: Konrad Dötschel, geboren um 1567[238], der 1596 heiratete[239]. Er könnte ein Cousin oder ein Onkel der Brüder Fritz und Wolf gewesen sein. Mit einem halben Haus und einem Vermögen von rund 120 Gulden

---

218 Vgl. AEB, Kbb. Marktzeuln, Bd. 1, hinterer Vorsatz; StAB, B 46 a, Nr. 2906, Beilagen zu Prod. 8 (Brief von 1616 Sept. 30 und Prot. von 1616 Okt. 2), Prod. 17; StAC, LA D 1181, fol. 42v.
219 Vgl. StAB, B 49, Nr. 233/II, fol. 672v–673r.
220 Vgl. AEB, Kbb. Marktzeuln, Bd. 1, Taufen, fol. 21v.
221 Vgl. ebd., Trauungen, fol. 55v.
222 Vgl. StAB, B 49, Nr. 233/II, fol. 442r.
223 Vgl. StAB, A 231, Nr. 18098, fol. 77r.
224 Vgl. BayHStA, RKG 406, Q 38.
225 Vgl. StAC, LA D 1322, fol. 43r.
226 Vgl. ebd., fol. 345r.
227 StAB, B 49, Nr. 233/II, fol. 442r.
228 Vgl. ebd., fol. 566v; auch StAC, LA D 1208, fol. 268v–269r.
229 Vgl. AEB, Kbb. Marktzeuln, Bd. 1, Taufen, fol. 76r.
230 Vgl. StAB, B 49, Nr. 233/II, fol. 443r, 565v.
231 Vgl. AEB, Kbb. Marktzeuln, Bd. 1, Trauungen, fol. 76v.
232 Vgl. StAC, LA D 1181, fol. 107r.
233 AEB, Rep. I, Nr. 343, fol. 6r.
234 Vgl. StAB, B 49, Nr. 233/II, fol. 488r.
235 Vgl. ebd., fol. 565v.
236 Vgl. StAB, B 68/I, Nr. 894, 1625 Mai 28; vgl. auch 1625 Febr. 19, Mai 21, Juni 6, Juni 11, Juni 19.
237 StAB, B 49, Nr. 233/II, fol. 566v.
238 Vgl. ebd., fol. 685r.
239 Vgl. AEB, Kbb. Marktzeuln, Bd. 1, Trauungen, fol. 36r. Als sein Vater wird hier der bereits verstorbene Paul Dötschel angegeben.

zählte er zu den unterdurchschnittlich begüterten Bürgern[240]. Sein Name wird in einem undatierten „verzaichnuß der vornembsten rebellanden zue Zeulen" genannt[241]. Als 1615 Marktzeulner Einwohner ihren Mitbürger Klaus Wesch aus der Hand des Burgkunstadter Vogtes befreiten, war er beteiligt. Er selbst sagte zwei Jahre darauf in Bamberg aus, er sei betrunken gewesen und nur zufällig dazugekommen[242]; ein anderer Zeuge aber wußte vom Hörensagen, Wesch wäre ins Gefängnis gebracht worden, wenn Dötschel und Andreas Bernhardt nicht gewesen wären[243]. Bald darauf zog Dötschel nach Michelau[244], kehrte jedoch 1617, durch ein Reichskammergerichtsmandat in Sicherheit gewiegt, nach Marktzeuln zurück und wurde verhaftet. Selbstbewußt hielt er den bambergischen Beamten entgegen, auch ein Fürst müsse ein Mandat des Reichskammergerichts halten, „er wer gleich so hoch, alß er wölt"; deshalb werde er, Dötschel, weder konvertieren noch aus Marktzeuln fortziehen[245]. Wahrscheinlich starb er 1622 in Marktzeuln[246].

Zusammen mit Dötschel wurde 1617 Jakob Winter verhaftet. Winter, um 1582 in Burgstall geboren[247], hatte 1607 nach Marktzeuln geheiratet[248]. Mit zwei Anwesen und 600 Gulden steuerbarem Besitz im Jahr 1618/19 gehörte er zu den reicheren Bürgern[249]. 1616 hatte er bei der Verhaftung des Burgkunstadter Vogts mitgeholfen[250], der ihn zusammen mit 18 anderen im Vorjahr beim Gang in eine evangelische Kirche festgenommen hatte. Winters Haft dauerte zwölf Wochen[251]. Daraus entlassen, war er offenbar auf ein sächsisches Lehen in Horb am Main gezogen[252]. Später kehrte er nach Marktzeuln zurück. In Bamberg wurde er, vermutlich nur, um aus einer Haft freizukommen, katholisch. Nichtsdestoweniger sahen ihn der Lichtenfelser Vogt und der Marktzeulner Schultheiß noch 1623 als den – neben Andreas Knorr – „fürnembste[n]" Rädelsführer an[253]. 1624 wird er unter den evangelischen Bürgern genannt, aber nicht hervorgehoben[254].

Andreas Stirner wurde in Marktzeuln im November 1584 geboren[255]; im Juni 1607 heiratete er[256]. Er besaß der Steuerrechnung von 1618/19 zufolge kein eigenes Haus und hatte ein Vermögen von kaum zehn Gulden zu versteuern[257]. Falls keine Verwechslung vorliegt, muß er kurz darauf zu Geld gekommen sein: 1624 nannte der Leinweber Andreas Stirner zwei Häuser sein eigen[258]. Stirner wurde Ende 1617 festgenommen; ausschlaggebend war wohl seine Beteiligung an der Verhaftung des Burgkunstadter Vogts im Vorjahr[259]. 1619/20 bat er den Herzog von Sachsen-Coburg um Hilfe[260]. Die bambergischen Kommissare

240 Vgl. StAB, A 231, Nr. 18098, fol. 65r.
241 StAB, B 49, Nr. 233/II, fol. 723r.
242 Vgl. ebd., fol. 685v.
243 Vgl. ebd., fol. 689r.
244 Vgl. ebd., fol. 686v; StAC, LA D 1208, fol. 203r (auch zum Folgenden).
245 StAB, B 68/I, Nr. 885, 1617 Nov. 9.
246 Vgl. AEB, Kbb. Marktzeuln, Bd. 1, Bestattungen, fol. 57r.
247 Vgl. StAB, B 49, Nr. 233/II, fol. 670r.
248 Vgl. AEB, Kbb. Marktzeuln, Bd. 1, Trauungen, fol. 70r.
249 Vgl. StAB, A 231, Nr. 18098, fol. 67r.
250 Vgl. StAC, LA D 1181, fol. 42v.
251 Vgl. ebd., fol. 133r.
252 Vgl. ebd.
253 AEB, Rep. I, Nr. 745, fol. 8r.
254 Vgl. ebd., Nr. 343, fol. 5v.
255 Vgl. AEB, Kbb. Marktzeuln, Bd. 1, Taufen, fol. 52r.
256 Vgl. ebd., Trauungen, fol. 69r–v.
257 Vgl. StAB, A 231, Nr. 18098, fol. 70v.
258 Vgl. StAB, B 49, Nr. 233/II, fol. 443r.
259 Vgl. ebd., fol. 692v. Stirner holte den Einspänniger nach Marktzeuln.
260 Vgl. StAB, A 231, Nr. 13540, fol. 9r.

hielten ihn Anfang 1624 für einen der neun bedeutendsten „Rebellen“[261]. Auch sein Bruder Hans wurde in diesem Jahr von Schultheiß, Bürgermeistern und Rat als „der rechten rebellanten einer“ eingeschätzt[262].

### Die „Rebellen“ in der Schlußphase der Gegenreformation (1624)

1624 setzte Bischof Johann Georg Fuchs von Dornheim die Gegenreformation in Marktzeuln durch. Dabei kam es zu Unruhen; auch gingen einige Bürger evangelische Fürsten um Hilfe an. Unter den Männern, die sich in diesem Jahr, als der Erfolg der Gegenreformation absehbar gewesen sein mag, noch gegen die bischöfliche Politik stemmten, waren einige derer, die der Obrigkeit schon seit Jahren aufgefallen waren: Klaus Wesch, Fritz und Wolf Dötschel, Konrad Rühr, Hans Rühr, Andreas Bernhardt, Martin Knorr, Andreas Stirner. Andere freilich, die sich Jahre zuvor noch engagiert hatten, spielten keine erkennbare Rolle; Jakob Winter ist ein Beispiel dafür. Der Bürgermeister Hans Stirner scheint nun sogar für die Gegenreformation tätig geworden zu sein, gegen die er sich früher selbst gewehrt hatte.

Neben den bereits genannten und oben vorgestellten Männern traten im Lauf des Jahres 1624 Personen in den Vordergrund, die bis dahin nicht oder nur am Rand in den einschlägigen Quellen auftauchen: Hans Thümblein, Peter Schweitzer, Balthasar Bauer, Heinz Bayer, Ott Roder, Hans Bauer, Hans Keßler.

Hans Thümblein (Thumler), genannt Mahn, war Anfang Januar 1591 in Marktzeuln zur Welt gekommen[263]; sein Onkel war der letzte evangelische Pfarrer von Marktgraitz[264]. Er besaß kein eigenes Haus, ja „nicht ein handtpraidt, daß sein aygen ist“. Dem Schultheiß, dem Bürgermeister und dem Rat erschien er im März 1624 als „der ergste rebellant“; er „erweckhet alle meuderey in gantzen fleckhen“, erklärten sie[265]. Thümblein bedrohte Mitbürger: Wenn sie katholisch würden, seien sie „leibß undt lebens uhnsicher“. Das waren keine leeren Worte: Thümblein griff im April die konvertierten Kinder eines Marktzeulner Büttners bei Nacht auf der Gasse tätlich an[266]. Bürgermeister und Rat berichteten, Thümblein und Wolf Dötschel hätten, mit „gespanten rohren“ bewaffnet, vor den Häusern der Ratsherren und des Pfarrers Beleidigungen ausgestoßen[267]. Im April tönte Thümblein, wenn „einem Zeulner aus ihrer rebellerey“, einem Aufständischen also, etwas zustoße, würden 1000 sächsische Untertanen ins Hochstift einfallen; im übrigen hätten evangelische Fürsten dem Bischof geschrieben, so daß dieser die Protestanten bei ihrem Glauben lassen müsse. Die Mitglieder des Rats fühlten sich in „leibß- undt lebenßgefahr“, denn „die rebellanten“ hatten gedroht, wenn der Rat zusammentrete, würden sie die beiden Bürgermeister aus den obersten Fenstern des Rathauses werfen[268]. Kurz: Thümblein versuchte, Angehörige des Rats, Konversionswillige und Konvertierte einzuschüchtern, um so Solidarität innerhalb der Dorf-

261 Vgl. AEB, Rep. I, Nr. 343, fol. 5r.
262 StAB, B 49, Nr. 233/II, fol. 443r.
263 Vgl. AEB, Kbb. Marktzeuln, Bd. 1, Taufen, fol. 81r. Daß er mit dem 1591 geborenen Hans identisch ist, ergibt sich aus der Angabe von 1616, er sei 25 Jahre alt. Vgl. StAC, LA D 1182, fol. 58v.
264 Der Vater des 1591 geborenen Hans, der auch Hans hieß und 1589 heiratete, wurde 1609 als Bruder des Marktgraitzer Pfarrers Christoph Thumler bezeichnet. Vgl. BayHStA, RKG 406, Q 38.
265 StAB, B 49, Nr. 233/II, fol. 443r.
266 Ebd., fol. 466r.
267 Ebd., fol. 488r–v.
268 Ebd., fol. 492r–v.

gemeinschaft zu erzwingen. Nach dem Sieg der Gegenreformation wurde Thümblein zum Tod verurteilt[269].

Peter Schweitzer war vermutlich zwischen 1582 und 1597 geboren[270]. Von Beruf war er Schlosser[271] und Büchsenmacher[272]; sein Vermögen wurde um 1625 mit 60 Gulden angeschlagen[273]. Die bambergischen Kommissare sahen ihn Anfang 1624 als einen „der ärgsten rebellen" an[274]. Am 13. März 1624 wurde er in Burgkunstadt verhaftet, aber mit Hilfe des Werkzeuges, das er bei sich hatte[275], konnte er sich nach einigen Wochen befreien[276]. Später erneut festgenommen, wurde er zum Tod verurteilt[277]. Vollstreckt wurde das Urteil wohl nicht; im April 1626 finden wir Schweitzer als Einwohner von Hofstädten (Sonnefeld)[278].

Der ledige Glaser Balthasar Bauer, geboren im Juli 1598[279], der kein Haus sein eigen nannte[280] und auch sonst „nichts [...] im vermögen" hatte[281], zettelte am 5. Februar 1624 einen Tumult an. Öffentlich rief er dazu auf, die fürstbischöflichen Kommissare „mit prügeln hinaußzutreiben"[282]. Auch ihn verurteilte, wohl 1625, das Bamberger Zentgericht zum Tod durch das Schwert[283]. 1629 war er jedoch noch am Leben; er wohnte damals in Weidhausen[284].

Heinz Bayer, genannt Battich, arbeitete als Flößer. 1616 war er noch ledig gewesen[285]. Sein Vermögen wurde um 1625 mit 130 Gulden veranschlagt[286]; damit war er unterdurchschnittlich begütert, aber nicht arm. 1616 half er mit, den Burgkunstadter Vogt zu verhaften[287]. Die bambergischen Kommissare nannten ihn 1624 unter den neun wichtigsten „Rebellen"[288]. Ende dieses Jahres hielt er sich in Trübenbach im Coburgischen auf[289]. Offenbar wurde er bald darauf festgenommen. Das Zentgericht in Bamberg verfügte, wohl 1625, seine Hinrichtung[290].

---

269 Vgl. ebd., fol. 566r.

270 Er dürfte ein Sohn von Wolf Schweitzer aus Zettlitz gewesen sein, der 1582 erstmals heiratete und ab 1597 als Einwohner von Marktzeuln nachzuweisen ist. In Marktzeuln kam Peter Schweitzer der Taufmatrikel zufolge nicht zur Welt; wenn er also wirklich der Sohn von Wolf war, müßte er vor dessen Übersiedlung nach Marktzeuln geboren sein. Vgl. AEB, Kbb. Marktzeuln, Bd. 1, Trauungen, fol. 12r; Taufen, fol. 116r.

271 Vgl. StAB, B 49, Nr. 233/II, fol. 447r.

272 Vgl. PfASo, Kbb., Bd. 2, pag. 49.

273 Vgl. StAB, B 49, Nr. 233/II, fol. 565v.

274 AEB, Rep. I, Nr. 343, fol. 6r. – Schweitzer hatte erklärt, die Marktzeulner „wolten den commiss[ariis] wohl so lang machen alß sie inen", d. h. sie würden nicht nachgeben.

275 Vgl. StAB, B 49, Nr. 233/II, fol. 447r.

276 Vgl. ebd., fol. 461v.

277 Vgl. ebd., fol. 565v.

278 Vgl. PfASo, Kbb., Bd. 2, pag. 49. – Ob er mit dem Peter Schweitzer von Marktzeuln identisch ist, der 1644 das Coburger Bürgerrecht erwarb, ist nicht gesichert. Vgl. Dietze, Walter: Die bevölkerungspolitischen und wirtschaftlichen Wirkungen des dreißigjährigen Krieges in der Pflege Coburg und der Wiederaufbau nach dem Kriege. Coburg 1941 (Coburger Heimatkunde und Heimatgeschichte 2, 18), S. 347.

279 Vgl. AEB, Kbb. Marktzeuln, Bd. 1, Taufen, fol. 119r.

280 Vgl. StAB, B 49, Nr. 233/II, fol. 443v.

281 Ebd., fol. 566r.

282 AEB, Rep. I, Nr. 343, fol. 6ar.

283 Vgl. StAB, B 49, Nr. 233/II, fol. 566r.

284 Vgl. PfASo, Kbb., Bd. 2, pag. 101.

285 Vgl. StAC, LA D 1181, fol. 74r.

286 Vgl. StAB, B 49, Nr. 233/II, fol. 565v.

287 Vgl. ebd., fol. 672r.

288 Vgl. AEB, Rep. I, Nr. 343, fol. 5v.

289 Vgl. PfASo, Kbb., Bd. 2, pag. 27.

290 Vgl. StAB, B 49, Nr. 233/II, fol. 565v.

Ott Roder war im Juni 1604 geboren[291] und damit einer der jüngsten „Rebellen“. Er war ledig und hatte kein Vermögen; das Erbe, das er zu erwarten hatte, war bescheiden. Über seine Tätigkeit im Jahr 1624 wissen wir nichts; jedoch dürfte sie dem Zentgericht so schwerwiegend erschienen sein, daß es dafür die Todesstrafe verhängte[292].

Der verwitwete Beständner[293] Hans Bauer, der von Flößerei „undt anderer burgerlicher handtarbeit“ lebte[294], wurde im Frühjahr 1624 zwar unter den Marktzeulner Protestanten genannt, aber nicht besonders hervorgehoben[295]. Im Lauf des Jahres scheint er sich aber derart engagiert zu haben, daß er zum Tod verurteilt wurde[296]. Vollstreckt wurde das Urteil nicht, denn im Februar 1628 bat Hans Bauer, „ausser landtß undt im ellendt herumbziehendt“, ihn zu begnadigen und wieder ins Hochstift Bamberg zurückkehren zu lassen. Er habe „auß verreitzung theilß seiner nachtbarn undt unverstandt“ gehandelt[297].

Hans Keßler besaß ebenfalls kein eigenes Haus[298]. Er war ledig und hatte kein Vermögen[299]. Im März 1624 bezeichneten ihn der Schultheiß, die Bürgermeister und der Rat als „meutmacher“[300]. Wie zehn andere Marktzeulner wurde er nach dem Abschluß der Gegenreformation in Bamberg zum Tod verurteilt[301].

Neben den hier vorgestellten Männern erschienen noch zwei Beständner dem Schultheiß, den Bürgermeistern und den Ratsmitgliedern als Rebellen: Heinz Funck, der 1618 nach Marktzeuln geheiratet hatte[302] und im Haus seiner Schwiegermutter wohnte, und der 32jährige[303], ledige Maurer Georg Ayrich[304].

## Resümee

Versucht man die Fülle personengeschichtlicher Daten zu ordnen, dann zeichnen sich folgende Strukturen ab: In den ersten Jahren ab 1609 organisierten drei Mitglieder des Marktzeulner Rates den Widerstand gegen die Gegenreformation – Personen, die ohnehin an der Leitung des Gemeinwesens mitwirkten. Sie waren ältere Männer; 1609 standen sie vermutlich bereits im sechsten Lebensjahrzehnt. Offen traten sie der Gegenreformation kaum entgegen, schon gar nicht bei gewaltsamen Auseinandersetzungen zwischen den Einwohnern und Vertretern der Obrigkeit. Sie wirkten wohl mehr im Hintergrund, sie berieten mit Rechtsfachleuten wie Schauer, was zu tun sei, bereiteten Maßnahmen vor, übernahmen offenbar die Vorfinanzierung der am Reichskammergericht entstehenden Kosten.

Weitere Bürger traten – zunächst neben ihnen, später an ihrer Stelle – in Erscheinung. Es handelte sich zumeist um Handwerker, die mäßig begütert waren (diese Annahme legen zumindest die Steuerrechnungen nahe); einige besaßen nicht einmal ein eigenes Haus.

291 Vgl. AEB, Kbb. Marktzeuln, Bd. 1, Taufen, fol. 139v.
292 Vgl. StAB, B 49, Nr. 233/II, fol. 566r.
293 Vgl. ebd., fol. 566r.
294 StAB, B 68/I, Nr. 895, 1628 Apr. 12.
295 Vgl. AEB, Rep. I, Nr. 343, fol. 5v; StAB, B 49, Nr. 233/II, fol. 442r.
296 Vgl. ebd., fol. 566r.
297 StAB, B 68/I, Nr. 895, 1628 Febr. 14. Die Räte befürworteten seine Begnadigung, stellten die Entscheidung aber ganz dem Bischof anheim. Vgl. ebd., 1628 Apr. 12.
298 Vgl. StAB, B 49, Nr. 233/II, fol. 442v.
299 Vgl. ebd., fol. 566r.
300 Ebd., fol. 442v.
301 Vgl. ebd., fol. 566r.
302 Vgl. AEB, Kbb. Marktzeuln, Bd. 1, Trauungen, fol. 78v. – Funck (in der Traumatrikel Finck) stammte aus „Neuenhaus“, wohl Neuhaus bei Sonneberg (Neuhaus-Schierschnitz).
303 Vgl. ebd., Taufen, fol. 87r.
304 Vgl. StAB, B 49, Nr. 233/II, fol. 442v.

Nur Konrad Rühr, Heinz Stirner und Jakob Winter versteuerten Vermögen, die über dem örtlichen Durchschnitt lagen. Diese Männer, meist Handwerker, waren durchweg jünger als die drei Ratsmitglieder, die sich nach 1609 profiliert hatten; sie waren 1609 zwischen 20 und 40 Jahre alt. Diese Bürger betätigten sich auf vielfältige Art: Sie hielten Kontakt mit dem Speyrer Advokaten, veranlaßten Suppliken an evangelische Fürsten, wirkten aber auch an Tumulten mit und legten dabei Hand an Vertreter der Obrigkeit.

Im Jahr 1624 schließlich, als Bischof Johann Georg Fuchs die Gegenreformation energisch durchsetzte, standen mehrere Beständner, Männer ohne Hausbesitz also, und andere gering besteuerte Bürger an der Spitze des Widerstands. Der Bamberger Fürstbischof hatte offenbar Recht, wenn er am 14. Juni 1624 an Herzog Johann Casimir schrieb, die begüterten Marktzeulner hätten sich entweder gefügt – d. h. sie seien fortgezogen oder konvertiert – oder beabsichtigten zu gehorchen. „Und finden sich [...] wenig haußherbige ungehorsame gesellen, welche neben denen in kurzer zeit sehr überhand genommen bloßen beständnern [...] unter aller [...] nahmen das wesen treiben". Die Beständner würden noch Widerstand leisten bzw. den ungehorsamen Hausbesitzern helfen, weil sie „nit viel zu verliehren [...], weder zu dorf noch zu feld, haben"[305]. Die Männer, die sich 1624 als „Rebellen" hervortaten, waren mehrheitlich recht jung, zwischen 18 und 46 Jahre alt. Konrad Rühr war mit etwa 54 Jahren der älteste „Rädelsführer". Er war auch der Mann, der in diesem Jahr mit dem kursächsischen Hof in Dresden verhandelte, um Hilfe zu erlangen. Die übrigen traten zum Teil dadurch hervor, daß sie Tumulte anzettelten oder auch Mitbürger bedrohten, die zum katholischen Glauben übergetreten waren oder dies beabsichtigten.

Es scheint, als hätten sich in Marktzeuln die reichsten Einwohner, anders als in Döringstadt, nie in herausragendem Maß am Widerstand beteiligt. Von den zehn wohlhabendsten Haushaltsvorständen in der Steuerrechnung von 1608/09[306] trat in jener Hinsicht nur einer hervor: Georg Albert.

### 3.1.3. Die Rolle der Frauen

„Ich darfs wohl sagen und schreiben, das ich dergleichen bestien die zeit meines lebens nit gesehen"[307]. So gab im Dezember 1595 der Kastner von Rattelsdorf den Eindruck wieder, den er bei dem Versuch gewonnen hatte, vier Frauen zum Gehorsam, d. h. zur Konversion oder Emigration, zu bewegen. Zwar erscheinen in den Akten, die sich mit den Widerstandshandlungen der Gemeinden befassen, in der Regel die Männer als die Handelnden, doch fällt hin und wieder ein Schlaglicht auf die Frauen im allgemeinen – wie in diesem Brief – oder auf einzelne Frauen.

Wenn es zu Tumulten kam, wirkten daran auch die Frauen mit. Als 1589 der Michelsberger Abt nach Rattelsdorf kam, um einen katholischen Pfarrer einzusetzen, standen nicht nur bewaffnete Männer vor der Kirchentür und verwehrten den Eintritt, es schrieen auch „die weyber uberlaut [...]: Gehet der pfaffen [!] in die kirchen, so wöllen wir euch mit

305 StAC. LA D 1208, fol. 258v. – Die vertriebenen evangelischen Marktzeulner widersprachen der bischöflichen Darstellung kurz darauf: Wenige Beständner könnten doch die Begüterten nicht aufhetzen. Vgl. ebd., fol. 268r.

306 Nach steuerbarem Vermögen geordnet, waren die zehn reichsten Einwohner: Georg Bückling, Matthes Koschneiders Witwe, Konrad Nopel, Balthasar Herdan, Georg Albert, Peter Müllner, Hans Haberman, Anna Vischer, Matthes Hintz, Kunigunda Döeßlein. Vgl. StAB, A 231, Nr. 18088.

307 StAB, B 110, Nr. 37, fol. 475r.

steinen zu todt werfen, das solt ir gewislichen sehen", und sie bedachten den Abt mit „vil lesterwort"[308]. In Marktzeuln, wo 1597 der evangelische Pfarrer durch einen Katholiken ersetzt werden sollte, trugen Frauen kochend heißes Wasser auf die Dachböden ihrer Häuser, um es erforderlichenfalls auf die bischöflichen Beamten zu schütten; andere liefen „mit mistgabeln und andern mördtlichen waffen" zusammen[309]. 1609 berichtete der bambergische Rat Dr. Dietmayr über seinen Versuch, in Marktgraitz einen katholischen Pfarrer einzusetzen: Nachdem bereits die Männer nicht vor ihm erschienen waren, auf dem Dorfplatz standen und Reden gegen den Fürstbischof führten, seien „die weiber in grosser anzhal [...] mit mist-, hew- undt ofengablen, prügeln unndt scheytern [...] zuesammen geloffen unndt hernacher [...] nechst zue der kirchthür [...] sich versamblet"[310].

Aber nicht nur bei gewaltsamen Widerstandshandlungen halfen die Frauen. So sammelte eine Marktgraitzer Ehefrau bei ihren Nachbarn Geld für den Reichskammergerichtsprozeß, sie – nicht etwa ihr Mann – gab noch selbst etwas hinzu und händigte es dem Marktzeulner Klaus Wesch aus[311]. 1616 warfen sich 30 bis 40 Marktzeulner Witwen dem Herzog von Sachsen-Coburg zu Füßen und baten ihn um seinen Schutz[312]. Diese Tat trug wohl dazu bei, daß Johann Casimir der Verhaftung des Burgkunstadter Vogts grundsätzlich zustimmte. Um eine strenge Bestrafung dieses Vogts zu bewirken, schrieben die fünf Witwen an den Herzog, deren Männer in bischöflicher Haft und durch die Schuld des Vogts gestorben waren[313].

Mehrere Belege zeigen, daß manche Frauen sich nicht nur an den von Männern beschlossenen oder begonnenen Maßnahmen beteiligten, sondern selbst Ungehorsam und Widerstand propagierten. Belegt ist dies vor allem für Ebing, wo der Rattelsdorfer Pfarrer 1599 gar einen „weywerkrig" auf sich zukommen sah[314]. Bereits früher hatten das Kloster Michelsberg und seine Vertreter sowie der Pfarrer in Rattelsdorf Probleme mit Frauen gehabt. 1594 hatte die Ehefrau von Lorenz Schmidt selbstbewußt erklärt, sie werde nicht fortziehen, ihr Mann könne machen, was er wolle. Als er ins Kloster vorgeladen wurde, bestürmte sie ihn, nicht zu erscheinen[315]. 1595 weigerten sich vier Rattelsdorferinnen trotz Haft, katholisch zu werden oder fortzuziehen; von obrigkeitlichen Geboten sprach eine von ihnen „so gottloß und abscheulich", daß es bey andern gar eine grosse ergernuß gebiret"[316]. In Ebing machte 1599 der Pfarrer eine Frau dafür mitverantwortlich, daß der größte Teil der Gemeinde ungehorsam blieb, sich also dem Gebot widersetzte, zu konvertieren oder zu emigrieren: „Hansen Dietzen fraw daselbsten [...] sterckht irer viel in der contumacitet"[317]. Sie berief sich darauf, daß ihr Gott erschienen sei und sie und ihre Nachbarn zur Standhaftigkeit ermahnt habe[318]. „Zu dieser rebellion laist ein dapfern beystandt die

---

308 AEB, Rep. I, PfA 393, Brief von 1589 Apr. 24.
309 Ebd., PfA 334, Brief von 1597 Nov. 8.
310 BayHStA, RKG 406, Q 38.
311 Vgl. StAB, B 49, Nr. 233/II, fol. 683v.
312 Vgl. StAC, LA D 1181, fol. 117r; LA D 1208, fol. 167v.
313 Vgl. StAC, LA D 1181, fol. 16r–19r.
314 StAB, B 110, Nr. 42, fol. 124v.
315 Vgl. ebd., Nr. 37, fol. 447r.
316 Ebd., fol. 474v; vgl. auch fol. 475r–v.
317 Ebd., Nr. 42, fol. 123v.
318 Wörtlich berichtete der Pfarrer dem Abt von Michelsberg: „Berufft sich uf die erscheinung [...] wais nit was fur eines Gotts, mit [!] der sie zum offter mal ernstlich vermohnet, bestandthafftig in der eigenwilligen religion zu verharren, auch ire genachtbarte dahin zu halten. Giebt fur, sey in der allso ihrer seeligkeit vergewüst, das sie weder bischoff, abbt noch pfaff davon abwendig wirdt machen können [...]. [Ich] halte darfur, es werde der deus infernalis sein, mit dem sie uf ein zeit zu nacht ein beyschlaff gehalten, wie dan solches von ir selbsten spargirt ist worden sub praetextu primae divinae apparationis etc." Ebd., fol. 123v–124r.

kirchnerin", meldete der Pfarrer weiter. Sie rühme sich, es „habe sie der vorige pfaf nit zwungen, soll ich sie vil weniger dahin" – nämlich zur Konversion – „vermogen können". Und für den Fall, daß es doch keinen Ausweg mehr gebe, rate sie den Ebingern, die Kommunion beim Pfarrer von Breitengüßbach, „ihrem schwager", zu empfangen; „der wiest sich in der beicht den leuten zu acomodirn". Die Hebamme stehe den übrigen Frauen „in dieser meyterey" nicht nach. Sie hielt Leute von der Konversion ab und drohte dem Pfarrer, „sie woll noch so vil bey den Ebingern anrichten, das ich einmal mit blutigem kopf aus Ebing werde gehn mußen"[319]. Wenige Jahre später beklagte sich der Pfarrer über eine weitere Frau: Es seien der bischöfliche Untertan Heinz Dietz und „furnemlich" seine Frau, die den Ungehorsam anstifteten[320].

Übrigens ist das Wirken von Frauen gegen die Gegenreformation auch außerhalb des untersuchten Gebiets zu beobachten. In Teuschnitz warfen 1598 Pfarrer, Richter und Stadtschreiber einer Bürgersfrau, der Tochter des letzten evangelischen Pfarrers, vor, sie halte viele Frauen von der Konversion ab[321].

Daß Frauen ihre Männer dazu bewogen, etwas gegen die Gegenreformation zu unternehmen, mag hin und wieder vorgekommen sein, ohne daß eine solche Familienangelegenheit Niederschlag in den Akten fand. Nachzuweisen ist der Einfluß der Ehefrau auf ihren Mann im Untersuchungsgebiet – soweit ich sehe – nur einmal. Der Marktzeulner Wolf Dötschel, 1625 zum Tod verurteilt, entschuldigte sein Handeln damit, seine Frau, „die eines predicanten dochter" sei, habe es so gewollt[322]. Freilich mußte Dötschel daran liegen, sein Engagement herunterzuspielen; man wird also seiner Erklärung mit Skepsis begegnen müssen.

Bemerkenswert ist der allerorten zu beobachtende Umstand, daß die Frauen sich den obrigkeitlichen Geboten, zu konvertieren oder fortzuziehen, hartnäckiger widersetzten als die Männer[323]. In der Pfarrei Baunach lebten 1610 noch 15 erwachsene Protestanten auf bischöflichen Lehen; zwölf davon waren Frauen. Von ihnen waren zehn ledig, zwei verheiratet[324]. 1594 waren in Rattelsdorf die meisten Männer konvertiert; die „wittweiber" beharrten noch auf ihrem Glauben[325]. Vier Jahre später empfingen 98 Personen an Ostern nicht, wie vorgeschrieben, die Kommunion sub una specie, darunter 62 Frauen[326]. 1601 meldete der Rattelsdorfer Pfarrer mit vorwurfsvollem Unterton dem Michelsberger Abt, es hätten zwar die Ebinger Männer im Kloster nach katholischem Ritus die Kommunion empfangen, aber „ire weiber bleiben in ruhe bei bishero aigenwillischer gehabter freiheit"[327]. 33 evangelische Erwachsene wohnten 1621 noch im Amt Döringstadt. Unter ihnen waren 21 Frauen, die sich wie folgt verteilten: fünf Ehefrauen – bei vieren war auch der Mann evangelisch –, drei Witwen, zwölf Ledige; in einem Fall ist der Familienstand fraglich[328]. In der Pfarrei Altenbanz waren es nur wenige Personen, die sich der Katholisierung widersetzten:

---

319 Ebd., fol. 124r–v.
320 StAB, B 49, Nr. 153, Fasz. 1, Prod. 26.
321 Vgl. StAB, B 49, Nr. 191, fol. 68v; zur Abstammung vgl. fol. 64v.
322 Vgl. StAB, B 68/I, Nr. 894, 1625 Mai 28.
323 Beispiele aus Pfarreien des Hochstifts außerhalb des Untersuchungsgebiets bei Zagel, S. 69f.
324 Vgl. AEB, Rep. I, Nr. 330, fol. 569r.
325 Vgl. StAB, B 110, Nr. 37, fol. 432r.
326 Vgl. ebd., Nr. 40, fol. 468r–471r. Die Nicht-Kommunikaten waren zwar konvertiert, aber der Umstand, daß sie die Kommunion entgegen dem Mandat des Abtes nicht empfingen, zeigt an, daß sie dem katholischen Glauben wohl noch ablehnend, zumindest aber reserviert gegenüberstanden.
327 Ebd., Nr. 42, fol. 330v.
328 Vgl. StAB, ex J 3, Nr. 225, Fasz. 2, fol. 178r–v.

1602 lebten im Banzgau noch „drei hartneckhige weibspersone“[329], und 1619 gab es hier lediglich einen Menschen, der sich zum evangelischen Glauben bekannte: eine verheiratete Frau[330].

Die Aufzählung ließe sich fortsetzen, aber bereits diese Belege zeigen, daß in den untersuchten Pfarreien die Frauen länger am evangelischen Glauben festhielten als die Männer; der Fall, daß ein Mann den katholischen Glauben annahm, seine Ehefrau aber beim evangelischen Bekenntnis blieb, war nicht selten. (Freilich kam es umgekehrt vor, daß eine katholische Frau mit einem Protestanten verheiratet war[331], aber das waren Ausnahmen.) Zuweilen vertraten die Frauen ihre Haltung gegen erheblichen obrigkeitlichen Druck. So wurde 1596 eine alte Frau in Rattelsdorf in ihrem Haus mehrere Wochen lang angekettet, ohne daß sie dadurch zum Gehorsam gebracht wurde[332]; eine Ehefrau war 23 Wochen lang in Haft[333].

Daß Frauen ihren hergebrachten Glauben länger behielten, war nicht zuletzt deshalb möglich, weil die Obrigkeiten sich zumeist auf die Männer konzentrierten. Wenn eine Frau evangelisch blieb, wurde der Ehemann aufgefordert, sie zur Konversion zu bewegen[334]; üblicherweise wurde wohl stillschweigend erwartet, daß ein katholischer Mann seine evangelische Frau zur Konversion bewege. Das unmittelbare Vorgehen gegen Frauen, wie es 1595 und 1596 in Rattelsdorf zu belegen ist, war ein Weg, den der Bischof und die Mediatherren offenbar selten einschlugen. Allerdings reicht dieser Umstand wohl nicht als Erklärung dafür aus, daß auffällig viele Frauen beharrlich an ihrem Glauben festhielten. Erwägungen aber, ob das Interesse und die Teilnahme von Frauen am kirchlichen Leben intensiver gewesen sein mögen, ob Kirche und Religion – überspitzt formuliert – mehr Frauen- als Männersache waren, und ob Frauen deshalb in besonderem Maß an ihrem Glauben hingen, können wir mangels Quellen nicht anstellen.

## *3.2. Vertreter und Helfer der Gemeinden*

Sollten Suppliken überhaupt Aussicht auf Erfolg haben, so mußten sie an den richtigen Adressaten gerichtet sein, sie mußten die korrekten Anreden und Titulaturen tragen; auch in der Abfassung des Textes selbst war es zumindest ratsam, sich in den Formulierungen an das Herkommen zu halten. Nicht jeder, der des Schreibens mächtig war, konnte daher ohne weiteres einen Brief an einen Fürsten oder seine Regierung abfassen. Gemeinden, Gruppen oder Einzelpersonen wandten sich deshalb in der Regel an einen Schreiber, der die gewünschte Supplik aufsetzte und ins Reine schrieb. Wenn Proteste oder Zeugenaussagen gerichtverwertbar aufgezeichnet werden sollten, war ein Notar vonnöten, der über den entsprechenden Rechtsakt ein Instrument ausstellte. Wollten die Untertanen gerichtlich gegen ihren Herren vorgehen, wollten sie bei der eigenen oder bei einer evangelischen Regierung vorstellig werden, dann brauchten sie in der Regel einen juristisch gebildeten Mann, der ihnen den Weg wies, der ihnen erklärte, wie sie am geschicktesten vorgehen

329 DAW, Dek. Ebern, VR 1602 (I), fol. 21v.
330 Vgl. ebd., VR 1619 (II), fol. 251v.
331 Vgl. AEB, Rep. I, Nr. 736, fol. 31r (Baunach 1598); ebd., Nr. 343, fol. 105r (Marktzeuln 1624); StAB, B 49, Nr. 233/II, fol. 444r (Marktzeuln 1624).
332 Vgl. StAB, B 110, Nr. 40, fol. 81v–82r, 90v–91v.
333 Vgl. ebd., fol. 241r–243r.
334 Beispiel aus Rattelsdorf: vgl. ebd., Nr. 37, fol. 442r, 445r (Frau des Kastners 1594). Beispiele aus Marktzeuln: AEB, Rep. I, Nr. 343, fol. 3r, 105v, 207r.

sollten. Und wenn sie sich dann entschlossen, beim Reichskammergericht ein Mandat zu beantragen oder einen Prozeß anzustrengen, dann kamen sie ohne einen Advokaten und einen Prokurator ohnehin nicht aus.

Kurzum: Für ihren Widerstand auf juristischer und politisch-diplomatischer Ebene brauchten die von der Gegenreformation betroffenen Protestanten eine ganze Reihe von Personen, die ihnen mit Ratschlägen und mit praktischer Hilfe zur Seite standen. Sie suchten ihre Ratgeber, Schreiber und Advokaten zumeist im benachbarten Coburg; verantwortlich dafür waren gewiß die geographische Nähe und der Umstand, daß in einer Residenzstadt eben besonders viele rechtskundige Personen vorhanden waren. Über das Wirken der Männer, die die Protestanten in der Obermainregion in ihrem Widerstand gegen die bambergische Gegenreformation unterstützten, wissen wir recht wenig. Es ist daher auch nicht zu klären, inwieweit der von Bamberg hin und wieder erhobene Vorwurf zutraf, sie würden die Gemeinden ermuntern, ja sogar aufstacheln. Der einzige Berater und Gemeindevertreter, über den dies offenkundig mit Recht gesagt werden konnte, war der Schwürbitzer Notar Kilian Schauer. Doch stellte er einen Sonderfall dar, denn er war als Angehöriger der Pfarrei Marktgraitz selbst von der Vertreibung des evangelischen Pfarrers betroffen.

### 3.2.1. Schreiber, Notare und Ratgeber

Die Konzipisten und Schreiber von Suppliken bleiben häufig anonym. Doch gibt es, zumal im Fall von Marktzeuln und Marktgraitz, einige Ausnahmen. Eine Reihe von Briefen, die die Einwohner der beiden Sprengel an den Herzog von Sachsen-Coburg richteten, hat Kilian Schauer geschrieben. Das älteste derartige Schreiben stammt aus dem September 1607[335]. Insgesamt weisen sieben Suppliken aus den Jahren 1609 bis 1612, die als Originale in Akten der Coburger Regierung erhalten geblieben sind, Schauers Handschrift auf[336]; dies dürfte freilich nur ein Teil der Eingaben sein, die Schauer anregte, konzipierte und ins Reine schrieb.

Daneben mag der Marktzeulner Schulmeister und Gerichtsschreiber Michael Kaiser tätig geworden sein[337], zumindest bis 1611; in diesem Jahr wurde er nach langer Haft des Landes verwiesen[338]. Vor 1614 entwarf und schrieb auch der Coburger Nikolaus Schwartzlos[339] – der älteste Sohn des Hofrats Dr. Bartholomäus Schwartzlos (1556–1618)[340] – Briefe für die Gemeinden. Er habe „eine zimbliche bestallung von ihnen gehabt“, bemerkte 1616 ein anderer Coburger Konzipist[341].

Nach Schauers Tod war es schwer, jemanden zu finden, der seinen Platz einnahm; selbst ein Schreiber war nicht leicht zu gewinnen. Wohl 1614 bat der Coburger Lehrer Johann Schmidt, der sich stark für die beiden Pfarrgemeinden einsetzte, den dortigen „concipisten“

---

335 Vgl. StAC, LA D 1322, fol. 2r–3v. Der Brief wurde wohl damals nicht abgeschickt, denn er trägt noch ein zweites Datum: den 5. Februar 1609.

336 Vgl. ebd., ferner fol. 63r–64v, 71r–72r, 105r–106r, 110r–111v, 117r–118v, 146r–147v.

337 Im November 1609 schrieb Schauer aus Speyer an Kaiser und Hans Fiedler, Mitglied des Marktzeulner Rates, sie könnten gemeinsam mit Johann Schwabheuser (siehe S. 293f.) eine Supplik schreiben. Vgl. BayHStA, RKG 406, Q 5.

338 Vgl. StadtAC, Coburgica I/20, pag. 599f.

339 Über ihn vgl. Hoefner, S. 223; ders., Erg., S. 208.

340 Vgl. Eichhorn, Nicolaus: LeichPredigt / Bey der Christlichen Sepultur vnd Erdbestattung Des [...] Herrn Bartholomaei Schwartzlosen von Haldensleben [...]. Coburg 1618 [Exemplar in der HABibl], fol. C4r. Über Dr. Schwartzlos vgl. auch Heyl, Zentralbehörden, S. 98f.

341 Vgl. StAC, LA D 1182, fol. 37r.

Wolfgang Enter[342], für die Marktzeulner eine Supplik an Herzog Johann Casimir zu fertigen. Enter lehnte zunächst ab: Schmidt wisse doch, „wie es deme gueten Chilian Schauer s[elig] derentwegen ergangen und derselbe sich fast weder sehen noch hören laßen dürfen". Da jeder Konzipist einem herzoglichen Mandat zufolge seine Schreiben unterzeichnen müsse, erführen die Bischöfe von Bamberg und Würzburg unschwer, wer den Protestanten geholfen habe, und derjenige könne „hierdurch [...] gahr ballten in alle ungelegenheit gerathen". Er, Enter, verdiene einen großen Teil seines Lebensunterhaltes durch seine Teilnahme an kaiserlichen Kommissionen[343]; daher wolle er nicht in die Lage kommen, die beiden Hochstifte meiden zu müssen. Doch Schmidt versicherte ihm, die Marktzeulner Briefe hätten von den Schreibern bisher nie unterzeichnet werden müssen; dies habe die herzogliche Kanzlei genehmigt. Derart beruhigt, willigte Enter ein, Suppliken für die Marktzeulner zu schreiben[344]. (Im Oktober 1616 bekam er allerdings Ärger mit der Coburger Regierung – Schmidt hatte die Unwahrheit gesagt; Enter hätte die Bittschriften wie jeden anderen Brief signieren müssen[345].)

Ob Wolfgang Enter nach 1616 noch für die Marktzeulner und die Marktgraitzer arbeitete, wissen wir nicht. Für zwei Einzelpersonen aus Marktgraitz schrieb 1617 ein Einwohner von Redwitz, Asmus Enter, der selbst ein Haus in Marktgraitz sein eigen nannte, eine Supplik an den Herzog in Coburg[346]. Zu klären bleibt noch, ob dieser Asmus Enter mit dem Coburger Wolfgang Enter verwandt war, und ob familiäre Beziehungen zu dem aus Coburg stammenden pappenheimischen Rat zu Gräfenthal Marcus Enter[347] bestanden, den der Prokurator der Marktzeulner und Marktgraitzer 1610 als Mitglied einer commissio ad futuram rei memoriam vorgeschlagen hatte[348].

Wolfgang Enters Verhalten zeigt, daß der bambergischen Regierung die Schreiber, die für die klagenden Gemeinden tätig wurden, ein Dorn im Auge waren.

Aus den übrigen Pfarreien haben wir nur wenige Nachrichten über Schreiber von Suppliken. Als 1589 der Pfarrer von Rattelsdorf vertrieben werden sollte, wandten sich einige Gemeindemitglieder an die Höfe in Coburg und Ansbach. Die Bittschrift, die sie dort vorlegten, hatte ihnen der Bamberger Hof- und Landgerichtsprokurator Konrad Vogel aufgesetzt[349]; es wurde hier also ein bei den obersten Bamberger Gerichten zugelassener Anwalt[350] aktiv. Für die Einwohner von Birkach schrieb 1611 der Vogt von Schottenstein – der Verwalter eines benachbarten Adelsgeschlechts – eine Supplik[351].

---

342 Er stammte aus Coburg. Ab dem WS 1601 studierte er in Jena. Vgl. Mentz, S. 92. Er erwarb 1609/10 das Coburger Bürgerrecht. Vgl. StadtAC, Stadtrechnung 1609/10, „Einnahm burger-, meisterrecht und abschiedung". Bei seinen vier von 1611 bis 1616 geborenen Kindern standen Angehörige des Hofes bzw. der Regierung Pate – ein Zeichen dafür, daß Enter in engem Kontakt zu den Zentralbehörden des Fürstentums stand. Vgl. PfAC, Kb. 1605–1613, Jg. 1611, fol. 10v; Jg. 1612, fol. 16v; Kb. 1614–1623, Jg. 1614, fol. 13r; Jg. 1616, fol. 12v.

343 Gemeint waren wohl commissiones ad futuram rei memoriam, die im Auftrag des Reichskammergerichts Zeugenverhöre und wohl auch Ortsbesichtigungen durchführten und dadurch das wichtigste Werkzeug zur Beweissicherung darstellten. Vgl. Dick, S. 169, 339.

344 StAB, LA D 1182, fol. 36v–37r. – Ähnliche Schwierigkeiten hatten Rechtsberater und Schreiber von Untertanen, die gegen ihren Herrn klagten, nicht selten. Vgl. Diestelkamp, S. 91–93.

345 Vgl. StAB, LA D 1182, fol. 36r.

346 Vgl. StAB, B 49, Nr. 233/II, fol. 682v–683r.

347 Zu Herkunft und Studium (ab WS 1595 in Jena) vgl. Mentz, S. 92. Bis 1610 hatte Enter als Advokat am Coburger Hofgericht fungiert. Vgl. Hönn, S. 97.

348 Vgl. BayHStA, RKG 405, Q 7.

349 Vgl. StAB, B 110, Nr. 39, fol. 149v.

350 Zur Aufgabe der Hof- und Landgerichtsprokuratoren vgl. Schmitt, Verwaltung, S. 137 f.

351 Vgl. StAB, ex J 3, Nr. 225, Fasz. 2, fol. 130r. Der Vogt hieß Christoph Schafner und war „ein Bamberger kiendt". – Die Supplik: ebd., fol. 127r–128r.

Fanden sich schon kaum Schreiber an den betroffenen Orten, so mußten Rechtsberater und juristisch geschulte Vertreter erst recht auswärts aufgesucht werden. Eine Ausnahme stellte in den Jahren 1609 bis 1613 der Pfarrsprengel Marktgraitz dar, denn hier stand mit dem Schwürbitzer Notar Kilian Schauer ein Mann in der betroffenen Pfarrei zur Verfügung, der nicht nur Briefe abfassen konnte, sondern auch über einige juristische Erfahrung verfügte.

Wie Schauer die beiden Pfarrgemeinden beriet, zeigen die neun abschriftlich erhaltenen Briefe, die er 1609 und 1610 von Speyer aus an die Gemeinden, an seinen Stiefvater und an weitere Einzelpersonen schrieb. Er berichtete ihnen darüber, wie ihre Sache am Reichskammergericht stehe, an das sich die Gemeinden wohl auf seinen Rat hin gewandt hatten. Er gab ihnen Anweisungen, an wen Suppliken mit welchem Tenor geschrieben werden sollten[352]. Er beschwor sie, die Einsetzung katholischer Pfarrer abzuwehren[353]. Dringend empfahl er den Gemeinden, ein wichtiges Beweisstück zu vernichten: „Legt den Lorentzen aufm [!] rost, das er nichts mehr schwatzt oder kohst"[354]. (Gemeint war die Konfirmationsurkunde für die Pfarrei Marktzeuln, ausgestellt 1510 vom Würzburger Bischof *Lorenz* von Bibra, die bewies, daß nicht die Gemeinde, sondern der Archidiakon von Eggolsheim das Patronatsrecht hatte.) Er gab ihnen Verhaltensmaßregeln, falls sie vor die Wahl zwischen Konversion und Emigration gestellt würden. „Mann sage nur nichts zue", riet er, „es sei der termin lanng oder kurtz"[355]. In einem anderen Brief empfahl er, wie folgt zu reagieren, wobei er offenbar scherzhaft übertrieb: „Gebt gute wort, bittet funfundtzwaintzig oder noch so vile jahr bedenckhzeit, wer waiß, wems [!] wirdt underdessen". Die Argumente, mit denen die Untertanen den bischöflichen Beamten gegenüber ihren Wunsch begründen sollten, lieferte Schauer gleich mit: „Mann kann ja in glaubenssachen [in] 14 tag oder 4 wochen nicht ein nagelneuer [...] mensch undt catholischer christ werden, undt ist die lehre recht, warumb eilt undt beilt man so seer; die gewissen sollen trauen, nicht ubereilet werden"[356]. Wer bereits konvertiert sei, solle wieder zu seinem alten Glauben zurückkehren[357].

Als im November 1609 in Marktzeuln ein katholischer Pfarrer eingesetzt werden sollte, trat nicht Schauer in Erscheinung – denn er war bereits nach Speyer abgereist –, sondern der Coburger Anwalt Dr. Wilhelm Merck. Dieser war ein Sohn des evangelischen Pfarrers Johann Merck in Rentweinsdorf[358], hatte in Jena studiert[359] und war 1608 in Basel zum Doktor beider Rechte promoviert worden[360]. Im selben Jahr hatte er sich in Coburg als Advokat niedergelassen[361] und die Witwe eines herzoglichen Rats und Assessors am

352 Vgl. BayHStA, RKG 406, Q 5: „Allein seid bedacht, das in eventum [...] uffs wenigste zu Coburg waß außgebracht werde, unnd konnet ihr [...] gar kurtzlich eine supplication stellen, dieselben h. D. Schadten zuvor, der es gern thun wird, revidiren lassen". Q 6: „Laufet, schickhet, reitet, fahret unnd flieget nach Coburg, Stressendorf, Redtwitz, Kups, Frensdorf etc. oder wohin ihr wollet".

353 Vgl. ebd., Q 7: „Mann sei nür behertzt unnd standthafft unnd laß die kirchen nicht öffnen, weniger einen pfaffen hinein. Gesezet, das einer oder zween mit gewalt (Gott verhüete es) hineingebracht würde, so schaffe man denselben, wann die gewalt hinweg ist, nur frisch wider ab".

354 Ebd., Q 7.

355 Ebd.

356 Ebd., Q 9.

357 Vgl. ebd., Q 10: „Ist mann gefallen, so bleibe mann nur nicht liegen, sondern richte sich baldt wieder auf und bitte Gott den fall ab, Er ist worlich barmbhertzig".

358 Vgl. PfAC, Kb. 1605–1613, Jg. 1608, fol. 5r. Zum Vater vgl. Dannheimer / Zahn / Kuhr, Nr. 1793.

359 Immatrikuliert SS 1597. Vgl. Mentz, S. 204.

360 Vgl. Wackernagel, Hans Georg (Hrsg.): Die Matrikel der Universität Basel. Bd. 3: 1601/02–1665/66. Basel 1962, S. 90.

361 Vgl. StAC, LA F 6881.

Schöppenstuhl geheiratet[362]. Er schrieb am 11. November 1609 der Coburger Regierung, er habe tags zuvor der Gemeinde Marktzeuln „in bewuster religionssachen [...] einen beystandt [...] geleistet“[363]. Am 10. November war nämlich der bambergische Rat Dr. Dietmayr nach Marktzeuln gekommen, um hier einen katholischen Pfarrer einzuführen. Dazu hatten die Marktzeulner Merck bestellt, damit „er ire notturft reden und vorbringen sollte“. Da sie sich für „ungelehrte leuth“ hielten, sollte der Advokat den Protest der Gemeinde vortragen. Die fürstbischöflichen Beamten aber hörten Merck nicht an; Dietmayr schickte ihn mit der deutlichen Warnung fort, er solle „seines weegs hinziehen undt die undterthonen zue feernerm ungehorsamb nit füern, er möchte sonsten sein lohn mit der zeit auch bekommen“[364]. In der folgenden Woche schrieb Merck in eigenem Namen zwei Briefe an Kanzler und Räte in Coburg, in denen er sie aufforderte, den Gemeinden Marktzeuln und Marktgraitz zu helfen[365]. Danach trat Merck nicht mehr für die beiden Pfarrgemeinden in Erscheinung; vielleicht hatten die Drohungen des bambergischen Kommissars gewirkt.

Im folgenden beriet zumeist Schauer, soweit die Quellen das erkennen lassen, die Gemeinden in ihren Klagen und ihrem Vorgehen an Fürstenhöfen. Öffentlich auftreten konnte er freilich nicht, ließ die fürstbischöfliche Regierung doch schon aufgrund seiner Tätigkeit in Speyer nach ihm fahnden. Er war Ende 1609 sogar der Meinung, daß von ihm geschriebene Briefe in Bamberg nicht mehr angenommen werden würden[366].

Als Schauer Anfang 1614 starb, war er infolge seiner vielfältigen Tätigkeit kaum zu ersetzen. In erster Linie trat wohl der Notar und Neustadter Stadtschreiber Johann Schwabheuser an Schauers Stelle. So meldete Mitte des Jahres 1614 der Marktgraitzer Pfarrer nach Bamberg, die „rebellanden“ hätten „einen neuen advocaten, alß den stattschreibern zu der Neustatt wider ihre f[ürstlichen] g[naden] angenommen“[367].

Johann Schwabheuser (um 1572–1625)[368] stammte aus Frauenprießnitz[369] (zwischen Jena und Naumburg gelegen) und hatte in Jena studiert[370]. Anfang 1610 wurde er Stadtschreiber in Neustadt bei Coburg[371]. In Sonnefeld, wo er wohl bis dahin gewohnt hatte, besaß er weiterhin ein Haus[372]. Erstmals wurde er für die Gemeinden Marktzeuln und Marktgraitz 1609 tätig: Am 9. November dieses Jahres unterrichtete er einen Coburger Adressaten – wohl einen oder mehrere Angehörige einer herzoglichen Zentralbehörde – vom gescheiterten Versuch Bambergs, katholische Geistliche einzusetzen, und er fragte im Auftrag der Marktgraitzer nach, ob die Bischöfe von Bamberg und von Würzburg nicht näher bestimmte Antworten nach Coburg gesandt hätten[373]. Noch im selben Monat schrieb Schauer aus Speyer an ein Marktzeulner Ratsmitglied und den dortigen Gerichtsschreiber, sie könnten zusammen mit Schwabheuser eine Supplik an die Coburger Regierung aufsetzen[374]; einige Wochen später bezeichnete er ihn als „unsern threuen schreibern“[375]. Am 16. November

362 Vgl. PfAC, Kb. 1605–1613, Jg. 1608, fol. 5r. Über den ersten Mann von Mercks Frau, Dr. Elias Friedrich Volkenandt, vgl. Heyl, Zentralbehörden, S. 86 Anm. 56.
363 StAC, LA D 1322, fol. 19r.
364 BayHStA, RKG 406, Q 38.
365 Vgl. StAC, LA D 1322, fol. 19r–21r, 25r–v.
366 Vgl. BayHStA, RKG 406, Q 9.
367 AEB, Rep. I, Nr. 742, fol. 115v.
368 Vgl. LKA/KbA, Nr. 80–2, fol. 47r.
369 Vgl. BayHStA, RKG 405, Q 13.
370 Immatrikuliert im SS 1596. Vgl. Mentz, S. 300.
371 Vgl. LKA/KbA, Nr. 80–2, fol. 47r; Erwähnung im Jahr 1610: BayHStA, RKG 405, Q 11.
372 Vgl. StAC, LA D 1322, fol. 216v.
373 Vgl. ebd., fol. 11r–v.
374 Vgl. BayHStA, RKG 406, Q 5.
375 Ebd., Q 10.

1610 siegelte Schwabheuser eine Urkunde, durch die die Dorfmeister und Schultheißen der klagenden Gemeinden bestätigten, daß Schauer in Speyer als Vertreter der Kommunen fungiere[376]. Die Vollmacht für den Reichskammergerichtsprokurator fertigte er fünf Wochen später aus[377]. 1611 stellte er ein Instrument über die Aussagen aus, die Schauers Mutter und weitere vier Schwürbitzer über den nächtlichen Einfall der Lichtenfelser und Burgkunstadter Beamten in das Haus von Schauers Stiefvater machten[378].

Schwabheuser war also mit dem Widerstand der Pfarrgemeinden Marktzeuln und Marktgraitz von Anfang an vertraut, als er 1614 ihre Beratung übernahm. Wie sich diese gestaltete, ist nicht mehr zu klären. Ein umfangreiches Notariatsinstrument, das Schwabheuser im Juni 1614 gemeinsam mit einem Coburger Notar über die Klagen der Protestanten im Obermaingebiet fertigte, ist der einzige detaillierte Beleg für seine Tätigkeit[379]. Doch dürfte sein Wirken durchaus weiter gereicht haben. Denn im März 1616 beschwerte sich der Bamberger Bischof bei Herzog Johann Casimir, Schwabheuser habe die bambergischen Untertanen „in viel weg wieder unß boßhafftig verreizet"[380]. Dieser Brief ist zugleich der letzte Beleg für Schwabheusers Funktion als Rechtsberater der Gemeinden, obwohl er erst im August 1625 starb[381].

Neben Schwabheuser wurden noch weitere Juristen aktiv. Als 1615 die Gemeinden einer Vorladung nach Bamberg nicht Folge leisteten, schickten sie den aus Coburg stammenden Studenten der Rechte Johann Fabritius dorthin, damit er sie entschuldige[382]; vielleicht war er verwandt mit dem Coburger Bürger und Notar Johann Berthold Schmidt aus Oeslau, der 1614 gemeinsam mit Schwabheuser ein Instrument ausfertigte[383], oder – was weniger wahrscheinlich ist – mit dem Coburger Lehrer Johann Schmidt, der 1616 für die Pfarrgemeinden Marktzeuln und Marktgraitz einen Schreiber anwarb[384]. Juristische Grundkenntnisse hatte vielleicht auch der evangelische Schulmeister, den die Michelauer im Frühjahr 1614 zum 1. Mai anstellten. Er werde – so der amtierende katholische Schulmeister – „inen zu ihren rechten [...] helfen"[385].

1617 ließen sich die Marktzeulner und Marktgraitzer von einem Coburger Advokaten beraten, von Kaspar Leipold[386] (1588–1640), der in Jena studiert hatte, dort 1615 zum Doktor promoviert und im folgenden Jahr zum Assessor und Rat am Coburger Schöppenstuhl

376 BayHStA, RKG 405, Q 11.
377 Ebd., Q 13.
378 BayHStA, RKG 406, Q 62.
379 Vgl. StAC, LA D 1322, fol. 216r–286r.
380 StAC, LA D 1208, fol. 11v.
381 Vgl. LKA/KbA, Nr. 80–2, fol. 47r.
382 Vgl. StAC, LA D 1208, fol. 116r.
383 Vgl. StAC, LA D 1322, fol. 216r. – Möglicherweise ist dieser Johann Berthold Schmidt identisch mit „Johan Barthel Schmiedt" aus Schwürbitz, der von Januar 1605 bis mindestens Februar 1606 die Coburger Ratsschule besuchte. Vgl. StadtAC, B 587, fol. 63v, 79r.
384 Vgl. StAC, LA D 1182, fol. 36r–37r.
385 AEB, Rep. I, Nr. 742, fol. 185v.
386 Namentlich wird Leipold nicht genannt. Ein Marktzeulner sagte Ende 1617 aus, „ihr advocat zu Coburg" sei „des schößers zu Helpurg sohn". StAB, B 49, Nr. 233/II, fol. 678r. Der Amtsschösser Nikolaus Leipold in Heldburg hatte allerdings zwei Söhne, die Doktoren beider Rechte waren und in Coburg wohnten, Peter und Kaspar. Vgl. Hoefner, S. 159. Den Hinweis, daß es sich hier um Kaspar handelt, gibt die gleichzeitige Bemerkung eines Marktgraitzers, ihr Advokat „hab vor wenig zeit erst hochzeit gehalten". StAB, B 49, Nr. 233/II, fol. 680r. Kaspar Leipold hatte am 29. August 1616 die Ehe geschlossen, Peter bereits 1615. Vgl. Wunder, Gerd: Die Familie Leipold. In: Mercksche Familien-Zeitschrift 12 (1932), S. 107–116, hier S. 111, auch 108f.; zum Hochzeitsdatum Peters vgl. auch Pfrüscher, Georg: Christ: und Tröstlicher LeichSermon Bey Betrawrung vnd Begrebnuß der Ehren- und Tugendreichen Frawen Barbarae Leipoldin [...]. Coburg 1634 [Exemplar in der HABibl], fol. C3r.

ernannt worden war. Im Dezember 1617 erklärte der 78jährige Georg Marr aus Marktgraitz, von Bamberger Beamten verhört, die Gemeinden hätten „ein aignen jungen doctorn zu Coburg, der schreib"[387].

Die Schwürbitzer Gemeinderechnung verzeichnet in den Jahren 1617 bis 1619 drei Ausgabeposten „zu dem speyerischen recht", also für den vor dem Reichskammergericht geführten Prozeß. Im Zusammenhang damit erscheint zweimal Johann Schmid aus Coburg, der 1618 oder 1619 bei einer Versammlung der klagenden Gemeinden anwesend war[388]. Dabei handelte es sich wohl um Johann Schmidt, der von 1603 bis 1622 als Lehrer an der Coburger Ratsschule nachzuweisen ist[389]. Schmidt ist vielleicht identisch mit einem allerdings erst 1624 erwähnten Coburger Lehrer, über den sich der Marktgraitzer Pfarrer beschwerte: Ein „Graitzer, so anitzo zu Coburg infimam docire", sei „in allen dörfern herumb geweßen und [habe] die leuth abwendig gemacht"[390]. Auch wenn nicht sicher nachgewiesen werden kann, daß Schmidt aus Marktgraitz oder einer anderen klagenden Gemeinde stammte, so liegt dieser Verdacht doch nahe, denn Schmidt engagierte sich sehr für die Sache der Marktzeulner und Marktgraitzer. 1614 überredete er – wie erwähnt – den Coburger Schreiber Wolfgang Enter, für die Gemeinden Briefe abzufassen. Als er wegen seiner Behauptung, Enter müsse entgegen geltendem Recht die Briefe nicht signieren, 1616 von der Regierung zur Rede gestellt wurde, trat er bemerkenswert selbstbewußt auf und griff seinerseits die Räte an: Warum sie „die leuth [hätten] hangen laßen", wenn sie ihnen ohnehin nicht helfen wollten, fragte er die Verhörenden vorwurfsvoll[391]. Auch künftig setzte sich Schmidt offenbar für die Protestanten im Obermaingebiet ein, wie die zitierte Schwürbitzer Rechnung zeigt.

Ein später Beleg für einen Berater stammt aus Beikheim: 1624 bestritten die Einwohner des Dorfes den Vorwurf des Amtsverwesers von Fürth am Berg, sie hätten „ainen von Coburg" Geld gegeben, „der sie in ihrer ketzerey gesterckt" habe. Sie bekannten aber, daß „innen Doctor Gauer zu Mitwitz in religionsachen gedienet habe"[392]. Dr. Bonaventura Gauer war in Coburg Schöppenstuhlassessor und Professor für Jurisprudenz gewesen, jedoch 1618 des Landes verwiesen worden[393]. Es nahm ihn Hans Veit von Würtzburg zu Mitwitz auf, für dessen Familie er Jahre zuvor als Anwalt tätig gewesen war[394].

Bei der Suche nach Advokaten und Schreibern orientierten sich die Gemeinden Marktzeuln und Marktgraitz vornehmlich nach Sachsen-Coburg, was angesichts der räumlichen Nähe nicht verwundert.

Aus der Pfarrei Rattelsdorf gibt es keinen Beleg, wer die Gemeinde bei ihrem Widerstand gegen die Einsetzung eines katholischen Pfarrers juristisch beriet. Falls sie überhaupt den Rat eines Juristen suchte, ist am ehesten an den erwähnten Bamberger Advokaten Vogel zu denken.

Auch für das Amt bzw. die Pfarrei Döringstadt fehlen uns eindeutige Hinweise. Möglicherweise stand den evangelischen Döringstadtern Gabriel Krämer zur Seite, der 1603

---

387 StAB, B 49, Nr. 233/II, fol. 680r.
388 StAB, L 41 Schwürbitz, R 8.
389 Vgl. StadtAC, Coburgica I/20, pag. 597 f.
390 AEB, Rep. I, Nr. 343, fol. 103r. – Ein Johann Faber aus Marktgraitz trat im Oktober 1599 in die erste Klasse der Coburger Ratsschule ein und gehörte ihr, gelegentlich auch als Johann Schmidt bezeichnet, bis 1605 an. Vgl. StadtAC, B 587, fol. 20r, 22v, 26v, 35v, 37v, 48r, 52v, 61v, 64v, 75r.
391 StAC, LA D 1182, fol. 47r.
392 AEB, Rep. I, Nr. 343, fol. 118r.
393 Vgl. Heyl, Zentralbehörden, S. 109 Anm. 393.
394 Vgl. Hotzelt, Familiengeschichte, S. 422, 468.

ihre Vollmacht für den Reichskammergerichtsprokurator besiegelte[395] und im folgenden Jahr ebenfalls durch sein Siegel eine Vollmacht bestätigte, die beim Widerruf eines erzwungenen Reverses durch evangelische Döringstadter gebraucht wurde[396]. Krämer, wohl ein Sohn des früheren Vogtes von Döringstadt[397], hatte noch im Juli 1603 in Döringstadt gewohnt[398]; spätestens seit Dezember dieses Jahres war er Vogt der Herren von Rotenhan zu Rentweinsdorf[399]. Der Vogt eines anderen Adelsgeschlechtes, der Herren Schott zu Schottenstein, schrieb – wie erwähnt – 1611 eine Supplik für die Birkacher.

Ein Jurist, der im Umfeld der klagenden Gemeinde Döringstadt erscheint, war der Coburger Advokat Johann Aldenburgkh[400]. Er fertigte 1604 als Notar ein Instrument darüber aus, daß 15 Männer, die in Bamberg durch Haft zu einem Revers gezwungen worden seien, diesen widerriefen[401]. Ob er die Gemeinde in ihrem Widerstand beriet, ist freilich nicht zu klären.

### 3.2.2. Reichskammergerichtsadvokaten und -prokuratoren

Beim Reichskammergericht war es im späten 16. und frühen 17. Jahrhundert üblich, wenn auch nicht mehr zwingend vorgeschrieben, daß bei der Vertretung einer Partei zwei Juristen zusammenwirkten: der Advokat und der Prokurator. Der Advokat, der nicht am Gericht zugelassen sein mußte, konzipierte die einzureichenden Schriftsätze; der Prokurator, am Reichskammergericht immatrikuliert[402], erschien vor Gericht als Redner und übergab bei der öffentlichen Audienz die Anträge[403]. Der eigentliche Rechtsberater der klagenden Gemeinden war mithin der Advokat, der aber nicht immer bekannt ist, denn dem Gericht wurde nur die Vollmacht für den Prokurator vorgelegt, nur sie findet sich folglich in den Akten.

Folgende Prokuratoren, die für Gemeinden im Untersuchungsgebiet tätig waren, sind bekannt: 1598 bemühten sich der Advokat Dr. Johann Peter Schön[404] und der Prokurator Dr. Sandtberger[405], für die Marktzeulner ein Mandat am Reichskammergericht zu erlangen[406]. Die Pfarrgemeinde Döringstadt beauftragte im Dezember 1603 Dr. Konrad Fabri mit ihrer Vertretung[407]. Ihn bestellten 1609/10 auch die evangelischen Einwohner der Pfarrsprengel Marktzeuln und Marktgraitz zu ihrem Prokurator[408]. Die Gemeinden Teuschnitz

395 Vgl. StAB, ex J 3, Nr. 225, Fasz. 2, fol. 199r.
396 Vgl. BayHStA, RKG 17465, Beilage F, fol. 118v.
397 Der Name Krämer taucht in der Steuerrechnung von 1602/03 nur einmal auf: Heinrich Krämers Erben. Vgl. StAB, A 232, Nr. 4401, 1602/03. Ein Schreiben des Vogtes Heinrich Krämer von 1583: StAB, ex J 3, Nr. 225, Fasz. 2, fol. 19r–20r.
398 Vgl. StAB, ex J 3, Nr. 225, Fasz. 2, fol. 61r.
399 Vgl. ebd., fol. 199r. In dieser Position wird er noch 1611 erwähnt. Vgl. StAB, A 232, Nr. 3680, Einnahme Handlohn.
400 1613 wurde er Hofgerichtsprokurator. Vgl. Hönn, S. 98.
401 Vgl. BayHStA, RKG 17465, Beilage F (fol. 116r–125r).
402 1521 wurde die Zahl der Prokuratoren auf 24 beschränkt, 1570 auf 30. Sozial waren sie im 17. Jahrhundert den Assessoren, den Angehörigen des Gerichtsgremiums, gleichgestellt. Vgl. Diestelkamp, S. 95.
403 Vgl. Dick, S. 78f.
404 Ab 1590 Reichskammergerichts-Advokat; daneben seit 1610 Stadtsyndikus von Speyer. Vgl. Groh, Familienverhältnisse, S. 179f.; auch ders., Besitzverhältnisse, S. 90.
405 Wohl identisch mit Dr. Michael Sandberger, der 1588 und 1594 als Advokat erscheint. Vgl. Groh, Familienverhältnisse, S. 177.
406 Vgl. StAC, LA D 1322, fol. 317r.
407 Vgl. StAB, ex J 3, Nr. 225, Fasz. 2, fol. 199r.
408 Vgl. BayHStA, RKG 405, Q 11, 13, 20.

und Windheim, die sich ja auch mit Hilfe des Reichskammergerichts gegen die bambergische Gegenreformation zu wehren versuchten, wurden zunächst von dem Prokurator Lic. Johann Jakob Grünberger[409] vertreten[410]; nach seinem Tod – spätestens im Januar 1610 – übernahm Fabri auch dieses Mandat[411]. Kurz: Ab 1610 erschien für alle Gemeinden des Hochstifts Bamberg, die mit einer Klage gegen die bischöfliche Religionspolitik vorgingen, Dr. Konrad Fabri vor den Schranken des Reichskammergerichts.

Fabri ist seit 1597 als Reichskammergerichtsadvokat und seit 1600 als -prokurator in Speyer nachzuweisen und war mit Modesta Mörder – vermutlich Tochter eines vom Fränkischen Kreis bestimmten Reichskammergerichtsassessors – verheiratet[412]. Er mag von den bambergischen Gemeinden als Prokurator gewählt worden sein, weil er die Markgrafen von Brandenburg-Ansbach und von Brandenburg-Bayreuth am Reichskammergericht vertrat[413], er mithin in Franken kein Unbekannter war.

Die für die klagenden Gemeinden weit wichtigeren Advokaten sind meist nicht bekannt. Nur über einen Advokaten und seine Tätigkeit ist etwas zu ermitteln: über Dr. Johann Stambler, der ab 1609 die Pfarrgemeinden Marktzeuln und Marktgraitz vertrat und auch den Untertanen des Langheimer Abtes beistand, die sich vor dem Reichskammergericht gegen dessen gegenreformatorische Zwangsmaßnahmen wehrten[414].

Stambler[415] war 1556 in Roth bei Nürnberg als Sohn eines evangelischen Geistlichen zur Welt gekommen; auch sein jüngerer Bruder wurde Pfarrer[416]. Nach dem frühen Tod seines Vaters besuchte er in Nürnberg die Schule. Ab 1574 studierte er in Wittenberg, wo er 1580 den Grad eines Magisters erwarb. Anschließend wirkte er für über ein Jahr als Rektor in Nabburg; dann unterrichtete er an der Schule des Hl.-Geist-Spitals in Nürnberg, ab 1582 an der Sebalder Schule. Wohl als Begleiter eines Studenten aus reichem Haus bereiste er 1583 Frankreich; um 1584 studierte er in Genf. Von 1586 bis 1588 leitete er als Inspektor das Alumneum in Altdorf. Im Oktober 1588 wurde er in Basel zum Doktor beider Rechte promoviert[417]. Im folgenden ging er als Advokat der Reichsstadt Nürnberg nach Speyer[418], wo er 1624 unverheiratet starb.

„Er ist ein gueter herr, genug gelert unnd spilt gern im pret." So charakterisierte ihn im November 1609 Kilian Schauer zwei Marktzeulnern gegenüber. Der Schwürbitzer Notar und der Speyrer Advokat gingen vertraut miteinander um, wie Schauer berichtet: „Kombt offt zu mir, nimbt mich mit ihm spatziren, habe in neulich [...] zu gast gehabt, er nimbt

---

409 Er ist seit 1578 als Advokat, spätestens seit 1593 als Prokurator nachzuweisen. Vgl. Groh, Besitzverhältnisse, S. 55; ders., Familienverhältnisse, S. 156.

410 Vgl. BayHStA, RKG 12747, Q 6.

411 Vgl. StAB, B 49, Nr. 191, fol. 293r.

412 Vgl. Groh, Familienverhältnisse, S. 141; zum mutmaßlichen Schwiegervater Dr. Johann Adam Mörder vgl. ebd., S. 170.

413 Vgl. BayHStA, RKG 406, Q 6.

414 Zwar erklärte Stambler im Januar 1610, daß er den langheimischen Untertanen „nicht diene", gleichwohl belegen seine Briefe an Schauer, daß ihn ihre Angelegenheit beschäftigte (ob sie ihn nach dem Januar doch förmlich als Advokaten dingten, ist unklar). BayHStA, RKG 406, Q 42; zur Beschäftigung mit der Sache der langheimischen Untertanen Q 45f., 50, 52, 55.

415 Über ihn vgl. Will, Georg Andreas: Nürnbergisches Gelehrten-Lexicon [...]. 3. Teil. Nürnberg / Altdorf 1757, S. 762–764; Nopitsch, Christian Conrad: Georg Andreas Will's [...] Nürnbergisches Gelehrten-Lexicon. 8. Teil. Schönberg bei Nürnberg 1815, S. 282.

416 Zu Vater und Bruder vgl. Simon, Matthias: Ansbachisches Pfarrerbuch. Die Evangelisch-Lutherische Geistlichkeit des Fürstentums Brandenburg-Ansbach 1528–1806. Nürnberg 1957 (EAKGB 28), Nr. 2871f.

417 Vgl. Wackernagel, Hans Georg (Hrsg.): Die Matrikel der Universität Basel. Bd. 2: 1532/33–1600/01. Basel 1956, S. 364.

418 Ab 1592 ist er in Speyer nachzuweisen. Vgl. Groh, Besitzverhältnisse, S. 96.

verlieb [!] mit geringer kost". Wenn es Sommer wäre, könne er, Schauer, sogar in Stamblers Haus wohnen, „er wurde mirs nicht abschlagen"[419]. Einige Wochen später berichtete Schauer seinem Stiefvater und den übrigen Einwohnern der Pfarrei Marktgraitz, Stambler sei „fundamentaliter gelert" und stehe „bei den herren assessoribus in grosen ansehen". Er sei sogar „von etlichen ständten" zum Beisitzer des Reichskammergerichts vorgeschlagen worden; seine Berufung sei jedoch „von etlichen müßgunstigen" vereitelt worden[420].

Weshalb die Gemeinden – oder besser: ihr Vertreter Schauer – Stambler als Advokaten wählten, wissen wir nicht[421]. Grundvoraussetzung war zweifellos, daß Stambler evangelisch war; seine fränkische Herkunft tat wohl das ihre dazu. Vielleicht war Stambler den obermainischen Protestanten von Angehörigen der Coburger oder der Bayreuther Regierung empfohlen worden.

Stambler engagierte sich offenbar über seine Anwaltspflichten hinaus für die evangelischen Einwohner der Pfarrsprengel Marktzeuln und Marktgraitz. „Herr D. Stambler [...] thuet, was er immer thun soll und läst an seinem fleiß nichts erwindten", schrieb Schauer im Dezember 1609 nach Hause. Einige Monate später berichtete er seinem Stiefvater und zwei Marktzeulnern, Stambler mache sich „große muhe" und lade sich „unsertwegen große ungunst auf den halß"[422]. Auch der Regierung in Bamberg blieb Stamblers Einsatz nicht verborgen. In einer Eingabe beim Reichskammergericht beschwerte sich Anfang 1612 der bambergische Prokurator, Stambler habe „mit gar unzeitigen eyfer [...] zu allen diesen werckh" – gemeint sind die Widerstandshandlungen der beiden Pfarrgemeinden – „die trummel rühren unnd in die trommeten blaßen helfen"[423]. Bamberg sah in Stambler also jemanden, der gemeinsam mit Schauer und einigen anderen die Gemeinden zum Ungehorsam aufstachelte.

Stambler konzipierte nicht nur Schriftstücke, die bei Gericht eingereicht wurden: Er gab den Gemeinden schon im November 1609 Hinweise, wie sie eine Bittschrift an die Coburger Regierung abfassen sollten. Mit Schauer reiste er im Juni 1610 nach Heidelberg, um bei der dortigen Regierung Unterstützung für die Protestanten im Hochstift Bamberg zu erlangen[424]. Anfang 1610 verhandelte er mit dem Geheimen Rat Dr. Johann Fladenstein[425] in Kulmbach[426], im April 1610 mit einem markgräflichen Rat in Ansbach, wie ihnen zu helfen sei[427]; im Juli 1611 korrespondierte er deshalb mit dem kurpfälzischen Geheimen Rat Dr. Marquard Freher[428]. Er gab Schauer Hinweise, an welche Höfe er Suppliken richten solle[429],

---

419 BayHStA, RKG 406, Q 5.

420 Ebd., Q 7. Zur Berufung von Kammerrichtern vgl. Duchhardt, Heinz: Die Wiederbesetzung eines Speyerer Kammergerichtsassessorats 1611/12. In: Jahrbuch für westdeutsche Landesgeschichte 3 (1977), S. 229–236.

421 Ein Hinweis liegt für die Pfarrei Windheim im Frankenwald vor, wo evangelische Pfarrer, die aus dieser Gegend stammten und in der Pfalz wohnten, einen Prokurator vermittelt hatten. Der Teuschnitzer Pfarrer berichtete im August 1598 nach Bamberg, die Einwohner jener Pfarrei hätten „durch vorschueb etlicher predigcanten, so auß dieser unserer landtschafft burtig, die ihnen mit freundschafft verwandt, aber sich umb Speyer aufhalten, bey den lutherischen doctoribus doselbsten so viell erhalten, das ihnen einer, D. Johannes Jacobus Grueneberger genanth, zwen schrifftlicher schein erthailt und zugeschickht". (Dr. Grünberger war der Prokurator der klagenden Gemeinden Teuschnitz und Windheim.) StAB, B 49, Nr. 191, fol. 100r.

422 BayHStA, RKG 406, Q 11.

423 Ebd., Q 3.

424 Vgl. ebd., Q 11.

425 Über ihn vgl. Popp, Ludwig: Die Fladenstein und ihre Stiftungen. In: GaO 15 (1985/86), S. 51–74, hier S. 60f.

426 Vgl. BayHStA, RKG 406, Q 44.

427 Vgl. ebd., Q 46. Sein Verhandlungspartner war ein Herr von Varell, wohl der brandenburg-kulmbachische Kanzler Friedrich Hilderich von Varell.

428 Vgl. ebd., Q 54.

429 Vgl. ebd., Q 53.

empfahl Schauer, den Unionstag in Rothenburg ob der Tauber zu besuchen, und benannte Personen, an die er sich dort wenden solle[430]. Mehrfach ermahnte er die Gemeinden, standhaft zu bleiben. Ende 1609 trug er dem heimreisenden Schauer auf, er solle „seine consorten in dißer gerechten sache aufmundtern, trösten unndt zuer bestendtigkeit ermhanen"[431]. Und ein knappes Jahr später beschwor er selbst die klagenden Pfarrgemeinden in einem Brief: „Mann mueß allerseyz bey dißen beschwerlichen gewissenssachen gedulltig sein undt umb Gotteß worts weegen auch das eusserste leydten unndt im nothfall leib unndt leben bey Christo lassen, darzue ich dann euch sambt undt sondters treulich anmahnen thue."[432] Stambler identifizierte sich regelrecht mit der Sache seiner Mandanten. Als im Dezember 1609 das Reichskammergericht überraschend ein Dekret zugunsten der Marktgraitzer und Marktzeulner erließ, sagte Stambler, „er khönnte nicht grossere freudt haben, alß wenn es ihn selbsten betreffe"[433].

Die Sympathie, die Stambler Schauer und den klagenden Gemeinden entgegenbrachte, gründete sicherlich in seiner entschiedenen lutherischen Haltung. Hinzu kamen Bekanntschaften: „H. pfarrer zu Graitz ist im auß Wittenberg bekandt, wie auch H. Heinreich [!] Pauter, Lorentz Kreidt etc.", schrieb Schauer nach Hause[434]. Stambler kannte also durch das gemeinsame Studium in Wittenberg die aus Marktzeuln stammenden Geistlichen Christoph Thumler und Heinrich Pauter sowie Lorenz Kreid aus Lettenreuth, der in Wittenberg ein Jahr vor Stambler die Magisterwürde erlangt, von 1582 bis 1590 am Grauen Kloster in Berlin unterrichtet und dann in Sachsen als Geistlicher gewirkt hatte[435]. Die Bezahlung kann das Wohlwollen Stamblers für die klagenden Gemeinden jedenfalls nicht verursacht haben: Im September 1611 bat Stambler von Speyer aus Kilian Schauer, er solle „unßere p[rincipa]ln [...] anmhanen, das sie mich bezalen, dan lenger zue warten mir verdrieslich ist"[436]. Offenbar hatte der Advokat zu diesem Zeitpunkt noch nicht einmal das 1610 fällige Honorar empfangen.

Stambler und Fabri waren mindestens acht Jahre lang als Advokat bzw. als Prokurator für die klagenden Gemeinden tätig. Die letzten Belege stammen aus dem Jahr 1617: Damals bemühte sich Stambler – nicht zum erstenmal –, den Herzog von Sachsen-Coburg als Nebenkläger zu gewinnen[437].

Betrachtet man die Tätigkeit Stamblers, wie sie uns in den Briefen Schauers und in seiner eigenen Korrespondenz entgegentritt, so drängt sich der Eindruck auf, der Advokat habe sich der Sache seiner Mandanten in ungewöhnlichem Maß angenommen. Dies mag für Reichskammergerichtsprozesse, die Fragen der Religion berührten, typisch gewesen sein: Der lutherische Anwalt machte die Angelegenheit seiner von der Gegenreformation betroffenen Glaubensgenossen zu seiner eigenen. Er mag es als seine Pflicht als Lutheraner angesehen haben, der vordringenden Gegenreformation Paroli zu bieten.

430 Vgl. ebd., Q 54.
431 Ebd., Q 11. Ähnlich schrieb Stambler im Januar 1610 an Schauer: „Sonsten wolle der herr alle seine consortes undt nachbarn zuer bestendtigkeit im wharen glauben vleißig anmhanen". Ebd., Q 42. Vgl. ferner Q 48.
432 Ebd., Q 47.
433 Ebd., Q 9.
434 Ebd., Q 5.
435 Über Kreid vgl. Adelung, Johann Christoph: Fortsetzung und Ergänzungen zu Christian Gottlieb Jöchers allgemeinen Gelehrten-Lexico. Bd. 2. Leipzig 1787, Sp. 522; Heidemann, Julius: Geschichte des Grauen Klosters zu Berlin. Berlin 1874, S. 128f.
436 BayHStA, RKG 406, Q 57.
437 Vgl. StAB, LA D 1208, fol. 187v, auch fol. 198r; ferner LA D 1182, fol. 41v, 44r.

# 4. Die Formen des Widerstands

Die untersuchten Gemeinden wandten verschiedene Methoden an, um die Gegenreformation zu ver- oder mindestens zu behindern: Unruhen, Ungehorsam, Suppliken, Klagen vor dem Reichskammergericht, Streben nach Hilfe durch evangelische Fürsten. Im folgenden werden all diese Formen vorgestellt. Es ist darzulegen, wie Untertanen offen ihren Unwillen erklärten, den obrigkeitlichen Geboten zu gehorchen; der Tenor der Bittschriften wird umrissen; die Spielarten von Unruhen und Gewalt werden skizziert; ausführlich wollen wir untersuchen, wie die Untertanen ihre Klagen beim Reichskammergericht vorbrachten und wie sie auf dem Weg über evangelische Stände, quasi auf diplomatischem Weg, der Gegenreformation entgegensteuern wollten; schließlich wird auf den Spott gegenüber der Obrigkeit und seine Funktion hingewiesen. Im Mittelpunkt der Darstellung stehen die Pfarrgemeinden Marktgraitz und Marktzeuln, da das sie betreffende Quellenmaterial ungemein reichhaltig ist.

## *4.1. Ungehorsam*

In vielen Fällen begegneten die Untertanen Befehlen ihrer Obrigkeit mit „passivem Widerstand“: Sie gehorchten nicht. Sie öffneten Kirchentüren nicht, sie erschienen nicht, wenn sie vorgeladen waren, sie wurden weder katholisch noch zogen sie fort. Das geschah in der Regel stillschweigend; es kam aber auch vor, daß Untertanen selbstbewußt ankündigten, sie würden nicht gehorchen. So erklärte 1611 ein Medlitzer dem Vogt von Döringstadt, er werde weder konvertieren noch fortziehen, „es straff in gleich sein herr oder nicht“[1]. Ein Mann aus Wiesen wollte „sich nicht anderst besinnen“ und dennoch „zum trutz alda sitzen“ bleiben[2]. Ein Birkacher schließlich sagte bei derselben Gelegenheit: „wilß nit thun, es komb gleich hinauß, wo es wolle“[3]. Ein Döringstadter beharrte im Juli 1612 darauf, er werde – ungeachtet des gebotenen Termins – erst nach Petri Cathedra, also dem 22. Februar 1613, fortziehen[4]. Ein Marktgraitzer, der in Bamberg im Gefängnis gesessen hatte und im Februar 1611 erneut vorgeladen wurde, erklärte, „er hab deß sandthurn genug, dencke nach Bamberg nit wiederumb zu komen“[5].

Auch ganze Gemeinden oder große Teile einer Dorfgemeinschaft verweigerten zuweilen ausdrücklich den Gehorsam. Als der Bamberger Bischof im April 1615 die gesamte Gemeinde Marktzeuln – das heißt: die Haushaltsvorstände – bei 2000 Taler Strafe vorlud, sandte sie zwei Tage vor dem Termin einen Entschuldigungsbrief nach Bamberg: Zwar seien sie Gehorsam schuldig, doch würden sie nicht erscheinen. Denn schon etliche Marktzeulner seien, Vorladungen folgend, ins Gefängnis geworfen worden. Man könne sich demnach leicht ausrechnen, was ihnen nun widerfahren würde, zumal die Einwohner als Rebellen „außgeschrien“ würden. Im übrigen sei die Art der Vorladung unzulässig und ungebräuchlich[6]. Zwei weitere Beispiele: 1597 weigerten sich der Schultheiß, die Bürgermeister und Heiligenpfleger von Marktzeuln, nach Bamberg zu kommen, weil sie strenge

1 StAB, ex J 3, Nr. 225, Fasz. 2, fol. 117v.
2 Ebd., fol. 118v.
3 Ebd., fol. 118r.
4 Vgl. StAB, B 49, Nr. 33, Prod. 47.
5 AEB, Rep. I, Nr. 740, fol. 116v.
6 BayHStA, RKG 405, Brief von 1615 Apr. 16.

Behandlung, wohl vor allem Haft, fürchteten[7]. Die Marktgraitzer erklärten im Januar 1598, sie würden den von Bamberg und Würzburg bestimmten katholischen Pfarrer nicht annehmen[8].

Es kam zwar vor, daß die Untertanen es rundweg ablehnten, einem Gebot ihres Herrn zu gehorchen. Häufiger war es aber offenbar der Fall, daß sie ihren Gehorsam von Bedingungen abhängig machten, die freilich nicht selten für den Herrn unannehmbar waren: Die Schultheißen, die Dorfmeister und die Kirchenpfleger von Marktgraitz und Marktzeuln entgegneten 1597 dem Vogt von Burgkunstadt, der ihnen eine Vorladung nach Bamberg verkündet hatte, sie wollten sich erst mit ihren Gemeinden beraten; falls sie erscheinen würden, dann nur begleitet von den Gemeinden[9], wohl zum Schutz vor einer Festnahme. 1598 beschlossen die Marktgraitzer, sie würden den von Bamberg bestimmten katholischen Pfarrer nur annehmen, wenn er ihnen schwöre, daß der Bischof sie bei ihrem evangelischen Glauben lasse[10]. Als sich 1614 die Marktzeulner Bürger einzeln erklären sollten, ob sie einem bischöflichen Befehl nachkommen würden, weigerten sie sich; sie wollten nur gemeinsam gehört werden[11]. 1623 waren die evangelischen Marktzeulner bereit zu emigrieren, aber nur, „wofern man ihnen ihre gütter bezahle“[12]. Ein Marktzeulner erklärte 1624 den obrigkeitlichen Kommissaren, er werde fortziehen, aber nicht als erster, „undt solte man ihme gleich hinaußschlaifen“[13]. Der Bamberger Fürstbischof solle eine gerichtliche Klärung der Frage abwarten, ob sie verpflichtet seien, sich den gegenreformatorischen Geboten aus Bamberg zu unterwerfen, forderten 1600 die Einwohner von Marktgraitz[14].

Angekündigter Ungehorsam war nicht die Regel. Üblich war es, daß die Untertanen Geboten einfach nicht folgten, ohne zuvor lange Erläuterungen darüber zu abzugeben. Falls sie gezwungen waren, Beamten gegenüber zu erklären, was sie am gesetzten Termin wählen würden – Konversion oder Emigration –, sagten manche den Übertritt zum katholischen Glauben zu, andere die Abwanderung, wieder andere hielten sich beide Möglichkeiten offen und versprachen nur, gehorsam zu sein. In allen drei Fällen kam es aber vor, daß sie ihrer Erklärung keine Taten folgen ließen.

Manchmal gelang es Untertanen sogar, mehrfach hintereinander ungehorsam zu sein, bevor sie bestraft wurden. 1621 erwähnte der Döringstadter Vogt einen Einwohner von Eggenbach, der drei Vorladungen nach Döringstadt nicht folgte[15]. Ein Unterbrunner, der vor dem Rattelsdorfer Kastner erscheinen sollte, blieb gar fünfmal aus[16].

Nicht selten gehorchten die Untertanen nur für einige Zeit; sobald die Obrigkeit unachtsam war, handelten sie wieder entgegen deren Geboten. So zogen zwar mehrere Protestanten aus Michelau, Marktgraitz und Marktzeuln weg, vermutlich ins benachbarte Sachsen-Coburg, um nicht konvertieren zu müssen; Ende 1614 oder Anfang 1615, als die Gegenreformation wenig forciert wurde, kehrten die Exulanten zurück[17]. Ein evangelischer

7 Vgl. AEB, Rep. I, PfA 334, Brief von 1597 Dez. 11.
8 Vgl. AEB, Rep. I, Nr. 736, fol. 17r.
9 Vgl. AEB, Rep. I, PfA 334, Brief von 1597 Dez. 7.
10 Vgl. ebd., Brief von 1598 Jan. 3.
11 Vgl. StAC, LA D 1322, fol. 226v.
12 AEB, Rep. I, Nr. 744, fol. 8r.
13 StAB, B 49, Nr. 233/II, fol. 453v.
14 Vgl. StAB, B 86, Nr. 24, fol. 58r.
15 Vgl. StAB, ex J 3, Nr. 225, Fasz. 2, fol. 175r.
16 Vgl. StAB, B 110, Nr. 37, fol. 433r–v.
17 Vgl. AEB, Rep. I, Nr. 742, fol. 152v; vgl. dazu auch ein Schreiben des Amtmanns von Sonnefeld aus dem Jahr 1616: StAC, LA D 1183, fol. 20v–21r. Allgemein zu dieser Frage S. 355f.

Marktgraitzer versprach – wohl 1609 – die Konversion, emigrierte dann doch und schlich sich, so der Vogt am Brandt, 1615 wieder ein[18]. Die Rückkehr der Exulanten in ihre Heimatorte vollzog sich allmählich, wie das Beispiel der Familie Hofmann in Döringstadt zeigt. Die Eltern übersiedelten, um nicht konvertieren zu müssen, nach Oberbrunn. Zunächst versorgten sie ihr Anwesen im Hochstift weiterhin; sie kamen „fast täglichen bey nachtlicher weil" dorthin. In einem günstigen Augenblick, als sie „eine stillschweigung" der Gegenreformation spürten, verlegten sie ihren Haushalt „ohne schew" zurück an ihren angestammten Wohnort[19]. Das war kein Einzelfall: Der abgesetzte evangelische Pfarrer von Marktzeuln zog zwar auf ein adliges Lehen nach Schwürbitz, ließ aber seine Kinder in seinem Marktzeulner Privathaus wohnen[20] und kehrte nach einigen Monaten selbst dorthin zurück[21].

## 4.2. *Suppliken an den eigenen Herrn*

Wenn die Obrigkeit gegenreformatorische Gebote hatte verkünden lassen, richteten die evangelischen Einwohner des betroffenen Ortes bzw. der betroffenen Pfarrei als erste Gegenmaßnahme häufig eine Supplik an den Herrn selbst oder an einen evangelischen Fürsten; zuweilen wurden beide Wege gegangen. Der Herr solle auf seiner Anordnung nicht beharren, war zumeist der Tenor des Schreibens, wenn nicht lediglich mehr Zeit für die Befolgung des Gebotes erbeten wurde. Besonders, falls ein örtlicher Beamter namens des Herrn ein Gebot verkündet hatte, drückten die Untertanen zuweilen die Hoffnung aus, der Beamte habe aus eigenem Antrieb, nicht auf eine Anordnung hin gehandelt.

Gelegentlich machten die Untertanen dem Fürstbischof regelrechte Kompromißangebote. So beschloß 1597 die Gemeinde Marktgraitz, sie werde den von ihm bestimmten katholischen Pfarrer annehmen, wenn er sie „bey ihrem lutterischen glauben bleiben und allerdings zum catholischen nicht notigen wolte"; unter dieser Bedingung wollten sie sogar „zulassen, das ire kinderlein, so noch nicht communicirt, den catholischen glauben annehmen" sollten[22]. Das Anerbieten, die Kinder katholisch werden zu lassen, wenn nur die Erwachsenen evangelisch bleiben dürften, war nicht so unglaubhaft, wie es klingt. Tatsächlich lassen sich Fälle nachweisen, in denen evangelische Eltern katholische Kinder hatten; einer der hartnäckigsten Protestanten in Weismain hatte sogar einen Sohn, der Mönch in Langheim war[23].

Formuliert und geschrieben wurden die Bittschriften wohl nur im selteneren Fall von den Absendern selbst. Zumeist bediente man sich offenbar eines Schreibers, der dank seiner Berufserfahrung die Gewähr dafür bot, daß nicht schon eine falsche Anrede oder Wendung den Unwillen des Herrn hervorrufen würde. Für die Schreiber freilich war eine solche Tätigkeit mit einem erheblichen Risiko verbunden (siehe S. 291, 293f.).

18 Vgl. AEB, Rep. I, Nr. 742, fol. 200r.
19 StAB, ex J 3, Nr. 225, Fasz. 2, fol. 173r.
20 Vgl. BayHStA, RKG 406, Q 25.
21 Vgl. AEB, Rep. I, Nr. 740, fol. 166r.
22 AEB, Rep. I, PfA 334, Brief von 1598 Jan. 3.
23 Vgl. StAB, B 49, Nr. 220, fol. 119v.

## 4.3. Gewaltsamer Widerstand

Von gewaltsamem Widerstand sprechen wir, wenn Gewalt gegen Vertreter der Obrigkeit angewandt wurde, aber auch, wenn die offensichtlich gewaltbereiten Untertanen durch ihr Auftreten Beamte oder Geistliche einschüchterten. Letztere Form war die Regel.

Gewaltsamer Widerstand konnte spontan entstehen oder organisiert sein. Nicht immer ist zu klären, worum es sich handelte; es gab aber Fälle, in denen Vorbereitungen unübersehbar waren. Durch Wächter sorgten die Gemeinden nicht selten dafür, daß sie für die ankommenden Beamten gerüstet waren. Als würzburgische Kommissare 1583 den Pfarrer von Döringstadt absetzen wollten, waren die Einwohner nicht nur durch die Altenbanzer vorgewarnt, sie hatten auch eine „wach uffm durrn [gemeint war wohl der Kirchturm] von früe an". Beim Herannahen der bischöflichen Vertreter riefen die Wächter durch Geläut die Gemeinde zusammen[24]. Auch in Rattelsdorf saß 1592 ein Wachposten auf einem Turm[25].

Nicht anders verhielt es sich in Marktzeuln und Marktgraitz, wo die Gemeinden Anfang 1600 über mehrere Wochen hin Wachen postierten[26]. Mit Blick auf den Herbst 1609 erklärte einige Jahre später der bambergische Vertreter vor dem Reichskammergericht: „Seindt [...] uff allen thürnen, thorheusern und nechstgelegenen bergen herumb wachten angestelt geweßen, und alle benachbarte dörfer [haben] sich fertig gehalten, auf den glockenstreichen und andern zaichen mit ihren besten wehren ihnen alßbalden zuzuelaufen"[27]. Kein Wunder, daß im November dieses Jahres Bamberg die Glockenschwengel und die Seile aus den Kirchen in Marktgraitz und Marktzeuln entfernen ließ, „damit man nicht künftig sturm schlagen khöndte"[28]. Nichtsdestoweniger stellten die Marktzeulner auch künftig eine Wache auf, wenn sie Maßnahmen von seiten Bambergs befürchteten. 1624 meldete der Pfarrer dem Bamberger Fiskal, die „Rebellen" hätten „ihre richtige bestälte wach zu nechtlicher zeit"[29]. Und der Lichtenfelser Kastner schrieb ihm: „Sie laßen schildtwach halten fast biß an die Schnei"[30]. Damit kontrollierten sie einen erheblichen Landstrich: Schney ist immerhin über sechs Kilometer (Luftlinie) von Marktzeuln entfernt. Im Februar 1624 schickten die führenden Marktzeulner Protestanten sogar einmal einen Mann „bey eitler nacht" nach Lichtenfels; er sollte auskundschaften, ob die Bürgerschaft aufgeboten sei, um nach Marktzeuln zu ziehen[31].

Umgekehrt waren manchmal wahrscheinlich keine Vorbereitungen getroffen worden. Als 1592 die Einsetzung eines katholischen Pfarrers abzuwehren war, hatten einige Rattelsdorfer keine Waffen bei sich, so daß ihnen der Dorfschmied seine Werkstatt als Arsenal anbot[32]. Nicht geplant war es z. B. auch, daß 1615 einige Marktzeulner Klaus Wesch befreiten, den der Schultheiß verhaftet hatte; einer der Beteiligten wollte sogar zufällig des Wegs gekommen sein[33].

---

24 StAB, ex J 3, Nr. 225, Fasz. 2, fol. 19r.
25 Vgl. StAB, B 49, Nr. 153, Fasz. 1, Prod. 15.
26 Vgl. BayHStA, RKG 406, Q 35.
27 Ebd., Q 3. – 1609 schrieb der bambergische Kommissar Dr. Dietmayr: „die zue Zeuln haben auch tag undt nacht ufn berg, vorm thor, unnderm thor, bey der kirchen undt andern orthen umb den fleckhen wachen lassen, inmassen dann ire wächter von vihlen underschidlichen personen gesehen worden". Ebd., Q 38.
28 Ebd., Q 25.
29 StAB, B 49, Nr. 233/II, fol. 430r.
30 Ebd., fol. 458r.
31 AEB, Rep. I, Nr. 343, fol. 105v.
32 Vgl. StAB, B 110, Nr. 101, fol. 67r.
33 Vgl. StAB, B 49, Nr. 233/II, fol. 685v.

Wie ein unerwarteter Tumult entstehen konnte, zeigt das Verhör der Marktzeulner Bürgerschaft am 5. Februar 1624: Einzeln mußten die Männer angeben, ob sie katholisch werden oder ihr Anwesen verkaufen und fortziehen wollten. 24 Männer erklärten ihre Absicht im Marktzeulner Rathaus den bambergischen und würzburgischen Kommissaren. Doch als Andreas Berner und Andreas Müller aufgerufen wurden, erschien der eine „auß verachtung“ nicht, der andere gab keine Erklärung ab. Die Weigerung dieser beiden war für die Masse ihrer Nachbarn wie ein Signal: „Mit grossem geschrey, juchtzen, poldern und betrohungen“ verließen zahlreiche Männer das Rathaus; einige riefen zu den Waffen. Nur noch fünf Männer traten nach dem Tumult vor die Kommission[34].

Ob nun vorbereitet oder nicht: Der gewaltsame Widerstand der Untertanen lief stets nach einem ähnlichen Schema ab. Sollte anstelle des evangelischen ein katholischer Pfarrer eingesetzt werden, umstellten sie die Kirche und verweigerten den Beamten den Zutritt. Dies taten sie aus zwei Gründen: Zum einen hätte die Öffnung der Kirche angezeigt, daß der Herr das Recht hatte, den Pfarrer einzusetzen. Auf diesen symbolischen Charakter verwies die Bamberger Regierung, als sie 1592 dem Michelsberger Abt auftrug, er solle „die posses der kirchen einemen“, indem er die Tür öffnen, erforderlichenfalls aufbrechen lasse[35]. Zum anderen sollte der von der Obrigkeit bestimmte Pfarrer nicht in der Lage sein, eine geistliche Handlung vorzunehmen und damit förmlich sein Amt anzutreten. So beschwor denn auch im November 1609 Kilian Schauer von Speyer aus die Pfarrgemeinde Marktgraitz: „Mann sei nür behertzt unnd standthafft unnd laß die kirchen nicht öffnen, weniger einen pfaffen hinein. Gesezet, das einer oder zween mit gewalt (Gott verhüete es) hinein gebracht würde, so schaffe man denselben, wann der gewalt hinweg ist, nur frisch wider ab“, denn es „uberwündet das lezte oder guete factum das erste bösse unzulessige“[36].

In der Regel genügte es, wenn die Gemeinde bewaffnet die Pfarrkirche umstellte, um die Vertreter der Obrigkeit von ihrem Vorhaben abzubringen. So verzichtete der Michelsberger Abt 1592 darauf, die Kirche aufbrechen zu lassen, weil er angesichts der wehrhaften Menge „nichts dan tumult, rebellion und aufruhr“ erwartete[37]. Zusätzlich versperrten 1597 die Marktzeulner ihre „schrancken und thor“. Diese konnten die bambergischen Kommissare durch Lichtenfelser Bürger noch aufbrechen lassen, aber mehr auszurichten, war ihnen nicht möglich, denn die Marktzeulner standen rund um die Kirche und drohten mit „schiesen, hauen und stechen“, sobald die Beamten auch nur ein Wort sagten[38]. 1609 sah der fürstbischöfliche Vertreter in Marktzeuln „bey der kirchen herumb fast in allen winckheln undt eckhen“ Bewaffnete; als er dennoch zur Kirche gehen wollte, stellten sich ihm drei junge Männer in den Weg[39]. Doch blieb es hier und auch in ähnlich gelagerten Fällen bei der Drohung. Tätlich angegriffen wurde eine Kommission des Landesherrn im Untersuchungsgebiet nie, sieht man davon ab, daß Marktgraitzer die Kutsche des abfahrenden Rats Dr. Dietmayr mit Steinen bewarfen und einen Berittenen verletzten, der ihn begleitete[40].

Anders die Beamten auf dem Land: Zu Gewalttätigkeiten gegen sie kam es zuweilen, wenn sie – vielleicht obendrein in einer undiplomatischen, herrischen Art – obrigkeitliche

34 AEB, Rep. I, Nr. 343, fol. 4r.
35 StAB, B 110, Nr. 101, fol. 63v.
36 BayHStA, RKG 406, Q 7.
37 StAB, B 110, Nr. 101, fol. 64r.
38 AEB, Rep. I, PfA 334, Brief von 1597 Nov. 5.
39 BayHStA, RKG 406, Q 38.
40 Vgl. ebd.

Mandate vortrugen oder durchführten. Als der Burgkunstadter Vogt 1597 der Gemeinde Marktzeuln den bischöflichen Befehl vorlas, einen katholischen Pfarrer anzunehmen, schüchterten ihn die mit Floßbeilen bewaffneten Männer derart ein, daß er Todesangst ausstand[41]. Als die Bamberger Regierung den Marktzeulnern im selben Jahr das Forstrecht sperrte, gaben diese den Forstbeamten die Schuld; zehn Bürger kündigten der Frau eines Forstknechts an, sie wollten ihren Mann „todt schießen unnd zu stückhen hauen“[42]. Bald darauf suchten 200 Marktzeulner in Burgkunstadt nach dem Vogt, um ihn – wie sie schrieen – zu ermorden[43].

Selten bedrohten die Untertanen ihren Herrn selbst; es gab auch kaum die Gelegenheit. Bestand aber die Möglichkeit, den Herrn unmittelbar anzugreifen, wurde davon durchaus Gebrauch gemacht. Als 1592 der Abt von Michelsberg die Rattelsdorfer Kirche aufbrechen lassen wollte, seien die Einwohner – so erzählte der Fürstbischof zwei Domherren – vor das Amtshaus „geloffen, ihn ein schelm gescholten und [he]rab zu ihnen gefodert, sie wolten im den kopf mit roten laugen zwagen, dann er mit ihnen nicht, wie einer redlichen obrigkeit gebürete, handlete“[44].

Unruhen entstanden nicht nur wegen der Versuche, katholische Pfarrer einzuführen. Eine weitere Gelegenheit, bei der die Gemeinden Gewalt gegen Beamte anwandten, waren Verhaftungen. Es kam einige Male vor, daß Gefangene befreit wurden, so etwa 1615 und 1616 in Marktzeuln. Im ersten Fall hatte der Marktzeulner Schultheiß Klaus Wesch verhaften und in Ketten legen lassen. Doch es entstand ein Auflauf. Eine Frau schrie: „Lauft, es ist feuer.“ Kurz darauf rief sie „nein, es sey khein feuer, sonder der Wesch sey gefangen worden“[45]. Mehrere mit Beilen bewaffnete Männer umringten den Schultheißen[46]; der Gefangene kam frei[47]. 1616 verhafteten der Burgkunstadter Vogt und der Marktzeulner Schultheiß Konrad Dürr und Hans Alt[48]. Die beiden wurden eine Dreiviertelstunde in Marktzeuln festgehalten und sollten dann nach Burgkunstadt gebracht werden, doch auf dem Weg dorthin befreiten einheimische und angeblich auch fremde Männer sie auf der Brücke. Sie entkamen nach Redwitz und ließen sich dort die angelegten Ketten abschlagen[49]. 1597 zogen 200 Einwohner von Marktzeuln – wohl die gesamten wehrfähigen Männer – sogar nach Burgkunstadt, um ihren festgenommenen Schultheißen aus der dortigen Fronfeste zu holen, wobei sie Türen und Fenster zertrümmerten[50].

Auch die Besetzung des Ortes Marktzeuln mit aufgebotenen Bürgern der Nachbarstädte rief Gewalt hervor. Fünf Marktzeulnern wurde im Januar 1610 vorgeworfen, sie hätten nachts jene Wachposten „mit buxen, wehr undt waffen angegrieffen“[51]. Einige Wochen zuvor, am 14. Dezember 1609, war um 6 Uhr abends, also ebenfalls im Schutz der Dunkelheit, der mit Getreide angefüllte Stadel des verhaßten Schultheißen Georg Bückling in Brand gesteckt worden[52].

41 Vgl. AEB, Rep. I, PfA 334, Brief von 1597 Dez. 20.
42 Ebd., Brief von 1597 Dez. 21.
43 Vgl. ebd., Brief von 1597 Dez. 29.
44 StAB, B 86, Nr. 19, fol. 457v.
45 StAB, B 49, Nr. 233/II, fol. 675r.
46 Vgl. ebd., fol. 685v.
47 Vgl. StAC, LA D 1322, fol. 325r.
48 Ersterer war nach Michelau gezogen, hatte aber gerade die an seinem Marktzeulner Haus wachsenden Weintrauben verkaufen wollen.
49 Vgl. StAB, B 49, Nr. 233/II, fol. 686r–v.
50 Vgl. AEB, Rep. I, PfA 334, Brief von 1597 Dez. 29.
51 StAC, LA D 1322, fol. 43r.
52 Vgl. StAB, B 76/XXXIII, Nr. 3, fol. 447v–448r.

Die unterschiedlichsten Waffen wurden verwandt, um sich gegen obrigkeitliche Maßnahmen zu wehren. Büchsen und Hellebarden trugen 1597 in Marktzeuln die Männer, außerdem schleppten sie Steine auf den Kirchturm. Frauen brachten kochendes Wasser auf die Dachböden und liefen mit Mistgabeln bewaffnet herbei, als eine bambergische Kommission erwartet wurde, die einen katholischen Pfarrer einsetzen sollte. Selbst Kinder beiderlei Geschlechts kamen mit Prügeln dazu[53]. Über den ersten Versuch im Jahr 1609, katholische Pfarrer in Marktzeuln und Marktgraitz einzusetzen, berichtete ein Protestant, die Frauen seien „mit ihren mist- und ofengabeln" zur Kirche gelaufen, und die Männer hätten „die wammes vorn aufgerißen, von sich geworfen und mit bloßen schwertern zur defension gegriffen"[54]. Aus Marktgraitz meldete 1597 der Vogt nach Bamberg, die Einwohner hätten die Kirchhofmauer „mit großen steinen belegt" und „die buchßen, die sie uff den thurn haben, alle zuegericht". 1609 versammelten sich die Marktgraitzer Männer um die Pfarrkirche, viele Frauen bewaffneten sich „mist-, hew- undt ofengablen, prügeln unndt scheytern"; große Steine lagen auf der Kirchhofmauer[55].

Die in Marktzeuln gängigste Waffe war offenbar das Floßbeil. Ein Marktzeulner, 1617 in Bamberg befragt, mit welchen Waffen im Vorjahr der Burgkunstadter Vogt überfallen worden sei, antwortete: „Sie werden peihl gehabt haben, dann keiner baldt ohne ein peihl außgehe"[56]. Hinzu kamen – wie erwähnt – Schußwaffen, namentlich Büchsen, sowie Prügel, Steine und heißes Wasser. Wenn die Untertanen unvorbereitet Gewalt anwandten, dann benutzten sie als Waffen nicht selten Geräte, mit denen sie gerade arbeiteten. 1616 befreiten mehrere Marktzeulner zwei verhaftete Nachbarn aus der Hand des Vogts von Burgkunstadt und des Schultheißen von Marktzeuln. Dabei waren sie, da sie gerade gedroschen hatten, mit Dreschflegeln und Heugabeln bewaffnet[57].

All diese Waffen dienten in erster Linie dazu, die anwesenden Beamten einzuschüchtern. Die Untertanen demonstrierten, daß sie sehr wohl in der Lage waren, sich zur Wehr zu setzen. Ernstlich wurden sie freilich, soweit bekannt, nie gegen einen Vogt, Kastner oder Amtmann eingesetzt.

## *4.4. Klagen beim Reichskammergericht*

Falls Bitten nichts halfen, falls die Obrigkeit selbst nach der schriftlichen Intervention eines evangelischen Fürsten auf gegenreformatorischen Geboten bestand, wandten sich die Untertanen in einigen Gemeinden des Untersuchungsgebietes an das Reichskammergericht.

Das Reichskammergericht – und nicht der Reichshofrat – wurde gewählt, weil es sich selbst wiederholt als zuständig für Religionssachen bezeichnete[58]. So heißt es in einem Mandat, das das Gericht auf Antrag der Gemeinde Döringstadt erlassen hatte, daß „das

53 AEB, Rep. I, PfA 334, Brief von 1597 Nov. 8.
54 StAC, LA D 1322, fol. 11r.
55 BayHStA, RKG 406, Q 38.
56 StAB, B 49, Nr. 233/II, fol. 690v.
57 Vgl. ebd., fol. 686v.
58 Zur grundsätzlichen Rechtsproblematik der Religionsprozesse vgl. Rabe; ferner Heckel, Martin: Die Reformationsprozesse im Spannungsfeld des Reichskirchensystems. In: Diestelkamp, Bernhard (Hrsg.): Die politische Funktion des Reichskammergerichts. Köln / Weimar / Wien 1993 (Quellen und Forschungen zur höchsten Gerichtsbarkeit im Alten Reich 24), S. 9–40; Kratsch, Dietrich: Decision oder Interpretation – der „Vierklosterstreit" vor dem Reichskammergericht. Ebd., S. 41–58; zu diesem Komplex ausführlich ders.: Justiz – Religion – Politik. Das Reichskammergericht und die Klosterprozesse im ausgehenden sechzehnten Jahrhundert. Tübingen 1990.

religionwerckh an im selbsten ainig ohn [= an] unser kay[serliches] camergericht gehöre"[59]. Der Reichshofrat selbst hatte 1564 eine einschlägige Klage abgewiesen und das Reichskammergericht für zuständig erklärt[60]. Im übrigen zog sicherlich die konfessionelle Zusammensetzung des Richtergremiums klagewillige Protestanten eher zum Reichskammergericht. Denn während allein der Kaiser die Richter des Reichshofrates berief und sich dabei auf katholische Juristen beschränkte, wurden die Assessoren des Kammergerichts von den Ständen bestimmt. Die Wirkung auf evangelische Kläger beschreibt 1788 Johann Stephan Pütter: „Wie mußte [...] den Protestanten zu Muthe werden, da sie wußten, daß am Reichshofrath nicht, wie am Reichscammergericht, auch evangelische Mitglieder, sondern nur catholische Reichshofräthe waren, und da sie bald erfuhren, daß der Einfluß, den Jesuiten [...] auf das Kaiserliche Cabinet hatten, auch in Entschließungen auf Reichshofrathsgutachten oder in anderen unmittelbaren Einflüssen auf dieses hohe Collegium nicht unwirksam blieben?"[61] Sollte also die Klage evangelischer Untertanen gegen ihren katholischen Herrn in einer Religionsangelegenheit überhaupt Aussicht auf Erfolg haben, dann allenfalls am Reichskammergericht.

Doch auch hier standen die Chancen nicht allzu gut, denn ein Patt war fast vorprogrammiert. Die protestantischen Stände hatten 1560 durchgesetzt, daß bei Klagen, die die Religion betrafen, das Richterkollegium paritätisch besetzt sein mußte, obwohl es um 1600 etwa elf bis zwölf evangelische, aber etwa 30 katholische Beisitzer am Reichskammergericht gab[62]. Dadurch aber, so erklärten die Pfarrgemeinden Marktzeuln und Marktgraitz (de facto heißt das wohl: Schauer) dem Herzog von Sachsen-Coburg, ergäben sich jedesmal „paria vota", denn die Beisitzer stimmten ihrer Konfession entsprechend ab und beschlössen „dahero kein decret"[63]. In dieser Verkürzung vermittelt der Brief freilich ein schiefes Bild. Horst Rabe verweist darauf, daß eine derartige Situation nicht immer herrschte, daß Entscheidungen in Klagen, die den Religionsfrieden betrafen, nicht selten waren[64]; auch die Marktgraitzer und Marktzeulner erlangten Mandate, mindestens ein katholischer Beisitzer hielt ihr Vorbringen also für berechtigt. Freilich scheint es, als hätten aufgrund der konfessionellen Konflikte im frühen 17. Jahrhundert – der Streit um Jülich sei pars pro toto genannt – die Assessoren eine wesentlich härtere Linie verfolgt als früher und sich gegen Anträge ihrer jeweiligen Glaubensgegner entschiedener gesperrt als Jahrzehnte zuvor. Das würde die Beurteilung der Lage am Reichskammergericht durch Stambler und Schauer erklären.

Stambler erarbeitete 1612 einen Vorschlag, der sich an Sachsen-Coburg und die in der Pfarrei Marktgraitz begüterten Adligen richtete. Sein Plan lief darauf hinaus, daß die evangelische Seite sich die Parität und die daraus resultierende Unfähigkeit zu Entscheidungen zunutze machen solle. Coburg und die Adligen sollten von Bamberg verlangen, den

---

59 StAB, ex J 3, Nr. 225, Fasz. 2, fol. 81r. – Zum Kompetenzstreit zwischen Reichskammergericht und Reichshofrat in Religionsprozessen vgl. Sellert, Wolfgang: Über die Zuständigkeitsabgrenzung von Reichshofrat und Reichskammergericht, insbesondere in Strafsachen und Angelegenheiten der freiwilligen Gerichtsbarkeit. Aalen 1965 (Untersuchungen zur deutschen Staats- und Rechtsgeschichte NF 4), S. 79–81.

60 Vgl. Geschichte des Kaiserlichen und Reichs Cammergerichts unter der Glorwürdigsten Regirung Kaisers Carl des Fünften von den Jahren 1545 bis 1558, als eine Fortsetzung des Cammergerichtlichen Staats-Archivs oder Sammlung von gedruckten und Mehrentheils ungedruckten Actis Publicis etc. 6. Theil. Frankfurt a. M. 1768, S. 79.

61 Pütter, Johann Stephan: Historische Entwicklung der heutigen Staatsverfassung des Teutschen Reichs. Göttingen $^{2}$1788, Bd. 2, S. 24.

62 Vgl. Smend, S. 189f.; die Zahl der Katholiken erschlossen aus S. 186. Zur paritätischen Besetzung vgl. auch Rabe, S. 273.

63 BayHStA, RKG 406, Q 16.

64 Vgl. Rabe, S. 271–278, bes. S. 276f.

katholischen Pfarrer von Marktgraitz abzuziehen. Falls der Bischof nichts dergleichen tue, sollten sie „mit zuethuen der evangelischen bambergischen unnderthanen“ den Pfarrer „abschaffen“ und einen lutherischen Geistlichen einsetzen. Bamberg werde dagegen natürlich in Prag oder in Speyer klagen, werde jedoch „damit nitt fort kommen“. Wende sich der Bischof an den Reichshofrat, könne man argumentieren, daß „die sache nicht dahin gehöret“ und daß ja selbst der Kaiser seinen Untertanen in den Erblanden ihren Gauben lasse. Komme die Angelegenheit vor das Reichskammergericht, ergäben sich „paria vota“ – und damit keine Entscheidung[65]. In die Tat umgesetzt wurde Stamblers Plan nicht.

Gegenstand einer Klage von Untertanen gegen ihren Landesherrn konnte nicht sein, daß er sie vor die Wahl zwischen Konversion und Emigration stellte, denn damit wandte er ja nur ein Recht an, das ihm der Augsburger Religionsfrieden ausdrücklich zugestand. Der Prozeßantrag bzw. die Klage der Pfarrgemeinden Marktzeuln und Marktgraitz betraf das Patronatsrecht über beide Pfarreien, das – so die Kläger – den Gemeinden zustehe und von Bamberg und Würzburg durch die Abzugsbefehle an die evangelischen Geistlichen bzw. durch deren Vertreibung mißachtet worden sei. Durch den Antrag auf ein Mandat sollten gefangengenommene Protestanten befreit werden, mit demselben Mittel wehrten sich die evangelischen Untertanen dagegen, daß ihnen der Zugang zu ihren Gütern im Hochstift verwehrt wurde. Die Protestanten im Amt Döringstadt bemühten das Reichskammergericht, weil Untertanen verhaftet worden waren, die weder Konversion noch Emigration geloben wollten; der Dompropst habe gegen den Augsburger Religionsfrieden verstoßen, da er für die Emigration keinen angemessenen Termin gesetzt habe[66].

Die Döringstadter erlangten im September 1603 ein Mandat cum clausula, das den Adressaten – dem Bamberger Dompropst und dem Vogt von Döringstadt – gebot, die wegen ihrer Weigerung zu konvertieren verhafteten Untertanen freizulassen, und eine Ladung vor das Reichskammergericht beinhaltete. Im Oktober legte der Anwalt des Dompropstes exceptiones vor, durch die er dem Gericht darlegte, warum der Beklagte dem Mandat nicht zu gehorchen habe[67]. Seine über 200 Seiten starke Replik reichte der Prokurator der Untertanen im September 1604 ein; darin bemühte er sich, die Argumente der exceptiones zu widerlegen, und er beantragte, diese zu verwerfen, die im Mandat angedrohte Pön zu verhängen und „arctiores processus zu erkhennen“[68]. Als im Juni 1604 Bischof und Dompropst anordneten, die evangelischen Untertanen im Amt hätten bis zum 30. November katholisch zu werden oder fortzuziehen, riefen acht Gemeinden erneut das Reichskammergericht an, da der Termin zu knapp sei und das Vorgehen mithin dem Religionsfrieden widerspreche. Wie sie beantragt hatten, verlängerte das Reichskammergericht durch ein Mandat sine clausula die Frist für Konversion oder Emigration, und zwar um ein Jahr; zugleich wurden der Bischof von Bamberg, der Dompropst und dessen Döringstadter Beamte auf den 1. März 1605 vor das Gericht zitiert[69]. Möglicherweise hofften die Untertanen, nach Verstreichen des gerichtlich festgesetzten Termins eine erneute Verlängerung zu bewirken – doch vergebens. Es wurde ihnen im Mai 1606 aufgetragen, dem Befehl zu folgen[70].

---

65 StAC, LA D 1322, fol. 154r–v.
66 Vgl. die Angaben im daraufhin erlassenen Mandat: StAB, ex J 3, Nr. 225, Fasz. 2, fol. 77r–82v.
67 Offenbar nicht erhalten. Erwähnt in BayHStA, RKG 17465, Replicae, fol. 2v.
68 Ebd., fol. 104v.
69 Vgl. StAB, B 49, Nr. 33, Prod. 33.
70 Vgl. ebd., Nr. 191, fol. 255r–v.

Die Marktgraitzer und Marktzeulner konnten Anfangserfolge verzeichnen: Dem Prozeßantrag, den ihr Advokat am 12. Dezember 1609 stellte[71], wurde stattgegeben[72]; zwei Tage später lud das Reichskammergericht namens des Kaisers den Bamberger und den Würzburger Bischof sowie den Bamberger Domdekan vor[73]. Als erster Termin wurde dabei der 18. Februar 1610 festgesetzt. Am 23. März 1610 legte der Klägeranwalt das Klaglibell vor, den Sachantrag[74] – die Daten dazu hatte Schauer schon im Dezember 1609 zusammengestellt[75] –, den er am 2. September zurückzog und durch eine revidierte Fassung ersetzte[76]. Am 16. September beantragte er eine commissio ad perpetuam rei memoriam, bestehend aus vier Doktoren der Rechte[77], die 27 Zeugen im Alter zwischen 36 und 81 Jahren über die Artikel des Klaglibells verhören sollte[78].

Doch zu diesem Zeitpunkt war die Sache der evangelischen Untertanen bei Gericht bereits ins Stocken geraten, da die bischöflichen Räte – sie arbeiteten in der Regel die Prozeßschriften aus – und der bambergische Prokurator es verstanden hatten, den Klägern durch verfahrensrechtliche Fragen Knüppel zwischen die Beine zu werfen. Am 13. September 1610 beanstandete Bamberg, es sei nicht rechtmäßig, das Libell zurückzuziehen und eine überarbeitete Version einzureichen; er bat, beide zu verwerfen und die Klage abzuweisen[79]. Am 28. September und am 15. Dezember 1610 bemängelte der bischöfliche Prokurator die Vollmacht für den Klägeranwalt. Schließlich mußte im Dezember 1610 ein Notar ein Instrument ausstellen, durch das 378 einzeln aufgeführte Personen aus Marktzeuln und der Pfarrei Marktgraitz Konrad Fabri als ihren Prokurator bevollmächtigten[80].

Als die klagenden Gemeinden eine commissio ad rei memoriam beantragten, verlangten Bamberg und Würzburg eine Abschrift der Zeugenliste, die die Kläger, offenbar zum Schutz der Zeugen, verweigerten[81]. Der Streit, ob dem Angeklagten eine Kopie der Liste zustehe, verzögerte die Genehmigung der commissio und damit den Fortgang des gesamten Prozesses. Außerdem müsse, so wandte der bambergische Prokurator am 1. März 1612 ein, zunächst die Frage geklärt werden, ob das Klaglibell Rechtens sei, bevor er einer commissio zustimmen könne. Und im übrigen sei der Antrag auf eine commissio ohnedies zu verwerfen, weil eine Klage, wie die Marktgraitzer und Marktzeulner gegen ihre von Gott gesetzte Obrigkeit führten, unzulässig sei[82]. Die Verzögerungstaktik Bambergs zielte wohl nicht nur darauf, das Verfahren zu verschleppen, sondern auch darauf, die Beweissicherung zugunsten der Gemeinden zu behindern, denn je länger die commissio auf sich warten ließ, desto mehr der großteils recht betagten Zeugen starben. Schließlich empfahl

71 Vgl. BayHStA, RKG 406, Q 9.

72 Die supplicatio pro processibus ging nicht in die Akte des Judizialverfahrens ein und ist daher nicht erhalten. Zu den Formalien vgl. Dick, S. 130–132.

73 Vgl. BayHStA, RKG 405, Q 1. – Der Advokat der Kläger erfuhr erst mit geraumer Verspätung von der Ladung. Am 23. Januar 1610 schrieb er an Schauer: „Daß die citatio gefertigt unndt, wie ich ächte, schonn insinuirt wordten, daß ist etwaß zue schnäll undt ohne mein wissen geschehen, unndt bin ich ain zeitlang kranckh gewesen, allso das ich umb verfertigung derselben nichtß hab wissen kennen". Stambler kam dadurch in Zeitdruck, denn er mußte ja rechtzeitig das Klaglibell vorlegen, hatte aber dafür „nit genuegsamb bericht". Er bat dringend, „daß mir ganz eylfertig ausfüerlicher bericht zuegeschickht werdte". BayHStA, RKG 406, Q 42.

74 Vgl. BayHStA, RKG 405, Q 3; Abschrift: StAB, B 49, Nr. 59.

75 Vgl. HSAM, RKG 406, Q 9.

76 Vgl. BayHStA, RKG 405, Q 6.

77 Arnold Muhm und Martin Benckendorf, beide brandenburgische Räte in Kulmbach, Marcus Enter, pappenheimischer Rat in Gräfenthal, und Paul Matthias Wöhner in Kitzingen.

78 Vgl. BayHStA, RKG 405, Q 7 (Antrag) und 8 (Zeugenliste).

79 Vgl. ebd., Prozeßprotokoll (auch zum Folgenden).

80 Vgl. ebd., Q 13, 20.

81 Vgl. ebd., Prozeßprotokoll.

82 Vgl. ebd., Q 24.

Stambler im März 1614, die noch lebenden sowie neue Zeugen wenigstens außergerichtlich zu verhören; vermutlich sollte darüber ein Notariatsinstrument aufgerichtet werden[83].

Den Spieß umzudrehen, die nicht seltene Unfähigkeit des Reichskammergerichts, in religiösen Fällen zu entscheiden, für sich zu instrumentalisieren, gelang der Pfarrgemeinde Marktgraitz – wie erwähnt – nicht, da weder Coburg noch Adlige den entsprechenden Plan Stamblers verwirklichten.

Immerhin erwirkten die beiden Gemeinden und Schauer beim Reichskammergericht mehrere Mandate: Im Dezember 1609 sicherte es den Untertanen durch ein Mandat sine clausula den freien Zugang zu ihren Gütern[84]. Im Juli 1610 verbot das Gericht – ebenfalls durch ein Mandat sine clausula –, Schauer „in verrichtung seines notariatampts, auch anderen gescheﬀten unnd haußweßen" zu belästigen[85]. Als bambergische Beamte im folgenden Jahr dennoch das Haus von Schauers Stiefvater durchsuchten und dort Schriftstücke beschlagnahmten, verfügte das Gericht – wieder ohne justifikatorische Klausel – im Dezember 1611 deren Rückgabe und untersagte dem Bischof, Schauer und die übrigen Untertanen am Prozeß zu hindern[86]. Um die Jahreswende 1616/17 ergingen „auß dem keyßerl[ichen] cammergericht zwey scharfe mandata" gegen den Bamberger Bischof und den Langheimer Abt. Ihnen wurde geboten, ihre evangelischen Untertanen in Marktgraitz, Marktzeuln und Umgebung „ohne verzug, einrede und entgeld an bau und verwesung" ihrer Güter „nicht zu verhindern"[87].

Wie erlebte der Vertreter einer Gemeinde den Kontakt mit Gericht und Anwalt, was wußte bzw. erfuhr die klagende Gemeinde selbst davon, wie es in Speyer zuging, wie wirkte sich die Klage für sie aus? Antwort auf diese Fragen geben uns zwar nicht die Prozeßschriften, aber Briefe Schauers aus Speyer sowie gelegentliche Hinweise in Akten obrigkeitlicher Provenienz.

Als 1609 bei den Pfarrern von Marktzeuln und Marktgraitz Befehle eintrafen, sie hätten abzuziehen, versammelten sich die beiden Geistlichen, drei Vertreter der Gemeinde Marktzeuln und mehrere Angehörige der Pfarrei Marktgraitz, unter ihnen Kilian Schauer, im Pfarrhaus zu Marktgraitz. Hier beschlossen sie „einhellig und freywillig", gegen die obrigkeitliche Anordnung vor dem Reichskammergericht zu klagen, da dies bereits 1598 Erfolg gezeitigt habe. Daraufhin wurde den einzelnen Dörfern „dieser schlus [...] offentlich angedeutet"[88]. Eine spätere Versammlung der Gemeindevertreter, bei der wohl über das bereits Erreichte und das weitere Vorgehen beraten wurde, fand, wenn wir einer undatierten Aufzeichnung des Marktzeulner Pfarrers glauben dürfen, nachts im Marktzeulner Rathaus statt[89]. 1617 waren die Schwürbitzer Dorfmeister in Redwitz, um „wegen der speyerischen rechtfertigung kundschaﬀt [zu] geben". Ein Treffen von Vertretern der Pfarrei Marktgraitz, von Marktzeulnern und von langheimischen Untertanen „wegen der speyerischen rechtsach" fand 1618 oder Anfang 1619 in einem Schwürbitzer Privathaus (einem Wirtshaus?) statt[90]. Im Marktzeulner Rathaus beschlossen im März 1619 mehrere Bürger „ein neue contribution", um Geld für den Rechtsstreit aufzubringen[91].

83 Vgl. StAC, LA D 1322, fol. 189v.
84 Erwähnt in StAB, B 49, Nr. 59, „Exceptiones sub et abreptionis" (präs. 1610 Jan. 30).
85 BayHStA, RKG 11289, Q 1.
86 Vgl. BayHStA, RKG 406, Q 1.
87 StAC, LA D 1208, fol. 192v; vgl. auch BayHStA, RKG 405, Triplik des Klägeranwalts (präs. 1617 März 28).
88 BayHStA, RKG 11289, „Replicae unnd handlung uff exceptiones", präs. 1612 August 25; auch RKG 406, Q 61.
89 StAB, B 49, Nr. 233/II, fol. 724v.
90 StAB, L 41 Schwürbitz, R 8.
91 AEB, Rep. I, Nr. 744, fol. 11r.

Die Masse der Untertanen spürte die Klage in Speyer zunächst als finanzielle Last. Denn der Prozeß vor dem Reichskammergericht verursachte erhebliche Kosten: für das Gericht bzw. dessen Kanzlei[92], für die Anwälte[93], für die Vertreter der klagenden Gemeinden. Daneben erhielten weitere Personen Trinkgelder; dem Protokollisten des Prokuratoren schenkte Schauer im November 1609 einen Reichstaler, weil er „in sollicitiren [...] grossen fleiß“ zeige“[94].

Anfang 1612 sollen die Marktzeulner Kilian Schauer 100 Gulden gegeben haben, damit er „das speyerisch urtheil“ abholen könne[95], und schon im April trug ein Marktgraitzer weitere 100 Gulden nach Speyer[96]. Ein Schneider in Birkach im Amt Döringstadt erhielt 1606 „von ettlichen benachtbarden“ rund 28 Gulden, die für das Reichskammergericht bestimmt waren[97].

Die erforderlichen Summen wurden in der Regel durch Sammlungen erbracht. Im Amt Döringstadt gaben 1607 viele evangelische Haushalte je einen Gulden, um die Kosten einer von ihnen erwirkten Ladung zu decken[98]. Auch in den Pfarreien Marktzeuln und Marktgraitz sollen sich im Oktober 1609 250 Männer zusammengefunden und beschlossen haben, vorerst je einen Gulden zu zahlen[99]. Im Januar 1610 gingen dann in Marktzeuln „die einsambler deß speyerischen proceßgeldes“ herum[100]. In der Pfarrei Marktgraitz wurde das Geld von Bewohnern des Pfarrdorfes gesammelt[101], meist von dem um 1539 geborenen[102] Georg Marr, der – vielleicht deshalb – scherzhaft als „Kanzler“ tituliert wurde[103]. Ein anderer Marktgraitzer, Balthasar Schmidt, dessen angeblicher Spitzname „Oberschultheiß“ ebenfalls auf seine herausragende Wirksamkeit hindeutet[104], sagte 1617 aus, einst sei ein Marktzeulner aus Speyer angekommen und habe Geld gewollt; daraufhin sei Schmidts Frau herumgegangen und habe gesammelt. „Hettens ihr ein wenig geben und sie dartzu gelegt, solches dem potten geben, die nachbarn hetten über 2 f nit geben, wiß nit, wievil sein frau dartzu gelegt“[105]. Im Mai 1611 erwähnte Schauer, die sächsischen Untertanen in der Pfarrei Marktgraitz hätten sich zweimal an den Kosten beteiligt, und zwar pro Haushalt mit einem Viertelgulden, den wohl auch die übrigen Angehörigen der Pfarrgemeinde aufzubringen hatten[106].

Zu den Sammlungen kamen weitere Geldquellen. Die Schwürbitzer Dorfmeister gaben „mit vorbewust der schultheisen“ zwischen 1617 und 1620 mehr als viermal Geld aus der Gemeindekasse Schwürbitz „zur speyerischen rechtsach“, insgesamt über 19 Gulden[107]. Möglicherweise diente der Verkauf des Marktzeulner Gemeindewaldes im Herbst 1617[108] dazu, Geld für die in Speyer anfallenden Kosten zu beschaffen.

---

92 Vgl. Smend, S. 333–339; Dick, S. 184 f.
93 Vgl. Smend, S. 347 f.
94 BayHStA, RKG 406, Q 7.
95 AEB, Rep. I, Nr. 741, fol. 13r, vgl. auch fol. 15v.
96 Vgl. ebd., fol. 31v.
97 StAB, ex J 3, Nr. 225, Fasz. 2, fol. 100r.
98 Vgl. StAB, B 86, Nr. 26, fol. 322v.
99 Vgl. StAB, B 76/XXXIII, Nr. 3, fol. 429v.
100 AEB, Rep. I, Nr. 740, fol. 33v.
101 Vgl. StAB, B 49, Nr. 233/II, fol. 681r.
102 Vgl. ebd., fol. 679v.
103 Vgl. ebd., fol. 668r, auch 681r.
104 Vgl. ebd., fol. 668r, aber auch 684r.
105 Ebd., fol. 683v.
106 Vgl. BayHStA, RKG 406, Q 22/II.
107 StAB, L 41 Schwürbitz, R 8 und 9.
108 Vgl. AEB, Rep. I, Nr. 743, fol. 223r.

Woher auch immer das Geld kam: Es fiel den Untertanen offenbar schwer, das Erforderliche aufzubringen. So geizten die Gemeinden denn, wo es ging. Schauer schrieb im November 1609 nach Hause: „Zweinzig reichsdaller unnd 7 f mü[n]tz hab ich wol empfangen, aber ich glaub gentzlich, ihr meinet, man werde mir noch gelt für essen unnd drinckhen herausergeben, alhie zu Speier ist auch die lufft (darann man doch nit sat wird) teuer, fraget andere“[109]. Der Reichskammergerichtsadvokat Dr. Stambler mahnte mehrfach die ausstehende Bezahlung an[110]. Selbst ein Marktzeulner, den die Gemeinden als Boten nach Speyer geschickt hatten, erklärte 1617, er sei seit fünf Jahren nicht mehr dorthin gereist, „weil sie ihn nit bezallen wöllen“[111].

Neben den Kosten dürfte die zermürbende Trägheit des Gerichtsbetriebes die klagenden Untertanen belastet haben. Im März 1610 empfahl Dr. Stambler den Protestanten im Hochstift Bamberg, sie sollten „andterwerz“ Schutz erbitten, denn es gehe langsam zu am Reichskammergericht; evangelische Antragsteller hätten überdies „wennig favors“[112]. Zwar seien die evangelischen Beisitzer hilfsbereit, doch könnten sie nichts ausrichten, da sie in der Minderheit seien[113]. Mit Blick auf diesen Zustand schrieb Stambler 1611: „Gott geb, das eß mit den evangelischen einmhal etwas leidtenlicher zuegehe undt unsere oberherrn nit steetigs also schlümmern, wie bißhero geschehen“[114]. Die Krankheit und Abwesenheit mehrerer Assessoren verzögerte im Mai 1611 den Fortgang der Klage zusätzlich[115].

Die katholischen Assessoren ließen die Vertreter der Protestanten ihre Antipathie spüren. Kilian Schauer klagte im Dezember 1609, „wie verächtlich, spöttlich und abscheulich ich [...] von den gegentheils beysitzern und iren dienern bin geachtet, tacite begickhelt, verlacht und veracht gewesen“. Dem Vertreter der Gemeinden im Amt Teuschnitz erging es nicht anders. „Aber ich habe es“ – so Schauer weiter – „nicht geachtet, sondern mit traurigen gemuth verschmertzet und offt nicht sehen wöllen“[116]. Auch der Advokat Dr. Stambler sprach von einer „odiosa causa, da man bey dem gegentheyl nichts dann neydt, hass, ya noch wol ärgerß zue fürchten“ habe[117]. Die Angehörigen der Gerichtskanzlei waren – so Schauer im Herbst 1609 – „alle miteinander“ Katholiken und scheinen gelegentlich die Ausfertigung eines beschlossenen Mandats oder einer Ladung verzögert zu haben. Die Teuschnitzer etwa erwirkten 1609 eine citatio, die aber, wie Schauer nach Hause berichtete, „nit auß der cantzlei [...], auch auf vielfeltigen anhalten, herfürspringen“ wolle[118].

Wurde aber ein Mandat erlassen oder ein Prozeß eröffnet und der Bischof bzw. (im Fall Döringstadts) der Dompropst vor das Reichskammergericht geladen, stärkte das die Siegeszuversicht der klagenden Gemeinden. Es schien nun doch möglich, die angelaufene Gegenreformation abzuwenden. Kein Wunder, daß der Überbringer des Mandats mit offenen Armen empfangen wurde. Im Regelfall überbrachte eine Ladung – dasselbe galt für Mandate – ein berittener Bote des Reichskammergerichts[119]. Wie 1603 der Bote von den

---

109 BayHStA, RKG 406, Q 6.
110 Vgl. ebd., Q 42, 57.
111 StAB, B 49, Nr. 233/II, fol. 675v. Er hatte für die Reise fünf Gulden erhalten, aber kein „wartgelt“, d. h. wohl: er mußte mit jenem Betrag seine gesamten Kosten decken, unabhängig von der Länge seines Aufenthalts in Speyer.
112 BayHStA, RKG 406, Q 45.
113 Vgl. ebd., Q 50.
114 Ebd., Q 57.
115 Vgl. ebd., Q 52.
116 Ebd., Q 10.
117 Ebd., Q 42.
118 Ebd., Q 5.
119 Vgl. Dick, S. 133–137.

Döringstadtern aufgenommen wurde, berichtete der dortige Vogt aufgebracht nach Bamberg: „Sobalt aber das mandat ist ihnen durch den boden offenbahr worden, seint sie zusammengelaufen und dasselbig ihnen vorlesen lassen und ein frolocken daruber gehabt und sich [...] zusammengesetzt und einen schlamb[120] wegen groser freudt miteinander gehalten, und haben den boden obenan gesetzt, als wan es ein grosser potendat und herr were, ihme, boden, geachten und gehalten"[121]. Auf Antrag der Untertanen in den Pfarreien Marktgraitz und Marktzeuln erließ Ende 1609 das Reichskammergericht ein Mandat, das ihnen, auch den Geflohenen, den freien Zugang zu ihren Gütern gestattete. Ihr Selbstbewußtsein demonstrierten Anfang 1610 zwei der flüchtigen Bürger bei der Ankunft des Reichskammergerichtsboten: Als er sich Marktzeuln näherte, schlossen sie sich ihm an. Mit geladenen Rohren begleiteten sie ihn in den Ort, zeigten ihm stolz den abgebrannten Stadel des Schultheißen Georg Bückling und führten ihn schließlich ins Wirtshaus, wo sie „reden wieder die gemein bambergische dinner, den pfarherrn und die obrigkeit selbsten" führten. „Man musse sie nun bleiben lassen, man wolte oder wolte nicht", erklärten sie[122].

Der Bote selbst scheint sich in beiden Fällen zurückgehalten zu haben. Das war nicht immer so. In Teuschnitz machte der zweifellos evangelische Bote 1598 kein Hehl daraus, wem seine Sympathien gehörten. Er forderte den Pfarrer vor sich; als dieser sich weigerte – der Bote solle zum Pfarrhaus kommen –, hielt ihm der Bote entgegen, „das er keiserischer diner, pfarh[er] nur furstlicher, derwegen muß ihme pfarh[er] entgegen gehen". Das Argument überzeugte den Pfarrer offenbar. Als er vor dem Boten erschien, stellte dieser ihn zur Rede, denn der Pfarrer hatte, um seine Pfarrkinder von der Klage am Reichskammergericht abzubringen, darauf hingewiesen, daß kein Bote aus Speyer komme; spöttisch hatte er gesagt, es sei wohl ein hinkender Bote unterwegs. Er werde den Pfarrer beim Kaiser verklagen, drohte der Bote, und er befahl ihm, „das er gegen den bauren ferners nichtes furnemen wolle in der religion, sonders seines predigampts warten, die leute mit worten zu der religion bringen undt nicht mit waffen"[123]. Ein vergleichbares Auftreten ist im Untersuchungsgebiet nicht nachzuweisen.

Blieben die Prozesse auch oft ohne greifbare Erfolge, so nährten sie doch das Selbstbewußtsein der Untertanen. Anfang 1612 klagte der katholische Schulmeister von Marktzeuln in Bamberg, „er müße den lutherischen catechismum in der schul wiederumb leiden, dan die Zeulner [hätten] sich verlauten laßen, ihre gerechtigkeit schwebe entbor"[124]. Der unentschiedene Prozeß bot ihnen obendrein eine Möglichkeit, ihren Ungehorsam zu legitimieren. Im November 1609 verweigerten die Marktzeulner die Annahme eines katholischen Pfarrers mit dem Hinweis darauf, daß „die sachen nunmehr rechthengig und am kay[serlichen] cammergericht anbracht" sei; die Obrigkeit solle „des rechtlichen ausschlags erwarten"[125]. Auch ihr Coburger Advokat Dr. Merck teilte um diese Zeit der Coburger Regierung mit, die Marktzeulner hofften, sich mit „durch kay[serliche] mandata" im Besitz des

120 Gelage.
121 StAB, ex J 3, Nr. 225, Fasz. 2, fol. 83r.
122 StAB, B 49, Nr. 59, Exceptiones sub et abreptiones.
123 StAB, B 49, Nr. 191, fol. 379r.
124 AEB, Rep. I, Nr. 741, fol. 13r.
125 StAC, LA D 1322, fol. 11r. – Im Bericht des bambergischen Kommissars, der drei Tage später nach Marktzeuln kam, heißt es, die Gemeinde habe ihm durch die Viertelmeister erklären lassen, „sie hetten ire sachen am kay. cammergericht anhengig gemacht undt liessen es bey solchen angefangenen proceß irestheils allerdings bewendten, wollten auch den ausschlag doselbsten erwarthen, hofften, es werdte inen baldt ain beschaidt zukommen". BayHStA, RKG 406, Q 38.

Patronatsrechtes schützen zu können[126]. Zwischen Ostern und Juli 1610 konvertierte kein einziger Marktzeulner, weil die Bürger glaubten – so der Pfarrer –, „das recht zu Speyer gewunnen zu haben"[127]. Bei der Erbhuldigung für den neugewählten Bischof verwiesen im November 1623 die Marktzeulner – vermutlich wurde ihnen geboten, zu konvertieren oder zu emigrieren – „auf ihre rechtfertigung, so sie zu Speier mit dem stifft Bamberg in religionßsachen vor dessen angespunnen"[128]. Der Lichtenfelser Forstmeister hatte sich also geirrt, als er im Vorjahr nach Bamberg gemeldet hatte, es habe „daß Zeulner recht nunmehro ein endt", die Untertanen wollten sich „im geringsten nichts darann kehren"[129].

Erst recht stärkten Mandate, die das Reichskammergericht erlassen hatte, den Protestanten den Rücken. Nachdem Ende 1609 der Reichskammergerichtsbote das Mandat in Marktgraitz und Marktzeuln verkündet hatte, das den Untertanen den freien Zugang zu ihren Anwesen gewährte[130], kehrten „viel außgewichene flüchtige leuthe" wieder in ihr Haus zurück[131]. Auf drei Mandate, die das Reichskammergericht ihnen gewährt habe, verwiesen 1624 die „rebellen" in Marktzeuln; aufgrund dieser gerichtlichen Anordnungen müsse der Bischof „sie [...] zufrieden laßen"[132]. Ein Marktzeulner, der mit drei anderen Bürgern im November 1617 verhaftet worden war, hielt den bambergischen Beamten selbstbewußt entgegen, auch ein Fürst wie der Bischof müsse dem Reichskammergerichtsmandat gehorchen, „er wer gleich so hoch, alß er wölt. Undt do sie vier gleich zu Bamberg stürben undt verdürben, so müst doch ihr recht nit dahinden bleiben, und er [...] gedecht ihme nicht hinweg zu ziehen, wolt auch nit catholisch werden, sonder hielt sich des mandats"[133].

Derartige Äußerungen trugen den Untertanen den spöttischen Widerspruch von Vertretern der Obrigkeit ein. Oft hätten, wie Schauer Anfang 1610 feststellte, fürstbischöfliche Beamte gesagt, „ihr herr von Bamberg etc. frage nichts nach dem kayserlichen cammergericht, der kayser sey nicht, sondern der bapst zu Rom sein herr"[134]. Kilian Schauer bzw. der durch ihn unterrichtete Anwalt setzte übrigens derartige Äußerungen in Speyer gegen den Bischof ein. So schrieb Schauer im Dezember 1609 nach Hause: „Ich achte, es soll der bambergischen diener glorien: ob were nur der schwager bapst des bischoffs herr allein etc., etwaß alhie bey der sachen gethun haben und noch thun"[135].

Mehrfach sind Kommentare über die anhängenden Klagen belegt: Ein Marktgraitzer, der 1614 dem Burgkunstadter Vogt gegenüber auf die „hangende rechtfertigung" verwies, erhielt zur Antwort, „die Graitzer wehren viel zu gering", als daß der Fürstbischof „mit ihnen rechten solte"[136]. Als Rat und Gemeindevertreter von Marktzeuln dem Vogt und dem Marktzeulner Pfarrer die Abschrift eines Mandats vorlegten, hätten diese das Mandat „nicht geachtet"; der Geistliche soll gesagt haben, er „wolte für diesem brieff kein 3 pfennig geben, [es] könte ein jeder bettellman ein solchen briff machen"; der Vogt erklärte, der Bischof „fragte nach demselben recht nichts, hette selbsten sein recht für sich"[137].

---

126 StAC, LA D 1322, fol. 20v.
127 AEB, Rep. I, Nr. 740, fol. 72v.
128 Ebd., Nr. 745, fol. 102r.
129 StAB, B 76/XVIII, Nr. 12, fol. 297v.
130 Vgl. StAB, B 49, Nr. 59, Exceptiones sub et abreptionis (präs. 1610 Jan. 30).
131 BayHStA, RKG 406, Q 25.
132 AEB, Rep. I, Nr. 343, fol. 113r.
133 StAB, B 68/I, Nr. 885, 1617 Nov. 9.
134 BayHStA, RKG 406, Q 25.
135 Ebd., Q 10.
136 StAC, LA D 1322, fol. 221r.
137 Ebd., fol. 226r–v; zum selben Vorkommnis vgl. auch StAC, LA D 1181, fol. 72r–v.

Bischof Aschhausen selbst soll 1610, so wollte Schauer erfahren haben, angekündigt haben, Anordnungen des Reichkammergerichts künftig ignorieren zu wollen. „Do gleich [...] mandata unndt proceß für die hochbetrangten leuthe solten erkhennet werden, so wolle er doch derselben nichts achten, sonndern ein solchen ernst unndt verbottene mitel an den armen gewissenhafften leuthen üben, daran sie unndt ire nachkhommen genug werden zu verschmertzen haben und an den bettelstab gelanngen müssen"[138]. Freilich ist anzuzweifeln, ob der Bischof – angenommen, er hätte wirklich derartiges geplant – seine Mißachtung der gerichtlichen Verfügungen so offen zum Ausdruck gebracht hatte.

Mandate cum clausula wurden, wie es scheint, oft leicht genommen. So meinte 1603 der Bamberger Dompropst über ein derartiges Mandat, es habe damit nicht viel auf sich, denn er könne genug Gründe anführen, um nicht gehorchen zu müssen[139].

Doch darf man sich durch die zitierten Äußerungen, durch Spott und scheinbare Geringschätzung, nicht täuschen lassen. Denn im Grunde nahm die Obrigkeit die Prozesse und die Mandate sehr ernst. Hätte Bamberg sonst die Gemeindearchive von Marktzeuln und Marktgraitz – also mögliche Beweismittel zugunsten der Gemeinden – beschlagnahmt[140], hätte die Regierung sonst darauf bestanden, daß Gefangene dem Prozeß abschworen[141]?

## *4.5. Verhandlungen mit evangelischen Fürsten und Herren*

Wenn Untertanen eine Streitfrage wegen wirtschaftlicher Belastungen oder Rechtsminderungen mit ihrem Herrn austrugen, dann tangierte das in der Regel einen benachbarten Fürsten nicht, und er mischte sich auch nicht ein. Anders bei der Gegenreformation: Selbst wenn ein katholischer Fürst sie genau dem Augsburger Religionsfrieden entsprechend durchführte, erregte er damit das Mißfallen evangelischer Stände. Das wußten etwa Ernst von Mengersdorf und sein Domkapitel, und sie verzichteten darauf, den Pfarrer von Döringstadt zu vertreiben, denn sie schätzten den möglichen politischen Schaden höher ein als den religiösen Nutzen; namentlich befürchteten sie den Zorn Sachsens[142]. Selbst Bischof Neithard von Thüngen, den solche Sorgen kaum umtrieben, beschloß am Beginn des Jahres 1598, er wolle des „instehenden reichstags halben [...] mit Graitz undt Zeuln noch ein weiln in ruhe stehen"[143]; offenbar erwartete er unangenehme politische Folgen für den Fall, daß er scharf gegen die beiden Gemeinden vorgegangen wäre.

Das machte im konfessionellen Zeitalter die Besonderheit des religiös motivierten Widerstands gegenüber dem Widerstand wegen anderer Angelegenheiten aus: Die evangelischen Untertanen, die sich gegen obrigkeitliche Anordnungen wehrten, konnten mit der Unterstützung protestantischer Herren rechnen. Die Spannbreite war groß. Sie reichte vom desinteressiert vorgetragenen Protest bis zum Eingreifen im fremden Territorium. Wie die Untertanen im behandelten Gebiet sich um Hilfe bei evangelischen Ständen bemühten und welche Unterstützung ihnen zuteil wurde, soll im folgenden untersucht werden.

138 BayHStA, RKG 406, Q 25.
139 StAB, ex J 3, Nr. 225, Fasz. 2, fol. 85r.
140 Vgl. BayHStA, RKG 406, Q 25.
141 Vgl. etwa BayHStA, RKG 405, Q 33.
142 Siehe bes. S. 137.
143 AEB, Rep. I, Nr. 736, fol. 16v.

## 4.5.1. Sachsen-Coburg

Für die vier Pfarrgemeinden im Untersuchungsgebiet, die sich in nennenswertem Maß gegen die Gegenreformation wehrten, war Herzog Johann Casimir von Sachsen-Coburg der geographisch nächste evangelische Fürst – wenig verwunderlich also, daß er am häufigsten um Hilfe gebeten wurde.

Der früheste Beleg stammt aus dem Jahr 1583, damit aus einer Zeit, in der Johann Casimir noch unter Vormundschaft stand. Die Pfarrgemeinden Altenbanz und Döringstadt sowie – in einem gesonderten Schreiben – der Pfarrverweser von Altenbanz wandten sich an den Herzog, weil der Bischof von Würzburg den beiden evangelischen Geistlichen geboten hatte abzuziehen[144]. Die Döringstadter appellierten 1606 und 1611 nochmals an ihn[145]. Auch andere Gemeinden, die von der Gegenreformation betroffen waren, erhofften sich Hilfe aus Coburg. Die Pfarrgemeinde Rattelsdorf richtete zweimal eine Bitte um Unterstützung an Johann Casimir, 1583 und 1592[146]. Und die Bittschriften, die die Pfarrgemeinden Marktgraitz und Marktzeuln an Johann Casimir und seine Regierung sandten, sind Legion.

Gewünscht wurden Interzessionen, die sich meist an den Bischof von Bamberg, in manchen Fällen an den Bischof von Würzburg (so 1583), an den Kurfürsten von Sachsen oder an das Reichskammergericht richten sollten. Zuweilen aber gingen die Erwartungen der Protestanten im Hochstift über Fürsprache hinaus. Kilian Schauer beschwor „aus anleidung undt geheis“ der Pfarrgemeinden Marktgraitz und Marktzeuln 1607 und / oder 1609 den Coburger Kanzler Volkmar Scherer[147], der Herzog solle, um der Einsetzung katholischer Geistlicher zuvorzukommen, vom Würzburger Bischof die geistliche Jurisdiktion über die beiden Pfarreien erwerben[148]. Der Reichskammergerichtsadvokat der beiden Gemeinden entwarf 1612 einen Plan, wie der Herzog die katholischen Pfarrer von Marktgraitz und Marktzeuln vertreiben und evangelische Geistliche einsetzen solle[149]. Spätestens ab 1610 drängten die Pfarrgemeinden Marktgraitz und Marktzeuln wiederholt, er solle sich, da er durch seine Hintersassen im Sprengel Marktgraitz betroffen sei, am Reichskammergerichtsprozeß der Gemeinden beteiligen[150]. Die Versuche, den Schutz Johann Casimirs zu gewinnen, gingen so weit, daß ihm 1614 die Marktzeulner ihre Lehen – die Marktzeulner Anwesen waren ja (bis auf zwei) Gemeindelehen – zu Lehen auftragen und ihn auf diese Weise zu ihrem Landesherrn machen wollten[151].

Die Bitten um Hilfe richteten die Gemeinden zumeist in schriftlicher Form an den Herzog. Zumeist übergaben sicherlich Angehörige der jeweiligen Kommune die Briefe[152]. Teils wurden die Schreiben unmittelbar dem Herzog ausgehändigt, teils der Kanzlei. Eine spektakuläre Form, ihre Bitte an den Fürsten heranzutragen, wählten 1616 rund 30 Witwen aus

---

144 Vgl. AEB, Rep. I, PfA 3, Prod. 2 f.
145 Vgl. StAB, B 86, Nr. 26, fol. 293v; StAC, LA D 1322, fol. 97r–98v.
146 Vgl. AEB, Rep. I, PfA 393, undat. Beilage zum Brief von 1583 Febr. 19; StAB, B 49, Nr. 153, Fasz. 1, Prod. 4.
147 Über ihn vgl. Heyl, Zentralbehörden, S. 83 Anm. 44; zur Herkunft Mentz, S. 282.
148 StAC, LA D 1322, fol. 2r–3v.
149 Vgl. ebd., fol. 154r–v. Nochmals schlug er dasselbe Vorgehen 1614 vor: ebd., fol. 188r–v.
150 Vgl. ebd., fol. 63r–64v (Gemeinden an Herzog, 1610), 66r–v (Schreiben des Reichskammergerichtsprokurators Sebastian Wolf an den Coburger Rat Schad, 1610), 152r–153r („adeliche herrschafften“ an den Herzog, 1612), 196r–197v (Gemeinden an Herzog, 1617).
151 Vgl. ebd., fol. 213v.
152 1616 sollen Hans Rühr aus Marktzeuln und Matthes Hoffmann (ein Marktgraitzer?) in Tenneberg ein Schreiben an Herzog Johann Casimir übergeben haben. Vgl. StAB, B 49, Nr. 233/II, fol. 684r.

den Pfarreien Marktgraitz und Marktzeuln: Sie warfen sich dem Herzog zu Füßen, um seinen Schutz zu erflehen[153] – ein Akt, der seine Wirkung auf ihn offenbar nicht verfehlte[154].

Möglicherweise hatten die bambergischen Protestanten eine „Lobby" innerhalb der herzoglichen Regierung. Dafür spricht, daß unter den Räten Johann Casimirs wenigstens zwei Männer waren, die selbst von der Gegenreformation im Hochstift berührt worden waren. Wenigstens einer von ihnen setzte sich nachweislich für die Protestanten im Hochstift ein: Johann Schad.

Schad, ein gebürtiger Staffelsteiner, hatte in Jena, Wittenberg und Padua studiert[155], war in Basel zum Doktor beider Rechte promoviert worden[156] und sollte eigentlich vom Domkapitel, das ihn während seines Studiums in Italien unterstützt hatte, als Syndikus in Dienst genommen werden, doch sahen die Domherren auf Drängen des Fürstbischofs davon ab[157]. 1604 ernannte Herzog Johann Casimir ihn zum Assessor am Hofgericht und am Schöppenstuhl sowie zum Rat in Reichskammergerichtsangelegenheiten; 1607 wurde er Rat in der Landesregierung und im Appellationsrat. Da Schad das Referat der Reichskammergerichtssachen hatte[158], war er von Amts wegen mit der Sache der Marktgraitzer und Marktzeulner befaßt. Aber auch außerhalb seiner Dienstgeschäfte wandten sich die Gemeinden an ihn. Im November 1609 trug Kilian Schauer von Speyer aus zwei Marktzeulnern auf, eine Supplik an den Herzog schreiben zu lassen; Schad werde sie vor der Übergabe sicher gern „revidiren"[159]. 1611 bat ihn Schauer zweimal um Rat; es ging dabei um den Reichskammergerichtsprozeß der beiden Pfarrgemeinden und um die Beteiligung der sächsischen Hintersassen daran[160].

Der andere Coburger Rat, den die bambergische Gegenreformation betroffen hatte, war Dr. Bartholomäus Schwartzlos, der ihretwegen aus bischöflichen Diensten geschieden war[161]. Ob er sich aber für die Sache der bambergischen Protestanten engagierte, wissen wir nicht. Sein Sohn jedoch schrieb Briefe für die Gemeinden Marktgraitz und Marktzeuln.

Neben Schad war ein Ansprechpartner für die Protestanten in den Pfarrsprengeln Marktgraitz und Marktzeuln Andreas Libavius[162] († 1616), der Direktor des Gymnasiums. Der Reichskammergerichtsadvokat Stambler riet Schauer im Juni 1611, er solle sich an Libavius wenden, damit er sich beim Herzog „vor die arme leutthe" einsetze. Libavius sei – so Stambler – bei Johann Casimir wahrscheinlich gut angesehen; jedenfalls sei er „ain eyferer [...] widter die papisten, wie seine doctissima scripta außweysen"[163]. Tatsächlich hatte Libavius mehrere Polemiken gegen die katholische Kirche, namentlich gegen die Jesuiten, und hier ganz besonders gegen Jakob Gretser SJ (1562–1625), veröffentlicht[164]. Ob Schauer dem Rat folgte, ist ungewiß.

---

153 Vgl. StAC, LA D 1181, fol. 117r.

154 Ein Kausalzusammenhang zwischen dem Kniefall und der herzoglichen Erlaubnis, den Vogt gefangenzunehmen und auszuliefern, ist zwar nicht nachzuweisen, aber wahrscheinlich.

155 Vgl. Mentz, S. 276; Album, S. 334; StAB, B 86, Nr. 18, fol. 338r; Nr. 21, fol. 21v, 78v, 99r, 118r.

156 Vgl. Wackernagel, Hans Georg (Hrsg.): Die Matrikel der Universität Basel. Bd. 2: 1532/33–1600/01. Basel 1956, S. 420.

157 Vgl. StAB, B 86, Nr. 21, fol. 118v–119v.

158 Vgl. Heyl, Zentralbehörden, S. 86 Anm. 56.

159 BayHStA, RKG 406, Q 5.

160 Vgl. ebd., Q 22.

161 Über Schwartzlos vgl. die Leichenpredigt auf ihn (zit. S. 290, Anm. 340).

162 Über ihn vgl. Hoefner, S. 161.

163 BayHStA, RKG 406, Q 53.

164 Libavius' Bibliographie bei Rex, Friedemann (Bearb.): Die Alchemie des Andreas Libavius. Ein Lehrbuch der Chemie aus dem Jahre 1597. Weinheim 1964, Anhang, S. 79–85 (Nr. 22–24, 28, 33).

Jedenfalls verwandte sich der Coburger Generalsuperintendent Dr. Johann Gerhard (1582–1637)[165] für die Marktzeulner; er schrieb ihretwegen 1616 einen Brief an den einflußreichen Dresdner Oberhofprediger Hoe[166].

Coburg hätte auf die fürstbischöfliche Politik wohl Einfluß nehmen können. Bamberg achtete nämlich darauf, coburgische Interessen nicht zu verletzen. Selbst Julius Echter, der sonst eher zu noch schärferem Vorgehen drängte, riet dem Bamberger Fürstbischof 1597, die coburgischen Hintersassen im Hochstift von gegenreformatorischen Geboten auszunehmen[167]. Der von der Gemeinde Marktzeuln beauftragte Advokat Dr. Merck bat 1609 die Coburger Regierung, auf Bamberg einzuwirken, damit die katholische Besetzung der Pfarrei aufgeschoben werde; man werde sicher Erfolg haben, wenn Coburg vorgebe, daß sächsische Hintersassen betroffen seien[168]. Daß ein geharnischter Protest Bamberg zumindest in Unruhe versetzen konnte, belegt der Fall des Geleitsmanns Georg Rögner in Rattelsdorf. Rögner saß zwar auf einem michelsbergischen Lehen, Geleitsinhaber war jedoch Sachsen. So verwahrten sich Johann Casimir und seine Brüder 1594, 1596 und 1597 dagegen, daß Rögner – wie seine Nachbarn – vor die Wahl zwischen Konversion und Emigration gestellt wurde[169]. Zwar betonten der Bamberger und der Würzburger Bischof sowie der Abt von Michelsberg in ihren Antwortschreiben, daß ihr Vorgehen rechtmäßig sei[170], aber Rögner – wie andere Ratteldorfer – zu verhaften, um seinen Gehorsam zu erzwingen, wagten sie offenbar doch nie. Er wurde nicht einmal festgenommen, nachdem er 1596 „der obrigkeit zu spott" auswärts heiratete[171]. Im evangelischen Glauben starb er 1597[172].

Aber in der Regel reichten Interzessionen nicht aus, um Bamberg von seiner gegenreformatorischen Politik abzubringen. Öfter als einmal beklagte sich der Herzog von Sachsen-Coburg, Bamberg ignoriere seine Bittschreiben; dies schade seiner fürstlichen Reputation[173]. Es hätte wohl rechtlicher Schritte oder gewaltsamen Vorgehens bedurft, um den Fürstbischof von der Gegenreformation abzuhalten. Coburg freilich blieb vorsichtig, war auf gute Nachbarschaft bedacht und beließ es dabei, nach Bamberg zu schreiben, wenn die bambergischen Untertanen darum baten.

Auch bei diesen Interzessionen gab es Abstufungen: Die Schreiben, durch die sich der Coburger Statthalter, Burkhard Graf von Barby[174], 1583 für die Altenbanzer und Döringstadter bzw. für die Rattelsdorfer verwandte, lassen das Desinteresse oder die Vorsicht der Coburger Regierung spüren. Graf Barby schrieb knapp, der Würzburger Bischof solle den Gemeinden ihren evangelischen Pfarrer belassen und sie nicht vom evangelischen Glauben

165 Über ihn vgl. Hoefner, S. 119 (mit Lit.).

166 Vgl. StAC, LA D 1208, fol. 10r.

167 Vgl. AEB, Rep. I, PfA 334, Brief von 1609 Oktober 21.

168 Vgl. StAC, LA D 1322, fol. 25r.

169 Vgl. StAB, B 49, Nr. 153, Fasz. 1, Prod. 21; Fasz. 8, Prod. 21; StAB, B 110, Nr. 35, pag. 1389–1392, 1408–1411, 1412f., 1426–1429, 1434–1439. – Die Drohungen Johann Casimirs waren eindeutig. 1596 schrieb er an den Abt von Michelsberg: „Unnd ob villeicht ihr vormaindet, [daß] wir nicht mechtig genugsam wehren, unser [...] habendes glaidt, dessen ambt und diener fur euerer unbefuegten gewaltsamen zunottigunge zue schutzen und zu vortheidigen, so sollet ihr wißen, das wihr mit zuethuen und beystanndt unserer darunnder interessirten freunde und angewandten [!] [...] chur- unnd furstlichen heuser Sachsen, Brandenburgkh unnd Heßen euch genugsamblich begegnen wollen." Ebd., pag. 1428.

170 Vgl. StAB, B 49, Nr. 153, Fasz. 1, Prod. 25; StAB, B 110, Nr. 35, pag. 1392–1395. Der Michelsberger Abt bat wiederholt den Bamberger und den Würzburger Bischof um Rat, ebenso wandte sich der Bamberger Oberhirte an den Würzburger Bischof. Die Ratschläge aus Würzburg: ebd., pag. 1398f., 1432–1434, 1440–1443.

171 StAB, B 110, Nr. 40, fol. 82v–83r.

172 Vgl. ebd., fol. 610v.

173 Vgl. StAC, LA D 1322, fol. 294r–v; LA D 1208, fol. 133v.

174 Über seine Funktion vgl. Heyl, Zentralbehörden, S. 35.

abzubringen versuchen; als Anlage übersandte er die an den Herzog gerichteten Bittbriefe der Gemeinden[175]. Unter der Regierung Johann Casimirs ergingen teils ähnlich gleichgültig wirkende, teils entschiedenere Interzessionen an Bamberg. Nur ein Fall ist bekannt, in dem Coburg die Bitte von Untertanen um eine Interzession zurückwies: 1612 hatten sich langheimische Untertanen an den Herzog gewandt, aber ohne Erfolg, da – so meinte der Herzog, vermutlich aufgrund von Angaben aus Bamberg oder Langheim – die Supplik nicht von den gesamten Gemeinden geschrieben, sondern „von andern unruhigen leuthen gleichsam aus fürwitz oder doch von [...] kaum einem oder zweyen angetzettelt worden" sei[176]. Doch in den folgenden Jahren gewährte Coburg auch den Hintersassen des Klosters Langheim wieder Interzessionen.

Unentschieden war die herzogliche Regierung, wenn es um die Beteiligung Sachsen-Coburgs an der Klage der Pfarrgemeinden Marktgraitz und Marktzeuln vor dem Reichskammergericht ging. 1611 schien der Herzog angesichts des „fast unchristlich[en]" Vorgehens des Bamberger Bischofs dazu bereit: Er sei „nicht ungemeinet, unns der unserrigen halben interveniendo pro interesse einzulaßen unndt unnsern f[ürstlichen] nahmen zu beforderung rechtens dartzue zu leihen", schrieb er an den Kurfürsten von Sachsen[177]. Es folgten aber keine Taten. Erneut ließen die Räte 1616 durch den Schöppenstuhl prüfen, ob der Herzog und die in den Pfarrsprengeln begüterten Ritter in Speyer klagen könnten[178]. Zwar reichte im März 1617 der coburgische Prokurator eine „interventionschrifft" beim Reichskammergericht ein, die der Advokat der Gemeinden, Dr. Stambler, ausgearbeitet hatte, doch mußte er sie im Juni auf Geheiß der Regierung zurückziehen. Er sei nicht befugt gewesen, sie bei Gericht vorzulegen; im übrigen enthalte die Schrift „weit aussehende und theils unbefindliche narrata"[179]. Nochmals beabsichtigte Herzog Johann Casimir Ende 1617, sich der Klage der Gemeinden anzuschließen, und beauftragte die Regierung, das Notwendige auszuarbeiten[180]. Doch wieder blieb es bei der Absichtserklärung. Das einzige, was Coburg am Reichskammergericht für die bambergischen Protestanten tat, war, daß der Herzog 1616 an den Kammerrichter, den Bischof von Speyer, schrieb. Er bat ihn, die Sache der klagenden Marktgraitzer und Marktzeulner zu „schleuniger expedition gelangen" zu lassen[181].

Taten sich der Herzog und seine Räte schon schwer, wenn es um die Beteiligung an der Klage ging, so lehnten sie es erst recht ab, gewaltsam evangelische Pfarrer in Marktgraitz und Marktzeuln einzusetzen, wie es Stambler 1612 vorschlug. Das sei „zu viel" und widerspreche dem Passauer Vertrag. Überdies sei es während des Interregnums mit besonderen Gefahren verbunden, urteilten die Räte[182]. Auch ein anderer Plan der Marktzeulner scheiterte: Kursachsen riet Coburg 1614 davon ab, sich von ihnen ihre Anwesen zu Lehen auftragen zu lassen. Ein solches Vorgehen sei „nicht wenig bedencklichen", denn es werde „neue streit [...] erregen"; schließlich würde Johann Casimir sich etwas derartiges im umgekehrten Fall vom Bischof auch nicht gefallen lassen[183]. 1617 versuchten einige Männer

175 Vgl. AEB, Rep. I, PfA 3, Prod. 4; PfA 393, Brief von 1583 Febr. 19; Regest bei Barthels, Nr. 1485.
176 StAC, LA D 1322, fol. 110r; das Bittschreiben der Untertanen ebd., fol. 105r–106r.
177 Ebd., fol. 84r. Es handelt sich um ein Konzept; ob das Schreiben so abgesandt wurde, ist nicht völlig sicher. – Wenige Wochen zuvor hatte die Coburger Regierung über die Frage beraten und beschlossen, erst die bisherigen Prozeßakten zu studieren, bevor man dem Herzog zu- oder abraten werde. Vgl. ebd., fol. 67r. Zu welchem Ergebnis die Räte gelangten, ist nicht überliefert.
178 Vgl. StAC, LA D 1208, fol. 91v.
179 Ebd., fol. 198r–v.
180 Vgl. ebd., fol. 188v.
181 BayHStA, RKG 405, Brief von 1616 Sept. 11.
182 StAC, LA D 1322, fol. 130r.
183 Ebd., fol. 213v.

offenbar, Sachsen-Coburg in den Rechtsstreit um die Patronate hineinzuziehen, indem sie in der Marktgraitzer Kirche, an der Empore für die Trübenbacher, ein auf Blech gemaltes sächsisches Wappen aufhängten[184]. Doch blieb dieses Unternehmen ohne erkennbare Folgen, zumal die Tafel rasch entfernt wurde.

Herzog Johann Casimir beteuerte mehrfach, er empfinde Mitleid mit seinen verfolgten Glaubensgenossen[185]. Doch stellte er resignierend fest, er sehe, da Interzessionen nichts nützten, keinen Weg, auf dem ihnen zu helfen sei[186]. Gegenüber Kurfürst Friedrich von der Pfalz, der ihn zu wirksamerer Hilfe drängte, rechtfertigte sich der Herzog 1614, er habe schon mehrfach ergebnislos an den Bischof geschrieben; wenn er, Friedrich, ein Hilfsmittel kenne, dann solle er es ihm, dem Herzog, mitteilen[187]. Eine Antwort aus Heidelberg ist nicht überliefert; vermutlich stand auch die Kurpfalz recht ratlos da.

Nur einmal, im Jahr 1616, griff Sachsen-Coburg in einer Weise ein, die über das übliche Maß von schriftlichen Bitten und Protesten hinausging[188]: Der Herzog gestattete den „betrangten", den Burgkunstadter Vogt und den Marktzeulner Schultheißen, „die ertzverfolgische", gefangenzunehmen und ins Fürstentum Sachsen-Coburg auszuliefern[189]. Er war darüber erzürnt, daß der Bischof überaus streng gegen die Protestanten vorging und ferner ein auf einem sächsischen Lehen in Burgstall errichtetes Haus hatte einreißen lassen. Über die herzogliche Erlaubnis hinausgehend, zog der Sonnefelder Einspänniger mit aufgebotenen sächsischen Untertanen bis vor das Marktzeulner Tor, um den Vogt hier, auf bambergischem Territorium, in Empfang zu nehmen. Dieser Übergriff gab dann zu Auseinandersetzungen zwischen ihm und dem Sonnefelder Amtmann Anlaß. Obwohl der Vogt nicht lange in Haft blieb[190] und nicht bestraft wurde, scheint seine Festnahme die Bamberger Regierung beeindruckt zu haben; die Gegenreformation ließ im folgenden an Schärfe nach. Doch war und und blieb diese Maßnahme ein Einzelfall.

Denn auch wenn dem Herzog, wie seine Räte 1616 notierten, die Sache der Gemeinden Marktgraitz und Marktzeuln „sehr angelegen" war[191]: Die Sorge Johann Casimirs und seiner Regierung galt der guten Nachbarschaft zu Bamberg, daneben beschäftigte sie in erster Linie der Schutz der sächsischen Hintersassen im Hochstift. Wenn der Bamberger Bischof 1609 den evangelischen Pfarrer von Marktgraitz vertrieb, dann erlaubte das Coburger Konsistorium dem Sonnefelder Pfarrer, die sächsischen Hintersassen im Marktgraitzer Sprengel seelsorgerlich zu betreuen[192]. Anfang 1610 gestattete Herzog Johann Casimir zwar, daß seine Hintersassen sich am Reichskammergerichtsprozeß um das Patronatsrecht beteiligten – aber nur dann, wenn ihnen keine Kosten entstünden[193]. Das wirtschaftliche Wohlergehen der eigenen Hintersassen, das wiederum die Zahlung der Abgaben garantierte, ging – überspitzt formuliert – der Coburger Regierung über die Hilfe für die ausländischen Protestanten.

---

184 Vgl. StAB, B 49, Nr. 233/II, fol. 668r, 680v, 683r–v.
185 Vgl. etwa StAC, LA D 1208, fol. 92r.
186 Vgl. ebd., fol. 133r–v.
187 Vgl. StAC, LA D 1322, fol. 303r.
188 Zu der Verhaftung des Burgkunstadter Vogts, der Vorgeschichte und den Folgen vgl. S. 183–189.
189 StAC, LA D 1208, fol. 171r–v.
190 Der Vogt erhielt auch aus Gesundheitsgründen Hafterleichterungen gewährt, wogegen – freilich vergebens – die Protestanten in den Pfarrsprengeln Marktgraitz und Marktzeuln beschwerten: Der Coburger Zentgraf bringe ungerechterweise diesem „bluetgierigen mann [...] grose barmhertzigkeit und mitleiden" entgegen. StAC, LA D 1181, fol. 116v.
191 StAC, LA D 1208, fol. 91v.
192 Vgl. StAC, LA D 1322, fol. 29r; der Antrag des Pfarrers ebd., fol. 27r–v.
193 Vgl. ebd., fol. 61r.

Insgesamt gesehen, wurden Herzog Johann Casimir von Sachsen-Coburg und seine Räte den allzu hohen Erwartungen nicht gerecht, die die evangelischen Untertanen im Hochstift Bamberg in sie setzten – und das, obwohl die Union[194] (1611) und die Kurpfalz[195] (1614) den Herzog aufforderten, den Bischof von der Verfolgung der Protestanten abzubringen. Mehrfach wurde Kritik an der coburgischen Politik laut. Die Protestanten in den Pfarreien Marktgraitz und Marktzeuln behaupteten 1616, Adlige und andere Personen wunderten sich „nicht wenig", daß der Herzog zum bambergischen Tun, das doch auch seine eigenen Untertanen berühre, „so gnädig still geschwiegen habe"[196]. Und der Coburger Lehrer Schmidt, wohl ein gebürtiger Marktgraitzer, warf den Räten im selben Jahr ihre Versäumnisse vor, als sie ihm vorhielten, er „solte sich in der Zeulner sachen nicht gemischet, sondern seines dings gewartet haben". Er fragte die Räte ins Gesicht, „worumb mann die leuth hangen laßen. Mann hett sie wol vor acht jahren hinweg weisen können", wenn man ihnen ohnehin nicht habe helfen wollen, dann „hetten die leuth ahn andern orten hulf suchen können". Schmidt lastete der Coburger Regierung somit an, sie habe die bambergischen Protestanten hingehalten, aber letztlich nichts für sie getan[197]. Betrachtet man, wie lange erwogen wurde, ob sich Coburg an der Reichskammergerichtsklage beteiligen solle, so wird der Unmut Schmidts verständlich. Welche Antwort er erhielt, wissen wir nicht.

Eine erhebliche Rolle für die coburgische Politik gegenüber den hilfesuchenden Protestanten im Hochstift Bamberg spielte neben den Räten bei Hof Albrecht von Steinau, genannt Steinrück, der von 1604 bis zu seinem Tod im Jahr 1619 dem Amt Sonnefeld vorstand und als Rat von Haus aus (seit 1602) daneben oft an den Sitzungen der Landesregierung teilnahm[198]. Steinau war für die Einwohner der Pfarreien Marktgraitz und Marktzeuln der nächste Ansprechpartner, von ihm erbaten oder forderten sie häufig zuerst Hilfe; er wurde von der Coburger Regierung gehört, bevor sie über Anträge der bambergischen Protestanten entschied[199]. Seine Haltung ist daher gesondert zu umreißen.

Steinau und die hilfesuchenden Untertanen taten sich schwer miteinander. Besonders aus dem Jahr 1616, im Zusammenhang mit dem Streit, ob die Festnahme des Burgkunstadter Vogtes in Marktzeuln im Sinne des Herzogs gewesen sei, sind einige bittere Klagen über Steinau überliefert. Ein Marktzeulner sagte aus, Steinau sei wegen jener Verhaftung „gar uhnleidig gewesen" und habe „zimlich mitt sacrament umb sich geworfen", d. h. geflucht[200]. Ein weiterer Einwohner von Marktzeuln erinnerte sich, der Amtmann habe ihn und andere „heßlich ahngeschnarret"[201]. Scharf habe er auch den Kniefall der Marktzeulner Witwen vor dem Herzog kritisiert: „Welcher teufel ihnen den rath geben, er köndte sie nicht schutzen"[202]. Einem Marktzeulner, der wegen einer Beschlagnahme Steinau um einen Fürbittbrief nach Bamberg oder Burgkunstadt ersuchte, stellte er die Frage, „was er schreiben solte. Sie hetten böse hendel ahngefangen, daß sie den voigt gefangen genommen, mann

194 Vgl. BayHStA, Kasten blau, 119/5 II, fol. 43r–v (Konz.).
195 Vgl. StAC, LA D 1322, fol. 182r–183r, 291r–292v.
196 StAC, LA D 1208, fol. 56r.
197 StAC, LA D 1182, fol. 47r.
198 Vgl. Heyl, Zentralbehörden, S. 87 Anm. 67. Über Steinau vgl. außerdem Steinau-Steinrück, Richard von: Abriß aus der Geschichte des fränkischen Geschlechtes von Steinau genannt Steinrück in bezug auf seine Zugehörigkeit zu dem Hochstifte Würzburg und im besonderen auf seine Besitzungen daselbst. In: AU 49 (1907), S. 1–134, hier S. 88f., 91f.
199 Vgl. StAC, LA F 7740, fol. 49r.
200 StAC, LA D 1182, fol. 54v.
201 Ebd., fol. 55r.
202 Ebd., fol. 55v.

wurde ihnen teils die köpf abschlagen“[203]. Die Marktzeulner und Marktgraitzer warfen ihm sogar vor, er habe mit Blick auf die Witwen, die den Herzog um Schutz angefleht hatten, geäußert, „wann da der bischoff ietzo zuefüere und ihnen umb deßwillen und daß sie einen andern herrn gesucht und angenommen, die köpf abhauen ließ, das er [= der Bischof] selbigen nicht unrecht thet“. Und mehrfach habe er zu Marktzeulnern gesagt, „wann er bischoff were, so solte Zeuln gahr balt in brandt gesteck[t] werden“[204]. Der Sonnefelder Einspänniger, der bei der Verhaftung des Vogtes eine maßgebliche Rolle spielte und auf den Steinau schlecht zu sprechen war, ging so weit zu erklären, der Amtmann sei „gutt bambergisch“[205].

Doch Steinau stand der Sache der Marktzeulner und Marktgraitzer nicht so feindselig gegenüber, wie es nach diesen Äußerungen scheinen könnte. Steinau war offenbar ein überzeugter Lutheraner. Schadenfroh sprengte 1617 der katholische Bürgermeister von Marktzeuln das Gerücht aus, er sei „unsinnig“ geworden und die Zunge sei ihm „auß dem rachen gefaulet, ohne zweifels wegen vieler gottloßen wort, die er wider die catho[lische] kirchen unnd mutter Gottes außgegossen“. Bei dieser Gelegenheit bezeichnete der Bürgermeister den Amtmann sogar als „rettelsführer“ der evangelischen Marktzeulner[206].

Wir wissen auch, daß Steinau sich der Protestanten im benachbarten Hochstift durchaus annahm. So sagte er einmal zu drei Sonnefelder Knechten, „es reuheten ihn die armen leut, das man ihnen so gehessig“ sei[207]. 1616 versicherte er dem Kanzler und den Räten in Coburg, er habe für jedermann aus den Pfarreien Marktzeuln und Marktgraitz Briefe an bambergische Beamte geschrieben, so oft er darum angegangen worden sei[208].

Andere Quellen, darunter Briefe des Amtmanns, erklären die scheinbaren Widersprüche in seinem Verhalten. Bei aller Sympathie mit seinen Glaubensgenossen blieb er vorsichtig und versuchte, Konfrontationen mit Bamberg tunlichst zu vermeiden. Mithin deckte sich sein Verhalten mit der Politik seines Herrn, des Herzogs Johann Casimir. Steinau sah, daß mit Bittschriften nichts auszurichten war[209], war aber andererseits nicht bereit, den Wünschen nachzugeben, die Sachsen-Coburg in ernsten Streit mit Bamberg verwickelt hätten. An derartigen Bitten und Forderungen fehlte es nicht. Ende 1609 sollten die sächsischen Hintersassen in der Pfarrei Marktgraitz die Kirchenschlüssel und den Kelch an sich nehmen, doch nach Rücksprache mit dem Kanzler lehnte Steinau ab, da die herzoglichen Untertanen ausdrücklich von der Gegenreformation ausgenommen waren[210]. Mehrfach verweigerte er sich dem Wunsch evangelischer Personen, er solle sie im Hochstift Bamberg bei ihrem Glauben schützen. Sie sollten ihre bambergischen Güter verkaufen und ins Fürstentum Sachsen-Coburg ziehen, war dann stets sein Rat; hier könne und werde er für ihren Schutz sorgen[211]. Doch auch diejenigen, die – zuweilen nur für kurze Zeit, so lange die ärgste Verfolgung dauerte – nach Weidhausen oder Trübenbach übersiedelten, verlangten dann von ihm, daß er sie bei der Bewirtschaftung ihrer bambergischen Güter vor Bestrafung durch

---

203 Ebd., fol. 60v.
204 StAC, LA D 1181, fol. 117r.
205 StAC, LA D 1183, fol. 11r.
206 AEB, Rep. I, Nr. 743, fol. 239v.
207 StAC, LA D 1181, fol. 97r.
208 Vgl. ebd., fol. 126r.
209 „Wann ich gleich an die bambergische beambte schrieb, bekömme ich keine richtige antwort“, teilte Steinau Frauen aus den beiden Pfarrsprengeln mit. Ebd., fol. 125v.
210 Vgl. StAC, LA D 1182, fol. 30v, 58r; LA D 1183, fol. 14v.
211 Vgl. StAC, LA D 1322, fol. 341v; LA D 1181, fol. 126r–v; LA D 1182, fol. 30v; LA D 1183, fol. 22r; StAB, B 49, Nr. 233/II, fol. 679v.

Bamberg bewahre. Das tat Steinau nicht, wodurch zwischen ihm und den Betroffenen „große wiederwärtigkeit“ verursacht wurde[212]. Im übrigen ärgerte den Amtmann, daß die Männer, die dank nachlassender Verfolgung zurück nach Marktzeuln zogen, nicht zu ihm kamen, sich abmeldeten oder für die gewährte Hilfe bedankten[213].

Nicht nur die Anträge selbst erregten den Unwillen Steinaus, sondern auch die Art, in der sie vorgebracht wurden. 1616 klagte er der Coburger Regierung, „waß ich fur muhe mit den armen verfolgten leuten bißhero gehabt“: Sie seien „solche wildtfeng undt halßsterrich“, es sei daher „gefehrlich, mit ihnen umbzugehen“. Oft seien sie „in das ambt kommen, mir nicht viel gutter wort geben, fur mir hin undt wider gangen, ich solte ihnen schutz schaffen, das undt jens geschehe ihn uf den bambergischen guthern“. Er habe dann geantwortet, er wolle zwar „von hertzen gern an ihre beambten schreiben [...], wan es aber nichts fruchten wolte“, könne er nichts weiter tun. Das herrische Auftreten der Leute müsse er sich gefallen lassen, obwohl der Herzog „biß dato nicht einen heller einkommens von ihnen“ habe; man helfe ihnen vielmehr nur um „des lieben wort Gottes“ willen[214].

Umgekehrt scheint auch Steinau nicht einfach im Umgang gewesen zu sein. Die Klagen der Untertanen vermitteln den Eindruck, als sei er aufbrausend gewesen, und dieser Charakterzug mag seine – wenn auch eingeschränkte – Hilfsbereitschaft verborgen haben. Bezeichnend ist der Bericht eines Marktzeulners, der mit der Bitte um eine Interzession zu ihm kam. Erst habe der Amtmann ihm die ungenehmigte Festnahme des Burgkunstadter Vogtes vorgehalten, schließlich aber sei er „wieder guet worden“ und habe den gewünschten Brief schreiben lassen[215].

### 4.5.2. Brandenburg-Bayreuth

Nach Coburg war Kulmbach bzw. Bayreuth der räumlich nächstgelegene Hof, an den sich Protestanten aus dem Hochstift Bamberg wenden konnten. Belegt sind allerdings nur Kontakte zu den Pfarrgemeinden Marktgraitz und Marktzeuln. Die einschlägigen Akten der markgräflichen Regierung sind wohl nicht erhalten, so daß die brandenburgische Haltung nicht so genau darzustellen ist wie die coburgische. Die spärlichen Quellen weisen jedoch darauf hin, daß Brandenburg-Bayreuth im Grunde dieselbe Politik verfolgte wie Sachsen-Coburg: Es sollte den Protestanten geholfen werden, ohne dadurch das gutnachbarliche Verhältnis zum Hochstift Bamberg zu gefährden.

Bezeichnend ist das brandenburgische Verhalten gegenüber dem Kloster Langheim, das bei seinen Hintersassen mit großer Strenge die Gegenreformation durchführte. Der markgräfliche Kanzler Friedrich Hilderich von Varell erklärte Stambler im Frühjahr 1610 in einem Gespräch zu Ansbach, der Markgraf habe zwar an den Abt von Langheim geschrieben, „aber weiter kendten ire fhr. g. bei den sachen nichts tuen“. Die betroffenen Protestanten sollten sich bei der Union beschweren[216]. Dabei hielt Stambler ein entschiedenes Vorgehen für möglich: „Die regierung zue Culmbach kenndte denn abbten whol einhallten undt anmhanen, die arme leuthe der religion halben onbetrangt zue lassen“, indem sie ihm drohe, „man wolte seinen münchen, den er im hoff zu Culmbach hatt, auch weckh jagen undt den

---

212 StAC, LA D 1208, fol. 21r–v.
213 Vgl. StAC, LA D 1183, fol. 20v.
214 Ebd.., fol. 126r–127r.
215 StAC, LA D 1182, fol. 60v.
216 BayHStA, RKG 406, Q 46.

hoff einziehen". Schauer solle über diese Möglichkeit ruhig mit dem Rat Dr. Fladenstein reden, schrieb Stambler, er erwarte aber keinen Erfolg[217]. Markgraf Christian dürfte kaum daran interessiert gewesen sein, das gute Verhältnis zu zerstören, das er mit dem Bamberger Fürstbischof pflegte – und die Beschlagnahme der langheimischen Güter im markgräflichen Territorium hätte zweifellos heftige und langwierige Auseinandersetzungen zwischen Bischof und Markgraf nach sich gezogen.

Ferner hatten die markgräflichen Räte offenbar Reserven gegen die Untertanen, die sich gegen ihre Obrigkeit wehrten. Im Juli 1611 riet der Reichskammergerichtsadvokat Stambler Schauer, er solle mit dem Rat Dr. Fladenstein reden – mit ihm war Stambler offenbar gut bekannt –, damit den Räten ihr „scrupulus" gegen die vermeintlichen Rebellen genommen werde[218]. Schon im Vorjahr hatte Stambler gegenüber Schauer kritisiert, wie wenig engagiert die bayreuthischen Räte verglichen mit den kurpfälzischen seien[219].

Lediglich durch Interzessionen an Bamberg halfen der Markgraf und seine Regierung den bambergischen Protestanten. Im Juli 1611 richtete Markgraf Christian ein Schreiben für die evangelischen Untertanen in den Ämtern Lichtenfels, Burgkunstadt und Weismain an den Bamberger Bischof und den Langheimer Abt[220]. Stambler hatte Schauer im Vormonat empfohlen, von Kulmbach Hilfe zu erbitten[221]. Mehrere Briefe des Markgrafen aus dem Jahr 1624, aus der Endphase der Gegenrefomation in Marktzeuln, sind erhalten. Im Februar bat er den Fürsterzbischof von Mainz, den Bamberger Bischof dazu zu bewegen, daß er die Untertanen bei ihrem Glauben bleiben lasse[222]. Mit einem entsprechenden Schreiben wandte er sich auch unmittelbar an den Bischof[223]. Im Mai protestierte er gegen die „scharfe[n] persecutiones" der Protestanten durch den Bischof[224], nachdem ihn die Marktzeulner „fast täglich angeloffen" und über das harte Vorgehen Bambergs unterrichtet hatten. Den Herzog von Sachsen-Coburg ermunterte er, ebenfalls an Bamberg zu schreiben[225].

Andere Maßnahmen ergriff Markgraf Christian nicht; mögliche Druckmittel wie die Einziehung der langheimischen Güter im Markgraftum wandte er nicht an. An der Klage der Gemeinden Marktgraitz und Marktzeuln vor dem Reichskammergericht beteiligte er sich nicht, obwohl der Prokurator der Gemeinden, Dr. Konrad Fabri, diese Funktion auch für den Markgrafen innehatte[226]. Aber es war auch nicht zu erwarten, daß der Markgraf sich an der Klage beteiligte – es gibt keinen Beleg, daß die Gemeinden ihn darum gebeten hätten –, denn er hatte keine Hintersassen in den betroffenen Pfarrsprengeln; mithin hätte keine Rechtsgrundlage bestanden.

### 4.5.3. Kurpfalz

Sachsen-Coburg und Brandenburg-Kulmbach bzw. -Bayreuth waren, von den evangelischen Untertanen im Hochstift Bamberg um Hilfe angegangen, vor eine unlösbare Aufgabe gestellt: Einerseits wollten sie den bedrängten Protestanten helfen, andererseits ihre gute

217 Ebd., Q 49.
218 Ebd., Q 54.
219 Vgl. ebd., Q 11/II.
220 Vgl. StAC, LA D 1322, fol. 71r.
221 Vgl. BayHStA, RKG 406, Q 53.
222 Vgl. StAC, LA D 1208, fol. 254v–255v.
223 Vgl. ebd., fol. 223v.
224 Vgl. ebd., fol. 252r–254r (Zitat 253v).
225 Vgl. ebd., fol. 246r–247v (Zitat 246v).
226 Vgl. BayHStA, RKG 406, Q 6.

Nachbarschaft mit den Hochstift nicht aufs Spiel setzen. Das Hin- und Hergerissensein zwischen zwei unvereinbaren Zielen – wobei das letztere den Fürsten und ihren Regierungen wichtiger war – merkt man ihrer Politik an. Anders die Kurpfalz: Kurfürst Friedrich IV. (reg. 1583–1610), Herzog Johann II. von Pfalz-Zweibrücken († 1635), der von 1610 bis 1614 die Vormundschaft über Kurfürst Friedrich V. ausübte, und schließlich Friedrich V. selbst setzten sich fast ohne Wenn und Aber für die bambergischen Protestanten ein – schließlich waren sie auf ein gutes Auskommen mit dem Bamberger Fürstbischof nicht so sehr angewiesen wie dessen Nachbarfürsten[227]. Stambler bemerkte 1614, die Kurpfalz würde, wenn sie ebenso sehr wie Coburg oder die umliegenden Adligen beteiligt wäre (denn deren Untertanen seien ja von der Gegenreformation, speziell von der Vertreibung der evangelischen Pfarrer, betroffen), die Angelegenheit „nit dahinden laßen, sondern mitt großen ernst eifern“[228]. Schon 1610 hatte Kilian Schauer notiert: „Wolte Gott, das die marggraffische culmbachische h[erren] rathe wie die pfalzische gegen uns affectionirt weren, wir wolten baldt ruhe bekhomen“[229]. Und 1612 hatte er namens der evangelischen Untertanen im oberen Maintal geschrieben, die Kurpfalz sei „gegen unnß armen leuthen jedertzeit gnedigst wol affectionirt geweßen“[230].

Die kurpfälzische Regierung half bei allem Engagement den bambergischen Untertanen aber nicht blindlings und nicht in allen Bereichen: So wollte Herzog Johann ihnen 1612 „auß erheblichen ursachen“ nicht „mit den gebetenen processen [...] willfahren“; was die Gemeinden erbeten hatten, ist unklar, es ging wohl um eine Unterstützung ihrer Klage vor dem Reichskammergericht. Den Wert von Interzessionen überschätzte Herzog Johann nicht. Er nahm an, daß der Bamberger Bischof durch das kurpfälzische Schreiben „vielleicht wenig zu bewegen sein“ werde, sein scharfes Vorgehen einzustellen[231].

Seit Ende 1609 gingen die Pfarrgemeinden Marktgraitz und Marktzeuln den Kurfürsten von der Pfalz um Hilfe an, zunächst allerdings in seiner Eigenschaft als Reichsvikar[232]. Auf wessen Rat hin sie das taten, ist ungewiß. Nochmals empfahl im Frühjahr 1610 der brandenburgische Kanzler Varell Johann Stambler, die evangelischen Untertanen sollten über ihre Verfolgung in Heidelberg klagen[233]. So reisten Schauer und Stambler im Juni 1610 in die Residenzstadt der Kurpfalz, und sie fanden bei der Regierung ein offenes Ohr für die Sorgen der bambergischen Protestanten. Man begegnete ihnen mit großer Sympathie. Schauer konnte nach Hause berichten, die kurfürstlichen Räte, etwa Marquard Friedrich Freher (1565–1614), Georg Friedrich Pastoir (1578–1645) und Ludwig Camerarius (1573–1651)[234], ja sogar Kurfürst Friedrich IV. hätten „ein großes mitleiden mit uns“. Sie hätten eine Interzession an Bamberg gerichtet, die – nach Stamblers Urteil – gewiß Eindruck machen werde, „weiln so hohe potentaten für uns bitten und schreiben“. Und falls dieser Brief doch nichts bewirke, dann – so glaubte Schauer – werde der Kurfürst sich der Gemeinden „besser annehmen“ und dafür sorgen, daß „wir hinfort unbetrangt bleiben möchten“[235].

227 Genau genommen grenzten auch das pfälzische und das bambergische Territorium aneinander, ohne das dies aber die Beziehung der beiden Fürsten besonders beeinflußt hätte: Das bambergische Amt Vilseck, eine Exklave, war ganz von (ober)pfälzischem Gebiet umgeben.

228 StAC, LA D 1322, fol. 191r.

229 BayHStA, RKG 406, Q 11/II.

230 StAC, LA D 1322, fol. 118v.

231 Ebd., fol. 115r.

232 Vgl. BayHStA, RKG 406, Q 23.

233 Vgl. ebd., Q 46.

234 Über sie vgl. Stuck, Kurt: Personal der kurpfälzischen Zentralbehörden in Heidelberg 1475–1685 unter besonderer Berücksichtigung der Kanzler. Ludwigshafen 1986, S. 17, 19, 34f., 71, 117f. (mit Lit.).

235 BayHStA, RKG 406, Q 11/II.

Die Kurpfalz wandte sich nicht nur an den Bamberger Bischof, sie war auch der Fürsprecher der evangelischen Untertanen bei anderen Stellen, von denen sie Hilfe erwarteten. Auf die Bitte der Pfarrgemeinden Marktgraitz und Marktzeuln schrieb 1615 Kurfürst Friedrich an den Bischof von Speyer in dessen Eigenschaft als Kammerrichter. Er solle dafür sorgen, daß den klagenden Gemeinden endlich die beantragte commissio ad rei memoriam gewährt werde; ansonsten laufe das Reichskammergericht Gefahr, der Parteilichkeit zugunsten der katholischen Seite verdächtigt zu werden[236]. 1618 lief das Gerücht am Obermain um, die Marktzeulner wollten den Fürstbischof beim Kurfürstentag vor dem Kaiser und den Kurfürsten verklagen; Kurfürst Friedrich werde ihren Brief der Versammlung vorlegen[237].

Kurfürst Friedrich stand den bambergischen Protestanten auch in seiner Eigenschaft als Reichsvikar zur Seite. Die Kurpfalz übte nämlich während eines Interregnums in den Ländern fränkischen Rechts das Reichsvikariat aus[238]. Zwei Interregna waren für das Untersuchungsgebiet von Bedeutung: 1612 und 1619. Im Jahr 1612 mahnte Pfalzgraf Johann den Bamberger Bischof, seine Zwangsmaßnahmen gegen seine evangelischen Untertanen einzustellen[239]. Den Kammerrichter sowie die Präsidenten und Beisitzer des Reichskammergerichts ersuchte er, daß in der Sache der Gemeinden Marktgraitz und Marktzeuln „schleunig verfahren" werde[240]. Der Reichsvikar beschränkte sich in beiden Fällen auf Bitten; er schritt also nicht mit Befehlen ein, wie er es etwa zugunsten der Aachener Protestanten tat[241]. 1619 wandten sich die evangelischen Einwohner der Pfarrgemeinden Marktgraitz und Marktzeuln sowie die langheimischen Hintersassen an Kurfürst Friedrich als Reichsvikar. Er solle dem Bamberger Bischof und dem Langheimer Abt ihr gegenreformatorisches Tun untersagen und den Markgrafen von Brandenburg-Bayreuth ermahnen, dieses Verbot durchzusetzen und die Bittsteller auf ihren Anwesen im Hochstift schützen[242]. Wie der Kurfürst reagierte, ist unbekannt; vermutlich richtete er allenfalls Bitten an die angesprochenen Herren.

Welchen Einfluß die Interzessionen der Kurpfalz hatten, ist nicht genau zu ermessen. 1619 mutmaßten die Marktzeulner – so meldete der Pfarrer nach Bamberg –, der Bamberger Bischof kaufe die Güter der gefangenen evangelischen Bürger nicht wie angekündigt auf, weil die Kurpfalz für sie eingetreten sei[243]. Im großen und ganzen aber dürften die schriftlichen Proteste aus Heidelberg in Bamberg oder in Speyer kaum mehr bewirkt haben als ähnliche Schreiben aus Kulmbach oder Coburg.

## 4.5.4. Kursachsen

An den Dresdner Hof wandten sich aus dem Untersuchungsgebiet lediglich die Pfarrgemeinden Marktgraitz und Marktzeuln. Erstmals riet der Reichskammergerichtsadvokat Dr. Stambler den Untertanen im November 1610, sich an den sächsischen Kurfürsten

236 Vgl. BayHStA, RKG 405, Brief von 1615 Nov. 14.
237 Vgl. AEB, Rep. I, Nr. 743, fol. 314v.
238 Zum Reichsvikariat vgl. Hermkes, Wolfgang: Das Reichsvikariat in Deutschland. Reichsvikare nach dem Tode des Kaisers von der Goldenen Bulle bis zum Ende des Reiches. Karlsruhe 1968 (Studien und Quellen zur Geschichte des deutschen Verfassungsrechts A 2).
239 Vgl. BayHStA, Kasten schwarz 3404, fol. 30r–32r.
240 BayHStA, RKG 405, Brief von 1612 März 12.
241 Vgl. Schmitz, S. 285f.
242 Vgl. BayHStA, Kasten schwarz 3404, Briefe von 1619 Apr. 12.
243 Vgl. AEB, Rep. I, Nr. 744, fol. 11r.

Christian II. (reg. 1591–1611) zu wenden[244]. Ob sie schon damals nach Dresden schrieben, wissen wir nicht.

Der früheste Nachweis dafür, daß die bambergischen Protestanten sich von Kursachsen Hilfe erbaten, stammt aus dem Oktober 1611. Die evangelischen Einwohner der Ämter Lichtenfels, Burgkunstadt und Weismain ersuchten den Herzog von Sachsen-Coburg, er solle den Kurfürsten von Sachsen dazu bewegen, sich beim bevorstehenden Nürnberger Kurfürstentag für sie einzusetzen[245]. Johann Casimir scheint sich in dieser Angelegenheit tatsächlich an Kurfürst Johann Georg (reg. 1611–1656)[246] gewandt zu haben[247]. Denn auf dem Heimweg von Nürnberg sprach der Kurfürst mit dem Fürstbischof darüber; er bat ihn, den Bewohnern der Pfarrsprengel Marktgraitz und Marktzeuln die freie Ausübung ihres evangelischen Glaubens zu gestatten, solange der Prozeß vor dem Reichskammergericht noch nicht entschieden sei[248]. Der Bischof sagte ihm vermutlich zu, nicht mehr in die beiden Pfarrdörfer einzufallen und keinen Einwohner zu verhaften[249] oder niemandem die Auswanderung zu verweigern. (Einige Döringstadter freilich wollten sogar erfahren haben, der Bischof werde künftig den Untertanen Glaubensfreiheit gewähren[250].)

Auch die Kurpfalz forderte 1612 den Herzog von Sachsen-Coburg auf, wegen der verfolgten Protestanten im Hochstift Bamberg mit Kursachsen zu verhandeln. Eine direkte Korrespondenz zwischen den beiden Kurfürsten über diese Frage gab es aufgrund der gegenseitigen Abneigung wohl nicht.

Später traten die betroffenen Gemeinden auch unmittelbar an den kurfürstlichen Hof heran. 1616 ließ die Gemeinde Marktgraitz – offenbar begleitend zu einer Supplik an den Kurfürsten – den Generalsuperintendenten in Coburg an den Dresdner Oberhofprediger Matthias Hoe von Hoenegg (1580–1645) schreiben[251], was zweifellos sinnvoll war. Denn Hoes Einfluß auf die Politik des Kurfürsten scheint erheblich gewesen zu sein. Außerdem war zu vermuten, daß Hoe sich für die verfolgten Protestanten verwenden würde, hatte er doch eine weitverbreitete Polemik gegen die katholische Kirche veröffentlicht[252]. Im Februar 1624 erfuhren die bambergischen Kommissare in Marktzeuln, daß zwei „vorneme rebellen“ aus Marktzeuln einige Tage zuvor nach Dresden gereist waren; sie hatten vorgegeben, sie wollten aus geschäftlichen Gründen nach Mainfranken gehen[253].

Kurfürst Johann Georg von Sachsen gewährte den Gemeinden Marktgraitz und Marktzeuln mehrfach Interzessionen an den Bamberger Fürstbischof, so in den Jahren 1612[254],

244 Vgl. BayHStA, RKG 406, Q 49.

245 Vgl. StAC, LA D 1322, fol. 71v–72r.

246 Über ihn vgl. Blaschke, Karlheinz: Johann Georg I. In: NDB, Bd. 10. Berlin 1974, S. 525f.; zu seiner Religionspolitik auch Gotthard, Axel: „Politice seint wir bäpstisch“. Kursachsen und der deutsche Protestantismus im frühen 17. Jahrhundert. In: Zeitschrift für historische Forschung 20 (1993), S. 275–319.

247 Von einem Schreiben des Herzogs ist nur das Konzept erhalten; schon die Zeitgenossen wußten nicht, „ob es also oder gar nicht abgangen“. Vgl. StAB, LA D 1322, fol. 83r–85r (Zitat 83r).

248 Vgl. ebd., fol. 339r.

249 Zumindest versicherte der Bischof dem Kurfürsten 1614, beides getan zu haben. Vgl. ebd., fol. 312r.

250 Vgl. ebd., fol. 97v.

251 Vgl. StAC, LA D 1208, fol. 10r. – Die Briefe trug ein Bote aus den Gemeinden nach Dresden; er kehrte von dort nach Coburg zurück und reiste nach kurzem Aufenthalt weiter nach Speyer. Vgl. StAB, B 46 a, Nr. 2906, Prod. 23.

252 Vgl. Beyreuther, Erich: Hoe v. Hoenegg, Matthias. In: NDB, Bd. 9. Berlin 1972, S. 300f.

253 AEB, Rep. I, Nr. 343, fol. 101r.

254 Vgl. StAC, LA D 1322, fol. 138r–139r.

1614[255], 1615[256], 1616[257] und 1624[258]. Er schrieb diese Briefe, obwohl er sich nichts davon erwartete[259]. Um so mehr erhofften sich die Untertanen, wohl nicht ohne Grund. Denn in der Tat beteuerte der Bischof 1614, er sei nach dem Gespräch mit Kurfürst Johann Georg im Jahr 1611 nicht mehr mit aufgebotenen Untertanen nach Marktgraitz und Marktzeuln eingefallen[260]. Und die Gemeinde Marktzeuln erwähnte 1615 in einer Supplik an den Bischof, dieser habe sie aufgrund der kursächsischen Intervention „in ruhen siezen lassen"; lediglich der Schultheiß verfolge die Protestanten weiterhin[261].

Kurfürst Johann Georg beschränkte sich auf Interzessionen, die aber seiner Ansicht nach den Pfarrgemeinden Marktgraitz und Marktzeuln mehr schadeten als nutzten: Je mehr er „bißhero für sie intercedirt, ie hefftiger [sei] inen zugesetzt worden"[262]. Eine Klage oder gewaltsames Vorgehen verwarf Kurfürst Johann Georg grundsätzlich. Deshalb drängte er auch Herzog Johann Casimir von Sachsen-Coburg, der mehrfach in Dresden um Rat nachsuchte und sich überhaupt an die kursächsische Politik anlehnte, stets, keinen Weg einzuschlagen, der auf eine Konfrontation mit Bamberg hinausliefe. Als zum Beispiel 1614 die Marktzeulner dem Herzog ihre Anwesen zu Lehen auftragen wollten, riet Kurfürst Johann Georg ihm zu größter Vorsicht[263]. Ein Brief vom Mai 1624 faßt die Haltung des Kurfürsten wohl recht gut zusammen. Darin teilte er dem Herzog mit, er habe nochmals an den Bischof geschrieben, obgleich „den sachen dadurch doch nicht geholfen, sondern nur mehre verbitterung causirt wird". Weitere Möglichkeiten, den Marktzeulnern zu helfen, sah er nicht. „Dann in andere wege sich ihrer mit gewalt anzunehmen, würde ihnen vielmehr schädlich alß nüzlich und fürträglich seyn, [es würde] sich auch darzu niemand leichtlich verstehen." Die Untertanen sollten am Reichskammergericht klagen und dessen Entscheidungen abwarten[264].

### 4.5.5. Weitere Fürsten und der Kaiser

Die evangelischen Untertanen im Untersuchungsgebiet versuchten nicht nur bei den beiden benachbarten Höfen sowie in Heidelberg und in Dresden Hilfe gegen die bambergische Gegenreformation zu erlangen. Für den Verbleib des evangelischen Pfarrers in Rattelsdorf setzte sich 1582 Markgraf Joachim Friedrich (1546–1608)[265], der Administrator des Erzstifts Magdeburg (und spätere Kurfürst von Brandenburg), beim Bischof von Bamberg ein. Die Einwohner der Pfarrei hatten ihn darum gebeten, als er auf dem Heimweg vom Augsburger Reichstag in Rattelsdorf übernachtet hatte[266]. Als im folgenden Jahr der Bischof von Würzburg den evangelischen Pfarrer vertreiben wollte, suchten die Rattelsdorfer und Ebinger in Halle bei Joachim Friedrich um Hilfe nach[267], der dann an den Würzburger Bischof schrieb.

255 Vgl. ebd., fol. 305r–v.
256 Vgl. ebd., fol. 339r–340v.
257 Gemeinsam mit Herzog Johann Casimir von Sachsen-Coburg. Vgl. StAC, LA D 1208, fol. 210r–213r.
258 Vgl. ebd., fol. 222r–223r (Febr.), 244v–245v (Mai).
259 1614 unterrichtete er den Herzog von Sachsen-Coburg, daß er bereits zweimal nach Bamberg geschrieben habe; die Briefe hätten aber nichts gefruchtet. Vgl. StAC, LA D 1322, fol. 307r.
260 Vgl. StAC, LA D 1322, fol. 312r.
261 StAC, LA D 1208, fol. 111v.
262 StAC, LA D 1183, fol. 79r–80v.
263 Vgl. StAC, LA D 1322, fol. 213r–214r.
264 StAC, LA D 1208, fol. 243r–v.
265 Über ihn vgl. Schultze, Johannes: Joachim Friedrich. In: NDB, Bd. 10. Berlin 1974, S. 438f.
266 Vgl. AEB, Rep. I, PfA 393, Brief von 1583 Febr. 25.
267 Vgl. ebd., undat. Beilage zum Brief von 1583 Febr. 25.

Beide Interzessionen des Markgrafen scheinen erfolgreich gewesen zu sein. 1589 stellten die Gemeinden fest, daß „die furschrifft von Hall [...] bißhero gefruchtet" habe[268].

In der Hoffnung, daß auch seine Interzession „nicht leher ablaufen" werde, wandten sich die Gemeinden Anfang 1589 an Markgraf Georg Friedrich von Brandenburg-Ansbach und -Kulmbach, der daraufhin an den Bamberger Bischof schrieb, damit der Pfarrgemeinde ihr evangelischer Pfarrer gelassen werde[269]. 1590 versuchten die markgräflichen Räte zu Ansbach, die Bamberger weltlichen Räte und den Abt von Michelsberg zur weiteren Tolerierung des Rattelsdorfer Pfarrers zu bewegen; die Bamberger Räte sollten sich Mittel überlegen, durch die das würzburgische Vorhaben, ihn abzusetzen, verhindert werden könne[270]. Allerdings blieben beide Briefe sehr moderat im Ton.

Dies gilt erst recht für die Interzession, die Herzog Friedrich Wilhelm von Sachsen-Weimar (reg. 1573–1602)[271], der Administrator von Kursachsen, ein Cousin Johann Casimirs von Sachsen-Coburg, 1592 an den Bamberger Bischof richtete. Er übersandte die Supplik der Pfarrgemeinde mit einem knappen Brief[272]. Der Michelsberger Vogt meinte diesen Brief, als er seinen Abt ohne jede Aufregung informierte, der Bischof habe eine Interzession aus Weimar empfangen, „ungefehr dieses innhalts, was nehmlich die supplicanten begehren, sey auß ihrer supplication zu vornehmen"[273].

Richteten sich die Hoffnungen der evangelischen Untertanen im Hochstift Bamberg in der Regel an lutherische oder kalvinistische Fürsten, so gab es doch einen Fall, wo auch ein katholischer Herr um Hilfe angegangen wurde. Die Protestanten in Marktzeuln baten im Februar 1624 den Herzog von Sachsen-Coburg, sich in ihrer Sache an den Erzbischof von Mainz als Metropolitan der Diözesen Bamberg und Würzburg zu wenden; dieser sollte offenbar die beiden Bischöfe dazu bringen, ihre gegenreformatorischen Aktivitäten in Marktzeuln einzustellen. Ob der Herzog dieses „sonderbahr [...] mittel" – so bezeichnete es die Gemeinde – anwandte[274], ist ungewiß. Jedenfalls schrieb Markgraf Christian von Brandenburg-Bayreuth nach Mainz[275]. Daß freilich der Mainzer Kurfürst Johann Schweikart von Kronberg (reg. 1604–1626) den Bischöfen von Bamberg und Würzburg von der Gegenreformation abriet, ist kaum vorstellbar.

Ebenso aussichtslos war es, wenn eine Gemeinde sich an den Kaiser wandte. Die Protestanten im Amt Döringstadt schickten 1603 einen Boten zu ihm[276]; was daraus wurde, ist unbekannt. Die evangelischen Bewohner des Amtes Teuschnitz beabsichtigten 1609 sogar, vor den Kaiser zu ziehen, falls sie am Reichskammergericht nichts erlangen würden[277].

### 4.5.6. Die Union

Nur in wenigen Fällen wissen wir, wie an den um Hilfe gebetenen Fürstenhöfen die Entscheidung gefällt wurde, was zu tun sei. Die Verhandlungen über die Sache der bambergischen

268 StAB, B 110, Nr. 39, fol. 148v (auch zum Folgenden).
269 Nicht erhalten. Erwähnt in StAB, B 46 c, Nr. 750, Prod. 3.
270 Vgl. ebd., Prod. 3 und 5.
271 Über ihn vgl. Huschke, S. 43–54.
272 Vgl. StAB, B 49, Nr. 153, Fasz. 1, Prod. 6f.
273 StAB, B 110, Nr. 35, pag. 54.
274 StAC, LA D 1208, fol. 217v–218v.
275 Vgl. ebd., fol. 246r.
276 Vgl. StAB, ex J 3, Nr. 225, Fasz. 1, fol. 23v, 24v.
277 Vgl. BayHStA, RKG 406, Q 5.

Protestanten, die bei der Versammlung der Union 1611 in Rothenburg geführt wurden, sind dagegen bekannt. Kilian Schauer rief namens der Protestanten in den Pfarrsprengeln Marktzeuln und Marktgraitz und der evangelischen Untertanen des Langheimer Abts im Maintal die versammelten evangelischen Stände an, sie zu unterstützen. Mehrere Protokolle der Sitzung, in der über diese Eingabe verhandelt wurde, sind erhalten, so die Aufzeichnungen der Gesandten des Herzogs von Württemberg, des Markgrafen von Brandenburg-Bayreuth und der Stadt Ulm.

Schon im Juni 1610 hatten die kurpfälzischen Räte Schauer und Stambler empfohlen, sich an den Unionstag zu wenden, der in diesem Jahr in Heilbronn stattfand. Obwohl Schauer geplant hatte, dorthin zu reisen[278], erschien er wohl nicht in Heilbronn; falls doch, trat er nicht in Erscheinung.

Nochmals riet Stambler im Juli 1611 nachdrücklich[279], Schauer solle „sambt 2 oder 3 personen auß den geblagten bambergischen gemeindten [...] in eyl gen Rotenburg an der Tauber" reisen und dort „ire notturfft in ainer supplication" vorbringen. Der Advokat gab Schauer die wichtigsten Aussagen vor, die der lange Brief[280] dann auch enthielt: „Nemblich zum ersten, das sie von neuen bischoff widter 60 unndt 70järig herkommen von der augspurgischen confession wollten vertrieben, 2. undt also sie solliches zue Speyr geclagt, inen nicht wollte per mandata oder anndtere beheglich proceß geholfen werdten [...], 3. unndt obwohln etlichen bambergischen (den teuschnizischen) ein mandatum moratorium [...] erkannt, so were doch solch mandatum, alß eß schon in procuratoris hanndten undt ainen cammerpothen ad exequendum wellen zuegestellt werdten, von procuratore illo [...] wiedterumb abgefordert undt uf diße stundt, ungeachtet vihl dorumb beschehenen supplicirenß, biß anhero nit widterumb herauß geben wordten. 4. Ob auch whol etlichen, nemblichen Graiz undt Zeiln, citationem super turbata possessione, die pfarrbestellung daselbsten betr[effend], were in camera erkhannt, auch articulatus libellus einkhommen, so kenndte man doch uff unzehlich supplicirn kein commission ad rei memoriam erlangen, dahero die zeugen [...] allgemach abstürben undt dießelben clegere umb iren beweiß kemen [...]. 5. Würden die betrangnussen so groß, daß etliche arme leuth mit schiessen, schlagen, überfallen, ergaistern undt in anndtere weeg todt darüber bliben, auch angustiae ille täglich, praesertim vom abbt zu Lanckheim continuirt, 6. daß mann etliche beylaagen, damit exercitium religionis ex promissio eiusdem ab episcopo Würzburgensi approbata zu beweißen, nicht meer auß des cammergerichts canzley bekommen kendte, sub praetextu, das sie verlegt sein sollten. 7. Ob auch whol churf. pfalltz. hochlöblichister gedechtnuß[281] ain wholgemeinte vorschrifft ann episcopum B[ambergensem] hetten abgehen lassen unndt ine ad mitius tractandos miseros illos angemhanet, hette es doch wenig gefruchtet". Am Schluß der Supplik solle Schauer von der Union Rat und Hilfe, besonders aber ein Schreiben an den Bamberger Bischof erbitten. Außerdem solle er die Union ersuchen, den Markgrafen von Brandenburg-Bayreuth zur Unterstützung zu bewegen.

Den pfälzischen Rat Dr. Ludwig Camerarius solle Schauer um Rat fragen. Durch ihn solle er auch die Supplik „revidirn" lassen. Damit hätte kein Geringerer als der Sitzungsleiter die Bittschrift überarbeitet. (Stambler und Camerarius waren wohl gut bekannt: Beide stammten aus Nürnberg; für Camerarius' Vater, den Mediziner Joachim Camerarius, hatte

278 Vgl. ebd., Q 11/I.
279 Ebd., Q 55.
280 Original: BayHStA, Kasten blau, 119/5 II, fol. 23r–28v. Abschriften in den meisten Unionsakten der in Rothenburg vertretenen Stände. Zusammenfassung: Chroust, Einfall, S. 751–753.
281 Kurfürst Friedrich IV., der im Vorjahr gestorben war.

Stambler ein Gedicht verfaßt[282].) Außerdem könne Schauer folgende Gesandte ansprechen: Dr. Franz Jugardt, den Syndikus der Stadt Speyer, der auch Assessor am Reichskammergericht war[283], Dr. Johann Hartlieb, genannt Walsporn, der die Stadt Straßburg vertrat, und sämtliche anwesenden Nürnberger[284].

Der Unionstag begann am 2. August und dauerte einen Monat[285]. Die Angelegenheit der bambergischen Protestanten wurde am 13. August verhandelt, nachdem am Vortag bereits Briefe zugunsten der evangelischen Bürger von Aachen und Köln beschlossen worden waren[286]. Zu Beginn der Aussprache[287] erinnerte Camerarius daran, daß der Bamberger Bischof seine Untertanen in Religionssachen bedränge, die deshalb eine Bittschrift eingereicht hätten. Dr. Arnold Muhm, der Vertreter des Markgrafen von Brandenburg-Bayreuth, ergriff als erster das Wort. Die Bittsteller hätten sich an seinen Herrn gewandt, dieser habe dem Bamberger Bischof und dem Langheimer Abt geschrieben, „welches gleichwoll ein zeit lang guth gethan". Seit aber die Klage der Untertanen am Reichskammergericht angenommen worden sei, sei ihre Verfolgung schärfer geworden. Er plädierte dafür, an das Reichskammergericht zu schreiben, damit es verfüge, „sie biß zu vollführung der proceß unbetrangt zu laßen"; offenbar sollte es ferner den angrenzenden Fürsten gestatten, sich der bambergischen Protestanten anzunehmen, sie also zu schützen. Der ansbachische Vertreter, der Vizekanzler Dr. Simon Eysen, versprach sich wenig von einer Intervention der Union oder einzelner Stände: „Man thue, waß man woll, werd er [= der Bischof] doch vortfahren, seyen exempla bekant"[288].

Der württembergische Vertreter war im Hinblick auf das Reichskammergericht pessimistisch. Dort sei „disen armen leuten nit zu helfen". Selbst wenn dort Prozesse eröffnet würden, sei „darmit nichts ußzurichten"[289]. Im übrigen könnten die Klagen der Bittsteller auf diesem Tag nicht erörtert werden[290]. Die Union solle lediglich an den Bischof schreiben, „sy deß ußziehens halben nit so gar zu restringirn"[291], auch wenn es „nit viel fruchten" werde[292]. Der badische Abgesandte schloß sich der Meinung des Württembergers an.

Der Kanzler des Grafen von Öttingen erwartete von einem Brief an das Reichskammergericht nicht allzu viel, man solle aber die Vorgänge dort „observiren". An Bamberg solle geschrieben werden, vielleicht auch an den Herzog von Sachsen-Coburg. Dr. Hartlieb aus Straßburg, an den sich Schauer hatte wenden sollen, plädierte für einen Brief an das Reichskammergericht, wobei handfeste Drohungen ausgesprochen werden sollten. Da „keinem evang[elischen] ständ mehr proceß wüder das pabstumb erkant würden", werde, falls das so bleibe, kein protestantischer Stand mehr zur Unterhaltung des Gerichts beitragen[293].

282 Vgl. Bayerische Staatsbibliothek München, clm 10365, fol. 259r.
283 Vgl. Groh, Besitzverhältnisse, S. 68.
284 BayHStA, RKG 406, Q 55. Nürnberg wurde auf dem Unionstag vertreten durch die drei Patrizier Ernst Haller von Hallerstein, Leonhard Grundherr und Andreas Imhoff, sämtlich Angehörige des Inneren Rates, sowie durch die beiden Advokaten Dr. Johann Christoph Oelhafen und Dr. Georg Adalbert Burkhard. Vgl. Chroust, Einfall, S. 697. Stambler dürfte vor allem an diese beiden gedacht haben.
285 Über den Verlauf des Tages vgl. Chroust, Einfall, S. 697–732.
286 Vgl. ebd., S. 719f.
287 Wir folgen bei der Wiedergabe der Aussprache dem Protokoll der württembergischen Abgeordneten. Vgl. HStAS, A 90 A, Bd. 10, fol. 757r–760v. Daneben wurde das Protokoll der Gesandten der Reichsstadt Ulm ausgewertet. Vgl. StadtA Ulm, A 1323, Nr. 2326 a.
288 HStAS, A 90 A, Bd. 10, fol. 757v.
289 StadtA Ulm, A 1323, Nr. 2326 a.
290 Vgl. HStAS, A 90 A, Bd. 10, fol. 757v.
291 StadtA Ulm, Nr. 1323, Nr. 2326 a.
292 HStAS, A 90 A, Bd. 10, fol. 758r.
293 Ebd., fol. 758v.

Auch an die Bamberg benachbarten Fürsten solle geschrieben werden, denn sie werde der Bischof „in etwas respectirn muessen"[294]. Der Nürnberger Vertreter – mit ihm hatte Schauer vielleicht ebenfalls gesprochen – stieß ins selbe Horn wie Hartlieb. Am Kammergericht seien mehr katholische als evangelische Beisitzer; wenn das nicht geändert werde, so solle die Union in Speyer ankündigen, werde man nichts mehr zahlen. Auch an Bamberg und Coburg seien Briefe zu senden.

Im folgenden äußerten sich noch die Abgesandten mehrerer Reichsstädte. Worms war gegen ein Schreiben ans Reichskammergericht, Ulm, Nördlingen, Rothenburg votierten dafür, Schwäbisch Hall legte sich auf keine Vorgehensweise fest. Der Vertreter Nördlingens, wohl der Advokat Dr. Georg Heher, regte zudem an, die Union könne sich an die Bamberger Domherren wenden. „Wüß man, das das capitul zu Bamberg mit deß bischoffs factiones nit allerdings zufriden und durch ir vermitlung vielen sachen praecavirt werde, so sonst zue bößem ausschlag kommen were"[295].

Camerarius schloß die Debatte. Keinesfalls dürfe die Union die verfolgten Glaubensgenossen „trostloß [...] laßen". Auch sei das Vorgehen des Reichskammergerichts „unerhört". Es sei nach Speyer zu schreiben, „dardurch camerales verspürten, das man ein aug uf dieße proceß geworfen und künfftig andreß werden möchte". Bamberg sei daran zu erinnern, daß schon die Kurpfalz und Brandenburg-Bayreuth geschrieben hätten. Dies hätte „nichts gefruchtet", vielmehr werde infolge der Interzession den Untertanen „noch herter zugesezt"[296]. Zwar helfe ein solcher Brief wenig, erklärte Camerarius, doch solle nichtsdestoweniger an den Bischof geschrieben werden, „damit mann es in künfftig desto bösser zu verantworten"[297]. An das Kapitel solle die Union sich noch nicht wenden, denn das würde wirken, als plane sie, Bischof und Domherren „zuesamenzuewickhlen", d. h. wohl: gegeneinander auszuspielen. Den Herzog von Sachsen-Coburg sollten die Untertanen selbst angehen, damit er den sächsischen Kurfürsten ersuche, ihre Angelegenheit auf dem Kurfürstentag vorzubringen[298].

Camerarius erbot sich, die Schreiben zu konzipieren und der Versammlung vorzulegen. Am 26. August genehmigte sie die drei Briefentwürfe: Den Bamberger Bischof forderte die Union auf, die Gewissen seiner Untertanen nicht zu zwingen, sondern ihnen die Ausübung ihrer Religion zu gestatten. Emigrationswillige solle er nicht behindern[299]. Herzog Johann Casimir wurde ersucht, sich der Bedrängten wie bisher „mitt christlichen löblichen eyfer" anzunehmen; den Kurfürsten von Sachsen solle er bei Gelegenheit dazu bewegen, „dieser sach bei kunftigen collegialtag zum besten eingedenckh [zu] sein"[300]. An die Präsidenten und Beisitzer des Reichskammergerichts schrieben nicht alle unierten Stände, sondern nur die Kurpfalz, Brandenburg-Ansbach, Württemberg, Baden und Anhalt. Sie listeten die von den Bittstellern vorgebrachten Beschwerden auf, die sie „mit nit geringen befrembden" vernommen hätten. Falls dem wirklich so sei „und den partheyen dergestallt aller rechtliche behelf abgeschlagen, die gebührende probatoria verhindert und vorghehallten werden solten, konten wir nicht sehen, wie ohne abbruch der justitien sich dergleichen ding, welche auch der consequentz halben ein sehr weit anßehen gewinnen möchten, wolten verant-

294 StadtA Ulm, Nr. 1323, Nr. 2326 a.
295 HStAS, A 90 A, Bd. 10, fol. 759v.
296 Ebd., fol. 760r.
297 StadtA Ulm, A 1323, Nr. 2326 a.
298 HStAS, A 90 A, Bd. 10, fol. 760v.
299 Vgl. BayHStA, Kasten blau, 119/5 II, fol. 41r–42v (Konz.).
300 Ebd., fol. 43r–v (Konz.).

worten laßen“[301]. Die von Hartlieb vorgeschlagene Drohung, nichts mehr für den Unterhalt des Gerichts zu zahlen, wurde nicht ausgesprochen.

Wie der Bischof das Schreiben der Union aufnahm, ist bekannt: Er unterrichtete die drei geistlichen Kurfürsten darüber, was auf eine gewisse Beunruhigung hindeutet. Die Angesprochenen freilich empfahlen ihm, sich nicht beirren zu lassen[302]. Der Einfall in Kilian Schauers Haus im November[303] ist wohl als Folge der Interzession aus Rothenburg zu sehen – in Bamberg gab es keinen Zweifel, wer der Urheber war. Insgesamt bestätigte sich die Erwartung der meisten Sprecher auf dem Unionstag, die Interzession an den Bischof werde nichts fruchten. Die Reaktion des Herzogs Johann Casimir von Sachsen-Coburg ist nicht überliefert. Doch scheint der Brief gewirkt zu haben: Am 1. September prüften seine Räte die Frage einer Beteiligung des Herzogs am Prozeß[304], zu der es aber letztlich nicht kam; im Oktober verhandelte der Herzog wegen der bambergischen Protestanten mit Kurfürst Johann Georg[305]. Beim Reichskammergericht war die Interzession der fünf Fürsten Mitte September noch nicht eingegangen[306]. Wann sie eintraf und was sie bewirkte, wissen wir nicht; jedenfalls brachte sie den festgefahrenen Prozeß nicht mehr in Gang.

Halfen auch die Schreiben, die die Union versandte, den evangelischen Untertanen nicht unmittelbar, so stärkte es doch gewiß deren Selbstbewußtsein, daß die Union sich ihrer annahm. Hatte ihnen nicht im September 1610 Schauer aus Speyer die militärische Macht der Union gepriesen: „Die unirten stende haben doch pündtnus mit so vieln königreichen, alß Franckhreich, Engellandt, Schottlandt, Dennemarckht, den Stadischen, Venedigern, Ungern etc., das [...] nicht wol möglich ist den papisten, etwas ansehenliches und nambhafftes an kriegsvolckh zuwegen zue pringen, ob sie gleich gelt eine notturfft haben mögen“[307]?

## 4.5.7. Ritter

Kaum ein Ritter aus einem obermainischen Geschlecht wird die Gegenreformation gern gesehen haben, selbst wenn er – etwa als Amtmann oder als Rat – an ihrer Durchführung beteiligt war[308]. Doch die Bereitschaft war gering, die Untertanen bei ihrem Widerstand zu unterstützen. Zu groß war die politische Übermacht des Bischofs, zu eng waren die Verbindungen zwischen ihm und den niederadligen Familien, zu sehr waren die Ritter wirtschaftlich auf ihn als Dienstherrn angewiesen.

Dabei hatten sich die evangelischen Untertanen Hilfe von ihren adligen Glaubensbrüdern versprochen. So ließ sich Ende 1597 der Marktgraitzer Schulmeister Johann Pötzinger Geld von der Gemeinde geben, „er wolle ausgehen undt wol leudt zuwegen bringen“, die dem Bischof und seinen Räten „einen widerstandt thun konndten“. Er rechnete anscheinend auf die adligen Geschlechter, die ringsum saßen, doch diese sollen ihm erklärt haben, sie würden nichts gegen den Fürstbischof unternehmen. Freilich ist diese Geschichte nicht uneingeschränkt glaubhaft, denn berichtet wurde sie von dem Burgkunstadter Schulmeister, der Pötzingers Nachfolger werden sollte und, da dieser sich weigerte abzu-

301 Ebd., fol. 39r–40r (Konz.) (Zitat fol. 39v).
302 StAB, B 86, Nr. 28, fol. 275v–276r.
303 Vgl. S. 445f.
304 Vgl. StAC, LA D 1322, fol. 67r.
305 Vgl. ebd., fol. 83r–85r.
306 Vgl. BayHStA, RKG 406, Q 57.
307 Ebd., Q 12. Schauer bezog sich dabei auf die Auseinandersetzungen um Jülich.
308 Siehe S. 339–341.

ziehen, im Streit mit ihm stand[309]. Wahr oder nicht – der Bericht ist jedenfalls stimmig, wie spätere Quellen belegen. Der hohen Erwartung der Untertanen begegneten die Ritter allenfalls mit unverbindlichen Sympathiebekundungen.

Der Reichskammergerichtsadvokat Stambler riet den Marktgraitzern und Marktzeulnern im November 1609, die adligen Untertanen in den Pfarreien sollten ihre Herren bitten, sich am Prozeßantrag der Gemeinden zu beteiligen; sie sollten den Rittern zusichern, daß diesen keine Kosten entstünden[310]. In der Folge gab Schauer von Speyer aus seinen Verwandten und den Gemeinden mehrmals den Auftrag, an Adlige zu schreiben[311]. An die Herren von Schaumberg, an die Herren von Redwitz und an die Marschalk von Ebneth sollten sie sich wenden; die Beteiligung zweier Adliger genüge vollauf[312].

Einige Adlige nahmen an der Angelegenheit durchaus Anteil. So ließ sich Achaz Georg Wolf von Schaumberg zu Strössendorf – ein Rat des Markgrafen von Brandenburg-Bayreuth – Anfang Januar des Jahres 1610 von Schauer, der ihn als seinen „mechtigen förderer" titulierte, unterrichten, wie die Sache der Gemeinden am Reichskammergericht stehe[313]. 1610 behaupteten die Pfarrgemeinden Marktgraitz und Marktzeuln, sicherlich nicht grundlos, adlige Grundherren in den Sprengeln seien grundsätzlich bereit, sich an der Klage der Gemeinden zu beteiligen, wollten aber erst abwarten, wie sich Coburg verhalte[314]. Doch der Herzog zögerte, und die Adligen taten es ihm gleich. Schauer beklagte sich im April 1611 bei einem namentlich nicht bekannten Ritter, Sachsen-Coburg und die Adligen hätten „sich bißhero ihrer underthonnen in dieser sachen [...] nichts angenommen"; vielleicht stocke deshalb der Prozeß[315].

Im Oktober 1612 wandten sich die „adeliche[n] herrschafften" im Pfarrsprengel Marktgraitz selbst an den Herzog. Sie waren nach wie vor willens, sich der Klage der beiden Pfarrgemeinden anzuschließen; sie unterstützten ferner den Plan des Reichskammergerichtsadvokaten Stambler, Coburg und die Ritter sollten von Bamberg den Abzug des katholischen Pfarrers von Marktgraitz verlangen und, wenn der Bischof dies verweigere, ihn selbst vertreiben und durch einen evangelischen Geistlichen ersetzen. Aber der Herzog müsse den Anfang machen, wobei er entweder diesem Rat folgen oder etwas anderes unternehmen solle. Keinesfalls dürfe man aber der „neuerliche[n] turbation lenger also stillschweigent noch zuesehen", da dies am Jüngsten Tag „vielleicht schwerlich" zu verantworten sei[316]. Herzog Johann Casimir freilich handelte nicht, und so blieben auch die Ritter untätig. Stambler sah die zögerliche Haltung der Adligen und des Herzogs kritisch; die Kurpfalz wäre an ihrer Stelle viel eifriger, meinte er 1614[317].

Dennoch wandten sich auch später noch vereinzelt hilfesuchende Protestanten an Ritter. So baten 1624 die evangelischen Einwohner von Beikheim die Brüder Veit und Emmeram Ernst von Redwitz um Fürsprache beim Bamberger Bischof, als dieser die Protestanten vor die Wahl zwischen Konversion und Emigration stellte[318]. Ihre Intervention, falls sie sich überhaupt dazu verstanden, blieb wirkungslos.

---

309 AEB, Rep. I, PfA 334, Brief von 1597 Dez. 11.
310 Vgl. BayHStA, RKG 406, Q 40.
311 Vgl. ebd., Q 5f., 10.
312 Vgl. ebd., Q 6.
313 Ebd., Q 20.
314 Vgl. ebd., Q 18.
315 Ebd., Q 21.
316 StAC, LA D 1322, fol. 152r–153r.
317 Vgl. ebd., fol. 191r.
318 Vgl. AEB, Rep. I, PfA 334, Brief von 1624 Febr. 7.

## 4.6. Streben nach Reichsunmittelbarkeit

Auf eine Weise, die sich sonst nirgends im Hochstift nachweisen läßt, versuchten sich die Marktzeulner gegen die Gegenreformation des Bamberger Bischofs zu wehren. Sie strebten danach, sich aus dem Hochstift Bamberg zu lösen. Dabei konnten sie darauf verweisen, daß mit Ausnahme zweier Mühlen alle Anwesen des Ortes Gemeindelehen waren und daß sie weitreichende kommunale Sonderrechte besaßen[319]. Aus diesen Tatsachen folgerten sie, der Bischof sei nicht ihr Landesherr, sie würden ihm vielmehr nur ein jährliches Schutzgeld zahlen. Wäre der Fürstbischof aber nicht der Landesherr gewesen, dann hätte er nicht das Recht gehabt, in Marktzeuln die Gegenreformation durchzuführen. Die Bürger glaubten – oder sie gaben es wenigstens vor –, ihr Ort sei reichsunmittelbar. „Die gutter, darauf sie wohnten, waren ihr frei eigen, undt hette ihnen niemandß darumb einzureden", tönten einige Marktzeulner 1623[320].

Erfolgreich war der Anspruch auf Unabhängigkeit von Bamberg nicht; er wurde – mit gutem Grund – nie ernsthaft verfochten. Immerhin zweifelte der Herzog von Sachsen-Coburg 1616, wohl aufgrund der Angaben aus Marktzeuln, das „jus territorii" des Bischofs über Marktzeuln und sogar über Marktgraitz an[321]. Aber selbst das hatte keine Folgen, zumal – wie dargelegt – der Herzog Zusammenstöße mit Bamberg zu vermeiden trachtete; deshalb ließ er sich auch die Marktzeulner Anwesen von den Bürgern 1614 nicht zu Lehen auftragen[322].

## 4.7. Spott über die Vertreter der Obrigkeit

Mit Gewalt oder Drohungen gegen Vertreter der Obrigkeit ging zuweilen Spott einher. Der Spott über sie diente den Untertanen wohl dazu, Überlegenheit zu demonstrieren, und er war ein Weg, sich selbst Mut zu machen. Als Beauftragte des Würzburger Bischofs 1585 einen katholischen Seelsorger in Döringstadt einführen wollten, verweigerte die Gemeinde ihnen nicht nur den Zutritt zur Kirche. Sie höhnte, falls der Bischof dem Geistlichen „zu seiner behausung" – er stammte aus Döringstadt und besaß hier ein Anwesen – „ein kürchen bauen laßen [wolle], sein sy es zufriden. Soll darin gleich predigen und singen, so lang er wölle, aber ir kainer wölte [...] darein gehen"[323]. Im folgenden Jahr mußte der Eberner Keller erneut „mit spott" abziehen. Wieder boten die Döringstadter ihm an, der Bischof könne gern eine Kirche für den katholischen Pfarrer bauen. Und sie setzten hinzu, sie würden dem Keller einen Boten schicken, falls sie einmal einen anderen Pfarrer brauchen sollten. „Ist alles vergebens, dann sie nuhn noch mehrer gespott darauß treiben", resümierte der Beamte[324].

Als im November 1609 ein bambergischer Kommissar in Marktgraitz Befehle des Bischofs verlesen wollte, hörte ihn die Gemeinde nicht an; einige sagten höhnisch, „sie kendten den bischoff zue Bamberg nit, eß wer inen auch nit bewust, ob derselbig [...] ain schuster oder schneidter were"[325].

---

319 Siehe S. 20, 23, 263.
320 AEB, Rep. I, Nr. 745, fol. 8r.
321 StAC, LA D 1208, fol. 93r.
322 Siehe S. 319.
323 AEB, Rep. I, PfA 130, Brief von 1585 Juni 19.
324 Ebd., Brief von 1586 März 21.
325 BayHStA, RKG 406, Q 38. Die Sprecher taten offenbar so, als sei „Bischof" ein Familienname.

Es gab aber noch andere Möglichkeiten, sich über die Obrigkeit lustig zu machen, sie zu verspotten und zu beleidigen. Mehrere junge Marktzeulner sangen 1609 öffentlich dreimal das Lied „Erhalt uns, Herr, bei deinem Wort" sowie „anndere unzimbliche luttherisch gesäng"[326]; auch bei der Feier eines Reichskammergerichtsmandates erklang jenes Lied[327]. „Erhalt uns, Herr, bei deinem Wort", gedichtet 1543 von Martin Luther, mußte nicht nur seines Verfassers wegen ein Ärgernis für katholische Beamte und Pfarrer darstellen. Denn es heißt ja weiter: „und steur des Papsts und Türken Mord, | die Jesus Christus, deinen Sohn, | möchten stürzen von deinem Thron."[328] Der Papst – und mit ihm die Katholiken – wird auf eine Stufe mit den Türken gestellt, ist ein Feind Christi.

Seltener wurde in schriftlicher Form gespottet. Zwei Zeugnisse sind aus dem Untersuchungsgebiet nachzuweisen; das eine aus Schwürbitz, das andere aus Marktzeuln. Im Original ist noch die „Historische Erzehlung" des Schwürbitzer Notars Kilian Schauer erhalten; sie wird im Anhang 2 ediert und ausführlich kommentiert, so daß wir uns hier auf wenige Angaben beschränken können.

In 73 Strophen berichtete Schauer über die Anfänge der Gegenreformation in Franken und über ihre Durchführung in den Orten, die er bei ihrem Widerstand beriet, also in den Pfarreien Marktzeuln und Marktgraitz sowie in langheimischen Dörfern.

Verschollen ist eine etwas früher entstandene Satire, die 1609 in Marktzeuln verfaßt worden ist: „Colloquium oder Gespräch, welches Satanas mit seinem hellischen Heer u. Georg Bückling von Zeuln, ein abgefallener Mammeluck und Getreuer des Satans mit einander halten"[329]. Es wurde damit gegen den Marktzeulner Schultheißen Georg Bückling polemisiert, der an den gegenreformatorischen Maßnahmen mitwirkte und als „vielen unglücks anstiefter"[330] verhaßt war; ihm wurde sogar sein mit Getreide gefüllter Stadel in Brand gesteckt[331]. Offenbar war Bückling – obwohl der Bruder des Langheimer Abtes – zunächst selbst evangelisch. Darauf deutet die Bezeichnung „abgefallener Mammeluck" hin – so beschimpften die Protestanten um 1600 Personen, die den katholischen Glauben angenommen hatten[332].

Als Urheber des „Colloquiums" galt der Obrigkeit der Schwürbitzer Notar Kilian Schauer[333]. Als Bückling das Gedicht in die Hand bekam, ließ er es „eilfertig abschreiben" und sagte dabei: „Diß sindt deß Schauers eigene wort, daß weiß ich so gewieß, alß wan ich sie selbsten von ihme gehört hette". Und vermutlich berichtete er in diesem Sinn der Bamberger Regierung über den Vorfall. Doch verwahrte sich Schauers Anwalt 1613 gegen diesen Vorwurf: Sein Mandant sei der Verfasserschaft nicht überführt. Vielmehr hätten mehrere Personen dem Burgkunstadter Vogt gestanden, „dieselbige schrifft [...] zum theil gedichtet"

326 BayHStA, RKG 406, Q 38.
327 Vgl. StAB, B 49, Nr. 59, Exceptones sub et abreptionis, präs. 1610 Jan. 30.
328 Zur Geschichte dieses Liedes vgl. Martin Luther und die Reformation in Deutschland. Ausstellung zum 500. Geburtstag Martin Luthers. Frankfurt a. M. 1983, S. 300 Nr. 399 (Markus Jenny). Zur Rezeption des Liedes im 16. Jahrhundert vgl. auch Schulze, Geschichte, S. 256.
329 BHVB 25 (1862), S. XXXVI. – Dieses „Colloquium" schenkte der Bamberger Kurat Adolf Oesterreicher (1813 – 1867), ein Sohn des Archivars Paul Oesterreicher, dem Historischen Verein Bamberg. Es ist heute aber weder in der Archivalien- noch in der Handschriftensammlung des Historischen Vereins zu finden. Über Adolf Oesterreicher vgl. Wachter 7235.
330 So bezeichnete ihn 1613 der Anwalt Kilian Schauers, sicherlich nach dessen Vorgabe. BayHStA, RKG 406, Q 71.
331 Siehe S. 174, 270, 276, 305, 343.
332 Vgl. etwa StAB, B 86, Nr. 23, fol. 186r.
333 Vgl. BayHStA, RKG 406, Q 65. Mit dem hier erwähnten „paßquill, das „fasst noch gröber" sei als Schauers „Historische Erzehlung", meinte der bambergische Anwalt vermutlich das „Colloquium".

zu haben. Das Gedicht sei im Herbst 1609 verbreitet worden, als Schauer sich in Speyer aufhielt; dieser könne es also gar nicht an die Öffentlichkeit getragen haben. Im übrigen hätten Bückling und der Pfarrer von Marktgraitz es „zuesammengeflücket, gemehret undt gebeßert"[334].

Falls diese Darstellung zutrifft, verbreiteten mehrere Einwohner der Pfarrei Marktzeuln oder Marktgraitz ein Spottgedicht mit dem oben zitierten Titel, das gegen Bückling gerichtet war; dieser wurde infolge seines Wirkens für die Gegenreformation als Kumpan des Teufels dargestellt. Bückling selbst und der Marktgraitzer Pfarrer arbeiteten dieses Gedicht verschärfend um, bevor sie es nach Bamberg weitergaben.

## *4.8. Erzwungene Solidarität in der Dorfgemeinschaft*

Innerhalb der Gemeinden gab es entschiedene Gegner der Gegenreformation, die sich den obrigkeitlichen Verfügungen klar widersetzten, ebenso wie Personen oder Familien, die bereit waren, sich ihrem Herrn in Glaubensfragen zu beugen – sei es, weil sie die Auseinandersetzung fürchteten, sei es, weil ihnen ihr Glaube weniger bedeutete. Den Protagonisten des Widerstands lag verständlicherweise daran, Abweichlertum verhindern, die Solidarität innerhalb der Gemeinde notfalls zu erzwingen. So wehrten sich 1614 die Marktzeulner Bürger, daß jeder für sich erklären sollte, ob er einem bischöflichen Befehl nachkommen werde[335]. Eine Kontrolle des einzelnen durch die Dorfgemeinschaft wäre im entscheidenden Augenblick nicht mehr möglich gewesen, manche hätten wohl den Drohungen oder Versprechungen der bischöflichen Kommissare nachgegeben. Als ebenfalls 1614 ein Marktgraitzer nach dem anderen dem Vogt und dem Pfarrer sagen sollte, ob er konvertieren oder emigrieren wolle, drang „die gantze gemeindte in die stuben" ein, da sie befürchtete, der gerade Befragte könne von den beiden „überrascht werden". Unisono antworteten dann die Bürger auf die Frage, ob sie katholisch werden wollten, mit Nein[336].

Traten einzelne Angehörige einer Gemeinde, die sich der Gegenreformation widersetzte, zum katholischen Glauben über, waren sie in der Regel Spott und Beleidigungen von seiten ihrer Nachbarn ausgesetzt. Marktzeulner hätten „die gehorsame underthanen abgefallene schelmen gescholten", heißt es in einer bambergischen Eingabe beim Reichskammergericht vom Anfang 1610[337]. Im Januar 1614 berichteten Pfarrer, Kastner und Vogt von Lichtenfels nach Bamberg, die Michelauer würden „diejenigen, so sich zur catholischen religion einstellen wollen, sehr verfolgen, verspotten, verlachen und verhönen"[338].

Darüber hinaus waren Konvertiten und Personen, die die Annahme des katholischen Glaubens beabsichtigten, Drohungen und sogar Gewalttätigkeiten ausgesetzt. 1598 habe in den Pfarreien Marktgraitz und Marktzeuln seines „leibs unndt lebens nit [...] sicher sein können", wer sich nicht „in rebellione associiren", sondern den bischöflichen Befehlen Folge leisten wollte – das berichtete zumindest Jahre später der bambergische Prokurator dem Reichskammergericht[339]. Ein Marktzeulner Bäcker beklagte sich 1624 beim Bischof, ein „Rebell" habe ihn vor seinem Haus wüst beschimpft, um ihn hinauszulocken und zu

334 Ebd., Q 71.
335 Vgl. StAC, LA D 1322, fol. 226v.
336 Ebd., fol. 238v.
337 StAB, B 49, Nr. 59, „Exceptiones sub et abreptionis" (präs. 1610 Jan. 30).
338 StAB, ex J 3, Nr. 245, fol. 128r–v.
339 BayHStA, RKG 406, Q 26.

schlagen[340]. Der Bürgermeister und die Ratsmitglieder schrieben dem Bischof um dieselbe Zeit, es könne „unßer fast keiner auß unßeren aigenen heußern gehen [...], dan die rebellanten fast deglich nach mitag sich miteinandter platzvoll trinckhen undt dan hernach wier von ihnen leibß- undt lebenßgefahr erwarten undt außstehen müßen"[341].

Es waren keine leeren Drohungen, denen die „gehorsamen" Untertanen ausgesetzt waren. 1610 schlug ein lutherischer Marktgraitzer mit einem Beil nach einem katholischen Nachbarn; ihr Streit drehte sich um den Pfarrer[342]. 1620 verprügelten evangelische Marktzeulner katholische Nachbarn, „wann sie inn die kirchen gehen"; ein Protestant schlug einen Katholiken sogar „bluetrustig"[343]. Mehrere Bürger überfielen am 28. Februar 1624 den Marktzeulner Bürgermeister; er wurde „zu boden geschlagen", ihm wurde ein „finger herabgehieben", am Kopf wurde er „thodtlich verwund"[344].

Daß die mündlichen und die handgreiflichen Einschüchterungsversuche zumindest zeitweilig zum gewünschten Ergebnis führten, zeigt die Klage des Marktzeulner Pfarrers vom April 1624: „Viel seint, die sich zu der [katholischen] religion bekenneten, allein wegen der furnembsten rebellanten [...] dorfen [sie] es nicht thuen, von denen sie sonsten nicht möchten bleiben konnen. Wurden aber gern gehorsamen, allein wan eintzige execution ergieng, daraus die ärgsten rebellanten möchten gezuchtiget oder gedempfet werden undt sie sicher von ihnen bleiben konten."[345]

Die Furcht vor den evangelischen Nachbarn, die durch Drohungen oder Gewalt eine Konversion verhinderten, scheint zuweilen jedoch nur Vorwand gewesen zu sein, um der Obrigkeit nicht gehorchen zu müssen. So klingt die Angabe des Rattelsdorfer Geleitsmannes unglaubhaft, er fürchte, ermordet zu werden, wenn er zum katholischen Glauben übertrete[346].

---

340 Vgl. StAB, B 49, Nr. 233/II, fol. 459r–460r.
341 Ebd., fol. 492v.
342 Vgl. AEB, Rep. I, Nr. 740, fol. 68v.
343 StAB, ex J 3, Nr. 20, „Gaystliche mengel" 1620.
344 AEB, Rep. I, Nr. 343, fol. 105v.
345 StAB, B 49, Nr. 233/II, fol. 430r–v.
346 Vgl. StAB, B 110, Nr. 40, fol. 317v.

# 5. Die Rolle der bambergischen Beamten, der katholischen Pfarrer und der Schulmeister

Die durch gegenreformatorische Maßnahmen hervorgerufenen Unruhen richteten sich meist gegen den Landesherrn, den Bischof von Bamberg. Der Bischof freilich erlebte diese Tumulte nicht selbst; er erfuhr von ihnen nur durch mündliche und schriftliche Berichte. Mit den Widerstandshandlungen konfrontiert wurden Beamte, die in dem Ort lebten, in dem es zu Unruhen kam, in deren Amtssprengel der Ort lag oder die dorthin entsandt wurden. Weiterhin hatten sich die Pfarrer mit den Untertanen auseinanderzusetzen, die sich gegen die Gegenreformation wandten.

Im folgenden ist zu untersuchen, wie die Beamten und die Pfarrer die gegenreformatorischen Maßnahmen durchführten, wie die Untertanen ihr Vorgehen bewerteten und in welcher Beziehung das Verhalten der Beamten zu den Widerstandshandlungen stand. Weiterhin soll kurz die Rolle der Schulmeister betrachtet werden, die durch ihre Aufgaben – Unterricht, Mitwirkung am Gottesdienst, oft auch Schreibertätigkeit – der Gemeinde, dem Ortspfarrer und der staatlichen Obrigkeit zugleich verbunden waren.

## *5.1. Die Beamten*

Die Bezeichnung „Beamter" wird in der vorliegenden Arbeit durchgängig verwandt, da sie auch in zeitgenössischen Quellen erscheint[1]. Selbstverständlich gab es verschiedene Ebenen. An der Spitze der Verwaltung standen die Hofräte. In der weltichen Ratsstube saßen adlige und gelehrte Räte, in der geistlichen offenbar nur oder doch überwiegend Gelehrte, meist Doktoren beider Rechte oder der Theologie.

Vertreter der Obrigkeit auf dem Land waren der Amtmann, der zuweilen als „Rat von Haus aus" fungierte, der Kastner und der Vogt[2]. Diesem stand als Hilfspersonal der Landknecht zur Seite; war mehr Unterstützung vonnöten, dann wurden Untertanen, meist die Bürger der Amtsstadt, aufgeboten. Neben den drei erwähnten Beamten ist noch der Forstmeister zu nennen. Besonders der Lichtenfelser Forstmeister spielte eine wichtige Rolle, zum einen als Verwalter der zahlreichen Reutlehen in den Ämtern Lichtenfels und Burgkunstadt, zum anderen, weil die Bamberger Regierung eine Sperrung der Holzabgabe als Druckmittel gegen unbotsame Untertanen einsetzte. Dem Forstmeister standen mehrere Forstknechte zur Seite. Als Sonderfall eines Beamten kann der Marktzeulner Schultheiß gelten, der bis 1604 von den Bürgern aus ihren Reihen auf ein Jahr gewählt, danach aber von Bamberg eingesetzt wurde. Seine Funktion ist wohl der eines Vogts vergleichbar, doch war seine Tätigkeit auf Marktzeuln beschränkt.

Der Posten eines Amtmanns wurde im Hochstift Bamberg fast immer mit einem Niederadligen besetzt. Die im Bambergischen beheimateten Familien waren freilich durchweg evangelisch, so daß an der Spitze eines Amtes meist ein Protestant stand. Eine Ausnahme

1 So bezeichnete Kilian Schauer den Vogt und den Kastner von Lichtenfels als „beampte". BayHStA, RKG 406, Q 25. Der Marktgraitzer Pfarrer sprach 1615 von „beambten", ebenso der Marktzeulner im Jahr 1624. AEB, Rep. I, Nr. 742, fol. 200r; Nr. 745, fol. 125v.

2 Zu ihren Aufgaben vgl. Einführung.

gab es im Untersuchungsgebiet: den Döringstadter Amtmann Anselm von Hondorf († 1612)[3], der wohl einem märkischen[4], jedenfalls keinem fränkischen Adelsgeschlecht entstammte, galt als „ein gutter catholicus"[5].

Auch die Mehrzahl der anderen Beamten war bis in die letzten Jahre des 16. Jahrhunderts evangelisch. Wenn schon 1594 in Baunach „ein eifriger catholicus" als Kastner wirkte[6], so erscheint das recht ungewöhnlich. In den ersten Regierungsjahren des Bischofs Neithard von Thüngen verkündeten folglich vielfach Protestanten den evangelischen Pfarrern die Befehle abzuziehen; vereinzelt forderten noch Protestanten namens des Landesherrn ihre Glaubensgenossen auf, den katholischen Glauben anzunehmen. 1592 etwa entsandte der Bischof den evangelischen Dompropsteiverwalter – allerdings gemeinsam mit dem katholischen Oberschultheißen – nach Rattelsdorf; sie sollten dort die Untertanen, die keinen katholischen Pfarrer akzeptieren wollten, verhören und ermahnen[7].

Doch der Bischof zeigte sich bei anderer Gelegenheit bereits vorsichtiger. Im selben Jahr wies er den Abt von Michelsberg an, er solle, um einen katholischen Pfarrer einzusetzen, nicht seine evangelischen Beamten heranziehen, „sondern uff andere persohnen vordacht sein". Mit den Klosterdienern, „so der widerigen religion sein", solle er in dieser Sache nicht einmal „communiciren"[8]. Aber erst in seinen letzten Regierungsjahren konnte sich Neithard selbst auf einen weitgehend katholischen Beamtenapparat stützen.

Betrachten wir die Zentralbehörden, so finden wir über das Verhalten der evangelischen Räte keine Belege, die auf heimliche Opposition zur Politik ihres Herren oder gar auf Illoyalität hindeuten würden. Lediglich dem Dompropsteiverwalter Dr. Pankraz Holtzschuh[9] warf der Würzburger Bischof 1603 vor, er allein behindere die Gegenreformation in Döringstadt; der Dompropst nahm ihn jedoch in Schutz[10].

Unter den Beamten auf dem Land zeigten am ehesten die lutherischen Amtmänner, denen schon ihre adlige Abstammung Selbstbewußtsein verlieh, daß sie mit der Gegenreformation nicht einverstanden waren. Zumindest dürfte kein evangelischer Amtmann Eifer an den Tag gelegt haben[11]. So unterstellte der Marktgraitzer Pfarrer 1613 dem Amtmann von

---

3 Zum Sterbetermin vgl. AEB, Kbb. Bamberg-BMV, Bd. 20, fol. 15v; auch Kbb. Bamberg-Dom, Bd. 1, pag. 5. Hondorf starb am 24. Mai 1612 und wurde im Franziskanerkloster beigesetzt.

4 Vgl. Seyler, Gustav A. (Bearb.): J. Siebmacher's grosses und allgemeines Wappenbuch. Bd. 6, 1, 3. Nürnberg 1911, S. 179; zur Familie vgl. Ledebur, Leopold Frhr. von: Adelslexicon der Preussischen Monarchie. Bd. 1. Berlin 1855, S. 366f. – Hondorf ist in Bamberg erstmals 1574 faßbar, als er – damals als „Anshelm von Hondorf von Schlingklauch" bezeichnet – zum bischöflichen Kämmerer bestellt wurde. StAB, B 26 b, Nr. 6, fol. 263v. 1588 wurde er Rat, 1589 Oberschultheiß. Vgl. ebd., Nr. 8, fol. 142v, 152v–153r.

5 AEB, Rep. I, PfA 130, Brief von 1585 Febr. 27.

6 DAW, Pfarreiakten Baunach, K 2, Fasz. 30, „Verzeichnus, was hindernußen undt unbequemligkeiten in der pfarr Baunach zuentgegen".

7 Vgl. StAB, B 49, Nr. 153, Fasz. 1, Prod. 12; der Bericht der beiden: ebd., Prod. 13. Der Dompropsteiverwalter war Pankraz Holtzschuh, der Oberschultheiß Anselm von Hondorf. Dieser wurde oben erwähnt (Anm. 4), Holtzschuch wird im folgenden behandelt.

8 StAB, B 110, Nr. 35, pag. 47.

9 Pankraz Holtzschuh war evangelisch. Einen Beleg dafür liefert die Leichenpredigt seines Sohnes Karl (1590–1628). Ihn ließ Pankraz Holtzschuh „in einer Stuben" taufen, „weil den Augspurgischen Confessions Verwandten zu Bamberg albereit die öffentliche Vbung jhrer Religion ist gesperret gewesen". Grebius, Nicolaus: Hora dubia, Das Ist: Eine Christliche Leichsermon [...] Bey der [...] Leichbestattung / deß Herrn CAROLI Holtzschuchs [...]. Coburg 1629 [Exemplar in der Stadtbibliothek Schweinfurt], fol. Dv.

10 Vgl. StAB, ex J 3, Nr. 225, Fasz. 2, fol. 50r–v.

11 Der Pfarrer von Teuschnitz kommentierte 1606 die Tatsache, daß der dortige Amtmann damit beauftragt worden war, die Beachtung katholischer Feiertage zu überwachen, dadurch sei der „bock zum gertner" gemacht worden. StAB, B 49, Nr. 191, fol. 250v.

Burgkunstadt, Hans Dietrich Marschalk, er schiebe „religionssachen [...] von sich, daher es dan kein fortgang hette, sondern ist der rebellion mehr ein besterckhung“[12].

Einzelne Amtmänner wagten es offenbar, den Untertanen Informationen über bevorstehende Maßnahmen zukommen zu lassen. Die Bamberger Regierung scheint es deshalb vermieden zu haben, sie überhaupt mit einschlägigen Aufgaben zu betrauen oder auch nur darüber zu unterrichten. Als der Sonnefelder Amtmann Albrecht von Steinau sich 1616 bei Hans Dietrich Marschalk in einer unbekannten, die Gegenreformation betreffenden Angelegenheit beschwerte, entschuldigte sich dieser, Steinau könne „uhnschwer [...] ermeßen, das mir, alß der ich selbst nicht catholisch bin, in religionssachen nicht leichtlich etwas zu verrichten vertrauet oder uffgetragen werde, sondern gehen alle solche befehl ahn dem [!] h[errn] pfarrer oder schulthes zue Zeuln und meinen ambtsvogt ab“[13].

Die Bamberger Regierung war nicht ohne Grund vorsichtig. Tatsächlich scheint der Burgkunstadter Amtmann Indiskretionen begangen zu haben. Vor 1616 erzählte er zwei Marktzeulnern „in vertrauwen“, er habe Befehl, „die Zeulner und consorten mit listen zu sich zu bringen, sie zu verhafften und dardurch zu dem römischen catholischen glauben zu bezwingen“[14]. 1619 ließ er in Marktzeuln eine Beschwerdeschrift, die der dortige Pfarrer an die weltliche Regierung in Bamberg gesandt hatte, öffentlich verlesen; er gestattete sogar Privatleuten, den Brief abzuschreiben. Der Pfarrer fürchtete, daß ihm dadurch „noch mehr neidt unnd haaß erwachße“[15].

Nicht-adlige Beamte opponierten allenfalls in den Anfängen der Gegenreformation gegen die Religionspolitik der Obrigkeit. Ein evangelischer Vogt im Untersuchungsgebiet galt regelrecht als Aufwiegler: Dem Döringstadter Vogt Heinrich Krämer warf der Keller von Ebern 1585 vor, er verursache „alle halsterigkeit und verhetzung“, indem er gegenreformatorische Befehle nicht ausführe[16]. Einige Monate später berichteten der Keller und der Pfarrer von Ebern, sie hätten in Döringstadt „nichts außgericht, dann der vogt ein grundtlauterer bub ist unnd alle verraitzung anstifft“[17]. Der Staffelsteiner Pfarrverweser urteilte 1586, Krämer sei „durchauß ein abgesagter feyndt der catholischen“, der die Einsetzung eines katholischen Pfarrers in Döringstadt verhindert habe[18]. Schon 1583 hatte sich der Vogt an der Spitze der Gemeinde geweigert, würzburgischen Kommissaren, die einen katholischen Pfarrer einsetzen wollten, die Kirchentür zu öffnen[19].

Einen vergleichbaren Beleg gibt es aus Rattelsdorf: Als 1590 der evangelische Pfarrer auf einen Befehl des Würzburger Bischofs hin nicht abzog, schrieb Julius Echter nach Bamberg, er habe erfahren, daß „vogt und diener, so der widerwertigen religion anhengig, dißes der underthanen und [des] predicanten untzimblichen beginnens die fürnembsten redleinfürer, verhetzer und ursacher seien“[20]. 1592 drang auch die Bamberger Regierung darauf, daß ein katholischer Kastner in Rattelsdorf eingesetzt werden solle[21].

Die katholischen Vögte und Kastner lassen sich nicht über einen Kamm scheren; keineswegs waren sie alle Vorkämpfer der Gegenreformation. Wohl gab es Männer, die sich für

12 StAB, B 49, Nr. 117, Schulstelle, Prod. 2.
13 StAC, LA D 1181, fol. 135r.
14 BayHStA, RKG 405, Q 33.
15 AEB, Rep. I, Nr. 744, fol. 11r.
16 AEB, Rep. I, PfA 130, Brief von 1585 März 14.
17 Ebd., Brief von 1585 Juni 19.
18 Ebd., Brief von 1586 Mai 4.
19 Vgl. StAB, ex J 3, Nr. 225, Fasz. 2, fol. 19r–20r (Brief Krämers von 1583 März 20 [AS]).
20 StAB, B 49, Nr. 153, Fasz. 1, Prod. 2.
21 Vgl. ebd., Prod. 15.

die Katholisierungspolitik engagierten, die sogar den Räten in Bamberg ein scharfes Vorgehen nahelegten. 1609 empfahl der Vogt von Burgkunstadt, streng gegen die Rädelsführer der Gemeinden Marktgraitz und Marktzeuln vorzugehen[22]. Sein Nachfolger riet 1615 dem Bamberger Fiskal, wie „mit dem unzieffer, verstockht- unnd hardtneckichen leuten zue Zeuln" zu verfahren sei: Er meinte, „daß inn warheit nunmehr kein gütliche vermahnung unnd wahrnung bey ihn nichts fruchtet, da sie nit mit ernst und der scherpf [...] darzu getrieben" würden. Es sei „mit der güett vergebens"; je länger man ihnen schön tue, desto „verpeister unnd eigensinniger" mache man sie[23]. Die geistliche Regierung schloß sich dieser harten Linie nicht an. Die Sache sei „besser zu berathschlagen", entschieden die Räte hinhaltend[24].

Andere Beamte dagegen – sie stellten offenbar die Mehrheit – galten als unzuverlässig oder zumindest als saumselig. Marktgraitz könne „in kurtzer zeit reformirt werden, wan nur die beambten fortführen", berichtete 1615 der Pfarrer nach Bamberg[25]; aus der Formulierung ist zu erschließen, daß die Beamten in den Augen des Pfarrers nicht den nötigen Eifer zeigten. Der Amtsverweser – ein Nichtadliger, der die Aufgaben des Amtmanns wahrnahm – und der Vogt von Burgkunstadt galten 1624 als Beamte, die es, obwohl sie katholisch waren, an Verschwiegenheit fehlen ließen. Bischöfliche Räte wurden gewarnt, man dürfe ihnen „nichts heimblich vertrauen [...], dan es stracks offenbahr werde"[26]. Der Amtsverweser saß im Februar 1624 sogar kurzzeitig in Haft, weil er zwei festgenommene Marktzeulner freigelassen hatte[27]. Bischöfliche Kommissare geboten ihm daraufhin, „das er sich außer [auf] befelich in die religionsachen nit solle ainmischen"[28]. Dem Marktzeulner Schultheißen warf der Pfarrer 1618 vor, er warne diejenigen, welche die Regierung verhaften lassen wolle; überhaupt sei er ein Beamter, der „die religion mehr hindere allß fürdere"[29].

Wie oft Beamte auf dem Land Kritik an der Politik der Bamberger Regierung übten, ist unklar. Falls überhaupt, wurde sie wohl hinter vorgehaltener Hand ausgesprochen; daher gibt es kaum Belege. Den Vögten von Wallenfels und Fürth am Berg sei „bey den großen rumor", den es beim Einfall in Marktzeuln im Jahr 1624 gegeben habe, „nicht wohl gewesen", hatte der Amtsverweser von Sonnefeld erfahren, wohl von den beiden Vögten selbst[30].

Daß mancher Vogt oder Kastner nicht allzu eifrig war, ist verständlich, wurden die Beamten auf dem Land doch von den Untertanen häufig für die gegenreformatorischen Maßnahmen verantwortlich gemacht, meist sicherlich zu Unrecht. Um 1594 verbot der Kastner von Baunach auf Geheiß der Regierung den bambergischen Untertanen in seinem Amtssprengel, den evangelischen Gottesdienst in Reckendorf zu besuchen. Doch weil bischöfliche Untertanen aus anderen Orten, etwa Breitengüßbach, nach wie vor zum Schloßprediger nach Reckendorf liefen, geriet der Kastner bei den Baunacher Bürgern „in ein solche verdacht, als wan es [...] nhur sein eigenes besonders furnemen undt geschefft were"[31].

---

22 Vgl. StAB, B 49, Nr. 24, Fasz. 25.
23 Ebd., fol. 43r.
24 AEB, Rep. I, Nr. 742, fol. 258r.
25 Ebd., fol. 200r.
26 Ebd., Nr. 343, fol. 114v.
27 Vgl. ebd., fol. 97v–98r.
28 Ebd., fol. 98r.
29 Ebd., Nr. 743, fol. 258r.
30 StAC, LA D 1208, fol. 236r.
31 DAW, PfA Baunach, K 2, Fasz. 30, „Verzeichnis, was hindernußen undt unbequemligkeiten in der pfarr Baunach zuentgegen".

Daß der evangelische Pfarrer von Marktgraitz 1597 einen Abzugsbefehl erhielt, schrieb die Gemeinde dem dortigen Vogt zu[32]. Der Vogt von Döringstadt beklagte sich 1610 beim Dompropsteiverwalter, die evangelischen Einwohner des Amtes hielten ihn, den Vogt, stets für den Urheber gegenreformatorischer Maßnahmen; sie gäben ihm „allein die schuldt“[33]. Die Pfarrgemeinden Marktzeuln und Marktgraitz klagten 1615 dem Herzog von Sachsen-Coburg, die „thathandlungen“ würden „nur von denen bambergischen beambten herruren, die allezeit denen an sie abgegangenen befelchen einen zusatz wißen zu machen“[34].

Aber selbst wenn den Beamten nicht die Schuld an gegenreformatorischen Maßnahmen zugewiesen wurde, waren sie doch als die Ausführenden den Drohungen der Untertanen ausgesetzt. Als 1600 der Burgkunstadter Amtmann dem Schultheißen von Marktgraitz befahl, einige „halstarrige, ungehorsame gesellen [...] in verhaft zu nehmen“ – sie hatten die Feiertagsruhe mißachtet –, konnte dieser den Auftrag nicht ausführen. Denn er wurde gewarnt, „er solte umb Gottes willen keinen einlegen, den es heten die nachbarn gesagt, do es beschehe und einer in gefengnus gelegt würde, so wolten sie den schultheissen sambt dem knecht todt schlagen“[35]. In einigen, wenn auch wenigen Fällen blieb es nicht bei Worten: Ende 1609 wurde der Stadel des Marktzeulner Schultheißen in Brand gesteckt[36]. Der Burgkunstadter Vogt Sebastian Fischer wurde 1616 von Marktzeulner Bürgern festgenommen, dem Einspänniger von Sonnefeld ausgeliefert und ins Fürstentum Sachsen-Coburg verschleppt[37]. Fischer hatte sich die Protestanten in seinem Amtssprengel zu Feinden gemacht, indem er – so die Witwen und Kinder von fünf im Gefängnis gestorbenen Marktzeulnern – „so unchristlich, tyrannisch etc., ja offtermals viel erger dan kein türck oder heydt sich erwiesen“ habe[38]. Nach seiner Festnahme berichtete der Amtmann von Sonnefeld nach Coburg, „das jederman im stifft dem vogt gönnet, das er seiner verfolgung halben erdabt worden“[39].

Die Beamten auf dem Land wurden nicht nur von den Untertanen angegriffen, ihnen fehlte es auch an Unterstützung aus Bamberg. Die Zentralbehörden beschränkten sich häufig darauf zu tadeln oder blieben untätig, namentlich dann, wenn der Fürstbischof abwesend war[40].

Hinzu kamen manchmal Unstimmigkeiten unter Beamten, und nicht selten entspann sich ein Streit zwischen Beamten und katholischen Pfarrern. Geistliche und Beamte waren offenbar bestrebt, einander die Schuld am allzu langsamen Fortgang der Gegenreformation zuzuschieben. Die Pfarrer beklagten sich über zu geringe Hilfe von seiten des weltlichen Arms[41]; überhaupt sei die weltliche Obrigkeit schuld daran, daß „die religion gantz nit zuneme“, meinte 1619 der Marktzeulner Pfarrer, da sie die Mandate ausführe[42]. Und sein Nachfolger bemerkte 1623, wohl dem Dekan von Ebern gegenüber, der Ort Marktzeuln sei mehr lutherisch als katholisch, „welches sampt und sonder herruhret aus milt und gutigkeit brachii secularis“[43]. Aber auch das private Verhalten manches Beamten erregte die Pfarrer.

32 Vgl. AEB, Rep. I, PfA 334, Brief von 1597 Nov. 5.
33 StAB, ex J 3, Nr. 225, Fasz. 2, fol. 110r.
34 StAC, LA D 1322, fol. 324v.
35 BayHStA, RKG 406, Q 37.
36 Vgl. StAB, B 76/XXXIII, Nr. 3, fol. 447v–448r; auch StAB, B 68/I, Nr. 882, 1610 Aug. 20.
37 Dazu ausführlich S. 186–189.
38 StAC, LA D 1181, fol. 17v.
39 Ebd., fol. 21v.
40 Siehe besonders S. 179 und 247.
41 Siehe S. 346.
42 AEB, Rep. I, Nr. 744, fol. 108r.
43 DAW, Dek. Ebern, Generalia, Einzelakten, „Querela contra Zeulenses“ 1623.

Aus verschiedenen Pfarreien des Untersuchungsgebietes liegen Klagen des Pfarrers über diejenigen Beamten vor, die selbst nicht die Fasten- oder Feiertagsgebote achteten[44] und damit den Untertanen ein schlechtes Beispiel gäben.

Umgekehrt meldeten es vermutlich die Beamten nach Bamberg, wenn der Lebenswandel des Pfarrers zu wünschen übrig ließ, besonders, wenn er dadurch öffentliches Ärgernis verursachte[45]. Die Auseinandersetzungen gingen in einem Fall so weit, daß ein Geistlicher handgreiflich wurde: 1623 wollte der Marktzeulner Pfarrer den Amtsverweser von Burgkunstadt schlagen[46].

Für den Lichtenfelser Forstmeister, besonders aber die Forstknechte gilt im wesentlichen das für die übrigen Beamten Dargelegte. Auch sie wurden als eigenmächtig angesehen und folglich für die von ihnen durchgeführten Maßnahmen verantwortlich gemacht[47]. Darüber hinaus galten sie als bestechlich. Als 1624 die konvertierten Marktgraitzer nicht gleich wieder Holz aus dem Lichtenfelser Forst erhielten, sagten fortgezogene Protestanten zu ihnen: „Wert wider lutherisch, wie wir sein, und gebt dem forstmeistern und seinen knechten gute schmirolia, so gibt man euch auch holtz gnug."[48] Der deutliche Hinweis auf die Wirkung von Schmiergeldern war wohl nicht aus der Luft gegriffen. Denn 1619 hatte sich ein Einwohner von Forsthub, einem Weiler im Lichtenfelser Forst, beklagt – ganz ohne Bezug auf die Gegenreformation –, die Forstknechte seien ihrem Herrn gegenüber untreu, im Dienst nachlässig und auf ihren eigenen Vorteil bedacht[49].

Ein Blick ist noch auf die Bürger der Amtsstädte zu werfen, die zur Unterstützung gegenreformatorischer Maßnahmen aufgeboten wurden. Meist bleiben diese Bürger für uns eine anonyme Masse. Gelegentliche bittere Klagen betroffener Protestanten[50] deuten darauf hin, daß es unter den im frühen 17. Jahrhundert wohl durchweg katholischen Bürgern Männer gab, die eifrig an der befohlenen Aktion mitwirkten – sei es nun aus konfessioneller Abneigung gegen die evangelischen Untertanen, sei es aus Lust an der obrigkeitlich sanktionierten Schikane oder Gewaltausübung, sei es aus Wut darüber, daß die Protestanten ihnen die Mühe bereiteten, am Einfall teilnehmen zu müssen.

---

44 Vgl. z. B. DAW, Dek. Ebern, VR 1605 (I), fol. 139v; 1606 (I), fol. 210v (Amtmann und Kastner von Baunach essen in der Fastenzeit Fleisch); AEB, Rep. I, Nr. 743, fol. 258r (Schultheiß von Marktzeuln ißt freitags öffentlich Fleisch und besucht sonntags die Kirche nicht); Nr. 744, fol. 262v (Schultheiß von Marktgraitz bricht die Feiertagsruhe); StAB, B 110, Nr. 42, fol. 331v (Kastner von Rattelsdorf arbeitet an einem Feiertag).

45 Ein Beispiel aus Marktgraitz: AEB, Rep. I, Nr. 743, fol. 352r–v; ein Fall aus Rattelsdorf: StAB, B 110, Nr. 42, fol. 337r–345v. – In den Protokollen der Geistlichen Regierung fehlen weitgehend Hinweise auf Beschwerden von Beamten über Pfarrer. Dies mag jedoch darauf zurückzuführen sein, daß die Beamten sich vornehmlich an die weltlichen Räte wandten. Doch dürften die Beamten Informationen über das Fehlverhalten der Pfarrer weitergegeben haben, denn die geistlichen Räte in Bamberg erwiesen sich – wie die Protokolle zeigen – häufig recht gut unterrichtet, ohne daß wir die Quelle dieser Kenntnisse bestimmen könnten.

46 Vgl. AEB, Rep. I, Nr. 745, fol. 78v.

47 Der Lichtenfelser Forstmeister berichtete 1597 nach Bamberg, er habe die ihm anbefohlene Holzsperre für die ungehorsamen Untertanen eingeführt. Jedoch gäben die Marktzeulner „mir und den forstknechten die schuld, alls wann wir solches für unns selbsten thetten". Schon öfters seien ihnen „streich und schuß angebotten" worden. Am 20. Dezember seien zehn Marktzeulner „mit gewerter handt" und fluchend vor das Haus eines Forstknechts in Neuensee gezogen und hätten zu seiner Frau gesagt, sie wollten ihren Mann „todt schießen unnd zu stückhen hauen". Sie würden „mit gewaldt inn forst faren" und nicht nach dem Forstmeister oder seinen Knechten fragen. Der Forstmeister glaubte, er selbst und seine Forstknechte seien „leibs und lebens unsicher". AEB, Rep. I, PfA 334, Brief von 1597 Dez. 21.

48 AEB, Rep. I, Nr. 343, fol. 102r.

49 Vgl. StAB, B 76/XVIII, Nr. 12, fol. 95r–96v.

50 Vgl. die ausführlichen Zeugenaussagen über den Einfall in Schauers Haus 1611: BayHStA, RKG 406, Q 62. Vgl. ferner die Aussagen über Einfälle in Michelau und in Neuensee 1614: StAC, LA D 1322, fol. 243r–248r, 252r–253v.

Daß nicht alle Bürger mit der obrigkeitlichen Maßnahme einverstanden waren, an der sie sich beteiligen mußten, ist anzunehmen. Doch wurde Kritik kaum oder nur vertraulich ausgesprochen. Ein Beleg, der freilich nicht überzubewerten ist, existiert im Zusammenhang mit dem Einfall in das Haus von Kilian Schauers Stiefvater im Jahr 1611. Als der Marktzeulner Pfarrer Schauers greise Mutter so ins Gesicht schlug, daß sie blutete und zu Boden fiel, erwies sich ein Lichtenfelser als „mitleidendt". Er half ihr auf und verlangte nach einem Tüchlein, um ihr das Blut abzuwischen, „ungeachtet etliche spötter sehr gehöhnlächt"[51].

Falls es nicht zu groben Übergriffen kam, hatten die evangelischen Untertanen vermutlich Verständnis für die aufgebotenen Untertanen. 1616 schrieben die Protestanten im Obermaingebiet an den Herzog von Sachsen-Coburg, der Burgkunstadter Vogt habe mehrere Häuser versperren lassen, begleitet von „ezlichen *darzu genöttigten* hintersaßen"[52].

## *5.2. Die Pfarrer*

Nachdem der Obrigkeit schon die Einsetzung katholischer Pfarrer in den meisten untersuchten Gemeinden Probleme bereitet hatte, war abzusehen, daß die auf die Katholisierung der Pfarrkinder ausgerichtete seelsorgerliche Tätigkeit nicht einfach sein würde, daß die Gemeinden ihren Geistlichen zunächst gewiß ablehnend gegenüberstehen würden. Die Feindseligkeit ging so weit, daß mancher Pfarrer in steter Furcht lebte. So schrieb 1612 der Marktzeulner Pfarrer nach Bamberg, „er wiße sich seines leibs undt lebens nit sicher, und werden sie ie lenger ie unertraglicher"[53]. Ähnliche Sorgen plagten zur selben Zeit den Pfarrer von Marktgraitz[54].

Meist blieb es zwar bei Drohungen[55] und Beleidigungen, aber keineswegs immer. 1610 berichtete der Pfarrer von Marktzeuln nach Bamberg: „Seine pfarrkinder [...] schenden und schmähen ihn uffs eusserste, werfen ihm die fenster ein und füegen ihm allerlei unbilligkeit zue"[56]. Im selben Jahr berichtete der Marktgraitzer Pfarrer, vier Männer – drei davon zu Pferd – seien „mit gespanten rören vermummet fur den pfarhoff" gezogen, hätten „ihn darin gesucht und [ihm] den todt geschworn"; der Pfarrer hielt sich jedoch gerade in Bamberg auf[57].

Freilich fällt auf, daß die katholischen Pfarrer zwar gelegentlich Gewalttätigkeiten geringeren Ausmaßes ausgesetzt waren, aber trotz aller Drohungen nie ernstlich angetastet oder – von den Ereignissen des Winters 1598/99 in Marktgraitz[58] abgesehen – aus dem Dorf gejagt wurden. Offenbar verschaffte ihr Amt ihnen trotz des konfessionellen Gegensatzes Respekt bei der Gemeinde. Im übrigen war den Protestanten wohl klar, daß Bamberg eine Verletzung oder Vertreibung des Pfarrers strengstens geahndet hätte.

---

51 BayHStA, RKG 406, Q 62.
52 StAC, LA D 1208, fol. 142v. Die versperrten Häuser gehörten geflohenen evangelischen Marktzeulnern.
53 AEB, Rep. I, Nr. 741, fol. 31r.
54 Vgl. ebd., fol. 31v.
55 Nicht selten wurden Morddrohungen laut. Der Pfarrer von Marktzeuln berichtete 1616 nach Bamberg, die evangelischen Bürger hätten ihm angedroht, „wan ich nur auf die gassen hinaus gehe, mich todt zu schlagen". StAB, B 46 a, Nr. 2906, Prod. 5.
56 AEB, Rep. I, Nr. 740, fol. 72v; vgl. auch ebd., fol. 105v: „Ihm seyen all seine fenstere zerworfen und noch uber diß all schimpf und spott angethon worden."
57 Ebd., fol. 61r.
58 Siehe S. 151.

Nicht jeder katholische Pfarrer gab seiner Gemeinde im gleichen Maß Anlaß zur Feindseligkeit. Wir finden die unterschiedlichsten Persönlichkeiten und Vorgehensweisen. Mancher Geistliche – wie etwa der als Pfarrer von Marktgraitz vorgesehene Andreas Frank – riet zur Milde[59]. Johann Pfaltzgraff, der von 1613 bis 1618 als Pfarrer in Marktgraitz wirkte, praktizierte diese Milde und ging geduldig vor, indem er seine Pfarrgemeinde schrittweise an die katholischen Kultformen heranführte[60]. Als der Marktzeulner Pfarrer 1612 über den „unermeßlichen ungehorsamb" seiner Gemeinde klagte und „nit lenger alda verbleiben" wollte, hielt ihm der Fürstbischof vor, er habe doch früher „seine pfarrkhindere selbs entschuldigt"[61] – was wohl bedeutet, er hatte in einer uns nicht bekannten Weise Verständnis für sie geäußert.

Für Strenge mit den evangelischen Untertanen hingegen plädierte 1598 der Pfarrer von Marktgraitz, Veit Bauer: Die Leute seien „noch gar ungehorsamb, und müß man mit ihnen ernstlich verfahren". (Die geistliche Regierung war freilich anderer Ansicht: Der Pfarrer solle „mit allem moglichsten glimpf undt bester bescheidenheit" verfahren und „seinem ampt sonst trewlich abwarten", denn für das von ihm angeregte Vorgehen sei es noch nicht an der Zeit[62].) Der 1609 eingesetzte Pfarrer von Marktgraitz verfuhr so scharf – er führte sogar, unterstützt von Bewaffneten, eine nicht näher bezeichnete, ungenehmigte „inquisition" durch –, daß die geistlichen Räte in Bamberg ihn ermahnten, „mit selbigen leuten in spiritu lenitatis zu verfahren und ufs glimpflichst"[63].

Mehrfach protestierten Pfarrer – wie erwähnt – gegen ihrer Ansicht nach untätige Beamte. Wie den Beamten auf dem Land kaum wirksame Hilfe aus Bamberg zuteil wurde, so mußten sich auch die Pfarrer oft alleingelassen vorkommen. Von den zuständigen weltlichen Stellen erhielten sie nicht die Unterstützung, die sie erwarteten. Der Marktzeulner Pfarrer klagte den würzburgischen Visitatoren 1619 seine Lage drastisch: „Hat kein hilf, weder von ambtman, so calvinisch" – in Wahrheit war der Amtmann sicher lutherisch[64] –, „weder von vogt, der wol catholisch, aber wil nit beissen, weder von schultheis, so catholisch, ist aber zu schwach und mit ihnen befreundt"[65], d. h. verwandt.

Obendrein beließen es die geistliche Regierung als vorgesetzte Behörde und der Bischof oft bei Anweisungen oder Ermahnungen, ohne dem um Hilfe bittenden Pfarrer wirkliche Unterstützung zu gewähren. Der Pfarrer von Marktgraitz beklagte sich 1612 in Bamberg, seine Pfarrkinder seien aufrührerischer als je zuvor; er selbst „hab deß truckhnen brodts nit genug zu eßen", es „woll ihme niemands volgen"; obendrein müsse er „leibs- und lebensgefahr [...] stündtlich gewertig sein". Der Bischof jedoch beschied, der Pfarrer solle „in geduld noch eine zeit lang stehn", denn es sei gegenwärtig „nit rathsam", gegen die Untertanen vorzugehen[66]. Dem Marktzeulner Pfarrer erging es nicht besser. Beim Kapitelstag in Ebern berichtete er 1612 über seine Pfarrkinder: „Feyren keinen newen feyertag nit, fressen fleisch auch auf den carfreitag, [er] habs zu Bamberg klagt, helf nichts"[67]. Der Pfarrer von Döringstadt protestierte 1606 gegen die Untätigkeit der Behörden dadurch, daß er von der

---

59 „Man muß ein zeidt lang zertlichen linder innen handeln". AEB, Rep. I, PfA 334, Brief von 1598 Jan. 3.
60 Siehe S. 210.
61 AEB, Rep. I, Nr. 741, fol. 53v. Mit dieser Begründung lehnte der Bischof das Gesuch ab.
62 Ebd., Nr. 736, fol. 57v.
63 Ebd., Nr. 740, fol. 23r.
64 Lutheraner werden in katholischen Polemiken der Gegenreformationszeit nicht selten als Kalvinisten bezeichnet, da sie von der Theologie Luthers abgewichen seien.
65 DAW, Dek. Ebern, VR 1619 (III), fol. 628r.
66 AEB, Rep. I, Nr. 741, fol. 31v.
67 DAW, Dek. Ebern, VR 1612 (II), fol. 2v.

Kanzel verkündete, er werde in seiner Pfarrkirche nicht mehr Gottesdienst feiern oder predigen, bis alle Einwohner von Döringstadt „zu der catholischen religion reformirt werden". Denn er könne nicht für zwei Konfessionen predigen. Den sonntäglichen Gottesdienst verlegte er in die Kapelle von Eggenbach, da der Abt von Michelsberg die Einwohner dieses Ortes, die seine Hintersassen waren, zur Annahme des katholischen Glaubens gebracht hatte[68].

Zuweilen fielen die Reaktionen auf Hilfeersuchungen oder Berichte dergestalt aus, daß sie dem betroffenen Pfarrer seinen Elan (oder das, was davon übrig war) vollends genommen haben mögen. Als der Marktgraitzer Pfarrer 1614 einen Bericht an die geistliche Ratsstube sandte, „die rebellanden" hätten „einen neuen advocaten", nahmen der Bischof und seine Räte diesen Brief zum Anlaß, den Absender wegen seines Lebenswandels nach Bamberg zu zitieren[69]. Gewürdigt wurde seine Meldung nicht, soweit die Protokolle der geistlichen Regierung erkennen lassen.

Oft machten heruntergekommene Unterkünfte dem Pfarrer zusätzlich das Leben schwer. Der Pfarrer von Döringstadt klagte 1607, sein Pfarrhaus sei „gar baufellig, [er] künde nit trucken in der stuben sitzen"[70]. Nicht besser sah es in Altenbanz aus; auch dort regnete es ins Haus[71]. „Zerrißen und verwüsst" fand der katholische Pfarrer von Marktgraitz 1611 seinen Pfarrhof vor[72], während es 1609 zwei Beamten noch „gar wol gepawet" erschienen war[73].

In einem besonders schlimmen Zustand war das Pfarrhaus in Marktzeuln. Der dortige evangelische Pfarrer hatte es um 1597 verlassen und war in sein Privathaus gezogen. Bis 1609 war das Gebäude „in ein solches abnehmen gerathen", daß der Burgkunstadter Vogt und der Marktzeulner Schultheiß dem neuen, katholischen Pfarrer gar nicht zumuten mochten, dort einzuziehen[74]. Dennoch nahmen die ersten katholischen Pfarrer dort Quartier. 1616 fühlte sich der Pfarrer im Pfarrhaus nicht sicher vor seinen Pfarrkindern – diese hatten kurz zuvor den Vogt von Burgkunstadt gefangengenommen –, denn er konnte keine einzige Tür abschließen. Das Gebäude sei „uberall offen", schrieb er; einen solchen Pfarrhof habe er noch nie gesehen[75]. 1619 erklärte der Pfarrer beim Kapitelstag in Ebern, er wohne „darin mit leibsgefahr"[76]. Schließlich wurde 1622 oder 1623 das Pfarrhaus abgebrochen. Die Erichtung eines Neubaus zog sich jedoch hin, so daß der Pfarrer ins Schulhaus ziehen mußte[77]. Dieser Zustand dauerte mindestens bis 1625 an[78].

Auseinandersetzungen mit der Pfarrgemeinde, mangelnde Unterstützung von seiten der geistlichen Oberbehörden und der Beamten, dazu bescheidene Lebensumstände – das prägte den Alltag der katholischen Pfarrer, die in der Zeit der Gegenreformation im Untersuchungsgebiet wirkten. Der Marktgraitzer Pfarrer trug seine Sorgen 1610 beim Landkapitel zu Ebern vor; sie wurden stichpunktartig niedergeschrieben. In diesen knappen Notizen treten uns die Schwierigkeiten entgegen, mit denen – mutatis mutandis – wohl jeder

68 StAB, ex J 3, Nr. 225, Fasz. 2, fol. 197r–v.
69 AEB, Rep. I, Nr. 742, fol. 115v.
70 DAW, Dek. Ebern, VR 1607, fol. 217v.
71 Vgl. ebd., fol. 217r.
72 AEB, Rep. I, Nr. 740, fol. 127v. Vgl. auch DAW, Dek. Ebern, VR 1618 (I), fol. 6r.
73 StAB, B 49, Nr. 59, Brief von 1609 Nov. 2.
74 Ebd.
75 StAB, B 46 a, Nr. 2906, Prod. 5.
76 DAW, Dek. Ebern, VR 1619 (III), fol. 628r.
77 Vgl. AEB, Rep. I, Nr. 744, fol. 358r; Nr. 745, fol. 66r.
78 Vgl. ebd., fol. 257v.

katholische Pfarrer im Obermaingebiet zu kämpfen hatte, der eine bis dahin evangelisch besetzte Pfarrei übernahm: „Besuchen den gottesdienst nit. Laufen auß zu den praedicanten zu Redwitz. Laßen ire künter bei denselben taufen unnd sich durch dieselbe begraben. Halten kein feirtäg. Ist gar kein gehorsam bei inen. Die kirch profanirt. Die altär zerrißen. Kein meßbuch noch agend vorhanden. Mangelt capsula pro venerabili sacramento. Pfarrhoff gar zerrißen. Die pfarrgefäll seyen ime arrestirt worden auß bevelch des herren ambtmans“[79].

Gerade in Marktzeuln, wo die Protestanten ihren Glauben vehement verteidigten, konnte es sich der Pfarrer mit seinen evangelischen Pfarrkindern nicht völlig verderben, wenn er einigermaßen in Frieden gelassen werden wollte. So mußte er – bischöflichen Mandaten zum Trotz – „die lutterische begraben wie die catholische“[80], und evangelische Paare traute er ebenso wie katholische, damit sie nicht in einer benachbarten evangelischen Kirche heirateten[81]. In derselben Weise verfuhr der Pfarrer von Marktgraitz[82].

## 5.3. Die Schulmeister

Am einfachsten konnten die evangelischen Untertanen auf die von Bamberg eingesetzten katholischen Schulmeister Druck ausüben, nicht nur, weil diese nicht denselben Respekt wie Beamte oder Pfarrer genossen. Vor allem waren sie auf Zahlungen für ihren Unterricht und für ihre Schreibertätigkeit angewiesen; dieses Geld erhielten sie teils von der Gemeinde, teils von Privatpersonen, seien es die Eltern ihrer Schüler, seien es Einwohner des Ortes, für die sie Schreibarbeiten erledigten.

Der aufziehende katholische Schulmeister wurde mancherorts bedroht, so etwa 1611 in Marktzeuln, wo ihn die Bürger nicht annehmen wollten und ihm für den Fall, daß sie dies dennoch tun müßten, „den dodt dröen“[83]. Hinzu kam, daß zuweilen noch der evangelische Schulmeister am Ort wohnte und seinem katholischen Nachfolger – wie 1612 in Marktzeuln – „täglich viel eintrag“ tat[84]; das heißt, er entzog ihm lukrative Schreibarbeiten. Gerade die Schreiberei, durch die sich der Lehrer wohl einen Großteil seines Lebensunterhaltes verdiente, stellte für die Gemeinde ein starkes Druckmittel dar. Dem Schulmeister von Marktgraitz wurde 1610 – so der Pfarrer – von den Bürgern „das geringste accidens oder schreibgebühr nicht zugewant“. Da obendrein sein Vorgänger die vom Schulmeister zu nutzenden Felder abgeerntet hatte, konnte er sich „mit seinem weib und kindern nicht des hungers erwehrn“[85]. Besonders schlecht erging es Hans Zeiß, der 1614 die Stelle des Schulmeisters in Michelau übernahm[86]. Er habe kein Geld, schrieb er nach wenigen Monaten an den Bamberger Fiskal, „dann ich habe keinen ainigen schuehler unnd kein buechstaben zu schreiben“. Er bat um eine andere Stelle, „das ich nur vonn diesem Michelaw hinweg köme, ich muß doch sonsten grose hungersnott und leibß- und lebensgefehrligkeit mit meinem

79 DAW, Dek. Ebern, VR 1610 (II), fol. 233v.
80 DAW, Dek. Ebern, VR 1617, fol. 269v; vgl. auch ebd., VR 1619 (III), fol. 628r: „Wollen die lutherische mit solennitet begraben sein wie die catholische, brauchen weywasser, predigt etc.“
81 Vgl. ebd.: „Mus die ketzerische einleiden, laufen sonmst an lutherische ort und lassen sich einleiden.“
82 Vgl. AEB, Rep. I, Nr. 743, fol. 186r–v.
83 Ebd., Nr. 740, fol. 117r.
84 Ebd., Nr. 741, fol. 12v; vgl. auch fol. 15r.
85 Ebd., Nr. 740, fol. 68v.
86 Vgl. StAB, B 49, Nr. 117, Schulstelle, Prod. 7; zu den Umständen seiner Einsetzung auch Prod. 18.

weib und kindern außsteen". Wenn er oder seine Angehörigen in die Kapelle gingen, um zu läuten oder nach der Uhr zu sehen, würden sie eingeschlossen oder mit Steinen beworfen[87].

Einem Schulmeister blieb kaum etwas übrig, als Zugeständnisse an die evangelischen Einwohner seines Ortes zu machen, wollte er denn in Frieden leben und sein wirtschaftliches Auskommen haben. Eine bambergische Denkschrift vom Ende 1609 warf den Marktgraitzern vor, sie ängstigten „den schulmeister, das er ihre kinder den catholischen catechißmum nit lehren darf"[88]. Durch die Verwendung von Luthers Katechismus im Unterricht kam der Lehrer den Eltern häufig entgegen, nicht nur in Marktgraitz. Der Marktzeulner Schulmeister hatte ihn schon abgeschafft, doch Anfang 1612, wenige Monate nach seinem Amtsantritt also, meldete er selbst nach Bamberg, „er müße den lutherischen catechismum in der schul wiederumb leiden"[89]. Angesichts ihrer scheinbaren Erfolge im Rechtsstreit vor dem Reichskammergericht hatten die Bürger den Lehrer gezwungen – auf welcher Weise, bleibt unklar –, wieder den evangelischen Katechismus zu verwenden. 1617 beschwerte sich der Pfarrer von Marktzeuln über seinen Lehrer, er singe „in der kirchen lutherische gesenger" und dulde „lutherische bücher in der schuel"[90]. Einige Jahre später fanden der Schulmeister und die mehrheitlich evangelischen Bürger einen anderen modus vivendi. Der Pfarrer schrieb 1623, die Gemeinde gebiete dem Lehrer, er solle die Kinder „weder catholisch weder lutherisch lehren, allein auf das sie nicht mochten zur catholischen religion gebracht werden"[91]. Auch der Döringstadter Schulmeister versuchte wohl, sich mit den Protestanten zu arrangieren. Er „heichelt mit den ungehorsamen bawren", warf ihm 1603 der Pfarrer vor[92].

Mit den drei letzten Belegen ist auch ein Umstand angesprochen, der das Leben der Schulmeister zusätzlich erschwerte: Auseinandersetzungen mit dem Pfarrer, aber auch mit Vertretern der weltlichen Obrigkeit begegnen uns in den Protokollen der geistlichen Regierung und in Akten des frühen 17. Jahrhunderts nicht selten[93]. Besonders in Marktgraitz und in Marktzeuln gab es des öfteren Spannungen zwischen dem Pfarrer oder dem Schultheißen einerseits und dem Schulmeister andererseits[94].

Den Schulmeistern ging es wie den Pfarrern: Sie mußten sich ohne Unterstützung von seiten der Obrigkeit mit den Gemeinden herumschlagen, von denen sie oft genug abgelehnt, wenn nicht gar angefeindet wurden. 1616 kommentierte der Marktzeulner Schulmeister im Gespräch mit dem Pfarrer die fehlende Hilfe durch die weltliche Obrigkeit spöttisch: „Ey, her pfar, wan mihr dan so gahr kein schuz haben, so wollen wihr auch lutherisch werden"[95] – eine Bemerkung, die der Geistliche allerdings übel aufnahm[96].

Es verwundert nicht, daß in Anbetracht einer feindseligen Gemeinde und einer scheinbar desinteressierten Obrigkeit mancher Lehrer resignierte und seine Amtspflichten nicht mehr genügend wahrnahm. So beschwerte sich der Marktzeulner Pfarrer 1617 über den

---

87 Ebd., Prod. 8.
88 BayHStA, RKG 406, Q 26.
89 AEB, Rep. I, Nr 741, fol. 12v–13r.
90 Ebd., Nr. 743, fol. 126r.
91 DAW, Dek. Ebern, Generalia, Einzelakten, „Querela contra Zeulenses" 1623.
92 DAW, Dek. Ebern, VR 1603, fol. 125v.
93 Der wohl heftigste Streit spielte sich 1622 in Rattelsdorf ab. Vgl. dazu S. 204.
94 Vgl. nur die Beschwerden über die katholischen Schulmeister von Marktzeuln: AEB, Rep. I, Nr. 742, fol. 32v; Nr. 743, fol. 125v–126r, 325v, 362r, 442r; Nr. 744, fol. 104r, 199r, 238v, 243v, 313r.
95 StAB, B 46 a, Nr. 2906, Prod. 5.
96 Er berichtete sie zweimal nach Bamberg. Vgl. ebd.; ferner AEB, Rep. I, Nr. 743, fol. 126r.

Schulmeister, er habe „in einem iahr uber 6 wochen nit schul gehalten, er sey mehr ein procurator und advocat in allen umbligenden orten alß daheimb ein schuelmeister"[97].

Zu den genannten Bedrängnissen kamen armselige Lebensumstände: Nicht selten mußten die Lehrer heruntergekommene Schulhäuser bewohnen. So waren 1612 die Baunacher, die Döringstadter, die Altenbanzer und wohl auch die Marktgraitzer Schule baufällig[98]; in Rattelsdorf waren „die wendt durchsichtig" und „die betachung böß"[99]. (In Marktzeuln immerhin war die „schuehl wol gebaut von der gemeinde"[100].)

Das Einkommen der Schulmeister dürfte in der Regel bescheiden gewesen sein. Nur zwei genaue Zahlen sind bekannt, aber kaum einzuordnen[101]: Der Döringstadter Schulmeister brachte es – nach einer Quelle von 1606 – auf 36 Gulden im Jahr[102], der Altenbanzer auf 30[103]. An manchen Orten stand der Schulmeister wohl an der Schwelle zur Armut, namentlich dann, wenn die Gemeinde ihn boykottierte, indem sie ihm wenige oder keine Kinder zum Unterricht schickte und nichts zu schreiben gab. Besonders der Michelauer Schulmeister Hans Zeiß, dessen Fixum sich nur auf zwölf Gulden belief[104], bekam das zu spüren. Daß das Kastenamt Lichtenfels ihm jährlich eine bestimmte Menge Getreide zukommen ließ, war für ihn wohl überlebensnotwendig[105]. Aber auch der Schulmeister von Marktgraitz klagte 1611 in Bamberg darüber, „daß sein dienst gar gering" sei; er „müß große armut mit den seinigen leiden"[106].

Daß ein Schulmeister, der schon aus wirtschaftlichen Gründen wesentlich mehr als ein Beamter oder ein Pfarrer auf das gute Auskommen mit der Gemeinde angewiesen war, eine aktive, gar eine selbständige Rolle bei der Gegenreformation spielte, war kaum denkbar.

97 AEB, Rep. I, Nr. 743, fol. 126r.

98 Zu Baunach vgl. DAW, Dek. Ebern, VR 1612 (II), fol. 3v; vgl. bereits ebd., VR 1603, fol. 125r; VR 1604 (II), fol. 145v; VR 1605 (I), fol. 139v. Zu Altenbanz und Döringstadt vgl. ebd., VR 1612 (II), fol. 2v, 5r. Zu Marktgraitz vgl. ebd., VR 1616, fol. 262r; VR 1614 [irrig für 1617], fol. 277r.

99 Ebd., VR 1612 (II), fol. 4v.

100 Ebd., fol. 3r.

101 Daten aus dem benachbarten Hochstift Würzburg (die jedoch wegen des hohen Anteils von nicht in Geldwert taxierten Naturalbezügen kaum zu einem Vergeich heranzuziehen sind) bei Kandler, Norbert: Schulmeister, Kirchner und Flurknechte in einem Bericht des würzburgischen Amtes Bramberg / Gemeinfeld von 1614. In: Mainfränkisches Jahrbuch 46 (1994), S. 73–87. Immerhin legen die hier genannten Summen die Vermutung nahe, daß die Schulmeister von Altenbanz und Döringstadt mit ihrer Besoldung nicht am Ende der Skala rangierten.

102 Vgl. DAW, Dek. Ebern, VR 1606 (III), fol. 193v.

103 Vgl. ebd., fol. 201r.

104 Vgl. AEB, Rep. I, Nr. 743, fol. 99v.

105 Vgl. ebd., fol. 293r; Nr. 744, fol. 85r, 221v.

106 Ebd., Nr. 740, fol. 161r.

# 6. Das Ende des Widerstands

Der Widerstand war zu Ende, wenn die Einwohner eines Ortes Gehorsam leisteten, indem sie sich dem Befehl beugten, den katholischen Glauben anzunehmen oder das Hochstift zu verlassen. Zu untersuchen ist, welche Gruppen einer Dorfgemeinschaft sich eher für die Konversion entschieden, welche es vorzogen, das Hochstift Bamberg zu verlassen, und welche Schwierigkeiten hiermit verbunden waren. Schließlich ist noch darzustellen, welche Strafen Bamberg über diejenigen verhängte, die sich der Gegenreformation entgegengestellt hatten.

## *6.1. Ursachen des Endes*

Weshalb sich die Untertanen eines Ortes zu einem bestimmten Zeitpunkt beugten, nachdem sie, manchmal über Jahre hinweg, Widerstand geleistet hatten, ist oft ebenso unklar wie die Umstände, die zuvor zum Ungehorsam oder zum offenen Widerstand geführt hatten.

Wie wir im ersten Teil dieser Arbeit gezeigt haben, ging die Bamberger Regierung bei der Gegenreformation nicht kontinuierlich, sondern schubweise vor. Auf Zeiten, in denen die evangelischen Untertanen kaum ernsthaft zur Emigration oder Konversion angehalten wurden und relativ gefahrlos den Gottesdienst in benachbarten evangelischen Kirchen besuchen konnten, folgten Phasen, die von einem Aktionismus der Zentralbehörden geprägt waren. Die Maßnahmen, die die Regierung dann ergriff, wenn sie sich wieder einmal entschloß, die Katholisierung der Untertanen voranzutreiben, wurden schon behandelt.

Besonders falls die für den jeweiligen Ort zuständigen Beamten sich alleine nicht durchsetzen konnten, entsandte Bamberg Kommissionen, denen meist zwei Hofräte angehörten, ein weltlicher und ein geistlicher. Diese machten wohl einen größeren Eindruck auf die Untertanen als die Beamten, mit denen sie ständig zu tun hatten. Hatte eine Kommission nicht den gewünschten Erfolg, leistete die Gemeinde etwa der Einsetzung eines katholischen Pfarrers mehrmals Widerstand oder lehnten die Untertanen es nach wiederholter Aufforderung ab, sich zwischen Konversion und Emigration zu entscheiden, wählte die Regierung einige Male das Mittel eines Einfalls, oft verbunden mit einer anschließenden Einquartierung.

Auch wenn die Kommissionen oder die Einfälle Erfolg hatten, so konnte die Gegenreformation auf die Dauer doch nur voranschreiten, wenn verschiedene Umstände und Handlungen hinzukamen, die es verhinderten, daß die Konvertiten vom gerade angenommenen Glauben abfielen, sobald der unmittelbare Druck aufgehört hatte.

Ein solcher Umstand war die häufig geforderte „Gleichheit"[1]. Wer auf ein Mandat hin konvertierte, der erwartete, daß auch seine Nachbarn, daß auch die Bewohner der umliegenden Orte dazu angehalten würden. Ungleichbehandlung war eine Legitimation für Widerstand; sie vermittelte überdies den Konvertiten den Eindruck, ihren alten Glauben unnötigerweise aufgegeben zu haben.

---

1 Das Wort erscheint z. B. in einem Brief, den Pfarrer, Kastner und Vogt von Lichtenfels 1614 an den Fürstbischof schrieben. Untertanen in Zeublitz, Schwürbitz, Neuensee, Michelau und Reundorf, die längere Zeit zuvor konvertiert waren, wollten sich nicht mehr zum katholischen Glauben bekennen, „alldieweiln keine gleicheit gehalten und die jenigen, so auch hinter e. f. g. seßhafft, ebenfalß nit darzu angehalten würden". StAB, ex J 3, Nr. 245, fol. 128r.

Hatten die Gemeinden Mißerfolg am Reichskammergericht, half das der Obrigkeit, so wie umgekehrt ein kaiserliches Mandat gegen den Herrn die Untertanen in ihrem Widerstand bestärkte. Wenn der Prozeß keine oder zumindest keine erkennbaren Fortschritte machte, wurde es wohl für die führenden Personen des Widerstands schwieriger, durch Sammlungen die nötigen Kosten aufzubringen.

Der Zusammenhalt der Gemeinde war wohl wichtig dafür, daß sich Widerstand gegen obrigkeitliche Maßnahmen formieren konnte. So war es für Bamberg sicher von Vorteil, als es den Kommissaren 1624 glückte, Uneinigkeit in der Bürgerschaft von Marktzeuln zu säen[2]. Immer wieder bemühte sich Bamberg, der führenden Köpfe des Widerstands in den einschlägigen Gemeinden habhaft zu werden. Dies gelang jedoch nur selten. Obwohl die Lichtenfelser und Burgkunstadter Beamten zweimal in das Haus Kilian Schauers, des profiliertesten Kämpfers gegen die Gegenreformation im Untersuchungsgebiet, einfielen, gelang seine Festnahme nie[3].

Nicht zuletzt die Persönlichkeit des Pfarrers mag dazu beigetragen haben, daß der Widerstand eher zu Ende ging (oder später, wenn der Pfarrer die Gemeinde ungeschickt behandelte). Daß die Gegenreformation um 1610/15 in Marktgraitz trotz ungünstigerer Ausgangspositionen[4] raschere Fortschritte machte als in Marktzeuln, dürfte in erster Linie auf das Wirken von Johann Pfaltzgraff zurückzuführen sein, der seine Pfarrkinder allmählich an die katholischen Bräuche heranführte.

## *6.2. Emigration*

### 6.2.1. Zahl, soziale Stellung und Zielorte der Exulanten

Unter den Untertanen gab es weder den typischen Konvertiten noch den typischen Exulanten. Wenn es unausweichlich war, der Obrigkeit zu gehorchen, und die Entscheidung gefällt werden mußte zwischen der Annahme des katholischen Glaubens und der Emigration, waren die verschiedenen Argumente – soweit wir sehen, waren es im wesentlichen religiöse und wirtschaftliche – gegeneinander abzuwägen. Dabei konnten Familien oder Personen mit vergleichbarem Besitz und einem bis dahin ähnlichen Verhalten zu unterschiedlichen Ergebnissen gelangen. Mindestens ein Fall wurde offenbar, wo sogar es nicht einmal innerhalb einer Familie zu einem einheitlichen Entschluß kam: Eine Frau aus Rattelsdorf weigerte sich 1596/97, den katholischen Glauben anzunehmen, obwohl ihr konvertierter Mann und ihre Geschwister sie zu überreden versuchten; nicht einmal eine 23wöchige Haft konnte sie beugen – sie blieb „beharlich“. Der Mann wußte sich schließlich nur mit folgendem Vorschlag an den Abt von Michelsberg zu helfen: Seine Frau solle allein emigrieren und nur ein- oder zweimal in der Woche tagsüber nach Rattelsdorf kommen, um die notwendigsten Hausarbeiten zu erledigen[5]. (Der Abt allerdings ging darauf nicht ein[6].)

---

2 Vgl. AEB, Rep. I, Nr. 343, fol. 114r; Genaueres S. 194.
3 Siehe S. 444–446.
4 Im Juli 1610 berichtete der Marktgraitzer Pfarrer in Ebern, es hätten in seiner Pfarrei 100 Personen den katholischen Glauben angenommen; dabei gebe es rund 1200 Menschen in der Pfarrei, die die Kommunion empfangen könnten. In Marktzeuln dagegen hatten sich die Untertanen bis auf wenige „eingestelt“. DAW, Dek. Ebern, VR 1610 (II), fol. 233v.
5 StAB, B 110, Nr. 40, fol. 241r–242r.
6 Vgl. ebd, fol. 243r.

Aus keiner der untersuchten Pfarreien liegt eine komplette Liste der Exulanten vor; für keine Pfarrei dürfte eine solche zu erarbeiten sein. Auf Absichtserklärungen der Untertanen können wir nicht zurückgreifen, denn diese wurden, wie Stichproben zeigen, oft nicht in die Tat umgesetzt[7]. Die folgenden Betrachtungen bleiben also unvollständig und damit unsicher.

Der Kastner von Rattelsdorf nannte 1594 elf Fortgezogene namentlich; neun davon sind in der Steuerrechnung von 1594/95 wiederzufinden[8]. Dieser Gegenüberstellung zufolge gehörten zu den Exulanten drei wohlhabende Einwohner[9], sieben mittelmäßig oder sogar unterdurchschnittlich Begüterte und ein Beständner ohne steuerbaren Besitz. Keine soziale Gruppe der Einwohnerschaft ragte unter den Exulanten heraus.

Drei Exulanten aus Döringstadt, die 1618 erwähnt werden[10], zählten zu den überdurchschnittlich begüterten Einwohnern des Ortes[11]; unter ihnen war sogar der zweitreichste Döringstadter. Freilich ist aufgrund der schmalen Quellenbasis nicht zu erkennen, ob aus Döringstadt besonders viele Wohlhabende fortzogen[12], wie wir es etwa in Staffelstein beobachten können[13].

Da in keiner Pfarrei alle Exulanten zu ermitteln sind, können wir nicht einmal mit Sicherheit sagen, wie groß der Anteil der Exulanten in den einzelnen Gemeinden war.

In einigen Orten war die Zahl der Exulanten bemerkenswert hoch: Aus Lettenreuth zogen im April 1614 auf einen Befehl des Forstmeisters hin zwölf Männer fort[14] – dabei bestand Lettenreuth um diese Zeit aus gerade 17 Haushalten[15]. Zwar ist zu bezweifeln, daß diese Exulanten ihrem Dorf endgültig den Rücken kehrten. Aber immerhin bedeutet diese Zahl, daß zwei Drittel der Einwohnerschaft – oder zumindest der erwachsenen Männer – Lettenreuth verließen, sei es auch nur auf Zeit.

Andernorts wanderte ein wesentlich kleinerer Anteil der Einwohnerschaft aus: 1594 meldete der Kastner von Rattelsdorf dem Abt von Michelsberg, es seien die meisten derer fortgezogen, die es zugesagt hatten; 13 hätten Rattelsdorf verlassen, nur zwei seien geblieben[16]. (Doch kehrten zwei Exulanten später nach Rattelsdorf zurück und konvertierten[17].) Es emigrierten also rund zwölf Familien aus Rattelsdorf, das damals rund 157 Haushalte zählte[18]. Vorausgesetzt, die Liste des Kastners hatte keine größere Lücke, dann zog weniger als ein Zehntel der Einwohnerschaft fort.

7 Von den 14 Döringstadtern z. B., die 1606 die Emigration zugesagt hatten, lebten 1608/09 noch mindestens elf im Dorf. Vgl. StAB, ex J 3, Nr. 225, fol. 103v–104r; StAB, A 232, Nr. 4401, 1608/09.

8 Vgl. StAB, A 232, Nr. 37690, 1594/95, fol. 1r–10v, 14r.

9 Hans Ottner (1200 Gulden), Matthes Vischer (1200) und Hans Ziegelhöfer Stengel (800). Ordnet man die steuerbaren Vermögen der Größe nach, so stehen die von Ottner und Stengel auf dem vierten Platz.

10 Hans Hofmann, Andreas Frömbeiß, Jakob Bayer. Vgl. StAB, ex J 3, Nr. 225, Fasz. 2, fol. 137r.

11 Vgl. StAB, A 232, Nr. 4401, 1608/09.

12 Die Absicht auszuwandern wurde zumindest quer durch die sozialen Schichten der Dorfgemeinschaft bekundet. Dies zeigt eine Gegenüberstellung eines Verzeichnisses der Döringstadter Protestanten von 1606 – damals erklärten 14 Haushaltsvorstände, sie wollten auswandern – und der Steuerrechnung von 1608/09. Demnach waren unter den angeblich Emigrationswilligen drei Wohlhabende, fünf mittelmäßig Begüterte und vier Beständner ohne steuerbaren Besitz. Vgl. StAB, ex J 3, Nr. 225, Fasz. 2, fol. 103v–104r; StAB, A 232, Nr. 4401, 1608/09. – Allerdings zogen mehrere derer, die ihre Emigration 1606 ankündigten, nicht fort.

13 Vgl. Dippold, Leben, S. 90f.

14 Vgl. StAC, LA D 1322, fol. 223v.

15 Vgl. StAB, B 22 d, Nr. 19, Prod. 1 (November 1623).

16 Vgl. StAB, B 110, Nr. 37, fol. 437v–438r.

17 Vgl. ebd., Nr. 40, fol. 469r; Nr. 102, fol. 53r.

18 Vgl. StAB, A 232, Nr. 37690, 1594/95, fol. 1r–10v, 13r–14v.

Marktgraitz verließen bis Mitte 1616 „an jung und alt in die 60 persohnen"[19]; das entsprach höchstens einem Fünftel der Einwohnerschaft[20]. Aus Marktzeuln zogen 1624, nach dem großen Einfall, etwa 30 Bürger fort; 90 blieben im Ort[21]. Ein Viertel der Bürger verließ Marktzeuln also, als die Gegenreformation gesiegt hatte. Zumindest einzelne davon kehrten zurück[22]. Wie viele Marktzeulner schon vor 1624 emigriert waren, erfahren wir in den Quellen dieses Jahres nicht.

Wir kennen zwar nicht die Zielorte aller Exulanten, aber es scheint, als seien die meisten nicht in Städte gezogen, sondern in Dörfer. Die Orte, an denen die Protestanten aus dem Untersuchungsgebiet Aufnahme fanden, lagen häufig in der Nähe ihres bisherigen Wohnsitzes. Verantwortlich dafür war wohl meist das Bestreben, die alten Güter – zumindest für einige Zeit – weiterzubewirtschaften.

So zogen bis 1618 neun Familien aus dem Amt Döringstadt in Dörfer, die allesamt weniger als zehn Kilometer von ihrem vorherigen Ort entfernt waren, und behielten ihre dompropsteilichen Anwesen. Ihre neuen Wohnorte, alle weniger als anderthalb Wegstunden entfernt, waren: Oberbrunn, Unterleiterbach, Untermerzbach, Medlitz, Zaugendorf, Ummersberg, Dörrnberg (= Freiberg). Mindestens sieben der neun Haushalte, vermutlich sogar alle, lebten an ihrem Zielort auf adligen Lehen[23].

Von den erwähnten 13 Männern, die 1594 Rattelsdorf verlassen hatten, waren vier nach Freudeneck gezogen, drei nach Reckenneusig, zwei nach Medlitz, zwei nach Reckendorf, einer nach Rentweinsdorf, einer nach Höfen – kein Ort weiter als acht Kilometer entfernt. Neun waren auf ritterschaftliche Anwesen übersiedelt; die beiden nach Medlitz Gezogenen waren Hintersassen des Bamberger Dompropstes geworden; Hans Schad, genannt Kopp, bewohnte in Höfen ein Lehen des Fürstbischofs von Bamberg[24]. (1594 hatten ja der Bischof und der Dompropst noch nicht begonnen, ihre Untertanen vor die Wahl zwischen Konversion und Emigration zu stellen.)

Die Familien, die im südlichen Teil des Untersuchungsgebietes um ihres Glaubens willen von ihrem Wohnort fortzogen, fanden zum größten Teil auf adligen Lehen Zuflucht. Für die Bewohner der Pfarreien Marktgraitz und Marktzeuln bildete dagegen das benachbarte Fürstentum Sachsen-Coburg das wichtigste Emigrationsziel.

Das Sonnefelder Kirchenbuch nennt zwischen 1624 und 1632 14 Exulanten aus Marktzeuln und Nachbarorten, die „wegen der religion"[25] in den Sprengel jener Pfarrei gezogen waren. In Trübenbach etwa lebten Heinz Beier sowie Margaretha und Andreas Bernhardt aus Marktzeuln und Georg Sterzer aus Marktgraitz[26], in Weidhausen Georg Albert, Hans und Heinz Bauer, Andreas Knorr und Andreas Stulein aus Marktzeuln, Kunigunda Schreiber aus Schwürbitz, Georg Held aus Lettenreuth und Georg Eichhorn aus Neuensee[27], in Hof-

19 StAC, LA D 1208, fol. 155r.
20 Marktgraitz hatte 1623 77 Haushalte mit Hausbesitz, was einer Einwohnerzahl von rund 300 entsprechen dürfte; allerdings ist unbekannt, wie viele Beständner damals im Ort lebten. Vgl. StAB, B 22 d, Nr. 19, Prod. 1.
21 Vgl. DAW, Dek. Ebern, VR 1624, fol. 305r.
22 Siehe S. 362 mit Anm. 95.
23 Vgl. StAB, ex J 3, Nr. 225, Fasz. 2, fol. 137r–v.
24 Vgl. StAB, B 110, Nr. 37, fol. 437v–438r.
25 PfASo, Kbb., Bd. 2, pag. 44.
26 Vgl. ebd., pag. 22, 27, 47, 96. Sterzer wird nicht ausdrücklich als Exulant bezeichnet; vgl. jedoch StAC, LA D 1208, fol. 79v; auch AEB, Rep. I, Nr. 343, fol. 101v. Hier wird auch der Marktgraitzer Balthasar Schmidt als Exulant in Trübenbach genannt.
27 Vgl. PfASo, Kbb., Bd. 2, pag. 23, 25, 44, 48, 58, 62, 115, 148.

städten Peter Schweitzer, Hans Vischer und die Witwe Barbara Birnstill aus Marktzeuln[28]. Diese Aufzählung dürfte unvollständig sein, da nicht alle Exulanten im Kirchenbuch auch als solche kenntlich sind. Neben den Grenzorten des Fürstentums Sachsen-Coburg nahm das Dorf Horb am Main eine Reihe von Marktzeulner Exulanten auf. 1616 lebten dort, mehrheitlich wohl auf sächsischen Lehen, mindestens sechs evangelische Marktzeulner[29]. Auf dem sächsischen Gut in Michelau wohnte 1616 Konrad Dötschel aus Marktzeuln[30]. Ein sächsisches Anwesen in Mannsgereuth bezog 1624 Andreas Albert aus Marktgraitz[31]. Einem anderen Marktgraitzer sowie einem Mann aus Neuenmühle hatte die Coburger Regierung bereits 1617 gestattet, in Mannsgereuth „underzukommen"[32].

Allerdings fanden auch Protestanten aus den Sprengeln Marktzeuln und Marktgraitz Zuflucht auf ritterschaftlichen Anwesen: Ein Marktgraitzer war 1616 nach Unterlangenstadt gezogen[33], ein anderer 1624 nach Redwitz an der Rodach[34]. Ein Marktzeulner, der 1616 seinen Wohnsitz nach Schwürbitz verlegte[35], lebte dort vermutlich auf einem adligen Lehen; er war wohl kein Einzelfall.

Offenbar übersiedelten nur sehr wenige Protestanten aus dem Untersuchungsgebiet in weiter entfernte Orte wie ein Mann aus Wiesen, der, als er das Hochstift um 1613/14 verlassen mußte, in die Reichsstadt Schweinfurt zog[36].

### 6.2.2. Probleme der Emigration

Der Idealfall einer Emigration sah für die Bamberger Regierung wie folgt aus: Der evangelische Untertan verließ den Ort für immer und verkaufte unverzüglich sein unbewegliches Hab und Gut.

Doch wenn in der Realität die Untertanen den gegenreformatorischen Geboten Folge leisteten, dann gehorchten sie oft nur zum Teil. Zwar wanderten sie aus, aber sie verkauften nicht – wie gefordert – ihre Güter, sondern bewirtschafteten diese weiter; es kam an mehreren Orten des Untersuchungsgebietes vor, daß der Besitzer mit seiner Frau fortzog, aber seine Kinder, sein Vieh und sein Mobiliar zurückließ[37]. Zuweilen blieb sogar die Ehefrau zurück; ein solcher Fall ist aus Marktzeuln belegt[38].

In diesen Fällen, aber auch wenn die ganze Familie fortzog, bewirtschafteten die Exulanten ihre bambergischen Güter häufig vom neuen, nur wenige Kilometer entfernten Wohnort aus weiter. Indem man am alten Anwesen festhielt, ermöglichte man sich die Rückkehr für den Fall, daß die Obrigkeit ihre gegenreformatorische Politik einschränken

28 Vgl. ebd., pag. 34, 49, 59.
29 Vgl. StAC, LA D 1182, fol. 52v, 54r, 55r, 60r; LA D 1208, fol. 165v.
30 Vgl. StAC, LA D 1208, fol. 165v, 203r.
31 Vgl. AEB, Rep. I, Nr. 343, fol. 101v.
32 StAC, LA F 9509, fol. 1r.
33 Vgl. StAC, LA D 1208, fol. 80r.
34 Vgl. AEB, Rep. I, Nr. 343, fol. 101v.
35 Vgl. StAB, B 46 a, Nr. 2906, Prod. 7.
36 Vgl. StAB, ex J 3, Nr. 225, Fasz. 2, fol. 164r, 167v.
37 So sagte 1614 Georg Held aus Lettenreuth aus, er sei „von lehen gewichen und seine kinder mit den viehe aldo gelassen". StAC, LA D 1322, fol. 250r. Hans Hofmann aus Döringstadt zog spätestens 1618 mit seiner Frau nach Oberbrunn; auf ihrem Anwesen ließen sie ihre fünf Kinder im Alter zwischen 24 und acht Jahren zurück. Vgl. StAB, ex J 3, Nr. 225, Fasz. 2, fol. 170r–171r.
38 Hans Alt, sächsischer Untertan in Horb, wurde 1616 verhaftet, als er nach Marktzeuln ging, um „sein weib, so allda kranck worden, [zu] besuchen". StAC, LA D 1208, fol. 165v.

oder gar aufgeben sollte[39]. Aber oft war die Beibehaltung des alten Besitzes auch eine wirtschaftliche Notwendigkeit; bevor die Exulanten sich an ihrem Zielort etabliert – d. h. ein Anwesen und zusätzliche Nutzflächen gekauft – hatten, mußten sie noch für einige Zeit ihre bambergischen Lehen nutzen. 1616 beteuerten die emigrationswilligen Hintersassen des Dompropstes in Schwürbitz, sie würden „in groß verderbung eingerathen", falls ihnen verboten werde, „ihre gütterlein von außen zu bestellen"[40]. Noch deutlicher sagte es im selben Jahr der Sonnefelder Amtmann Albrecht von Steinau, dem angesichts seiner Reibereien mit den Exulanten Übertreibung kaum unterstellt werden kann: Werde den ausgewanderten Protestanten der „ab- und zutritt zu ihren güttern nicht [...] verstatt", würden sie im Fürstentum Sachsen-Coburg „nicht bleiben können", denn hier besäßen sie nichts; sie wären also nicht in der Lage, für ihren Lebensunterhalt zu sorgen[41].

Aus dem Untersuchungsgebiet, speziell aus den Pfarreien Döringstadt, Marktzeuln und Marktgraitz, existieren zuhauf Belege, daß Exulanten in ihren früheren Wohnort kamen und ihren Grundbesitz nutzten. An manchen Orten war dies zeitweilig gang und gäbe; der Marktzeulner Pfarrer sprach 1616 sogar von „unsere[n] fluchtige[n], di doch hie wohnen"[42]. Was der Pfarrer damit meinte, zeigt ein Bericht des Burgkunstadter Amtmanns aus demselben Jahr. Er hatte erfahren – so meldete er nach Bamberg –, daß zwar noch keiner der Exulanten „sich widerumb [...] nach Zeuln heußlich nidergelassen habe, allein gehen sie bey ihren güttern und heußern fast täglich ab und zue, deß nachts aber verpleiben sye uf sächßischen oder sonst derer von adel lehen"[43]. Hier war es außerdem nicht selten, daß die Exulanten die Felder ihrer bambergischen Güter weiter bestellten.

In Rattelsdorf hatte der Kastner 1594 bemerkt, die Exulanten würden „teglich im [!] fluer bey unß liegen"[44]. Ein nach Reckendorf ausgewanderter Mann hielt sich – so der Kastner – „gar viel, [...] bey tag und uber nacht in seinen hauß zu Rattelßdorf" auf[45].

Im Amt Döringstadt waren 1618 noch neun Exulanten begütert[46]. Dazu zählte Hans Hofmann, der nach Oberbrunn gezogen war und seine fünf Kinder auf seinem Döringstadter Anwesen zurückgelassen hatte. Diese Kinder baten 1619 den Bamberger Dompropst, sie dort bleiben zu lassen und ihren Eltern zu gestatten, daß „dieselbe noch bißweiln bey unns zu- unnd abgehen unnd unnß inn der haußhalltung und andern treulich rath, lehr unnd unterricht geben möchten"[47]. Der Vogt berichtete dazu, die Eltern Hofmann seien vor längerer Zeit nach Oberbrunn übersiedelt, hätten aber „fast täglichen bey nachtlicher weil ihr haußweßen wieder besuchet, darinnen sich heimblichen ufgehalten und letzlichen, da sie dieses wercks" – gemeint war die Gegenreformation – „eine stillschweigung vermercket, gar wiederumb alhier ohne schew verblieben"; dagegen sei er, der Vogt, mit Verboten und

39 Es ist einige Male belegt, daß Exulanten zurückkehrten, wenn der gegenreformatorische Eifer der Obrigkeit nachgelassen hatte. So berichtete der Schultheiß von Marktzeuln Ende 1614, es würden viele, die „wegen der religion" den Ort verlassen seien, „ohne scheu sich itzo dahin wiederumb begeben zu wohnen". AEB, Rep. I, Nr. 742, fol. 137r. Dasselbe geschah in der Pfarrei Marktgraitz. Vgl. ebd., fol. 152v. – Im Herbst 1616 wiederholte sich der Vorgang. Die Marktzeulner, die ins Fürstentum Sachsen-Coburg gezogen waren, seien – bis auf zwei Männer – zurück in ihren Heimatort gezogen, „weiln der bischoff zu Bamberg ein zeit lang mit der vervolgung was gelindt gangen" (so der Amtmann von Sonnefeld). StAC, LA D 1182, fol. 170r.

40 StAC, LA D 1208, fol. 85r–v.

41 Ebd., fol. 64r.

42 StAB, B 46 a, Nr. 2906, Prod. 5.

43 Ebd., Prod. 23.

44 StAB, B 110, Nr. 37, fol. 438r.

45 Ebd., fol. 444r.

46 Vgl. StAB, ex J 3, Nr. 225, Fasz. 2, fol. 137r–v.

47 Ebd., fol. 170v.

einer Haussuchung eingeschritten. Der Antrag der Kinder sei abzulehnen, faßte er zusammen, obwohl diese katholisch seien. Es stehe nämlich zu befürchten, daß die Eltern „wieder algemach einwurtzeln und andern zur nachvolg und ergernus die zeit ihres lebens uf ihrem bößen intent verharren möchten"[48].

Der Obrigkeit waren die Exulanten, die ihre Güter im Hochstift regelmäßig besuchten, ein Dorn im Auge, und das aus mehreren Gründen. So lange sie derart häufig ins Hochstift kamen, war die Emigration nicht wirklich vollzogen; überdies waren sie in der Lage, eine günstige Gelegenheit zur Rückkehr zu nutzen. Auch erregte die Anwesenheit der Exulanten Ärgernis bei ihren früheren Nachbarn, die konvertiert waren[49] – darauf verwies auch der Döringstadter Vogt 1619 in seinem oben zitierten Gutachten zum Antrag der Geschwister Hofmann. Schließlich beklagten die Beamten immer wieder wirtschaftliche Schäden für das Hochstift: Der Schultheiß, die Bürgermeister und der Rat von Marktgraitz behaupteten 1624, die Exulanten würden „alle nutzbahrkeit" – also die Erträge ihrer Güter – „auß dem flecken hinweg nehmen und entgegen die heußer mit bestendnern besetzen"; dadurch werde „der flecken erarmuth"[50], denn die Beständner waren ja in der Regel ohne nennenswerten Besitz. Der Döringstadter Vogt berichtete 1618 dem Dompropst, welchen Schaden es verursache, wenn die fortgezogenen Untertanen ihre Güter verpachteten. Denn sie schafften „die nutzungen von den veldern und wißmathen wie auch die uf solchen güthern gemachte thüngung" fort und verwandten diese „zu ietziger ihrer herrschafften lehen erbeßerung". Dies führe zu einer „außmerglung" der dompropsteilichen Güter, die so innerhalb weniger Jahre zwei Drittel ihres Wertes verlieren würden[51].

Aus all diesen Gründen sprach die Regierung in Bamberg wiederholt ein Verbot aus, hochstiftische Lehen „zu handroß"[52], von einem anderen Anwesen aus, zu bewirtschaften[53]. Mehrere Interzessionen des Herzogs Johann Casimir von Sachsen-Coburg[54] und die Anteilnahme anderer Fürsten[55] änderten daran nichts[56]. Nur in wenigen Fällen außerhalb des

48 Ebd., fol. 173r–174r.

49 Siehe S. 365.

50 AEB, Rep. I, Nr. 343, fol. 116r.

51 StAB, ex J 3, Nr. 225, Fasz. 2, fol. 136r–v.

52 Diese Formulierung erscheint z. B. in AEB, Rep. I, Nr. 343, fol. 101v.

53 Einer der frühesten Belege für ein derartiges Verbot ist eine Bittschrift der Marktzeulner und Marktgraitzer an Herzog Johann Casimir, verfaßt im Oktober 1615. Sie beklagten sich darin, daß sie zwar „ihr domicilium mutiret" hätten und ihre alten Güter von coburgischen Orten aus bebauten, dennoch gingen der Bischof und der Abt von Langheim „mit incarceriren, geldt- und leiblichen strafen" gegen sie vor. StAC, LA D 1322, fol. 341r–342r.

54 Er bat 1616 den Bischof, er solle den Exulanten erlauben, ihre Güter im Hochstift „durch ihre kinder oder gesind" bestellen zu lassen. StAC, LA D 1208, fol. 61r. Eine weitere Interzession: ebd., fol. 94v–95r. – 1616 unterrichtete er den Kurfürsten von Sachsen vom Verbot. Vgl. StAC, LA D 1183, fol. 71r–74r. – Mehrmals verwandte er sich in Bamberg für Einzelpersonen. Vgl. StAC, LA D 1208, fol. 296r–v; StAC, LA A 11974. – Der Herzog wurde öfters mit dem Argument um Hilfe gebeten, wenn die Exulanten ihre bambergischen Güter nicht nutzen dürften, entstehe auch Coburg Schaden, denn der Zehent von diesen Gütern gehöre dem Amt Sonnefeld. Die coburgischen Einkünfte nähmen durch das bischöfliche Verbot nicht ab, widersprach der Sonnefelder Amtmann 1616. Vgl. StAC, LA D 1208, fol. 50r; auch StAC, LA D 1183, fol. 11v.

55 Kurfürst Friedrich von der Pfalz schrieb 1614 an Herzog Johann Casimir, der Bamberger Bischof und der Langheimer Abt führen „in ihrem trab vort" und würden gegen die Untertanen vorgehen, so daß „sich fast keiner uß forcht fangens undt plagens zu hauß betretten laßen dörfe". Sie würden so an der Ernte gehindert. StAC, LA D 1322, fol. 291v–292r.

56 Im Juli 1624 lehnte der Bamberger Bischof die Aufhebung des Verbotes grundsätzlich ab, nachdem Johann Casimir sich für einzelne Exulanten eingesetzt hatte. Vgl. StAC, LA A 11974, Brief von 1624 Juli 20.

Untersuchungsgebietes gestattete die Bamberger Regierung einem aufgrund der Gegenreformation ausgewanderten Untertanen die Nutzung seiner Güter im Hochstift[57].

Zeitweilig konnte Bamberg das Verbot nicht aufrechterhalten, da das Reichskammergericht dem Bischof Ende 1616 durch ein Mandat auferlegte, die Protestanten in den Pfarrsprengeln Marktgraitz und Marktzeuln „an bau und verwesung" ihrer Güter „nicht zu verhindern", bis sie „dieselbe in billigen werth verkaufen können"[58]. Monate später jedoch bedrohte Bamberg – ungeachtet des Mandats – Exulanten, die ihre Güter nutzten, erneut mit Strafe[59]. In den letzten Regierungsjahren von Bischof Aschhausen dagegen scheint die Praxis der Weiterbewirtschaftung hochstiftischen Grundbesitzes toleriert worden zu sein[60].

1624, unter Bischof Johann Georg Fuchs von Dornheim, erneuerten aber die in Marktzeuln anwesenden fürstbischöflichen Kommissare das Verbot[61]. Wir stellen sogar eine gewisse Verschärfung fest: Auch den sächsischen Hintersassen in Mannsgereuth wurde untersagt, nebenher ein bambergisches Gut im selben Ort zu nutzen, obwohl sie offenbar keine Exulanten waren und dieser Zustand schon lange bestand. Wollten sie ihren bambergischen Besitz nicht verlieren, mußten sie ihn beziehen und konvertieren[62].

Nicht jeder Exulant konnte es sich wohl leisten, an seinem neuen Wohnort gleich ein Anwesen zu kaufen, zumal wenn er – etwa aus Angst vor Zwangsmaßnahmen oder vor Bestrafung – übereilt aus dem Hochstift geflohen war. So warf denn im Januar 1610 Herzog Johann Casimir von Sachsen-Coburg dem Bamberger Bischof vor, etliche Marktzeulner und Marktgraitzer, die ihren Glauben nicht aufgeben wollten, hätten aufgrund seiner Verfolgung „weib undt kindt sampt ihrer zeytlichen nahrung verlaßen und sich hin und wieder, wie sie zu solcher winterszeyt gekönt, theyls mitt betteln elendiglich erhalten"[63]. In diesem Schreiben erwähnte der Herzog auch, wo die aus dem Hochstift Geflüchteten untergekommen waren: „in offentlichen wirtsheußern oder bey ihren anverwanten"[64].

Günstiger verhielt es sich, wenn die Untertanen ihre Emigration über Monate vorbereiten konnten. Sie waren dann wenigstens in der Lage, in dem angestrebten Ort für ein Quartier zu sorgen, vielleicht sogar ein Haus und Grundstücke zu kaufen.

Doch selbst dann ergaben sich Probleme, die bambergischen Güter zu veräußern. Denn wenn mehrere Familien zur selben Zeit fortzogen und ihren unbeweglichen Besitz ver-

---

57 Zwei Protestanten aus Zettlitz wollten 1614 erfahren haben, daß dank der Fürbitte des Markgrafen von Brandenburg-Bayreuth der Kulmbacher Kastner Christoph Schwalb seine Güter in Lichtenfels bestellen durfte. Vgl. StAC, LA D 1322, fol. 368r. Auch das Bamberger Domkapitel erlaubte dem vormaligen Staffelsteiner Stadtschreiber David Dürrbeck 1600 auf die Bitte der Gebrüder von Würtzburg hin, bei Bedarf in seinem dortigen Haus zu wohnen. Vgl. StAB, B 86, Nr. 841, fol. 71r–73r.

58 StAC, LA D 1208, fol. 192v. Zur Datierung des Mandats vgl. BayHStA, RKG 405, Triplik des Klägeranwalts (präs. 1617 März 28). – Bereits Ende 1609 hatte das Reichskammergericht ein Mandat „de concedendo libro [!] accessu et recessu" erlassen, das den evangelischen Marktzeulnern und Marktgraitzern den freien Zugang zu ihrem Grundbesitz gestattete; dieses bezog sich jedoch nicht auf die Exulanten im engeren Sinn, sondern auf die Untertanen, die aus Angst vor der Verfolgung durch Bamberg aus ihrem Heimatort geflohen waren. StAB, B 49, Nr. 59, „Exceptiones sub et abreptionis" (präs. 1610 Jan. 30).

59 Vgl. StAC, LA D 1208, fol. 202v. – Möglicherweise ging Bamberg wieder gegen Exulanten vor, die ihre Güter bewirtschafteten, nachdem der Fürstbischof im April 1617 zwei Kommissare nach Marktgraitz gesandt hatte; diesen sollte jeder Exulant, der verkaufen wollte, ein Verzeichnis seiner Güter mit geschätzten Wertangaben liefern. Die Kommissare hatten zwei Tage im Rathaus zu Marktgraitz gewartet, aber es war niemand erschienen. Wer sich nicht melde, so hatte der Bischof angekündigt, „der mag ihm daraus entstehende gefahr selbsten zumessen". StAB, A 90, L. 476, Nr. 1262.

60 Vgl. StAC, LA D 1209, fol. 9v; StAC, LA A 11974, Brief von 1624 Juni 16.

61 Vgl. StAC, LA D 1209, fol. 9v–10v; StAC, LA A 11974, Briefe von 1624 Juni 16 und 30; AEB, Rep. I, Nr. 343, fol. 101v.

62 Vgl. StAC, LA D 1209, fol. 6r–v; AEB, Rep. I, Nr. 343, fol. 99v.

63 StAC, LA D 1322, fol. 47v.

64 Ebd., fol. 48r.

kaufen wollten, herrschte plötzlich ein Überangebot. In einer derartigen Situation war es nicht einfach, einen Käufer zu finden, es sei denn, die Exulanten waren bereit, ihren Besitz unter Wert zu veräußern[65]. 1611 erklärten die Protestanten in der Obermainregion, nicht einmal das sei möglich. Sie hätten ihre „gütter, wie offt wir auch dieselben offentlich haben fail sprechen lassen, keineswegs, auch nicht umb halb gelt verkaufen [...] können"[66].

Das bestritt Bamberg[67], und selbst der Sonnefelder Amtmann bemerkte 1616, die Exulanten gäben zwar vor, sie fänden keine Käufer, in Wirklichkeit jedoch wollten sie gar nicht verkaufen[68]. Dennoch war das Argument der evangelischen Untertanen wohl oft nicht bloß vorgeschoben. „Weil gantze gemeinden damit begrieffen" seien, gab Kurfürst Friedrich von der Pfalz 1614 dem Herzog von Sachsen-Coburg zu bedenken, könnten die Leute „nicht leicht einen außkaufer bekommen"[69]. Für die Stichhaltigkeit der Angabe spricht auch das Ergebnis der Zwangsverkäufe, die 1624 in Marktzeuln vorgenommen wurden: Nach Jahrzehnten hatten die Käufer im Durchschnitt ein Fünftel des Preises entrichtet[70], vermutlich, weil sie mehr übernommen hatten, als sie sich leisten konnten.

Um das Argument der Untertanen zu entkräften, es fehle ihnen nur an Abnehmern ihrer Güter, sonst würden sie verkaufen und dem Hochstift fern bleiben, erklärten die Bischöfe Johann Gottfried von Aschhausen und Johann Georg Fuchs mehrfach, sie wollten die Anwesen selbst erwerben. So kündigte der Fürstbischof im Frühjahr 1612 an, er werde, falls die evangelischen Marktzeulner und Marktgraitzer ihre Güter nicht innerhalb eines Vierteljahres verkauft hätten, diese zum Steuersatz zu übernehmen, was den Betroffenen allerdings als ein zu niedriger Preis erschien[71] – nicht zuletzt die Inflation im frühen 17. Jahrhundert dürfte dafür gesorgt haben, daß der steuerbare Wert in vielen Fällen wohl deutlich unter dem realen Wert des Anwesens lag. Noch im Mai 1616 bekundete der Bischof dem Herzog von Sachsen-Coburg gegenüber seine Bereitschaft, die Exulanten-Güter gegen Barzahlung zu erwerben[72]. Doch blieb es bei der Ankündigung – kein Wunder angesichts der chronischen Verschuldung des Hochstifts. 1616 konstatierte Herzog Johann Casimir gegenüber dem sächsischen Kurfürsten, der Bischof habe „ohngeachtet gethanen anerbietens" den Marktzeulnern ihre Güter nicht zum steuerbaren Wert abgenommen[73].

Im folgenden wiederholte sich der Vorgang: 1619 schrieb der Marktgraitzer Pfarrer an die geistlichen Räte in Bamberg, der Bischof habe gefangene ungehorsame Untertanen mit der

---

65 Vom früheren Marktgraitzer Bader wurde 1615 berichtet, er habe seine Badstube unter Wert verkaufen müssen. Vgl. BayHStA, RKG 405, Q 27. – Die Coburger Regierung urteilte 1616 in einem Schreiben an den Herzog, die bedrängten Protestanten im Hochstift, speziell in den Sprengeln Marktgraitz und Marktzeuln, sollten „verkaufen und umb des evangelii und [der] reinen lehre willen etwas einbuß an der nahrung leiden, wann ie kein billiger werth zu haben", d. h. wenn kein angemessener Kaufpreis zu erzielen sei. StAC, LA D 1208, fol. 160v. Diese Äußerung deutet darauf hin, daß die Coburger Räte erwarteten, die Exulanten würden unter Preis verkaufen müssen. – Ebenfalls 1616 hielten die Coburger Räte dem Fürstbischof vor, wegen der Verfolgung der Protestanten versuche „männiglich [...], alles umb ein schnödes geringes geld an sich zu bringen", das heißt: potentielle Käufer nutzten die Notlage der Exulanten aus. Ebd., fol. 137r.

66 Ebd., fol. 71r–v. – Nicht nur das Überangebot an Grundbesitz war in den Augen der Untertanen dafür verantwortlich, daß es kaum Käufer gab. 1615 schrieben die Protestanten in den Pfarrsprengeln Marktzeuln und Marktgraitz an den Herzog von Sachsen-Coburg, es herrsche „under dem volck eine solche noth, das kein einiger kaufmann sich finden wollen". StAC, LA D 1322, fol. 325r.

67 So schrieb der Bischof 1614 an den Kurfürsten von Sachsen, er gebe seinen Untertanen sechs Monate Zeit zur Emigration; in dieser Zeit könne man seinen Besitz gut verkaufen. Vgl. ebd., fol. 313r–v.

68 Vgl. StAC, LA D 1183, fol. 22r.

69 StAC, LA D 1322, fol. 182v.

70 Siehe unten S. 361.

71 Vgl. StAC, LA D 1322, fol. 117r–118r.

72 Vgl. StAC, LA D 1208, fol. 75v–76r.

73 StAC, LA D 1183, fol. 71r–74r.

Erklärung freigelassen, „daß er ihnen ihre gueter, wie sie solche versteuern, von der furstl[ichen] cammern auß wollen bezahlen lassen unnd sie entgegen das bistumb Bamberg reumen sollen“[74]. Da aber keine Taten folgten, wurden – so der Pfarrer – diese „rebellanten viel ärger als zuvor“[75]. Die Marktzeulner schrieben die Tatsache, daß der Bischof die Güter nicht kaufte, der Fürsprache des Kurfürsten von der Pfalz zu[76].

Im November 1623 ließ der Fürstbischof den evangelischen Untertanen in Marktzeuln, Marktgraitz und Schwürbitz erneut verkünden: „Wofern sie sich zwischen hie undt weinnachten nit werden einstellen, sollen sie verkaufen, oder eß werden ihnen ihre gütter, wie sie solche versteuern, bezahlt werden.“[77] Doch folgten den Worten wieder keine Taten. So verhielt es sich wohl auch, als 1624 fürstbischöfliche Kommissare einem sächsischen Hintersassen in Mannsgereuth androhten, er solle sein bambergischen Lehen beziehen und katholisch werden, sonst werde „ihme die selden bezahlt“, ein Teil des Geldes aber gleich als Strafe einbehalten[78].

Die Maßnahme, die wahrscheinlich am effektivsten gewesen wäre, um die Emigration derer zu fördern, die nicht konvertieren wollten, der Kauf der Exulanten-Güter durch den Staat, scheint also nie durchgeführt worden zu sein. Ankündigungen, die nicht erfüllt wurden, bestärkten aber die Untertanen in ihrem Widerstand nur noch.

Auch andere Methoden, den Exulanten ihren bambergischen Besitz zu nehmen, wurden nur sporadisch angewandt. So drohte Bamberg mit dem Heimfall der Lehen – das wäre de facto einer Enteignung gleichgekommen – sehr selten. Einem gefangenen Eggenbacher wurde 1597 geboten, er solle emigrieren, sonst würden seine Lehen als dem Kloster Michelsberg heimgefallen betrachtet[79]. Freilich ergriff Bamberg dieses Mittel nie[80].

Ferner entschloß sich die Obrigkeit kaum zu Zwangsverkäufen – abgesehen vom Sonderfall Marktzeuln –, auch wenn sie diese mehrmals ankündigte[81]. Ein solcher Fall ereignete sich 1613 oder 1614 in Wiesen. Dem emigrierten Schmied Andreas Lauring befahl der Döringstadter Vogt – so der Betroffene Jahre später –, „vor außgang jahr und tag alles zu verkhaufen“. Da Lauring aber keinen Käufer fand, drohte ihm der Vogt schließlich, er werde ihn verhaften lassen und so lange im Gefängnis behalten, bis er alle seine Güter „an der ketten“ aufgezehrt hätte. Tatsächlich wurde Lauring festgenommen, konnte aber entkommen. Daraufhin verkaufte der Vogt seinen Besitz – angeblich deutlich unter Wert – an einen Bauern aus dem Nachbardorf Unterzettlitz, ausgerechnet den „ergsten vheindt“ Laurings. Nach fünf Jahren hatte Lauring „weder heller oder pfening“ des Kaufpreises in Händen[82].

---

74 AEB, Rep. I, Nr. 744, fol. 50v.
75 Ebd., fol. 51r.
76 Vgl. ebd., fol. 11r.
77 Ebd., Nr. 745, fol. 102v.
78 StAC, LA D 1322, fol. 374r.
79 Vgl. StAB, B 110, Nr. 102, fol. 49v.
80 Der Bischof schrieb 1616 an den Herzog von Sachsen-Coburg, er hätte, wenn es ihm darum gegangen wäre, die evangelischen Marktzeulner „umb ihrer confession willen zu beschwehren, ihre gütter lengsten [...] einziehen können“, weil „sie so viel terminos ad emigrandum selbsten genommen“ und dann doch nicht eingehalten hätten. StAC, LA D 1208, fol. 107r–v.
81 So 1604 und 1609 im Amt Döringstadt. Vgl. StAB, ex J 3, Nr. 225, Fasz. 2, fol. 90r–v, 95r; StAB, B 49, Nr. 33, Prod. 43; AEB, Rep. I, Nr. 740, fol. 25r–v.
82 StAB, ex J 3, Nr. 225, Fasz. 2, fol. 164r–165r.

Wie Lauring kamen sich auch viele geflohene Marktzeulner Protestanten übervorteilt vor, deren Güter 1624 der Lichtenfelser Vogt zwangsweise verkauft hatte[83]. Erst hatten Büttel das Inventar auf die Straße geworfen und die Frauen und Kinder der Geflohenen „wie die hund“ mit Peitschen herausgejagt; dann waren die Güter feilgeboten und „umb ein schlecht geld“ verkauft worden. So schilderten es wenigstens die Betroffenen im Mai 1624[84].

1628 beschwerte sich eine Gruppe von Exulanten in Bamberg über den mittlerweile verstorbenen Beamten – letztlich erfolgslos –, er habe „ihre heuser sambt veldgüttern umb ein schnödes verkauft, daß kaufgelt theilß eingenommen, keinem nichts darvon heraußgeben, auch theilß kaufere biss dato noch keinen pfenning daran erlegt undt doch der gütter bisshero genossen haben“[85]. Hans Rühr kritisierte zwei Jahre später in der Öffentlichkeit die Zwangsverkäufe polemisch: Der Fürstbischof habe „ihme seine gütter [...] abgestohlen, und all diejenigen, so nach Zeuln gezogen, weren schelmen und dieb“[86].

Der Zorn der Exulanten war verständlich: Wie eine Übersicht aus dem Jahr 1641 ausweist, hatte tatsächlich kaum ein Käufer die übernommenen Güter bezahlt. Lediglich die Gemeinde Marktzeuln, die einen Stadel erworben hatte, hatte den vollen Preis dafür entrichtet[87]. Die Privatleute dagegen waren säumige Zahler – falls sie überhaupt etwas zahlten. 22 der 39 Käufer hatten nicht das Geringste für die Häuser und Grundstücke gegeben, die anderen meist nur einen geringen Anteil der vereinbarten Kaufsumme. Etwa 8500 Gulden hätten eingehen müssen; nach 17 Jahren konnten nur Einnahmen in Höhe von 1376 Gulden nachgewiesen werden[88]. Selbst wenn man berücksichtigt, daß die Kriegsfolgen im einen oder anderen Fall dafür verantwortlich sein mögen, so hatten diesen Mißstand wohl in erster Linie die Beamten verschuldet, die den Kaufpreis nicht einforderten. Die Käufer der Exulanten-Güter nutzten diese 1641 zum Teil nicht, was wohl oft eine Folge der Kriegswirren war. In mehreren Fällen hatten die Exulanten oder deren Erben ihre zwangsweise verkauften, aber nicht bezahlten Güter, besonders Äcker und Wiesen, wieder an sich genommen.

Auch wenn der Verkauf der Güter mit Problemen für die Exulanten behaftet war, eine Belastung immerhin blieb denen erspart, die das Hochstift Bamberg verließen, um nicht katholisch werden zu müssen: Sie mußten keine Nachsteuer entrichten, eine besondere Vermögenssteuer, die jeder andere Auswanderer zu zahlen hatte[89]. (Übrigens war Bischof Julius Echter ganz anders verfahren als die Bamberger Oberhirten: Den Protestanten, die in den 1580er Jahren aus dem Hochstift Würzburg emigrierten, war eine eigens auf zwei Prozent erhöhte Nachsteuer abverlangt worden[90].)

Hin und wieder hatten die Exulanten Probleme nicht nur in der alten Heimat, sondern auch am neuen Wohnort, obwohl ihre Emigration um des Glaubens willen gewürdigt wurde – zumindest von den evangelischen Geistlichen, so etwa vom Sonnefelder Pfarrer.

---

83 Eine Übersicht, die wohl noch aus dem Jahr 1624 stammt, zeigt, daß der Vogt knapp 90 Prozent des Besitzes für rund 8500 Gulden verkaufen konnte, ein Zehntel nicht oder erst nach Erstellung dieses Verzeichnisses. Vgl. StAB, B 49, Nr. 233/II, fol. 548r–555v.

84 StAC, LA D 1208, fol. 282v.

85 StAB, B 68/I, Nr. 895, 1628 August 14.

86 Ebd., Nr. 896, pag. 188. Die weltlichen Räte verfügten in dieser Sache, der Amtsverweser von Burgkunstadt solle „bestallung uff disen diffamanten [...] machen und uber dise streffliche reden [...] inquiriren“. Ergebnisse solcher Nachforschungen sind nicht bekannt.

87 Vgl. StAB, B 49, Nr. 233/II, fol. 631v.

88 Vgl. ebd., fol. 624r–634v (auch zum Folgenden).

89 Der Bischof schrieb 1614 dem Herzog von Sachsen-Coburg, er habe den abziehenden Protestanten „die nachsteuer geschenckt“. StAC, LA D 1322, fol. 297r.

90 Vgl. Wendehorst, Bistum, S. 197f.

Er sprach 1624 von den Marktzeulner Exulanten als von „frommen bestendigen christen“[91]. Andererseits verursachten sie vereinzelt Unmut. So beschwerte sich die Gemeinde Trübenbach 1616 über den aus Marktgraitz kommenden Exulanten Balthasar Schmidt, der ein Haus bauen wollte, statt ein leerstehendes Anwesen zu kaufen. Schon sein Schwiegervater sei unter Bischof Neithard von Thüngen nach Trübenbach gezogen, habe hier gebaut, schließlich aber unter Bischof Gebsattel „solch sein hauß wiederumb verkauft und sein nuz dardurch gesucht“. Durch einen weiteren Neubau des Schwiegersohns würden erneut „wun und waide verengt“[92]. Der Amtmann von Sonnefeld stieß in dasselbe Horn: Er unterstellte Schmidt, dieser werde sich, „wann etwa der religion halben zu Graiz linderung erfolgen solte, [...] wieder nach Graiz begeben“ und „den neuen bau, so einer einer gemeind zum nachtheil gebaut, kauflichen verlassen“. So etwas hätten „solche gesellen mehr gethan“[93]. Dieser Brief steht übrigens nicht allein. Denn die Exulanten bereiteten – falls sie ihre bambergischen Güter beibehielten – den Beamten Mühe, die für ihren Zielort zuständig waren. Namentlich der Sonnefelder Amtmann Albrecht von Steinau klagte der Coburger Regierung mehrmals den Ärger und die Arbeit, den ihm die Exulanten verursachten[94].

Ein letzter Aspekt der Emigration ist noch anzusprechen: die genehmigte Rückkehr. In mehreren Pfarreien kam es vor, daß Exulanten nach Monaten, manchmal erst nach Jahren in ihren Heimatort und damit in der Regel zu ihrem angestammten Besitz zurückkehrten; sie nahmen dafür sogar die Konversion in Kauf[95]. Was hinter derartigen Entscheidungen stand, wissen wir mangels Quellen nicht; neben materiellen Gründen mögen quellenmäßig kaum faßbare Motive wie Heimweh mitgespielt haben.

Welche Folgen der Fortzug der Exulanten für die einzelnen Dörfer hatte, ist nicht zu ermitteln. Die wirtschaftliche Struktur der Orte – wie uns diese aufgrund einer Analyse von Steuerrechnungen entgegentritt – verschob sich kaum; Veränderungen sind nicht eindeutig erkennbar. Auch Berichte von Beamten oder Geistlichen über die Auswirkung der gegenreformatorisch bedingten Emigrationen liegen offenbar nicht vor.

## *6.3. Konversion*

Seine Konversion zeigte der Untertan dadurch an, daß er bei einem katholischen Geistlichen beichtete, sich durch diesen von der Sünde der Häresie lossprechen ließ[96] und kurz darauf die Kommunion nach katholischem Ritus, also sub una specie, empfing.

Doch wie im Fall der Emigration klafften bei der Annahme des katholischen Glaubens der Anspruch der Obrigkeit und die Wirklichkeit auseinander. Auch im Gehorsam gab es Abstufungen.

---

91 PfASo, Kbb., Bd. 2, pag. 25. – Auf eine Frau aus Lettenreuth, „welche in der Zeulnischen verfolgung nacher Weidhaußen geflohen, 4 wochen hernacher todkranck worden“ und schließlich im Juni 1624 gestorben war, hielt derselbe Pfarrer eine Leichenpredigt über das 7. Kapitel der Apokalypse; da es dort um die Kennzeichnung der Knechte Gottes geht, dürfte er in seiner Predigt die Exulantin zu dieser Gruppe der Auserwählten gezählt haben. Ebd., pag. 23.

92 StAC, LA D 1208, fol. 173r–175r.

93 Ebd., fol. 186r.

94 Siehe S. 321–323.

95 Beispiele: StAB, B 110, Nr. 102, fol. 53r (Rattelsdorf 1597); StAB, B 68/I, Nr. 894, 1625 März 13 und 24 (Marktzeuln); ebd., Nr. 895, 1628 Febr. 14, April 12, Aug. 14 (Marktzeuln).

96 Dazu brauchte der Pfarrer eine päpstliche Lizenz. Zuweilen wurde es versäumt, diese rechtzeitig einzuholen. So erklärte der Pfarrer von Marktzeuln 1624, wohl beim Kapitelstag in Ebern, er habe „alle lutherische vor empfangener licentz ohne licentz absolvirt“. DAW, Dek. Ebern, VR 1624, fol. 305r.

Das Mandat, das den Untertanen befahl, zu emigrieren oder zu konvertieren, wurde in der Regel den Haushaltsvorständen – den Männern und meist auch den Witwen – verkündet; nur sie mußten erklären, was sie tun wollten. Die Obrigkeit setzte stillschweigend voraus, daß die übrigen erwachsenen Familienmitglieder genauso handeln würden. Stattdessen konvertierte oft zunächst nur der Mann (bzw. der Haushaltsvorstand). Die Ehefrau und die Kinder blieben häufig noch länger beim evangelischen Glauben. So konvertierten in Marktzeuln im Februar 1624 zwar „viele mansperson", aber nur drei Frauen[97]. Diejenigen, die damals in Michelau und Schwürbitz den katholischen Glauben annahmen, taten dies durchweg „ohne ihre weiber und kinder"[98]. Der Rattelsdorfer Pfarrer berichtete 1605 dem Michelsberger Abt, die Eltern würden „ihre söhne und döchter, welche das alter, das zu der confession und österlichen communion von nöten, erreicht haben, nicht zu dem wahren catholischen glauben ziehen noch ermanen"[99]. Mit einiger zeitlicher Verschiebung forderte die Obrigkeit aber in allen untersuchten Pfarreien die Konversion sämtlicher Familienangehörigen[100].

Eine Konversion war nicht immer ein endgültiger Schritt. Der Schwürbitzer Notar Kilian Schauer riet Ende 1609 von Speyer aus den soeben Konvertierten, vom katholischen Glauben abzufallen[101]. Diese Empfehlung war wohl überflüssig, denn gerade die Marktgraitzer und die Marktzeulner hatten gezeigt, daß sie, sobald die Gegenreformation nachließ, ihren alten Glauben wieder annehmen würden[102]. In Marktzeuln war nämlich im September 1609, bevor die gegenreformatorischen Maßnahmen einsetzten, keiner von jenen Bürgern katholisch, die zwölf Jahre zuvor konvertiert waren[103].

Ende 1609 hatten 40 Marktzeulner den katholischen Glauben angenommen; 200 weitere Protestanten in den Pfarreien Marktzeuln und Marktgraitz hatten ihre Konversion zugesagt[104]. Im Juli 1610 waren fast alle Bürger von Marktzeuln katholisch[105], das bedeutet: sie hatten einmal gebeichtet und die Kommunion sub una empfangen. Tatsächlich dürften viele Marktzeulner den katholischen Glauben zu diesem Zeitpunkt aber schon wieder aufgegeben haben. Dies zeigte sich etwa an Ostern 1612, als der Pfarrer nach Bamberg meldete, es hätten lediglich 15 Personen „zur beicht und communion sich eingestellet"[106]. Ähnlich sah es in Marktgraitz aus. Hier erschienen gar nur acht Personen zu Beichte und Kommunionempfang; alle übrigen waren „wiederumb abgefallen und [...] ärger und ufrührischer" als je zuvor, wie der Pfarrer meinte[107].

Die Gefahr, daß die gerade Konvertierten wieder abfallen könnten, sahen Beamte und Geistliche auch andernorts, selbst in Baunach, wo die Gegenreformation der Obrigkeit

97 AEB, Rep. I, Nr. 343, fol. 101v.
98 Ebd., fol. 102v.
99 StAB, B 110, Nr. 43, fol. 265r.
100 Fallbeispiele sind v. a. aus Rattelsdorf bekannt. Vgl. ebd., Nr. 37, fol. 442r, 445r (Frau des Kastners); Nr. 40, fol. 81v–82r, 90v–91v, 241r–243r.
101 Vgl. BayHStA, RKG 406, Q 9: „Die armen gezwungen wollen sich selbsten erkhennen undt den herrn [...] wider suchen, weil er noch zu finden ist"; auch Q 10: „Ist mann gefallen, so bleibe mann nur nicht liegen, sondern richte sich baldt wieder auf und bitte Gott den fall ab, Er ist warlich barmbhertzig und machet alleweg unter einen zwang und mutwillen einen unterschiedt".
102 Der Übertritt drückte sich wohl entsprechend der Konversion zum katholischen Glauben darin aus, daß man die Kommunion von einem evangelischen Geistlichen sub utraque specie empfing.
103 Vgl. AEB, Rep. I, Nr. 740, fol. 5v; BayHStA, RKG 406, Q 26.
104 Vgl. AEB, Rep. I, Nr. 740, fol. 23v.
105 Vgl. DAW, Dek. Ebern, VR 1610 (II), fol. 233v.
106 AEB, Rep. I, Nr. 741, fol. 31r.
107 Ebd., fol. 31v.

wenig Mühe bereitet hatte. Der dortige Kastner berichtete 1598 nach Bamberg, der Gottesdienst werde in der Pfarrei „übel versehen", was „den newlich zurechtbrachten [...] unterthonen zu abfal wieder ursach geben könne"[108].

Auch wenn die Untertanen nicht zum evangelischen Glauben zurückkehrten, so scheint es doch, als hätten die frisch Konvertierten für längere Zeit eine erhebliche Distanz zu ihrem neuen Glauben bewahrt[109]. Der Marktgraitzer Pfarrer z. B. berichtete 1610 beim Kapitelstag zu Ebern, es hätten „uff 100 personen" den katholischen Glauben angenommen, aber er klagte zugleich, seine Pfarrkinder besuchten seinen Gottesdienst nicht[110]. Der Pfarrer von Döringstadt stellte 1607 fest, die Messen würden „von ettlichen unfleisig besucht"[111]. Selbst in der zügig zum katholischen Glauben gebrachten Pfarrei Altenbanz beklagte 1606 der Pfarrverweser, seine Gemeinde sei „uff die feirtäg [...] unfleisig in besuchung des gottesdienst"[112]. Das nämliche erklärte 1607 der Rattelsdorfer Pfarrer[113]. Auch zum alljährlichen Kommunionempfang mußte die weltliche Obrigkeit die Untertanen oft mühsam bewegen, da sie nicht von sich aus, nicht einmal auf das erste Mandat hin das Altarsakrament empfingen. So berichtete der Rattelsdorfer Pfarrer 1608, die bischöflichen Untertanen in Ebing hätten „kaum zum halben theil communicirt"[114].

Mancher, der nach katholischem Ritus Beichte und Kommunion empfangen hatte, um dadurch seine Konversion anzuzeigen, besuchte also jahrelang nicht mehr den katholischen Gottesdienst und ließ sich von seinem Pfarrer die Sakramente nicht spenden. Verständlicherweise fragte der Lichtenfelser Forstmeister 1622 in Bamberg an, woran er denn die Gehorsamen erkennen solle – diejenigen, denen er Holz geben durfte –, wenn die Konvertiten zum Teil schon seit Jahren nicht mehr in einer katholischen Kirche die Sakramente empfangen hätten[115].

Aber nicht nur durch seltenen Gottesdienstbesuch oder durch die Verweigerung des Kommunionempfangs drückten ungern konvertierte Untertanen ihr Unbehagen aus. Hinzu kam das nicht selten beklagte schlechte Benehmen im Gottesdienst, durch das sie offenbar ihre Geringschätzung des Katholizismus zeigten (in anderen Fällen möglicherweise nur ihre Abneigung gegen den einzelnen Geistlichen)[116].

Es ist einsichtig, daß die Konvertiten unfleißig waren oder sogar bei günstiger Gelegenheit abfielen, denn wohl nur sehr wenige hatten den katholischen Glauben aus innerer, religiöser Überzeugung angenommen. Oft dürften andere, namentlich wirtschaftliche Motive ausschlaggebend für den Glaubenswechsel gewesen sein. Wer sein Anwesen – aus welchem Grund auch immer – nicht verlassen wollte, wer keinen Käufer dafür fand, der mag sich für die Konversion entschieden haben. Not konnte ein Antrieb sein: Ein Schwürbitzer, der nicht mehr besaß als „ein hüetlein, so er ihm und seinen 6 kindern mit leimen [= Lehm] und stein selbst gemacht", sagte 1614 aus, er sei „auß eusserster armuth [...] pabstisch worden".

108 Ebd., Nr. 736, fol. 71v.
109 Zusätzlich zu den im folgenden zitierten Beispielen vgl. Kap. A.6.3. (S. 199–212)
110 DAW, Dek. Ebern, VR 1610 (II), fol. 233v.
111 Ebd., VR 1607, fol. 217r.
112 Ebd., VR 1606 (II), fol. 185r.
113 Vgl. ebd., VR 1607, fol. 216v.
114 Ebd., VR 1608 (III), fol. 1v.
115 StAB, B 76/XVIII, Nr. 12, fol. 298r.
116 Siehe S. 199 und bes. 203.

Denn er hätte das Hochstift nur verlassen können, wenn er zuvor eine Strafe für seinen Ungehorsam gezahlt hätte; er konnte weder den geforderten Betrag aufbringen noch Bürgen finden[117]. Ähnlich erging es um dieselbe Zeit einem Michelauer[118].

Wer keine Möglichkeit sah, seinen Besitz zu verkaufen und endgültig fortzuziehen, wer an seinen angestammten Gütern hing, wer zu arm oder zu krank war, um sich anderswo eine Existenz aufzubauen, mußte früher oder später den katholischen Glauben annehmen. Manchem mag die Konversion hart angekommen sein. So soll der Neuenseer Müller Leonhard Schreiber zu einem Nachbarn gesagt haben, „er bekümmerte sich darumb, daß er wehre catholisch worden"; der Lichtenfelser Kastner habe ihn durch Haft dazu gezwungen[119]. Ein anderer Neuenseer erklärte, Schreiber „gefalle ihme gar nicht, wie er ihn vorhien gefallen, und halte er [= der Sprecher] darfür, es komme daher, das er [= Schreiber] der religion worden, sindemahln er zuvorn hefftigk darwieder geweßen, auch nie von ihm vermerckt, das er lust darzu gehabt"[120]. (Später allerdings mag Schreiber sich mit seinem neuen Glauben angefreundet haben, denn 1626 stiftete er eine beträchtliche Summe für die Ausmalung des Chors der Marktgraitzer Pfarrkirche, in der er auch begraben werden wollte[121].)

Wer konvertiert war, hatte dies häufig – das Beispiel Schreibers zeigt es – gegen seine Überzeugung getan. Obendrein setzte er sich nicht selten dem Spott oder den Beleidigungen der Nachbarn aus, die noch evangelisch waren. Als 1594 ein Konvertit in Rattelsdorf ein Haus betrat (vermutlich ein Wirtshaus), in dem schon andere Einwohner versammelt waren, empfing ihn einer der Anwesenden mit der Bemerkung: „Ah, was thut der chatholische mann herinnen, o thut in nauß". Er spottete über ihn und sagte schließlich: „Du bist halt der rechten mammalucken einer wie ettliche mehr"[122]. 1614 berichteten der Pfarrer und die Beamten in Lichtenfels dem Fürstbischof, die konversionswilligen Michelauer seien den Nachstellungen und dem Hohn ihrer Nachbarn ausgesetzt[123]. Als 1624 der Bischof daran ging, die Gegenreformation in Marktzeuln durchzuführen und dabei erste Erfolge verzeichnen konnte, lästerten die evangelischen Bürger, „diejenige sein alle narren, die sich also leichtlich zur einstellung haben bereden laßen, es sey zuvor auch also geschehen" – das heißt: Bamberg sei genauso vorgegangen „und letzlich nichts drauß worden"[124]. In Marktzeuln waren Konvertiten mit massiven Drohungen und sogar körperlichen Angriffen durch meist junge Protestanten konfrontiert, besonders 1624[125].

Aber schon die pure Anwesenheit von evangelischen Nachbarn, Hintersassen desselben Herrn, erregte bei den Konvertiten Ärgernis. Diese fragten sich wohl häufig, warum sie überhaupt den katholischen Glauben angenommen hätten (und ihn behalten sollten), wenn sie doch offensichtlich wie ihre Nachbarn hätten evangelisch bleiben können. Über einen Rattelsdorfer berichtete 1597 der Pfarrer dem Abt von Michelsberg, es sei jenem „noch leydt [...], zur catholischen gemeinschafft sich einmal willig eingelassen [zu] haben". Der Abt habe nämlich nicht gehalten, „was er zugesagt, [...] dan er versprochen, keinen

---

117 StAC, LA D 1181, fol. 8r.
118 Vgl. StAC, LA D 1322, fol. 246r.
119 Ebd., fol. 252v.
120 Ebd., fol. 252r.
121 Vgl. PfAM, Lehenbuch 1593, unfol. Teil.
122 StAB, B 110, Nr. 37, fol. 407v. Zum Schimpfwort „Mammeluck" für Konvertiten vgl. S. 336.
123 Vgl. StAB, ex J 3, Nr. 245, fol. 128r–v.
124 AEB, Rep. I, Nr. 343, fol. 117v.
125 Siehe S. 337f.

seiner underthannen unbekhert zu laßen"; dabei würden aber einige Protestanten in Rattelsdorf toleriert[126].

Die Konvertiten bestanden also auf Gleichbehandlung aller Untertanen. Die Döringstadter Katholiken drängten den Bamberger Bischof, ihre evangelischen Nachbarn zur Konversion anzuhalten, und drohten klipp und klar: „In verbleibung [...] seint wir nicht in willens, weiters in der religion zu bleiben"[127]. Tatsächlich weigerten sie sich von 1605 an – mindestens bis 1607 –, die Kommunion sub una specie zu empfangen, „da es in einigkeit nicht gebracht werden will"[128].

## 6.4. Strafen

Ungehorsam gegenüber obrigkeitlichen Geboten galt als strafwürdig[129]; erst recht hatte ein Untertan Bestrafung zu gewärtigen, wenn er sich an Widerstandshandlungen beteiligte, namentlich an gewalttätigen Aktionen, oder wenn er dabei sogar eine treibende Rolle spielte, also in den Augen der Obrigkeit Rädelsführer war. Über Aufrührer heißt es in Artikel 152 der Bambergischen Halsgerichtsordnung von 1507: „so einer in vnsern obrigkeyten oder gebieten auffrur des gemeynen volcks machet, vnd der ein vrsacher erfunden wirdt, der sol [...] mit abschlahung seines haubts gestrafft oder mit ruten gestrichen vnd auss der stat oder flecken, darinnen er die auffrur erweckt, verweyst werden"[130].

Die Bamberger weltliche Regierung verhängte zumeist Geldstrafen, oder sie forderte von den Untertanen die Erstattung der Kosten, die durch die Widerstandshandlungen entstanden waren – was für den Betroffenen einer Strafe gleichkam. Allein durch den Einfall und die anschließende Besatzung in Marktzeuln, die vom Mai bis zum November 1624 dauerte, entstanden Kosten in Höhe von 3136 Gulden; dafür hatten die bis dahin evangelischen Haushalte aufzukommen, die ein Gesamtvermögen von 30717 Gulden hatten. Mit anderen Worten: Die Marktzeulner mußten 1624 über ein Zehntel ihres Vermögens aufwenden – es wurde eine Vermögenssteuer erhoben –, um dem Hochstift die Kosten zu erstatten[131]. 30 Ärmere, die kein zu besteuerndes Vermögen ihr eigen nannten, darunter 28 Frauen, meist Witwen und Ledige, wurden „wegen ihres erzaigten trutzs unnd ungehorsambs mit der gefengnus gestrafft"[132].

Zwar wurden Untertanen, die den Gehorsam verweigert oder sich gar an Widerstandshandlungen beteiligt hatten, häufig ins Gefängnis gebracht. Doch handelte es sich hier nicht um Haftstrafen, die in der frühen Neuzeit selten verhängt wurden, sondern entweder um Untersuchungs- oder um Beugehaft, die dazu dienen sollte, die Untertanen zum Gehorsam zu zwingen. Diese Haft konnte sehr lange dauern, so daß sie für den Untertan und seine Familie ganz sicher eine Strafe bedeutete, ob sie das aus juristischer Sicht nun war

126 StAB, B 110, Nr. 40, fol. 276r.
127 StAB, ex J 3, Nr. 225, Fasz. 2, fol. 197v; vgl. auch DAW, Dek. Ebern, VR 1606 (III), fol. 193r.
128 StAB, B 86, Nr. 26, fol. 322r–323v (Zitat fol. 323r).
129 Vgl. Schulze, Widerstand, S. 73–76; auch Schulze, Winfried: Die veränderte Bedeutung sozialer Konflikte im 16. und 17. Jahrhundert. In: ders. (Hrsg.): Europäische Bauernrevolten der frühen Neuzeit. Frankfurt a. M. 1982, S. 276–308, hier S. 282.
130 Kohler, J. / Scheel, Willy (Hrsg.): Die Bambergische Halsgerichtsordnung. Halle 1902 (Die Carolina und ihre Vorgängerinnen 2), S. 61. Der entsprechende Artikel der Carolina ist zitiert oben S. 197 Anm. 764.
131 Vgl. StAB, B 49, Nr. 233/II, fol. 556v–562v.
132 Ebd., fol. 565r.

oder nicht: Martin Knorr aus Marktzeuln saß 1619/21 in Bamberg 469 Tage im Gefängnis[133]. Ein 80jähriger Marktgraitzer schrieb 1620 dem Herzog von Sachsen-Coburg, er habe seit 22 Jahren „die gröseste und meiste betrangnus und beengstigung [...] mit vielfeltigen gefengknus [...] außgestanden und erduldet"; erst kürzlich habe er zusammen mit fünf anderen Männern aus Marktgraitz und Marktzeuln 13 Monate in Haft verbracht[134].

Leibes- oder Todesstrafen wurden im Untersuchungsgebiet nur über Einwohner von Marktzeuln verhängt. Das Zentgericht in Bamberg verurteilte nach acht Sitzungen[135] elf Männer aus Marktzeuln zum Tod durch das Schwert[136]. Aus der Strafe ist abzuleiten, was ihnen vermutlich zur Last gelegt wurde: daß sie einen Aufruhr gegen die Obrigkeit angezettelt hätten. Jedoch scheinen die Verurteilten geflohen zu sein[137].

Ein Delinquent wurde im Februar 1625 gefaßt[138]. Er konnte dem Vollzug der Strafe entgehen, denn er hatte sich schon zuvor bei Beamten erkundigt, „wie er bey ihren f[ürstlichen] g[naden] wieder außgesöhnt [werden] unnd zue gnaden kommen möchte". Deshalb wurde er begnadigt, zumal er die Schuld an seinem Verhalten seiner Frau zugeschoben hatte; nur um ihretwillen – sie war die Tochter des letzten evangelischen Pfarrers von Marktzeuln – habe er sich am Aufruhr beteiligt[139]. Er sollte zunächst als Strafe fünf Jahre lang Kriegsdienst leisten[140]; doch mit Rücksicht auf seine Kinder wurde er schließlich freigelassen und wieder in seinen Besitz eingesetzt[141], allerdings wurden ihm seine beiden Schwurfinger abgehauen, mit denen er bei der Erbhuldigung „leichtfertig iren f[ürstlichen] g[naden] geschworen" hatte[142].

---

133 Vgl. StAB, A 231, Nr. 1845/I, fol. 363v.
134 StAC, LA A 11974, Brief von 1620 Mai 12.
135 Vgl. StAB, B 49, Nr. 233/II, fol. 560v. Vor Gericht zitiert wurden die Angeklagten wohl im Mai 1624. Vgl. StAC, LA D 1208, fol. 277r–285r. Etliche der Vorgeladenen meinten damals, sie hätten „sich des todes schirst zu befürchten". Ebd., fol. 277r.
136 Vgl. StAB, B 49, Nr. 233/II, fol. 565v–566r. Zu den Männern vgl. S. 279–281, 284f.
137 Vgl. DAW, Dek. Ebern, VR 1625, fol. 324r.
138 Vgl. StAB, B 68/I, Nr. 894, 1625 Febr. 19.
139 Ebd., 1625 Mai 28.
140 Vgl. ebd., 1625 Juni 6.
141 Vgl. ebd., 1625 Juni 19.
142 StAB, B 49, Nr. 233/II, fol. 566v.

# Resümee

Die gerade in den 70er und 80er Jahren betriebene Widerstandsforschung hat religiös motivierten Widerstand weitgehend ignoriert. Anhand der untersuchten Pfarreien[1] wurden diverse Aspekte dieses Themas behandelt.

In der Mehrzahl der Pfarreien leisteten die Untertanen der gegenreformatorischen Politik ihrer Obrigkeit Widerstand. Lediglich in den Sprengeln Baunach und Altenbanz gab es kaum Ungehorsam, geschweige denn Widerstand. Gründe für die erheblichen Unterschiede zwischen den Pfarreien sind nicht auszumachen. Vielleicht fehlte es in den beiden letztgenannten Gemeinden an treibenden Kräften, vielleicht hatten die hier agierenden Beamten mehr Durchsetzungskraft. Für die Pfarrei Altenbanz mag die Nähe des Grundherrn fast aller Pfarrkinder, des Klosters Banz, von Bedeutung gewesen sein.

In den Pfarrsprengeln Rattelsdorf, Döringstadt, Marktzeuln und Marktgraitz lösten gegenreformatorische Maßnahmen der Obrigkeit – sei es die Vertreibung des evangelischen Pfarrers, sei es das Gebot, zu konvertieren oder zu emigrieren – Widerstandshandlungen aus. Andere Motive sind auszuschließen, auch wenn wirtschaftliche Mißstände die grundsätzliche Bereitschaft erhöht haben mögen, der weltlichen Obrigkeit die Stirn zu bieten. Die Handlungen der Untertanen blieben auf den jeweiligen Pfarrsprengel, zuweilen sogar auf einzelne Ortschaften beschränkt; eine Zusammenarbeit zwischen Pfarrgemeinden gab es nur sehr sporadisch. Lediglich die Untertanen in den Sprengeln Marktzeuln und Marktgraitz kooperierten, was aufgrund der Nachbarschaft und des parallelen Vorgehens der Bamberger Regierung in beiden Pfarreien nahe lag.

Um 1600 war umstritten, welches Verhalten die Untertanen zum Widerstand ermutige: Nachgiebigkeit oder Härte. Offenbar waren es aber in erster Linie die Saumseligkeit der Zentralbehörden und die Unselbständigkeit der Beamten auf dem Land, die Widerstandshandlungen immer wieder erfolgreich machten. Nicht selten wurde offener Ungehorsam – z. B. die Weigerung, die Kirchentür zu öffnen –, wurde sogar gewaltsames Vorgehen nicht geahndet; daß die Untertanen dann später in einer ähnlichen Lage wieder ungehorsam waren oder sich gewaltsam widersetzten, liegt auf der Hand.

Allerdings blieben Strafen nicht völlig aus, denn Widerstandshandlungen galten als strafwürdig; für Anstifter eines Aufruhrs sah die Bambergische Halsgerichtsordnung sogar Hinrichtung oder Landesverweis vor. Am schärfsten war das Gericht, das der Bamberger Fürstbischof 1624 – also in der Endphase der Gegenreformation – über die Marktzeulner „Rebellen" halten ließ: Allein elf Männer verurteilte das Bamberger Zentgericht zum Tod; hingerichtet wurde aber, wie es scheint, keiner von ihnen. Häufiger als Strafen wurden Beuge- und Untersuchungshaft verhängt, die aber gelegentlich so lange dauerten, daß sie einer Bestrafung gleichkamen. Auch forderte die Obrigkeit manchmal von den Untertanen die Erstattung der durch ihr Handeln entstandenen Kosten.

Der Widerstand wurde, soweit erkennbar, meist organisiert von Männern, auch wenn Frauen bei den Widerstandshandlungen, namentlich bei gewaltsamem Vorgehen, mitwirkten. Und Frauen verharrten, obrigkeitlichen Mandaten und sogar Strafen zum Trotz, meist länger als Männer beim evangelischen Glauben.

---

1 Die ritterschaftlichen Pfarreien, die erst ab 1629 unmittelbar von der Gegenreformation betroffen waren, wurden dabei nicht berücksichtigt.

Welche Gruppen der Dorfgemeinschaft sich bei Widerstandshandlungen hervortaten, ist nicht allgemein zu sagen, denn es gab auch in diesem Punkt Unterschiede zwischen den einzelnen Gemeinden. Tendenziell waren es eher die Reichen, die als Organisatoren oder als Anführer in Erscheinung traten; besonders klar ist dies in Döringstadt auszumachen. In Marktzeuln wandelte sich offenbar im Lauf des Kampfes gegen die Gegenreformation die führende Gruppe. Zunächst taten sich um 1610 einige wohlhabende Ratsmitglieder hervor, die zur Zeit ihrer Aktivität etwa 50 bis 60 Jahre alt waren, dann um 1615/20 mittelmäßig begüterte Männer um die 40, schließlich im Jahr 1624 jüngere Männer, die mehrheitlich ohne Grundbesitz waren. Die evangelischen Pfarrer beteiligten sich, soweit die Quellen das erkennen lassen, kaum oder in einer Weise, die der Obrigkeit nicht auffiel.

Juristischen Rat holten sich die Untertanen bei Schreibern und bei Rechtsgelehrten in evangelischen Orten; für die Pfarrgemeinden im Untersuchungsgebiet war dabei das Fürstentum Sachsen-Coburg, besonders die Residenzstadt, ein wichtiger Anlaufpunkt.

Die Pfarrgemeinde Marktgraitz war ein Sonderfall, denn hier stand mit dem Schwürbitzer Notar Kilian Schauer († 1614) ein Rechtskundiger zur Verfügung, der der Gemeinde angehörte und mithin selbst von einem Element der Gegenreformation, der Vertreibung des evangelischen Pfarrers, betroffen war. Schauer fungierte aber nicht nur als Berater und Schreiber für die Gemeinden Marktgraitz und Marktzeuln (sowie für die von der Gegenreformation betroffenen langheimischen Untertanen im Maintal), sondern er organisierte auch die Handlungen dieser Gemeinden maßgeblich; er war der Kopf des Widerstands in beiden Pfarrsprengeln.

So reiste er mehrmals nach Speyer, um Rechtsvertreter für die Klage der Gemeinden vor dem Reichskammergericht zu dingen und ihnen die erforderlichen Informationen zu liefern. Vor Gericht trat ein Prokurator für die klagenden Untertanen auf; die Prozeßschriften, die er einreichte, faßte ein Advokat ab. Es scheint, als hätten sich die evangelischen Anwälte ihrer von der Gegenreformation bedrohten Glaubensgenossen besonders engagiert angenommen.

Der Widerstand der Gemeinden gegen die Gegenreformation hatte verschiedene Formen, die häufig nebeneinander angewandt wurden.

Die erste Gegenmaßnahme, die die Untertanen angesichts gegenreformatorischer Mandate ergriffen, bildete eine Supplik. Durch eine Bittschrift wurde der Herr gebeten, sein Mandat zurückzunehmen oder zu mildern; eine Supplik der Untertanen an einen fremden Herrn, meist einen benachbarten evangelischen Fürsten, sollte diesen dazu bringen, sich für sie zu verwenden. Fast immer gaben die angegangenen Fürsten der Bitte statt und ersuchten den katholischen Herrn, seine evangelischen Untertanen in Glaubensfragen nicht zu bedrängen. Zuweilen waren solche Briefe in einem Ton gehalten, der das Desinteresse des Unterzeichners verriet, zuweilen scharf formuliert. Wie auch immer: Derartige Schreiben bewirkten wenig; dies erkannten die Absender ebenso wie die Untertanen. Daher bemühten sich diese, die protestantischen Fürsten zu entschiedenem Eingreifen zu bewegen: zur Beteiligung an Reichskammergerichtsklagen oder zu gewaltsamem Vorgehen. Nur ein Fall ist aus dem Untersuchungsgebiet bekannt, in dem ein evangelischer Herr sich zu Maßnahmen verstand, die über das Schreiben von Interzessionen hinausging: 1616 stimmte der über Bamberg verärgerte Herzog von Sachsen-Coburg dem Plan zu, den ihm Vertreter der Pfarrgemeinden Marktzeuln und Marktgraitz unterbreitet hatten; sie wollten den Vogt von Burgkunstadt und den Schultheißen von Marktzeuln festnehmen und ins Fürstentum Sachsen-Coburg ausliefern.

Wenn eigene Bittschriften und die Interzessionen evangelischer Fürsten nichts halfen – und dies war, wie erwähnt, die Regel –, griffen einzelne Gemeinden zum Mittel einer Klage vor dem Reichskammergericht. Eine derartige Klage konnte sich nicht gegen die Anwendung des jus reformandi durch den Landes- oder Mediatherrn richten, sondern allenfalls Verstöße gegen Vorschriften des Augsburger Religionsfriedens oder gegen gemeindliche Rechte betreffen. So warf der Anwalt der Döringstadter dem Bischof und dem Dompropst von Bamberg vor, daß sie den Untertanen zur Emigration und zum Verkauf ihrer Güter nicht eine angemessene Zeitspanne gewährten, wie es der Religionsfrieden vorschrieb. Die Pfarrgemeinden Marktzeuln und Marktgraitz brachten bei Gericht vor, der Bamberger und der Würzburger Bischof mißachteten das Recht der beiden Gemeinden, ihre Pfarrer selbst zu bestimmen.

Gerichtsgebühren, Anwaltshonorare und Reisekosten stellten für die Gemeinden eine erhebliche wirtschaftliche Belastung dar. Soweit nicht gemeindliches Vermögen herangezogen wurde, erbrachten sie das erforderliche Geld durch Sammlungen bei den betroffenen Haushalten.

Die Reichskammergerichtsklagen hatten allenfalls anfangs Erfolg: 1603 kamen durch ein Mandat gefangene Döringstadter frei, 1604 schob das Gericht den Termin hinaus, den der Bamberger Dompropst seinen Döringstadter Untertanen für Konversion oder Emigration gesetzt hatte. Den Protestanten in den Pfarrgemeinden Marktgraitz und Marktzeuln gestand das Gericht zu, ihre Güter ungehindert von bambergischen Beamten zu bearbeiten; ferner verbot es Bamberg, Kilian Schauer zu behindern. Neben diesen Mandaten kamen zwar Prozesse zustande, die aber allesamt im Sand verliefen. Immerhin stärkten Mandate wie Prozesse offenbar das Selbstbewußtsein der Untertanen, die sich gegen die Gegenreformation wehrten: Sie konnten, und sei es auch nur in einem sehr beschränkten Feld, dem Landesherrn ihren Willen aufzwingen. Und wenn das Reichskammergericht ihre Klage annahm oder ein Mandat zu ihren Gunsten verhängte, dann mußte ihre Sache doch gerecht sein.

Die Untertanen begegneten den gegenreformatorischen Maßnahmen ihrer Obrigkeit nicht nur mit Suppliken und mit Klagen vor dem Reichskammergericht. Immer wieder kam es zu Unruhen, namentlich dann, wenn Vertreter des Herrn katholische Pfarrer einzusetzen, gegenreformatorische Mandate zu verkünden oder „Rädelsführer" zu verhaften versuchten. Gewalt wurde gegenüber Vertretern der Obrigkeit zwar kaum ausgeübt, aber oft glaubhaft angedroht. Nur gelegentlich, besonders in den Schlußphasen der Katholisierung, kam es – namentlich in Marktzeuln – tatsächlich zu handfesten Angriffen evangelischer Untertanen auf ihre katholischen oder konversionswilligen Nachbarn, um diese zur Solidarität zu zwingen.

Die Beamten, gegen die die Gewalt sich meist richtete, sind nicht über einen Kamm zu scheren. Den typischen Beamten gab es im Hinblick auf die Gegenreformation nicht. Eifrigen oder sogar übereifrigen Kastnern und Vögten standen evangelische Amtmänner gegenüber, die wohl insgeheim mit den betroffenen Gemeinden sympathisierten. Der Regelfall war offenbar der Beamte, der nicht von sich aus handelte, sondern Befehle aus Bamberg abwartete und diese ohne übertriebenen Eifer ausführte, meist wohl loyal, obwohl Indiskretionen und Bestechlichkeit durchaus vorkamen. Obwohl die Beamten auf dem Land fast immer nur Anweisungen der Zentralbehörden nachkamen, wurden sie, oft wohl zu Unrecht, von den Untertanen für ihre Maßnahmen überhaupt oder für die Befehle aus Bamberg verantwortlich gemacht. Tatkräftige oder ideele Unterstützung durch die Zentralbehörden in Bamberg blieb häufig aus.

Die katholischen Pfarrer, die in der ersten Phase der Gegenreformation vormals evangelisch besetzte Pfarreien übernahmen, standen von vornherein im Gegensatz zu ihren lutherischen Pfarrkindern. Wie unter den Beamten gab es unter den Pfarrern Scharfmacher, aber auch solche Geistliche, die sich durch ihr behutsames Vorgehen die Sympathie ihrer Gemeinde erwarben. Auseinandersetzungen zwischen Beamten und Geistlichen erschwerten das Fortschreiten der Gegenreformation.

Die katholischen Schulmeister spielten bei der Gegenreformation eine untergeordnete Rolle, schon deshalb, weil sie finanziell von der Gemeinde abhängig waren. Die Untertanen nutzten diese Lage aus und brachten durch wirtschaftlichen Druck manchen Lehrer dazu, im Unterricht konfessionelle Zugeständnisse zu machen.

Am Ende des Widerstands stand die Emigration oder die Annahme des katholischen Glaubens. Die Untertanen gaben ihren Ungehorsam und Widerstand auf, wenn die Obrigkeit längere Zeit konsequent vorging, wenn der Pfarrer es verstand, den katholischen Glauben gut zu vertreten, wenn Hilfe von außen, durch evangelische Fürsten und durch das Reichskammergericht, ausblieb – um nur drei Elemente zu nennen. Eine allgemeingültige Formel dafür, wann die Untertanen sich nicht mehr gegen die gegenreformatorischen Maßnahmen stemmten, gibt es ebensowenig wie eine generelle Erklärung für den Ausbruch von Widerstand.

Eine Untersuchung der Konversionen und der Emigrationen zeigt, daß die Gegenreformation noch nicht beendet war, wenn die Untertanen sich entschieden hatten, eines von beiden zu tun.

Die Untertanen, die das Land verließen, zogen häufig in Orte, die in der Nähe ihres früheren Wohnortes lagen. Dies taten sie nicht zuletzt, um ihre Güter im Hochstift weiterhin bewirtschaften zu können und um – bei günstiger Gelegenheit, wenn der gegenreformatorische Eifer der Obrigkeit nachließ – sogar zurückzukehren. Bamberg verbot zwar mehrfach die Nutzung hochstiftischer Güter durch die Exulanten, es dauerte aber Jahre, bis diese Verbote durchgesetzt waren. Denn die Untertanen verwiesen immer wieder auf die Schwierigkeit, Käufer zu finden; das war zwar manchmal nur ein Vorwand, entsprach aber nicht selten der Realität. Wirksame Mittel gegen das Festhalten der Exulanten an ihren alten Gütern (wie Zwangsverkauf durch Beamte oder Ankauf durch den Staat) wandte Bamberg, trotz entsprechender Ankündigungen, nicht an.

Diejenigen Untertanen, die den katholischen Glauben annahmen – oft zunächst der Haushaltsvorstand, die Angehörigen zogen erst allmählich nach –, konvertierten wohl nur in wenigen Fällen aus religiöser Überzeugung. Daher fielen auch, wenn die Gegenreformation ruhte, Konvertiten wieder ab. Und jene, die katholisch blieben, empfingen vielfach die alljährliche Kommunion nur aufgrund wiederholter Befehle der Regierung.

*

Das in diesem Resümee Gesagte gilt für die untersuchten Gemeinden der Obermainregion. Manches wird auf andere Gemeinden, auf andere Regionen zu übertragen sein; man muß sich jedoch vor vorschnellen Verallgemeinerungen hüten. Um die Reaktionen der Untertanen auf die Gegenreformation beurteilen zu können, ist noch eine Reihe von Detailuntersuchungen erforderlich.

# *Anhang 1: Die Geistlichen 1500-1650*

## *1. Baunach*

### 1.1. Die Pfarrer

*(1501)* *Johann Feuerer genannt Abenberger*

Er stammte aus Bamberg. In Erfurt studierte er ab SS 1465. Als Inhaber der Domvikarie St. Nikolaus in Bamberg wird er 1487 Mai 3 genannt. Damals erhielt er die Summissarie und die Kustodie bei St. Jakob in Bamberg, die er noch 1507 Nov. 13 innehatte. Als Pfarrer von Baunach wird er erwähnt 1501 Febr. 15[1].

*–1524* *Johann Senft*

Er kam aus Weismain. Im SS 1474 wurde er an der Universität Leipzig immatrikuliert, wo er 1476 das Bakkalaureat erwarb. Bis 1496 war er Kanoniker bei St. Stephan in Bamberg, von 1502 bis zu seinem Tod 1527 Jan. 17 ist er als Chorherr bei St. Jakob nachzuweisen. Daneben erhielt er ca. 1519 die Stiftskustodie in Forchheim. Als Inhaber der Ebensfelder Frühmesse wird er 1514 erwähnt[2]. Die Pfarrei Baunach besaß er sicherlich schon, als er 1523 in seinem Testament einen Geldbetrag für eine Meßstiftung an die dortige Pfarrkirche aussetzte[3]. Er resignierte die Pfarrei vor 1524 Nov. 3[4].

*1524–1533* *Poppo Graf von Henneberg*

Er wurde 1513 Sept. 20 als Sohn von Wilhelm IV. von Henneberg (1478–1559) und Anastasia von Brandenburg (1478–1534) geboren. 1522 erhielt er ein Domkanonikat in Würzburg, später auch in Köln, Mainz, Straßburg und Bamberg. Er resignierte seine Pfründen 1543, heiratete 1546 und lebte von den Einkünften aus einigen hennebergischen Ämtern, ohne freilich Hoheitsrechte zu besitzen. 1574 März 4 starb er[5]. Die Pfarrei Baunach, auf die ihn sein Bruder Johann (1503–1541)[6], seit 1521 Koadjutor von Fulda und Propst von Holzkirchen[7], präsentiert hatte, wurde ihm kurz vor 1524 Nov. 3 übertragen[8]. Kurz vor 1533 April 4 resignierte er sie zugunsten seines Bruders Christoph[9].

---

Mehrere Einzeldaten für die Kurzbiographien im Anhang 1 der Weiß-Kartei im DAW entnommen. Für Hinweise aus ihren privaten Karteien danke ich den Herren Erik Soder von Güldenstubbe und Dr. Norbert Kandler, Würzburg.

1 Vgl. Kist 1593 (S. 110 und 484).
2 Vgl. Kist 5851; auch Besold-Backmund, passim (s. Register S. 564).
3 Vgl. ebd., S. 122.
4 Er wird als Vorgänger des Grafen Poppo von Henneberg genannt. Vgl. DAW, PfA Baunach, K 1, Fasz. 2, Brief von 1529 Juni 16. Dieser erhielt die Pfarrei kurz vor 1524 Nov. 3. Vgl. StAM, GHA, Sekt. IV, Nr. 5, fol. 25r.
5 Vgl. Kist, Domkapitel, S. 200f.; Kist 2610; Henning, S. 39–48.
6 Vgl. ebd., S. 22–26.
7 Vgl. Amrhein, Holzkirchen, S. 91.
8 Vgl. StAM, GHA, Sekt. IV, Nr. 5, fol. 28r; Präsentation ebd., fol. 25r.
9 Vgl. StAM, GHA, Urk. 2323 (alt 2301).

*1533–(1541)* *Christoph Graf von Henneberg*

Geboren wurde er 1510 Juni 6. Schon 1518 wurde er Domherr in Mainz, im folgenden Jahrfünft auch in Bamberg, Würzburg, Worms und Straßburg. In Bamberg war er von 1540 bis 1545 Domdekan. Ab 1543 verzichtete er schrittweise auf seine Domkanonikate und weiteren Pfründen. 1546 trat er in württembergische Kriegsdienste. In Römhild starb er 1548 März 14[10]. Als Inhaber der Pfarrei Baunach, die er 1533 erhalten hatte[11], erscheint er noch 1541 Mai 12[12].

*(1548)–1562* *Johann Schreiber (Scriba)*

Er stammte aus Lichtenfels. Schon, als er 1548 Dez. 22 die niederen Weihen empfing, war er Pfarrer von Baunach[13]. Im selben Jahr ließ er sich an der Universität Erfurt immatrikulieren[14]. Zum Subdiakon wurde er 1549 Sept. 21, zum Diakon 1550 März 1 und zum Priester 1550 Mai 1 in Bamberg geweiht[15]. Als Baunacher Pfarrer starb er 1562 zwischen Mai 2 und Aug. 24[16].

*1562–(1579)* *Simon von Berg genannt Schrimpf*

Der Sohn von Franz von Berg und Anna von Diemar wurde 1547 in Bamberg, 1560 in Würzburg als Domherr aufgeschworen. Ab 1562 erwarb er eine Reihe von Pfründen im Hochstift Bamberg. Von 1563 bis 1568 war er Vizedom über die bambergischen Güter in Kärnten. Zum Domdekan von Bamberg wurde er 1575 gewählt[17]. Auf die Pfarrei Baunach präsentierte ihn der Propst von Holzkirchen 1562 Aug. 24[18]. Er hatte sie noch 1579 inne[19]; wahrscheinlich besaß er sie bis zu seinem Tod 1580 Febr. 3.

*–1593* *Alexander Schott von Schottenstein*

Der Sohn von Leo Schott und Eva Voit von Rieneck wurde 1566 Domizellar und 1570 Kapitular beim Ritterstift St. Burkard in Würzburg, zu dessen Dekan er 1583 Febr. 8 gewählt wurde. Ferner war er Kanonikus zu Comburg und von 1570 bis 1572 Domizellar am Würzburger Domstift[20]. Auf die Pfarrei Baunach präsentierte ihn wohl 1580 sein Bruder Johann Wolfgang († 1592)[21], Propst von Holzkirchen. Er hatte sie bis zu seinem Tod 1593 Okt. 22 inne[22].

*1594–1598* *Liborius Frankenhausen*

Er stammte aus Erfurt. An der dortigen Universität wurde er 1559 immatrikuliert[23]. In Bamberg empfing er als Vikar bei St. Jakob die niederen Weihen 1565 Juni 16, das Subdiakonat

10 Vgl. Kist, Domkapitel, S. 195–197; Kist 2603; Henning, S. 30–36.
11 Vgl. StAM, GHA, Urk. 2323 (alt 2301). Noch 1534 wird – sicherlich irrig – Graf Poppo als Pfarrer genannt. Vgl. StAM, GHA, Sekt. IV, Nr. 5, fol. 37r, 44r, 48r.
12 Vgl. DAW, PfA Baunach, K 2, Fasz. 31, Urkunde von 1541 Mai 12.
13 Vgl. AEB, Rep. I, Nr. 74, fol. 41r.
14 Vgl. Weissenborn, Bd. 2, S. 374.
15 Vgl. Kist 5619.
16 Vgl. DAW, DAW, Testamente I, Sch 84 1/2; DAW, PfA Baunach, K 1, Fasz. 2, Brief von 1562 Aug. 24.
17 Vgl. Kist, Domkapitel, S. S. 153 f; Kist 339.
18 Vgl. DAW, PfA Baunach, K 1, Fasz. 2, Brief von 1562 Aug. 24.
19 Zu erschließen aus ebd., Fasz. 3, Brief von 1596 Dez. 12.
20 Vgl. Amrhein, Reihenfolge, 33, S. 264; Feineis, S. 34–38.
21 Über ihn vgl. Amrhein, Holzkirchen, S. 96 f.
22 Vgl. DAW, PfA Baunach, K 1, Fasz. 3, Brief von 1596 Dez. 12.
23 Vgl. Weissenborn, Bd. 2, S. 397.

1565 Sept. 22, das Diakonat 1567 März 15 und das Presbyterat 1568 Sept. 18[24]. 1570 Jan. 3 hatte er als Seelsorger bereits in Scheßlitz und Bischberg gewirkt[25]. Von einem unbekannten Zeitpunkt bis 1573 war er unter Beibehaltung seines Bamberger Vikariats Pfarrer von Iphofen[26]. 1578 wird er als Pfarrer von Bischberg genannt. Damals bemühte er sich, die Pfarrei Burgebrach zu erhalten[27]; ob er Erfolg hatte, ist unklar. 1579 Mai 29 präsentierte Simon von Berg ihn als Baunacher Pfarrverweser nach Würzburg[28]. Schon zwei Tage zuvor hatte ihn der Baunacher Rat auf die Engelmesse präsentiert[29]. 1585 wurde ihm auch die Frühmesse in Reckendorf überlassen[30]. Daneben hatte er von 1579 Juni 22 bis 1595 Juli 15 die Frühmesse Rattelsdorf inne[31]. Er erhielt die Baunacher Pfarrpfründe 1594 Febr. 28[32]. Als ihr Besitzer starb er 1598 Juli 12. Er lebte im Konkubinat und hatte mindestens zwei Kinder[33].

*1598–1599* *Johann Schad*

Er stammte aus Fulda. Nach 1584 und vor 1590 empfing er Unterstützungen aus der Pension des Papstes für sein Seminar in Fulda. 1592 studierte er in Würzburg[34], wo er aber in der Universitätsmatrikel nicht erscheint. Wohl hier erwarb er den Grad eines mag. art. Etwa 1598 Dez., jedenfalls nach Okt. 29[35], wurde er als Pfarrer von Baunach eingesetzt. Neben der Pfarrei besaß er auch die Engelmesse[36]. Er starb schon 1599 Sept. 3[37].

*(1600)–1619* *Martin Werner*

Er kam aus Fulda[38]. Studien- und Weiheort sind unbekannt. Als Pfarrer von Baunach ist er seit 1600 Aug. 16 nachzuweisen[39]. Ferner hatte er die Baunacher Engelmesse[40] und ein Bamberger Domvikariat inne[41]. Er starb 1619 zwischen Aug. 22 und Sept. 3.

*1619–1629* *Peter Julius*

Er war jüdischer Herkunft. Geboren um 1572 in Königshofen[42], empfing er zusammen mit Vater und Bruder 1580 in der Kirche des Würzburger Juliusspitals die Taufe[43]; sein Pate war

24 Vgl. Hotzelt, Matricula, S. 53.
25 Vgl. DAW, PfA Baunach, K 2, Fasz. 30, Brief von 1570 Jan. 3.
26 Vgl. Wachter 2663.
27 Vgl. StAB, B 110, Nr. 34, fol. 23r.
28 Vgl. DAW, PfA Baunach, K 2, Fasz. 30, Brief von 1579 Mai 29.
29 Vgl. ebd., K 1, Fasz. 11, Brief von 1579 Mai 27.
30 Vgl. ebd., K 4, Konz. von 1585 Aug. 26.
31 Vgl. Wachter 2663.
32 Vgl. DAW, PfA Baunach, K 1, Fasz. 3, Urkunde von 1597 Jan. 23.
33 Vgl. DAW, Dek. Ebern, VR 1581, fol. 34r.
34 Vgl. Leinweber, S. 245.
35 Vgl. AEB, Rep. I, Nr. 736, fol. 71v.
36 Vgl. DAW, PfA Baunach, K 1, Fasz. 11, Brief von 1599 Sept. 13.
37 Vgl. AEB, Rep. I, Nr. 330, fol. 565r; DAW, PfA Baunach, K 1, Fasz. 11, Brief von 1593 Sept. 9.
38 Vgl. Wachter 10973.
39 Vgl. DAW, Dek. Ebern, Einzelakten, „Difficultates Martini Werneri". Irrig Wachter 10973.
40 Vgl. Wachter 10973.
41 Vgl. DAW, Testamente I, W 69.
42 Es ist nicht zu klären, um welches Königshofen es sich handelt. Vgl. Michel, Thomas: Die Juden in Gaukönigshofen/Unterfranken (1550–1942). Wiesbaden 1988 (Beiträge zur Wirtschafts- und Sozialgeschichte 38), S. 38f.
43 Vgl. Hettinger, Georg Martin: Wirken und Segen der Stiftung. In: Heßdörfer, Clemens Martin (Hrsg.): Julius Echter von Mespelbrunn. Fürstbischof von Würzburg und Herzog von Franken (1573–1617). Würzburg 1917, S. 190–220, hier S. 207f.; siehe auch die vorige und die folgende Anm. – Ein weiterer Bruder, Balthasar

der Fürstbischof. 1590 Juli 13 ließ er sich an der Universität Würzburg immatrikulieren, wo er zum mag. art. promoviert wurde. In Würzburg empfing er auch Tonsur und Minores (1590 Dez. 22) sowie die Weihen zum Subdiakon (1593 Dez. 18), zum Diakon (1594 Dez. 17) und zum Priester (1595 Mai 20)[44]. 1598 Juni wurde ihm die Pfarrei Seßlach, 1618 Febr. 14 Zeil übertragen[45]. Auf die Pfarrei Baunach präsentierte ihn der Bamberger Bischof 1619 Okt.[46]. Er resignierte sie oder wurde abgesetzt kurz vor 1629 März 22[47]. Er lebte noch 1629 März 29[48].

*1629–1630, –1636 Kaspar Baunhölzer (Banhölzer) CanAug*

Als Konventuale des Augustinerchorherrenstiftes Wettenhausen (Diözese Augsburg) wurde er 1615 Okt. an der Universität Dillingen immatrikuliert. Dort erlangte er 1620 Mai 5 den Grad eines bacc. phil., 1621 Aug. 17 den eines mag. phil.[49]. Als Begleiter des abgesetzten Propstes (siehe unten) kam er nach Bamberg. Die Pfarrei Baunach wurde ihm 1629 März 22 verliehen[50]. Bereits zu 1630 Febr. 22 resignierte er sie wieder[51]. 1630 März 21 erscheint er als Pfarrverweser[52]. Ca. 1636 Juni jedoch sprach der Baunacher Pfarrverweser von ihm als dem ehemaligen Pfarrer, der in den Franziskanerorden eingetreten sei und die Pfarrei aufgegeben habe[53].

*1630–1645 Jakob Flexle (Flecklein, Flexlin) CanAug*

1599 Dez. ließ er sich als Konventuale von Wettenhausen an der Universität Dillingen einschreiben[54]. Seinem Stift stand er seit 1605 Febr. 26 als Propst vor. Wegen seiner Herrsch- und Verschwendungssucht mußte er 1628 Okt. 10 endgültig resignieren[55]. Als Pfarrer von Baunach bezeichnete er sich 1630 März 21; damals lebte er – wie schon 1628[56] – in Bamberg[57]. 1631 wohnte er in Baunach[58]. Mittlerweile Pfarrer von Gößweinstein, betrachtete er sich noch 1636 Juni 19 als Inhaber der Pfarrei Baunach; der geistliche Rat in Bamberg forderte hingegen, er solle von neuem darum bitten[59]. 1645 Juli 3 fragte Bamberg bei ihm an, ob er die Pfarrei Baunach resignieren wolle[60]. Dies tat er offenbar vor Sept. 18[61]. Er starb als Pfarrer in Gößweinstein 1649 März 1[62].

---

(Wachter 4918), muß bei anderer Gelegenheit getauft worden sein. Vgl. DAW, PfA Baunach, K 4, Brief von 1619 Okt. 31.

44 Vgl. Wendehorst, Alfred: Die Juliusspitalpfarrei und ihre Bedeutung für die Gegenreformation. In: Merzbacher, Friedrich (Hrsg.): Julius Echter und seine Zeit. Würzburg 1973, S. 349–373, hier S. 353 mit Anm. 7.

45 Vgl. Wachter 4920.

46 Vgl. DAW, PfA Baunach, K 4, Brief von 1619 Okt. 31.

47 Vgl. AEB, Rep. I, Nr. 746, fol. 139v.

48 Vgl. ebd., fol. 145v.

49 Vgl. Specht, S. 454.

50 Vgl. AEB, Rep. I, Nr. 746, fol. 139v.

51 Vgl. AEB, Rep. I, Nr. 746, fol. 245r.

52 Vgl. DAW, PfA Baunach, K 2, Fasz. 28, Brief von 1630 März 21.

53 Vgl. ebd., Fasz. 27, undat. Schreiben Friedrich Mayers.

54 Vgl. Specht, S. 261.

55 Vgl. Steichele, Antonius von / Schröder, Alfred: Das Bisthum Augsburg, historisch und statistisch beschrieben. Bd. 5. Augsburg 1895, S. 513f.

56 Vgl. Helldorfer, Ludwig: Gößweinstein. Burg, Amt, Kirche, Gemeinde. Gößweinstein 1974, S. 363.

57 Vgl. DAW, PfA Baunach, K 2, Fasz. 28, Brief von 1630 März 21.

58 Vgl. DAW, Dek. Ebern, VR 1631, fol. 343v.

59 Vgl. AEB, Rep. I, Nr. 748, fol. 179v.

60 Vgl. ebd., Nr. 749, fol. 248r.

61 Vgl. ebd., fol. 263v.

62 Vgl. Wachter 2520.

*1645–1646* *Andreas Lotz(ius) SJ*

Geboren wurde er 1601 Jan. 6 in Heiligenstadt. In die Gesellschaft Jesu trat er 1621 Okt. 16 ein[63]. Nachdem er schon 1645 Nov. 9 als Pfarrverweser in Baunach gewesen war[64], präsentierte ihn der Bamberger Bischof auf die Pfarrei Dez. 18[65]. Von 1646 Juni an verweste er daneben die Pfarrei Breitengüßbach[66]. Er starb in Bamberg 1646 Nov. 3.

Im folgenden wurde wohl das Bamberger Jesuitenkolleg insgesamt als Pfarrer von Baunach betrachtet. Angehörige des Kollegs nahmen die pfarrlichen Aufgaben wahr, ohne nach Würzburg präsentiert worden zu sein. 1650 Febr. resignierten die Bamberger Jesuiten die Pfarrei[67].
Bis dahin ist die seelsorgerliche Tätigkeit folgender Patres in Baunach nachgewiesen:

*1646* *Joachim Lier SJ*

Er wurde 1612 Dez. 9 in Mainz geboren und trat 1628 Aug. 19 in die Gesellschaft Jesu ein[68]. 1646 Nov. 11[69] taufte er – wie schon 1645 Juni 1[70] – in Baunach. Er lehrte an der Bamberger Akademie 1648/49 Metaphysik[71]. Ab 1650 stand er dem Fuldaer Jesuitenkolleg als Rektor vor[72]. Er starb 1690 Juni 4 in Würzburg.

*1646–1648* *Martin Escherich SJ*

1597 oder 1599 wurde er in Breslau geboren. In die Societas Jesu trat er 1624 Febr. 1 ein[73]. Bereits 1645 Nov. und 1646 Juli verweste er die Pfarrei Baunach[74]. Von 1646 Dez. 16 bis 1647 Sept. 1, von 1647 Dez. 16 bis 1648 Mai 13 und von 1648 Juli 25 bis Sept. 27 spendete er in Baunach das Taufsakrament[75]. Er starb 1662 Juli 31 in Baden-Baden.

*1647–1649* *Kaspar Sartorius SJ*

Er kam 1606 in Mergentheim zur Welt. 1627 April 27 trat er in die Gesellschaft Jesu ein[76]. Von einem Aufenthalt in Österreich kehrte er 1636 Nov. 11 ins Bamberger Kolleg zurück[77]. Zwischen 1647 Okt. 21 und 1649 Aug. 30 taufte er in Baunach sechs Kinder[78]. In Bamberg starb er 1679 Sept. 27.

*1648* *Johann Baptist Schütz SJ*

Er ist nicht identisch mit dem von 1615 bis 1619 nachgewiesenen Rektor des Bamberger Kollegs[79], sondern mit dem 1614 Jan. 24 in Geisesheim geborenen, 1632 Sept. in den Orden

63 Lebensdaten bei Gerl, S. 87.
64 Vgl. AEB, Rep. I, Nr. 749, fol. 278r.
65 Vgl. DAW, PfA Baunach, K 2, Fasz. 24, Brief von 1645 Dez. 18.
66 Vgl. AEB, Rep. I, Nr. 749, fol. 312r–v.
67 Vgl. DAW, PfA Baunach, K 2, Fasz. 24, Brief von 1650 Febr. 28.
68 Lebensdaten bei Gerl, S. 85.
69 Vgl. PfAB, Kbb., Bd. 1, pag. 4.
70 Vgl. ebd., pag. 1.
71 Vgl. Weber, Gelehrte Schulen, S. 611.
72 Vgl. Duhr, S. 160 Anm. 5.
73 Lebensdaten bei Gerl, S. 34.
74 Vgl. PfAB, Kbb., Bd. 1, pag. 3f.
75 Vgl. ebd., Bd. 1, pag. 4–6.
76 Lebensdaten bei Gerl, S. 120.
77 Vgl. StBB, R. B. Msc. 64, pag. 81.
78 Vgl. PfAB, Kbb., Bd. 1, pag. 5–8.
79 So Wachter 9239.

eingetretenen und 1661 gestorbenen Jesuiten[80], der 1641 an der Universität Würzburg lehrte[81] und 1649/50 an der Bamberger Akademie als Professor für Rhetorik wirkte[82]. In Baunach vollzog er 1648 Sept. 25 eine Beisetzung[83] und Nov. 8 eine Trauung[84]. Ferner versah er die Pfarrei Breitengüßbach[85].

*1648 – 1649* *Simon Stengel SJ*

Er wurde 1607 Aug. 11 in Nordhalben geboren und 1628 Nov. 14 in die Gesellschaft Jesu aufgenommen[86]. An der Universität Würzburg wurde er 1631 Juli 14 immatrikuliert[87]. Im folgenden hielt er in Frankreich mit François Regis (1597 – 1640) Missionen ab und wirkte als Missionar in Saarheim, Böckenheim und Mannheim[88]. 1648/49 und von 1653 bis 1659 war er Professor für Mathematik und Logik an der Bamberger Akademie[89]. 1647 und 1649 verweste er die Pfarrei Breitengüßbach[90]. In Baunach taufte er zwischen 1648 Dez. 12 und 1649 Sept. 8 die Mehrzahl der Kinder[91]. 1675 Mai 3 starb er in Bamberg[92].

*1649 – 1650* *Johann Rothacker SJ*

Er kam 1604 Dez. 29 in Radolfzell zur Welt und trat 1628 Sept. 23 in die Societas Jesu ein[93]. Ab 1631 Juli 14 studierte er an der Universtät Würzburg[94]. An der Akademie zu Bamberg lehrte er von 1649 bis 1653 Juli Mathematik, seit 1650 auch Ethik[95]. Die Pfarrei Breitengüßbach verweste er ab 1649 Nov.[96]. Von 1649 Okt. 26 bis 1650 Jan. 16 taufte er in Baunach alle Neugeborenen[97]. Er starb 1659 März 24 in Aschaffenburg.

*1650* *Johann Binßveldt SJ*

Geboren 1591 Nov. 25, trat er 1616 April 2 in die Gesellschaft Jesu ein[98]. 1650 Jan. 10 traute er in Baunach ein Paar[99], von Jan. 30 bis Febr. 18 spendete er viermal die Taufe[100]. In Fulda oder Aschaffenburg starb er 1663 Mai 19.

*1650 – 1652* *Johann Flender*

Er stammte aus Siegen. 1643 Nov. wurde er Alumnus an dem in Fulda beheimateten Päpstlichen Seminar, das damals seinen Sitz in Köln hatte. An der dortigen Universität wurde er

---

80 Vgl. Gerl, S. 134.
81 Vgl. Merkle, S. 186.
82 Vgl. Weber, Gelehrte Schulen, S. 611.
83 Vgl. PfAB, Kbb., Bd. 15, pag. 2.
84 Vgl. ebd., Bd. 9, pag. 3.
85 Vgl. Wachter 9239.
86 Vgl. Gerl, S. 139.
87 Vgl. Merkle, S. 173.
88 Vgl. Wachter 9861.
89 Vgl. Weber, Gelehrte Schulen, S. 611, 613f.
90 Vgl. Wachter 9861.
91 Vgl. PfAB, Kbb., Bd. 1, pag. 7f.
92 Vgl. Wachter 9861.
93 Lebensdaten bei Gerl, S. 117.
94 Vgl. Merkle, S. 172.
95 Vgl. Weber, Gelehrte Schulen, S. 611f.
96 Vgl. Wachter 8301.
97 Vgl. PfAB, Kbb., Bd. 1, pag. 9f.
98 Lebensdaten bei Gerl, S. 12.
99 Vgl. PfAB, Kbb., Bd. 9, pag. 5.
100 Vgl. ebd., Bd. 1, pag. 10.

im selben Jahr immatrikuliert. 1650 verließ er das Seminar als Lizentiat der Theologie[101]. In Würzburg empfing er die Priesterweihe bald nach 1650 Jan. 27[102]. Auf die Pfarrei Baunach präsentierte der Bamberger Bischof ihn 1650 Febr. 28[103]. Daneben versah er bis 1651 Jan. 26 die Pfarrei Breitengüßbach[104]. 1652 Jan. resignierte er die Pfarrei Baunach und erhielt die Pfarrei Scheßlitz[105], die er bis 1662 innehatte. Dann wurden ihm die Pfarreien Schlüsselau, Röbersdorf und Herrnsdorf übertragen. Von 1664 bis zu seinem Tod 1692 Jan. 3 war er Pfarrer von Schnaittach[106].

## 1.2. Die Pfarrverweser

*(1502)* *Otto Fischer*

Er stammte aus Staffelstein und wurde im WS 1485 in Leipzig immatrikuliert[107]. 1502 war er Pfarrverweser in Baunach[108].

*(1515)* *Veit Weidner*

Er kam aus Burgellern[109]. Ab 1515/16 wird er als Inhaber des dortigen St.-Katharina-Benefiziums genannt[110]. Pfarrverweser in Baunach war er 1515 Nov. 11[111]. Für den Pfarrer Johann Senft versah er die Pfarrei mehrere Jahre lang[112]. 1529 wird er von Febr. 20[113] bis Okt. 30[114] erneut als Pfarrverweser erwähnt. Kurz darauf kam er als Pfarrverweser nach Scheßlitz. Er starb kurz vor 1537 Febr. 3[115].

*(1523)* *Jakob Feuer(er)*

Er stammte aus Scheßlitz und studierte ab SS 1509 in Leipzig, wo er im WS 1510 zum bacc. art. promoviert wurde[116]. 1513/14 verließ er die Diözese Bamberg[117], wahrscheinlich zum Empfang geistlicher Weihen. Als „viceplebanus" in Baunach wird er 1523 genannt[118]. Von 1525 Okt. 6 bis 1527 Mai 11 ist er als Pfarrverweser in Scheßlitz nachzuweisen[119]. 1534 Okt. 23 wurde ihm die Pfarrei Lichtenfels übertragen[120]. Als ihr Inhaber starb er kurz vor 1537 Jan. 10[121].

---

101 Vgl. Leinweber, S. 103.
102 Vgl. Wachter 2559.
103 Vgl. AEB, Rep. I, Nr. 749, fol. 312r–v.
104 Vgl. ebd., Nr. 750, fol. 159r.
105 Vgl. ebd., fol. 241r–v.
106 Vgl. Wachter 2559.
107 Vgl. Erler I, Bd. 1, S. 351.
108 Vgl. Wachter 2504; Remling, S. 285. – Daß er auch 1528 Pfarrverweser gewesen sein soll – so Wachter –, ist unwahrscheinlich.
109 Vgl. Kist 6417.
110 Vgl. StAB, FR 1515/16, fol. 4v.
111 Vgl. Kist 6417.
112 Vgl. DAW, PfA Baunach, K 1, Fasz. 2, Brief von 1529 Juni 16.
113 Vgl. ebd., Brief von 1529 Febr. 20. Konz.: Vgl. StAM, GHA, Sekt. IV, Nr. 5, fol. 28r.
114 Vgl. ebd., fol. 33r–v.
115 Vgl. Kist 6417.
116 Vgl. Kist 1592.
117 Vgl. StAB, FR 1513/14, fol. 9v.
118 StAB, A 50, L. 906, Nr. 570.
119 Vgl. Kist 1592.
120 Vgl. Wachter 2424.
121 Vgl. Kist 1592.

*(1529)* *Veit Weidner*

Siehe oben.

*Ca. 1531* *Marcus Kindt*

Er wird 1534 als „ein junger [...] brister" bezeichnet. Um 1531 versah er die Pfarrei Baunach[122], wurde aber auf Klagen der Gemeinde hin abgesetzt[123]. Er wohnte offenbar weiterhin in Baunach[124]. Als der Pfarrverweser Johann Störer (siehe unten) krank war, vertrat er diesen. Nach Störers Tod bemühte er sich um die Nachfolge. 1534 Okt. 1 erhielt er vom Kanzler des Grafen von Henneberg-Schleusingen den Auftrag, die Pfarrei weiterhin zu versehen[125].

*–1534* *Johann Störer*

Von 1528 Aug. 11 bis Anfang 1533 hatte er ein Benefizium an der Judenkapelle in Bamberg inne[126]. 1534 Febr. 9 war er Pfarrverweser in Baunach[127]. Als solcher starb er 1534 Juni 8 in Bamberg[128].

*1534–* *Marcus Kindt*

Siehe oben.

*(1541)* *Johann Redinger*

Als Baunacher Pfarrverweser erhielt er kurz vor 1541 Mai 12 das Benefizium in Lauter[129]. Vielleicht ist er identisch mit Johann Ruedinger, der bis 1528 Pfarrer von Knetzgau war[130].

*(1563)* *Johann Freich*

Er ist 1563 Mai 12 als Pfarrverweser in Baunach nachgewiesen[131]. Möglicherweise ist er identisch mit dem Baunacher Johann Kreich, der im WS 1555 an der Universität Leipzig zu studieren begann[132], und / oder dem J. K., der in Würzburg 1561 Sept. 20 Tonsur und Minores, 1562 März 14 Subdiakons- und 14 Tage später Diakonsweihe empfing[133].

*(1565)–1568* *Johann Strobel*

Er könnte gleichzusetzen sein mit dem J. S. aus Stadtsteinach, der als Vikar bei St. Jakob in Bamberg 1531 Dez. 23 zum Subdiakon geweiht wurde und 1533 Kaplan in Kronach war[134]. Seit 1565 April 11 ist er als Pfarrverweser in Baunach belegt[135]. Der Pfarrer, Simon von Berg,

---

122 Vgl. StAM, GHA, Sekt. IV, Nr. 5, fol. 38r.
123 Vgl. ebd., fol. 47r.
124 Vgl. ebd., fol. 38r.
125 Vgl. ebd., fol. 47r.
126 Vgl. Kist 6139.
127 Vgl. StAM, GHA, Sekt. IV, Nr. 5, fol. 37r.
128 Vgl. ebd., fol. 44r.
129 Vgl. DAW, PfA Baunach, K 2, Fasz. 31, Urkunde von 1541 Mai 12.
130 Vgl. Soder, Kleruslisten, S. 77.
131 Vgl. DAW, PfA Baunach, K 1, Fasz. 11, Inventar des Engelmessers Georg Schmit.
132 Vgl. Erler I, Bd. 1, S. 707.
133 Vgl. DAW, Amrheinsches Register zur Weihematrikel, pag. 30.
134 Vgl. Kist 6185.
135 Vgl. HABibl, Cod. Guelf. 36.17 Aug 2°, fol. 380r.

kündigte ihm um 1567 Juni 15[136] zu 1568 Febr. 22[137]. Anschließend wurde er wohl Pfarrer von Prappach[138].

*1568 – Johann Pirkheimer*

Er stammte aus Ingolstadt. 1562 verweste er eine Pfarrei des Bamberger Weihbischofs Friedrich Lichtenauer[139]. 1567 Okt. 14 war er Kaplan an St. Martin in Bamberg[140]. Ein Benefizium an der Judenkapelle zu Bamberg erhielt er 1567 Jan.[141]. Simon von Berg ließ 1567 Okt. 14 den Würzburger Fiskal bitten, J. P. als Pfarrverweser von Baunach zu bestätigen[142]. Diesen Posten dürfte er nach Strobels Abzug angetreten haben. Wie lange er in Baunach blieb, ist unklar.

*(1576)–1579 Kaspar Bertelmann OCist*

Er trat in das Zisterzienserkloster Langheim vor 1552 Dez. 17 ein. An diesem Tag empfing er in Bamberg die Minores, 1554 Mai 19 das Subdiakonat, 1555 Juni 21 das Diakonat und 1556 Sept. 18 das Presbyterat[143]. 1564 Sept. 14 erscheint er als Pfarrverweser in Schwebenried[144]. Von 1568 an, wohl bis 1574, versah er die Pfarrei Eltmann[145]. Als Pfarrverweser von Baunach wird er seit 1576 genannt[146]. In dieser Stellung blieb er, bis er kurz vor 1579 Mai 27 starb[147]. Kurz vor 1577 Sept. 7 verlieh der Würzburger Bischof ihm das Benefizium in Lauter[148]. Daneben besaß er bis zu seinem Tod die Engelmesse in Baunach[149] und die Frühmesse in Reckendorf[150]. Er hatte 1578 eine Konkubine und drei Kinder[151].

*1579–1594 Liborius Frankenhausen*

Siehe unter Pfarrern (S. 373 f.).

*1630– Kaspar Baunhölzer*

Siehe unter Pfarrern (S. 375).

*1635–1636 Friedrich Mayer*

Er stammte aus Waischenfeld[152]. 1633 Juni 26 machten ihn die geistlichen Räte in Bamberg zum Pfarrverweser in Hallstadt[153]. 1635 März 22 wurde ihm aus Bamberg befohlen, auch die Pfarreien Baunach und Hallstadt zu versehen[154]. Er wohnte in Bamberg. 1636 bat er

136 Vgl. DAW, PfA Baunach, K 2, Brief von 1567 Okt. 18.
137 Vgl. ebd., Brief von 1567 Okt. 14.
138 Vgl. Soder, Kleruslisten, S. 76.
139 Vgl. Wachter 7500 und 6133.
140 Vgl. DAW, PfA Baunach, K 2, Brief von 1567 Okt. 14.
141 Vgl. Wachter 7500.
142 Vgl. DAW, PfA Baunach, K 2, Brief von 1567 Okt. 14.
143 Vgl. Kist 375.
144 Vgl. Remling, S. 105.
145 Vgl. Soder, Kleruslisten, S. 81.
146 Vgl. DAW, Dek. Ebern, VR 1576, fol. 2r.
147 Vgl. DAW, PfA Baunach, K 1, Fasz. 11, Brief von 1579 Mai 27.
148 Vgl. ebd., K 2, Fasz. 31, Brief von 1577 Sept. 7.
149 Vgl. ebd., K 1, Fasz. 11, Brief von 1579 Mai 27.
150 Vgl. ebd., K 4, Brief von 1579 Juni 2.
151 Vgl. DAW, Dek. Ebern, VR 1578, fol. 3v.
152 Vgl. Wachter 6529.
153 Vgl. DAW, PfA Baunach, K 2, Fasz. 27, Urkunde von 1633 Juni 26.
154 Vgl. ebd., Brief von 1635 März 22.

vergebens, ihm die Baunacher Pfarrpfründe zu übertragen. Damals hatte er die Marienvikarie an der Eberner Pfarrkirche inne[155]. Im Juli desselben Jahres wurde er in Bamberg verhaftet und anschließend aus dem Hochstift gewiesen. Er war im folgenden Pfarrer von Schwandorf (Diözese Regensburg). Von 1640 bis 1644 verweste er die Pfarrei Thurndorf. Als Kooperator wurde er 1650 nach Oberailsfeld und Volsbach geschickt[156].

*1637–1643* *Friedrich Dentsch OSB*

Er stammte aus Weismain. Vor 1609 Sept. 29 trat er ins Benediktinerkloster Michelsberg ein[157]. In Dillingen studierte er ab 1613 Aug. 5[158]. 1633 März 28 war er Subprior seines Klosters[159]; zum Prior stieg er kurz nach 1638 Nov. 7 auf[160]. Daneben war er seit 1633 Pfarrer von Rattelsdorf. Von 1637 an verweste er außerdem die Pfarrei Baunach auf Bitten der Pfarrkinder. Er starb 1643 Sept. 14[161].

*1643–1644* *Onosius N. N. (Nonnosus Ritter ?) OSB*

Nach Dentschs Tod setzte das Kloster Michelsberg „P. Onosium" als Pfarrer in Rattelsdorf, Pfarrverweser in Baunach und Frühmesser in Ebing ein, ohne ihn nach Würzburg zu präsentieren. Er verweigerte die weitere Betreuung von Baunach kurz vor 1644 Febr. 10[162]. Jedoch taufte er 1648 Nov. 27 nochmals in Baunach[163]. Dieser „Onosius" ist wohl identisch mit dem Michelsberger Konventualen Nonnosus Ritter, der 1629 in Bamberg Tonsur und Minores empfangen[164], ab WS 1631 in Ingolstadt studiert[165] und von 1639 bis 1642 die Pfarrei Uetzing verwest hatte[166].

*(1645)* *Thomas Mangold OP*

Der Bamberger Dominikaner wird 1645 als Baunacher Pfarrverweser genannt. Er betreute die Gemeinde wohl von seinem Kloster aus[167]. 1645 Juli 3 bat er – offenbar vergebens – den Bamberger Bischof, ihm die Pfarrpfründe zu übertragen[168].

*(1645)* *Martin N. N. OP*

Er spendete 1645 April 3 in Baunach die Taufe[169]. 1645 Dez. 18 hielt er sich als „abgetrettener pfarrverwesser zu [...] Baunach" in Würzburg auf[170].

*(1645)–(1646)* *Sabbathin N. N. OFM*

Er taufte 1645 Mai 20 und Juni 8 sowie 1646 Okt. 28 in Baunach[171].

---

155 Vgl. ebd., undat. Brief von Friedrich Mayer.
156 Vgl. Wachter 6529.
157 Vgl. Lahner, S. 248.
158 Vgl. Specht, S. 418.
159 Vgl. Lahner, S. 261.
160 Vgl. ebd., S. 265.
161 Vgl. DAW, PfA Baunach, K 2, Fasz. 24, Brief von 1643 Okt. 27.
162 Vgl. ebd., Brief von 1644 Febr. 10.
163 Vgl. PfAB, Kbb., Bd. 1, pag. 7.
164 Vgl. AEB, Rep. I, A 160.
165 Vgl. Pölnitz, Bd. 2, Sp. 561.
166 Vgl. Wachter 8116.
167 Vgl. DAW, PfA Baunach, K 4, Brief von 1645 März 26.
168 Vgl. AEB, Rep. I, Nr. 749, fol. 248r.
169 Vgl. PfAB, Kbb., Bd. 1, pag. 1.
170 DAW, PfA Baunach, K 2, Fasz. 24, Brief von 1645 Dez. 18.
171 Vgl. PfAB, Kbb., Bd. 1, pag. 1, 4.

*(1645)* *Joachim Lier SJ*

Siehe unten Pfarrern (S. 376).

*(1645)* *N. N. OFM*

Der Guardian des Bamberger Franziskanerklosters taufte 1645 Juni 12 in Baunach[172]. Ob er mit dem 1639 erwähnten Guardian Guilelmus Rüdinger[173] oder dem 1658 verstorbenen Seraphin Feiss[174] identisch ist, wissen wir nicht.

*(1645)* *Arnold Bucholtz SJ*

Er wurde 1609 Dez. 28 in Magdeburg geboren und trat 1627 Aug. 25 in die Gesellschaft Jesu ein[175]. 1645 Juli 4 und Aug. 17 spendete er in Baunach die Taufe[176]. Er starb 1663 Jan. 12 in Fulda.

*(1645)–1646* *Martin Escherich SJ*

Siehe unter Pfarrern (S. 376).

## 1.3. Die Kapläne

*(1515)* *Stephan Müller (Molitor)*

Er stammte aus Weismain und ließ sich im SS 1505 an der Universität Leipzig immatrikulieren, wo er im WS 1509 den Grad eines bacc. art. erwarb[177]. Als Kaplan in Baunach wird er 1515 Nov. 11 genannt[178]. 1526 Juni 12 wurde er auf die Frühmesse Strössendorf präsentiert, als deren Inhaber er 1532 kurz vor Nov. 19 starb[179].

*Spätestens 1534* *Friedrich Schrauttan*

Herkunfts-, Studien- und Weiheort sind ungewiß. Unter dem Pfarrverweser Johann Störer († 1534) war er mindestens sechseinhalb Wochen lang Kaplan in Baunach[180]. 1534 lebte er hier noch als Vikar[181]. Als Engelmesser in Baunach wird er 1536 Aug. 26 genannt[182]. Vermutlich war er schon 1528 Inhaber (oder Verweser?) dieser Pfründe gewesen[183].

*(1534)* *Johann Küendorffer*

1534 Juni 9 ist er als Baunacher Kaplan nachzuweisen[184]. Ob er mit Johann Korndorffer aus Helmbrechts identisch ist, der ab SS 1509 in Leipzig studierte, und / oder mit dem gleich-

---

172 Vgl. ebd., pag. 1.
173 Vgl. Paschke, Hans: Das Bamberger Franziskanerkloster an der Schranne zu Bamberg. In: BHVB 110 (1974), S. 167–318, hier S. 257.
174 Vgl. ebd., S. 264.
175 Lebensdaten bei Gerl, S. 18.
176 Vgl. PfAB, Kbb., Bd. 1, pag. 3.
177 Vgl. Kist 4468; über ihn auch Besold-Backmund, S. 311.
178 Vgl. AEB, Rep. I, Nr. 330, fol. 529r.
179 Vgl. Kist 4468.
180 Vgl. StAM, GHA, Sekt. IV, Nr. 5, fol. 43v.
181 Vgl. Lehnes, S. 191.
182 Vgl. DAW, PfA Baunach, K 1, Fasz. 11, Brief von 1536 Aug. 26.
183 Vermutlich ist er identisch mit Friedrich Schramm, der 1528 als „vicarius missae angelicae in Baunach" erwähnt wird. Klerus des Landkapitels Ebern, S. 18; Kandler, Pfarreien, S. 231.
184 Vgl. StAM, GHA, Sekt. IV, Nr. 5, fol. 43r.

namigen Kleriker, der 1544 ein Benefizium an der Bamberger Judenkapelle erhielt[185], war nicht zu klären.

*(1555)* *Georg Fabri (Schmit)*

Er ist wohl gleichzusetzen mit dem aus Pfarrweisach stammenden G. F., der in Bamberg 1549 Dez. 21 die Minores empfing und 1550 März 1 zum Subdiakon, nach drei Wochen zum Diakon und nach weiteren zwei Wochen zum Priester geweiht wurde[186]. Kaplan in Baunach und Frühmesser in Reckendorf war er 1555[187]. Von 1552 bis 1562 ist er als Inhaber der Baunacher Engelmesse zu belegen[188]. Im Besitz dieser Pfründe starb er kurz vor 1563 Mai 12[189].

*(1565)* *Simon Riß*

Er stammte aus Hollfeld. 1561/62 verließ er die Diözese Bamberg mit unbekanntem Ziel[190], wohl zum Empfang geistlicher Weihen. Als Kaplan in Baunach wird er 1565 April 11 erwähnt[191]. 1567 Nov. 12 erhielt er die Pfarrei Breitengüßbach. Dort starb er 1575 Aug. 12[192].

*1594–* *Michael Leipoldt*

Er kam aus Bamberg. Als Vikar bei St. Stephan empfing er in seiner Heimatstadt 1590 Sept. 21 die Minores, 1591 Dez. 20 die Subdiakons-, 1592 Sept. 18 die Diakons- und 1593 Juni 8 die Priesterweihe[193]. 1594 wurde er Kaplan in Baunach[194]. Als Pfarrverweser in Altenbanz ist er ab 1602 nachgewiesen[195]. In dieser Position starb er vor 1608 Febr. 24[196].

*–1597* *Johann Löblin (Löblein)*

1597 Aug. 28 war er Kaplan in Baunach und bewarb sich erfolgreich um die Pfarrei Strullendorf[197]. Noch im selben Jahr verließ er Baunach[198]. Es ist nicht zu klären, ob er mit dem J. L. identisch ist, der 1591 in Bamberg auf den Tischtitel des Michelsberger Abtes zum Diakon geweiht wurde[199], später in Bayern wirkte und 1617 ins Hochstift Bamberg zurückkehrte[200], oder – wie Wachter meint – mit Johann Sebastian L., der 1589 in Bamberg die Priesterweihe empfing[201], in mindestens acht Pfarreien tätig war und 1613 in Kirchenbirkig starb[202]. Beide in Frage kommenden Männer wurden in Kupferberg geboren.

---

185 Vgl. Kist 3531.
186 Vgl. Kist 1482.
187 Vgl. Lehnes, S. 191.
188 Vgl. Kandler, Ernennungslisten, S. 211 (wo von der Frühmesse gesprochen wird); Klerus des Landkapitels Ebern, S. 28.
189 Vgl. DAW, PfA Baunach, K 1, Fasz. 11, Inventar des Engelmessers Georg Schmit.
190 Vgl. StAB, FR 1561/62, fol. 9v.
191 Vgl. HABibl, Cod. Guelf. 36.17 Aug 2°, fol. 380r.
192 Vgl. Wachter 8088.
193 Vgl. Hotzelt, Matricula, S. 73.
194 Vgl. DAW, Dek. Ebern, VR 1594, fol. 44r.
195 Vgl. ebd., VR 1602 (II), fol. 10r.
196 Vgl. StAB, B 93, Nr. 30, fol. 23r.
197 Vgl. AEB, Rep. I, Nr. 735, fol. 123r.
198 Vgl. Wachter 5978.
199 Vgl. Hotzelt, Matricula, S. 74.
200 Vgl. Wachter 6248.
201 Vgl. Hotzelt, Matricula, S. 74.
202 Vgl. Wachter 6250.

*1598* *Johann Nuß*

Er stammte aus Hallstadt und besuchte das Bamberger Seminar. 1590 Dez. 21 empfing er in Bamberg die Minores, 1595 Dez. 23 Subdiakonat, 1597 Sept. 21 Diakonat und 1597 Dez. 14 Presbyterat[203]. 1598 Jan. bis Juni war er Kaplan in Baunach, dann wurde ihm die Pfarrei Zell übertragen. Dort starb er 1599 Juli 22[204].

*1605–(1612)* *Pankraz Frankenhausen*

Er wurde um 1576[205] als Sohn des späteren Baunacher Pfarrers Liborius F. geboren[206]. In Bamberg wurde er 1597 April 2 tonsuriert, Sept. 21 zum Subdiakon und Dez. 14 zum Diakon geweiht[207]. Die Priesterweihe, die ihm hier wegen seiner Jugend verweigert wurde, empfing er 1598 Mai 16 in Würzburg[208]. 1598 Juli bemühte er sich vergebens, Nachfolger seines Vaters in Baunach zu werden[209]. Stattdessen wurde er vor 1598 Nov. 12 Pfarrer von Reupelsdorf bei Kitzingen[210], wo er noch 1601 Jan. 28 belegt ist; vermutlich verließ er Reupelsdorf in diesem Jahr[211]. 1605 kam er als Kaplan nach Baunach[212]. Hier blieb er mindestens bis 1612[213]. Die Pfarrei Hallstadt wurde ihm 1613 Jan. 10 übertragen[214]. Als Pfarrer von Breitengüßbach starb er vor 1615 Febr. 19. Er hinterließ ein Kind[215].

*(1615)* *Georg Jesaias Ruelius (Richelius)*

Er stammte aus Fulda. An der Universität Erfurt wurde er 1586 eingeschrieben[216]. Um diese Zeit erhielt er Unterstützungen aus der Pension des Papstes für das Päpstliche Seminar Fulda[217]. In Würzburg empfing er 1588 Dez. 17 die Minores, 1589 Sept. 13 die Weihe zum Subdiakon. 13 Tage später erhielt er eine Vikarie am Stift Neumünster in Würzburg. Auf die Pfarrei Riedenheim wurde er kurz vor 1592 Febr. 20 präsentiert. Im selben Jahr resignierte er seine Vikarie[218]. Er war 1609 Kaplan in Ebensfeld und anschließend bis zu seiner Flucht 1610 Sept. in Scheßlitz. 1611 Dez. 9 erhielt er die Pfarrei Zell. In Burgebrach wurde er 1614 Kaplan, in Baunach 1615. Okt. 15 desselben Jahres kam er als Kaplan für Kirchenbirkig nach Gößweinstein, wo er bis 1617 blieb[219].

*–1616* *Wolfgang Amandus OSB*

Er stammte aus Ebern[220] und trat vor 1596 Juni 8 in das Benediktinerkloster Banz ein. In Würzburg wurde er an diesem Tag zum Subdiakon, 1597 Mai 31 zum Diakon und 1598

---

203 Vgl. Hotzelt, Matricula, S. 80.
204 Vgl. Wachter 7187.
205 Vgl. AEB, Rep. I, Nr. 736, fol. 54v.
206 Vgl. Wachter 2664.
207 Vgl. Hotzelt, Matricula, S. 53.
208 Vgl. DAW, Amrheinsches Register zur Weihematrikel, pag. 62.
209 Vgl. AEB, Rep. I, Nr. 330, fol. 562v, 564r; DAW, PfA Baunach, K 1, Fasz. 2, Briefe von 1598 Sept. 2 und 17.
210 Vgl. AEB, Rep. I, Nr. 330, fol. 561v–562r. Zur Datierung vgl. Nr. 736, fol. 75v.
211 Vgl. DAW, Kbb. Reupelsdorf, Bd. 1, Taufen, pag. 12, 14.
212 Vgl. Wachter 2664.
213 Vgl. DAW, Dek. Ebern, VR 1612 (II), fol. 3v.
214 Vgl. AEB, Rep. I, Nr. 741, fol. 74r.
215 Vgl. ebd., Nr. 742, fol. 172v.
216 Vgl. Weissenborn, Bd. 2, S. 460.
217 Vgl. Leinweber, S. 239.
218 Vgl. Wendehorst, Neumünster, S. 762.
219 Vgl. Wachter 8369.
220 Vgl. StAB, B 93, Nr. 30, fol. 523r.

Dez. 19 zum Priester geweiht[221]. Zwischen 1609 Sept. 10 und 1610 Jan. 2 wurde er Pfarrer von Döringstadt[222]. Wie lange er dort blieb, ist unklar. Bis 1616 Sept. war er Kaplan in Baunach, dann erhielt er die Pfarrei Marienweiher[223], wo er noch 1617 war[224]. 1619 Sept. 9 finden wir ihn als Aushilfsgeistlichen in Baunach[225]. Die Pfarrei Drügendorf schließlich hatte er von 1620 bis zu seinem Tod 1630 Febr. inne[226].

*1617–* *Ekhard Wagner*

Er kam aus Fulda. Bald nach 1617 Aug. 3 nahm ihn der Baunacher Pfarrer als Kaplan an[227], 1617 Okt. 31 präsentierte er ihn nach Würzburg[228]. Über sein weiteres Leben war nichts zu ermitteln.

*– 1619* *Laurentius Heuser*

Er war im Stift Aschaffenburg beheimatet[229]. 1618 März wurde er Kaplan in Scheßlitz, blieb aber nicht lange[230]. Das Kaplanat in Baunach mußte er kurz vor 1619 Febr. 15 wegen Krankheit aufgeben[231]. Er starb 1624 April 20 als Frühmesser von Bürgstadt[232].

*(1626) – (1627)* *Paul Hetzel*

Er stammte aus Gemeinfeld. 1616 Nov. 23 trat er in das Würzburger Priesterseminar ein[233]. An der dortigen Universität wurde er 1618 Nov. 25 immatrikuliert[234]. In Würzburg empfing er auch 1618 April 24 Tonsur und Minores, 1622 Sept. 24 Subdiakons-, 1622 Dez. 17 Diakons- und 1623 März 11 Priesterweihe[235]. Als Kaplan in Baunach wird er 1626 Febr. 28 und 1627 Jan. 9 genannt[236]. Er starb vor 1647 März 27 als Pfarrer von Königshofen an der Tauber[237].

## 1.4. Die Inhaber der Frühmesse

*– 1524* *Erhard Balckmacher*

Er stammte aus Weißenstadt und studierte in Ingolstadt (ab WS 1493), Leipzig (ab SS 1494) und Bologna (ab 1503), wo er 1506 Nov. 27 das kirchenrechtliche Lizentiat erwarb. Seit 1512 März 5 Generalvikar des Bamberger Bischofs, brachte er die Pfarreien Waischenfeld (1514) und Buttenheim sowie ein Kanonikat bei St. Jakob (1515) an sich. Ferner besaß er

221 Vgl. Amrhein, Benediktinermönche, 25, S. 225.
222 Vgl. StAB, B 49, Nr. 33, Prod. 41 und 44.
223 Vgl. AEB, Rep. I, Nr. 743, fol. 63r.
224 Vgl. Wachter 138.
225 Vgl. DAW, Dek. Ebern, VR 1619 (II), fol. 249r.
226 Vgl. Wachter 138.
227 Vgl. ebd., VR 1617, fol. 265v.
228 Vgl. DAW, PfA Baunach, K 2, Fasz. 34, Brief von 1617 Okt. 31.
229 Vgl. ebd., Brief von 1619 Febr. 15.
230 Vgl. Wachter 4305.
231 Vgl. DAW, PfA Baunach, K 2, Fasz. 34, Brief von 1619 Febr. 15.
232 Vgl. Schmitt, Norbert: Die Seelsorger von Bürgstadt – Geistliche aus Bürgstadt. In: WDGB 42 (1980), S. 91–157, hier S. 102.
233 Vgl. DAW, Catalogus Alumnorum (Abschrift Eisentraut), pag. 19.
234 Vgl. Merkle, S. 121.
235 Vgl. DAW, Amrheinsches Register zur Weihematrikel, pag. 88.
236 Vgl. AEB, Rep. I, Nr. 745, fol. 431r, 552v.
237 Vgl. DAW, Testamente I, H 117.
238 Vgl. Zeißner, S. 21.

Inkuratbenefizien an der Oberen Pfarrkirche zu Bamberg[238], in Weißenstadt[239] und Höchstadt a. d. Aisch[240]. Von einem unbekannten Zeitpunkt an hatte er auch die Frühmesse Baunach inne[241]. Er starb 1523 vor Juni 26[242].

*– 1527 Johann Senft (?)*

1527 Jan. 15 wird berichtet, daß ein Priester die Baunacher Frühmesse innehabe, der „zue Bamberg swerlich kranck" liege[243]. Möglicherweise war dieser Priester der vormalige Baunacher Pfarrer Johann Senft (siehe S. 372), der zwei Tage später starb. Er dürfte die Pfründe 1524 erhalten haben[244].

*1527–1543 Kaspar von Berg*

Seine Eltern waren Philipp v. B. und Apollonia von Raueneck. 1506 wurde er Domizellar, 1520 Kapitularkanoniker am Bamberger Domstift. Von 1526 bis 1529 war er Generalvikar des Bischofs von Bamberg, ab 1543 Archidiakon von Eggolsheim[245]. Um die Frühmesse in Baunach bat er noch zu Lebzeiten ihres Inhabers 1527 Jan. 15[246]. Falls die Annahme zutrifft, daß es sich bei diesem um Johann Senft handelte, wurde sie ihm wohl bald nach Jan. 17 übertragen. Er resignierte die Frühmesse 1543 Okt. 8. Kaspar von Berg, der erst 1547 zum Diakon und 1551 zum Priester geweiht wurde, starb 1559 Juni 11[247].

*1543–(1580) Pankraz von Rabenstein*

Der Sohn von Wolfgang v. R. von Ursula Ochs von Gunzendorf erhielt 1535 in Würzburg und 1542 in Bamberg ein Domkanonikat. 1565 wurde er Propst der Alten Kapelle in Regensburg. Die Weihe zum Diakon empfing er erst 1575, die Priesterweihe nie. Er brachte eine Reihe von Pfarreien und Inkuratbenefizien an sich, zuerst 1543 Okt. 8 die Baunacher Frühmesse[248]. Sie hatte er wohl bis zu seinem Tod 1592 Mai 8 inne[249], jedenfalls noch 1580[250].

## 1.5. Die Inhaber der Engelmesse

*1488–(1509) Georg Schlenck*

Er wurde in Baunach geboren. Ab WS 1485 studierte er in Leipzig. Geweiht wurde er in Würzburg. Bei der Konfirmation der Engelmesse, die ein Heinrich Schlenck mitgestiftet hatte, 1488 Dez. 10 bestätigte ihn der Würzburger Bischof als Inhaber. Noch 1509 wird er als Engelmesser erwähnt[251].

---

239 Vgl. Kist 174.
240 Vgl. Kandler, Ernennungslisten, S. 170.
241 Vgl. ebd., S. 171.
242 Vgl. Kist 174.
243 StAM, GHA, Sekt. IV, Nr. 5, fol. 26r.
244 Vgl. Kandler, Ernennungslisten, S. 171.
245 Vgl. Kist, Domkapitel, S. 151–153; Kist 337; Zeißner, passim (s. Register S. 336).
246 Vgl. StAM, GHA, Sekt. IV, Nr. 5, fol. 26r.
247 Vgl. Kist, Domkapitel, S. 151–153; Kist 337.
248 Vgl. Kist, Domkapitel, S. 238f.; Kist 4737.
249 Dies legt eine Bemerkung von 1599 nahe, derzufolge Pankraz von Rabenstein der letzte Inhaber der Frühmesse war. Vgl. DAW, PfA Baunach, K 1, Fasz. 11, Brief von 1599 Sept. 9.
250 Vgl. DAW, Dek. Ebern, VR 1576–1670, Beschreibung der Pfarreien 1580, fol. 37v.
251 Vgl. Holzapfel, S. 59.

*(1528)* *Friedrich Schramm*

Möglicherweise ist er identisch mit dem Folgenden.

*(1536)* *Friedrich Schrauttan*

Siehe unter Kaplänen (S. 382).

*1538 – 1541* *Georg Deutel*

Er stammte aus Baunach. In Bamberg empfing er 1527 Sept. 21 die niederen Weihen und 1528 April 18 die Weihe zum Subdiakon. Er starb kurz vor 1541 April 2[252] als Inhaber der Baunacher Engelmesse, die ihm 1538 Okt. 15 übertragen worden war. Ferner hatte er seit 1533 März 16 die Frühmesse in Niederlauer besessen[253].

*1541 –* *Konrad Zobel*

Er kam aus Ebermannstadt und studierte von WS 1518 an in Leipzig. Als Bamberger Kleriker und Notar wird er 1527 Sept. 11 erwähnt[254]. 1534/35 und 1535/36 erscheint er als Pfarrverweser in Breitengüßbach[255]. Die Baunacher Engelmesse erhielt er 1541 April 2. Als Inhaber die Pfarrei Unterleiterbach (seit 1550) und der Frühmesse Lauf (seit 1543)[256] starb er 1556 Juni. Er hinterließ zwei Kinder, Johann und Dorothea[257]. Sein Sohn folgte ihm als Pfarrer von Unterleiterbach nach[258].

*(1562)– 1563* *Georg Fabri*

Siehe unter Kaplänen (S. 383).

*1566 – 1567* *Burkhard Matthäus Zimmermann*

Er kam aus Trunstadt[259]. In Salzburg wurde er zum Priester geweiht[260]. Der Rat von Baunach präsentierte ihn bald nach 1566 April 23 auf die Engelmesse. 1567 April 23 resignierte er sie bereits wieder[261]. Vor 1567 Juni 19 gab er auch sein Benefizium an der Judenkapelle in Bamberg auf[262]. Die Pfarrei Mürsbach übernahm er 1567 Febr. 22[263]. Um dieselbe Zeit heiratete er[264]. Als evangelischer Pfarrer wurde er vor 1586 März 1 abgesetzt, blieb aber in Mürsbach wohnen[265]. Von 1591 bis 1599 war er Pfarrer in Untermerzbach, anschließend in Lahm[266].

---

252 Vgl. Kist 994.
253 Vgl. Kandler, Ernennungslisten, S. 196.
254 Vgl. Kist 6902.
255 Vgl. StAB, FR 1534/35, fol. 3v; 1535/36, fol. 3v.
256 Vgl. Kist 6902.
257 Vgl. StAB, A 50, L. 903, Nr. 270.
258 Vgl. Kist 6901. – Kurz vor dem Tod seines Vaters war er nach dessen Angabe „im elend". StAB, A 50, L. 903, Nr. 270.
259 Vgl. Wachter 11432. Möglicherweise war er ein Sohn des hier zwischen 1537 und 1542 wirkenden Pfarrers Matthes Burkhard aus Rochlitz. Über diesen vgl. Kandler, Pfarreien, S. 226.
260 Vgl. DAW, Dek. Ebern, VR 1578, fol. 6v.
261 Vgl. DAW, PfA Baunach, K 1, Fasz. 11, Brief von 1567 April 23.
262 Vgl. Wachter 11432.
263 Vgl. DAW, PfA Baunach, K 1, Fasz. 11, Brief von 1567 April 23.
264 Vgl. ebd., Brief von 1567 April 12.
265 Vgl. Barthels, Bd. 1, S. 261 Nr. 1527 f.
266 Vgl. Dannheimer / Zahn / Kuhr, Nr. 3215.

Kurz vor 1567 April 12 verlieh der Würzburger Fiskal die Engelmesse Eucharius Keil[267]. Der Baunacher Rat erkannte diese Verleihung jedoch nicht an und präsentierte 1567 April 23 den Priester Johann Ketsch[268], den aber Würzburg nicht akzeptierte[269].

*– 1579* *Kaspar Bertelmann*

Siehe unter Pfarrverwesern (S. 380).

*1579 – 1598* *Liborius Frankenhausen*

Siehe unter Pfarrern (S. 373 f.).

*– 1599* *Johann Schad*

Siehe unter Pfarrern (S. 374).

Der Baunacher Rat präsentierte 1599 Sept. 13 Johann Weber, geboren um 1580 als Sohn des Baunacher Schulmeisters Thomas Weber und der Margaretha Ditwer, der am Collegium in Bamberg studierte, auf die Engelmesse[270]. Ob sie ihm übertragen wurde, ist fraglich, da der Würzburger Bischof forderte, der Engelmesser müsse Priester sein[271].

*Martin Werner*

Siehe unter Pfarrern (S. 374).

## 1.6. Verweser der Engelmesse

*(1515)* *Friedrich Weiglein*

Er stammte aus Baunach. An der Universität Leipzig wurde er im SS 1500 eingeschrieben[272]. Als Verweser der Engelmesse seines Heimatortes wird er 1515 Nov. 11 genannt[273]. Von 1533 an ist er als Inhaber der Hl.-Kreuz-Vikarie in Ebern nachzuweisen[274]. Im Besitz dieser Pfründe starb er kurz vor 1542 Dez. 20[275].

## 1.7. Die Inhaber der Frühmesse Reckendorf

*(1499) – (1500)* *Johann Reich*

Als Frühmesser in Reckendorf wird er 1499 und 1500 genannt[276]. Er gehörte der Priesterbruderschaft an der Baunach an[277]. Vielleicht ist er mit J. R. aus Burgkunstadt, der 1489 als Kleriker der Bamberger Diözese erscheint[278], gleichzusetzen.

---

267 Vgl. DAW, PfA Baunach, K 1, Fasz. 11, Brief von 1567 April 12. – Über Keil vgl. Wendehorst, Neumünster, S. 743; Kandler, Pfarreien, S. 225.
268 Vgl. DAW, PfA Baunach, K 1, Fasz. 11, Brief von 1567 April 23. Über Ketsch siehe S. 389.
269 Vgl. DAW, Dek. Ebern, VR 1576, fol. 3r.
270 Vgl. DAW, PfA Baunach, K 1, Fasz. 11, Brief von 1599 Sept. 13.
271 Vgl. ebd., Brief von 1599 Sept. 21.
272 Vgl. Erler I, Bd. 1, S. 434.
273 Vgl. AEB, Rep. I, Nr. 330, fol. 529r.
274 Vgl. Lehnes, S. 195, auch 32.
275 Vgl. DAW, Testamente I, W 47 1/2.
276 Vgl. Lehnes, S. 193.
277 Vgl. Holzapfel, S. 60.
278 Vgl. Kist 4858.

*(1518) Johann Heidenreich*

Die Reckendorfer Frühmesse hatte er 1518 inne[279]. Mit dem gleichnamigen Hofer Priester, der ab WS 1504 in Leipzig studierte, dort 1509 zum mag. art. promoviert wurde und um 1547 starb[280], ist er wohl nicht identisch.

*– 1524 Johann Pistoris (Beck)*

Er resignierte die Frühmesse in Reckendorf 1524[281]. Ob er mit dem 1526 verstorbenen Pfarrer von Lauf[282] identisch ist, mit dem von 1533 bis 1538 als Pfarrer in Mistendorf wirkenden Geistlichen[283] oder mit dem Kleriker, der von 1537 bis 1543 die Pfarrei Karlstadt innehatte[284], ist fraglich.

*– 1525 Wolfgang Rasp*

Er resignierte die Reckendorfer Frühmesse kurz vor 1525 Okt. 29[285]. Weiteres ist über ihn nicht bekannt.

*1525 – (1528) Leonhard Meisner (Meichsner)*

Er stammte aus Kulmbach und wurde im SS 1506 an der Universität Leipzig immatrikuliert. Er war bis zu seinem Tod kurz vor 1557 Okt. 26 Pfarrer von Königsfeld. Daneben hatte er bis 1535 die Frühmesse an U. L. Frau in Bamberg und von 1540 bis 1545 das Marienbenefizium in Scheßlitz inne[286]. 1525 Okt. 29 erhielt er die Frühmesse Reckendorf[287]. Als „vicarius in Reckendorf" wird er noch 1528 genannt[288].

*(1555) Peter Kolb*

In Bamberg empfing er sämtliche Weihen, zuletzt die zum Priester 1551 Mai 23. Schon als Subdiakon besaß er 1549 April 30 eine Vikarie bei St. Stephan in Bamberg. Von 1549 bis 1557 hatte er ferner die Domvikarie St. Barbara, seit 1557 eine Tagmesse am Dom inne. Frühmesser in Reckendorf war er 1555. Er starb kurz vor 1558 Aug. 24[289].

*– 1576 Johann Ketsch*

Herkunft und Ausbildungsgang sind unbekannt. Er war 1562 Vikar, 1564 Pfarrer in Ebern[290]. 1567 April 23 wurde er auf die Baunacher Engelmesse präsentiert, aber von Würzburg nicht angenommen[291]. Von 1571 bis 1575 war er Pfarrer von Frickenhausen[292]. 1576 wird berichtet, daß er die Reckendorfer Frühmesse zugunsten von Kaspar Bertelmann resigniert habe[293]. Als Pfarrer von Pottenstein ist er von 1587 bis zu seinem Tod 1590 nachzuweisen[294].

279 Vgl. Lehnes, S. 193.
280 Vgl. Kist 2502.
281 Vgl. Kandler, Ernennungslisten, S. 183.
282 Vgl. Kist 295.
283 Vgl. Kist 535.
284 Vgl. Kandler, Ernennungslisten, S. 183.
285 Vgl. Klerus des Landkapitels Ebern, S. 19.
286 Vgl. Kist 4252.
287 Vgl. Klerus des Landkapitels Ebern, S. 19.
288 Vgl. ebd., S. 18.
289 Vgl. Kist 3426.
290 Vgl. Kandler, Pfarreien, S. 225.
291 Vgl. DAW, PfA Baunach, K 1, Fasz. 11, Brief von 1567 April 12 und 23.
292 Vgl. Knetsch, S. 47f.
293 Vgl. DAW, Dek. Ebern, VR 1576, fol. 3r.
294 Vgl. Wachter 5167.

*1576–1579* *Kaspar Bertelmann*

Siehe unter Pfarrverwesern (S. 380).

*1579–1585* *Johann Unger*

Er stammte aus Pottenstein. An der Universität Leipzig wurde er im SS 1563 immatrikuliert[295]. Die Apostelvikarie zu Forchheim erhielt er 1566 März 8[296]. Am folgenden Tag wurde er in Bamberg zum Subdiakon, März 30 zum Diakon und April 13 zum Priester geweiht[297]. 1568 Jan. 18 wird er als Kaplan in Ebern genannt[298], 1574 Okt. 29[299] und 1579 Juni 2 als Pfarrer von Pfarrweisach. Am letzteren Tag präsentierte ihn die Gemeinde Reckendorf auf die Frühmesse[300], die ihm kurz vor 1585 Aug. 26 wieder genommen wurde[301]. 1583 erhielt er die Pfarrei Gößweinstein; 1590 war er noch dort[302].

*1585–* *Liborius Frankenhausen*

Siehe unter Pfarrern (S. 373f.).

*(1594)* *Johann Busch*

Siehe unter Pfarrern von Rattelsdorf (S. 394f.).

## 1.8. Die Inhaber der Frühmesse Lauter

*1486–(1506)* *Matthias Weycker*

Er war der erste Frühmesser von Lauter und wird noch 1506 erwähnt. Er gehörte der Priesterbruderschaft an der Baunach an[303].

*(1528)* *Nikolaus Genßhals*

Der Priesterbruderschaft an der Baunach trat er etwa 1486 bei[304]. 1528 wird er als „vicarius in Unterlauter" bezeichnet[305]. Ob er mit Nikolaus Genz, 1516 Subkustos am Bamberger Dom, gleichgesetzt werden kann, ist unklar[306].

*(1536)* *Wolfgang Keßler*

Er scheint 1536 zwischen Mai 1 und Aug. 26 als Frühmesser von Lauter gestorben zu sein[307].

---

295 Vgl. Erler II, Bd. 1, S. 478.
296 Vgl. Wachter 10422.
297 Vgl. Hotzelt, Matricula, S. 95.
298 Vgl. DAW, Testamente I, G 113.
299 Vgl. ebd., K 163, Brief von 1574 Okt. 29.
300 Vgl. DAW, PfA Baunach, K 4, Brief von 1579 Juni 2.
301 Vgl. ebd., Konz. von 1585 Aug. 26.
302 Vgl. Wachter 10422.
303 Vgl. Holzapfel, S. 60.
304 Ebd.
305 Vgl. Klerus des Landkapitels Ebern, S. 18.
306 Vgl. Kandler, Pfarreien, S. 221.
307 Vgl. DAW, PfA Baunach, K 1, Fasz. 11, Brief von 1536 Aug. 26.

*1541–* *Johann Redinger*

Siehe unter Pfarrverwesern (S. 379).

1577 war die Lauterer Frühmesse schon „ettlich jahre" vakant; die Gemeinde nahm die Gefälle ein[308]. Dies blieb so bis 1578 Mai[309].

*1577–1579* *Kaspar Bertelmann*

Siehe unter Pfarrverwesern (S. 380).

1579 Mai 16 bat der Bamberger Domherr Wolfgang Albrecht von Würtzburg den Würzburger Bischof, die Frühmesse dem Pfarrverweser von Oberhaid, Konrad Taller[310], zu übertragen[311]. Ob dies geschah, ist unbekannt. 1581 Mai jedenfalls nahm wieder die Gemeinde Lauter die Gefälle ein[312].

## 2. Die Schloßprediger von Reckendorf

*1578–1596* *Georg Schlehenstein*

Er war laut Lehnes von 1578 bis 1596 Pfarrer von Reckendorf[313]. Mit Georg Schleinstenius aus Weimar, der im SS 1569 in Jena immatrikuliert wurde[314], ist er wohl identisch.

*1616–* *N. N. (Johann Georg Faber ?)*

Dietrich von Wiesenthau stellte kurz vor 1616 März 17 einen „praedicanten" an, der zuvor Pfarrer von Rudendorf gewesen war[315]. Vielleicht handelte es sich dabei um Johann Georg Faber, der bis 1611 als Pfarrer von Rudendorf nachgewiesen ist[316].

*1632–1634* *Christoph Nothnagel*

Er stammte aus Hildburghausen und besuchte ab 1608 das Coburger Gymnasium. An der Universität Jena wurde er immatrikuliert im SS 1617, in Altdorf 1618 Okt. 15[317]. 1632 wurde er Pfarrer von Euerbach und Reckendorf. In Reckendorf starb er 1634[318].

---

308 Vgl. ebd., K 2, Fasz. 31, Brief von 1577 Sept. 7.
309 Vgl. ebd., undat. Brief der Dorfmeister und Gemeinden von Ober- und Unterhaid.
310 Über ihn vgl. Wachter 10150.
311 Vgl. DAW, PfA Baunach, K 2, Fasz. 31, Brief von 1579 Mai 16.
312 Vgl. DAW, Dek. Ebern, VR 1581, fol. 34r.
313 Vgl. Lehnes, S. 193; Dannheimer / Zahn / Kuhr, Nr. 2449.
314 Vgl. Mentz, S. 286.
315 AEB, Rep. I, Nr. 742, fol. 301r.
316 Über ihn vgl. Dannheimer / Zahn / Kuhr, Nr. 578.
317 Vgl. Hoefner, S. 183.
318 Vgl. Dannheimer / Zahn / Kuhr, Nr. 1954.

# *3. Rattelsdorf*

## 3.1. Die Pfarrer

*(1507) – (1509)* *Wolfgang Hoenecker*

Er studierte an einer unbekannten Universität und erwarb den Grad eines Lizentiaten der Theologie. 1482 war er „procurator“ der Bamberger geistlichen Regierung und des Nürnberger Benediktinerklosters St. Ägidien[319]. Von 1494 Dez. 3 an ist er als Domvikar in Bamberg nachgewiesen[320]. Die Pfarrei Rattelsdorf, als deren Inhaber er 1507 Mai 27 erwähnt wird, besaß er wohl noch 1509 Okt. 29[321].

*(1512)* *Thomas Stein von Altenstein*

Der Sohn des Johann Stein und der Dorothea von Lichtenstein erhielt 1484 ein Domkanonikat in Würzburg. 1509 wurde er zum Domdekan, 1517 zum Propst von St. Burkard gewählt. 1520 Juni 23 starb er in Würzburg[322]. Die Pfarrei Rattelsdorf hatte er inne 1512 Nov. 29[323].

*(1514)– 1516* *Valentin Zinck*

Er ist wohl entweder mit dem im SS 1483 in Erfurt immatrikulierten Valentin Czingk aus Salzungen[324] oder dem an derselben Universität in WS 1485 eingeschriebenen V. Z. aus Suhl[325], der 1488 die Frühmesse seines Heimatortes erhielt[326], identisch. Als Pfarrer von Rattelsdorf wird er ab 1514 Sept. 19 genannt[327]. Er tauschte die Pfarrei bald nach 1516 Febr. 15 – mit wem, ist unklar – gegen eine andere Pfründe[328]. Von 1514 bis 1520 Juni 4[329] erscheint er als Würzburger Domvikar. Dazu erhielt er 1517 das Hl.-Kreuz-Benefizium am Bürgerspital zu Würzburg[330].

*(1520)– 1526* *Sebastian Zinck*

Wahrscheinlich ist er gleichzusetzen mit S. Z. aus Winterhausen bei Würzburg, der im SS 1509 an der Universität Leipzig immatrikuliert und dort im WS 1510 zum bacc. art. promoviert wurde[331]. Die Pfarrei Rattelsdorf erhielt er vielleicht schon 1516 durch Tausch; als Pfarrer nachgewiesen ist er ab 1520 Sept. 8. Er versah die Pfarrei nicht selbst[332]. Vor 1526 Jan. 20 starb er[333].

---

319 Vgl. Wachter 4415.
320 Vgl. Kist 2848.
321 Vgl. StAB, A 95, L. 285, Nr. 470.
322 Vgl. Amrhein, Reihenfolge, 33, S. 268.
323 Vgl. StAB, B 110, Nr. 31, fol. 172v.
324 Vgl. Weissenborn, Bd. 1, S. 399.
325 Vgl. ebd., S. 408.
326 Vgl. StAM, GHA, Urkunden-Nachträge 1488 April 10.
327 Vgl. StAB, A 95, L. 302, Nr. 1630.
328 Vgl. StAB, B 110, Nr. 31, fol. 202v.
329 Vgl. StAB, A 95, L. 302, Nr. 1630; StAM, GHA, Urk. 2160 (alt 2139).
330 Vgl. Trüdinger, Karl: Stadt und Kirche im spätmittelalterlichen Würzburg. Stuttgart 1978 (Spätmittelalter und Frühe Neuzeit 1), S. 165.
331 Vgl. Erler I, Bd. 1, S. 496; Bd. 2, S. 462.
332 Vgl. StAB, B 110, Nr. 32, fol. 2r–v.
333 Vgl. AEB, Rep. I, PfA 393, Übertragungsurkunde von 1526 Jan. 20.

*1526–1572* *Johann Müller*

Er empfing die Priesterweihe in Bamberg. Näheres ist aufgrund der Häufigkeit des Namens J. M. nicht zu ermitteln. Die Pfarrei Rattelsdorf wurde ihm 1526 Jan. 20 übertragen[334]. 1545 Jan. 15 wurde ihm dazu die Frühmesse Ebing verliehen[335]. Er starb vor 1572 Juli 7[336]. Kilian Molitor aus Rattelsdorf, der sich im SS 1556 in Jena immatrikulieren ließ[337], könnte sein Sohn gewesen sein.

*1572–1582* *Georg Sauer*

Er ist wohl mit dem Baunacher gleichen Namens identisch, der im SS 1559 in Jena immatrikuliert wurde[338]. Obwohl ihn der Michelsberger Abt 1572 als „presbiterum diocesis Bambergensis" bezeichnete[339], hatte er in Bamberg offenbar nicht die Priesterweihe empfangen[340], sondern in Würzburg. Hier wurde er 1561 April 5 zum Subdiakon, Mai 21 zum Diakon und Sept. 20 zum Priester geweiht[341]. Nachdem er unter Müller „etliche jar lang" die Pfarrei Rattelsdorf und die Frühmesse Ebing verwest hatte[342], wurden ihm nach dessen Tod beide Pfründen übertragen[343]. Zu 1582 Febr. 22 wurde ihm die Pfarrei aufgekündigt[344]. Gleichzeitig wurde ihm die Ebinger Frühmesse genommen[345]. Anschließend war er Pfarrer von Gremsdorf, bis er auch hier 1589 Febr. abgesetzt wurde[346]. Er war verheiratet mit einer Tochter des Rattelsdorfer Einwohners Heinz Schadt. Sie lebte als Witwe 1598 März 22 in Rattelsdorf[347].

*1582–1592* *Johann Heroldt*

Er übernahm die Pfarrei Rattelsdorf kurz vor 1582 April 20[348]. In Bamberg starb er 1592 Juli 18[349] und wurde in der Rattelsdorfer Pfarrkirche beigesetzt[350]. Seine Witwe Margaretha lebte 1594 April in Staffelstein[351]. Später heiratete sie wohl den Schauensteiner Vogt Albert Peckstein[352]. J. H. hatte einen Sohn namens Andreas, der ab 1601 Jan. 15 die Coburger Ratsschule besuchte[353].

---

334 Ebd.
335 Vgl. StAB, A 95, L. 285, Nr. 473.
336 Vgl. Kist 4445. – Daß Müller die Pfarrei 1562 resigniert habe, trifft nicht zu.
337 Vgl. Mentz, S. 209.
338 Vgl. ebd., S. 275.
339 StAB, B 110, Nr. 33, fol. 130r.
340 Vgl. Hotzelt, Matricula.
341 Vgl. DAW, Amrheinsches Register zur Weihematrikel, pag. 138.
342 Vgl. AEB, Rep. I, PfA 149, Prod. 3.
343 Auf die Pfarrei wurde er 1572 Aug. 9, auf die Frühmesse 1572 Juli 11 präsentiert. Vgl. StAB, B 110, Nr. 33, fol. 130r; AEB, Rep. I, PfA 149, Prod. 3.
344 Vgl. StAB, B 110, Nr. 34, fol. 62v, 64r–65v; AEB, Rep. I, PfA 393, Brief von 1582 Febr. 4.
345 Vgl. StAB, B 110, Nr. 34, fol. 66r.
346 Vgl. ebd., Nr. 35, pag. 201, 211 f.
347 Vgl. ebd., Nr. 40, fol. 447v, 468v.
348 Vgl. StAB, B 49, Nr. 153, Fasz. 8, Prod. 15.
349 Vgl. StAB, B 110, Nr. 101, fol. 63v: „Sol an einem bein [= Knochen] erstickt sein".
350 Vgl. StAB, B 49, Nr. 153, Fasz. 1, Prod. 16.
351 Vgl. StAB, B 110, Nr. 35, pag. 1245.
352 Vgl. Dannheimer / Zahn / Kuhr, Nr. 1097.
353 Vgl. StadtAC, B 587, fol. 25r.

*1592* *Dr. Magnus Schmidt (Faber)*

Er stammte aus Bregenz und wurde 1588 an der Universität Dillingen immatrikuliert[354]. 1592 Aug. 3 übernahm er, bereits Doktor der Theologie, die Pfarrei Rattelsdorf[355]. 17 Tage später hielt er sich noch in Rattelsdorf auf[356]; vor Sept. 2 gab er die Pfarrei auf[357]. Von etwa 1598 bis 1601 fungierte er als Würzburger Fiskal[358]. Ab 1600 Jan. 8 erscheint er als Hofkaplan in Würzburg[359]. Zum Dekan des Würzburger Stiftes Neumünster, an dem er seit 1591 Sept. 9 ein Kanonikat innehatte, wurde er 1609 Mai 15 gewählt. Schmidt, der 1611/12 der Universität Würzburg als Rektor vorstand, starb 1618 Febr. 2[360].

*1592* *Heinrich Esel*

Er kam aus Hollfeld. In Bamberg wurde er 1572 Sept. 20 zum Subdiakon, 1572 Dez. 20 zum Diakon und 1573 März 7 zum Priester geweiht[361]. 1580 erhielt er ein Kanonikat bei St. Gangolf zu Bamberg, ferner 1586 das Schloßbenefizium zu Neideck[362]. Nachdem er schon 1592 Aug. 15 und 16 in Rattelsdorf gepredigt hatte[363], wurde er Sept. 2 vorübergehend als Pfarrer eingesetzt[364]. Er blieb 26 Tage[365]. 1607 war er Kaplan an der Oberen Pfarre zu Bamberg. Als Chorherr bei St. Gangolf und Pfarrer von Trunstadt starb er 1619 Jan. 19[366].

*1592–1595* *Johann Aichler*

Herkunfts-, Studien- und Weiheort sind unbekannt. 1586 Sept. 25 wurde ihm, damals Kaplan in Staffelstein, die Pfarrei Döringstadt übertragen. Die dortigen Einwohner nahmen ihn jedoch nicht an. Im folgenden war er Kaplan in Hollfeld[367], bis er 1592 Okt. 2 die Pfarrei Rattelsdorf erhielt[368]. Er resignierte sie kurz vor 1595 Febr. 28 wieder[369]. Wahrscheinlich ist er mit dem Forchheimer Vikar identisch, der im Aug. dieses Jahres eine Pfarrei erbat und wohl erhielt[370]. Er starb wohl 1613 als Vikar bei St. Jakob in Bamberg[371].

*1595–1599* *Johann Busch(ius)*

Er kam aus Bamberg. Er war 1582 März 29 Domvikar[372] und studierte ab 1585 März 1 in Würzburg[373]. 1593 März hielt er sich wohl in Frankfurt (wohl F. am Main) auf und arbeitete angeblich als Buchdrucker[374]. Als Inhaber der Uetzinger Frühmesse, die er 1596 Juli auf-

354 Vgl. Specht, S. 179.
355 Vgl. StAB, B 110, Nr. 101, fol. 65v–66r.
356 Vgl. ebd., Nr. 39, fol. 157v–158r.
357 Vgl. ebd., Nr. 101, fol. 72r.
358 Vgl. Wendehorst, Neumünster, S. 356f.
359 Vgl. Amrhein, Reihenfolge, 33, S. 107.
360 Vgl. Wendehorst, Neumünster, S. 356f.
361 Vgl. Hotzelt, Matricula, S. 50.
362 Vgl. Wachter 2246.
363 Vgl. StAB, B 110, Nr. 39, fol. 156v.
364 Vgl. ebd., Nr. 101, fol. 72r.
365 Vgl. ebd., Nr. 35, pag. 69.
366 Vgl. Wachter 2246.
367 Vgl. Wachter 78.
368 Vgl. AEB, Rep. I, U 462.
369 Vgl. ebd., U 463.
370 Vgl. Wachter 2030.
371 Vgl. Wachter 78.
372 Vgl. StAB, B 110, Nr. 34, fol. 66v.
373 Vgl. Merkle, S. 8.
374 Vgl. StAB, B 49, Nr. 153, Fasz. 8, Prod. 18.

gab[375], empfing er in Bamberg 1593 Juni 8 die Minores, 1593 Dez. 17 die Subdiakons-, 1594 März 4 die Diakons- und 1594 April 8 die Priesterweihe[376]. Im selben Jahr wird er als „beneficiatus in Reckendorf" genannt[377]. Die Pfarrei Rattelsdorf erhielt er 1595 März 3[378]. Ferner wurde ihm 1595 Aug. 29 die Frühmesse Rattelsdorf[379], drei Tage später die Frühmesse Ebing verliehen[380]. Auf diese hatte ihn die Gemeinde schon 1582 März 29 präsentiert[381]. Im Besitz dieser Pfründen starb er 1599 Aug. 17[382].

*1599–1603* *Sebastian Gloß(ius)*

Er wurde um 1563 in Salzburg geboren[383], möglicherweise als Sohn des Hofkammerprokurators Albrecht Gloß[384]. Nachdem er anderthalb Jahre lang Rhetorik in Graz und ein Jahr lang Logik in Passau studiert hatte[385], schickte ihn der Salzburger Fürsterzbischof[386] ans Germanicum nach Rom, wo er 1588 Juni 14 eintraf[387]. Eine Woche zuvor war er an der Universität Perugia immatrikuliert worden[388]. Er verließ das Germanicum 1593 Aug. 30 als Priester[389]. 1594 erscheint er als Pfarrer von Hofheim[390]. Von Jan. bis Herbst 1595 hatte er die Pfarrei Fladungen inne[391]. Pfarrer von Herzogenaurach wurde er 1597 Febr., verließ die Stadt aber noch im selben Jahr wieder[392]. 1599 Sept. 2 erhielt er Pfarrei und Frühmesse Rattelsdorf[393]. 13 Tage darauf präsentierte ihn die Gemeinde Ebing auf die dortige Frühmesse[394]. Er starb in Rattelsdorf 1603 Dez. 26[395].

*1604–1608* *Dr. Abraham Schrepfer*

Er wurde 1575 in Bamberg als Sohn evangelischer Eltern geboren. 13jährig konvertierte er zum katholischen Glauben[396]. In seiner Heimatstadt empfing er 1595 Dez. 23 die Tonsur und 1596 März 3 die niederen Weihen[397]. Hier studierte er auch ein halbes Jahr am Ernestinum[398]. Anschließend sandte ihn der Bischof ans Collegium Germanicum, in das er 1596

375 Vgl. Wachter 1318.
376 Vgl. Hotzelt, Matricula, S. 45.
377 DAW, Dek. Ebern, VR 1594, fol. 44r.
378 Vgl. AEB, Rep. I, U 463.
379 Vgl. ebd., U 465.
380 Vgl. StAB, A 95, L. 302, Nr. 1645; auch B 49, Nr. 153, Fasz. 8, Prod. 20.
381 Vgl. StAB, B 110, Nr. 34, fol. 66r–67r.
382 Vgl. Wachter 1318.
383 Vgl. ACGH, Hist. 1, pag. 115.
384 Er wurde 1553 bestallt und wird noch 1562 genannt. Vgl. Salzburger Landesarchiv, Hofkammer / Causa Domini 1553N; Geheimes Archiv XXXIV 22 (frdl. Mitt. des Landesarchivs vom 22.8.1989).
385 Vgl. ACGH, Hist. 1, pag. 115.
386 Wolf Dietrich von Raitenau, der selbst von 1576 bis 1581 dem Collegium Germanicum als Alumnus angehört hatte. Vgl. Strnad, Alfred A.: Das römische Ambiente des jungen Wolf Dietrich von Raitenau. In: Montfort 41 (1989), S. 71–91, hier S. 75f., 78.
387 Vgl. ACGH, Hist. 1, pag. 115. – Vgl. auch Schmidt, Germanicum, S. 285, der irrig „Plossius" liest.
388 Vgl. Weigle, S. 31.
389 Vgl. ACGH, Hist. 1, pag. 115.
390 Vgl. Wachter 3145; auch Wieland, Michael: Beiträge zu einer Geschichte von Hofheim und seiner Filialen. In: AU 29 (1886), S. 129–247, hier S. 174.
391 Vgl. Holzapfel, Helmut: Kirchliches und städtisches Leben in Fladungen v. d. Rhön bis zum Ende des 30-jährigen Krieges. Würzburg 1940, S. 56.
392 Vgl. Soder, Herzogenaurach, S. 131.
393 Vgl. AEB, Rep. I, U 466f.
394 Vgl. StAB, A 95, L. 285, Nr. 475.
395 Vgl. StAB, B 110, Nr. 43, fol. 174r.
396 Vgl. ACGH, Hist. 1, pag. 200.
397 Vgl. Hotzelt, Matricula, S. 88.
398 Vgl. ACGH, Hist. 1, pag. 200.

Okt. 29 aufgenommen wurde[399]. In S. Giovanni in Laterano wurde er 1601 Dez. 22 zum Subdiakon, 1602 März 23 zum Diakon und 1602 Sept. 21 zum Priester geweiht[400]. 1602 Okt. 17 verließ er Rom[401] als Doktor des kanonischen Rechts. Auf dem Heimweg wurde er an der Universität Perugia immatrikuliert[402]. 1604 Jan. 5 erhielt er Pfarrei und Frühmesse Rattelsdorf[403]. Beide Benefizien resignierte er 1608 April 11[404]. Ab 1607 war er Chorherr bei St. Gangolf in Bamberg[405]. Nachdem er von 1608 März bis 1609 März die Pfarrei Mürsbach verwest hatte[406], wirkte er bis 1616 als Offizial des Bamberger Konsistoriums[407]. Dann hatte er drei Jahre lang die Pfarrei Staffelstein inne[408]. Von 1635 bis 1640 war er Pfarrverweser in Hollfeld. Er starb in Bamberg 1645 Juni 27[409].

*1608–1619* *Peter Detscher*

Um 1572 wurde er in Kronach geboren. In Bamberg wurde er, vermutlich nach einem Studium am Ernestinum, zum Priester geweiht. Er erhielt eine Domvikarie. Um 1605 war er Kaplan in Stadtsteinach[410]. Von 1606 Okt. 30 an ist er als Kaplan in Lichtenfels nachzuweisen[411]. 1607 März 20 nahm ihn das Bamberger Domkapital als Kaplan für Staffelstein an[412]. Die Pfarrei und die Frühmesse Rattelsdorf wurde ihm 1608 April 16 übertragen[413], auf die Frühmesse Ebing präsentierte ihn die Gemeinde 1609 Dez. 14[414]. Dazu erhielt er 1616 Jan. 21 die Buttenheimer Frühmesse[415]. Seine Rattelsdorfer Pfründen resignierte er 1619 April 30[416], nachdem er einige Tage zuvor Pfarrer von Staffelstein geworden war[417]. Die Ebinger Frühmesse behielt er dagegen[418]. In Staffelstein starb er 1636 Aug. 26[419].

*1619–1622* *Konrad Haberkorn*

Er wurde um 1589 in Hubstadt (Erzdiözese Mainz) geboren[420]. Gemeinsam mit seinem Bruder Johann wurde er 1598 in Erfurt immatrikuliert[421]. Ab 1617 Aug. 31 verweste er zwei Inkuratbenefizien in Forchheim[422]. 1618 Juni wurde er Kaplan, später Pfarrverweser in Buttenheim[423]. Die Pfarrei und die Frühmesse Rattelsdorf erhielt er 1619 Mai 14[424]. Wegen

---

399 Vgl. ACGH, Hist. 1, pag. 200; Schmidt, Germanicum, S. 298.
400 Vgl. ACGH, Hist. 40, pag. 225.
401 Vgl. ACGH, Hist. 1, pag. 200.
402 Vgl. Weigle, S. 48.
403 Vgl. AEB, Rep. I, U 468 f.
404 Vgl. ebd., U 470.
405 Vgl. Wachter 9174.
406 Vgl. Barthels, Bd. 3, S. 260.
407 Vgl. Wachter 9174.
408 Vgl. StAB, B 86, Nr. 29, fol. 34r–v; Nr. 30, fol. 273r.
409 Vgl. Wachter 9174.
410 Vgl. Wachter 1489.
411 Vgl. StABN, B 86, Nr. 26, fol. 254r.
412 Vgl. ebd., fol. 327v–328r.
413 Vgl. AEB, Rep. I, U 471 f.
414 Vgl. StAB, B 110, Nr. 43, fol. 506r–v.
415 Vgl. Wachter 1489.
416 Vgl. AEB, Rep. I, U 473.
417 Vgl. StAB, B 86, Nr. 30, fol. 314r–v, 316r, 320r.
418 Vgl. DAW, Dek. Ebern, VR 1625, fol. 324v.
419 Vgl. Wachter 1489.
420 Vgl. Wachter 3622.
421 Vgl. Weissenborn, Bd. 2, S. 487.
422 Vgl. Wachter 3622.
423 Vgl. Wachter 3622; auch StAB, B 49, Nr. 153, Fasz. 8, Prod. 42.
424 Vgl. StAB, B 110, Nr. 45, fol. 180v–181r. Präsentationen: AEB, Rep. I, U 474 f.

eines Streits mit Schulmeister und Kastner wollte ihn der Michelsberger Abt 1622 Juni absetzen[425]. Die geistlichen Räte lehnten eine Absetzung 1622 Juli 28 ab; der Abt solle Haberkorn zum freiwilligen Abzug überreden[426]. Dieser verließ die Pfarrei Rattelsdorf endgültig vor 1622 Aug. 16[427]. Erst 1623 Juni 23 fand er wieder eine Anstellung, nämlich als Pfarrverweser in Buttenheim, wo er bis 1626 blieb. Im folgenden ging er nach Böhmen. Dort war er zuletzt Pfarrer von Königswarth. Zurück im Hochstift Bamberg, wurden ihm 1638 Sept. 15 die Benefizien Peulendorf und Gügel und das Scheßlitzer Kaplanat übertragen. Dieses gab er auf, als er 1639 kurzfristig die Pfarreien Herzogenaurach, Büchenbach und Hannberg verweste. 1640 Sept. wurde er in Hollfeld, zwei Monate später in Seußling, im Dez. in Pautzfeld Pfarrverweser. Als Chorherr bei St. Stephan ist er ab 1647 nachzuweisen. Er starb kurz vor 1651 Sept. 15 in Weichenwasserlos, wo er einige Monate zuvor Pfarrer geworden war[428].

1622 Aug. 16 präsentierte der Abt von Michelsberg den Nordhalbener Pfarrer Johann Schramm[429] auf die Pfarrei und die Frühmesse Rattelsdorf; drei Tage später wurde sie ihm übertragen[430]. Doch bevor er sie beziehen konnte, mußte er sie 1622 Okt. 18 wieder resignieren, da der Bischof „keineswegs [...] gesinnet" war, ihn die Pfarrei Nordhalben aufgeben zu lassen[431].

*1622–1633* *Wolfgang Heinrich Graser (Krasser)*

Er stammte aus Bamberg. Um die Mitte des Jahres 1616 kehrte er von einem mehrjährigen Aufenthalt in Österreich zurück und bekam im Sept. die Pfarrei Strullendorf übertragen[432]. 1622 Nov. 8 wurde er auf Pfarrei und Frühmesse Rattelsdorf präsentiert[433]. Die Schweden nahmen ihn 1632 gefangen und ließen ihn 1633 wieder frei. Kurz darauf starb er[434].

*1633–1643* *Friedrich Dentsch OSB*

Siehe unter Pfarrverwesern von Baunach (S. 381).

*1643–(1644)* *Onosius N. N. (Nonnosus Ritter?) OSB*

Siehe unter Pfarrverwesern von Baunach (S. 381).

*(1649)* *Maurus Zigmann OSB*

1649 wird erwähnt, daß der Michelsberger Prior, P. Maurus, die Pfarrei Rattelsdorf „von etlichen jharen her" versehe – offenbar von Bamberg aus – und die Frühmesse Ebing innehabe[435]. Der einzige bekannte Mönch namens Maurus in der Abtei Michelsberg im fraglichen Zeitraum ist Maurus Zigmann. Er wird 1638 als Konventuale genannt[436], wirkte von 1644

425 Vgl. AEB, Rep. I, Nr. 744, fol. 393r.
426 Vgl. StAB, B 49, Nr. 153, Fasz. 8, Prod. 46.
427 Vgl. AEB, Rep. I, U 476.
428 Vgl. Wachter 3622.
429 Über ihn vgl. Wachter 9143; ergänzend StAB, B 49, Nr. 153, Fasz. 8, Prod. 47.
430 Vgl. AEB, Rep. I, U 476.
431 StAB, B 49, Nr. 153, Fasz. 8, Prod. 51.
432 Vgl. Wachter 3303.
433 Vgl. AEB, Rep. I, U 477.
434 Vgl. Wachter 3303.
435 DAW, Dek. Ebern, VR 1649 (I), fol. 113r.
436 Vgl. AEB, Rep. I, A 300.

bis 1648 als Pfarrer von Höchstadt an der Aisch und betreute ab 1650 April die Pfarreien Schlüsselfeld und Wachenroth seelsorgerisch[437].

*1650–1653* *Roman Knauer OSB*

Er wurde ca. 1617 in Kronach geboren. Als Konventuale von Michelsberg war er von 1650 bis 1653 Pfarrer in Rattelsdorf, 1655 in Oberhaid und von 1657 bis 1660 in Gremsdorf, Etzelskirchen und Höchstadt an der Aisch. 1660 Nov. übernahm er erneut die Pfarrei Rattelsdorf, dann 1662 März 23 Uetzing[438]. 1667 April 4 wurde er zum Abt seines Klosters gewählt[439]. Er starb 1689 Juli 31.

## 3.2. Die Pfarrverweser

*(1508)* *Konrad Neusell*

Er war 1508 Pfarrverweser in Rattelsdorf[440]. Näheres über ihn ist nicht bekannt.

*(1521)* *Marcus Storch (Elsbeth[441])*

Er stammte aus Rattelsdorf. Im SS 1510 wurde er an der Universität Wittenberg immatrikuliert[442]. Sein Weiheort ist unbekannt. 1521 Febr. 23 wird er als „viceplebanus" in Rattelsdorf genannt[443]. 1523 war er Pfarrer von Burgebrach[444]. Die Frühmesse Rattelsdorf wurde ihm 1525 Okt. 22 übertragen worden; er behielt sie bis zu seinem Tod[445]. Von 1535 Febr. 18 an war er Pfarrer von Oberhaid[446]. Er starb kurz vor 1548 Febr. 3[447].

*–1572* *Georg Sauer*

Siehe unter Pfarrern (S. 393).

*1601* *Franz Beheim*

Der Rattelsdorfer Pfarrer Sebastian Gloß reiste 1601 Juni ca. 20 „wegen seines patrimonii" nach Salzburg[448] und kehrte erst Nov. 10 wieder zurück[449]. Während dieser Zeit versah Beheim die Pfarrei. Dieser stammte aus Nürnberg und war 1573 März 17 in Würzburg zum Priester geweiht worden[450]. Bevor er nach Rattelsdorf kam, war er Pfarrverweser in Büchenbach gewesen[451]. 1605 Juli 9 hatte er die Pfarrei Herrnsdorf inne. Dort starb er 1609 Jan.[452].

---

437 Vgl. Wachter 11425.
438 Vgl. Wachter 5302.
439 Vgl. Lahner, S. 276f.
440 Vgl. Holzapfel, S. 65 Anm. 275.
441 Dieser Wechselname ist belegt bei Soder, Kleruslisten, S. 83.
442 Als Marcus Olssbeth. Vgl. Foerstemann, S. 32.
443 StAB, B 110, Nr. 32, fol. 11v.
444 Vgl. Wachter 2233.
445 Vgl. Kandler, Ernennungslisten, S. 208.
446 Vgl. Soder, Kleruslisten, S. 83; Hoffmann, Hermann: Die untergegangene Würzburger Pfarrei Lodengereut, jetzt Johannishof Gemeinde Oberhaid (Landkreis Bamberg). In: WDGB 41 (1979, erschienen 1980), S. 79–105, hier S. 87; Kandler, Ernennungslisten, S. 208.
447 Vgl. StAB, A 95, L. 302, Nr. 1639.
448 StAB, B 49, Nr. 153, Fasz. 8, Prod. 26; StAB, B 110, Nr. 42, fol. 408r–409r, 439r–440r.
449 Vgl. ebd., fol. 450v–451r.
450 Vgl. DAW, Amrheinsches Register zur Weihematrikel, pag. 11.
451 Vgl. StAB, B 110, Nr. 42, fol. 408v.
452 Vgl. Wachter 626.

## 3.3. Kaplan

*(1563)–1565* *Rudolph Leyß*

Er stammte aus Kupferberg und empfing in Bamberg 1557 Dez. 18 die Minores und 1558 März 5 das Subdiakonat[453]. Spätestens ab 1563 Febr./März bis 1565 Aug. 29 wirkte er als Kaplan in Rattelsdorf[454]. Anschließend wurde er Pfarrer von Schottenstein. Hier 1580 abgesetzt, erhielt er 1581 Mai die Pfarrei Streitau. In diesem Amt starb er 1593 März 2[455].

## 3.4. Die Inhaber der Frühmesse Rattelsdorf

*1476–(1509)* *Johann Werner (Wernher)*

Er wurde wohl 1470 April 21 als Vikar bei St. Stephan in Bamberg zum Priester geweiht[456]. Die Rattelsdorfer Frühmesse wurde ihm 1476 Febr. 19 verliehen[457]. Noch 1509 Dez. 28 hatte er sie inne[458]. Bis 1490 April 7 war er Stiftsdekan und -scholaster in Forchheim; dann vertauschte er diese Pfründen gegen die Pfarrei Etzelskirchen[459]. Als Chorherr bei St. Stephan zu Bamberg wird er 1499 Nov. 28[460] und 1504 April 24 genannt. Er starb, vermutlich im Besitz der Rattelsdorfer Frühmesse, kurz vor 1513 April 5[461].

*(1513)–(1514)* *Georg Weynperger*

Er war 1514 Sept. 19 als unmittelbarer Nachfolger Werners Inhaber der Frühmesse[462]. Folglich muß er sie, wenn nicht schon zu Werners Lebzeiten, kurz nach dessen Tod erhalten haben. 1515/16 wurde ihm die Uetzinger Frühmesse übertragen[463].

*(1516)–1525* *Johann Scheller*

Er stammte aus Uetzing[464]. Sein Vater hieß Hans Scheller. 1504 Okt. war er bereits Priester[465]. Als Frühmesser in seinem Heimatort ist er ab 1508 März 24[466], als Inhaber der Frühmesse in Rattelsdorf ab 1516 April 28 nachzuweisen[467]. Er starb kurz vor 1525 Aug. 16[468].

*1525–1548* *Marcus Storch (Elsbeth)*

Siehe unter Pfarrverwesern (S. 398).

453 Als Rudolph Leib / Leip. Vgl. Hotzelt, Matricula, S. 73.
454 Vgl. StAB, A 95, L. 302, Nr. 1644.
455 Vgl. Dannheimer / Zahn / Kuhr, Nr. 1658.
456 Vgl. Kist 364.
457 Vgl. StAB, A 95, L. 302, Nr. 1618.
458 Vgl. ebd., Nr. 1629.
459 Vgl. Kist 6567.
460 Vgl. StAB, A 95, L. 302, Nr. 1616.
461 Vgl. Kist 6567.
462 Vgl. StAB, A 95, L. 302, Nr. 1630.
463 Vgl. StAB, FR 1515/16, fol. 11r.
464 Vgl. StAB, A 50, L. 906, Nr. 570.
465 Vgl. StAB, Stb. 4052, Aufschlag 39.
466 Vgl. StAB, B 110, Nr. 31, fol. 95v.
467 Vgl. StAB, A 95, L. 302, Nr. 1635.
468 Vgl. StAB, A 50, L. 906, Nr. 570.

*1548–1558* *Georg Rupp*

Er wird als Bamberger Kleriker bezeichnet. Die Frühmesse Rattelsdorf erhielt er 1548 Febr. 3. Mehrfach wurde er von der Residenzpflicht dispensiert, er versah diese Pfründe also zumindest für längere Zeit nicht selbst. Er resignierte sie kurz vor 1558 Juni 16[469].

*1558–(1563)* *Johann Schwindt*

Herkunfts- und Studienort waren nicht zu ermitteln. Geweiht wurde er in Würzburg. Auf die Frühmesse Rattelsdorf wurde er 1558 Juni 16 präsentiert[470]. Noch 1563 hatte er sie inne. In Rattelsdorf wohnte er wenigstens 1562/63 nicht[471]. Ob er mit dem Rattelsdorfer Frühmesser identisch ist, dem vor 1566 Dez. 6 wegen seiner Heirat die Pfründe genommen wurde[472], ist unklar. 1570 wurde ihm die Pfarrei Prölsdorf übertragen[473].

*1569–1577/79* *Georg Schneider*

Er war ein Sohn des Ebinger Einwohners Hans Schneider[474]. Als Würzburger Kleriker erhielt er 1569 Juni 30 die Rattelsdorfer Frühmesse[475]. 1577 Sept. 5 verlieh der Bischof sie, da ihr Inhaber evangelisch war, dem Würzburger Hofprediger Dr. Balthasar König[476]. Ob dieser freilich die Gefälle der Frühmesse einnehmen konnte, ist fraglich. Kurz vor 1579 April 26 nahm der Pfarrer von Raueneck und Dekan von Ebern, Nikolaus Winckelmann[477], die ihm von den geistlichen Räten zu Würzburg übertragene Frühmesse in Besitz. Dagegen protestierte der Abt von Michelsberg. Bei dieser Gelegenheit erwähnte er, daß nicht bekannt sei, ob Schneider noch lebe. Auf die Frühmesse präsentierte er Liborius Frankenhausen[478]. Diesem verlieh sie der Würzburger Generalvikar 1579 Juni 22, nachdem Winckelmann gestorben war[479].

*1579–1595* *Liborius Frankenhausen*

Siehe unter Pfarrern von Baunach (S. 373f.).

Ab 1595 war der jeweilige Pfarrer von Rattelsdorf Inhaber der Frühmesse. 1627 notierte der Pfarrer sogar, die Frühmesse sei „der pfarr incorporirt“[480].

---

469 Vgl. Kist 5166.
470 Vgl. AEB, Rep. I, U 461.
471 Vgl. DAW, Dek. Ebern, Generalia, Einzelakten, „Verzeichnus, was auß dem capittel Ebern gefallen ist“.
472 Vgl. AEB, Rep. I, PfA 393, Brief von 1566 Dez. 6.
473 Vgl. Soder, Kleruslisten, S. 72; zweifelnd Kandler, Pfarreien, S. 232.
474 Vgl. AEB, Rep. I, PfA 393, Brief von 1569 Febr. 1.
475 Vgl. ebd., Urkunde von 1569 Juni 30.
476 Vgl. StAB, B 49, Nr. 153, Fasz. 8, Prod. 11; auch AEB, Rep. I, PfA 393, Konz. von 1577 Juli 15. Über König vgl. Wendehorst, Neumünster, S. 591.
477 Über ihn vgl. Kandler, Pfarreien, S. 236.
478 Vgl. AEB, Rep. I, PfA 393, Brief von 1579 April 26.
479 Vgl. ebd., Urkunde von 1579 Juni 22.
480 Vgl. ebd., PfA 149, Prod. 4.

## 3.5. Die Inhaber der Frühmesse Ebing

*1481–1504* *Friedrich Dietz*

Er stammte aus Ebing. Ab 1472 April 12 studierte er in Ingolstadt. 1481 wurde er erster Inhaber der neugestifteten Frühmesse Ebing. Damals war er Familiare des Bischofs von St. Pol de Leon und Kastellans der Engelsburg, Thomas James'. Dietz starb kurz vor 1504 April 9[481] im Besitz eines Kanonikats am Stift Forchheim, der Pfarrei Tröbersdorf, eines Vikariats bei St. Stephans zu Bamberg[482] und der Frühmesse Ebing.

*1504–* *Lukas Kerber (Korber)*

1482 besaß er die Wernsdorfer Frühmesse. Als Domvikar in Bamberg wird er von 1498 bis 1510 erwähnt[483], als Inhaber St. Katharina-Benefiziums zu Staffelstein von 1505/06 an[484]. Auf die Ebinger Frühmesse wurde er 1504 April 9 präsentiert[485]. Erhard Schultheyß, der sich 1507 „fur einen frumesser zw Ebingen angibt"[486], tatsächlich sein Nachfolger war oder nur sein Verweser, ist unklar. 1508/09 wurde Kerber die Pfarrei Bindlach übertragen[487]. Er starb vor 1510 Dez. 1[488].

*(1513)–1522* *Andreas Braun (Praun)*

Er war Chorherr in Forchheim[489]. Die Frühmesse zu Staffelstein, als deren Inhaber er seit 1509/10 belegt ist[490], resignierte er wohl 1513. Als Frühmesser in Ebing wird er ab 1513 Okt. 11 genannt. Die Pfarrei Mistendorf hatte er bis ca. 1519 inne, dann vertauschte er sie gegen eine Pfründe am Bamberger Dom[491]. Er starb wohl 1522 im Besitz der Ebinger Pfründe[492].

*(1523)–1545* *Heinrich Krauß*

Er ist wohl mit dem im SS 1506 an der Universität Erfurt immatrikulierten Heinrich Craus aus Waischenfeld[493] oder dem H. K. aus Burgkunstadt, der 1511/12 die Diözese Bamberg verließ[494], identisch. Als Frühmesser zu Ebing wird er ab 1523 erwähnt[495]. Im Besitz dieser Pfründe starb er vor 1545 Jan. 15[496].

*1545–1572* *Johann Müller*

Siehe unter Pfarrern (S. 393).

---

481 Vgl. Holzapfel, S. 65.
482 Vgl. StAB, FR 1503/04, fol. 12v. Als Inhaber der Pfarrei Tröbersdorf erscheint er 1502. Vgl. StAB, FR 1502, fol. 2v.
483 Vgl. Kist 3519.
484 Vgl. StAB, FR 1505/06, „De literis absentie".
485 Vgl. Holzapfel, S. 65f.
486 StAB, B 110, Nr. 31, fol. 91r.
487 Vgl. StAB, FR 1508/09, „De investituris".
488 Vgl. StAB, FR 1509/10, „De quottis".
489 Vgl. Kist 671.
490 Vgl. StAB, FR 1509/10, „De literis absentie sine cura".
491 Vgl. Kist 671.
492 Vgl. Kandler, Ernennungslisten, S. 186.
493 Vgl. Kist 3590.
494 Vgl. StAB, FR 1511/12, fol. 10r.
495 Vgl. StAB, A 50, L. 906, Nr. 570.
496 Vgl. StAB, A 95, L. 285, Nr. 473f.

*1572–1582* *Georg Sauer*

Siehe unter Pfarrern (S. 393).

*1582/95–1599* *Johann Busch*

Siehe unter Pfarrern (S. 394 f.) .

*1599–1603* *Sebastian Gloß*

Siehe unter Pfarrern (S. 395).

*1604–1609* *Johann Wigundus (Weiger)*

Er stammte aus Hollfeld und war Domvikar zu Bamberg. Als Pfarrverweser in Hallstadt, der er schon 1602/03 gewesen war[497], erhielt er 1604 Jan. 19 die Frühmesse Ebing. Von 1607 Febr. 5 bis zu seinem Tod 1609 Dez. 11 wirkte er als Pfarrverweser in seiner Heimatstadt[498].

*1609–(1626)* *Peter Detscher*

Siehe unter Pfarrern (S. 396).

*1643–(1644)* *Onosius N. N. (Nonnosus Ritter?) OSB*

Siehe unter Pfarrverwesern von Baunach (S. 381).

*(1649)* *Maurus Zigmann OSB*

Siehe unter Pfarrern (S. 397 f.).

# 4. Döringstadt

## 4.1. Die Pfarrer

*1498–* *Johann Halter*

Die Pfarrei Döringstadt wurde ihm übertragen 1498 Febr. 16[499]. Wie lange er sie innehatte, ist unklar. 1520 März wird er als Pfarrverweser zu Altenbanz erwähnt[500]. Als Pfarrer von Pettstadt starb er 1533. Er lebte 1508 im Konkubinat und hatte Kinder[501].

*(1562)–1573* *Konrad Picker (Pickhardt)*

Er wurde um 1530 geboren[502]. Vor 1549 Sept. 21 trat er ins Kloster Michelsberg ein. In Bamberg empfing er an diesem Tag die Minores, 1549 Dez. 21 die Weihe zum Subdiakon, 1550 März 1 zum Diakon[503] und 1551 Dez. 19 zum Priester[504]. Im folgenden verließ er sein

497 Vgl. StAB, FR 1602/03, fol. 1v.
498 Vgl. Wachter 10828.
499 Vgl. Kist 2355.
500 Vgl. StAB, B 93, Nr. 20, fol. 115v.
501 Vgl. StAB, L 47 Staffelstein, Nr. 1, fol. 94v–95r.
502 Vgl. BayHStA, RKG 2407, Q 15; StAW, Admin. 18345, fol. 60r.
503 Vgl. Kist 485.
504 Vgl. Kist 830.

Kloster und fiel vom katholischen Glauben ab. Vor 1553 wurde er Pfarrverweser in Altenbanz[505], wo er mehrere Jahre blieb. Vor 1562 Mai 1 erhielt er die Pfarrei Döringstadt[506]; hier war er bis 1573 Pfarrer[507]. Ab 1574 April 8 erscheint er wieder als Pfarrverweser in Altenbanz[508]. 1583 Febr. mußte er die Pfarrei räumen[509]; er zog nach Rossach[510]. Vor 1583 Okt. 15 dingte ihn die Gemeinde Herreth, damit er sie seelsorgerlich betreue[511]. Dies tat er fast zwei Jahre lang von seinem Privathaus aus[512]. 1585[513] nach Febr. 23[514] machte ihn Sigmund von Giech zum Pfarrer von Oberbrunn, wo er seit 1561/62 ein Gut besaß[515]. Als Pfarrer von Oberbrunn wird er zwar bis 1612 genannt[516], jedoch kommt sein Nachfolger schon 1610 vor[517]. Picker starb vor 1612 Mai 15 und hinterließ drei Söhne: Jakob (siehe unten), Erhard und Matthes[518]. Eine Tochter, Ursula, heiratete 1607 Mai 21 in Marktzeuln Peter Rup aus Schwürbitz[519].

*1573 – (1581)* *Veit Müller (Molitor)*

Er ist vielleicht identisch mit dem Lichtenfelser dieses Namens, der im SS 1568 an der Universität Jena immatrikuliert wurde[520]. In Prag wurde er zum Priester geweiht[521]. Die Pfarrei Döringstadt wurde ihm 1573 übertragen; wie vom Patronatsherrn gefordert, konvertierte er zum evangelischen Glauben[522]. 1581 Mai 9 war er noch Pfarrer in Döringstadt[523]. Möglicherweise ist er mit dem Anfang 1583 verstorbenen Pfarrer[524] identisch.

*(1583)* *Jakob Picker*

Er war ein Sohn des Pfarrers Konrad P. (siehe oben). An der Universität Jena ließ er sich im SS 1575 immatrikulieren[525]. 1583 Febr. 8 war er Pfarrer von Döringstadt[526]. 1587 kam er als Pfarrer nach Albersdorf, 1610 nach Burgpreppach, wo er 1616 starb. Er heiratete bald nach 1584 Jan. 8 Margaretha Buckreis aus Coburg, die 1627 Mai starb[527].

---

505 Vgl. AEB, Rep. I, PfA 3, Prod. 3.
506 Vgl. StAB, A 232, Nr. 3631, fol. 13r; auch Klerus des Landkapitels Ebern, S. 28.
507 Vgl. StAB, A 232, Nr. 4373 in Verbindung mit DAW, Dek. Ebern, VR 1576, fol. 4r.
508 Vgl. StAW, Geistl. Sachen 1205, „Kürtzlicher bericht".
509 Vgl. AEB, Rep. I, PfA 3, Prod. 1.
510 Vgl. StAB, A 232, Nr. 4383.
511 Vgl. StAW, Geistl. Sachen 2648, fol. 18v.
512 Vgl. ebd., fol. 208v. – Picker wohnte in diesen Jahren aber nicht – wie hier angegeben – in Oberbrunn, sondern in Rossach. Vgl. StAB, A 232, Nr. 4383 f.
513 Vgl. ebd., Nr. 4385.
514 Vgl. AEB, Rep. I, PfA 130, Brief von 1585 Febr. 23.
515 Vgl. StAB, A 232, Nr. 3631, fol. 13r.
516 Vgl. ebd., Nr. 4410.
517 Vgl. ebd., Nr. 3680, Handlohn.
518 Vgl. ebd., Nr. 3683, Handlohn.
519 Vgl. AEB, Kbb. Marktzeuln, Bd. 1, Trauungen, fol. 69r.
520 Vgl. Mentz, S. 210.
521 Vgl. DAW, Dek. Ebern, VR 1578, fol. 6v.
522 Vgl. ebd., VR 1576, fol. 4r.
523 Vgl. ebd., VR 1581, fol. 33r.
524 Vgl. AEB, Rep. I, PfA 3, Prod. 8.
525 Vgl. Mentz, S. 238.
526 Vgl. AEB, Rep. I, PfA 3, Prod. 1.
527 Vgl. Dannheimer / Zahn / Kuhr, Nr. 2076.

*–1585 Christoph Thumler (Dumler, Thumbler, Thümblein u. a.)*

Er stammte aus Marktzeuln. Sein Vater hieß Hans Thumler[528]. An der Universität Jena ließ er sich im SS 1576, in Wittenberg im SS 1578 immatrikulieren[529]. 1585 Jan. 9 geboten ihm würzburgische Kommissare, die Pfarrei Döringstadt zu räumen[530], was er vor Febr. 18 tat[531]. Im selben Jahr bewarb er sich – offenbar vergebens – beim Coburger Konsistorium um eine Pfarrstelle[532]. 1591 März 25 wurde ihm, nachdem er 1590 Sept. eine Probepredigt gehalten hatte, die Pfarrei Schlettach übertragen[533]. Aufgrund von Streitigkeiten mit seinem Schulmeister und anderen Pfarrkindern wurde er 1598 Juni 18 seines Amtes enthoben und im folgenden sogar des Landes verwiesen. Dennoch hielt er sich noch 1598 Aug. 13 in Schlettach auf[534]. Nach seinem Wegzug wohnte er „ein zeit lang" in seinem Heimatort, wo er 1599 März 1 nachgewiesen ist[535]. 1600 Febr. 10 wurde er als Pfarrer in Marktgraitz eingeführt[536]. Von dort mußte er 1609 Nov. abziehen[537]. Er ließ sich in Redwitz nieder, wo er möglicherweise als Pfarrer wirkte[538]. Er starb vor 1612 Jan. 19[539]. 1596 Sept. 5 wird seine Ehefrau genannt[540]. Sie überlebte ihn[541].

*1587–1590 Gregor Thesernicus (Tscherning)*

Er war ein Sohn des Bunzlauer Ratsherrn Johann Tscherning (1521–1586)[542]. Wo er studierte, ist unbekannt. 1587 Aug. 9 wurde er, zum Pfarrer von Döringstadt berufen, in Coburg ordiniert[543]. Kurz vor 1590 Mai 5 floh er aus Döringstadt, da er seine Dienstmagd geschwängert und sie das Kind nach der Geburt umgebracht hatte[544]. Er fand im Hochstift Würzburg eine neue Stelle, aus der er aber 1592 als Protestant vertrieben wurde[545]. Von 1593 an war er Diakon in Bernstadt (14 Kilometer südwestlich von Görlitz), bis er 1595 wegen Ketzerei abgesetzt wurde[546]. Im SS 1604 wurde er als „verbi divini minister" an der Universität Frankfurt an der Oder immatrikuliert[547] und wohl kurz darauf zum mag. art.

---

528 Als Christoph Thumlers Brüder werden 1609 die Marktzeulner Bürger Hans und Heinz T. genannt. Vgl. BayHStA, RKG 406, Q 38. Als ihr Vater ist Hans T. nachgewiesen. Vgl. AEB, Kbb. Marktzeuln, Bd. 1, Trauungen, fol. 21v, 23r.

529 Vgl. Mentz, S. 332; Album, S. 275.

530 Vgl. AEB, Rep. I, PfA 130, „Relation der verrichtung zu Düringstadt" (ohne Namensnennung, vgl. aber Axmann, Schlettach, S. 45).

531 Vgl. AEB, Rep. I, PfA 130, Konz. von 1585 Febr. 18.

532 Vgl. Axmann, Schlettach, S. 45.

533 Vgl. ebd., S. 46.

534 Vgl. ebd., S. 53.

535 Vgl. AEB, Kbb. Marktzeuln, Bd. 1, Trauungen, fol. 45v.

536 Vgl. BayHStA, RKG 406, Q 35.

537 Nov. 11 war er noch in Marktgraitz, Nov. 18 wurde ein katholischer Pfarrer eingesetzt. Vgl. ebd., Q 38; StAB, A 231, Nr. 1834/I, fol. 503v.

538 1611 April sprach der Marktgraitzer Pfarrer von ihm als „dem lutherischen predicanten zu Redwitz". Vgl. AEB, Rep. I, Nr. 740, fol. 127v. 1610 Sept. 6 war jedoch noch Friedrich Fuchs Pfarrer von Redwitz gewesen. Vgl. BayHStA, RKG 405, Q 8.

539 Vgl. AEB, Rep. I, Nr. 741, fol. 4r.

540 Vgl. Axmann, Schlettach, S. 48.

541 Vgl. AEB, Rep. I, Nr. 741, fol. 4r.

542 Vgl. Genealogisches Handbuch bürgerlicher Familien 8 (1901), S. 476.

543 Vgl. PfAC, Kb. 1583–1594, Jg. 1587, pag. 44.

544 Vgl. StAB, B 68/I, Nr. 877, pag. 309 f.; Meyer, Heinrich: Trabanten der Kreisstadt Lichtenfels. Oberwallenstadt – Krappenroth. Lichtenfels 1968, S. 67.

545 Vgl. Tscherning, Oskar Friedrich: Tscherningsches Vergißmeinnicht. Altes und Neues über die Familie Tscherning aus Bunzlau. Heilbronn 1905, S. 19.

546 Vgl. ebd., S. 18.

547 Friedlaender, Ernst (Hrsg.): Aeltere Universitäts-Matrikeln I: Universität Frankfurt a. O. Bd. 1. Leipzig 1887 (Publicationen aus den K. Preußischen Staatsarchiven 32, 1), S. 481.

promoviert. Im selben Jahr wurde er zweiter Diakon an der Marienkirche in Berlin. Hier starb er und wurde 1606 Sept. 26 begraben[548]. Seine 1590 erwähnte Ehefrau hieß Margaretha; sie hatten damals „3 kleiner unerzogener kinder“[549]. 1595 März 6 heiratete er Anna Knobeloch, geboren 1580 Nov. 11 in Brieg[550]. Aus dieser Ehe gingen fünf Kinder hervor. Drei davon lebten beim Tod der Mutter 1606 Jan. 23 noch[551].

*1590–1591* *Johann Georg Offen*

Er stammte aus Coburg[552]. Sein Vater war wohl der 1583 Mai verstorbene Syndikus und Stadtschreiber Georg Offen[553]. Sein Studienort war nicht zu ermitteln. 1590 Mai 20 wurde er zum Pfarrer von Döringstadt ordiniert[554]. Er starb jedoch schon vor 1591 Juni 19[555]. 1590 Juni 19 hatte er in Coburg Anna Schunk geheiratet[556].

*1591–1593* *Johann Ruckhard*

Er stammte aus Hüttenheim. In Jena wurde er immatrikuliert im SS 1581[557]. Zum Pfarrer von Döringstadt wurde er in Coburg 1591 Juni 23 ordiniert[558]. Kurz vor 1593 Sept. 11 setzten ihn Bischof und Dompropst von Bamberg ab[559]. Okt. 8 wurde er Pfarrer von Gleußen. In diesem Amt starb er 1611[560]. Seine Frau, die er vor 1594 April 18 heiratete, war die Tochter eines Coburger Braumeisters[561].

*1593–1595* *Johann Büchs*

Er stammte aus Neustadt an der Saale. In Würzburg empfing er 1581 Sept. 23 Tonsur und Minores und 1582 Sept. 22 das Subdiakonat. Zwei Tage darauf erhielt er eine Vikarie am Neumünster, die er 1589 wieder aufgab[562]. 1582 Dez. 5 wurde er an der Universität Würzburg immatrikuliert[563], wo er vor 1585 April 20 den Grad eines Magisters erwarb. 1585 März 16 wurde er in Würzburg zum Diakon, 1585 April 20 zum Priester geweiht[564]. Von 1585 an hatte er – wohl bis 1591 – die Pfarrei Steinach inne[565]. Im folgenden war er Pfarrer von

548 Vgl. Fischer, Otto: Die Pfarrer an der St. Nikolaikirche in Berlin seit der Reformation. Leipzig 1937 (Flugschriften für Familiengeschichte 27), S. 25; ders.: Verzeichnis der Geistlichen in alphabetischer Reihenfolge. Berlin 1941 (Evangelisches Pfarrerbuch für die Mark Brandenburg seit der Reformation 2), S. 881 (in beiden Werken mit falschem Vornamen).

549 StAB, B 68/I, Nr. 877, pag. 310.

550 Ihre Eltern waren der Goldschmied Nikolaus Knobeloch und Barbara Tschernel, die Tochter eines Hofadvokaten.

551 Vgl. Cunovius, Petrus: Threnologia, das ist Christliche Thrauwr und Leichpredigt aus dem schönen Sprüchlein Philipp. 1. Christus ist mein Leben / Sterben ist mein gewin. Item Ich begere abzuscheiden / vnd bey Christo zu sein [...]. Frankfurt a. d. Oder 1606 [Exemplar in der HABibl], Titel und fol. 17v–18r.

552 Vgl. PfAC, Kb. 1583–1594, Jg. 1590, pag. 2.

553 Vgl. ebd., Jg. 1583, pag. 27.

554 Vgl. ebd., Jg. 1590, pag. 1 f.

555 Vgl. AEB, Rep. I, PfA 130, Konz. von 1591 Juni 19.

556 Vgl. PfAC, Proklamationsbuch 1554–1590, pag. 304; Kb. 1583–1594, Jg. 1590, pag. 7.

557 Vgl. Mentz, S. 269.

558 Vgl. PfAC, Kb. 1583–1594, Jg. 1591, pag. 6.

559 Vgl. StAB, B 49, Nr. 33, Prod. 24.

560 Vgl. Dannheimer / Zahn / Kuhr, Nr. 2311.

561 Vgl. StadtAC, B 110, fol. 7r.

562 Vgl. Wendehorst, Neumünster, S. 756.

563 Vgl. Merkle, S. 3.

564 Vgl. Wendehorst, Neumünster, S. 756.

565 Vgl. Reininger, Nikolaus: Geschichte der Pfarrei Ebersbach im Landkapitel Neustadt an der Saale. In: AU 23 (1876), S. 113–162, hier S. 126.

Kissingen[566]. Anschließend wurde ihm 1593 Sept. vom Altenbanzer Pfarrer die Pfarrei Döringstadt übertragen[567]. Daneben setzte er ihn kurz vor 1593 Dez. 23 zum Pfarrverweser von Altenbanz ein[568]. 1595 Sept. gab er diese Verweserstelle und wohl auch die Pfarrei Döringstadt auf[569]. Über sein weiteres Leben war nichts zu ermitteln. 1594 März hatte er ein Kind[570].

*(1596)* *Michael Winkler*

Als Pfarrer von Döringstadt wird er 1596 April 22 erwähnt. Er wohnte in Ebensfeld. Mit seiner Konkubine hatte er fünf Kinder[571]. Ob er mit dem gleichnamigen Bamberger Domvikar[572] identisch ist, erscheint fraglich.

*– 1597?* *Johann Zell*

Er folgte Winckler zu einem unbekannten Zeitpunkt als Pfarrer nach[573]. Wohl nachdem er Döringstadt verlassen hatte, wurde er 1597 Juni Pfarrverweser in Gräfenberg, 1597 Juli in Presseck. 1597 Aug. wurde er des Hochstifts Bamberg verwiesen[574].

*1597–1598* *Pankraz Langner*

Er stammte aus Bamberg[575]. Seine Eltern hießen Benedikt und Katharina[576]. Die Bamberger Domvikarie St. Philipp erhielt er als „studiosus" 1586 Mai 4[577]. In seiner Heimatstadt empfing er 1590 Subdiakons- und Diakonsweihe; 1594 Sept. 23 wurde er zum Priester geweiht[578]. Kurz vor 1595 Febr. 18 nahm ihn der Staffelsteiner Pfarrer Bernhard von Giech als Verweser an[579]. Hier war er noch 1596 Mai 1[580]. Von 1597 Sept. 12 an versah er die Pfarrei Döringstadt[581]. Er zog ab vor 1598 Mai 29[582]. Einige Wochen vorher hatte ihn der Banzer Abt als möglichen Pfarrer von Ebensfeld empfohlen[583]. Als Domvikar starb er 1606 Dez. 20[584]. Er hatte – wohl mit seiner Dienerin Anna Neidthart – einen Sohn[585], der 1621 noch lebte[586].

566 Vgl. AEB, Rep. I, PfA 130, Brief von 1593 Okt. 6.
567 Vgl. ebd., Brief von 1593 Sept. 19.
568 Vgl. ebd., Brief von 1593 Dez. 23.
569 Vgl. StAB, B 93, Nr. 27, fol. 52v–53r.
570 Vgl. AEB, Rep. I, PfA 130, Brief von 1594 März 9.
571 Vgl. StAB, B 93, Nr. 27, fol. 89r–90r.
572 Vgl. Wachter 11140.
573 Vgl. AEB, Rep. I, PfA 129, undat. Konz. des Grafen von Schwarzenberg.
574 Vgl. Wachter 11374.
575 Vgl. Hotzelt, Matricula, S. 74.
576 Vgl. AEB, Rep. I, Nr. 1265, Prod. 3.
577 Wachter 5938.
578 Vgl. Hotzelt, Matricula, S. 74.
579 Vgl. StAB, B 86, Nr. 21, fol. 113v–114r.
580 Vgl. StAB, FR 1595/96, „De commendis [...] curatis".
581 Vgl. AEB, Rep. I, PfA 130, Brief von 1597 Dez. 4.
582 Vgl. ebd., Konz. von 1598 Mai 29.
583 Vgl. StAB, B 49, Nr. 33, Brief von 1598 April 18.
584 Vgl. Wachter 5938.
585 Vgl. AEB, Rep. I, Nr. 1265, Prod. 3.
586 Vgl. Wachter 5938. Der Sohn ist möglicherweise identisch mit Wachter 5916.

*1598–1603* *Benedikt Westermaier*

Er stammte aus Braunau am Inn. In Bamberg wurde er 1597 Sept. 21 zum Diakon, Dez. 14 zum Priester geweiht[587]. 1598 Mai 29 wurde er Pfarrer von Döringstadt[588]. Hier war er noch 1602[589]. Er verließ die Pfarrei, als ihm 1603 Mai 13 die Pfarrei Gremsdorf übertragen wurde[590]. Diese hatte er bis ca. 1613 inne.

*Ca. 1603–(1608)* *Nikolaus Sartorius*

Er stammte aus Sulzfeld. 1593 Okt. 5 trat er in das Würzburger Collegium Pauperum ein[591]. In Würzburg empfing er 1594 Sept. 24 Tonsur und Minores, 1597 Mai 31 Subdiakons-, 1597 Sept. 20 Diakons- und 1598 Febr. 14 Priesterweihe[592]. Kurz vor 1607 Okt. 9 gab er an, er sei im fünften Jahr Pfarrer in Döringstadt[593]; vermutlich war er 1603 dorthin gekommen. 1608 Dez. 9 hatte er die Pfarrei noch inne[594].

*(1609)* *Wolfgang Gösler*

Er war Doktor beider Rechte[595]; wo er diesen Grad erworben hatte, ist unbekannt. Von 1607 bis 1609 war er Pfarrer von Seligenstadt[596]. Nachdem er diese Pfarrei resigniert hatte (oder sie ihm genommen worden war), bat er 1609 Juli 24 den Bamberger Bischof um ein Benefizium im Hochstift[597]. Als Pfarrer in Döringstadt wird er 1609 Sept. 10 genannt[598].

*(1610)* *Wolfgang Amandus OSB*

Siehe unter Baunacher Kaplänen (S. 384 f.).

*–1615* *Johann Bayner (Bainer)*

Er stammte aus Bamberg. Nach 1611 Mai 8 wurde er zum Priester geweiht. Wann er die Pfarrei Döringstadt erhielt, ist unbekannt. Er gab sie 1615 April auf, als er Pfarrer von Ebensfeld wurde. Dort starb er 1618 April 23[599].

*1615–1633* *Leonhard Röder*

Er kam aus Bamberg und wurde im Herbst 1586 an der Prager Jesuitenakademie immatrikuliert[600]. Als Vikar bei St. Stephan in Bamberg wurde er auf die Pfarrei Döringstadt präsentiert 1615 Mai 2[601]. Hier blieb er, bis ihn 1632 Aug. 22 ein schwedischer Obrist gefangennahm. Er starb als Gefangener 1633 Jan. 8 in Rothenburg ob der Tauber[602].

587 Vgl. Hotzelt, Matricula, S. 98.
588 Vgl. Wachter 10997.
589 Vgl. DAW, Dek. Ebern, VR 1602 (II), fol. 11r.
590 Vgl. StAB, B 110, Nr. 43, fol. 147r–148r; Wachter 10997.
591 Vgl. Ruland, S 99. Zum Collegium vgl. Wittstadt, S. 44.
592 Vgl. DAW, Amrheinsches Register zur Weihematrikel, pag. 141.
593 Vgl. StAB, B 49, Nr. 33, undat. Brief von Sartorius.
594 Vgl. Barthels, Bd. 1, S. 340 Nr. 1823.
595 Vgl. StAB, B 49, Nr. 33, Prod. 41.
596 Frdl. Mitt. des Diözesanarchivs Mainz.
597 Vgl. Wachter 3233, der ihn irrig für einen Doktor der Theologie hält.
598 Vgl. StAB, B 49, Nr. 33, Prod. 41.
599 Vgl. Wachter 363.
600 Vgl. Truc, Miroslav (Hrsg.): Album Academiae Pragensis Societatis Jesu 1573–1617 (1565–1624). Prag 1968, S. 38.
601 Vgl. AEB, Rep. I, PfA 129, Brief von 1615 Mai 2.
602 Vgl. Wachter 8137.

*1635–1654* *Nikolaus Neugebauer*

Er kam aus Wolfmannshausen. In Würzburg empfing er 1614 März 15 Tonsur und Minores. 1616 Okt. ließ er sich als Alumnus an der dortigen Universität immatrikulieren. Zum Subdiakon und Diakon wurde er 1619 Sept. 21, zum Priester 1620 April 18 geweiht. Von 1622 bis 1626 war er Pfarrer in Salz an der Saale, von 1627 Febr. an für mindestens fünf Jahre in Kirchlauter[603]. 1634 Dez. wurde er auf die Pfarrei Mürsbach präsentiert[604]. Daneben versah er seit 1635 Dez. die Pfarrei Döringstadt[605]. Er starb 1654 Juni 22 in Mürsbach[606].

## 4.2. Die Pfarrverweser

*1593* *Johannes Hünerbein OSB*

Er stammte aus Kasendorf bei Kulmbach[607]. Nachdem er in das Kloster Münsterschwarzach eingetreten war, empfing er in Würzburg 1574 Dez. die Tonsur und die niederen Weihen[608]. Im folgenden wechselte er ins Kloster Banz über. Als Banzer Mönch wurde er in Würzburg 1576 Sept. 22 zum Subdiakon, 1577 Dez. 21 zum Diakon und 1580 Sept. 24 zum Priester geweiht[609]. Als Banzer Prior versah er die Pfarrei Döringstadt von 1593 Sept. 19 an bis zu ihrer Besetzung im Okt.[610] und erneut von 1594 April bis Nov.[611], wobei er predigte und Gottesdienste feierte; Taufen und Bestattungen übernahm der Kaplan von Ebensfeld. 1595 floh Hünerbein aus dem Kloster Banz. Einige Jahre wirkte er als Organist in Schlackenwald[612]. 1601 Dez. 31 wurde er evangelischer Pfarrer von Heldritt, wo er ca. acht Jahre lang blieb[613]. 1610 Jan. 2 bat er um Wiederaufnahme ins Kloster Banz[614]. Sie wurde ihm gewährt. 1613 Aug. 5 war er noch in Banz[615]. 1617 hielt er sich im ehemaligen Benediktinerinnenkloster Traunkirchen auf[616]. Er starb im Kloster Arnoldstein in Kärnten[617].

*1594* *Georg Dütsch*

Als Vikar bei St. Stephan empfing er in Bamberg 1585 April 20 die Minores, 1585 Sept. 21 Subdiakonat, 1586 April 2 Diakonat und 1590 April 21 Presbyterat[618]. 1594 Febr. 22 stellte ihn der Döringstadter Pfarrer als Verweser an. Doch schon bald nach April 10 mußte er Döringstadt wieder verlassen[619]. Über sein weiteres Leben ist nichts bekannt.

*1594* *Johann Hünerbein OSB*

Siehe oben.

---

603 Vgl. Kandler, S. 274.
604 Vgl. Barthels, Bd. 1, S. 464 Nr. 2310 f.
605 Vgl. ebd., S. 465 Nr. 2317.
606 Vgl. ebd., S. 498 Nr. 2424.
607 Vgl. AEB, Rep. I, A 189, undat. Liste der Konventualen von Banz und Münsterschwarzach.
608 Vgl. Amrhein, Benediktinermönche, 25, S. 767.
609 Vgl. ebd., S. 224.
610 Vgl. AEB, Rep. I, PfA 130, Brief von 1593 Sept. 20.
611 Vgl. ebd., Briefe von 1594 Juli 2, Juli 18, Sept. 12, Konz. von 1594 Sept. 18 und Nov. 4.
612 Vgl. AEB, Rep. I, A 195, Brief von 1610 Jan. 21.
613 Vgl. Thomae, S. 706 f.
614 Vgl. StAB, B 93, Nr. 30, fol. 173r–174r.
615 Vgl. ebd., fol. 523r.
616 Vgl. ebd., Nr. 31, fol. 381r.
617 Vgl. Wachter 4723.
618 Vgl. Hotzelt, Matricula, S. 49.
619 Vgl. AEB, Rep. I, PfA 130, Briefe von 1594 Juli 2 und 18.

*1594–1595* *Johann Vogel*

Er wurde an einer unbekannten Universität zum mag. art. promoviert. In Würzburg empfing er 1591 Dez. 21 Subdiakonat, 1592 Febr. 22 Diakonat und 1592 März 28 Priesterweihe[620]. 1594 Nov. wurde er Kaplan von Altenbanz mit der Aufgabe, die Pfarrei Döringstadt zu betreuen[621]. Er blieb bis 1595[622]. Weiteres über ihn war nicht zu ermitteln.

# 5. Oberbrunn

## 5.1. Die Pfarrer

*Ca. 1488–* *Johann Danckenfelder*

Er erhielt die Pfarrei Oberbrunn um 1488. Etwa gleichzeitig trat er der Priesterbruderschaft an der Baunach bei[623]. Näheres über ihn ist nicht bekannt.

*(1577)–(1582)* *Friedrich Hohenberger (Hoenperger)*

Er war ein Sohn des Weismainer Bürgers Hans Hohenberger[624]. Ab SS 1555 studierte er an der Universität Leipzig[625], später an der Universität Jena[626]. 1556 und 1557 erhielt er Unterstützungen aus der Weismainer Stipendienstiftung des Johann Senft[627]. Bis 1565 hatte er die Pfarrei Mainroth inne, dann berief ihn die Pfarrgemeinde Modschiedel zu ihrem Seelsorger[628]. Anfang 1574 setzte ihn der Patronatsherr, der Abt von Langheim, ab. Hohenberger blieb jedoch in Modschiedel, bis er im April festgenommen wurde[629]. Vermutlich wurde ihm bald darauf die Pfarrstelle in Oberbrunn übertragen; nachzuweisen ist er in dieser Funktion erstmals 1577[630]. Letztmals wird er als Pfarrer von Oberbrunn in der Weismainer Steuerrechnung von 1582 genannt[631]; im März dieses Jahres war bereits sein Nachfolger im Amt. Hohenberger zog wohl nach Weismain, wo er seit 1571 Grundbesitz hatte[632]. 1586 wird seine Witwe erwähnt[633]. Bereits 1574 hatte er Frau und Kinder gehabt[634].

*(1582)* *Heinrich Bauter (Pauter)*

Er stammte aus Marktzeuln. An der Universität Wittenberg wurde er 1576 April 4 (WS 1575) immatrikuliert[635]. 1582 März 5 war er Pfarrer von Oberbrunn[636]. Vermutlich ist er identisch

620 Vgl. DAW, Amrheinsches Register zur Weihematrikel.
621 Vgl. AEB, Rep. I, PfA 130, Konz. von 1594 Nov. 4.
622 Vgl. StAB, B 93, Nr. 27, fol. 89r–v.
623 Vgl. Holzapfel, S. 63.
624 Vgl. Stadtarchiv Weismain, R 1, fol. 13v.
625 Vgl. Erler I, Bd 1, S. 704.
626 Vgl. Meissner, S. 42; nicht bei Mentz.
627 Vgl. Stadtarchiv Weismain, R 1, fol. 13v. Zu Senft vgl. oben S. 372.
628 Vgl. Meissner, S. 39.
629 Vgl. Meissner, S. 42f.; Dippold, Langheim, S. 127.
630 Vgl. StAB, A 231, Nr. 59433, fol. 4r.
631 Vgl. ebd., Nr. 59437, 1582, unfol.
632 Vgl. ebd., Nr. 59429, fol. 3r. – Ebd., Nr. 59437, 1583–1585 erscheint er ohne Berufs- und Ortsangabe.
633 Vgl. ebd., Nr. 59438.
634 Vgl. Meissner, S. 39.
635 Vgl. Album, S. 260.
636 Vgl. Dannheimer / Zahn / Kuhr, Nr. 2028.

mit dem Oberbrunner Pfarrer, den Sigmund von Giech kurz vor 1585 Febr. 23 absetzte[637]. Von 1585 Dez. 11 bis 1588 Okt. 24 ist er als Pfarrer von Mainroth nachgewiesen[638]. Hier starb er vor 1591 Juli 1[639]. Er nahm 1582 März 5 in Nürnberg Anna Röschlin zur Frau[640]. Sie heiratete in zweiter Ehe den Schneyer Pfarrer Nikolaus Stier (Marktzeuln 1591 Juli 1)[641], in dritter den Eckersmühlener Pfarrer Johann Hofmann (Nürnberg 1610 Juni 29) und starb in Nürnberg 1629 Mai 28[642].

*1585–1612* *Konrad Picker*

Siehe unter Pfarrern von Döringstadt (S. 402 f.).

*(1610)* *Johann Fleischmann*

Er wurde als Sohn des Pfarrers Johann F. († 1601)[643] in Guttenberg geboren. Von 1586 bis 1589 besuchte er das Hofer Gymnasium[644]. Anschließend ließ er sich im SS 1590 an der Universität Jena immatrikulieren[645], wo er wohl den Grad eines Magisters erwarb. Als Pfarrer von Buchau wird er von 1599 bis 1609 genannt[646]. 1610 Aug. 10 erscheint er als Pfarrer von Oberbrunn[647]. Wahrscheinlich ist er mit dem 1629 zwischen Mai 7 und Sept. 20 abgesetzten Pfarrer identisch, der sich offenbar noch 1630 Juli in Oberbrunn aufhielt[648]. Johann Fleischmann kommt – ohne Berufsangabe, aber als „Herr" bezeichnet – in der Gotteshauspflegerechnung von Oberbrunn für die Zeit von 1632 Jan. 6 bis 1634 Jan. 6 vor[649]. 1635 wurde er Pfarrer von Peesten, wo er bereits 1636 März 4 starb[650].

## 5.2. Inhaber der Frühmesse

*1494–(1498)* *Kilian Schober*

Auf die Frühmesse wurde er 1494 Aug. 2 präsentiert[651]. Als Priester in Oberbrunn ist er noch 1498 nachzuweisen[652].

---

637 Vgl. AEB, Rep. I, PfA 130, Brief von 1585 Febr. 23.
638 Vgl. Kugler, S. 114.
639 Vgl. AEB, Kbb. Marktzeuln, Bd. 1, Trauungen, fol. 24r. – Die Nennung Bauters in einem Pfarrverzeichnis von 1597 – vgl. Kugler, S. 114 – geht auf einen Irrtum zurück. Denn bereits 1595 Nov. 1 wird Bauters Nachfolger, Andreas Seilig, als Pfarrer von Mainroth genannt. Vgl. StAB, B 22 d, Nr. 12, fol. 183v. 1624 war Seilig 34 Jahre in Mainroth. Vgl. AEB, Rep. I, Nr. 745, fol. 223v.
640 Vgl. Dannheimer / Zahn / Kuhr, Nr. 2028.
641 Vgl. Dippold, Schney, S. 167.
642 Vgl. Dannheimer / Zahn / Kuhr, Nr. 2777.
643 Über ihn vgl. ebd., Nr. 641.
644 Vgl. ebd., Nr. 642.
645 Vgl. Mentz, S. 104.
646 Vgl. Dannheimer / Zahn / Kuhr, Nr. 642.
647 Vgl. StAB, A 232, Nr. 3680, Handlohn.
648 Vgl. AEB, Rep. I, Nr. 746, fol. 152v, 194r, 277v.
649 Vgl. StadtAB, HV Rep. 2, Nr. 1315/1 und 2.
650 Vgl. Dannheimer / Zahn / Kuhr, Nr. 642.
651 Vgl. Holzapfel, S. 64.
652 Vgl. UB Erlangen, Ms. 2111/67, Prod. 3.

# *6. Altenbanz*

## 6.1. Die Pfarrer (Oberpfarrer)

*(1464) – (1498)* *Friedrich von Redwitz*

Der Sohn von Wolfram v. R. und Elisabeth Marschalk von Ebneth besaß von 1451 bis 1452 und von 1467 bis zu seinem Tod 1510 Jan. 23 ein Domkanonikat in Bamberg, von 1468 bis 1486 auch in Augsburg, von 1493 bis 1503 in Würzburg, daneben noch eine Reihe von Pfründen[653]. Durch päpstliche Verleihung erhielt er die Pfarrei Altenbanz vor 1464 Sept. 27. Er hatte sie wohl bis zu seinem Tod, sicher noch 1498 Febr. 16 inne[654].

*(1528) – (1529)* *Silvester von Rosenau*

Der Sohn von Georg v. R. und Anna von Bibra wurde, nachdem er in Leipzig und Ingolstadt studiert hatte, 1522 in Bamberg als Domherr aufgeschworen. Er resignierte sein Domkanonikat 1531[655]. Als Inhaber der Pfarrei Altenbanz ist er 1528 Febr. 21 und 1529 März 19 nachzuweisen[656].

*(1562) – 1574* *Michael von Lichtenstein*

Der ca. 1528 geborene Sohn des Valentin v. L. und der Felizitas Förtsch von Thurnau, der in Heidelberg und Ingolstadt studierte, hatte in Würzburg von 1532 an, in Bamberg von 1549 bis 1551 und ab 1557 Domkanonikate inne; ferner war er ab 1555 Propst des Würzburger Neumünsters. Seit 1561 Bamberger Dompropst, starb er 1574 März 8[657]. Als Oberpfarrer von Altenbanz wird er seit 1567 genannt[658]. Er muß die Pfarrei jedoch schon 1562 besessen haben[659] und hatte sie bis zu seinem Tod inne[660].

Der Würzburger Dompropst Reichard von der Kere[661] präsentierte, wie es sein Vorgänger, der Kardinal und Augsburger Bischof Otto Truchseß von Waldburg[662], gewünscht hatte, nach Lichtensteins Tod Johann Gerwig Graf von Schwarzenberg auf die Pfarrei Altenbanz[663]. Dieser nahm 1574 April 8 von ihr Besitz[664]. Da Lichtenstein jedoch in einem päpstlichen Monat gestorben war, verlieh 1574 Sept. 25[665] Papst Gregor XIII. die Pfarrei dem

---

653 Vgl. Kist, Domkapitel, S. 244 f.; Kist 4828.
654 Vgl. Holzapfel, S. 63.
655 Vgl. Kist, Domkapitel, S. 253; Kist 5061.
656 Vgl. StAB, B 86, Nr. 3, fol. 464r, 509r.
657 Vgl. Kist, Domkapitel, S. 220 f.; Kist 3941. Sein Epitaph abgebildet bei Korth, Thomas: Von der Renaissance zum Klassizismus. In: Roth, Elisabeth (Hrsg.): Oberfranken in der Neuzeit bis zum Ende des Alten Reiches. Bayreuth 1984, S. 377–542, hier S. 429.
658 Vgl. StAB, A 232, Nr. 3637, beiliegende Quittung von 1568 März 20.
659 Vgl. StAW, Geistl. Sachen 1727, Konz. von 1574 März 29 an Albrecht Schenk. Aus diesem Schreiben geht hervor, daß die Pfarrei zwischen 1562 und 1574 nie vakant war.
660 Vgl. StAB, B 86, Nr. 12, fol. 8r.
661 Über ihn vgl. Amrhein, Reihenfolge, 33, S. 65.
662 Über ihn vgl. ebd., S. 212; ausführlich Zoepfl, S. 173–463.
663 Vgl. StAW, Geistl. Sachen 1727, Konz. von 1574 März 29 an Graf Schwarzenberg.
664 Vgl. StAW, Geistl. Sachen 1205, „Kürtzlicher bericht".
665 Vgl. ebd.; HABibl, Cod. Guelf. 32.12 Aug. 2°, fol. 100v–102r.

Bamberger Generalvikar Dr. Hieronymus Stör von Ostrach[666]. Dieser konnte seinen Anspruch allerdings nicht durchsetzen[667].

*1574–1608* *Johann Gerwig Graf von Schwarzenberg*

Er wurde 1546 Juli 18 als Sohn des Grafen Sebastian v. S. und der Barbara von Fraunhofen geboren. Von 1564 an war er in Würzburg, von 1580 an in Bamberg Domherr. Ferner hatte er ein Kanonikat am Würzburger Neumünster inne, dem er ab 1599 als Propst vorstand, sowie die Pfarreien Herbolzheim und Altenbanz. Er starb 1608 April 18 in Würzburg[668].

*1608–1609* *Adam Groß von Trockau genannt Christans*

In Unterweilersbach wurde er 1575 Dez. 18 als Sohn von Hans G. und Margaretha von Würtzburg geboren. Domherr wurde er 1587 in Würzburg und 1591 in Bamberg[669]. Den Würzburger Dompropst bat er unmittelbar nach Schwarzenbergs Tod, ihn auf die Pfarrei Altenbanz zu präsentieren[670]. Sie wurde ihm im folgenden übertragen. Er starb 1609 März 7 in Bamberg.

*1609–1638* *Johann Christoph Neustetter genannt Stürmer*

Als Sohn des Sebastian N. und der Magdalena von Rechenberg[671] wurde er 1570 März 30 in Haßfurt geboren. Domkanonikate erhielt er 1579 in Würzburg, 1584 in Bamberg, 1588 in Mainz. Daneben hatte er eine beträchtliche Anzahl von weiteren Kanonikaten und Pfarreien inne. In Bamberg wählten ihn die Domherren 1599 zum Domdekan, 1610 zum Dompropst[672]. Er wurde vor 1609 April 6 auf die Pfarrei Altenbanz präsentiert[673] und behielt sie, bis er 1638 Nov. 8 in Bamberg starb.

*1639–1649* *Veit Gottfried von Wernau*

1601 Sept. 11 wurde er in Pfauhausen als Sohn von Konrad v. W. und Margaretha Barbara von Aschhausen geboren. Er besaß seit 1610 in Würzburg und seit 1627 in Bamberg Domkanonikate. 1627 wurde er zum Würzburger Domdekan gewählt. Ferner war er ab 1629 Propst im Stift Haug zu Würzburg und in Wechterswinkel, ab 1645 auch in Würzburg-St. Burkard. Wernau, der 1631 die Priesterweihe empfing, starb in Würzburg 1649 Okt. 25[674]. Auf die Pfarrei Altenbanz wurde er präsentiert 1639 Jan. 21[675]. Er hatte sie bis zu seinem Tod inne.

*1650–1675* *Johann Richard von Frankenstein*

Als Sohn von Johann Eustach v. F. und Anna Margaretha Brendel von Homburg kam er 1608 Nov. 30 zur Welt. Domkanonikate erhielt er in Würzburg 1621, in Bamberg 1636 und

666 Über ihn vgl. Wachter 9947.
667 Zum Streit über die Pfarrei vgl. StAW, Geistl. Sachen 1205; StAC, LA D 929; HABibl, 32.12 Aug. 2°, fol. 82r–104r; StAB, B 86, Nr. 12, fol. 7v–9v.
668 Vgl. Amrhein, Reihenfolge, 33, S. 33f.; Wachter 9349; Schwarzenberg, Karl Fürst zu: Geschichte des reichsständischen Hauses Schwarzenberg. Neustadt a. d. Aisch 1963 (VGffG IX, 16), S. 85; Wendehorst, Neumünster, S. 319f.
669 Vgl. Amrhein, Reihenfolge, 33, S. 273f.; Wachter 3418.
670 Vgl. StAW, Geistl. Sachen 1727, Konz. von 1608 April 19.
671 Vgl. Amrhein, Reihenfolge, 33, S. 243.
672 Vgl. ebd., S. 206; Wachter 7089. Porträtstich abgebildet bei Baumgärtel-Fleischmann, Altäre, S. 92.
673 Vgl. AEB, Rep. I, PfA 2, Prod. 3.
674 Vgl. Amrhein, Reihenfolge, 33, S. 294f.; Wachter 10948.
675 Vgl. AEB, Rep. I, PfA 2, Prod. 4.

in Worms; ferner hatte er ein Kanonikat im Würzburger Stift St. Burkard, dem er ab 1673 als Propst vorstand. Die Pfarrei Altenbanz wurde ihm 1650 April verliehen. Er starb in Würzburg 1675 Okt. 6[676].

## 6.2. Die Pfarrverweser (Pfarrer)

*(1520)* *Johann Halter*

Siehe unter Pfarrern von Döringstadt (S. 402).

*Vor 1553 –* *Konrad Picker*

Siehe unter Pfarrern von Döringstadt (S. 402 f.).

*(1563) – 1568* *Valentin Schreiber*

Er stammte aus Hendungen. In Würzburg empfing er 1552 Dez. 17 Tonsur und Minores, 1555 März 30 Subdiakons-, 1555 Juni 8 Diakons- und 1555 Sept. 21 Priesterweihe[677]. Von Anfang 1555 an hatte er die Vikarie an der Peterskapelle in Oberstreu inne, ab 1557 März 12 auch die Vikarie St. Sebastian und St. Ottilie an der Mellrichstadter Pfarrkirche. In Mellrichstadt wurde er in diesem Jahr Kaplan. 1562 resignierte er seine beiden Pfründen[678]. Seit 1563 ist er als Pfarrverweser in Altenbanz nachzuweisen[679]. In dieser Position starb er 1568 Febr. 2. Er war verheiratet. Seine Frau Kunigunda überlebte ihn[680].

*1568 – (1572)* *Michael Wieder*

Er stammte aus Marienberg in Sachsen. In Bamberg empfing er 1551 Dez. 9 die niederen Weihen, 1551 Dez. 19 Subdiakonat, 1552 März 12 Diakonat und 1552 April 2 Presbyterat. Schon einen Tag nach Empfang der Minores erhielt er die Pfarrei Stadelhofen, später die Pfarrei Hohenmirsberg, auf die er 1558 Mai 26 verzichtete[681]. 1558/59 war er Pfarrverweser in Scheßlitz[682]. Der Staffelsteiner Pfarrer Pankraz von Rabenstein beauftragte ihn 1562, die Pfarrei als Verweser zu versehen[683]. 1567 Juli 1 beschloß das Bamberger Domkapitel, Rabenstein solle ihn entlassen, da er die Kommunion unter beiderlei Gestalt reiche[684]. In Altenbanz wurde er 1568 März 23 als Pfarrverweser eingesetzt[685]. Hier war er noch 1572 Aug. 2[686]. Seiner Witwe Barbara erlaubte das Domkapitel 1573 Febr. 11, nach Staffelstein zu ziehen[687].

*(1574) – 1583* *Konrad Picker*

Siehe unter Pfarrern von Döringstadt (S. 402 f.).

---

676 Vgl. Amrhein, Reihenfolge, 33, S. 147 f.; Wachter 2671.
677 Vgl. Kandler, Pfarreien, S. 232.
678 Vgl. Weiß, Ludwig: Pfründenverleihungen im Nordosten des Bistums Würzburg in der ersten Hälfte des 16. Jahrhunderts. In: WDGB 26 (1964), S. 227 – 254, hier S. 250 Nr. 166 mit Anm.
679 Vgl. DAW, Dek. Ebern, Generalia, Einzelakten, „verzeichnus, was auß dem capittel Ebern gefallen ist".
680 Vgl. StAB, A 232, Nr. 3637, beiliegende Quittung von 1568 März 20.
681 Vgl. Kist 6597.
682 Vgl. StAB, FR 1558/59, „De commendis duntaxat".
683 Vgl. Kist 6597.
684 Vgl. StAB, B 86, Nr. 9, fol. 339r.
685 Vgl. StAB, A 232, Nr. 3637, fol. 20v.
686 Vgl. StAB, B 86, Nr. 10, fol. 414v.
687 Vgl. ebd., Nr. 11, fol. 14v, 15v.

*1583–1593* *Melchior Banfelder*

In Würzburg empfing er 1575 Sept. 24 Tonsur und Minores; 1576 April 21 wurde er dort zum Subdiakon, 1576 Juni 16 zum Diakon und 1576 Sept. 22 zum Priester geweiht[688]. Von 1582 Jan. 10 bis 1583 Nov. hatte er die Pfarrei Unsleben inne[689]. In Altenbanz wurde er 1583 März 20 als Pfarrverweser eingesetzt[690]. Als solcher wird er noch 1592 Sept. 10 erwähnt[691]. Im folgenden Jahr verließ er Altenbanz – 1593 Sept. 20 erscheint er in einer Liste von „Parochi profugi"[692] – und fiel vom katholischen Glauben ab. Er hielt sich in Meeder auf, bis ihm 1595 Nov. 17 das Coburger Konsistorium die Pfarrei Watzendorf übertrug. Hier starb er vor 1597 Okt. 7[693].

*1593–1595* *Johann Büchs*

Siehe unter Pfarrern von Döringstadt (S. 405 f.).

*(1602)* *Michael Leipoldt*

Siehe unter Kaplänen von Baunach (S. 383).

*Ca. 1604–1626* *Martin Stösser*

Er stammte aus Großrinderfeld. An der Universität Würzburg ließ er sich 1595 März 15 immatrikulieren[694]. Ein Vikariat am Würzburger Neumünster erhielt er 1597 Sept. 19. In Würzburg wurde er 1598 Febr. 14 zum Subdiakon, 1598 Dez. 19 zum Diakon und 1599 April 10 zum Priester geweiht[695]. 1626 März 5 gab er an, seit 22 Jahren Pfarrverweser von Altenbanz zu sein[696]. Kurz darauf verließ er Altenbanz, um seine Würzburger Domvikarie, die er schon Anfang 1601 innegehabt hatte, zu beziehen[697]. Er starb bereits vor 1626 Okt. 20[698].

*1626–(1631)* *Johann Molitor (Müller) OSB*

Der Sohn des Dettelbacher Baders Abraham Müller[699] trat vor 1601 Sept. 22 ins Kloster Banz ein[700]. Zur Ausbildung wurde er nach Fulda geschickt, mußte wegen Krankheit aber bald in die Abtei zurückkehren[701]. In Würzburg empfing er 1601 Sept. 22 Tonsur und Minores, 1604 Sept. 18 die Subdiakons-, 1608 März 22 die Diakons- und 1609 Sept. 19 die Priesterweihe[702]. Im folgenden war er anderthalb Jahre Küchen- und Kellermeister und acht Jahre lang Prediger[703]. 1625 Dez. 3 schlug ihn der Abt als Nachfolger für Stösser vor, den

---

688 Vgl. DAW, Amrheinsches Register zur Weihematrikel, pag. 11.
689 Vgl. Müller, Mellrichstadt, S. 358.
690 Vgl. AEB, Rep. I, PfA 3, Prod. 8 f.
691 Vgl. ebd., PfA 130, Konz. von 1592 Sept. 10.
692 Veit, Andreas Ludwig: Unter Fürstbischof Julius Echter. Expedienda der fürstbischöflich Würzburgischen geistlichen Kanzlei in den Jahren 1594 bis 1597. In: AU 59 (1917), S. 117–134, hier S. 134; auch AEB, Rep. I, PfA 130, Brief von 1592 Dez. 23.
693 Vgl. StAC, Kons. 1288, fol. 17v, 21v–22r.
694 Vgl. Merkle, S. 33.
695 Vgl. Wendehorst, Neumünster, S. 768.
696 Vgl. StAB, B 93, Nr. 35, fol. 325r.
697 Vgl. ebd., fol. 326v; zum Pfründbesitz Wendehorst, Neumünster, S. 768.
698 Vgl. StAB, B 93, Nr. 35, fol. 506r.
699 Vgl. ebd., Nr. 30, fol. 239v.
700 Vgl. Amrhein, Benediktinermönche, 25, S. 226.
701 Vgl. StAB, B 93, Nr. 35, fol. 248v.
702 Vgl. Amrhein, Benediktinermönche, 25, S. 226.
703 Vgl. StAB, B 93, Nr. 35, fol. 248v.

der Oberpfarrer entlassen wollte[704]. 1626 Jan. wurde er in Würzburg examiniert[705] und nach Stössers Abzug als Pfarrverweser eingesetzt. Seit 1629 Okt. 28 versah er auch Herreth[706]. Er war noch 1631 Jan. Pfarrverweser in Altenbanz[707]. Wohl von der Verhaftung des Abtes 1632 Febr. an bis zur Wahl eines neuen Abtes 1636 Jan. 10 führte er das Kloster als Administrator[708]. In diesem Jahr wurde er ihm die Pfarrei Seßlach übertragen. Dort starb er 1639 April 4[709].

*Vor 1635, (1656)* *Johann Plafus (Blafues, Blaufuß) OSB*

Er stammte aus Würzburg[710]. Vor 1612 Sept. 22 trat er ins Kloster Banz ein[711]. Er studierte in Fulda und an der Universität Dillingen[712]. In Würzburg, wo er 1612 Sept. 22 Tonsur und Minores empfangen hatte, wurde er 1613 März 2 zum Subdiakon, 1614 März 15 zum Diakon und 1616 Mai 28 zum Priester geweiht[713]. 1629 kurz nach Jan. 23 wurde er auf die Pfarrei Uetzing präsentiert[714], von der ihn 1632 die Schweden vertrieben. Im folgenden versah er vom Kloster aus die Pfarrei Altenbanz, bis ihm 1635 Mai 13 die Pfarrei Steinwiesen übertragen wurde; ferner betreute er eine Reihe umliegender Pfarreien. 1650 kehrte er ins Kloster zurück[715]. 1656 wird erwähnt, daß er die Pfarrei Altenbanz versehe[716]. Sein Todesjahr ist unbekannt.

*1639–* *Jodocus Weith OSB*

Er wurde 1602 in Markelsheim an der Tauber geboren[717] und legte 1618 Nov. 22 in Banz Profeß ab[718]. Bis 1621 studierte er am Bamberger Ernestinum, dann in Mainz[719]. In Würzburg empfing er die Weihe zum Subdiakon 1627 Mai 29, zum Diakon 1627 Sept. 18 und zum Priester 1629 Sept. 22[720]. Wegen der Kriegswirren wurde er – wohl 1632 – in das oberösterreichische Benediktinerkloster Garsten geschickt[721]. 1637 Nov. 10 kehrte er von dort nach Banz zurück[722]. Zum Abt von Banz wurde er 1638 Jan. 11 gewählt[723]. 1639 Febr. 4 wurde er als Pfarrer von Altenbanz eingesetzt[724]. Er starb 1647 Okt. 12.

Jodocus Weith versah die Pfarrei Altenbanz nicht selbst, sondern ordnete dafür Konventualen ab[725]. 1639 April 11 kündigte er an, er werde die Pfarrei versehen lassen durch

---

704 Vgl. ebd., fol. 245v–249r.
705 Vgl. ebd., fol. 274r–v, 290r–v.
706 Vgl. ebd., Nr. 38, fol. 291r–292r; AEB, Rep. I, PfA 4, Prod. 1.
707 Vgl. StAB, B 93, Nr. 38, fol. 431v–434v.
708 Vgl. ebd., Nr. 39, fol. 34r, 35v; Nr. 40, fol. 2r–v.
709 Vgl. Wachter 6870.
710 Vgl. StAB, B 93, Nr. 30, fol. 523r.
711 Vgl. Amrhein, Benediktinermönche, 25, S. 226.
712 Vgl. StAB, B 93, Nr. 30, fol. 449r.
713 Vgl. Amrhein, Benediktinermönche, 25, S. 226.
714 Vgl. ebd., Nr. 38, fol. 173v–175v.
715 Vgl. Wachter 905.
716 Vgl. DAW, Dek. Ebern, VR 1656, fol. 381r.
717 Vgl. Schatt, S. 117.
718 Vgl. StAB, B 93, Nr. 32, fol. 112v.
719 Vgl. ebd., Nr. 33, fol. 138r–v.
720 Vgl. Amrhein, Benediktinermönche, 25, S. 226.
721 Vgl. Schatt, S. 121; StAB, B 93, Nr. 39, fol. 33v.
722 Vgl. ebd., fol. 86r.
723 Vgl. Amrhein, Benediktinermönche, 25, S. 226.
724 Vgl. StAB, B 93, Nr. 85, fol. 562r.
725 Vgl. ebd., fol. 564r.

*Erasmus Unrath OSB*

Er stammte aus Königshofen (wohl K. im Grabfeld)[726]. Vor 1636 Jan. 10 trat er ins Kloster Banz ein[727]. In Würzburg wurde er 1637 Juni 6 zum Subdiakon, Sept. 19 zum Diakon und Dez. 19 zum Priester geweiht[728]. Zu einem unbekannten Zeitpunkt hatte er das Amt des Cellarius inne[729]. Wann er starb, war nicht zu ermitteln.

*(1641), (1647)* *Michael Stürzel OSB*

Er wurde ca. 1605 in Königshofen (wahrscheinlich K. im Grabfeld) geboren[730]. In Banz wurde er 1620 Juni 6 eingekleidet; 1621 Nov. 25 legte er Profeß ab. Er studierte in Mainz[731] und ab 1625 Juli 11 in Würzburg[732]. Hier empfing er auch 1627 Mai 29 Subdiakonat, 1627 Sept. 18 Diakonat und 1629 Sept. 22 die Priesterweihe[733]. Während des Dreißigjährigen Krieges hielt er sich einige Zeit in Württemberg auf, wohl als Feldprediger. 1635 Okt. kehrte er nach Banz zurück[734]. Ab 1639 wirkte er als Pfarrer in Seßlach. 1641 und 1647 verweste er – wohl anstelle seines Abtes – die Pfarrei Altenbanz[735]. 1648 Mai 26 wurde er zum Abt von Banz gewählt. Er starb 1664 Febr. 20[736].

*(1649)–1654* *Johann Konrad Hirsch OSB*

Er wurde um 1600 in Kronach geboren[737]. Seine Mutter hieß Magdalena[738]. Er legte 1620 Juni 24 Profeß ab[739]. Zum Studium wurde er nach Bamberg geschickt, wo er Ende 1622 die Minores empfing[740]. In Würzburg wurde er 1623 April 1 zum Subdiakon, 1623 Sept. 23 zum Diakon und 1627 Mai 29 zum Priester geweiht[741]. 1629 Juni 10 wurde ihm die Pfarrei Rugendorf übertragen. 1631 kam er als Pfarrverweser nach Pretzfeld. Die Pfarreien Nordhalben und Tschirn wurden ihm 1632 Nov. 24 übertragen, dazu 1640 April Lahm. 1642 März 7 erhielt er die Pfarrei Uetzing[742]. Ab 1649 Juli 29 erscheint er als vom Abt eingesetzter Pfarrverweser von Altenbanz[743]; ob er diese Stelle, wie Wachter angibt, schon 1644 übernommen hatte[744], ist fraglich. Er versah Altenbanz bis 1654; anschließend betreute er Döringstadt[745], dann Rattelsdorf. 1654 Nov. 9 übernahm er erneut die Pfarrei Uetzing; wie lange, ist unbekannt[746]. Er starb laut Wachter 1665 März 1 im Kloster Michelsberg[747].

---

726 Vgl. Amrhein, Benediktinermönche, 25, S. 226.
727 Vgl. StAB, B 93, Nr. 39, fol. 35v.
728 Vgl. Amrhein, Benediktinermönche, 25, S. 226 f.
729 Vgl. Schatt, S. 118.
730 Vgl. Merkle, S. 151.
731 Vgl. Schatt, S. 121.
732 Vgl. Merkle, S. 151.
733 Vgl. Amrhein, Benediktinermönche, 25, S. 226.
734 Vgl. StAB, B 93, Nr. 39, fol. 34v.
735 Vgl. Wachter 10056.
736 Vgl. Amrhein, Benediktinermönche, 25, S. 226.
737 Vgl. Wachter 4364.
738 Vgl. StAB, B 93, Nr. 36, fol. 69r.
739 Vgl. Schatt, S. 118.
740 Vgl. StAB, B 93, Nr. 33, fol. 172r–v.
741 Vgl. Amrhein, Benediktinermönche, 25, S. 226.
742 Vgl. Wachter 4364.
743 Vgl. DAW, Dek. Ebern, VR 1649 (II), fol. 347r.
744 Vgl. Wachter 4364.
745 Vgl. DAW, Dek. Ebern, VR 1654 (II), fol. 1v.
746 Daß er von 1655 bis 1664 die Pfarrei Altenbanz verwest habe – so Wachter 4364 –, trifft zumindest teilweise nicht zu; 1656 ist ein anderer Konventuale als Verweser belegt, 1657 der Prior. Vgl. DAW, Dek. Ebern, VR 1656, fol. 381r; VR 1657, fol. 392v.
747 Wachter 4364. Anders Schatt, S. 118, demzufolge er 1665 Febr. 27 in Altenbanz starb.

## 6.3. Kaplan

Siehe S. 409.

# *7. Die evangelischen Pfarrer von Herreth*

*1583 – 1585* *Konrad Picker*

Siehe unter Pfarrern von Döringstadt (S. 402 f.).

*1585 – 1627* *Johann Köhler*

Er war der Sohn des Schneyer Kirchners Cuntz Köhler[748]. Vermutlich ist er mit dem Johann Köller aus Lichtenfels identisch, der im SS 1582 an der Universität Jena immatrikuliert wurde[749]. 1585 April 5 wurde er nach Herreth berufen und 1585 Juni 28 in Coburg ordiniert[750]. In Herreth starb er 1627 Juli 20[751]. Verheiratet war er seit 1586 Febr. 3 mit der Marktzeulner Bürgerstochter Barbara Thumler, einer Schwester des nachmaligen Marktgraitzer Pfarrers Christoph Thumler[752]. Sie starb 1588 April 29 in ihrem Heimatort[753].

*1627 – 1629* *Georg Adam Otto*

Als Sohn des Kantors Jobst Otto wurde er wohl 1598 Anfang Jan. in Coburg geboren. Das Gymnasium seiner Heimatstadt bezog er nach dem SS 1612; er besuchte es noch 1616. Im SS 1616 ließ er sich in Jena immatrikulieren[754], wo er noch 1621 Mai studierte[755]. Nachdem er in Coburg ordiniert worden war, erhielt er 1627 Sept. 7 die Pfarrei Herreth[756]. 1629 Sept. 23 verhafteten ihn Lichtenfelser Beamte, Sept. 26 wurde er nach Bamberg gebracht[757], am folgenden Tag gegen eine Urfehde freigelassen[758]. Danach hielt er sich in Coburg auf, bis ihm 1631 Nov. 24 die Pfarrei Scheuerfeld übertragen wurde. Dort starb er 1633 Dez. 8[759].

*1629 – 1630* *Daniel Frühauf*

Er wurde 1602 März als Sohn des Melchior Frühauf in Coburg geboren. Von 1612 Juni bis 1613 Mai besuchte er das Gymnasium in Schleusingen. 1618 Aug. 28 war er Schüler an der Coburger Ratsschule. In das dortige Gymnasium trat er 1620 Mai 9 ein[760]. An der Universität Jena ließ er sich im WS 1620 immatrikulieren[761], in Wittenberg 1624 Juni 11. Die Pfarrei Lahm im Itzgrund erhielt er 1625. Als Pfarrer in Herreth wurde er 1629 Dez. 30 eingesetzt[762],

748 Vgl. Dippold, Schney, S. 165.
749 Vgl. Mentz, S. 59.
750 Vgl. Dannheimer / Zahn / Kuhr, Nr. 1455.
751 Vgl. StAB, B 93, Nr. 37, fol. 336v.
752 Vgl. AEB, Kbb. Marktzeuln, Bd. 1, Trauungen, fol. 16r. Über Thumler siehe oben (4.1.).
753 Vgl. AEB, Kbb. Marktzeuln, Bd. 1, Bestattungen, fol. 19r.
754 Vgl. Hoefner, S. 184.
755 Vgl. ders., Erg., S. 166.
756 Vgl. Dannheimer / Zahn / Kuhr, Nr. 2001.
757 Vgl. StAB, B 76/XVIII, Nr. 19, fol. 407r, 409r.
758 Vgl. AEB, Rep. I, Nr. 746, fol. 197r.
759 Vgl. Dannheimer / Zahn / Kuhr, Nr. 2001.
760 Vgl. Hoefner, S. 116.
761 Vgl. Mentz, S. 102.
762 Vgl. Dannheimer / Zahn / Kuhr, Nr. 714.

aber bereits 1630 Jan. 4 verhaftet und am Folgetag nach Bamberg gebracht[763], wo er drei Wochen in Haft blieb[764]. Von 1631 bis 1634 hatte er erneut die Pfarrei Lahm inne. 1635/36 kam er nach Stressenhausen. Dort blieb er, bis er 1639 die Pfarrei Altenstein übernahm[765]. 1649 April setzte ihn Hans Eitel Marschalk von Ebneth als Pfarrer in Schney ein[766]. 1657 verließ er Schney. Um die Jahreswende 1658/59 wurde er Pfarrer von Eicha bei Römhild, wo er 1667 starb[767]. Er war viermal verheiratet[768].

Wohl seit 1641 betreuten im Auftrag der Herren von Rotenhan und von Ostheim die Gleußener Pfarrer Herreth seelsorgerlich[769].

*1641–1643* *Peter Schunk*

In Rodach wurde er 1610 April 10 als Sohn des Schneiders Sebastian Schunk geboren. Von 1629 März bis 1634 Juni besuchte er das Coburger Gymnasium. Anschließend studierte er in Jena, wo er sich schon im SS 1629 hatte immatrikulieren lassen. 1639 Nov. wurde er in Coburg ordiniert und bekam die Pfarrei Watzendorf übertragen, dazu 1641 Juni Gleußen (mit Herreth). Diese Pfarrei hatte er bis 1643 inne. 1645 übernahm er die Pfarrei Schottenstein, 1648 Juni kam er nach Ahorn. Dort starb er 1684 April 14[770].

*1643–1650* *Jakob Schütz (Sagittarius)*

Um 1581 wurde er in Eisfeld geboren. Nach dem Schulbesuch in Coburg studierte er ab 1603 zwei Jahre lang an der Akademie Altdorf. Dann unterrichtete er die Kinder eines Veilsdorfer Adligen, bis ihm 1609 die Pfarrei Wiesenfeld übertragen wurde. 1616 Juni 28 wurde er auf die Pfarrei Schlettach berufen[771], die er bis Herbst 1636 innehatte. 1636 erhielt er das Diakonat zu Ummerstadt. Er kam schließlich 1643 als Pfarrer nach Gleußen, wo er 1650 März 18 verstarb. Er war zweimal verheiratet[772].

*1650–1675* *Peter Franck*

In Schleusingen kam er 1616 Okt. 7 als Sohn des Schneiders und Händlers Sebastian Franck und der Barbara Schneider zur Welt. Er besuchte ab 1634 das Gymnasium seiner Heimatstadt und studierte von 1640 an in Altdorf. Nach einiger Zeit als Hauslehrer in Ahorn wurde er 1644 April 25 in Coburg ordiniert und übernahm die Pfarrei Thüngen. 1646 Nov. wurde er als Pfarrer von Roßfeld eingesetzt. Nach Gleußen kam er 1650 März. Er starb 1675. Seit 1645 war er mit der Coburger Tuchscherertochter Maria Magdalena Bachenschwank verheiratet. Er veröffentlichte mehrere religiöse Schriften sowie Leichenpredigten[773].

---

763 Vgl. StAB, B 76/XVIII, Nr. 19, fol. 415v–416r.
764 Vgl. AEB, Rep. I, Nr. 746, fol. 230v.
765 Vgl. Dannheimer / Zahn / Kuhr, Nr. 714.
766 Vgl. Dippold, Schney, S. 160.
767 Vgl. Hoefner, S. 116.
768 Vgl. Dannheimer / Zahn / Kuhr, Nr. 714.
769 Vgl. StAB, B 93, Nr. 40, fol. 537v, 568v; Nr. 85, fol. 602r.
770 Vgl. Hoefner, S. 221; Dannheimer / Zahn / Kuhr, Nr. 2602 und S. 413.
771 Vgl. Axmann, Schlettach, S. 58f., 72f.
772 Vgl. ebd., S. 69–72.
773 Vgl. Dannheimer / Zahn / Kuhr, Nr. 665.

# *8. Schney*[774]

## 8.1. Die Pfarrer

*Vor 1510 – (1518)* *Georg N. N.*

*– 1528* *Friedrich Schwalb*

Er stammte aus Lichtenfels. Im SS 1504 ließ er sich in Leipzig immatrikulieren und erwarb dort 1505 das Bakkalaureat; ab 1515 studierte er in Wittenberg. Die Engelmesse seiner Heimatstadt hatte er von 1510 Nov. 11 bis 1527 inne. Von der Pfarrei Schney, die er zu einem unbekannten Zeitpunkt übernommen hatte[775], wurde er 1528 bald nach Okt. 4 vertrieben. Im Dez. dieses Jahres setzten ihn die Visitatoren der ersten sächsischen Landesvisitation als Pfarrer und Superintendent von Heldburg ein. Dort starb er 1553 Aug. 22. Schwalbs Frau hieß Margaretha. Sie hatten zwei Söhne, Friedrich (1517–1575) und Heinrich.

*1531 –* *Martin Schnapp, Unrein genannt*

Er war ein Sohn des Staffelsteiner Bürgers Hans Schnapp[776]. In Wittenberg wurde er im WS 1515 immatrikuliert[777]. Von 1528 bis 1530 verweste er die Pfarrei Mürsbach[778]; noch 1531 Dez. 14 hielt er sich dort auf[779]. Kurz vor diesem Tag verlieh ihm Fritz Marschalk die Pfarrei Schney, die er aber nicht bezog[780]. 1532 April 3 präsentierte ihn Marschalk auf die Pfarrei Staffelstein[781]. Er versah sie ab ca. 1536 selbst[782] und hatte sie bis zu seinem Tod kurz vor 1545 April 10 inne[783].

*1536 –* *Andreas Kottlin*

Er stammte aus Rothenkirchen. 1536 Nov. 18 unterzeichnete er seinen Revers als Schneyer Pfarrer.

*1542 – 1543* *Johann von Müffling genannt Weiß*

Er soll Mönch in Langheim gewesen sein. Etwa 1542 Febr. wurde er Pfarrer von Schney. 1543 Aug. 25 verhaftete ihn der Lichtenfelser Amtmann. Im Sept. wurde er freigelassen, mußte aber schwören, die Diözese Bamberg zu verlassen[784]. Er erhielt im folgenden die Pfarrei Lindenau, wo er 1558 Jan. 14 starb. Bereits als Schneyer Pfarrer war er verheiratet; seine Frau hieß Martha.

---

774 Zum Folgenden vgl., wenn nichts anderes angegeben, Dippold, Schney, S. 161–165, und die ebd., S. 175f., genannten Quellen.

775 1523 Dez. 10 kann nicht als terminus post quem gelten, da die 1945 verbrannte, an jenem Tag ausgestellte Urkunde keine Präsentationsurkunde gewesen sein muß. So zwar Wendehorst, Archidiakonat, S. 12 Anm. 75; vgl. aber DAW, S 1, fol. 42v.

776 Vgl. StAB, A 50, L. 906, Nr. 600, Prod. 1.

777 Vgl. Foerstemann, S. 61.

778 Vgl. Barthels, Bd. 3, S. 260.

779 Vgl. PfAS, Nr. 13, Fasz. 1, fol. 9r. – Schnapp war zu diesem Zeitpunkt jedoch nicht mehr Pfarrverweser. Vgl. Barthels, Bd. 1, S. 150 Nr. 1000; Kandler, Pfarreien, S. 208.

780 Vgl. PfAS, Nr. 13, Fasz. 1, fol. 9r.

781 Vgl. AEB, Rep. I, PfA 440, Prod. 2.

782 Absenzgelder wurden letztmals 1535/36 gezahlt. Vgl. StAB, FR 1535/36, „De literis absentie [...] in curatis“.

783 Vgl. Kist 5350.

784 Vgl. Dippold, Schney, S. 149f., 172.

*(1550)* *N. N. Pfaff*

*– spätestens 1568* *Konrad Creutzinger*

Seine Witwe heiratete 1568 Dez. 30 den Lichtenfelser Bürger Hans Hegner[785]. Näheres ist über ihn nicht bekannt.

*Spätestens 1579 – 1589* *Johann Wieland*

Ihm wurde die Pfarrei Schney nach einer zwischen 1559 und 1579 April gehaltenen Probepredigt übertragen[786]. In Schney starb er 1589 Okt. 10. Seine Frau überlebte ihn. 1588 Febr. 23 heiratete seine Tochter Margaretha Jakob Spitzenpfeil aus Ober- oder Unterwallenstadt. Sein Sohn, Johann W., studierte in Altdorf, Erfurt und Jena, erhielt Ende 1596 die Stelle des Schulmeisters in Burgkunstadt[787], 1597 Dez. dann in Marktgraitz[788], wo ihn die Gemeinde aber erst 1598 Okt. annahm[789]; er verlor diesen Posten kurz vor 1601 März 2 und wurde März 28 des Hochstifts Bamberg verwiesen[790].

*1589 – 1591* *Andreas Günther*

Er stammte aus Burgkunstadt. Ab 1583 April 7 studierte er in Wittenberg. In Weismain wurde er vor 1588 Febr. 5 Schulmeister; an diesem Tag heiratete er dort die Tochter eines Ratsmitglieds, Margaretha Hornung. Ende 1589 berief ihn Hans Christoph Marschalk als Pfarrer nach Schney. Er starb hier vor 1591 März 21.

*1591 – 1596* *Nikolaus Stier*

Er wurde als Sohn des Eisfelder Bürgers Nikolaus Stier geboren. 1579 Mai 13 ließ er sich an der Universität Wittenberg immatrikulieren, im SS 1580 in Jena[791]. 1585 wurde er Diakon in Melkendorf. In Schney zog er 1591 März 31 als Pfarrer auf. Er starb hier vor 1596 März 4. Verheiratet war er seit 1591 Juli 1 mit der Witwe des Mainrother Pfarrers Heinrich Bauter[792].

*1596 – 1616/17* *Lorenz Karl (Carolus)*

Er stammte aus Döringstadt. In Bernburg besuchte er die Trivialschule und studierte er Philosophie und Theologie; insgesamt hielt er sich zwölf Jahre dort auf[793]. 1584 wurde er an der Universität Wittenberg, 1587 in Leipzig immatrikuliert. Wohl 1588 Juli wurde ihm der Posten des Rattelsdorfer Schulmeisters übertragen[794]. 1590 Mai 21 wird er als Gerichtsschreiber in Rattelsdorf erwähnt[795]. Die Pfarrei Schney hatte er inne 1596 März 4. Er starb dort kurz vor 1617 Jan. 16. Seine Frau brachte ihm mindestens vier Kinder zur Welt.

785 Vgl. StadtA Lichtenfels, B 4, fol. 318v.
786 Mit dem Staffelsteiner Pfarrer Johann Willet kann er nicht, wie Dippold, Schney, S. 162, vermutet, identisch sein, denn Willet starb vor 1574 Mai 4. Vgl. StAB, B 74/II, Nr. 48, pag. 739.
787 Vgl. AEB, Rep. I, PfA 334, Brief von 1597 Dez. 28.
788 Vgl. ebd., Brief von 1597 Dez. 11.
789 Vgl. AEB, Rep. I, Nr. 736, fol. 68v.
790 Vgl. StAB, B 68/I, Nr. 880, fol. 335r, 344v.
791 Vgl. Mentz, S. 320.
792 Siehe oben S. 409f.
793 Vgl. StAB, B 110, Nr. 39, fol. 124v.
794 Vgl. ebd., fol. 125v – 126ar.
795 Vgl. ebd., Nr. 40, fol. 662v.

*1617–1629* *Michael Blechschmidt*

1588 Sept. 4 wurde er als Sohn des Weißgerbers und Bürgermeisters Valentin Blechschmidt in Neustadt bei Coburg geboren. Nach dem Besuch der Coburger Ratsschule kam er 1608 an das dortige Gymnasium. Später studierte er wohl in Jena, wo er schon im SS 1607 immatrikuliert worden war. Von Veit Ulrich Marschalk nach Schney berufen, wurde er 1617 Febr. 1 in Coburg ordiniert. 1629 Okt. 7 setzten ihn bambergische Kommissare ab. Er zog in seine Heimatstadt. 1633 wurde er Pfarrer von Neuhaus. Er starb 1638 Okt. 28 in Neustadt[796]. Aus seiner 1615 mit Elisabeth Kohlhans (1591–1627) aus Fürth am Berg geschlossenen Ehe gingen ein Sohn und drei Töchter hervor. Nach dem Tod seiner ersten Frau heiratete er 1629 Febr. 26 die Neustadter Bürgerstochter Margaretha Kuhlman[797].

Bis 1649 folgten katholische Pfarrer:

*1629–(1631)* *Dr. Ernst Bonius*

Er war vermutlich ein Sohn des Bamberger Professors Johann Bonius[798]. Studien- und Weiheort sind unbekannt. Nachdem er einige Monate als Kaplan in Scheßlitz und über ein Jahr als Pfarrverweser in Marienweiher gewirkt hatte, wurde ihm 1617 Mai 11 die Pfarrei Lichtenfels übertragen. Daneben wurde er 1629 Okt. 7 in Schney als Pfarrer eingesetzt. Er versah diese Pfarrei aber nur etwa einen Monat lang selbst, dann übernahmen seine Kapläne die Seelsorge. Bonius ist noch 1631 April 24 als Inhaber der Pfarrei Schney nachgewiesen[799]. 1634 berief ihn der Bischof als Prediger und Pfarrverweser an St. Martin in Bamberg. Die Pfarrei Lichtenfels – vermutlich auch Schney – behielt er bis 1636 April 24. Einige Wochen später verließ er die Diözese. Er starb vor 1652 Dez. 20 im oberösterreichischen Hofkirchen.

*(1637)–1639* *Balthasar Herdegen*

Er kam aus Staffelstein. 1621 Dez. 16 ließ er sich an der Universität Würzburg immatrikulieren. Nachdem er 1636 Juli 1 ein Kanonikat bei St. Stephan zu Bamberg erhalten hatte, wurde ihm im selben Jahr die Pfarrei Lichtenfels übertragen. Gleichzeitig empfing er wohl die Pfarrei Schney. Nachgewiesen ist er als deren Inhaber seit 1637 Juni 25. Zwar wurde er als Lichtenfelser Pfarrer 1638 Dez. 23 abgesetzt, doch behielt er Schney bis 1639 Mai. Um die Jahreswende 1638/39 wurden ihm die Pfarreien Marktzeuln und Marktgraitz verliehen, auf die er bereits 1639 März wieder verzichtete[800]. 1641 wurde er Stiftsherr in Forchheim; von 1648 an war er Stiftsdekan. Auch in St. Stephan wurde er 1667 zum Dekan gewählt. Daneben hatte er eine Reihe von Benefizien und – nacheinander – mehrere Ämter in der Diözesanverwaltung inne. Er starb 1668 Febr. 22.

*1639–(1642)* *Thomas Fischer*

Er wurde 1607 Mai in Marktzeuln als Sohn des 1611 Febr. gestorbenen Bäckers Hans Fischer und der aus Strössendorf stammenden Barbara Frischman geboren[801]. 1619 schickte

796 Vgl. LKA/KbA, Nr. 80–3, fol. 74r.
797 Vgl. ebd., fol. 7v.
798 Über ihn vgl. Paschke, Abtswert, S. 67f.
799 Vgl. StAB, B 93, Nr. 39, fol. 168r.
800 Vgl. AEB, Rep. I, Nr. 748, fol. 330r.
801 Vgl. AEB, Kbb. Marktzeuln, Bd. 1, Taufen, fol. 151r; Trauungen, fol. 65r; Bestattungen, fol. 52r.

ihn sein Vormund auf die Coburger Ratsschule[802]; 1620 Jan. aber forderte sein Stiefvater, ihn wieder eine katholische Schule besuchen zu lassen[803]. Ins Bamberger Seminar wurde er 1626 Mai 7 aufgenommen. Die Priesterweihe empfing er 1631 Sept. in Würzburg. 1632 Jan. 7 kam er als Kooperator nach Schlüsselau. Das Kaplanat bei St. Martin in Bamberg wurde ihm 1635 Jan. 15 übertragen. Von 1635 Nov. 15 an verweste er die Pfarrei Lahm, bis er 1637 Febr. 9 Kaplan in Kronach wurde. 1639 erhielt er die Pfarreien Lichtenfels und Schney. 1642 Jan. wird er letztmals ausdrücklich als Pfarrer von Schney genannt[804], aber er hatte diese Pfarrei wohl, ebenso wie Lichtenfels, bis 1646 inne. Anschließend wurde ihm die Pfarrei Kronach übertragen, in deren Besitz er 1669 Sept. 23 starb.

Wahrscheinlich hatte auch Fischers Nachfolger in Lichtenfels, Veit Lutz, die Pfarrei Schney inne. Nachgewiesen ist dies aber nicht. Ab 1649 April wirkten wieder evangelische Pfarrer in Schney.

*1649–1657* *Daniel Frühauf*

Siehe unter Pfarrern von Herreth (S. 417 f.).

## 8.2. Die Pfarrverweser

*1532–(1533)* *Wolfgang Storch(er)*

Er stammte aus Redwitz (R. an der Rodach oder Marktredwitz?). Im SS 1517 wurde er in Erfurt, im SS 1518 in Leipzig immatrikuliert. Er verpflichtete sich 1531 Dez. 14, die Pfarrei Schney ab 1532 Febr. 2 für ein Jahr zu versehen. Noch 1533 Febr. 26 wird er als „pfarrer in der Schneyh" genannt. Ab 1534 Mai 19 erscheint er als Inhaber der Pfarrei Mainroth, die er kurz vor 1535 Mai 25 resignierte[805]. Vor 1536 Mai 1 wurde ihm das nicht konfirmierte Benefizium in Zeyern übertragen, das er noch 1537 Mai 1 und nicht mehr 1539 Mai 1 innehatte[806]. Als Pfarrverweser von Schmölz wird er 1535/36 genannt[807]. 1538 wurde er Pfarrer von Knetzgau; er blieb es wohl bis 1561[808].

*1629–1630* *Johann Peßler*

Er wurde 1602 Okt. in Bamberg als Sohn von Johann Peßler und Felicitas Zeick geboren. Ab 1626 Juli 25 studierte er im Bamberger Seminar. 1628 Juli 20 kam er als Kaplan nach Scheßlitz, 1629 nach Lichtenfels, von wo aus er ab Nov. als Vertreter seines Pfarrers Schney versah. Er verließ Lichtenfels, als er 1630 Mai 27 die Pfarrei Kunreuth übernahm. 1633 wurde er Pfarrer von Kersbach, später auch von Langensendelbach und von Neunkirchen. Er resignierte diese Pfarreien 1646. In Forchheim, wo er seit 1644 ein Kanonikat besaß, starb er 1667 März 6.

802 Vgl. StadtAC, B 587, fol. 105r.
803 Vgl. AEB, Rep. I, Nr. 744, fol. 134r–v.
804 Vgl. ebd., Nr. 749, fol. 66r.
805 Vgl. StAB, FR 1535/36, „Pro investituris" in Verbindung mit Kist 2804. – Kist 6137 ist zu korrigieren.
806 Vgl. StAB, FR 1535/36, fol. 6r; FR 1536/37, 1538/39, jeweils „De literis non confirmatorum".
807 Vgl. StAB, FR 1535/36, fol. 2r.
808 Vgl. Soder, Kleruslisten, S. 77.

*1630* *Johann Fliegauf*

Er feierte 1630 Juni 8 Primiz und wurde fünf Tage später Kooperator des Lichtenfelser Pfarrers für Schney. Da er sich als „nit sufficient" erwies, wurde er bereits Aug. 22 nach Enchenreuth versetzt.

*1630 –* *Michael Mögelius OSB*

Er wurde 1601 Dez. 7 in Königshofen (wohl K. im Grabfeld) geboren. 1618 März 21 legte er in Banz Profeß ab. An der Universität Würzburg wurde er 1621 Dez. 16 immatrikuliert. Er empfing in Würzburg 1623 April 15 Subdiakons-, 1624 Sept. 21 Diakons- und 1627 Mai 29 Priesterweihe. Als Seelsorger für Schney wurde er 1630 Sept. 19 angenommen. Zugleich erhielt er wohl die Stelle des Lichtenfelser Kaplans, die er noch 1636 April 22 innehatte. Ferner verweste er die Pfarrei Lichtenfels, nachdem Bonius nach Bamberg gezogen war[809]. Er starb 1674 Okt. 31 als Pfarrer von Amorbach.

# *9. Marktzeuln*

## 9.1. Die Pfarrer

*1510 – 1525* *Konrad Fabri*

Er war Priester der Augsburger Diözese[810]. Wahrscheinlich ist er mit dem K. F. gleichzusetzen, der 1472/73 in Flein, 1478 in Bubesheim Pfarrer war und das Bistum Augsburg zu einem unbekannten Zeitpunkt verließ[811]. 1510 Okt. 18 wurde er auf die neuerrichtete Pfarrei Marktzeuln präsentiert. Er behielt sie, bis er kurz vor 1525 Mai 23 starb[812].

*1525 – 1535* *Albert Neithardt*

Er wird 1503/04 als Pfarrer von Steinfeld genannt[813]. Die Pfarrei Marktzeuln hatte er von 1525 Mai 23 bis zu seinem Tod kurz vor 1535 April 24 inne[814].

*1535 – 1537* *Johann Seiler*

Er stammte aus Münchberg. Mit der Schläfermesse am Bamberger Dom versehen, studierte er ab SS 1529 in Leipzig. In Bamberg wurde er 1533 April 19 zum Subdiakon, 1533 Dez. 20 zum Diakon und 1534 Febr. 25 zum Priester geweiht[815]. Die Pfarrei Marktzeuln erhielt er, 1535 April 24 präsentiert, 1535 Nov. 16[816]. Er gab sie kurz vor 1537 Juli 23 wieder auf[817], nachdem er 1537 März 2 Dompfarrer in Bamberg geworden war[818]. Diese Pfarrei (St. Veit)

---

809 Vgl. StAB, B 93, Nr. 39, fol. 35v.
810 Vgl. StAB, B 46 c, Nr. 528, Prod. 7.
811 Vgl. Archiv des Bistums Augsburg, Generalschematismus (frdl. Mitt. des Archivs vom 27.3.1990).
812 Vgl. StAB, B 46 c, Nr. 528, Prod. 7 und 14.
813 Vgl. StAB, FR 1503/04, fol. 6r.
814 Vgl. StAB, B 46 c, Nr. 528, Prod. 11.
815 Vgl. Kist 5798.
816 Vgl. StAB, B 46 c, Nr. 528, Prod. 11 f.
817 Vgl. ebd., Prod. 15.
818 Vgl. Kist 5798. – Zu dieser Pfarrei vgl. Dippold, Günter: Der Dom als Pfarrkirche. Abriß der Geschichte der Dompfarreien. In: Röhrig, Hans-Günter (Hrsg.): Dieses große Fest aus Stein. Bamberger Dom. Lesebuch zum 750. Weihejubiläum. Bamberg 1987, S. 257 – 279, hier S. 257 – 263.

resignierte er, als er 1538 Febr. 26 die ältere Marienmesse am Dom erhielt. Von 1538 Juni 12 an war er auch Obleier, seit 1549 Sept. 28 Seelmesser am Dom. Die Spitalmesse in Kupferberg hatte er von 1543 bis 1551 und ab 1554, die Pfarrei Hallstadt 1543/44 inne. Er starb kurz vor 1556 Jan. 21[819].

*1537–* *Heinrich Ruprecht*

Er stammte aus Schauenstein und wurde im WS 1508 an der Universität Leipzig immatrikuliert. In Merseburg wurde er 1509 Dez. 22 zum Subdiakon, 1510 März 10 zum Priester geweiht. 1527 besaß er ein Vikariat in Freiberg (Sachsen). Die Pfarrei Steinfeld wurde ihm 1530 Aug. 31 übertragen[820]. 1537 Juli 23 erhielt er die Pfarrei Marktzeuln[821]. Wie lange er sie innehatte, ist unklar. Von 1552 bis 1554 war er Frühmesser in Weismain, ab 1554 Pfarrer von Strullendorf[822]. Er starb vor 1556 Mai 1[823].

*1552–1554* *Peter Wölfel*

Er kam aus Kulmbach und studierte ab SS 1548 in Leipzig, ab 1549 Mai 30 in Wittenberg, wo er 1552 Febr. 2 zum mag. art. promoviert wurde[824]. Als Kaplan in Weismain schwor er 1552 Juli 27 den brandenburgischen Priestereid. Einige Tage darauf setzte ihn Markgraf Albrecht Alcibiades als Pfarrer in Marktzeuln ein[825]. Etwa 1554 starb er in diesem Amt[826].

*1554–1573* *Konrad Gerber*

Wo er geboren, ausgebildet und ordiniert wurde, ist unbekannt. Ca. 1554 berief ihn die Gemeinde Marktzeuln zum Pfarrer[827]. Hier starb er 1573, sicher vor Nov. 18, vielleicht schon vor März 13[828]. Er war verheiratet; seine Witwe nahm 1581 Jan. 23 Andreas Peier aus Gundelsdorf zum Mann[829]. Gerbers Tochter Margaretha heiratete 1580 April 12 in Veitlahm den dortigen Pfarrer Johann Grassauer[830].

*1573–1609* *Johann Haselmann*

Er stammte aus Burgkunstadt. Im WS 1567 ließ er sich in Jena[831], im SS 1570 in Wittenberg immatrikulieren[832]. 1573 machte ihn die Gemeinde Marktzeuln zu ihrem Pfarrer[833]. Hier blieb er bis zu seiner Absetzung 1609 Nov.[834]. Trotz Verbots wohnten er und seine Familie 1610 Jan. 24 noch (oder wieder?) in Marktzeuln[835]. Sie wurden ausgewiesen, kehrten mehr-

---

819 Vgl. Kist 5798.
820 Vgl. Kist 5169.
821 Vgl. StAB, B 46 c, Nr. 528, Prod. 15.
822 Vgl. Kist 5169.
823 Vgl. StAB, FR 1555/56, fol. 6v.
824 Vgl. Kist 6733.
825 Vgl. Looshorn, Bd. 4, S. 864.
826 Vgl. BayHStA, RKG 405, Q 3, wo er irrig Wagner genannt wird.
827 Vgl. ebd.
828 Vgl. ebd.; daneben AEB, Kbb. Marktzeuln, Bd. 1, Trauungen, fol. 1v; Taufen, fol. 1r, wo die Einträge von Haselmanns Hand sind.
829 Vgl. ebd., Trauungen, fol. 10v.
830 Vgl. Kugler, S. 122.
831 Vgl. Mentz, S. 142.
832 Vgl. Album, S. 178.
833 Vgl. BayHStA, RKG 405, Q 3.
834 Haselmanns letzter Eintrag im Kirchenbuch datiert von Nov. 5. Sein katholischer Nachfolger wurde Nov. 18 eingesetzt. Vgl. AEB, Kbb. Marktzeuln, Bd. 1, Bestattungen, fol. 50r.
835 Vgl. AEB, Rep. I, Nr. 740, fol. 33v.

mals zurück, mußten aber jedesmal wieder fortziehen. Diesbezügliche Befehle ergingen 1611 Okt. sowie 1612 Sept. und Dez.[836]. Letztmals wird er 1614 Juli 19 erwähnt; er wohnte damals in Schwürbitz[837]. Haselmann heiratete 1573 Nov. 18 Margaretha Heidenreich aus Fischbach[838], eine Pfarrerstochter[839]. Nach ihrem Tod 1583 April 30 nahm er 1584 Juni 25 Margaretha Muller, eine Marktzeulner Bürgerstochter, zur Frau[840]. Haselmann hatte zwölf Kinder[841]:

Barbara, getauft 1575 April 25, die 1603 Mai 27 Melchior Vischer aus Schwürbitz heiratete;
Katharina, getauft 1576 Juni 14, die 1606 Sept. 11 die Ehe mit dem Marktzeulner Bürgerssohn Claus Vischer schloß;
Johann, getauft 1578 Juli 5, gestorben 1580 März 1;
Margaretha, getauft 1579 Sept. 22, gestorben 1580 März 4;
Matthäus, getauft 1581 Jan. 23, gestorben 1581 Dez. 4;
Konrad, getauft 1585 Mai 26, gestorben 1591 März 14;
Anna, getauft 1587 Mai 9; Margaretha, getauft 1588 Dez. 14;
Johann, getauft 1590 Okt. 3, gestorben 1591 April 13;
Christina, getauft 1593 Febr. 10, die 1616 Febr. 28 den Marktzeulner Wolfgang Dötschel zum Mann nahm;
Johann, getauft 1596 Aug. 3, gestorben 1597 April 14; und
Johann, getauft 1598 Nov. 27, der 1608 die Coburger Ratsschule besuchte, von 1616 bis 1619 als Schüler am dortigen Gymnasium nachgewiesen ist und in Jena, wo er sich im WS 1617 an der Universität immatrikuliert hatte, starb[842].

*1609–1611* *Konrad Pfendner*

Er stammte aus Hollfeld. Sein Vater hieß Pankraz Pfendner[843]. An der Universität Tübingen wurde er 1586 Mai 31 immatrikuliert und 1586 Sept. 28 zum bacc. art., 1587 Aug. 2 zum mag. art. promoviert[844]. Im folgenden lehrte er einige Wochen am Ernestinum zu Bamberg. „Alß aber der religion wegen er sich erclären sollen", kehrte er nach Tübingen zurück[845] und heiratete dort 1589 April die Bürgerstochter Susanna Heinlin. Noch im selben Jahr wurde er Diakon in Buchsweiler (heute Bouxviller, ca. 32 Kilometer nordwestlich von Straßburg). 1593 erhielt er die Pfarrstelle im benachbarten Ernolsheim, das er aber nach einem Jahr verließ, als er wegen „mores malos gar abgestoßen worden" war. Von 1594 an war er Pfarrer von Weinburg[846]. 1597 vor Juni 6 verließ er diesen Ort, brachte seine Frau und seinen Hausrat in Straßburg unter und reiste mit seiner Geliebten, einer Weinburger Wirtsfrau, nach Hollfeld. Hier wurde er auf die Anzeige ihres Ehemann hin verhaftet. Nach Bamberg gebracht, wurde er zum Tod verurteilt, aber begnadigt und des Hochstifts Bamberg auf

---

836 Vgl. ebd., fol. 166r; Nr. 741, fol. 53v, 70v.
837 Vgl. StAB, B 46 a, Nr. 3389, fol. 31r–32v. Konzepte: StAC, LA D 1322, fol. 348r–349v, 151r–353r. Abschrift: BayHStA, RKG 3564/10, Beilage 5 zur sächsischen Duplik.
838 Vgl. AEB, Kbb. Marktzeuln, Bd. 1, Trauungen, fol. 1v.
839 Über ihren Vater vgl. Kist 2497.
840 Vgl. AEB, Kbb. Marktzeuln, Bd. 1, Bestattungen, fol. 14r; Trauungen, fol. 14v.
841 Vgl. ebd., Taufen, fol. 7v, 11r, 20r, 26r, 33r, 53v, 63r, 70v, 79v, 91v, 110r, 120r; Trauungen, fol. 58r–v, 67r, 76v; Bestattungen, fol. 9r–v, 12r, 22r–v, 31r.
842 Vgl. Hoefner, S. 136; ders., Erg., S. 121.
843 Vgl. StAB, A 50, L. 909, Nr. 793.
844 Vgl. Hermelink, Heinrich (Hrsg.): Die Matrikeln der Universität Tübingen. 1. Bd. Stuttgart 1906, S. 644.
845 StAB, B 68/I, Nr. 877, pag. 145.
846 Bopp, Marie-Joseph: Die evangelischen Geistlichen und Theologen in Elsaß und Lothringen von der Reformation bis zur Gegenwart. Neustadt a. d. Aisch 1959 (Genealogie und Landesgeschichte 1), S. 414 Nr. 3974.

ewig verwiesen[847]. 1600 Aug. 11 bat er jedoch, mittlerweile zum katholischen Glauben konvertiert, ihn wieder ins Land aufzunehmen, was ihm Sept. 13 gewährt wurde[848]. Von Hollfeld aus begehrte er 1600 Nov. 8 die Absolution von Häresie und Ehebruch[849]. 1601 Juli 26 ließ ihm der Fürstbischof zwölf Gulden auszahlen[850]. Kurz darauf reiste Pfendner nach Prag[851]. Die Weihe zum Diakon empfing er 1602 April ca. 4 in Bamberg. Im folgenden Monat lebte er im dortigen Dominikanerkloster und bat um einen Dispens, um nicht sechs Monate bis zur Priesterweihe warten zu müssen[852]. 1608 März 7 wurde ihm die Pfarrei Zell übertragen[853]. In Marktzeuln wurde er 1609 Nov. 18 als Pfarrer eingesetzt[854]. Er blieb, bis er 1611 Mai 25 die Pfarrei Ebensfeld erhielt[855]. 1614 Febr. 20 kam er als Pfarrer nach Reuth, wo er 1624 Juni 30 starb[856].

*1611–(1615)* *Johann Minderlein*

Er war ein Sohn des Ebermannstadter Ratsmitglieds Georg Minderlein[857]. Zunächst studierte er, seit 1604 Dez. 1 mit der Frühmeßpfründe seiner Heimatstadt versehen, am Ernestinum in Bamberg[858]. Ab 1607 Aug. setzte er sein Studium an der Universität Dillingen fort, wo er 1608 April 15 zum bacc. phil. und 1608 Aug. 26 zum mag. phil. promoviert wurde[859]. Einige Wochen darauf, 1608 Nov. 8, nahm er in Ingolstadt ein Studium der Theologie auf[860]. In Würzburg wurde er 1610 Sept. 18 zum Subdiakon und 1611 März 19 zum Diakon geweiht[861]. Vor Okt. 22 desselben Jahres empfing er die Priesterweihe und wurde als Pfarrer in Marktzeuln eingesetzt[862]. 1615 Okt. resignierte er die Pfarrei wieder[863], blieb aber möglicherweise bis Anfang 1616 am Ort. 1616 Juli 21 hielt er sich – wohl als Pfarrer – in Bieberehren auf[864]. Minderlein, der 1629 neben der Früh- auch die Mittelmesse von Ebermannstadt innehatte, starb vor 1630 Juni 1[865].

*1616–1620* *Adam Julius Scharr(er)*

Er war ein Sohn des Wolfgang Scharr, gestorben 1604 als Pfarrer von Pottenstein[866], und seiner Konkubine Anna Bletzin[867]. Diese zog mit ihren Kindern, als deren Vater tot war, nach Dorfprozelten. In Bamberg wurde Scharr 1609 März 8 tonsuriert[868], in Würzburg 1610

847 Vgl. StAB, B 68/I, Nr. 877, pag. 146f.; auch Nr. 876, pag. 426f.
848 Vgl. ebd., Nr. 880, fol. 218r, 245v.
849 Vgl. AEB, Rep. I, A 164, Prod. 15.
850 Vgl. StAB, A 231, Nr. 1826/I, fol. 245r.
851 Vgl. StAB, FR 1600/01, „Exposita".
852 Vgl. AEB, Rep. I, A 164, Prod. 15.
853 Vgl. Wachter 7445.
854 Vgl. StAB, A 231, Nr. 1834/I, fol. 503v.
855 Vgl. AEB, Rep. I, Nr. 740, fol. 141v.
856 Vgl. Wachter 7445.
857 Vgl. Specht, S. 336.
858 Vgl. Wachter 6722.
859 Vgl. Specht, S. 336.
860 Vgl. Pölnitz, Bd. 2, Sp. 166.
861 Vgl. DAW, Amrheinsches Register zur Weihematrikel, pag. 112.
862 Vgl. AEB, Rep. I, Nr. 740, fol. 166r, wo er allerdings nicht namentlich bezeichnet wird. Vgl. auch AEB, Kbb. Marktzeuln, Bd. 1, Bestattungen, fol. fol. 52v–53r. Demnach war Minderlein wohl der unmittelbare Nachfolger Pfendners.
863 Vgl. AEB, Rep. I, Nr. 742, fol. 248r.
864 Vgl. ebd., Nr. 743, fol. 40r–v.
865 Vgl. Wachter 6722.
866 Über ihn vgl. Wachter 8577; ergänzend Hotzelt, Matricula, S. 85; Pölnitz, Bd. 1, Sp. 846.
867 Vgl. Looshorn, Bd. 5, S. 504f.
868 Vgl. AEB, Rep. I, A 160.

Sept. 18 zum Subdiakon geweiht[869]. Nachdem er als Kaplan in Scheßlitz gewirkt hatte, erhielt er 1613 Nov. 28 die Pfarrei Zeyern, die er auch nicht aufgab, als er 1615 Okt. als Kooperator nach Vilseck kam. 1616 März 13 wurde ihm die Pfarrei Marktzeuln übertragen[870], die er vier Jahre lang versah. Um 1620 April wurde er Pfarrer von Arnstein[871]. Diese Pfarrei gab er 1631 Jan. 16 auf, da ihn der Bamberger Fürstbischof zum geistlichen Rat berufen hatte. Von 1632 bis 1637 fungierte er als Fiskal, dann einige Monate als Pfarrer von Memmelsdorf. Er starb 1646 Febr. als Dekan in Scheßlitz, wo er seit 1638 März 14 Pfarrer war[872].

*1620 – 1621* *Michael Müller*

Möglicherweise ist er mit dem 1597 März 12 in Würzburg immatrikulierten M. M. aus Burgau identisch[873] und / oder mit Michael Molitor aus Nüdlingen, der 1599 Dez. 14 ins Würzburger Priesterseminar eintrat[874] und in Würzburg 1600 Febr. 26 Tonsur und Minores, 1604 Juni 12 Subdiakonat, Sept. 18 Diaktonat und Dez. 18 Presbyterat empfing[875]. Die Pfarrei Gremsdorf wurde ihm 1617 Juli 17 übertragen[876]. 1620 vor Dez. 14 kam er als Pfarrer nach Marktzeuln, verließ diesen Ort aber bereits 1621 vor Nov. 29 wieder[877]. 1622 Febr. 25 wurde er, noch ohne „condition", von der Bamberger geistlichen Regierung als Kaplan nach Kronach geschickt[878]. Ob er diese Stelle wirklich antrat, war nicht zu klären. Später erhielt er erneut die Pfarrei Gremsdorf, die er bis 1628 Sept. innehatte. Von dort aus versah er ab 1624 auch die Pfarrei Sambach[879]. Wahrscheinlich ist er mit dem Michael Molitor identisch, der von 1641 bis 1646 Pfarrer von Marktbibart war[880].

*1621 – 1631* *Kaspar Sartorius*

Er kam aus Bamberg. Als Alumnus ließ er sich 1619 Juli 6, bereits mag. art., an der Universität Würzburg immatrikulieren[881]. Hier empfing 1621 Juni 5 Subdiakonat, 1621 Sept. 18 Diakonat[882]. Kurz darauf wurde er zum Priester geweiht und 1621 Nov. 29 nach Marktzeuln entsandt[883]. 1631 März 13 wurde ihm die Pfarrei Hollfeld übertragen[884]. Er blieb jedoch noch einige Zeit in Marktzeuln und wurde im selben Monat als Pfarrer der restituierten Pfarrei Schmölz eingesetzt[885]. Die Pfarrei Hollfeld hatte er bis 1634 inne. In Bamberg, wo er seit 1632 Chorherr bei St. Gangolf war, starb er spätestens 1637 Nov.[886].

---

869 Vgl. DAW, Amrheinsches Register zur Weihematrikel, pag. 142.
870 Vgl. Wachter 8576.
871 Vgl. AEB, Rep. I, Nr. 744, fol. 134r, 183r.
872 Vgl. Wachter 8576.
873 Vgl. Merkle, S. 40.
874 Vgl. DAW, Catalogus Alumnorum (Abschrift Eisentraut).
875 Vgl. DAW, Amrheinsches Register zur Weihematrikel.
876 Vgl. Wachter 6912.
877 Vgl. AEB, Rep. I, Nr. 744, fol. 237r, 333v.
878 Ebd., fol. 354r.
879 Vgl. Wachter 6912.
880 Vgl. Wachter 6913.
881 Vgl. Merkle, S. 122.
882 Vgl. DAW, Amrheinsches Register zur Weihematrikel, pag. 143.
883 Vgl. AEB, Rep. I, Nr. 744, fol. 333v.
884 Vgl. ebd., Nr. 746, fol. 333r.
885 Vgl. ebd., fol. 334r.
886 Vgl. Wachter 8491.

*1631–(1635)* *Johann Stephan Waldmann*

Er wurde 1604 Dez. 25 in Seußling geboren[887]. Ab 1625 Nov. 7 studierte er in Ingolstadt[888], wo er zum mag. art. promoviert wurde. In Eichstätt empfing er 1628 Dez. 23 die Minores und 1629 Dez. 22 die Weihe zum Subdiakon[889]. Die Pfarrei Marktzeuln wurde ihm kurz vor 1631 Mai 5 verliehen[890]. Ab 1635 März 22 sollte er auch die Pfarrei Marktgraitz versehen[891]. Noch 1635 Okt. 30 ist er in Marktzeuln nachzuweisen[892]. Er verließ Marktzeuln vor 1636 April 24[893]. Im folgenden wirkte er als Pfarrer in Scheßlitz (ab 1636 Febr.), in Seußling und mehreren umliegenden Pfarreien (ab 1638), in Vilseck (ab 1640 Nov. 10), in Auerbach (von 1651 Mai 22 bis Anfang 1652). Als Chorherr bei St. Gangolf in Bamberg und Pfarrer von Eggolsheim starb er 1653 April 24[894].

*1638* *Leonhard Sell*

Er stammte aus Wittershausen bei Kissingen. 1623 März 23 wurde er an der Universität Würzburg immatrikuliert[895], wo er den Grad eines mag. art. erwarb. Zum Subdiakon wurde er in Würzburg 1630 März 16 geweiht, zum Diakon zwei Wochen später, zum Priester 1630 Dez. 21[896]. Nach einem einjährigen Romaufenthalt bat er um eine Pfarrei im Hochstift Bamberg und wurde 1638 März 10 nach Marktzeuln und Marktgraitz geschickt. Dort blieb er aber nur wenige Wochen. 1638 Juni 22 erhielt er die Pfarrei Ebermannstadt. Von 1643 bis 1646 war er Pfarrer von Kupferberg und Marktschorgast. Nachdem er einige Zeit die Pfarrei Geiselwind verwest hatte, wirkte er von 1651 bis 1654 als Pfarrer in Schlüsselfeld[897]. 1655 Okt. erscheint er als Pfarrer von Schleerieth[898].

*1639* *Balthasar Herdegen*

Siehe unter Pfarrern von Schney (S. 421).

*1639–(1642)* *Georg Ulrich (Ulrici)*

Er kam um 1603 in Haßfurt zur Welt. 1630 Febr. / März empfing er die Priesterweihe. Nach 20 Tagen als Kaplan in Scheßlitz wurde er 1630 Mai 5 Pfarrer von Burgkunstadt, wo er, seit 1656 auch mit einem Kanonikat bei St. Gangolf in Bamberg versehen, 1669 Juni 17 starb[899]. Daneben wurde er 1631 März 19 als Pfarrer in Obristfeld eingesetzt[900]. Die Pfarreien Marktzeuln und Marktgraitz wurden ihm 1639 Juni / Juli übertragen[901]. Er hatte sie noch 1642

---

887 Vgl. Diözesanarchiv Eichstätt, B 216, pag. 243, 264 (frdl. Mitt. von Herrn Diözesanarchivar Brun Appel).
888 Vgl. Pölnitz, Bd. 2, Sp. 479.
889 Vgl. Diözesanarchiv Eichstätt, B 216, pag. 243, 264.
890 Vgl. AEB, Rep. I, Nr. 746, fol. 344v.
891 Vgl. AEB, Rep. I, PfA 342, Brief von 1635 März 22.
892 Vgl. AEB, Rep. I, Nr. 748, fol. 83r.
893 Vgl. ebd., fol. 165v.
894 Vgl. Wachter 10668.
895 Vgl. Merkle, S. 142.
896 Vgl. DAW, Amrheinsches Register zur Weihematrikel, pag. 144.
897 Vgl. Wachter 9490.
898 Vgl. Amrhein, August: Das Landkapitel Lengfurt. Würzburg 1896 (Franconia Sacra. Geschichte und Beschreibung des Bisthums Würzburg, Lieferung 2), S. 88.
899 Vgl. Wachter 10390.
900 Vgl. AEB, Rep. I, Nr. 746, fol. 334v.
901 Vgl. ebd., Nr. 748, fol. 340r, 342r.

März inne[902]; im Okt. jedoch wurden sie wohl anderweitig besetzt[903]. Erneut übernahm er im Frühjahr 1647 die beiden Pfarreien[904], obwohl ihm mittlerweile noch die Pfarrei Burkersdorf anvertraut worden war[905]. 1649 Aug. 26 wollte er nach Marktzeuln ziehen[906]. Ob er es wirklich tat und – falls er dorthin zog – wie lange er dort wohnen blieb, ist unklar. 1650 zwischen März und Okt. 3 gab er die Pfarreien Marktgraitz und Marktzeuln auf[907].

*1642* *Dr. Johann Leßlein (?)*

Er stammte aus Wülfingen. Als bischöflicher Alumnus wurde er 1619 Juli 6 an der Universität Würzburg immatrikuliert[908]. Er war von 1624 an als Pfarrer oder Pfarrverweser nacheinander in Stadtsteinach, Steinwiesen, Pretzfeld, Kirchehrenbach und Hollfeld tätig und fungierte von 1641 Nov. bis 1642 März als Bamberger Fiskal. Dann wurde er wegen sittlicher Vergehen bestraft[909]. 1642 Okt. sollte er die Pfarreien Schmölz, Mitwitz, Marktzeuln und Marktgraitz übernehmen[910]. Ob dies tatsächlich geschah, ist ungewiß. 1643 April 30 erhielt er die Pfarrei Hallstadt. Dort starb er 1645 März 8[911].

*1643* *Anton Schmid (?)*

Geboren wurde er 1605 Jan. 15 in Seußling. An einer unbekannten Universität erwarb er den Grad eines Magisters. 1625 Febr. 2 wurde er Kaplan in Hollfeld, Sept. in Scheßlitz. Von 1626 Febr. 7 an versah er die Pfarrei Stadtsteinach. Die Pfarrei Marienweiher hatte er von 1629 bis 1642 inne[912]. 1643 März befahl der Fürstbischof, ihn nach Marktzeuln und Marktgraitz zu schicken[913]. Es ist jedoch nicht gesichert, daß er die Pfarreien wirklich übernahm. Im folgenden wurden ihm Adelsdorf und mehrere Pfarreien der Umgebung übertragen. 1646 war er kurzfristig Prediger in Forchheim. Er starb 1659 Jan. 15 in Eggolsheim, nachdem er dort etwa fünfeinhalb Jahre als Pfarrer tätig gewesen war[914].

*Ca. 1642/44 (?)* *Johann Dörckes (Dürkes) OCist*

Der Dekan des Kapitels Ebern notierte 1650, der Langheimer Konventuale J. D. habe „vor diesem" den Pfarreien Marktzeuln und Marktgraitz „in cura animarum und andern actibus parochialibus [...] vorgestanden"[915]. Dörckes stammte aus Kronach[916] und legte 1630 April 29 in Langheim Profeß ab. Nach 1632 verbrachte er wegen der Kriegsgefahr einige Zeit in der Zisterze Hohenfurth und in österreichischen Klöstern[917]. Von 1642 Juli 28 bis 1645 war er Pfarrer von Altenkunstadt und Kirchlein[918]. Seine Tätigkeit in Marktzeuln und Marktgraitz

---

902 Vgl. AEB, Rep. I, PfA 342, Brief von 1642 März 10 sowie undat. Brief der Gemeinden Marktzeuln und Marktgraitz.
903 Vgl. AEB, Rep. I, Nr. 749, fol. 105r.
904 Vgl. ebd., fol. 353r, 356r.
905 Vgl. ebd., fol. 331v.
906 Vgl. ebd., Nr. 750, fol. 73v.
907 Vgl. ebd., fol. 114r, 139v.
908 Vgl. Merkle, S. 122.
909 Vgl. Wachter 6096.
910 Vgl. AEB, Rep. I, Nr. 749, fol. 105r.
911 Vgl. Wachter 6096.
912 Vgl. Wachter 8878.
913 Vgl. AEB, Rep. I, Nr. 749, fol. 124v.
914 Vgl. Wachter 8878.
915 Vgl. AEB, Rep. I, PfA 342, Brief von 1650 März 3.
916 Vgl. StBB, R. B. Msc. 87, fol. 36v; Halusa, S. 293.
917 Vgl. StBB, R. B. Msc. 82/2, fol. 57v.
918 Vgl. Wachter 1756.

fällt wahrscheinlich in die Zeit zwischen der Aufgabe der Pfarreien durch Ulrich und dem Aufzug Schencks. Später wirkte er im Kloster als Cellarius und Küchenmeister, ab 1648 als Bursarius[919]. Er starb 1667 Mai 6 oder Juni 6 als Wallfahrtsseelsorger in Vierzehnheiligen[920].

*1644–1646* *Stephan Schenck*

Er kam aus Stalldorf und studierte ab 1623 März 23 in Würzburg[921]. Bis 1644 war er Pfarrer von Untereisenheim[922]. Im Dez. dieses Jahres wurden ihm die Pfarreien Marktgraitz und Marktzeuln übertragen[923], die er aber wohl erst Anfang 1645 bezog[924]. Er verließ Marktgraitz 1646 Dez. ca. 25[925], nachdem er die erbetene Pfarrei Lahm[926] erhalten hatte. Von 1649 bis 1650 besaß er die Pfarrei Weichenwasserlos[927].

*1647–1650* *Georg Ulrich (Ulrici)*

Siehe S. 428f.

*1650–1651* *Johann Christoph Carlau (Karlau)*

Er war ein Sohn des Pottensteiner Vogtes Otto Friedrich Carlau[928]. Als Bamberger Alumnus empfing er 1649 Sept. 18 in Würzburg Tonsur und Minores[929]. Kurz vor 1650 Okt. 3 wurde er zum Priester geweiht und erhielt die Pfarreien Marktzeuln und Marktgraitz[930]. An ihrer Stelle bekam er 1651 Juli 21 die Pfarrei Kupferberg[931]. 1652 Febr. wurde er zum Kooperator für Auerbach degradiert. Er wurde jedoch schon im April Pfarrverweser, später Pfarrer von Neuhaus und blieb es bis 1656 Juli. Anschließend hatte er bis 1660 Febr. die Pfarrei Zell[932], danach bis 1662 die Pfarrei Stettfeld[933].

## 9.2. Die Inhaber der Frühmesse

*–1503* *Friedrich von Schaumberg*

Der Sohn von Burkhard v. Sch. und Katharina von Redwitz erhielt 1472 Juni 25 ein Kanonikat am Bamberger Dom. Ferner ist er seit 1496 als Archidiakon von Kronach nachgewiesen[934]. Die Frühmesse Marktzeuln hatte er von einem unbekannten Zeitpunkt bis zu seinem Tod 1503 Juli 21 inne[935].

919 Vgl. StBB, R. B. Msc. 82/2, fol. 57v.
920 Vgl. StBB, R. B. Msc. 87, fol. 36v; Halusa, S. 293.
921 Vgl. Merkle, S. 142.
922 Vgl. PfAM, Memorial 1686, pag. 2.
923 Vgl. AEB, Rep. I, Nr. 749, fol. 215r.
924 Vgl. ebd., fol. 224r.
925 Vgl. ebd., fol. 363v.
926 Vgl. ebd., fol. 334v.
927 Vgl. Wachter 8670.
928 Vgl. Wachter 5002.
929 Vgl. Kandler, Stettfeld, S. 100.
930 Vgl. AEB, Rep. I, Nr. 750, fol. 139v.
931 Vgl. ebd., fol. 199r.
932 Vgl. Wachter 5002.
933 Vgl. Kandler, Stettfeld, S. 100.
934 Vgl. Kist, Domkapitel, S. 258f.; Kist 5284.
935 Vgl. StAB, B 46 c, Nr. 528, Prod. 2.

*1503–1510* *Johann Brueler (Brurel)*

Er stammte aus Hersbruck und ließ sich 1498 Okt. 26 mit seinem Bruder an der Universität Ingolstadt immatrikulieren[936]. 1503 Juli 24 wurde er auf die Marktzeulner Frühmesse präsentiert[937]. Er tauschte sie kurz vor 1510 Aug. 29 gegen das Benefizium St. Nikolaus in turri am Bamberger Dom[938]. Von 1513/14[939] bis 1515 März 3 hatte er die Pfarrei Mißlareuth inne, ab ca. 1522 das Katharinen-Benefizium am Dom zu Bamberg, ab 1533 das Dreikönigs-Benefizium in Kronach sowie bis 1535 März 1 die Eggolsheimer Engelmesse. Er starb kurz vor 1535 Nov. 9[940].

*1510–1523* *Georg Wilhelmi*

Von 1495 an ist er als Vikar bei St. Gangolf in Bamberg nachzuweisen[941]. Die Pfarrei Ebensfeld wurde ihm 1504, die Pfarrei Seußling 1505 Juli 28 übertragen[942]. Bis 1510 Aug. hatte er das Benefizium St. Nikolaus in turri am Bamberger Dom inne; dann erhielt er im Tausch dafür die Frühmesse Marktzeuln, die er 1523 resignierte[943]. Er starb 1525 März 9[944].

*1523–(1544)* *Johann Wilhem (Wilhelm)*

Er war Bamberger Kleriker. Die Frühmesse Marktzeuln wurde ihm 1523 übertragen[945]. Noch 1544 Okt. 1 wird er als ihr Inhaber genannt[946]. Mit dem gleichnamigen Chorherrn bei St. Gangolf in Bamberg, der 1528 starb[947], ist er folglich nicht identisch, möglicherweise aber mit dem J. W., der von 1518/19[948] bis ca. 1522[949] als Pfarrer von Schauenstein nachgewiesen ist.

*Paul Neydecker*

Er stammte aus Weismain und studierte ab SS 1504 in Leipzig, wo er im WS 1505 den Grad eines bacc. art. erwarb[950]. An einer unbekannten Universität, wohl in Italien, wurde er zum „legum doctor" promoviert. Ab 1506 war er in Rom an der Kurie tätig. Nach Bamberg kehrte er 1524 zurück[951]. Erst 1529 März 27 wurde er hier zum Priester geweiht. Neydecker, der von 1529 Sept. bis zu seinem Tod 1565 Jan. 24 als Bamberger Generalvikar wirkte, brachte eine große Anzahl von Pfründen an sich, so die Propsteien von St. Gangolf in Bamberg und St. Emmeram in Spalt, Kanonikate an St. Stephan in Bamberg und St. Martin in Forchheim, die Pfarreien Eggolsheim, Münchberg, Frensdorf, Kulmbach, Gößweinstein. Er soll auch die Frühmesse zu Marktzeuln innegehabt haben; wann, ist unbekannt[952].

936 Vgl. Kist 756.
937 Vgl. StAB, B 46 c, Nr. 528, Prod. 2.
938 Vgl. ebd., Prod. 6.
939 Vgl. StAB, FR 1513/14, fol. 11v.
940 Vgl. Kist 756.
941 Vgl. Kist 6640.
942 Vgl. StAB, FR 1504, fol. 12v; Kist 6640.
943 Vgl. StAB, B 46 c, Nr. 528, Prod. 6 und 13.
944 Vgl. Kist 6640.
945 Vgl. StAB, B 46 c, Nr. 528, Prod. 13.
946 Vgl. Wachter 11090.
947 Vgl. Kist 6641.
948 Vgl. StAB, A 232, Nr. 530, fol. 4r.
949 Vgl. Kist 6642.
950 Vgl. Kist 4536.
951 Vgl. Zeißner, S. 144f.
952 Vgl. Kist 4536.

*–1573* *N. N. Wolf*

Laut Wachter starb 1573 Juli 17 ein Geistlicher namens Wolf als Frühmesser von Marktzeuln[953].

## 9.3. Die Inhaber des St.-Michaels-Benefiziums

*1504–1506* *Nikolaus Popp*

Er trat 1480, als Pfarrer von Isling, der Priesterbruderschaft Staffelstein bei. 1506 Aug. 7 resignierte er seine Pfarrei[954]. Um dieselbe Zeit, vor Aug. 18, gab er das Marktzeulner St.-Michaels-Benefizium auf[955]. Er ist vermutlich identisch mit dem Matthes Popp, der die Pfründe kurz vor 1504 Okt. 1 erhalten hatte[956]. Ohne ein Benefizium starb N. P. vor 1516 Juni 1[957].

*1506–* *Heinrich Pauer*

Er wurde 1506 Aug. 18 auf das St.-Michaels-Benefizium präsentiert[958]. Zwei Männer namens H. P., der eine aus Kulmbach, der andere aus Mistelgau, waren im SS 1500 an der Universität Leipzig immatrikuliert worden[959]; einer von ihnen dürfte der spätere Marktzeulner Benefiziat gewesen sein. Wie lange Pauer das Benefizium besaß, ist ungewiß. Er verlor es aber spätestens 1510, als es zur Pfarrei erhoben wurde. Ein H. P. wird 1527/28 als Pfarrverweser von Stadelhofen genannt[960].

# *10. Marktgraitz*

## 10.1. Die Pfarrer

*(1503)–1513* *Johann Scheßlitzer*

Durch päpstliche Provision wurde ihm 1475 Okt. 3 eine Vikarie am Bamberger Dom übertragen[961]. Seit 1503 Juni 23 ist er als Pfarrer von Marktgraitz nachgewiesen[962]. Er blieb es bis zu seinem Tod kurz vor 1513 April 28[963].

*1513–* *Konrad Strigel*

Er ist von 1502 bis 1504 als Pfarrer (oder Pfarrverweser?) von Seußling belegt[964]. 1506 Febr. 22 war er Schloßkaplan von Wüstenstein[965]. Als „vermeinter pfarrher zu Etzelßkirchen“

953 Vgl. Wachter 11211.
954 Vgl. Kist 626.
955 Vgl. StAB, B 46 c, Nr. 528, Prod. 5.
956 Vgl. ebd., Prod. 4.
957 Vgl. StAB, FR 1515/16, fol. 10v.
958 Vgl. StAB, B 46 c, Nr. 528, Prod. 5.
959 Vgl. Erler I, Bd. 1, S. 434.
960 Vgl. StAB, FR 1527/28, fol. 4v.
961 Vgl. Wachter 5364.
962 Vgl. StAB, A 95, L. 310, Nr. 2199.
963 Vgl. StAB, B 46 c, Nr. 528, Prod. 10.
964 Vgl. StAB, FR 1502, fol. 5r; FR 1503/04, fol. 7r.
965 Vgl. Kist 6180.

wird er 1512 bezeichnet[966]. Noch (oder wieder?) 1518 April 30 erscheint er als Pfarrer von Etzelskirchen[967]. Die Pfarrei Marktgraitz wurde ihm 1513 April 28 übertragen[968]. Wie lange er sie behielt, ist unklar. Ein K. S. wird 1523 als Vikar am Stift Haug in Würzburg genannt[969]. Als Frühmesser in Gesees leistete K. S. – derselbe? – 1528 Sept. 10 den markgräflichen Priestereid; von 1534 bis 1536 war er Pfarrer von Mistelgau[970].

*1517–1544* *Matern von Reitzenstein*

Seit 1500 Pfarrer von Altenkunstadt, studierte er vom WS 1503 bis zum Verweis von der Universität 1504 Nov. in Leipzig. Er resignierte seine Pfarrei 1515 Aug. 8 gegen eine Pension. 1517 Febr. 23 erhielt er die Pfarrei Marktgraitz, zu einem unbekannten Zeitpunkt auch die Pfarrei Schmölz. Beide gab er 1544 Okt. 1 auf[971]. 1549 heiratete er und übernahm erneut die Pfarrei Schmölz[972]. Dort dürfte er 1560 gestorben sein[973]. Matern Reizensteiner, der bis 1582/83 eine halbe Selde in Neuenmühle bei Mannsgereuth besaß[974], könnte sein Sohn gewesen sein.

*1553–ca. 1589* *Pankraz Reuß*

Seinen Herkunfts- und seinen Studienort kennen wir nicht. Möglicherweise kam er aus Marktgraitz. 1553 Mai 6 setzte ihn Markgraf Albrecht Alcibiades als Pfarrer von Marktgraitz ein[975]. Zuvor war er Hauslehrer („praeceptor") bei der adligen Familie Plestner[976] in Unterlangenstadt gewesen[977]. Letztmals wird er 1586 Mai 21 als Pfarrer von Marktgraitz genannt[978]. Er starb um 1589 im Amt[979]. Wahrscheinlich war er mindestens zweimal verheiratet. Sein Sohn Christoph wurde 1580 Mai 2 in Kronach wegen Diebstählen mit dem Strang gerichtet[980]. Vielleicht war auch Pankraz Reuß jun., dem 1578 Febr. 21 ein Kind getauft wurde[981], sein Sohn. Weiterhin wurden dem Pfarrer folgende Kinder in Marktzeuln getauft[982]: Johann (1579 April 3), Johann (1580 Juli 18), Kunigunda (1582 Okt. 3) und Margaretha (1586 Mai 21).

*Ca. 1589–1597/98 Rochius Mayer*

Er stammte aus Heidelberg und studierte ab WS 1584 in Jena[983]. Als Reuß gegen Ende seines Lebens krank war, wurde R. M. sein Substitut. Nach seinem Tod folgte R. M. ihm als Pfarrer nach. Ordiniert wurde er in Kulmbach[984]. Zwar wird er bereits 1587 Juni 27 als

966 StAB, B 110, Nr. 31, fol. 169r.
967 Vgl. Kist 6180.
968 Vgl. StAB, B 46 c, Nr. 528, Prod. 10.
969 Vgl. ebd., Prod. 13.
970 Vgl. Kist 6180.
971 Vgl. Kist 4917.
972 Vgl. Dannheimer / Zahn / Kuhr, Nr. 2200.
973 Vgl. ebd. in Verbindung mit StAC, LA D 1322, fol. 7v: „hernach zu Schmölz [...] verstorben".
974 Vgl. StAB, A 231, Nr. 13506.
975 Vgl. Looshorn, Bd. 4, S. 865.
976 Über sie vgl. Breuer, Tilmann: Landkreis Kronach. München 1964 (Bayerische Kunstdenkmale 19), S. 260.
977 Vgl. StAC, LA D 1208, fol. 81v.
978 Vgl. AEB, Kbb. Marktzeuln, Bd. 1, Taufen, fol. 58v.
979 Vgl. StAC, LA D 1208, fol. 81v.
980 Vgl. Stadtarchiv Kronach, Malefizbuch 1579–1612, fol. 8r–v, 11r–13r; Fehn, Bd. 5, S. 29.
981 Vgl. AEB, Kbb. Marktzeuln, Bd. 1, Taufen, fol. 17v.
982 Vgl. ebd., fol. 24r, 30v, 41v, 58v.
983 Vgl. Mentz, S. 195.
984 Vgl. StAC, LA D 1208, fol. 81v–82r.

Pfarrer von Marktgraitz genannt, doch dürfte er damals erst Substitut gewesen sein. Ferner war er Notar[985]. Kurz vor 1598 Jan. 5 verließ er Marktgraitz[986], kehrte jedoch vor 1599 Aug. 18 zurück[987]. 1599 Dez. 16 gebot ihm der Bamberger Fürstbischof, innerhalb von drei Tagen das Hochstift zu verlassen[988]. R. M. war trotzdem noch 1600 Jan. 3 in Marktgraitz, kündigte aber an, binnen 14 Tagen fortziehen zu wollen[989]. Er übersiedelte nach Redwitz[990]. Eine weitere Pfarrstelle scheint er nicht übernommen zu haben[991]. Verheiratet war er mit einer Stieftochter des Obristfelder Pfarrers Melchior Groß[992]. Seine Frau starb 1596 Juli 6[993]. Folgende Kinder wurden ihnen in Marktzeuln getauft[994]:
1589 Dez. 30 Christoph Wilhelm, der von 1598 Dez. 14 bis 1600 Nov. als Schüler an der Coburger Ratsschule belegt ist[995], 1610 Dez. „studiosus" in Hildburghausen war[996], 1612 Nov. 27 in Coburg Cordula Starck heiratete[997] und von 1616[998] bis 1636[999] als Stadtschreiber in Ummerstadt erscheint; 1591 April 22 Maria; 1592 Dez. 22 Anna, die 1596 März 13 starb[1000], und 1594 Okt. 2 Matthäus, der von 1606 bis 1609 die Ratsschule Coburg besuchte[1001] und 1616 noch lebte[1002]. Ein namentlich nicht genanntes Kind starb 1596 Juli 15[1003].

*1598–* *Veit Bauer (Agricola)*

Er kam aus Kronach und empfing in Bamberg 1568 Sept. 18 die Minores, 1569 März 5 die Subdiakons-, April 9 die Diakons- und Juni 4 die Priesterweihe[1004]. In seiner Heimatstadt wirkte er erst als Kantor, dann als Kaplan[1005]. 1570/71 erhielt er die Pfarrei Ebensfeld[1006]. Anfang 1576 wurde er Pfarrverweser in Staffelstein[1007]. In diesem Amt wird er letztmals 1580 März anläßlich seiner Auseinandersetzungen mit dem Rat genannt[1008]. Vor 1581 Mai 1

985 Vgl. StAB, B 76/XVIII, Nr. 9, fol. 243v.
986 Vgl. AEB, Rep. I, Nr. 735, fol. 15r. Noch 1597 Dez. 10 war er im Amt; fünf Tage später wurde auf ihn Bestallung gemacht. Vgl. ebd., fol. 9v, 13r.
987 Vgl. BayHStA, RKG 406, Q 27.
988 Vgl. ebd., Q 28.
989 Vgl. ebd., Q 29.
990 Vgl. StAB, A 231, Nr. 13523, fol. 12r; Nr. 39047, fol. 9r.
991 Noch bei der Heirat seines Sohnes 1612 wird er als ehemaliger Pfarrer von Marktgraitz bezeichnet. Vgl. PfAC, Kb. 1605–1613, Jg. 1612, fol. 5v.
992 Vgl. LKA, Archiv der Pfarrei Obristfeld, Testament des Melchior Groß. – Groß wurde 1546 in Hildburghausen geboren und studierte ab SS 1564 in Jena. Vgl. BayHStA, RKG 405, Q 8; Mentz, S. 194. Die Pfarrei Obristfeld wurde ihm 1576 Nov. 11 übertragen. Vgl. LKA, Archiv der Pfarrei Obristfeld, Nr. 133, fol. 3r–v. Als ihr Inhaber starb er 1618 Okt. 27. Vgl. ebd., Testament des Melchior Groß. Über ihn neuerdings auch Kreuter, Gerhard: Obristfeld in vergangenen Zeiten 1096–1996. Redwitz a. d. Rodach 1996, S. 31–35.
993 Vgl. AEB, Kbb. Marktzeuln, Bd. 1, Bestattungen, fol. 30r.
994 Vgl. ebd., Taufen, fol. 76r, 83v, 91r, 100v.
995 Vgl. StadtAC, B 587, fol. 3v, 28r.
996 BayHStA, RKG 405, Q 13.
997 Vgl. PfAC, Kb. 1605–1613, Jg. 1612, fol. 5v.
998 Vgl. LKA, Archiv der Pfarrei Obristfeld, Testament des Melchior Groß.
999 Vgl. AEB, Kbb. Marktzeuln, Bd. 1, Trauungen, fol. 91r.
1000 Vgl. ebd., Bestattungen, fol. 29r.
1001 Vgl. StadtAC, B 587, fol. 86r, 113v.
1002 Vgl. LKA, Archiv der Pfarrei Obristfeld, Testament des Melchior Groß.
1003 Vgl. AEB, Kbb. Marktzeuln, Bd. 1, Bestattungen, fol. 30r.
1004 Vgl. Hotzelt, Matricula, S. 39.
1005 Vgl. Fehn, Bd. 3, S. 144f., 176.
1006 Vgl. StAB, FR 1570/71, „De investituris".
1007 1580 März 17 war er „uber vier jar" in Staffelstein. StAB, B 86, Nr. 13, fol. 462v.
1008 Vgl. ebd., fol. 452r–454r, 460v–463v.

ging er als Pfarrverweser nach Schönfeld[1009], wo er mindestens bis 1586 blieb[1010]. Dann wurde er „wegen vielfältiger delicta“ des Hochstifts verwiesen; er durfte aber später zurückkehren. 1589 April 2 wurde ihm die Pfarrei Gremsdorf übertragen, die er zunächst nicht beziehen konnte, da noch ein evangelischer Pfarrer dort war. Später erhielt er dazu die Pfarrei Etzelskirchen. Auf beide Pfarreien verzichtete er 1594 Jan. Im Jahr 1592 wurden ihm zwei Herzogenauracher Benefizien verliehen. Albrecht Stiebar präsentierte ihn 1594 auf die Frühmesse in Buttenheim, wo Bauer sich dann niederließ[1011]. 1598 Mai bewarb er sich um die Pfarrei Marktgraitz[1012]; im Juli wurde er eingesetzt[1013]. Im Dez. war er noch dort[1014]. Wohl Anfang 1599 vertrieb ihn die Gemeinde[1015]. Er starb in Buttenheim kurz vor 1615 Jan. 4. Er war mindestens zweimal verheiratet und hatte 1580 viele Kinder[1016].

*1599–1600* *Rochius Mayer*

Siehe S. 433f.

*1600–1609* *Christoph Thumler (Dumler, Thumbler, Thümblein u.a.)*

Siehe unter Pfarrern von Döringstadt (S. 404).

*1609–(1610)* *Johann Veit Beulwitz (Bilbitz)*

Er kam aus Bamberg[1017] und war vermutlich ein Sohn des Domvikars Johann Beulwitz[1018]. In Bamberg wurde er 1597 April 2 tonsuriert und 1597 Sept. 21 zum Akkolythen, 1597 Dez. 14 zum Subdiakon, 1598 Sept. 20 zum Diakon geweiht[1019], in Würzburg 1603 Mai 24 zum Priester[1020]. Eine Vikarie bei St. Gangolf in Bamberg erhielt er 1602 Sept. 20[1021]. Noch Diakon, wurde er 1603 Febr. 19 vom Bamberger Domkapitel als Kaplan in Staffelstein angenommen[1022]. Diese Stelle behielt er, bis ihm 1604 Jan. 2 die Pfarrei Hallerndorf übertragen wurde, die er bis zu seinem Tod um 1628 innehatte und mit einer Unterbrechung selbst versah[1023]. 1609 Nov. 18 wurde er in Marktgraitz als Pfarrer eingesetzt[1024]. 1610 Nov. 11 verwundete ihn ein Trupp Soldaten schwer[1025], woraufhin er nicht mehr zelebrieren konnte[1026]. Er blieb aber wohl bis Anfang 1611 in Marktgraitz.

---

1009 Vgl. StAB, FR 1580/81, „De commendis solum“; Wachter 73.
1010 Vgl. StAB, FR 1586/87, „De commendis duntaxat“.
1011 Wachter 73.
1012 Vgl. AEB, Rep. I, Nr. 736, fol. 39r.
1013 Vgl. ebd., fol. 55v; PfAM, Lehenbuch 1593, fol. 12r.
1014 Vgl. AEB, Rep. I, PfA 334, Briefe von 1598 Nov. 23 und Dez. 6.
1015 1616 wird berichtet, Bauer sei, „do er etwan ein halb jar uf der pfar gewesen, wieder von dannen geschafft“ worden. StAC, LA D 1208, fol. 82r.
1016 Vgl. Wachter 73.
1017 Vgl. Hotzelt, Matricula, S. 41.
1018 Vgl. Wachter 184.
1019 Vgl. Hotzelt, Matricula, S. 41.
1020 Vgl. DAW, Amrheinsches Register zur Weihematrikel, pag. 13.
1021 Vgl. Wachter 797.
1022 Vgl. StAB, B 86, Nr. 25, fol. 76r.
1023 Vgl. Wachter 797.
1024 Vgl. StAB, A 231, Nr. 1834/I, fol. 503v.
1025 Vgl. StAB, B 68/I, Nr. 882, 1610 Nov. 15; AEB, Rep. I, Nr. 740, fol. 111r.
1026 Vgl. StAC, LA D 1322, fol. 64r.

*1611–1618* *Johann Pfaltzgraff*

Er war 1607 April 2 Bamberger Alumnus. 1610 wirkte er als Kaplan bei St. Martin zu Bamberg, bis ihm im selben Jahr die Pfarrei Kunreuth, Dez. 10 dazu noch Kersbach übertragen wurde[1027]. In Marktgraitz wurde er 1611 März 10 als Pfarrer eingesetzt[1028]. Dort blieb er, bis er 1618 Jan. 26 die Pfarrei Wartenfels erhielt[1029]. Juni 15 desselben Jahres übernahm er die Pfarrei Kupferberg, in deren Besitz er 1643 Nov. starb[1030]. Bis 1616 lebte er im Konkubinat mit Kunigunda Laimer, von der er zwei Kinder hatte[1031], dann mit Barbara Scharr, einer Schwester des Marktzeulner Pfarrers[1032].

*1618–1624* *Andreas Reinhardt*

Er stammte aus Haßfurt. In Würzburg empfing er 1614 Dez. 20 Tonsur und Minores[1033]. 1616 Febr. wurde er Kaplan in Buttenheim[1034]. Die Pfarrei Marktgraitz erhielt er kurz vor 1618 Juni 15[1035]. Er gab sie auf, als er 1624 März 14 auf die Pfarrei Königsfeld präsentiert wurde[1036]. 1625 Febr. 2 kam er nach Pretzfeld. Dort starb er 1625 Mai 24[1037].

*1624–1626* *Johann Ulrici (Udalrici) OCist*

Er kam aus Isling und erlernte zunächst das Schneiderhandwerk. 1619 legte er in Langheim Profeß ab[1038]. Von 1624 Juli 1[1039] bis 1626 Juni wird er als Pfarrer von Marktgraitz genannt. Auf die Pfarrei Isling wurde er 1626 Aug. 5 präsentiert. Dort starb er 1627 Dez. 21.

*(1627)* *Laurentius Reus OCist*

Er stammte aus Thurnau[1040]. 1619 April 7 legte er in Langheim Profeß ab[1041]. Als Pfarrer von Marktgraitz wird er 1627 genannt[1042]. Frühestens 1630[1043] erhielt er die Pfarrei Kirchlein. Als er von dort nach Kronach fliehen wollte, wurde er 1632 Mai 20[1044] bei Burkersdorf von schwedischen Soldaten erschlagen. Begraben wurde er in Burkersdorf außerhalb des Friedhofs[1045].

---

1027 Vgl. Wachter 7428.
1028 Vgl. PfAM, Lehenbuch 1593, fol. 8r.
1029 Vgl. AEB, Rep. I, Nr. 743, fol. 261v.
1030 Vgl. Wachter 7428.
1031 Vgl. AEB, Rep. I, Nr. 743, fol. 80r–v.
1032 Vgl. ebd., fol. 80v, 206v.
1033 Vgl. DAW, Amrheinsches Register zur Weihematrikel, pag. 126.
1034 Vgl. Wachter 7920.
1035 Vgl. AEB, Rep. I, Nr. 743, fol. 326r.
1036 Vgl. ebd., Nr. 745, fol. 152r.
1037 Vgl. Wachter 7920.
1038 Vgl. StBB, R. B. Msc. 82/2, fol. 56v; Dippold, Langheim, S. 133 (auch zum Folgenden).
1039 Vgl. AEB, Rep. I, Nr. 745, fol. 188r.
1040 Vgl. StBB, R. B. Msc. 82/2, fol. 56v. – Der Nekrolog nennt Kronach als seinen Herkunftsort. Vgl. StBB, R. B. Msc. 87, fol. 39v.
1041 Vgl. StBB, R. B. Msc. 82/2, fol. 56v.
1042 Vgl. DAW, Dek. Ebern, VR 1627 (I), pag. 10.
1043 Vgl. Dippold, Langheim, S. 139. – Daß er, wie Wachter 8013 angibt, um 1630 Pfarrer von Altenkunstadt gewesen sei, ließ sich nicht bestätigen.
1044 Vgl. StBB, R. B. Msc. 87, fol. 39v.
1045 Vgl. StBB, R. B. Msc. 82/2, fol. 56v.

*1627–1629, 1630–1633 Johann Rögner OCist*

Er kam aus Lichtenfels und legte 1616 Mai 6 in Langheim Profeß ab[1046]. Von 1627 an hatte er die Pfarrei Marktgraitz inne[1047]. Er gab sie auf vor 1629 Mai 14. An diesem Tag wurde ihm die Pfarrei Burgkunstadt verliehen[1048]. 1630 übernahm er erneut die Pfarrei Marktgraitz, auf der er auch während des schwedischen Einfalls blieb[1049]. Er starb 1633 Mai und wurde in der Pfarrkirche zu Lichtenfels begraben[1050].

Die folgenden Marktgraitzer Pfarrer hatten zugleich die Pfarrei Marktzeuln inne (siehe oben S. 428–430).

## 10.2. Pfarrverweser

*(1525) Georg Heydenreich*

Er wird 1525 Juli 25 als Pfarrverweser in Marktgraitz erwähnt[1051]. Näheres über ihn ist nicht bekannt.

1046 Vgl. ebd., fol. 56r.
1047 Vgl. Wachter 5412, der ihn irrig Köpper nennt.
1048 Vgl. AEB, Rep. I, Nr. 746, fol. 157v.
1049 Vgl. Wachter 8140.
1050 Vgl. Halusa, S. 293. – Der Nekrolog nennt irrig das Todesjahr 1638. Vgl. StBB, R. B. Msc. 87, fol. 35v.
1051 Vgl. PfAM, Urk. 7.

# *Anhang 2: Kilian Schauer und seine „Historische Erzehlung“*

## *1. Kilian Schauers Leben*

Kilian Schauer wurde wohl kurz nach 1570[1] in Niederfüllbach in der sächsischen Pflege Coburg[2] geboren. Sein Vater[3] war der dortige Pfarrer Stephan Schauer[4]. Dieser stammte aus Mauthausen in Oberösterreich, hatte ab 1552[5] drei Jahre lang in Leipzig studiert und war anschließend in Jena geprüft und ordiniert worden. 1555 hatte ihm Hans von Schaumberg die erst seit neun Jahren bestehende Pfarrei[6] Niederfüllbach übertragen[7]. Stephan Schauer wird noch 1573 als Niederfüllbacher Pfarrer genannt. Vermutlich starb er 1575; in diesem Jahr wurde nämlich ein neuer Pfarrer eingesetzt[8].

Von Kilian Schauers Mutter kennen wir lediglich den Vornamen – Barbara –; über ihre Herkunft wissen wir nichts. Vor dem 9. Mai 1579[9] heiratete sie den um 1550 geborenen[10] – und damit rund anderthalb Jahrzehnte jüngeren – Paul Edlinger in Schwürbitz. Edlinger ist hier seit 1576 nachzuweisen[11]. Wahrscheinlich war er kein gebürtiger Schwürbitzer, denn sein Name kommt in diesem Ort und der ganzen Umgebung sonst nicht vor[12]. Edlinger stammte vielleicht wie Stephan Schauer aus Oberösterreich. In dessen Heimatstadt Mauthausen wohnte 1558 ein Egidius Edlinger[13]. In Freistadt lebten im frühen 17. Jahrhundert mehrere Edlinger[14]. Ein Valentin Edlinger war 1582 Stadtrichter von Linz[15]. Aber auch im ungarischen Schemnitz[16] und in Frauenberg in der Steiermark gab es Familien dieses Namens[17]. Im niederösterreichischen Waidhofen wirkte von 1551 bis 1580 der evangelische

---

1 Schauer immatrikulierte sich erstmals 1592 an einer Universität; dies taten die meisten im Alter von rund 20 Jahren.

2 Landesherr war hier von 1567 bis 1572 Herzog Johann Wilhelm von Sachsen. Ab 1572 bildete die Pflege das Kernstück des neugeschaffenen Fürstentums Sachsen-Coburg.

3 Vgl. AEB, Kbb. Marktzeuln, Bd. 1, Trauungen, fol. 64r.

4 Über ihn vgl. Greiner, Albert: Pfarrerbuch der Pflege Coburg. Tübingen 1944 (Typoskript; Exemplar in der Amtsbücherei des StAC), S. 449 Nr. 928.

5 Vgl. Erler I, Bd. 1, S. 690.

6 Vgl. Greiner, Heft 3, S. 184–186. – Zuvor war Niederfüllbach Filiale von Altenbanz, nach der Reformation von Grub am Forst gewesen.

7 Vgl. ebd., S. 260.

8 Vgl. Ungelenk, Ludwig / Waldvogel, Rudolf: Niederfüllbach. Aus der Geschichte eines coburgisch-fränkischen Rittersitzes. Coburg 1912, S. 98f. – Schauers Witwe wird am 29. Sept. 1575 genannt. Vgl. StAB, A 231, Nr. 38695, „Einnemen an handtlohn“.

9 Vgl. AEB, Kbb. Marktzeuln, Bd. 1, Taufen, fol. 24v.

10 Vgl. BayHStA, RKG 405, Q 8.

11 Vgl. AEB, Kbb. Marktzeuln, Bd. 1, Taufen, fol. 13r.

12 Auch Arneth, Konrad: Die Familiennamen des ehemaligen Hochstifts Bamberg in ihrer geschichtlichen Entwicklung. In: JffL 16 (1956), S. 143–454, bringt keinen Beleg für den Namen Edlinger.

13 Vgl. Mayr, Josef: Geschichte des Marktes Mauthausen. Mauthausen 1908 (Ndr. Steyr 1974), S. 239.

14 Vgl. Kuhr, Georg / Krauß, Eberhard: Die Einwohner von Freistadt/Oberösterreich während der Gegenreformation 1626 bis 1630. In: Blätter für Fränkische Familienkunde, Bd. 13, Heft 3 (1989), S. 167–191, hier S. 171 (Öttlinger), 178, 180, 188.

15 Vgl. Frank, Karl Friedrich von: Standeserhebungen und Gnadenakte für das Deutsche Reich und die Österreichischen Erblande bis 1806. Bd. 1. Senftenegg 1967, S. 262.

16 Heute Banská-Štiavnica (Slowakische Reupublik).

17 Vgl. Mentz, S. 87.

Pfarrer Adam Edlinger[18]. Möglicherweise war Paul Edlinger schon durch eine frühere Ehe nach Schwürbitz gekommen.

Edlinger war ein wohlhabender Mann. 1604 besaß er in Schwürbitz „3 hoffstatten", die Lehen der Herren von Redwitz waren[19]. Deshalb konnte Schauer in seinem Gedicht auch von sich sagen, er sei „dem stifft [Bamberg] nicht underthan"[20]. Die „schenckhstatt", die Edlinger sein eigen nannte[21], war wohl eines jener Anwesen. Als Wohnhaus diente ihm und seiner Familie das sogenannte „ochsenhaus"[22]. Edlinger betrieb neben seinem Wirtshaus noch Landwirtschaft[23]. Er und noch mehr seine Frau waren offenbar recht angesehen und beliebt; dies zeigte sich darin, daß Paul Edlinger allein bei sechs in Marktzeuln getauften Kindern[24], seine Frau sogar neunmal die Patenstelle übernahm[25].

Falls aus der Ehe von Barbara und Paul Edlinger überhaupt Kinder hervorgegangen sind, müssen diese jung verstorben sein. Barbara Edlinger überlebte einen Sohn aus erster Ehe und starb, etwa 80 Jahre alt[26], am 16. September 1613[27]. Ihr Mann war 1619 noch am Leben[28], 1622 wohl nicht mehr[29].

Kilian Schauer hatte wenigstens zwei Geschwister. Eine namentlich nicht bekannte ältere Schwester heiratete spätestens um 1590 Johann Herolt, der 1604 in Oberlangenstadt wohnte und im Marktzeulner Kirchenbuch als „herr" bezeichnet wird[30]. Mit dem Johann Herold aus Altenkunstadt, der von 1578 an in Jena studierte[31], mag er identisch sein. Aus dieser Ehe ging mindestens ein Sohn hervor, der 1629 verstorbene Oberlangenstadter Müller Andreas Herolt[32].

Ferner hatte Kilian Schauer einen älteren Bruder namens Johann. Dieser ließ sich im Wintersemester 1581 an der Universität Jena immatrikulieren[33]. Am 23. Oktober 1589[34] und am 16. September 1597[35] ist er als Einwohner von Schwürbitz nachgewiesen. Als im Herbst 1597 die Pfarreien Marktgraitz und Marktzeuln mit katholischen Geistlichen besetzt werden sollten, leistete er Widerstand und predigte in Marktzeuln. Daraufhin befahl die Bamberger Regierung dem Burgkunstadter Vogt seine Festnahme[36], die aber offenbar nicht gelang. Noch im März 1598 mußte Johann Schauer das Hochstift meiden; die Anordnung, ihn zu

18 Vgl. Schragl, S. 23–25.
19 StAB, B 76/XVIII, Nr. 11, fol. 138r.
20 Strophe 59, Zeile 3.
21 StAB, A 231, Nr. 38722, „Ausgab bottenlohn".
22 StAB, B 76/XVIII, Nr. 12, fol. 8r. – Zwar spricht Kilian Schauer hier von diesem Haus als „meiner [...] und anderer Schauerischen erben behausung"; jedoch ist belegt, daß Edlinger und Schauer im selben Gebäude wohnten. Vgl. etwa BayHStA, RKG 406, Q 62.
23 1600 verkaufte er der Gemeinde Schwürbitz Hafer. Vgl. StAB, L 41 Schwürbitz, R 2.
24 Vgl. AEB, Kbb. Marktzeuln, Bd. 1, Taufen, fol. 13r, 50r, 80r, 114r, 131r, 171r.
25 Vgl. ebd., fol. 24v, 51r, 54r, 58v, 81v, 107r, 109v, 142r, 150r.
26 Am 30. Okt. 1611 gab sie an, ihr Alter sei näher an 80 als an 70. Vgl. BayHStA, RKG 406, Q 62.
27 Vgl. StAB, B 46 a, Nr. 3389, fol. 4v.
28 Vgl. StAB, A 231, Nr. 39066, fol. 53v.
29 An seiner Stelle erscheint in der Lichtenfelser Holzrechnung von 1622/23 sein Stiefenkel Wolf Sigmund Schauer als Empfänger von Brennholz. Vgl. ebd., Nr. 39069, fol. 61v.
30 Schauer war am 8. November 1611 „uf seiner schwester sohns hochzeit zu Langstadt". BayHStA, RKG 406, Q 62. An diesem Tag heiratete in Küps Andreas Herolt aus Oberlangenstadt. Vgl. PfA Küps, Kbb., Bd. 1, unfol. Dieser wurde 1604 als Sohn von Johann Herolt bezeichnet. Vgl. AEB, Kbb. Marktzeuln, Bd. 1, Trauungen, fol. 64r.
31 Vgl. Mentz, S. 154.
32 Vgl. PfA Küps, Kbb., Bd. 1, unfol.
33 Vgl. Mentz, S. 278.
34 Vgl. AEB, Kbb. Marktzeuln, Bd. 1, Taufen, fol. 75v.
35 Vgl. ebd., fol. 116r.
36 Vgl. StAB, ex J 3, Nr. 208, Prod. 22; auch AEB, Rep. I, PfA 334, Brief von 1597 Dez. 18.

verhaften, wurde sogar erneuert[37]. Im September 1599 konnte er es jedoch wieder wagen, sich in der Öffentlichkeit sehen zu lassen[38]. Er starb am 15. September 1603 in Schwürbitz und wurde zwei Tage später in der Pfarrkirche zu Marktgraitz begraben[39]. Diese Ehre, in der Kirche beigesetzt zu werden, wurde ihm wohl deshalb zuteil, weil er Pfarrer von Wartenfels gewesen war[40]. Wann er diese Pfarrei innegehabt hatte, ist unklar; am ehesten kommt der Zeitraum zwischen 1589 und 1597 in Frage[41].

Johann Schauer und seine Frau Margaretha – sie war die einzige Tochter des langjährigen Pfarrers von Obristfeld, Melchior Groß'[42] – hatten drei Kinder. Die im März 1600 geborene Katharina[43] heiratete 1619 den Marktzeulner Georg Hintz[44]. Ihre ein Jahr jüngere Schwester Margaretha[45] wuchs bei ihrem Großvater in Obristfeld auf und lebte noch 1616[46]. Zur Familie gehörte ferner ihr Bruder Wolf Sigmund[47], der wohl in Wartenfels zur Welt gekommen war, 1612 die Coburger Ratsschule besuchte[48] und sich spätestens 1616 in Schwürbitz niederließ[49]. Er heiratete vor 1623[50] die 1594 geborene[51] Agnes Müller[52] und nach ihrem Tod, 1636, die 23jährige Barbara Aighorn (Eichhorn)[53]; beide Schwiegerväter gehörten dem Marktzeulner Rat an. Wann Wolf Sigmund Schauer starb, ist unbekannt. Johann Schauers Witwe heiratete nach 1603 Johann Eberlein, der 1613 als Diakon von Rodach starb; aus dieser Ehe ging der Sohn Johann Kaspar hervor. Margaretha Eberlein war 1616 noch am Leben[54].

Kommen wir nach diesem genealogischen Exkurs zur Lebensgeschichte Kilian Schauers zurück. Er wuchs sicherlich bei seinem Stiefvater Paul Edlinger auf, den er in Briefen mit „lieber vatter" anredete[55]. Im Sommersemester 1592 ließ er sich an der Universität Leipzig – damals mit rund 800 Studenten die größte Hochschule im deutschsprachigen Raum – immatrikulieren[56], an der schon sein Vater studiert hatte. Im Wintersemester 1594 wechselte er

37 Vgl. StAB, B 68/I, Nr. 877, pag. 339.
38 Am 28. Sept. 1599 hob er den Sohn eines Marktzeulner Bürgers aus der Taufe. Vgl. AEB, Kbb. Marktzeuln, Bd. 1, Taufen, fol. 122v.
39 Vgl. ebd., Bestattungen, fol. 41r.
40 Vgl. StAC, LA D 1208, fol. 85r. – Sein Schwiegervater bezeichnete ihn 1616 als „gewesenen caplan zue Wartenfelß". LKA, Archiv der Pfarrei Obristfeld, Testament des Melchior Groß.
41 1589 und 1597 ist er als in Schwürbitz wohnhaft nachgewiesen (siehe oben), dazwischen nicht. Für diese Zeit ist kein Pfarrer von Wartenfels bekannt. Vgl. Dannheimer / Zahn / Kuhr, S. 501; der hier genannte Wolfgang Krüger war nur Diakon (vgl. Nr. 1540). 1598 wurde Schauer „einer ehesachen wegen" vor das Bamberger Dekanatsgericht geladen. StAB, B 68/I, Nr. 877, pag. 339. Möglicherweise wurde er hier in seiner Eigenschaft als ehemaliger Pfarrer von Wartenfels vernommen.
42 Vgl. LKA, Archiv der Pfarrei Obristfeld, Testament des Melchior Groß. Über Groß siehe S. 434 Anm. 992. – Durch seine Frau war Johann Schauer mit dem Marktgraitzer Pfarrer Rochius Mayer verschwägert, denn dieser war mit ihrer Halbschwester Anna verheiratet. Vgl. das Testament.
43 Vgl. AEB, Kbb. Marktzeuln, Bd. 1, fol. 124v.
44 Vgl. ebd., Trauungen, fol. 79v. – Aus der Ehe gingen mindestens zwei Kinder hervor. Vgl. ebd., Taufen, fol. 178v, 185v.
45 Vgl. ebd., fol. 128r.
46 Vgl. LKA, Archiv der Pfarrei Obristfeld, Testament des Melchior Groß.
47 Vgl. StAC, LA D 1208, fol. 85r.
48 Vgl. StadtAC, B 587, fol. 92r.
49 Vgl. AEB, Kbb. Marktzeuln, Bd. 1, Trauungen, fol. 76v.
50 Vgl. ebd., Taufen, fol. 185r.
51 Vgl. ebd., fol. 102r.
52 Name und Herkunft der Frau sind zu erschließen aus ebd., fol. 181r, in Verbindung mit Trauungen, fol. 88r. – Wolf Sigmund Schauer hatte mindestens zwei Töchter aus dieser Ehe: Anna, geboren und gestorben 1623, und Margaretha, geboren 1627. Vgl. ebd., Taufen, fol. 185r, 191r; Bestattungen, fol. 57v.
53 Vgl. ebd., Trauungen, fol. 91r; Taufen, fol. 170r.
54 Vgl. LKA, Archiv der Pfarrei Obristfeld, Testament des Melchior Groß.
55 BayHStA, RKG 406, Q 11.
56 Vgl. Erler II, Bd. 1, S. 391.

an die Universität Jena über[57]. In Schwürbitz hielt er sich wieder im Januar 1598 auf[58]. Im folgenden machte er sich auf den Weg nach Königsberg, um dort sein Studium fortzusetzen; warum er sich ausgerechnet für diese über 800 Kilometer (Luftlinie) entfernte Universität entschied, in deren Matrikel wir recht wenige Franken finden, ist unklar. Am 3. Mai 1599, während des Sommersemesters, traf er bei der preußischen Hochschule ein. Da die weite Reise seine Geldmittel bereits sehr beansprucht hatte, bat er um Nachlaß bei der Einschreibegebühr[59]. In Königsberg studierte er – wie vielleicht schon in Jena – die Rechte[60]. Obwohl Schauer drei Universitäten besuchte, erwarb er keinen akademischen Grad, möglicherweise aus finanziellen Gründen.

Spätestens im Mai 1602 kehrte Schauer nach Schwürbitz zurück[61]. Er war fortan als Notar tätig; ein von ihm ausgestelltes originales Instrument war bislang nicht zu ermitteln[62]. Mithin ist auch Schauers Notariatssignet unbekannt. Dagegen kennen wir sein Wappen. Es zeigt nebeneinander drei fünfstrahlige Sterne und einen senkrecht gesichteten Halbmond; ein fünfstrahliger Stern bildet die Helmzier[63].

Am 28. Juni 1605 heiratete Kilian Schauer in Marktzeuln Barbara Adammuller[64]. Sie war die Tochter des Schwürbitzer Schmiedes[65] und Obleischultheißen[66] Hans Adammuller, der offenbar einiges Ansehen genoß: Zwischen 1574 und 1610 übernahm er bei neun in Marktzeuln getauften Kindern die Patenstelle[67]. Seine Frau hob unter anderem eine Tochter des Marktzeulner Pfarrers Haselmann aus der Taufe[68]; umgekehrt war dieser der Pate für einen Sohn Adammullers[69].

Die Ehe dauerte nicht lange. Barbara Schauer starb vor dem 8. November 1611[70]; wahrscheinlich war sie schon im November 1609 nicht mehr am Leben gewesen[71]. Nur ein Kind ging aus der Ehe hervor[72]: die etwa im Mai 1606 geborene[73] Katharina. Nach dem Tod der Mutter kümmerte sich neben dem Vater wohl besonders die Großmutter Barbara Edlinger um sie und ihre gleichnamige Cousine, „welche in irem hohen alter ire gröste freudt

57 Vgl. Mentz, S. 278.
58 Vgl. AEB, Kbb. Marktzeuln, Bd. 1, Taufen, fol. 117r.
59 Vgl. Erler, Georg (Hrsg.): Die Matrikel und Promotionsverzeichnisse der Albertus-Universität Königsberg i. Pr. 1544–1829. Bd. 1. Leipzig 1910, S. 145.
60 Der Reichskammergerichtsadvokat Dr. Johann Stambler titulierte Schauer als „legum canditatus [!]". BayHStA, RKG 406, Q 50. – Schauer selbst bezeichnete sich 1609 als „legum studiosus". StAC, LA D 1322, fol. 5r.
61 Vgl. AEB, Kbb. Marktzeuln, Bd. 1, Taufen, fol. 132v.
62 Die Abschrift eines Schauerschen Instruments findet sich in StAB, B 76/XVIII, Nr. 12, fol. 7v–10v. Als er 1610 als Notar einer vom Reichskammergericht bestellten commissio ad rei memoriam angehörte, die in Rastatt und Durlach Zeugen vernahm – vgl. BayHStA, RKG 406, Q 11 –, hat er sicherlich ein Instrument ausgestellt. Da Kläger, Angeklagter und Prozeßgegenstand unbekannt sind, ist es nicht möglich, den wahrscheinlich im Badischen Generallandesarchiv Karlsruhe lagernden Reichskammergerichtsakt über diesen Fall zu ermitteln.
63 Vgl. den Abdruck von Schauers Petschaft auf BayHStA, RKG 406, Q 58. Die Tingierung des Wappens ist unbekannt.
64 Vgl. AEB, Kbb. Marktzeuln, Bd. 1, Trauungen, fol. 64r. – Mit der im Nov. 1589 geborenen Barbara Adammuller kann die Braut nicht identisch sein, denn jene war noch 1606 ledig. Vgl. ebd., Taufen, fol. 75v, 148v. Offenbar hatte Hans Adammuller zwei Töchter namens Barbara.
65 Vgl. ebd., Taufen, fol. 23v, 119v.
66 Vgl. BayHStA, RKG 405, Q 11.
67 Vgl. AEB, Kbb. Marktzeuln, Bd. 1, Taufen, fol. 4v, 23v, 27r, 66v, 83r, 95v, 107r, 119v, 162v.
68 Vgl. ebd., fol. 63r.
69 Vgl. ebd., fol. 88v.
70 Vgl. BayHStA, RKG 406, Q 62, wo Schauers Tochter als Halbwaise bezeichnet wird.
71 Schauer erwähnt sie in seinen Briefen aus Speyer nie. Vgl. ebd., bes. Q 7, 11 f.
72 Falls doch weitere Kinder geboren wurden – dies ist aufgrund der kurzen Ehe nicht allzu wahrscheinlich –, müssen sie im Säuglingsalter gestorben sein.
73 Vgl. BayHStA, RKG 406, Q 71.
74 Ebd., Q 25.

machen"[74]. Erst 17 Jahre alt, heiratete Kilian Schauers Tochter am 19. Februar 1624 Matthäus Nöpel aus Marktzeuln[75]. Sie brachte wenigstens drei Kinder zur Welt[76].

Am 2. Oktober 1609 gebot der Würzburger Bischof den Pfarrern von Marktgraitz und Marktzeuln, „die pfarr zu reumen"[77]. Daraufhin entschlossen sich die eingepfarrten Gemeinden, gegen diesen Eingriff in ihr vermeintliches Besetzungsrecht vor dem Reichskammergericht zu klagen[78], zumal sie 1597/98 erlebt hatten, daß der Einsetzung katholischer Geistlicher gegenreformatorische Zwangsmaßnahmen folgten. Es mag vor allem Schauer gewesen sein, der den Klageweg propagierte[79]; schließlich war er der einzige Jurist im Marktgraitzer Pfarrsprengel.

Am 13. Oktober[80], eine Woche, nachdem die Briefe aus Würzburg eingetroffen waren, reiste Schauer bei Nacht[81] nach Speyer ab, wohl begleitet von Michael Badtmüller aus Altenkunstadt[82]. In Speyer nahm er bei einem fränkischen „landtsmann", dem Biersieder Dührbeckh, Quartier. Zufrieden war er mit der Unterkunft nicht; er beklagte sein „beschwerlich losament", in dem ihm obendrein bei einem Einbruch „mein dreifach gesteckh messer und schaiden, leibgürtel und geheng" gestohlen wurden[83].

Schauer war in Speyer als „mitpetent und interessent", vor allem aber als von den „gemeinden gevolmechtigter [...] abgeordneter"[84]. In dieser Eigenschaft sollte er einen Advokaten beauftragen, sich ihrer Sache anzunehmen, und ihn mit den notwendigen Informationen versorgen[85].

Bis Ende Dezember 1609 blieb Schauer in Speyer[86] und unterstützte den Advokaten Dr. Johann Stambler bei der Erstellung von Schriftstücken[87]. „Ich habe uber drei bucher pappier verschrieben", notierte er am 9. Dezember[88]. Mit den klagenden Gemeinden und mit seiner Familie stand er im Briefwechsel. Er hielt sie darüber auf dem laufenden, „wie es mit unnserer gueten oder vielmehr Gottes guten unnd gerechten sachen alhie beschaffen"[89], und gab ihnen Verhaltensmaßregeln. Aber auch über den Prozeß der gleichfalls gegen den Bamberger Bischof klagenden Ortschaften im Amt Teuschnitz unterrichtete er sie[90]. Außerdem schrieb er ihnen über Ereignisse von allgemeinem Interesse, besonders über politische Vorgänge[91], kommentierte das Vorgehen dabei der katholischen Stände und spöttelte über ihre Niederlagen.

---

75 Vgl. AEB, Kbb. Marktzeuln, Bd. 1, Trauungen, fol. 84r–v. – Der Bräutigam war im September 1599 geboren. Vgl. ebd., Taufen, fol. 122v.

76 Elisabeth, getauft am 7. Juli 1625, Anna, getauft am 22. Juni 1628, und Konrad, getauft am 29. Juni 1630. Vgl. ebd., fol. 188r, 190r, 191v.

77 StAC, LA D 1322, fol. 7r, wo allerdings nur vom Marktgraitzer Pfarrer die Rede ist. Vgl. jedoch Anm. 78.

78 Vgl. BayHStA, RKG 406, Q 25.

79 Auch Bamberg behauptete, Schauer habe nach Eintreffen der Schreiben aus Würzburg die Leute „verführischer weiß beredet", vor dem Reichskammergericht zu klagen. Ebd., Q 3.

80 Vgl. BayHStA, RKG 405, Q 11.

81 Vgl. BayHStA, RKG 406, Q 6.

82 Vgl. StAB, B 76/XXXIII, Nr. 3, fol. 429v.

83 BayHStA, RKG 406, Q 5.

84 BayHStA, RKG 405, Q 9.

85 Vgl. ebd., Q 11.

86 Am 25. Dez. wünschte Stambler ihm „auf sein vorhabendte rayß nach hauß glückh undt alle wholfharth". BayHStA, RKG 406, Q 41.

87 Vgl. ebd., Q 9: „Ich will dise tag [...] uff rath herrn D. Stamblers etliche articulos, soviel mir umb die pfarr Graitz bewusst, stellen, dann sollche herrn advocaten revidirn lassen".

88 Ebd., Q 10.

89 Ebd., Q 6.

90 Vgl. ebd., Q 5–7.

91 Vgl. bes. ebd., Q 11.

Immer wieder sprach er ihnen Mut zu und ermahnte sie zur Standhaftigkeit: „Verharret nur mit unerschrockhenem hertzen unnd standhafften gemüethern, es donner, plitz unnd hagel der teufel, wie er wolle. Wann er gleich tausent, ja 10 000 eisserne schlegel unnd hellenparten mit unnderwurfe, sollen doch dieselben denen, die Gott lieben und vertrauen, wie der 91. psalm sehr unnd wol schwezet, keinen schaden zufüegen, sondern müssen hinder unnd vor unns niderfallen, zerschmultzen und zu wasser werden unnd versinckhen in das erdreich hinein, die hell mein ich etc."[92]

Als von katholischer Seite ausgesprengt wurde, Schauer sei verhaftet worden, beruhigte er von Speyer aus seine Mutter: „Sorget, hertzliebes müetterlein, ja nichts umb mich, in gefahr gebe ich mich nicht und solt ich 10 meil umbschwaif nehmen. Gott wird mich fein behüetten, auf rechter sicherer strassen führen, steckhen unnd staab mir geben[93] unnd mich wider frölich unnd nach wunsch zu euch gelangen lassen."[94] Auch sonst dachte er an seine Familie. Mit demselben Brief z. B. schickte er den „beeden Ketterlein", seiner Tochter und seiner Nichte, „etliche castainen" und seiner Mutter „ein pfefferküchlein".

Die Briefe Schauers aus Speyer erweisen ihn als recht humorvoll. Neben ernsten Betrachtungen lesen wir nicht selten Wortspielereien, Knittelverse[95] und scherzhafte Bemerkungen. Die Pfarrgemeinden Marktgraitz und Marktzeuln redete er ironisch mit einem Schimpfwort an: „besonnders vielgeliebte hochbetranngte lutherische buben (ich bin auch einer)"[96]. Einem jugendlichen Briefschreiber – vermutlich war es sein 14jähriger Schwager[97] –, der sich ungeschickt anstellte, hielt er bildhaft den Fehler vor[98]. Von eher derber Komik waren Schauers Glückwünsche für den Marktzeulner Studenten der Rechte Konrad Faick[99], der am 2. November 1609 geheiratet hatte[100]: „Novo uno novissimo viro (liceat ita loqui) domino Conrado Faickhen, ich habe das witter fein am himmel unnd neuen monscheun vermerckhet, wünsche ich zue seiner eheschlingen (woha, erstrickht nur nicht, herrla) schrauben unnd nabelsalben, vil glückh unnd heil, verdreust mich nicht wenig, solch spiel [...] zu verseumen"[101].

Ende Dezember kehrte Kilian Schauer nach Hause zurück. Jedoch war er – so schrieb er selbst – „wegen meiner reiß nach Speyr unschuldig im stifft Bamberg in groser gefahr, darf mich nicht im stifft sicher betretten lassen"[102], obwohl er am 12. Dezember vom Reichskammergericht ein Dekret erlangt hatte, das ihm sicheres Geleit garantieren sollte[103]. Zumindest zeitweilig hielt er sich im sachsen-coburgischen Weidhausen auf. Am 10. Januar

92 Ebd., Q 6 (1609 Nov. 16).
93 Anklänge an Ps 23,3f.
94 BayHStA, RKG 406, Q 7.
95 Vgl. z. B. ebd., Q 6: „Aber ist der anfang gemacht, unnd die reiß so weit gebracht, so würde ich sehr verlacht, wann ich ohne frucht widerkemm gleich bei der nacht, bei welcher auch der reiß anfang wird gedacht."
96 Ebd., Q 9.
97 Genannt wird im Brief nur der Vorname Michael. Vermutlich handelte es sich um den 1595 geborenen Michael Adammuller. Vgl. AEB, Kbb. Marktzeuln, Bd. 1, Taufen, fol. 106r.
98 Vgl. BayHStA, RKG 406, Q 7: „Unnd du, Michael (tecum imo tibi jam loquor) mogst [...] deine höffliche schreiben in salutatione ein wenig dolpischer, als mehrmaln beschehen, richten, indeme du in wünschung alles gueten von Gott etc. uber das wörtlein sambt, auch das neben hinzu kleckhest [!], also das der wunsch wider neben weg fliegen solle, zu verstehen ist".
99 Über diesen vgl. Hoefner, S. 102; ders., Erg., S. 83.
100 Vgl. AEB, Kbb. Marktzeuln, Bd. 1, fol. 73v. – Faick und seine Braut Susanna Watzdörfer waren das letzte Paar, das der Marktzeulner Pfarrer Haselmann vor seiner Vertreibung traute.
101 BayHStA, RKG 406, Q 6.
102 Ebd., Q 20.
103 Vgl. ebd., Q 9.

1610 kündigte er an, er wolle bald nach Kulmbach reisen, „daselbsten mich eine zeit lang, bis das das unglückh fürüber khome, aufhalten und [...] schuz [...] suchen“[104].

Daß Schauers Vorsicht berechtigt war, zeigten die Ereignisse am 5. März 1610[105]. „Bey nächtlicher weil“ fielen 400 bewaffnete Männer aus der Stadt und dem Amt Lichtenfels, angeführt von dem Kastner Thomas Kuntschi und dem Stadtvogt, in Paul Edlingers Wohnhaus zu Schwürbitz ein, obgleich den adligen Lehensherren die niedere und mittlere Gerichtsbarkeit darüber zustand. Türen und Fenster wurden „mit großem gewalt, poldern unndt proßeln eylendts zerschlagen“. Edlinger wurde „ein lang rohr ans hertz gesezet, unndt mit betrohelicher loßtruckhung ernstlich begeret worden, seinen stieffsohn zu zaigen“. Schauer freilich war gewarnt worden[106] und deshalb nicht zu Hause.

Im April 1610 hielt er sich wieder in Speyer auf[107]. Hier erwirkte er beim Reichskammergericht ein mandatum sine clausula gegen den Bamberger Bischof, durch das diesem geboten wurde, daß er „ihne, Schauern, in verrichtung seines notariatampts, auch andern gescheфften unnd haußweßen weder an leib noch gutt belestige oder betrübe, sondern allerdingß unbetrangt handlen unnd wandlen lasse“[108]. In erster Linie befaßte sich Schauer mit der Sache der Pfarrgemeinden Marktgraitz und Marktzeuln; so arbeitete er, unterstützt vom Advokaten, „den gegenbericht contra Bamberg“ aus[109], stellte ein „verzeichnuß der furnembsten thatthanndtlungen“ zusammen, „so der new bischoff zu Bamberg an denn evangelischen christen bißhero verüben lassen“[110], schrieb eine neue Version des „articulatus libellus“[111].

Daneben bemühte sich Schauer um politische Unterstützung: Zusammen mit Dr. Stambler reiste er von Speyer aus am 23. Juni nach Heidelberg, um bei der kurfürstlichen Regierung Hilfe für die klagenden Gemeinden zu erbitten[112].

Vom 14. bis zum 22. Juli 1610 gehörte er wie Stambler einer vom Reichskammergericht beauftragten commissio ad futuram rei memoriam an. Als Notar beurkundete er Zeugenaussagen in Rastatt und Durlach[113].

Damals stockte der Prozeß. Über die zermürbende Lage berichtete Schauer noch am 10. September aus Speyer nach Hause[114], wie er überhaupt während dieses Aufenthalts mit seiner Familie und Bekannten einen recht regen Briefwechsel unterhielt. Einige Wochen später kam er heim.

Über die folgenden Monate seines Lebens wissen wir wenig. Eine Petition der Pfarrgemeinden Marktgraitz und Marktzeuln hat er geschrieben[115]. Er wohnte wohl zumeist im Haus seines Stiefvaters; jedenfalls schrieb er im Mai 1611 von Schwürbitz aus einen Brief[116]. Das Gerücht, das Dr. Stambler im Juli 1611 hörte, Schauer habe sich in Kulmbach ein Haus

104 Ebd., Q 6.
105 Darüber am ausführlichsten ebd., Q 25.
106 Vgl. Strophe 60.
107 Vgl. BayHStA, RKG 406, Q 46.
108 BayHStA, RKG 11289, Q 1 (1610 Juli 15).
109 BayHStA, RKG 406, Q 11 (auch zum Folgenden). – Der angesprochene Gegenbericht findet sich in den erhaltenen Reichskammergerichtsakten nicht.
110 Abschrift: BayHStA, RKG 406, Q 25.
111 BayHStA, RKG 405, Q 6.
112 Vgl. ebd., Q 11.
113 Vgl. ebd.
114 Vgl. ebd., Q 12.
115 Vgl. StAC, LA D 1322, fol. 63r–64v.
116 Vgl. BayHStA, RKG 406, Q 22 (II).

gekauft und dort auch geheiratet[117], entsprach wohl nicht der Wahrheit[118]. Im selben Monat reiste Schauer wahrscheinlich, wie ihm der Advokat geraten hatte[119], nach Rothenburg ob der Tauber, um den in der Union zusammengeschlossenen Ständen einen Brief zu übergeben; darin erbaten die Protestanten in den Pfarrsprengeln Marktgraitz und Marktzeuln von der Union Hilfe beim Bischof von Bamberg, beim Herzog von Sachsen-Coburg und beim Reichskammergericht[120].

Solche Vorgänge mögen die Bamberger Regierung bewogen haben, wieder energischer nach „Rädelsführern", allen voran Schauer[121], zu fahnden. „O, das es Gott erbarm, ich halt, es kommen die Liechtenfelßer wieder einmal", rief die Magd Edlingers aus, als am 8. November 1611 nachts um 2 Uhr erneut Hunderte von Männern, an ihrer Spitze die Vögte von Lichtenfels, Burgkunstadt und Weismain sowie der Schultheiß und der Pfarrer von Marktzeuln, in Paul Edlingers Haus eindrangen[122]. Zwar behauptete die Bamberger Regierung später, dieser Einfall habe dem Schwiegersohn des Obristfelder Pfarrers, Johann Eberlein, gegolten, der die Katholiken im allgemeinen und den Schultheißen und den Pfarrer von Marktzeuln im besonderen beleidigt und bedroht habe und bei Edlinger gesehen worden sei[123]. Doch scheint dies – wie schon Schauer und seine Rechtsvertreter behaupteten – ein Vorwand gewesen zu sein, denn bei der Hausdurchsuchung wurde Eberlein von niemandem erwähnt[124]. Schließlich hätte es für Bamberg unliebsame Folgen haben können[125], offen nach Schauer zu fahnden, war dieser doch durch das im Vorjahr ergangene mandatum sine clausula geschützt.

Tatsächlich aber hatten es die Beamten wohl auf ihn abgesehen. Das glaubten auch die aufgebotenen Untertanen. Vor dem Haus war „ein groß fragen nach Chilian Schauern", und als einige in die Schlafkammer seiner Mutter stürzten, fluchten sie und schrieen: „Wo ist dein sohn? Dein sohn suchen wir, sag ahn, wo ist der schelm?"[126] Aber obwohl die Eingedrungenen „in allen gemächern und winckeln des haußes durstiglich" nachsahen[127], fanden sie ihn nicht. Schauer war nämlich auch diesmal rechtzeitig geflohen, sei es, weil ihm plötzlich „eine furcht, grauen und entsetzen ankommen" war, wie er selbst erzählte[128], oder weil er „durch einen gutten freundt forherr [...] gewarnet wordten" war, wie der Sonnefelder Amtmann vermutete[129].

---

117 Vgl. ebd., Q 55.

118 Ein Freund Schauers schrieb Ende 1611, dieser habe „sich in des marggraffen zu Beyreuth schutz begeben"; das bedeutete aber nicht, daß Schauer sich im Markgraftum niedergelassen hatte. Vgl. StAC, LA D 1322, fol. 124r. Im Kulmbacher Kirchenbuch für die fragliche Zeit erscheint Schauers Name bei den Traueinträgen nicht. Vgl. LKA/KbA, Nr. 51–2.

119 BayHStA, RKG 406, Q 55.

120 Hierzu ausführlich S. 177, 329–333.

121 Schon 1610 waren einige Konvertiten „in geheim über ihn scharf abgehöret" worden. Bamberg hatte so angeblich schon einen Prozeß gegen Schauer vorbereitet. BayHStA, RKG 11289, „Replicae unnd handlung".

122 BayHStA, RKG 406, Q 62 (auch zum Folgenden). Dieses Instrument eines Sonnefelder Notars berichtet am ausführlichsten über den Einfall. – Die Darstellung durch einen beteiligten Beamten: BayHStA, RKG 11289, Q 9.

123 Vgl. ebd., Q 3. – Eberlein war mit der Witwe von Johann Schauer verheiratet. Siehe oben.

124 Vgl. BayHStA, RKG 11289, Q 71.

125 Das Reichskammergericht hätte in diesem Fall möglicherweise auf Antrag von Schauers Vertreter die im Mandat vorgesehene Pön – acht Mark lötigen Goldes, je zur Hälfte ans Gericht und an Schauer zu zahlen – über den Bamberger Bischof verhängt.

126 BayHStA, RKG 406, Q 62, Aussagen von Hans Tischer und Barbara Edlinger.

127 Ebd., Brief Schauers. – Einer Eingabe beim Reichskammergericht zufolge wurden sogar „die klünßen undt rimas zwischen den dielen oder fußbrettern in deß Schauerß schreibstuben beleuchtet, vermeinend, etwa einen heimlichen ort zue finden, dahien er sich verstecket haben möchte". Ebd., Q 71.

128 StAC, LA D 1322, fol. 124v–125r.

129 StAC, LA D 1308, fol. 46r.

Dennoch war die Hausdurchsuchung für Bamberg ein Erfolg. Denn die Beamten sollten wohl nicht nur nach Schauer, sondern auch nach seinem Schriftgut über die Prozesse gegen den Bischof suchen. Und dieses entdeckten sie in seiner Schreibstube. Der Marktzeulner Schultheiß zerschlug eine Brieflade mit dem Beil, nahm den Inhalt heraus und rief: „Da, da haben wir die brieff." Noch weitere fünf Truhen und Kästen öffneten die Beamten gewaltsam und fanden darin ebenfalls Schriftstücke[130]. Zwei Stunden lang[131] sahen die Beamten „alles und jedes" durch, wie Schauer beklagte, „auch meine notariat- und sonsten heimbliche sachen"[132]. Schauer hatte die Unterlagen über die Prozesse der Pfarrgemeinden Marktgraitz und Marktzeuln und der langheimischen Untertanen im Maintal gegen den Bischof von Bamberg säuberlich zusammengetragen[133]. Diese Akten wurden von den Vögten und dem Schultheißen, so Schauer, „sambt allen concepten, brieffen und missiven (deren etliche vor vielen jaren, etliche in dieser [...] scharfen [...] reformation und gegen mir [...] verübter persecution von guten freundten an mich und wieder von mir, offt libere, an sie geschrieben worden) außgeklaubt und drey karniersecke voll [...] mir entfrembdet"[134]. Im folgenden gelangte diese für den Fürstbischof wertvolle Beute nach Bamberg[135].

Für die klagenden Parteien war der Verlust der Akten ein schwerer Schlag. Schauer bemühte sich daher nach Kräften, sie zurückzubekommen, indem er in Speyer ein Mandat beantragte. Mit Erfolg: Schon einen Monat nach dem Einfall gebot das Reichskammergericht dem Bischof durch ein mandatum sine clausula, Schauer sämtliche Schriftstücke „bis uff den geringsten schedulam" zurückzugeben und ihn künftig nicht mehr zu behindern[136]. Bamberg jedoch dachte nicht daran und brachte, um nicht gehorchen zu müssen, die einzig mögliche Einwendung vor: Das Mandat sei erschlichen[137], Schauer habe es „durch erdichte falsche narrata [...] außgebracht"[138]. Denn der Einfall habe gar nicht auf Schauer gezielt; die Schriftstücke seien zufällig entdeckt worden[139]; im übrigen habe Schauer die Untertanen zur Rebellion aufgehetzt. Die letzte Behauptung belegte der bambergische Prokurator gleich, indem er dem Gericht Abschriften einiger beschlagnahmter Briefe übergab[140]. Mochte Schauers Anwalt auch aufzeigen, daß die Angaben nicht zutrafen[141] – die Akten und Briefe blieben in der Hand des Bischofs, solange der Mandatsprozeß nicht abgeschlossen war (und dazu kam es nicht, weil Schauer vorher starb[142]). Als die langheimischen Untertanen beim Reichskammergericht beantragten, den Bischof zur Rückgabe der sie

---

130 BayHStA, RKG 406, Q 62, Aussage Hans Dressels.

131 Vgl. ebd., Q 71.

132 Ebd., Q 62, Brief Schauers.

133 Im Juni 1610 sandte Schauer den beim Reichskammergericht eingereichten „gegenbericht contra Bamberg" an seinen Stiefvater und verfügte: „soll der Michel dieses mein concept, wellches unnser herr advocat revidirt hat, den andern actis beylegen". Das gleichzeitig überschickte Verzeichnis der bischöflichen Taten sollte er „auch zue andern religionssachen legen". BayHStA, RKG 406, Q 11.

134 Ebd., Q 62, Brief Schauers.

135 Vgl. ebd., Q 3. – Statthalter und Räte sandten die Schriftstücke dann an den Bischof weiter, der sich gerade in Nürnberg aufhielt. Vgl. BayHStA, RKG 11289, Q 8.

136 BayHStA, RKG 406, Q 1.

137 Vgl. Dick, S. 94.

138 BayHStA, RKG 406, Q 3.

139 Diese beiden Behauptungen stellte Bamberg auch auf in BayHStA, RKG 11289, Q 8.

140 BayHStA, RKG 406, Q 4–22.

141 Vgl. ebd., Q 61, 70f.

142 Dr. Stambler schrieb im März 1614, nach Schauers Tod: „Endlich muß auch von herrn Kilians töchterleins vormundern erkundigt werden, ob sie sein, Kilians, rechtfertigung, so er hier contra Bambergk gehabt, forttreiben wollen, wie ich dann darfür halte, das es billig geschehe, damitt sein guter nam auch nach seinem seligen tod gerettet würde." StAC, LA D 1322, fol. 190r–v. Offenbar wurde der Prozeß jedoch nicht fortgeführt.

betreffenden Dokumente anzuhalten[143], versuchte Bamberg – freilich glücklos –, einen Keil zwischen Schauer und diese Gemeinden zu treiben: Sie bekämen „alles gutwillig (dessen doch sehr wenig und geringe scartecken sein)" zurück, wenn sie versprächen, künftig nur „ehrliche advocaten unnd solicitatores, den Schauern aber gar nit mehr zu gebrauchen"[144].

Obwohl dauernd nach ihm gefahndet wurde, obwohl beim zweiten Einfall das Haus verwüstet wurde und ein erheblich größerer Sachschaden entstand als bei der ersten Durchsuchung[145], Schauers Mutter blutig geschlagen und zu Boden gestoßen[146], seine Tochter bedroht[147] und eine Magd mißhandelt wurde[148] und die Abziehenden ankündigten, wiederzukommen und das Haus anzuzünden, ließ Schauer sich nicht einschüchtern. Bereits Anfang 1612 berichtete der Marktzeulner Pfarrer nach Bamberg, die Marktzeulner hätten Schauer 100 Gulden für Gerichtsgebühren gegeben[149]. Von Februar bis März schrieb er für langheimische Untertanen und für die Pfarrgemeinden Marktzeuln und Marktgraitz mehrere Suppliken an Herzog Johann Casimir in Coburg[150].

Im Mai, Anfang Juni sowie im August hielt er sich wahrscheinlich in Speyer auf[151]. Im Juni reiste er zusammen mit einem Marktzeulner und einem Hintersassen des Klosters Langheim nach Frankfurt am Main; sie mögen geplant haben, am Rand der Kaiserkrönung Vertreter protestantischer Stände um Hilfe für die Protestanten am Obermain zu bitten.

Zugleich waren Lichtenfelser Flößer in der Stadt. Ihnen erzählte am 22. Juni ein Mann aus Unterrodach: „Euer feindt, der Kilian Schauer ist alhier. Möcht ihr ihne gehrn sehen?" Die Lichtenfelser bejahten. Am folgenden Tag kam Schauer mit einigen Begleitern zu ihnen, sprach sie an[152], und gleich entspann sich ein Streit. Schauer hielt ihnen, so stellte sein Anwalt es dar, die „ungeheure[n] tädtlichkeiten" vor, die Bamberg gegenüber evangelischen Untertanen begehe, „und sonderlich den gantz unchristlichen mutwillen", der in seinem Haus verübt worden sei. Gott werde all das „nit ungestrafft hiengehen lassen, sondern einmal wiederumb einen margraff Albrechten erwecken und durch ihne so grobe exceß rechen"[153]. Glaubt man dagegen den Flößern, so beschimpfte Schauer sie, „theilß der Lichtenfelßer weren schelmer und dieb, und er wolte noch erger mit den Lichtenfelßer umbgehen alß der marckhgraff Albert und wolte die statt noch absengen und -prennen, sie solten achtung uff ihre heuser geben"[154]. Welche Version auch zutraf: Schauer spielte auf

143 Vgl. BayHStA, RKG 406, Q 59.

144 Ebd., Q 63. – Schauers Prokurator wandte dagegen ein, es sei „unbillig, daß man pro restitutione die spolianten ererst [!] underthenig pitten soll". Ferner sei „niemandt schuldig, advocaten, procuratores, notarios, sollicitatores etc. seiner widerpart gefallen nach zu gebrauchen". Ebd., Q 70.

145 Vgl. ebd., Q 63. Beim erstenmal wurde ein Schaden von 6 Gulden 20 Kreuzer angerichtet, beim zweitenmal von 49 Gulden 27 Kreuzer.

146 Den Schlag erhielt sie vom Marktzeulner Pfarrer. Vgl. ebd., Q 62, Aussagen von Barbara Edlinger, Hans Dressel, Barbara Reinlein, und Barbara Baußenwein. – Im März 1613 behauptete Schauers Anwalt, daß es in Folge dieser Mißhandlung „noch sehr gefehrlich stehet und subitae mutationes valetudinis sich fast teglich bey ihr ereugnen". Ebd., Q 71.

147 „Schweig, du klein sieben sacram[ent] hurenkindt. Ich glaub, du seyest des schelms sein kindt, ich dürfte baldt die helleparten durch dich stechen", sagte einer der Eingedrungenen zum weinenden Mädchen. Ebd., Q 62, Aussage von Barbara Baußenwein.

148 Sie wurde an den Haaren die Treppe hinunter gezerrt und blutig geschlagen, ferner hielt man ihr eine Stichwaffe an die Brust und fragte sie nach Schauers Aufenthaltsort. Vgl. ebd. (auch zum Folgenden).

149 Vgl. AEB, Rep. I, Nr. 741, fol. 13r.

150 Vgl. StAC, LA D 1322, fol. 105r–106r, 108r–109r, 110r–111v, 117r–118v.

151 Eingaben an das Reichskammergericht aus dieser Zeit hat er geschrieben. Vgl. BayHStA, RKG 406, Q 59, 61, 63; RKG 11289, „Replicae unnd handlung".

152 Ebd., Q 69.

153 Ebd., Q 71.

154 Ebd., Q 69.

die Einnahme von Lichtenfels durch Markgraf Albrecht Alcibiades von Brandenburg-Kulmbach im Jahr 1553 an, der die Vorstadt – 80 Häuser – samt Mühlen und Spital niedergebrannt und die innere Stadt nur gegen die Zahlung von 18000 Gulden verschont hatte; unter den Schäden litt Lichtenfels noch viele Jahrzehnte später[155].

Im Herbst war er wieder in seiner Heimat; eine Bittschrift der Pfarrgemeinde Marktgraitz von seiner Hand datiert vom 9. November 1612[156]. Wo genau er sich damals aufhielt, wissen wir nicht. In Schwürbitz konnte er weniger denn je für längere Zeit bleiben, da ihm, wie sein Speyerer Anwalt im März 1613 angab, „viel eiferiger dan vor jemalß nachgetrachtet" wurde[157]. Öfters scheint er in Hofstädten[158] gewesen zu sein[159]. Seinen eigenen Worten nach mußte er seit 1609 „metu capturae et carceris [...] in exilio herümb schwaifen, zu meiner sicherung hin und wider raisen und in solchem elend [...] ein merckliches verzehren und verseumen"[160].

1613 wollte er – nicht zuletzt aus finanziellen Gründen – diesem Zustand ein Ende machen. Am 26. August kaufte er sich in Weidhausen ein[161], das im südlichsten Zipfel des Fürstentums Sachsen-Coburg lag, nur eine Wegstunde von Schwürbitz entfernt. Davon erfuhr die Bamberger Regierung im November, als Herzog Johann Casimir für Schauer um freies Geleit im Hochstift Bamberg bat, damit er der Teilung seines mütterlichen Erbes beiwohnen könne[162]. Stattdessen befahlen die bischöflichen Räte den Vögten der Umgebung, sie sollten „bessern vleis, als bißher beschehen, anwendten", damit Schauer, falls er im Hochstift auftauche, „in der stille" verhaftet werde[163].

Bamberg ging sogar noch weiter. Der Amtmann von Burgkunstadt wurde beauftragt herauszufinden, wie in Weidhausen, wo die bambergische Zent Marktgraitz für die hohe Gerichtsbarkeit zuständig war, Verhaftungen von Verbrechern durchgeführt wurden[164]. Die Absicht war klar: Die Regierung erwog, Beamte und aufgebotene Untertanen nach Weidhausen einfallen und Schauer festnehmen zu lassen. Doch der Sonnefelder Amtmann erfuhr davon[165], vielleicht durch eine Indiskretion des Burgkunstadter Amtmanns, und teilte diesem offiziell mit, ein Einfall werde nicht zugelassen[166]. Sicher war er sich freilich nicht, ob diese Warnung Bamberg abhalten würde. Schauer solle sich besser an einem anderen Ort im Amt Sonnefeld niederlassen, urteilte er dem Kanzler in Coburg gegenüber[167].

Doch schon wenige Tage später, am 4. Januar 1614[168] – nach dem alten, julianischen Kalender, an dem sich die Protestanten orientierten, war es Weihnachten 1613 –, starb Kilian Schauer „uhrplötzlich"[169]. Von seinem Tod, so schrieb Dr. Stambler aus Speyer, „höre ich zwar vor meine person wie auch seiner landtsleute und glaubensgenoßen halben, denen er noch wol dienen können, fast [= sehr] ungern", aber Schauer sei „außer einigen zweifel ein

---

155 Vgl. ebd., Q 68; auch Meyer, Heinrich: Die Belagerung von Lichtenfels anno 1553. In: Aus Lichtenfels Stadt und Land. Oberfränkischer Heimatkalender 1953, S. 35 f., 38; Grimm, Verwüstung, S. 27; Meyer, Leben, S. 41 f.
156 Sie war an Herzog Johann Casimir von Sachsen-Coburg gerichtet. Vgl. StAC, LA D 1322, fol. 146r–147v.
157 BayHStA, RKG 406, Q 71.
158 Heute Ortsteil von Sonnefeld.
159 Vgl. StAC, LA D 1308, fol. 46v.
160 StAB, B 46 a, Nr. 3389, fol. 4v.
161 Vgl. ebd.
162 Vgl. ebd., fol. 6r–v; Konz.: StAC, LA D 1308, fol. 45r–v.
163 StAB, B 46 a, Nr. 3389, fol. 12r.
164 Vgl. ebd., fol. 14r.
165 Vgl. StAC, LA D 1322, fol. 158v.
166 Vgl. StAB, B 46 a, Nr. 3389, fol. 24r–v.
167 Vgl. StAC, LA D 1308, fol. 47v.
168 Vgl. StAC, LA D 1322, fol. 158v.
169 Ebd., fol. 161r.

kind der ewigen seeligkeit"[170]. Die Protestanten am Obermain verloren mit Schauer einen Mann, der sich – wie niemand nach ihm – jahrelang ganz dem Kampf gegen die Gegenreformation gewidmet hatte[171].

## *2. Die „Historische Erzehlung" – Entstehung und Überlieferung*

Bei der Durchsuchung von Schauers Schreibstube am 8. November 1611 fanden die bambergischen Beamten unter vielem anderen ein 14 Blatt umfassendes Quartheft mit einem Deckel aus stärkerem grauen Papier. Es enthält ein von Schauer eigenhändig geschriebenes, aus 73 Strophen bestehendes Lied, dem der Verfasser den Titel „Historische Erzehlung" gegeben hat. Das Heft, in Bamberg oder Speyer mit der Aufschrift „original paßquill" versehen, gehört als Quadrangel 11 zum Akt des Reichskammergerichts über den Prozeß, den das Mandat de non offendendo vom 15. Juli 1610 nach sich zog[172].

Eine Abschrift der ersten 28 Strophen, die wohl aus der ersten Hälfte des 17. Jahrhunderts stammt, befindet sich als cgm 5908 in der Bayerischen Staatsbibliothek München. Dorthin hat sie 1874 das Reichsarchiv, das heutige Hauptstaatsarchiv, abgegeben, zu dessen Bestand „Manuskriptensammlung" sie gehört hatte[173]. Die Handschrift trägt auf der Rückseite die Notiz „Lutherisch gesang von reformation religionis im stifft Bamberg". August Hartmann hat das Manuskript 1907 ediert[174].

Alle Strophen des Liedes, das auf die Melodie des Liedes von der schönen und stolzen Müllerin[175] gesungen werden sollte, bestehen aus acht Zeilen im jambischen Rhythmus. Die erste und die dritte sind vier-, die übrigen dreihebig. Das Reimschema ist *ababcddc*.

In den ersten 29 Strophen geht es um die – vom Verfasser abgelehnte – gegenreformatorische Politik Julius Echters sowie der Bamberger Fürstbischöfe Neithard von Thüngen und Johann Gottfried von Aschhausen, denen der überaus positiv gezeichnete Johann Philipp von Gebsattel gegenübergestellt wird. In den Strophen 30 bis 40 schildert Schauer das bischöfliche Vorgehen in den Pfarreien Marktgraitz und Marktzeuln. Nach einem Hinweis auf die Verfolgung der Protestanten im Amt Teuschnitz (41 und 42) umreißt Schauer die gegenreformatorischen Maßnahmen des Langheimer Abtes Peter Schönfelder (43–49), wobei er besonders den Klosterrichter Johann Geitzendorfer angreift (45–48). Dann wendet er sich wieder Marktgraitz und Marktzeuln zu. Er macht sich über den Burgkunstadter Vogt

170 Ebd., fol. 188r.

171 Dieses Engagement war möglich, weil Schauer bzw. seine Familie ziemlich wohlhabend war. Dr. Stambler schrieb z. B. 1614, Schauer habe „so viel verlaßen", daß sein eigener Prozeß gegen Bamberg „wol kan prosequirt werden". StAC, LA D 1322, fol. 190v.

172 BayHStA, RKG 11289.

173 Frdl. Mitt. der Handschriftenabteilung der Bayerischen Staatsbibliothek.

174 Hartmann, Aug.: Historische Volkslieder und Zeitgedichte vom sechzehnten bis neunzehnten Jahrhundert. Bd. 1: Bis zum Ende des dreißigjährigen Krieges. München 1907, S. 83–90.

175 Es handelt sich um das im 16. Jahrhundert sehr beliebte, 26 Strophen umfassende Volkslied „Ich weiß ein stolze Müllerin". Es erzählt von einer Müllerin, die ein Domherr verführen will; ihm wird jedoch anstelle der Frau eine Eselin ins Bett gelegt. Die Melodie und die Strophen 1 bis 6 bei Böhme, Franz M.: Altdeutsches Liederbuch. Volkslieder der Deutschen nach Wort und Weise aus dem 12. bis zum 17. Jahrhundert. Leipzig 1877, S. 123f.; ein vierstimmiger Satz von Senfl in: Senfl, Ludwig: Sämtliche Werke. Bd. 5: Deutsche Lieder zu vier bis sechs Stimmen. Teil 3. Hrsg. von Arnold Geering und Wilhelm Altwegg. Wolfenbüttel 1949, S. 64f. und Erläuterungen zum Text S. 126.

(50 und 51) und vor allem über den Marktzeulner Schultheißen lustig (52 und 53) und beschreibt bitter das Verhalten der einquartierten Soldaten (54–56). Die Strophen 57 bis 65 widmet Schauer dem vergeblichen Versuch, ihn durch einen Einfall in das Haus seines Stiefvaters zu fassen. Das Lied endet mit einem Gebet (69 und 70) und einem Appell an die „teutsche werte macht" (71 und 72), den Protestantismus zu schützen.

Schauers Lied wurde von der Bamberger Regierung recht wichtig genommen; in den Prozessen Schauers gegen den Fürstbischof spielte es eine erhebliche Rolle. Entsprechend oft wird es in den Reichskammergerichtsakten erwähnt, wobei die Angaben sich freilich zumeist widersprechen.

Schauer begann die Arbeit an der „Historischen Erzehlung", wie er selbst auf dem Titelblatt notierte, am 13. Mai 1610, als er sich gerade in Speyer aufhielt. Um dieselbe Zeit entstand seine „Wahrhaffte gründtliche anzaig unnd beschreibung der fürnembsten thathandlungen, so der neue [...] bischoff zu Bamberg, herr Johann Gottfridt von Aschaußen, balt inn antrettung seines bischofflichen ambts an etlichen evangelischen christen, deß stiffts underthanen, verüeben lassen"[176]. Die hier beschriebenen Ereignisse bilden den Inhalt der Strophen 30 bis 65.

Zwar versicherte Schauers Anwalt, sein Mandant habe das Lied „nür für seine person" gedichtet „und seine gedancken für sich allein gehabt"[177]. Aber an eine Veröffentlichung mag Schauer durchaus gedacht haben, als er das Lied aufsetzte; darauf deutet die Gestaltung des Titelblattes hin. Später hatte er offenbar kein Interesse mehr am Lied. Er nahm sich jedenfalls nicht die Zeit, es ins Reine zu schreiben. Seit Ende 1610 habe er das Heft nicht einmal mehr angesehen, behauptete er[178].

In der überlieferten Gestalt, als Konzept, das wegen der auf den Schluß hin zunehmenden Streichungen, Korrekturen und Ergänzungen[179] recht unübersichtlich wirkt, war das Lied zur Verbreitung nicht geeignet. Es ist daher nicht unglaubhaft, wenn Schauers Prokurator versicherte: „Werden auch alle diejenige, so in wehrenden solchem streit vielfältig bey tag undt nacht mit ihme, Schauern, umbgangen, nicht mit einem wort wahrsagen können, das sie jemalß solche schrifft bey ihme gesehen oder davon gehört"[180].

Schauer bewahrte das Konzept des Liedes in seiner Schreibstube auf; die genaue Stelle ist ungewiß. Bamberg zufolge befand sich „dieser poßhaffte paßquill" in einem Sack mit Briefen[181]; laut Schauer lag er „von allen andern actis abgesondert in einer wolverschlossenen truchen [...] mit schnuptüchern und andern sachen umbwickelt und bedeckt"[182].

Die beim Einfall von 1611 beschlagnahmten Schriftstücke, darunter das Lied, wurden den weltlichen Räten in Bamberg zugestellt. Diese sandten „die originalia und sonderlich einen durch den Schaueren erdichten [...] paßquill, darinnen underschiedtliche [...] hochansehliche fursten zum allereußersten beschmitzt, iniurirt und an dero furstl[ichen] standt, ja uf leib und leben schendtlich angrieffen und verrueffen werden", an den Fürstbischof[183], der gerade als kaiserlicher Vertreter am Kurfürstentag zu Nürnberg teilnahm[184]. Aschhausen

176 BayHStA, RKG 406, Q 25.
177 BayHStA, RKG 11289, „replicae unnd handlung".
178 Vgl. BayHStA, RKG 406, Q 71.
179 Schauer notierte nicht selten am Rand oder über einzelnen Wörtern alternative Formulierungen, hatte sich also an manchen Stellen noch nicht für den endgültigen Text entschieden.
180 BayHStA, RKG 406, Q 71.
181 Ebd., Q 65.
182 Ebd., Q 71.
183 BayHStA, RKG 11289, Q 8.
184 Vgl. Looshorn, Bd. 5, S. 389; Wendehorst, Aschhausen, S. 170.

sah die Briefe und Aufzeichnungen als wertvolles Beweismittel im Prozeß mit Schauer an. Werde das Material in Speyer vorgelegt, werde das Reichskammergericht das Mandat, Schauer nicht zu behindern, bestimmt nicht aufrechterhalten[185].

Schon im Februar 1612 hatte der Reichskammergerichtsprokurator des Bischofs die „Historische Erzehlung" – „einen ganz lässterlichen schmehafften paßquill" nannte er sie – in Händen[186], um sie dem Gericht bei Bedarf vorlegen zu können. Dies tat er am 28. April in einer bemerkenswerten Weise. Da der Bischof Bedenken hatte, den „paßquill offen zu exhibiren, auch davon copey zu denn actis kohmmen zu laßen", mußte sein Prokurator „das original concept, welches des Schauers handtschrifft ist, verschloßen domino judici [...] zu exhibiren", damit dieser „darauß des begangenen delicti halben sich informiren" könne. Wenn das „paßquill" nicht mehr benötigt werde, solle das Gericht es zurückgeben „ad delendam eius memoriam". Das bedeutete wohl nicht, daß Schauers Konzept vernichtet werden sollte; vielmehr wollte Bamberg es vermutlich unter sicherem Verschluß halten, um es bei Bedarf erneut vorlegen zu können[187].

Bamberg erhielt die „Historische Erzehlung" aber nicht zurück; wahrscheinlich wurde die Rückgabe schlicht vergessen. So ist das Lied in einem Reichskammergerichtsakt erhalten geblieben, während die beschlagnahmten Briefe bis auf wenige Abschriften und Auszüge verlorengegangen sind.

## *3. Text der „Historischen Erzehlung"*

Historische erzehlung,
welcher gestalt die[188]
bischoffe zu Würtzburgk und Bambergk
mit ihren anvertrauten evangelischen
underthonen in religions-
und gewissenßsachen eine geraume
zeit hero ihren fürgeben nach nur spiritu lenitatis
gebärt und umbgangen etc.
Gesangsweiß gestelt, in thon, wie
man die schone und stoltze müllerin[189]
singt.

Siehe, Herr, die von dir weichen, werden umbkommen: Du bringst umb alle die wider dich huren etc.

Psal. 73, v. penult.[190]

Welcher vom rechten glauben abfelt zum unglauben, diesen hatt Gott zum schwert verdampt.

Syrach 27 cap: v. 3[191].

185 Vgl. BayHStA, RKG 11289, Q 7.
186 BayHStA, RKG 406, Q 3.
187 BayHStA, RKG 11289, Q 10.
188 Gestrichen: „geistliche herren und".
189 Siehe Anm. 175.
190 Ps 73, 27.
191 Sir 26, 27.

Cept: 3 Maij anno 610.

Getruckt zu Sicherstatt A: B. C. D. E. F. in verlegung Christian Seligman freyfechters.

1.
Itzt thu ich singen ein geschicht
Und kans nicht underlon,
Ist gentzlich wahr und kein gedicht,
Es weiß fast jederman
In teutscher nation,
Wie in dem land zu Francken
Viel Christen musten wancken
Von der religion.

2.
Zu Würtzburg fing sich erstlich an
Die reformation.
Die evangelischen zusam,
Die musten all davon
Ziehen von gutt und haab:
Oder werden papisten.
Man gab ihn kurtze fristen,
Darnach schafft man sie ab.

3.
Alß nun zu Würtzburg der bischoff,
So Julius genand,
Ein verächter[192] gottlichen worts,
Das volck in seinem land
Hett gar mit groser müh
Von Christo abgewendet,
Gen Hellhofen gesendet
Gar treulich spat und früe.

4.
Da thett er auch mit gantzem fleiß
Woll in der nachbarschafft
Anstifften uff gar manche weiß,
Das nur Gott würd veracht,
Gehönt, vermaledeyt,
Sein heylger nam geschendet,
Viel arme leut verblendet
Von Gott gelencket weit.

192 Anspielung auf den Familiennamen des Bischofs (Echter).

5.
Neidhard von Tüngen ihm geriet,
  Dieweil er dombprobst war
Zu Würtzburg und darzugeschmidt
  Bischoff zue Bamberg gar:
    Der solt auch gleich zuhand
  Die bäpstisch lehr verfechten,
  Fromme christen durchächten
    Und treiben aus dem land.

6.
Wolt Neidhard nun sein feiste pfründ
  Zu Würtzburg nicht entbehren,
Thett er dem Echter seiner biett
  Entlich mit fleiß gewehren:
    Wiewol er anfangs nicht
  Solches hatt in seinem sinne,
  Jedoch liebt ihm [!] die pfrünne[193],
    Vergaß das jüngst gericht.

7.
Und fing darauf mit scharfem ernst
  Zue reformiren an:
Stätt, dorfer im land nah und fern
  Solten verleugnen thun
    Ihrs glaubens fundament;
  Da sahe man hinfallen
  Ein mächtig grose zahle
    Im land an allen endt.

8.
Welcher zuvor wie Petrus sich
  Hochlich verpflichtet hett,
Von seim glauben zu weichen nicht:
  Auch, wehr abfallen thett
    Von der confession,
  So Luther hett mit grundte
  In Gottes wort gefunden,
    Dem teufel geben thett.

193 Gemeint ist die Würzburger Dompropstei. – Auch Schubert, Gegenreformationen, S. 298, sieht im Wunsch Neithards, die Pfründe behalten zu können, ein Motiv für sein gegenreformatorisches Vorgehen.

9.
Derselb, der war der erste mann,
Der zu deß bapstes hauf
Sich thett begeben one scham,
Wan man ihm nür vollauf
Verhies und gut praebent.
Umb dinst, fressen und saufen
Thett er sein seel verkaufen,
Wurdt ein papist behendt.

10.
Es ist fürwahr ein ewig schand
Und gar ein schrecklich sündt,
Das kein statt in dem gantzen land
Man gantz und gar nicht fündt,
Die sich recht widersetzt
Und uffs bischoffs begehren
Hett Gott gehorchet mehren
Das gwissen nicht verletzt.

11.
Die grosen hansen fielen all,
Weltlich gnad achten sehr,
Und deren wahr ein kleine zahll,
So liebten reine lehr
Und zogen[194] aus dem land:
Nür wenig bauersleuthe
Thetten gar fleissig meiten
Den bapst und seinen tandt.

12.
Dieselben kont der bischoff nicht,
Noch all sein räth und knecht
Von reiner lehr uff falsch gedicht
Zwingen noch bringen schlecht.
Es waren standhafft leuth
Umb Teuschnitz und im grundte[195],
Do closter Lanckheim stundte,
Glaubten, was Gott gebeut.

13.
Nach Zeuln schickt Neidhard geschwint
Ein trutzigen meßknecht.

194 Darüber: „wichen“.
195 Gemeint ist trotz der folgenden Zeile nicht der Leuchsengrund, in dem Kloster Langheim lag, sondern das Maintal.

Beilheim[196] und Dentzel[197] er bedingt,
Die braut zu führen schlecht.
Wehr ihnen fast ihr lohn,
Den sie verdient, der orten
Reichlich gegeben worden,
Drumb flohen sie davon.

14.
Alß nun pfaff Neidhard nicht verübt
Sein bäpstischen anschlag,
Heftig er drüber tobt und wütt,
Wurd fast gar toll, ich sag,
Zog nach Würtzburg hinab[198],
Thett neben seim gesellen
Ein gmein blutbatth anstellen,
Gott aber schaffts fein ab.

15.
Und schickt ihm balt in seinen wanst
Ein tödlich kranckheit bhent,
Das er mit grosem wee und angst
Nam ein sehr traurich end
Und fuhr mit schmertzen hin[199],
Mit schreyen und mit blöcken.
Gott helf der seel aus nöthen,
Hab ich des wunsch kein sündt.

16.
Alß nun Neidhard mit wee und klag
Schrecklich gestorben wahr,
Solt doch Echter nicht stracks hernach,
Wie er besorget zwar:
Sondern erwarten thun,
Waß ihm geprophetzeyet
Sein eigner narr mit treuen
Welcher gesaget schon:

---

196 Johann Onophrius von Belheim. 1593 wurde er zum weltlichen Rat des Bamberger Bischofs bestallt. Vgl. StAB, B 26 b, Nr. 8, fol. 201v–202r; als solcher erwähnt bei Looshorn, Bd. 5, S. 250, 304, 328. 1597 war er daneben Amtmann von Senftenberg. Vgl. AEB, Rep. I, PfA 334, Brief von 1597 Nov. 6. Er starb kurz vor dem 22. Oktober 1625 als Amtmann von Hollfeld. Vgl. StAB, A 231, Nr. 1850/I, fol. 233r.

197 Erhard Dentzel. Er wurde um 1561 in Forchheim geboren. Vgl. Bauer, Vatikanische Quellen, S. 191; Wachter 1470. Von 1584 bis 1588 war er Alumnus des Collegium Germanicum in Rom, wo er die Priesterweihe empfing. Vgl. ACGH, Hist. 1, pag. 105; Schmidt, Germanicum, S. 234. Wohl auch in Italien wurde er zum Dr. theol. promoviert. Zurück in Bamberg, lehrte er am Ernestinum, das er ab 1596 als Regens leitete. Bereits 1589 übertrug ihm Bischof Ernst das Amt des Generalvikars. Vgl. Wachter 1470. Bischof Johann Philipp von Gebsattel setzte ihn 1602 als Generalvikar, 1605 als Regens ab. Vgl. Bauer, Weihbischöfe, S. 343. Dentzel starb am 24. April 1609 als geistlicher Rat und Pfarrer von Stadtsteinach. Vgl. Wachter 1470.

198 Bischof Neithard reiste Ende November 1598 nach Würzburg. Vgl. Looshorn, Bd. 5, S. 275.

199 Er starb in Würzburg am 26. Dezember, nachdem er acht Tage zuvor sein Testament gemacht hatte. Vgl. ebd., S. 276.

17.

Das, obwol Echter bawet vest
Zu Würtzburg auff dem berg
Sein schloß[200], so solt er doch zuletzt
Noch an demselben werck
Uber die mauren gar
Hoch rauß gehencket werden,
Gantz treulich on geferden.
Amen, das werde wahr.

18.

Vom Neidhard wir itzt weichen fern,
Lassen ihn an seim ort,
Der Echter wird erwarten gern,
Was itzt von ihm gehört:
Wollen nun wider hin
Nach Bamberg unß begeben
Zum neuen bischoff eben,
Hören, wie ers anfing.

19.

Johann Philips von Gebsattell
Wurdt der from herr genandt,
Ein stattlich geschlecht von adel,
Der regirt wol im landt,
Ein fürst war lobenswerth.
Den armen alß den reichen
Ließ er recht gehn zugleiche,
Eins jeden clag gern hört.

20.

Mit chur- und fürsten hochgeborn
Hielt er gutt nachbarschafft.
Die waren ihm all ausserkorn,
Liebt sie mit aller macht.
Welchs ihm bracht grosen preis,
Dadurch das stifft bewahret
Vor feindschafft und gefahre,
Der fürst löblich und weiß.

21.

Barmhertzigkeit über die maß
An armen leuthen übt,

200 Über die Baumaßnahmen Echters an der Festung Marienberg vgl. Wendehorst, Bistum, S. 220.

Dergleich nit balt gehöret waß[201].
Kein menschen er betrübt
Noch zwang zu frembter lehr,
Ließ jedem sein gewissen
Im glauben unzerrissen,
Der gottseelige herr.

22.

Daher kam ihm mördtlicher haß
Vom bapst und andern mehr,
Dieweil er nicht nach aller maß
Wie Neidhard falsche leer
Fortpflantzen thet zur stundt;
Echter ihn für sein gsellen
Nicht hatt annehmen wollen,
Hast ihn von hertzen grundt.

23.

Und weil die jesauitisch[202] rott
Nun lange Zeit und jhar
Hett gerattschlagt auf krieg und mordt,
Damit verdilgt würd gar
Daß evangelisch heer;
Wurd Johann Philips fromme
Mit gift heimlich bracht umbe[203],
Ob er ein ketzer wer[204].

24.

Ach tröst dich Gott, du frommer herr
und vätterlichs gemüth.
Viel underthanen clagen sehr
Dein christfürstliche gütt.
Und thun besorgen sehr,
Man möcht nach dir erwehlen
Ein solchen, der thu quelen[205]
Ihr gwissen und ihr leer.

---

201 Auf einem Porträtstich Gebsattels notierte – wohl bald nach dessen Tod – ein Unbekannter: „Er war ein gütiger herr, nahm alle suppliquen selber an und sazte sich nicht eher zur tafel, biß er den armen vorhero gutes gethan hatte." StBB, H.V.G. 41/98.

202 „Jesauiten", auch „Esauiten" (so in Strophe 70), war in der protestantischen Polemik ein gängiger Spottname für die Jesuiten. Belegt z. B. bei Duhr, Bd. 2, 2, S. 661.

203 Gerüchte von angeblichen Giftmorden durch Jesuiten finden sich auch andernorts im frühen 17. Jahrhundert. Vgl. ebd., S. 668–671.

204 Variante am Rand: „Wie man die ketzer lert / ehrt".

205 Varianten am Rand: „Einen welcher werd / Einen der werde quälen".

25.
Solchs ist ihn kommen baldt zuhand
Und laider worden wahr,
Dieweil zu diesem herrenstandt
Darauf erwehlet ward
Ein jung[206] hitzig gemüth
Hanß Gottfried v. Aschhaussen
Vom Odenwald dort außen
Den namen man ihm gibt.

26.
Wolt Gott, das nach seim namen[207] gutt
Die werck auch folgten fein,
Des were man gar wolgemuth
Im gantzen land gemein:
Aber das gegenspiel
Hatt man gar balt erfaren
In einem virtel jhare
Kurtz ichs anzeigen will.

27.
Er will[208] kein menschen in dem land
Dulten noch wissen schlecht,
Welcher sich evangelisch nent,
An Christum glaubet recht;
So groß haß und unfried
Bei ihm ist eingesessen,
Seins namens thutt vergessen[209],
Wider Gott tobt und wütt.

28.
Ja, er will leiden in dem land,
Welchs ihm durch Echters wahl[210]
Ist worden vertraut an die hand,
Lieber ein grose zaahl
Der gsellen, so man schildt:
Dieb, schelm, morder, rauber,
Dan ein lutthrischen bauren.
Der herr ist gar zu wildt[211].

206 Johann Gottfried von Aschhausen wurde am 12. August 1575 geboren, war also bei seiner Wahl zum Bischof fast 34 Jahre alt. Vgl. Wendehorst, Aschhausen, S. 167f.
207 Gemeint ist der Vorname „Gottfried".
208 Variante: „kan".
209 Durchgestrichen: „Thutt Gottes wort vergessen".
210 Über Echters Rolle bei Aschhausens Wahl vgl. Bauer, Rolle, S. 560–563, 565–567; Wendehorst, Aschhausen, S. 168.
211 Durchgestrichen: „Der herr ist gar zu wildt".

29.
Die arme leut droben gemelt,
So Gottes wort und lehr
Bekennen standhafft vor der welt,
Wissen von keiner mehr,
Lest er mit groser gwalt
Fangen und hefftig bindten,
Werfen in gfengnuß schwindte,
Sie sein jung oder alt.

30.
Zeulner und Graitzer musten zwar[212]
Machen den ersten tantz.
Mit list gen Weißmain bracht mans dar[213],
Ihr pflicht zu laisten gantz
Treulich wie sichs gebürt:
Aber man thet mit nichten
Etwas sagen von pflichten
Viel andre wort man hört.

31.
Beilheim, der thet sie beilen[214] an
Alß mißthätige leuth,
Weil sie das evangelion
Bekenten ongescheut,
Drumb wurdens sehr veracht,
Gefangen und gebundten
Gar hart zur selben stundten,
Nach Bamberg gfürt bei nacht[215].

32.
Doselbst ließ man ein halben tag
Uff wägen gebundten vest
Mit grosen hohn, gespöt und schmach
Stehen die frembte gest,
Damit ja jederman
Den eifer recht möcht spüren,
Den der neu herr thett führen
Wider die lutheran.

212 Variante: „ihm".
213 Variante: „hin".
214 Durchgestrichen: „clagen".
215 Variante am Rand: „Bei nacht nach Bamberg bracht".

33.

Darnach schafft man ihn losament
Dieffe gefengnuß kalt
Achtundfunftzig zum selben endt
Man konte zehlen balt.
Die solten gantz geschwindt
Römisch catholisch werden,
Deß sie sich hoch beschwerten,
Hiltenß für schrecklich sündt.

34.

Welcher vor andern als ein christ
Das reine Gottes wort
Standhafftig zu bekennen wust
Mit dem wischt man baltt fort
Zum allerdiefsten thurn,
Dahin man sonst nicht schraubet
Kein mörder, dieb noch rauber[216],
Kein buben noch kein hurn.

35.

Darinn hielt man solche rebelln
Und rädleinsführersschar,
Biß ihnen alle glider gschwolln,
Die füß erfroren gar,
Das Gsicht und hand unrein
Gemachet und verderbet
Von abscheulichen würmen.
Das mag ein herberg sein?

36.

Und obwol solch gefangne leuth
Sich offt erbotten han,
Auß ihrem vatterland bei zeit
Zu weichen schnell davon,
Man solte nür zur stundt
Ihr gwissen nicht beschweren
Mit einer frembten leere,
Sie auß der gfengnus thun.

37.

Viel zum wegzug han kürtze ziel,
Wenig wochen begert,
Mancher zwen tag, ist je nicht viel.
Wurd doch keiner gewert,

---

216 Variante am Rand: „Dahin man sonst nicht fordert
kein dieb, rauber noch mörder".

Gar kein dilation
Wolt man durchaus nit geben.
Eins theils wolten das leben
Lieber gelassen han.

38.

Aber der sanftmütige herr
Kondt ihnen nicht das leben
Nemen; ob es gleich sein begehren
Und will heimlich thett geben.
Er drupft ihn besser auf
In gfencknuß wurf mans balte,
Soltens drinnen erkalten,
Endter [!] des lebens lauff.

39.

Ließ er doch keinen an der zahl
Von dannen kommen nicht,
Biß er zus bapstes glauben kahl
Sich hette gantz verpflicht.
Das trieb er also lang,
Biß sie mit heißen zeehren
Papisten musten werden.
Die grimmich kelt viel zwang.

40.

So grausam scharf war Echter nicht,
Der alt listige fuchs,
Sondern braucht süeße wort mit witz,
Gab wanderzeit on trutz
Und braucht groß schmeicheley,
Dadurch viel leuth bewogen[217],
Vom Luther zum bapst zogen,
Zu wandern trugens scheu.

41.

Hie aber fing man anderst an
Den Zwang mit aller macht.
Wer nür wahr ein luttherisch man,
Thett man gleich in die acht
Und fült all thürn vol,
Ließ fangen, hefftig bindten
Zu Buchbach, Steinbach, Windich
Und sonst ein grose zahl.

---

217 Variante: „(be)trogen“.

42.
Alß man selbe nach Cronach bracht,
Der thürner bließ starck auf
Und rufft darzu mit aller macht,
Biß das volck lieff zu hauf.
Dem must er zeigen an,
Wie man itzt bracht zur stundte
Die luttherischen hundte
Und ketzer recht mit nam.

43.
Es würd zu lang, zu zeigen an,
Waß man der ort verübt,
Entplöst[218], geschlagen weib und mann,
Auch sonsten viel betrübt.
Zu Burgstahl nackett bloß
Hätt man ein fraw im betthe[219]
Aufgrissen, hart erschrecket
Das kind in mutterschoß.

44.
Abt Peter[220] zu Lanckheim zur zeit,
Ein heylig kürschners[221] kindt[222],
Betrübt auch sehr viel fromme leuth,
Die seel und haut abschint[223]
Mit grosem katzngeschrey
Zwingt sie zu des bapsts lehre
Mit gfengnus hart[224] und schwere.
Gott straf solch tyranney[225].

45.
Hetzhundt sich damals funden viel,
Mit eiferigem muth
Das Richterlein[226] zu Lanckheim zielt
Nür auf lutherisch blutt

---

218 Gestrichen: „Hefftig", „Greulich".

219 Durchgestrichen: „Die ja frauen nackett bloß
Hatt man bey nacht im betthe".

220 Peter Schönfelder, geboren um 1577 in Weismain, am 4. Februar 1608 zum Abt von Langheim gewählt, gestorben am 11. November 1620. Über ihn vgl. Dippold, Langheim, S. 110–114.

221 Der Vater des Abtes war der Kürschner Otto Schönfelder. Vgl. Besold-Backmund, S. 35 f.; Dippold, Langheim, S. 111.

222 Durchgestrichen: „Ein Katzenschinders kindt".

223 Durchgestrichen: „Schunt [!] ab die haut geschwindt".

224 Variante: „dieff".

225 Durchgestrichen: „geickeley".

226 Johann Geitzendorfer / Geisendorfer / Getzendorfer. Er wurde 1599 Richter im Kloster Langheim. Vgl. StAB, B 106, Nr. 25, fol. 74r–76v. Noch am 24. September 1610 war er in diesem Amt. Vgl. StAB, A 231, Nr. 39057, pag. 80. Er starb in Staffelstein am 7. Juni 1616 als „judex quondam coenobii Lanckheimen[sis]". AEB, Kbb. Staffelstein, Bd. 1, pag. 646.

Und hett itzt gantz und gar
Verschlaffen und vergessen,
Weß er sich hett vermessen,
Do er zu Bron[227] noch wahr.

46.

Daß welcher von der reinen lehr
Des evangeliums
Abweichen thett, schwur er gar sehr,
Zu dem blindten bapsthumb,
Der sey mit leib und seel
In ebigkeit verloren,
Der teufel soll ihn holen,
Derselb kom in die hell.

47.

Hierauff sichs aber balt begab,
Ein dinstlein Scheßlitz bracht
Dem Reuterlein; do fils auch ab
Und sich anderst bedacht,
Verließ des Luthers lehr,
Ist wol Gott zu erbarmen,
Das er sein seel so warme
Dem teufel hatt verehrt[228].

48.

Dieweil sie dan zu dieser frist
Verpfendt ist in die hell,
So spart das richterlein kein list
Und Reichart[229] sein gesell
Toben und wüten sehr
Bei näbel, nacht und tage
Die armen christen blagen
Wie andre püttel mehr.

---

227 Oberbrunn. Vermutlich hatte er hier im Dienst eines Herrn von Giech gestanden. – Matthäus Geisendorfer aus Oberbrunn, ein Sohn des Richters, wurde Mönch in Langheim. Er starb als Diakon am 10. Febr. 1618. Vgl. Halusa, S. 293; StAB, L 47 Staffelstein, Nr. 8, fol. 246r.

228 Variante am Rand: „alter
Ist sein schwur nicht erlogen,
So hatt er sehr betrogen,
Sein arme seel beschwert
Und sein [Lücke im Text] geferth".

229 Reichard Schönfelder. Er war ein Bruder des Langheimer Abtes Peter Schönfelder. Am 21. Juli 1609 erscheint er als Angehöriger der klösterlichen Kanzlei, und im Oktober 1613 wird er als „cancellista" im Kloster Langheim bezeichnet. Als Kanzleiverwalter von Langheim wird er 1615 genannt. Richter im Kloster war er, vermutlich als Nachfolger Geitzendorfers, am 1. März 1618. Noch am 10. April 1628 wird er in dieser Funktion genannt. Vgl. Dippold, Weismainer, S. 367.

49.

Der vogt zue Weißmain[230] thut das best
Bey diesen closterraben,
Hilft hefftig fangen, bindten vest
Die lutherischen knaben,
Wan der tag bricht an[231]
Lest[232] flüchtige tottschießen[233],
Gott woll solch blutvergiessen
Gebührlich rechen thun.

50.

Hanß Lips[234], der centvogt zu Cunstatt[235],
Itzt ist catholisch sehr,
Von dem man sonst gesaget hatt[236],
Wie er ein ketzer wer
Und hett luttherisch blutt
Auch in sein bauch bekommen[237],
Itzt[238] es ist schwint verronnen[239],
Gutt bapstisch ist sein muth.

51.

Drumb er bei nacht viel hasenstell
Zu Graitz und Zeuln helt,
Aber daß bringt ihm ungefell,
Das er fengt gar kein wildt:
Stünt ihm zwar besser an,
Wan er sein hauß bewachett,
Welchs on ein wand und tache,
Gar bloß zu Graitz thut stan[240].

230 Vielleicht schon der 1615 genannte Tobias Freisinger. Vgl. AEB, Kbb. Weismain, Bd. 1, fol. 250r.
231 Variante: „Ja, einen fromen man".
Gestrichen: „Bey nacht, wan scheint der mon".
232 Gestrichen: „Heist".
233 Varianten am Rand: „Die flüchtign lest todschießen", „Lest in der flucht to[dschießen]".
234 Johann Philipp Graul. Er legte seinen Revers als Vogt in Burgkunstadt am 22. Febr. 1609 ab. Fünf Jahre darauf wurde sein Nachfolger eingesetzt. Vgl. StAB, B 26 b, Nr. 16, fol. 377v–379r; Nr. 17, fol. 229v–231r.
235 Burgkunstadt.
236 Durchgestrichen: „Von dem man [...?] sagen tatt", „Von dem man sonst sagt frü und spat", „Welcher sich selbst gerümet hatt".
237 Variante: „geschlucket".
238 Durchgestrichen: „Aber".
239 Variante: „verdrucknet".
240 In Höhe der 6. und 7. Zeile dieser Strophe steht am Rand: „Galgenhüter etc. und hirt".

52.
Der stinckend Bückh[l]ing[241] het kein rast[242],
Weil er zu Zeuln war,
Biß man selbsthin und gen Graitz bracht
Pfaffen, so seine römisch lahr[243]
Hetten[244] und pabstisch treum[245].
Die kirchen wurdn erbrochen
Mit poltern groß und bochen
Viel volcks man lagert ein.

53.
Mit dem trieb Georg[246] ein grosen bracht
Zu Zeuln üppichlich,
Fürt auf und ab die mannlich wach,
Hielt sich gar ritterlich
Und war ein hauptman stoltz,
Niemand wurd durchgelassen,
Must sagen weeg und strassen,
Woher? Wonauß er wolt[247].

---

241 Georg Bückling. Er war ein Sohn des Weismainer Bürgers Johann Bückling und ein Bruder des Langheimer Abtes gleichen Namens (reg. 1592–1608). 1595 heiratete er Anna Egetz. Ab 16. Juli 1595 ist er als langheimischer Vogt in Trieb nachzuweisen. Im Dezember 1600 beantragte er beim Bamberger Bischof, in Trieb brauen zu dürfen. 1603 war er noch Vogt in Trieb. Im folgenden Jahr wurde er Forstknecht am Brand und der erste vom Bischof eingesetzte Schultheiß von Marktzeuln, wo er sich schon 1602/03 ein Haus gebaut hatte. 1610 wurde ihm das Amt des Kastners von Forchheim übertragen. 1620 richtete er in seiner Geburtsstadt eine Almosenstiftung ein. Vgl. Dippold, Weismainer, S. 360f.; ergänzend StadtA Lichtenfels, B 5, fol. 93r–94r (Antrag von 1600); über Abt Johann Bückling vgl. Dippold, Langheim, S. 103–110; auch ders., Weismainer, S. 354–357.

242 Variante: „hulf mit macht“.

243 Durchgestrichen: „seiner haar“.

244 Durchgestrichen: „waren“.

245 Variante am Rand: „Wüsten zu tragen ein“.

246 Bückling (siehe Anm. 241).

247 Ergänzung am Rand: „Herr Georg mit seinen roten bart
Auch ging von haus zu hauß,
Zwang die betrübte frauen hart,
Das jede geb herauß
Ihrs haußwirths beste wehr
Sambt schwengel auß den glocken,
Den rot Georg thet verzucken
Schickts als von dannen ferr.

Püchsen, harnisch und alle weehr
Und was er sonsten fandt
Uff beiden kirchen, rattheusern,
Er alls nach Bamberg sandt.
Ein aufruhr er besorgt,
So doch niemand zu finden
Den traurich weib und kinder,
Flohen der gefencknus forcht.“

54.

Zu Graitz, alß ein mannhafft soldat
Seine schiltwach verricht
Und ein ehrlicher man früe vor tag
Wolt durchraisen ohn gschicht[248],
Der soldat zeigt ihm an,
Ohn seins öbersten wissen,
Wan gleich Gott keme selbsten,
dorft er in nicht einlan.

55.

Mit schießen hatt dieß frech gesindt
Groß mutwillen verübt,
Ein klein meidlein tödlich verwundt[249]
Und sonst viel bose stück
Getrieben tag und nacht
Mit fressen, saufen eben,
Gefurt ein gottloß leben.
Im grundt mans erger macht.

56.

Daselbst legt obgedachter abt
Viel beernheuter ein,
Die solten stettigs tag und nacht
Sich mesten wie die schwein.
Das waren hungerich seu,
Führten ein viehisch leben,
Wird ihn Gott solchs vergeben,
So ist er milt und treu.

57.

Kein türck noch heid wird so gehast
Alß evangelisch blut.
Wer helt beim [!] armen leuten vest,
Der hatts auch gar[250] nicht gutt,
Soll nach lochhaußen ein,
Der teufel mocht wol dancken
Der herberg voll gestancke
Und würmen gantz unrein.

---

248 Variante am Rand: „Nachdem ein Cronacher soldat
Zu Graitz hielt sein schiltwach
Und ein from man kam frü vor tag,
Wolt durchreisen gemach".

249 Ein Staffelsteiner Bürger schoß eine Tochter des Müllers Balthasar Herdan ins Bein. Vgl. StAB, B 76/XXXIII, Nr. 3, fol. 435r–v.

250 Durchgestrichen: „durchaus".

58.
Daß castnerlein zu Lichtenfelß,
Thomas der kindisch mann[251],
Wie auch der centvogt, die lang Elß[252]
Und forchtsam man mit namen,
Bey nach und eulengsang
Zu Schwürwitz seind ankommen,
Gar dölpisch[253] unbesonnen
Thettens ein metzgergang.

59.
Hetten mehr dan 400 mann
Kilian Schauern bekant,
Der doch dem stifft nicht underthan,
Noch ihm etwas verwandt[254],
Wolten sie fangen schlecht
Weil er den armen leuthen
Hett zu Speyer gebetten
Umb keyserliches recht.

60.
Aber Schauer war nicht zu hauß,
Aviso hett erlangt,
Wie rot wachs wer von Bamberg auß
Nach Lichtenfelß gesandt.
Da dacht er in seim muth[255],
Hie ist nicht lang zu[256] harren
Auf solche grobe narren,
Hielt sich in guter huth[257].

---

251 Thomas Kuntschi. Er heiratete 1602 Cordula Stangenberger. Vgl. StAB, B 86, Nr. 25, fol. 310r. 1604 war er bischöflicher Unterkämmerer in Bamberg. Vgl. StAB, A 231, Nr. 1829/I, fol. 260r. Noch im selben Jahr wurde ihm das Kastneramt in Lichtenfels übertragen. Sein Nachfolger wurde hier 1611 eingesetzt. Vgl StAB, B 26 b, Nr. 16, fol. 324r–327v; Nr. 17, fol. 90v–95r. Als einstiger domdechantischer Kastner in Bamberg wird er am 3. August 1619 genannt. Vgl. StAB, B 93, Nr. 32, fol. 349r.

252 Wohl Georg Müllner, der im Januar 1610 als Lichtenfelser Vogt genannt wird. Vgl. Looshorn, Bd. 5, S. 375. Mit der Bezeichnung „lang Elß" spielte Schauer vielleicht auf die Körpergröße des Vogtes an; worauf sich die Bemerkung „forchtsam man mit namen" bezog, ist völlig unklar. – Im Dezember 1601 hatte Müllner das Amt des Vogtes in Zapfendorf innegehabt. Vgl. StadtA Lichtenfels, B 5, fol. 113v.

253 Variante am Rand: „trutzig".

254 Variante am Rand: „noch ihm mit pflicht verwand".

255 Gestrichen: „sinn".

256 Durchgestrichen: „Der teufel mocht wol".

257 Gestrichen: „Lichtfelß war im nicht gutt".

61.

Und weil er sonsten offt[258] bericht,
Durch sprichwort kundig war[259]:
Ich trau dir nicht, ich trau dir nicht,
Bist Lichtenfelser art[260],
Drumb wolt er auch zur stundt
Keim Lichtenfelßer trauen.
Konten kein Schauer schauen,
Die blindt blutgirich[261] hundt[262].

62.

Als nun Schauer vor 2 tagn
Auß dem garen entwischt,
Da kamen erst diese nachtraben,
Vergebens wurd gefischt[263].
Jedoch mit jamersnoth
Thettens viel frevel üben,
Sein muttr und kind betrüben
Gar hart[264] biß auff den tod.

63.[265]

Dornach hatt dieß wütend gesind[266]
Zu Zeuln hertiglich
Erwischt und gebundten geschwindt
Vier menner unschuldig.
Gen Bamberg man sie[267] bracht,
Doselbst lagens gefangen
Drey gantzer monat lange,
Weren fast gar verschmacht.

64.

Der faule Bückhling zuweg hatt bracht[268],
Das dieser einfall schnell
Zu Schwürwitz und zu Zeuln geschach,
Er meint, wer sein paßquill

258 Variante: „wol“.
259 Gestrichen: „Worden, das man gesagt“.
260 Die Zeilen 3 und 4 sind als Zitat durch größere Schrift hervorgehoben. Ein vager Hinweis aus dem 17. Jahrhundert auf ein derartiges Sprichwort bei Meyer, Leben, S. 28.
261 Gestrichen: „arme bettel“.
262 Variante am Rand: „Den Schauer kont nit schauen
Ein Lichtenfelßer,
Kein blint blutgirig hundt“.
263 Variante am Rand: „Umbsonst man nach ihm fischt“.
264 Variante: „Fast gar“.
265 Eine durchgestrichene Version dieser Strophe entspricht weitgehend der Strophe 65.
266 Gestrichen: „dieße frech“.
267 Gestrichen: „wurdens“.
268 Gestrichen: „hatt gemacht“.

Gemacht, erfahren wölt,
Und sein stadel mit feuer
Angesteckt ungeheuer,
Hatt[269] aber weit gefehlt.

65.

Cuntz Hurschel[270], die alt metzgerstausch[271],
Viel lügen hatt erdicht[272]
Uber die armen leuth mit grauß[273],
Aber es half ihn nicht.
Keins[274] mamelucken rath
Muß man Gotts gebott vorziehen
Und menschensatzung fliehen,
Sols der seel sein on schadt.

66.

Ich mag den leßer lenger nicht
Wie auch den singer schon[275]
Aufhalten mit diesem geschicht,
Die zeit mich reuen thutt,
Zu schreiben mehr hievon[276].
Viel erger ists ergangen,
Dan ich hie mit gesungen,
Itzt will ichs bleiben lan.

67.

Hierauß sicht nun ein fromer christ,
Wie man das lutthrisch blut
Verfolgt, fengt, bindt, ihm[277] gehessig ist,
Vom glauben tringen[278] thutt[279]

---

269 Gestrichen: „Herr Georg".

270 Konrad Hurschel / Horschel. Er war Metzger in Lichtenfels und stand der Stadt zwischen 1592 und 1615 sechsmal als Bürgermeister vor. Vgl. Meyer, Heinrich: Die Hursel – Hurschel – Horschel und Horschelt. Eine alte und angesehene, aber schon ausgestorbene Lichtenfelser Familie. In: HB 1960, Nr. 3; ders.: Aus der Geschichte des Lichtenfelser Fleischerhandwerks und von den Rathaus-Fleischbänken. In: Metzger-Innung Lichtenfels-Staffelstein 50 Jahre. O. O. 1970, S. 15–39, hier S. 24, 39.

271 Am Rand: „Ein Lichtenfelßer art".

272 Gestrichen: „Und mameluckisch man".

273 Gestrichen: „Viel lügen hatt gegröltzett auß".

274 Gestrichen: „Eins".

275 Gestrichen: „gutt".

276 Am Rand: „Muß schmertzlich underlon".

277 Gestrichen: „zwingt".

278 Alternative: „zwingen".

279 Am Rand auf Höhe der Zeilen 1 bis 4, gestrichen:
„Also hatt man die arme leuth,
So Gottes wort geglaubt,
Getractirt, gepeinigt ungescheut,
Des christenthumbs beraubt".

Zu des bapsts geigkeley,
Darbei kan man wol spüren
Undt sattsam colligiren
Die römisch tyranney.

68.

Und wan sie konten gleicher gestalt
Chur- und fürsten im reich,
Auch alle ständte mit kriegsgewalt[280]
Zum babstum zwingen[281] gleich,
Würden sie wagen dran
All ihr gutt und baar gelte,
Die spancher[282] führen ins feldte
Deß vatterlandts nit schon[283].

69.

O Gott, gerechter richter gutt,
Hab acht[284] uff deine kirch,
Schaff raum derselben, hallts in hut,
Das der wolf nicht erwürg
Deine schäfflein gros und klein.
Laß sie bei gsundter weidte
Und frischere wasser leidten[285],
Biß Christus bricht herein.

70.

Regir der teutschen fürsten muth,
Das sie mit starcker handt
Schlagen die esauitisch brudt
Auß unserm[286] vatterland.

---

280 Gestrichen: „jung und alt".
281 Gestrichen: „machen".
282 Spanier.
283 Alternative zu Zeile 5 bis 8 am Rand:
„Würden sies lassen nicht,
Frembt volck über uns führen,
Das vatterland verheeren
Mit feuer und mit krieg".
Die letzte Zeile ist gestrichen; darunter steht „aufruhr".
Ursprüngliche, gestrichene Versionen von Zeile 8 lauteten:
„Wies dan schon gehett an", „Sauiten [= Jesuiten] wollens han".
284 Gestrichen: „Schau doch".
285 Vgl. Ps 23,2.
286 Gestrichen: „dem lieben".

Der blindt verführten leuth
Thu dich aber erbarmen,
Auch ihre seelen armen
Mit unß ewig erfreu[287].

71.
Wach auf, [du][288] teutsche werte macht,
Wach auf, es ist groß zeit,
Nim deine schantz in guter acht
Und schick dich recht zum streit.
Greif dem [!] feind freudig an,
Welcher mit des bapsts lügen
Dich ewig zu bedrigen[289]
Thut tretten auf die ban[290].

72.
In Gotteßfürcht dein kriegsvolck führ
Wie Gedeon, der helt[291].
Nach alten krigsbrauch es formir,
In wahrer buß bestelt.
Tracht nicht nach raub im krieg,
Streit steif für Christi ehre,
So wird dir Gott, der Herr
Gewißlich geben sieg.

---

287 Gestrichene Version der Zeilen 2 bis 8:
„Das sie auß dem vatterland
Jagen [alternativ: Schlagen] die jesuitisch brut,
Und weil die sein im landt,
So ist nur krieg und streit,
Dan sie die fromen fürsten
Nür zu ermordten türstett.
Hinauß mit ihnen weit".

288 Gestrichen: „du".

289 Gestrichene Versionen von Zeile 6 und 7:
„Weil er ist Christo feinde,
Des Antichristis freundte";
„Sein reich will mehren thun,
Der dir thut widerstan".

290 Alternative: „Thut ziehen auf der pfan".
Alternative am Rand zu Zeile 6 bis 8:
„Welcher dich will bekrigen
Wegen des bapstes lügen,
Drümb wehr dich
[Satzende fehlt; gestrichene Fassung der Zeile:] Wehr dich für einen mann".
Eine gestrichene Alternative zu Zeile 5 bis 8 lautet:
„Wehr dich steif [alternativ: nür] ritterlich,
Weil der ist Christi feinde,
Des Antichrists gut freundte,
Der sich setzt wider dich".

291 Gestrichen: „fürst".

73.

Gott geb dem richter gute zeit
Sampt allen, die im holt,
Nach dieser welt die ewig freud,
Auch das betrübte[292] volck
Woll Gott sich nemen an.
Hett man sie nicht getzwungen,
Dies lied wer nie gesungen,
Das sag ich euch[293].

292 Alternative: „gezwungen“.
293 Satzende fehlt. Gestrichene Version dieser Zeile: „Ade, ich scheid davon“.

# *Ungedruckte Quellen*

*Zitate aus den im folgenden aufgeführten Archivalien und Handschriften werden nach den gängigen Richtlinien wiedergegeben. (Schultze, Johannes: Richtlinien für die äußere Textgestaltung bei Herausgabe von Quellen zur neueren deutschen Geschichte. In: Blätter für deutsche Landesgeschichte 98 (1962), S. 1–11.) Daten ab 1582 werden, wenn nicht ausdrücklich anders vermerkt, stets nach dem Gregorianischen Kalender angegeben, selbst wenn die jeweilige Quelle die Tage nach dem Alten Stil bezeichnet.*

*Da im Staatsarchiv Bamberg eine Unzahl von Archivalien benutzt wurde, wird im Fall dieses Archivs auf eine Auflistung der Einzelnummern verzichtet; stattdessen werden nur die Bestände genannt. Bei den anderen Archiven und Bibliotheken werden die herangezogenen Archivalien bzw. Handschriften einzeln aufgeführt.*

## *Archiv des Bistums Augsburg*

Generalschematismus

## *Archiv des Collegium Germanicum et Hungaricum, Rom (ACGH)*

Hist. 1
Hist. 40

## *Archiv des Erzbistums Bamberg (AEB)*

Rep. I, Bände: Nr. 74, 330, 343, 735–750, 1265
Rep. I, Akten: A 160, 164, 189, 200, 300
Rep. I, Pfarrakten: PfA 2–5, 11, 129–131, 149, 333–335, 342, 343, 393
Rep. I, Urkunden: U 334, 461–476
Kirchenbücher Burgkunstadt, Bd. 1
Kirchenbücher Lichtenfels, Bd. 1
Kirchenbücher Marktgraitz, Bd. 1
Kirchenbücher Marktzeuln, Bd. 1
Kirchenbücher Weismain, Bd. 1

## *Archivo Segreto Vaticano (ASV)*

Arm. 44, T. 39
Reg. Lat. 807
S. Congr. Concilii Relationes 108 A (Vis. lim. Bambergen.)

## *Bayerisches Hauptstaatsarchiv München (BayHStA)*

Kasten blau, 119/5 II
Kasten schwarz 3404
Reichskammergericht 405, 406, 2407, 3564/10, 11289, 11319, 12747, 17465

## *Bayerische Staatsbibliothek München*

cgm 5908
clm 10365

## *Diözesanarchiv Eichstätt*

B 216

## *Diözesanarchiv Würzburg (DAW)*

Dekanat Ebern, Pfarrakten Baunach, K 1 – 4
Dekanat Ebern, Visitationsrelationen 1576–1670
Dekanat Ebern, Generalia

Dekanatsakten, Würzburger Pfarreien im Bamberger Territorium
Testamente I, H 117, Sch 84 $^1/_2$, W 47$^1/_2$, W 69
Amrheinsches Register zur Weihematrikel
Catalogus Alumnorum (Abschrift E. Eisentraut)
Nachlaß Paul Schöffel, S 1
Matrikelabteilung, Kirchenbücher Reupelsdorf

## *Hauptstaatsarchiv Stuttgart (HStAS)*

A 90A, Bd. 10

## *Herzog August Bibliothek Wolfenbüttel (HABibl)*

Cod. Guelf. 32.12 Aug. 2°
Cod. Guelf. 36.17 Aug. 2°

## *Landeskirchliches Archiv Nürnberg (LKA)*

Archiv der Pfarrei Obristfeld, Nr. 133
Archiv der Pfarrei Obristfeld, Testament des Melchior Groß

## *Landeskirchliches Archiv – Kirchenbucharchiv Regensburg (LKA/KbA)*

Nr. 51 – 2 (Kirchenbücher Kulmbach, Bd. 2)
Nr. 80 – 1, 80 – 2, 80 – 3 (Kirchenbücher Neustadt bei Coburg, Bd. 1 – 3)

## *Pfarrarchiv Baunach (PfAB)*

Kirchenbücher, Bd. 1, 9, 15

## *Pfarrarchiv Coburg-St. Moriz (PfAC)*

Kirchenbücher 1583 – 1594, 1605 – 1613, 1614 – 1623, 1624 – 1632
Proklamationsbuch 1554 – 1590

## *Pfarrarchiv Küps*

Kirchenbücher, Bd. 1

## *Pfarrarchiv Marktgraitz (PfAM)*

Gotteshausrechnung 1648/49
Lehenbuch, angelegt 1593
Memorial 1686
Urkunden, Nr. 3, 7, 8

## *Pfarrarchiv Schney (PfAS)*

Nr. 13
Nr. 71
Kirchenbücher, Bd. 1

## *Pfarrarchiv Sonnefeld (PfASo)*

Kirchenbücher, Bd. 2

## *Pfarrarchiv Staffelstein*

L 2 (Pfarrbuch von 1504)

## *Salzburger Landesarchiv*

Geheimes Archiv XXXIV 22

Hofkammer/Causa Domini 1553N

## *Staatsarchiv Bamberg (StAB)*

A 50 (Testamente)
A 90 (Urkunden über die Orte im Hochstift Bamberg)
A 95 (Urkunden über Bamberger Pfarreien und Benefizien)
A 205 (Adelsurkunden)
A 221/VIII (Standbücher der Dompropstei und des Domkapitels)
A 221/X (Standbücher der Klöster und Stifte, Langheim – Neunkirchen)
A 226 (Standbücher der Ritterschaft)
A 231 (Rechnungen weltlicher Behörden des Hochstifts Bamberg)
A 232 (Rechnungen geistlicher Behörden des Hochstifts Bamberg)
A 240 (Pläne und Karten)
B 21 (Bamberger Kanzleibücher)
B 22 d (Erbhuldigungen der Untertanen)
B 26 b (Bestallung der Beamten)
B 26 c (Gesetze und Verordnungen)
B 46 a (Bamberger Differenzakten, 1. Reihe: Differenzen mit Brandenburg, Oberpfalz und Sachsen)
B 46 c (Bamberger Differenzakten, 3. Reihe: Differenzen mit Würzburg)
B 48 (Bamberger Kriegs- und Bauernkriegsakten)
B 49 (Bamberger Pfarreiakten)
B 58 (Bamberger Lehenhof und Lehengericht)
B 67/XVII (Beziehungen zum Adel)
B 68/I (Bamberger Malefizamt: Protokolle und Akten)
B 74/II (Vikariatsakten 1760–1802)
B 76/XVIII (Amt Lichtenfels)
B 76/XXXIII (Amt Weismain)
B 86 (Domkapitel Bamberg: Rezeßbücher, Literalien und Akten)
B 93 (Kloster Banz)
B 106 (Kloster Langheim)
B 110 (Kloster Michelsberg)
C 47 (Markgraftum Brandenburg-Bayreuth, Unionsakten 1600–1633)
G 21/III (Adelsakten S–Z)
ex J 3 (Reformationsakten)
L 41 Schwürbitz (Gemeindearchiv Schwürbitz)
L 47 Ebing (Gemeindearchiv Ebing)
L 47 Staffelstein (Stadtarchiv Staffelstein)
Fiskalatsrechnungen 1502 ff. [zit.: FR ... (Jahr)]

## *Staatsarchiv Coburg (StAC)*

LA A 10574, 11974
LA D 923, 929, 1181–1183, 1207–1209, 1308, 1322
LA F 6881, 7740, 9509
GUG Co 71
Kons. 1288, 1594
LReg 2752

## *Staatsarchiv Marburg*

R I b, von Rotenhain, 1. Bunach [!]
K 436

## *Staatsarchiv Meiningen (StAM)*

Gemeinschaftlich Hennebergisches Archiv, Sekt. IV, Nr. 5
Gemeinschaftlich Hennebergisches Archiv, Urk. 2160 (alt 2139), 2323 (alt 2301)
Gemeinschaftlich Hennebergisches Archiv, Urkunden-Nachträge, 1488 April 10

## *Staatsarchiv Nürnberg*

Ansbacher Religions-Akten, Tom. 38

## *Staatsarchiv Würzburg (StAW)*

Admin. 18345
Domkapitelsprotokolle 1581, 1585, 1586
Gebrechenamt II FG 679
Geistliche Sachen 1205, 1727, 2648, 2687
Hoheitssachen 1045
Misc. 31, 1103

## *Staatsbibliothek Bamberg (StBB)*

R. B. Msc. 60/1 und 2, 64, 82/2, 87
H. V. G. 41/98

## *Stadtarchiv Bamberg (StadtAB)*

HV Rep. 1, Nr. 1315/1 und 2

## *Stadtarchiv Coburg (StadtAC)*

B 110
B 587
Coburgica I/20
Stadtrechnung 1609/10

## *Stadtarchiv Kronach*

Malefizbuch 1579–1612

## *Stadtarchiv Lichtenfels*

B 4
B 5

## *Stadtarchiv Ulm*

A 1322, 1323

## *Stadtarchiv Weismain*

R 1

## *Stiftsarchiv Heiligenkreuz*

Rubr. 64, Fasz. I

## *Universitätsbibliothek Erlangen*

Ms. 2111/67

## *Universitätsbibliothek Würzburg*

M. ch. q. 92

# Gedruckte Quellen und Literatur

*Im folgenden Verzeichnis sind nur solche Bücher und Aufsätze aufgelistet, die in der vorliegenden Arbeit mehrfach zitiert wurden. In den Anmerkungen werden sie nur durch den Familiennamen des Verfassers oder Herausgebers und nötigenfalls durch einen Kurztitel bezeichnet. (Nur in den Forschungsüberblicken erscheinen nochmals die kompletten Daten der besprochenen Werke.)*
*Die übrigen, nur einmal zitierten Werke werden in der jeweiligen Fußnote mit vollständigen bibliographischen Angaben aufgeführt.*
*Abgekürzte Vor- und Nachnamen von Autoren werden – soweit bekannt – stets stillschweigend aufgelöst.*


Abert, Joseph Friedrich: Die Wahlkapitulationen der Würzburger Bischöfe bis zum Ende des XVII. Jahrhunderts. 1225–1698. Eine historisch-diplomatische Studie. Würzburg 1905.

Album Academiae Vitebergensis. Vol. 2. Halle 1904.

Amrhein, August: Reihenfolge der Mitglieder des adeligen Domstiftes Wirzburg. In: AU 32 (1889), S. 1–314; 33 (1890), S. 1–380 [zit.: Amrhein, Reihenfolge].

Ders.: Geschichte des ehemaligen Benediktinerklosters Holzkirchen. In: AU 38 (1896), S. 37–131 [zit.: Amrhein, Holzkirchen].

Ders.: Verzeichnis der in den Jahren 1520 bis 1803 in Würzburg ordinierten Benediktinermönche. In: Studien und Mitteilungen aus dem Benediktiner- und Zisterzienser-Orden 24 (1903), S. 660–668; 25 (1904), S. 222–231, 590–599, 754–769; 26 (1905), S. 103–108, 315–324 [zit.: Amrhein, Benediktinermönche].

Ders.: Julius Echter von Mespelbrunn als würzburger Domherr. In: Heßdörfer, S. 1–31 [zit.: Amrhein, Echter].

Ders.: Reformationsgeschichtliche Mitteilungen aus dem Bistum Würzburg 1517–1573. Münster 1923 (RST 41/42) [zit.: Amrhein, Mitteilungen].

Andrian-Werburg, Klaus Frhr. von: Die niederadeligen Kemnater im Coburgischen. Zur politischen und wirtschaftlichen Existenz der mittelalterlichen adeligen Unterschicht. In: JCL 30 (1985), S. 97–136.

Axmann, Rainer: Die Pfarrer von Schlettach. In: JCL 25 (1980), S. 21–84 [zit.: Axmann, Schlettach].

Ders.: Das Coburger Land vor der Reformation. In: JCL 29 (1984), S. 297–316 [zit.: Axmann, Coburger Land].

Bachmann, Siegfried: Die Landstände des Hochstifts Bamberg. Ein Beitrag zur territorialen Verfassungsgeschichte. In: BHVB 98 (1962), S. 1–337.

Bäumer, Remigius / Scheffczyk, Leo (Hrsg.): Marienlexikon. Bd. 2. St. Ottilien 1989.

Barthels, Karl Josef: Mürsbacher Chronik. Bd. 1. Lohr 1950/51; Bd. 3. Pflaumheim 1954.

Bauer, Christoph: Die Einführung der Reformation, die Ausgestaltung des evangelischen Kirchenwesens und die Auswirkungen der Gegenreformation im Gebiet der Herren von Thüngen. Neustadt a. d. Aisch 1985 (EAKGB 60) [zit.: Bauer, Einführung].

Bauer, Lothar: Die Kurie und Johann Philipp von Gebsattel, Bischof von Bamberg (1608/09). In: Quellen und Forschungen aus italienischen Archiven und Bibliotheken 40 (1960), S. 89–115 [zit.: Bauer, Kurie].

Ders.: Die Bamberger Weihbischöfe Johann Schöner und Friedrich Förner. Beiträge zur Gegenreformation in Bamberg. In: BHVB 101 (1965), S. 305–528 [zit.: Bauer, Weihbischöfe].

Ders. (Hrsg.): Die Ad-Limina-Berichte der Bischöfe von Bamberg 1589–1806. Neustadt a. d. Aisch 1994 (VGffG VI, 3) [zit.: Bauer, Ad-Limina-Berichte].

Baumgärtel-Fleischmann, Renate: Bamberger Plastik von 1470 bis 1520. In: BHVB 104 (1968), S. 5–353 [zit.: Baumgärtel-Fleischmann, Plastik].

Dies.: Die Altäre des Bamberger Domes von 1012 bis zur Gegenwart. Bamberg 1987 (Veröffentlichungen des Diözesanmuseums Bamberg 4) [zit.: Baumgärtel-Fleischmann, Altäre].

Bendel, Franz Joseph: Quellenbeiträge zum mittelalterlichen Send im Bistum Würzburg. In: WDGB 6 (1938), S. 1–20.

Berbig, Georg Carl Bernhard: D. Johann Gerhards Visitationswerk in Thüringen und Franken. Gotha 1896 [zit.: Berbig, Visitationswerk].

Ders.: Die erste kursächsische Visitation im Ortsland Franken. In: Archiv für Reformationsgeschichte 3 (1906), S. 336–402, 4 (1907), S. 370–408, 5 (1908), S. 398–435 [zit.: Berbig, Visitation].

Besold-Backmund, Marlene: Stiftungen und Stiftungswirklichkeit. Studien zur Sozialgeschichte der beiden oberfränkischen Kleinstädte Forchheim und Weismain. Neustadt a. d. Aisch 1986 (Schriften des Zentralinstituts für fränkische Landeskunde und allgemeine Regionalforschung an der Universität Erlangen-Nürnberg 27).

Biedermann, Johann Gottfried: Geschlechts-Register der Reichs-frey-unmittelbaren Ritterschaft Landes zu Franken Löblichen Orts Gebürg. Bamberg 1747 [zit.: Biedermann, Gebürg].

Ders.: Geschlechtsregister der Reichsfrey unmittelbaren Ritterschaft Landes zu Franken Löblichen Orts Baunach. Bayreuth 1747 [zit.: Biedermann, Baunach].

Bittner, Franz: Lateinschulen und Seminare. In: Roth, Elisabeth (Hrsg.): Oberfranken in der Neuzeit bis zum Ende des Alten Reiches. Bayreuth 1984, S. 589–625.

Blickle, Peter: Die Reformation im Reich. Stuttgart 1982 [zit.: Blickle, Reformation].

Ders.: Unruhen in der ständischen Gesellschaft 1300–1800. München 1988 (Enzyklopädie deutscher Geschichte 1) [zit.: Blickle, Unruhen].

Ders.: Bauernunruhen und Bürgerprotest in Mitteleuropa 1300–1800. Forschungsüberblick und Bibliographie. In: Blätter für deutsche Landesgeschichte 126 (1990), S. 593–623 [zit.: Blickle, Bauernunruhen].

Braun, Rainer: Das Benediktinerkloster Michelsberg 1015–1525. Eine Untersuchung zur Gründung, Rechtsstellung und Wirtschaftsgeschichte. Bd. 1. Kulmbach 1978; Bd. 2. Kulmbach 1977 (Die Plassenburg 39/I und II).

Breuer, Tilmann: Landkreis Lichtenfels. München 1962 (Bayerische Kunstdenkmale 16).

Chroust, Anton (Bearb.): Vom Einfall des Passauer Kriegsvolks bis zum Nürnberger Kurfürstentag. München 1903 (Briefe und Akten zur Geschichte des Dreißigjährigen Krieges in den Zeiten des vorwaltenden Einflusses der Wittelsbacher 9) [zit.: Chroust, Einfall].

Ders. (Bearb.): Der Ausgang der Regierung Rudolfs II. und die Anfänge des Kaisers Matthias. München 1906 (Briefe und Akten zur Geschichte des Dreißigjährigen Krieges in den Zeiten des vorwaltenden Einflusses der Wittelsbacher 10) [zit.: Chroust, Ausgang].

Ders. (Bearb.): Der Reichstag von 1613. München 1909 (Briefe und Akten zur Geschichte des Dreißigjährigen Krieges in den Zeiten des vorwaltenden Einflusses der Wittelsbacher 11) [zit.: Chroust, Reichstag].

Ders. (Bearb.): Chroniken der Stadt Bamberg. 2. Hälfte. Leipzig 1910 (VGffG I, 1, 2) [zit.: Chroust, Chroniken].

Conrad, Franziska: Reformation in der bäuerlichen Gesellschaft. Zur Rezeption reformatorischer Theologie im Elsaß. Stuttgart 1984 (Veröffentlichungen des Instituts für Europäische Geschichte Mainz, Abt. für Abendländische Religionsgeschichte, Bd. 116).

Dahinten, Ernst: Geschichte der Heimat. Teil 1: Stadt und Amt Eisfeld vom frühen Mittelalter bis zum Dreißigjährigen Kriege. Eisfeld $^{2}$1932; Teil 2: Die Reformation in Stadt und Amt Eisfeld. Eisfeld 1932; Teil 3: Der Dreißigjährige Krieg in Stadt und Amt Eisfeld und in der Pflege Coburg. Eisfeld 1934.

Dannheimer, Wilhelm / Zahn, Wilhelm / Kuhr, Georg: Ritterschaftliches Pfarrerbuch Franken. Neustadt a. d. Aisch 1979 (EAKGB 58).

Dick, Bettina: Die Entwicklung des Kameralprozesses nach den Ordnungen von 1495 bis 1555. Köln / Wien 1981 (Quellen und Forschungen zur Höchsten Gerichtsbarkeit im Alten Reich 10).

Diestelkamp, Bernhard: Von der Arbeit des Reichskammergerichts. In: Hausmann, Jost (Hrsg.): Fern vom Kaiser. Städte und Stätten des Reichskammergerichts. Köln / Weimar / Wien 1995, S. 91–124.

Dietz, Bernhard: Der Bauernkrieg im Obermaintal. Lichtenfels 1925/26 [zit.: Dietz, Bauernkrieg].

Ders.: Revolution in Zeuln. In: HB 1931, Nr. 8 [zit.: Dietz, Revolution].

Dippold, Günter: Täufer am Obermain. In: BHVB 119 (1983), S. 77–99 [zit.: Dippold, Täufer].

Ders.: Streit um ein totes Kind. Die Entstehungsgeschichte einer handgezeichneten Karte aus dem 17. Jahrhundert. In: JCL 28 (1983), S. 269–274 [zit.: Dippold, Streit].

Ders.: Geschichte der Pfarrei Schney von ihrer Errichtung bis zum Westfälischen Frieden. In: GaO 15 (1985/86), S. 147–176 [zit.: Dippold, Schney].

Ders.: Das kirchliche und geistige Leben in Staffelstein vom späten 15. zum frühen 17. Jahrhundert. Auswirkungen von Reformation und Gegenreformation in einer fränkischen Landstadt. Diplomarbeit (masch.). Bamberg 1987 [zit.: Dippold, Leben].

Ders.: Das Collegium Ernestinum und die Berufung der Jesuiten nach Bamberg. In: Machilek, Academia, S. 13–15 [zit.: Dippold, Collegium].

Ders.: Die Banzer Klosterschule 1531–1575. In: Bielmeier, Horst / Rupprecht, Klaus (Hrsg.): Festgabe Gerd Zimmermann zum 65. Geburtstag. Bamberg 1989 (HVB Beiheft 23), S. 155–180 [zit.: Dippold, Klosterschule].

Ders.: Das Zisterzienserkloster Langheim im Zeitalter von Reformation und Gegenreformation. In: ZbKG 58 (1989), S. 89–140 [zit.: Dippold, Langheim].

Ders.: Die fränkischen Zisterzen und ihr Verhältnis zu den Landesherren. In: Wollenberg, Klaus (Hrsg.): In Tal und Einsamkeit. 725 Jahre Kloster Fürstenfeld. Die Zisterzienser im alten Bayern. Bd. 3: Kolloquium „Die Zisterzienser in Bayern, Franken und den benachbarten Regionen Südostmitteleuropas. Ihre Verbandsbildung sowie soziale und politische Integration. 29.8.–2.9.1988. Fürstenfeldbruck 1990, S. 81–119 [zit.: Dippold, Zisterzen].

Ders.: Schulen, Lehrer und Universitätsbesucher in Kleinstädten des Hochstifts Bamberg. In: Dickerhof, Harald (Hrsg.): Bildungs- und schulgeschichtliche Studien zu Spätmittelalter, Reformation und konfessionellem Zeitalter. Wiesbaden 1994 (Wissensliteratur im Mittelalter 19), S. 129–200 [zit.: Dippold, Schulen].

Ders. (Hrsg.): Weismain. Eine fränkische Stadt am nördlichen Jura. Bd. 2. Weismain 1996 [zit.: Dippold, Weismain].

Ders.: Die Neydecker. Zur Geschichte eines Weismainer Bürgergeschlechtes. Ebd., S. 283–311 [zit.: Dippold, Neydecker].

Ders.: Weismainer im Kloster Langheim. Ein Überblick. Ebd., S. 347–386 [zit.: Dippold, Weismainer].

Dippold, Günter / Bauer, Wilfried: Evang.-Luth. Johanneskirche Michelau. Geschichte und Beschreibung. Michelau i. OFr. 1994.

Dünninger, Hans: Processio peregrationis. Volkskundliche Untersuchungen zu einer Geschichte des Wallfahrtswesens im Gebiet der heutigen Diözese Würzburg. In: WDGB 23 (1961), S. 53–176, 24 (1962), S. 52–188.

Duhr, Bernhard: Geschichte der Jesuiten in den Ländern deutscher Zunge. Bd. 1. Freiburg i. Br. 1907; Bd. 2, Teil 1. Freiburg i. Br. 1913.

Eder, Karl: Glaubensspaltung und Landstände in Österreich ob der Enns 1525–1602. Linz 1936 (Studien zur Reformationsgeschichte Oberösterreichs 2).

Endres, Rudolf: Probleme des Bauernkriegs im Hochstift Bamberg. In: JffL 31 (1971), S. 91–138 [zit.: Endres, Probleme].

Engel, Wilhelm (Bearb.): Vatikanische Quellen zur Geschichte des Bistums Würzburg im XIV. und XV. Jahrhundert. Würzburg 1948 (QFW 1) [zit.: Engel, Quellen].

Ders. (Bearb.): Urkundenregesten zur Geschichte der kirchlichen Verwaltung des Bistums Würzburg im hohen und späten Mittelalter (1136–1488) (Regesta Herbipolensia II). Würzburg 1954 (QFW 9) [zit.: Engel, Urkundenregesten].

Erler, Georg (Hrsg.): Die Matrikel der Universität Leipzig. Bd. 1: Die Immatrikulationen von 1409–1559. Leipzig 1895; Bd. 2: Die Promotionen von 1409–1559. Leipzig 1897 (Codex diplomaticus Saxoniae regiae, 2, 16 und 17) [zit.: Erler I].

Ders. (Hrsg.): Die jüngere Matrikel der Universität Leipzig 1559–1809. Bd. 1. Leipzig 1909 [zit.: Erler II].

Fehn, Georg: Chronik von Kronach. Bd. 3. Kronach o. J. (1953).

Foerstemann, Carolus Eduardus (Hrsg.): Album Academiae Vitebergensis ab a. ch. MDII usque ad a. MDLX. Leipzig 1841.

Franz, Adolph: Die Messe im deutschen Mittelalter. Beiträge zur Geschichte der Liturgie und des religiösen Volkslebens. Freiburg i. Br. 1902 [zit.: Franz, Messe].

Franz, Günther: Geschichte des deutschen Bauernstandes vom frühen Mittelalter bis zum 19. Jahrhundert. Stuttgart $^{2}$1976 (Deutsche Agrargeschichte 4) [zit.: Franz, Bauernstand].

Freudenberger, Theobald: Dr. Johann Eck und die Würzburger Bischofswahl vom 1. Juli 1540. In: JffL 34/35 (1975), S. 519–535 [zit.: Freudenberger, Eck].

Ders.: Aus der Studienzeit Liborius Wagners. In: WDGB 43 (1981), S. 57–117 [zit.: Freudenberger, Studienzeit].

Ders.: Die Annales Collegii Herbipolensis Societatis Jesu und ihr Verfasser Johannes Spitznase aus Mühlhausen in Thüringen. In: WDGB 43 (1981), S. 163–262 [zit.: Freudenberger, Annales].

Ders.: Die Fürstbischöfe von Würzburg und das Konzil von Trient. Münster 1989 (RST 128) [zit.: Freudenberger, Fürstbischöfe].

Ders. (Hrsg.): Die Würzburger Weihematrikel der Jahre 1520 bis 1552. Würzburg 1990 (QFW 41) [zit.: Freudenberger, Weihematrikel].

Geldner, Ferdinand: Langheim. Wirken und Schicksal eines fränkischen Zisterzienser-Klosters. Lichtenfels $^{2}$1990.

Gerl, Herbert: Catalogus generalis provinciae societatis Jesu ad Rhenum superiorem 1626–1773. München 1964.

Giegler, Eugen: Die Gegenreformation des Fürstbischofs Julius Echter von Mespelbrunn und die Reichsstadt Schweinfurt. Phil. Diss. (masch.). Tübingen 1923.

Götz, Johann Baptist: Das Pfarrbuch des Stephan May in Hilpoltstein vom Jahre 1511. Ein Beitrag zum Verständnis der kirchlichen Verhältnisse Deutschlands am Vorabende der Reformation. Münster 1926 (RST 47/48).

Grebner, Christian: Kaspar Gropper (1514 bis 1594) und Nikolaus Elgard (ca. 1538 bis 1587). Biographie und Reformtätigkeit. Ein Beitrag zur Kirchenreform in Franken und im Rheinland in den Jahren 1573 bis 1576. Münster 1982 (RST 121).

Greiner, Albert: Die Einführung der Reformation in der Pflege Coburg 1520–1555. Heft 2. Coburg 1929; Heft 3. Coburg 1938.

Greving, Joseph: Johann Ecks Pfarrbuch für U. L. Frau in Ingolstadt. Ein Beitrag zur Kenntnis der pfarrkirchlichen Verhältnisse im sechzehnten Jahrhundert. Münster 1908 (RST 4/5).

Groh, Günther: Das Personal des Reichskammergerichts in Speyer. 1. Teil: Familienverhältnisse (anhand der ältesten Speyerer Kirchenbücher). In: Pfälzische Familien- und Wappenkunde 2 (1956/57), S. 101–111, 129–194 [zit.: Groh, Familienverhältnisse].

Ders.: Das Personal des Reichskammergerichts in Speyer (Besitzverhältnisse). Mit Nachträgen zu den Familienverhältnissen. Ludwigshafen 1971 (Schriften zur Bevölkerungsgeschichte der pfälzischen Lande 5) [zit.: Groh, Besitzverhältnisse].

Gunzelmann, Thomas (Hrsg.): Zapfendorf. Landschaft – Geschichte – Kultur. Zapfendorf 1986 [zit.: Gunzelmann, Zapfendorf].

Ders.: Die Kulturlandschaft um 1840. In: Dippold, Günter / Urban, Josef (Hrsg.): Im oberen Maintal, auf dem Jura, an Rodach und Itz. Landschaft, Geschichte, Kultur. Lichtenfels 1990, S. 69–100 [zit.: Gunzelmann, Kulturlandschaft].

Guth, Klaus: Vierzehnheiligen und die Anfänge der Nothelferverehrung. Anatomie einer Wallfahrtsgenese. In: Staffelstein. Die Geschichte einer fränkischen Stadt. Landschaft, Kultur und Menschen in achteinhalb Jahrhunderten. Staffelstein 1980, S. 233–252.

Guttenberg, Erich Frhr. von: Die Territorienbildung am Obermain. Bamberg 1927 (= BHVB 79) [zit.: Guttenberg, Territorienbildung].

Ders.: Das Bistum Bamberg. 1. Teil. Berlin / Leipzig 1937 (Germania Sacra 2, 1, 1) [zit.: Guttenberg, Bistum].

Ders.: Die Regesten der Bischöfe und des Domkapitels von Bamberg. Würzburg 1963 (VGffG VI, 1) [zit.: Guttenberg, Regesten].

Ders.: Urbare und Wirtschaftsordnungen des Domstifts zu Bamberg. 1. Teil. Hrsg. von Alfred Wendehorst. Würzburg 1969 (VGffG X, 7, 1) [zit.: Guttenberg, Urbare].

Halusa, Tezelin: Nekrologische Notizen aus Kloster Langheim. In: Cistercienser-Chronik 19 (1907), S. 289–295.

Hambrecht, Rainer: „Das Papier ist mein Acker ...“. Ein Notizbuch des 17. Jahrhunderts von Handwerker-Bauern aus dem nordwestlichen Oberfranken. In: JCL 29 (1984), S. 317–450.

Harmening, Dieter: Fränkische Mirakelbücher. Quellen und Untersuchungen zur historischen Volkskunde und Geschichte der Volksfrömmigkeit. In: WDGB 28 (1966), S. 25–240.

Heller, Joseph (Hrsg.): Jakob Ayrer's bamberger Reim-Chronik vom Jahre 900–1599. Bamberg 1838.

Hengst, Karl: Jesuiten an Universitäten und Jesuitenuniversitäten. Zur Geschichte der Universitäten in der Oberdeutschen und Rheinischen Provinz der Gesellschaft Jesu im Zeitalter der konfessionellen Auseinandersetzung. Paderborn u. a. 1981 (Quellen und Forschungen aus dem Gebiet der Geschichte NF 2).

Henning, Eckart: Die gefürstete Grafschaft Henneberg-Schleusingen im Zeitalter der Reformation. Köln / Wien 1981 (Mitteldeutsche Forschungen 88).

Hermann, Lucas: Geschichtliche Nachrichten. In: BHVB 3 (1840), S. 116–124.

Heß, Salesius: Das Kloster Banz in seinen Beziehungen zu den Hochstiften Bamberg und Würzburg unter Abt Johannes Burckhard. Ein Beitrag zur Geschichte der fränkischen Benediktinerklöster. München 1935 (Studien und Mitteilungen zur Geschichte des Benediktinerordens und seiner Zweige, 10. Ergänzungsheft).

Heßdörfer, Clemens Valentin (Hrsg.): Julius Echter von Mespelbrunn. Fürstbischof von Würzburg und Herzog von Franken (1573–1617). Eine Festschrift. Würzburg 1917.

Heyl, Gerhard: Die Zentralbehörden in Sachsen-Coburg 1572–1633. In: JCL 1961, S. 33–116 [zit.: Heyl, Zentralbehörden].

Ders.: Johann Casimir von Sachsen-Coburg (1564–1633). In: Fränkische Lebensbilder, Bd. 9. Neustadt a. d. Aisch 1980 (VGffG VII A, 9), S. 156–166 [zit.: Heyl, Johann Casimir].

Hochholzer, Elmar: Die Benediktinerabteien im Hochstift Würzburg in der Zeit der Katholischen Reform (ca. 1550–1618). Neustadt a. d. Aisch 1988 (VGffG IX, 35).

Hoefner, Curt (Bearb.): Die Matrikel des Gymnasium Casimirianum Academicum zu Coburg 1606–1803. Würzburg 1958 (VGffG IV, 6) [zit.: Hoefner].

Ders. (Bearb.): Die Matrikel des Gymnasium Casimirianum Academicum zu Coburg 1606–1803. Ergänzungsheft. Neustadt a. d. Aisch 1976 (VGffG IV, 6 A) [zit.: Hoefner, Erg.].

Hönn, Georg Paul: Sachsen-Coburgische Historia / in zweyen Büchern [...]. Bd. 1. Frankfurt a. M. / Leipzig 1700.

Höß, Irmgard: Humanismus und Reformation. In: Patze, Hans / Schlesinger, Walter (Hrsg.): Geschichte Thüringens. Bd. 3: Das Zeitalter des Humanismus und der Reformation. Köln / Graz 1967, S. 1–145.

Hofmann, Hanns Hubert: Mittel- und Oberfranken am Ende des Alten Reiches (1792). München 1954 (HAB, Teil Franken, II, 1) [zit.: Hofmann, Mittel- und Oberfranken].

Ders.: Der Adel in Franken. In: Rößler, Hellmuth (Hrsg.): Deutscher Adel 1430–1555. Darmstadt 1965, S. 95–126 [zit.: Hofmann, Adel].

Hofmann, Michel: Die Außenbehörden des Hochstifts Bamberg und der Markgrafschaft Bayreuth. In: JffL 3 (1937), S. 52–96 [zit.: Hofmann, Außenbehörden].

Holzapfel, Helmut: Bayrisch-fränkische Bruderschaftsbücher des Mittelalters. Heft 2: Die Priesterbruderschaft an der Baunach. Nürnberg 1953 (EAKGB 25, 2).

Hotz, Joachim: Kloster Banz. Bamberg 1993 (HVB, Beiheft 30).

Hotzelt, Wilhelm: Veit II. von Würtzburg, Fürstbischof von Bamberg 1561–1577. Freiburg i. Br. 1919 (Studien und Darstellungen aus dem Gebiete der Geschichte IX, 3/4) [zit.: Hotzelt, Veit].

Ders.: Matricula Ordinatorum in Civitate Bamberga (1525–1598). In: BHVB 77 (1919/20/21), S. 33–102 [zit.: Hotzelt, Matricula].

Ders.: Familiengeschichte der Freiherren von Würtzburg. Freiburg i. Br. 1931 [zit.: Hotzelt, Familiengeschichte].

Hübsch, Georg: Das Hochstift Bamberg und seine Politik unmittelbar vor dem ersten Einfalle der Schweden 1631. Bamberg 1895.

Huschke, Wolfgang: Politische Geschichte von 1572 bis 1775. In: Patze, Hans / Schlesinger, Walter (Hrsg.): Geschichte Thüringens. Bd. 5: Politische Geschichte in der Neuzeit. Teil 1. Köln / Graz 1982, S. 1–561.

Iserloh, Erwin: Das innerkirchliche Leben: Stadtpfarrei, Liturgie, Predigt, Katechese, Ordenswesen. In: Jedin, Hubert (Hrsg.): Handbuch der Kirchengeschichte. Bd. III/2. Freiburg i. Br. / Basel / Wien 1968, S. 676–697.

Jäck, Joachim Heinrich: Geschichte Bambergs von der Entstehung des Bisthums im Jahre 1006 bis auf unsere Zeiten. 2. Theil. Bamberg 1809; 3. Theil. Bamberg 1810.

Jakob, Hans: Die Kaiserliche Wildbann um den Stiefenberg bei Baunach. In: Archiv für Geschichte von Oberfranken 69 (1989), S. 373–381.

Jungmann, Joseph Andreas: Missarum Sollemnia. Eine genetische Erklärung der römischen Messe. Bd. 2. Wien 1949.

Kandler, Norbert: Kirchlauter. Geschichte der Pfarrei und ihres Umfeldes bis zur Barockzeit. Würzburg 1985 (ffkt 12) [zit.: Kandler, Kirchlauter].

Ders.: Stettfeld. Mosaiksteine aus der 600-jährigen Pfarreigeschichte. Stettfeld 1990 [zit.: Kandler, Stettfeld].

Ders.: Pfarreien und Klerus im Landkapitel Ebern anhand der frühesten Protokolle und Berichte 1528–1578 im Diözesanarchiv Würzburg. In: WDGB 55 (1993), S. 179–237 [zit.: Kandler, Pfarreien].

Ders.: Ernennungslisten mit Klerikern und Pfründen des 15. und 16. Jahrhunderts in der Diözese Würzburg. In: WDGB 57 (1995), S. 163–224 [zit.: Kandler, Ernennungslisten].

Kanzler, Georg: Die Landkapitel im Bistum Bamberg. In: BHVB 83 (1931), S. 1–85; 84 (1934), S. 1–120.

Karlinger, Hans: Die Kunstdenkmäler von Unterfranken & Aschaffenburg. Heft 15: Bezirksamt Ebern. München 1916 (Die Kunstdenkmäler des Königreichs Bayern 3, 15).

Kist, Johannes: Das Bamberger Domkapitel von 1399 bis 1556. Ein Beitrag zur Geschichte seiner Verfassung, seines Wirkens und seiner Mitglieder. Weimar 1943 (Historisch-Diplomatische Forschungen 7) [zit.: Kist, Domkapitel].

Ders.: Die Matrikel der Geistlichkeit des Bistums Bamberg 1400–1556. Würzburg 1965 (VGffG IV, 7) [zit.: Kist (mit Nr.)].

Klein, Thomas: Politik und Verfassung von der Leipziger Teilung bis zur Teilung des ernestinischen Staates (1485–1572). In: Patze, Hans / Schlesinger, Walter (Hrsg.): Geschichte Thüringens. Bd. 3: Das Zeitalter des Humanismus und der Reformation. Köln / Graz 1967, S. 146–294, 313–334.

Vom Klerus des Landkapitels Ebern im Reformationsjahrhundert. In. Heiliges Franken 5 (1957), S. 18 f., 28.

Knapp, Hermann: Die Zenten des Hochstifts Würzburg. Ein Beitrag zur Geschichte des süddeutschen Gerichtswesens und Strafrechts. Bd. 1: Die Weistümer und Ordnungen der Würzburger Zenten. Berlin 1907.

Knetsch, Georg: Die Geistlichen in Frickenhausen am Main – Grundlagen und Personen. In: Wittstadt, Klaus (Hrsg.): Kirche und ländliche Gesellschaft in Mainfranken von der Reformation bis zur neuesten Zeit. Dargestellt an den Dörfern Frickenhausen/Main – Gaukönigshofen – Geldersheim. Würzburg 1988 (ffkt 13), eigene Paginierung.

Kolb, Peter / Krenig, Ernst-Günter (Hrsg.): Unterfränkische Geschichte. Bd. 3: Vom Beginn des konfessionellen Zeitalters bis zum Ende des Dreißigjährigen Krieges. Würzburg 1995.

Kramer, Karl-Sigismund: Volksleben im Hochstift Bamberg und im Fürstentum Coburg (1500–1800). Eine Volkskunde auf Grund archivalischer Quellen. Würzburg 1967 (Beiträge zur Volkstumsforschung 15; VGffG IX, 24).

Krimm, Karl: Stadt und Amt Baunach. Ein Beitrag zur Heimatkunde. Hallstadt 1974.

Kugler, Werner: Pfarrerlisten – ein unvollständiges Mosaik. Einige Beispiele aus dem Dekanat Kulmbach. In: ZbKG 50 (1981), S. 108–124.

Kunstmann, Hellmut: Der Burgenkranz um Wernstein im Obermaingebiet. Neustadt a. d. Aisch 1978 (VGffG IX, 32).

Lahner, Andreas: Die ehemalige Benedictiner-Abtei Michelsberg zu Bamberg. Bamberg 1889.

Lang, Peter Thaddäus: Die tridentinische Reform im Landkapitel Gerolzhofen. Kirchliches Leben im Spiegel der Visitationsberichte 1574–1619. In: WDGB 52 (1990), S. 243–269.

Lehnes, Georg Ludwig: Geschichte des Baunach-Grundes in Unterfranken. Würzburg 1842.

Leinweber, Josef: Verzeichnis der Alumnen und der Konviktoren des Päpstlichen Seminars in Fulda 1584–1773. St. Ottilien 1987 (Fuldaer Studien 1).

Lingg, Max: Kultur-Geschichte der Diözese und Erzdiözese Bamberg seit Beginn des siebenzehnten Jahrhunderts auf Grund der Pfarr-Visitations-Berichte. Bd. 1: Das siebenzehnte Jahrhundert. Kempten 1900.

Lippert, Karl-Ludwig: Landkreis Staffelstein. München 1968 (Bayerische Kunstdenkmale 28).

Looshorn, Johann: Die Geschichte des Bisthums Bamberg nach den Quellen bearbeitet. Bd. 4. München 1900; Bd. 5. München 1903.

Lorenz, Walter: Campus solis. Geschichte und Besitz der ehemaligen Zisterzienserinnenabtei Sonnefeld bei Coburg. Kallmünz 1955 (Schriften des Instituts für fränkische Landesforschung an der Universität Erlangen, Histor. Reihe, 6).

Loserth, Johann: Die Reformation und Gegenreformation in den innerösterreichischen Ländern im XVI. Jahrhundert. Stuttgart 1898.

Machilek, Franz: Die Frömmigkeit und die Krise des 14. und 15. Jahrhunderts. In: Mediaevalia Bohemica 3 (1970), S. 209–227 [zit.: Machilek, Frömmigkeit].

Ders.: Markgraf Friedrich von Brandenburg-Ansbach, Dompropst zu Würzburg (1497–1536). In: Fränkische Lebensbilder, Bd. 11. Neustadt a. d. Aisch 1984 (VGffG VII A, 11), S. 101–139 [zit.: Machilek, Friedrich].

Ders. (Hrsg.): Von der Academia Ottoniana zur Otto-Friedrich-Universität Bamberg. Eine Ausstellung des Staatsarchivs Bamberg anläßlich des 37. Deutschen Historikertages. Neustadt a. d. Aisch 1988 (Ausstellungskataloge der Staatlichen Archive Bayerns 25) [zit.: Machilek, Academia].

Maierhöfer, Isolde: Ebern. München 1964 (Historischer Atlas von Bayern, Teil Franken, I, 15) [zit.: Maierhöfer, Ebern].

Dies.: „Es ist die schönste Gegend der Welt ...". Bodelstadt und die Gemeinde Itzgrund. Skizzen aus zwölf Jahrhunderten. Kaltenbrunn o. J. [1988] [zit.: Maierhöfer, Bodelstadt].

Mayer, Heinrich: Die Kunst des Bamberger Umlandes. Bamberg $^{2}$1955.

Mecenseffy, Grete: Geschichte des Protestantismus in Österreich. Graz / Köln 1956.

Meissner, Erhard: Die Pfarrei Modschiedel in reformatorischer und gegenreformatorischer Zeit. In: ders. (Hrsg.):

Modschiedel 1382–1982. Aus der Geschichte einer 600jährigen Pfarrei. Modschiedel 1982, S. 31–51.

Mentz, Georg (Bearb.): Die Matrikel der Universität Jena. Bd. 1: 1548–1652. Jena 1944 (Veröffentlichungen der Thüringischen Historischen Kommission 1).

Merkle, Sebastian (Hrsg.): Die Matrikel der Universität Würzburg. 1. Teil: Text. München / Leipzig 1922 (VGffG IV, 5, 1).

Meyer, Heinrich: Aus dem Leben einer fränkischen Stadt. Kleine Lichtenfelser Ortsgeschichte. Lichtenfels 1964 [zit.: Meyer, Leben]

Ders.: In Freud und Leid mit Banz verbunden. Von den wechselseitigen Lichtenfelser Beziehungen zum Bergkloster. In: GaO 6 (1970/71), S. 71–104 [zit.: Meyer, Banz].

Meyer, Manfred: Hutten und Luther. In: Ulrich von Hutten, S. 251–270 [zit.: Meyer, Hutten].

Meyer, Otto: Überkom – der volksheilige Pilger vn Baunach. Eine Kult-Deutung nach Aufzeichnungen von Gamans SJ. In: FB 5 (1953), S. 97–99; Ndr. in: ders.: Varia Franconiae Historica. Aufsätze – Studien – Vorträge zur Geschichte Frankens. Hrsg. von Dieter Weber und Gerd Zimmermann. Würzburg 1981 (Mainfränkische Studien 24; HVB-Beiheft 14), Bd. 2, S. 524–531 [zit.: Meyer, Überkom].

Moeller, Bernd: Frömmigkeit in Deutschland um 1500. In: ARG 56 (1965), S. 5–31.

Müller, Michael: Franconia Sacra. Geschichte und Beschreibung des Bisthums Würzburg: Das Landkapitel Mellrichstadt. Würzburg 1901 [zit.: Müller, Mellrichstadt].

Neder, Hans: Das Gerichtsbuch des Centfleckens Marktgraitz. In: HB 1964, Nr. 5, 7; 1965, Nr. 1 f.

Neukam, Wilhelm: Territorium und Staat der Bischöfe von Bamberg und seine Außenbehörden (Justiz-, Verwaltungs-, Finanzbehörden). In: BHVB 89 (1949), S. 1–35.

Neundorfer, Bruno: Zur Entstehung von Wallfahrten und Wallfahrtspatrozinien im mittelalterlichen Bistum Bamberg. In: BHVB 99 (1963), S. 1–132.

Nöth, Stefan: Urbare und Wirtschaftsordnungen des Domstifts zu Bamberg. 2. Teil. Neustadt a. d. Aisch 1986 (VGffG X, 7, 2).

Oesterreicher, Paul: Geschichte der Herrschaft, Banz; zweiter Theil. Bamberg 1833.

Paschke, Hans: Der Abtswert zu Bamberg. Teil 1: Linke Seite. Bamberg 1974 (Studien zur Bamberger Geschichte und Topographie 55) [zit.: Paschke, Abtswert].

Pfeiffer, Gerhard: Studien zur Geschichte der fränkischen Reichsritterschaft. In: JffL 22 (1962), S. 173–280 [zit.: Pfeiffer, Studien].

Pfuhlmann, Heinz: Kloster Banz. In: Staffelstein. Die Geschichte einer fränkischen Stadt. Landschaft, Kultur und Menschen in achteinhalb Jahrhunderten. Staffelstein 1980, S. 253–264.

Pitz, Ernst (Bearb.): Repertorium Germanicum. Bd. 7/1: Calixt III. Tübingen 1989.

Pölnitz, Götz Frhr. von: Julius Echter von Mespelbrunn. Fürstbischof von Würzburg und Herzog zu Franken (1573–1617). München 1934 (Schriftenreihe zur bayerischen Landesgeschichte 17) [zit.: Pölnitz, Echter].

Ders. (Hrsg.): Die Matrikel der Ludwig-Maximilians-Universität Ingolstadt – Landshut – München. Bd. 1. München 1937; Bd. 2. München 1939 [zit.: Pölnitz, Matrikel].

Press, Volker: Adel, Reich und Reformation. In: Mommsen, Wolfgang J. (Hrsg.): Stadtbürgertum und Adel in der Reformation. Studien zur Sozialgeschichte der Reformation in England und Deutschland. Stuttgart 1979 (Veröffentlichungen des Deutschen Historischen Instituts London 5), S. 330–383.

Raab, Georg: Geschichte des Orts und der Pfarrei Rattelsdorf. In: BHVB 29 (1865/66), S. 69–161, 30 (1866/67), S. 1–142, 45 (1883), S. 1–75.

Ranieri, Filippo: Recht und Gesellschaft im Zeitalter der Rezeption. Eine rechts- und sozialgeschichtliche Analyse der Tätigkeit des Reichskammergerichts im 16. Jahrhundert. Köln / Wien 1985 (Quellen und Forschungen zur höchsten Gerichtsbarkeit im Alten Reich 17).

Remling, Ludwig: Bruderschaften in Franken. Kirchen- und sozialgeschichtliche Untersuchungen zum spätmittelalterlichen und frühneuzeitlichen Bruderschaftswesen. Würzburg 1986 (QFW 35).

Riedenauer, Erwin: Reichritterschaft und Konfession. Ein Diskussionsbeitrag zum Thema „Adel und Konfession". In: Rößler, Hellmuth (Hrsg.): Deutscher Adel 1555–1740. Büdinger Vorträge 1964. Darmstadt 1965 (Schriften zur Problematik der deutschen Führungsschichten in der Neuzeit 2), S. 1–63.

Rößler, Hans: Geschichte und Strukturen der evangelischen Bewegung im Bistum Freising 1520–1571. Nürnberg 1966 (EAKGB 42).

Roppelt, Johann Baptist: Historisch-topographische Beschreibung des Kaiserlichen Hochstifts und Fürstenthums Bamberg. Nürnberg 1801.

Rotenhan, Gottfried Frhr. von: Die Rotenhan. Genealogie einer fränkischen Familie von 1229 bis zum Dreißigjährigen Krieg. Neustadt a. d. Aisch 1985 (VGffG IX, 34).

Roth, Elisabeth: Hohe Schulen und Seminare. In: dies. (Hrsg.): Oberfranken in der Neuzeit bis zum Ende des Alten Reiches. Bayreuth 1984, S. 627–661.

Rublack, Hans-Christoph: Gescheiterte Reformation. Frühreformatorische und protestantische Bewegungen in süd- und westdeutschen geistlichen Residenzen. Stuttgart 1978 (Spätmittelalter und Frühe Neuzeit 4) [zit.: Rublack, Gescheiterte Reformation].

Ruland, Anton: Der Fränkische Clerus und die Redemptoristen. Denkschrift bei der beabsichtigten Einführung dieses Ordens in Franken. Würzburg 1846.

Rupprecht, Klaus: Ritterschaftliche Herrschaftswahrung in Franken. Die Geschichte der von Guttenberg im Spätmittelalter und zu Beginn der Frühen Neuzeit. Neustadt a. d. Aisch 1994 (VGffG IX, 42).

Ruß, Hubert: Sankt Oswald Baunach. O. O. ²1984 [zit.: Ruß, St. Oswald].

Ders.: Der „gottselige" Überkom. Stadtpatron von Baunach. In: Bielmeier, Horst / Rupprecht, Klaus (Hrsg.): Festgabe Gerd Zimmermann zum 65. Geburtstag. Bamberg 1989 (HVB Beiheft 23) [zit.: Ruß, Überkom].

Ders.: Die Edelfreien und Grafen von Truhendingen. Studien zur Geschichte eines Dynastengeschlechtes im fränkisch-schwäbisch-bayerischen Grenzraum vom frühen 12. bis frühen 15. Jahrhundert. Neustadt a. d. Aisch 1992 (VGffG IX, 40) [zit.: Ruß, Truhendingen].

St. Oswald Baunach. [Innentitel: Baunach. Kircheneinweihung am 22.7.1972.] O. O. 1972.

Schatt, Georg Ildefons: Lebens-Abriß des Hochwürdigen und Hochwohlgeborenen Herrn Gallus Dennerlein, Abten und Prälaten des aufgelößten Benedictiner-Stifts Banz. Bamberg / Würzburg 1821.

Schenk, Alois: Chronik von Baunach. Baunach 1924.

Schieber, Hans: Die Vorgeschichte des Bamberger Priesterseminars. In: Hofmann, Michael / Klausnitzer, Wolfgang / Neundorfer, Bruno (Hrsg.): Seminarium Ernestinum. 400 Jahre Priesterseminar Bamberg. Bamberg 1986, S. 17–86.

Schindling, Anton / Ziegler, Walter (Hrsg.): Die Territorien des Reichs im Zeitalter der Reformation und Konfessionalisierung. Land und Konfession 1500–1650. 1: Der Südosten. Münster ²1992 (KLK 49); 4: Mittleres Deutschland. Münster 1992 (KLK 52).

Schmidt, Peter: Das Collegium Germanicum in Rom und die Germaniker. Zur Funktion eines römischen Ausländerseminars (1552–1914). Tübingen 1984 (Bibliothek des Deutschen Historischen Instituts in Rom 56) [zit.: Schmidt, Germanicum].

Schmitt, Hans-Jürgen: Die geistliche und weltliche Verwaltung der Diözese und des Hochstifts Bamberg zur Zeit des Bischofs Weigand von Redwitz (1522–1556). In: BHVB 106 (1970), S. 33–184 [zit.: Schmitt, Verwaltung].

Schmitt, Rudolf: Die Reformation im Bistum Bamberg von 1522 bis 1556. Phil. Diss. (masch.). Erlangen 1953 [zit.: Schmitt, Reformation].

Schmitz, Walter: Verfassung und Bekenntnis. Die „Aachener Wirren" im Spiegel der kaiserlichen Politik (1550–1616). Frankfurt a. M. / Bern / New York 1983 (Europäische Hochschulschriften III, 202).

Schöffel, Paul: Die Großpfarrei Altenbanz. In: ZbKG 13 (1938), S. 129–143.

Schragl, Friedrich: Glaubensspaltung in Niederösterreich. Beiträge zur niederösterreichischen Kirchengeschichte. Wien 1973 (Veröffentlichungen des kirchenhistorischen Instituts der katholisch-theologischen Fakultät der Universität Wien 14).

Schrepfer, Gustav: Dorfordnungen im Hochstift Bamberg. Ein Beitrag zur Rechtsgeschichte des fränkischen Bauern. Bamberg 1941.

Schrott, Konrad: Kemmern. Ortsgeschichte eines ehemaligen bambergisch-domkapitelischen Obleidorfes. Kemmern 1986.

Schubert, Ernst: Die Landstände des Hochstifts Würzburg. Würzburg 1967 (VGffG IX, 23) [zit.: Schubert, Landstände].

Ders.: Gegenreformationen in Franken. In: JffL 28 (1968), S. 275–307 [zit.: Schubert, Gegenreformationen].

Ders.: Julius Echter von Mespelbrunn. In: Fränkische Lebensbilder, Bd. 3. Würzburg 1969 (VGffG VII A, 3), S. 158–193 [zit.: Schubert, Echter].

Ders.: Conrad Dinner. Ein Beitrag zur geistigen und sozialen Umwelt des Späthumanismus in Würzburg. In: JffL 33 (1973), S. 213–238 [zit.: Schubert, Dinner].

Schulze, Winfried: Bäuerlicher Widerstand und feudale Herrschaft in der frühen Neuzeit. Stuttgart-Bad Cannstatt 1980 (Neuzeit im Aufbau 6) [zit.: Schulze, Widerstand].

Ders.: Deutsche Geschichte im 16. Jahrhundert 1500–1618. Frankfurt a. M. 1987 [zit.: Schulze, Geschichte].

Schwarz, Klaus: Der frühmittelalterliche Landesausbau in Nordost-Bayern archäologisch gesehen. In: Ausgrabungen in Deutschland, gefördert von der Deutschen Forschungsgemeinschaft 1950–1975. Teil 2. Mainz $^{2}$1975 (Monographien des Römisch-Germanischen Zentralmuseums 1, 2), S. 338–409.

Seebaß, Gottfried: Hut, Hans. In: Theologische Realenzyklopädie, Bd. 15. Berlin / New York 1986, S. 741–747.

Sicken, Bernhard: Politische Geschichte des Dreißigjährigen Krieges (1618/19–1642). In: Kolb / Krenig, S. 277–324.

Soder von Güldenstubbe, Erik: Die katholischen Pfarrer von Herzogenaurach – ein Beitrag zur Kirchengeschichte. In: Heimatbuch der Stadt Herzogenaurach. Herzogenaurach 1978, S. 119–154 [zit.: Soder, Herzogenaurach].

Ders.: Die Restitution unter Fürstbischof Philipp Adolf von Ehrenberg 1623–1631. In: WDGB 43 (1981), S. 343–396 [zit.: Soder, Restitution].

Ders.: Kleruslisten des Würzburger Landkapitels Gerolzhofen im Reformationszeitalter bis 1575. In: ZbKG 54 (1985), S. 67–95 [zit.: Soder, Kleruslisten].

Ders. / Roßmann, Hans: Johann Philipp von Gebsattel, Fürstbischof zu Bamberg (1599–1609). In: Homburg am Main. 1200 Jahre Hohenburg. 880 Jahre Kallmuth-Weinbau. 550 Jahre Stadt Homburg. Bd. 2. Triefenstein 1982 (Beiträge zur Geschichte des Marktes Triefenstein 3), S. 16–32.

Specht, Thomas (Bearb.): Die Matrikel der Universität Dillingen. Bd. 1. Dillingen 1909–1911 (Archiv für Geschichte des Hochstifts Augsburg 2).

Specker, Hans Eugen: Die Reformtätigkeit der Würzburger Fürstbischöfe Friedrich von Wirsberg (1558–1573) und Julius Echter von Mespelbrunn (1573–1617). In: WDGB 27 (1965), S. 29–125.

Sturmberger, Hans: Georg Erasmus Tschernembl. Religion, Libertät und Widerstand. Ein Beitrag zur Geschichte der Gegenreformation und des Landes ob der Enns. Graz / Köln 1953.

Thomae, Johann Christian: Das der gantzen evang. Kirchen, insonderheit in dem gesammten Fürstenthum Coburg aufgegangene Licht am Abend. Coburg 1722.

Ulrich von Hutten. Ritter, Humanist, Publizist. 1488–1523. Katalog zur Ausstellung des Landes Hessen anläßlich des 500. Geburtstages. Kassel 1988.

Urban, Josef: Kirchengeschichtliche Stationen seit 1802. In: Dippold, Günter / Urban, Josef (Hrsg.): Im oberen Maintal, auf dem Jura, an Rodach und Itz. Landschaft, Geschichte, Kultur. Lichtenfels 1990, S. 261–301.

Voit, Gustav: Der Adel am Obermain. Genealogie edler und ministerialer Geschlechter vom 11. bis 14. Jahrhundert. Kulmbach 1969 (Die Plassenburg 28).

Wachter, Friedrich: General-Personal-Schematismus der Erzdiözese Bamberg 1007–1907. Eine Beigabe zum Jubeljahre der Bistumsgründung. Bamberg 1908 [zit.: Wachter (mit Nr.)].

Wank, Hermann: Markt und Kloster Sonnefeld. Coburg 1925.

Weber, Heinrich: Geschichte der gelehrten Schulen im Hochstift Bamberg. Bamberg 1879–1881 (= BHVB 42–44) [zit.: Weber, Gelehrte Schulen].

Ders.: Das Bisthum und Erzbisthum Bamberg, seine Eintheilung in alter und neuer Zeit und seine Patronatsverhältnisse. Nebst einer Beilage über die Vicarien und Benefizien am Domstift. Bamberg 1895 [zit.: Weber, Bisthum].

Weber, Reinhard: Würzburg und Bamberg im Dreißigjährigen Krieg. Die Regierungszeit des Bischofs Franz von Hatzfeldt 1631–1642. Würzburg 1979 (ffkt [ohne Nr.]) [zit.: Weber, Würzburg].

Weigle, Fritz (Hrsg.): Die Matrikel der deutschen Nation in Perugia (1579–1727). Tübingen 1956 (Bibliothek des Deutschen Historischen Instituts in Rom 21).

Weiß, Hildegard: Lichtenfels-Staffelstein. München 1959 (HAB, Teil Franken, I, 7) [zit.: Weiß, Lichtenfels].

Dies.: Stadt und Landkreis Bamberg. München 1974 (HAB, Teil Franken, I, 21) [zit.: Weiß, Bamberg].

Weissenborn, J. C. Hermann (Bearb.): Acten der Erfurter Universität. 1. und 2. Theil. Halle 1881 und 1884 (Geschichtsquellen der Provinz Sachsen und angrenzender Gebiete 8, 1 und 2).

Welsch, Georg: Markt Graitz a. d. Steinach in Oberfranken, dessen Ursprung, Entstehung und sonstige Vorkommnisse, nach Sagen und Urkunden dargestellt. Marktgraitz 1893.

Wendehorst, Alfred: Der Archidiakonat Münnerstadt am Ende des Mittelalters. In: WDGB 23 (1961), S. 5–52 [zit.: Wendehorst, Archidiakonat].

Ders.: Das Würzburger Landkapitel Coburg zur Zeit der Reformation. Göttingen 1964 (Veröffentlichungen des Max-Planck-Instituts für Geschichte 13; Studien zur Germania Sacra 3) [zit.: Wendehorst, Landkapitel].

Ders.: Mitteilungen aus der Gothaer Handschrift Chart. A 185 zur Geschichte der Würzburger Bischöfe Konrad von Thüngen (1519–1540) und Melchior Zobel von Giebelstadt (1544–1558). In: WDGB 34/35 (1974), S. 149–167 [zit.: Wendehorst, Mitteilungen].

Ders.: Das Bistum Würzburg. Teil 3: Die Bischofsreihe von 1455 bis 1617. Berlin / New York 1978 (Germania Sacra NF 13) [zit.: Wendehorst, Bistum].

Ders.: Johann Gottfried von Aschhausen (1575–1622). In: Fränkische Lebensbilder, Bd. 9. Neustadt a. d. Aisch 1980 (VGffG VII A, 9), S. 167–186 [zit.: Wendehorst, Aschhausen].

Ders.: Der Adel und die Benediktinerklöster im späten Mittelalter. In: Angerer, Joachim F. / Lenzenweger, Josef (Hrsg.): Consuetudines monasticae. Eine Festgabe für Kassius Hallinger aus Anlaß seines 70. Geburtstages. Rom 1982 (Studia Anselmiana 85), S. 333–353 [zit.: Wendehorst, Adel].

Ders.: Das Bistum Würzburg. Teil 4: Das Stift Neumünster in Würzburg. Berlin / New York 1989 (Germania Sacra NF 26) [zit.: Wendehorst, Neumünster].

Werner, Andreas: Schney. Zeit- und Kulturgeschichte. Lichtenfels ²1978.

Widmann, Hans: Geschichte Salzburgs. Bd. 3 (Von 1519 bis 1805). Gotha 1914 (Allgemeine Staatengeschichte 3, 9, 3).

Wunder, Gerd: Die protestantische Oberschicht in Würzburg im 16. Jahrhundert. In: Blätter für Fränkische Familienkunde 11 (1979–1983), S. 133–142 [zit.: Wunder, Oberschicht].

Wurm, Gertrud: Bischöfe und Kapitel im Hochstift Bamberg und die Gegenreformation. Bamberg 1945 [nicht erschienen; korrigierte Fahnen in der StBB].

Zagel, Gustav: Die Gegenreformation im Bistum Bamberg unter Fürstbischof Neithard von Thüngen 1591–1598. In: Archiv für Geschichte und Altertumskunde von Oberfranken 21, 1 (1899), S. 19–128.

Zeeden, Ernst Walter (Hrsg.): Gegenreformation. Darmstadt 1973 (Wege der Forschung 311) [zit.: Zeeden, Gegenreformation].

Zeißner, Werner: Altkirchliche Kräfte in Bamberg unter Bischof Weigand von Redwitz (1522–1556). Bamberg 1975 (HVB Beiheft 6).

Zimmermann, Gerd: Patrozinienwahl und Frömmigkeitswandel im Mittelalter, dargestellt an Beispielen aus dem alten Bistum Würzburg. In: WDGB 20 (1958), S. 24–126, 21 (1959), S. 5–124 [zit.: Zimmermann, Patrozinienwahl].

Ders.: Grundlagen und Wandlungen der politischen Landschaft. In: Roth, Elisabeth (Hrsg.): Oberfranken im Spätmittelalter und zu Beginn der Neuzeit. Bayreuth 1979, S. 11–51 [zit.: Zimmermann, Grundlagen].

Zoepfl, Friedrich: Das Bistum Augsburg und seine Bischöfe im Reformationsjahrhundert. München / Augsburg 1969 (Geschichte des Bistums Augsburg und seiner Bischöfe 2).

# *Register*

# Personenregister

Heilige sind nur in den Fällen erfaßt, in denen sie als historische Figuren vorkommen (z. B. Kaiser Heinrich II., Bischof Otto I. von Bamberg).

Bei den Vornamen ist zu beachten, daß Hans und Johann, Kunz und Konrad, Heinz und Heinrich, Fritz und Friedrich, Wolf und Wolfgang in den Quellen nebeneinander gebraucht wurden und daher im Text beide Namensformen bei ein und derselben Person erscheinen können.

Der Buchstabe „A" hinter einer Seitenzahl weist darauf hin, daß der Ortsname nur in den Anmerkungen zu dieser Seite vorkommt.

# Ortsregister

Unter dem Ortsnamen sind auch die Erwähnungen von Einwohnern des Ortes erfaßt.

Nicht aufgenommen wurden Territorien bzw. Fürsten. Bamberg und Würzburg wurden nur erfaßt, wenn die Orte bzw. dort ansässige Personen (außer Fürstbischöfe) oder Einrichtungen genannt sind. Ist der Ortsname als Synonym für das Territorium, den Fürsten oder dessen Regierungsgremien verwandt, erscheint er nicht im Register.

Der Buchstabe „A" hinter einer Seitenzahl weist darauf hin, daß der Ortsname nur in den Anmerkungen zu dieser Seite vorkommt.